NARUTO

MASSIV VOL.19

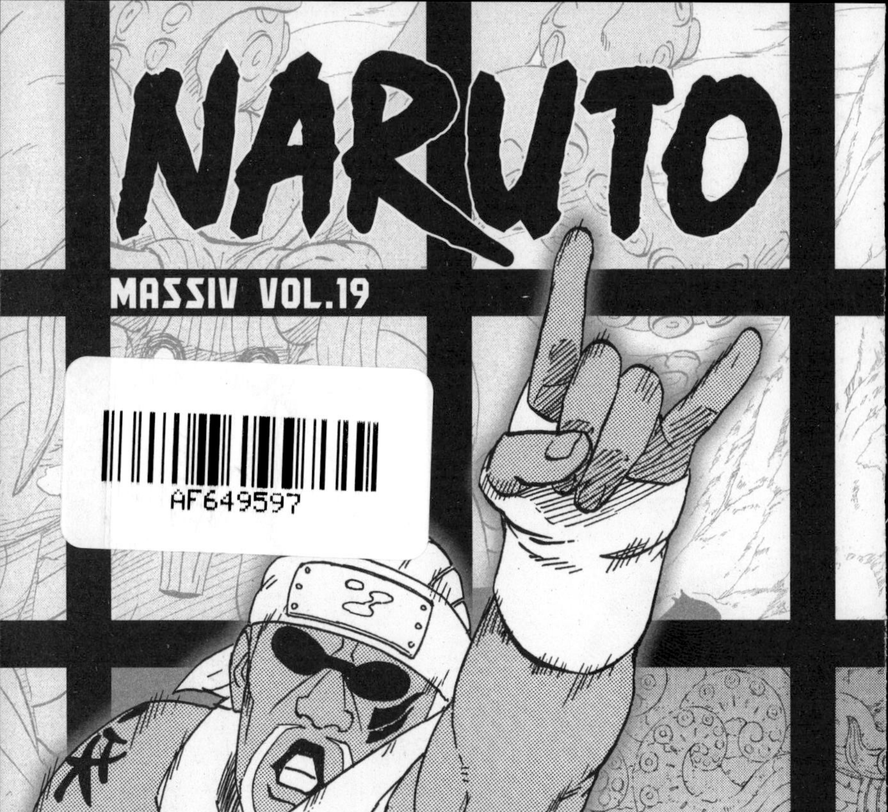

DER NINJA-WELT-KRIEG BRICHT AUS!!

MASASHI KISHIMOTO

CARLSEN MANGA!

NARUTO CHARACTERS

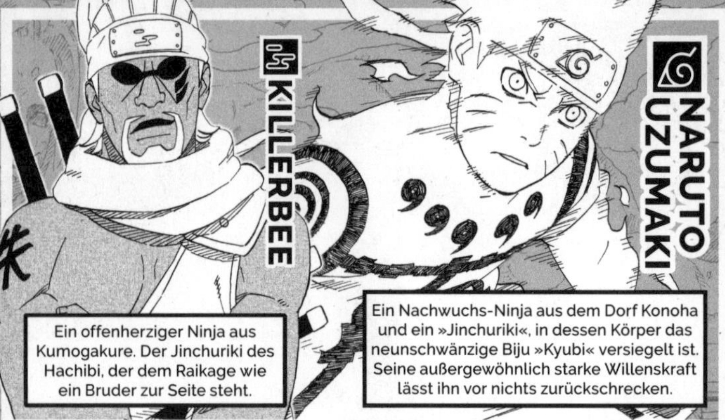

Naruto Uzumaki: Ein Nachwuchs-Ninja aus dem Dorf Konoha und ein »Jinchuriki«, in dessen Körper das neunschwänzige Biju »Kyubi« versiegelt ist. Seine außergewöhnlich starke Willenskraft lässt ihn vor nichts zurückschrecken.

Killerbee: Ein offenherziger Ninja aus Kumogakure. Der Jinchuriki des Hachibi, der dem Raikage wie ein Bruder zur Seite steht.

SHINOBI

DIE NINJA-ALLIANZ

EINE ALLIIERTE ARMEE AUS FÜNF NINJA-DÖRFERN: KONOHA, SUNA, KUMO, IWA UND KIRI. RAIKAGE DER VIERTE IST GENERAL-KOMMANDANT.

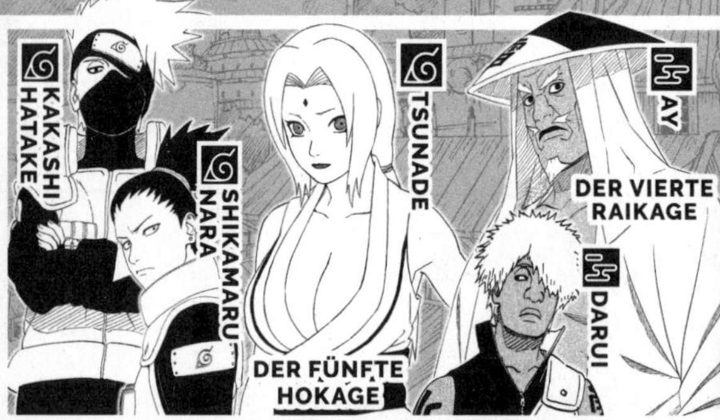

STORY

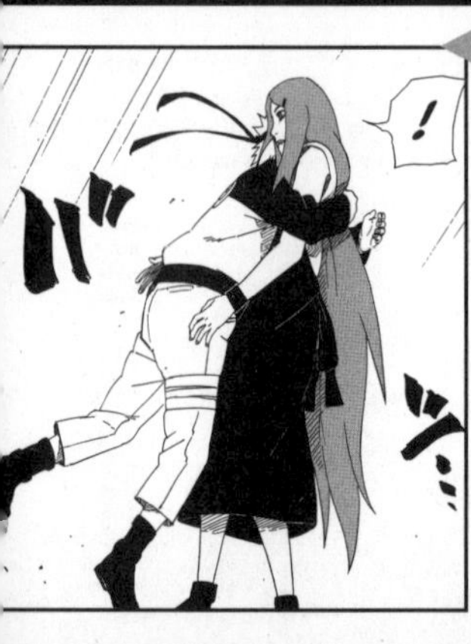

1

Naruto trainiert auf einer einsamen Insel und kämpft mit dem Kyubi!! Und er folgt den Wünschen, die seine Eltern ihm hinterlassen haben!!

»Ein Hokage zu werden, der alle früheren Hokages übertrifft« – für diesen Traum gibt Naruto alles. Zusammen mit Sasuke und Sakura und weiteren Kameraden trainiert und kämpft er und so wird aus dem ehemaligen Tunichtgut ein richtiger Ninja. Dann geht Sasuke, besessen von der Rache an seinem großen Bruder, zu Orochimaru, um stark zu werden. Zweieinhalb Jahre später – Naruto nimmt als durchtrainierter Ninja volle Fahrt auf! Er kämpft gegen die Verbrecherorganisation Akatsuki, die die Ninja-Welt gefährdet. Und Sasuke, der Itachis Wahrheit erfahren hat, hat ein neues Ziel: Er will Konoha vernichten…!!

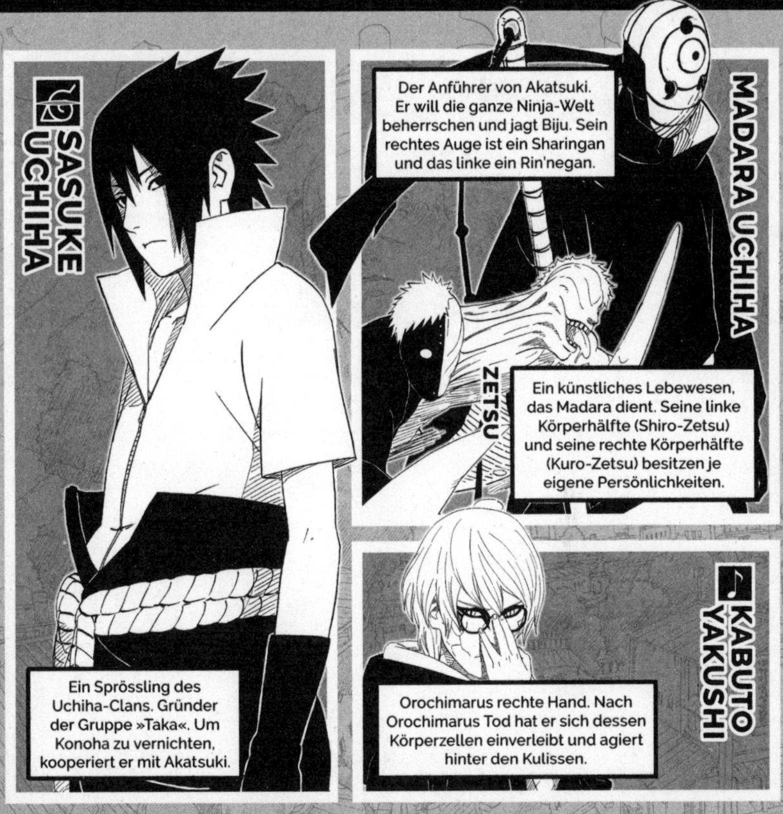

Fünf Ninja-Dörfer vereinigen sich in der Ninja-Allianz. Ihre Gegner von der Organisation Akatsuki benutzen wiederbelebte Tote und das Korps der Shiro-Zetsu. Während Naruto weiterhin verbannt ist, rückt die Schlacht näher!!

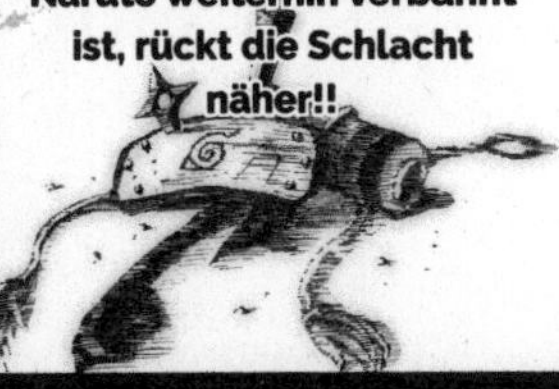

Zur gleichen Zeit stellt Akatsuki unter Madaras Führung eine riesige Menge Shiro-Zetsu bereit. Kabuto, der mit Akatsuki zusammenarbeitet, erweckt durch die Kunst Edotensei die stärksten Ninja der Geschichte erneut zum Leben und stärkt so die Kampfkraft von Akatsuki. Und Madara selbst nimmt sich von Nagatos Leiche das Rin'negan und setzt sich in Marsch!

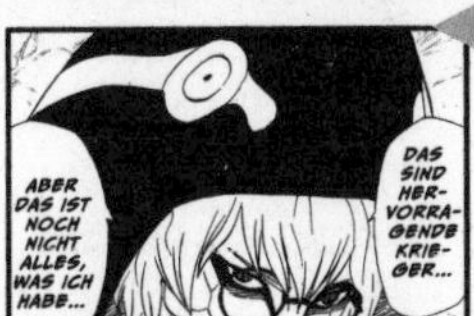

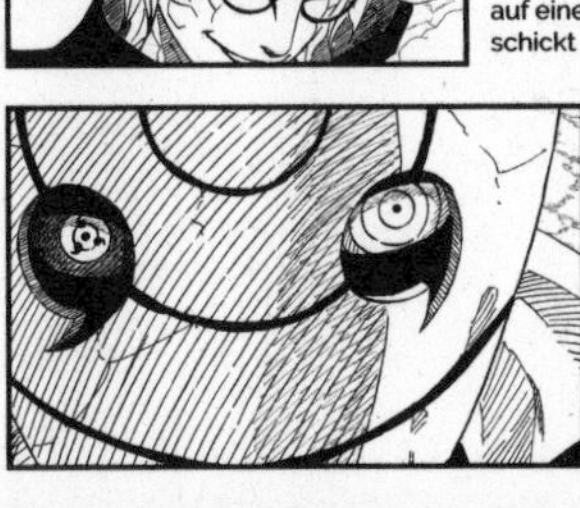

2 Die Albträume kehren zurück!! Edotensei und Rin'negan!!

Ohne vom Ausbruch des Vierten Ninja-Weltkriegs zu erfahren, wird Naruto auf eine einsame Insel geschickt – angeblich für eine streng geheime Mission. Während er versucht, Kyubis Chakra zu bändigen, begegnet er dem Chakra seiner verstorbenen Mutter. Er erfährt, dass seine Eltern ihr eigenes Leben geopfert haben, um die Zukunft der Ninja-Welt in seine Hände zu legen!

NARUTO

576 SEITEN MASSIV 100% NARUTO

INHALT

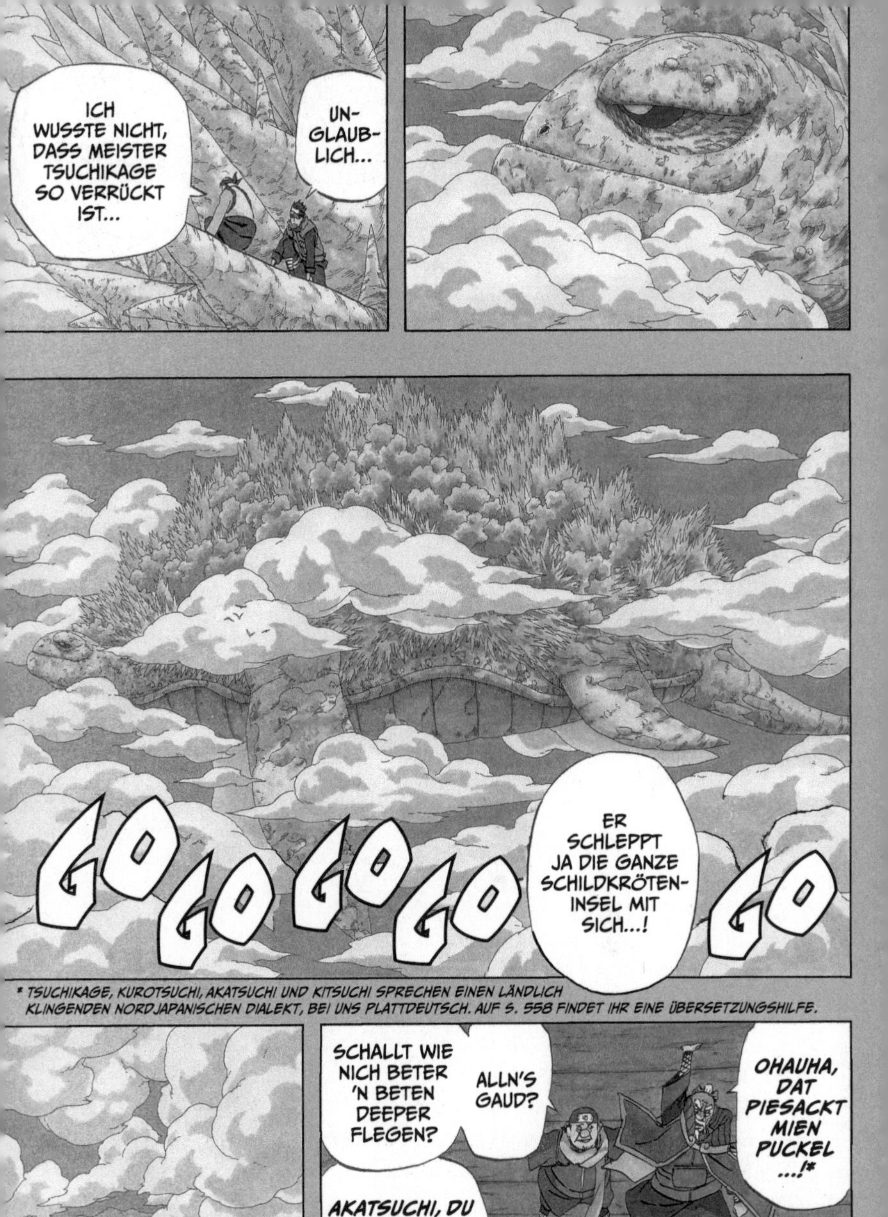

* TSUCHIKAGE, KUROTSUCHI, AKATSUCHI UND KITSUCHI SPRECHEN EINEN LÄNDLICH KLINGENDEN NORDJAPANISCHEN DIALEKT, BEI UNS PLATTDEUTSCH. AUF S. 558 FINDET IHR EINE ÜBERSETZUNGSHILFE.

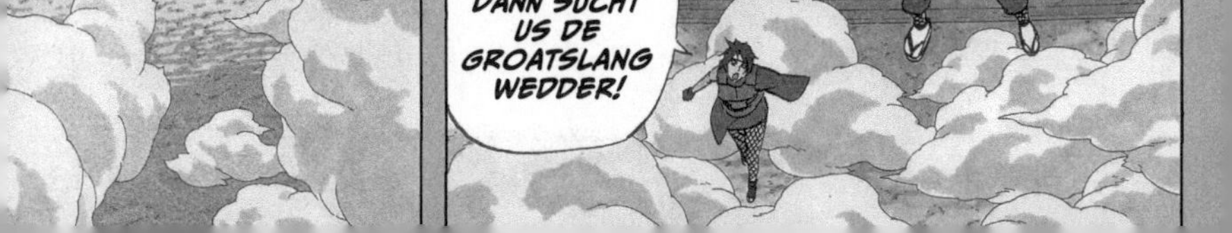

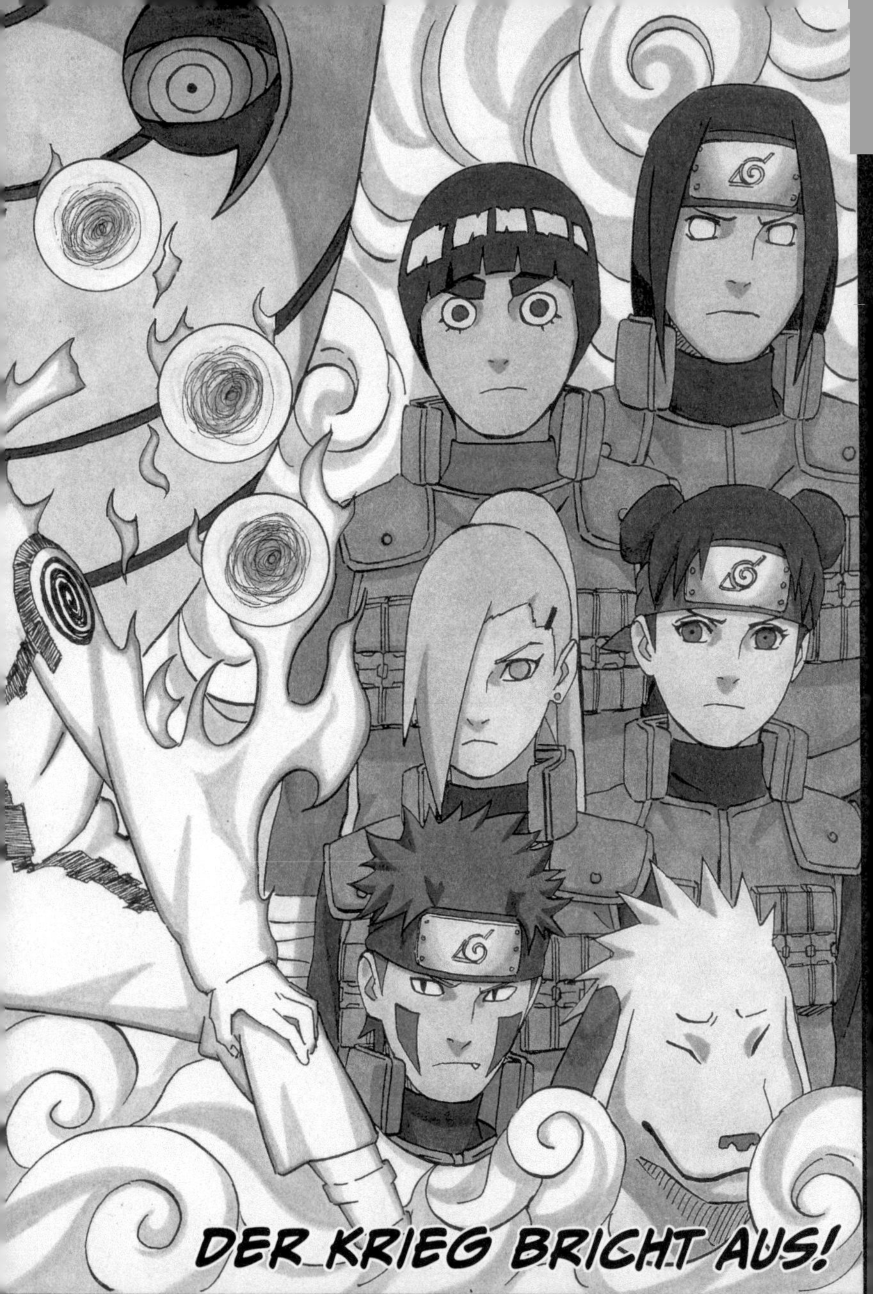
DER KRIEG BRICHT AUS!

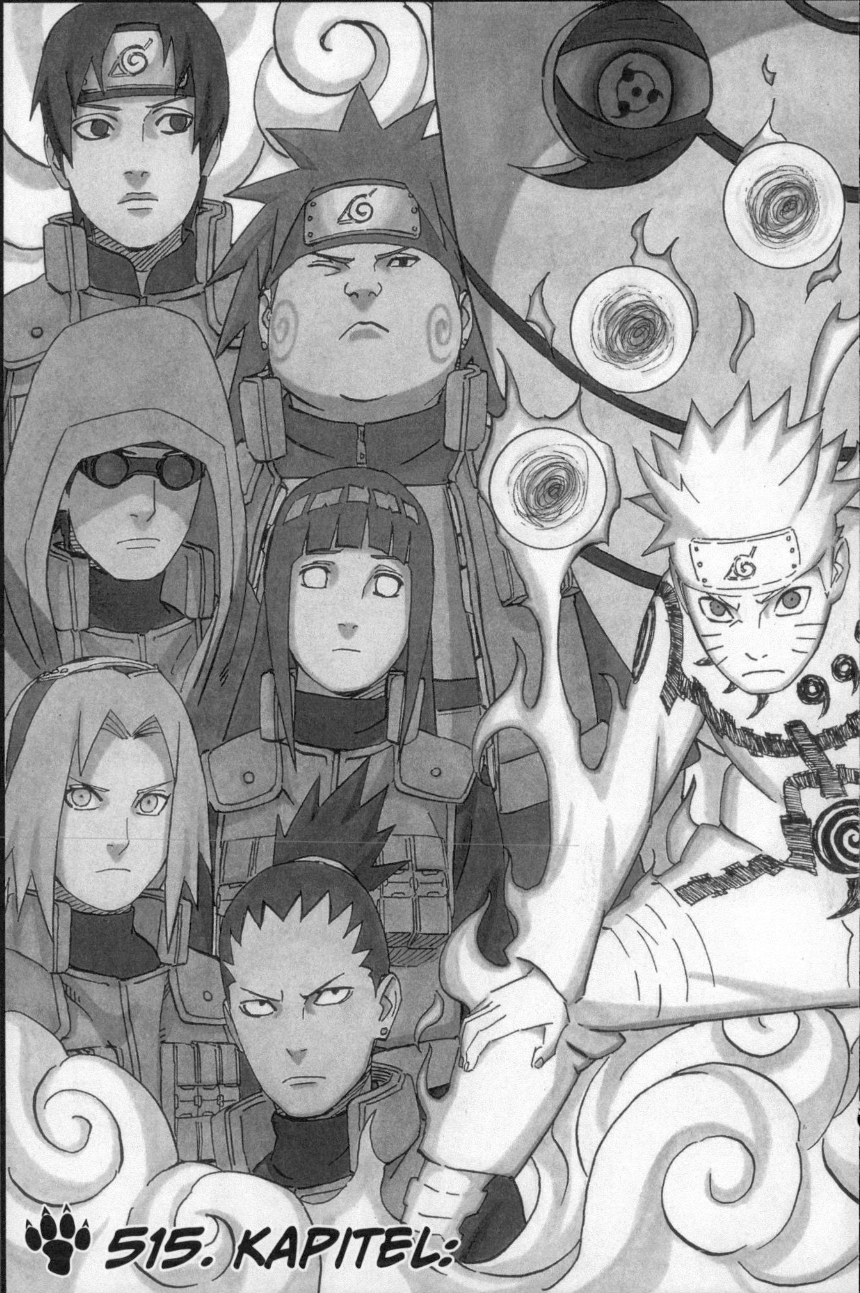
515. KAPITEL:

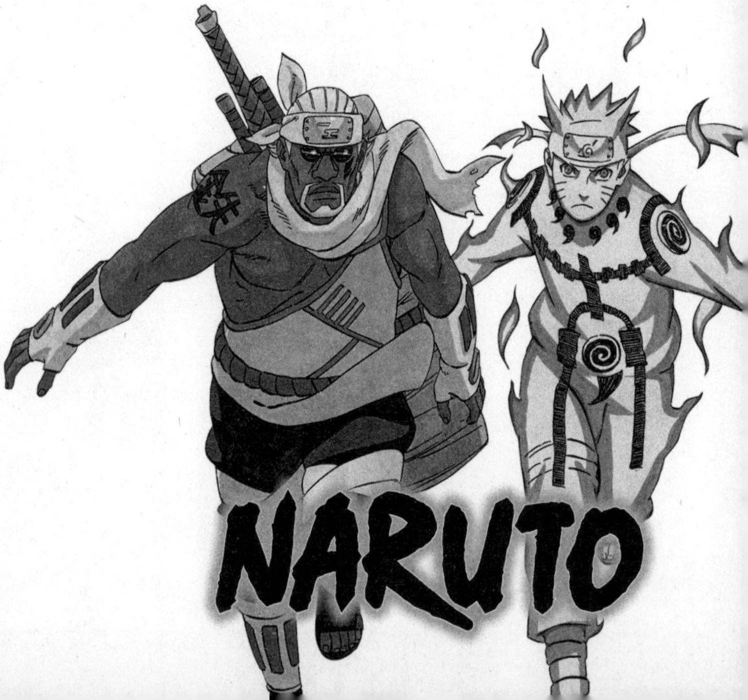
NARUTO

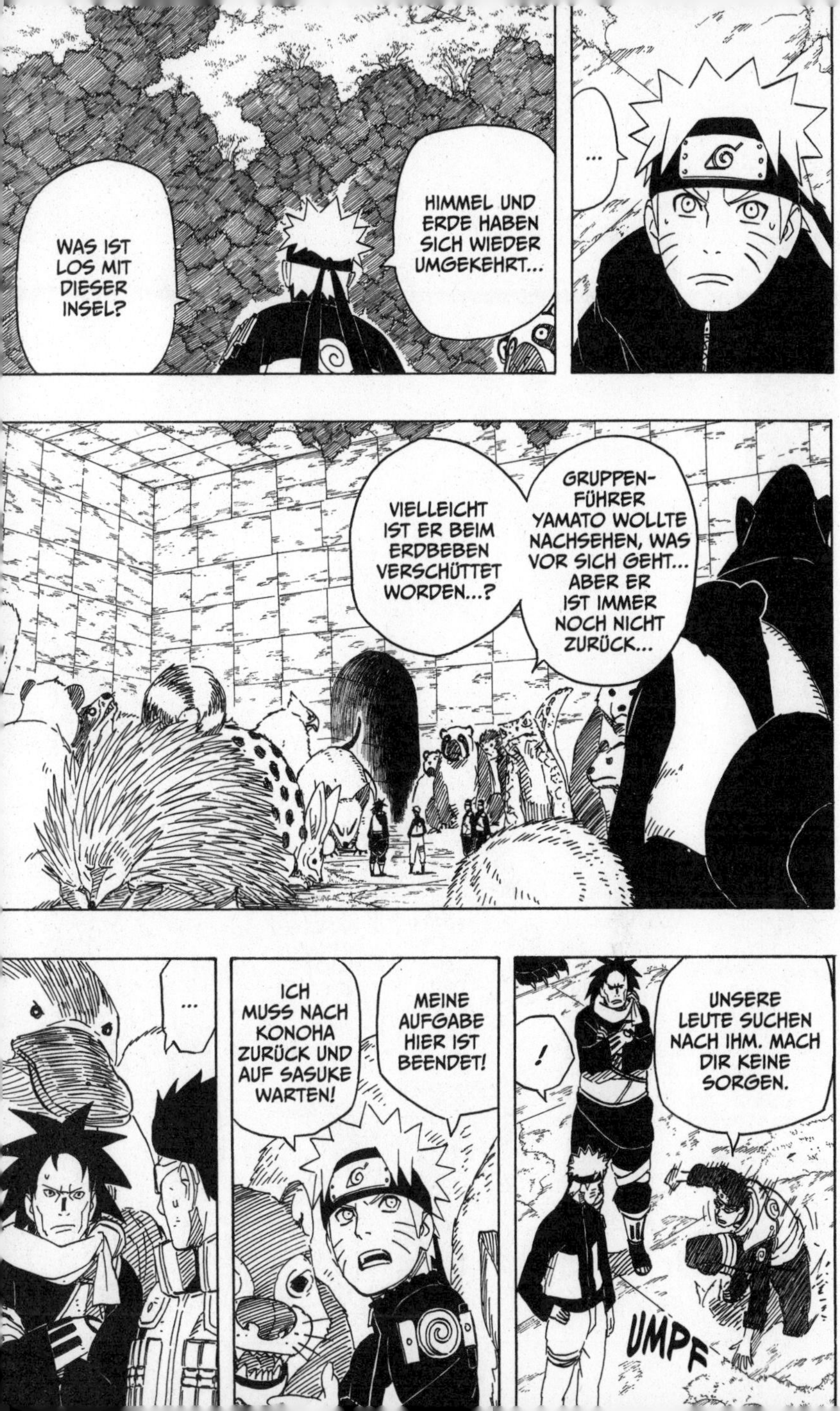
...
HIMMEL UND ERDE HABEN SICH WIEDER UMGEKEHRT...
WAS IST LOS MIT DIESER INSEL?
GRUPPEN-FÜHRER YAMATO WOLLTE NACHSEHEN, WAS VOR SICH GEHT... ABER ER IST IMMER NOCH NICHT ZURÜCK...
VIELLEICHT IST ER BEIM ERDBEBEN VERSCHÜTTET WORDEN...?
UNSERE LEUTE SUCHEN NACH IHM. MACH DIR KEINE SORGEN.
!
UMPF
MEINE AUFGABE HIER IST BEENDET!
ICH MUSS NACH KONOHA ZURÜCK UND AUF SASUKE WARTEN!
...

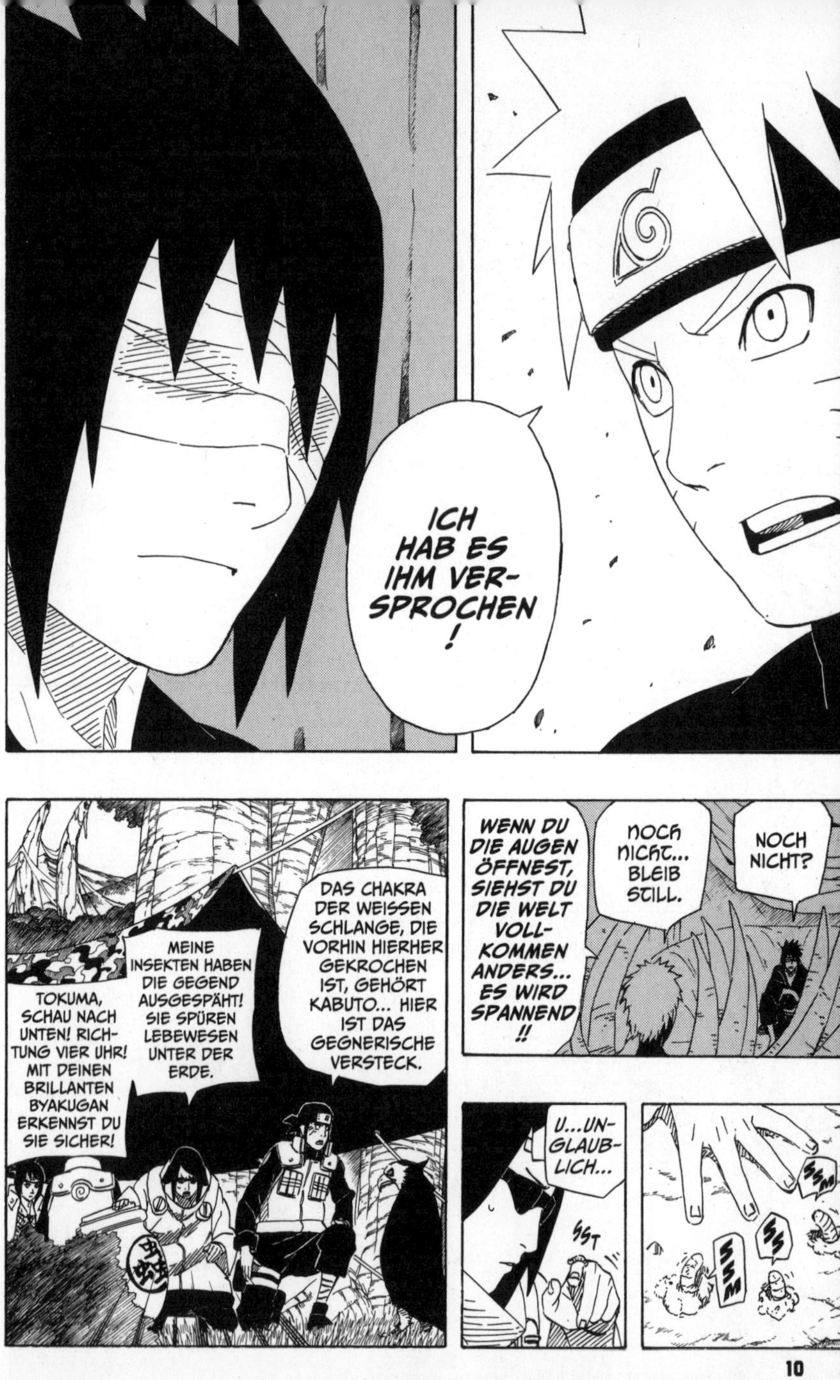
ICH HAB ES IHM VER-SPROCHEN !
NOCH NICHT?
NOCH NICHT... BLEIB STILL.
WENN DU DIE AUGEN ÖFFNEST, SIEHST DU DIE WELT VOLL-KOMMEN ANDERS... ES WIRD SPANNEND !!
DAS CHAKRA DER WEISSEN SCHLANGE, DIE VORHIN HIERHER GEKROCHEN IST, GEHÖRT KABUTO... HIER IST DAS GEGNERISCHE VERSTECK.
MEINE INSEKTEN HABEN DIE GEGEND AUSGESPÄHT! SIE SPÜREN LEBEWESEN UNTER DER ERDE.
TOKUMA, SCHAU NACH UNTEN! RICH-TUNG VIER UHR! MIT DEINEN BRILLANTEN BYAKUGAN ERKENNST DU SIE SICHER!
SSM
SS
SSM
U...UN-GLAUB-LICH...
SST

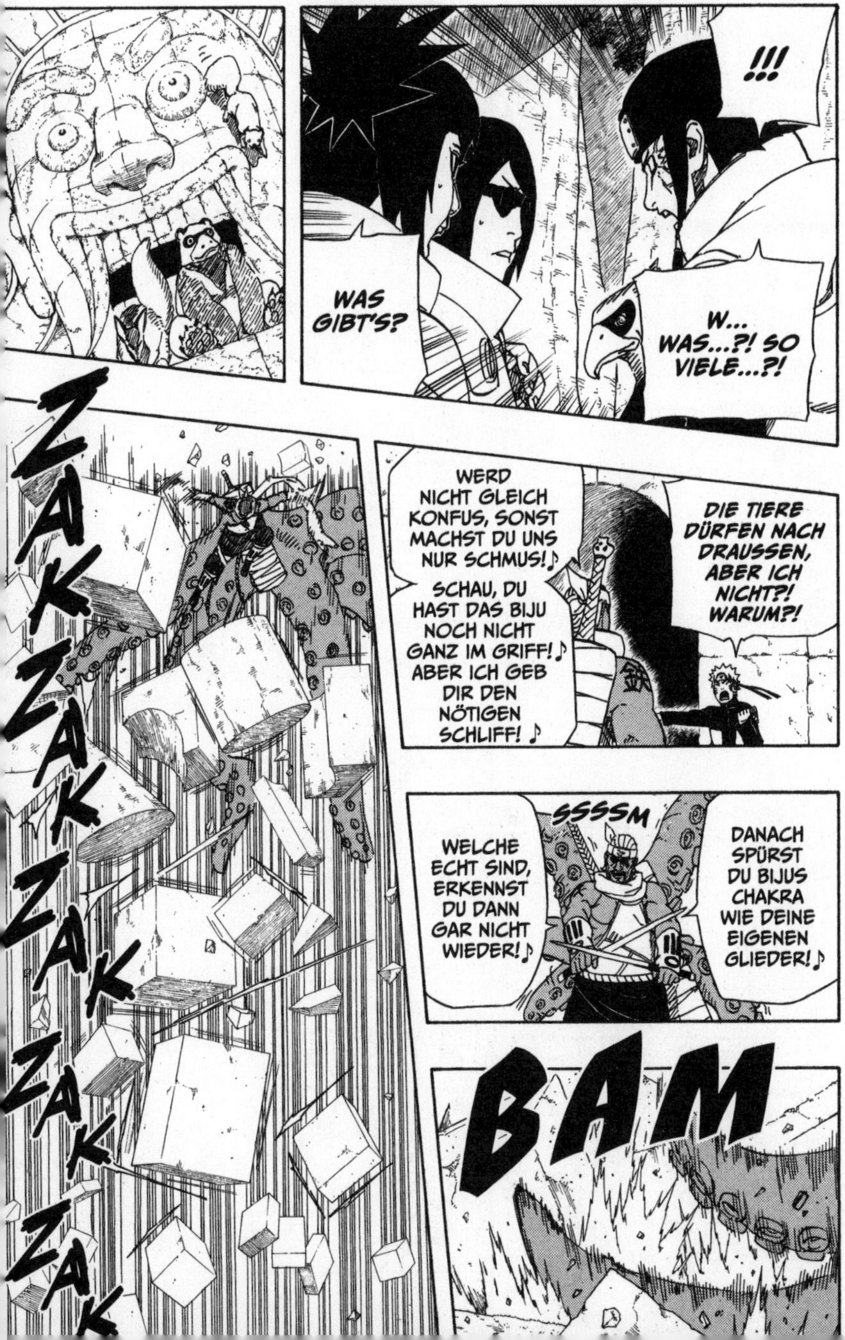
!!!
W... WAS...?! SO VIELE...?!
WAS GIBT'S?
DIE TIERE DÜRFEN NACH DRAUSSEN, ABER ICH NICHT?! WARUM?!
WERD NICHT GLEICH KONFUS, SONST MACHST DU UNS NUR SCHMUS!♪
SCHAU, DU HAST DAS BIJU NOCH NICHT GANZ IM GRIFF!♪ ABER ICH GEB DIR DEN NÖTIGEN SCHLIFF! ♪
ZAK ZAK ZAK ZAK ZAK ZAK ZAK
SSSSM
DANACH SPÜRST DU BIJUS CHAKRA WIE DEINE EIGENEN GLIEDER!♪
WELCHE ECHT SIND, ERKENNST DU DANN GAR NICHT WIEDER!♪
BAM

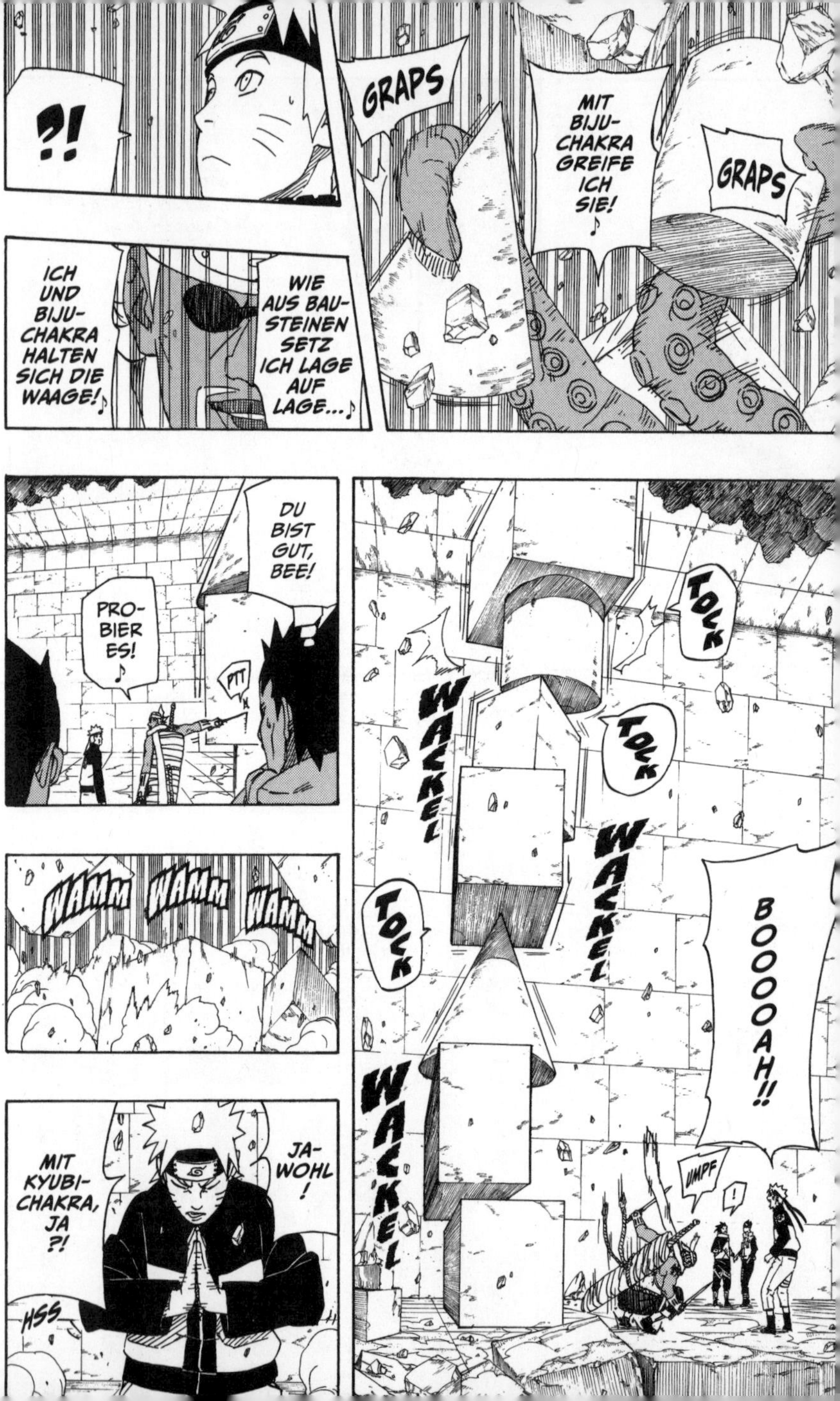
GRAPS
MIT BIJU-CHAKRA GREIFE ICH SIE! ♪
GRAPS
?!
WIE AUS BAUSTEINEN SETZ ICH LAGE AUF LAGE…♪
ICH UND BIJU-CHAKRA HALTEN SICH DIE WAAGE! ♪
DU BIST GUT, BEE!
PROBIER ES! ♪
PTT
WAMM
WAMM
WAMM
JAWOHL!
MIT KYUBI-CHAKRA, JA?!
HSS
TOCK
TOCK
WACKEL
WACKEL
TOCK
WACKEL
BOOOOOAH!!
UMPF
!

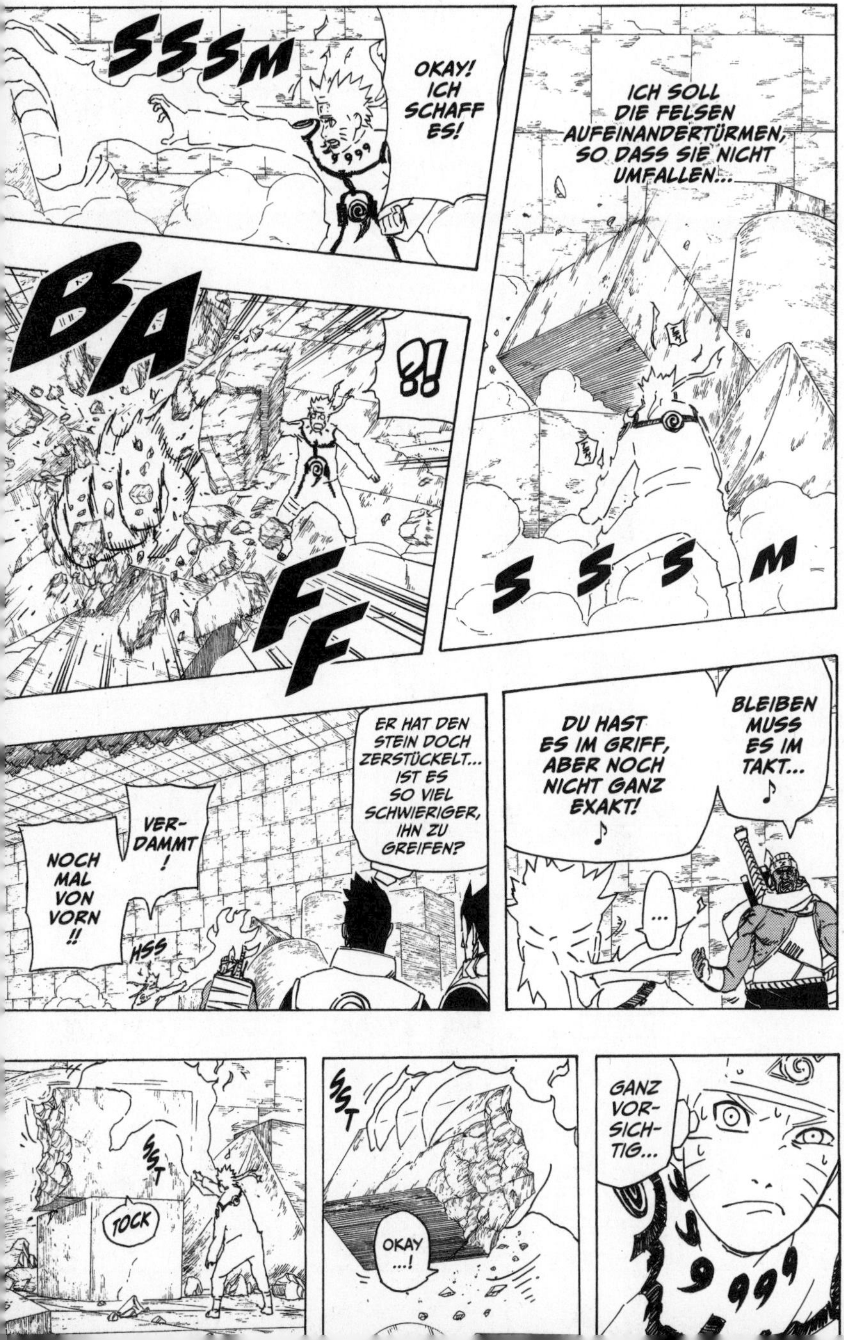
ICH SOLL DIE FELSEN AUFEINANDERTÜRMEN, SO DASS SIE NICHT UMFALLEN...
SSSSM
SSSM
OKAY! ICH SCHAFF ES!
?!!
BAFF
BLEIBEN MUSS ES IM TAKT... ♪
DU HAST ES IM GRIFF, ABER NOCH NICHT GANZ EXAKT! ♪
...
ER HAT DEN STEIN DOCH ZERSTÜCKELT... IST ES SO VIEL SCHWIERIGER, IHN ZU GREIFEN?
VER-DAMMT!
NOCH MAL VON VORN!!
HSS
GANZ VOR-SICH-TIG...
SST
OKAY ...!
SST
TOCK

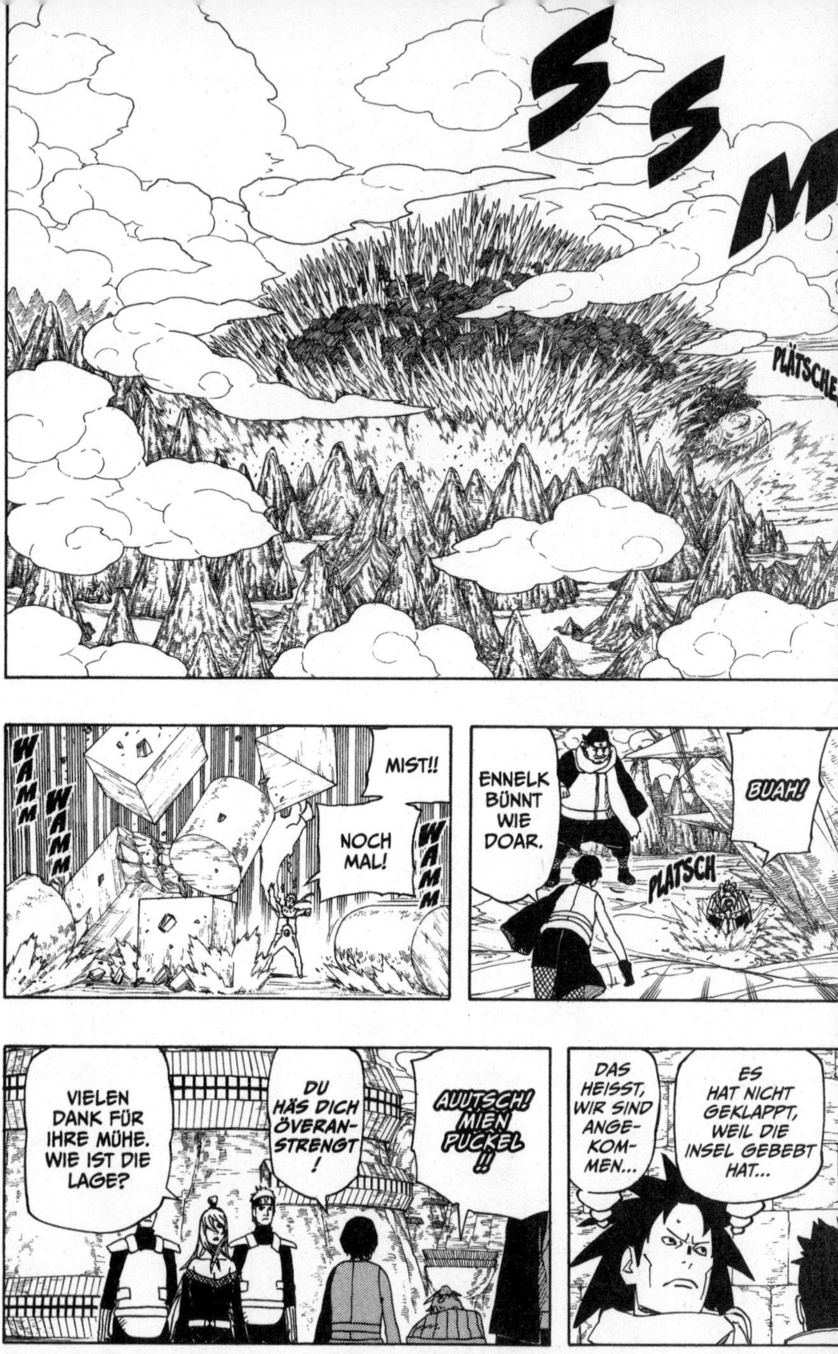
SSM
PLÄTSCHE
BUAH!
PLATSCH
ENNELK BÜNNT WIE DOAR.
WAMM
MIST!!
NOCH MAL!
WAMM
WAMM
WAMM
ES HAT NICHT GEKLAPPT, WEIL DIE INSEL GEBEBT HAT...
DAS HEISST, WIR SIND ANGE-KOM-MEN...
AUUTSCH! MIEN PUCKEL!!
DU HÄS DICH ÖVERAN-STRENGT!
VIELEN DANK FÜR IHRE MÜHE. WIE IST DIE LAGE?

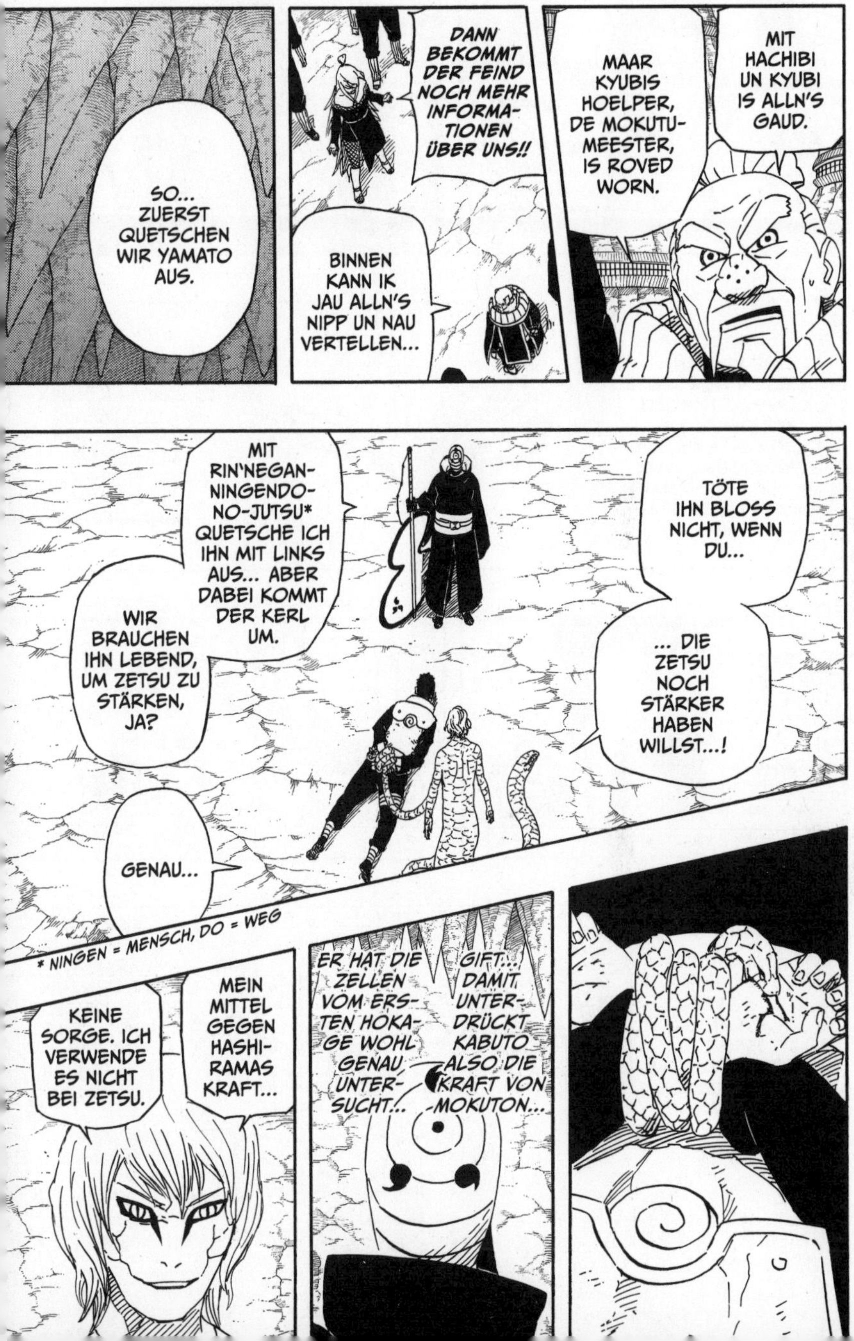
MIT HACHIBI UN KYUBI IS ALLN'S GAUD.
MAAR KYUBIS HOELPER, DE MOKUTU-MEESTER, IS ROVED WORN.
DANN BEKOMMT DER FEIND NOCH MEHR INFORMATIONEN ÜBER UNS!!
BINNEN KANN IK JAU ALLN'S NIPP UN NAU VERTELLEN...
SO... ZUERST QUETSCHEN WIR YAMATO AUS.
TÖTE IHN BLOSS NICHT, WENN DU...
... DIE ZETSU NOCH STÄRKER HABEN WILLST...!
MIT RIN'NEGAN-NINGENDO-NO-JUTSU* QUETSCHE ICH IHN MIT LINKS AUS... ABER DABEI KOMMT DER KERL UM.
WIR BRAUCHEN IHN LEBEND, UM ZETSU ZU STÄRKEN, JA?
GENAU...
* NINGEN = MENSCH, DO = WEG
GIFT... DAMIT UNTERDRÜCKT KABUTO ALSO DIE KRAFT VON MOKUTON...
ER HAT DIE ZELLEN VOM ERSTEN HOKAGE WOHL GENAU UNTERSUCHT...
MEIN MITTEL GEGEN HASHIRAMAS KRAFT...
KEINE SORGE. ICH VERWENDE ES NICHT BEI ZETSU.

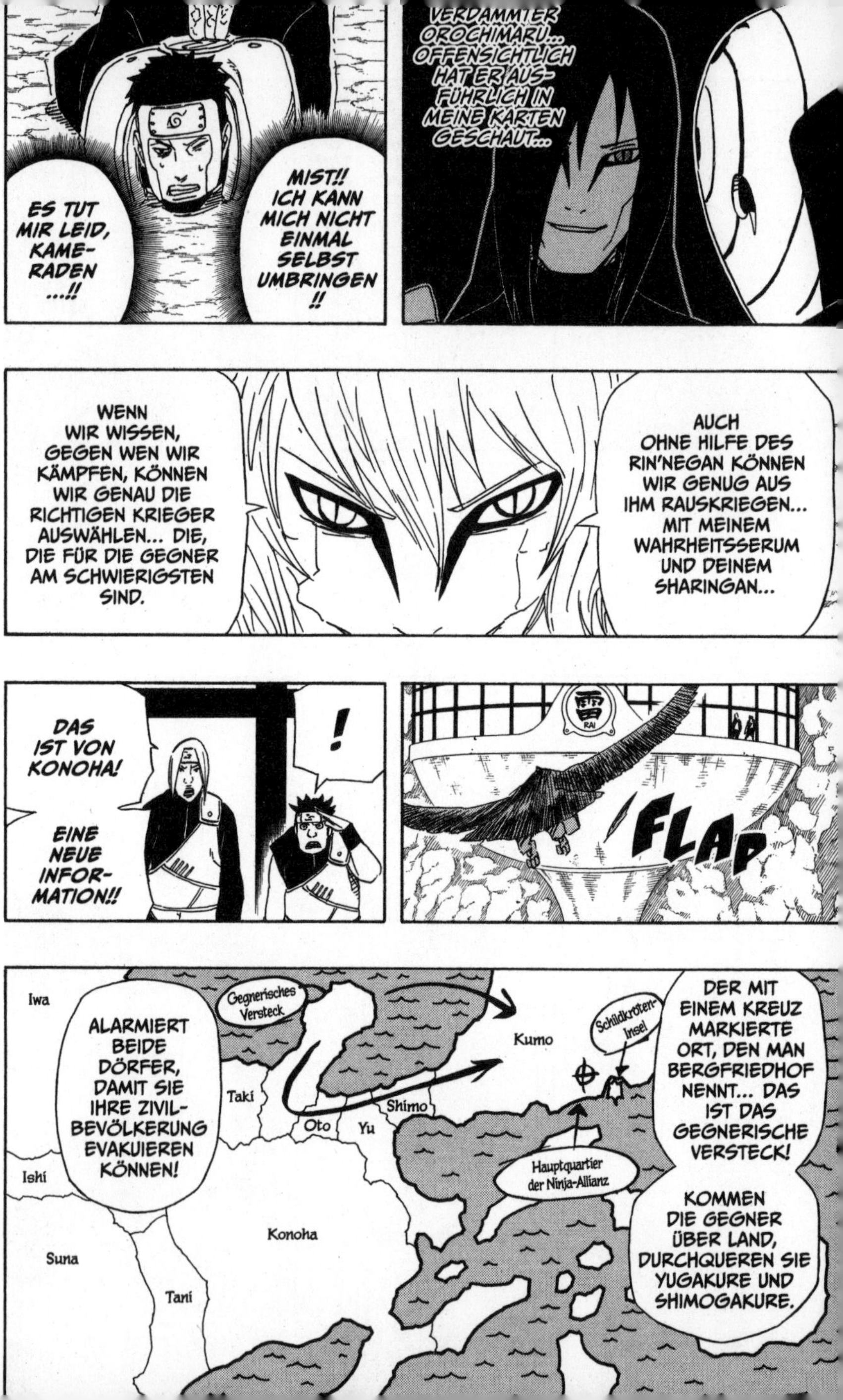
VERDAMMTER OROCHIMARU... OFFENSICHTLICH HAT ER AUSFÜHRLICH IN MEINE KARTEN GESCHAUT...
MIST!! ICH KANN MICH NICHT EINMAL SELBST UMBRINGEN!!
ES TUT MIR LEID, KAMERADEN...!!
AUCH OHNE HILFE DES RIN'NEGAN KÖNNEN WIR GENUG AUS IHM RAUSKRIEGEN... MIT MEINEM WAHRHEITSSERUM UND DEINEM SHARINGAN...
WENN WIR WISSEN, GEGEN WEN WIR KÄMPFEN, KÖNNEN WIR GENAU DIE RICHTIGEN KRIEGER AUSWÄHLEN... DIE, DIE FÜR DIE GEGNER AM SCHWIERIGSTEN SIND.
RAI
FLAP
!
DAS IST VON KONOHA!
EINE NEUE INFORMATION!!
DER MIT EINEM KREUZ MARKIERTE ORT, DEN MAN BERGFRIEDHOF NENNT... DAS IST DAS GEGNERISCHE VERSTECK!
KOMMEN DIE GEGNER ÜBER LAND, DURCHQUEREN SIE YUGAKURE UND SHIMOGAKURE.
ALARMIERT BEIDE DÖRFER, DAMIT SIE IHRE ZIVILBEVÖLKERUNG EVAKUIEREN KÖNNEN!
Iwa
Gegnerisches Versteck
Kumo
Schildkröten-Insel
Taki
Oto
Yu
Shimo
Hauptquartier der Ninja-Allianz
Ishi
Konoha
Suna
Tani

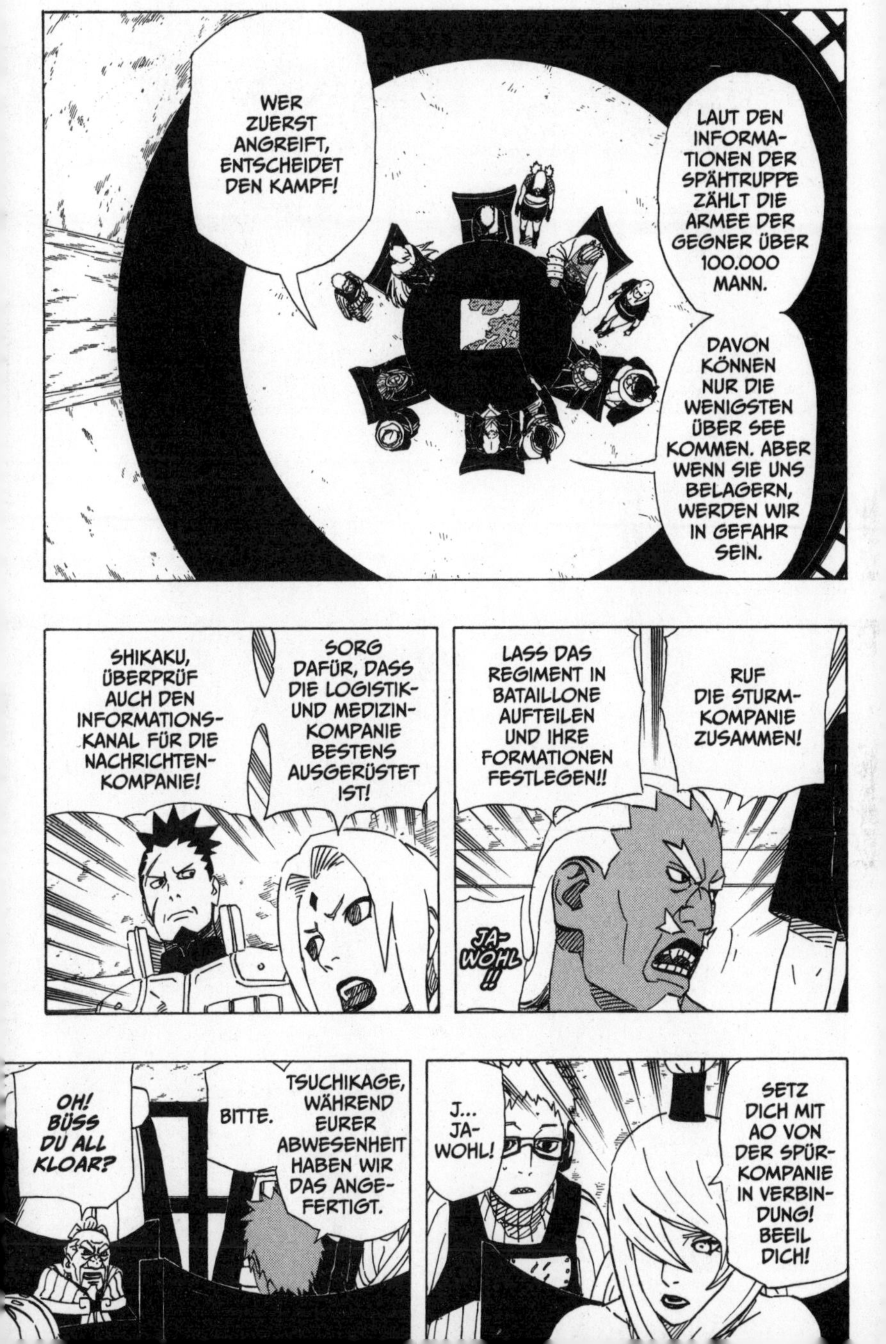
LAUT DEN INFORMATIONEN DER SPÄHTRUPPE ZÄHLT DIE ARMEE DER GEGNER ÜBER 100.000 MANN.
DAVON KÖNNEN NUR DIE WENIGSTEN ÜBER SEE KOMMEN. ABER WENN SIE UNS BELAGERN, WERDEN WIR IN GEFAHR SEIN.
WER ZUERST ANGREIFT, ENTSCHEIDET DEN KAMPF!
RUF DIE STURM-KOMPANIE ZUSAMMEN!
LASS DAS REGIMENT IN BATAILLONE AUFTEILEN UND IHRE FORMATIONEN FESTLEGEN!!
JAWOHL!!
SORG DAFÜR, DASS DIE LOGISTIK- UND MEDIZIN-KOMPANIE BESTENS AUSGERÜSTET IST!
SHIKAKU, ÜBERPRÜF AUCH DEN INFORMATIONS-KANAL FÜR DIE NACHRICHTEN-KOMPANIE!
SETZ DICH MIT AO VON DER SPÜR-KOMPANIE IN VERBIN-DUNG! BEEIL DICH!
J... JA-WOHL!
TSUCHIKAGE, WÄHREND EURER ABWESENHEIT HABEN WIR DAS ANGE-FERTIGT.
BITTE.
OH! BÜSS DU ALL KLOAR?

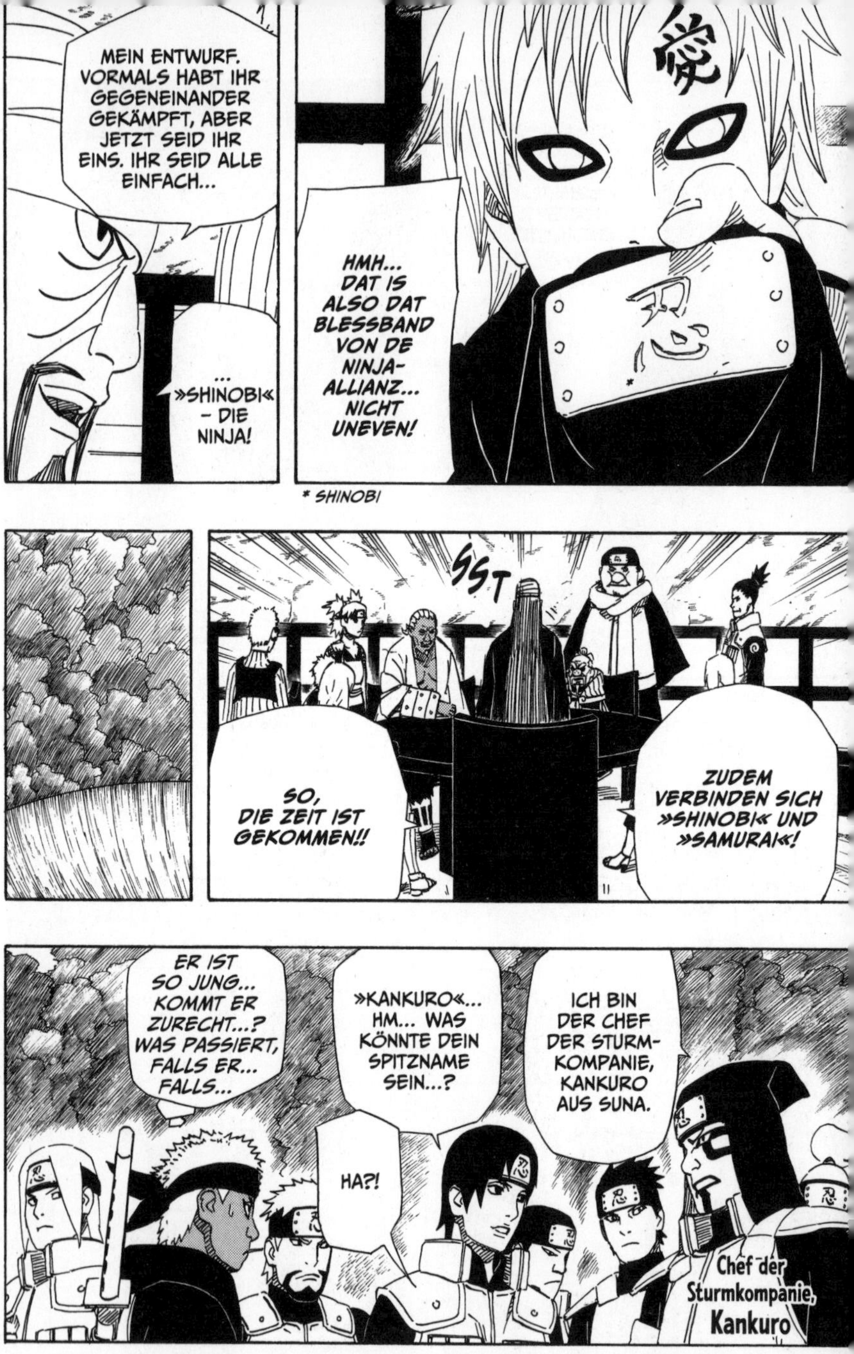

HMH... DAT IS ALSO DAT BLESSBAND VON DE NINJA-ALLIANZ... NICHT UNEVEN!
MEIN ENTWURF. VORMALS HABT IHR GEGENEINANDER GEKÄMPFT, ABER JETZT SEID IHR EINS. IHR SEID ALLE EINFACH...
... »SHINOBI« – DIE NINJA!
* SHINOBI
SST
ZUDEM VERBINDEN SICH »SHINOBI« UND »SAMURAI«!
SO, DIE ZEIT IST GEKOMMEN!!
ICH BIN DER CHEF DER STURM-KOMPANIE, KANKURO AUS SUNA.
»KANKURO«... HM... WAS KÖNNTE DEIN SPITZNAME SEIN...?
HA?!
ER IST SO JUNG... KOMMT ER ZURECHT...? WAS PASSIERT, FALLS ER... FALLS...
Chef der Sturmkompanie, Kankuro

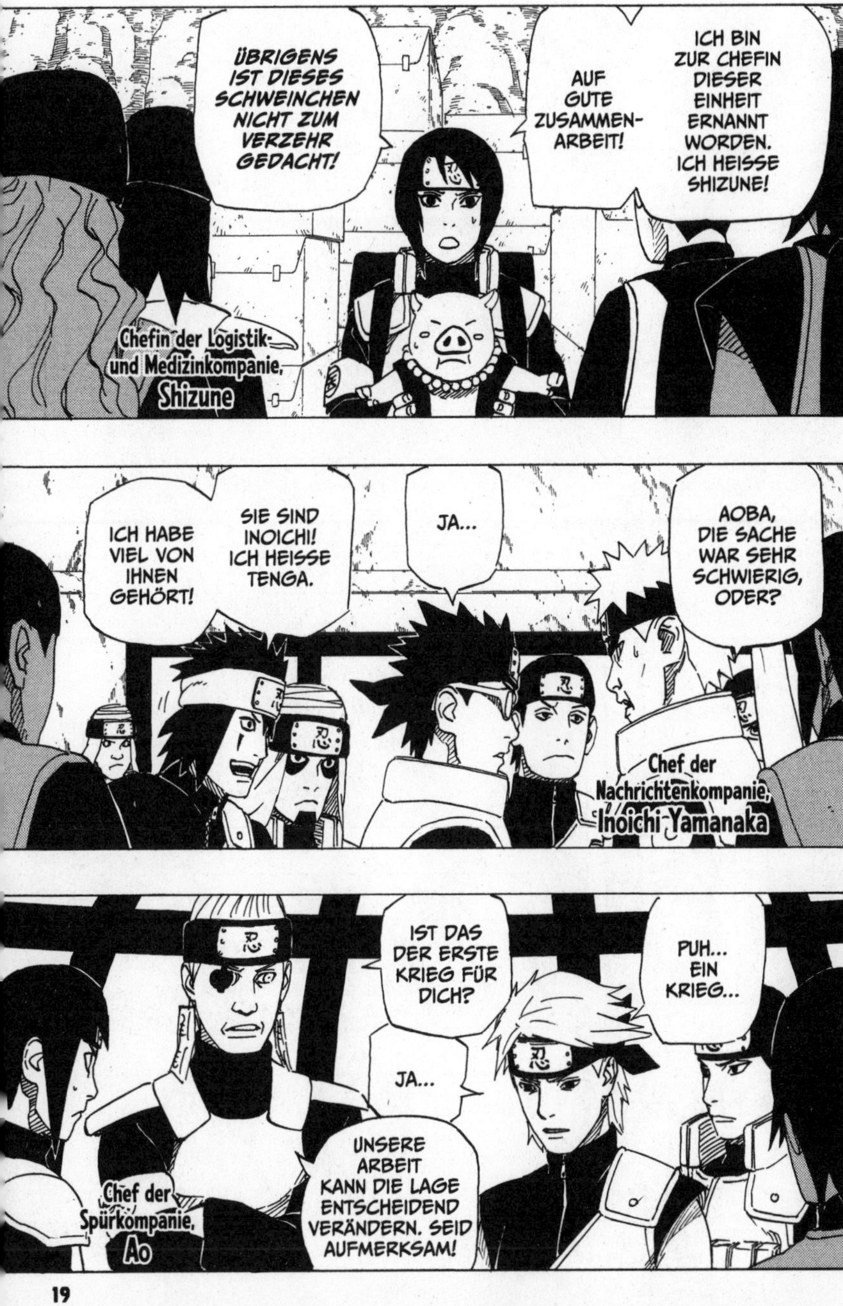
ICH BIN ZUR CHEFIN DIESER EINHEIT ERNANNT WORDEN. ICH HEISSE SHIZUNE!
AUF GUTE ZUSAMMEN-ARBEIT!
ÜBRIGENS IST DIESES SCHWEINCHEN NICHT ZUM VERZEHR GEDACHT!
Chefin der Logistik- und Medizinkompanie, Shizune
AOBA, DIE SACHE WAR SEHR SCHWIERIG, ODER?
JA...
SIE SIND INOICHI! ICH HEISSE TENGA.
ICH HABE VIEL VON IHNEN GEHÖRT!
Chef der Nachrichtenkompanie, Inoichi Yamanaka
PUH... EIN KRIEG...
IST DAS DER ERSTE KRIEG FÜR DICH?
JA...
UNSERE ARBEIT KANN DIE LAGE ENTSCHEIDEND VERÄNDERN. SEID AUFMERKSAM!
Chef der Spürkompanie, Ao

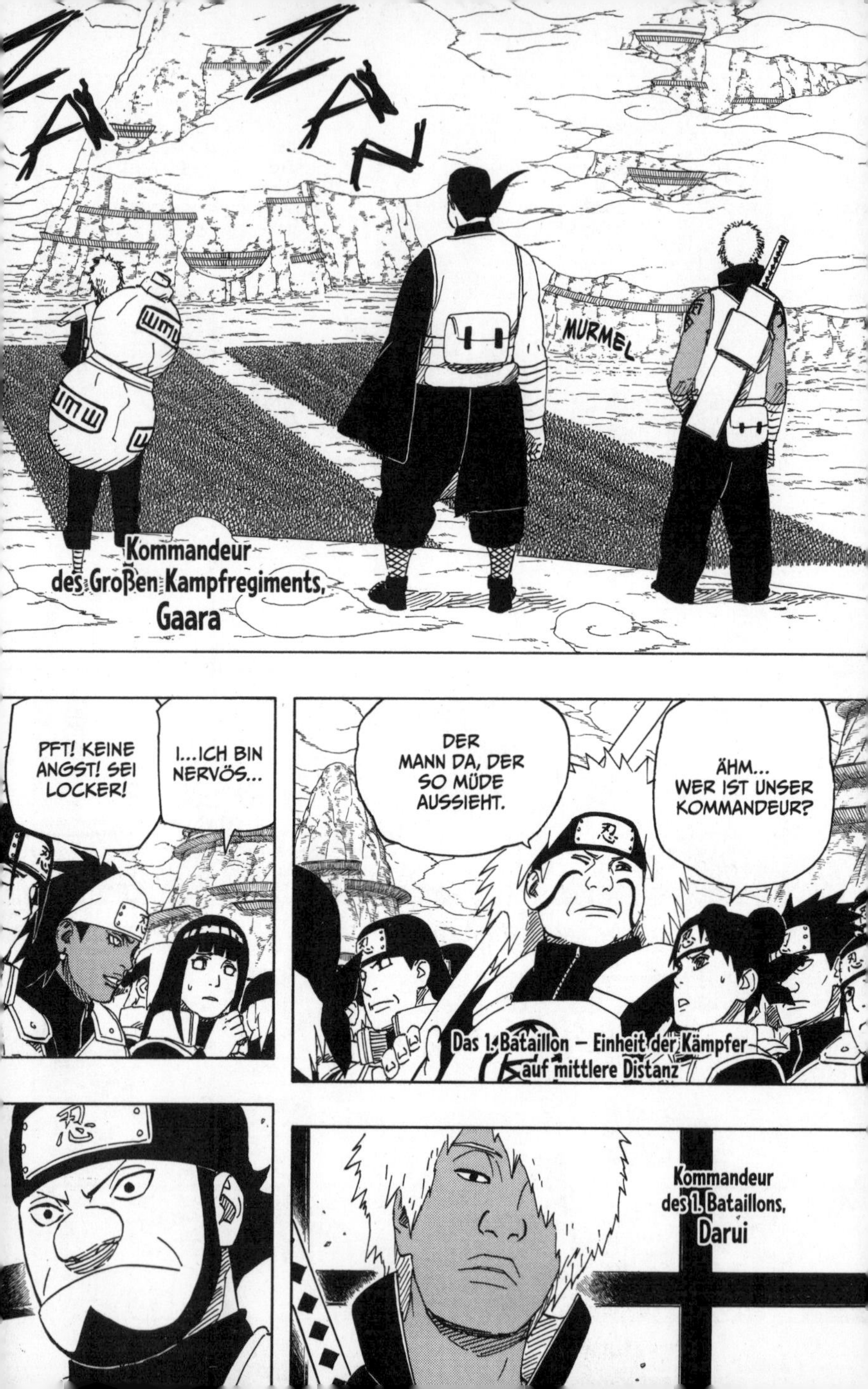
ZAN ZAN
MURMEL
Kommandeur des Großen Kampfregiments, Gaara
ÄHM... WER IST UNSER KOMMANDEUR?
DER MANN DA, DER SO MÜDE AUSSIEHT.
Das 1. Bataillon – Einheit der Kämpfer auf mittlere Distanz
I...ICH BIN NERVÖS...
PFT! KEINE ANGST! SEI LOCKER!
Kommandeur des 1. Bataillons, Darui

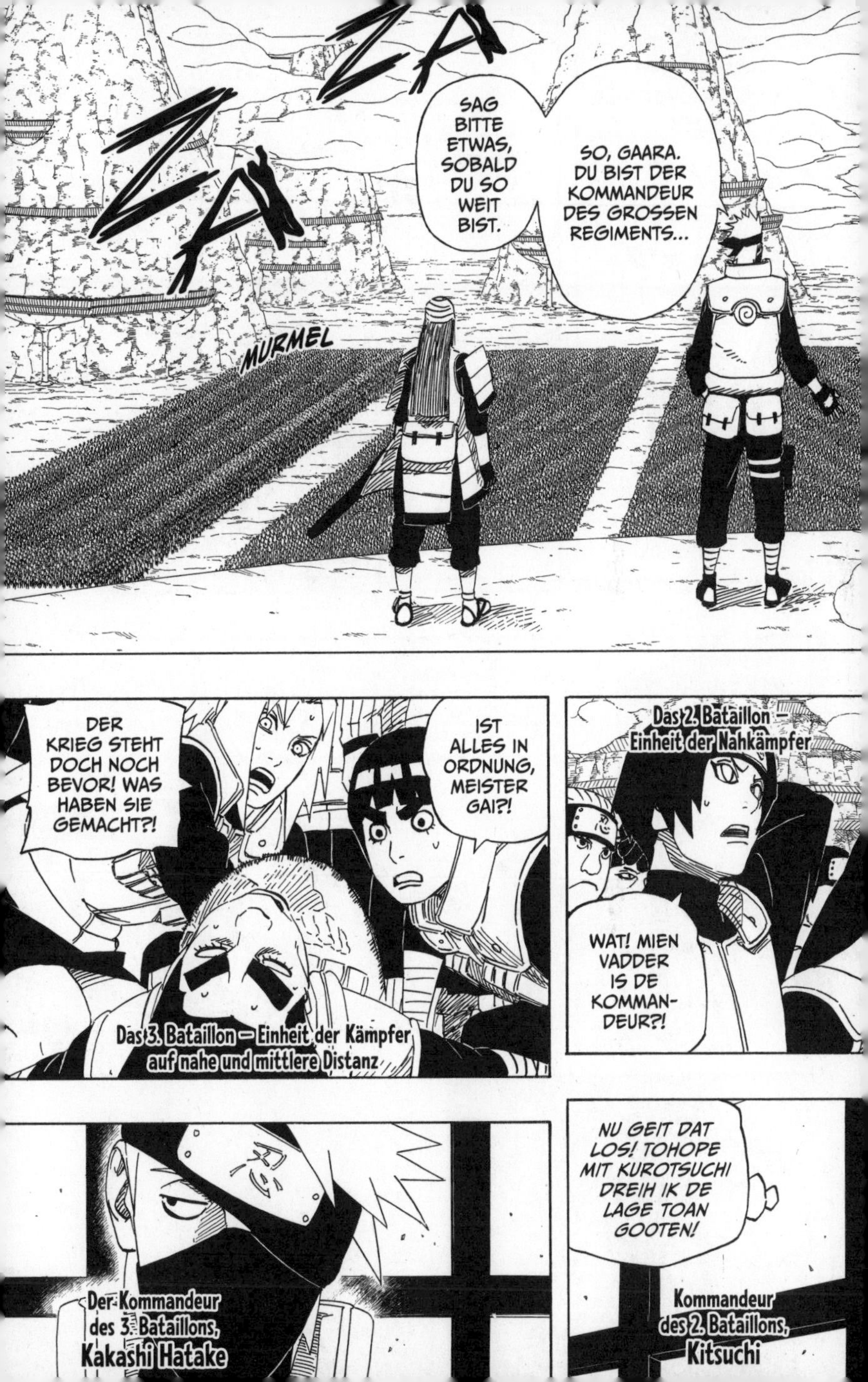
ZA ZA
ZA ZA
SO, GAARA. DU BIST DER KOMMANDEUR DES GROSSEN REGIMENTS...
SAG BITTE ETWAS, SOBALD DU SO WEIT BIST.
MURMEL
Das 2. Bataillon – Einheit der Nahkämpfer
WAT! MIEN VADDER IS DE KOMMANDEUR?!
IST ALLES IN ORDNUNG, MEISTER GAI?!
DER KRIEG STEHT DOCH NOCH BEVOR! WAS HABEN SIE GEMACHT?!
Das 3. Bataillon – Einheit der Kämpfer auf nahe und mittlere Distanz
NU GEIT DAT LOS! TOHOPE MIT KUROTSUCHI DREIH IK DE LAGE TOAN GOOTEN!
Kommandeur des 2. Bataillons, Kitsuchi
Der Kommandeur des 3. Bataillons, Kakashi Hatake

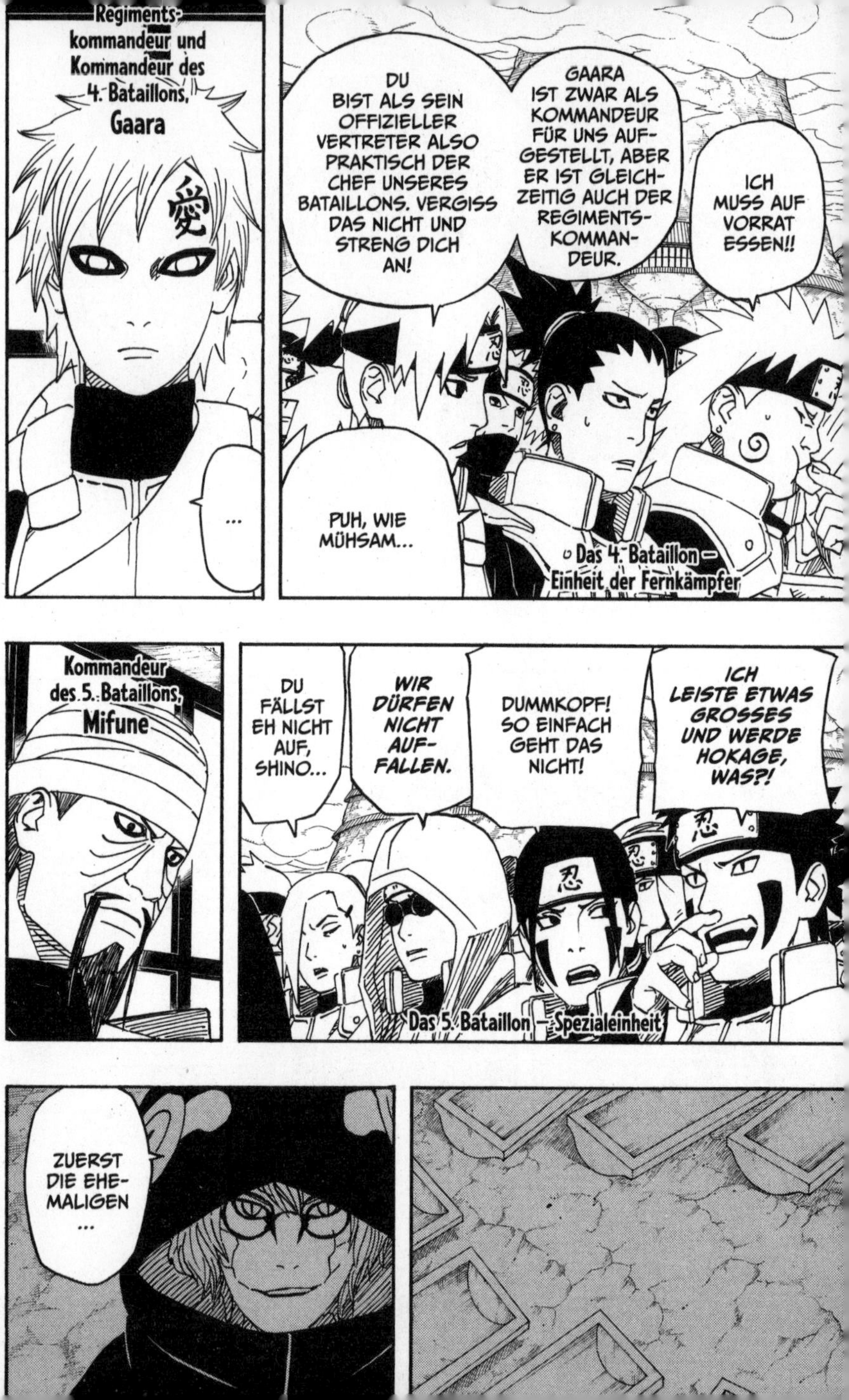
ICH MUSS AUF VORRAT ESSEN!!
GAARA IST ZWAR ALS KOMMANDEUR FÜR UNS AUFGESTELLT, ABER ER IST GLEICHZEITIG AUCH DER REGIMENTSKOMMANDEUR.
DU BIST ALS SEIN OFFIZIELLER VERTRETER ALSO PRAKTISCH DER CHEF UNSERES BATAILLONS. VERGISS DAS NICHT UND STRENG DICH AN!
PUH, WIE MÜHSAM...
Das 4. Bataillon – Einheit der Fernkämpfer
Regimentskommandeur und Kommandeur des 4. Bataillons, Gaara
...
ICH LEISTE ETWAS GROSSES UND WERDE HOKAGE, WAS?!
DUMMKOPF! SO EINFACH GEHT DAS NICHT!
WIR DÜRFEN NICHT AUFFALLEN.
DU FÄLLST EH NICHT AUF, SHINO...
Das 5. Bataillon – Spezialeinheit
Kommandeur des 5. Bataillons, Mifune
ZUERST DIE EHEMALIGEN ...

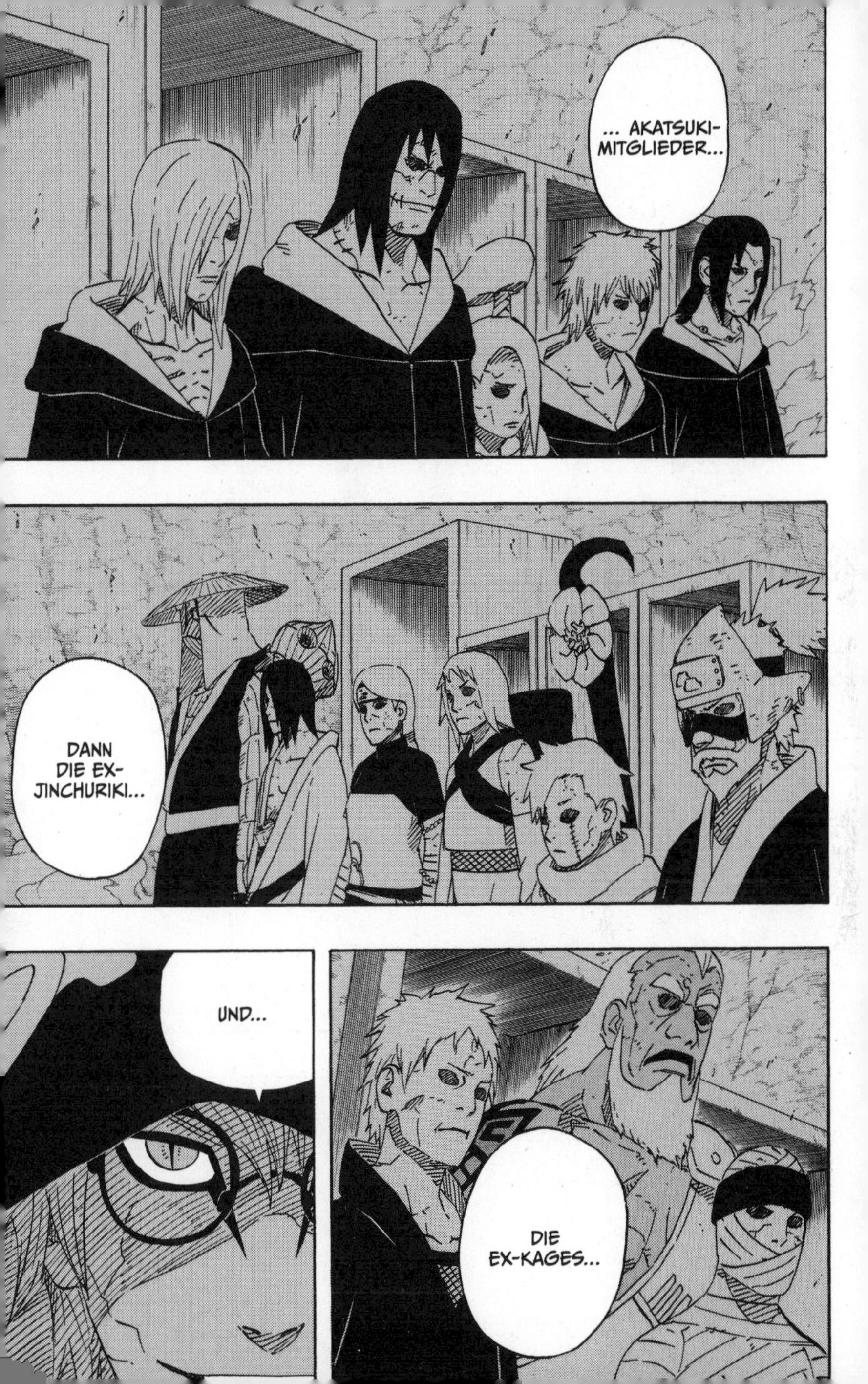

... AKATSUKI-
MITGLIEDER...
DANN
DIE EX-
JINCHURIKI...
UND...
DIE
EX-KAGES...

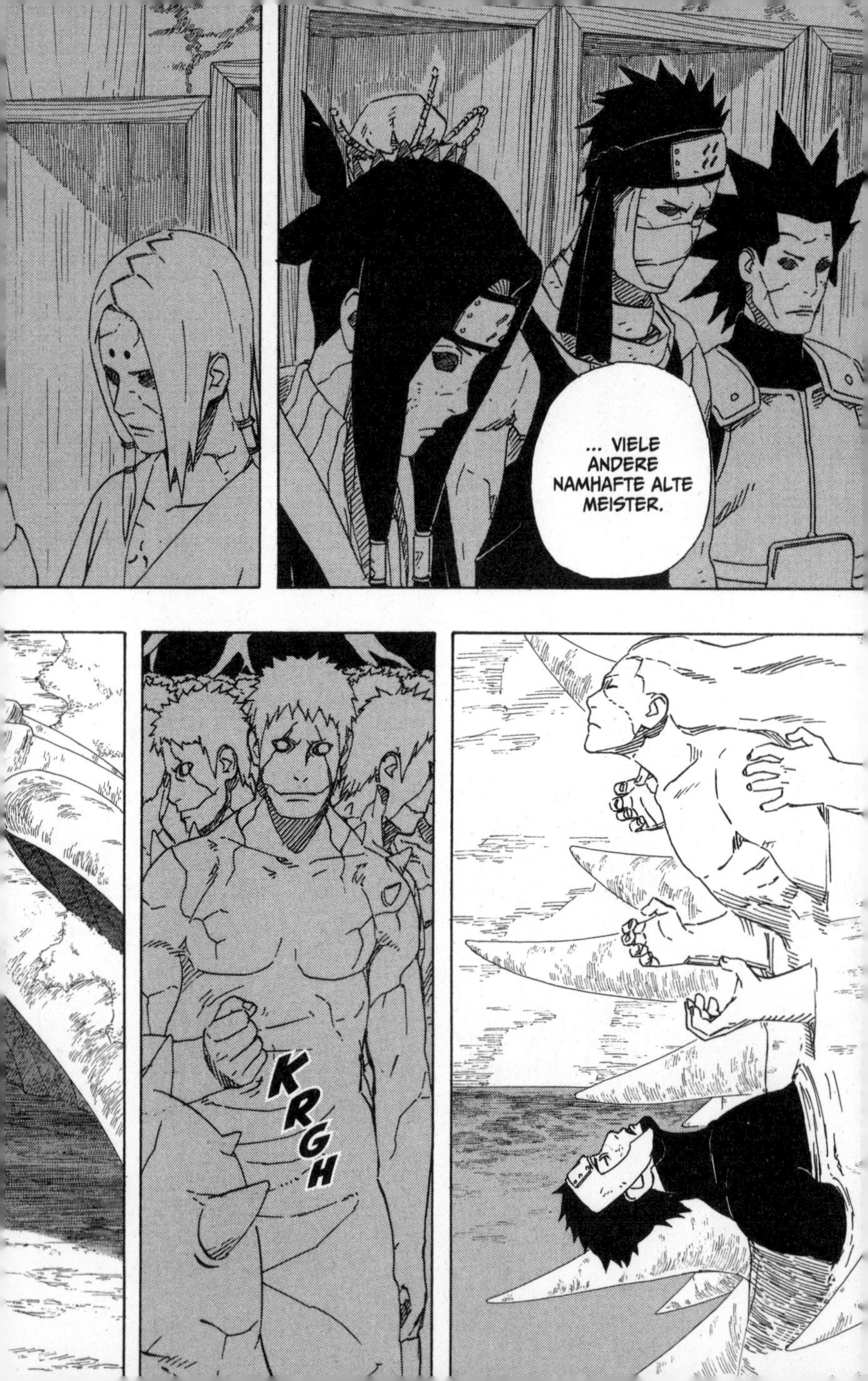
... VIELE ANDERE NAMHAFTE ALTE MEISTER.
KRGH

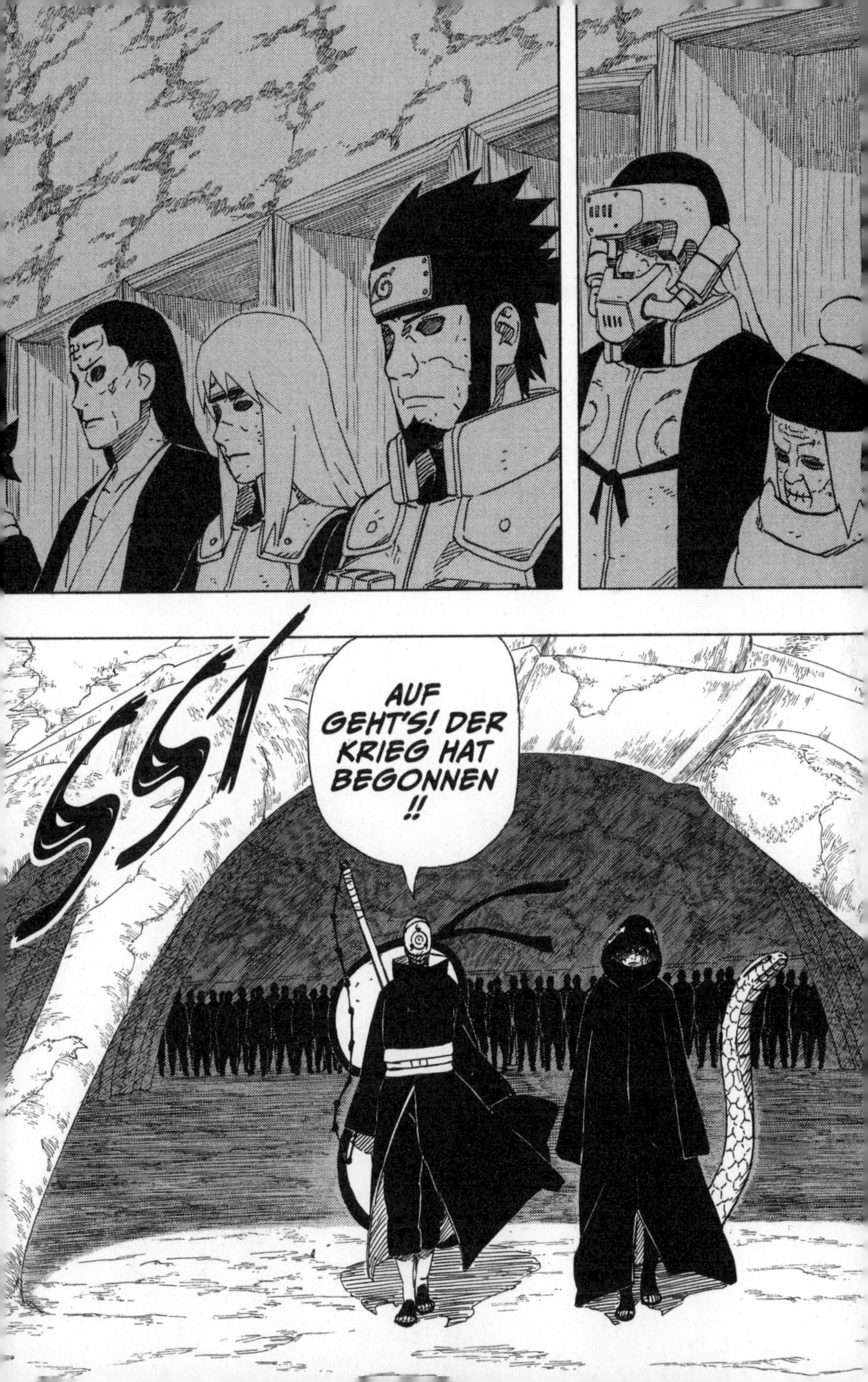
AUF GEHT'S! DER KRIEG HAT BEGONNEN !!
SST

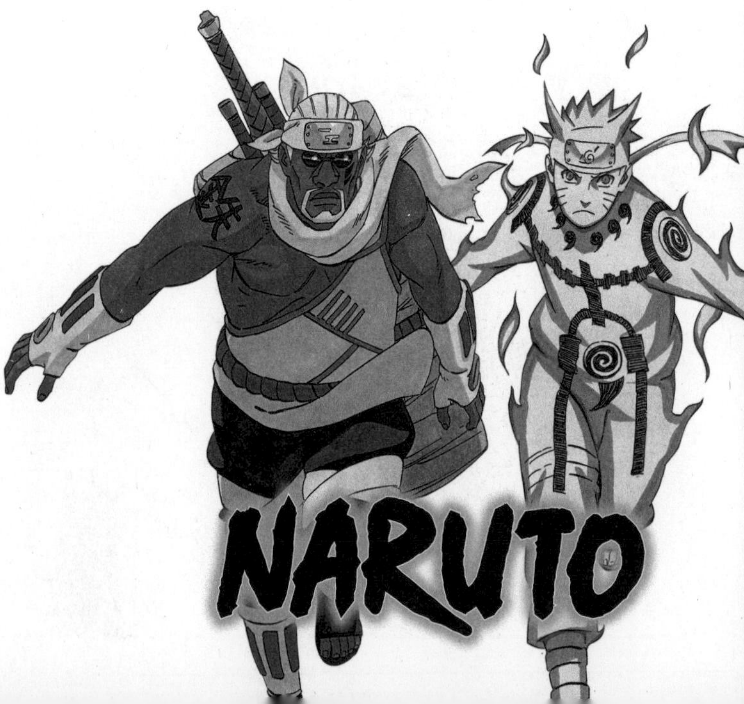
NARUTO

516. Kapitel: Gaaras Rede

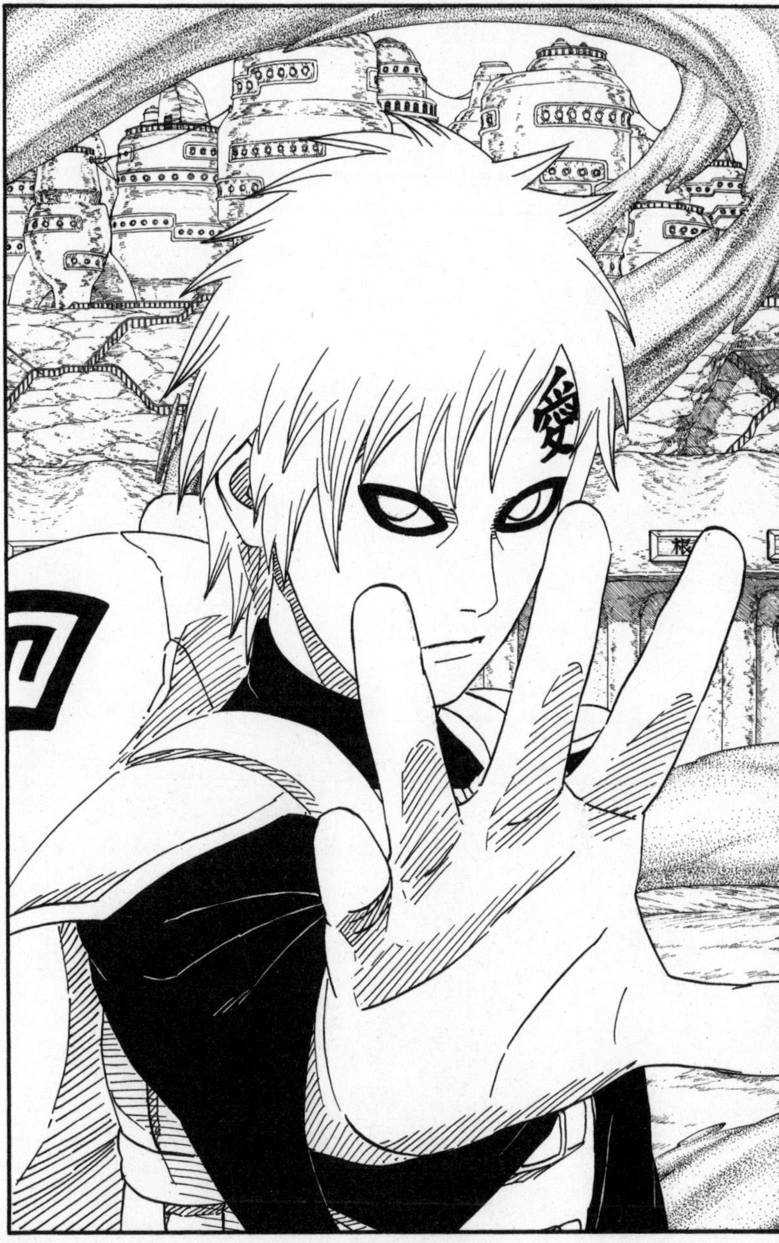

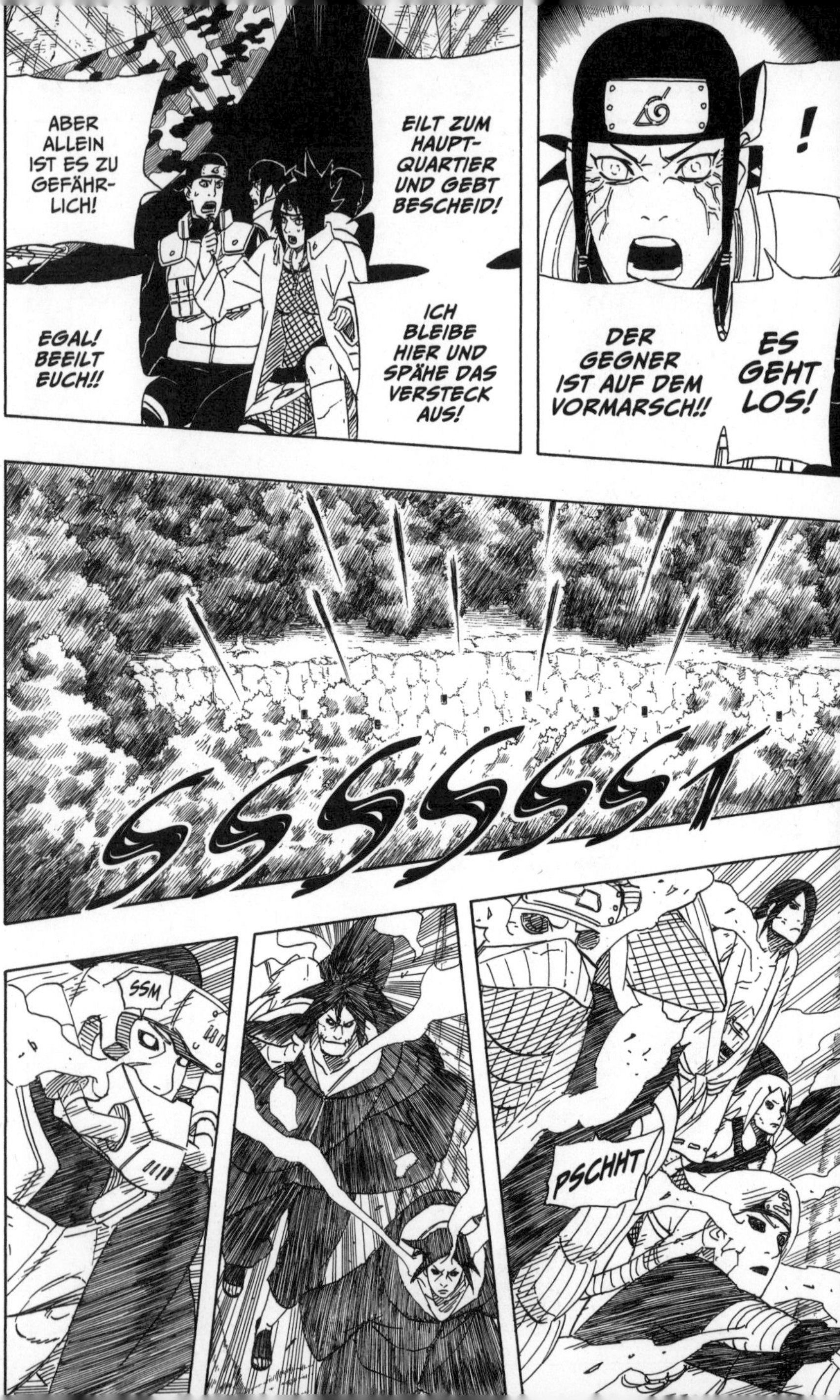
!
ES GEHT LOS!
DER GEGNER IST AUF DEM VORMARSCH!!
EILT ZUM HAUPT-QUARTIER UND GEBT BESCHEID!
ICH BLEIBE HIER UND SPÄHE DAS VERSTECK AUS!
ABER ALLEIN IST ES ZU GEFÄHR-LICH!
EGAL! BEEILT EUCH!!
SSSSSST
PSCHHT
SSM

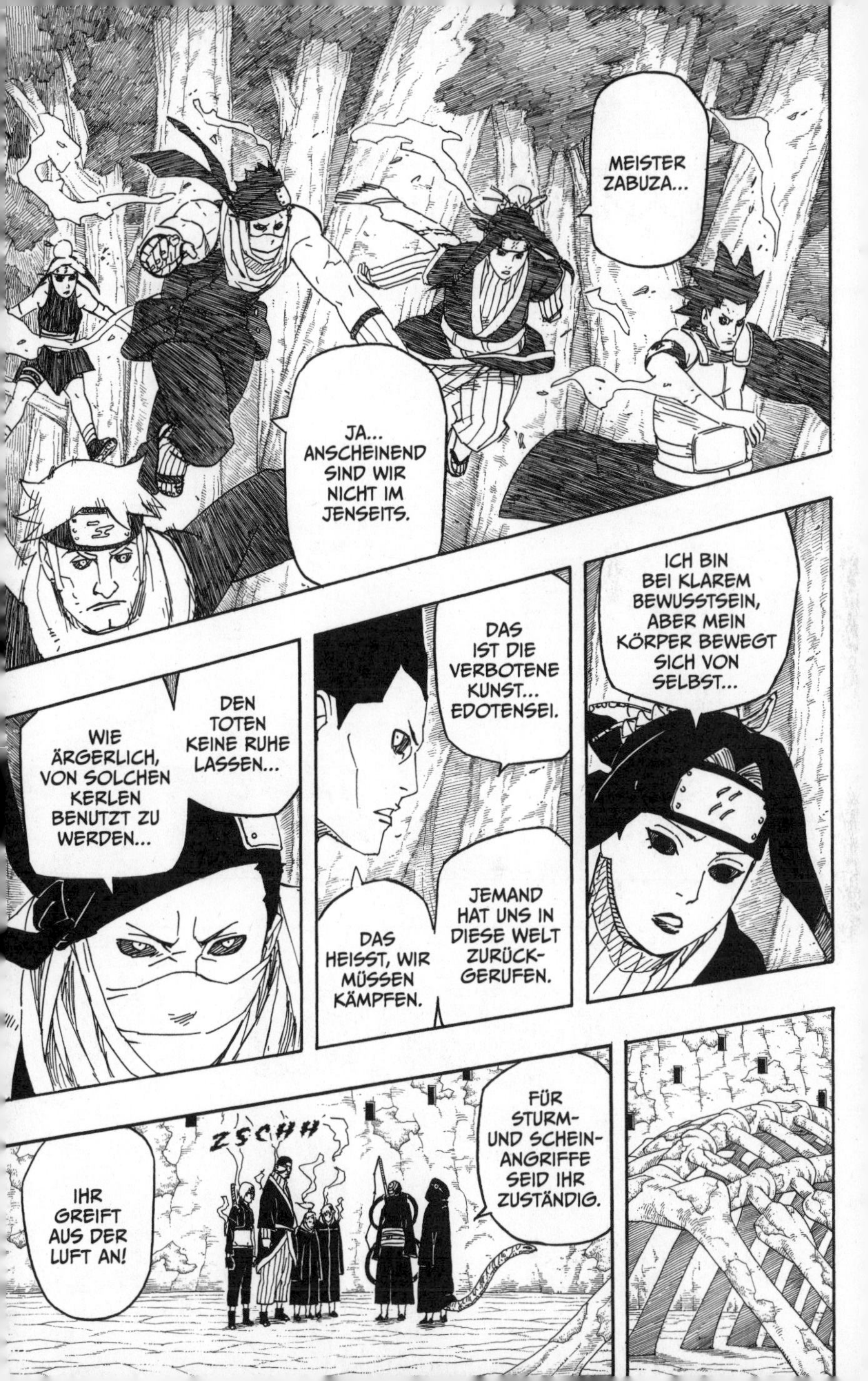
MEISTER ZABUZA...
JA... ANSCHEINEND SIND WIR NICHT IM JENSEITS.
ICH BIN BEI KLAREM BEWUSSTSEIN, ABER MEIN KÖRPER BEWEGT SICH VON SELBST...
DAS IST DIE VERBOTENE KUNST... EDOTENSEI.
JEMAND HAT UNS IN DIESE WELT ZURÜCK-GERUFEN.
DAS HEISST, WIR MÜSSEN KÄMPFEN.
DEN TOTEN KEINE RUHE LASSEN...
WIE ÄRGERLICH, VON SOLCHEN KERLEN BENUTZT ZU WERDEN...
FÜR STURM- UND SCHEIN-ANGRIFFE SEID IHR ZUSTÄNDIG.
ZSCHH
IHR GREIFT AUS DER LUFT AN!

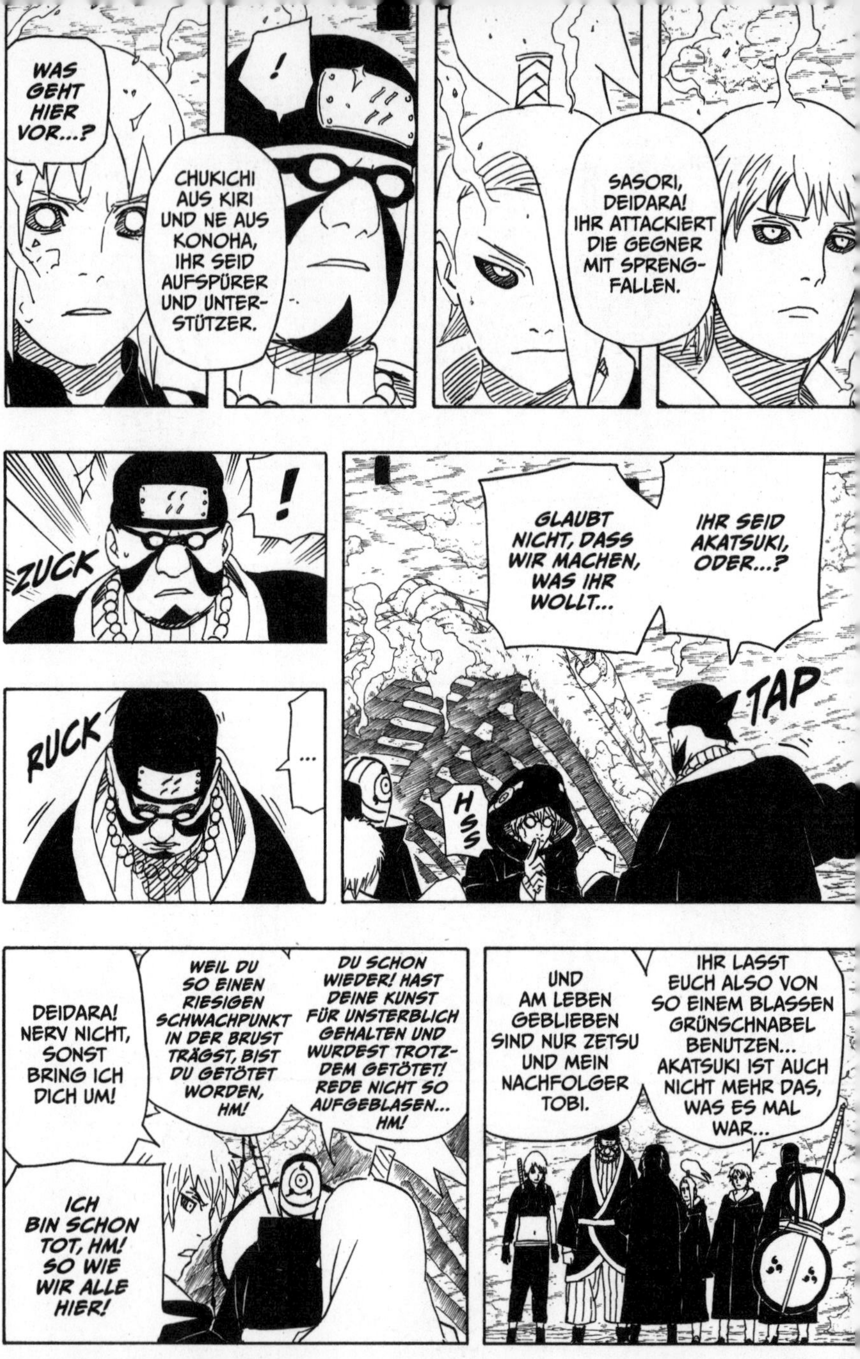
SASORI, DEIDARA! IHR ATTACKIERT DIE GEGNER MIT SPRENG-FALLEN.
!
CHUKICHI AUS KIRI UND NE AUS KONOHA, IHR SEID AUFSPÜRER UND UNTER-STÜTZER.
WAS GEHT HIER VOR...?
IHR SEID AKATSUKI, ODER...?
GLAUBT NICHT, DASS WIR MACHEN, WAS IHR WOLLT...
TAP
HSS
!
ZUCK
...
RUCK
IHR LASST EUCH ALSO VON SO EINEM BLASSEN GRÜNSCHNABEL BENUTZEN... AKATSUKI IST AUCH NICHT MEHR DAS, WAS ES MAL WAR...
UND AM LEBEN GEBLIEBEN SIND NUR ZETSU UND MEIN NACHFOLGER TOBI.
DU SCHON WIEDER! HAST DEINE KUNST FÜR UNSTERBLICH GEHALTEN UND WURDEST TROTZ-DEM GETÖTET! REDE NICHT SO AUFGEBLASEN... HM!
WEIL DU SO EINEN RIESIGEN SCHWACHPUNKT IN DER BRUST TRÄGST, BIST DU GETÖTET WORDEN, HM!
DEIDARA! NERV NICHT, SONST BRING ICH DICH UM!
ICH BIN SCHON TOT, HM! SO WIE WIR ALLE HIER!

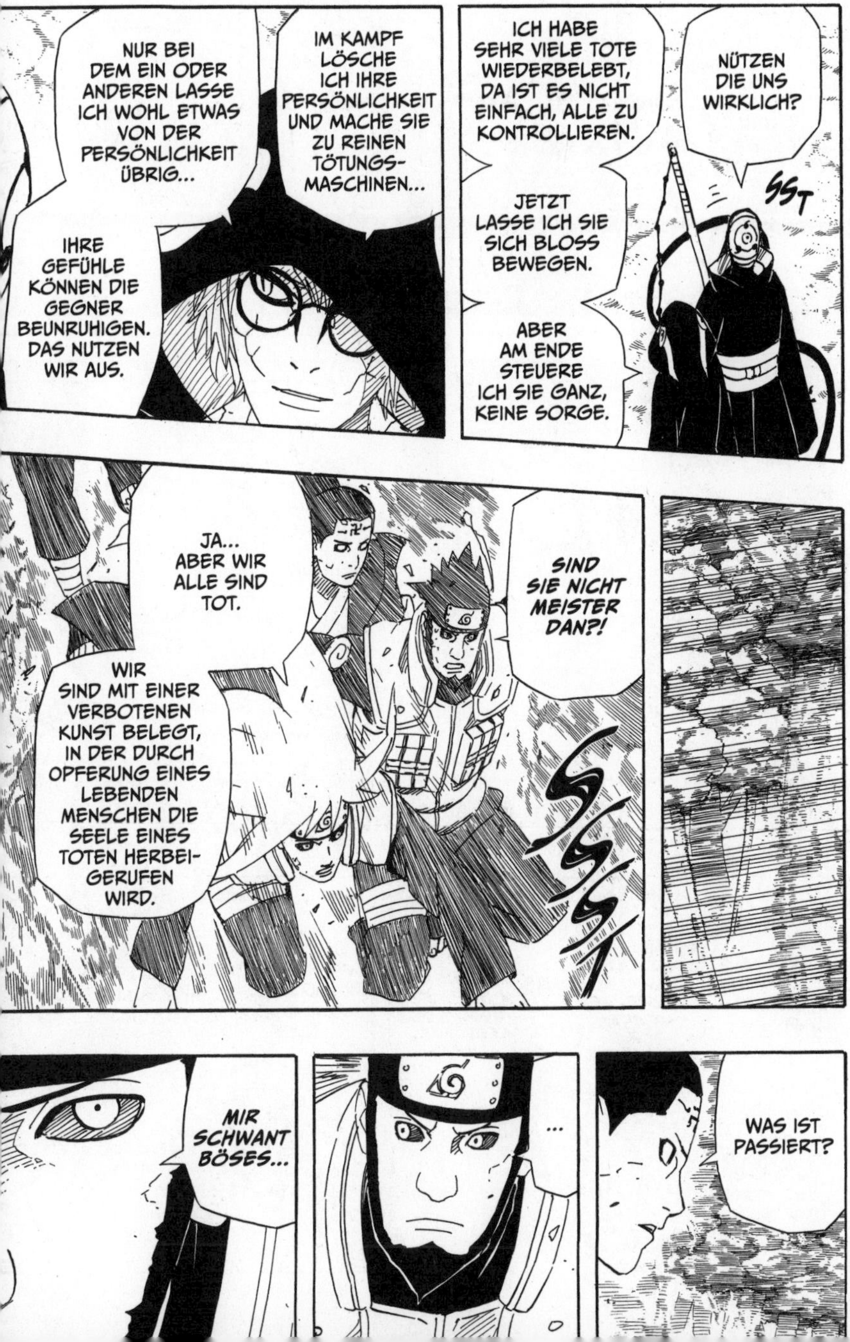
NÜTZEN DIE UNS WIRKLICH?
SST
ICH HABE SEHR VIELE TOTE WIEDERBELEBT, DA IST ES NICHT EINFACH, ALLE ZU KONTROLLIEREN.
JETZT LASSE ICH SIE SICH BLOSS BEWEGEN.
ABER AM ENDE STEUERE ICH SIE GANZ, KEINE SORGE.
IM KAMPF LÖSCHE ICH IHRE PERSÖNLICHKEIT UND MACHE SIE ZU REINEN TÖTUNGS-MASCHINEN...
NUR BEI DEM EIN ODER ANDEREN LASSE ICH WOHL ETWAS VON DER PERSÖNLICHKEIT ÜBRIG...
IHRE GEFÜHLE KÖNNEN DIE GEGNER BEUNRUHIGEN. DAS NUTZEN WIR AUS.
SIND SIE NICHT MEISTER DAN?!
SSST
JA... ABER WIR ALLE SIND TOT.
WIR SIND MIT EINER VERBOTENEN KUNST BELEGT, IN DER DURCH OPFERUNG EINES LEBENDEN MENSCHEN DIE SEELE EINES TOTEN HERBEI-GERUFEN WIRD.
WAS IST PASSIERT?
...
MIR SCHWANT BÖSES...

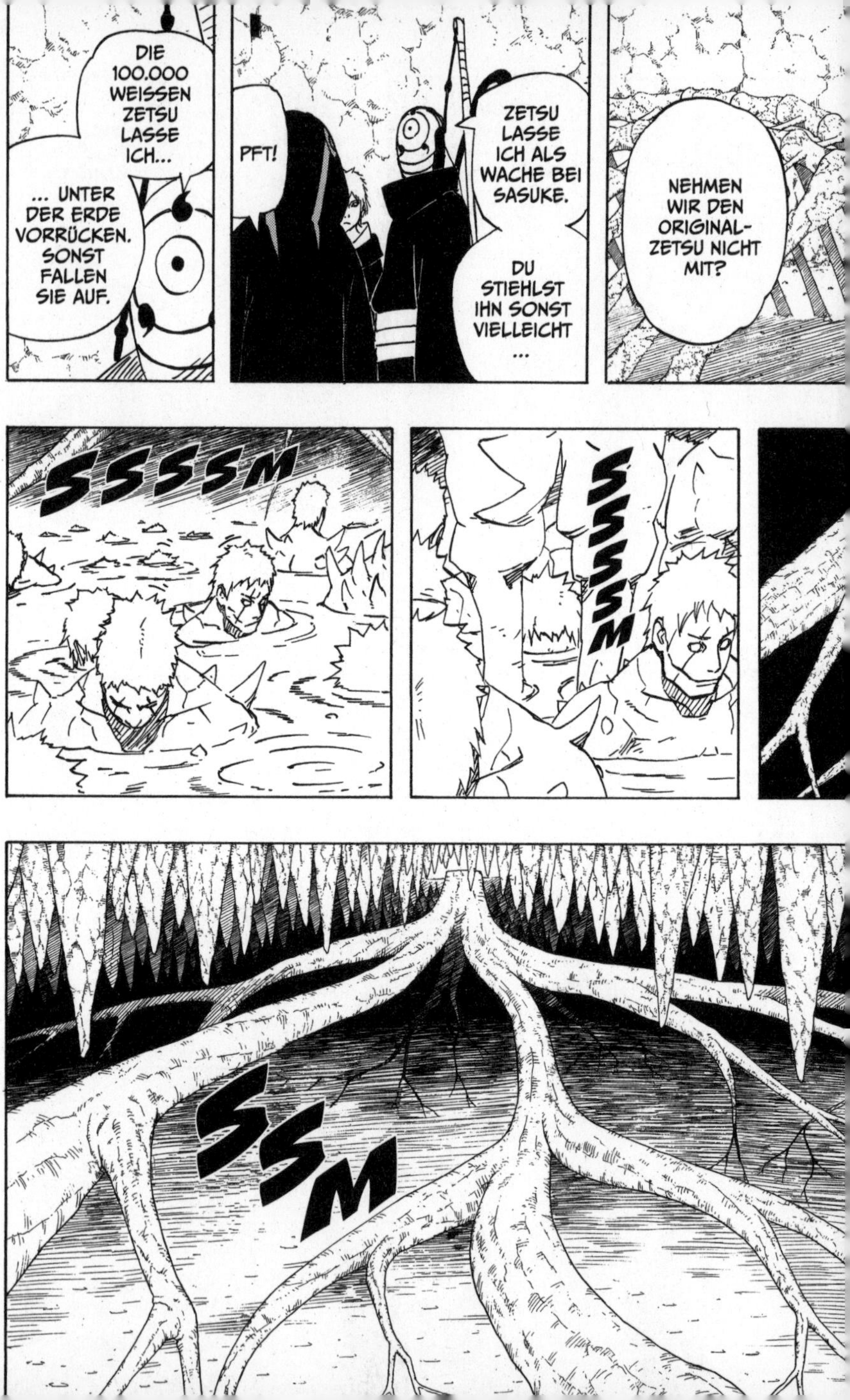
NEHMEN WIR DEN ORIGINAL-ZETSU NICHT MIT?
ZETSU LASSE ICH ALS WACHE BEI SASUKE.
DU STIEHLST IHN SONST VIELLEICHT ...
PFT!
DIE 100.000 WEISSEN ZETSU LASSE ICH...
... UNTER DER ERDE VORRÜCKEN. SONST FALLEN SIE AUF.
SSSSM
SSSSM
SSM

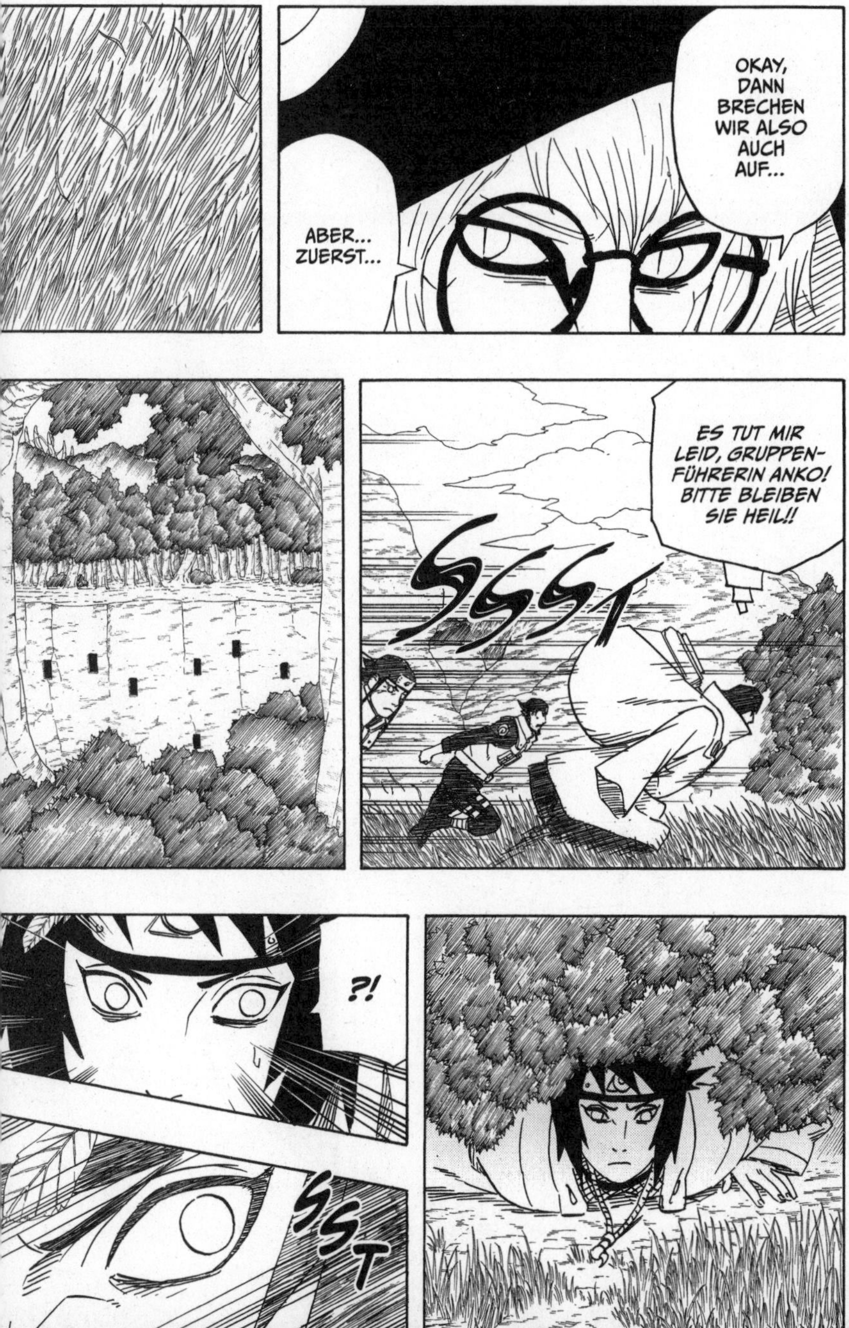
OKAY, DANN BRECHEN WIR ALSO AUCH AUF...
ABER... ZUERST...
ES TUT MIR LEID, GRUPPEN-FÜHRERIN ANKO! BITTE BLEIBEN SIE HEIL!!
SSST
?!
SST

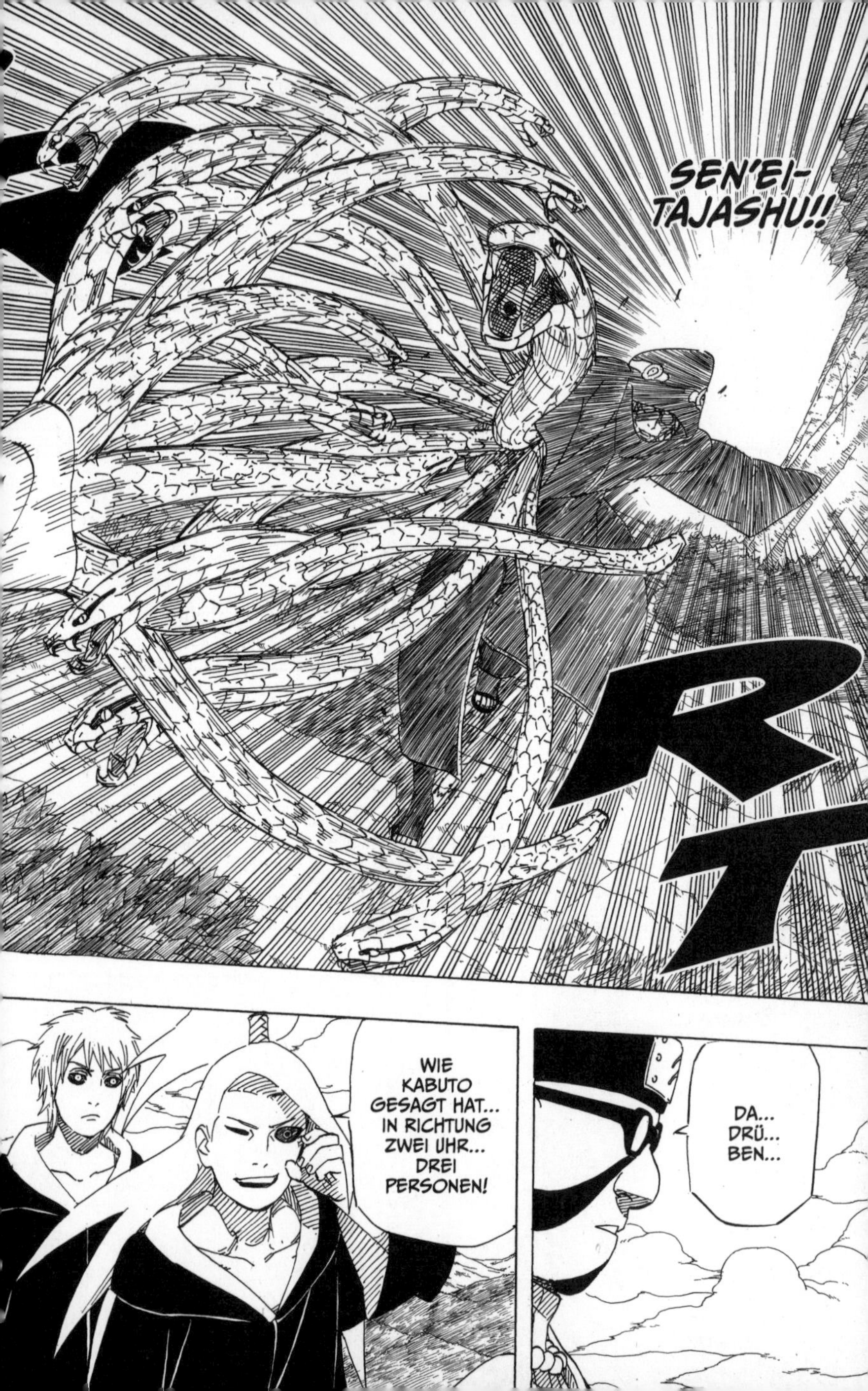
SEN'EI-TAJASHU!!
RT
DA... DRÜ... BEN...
WIE KABUTO GESAGT HAT... IN RICHTUNG ZWEI UHR... DREI PERSONEN!

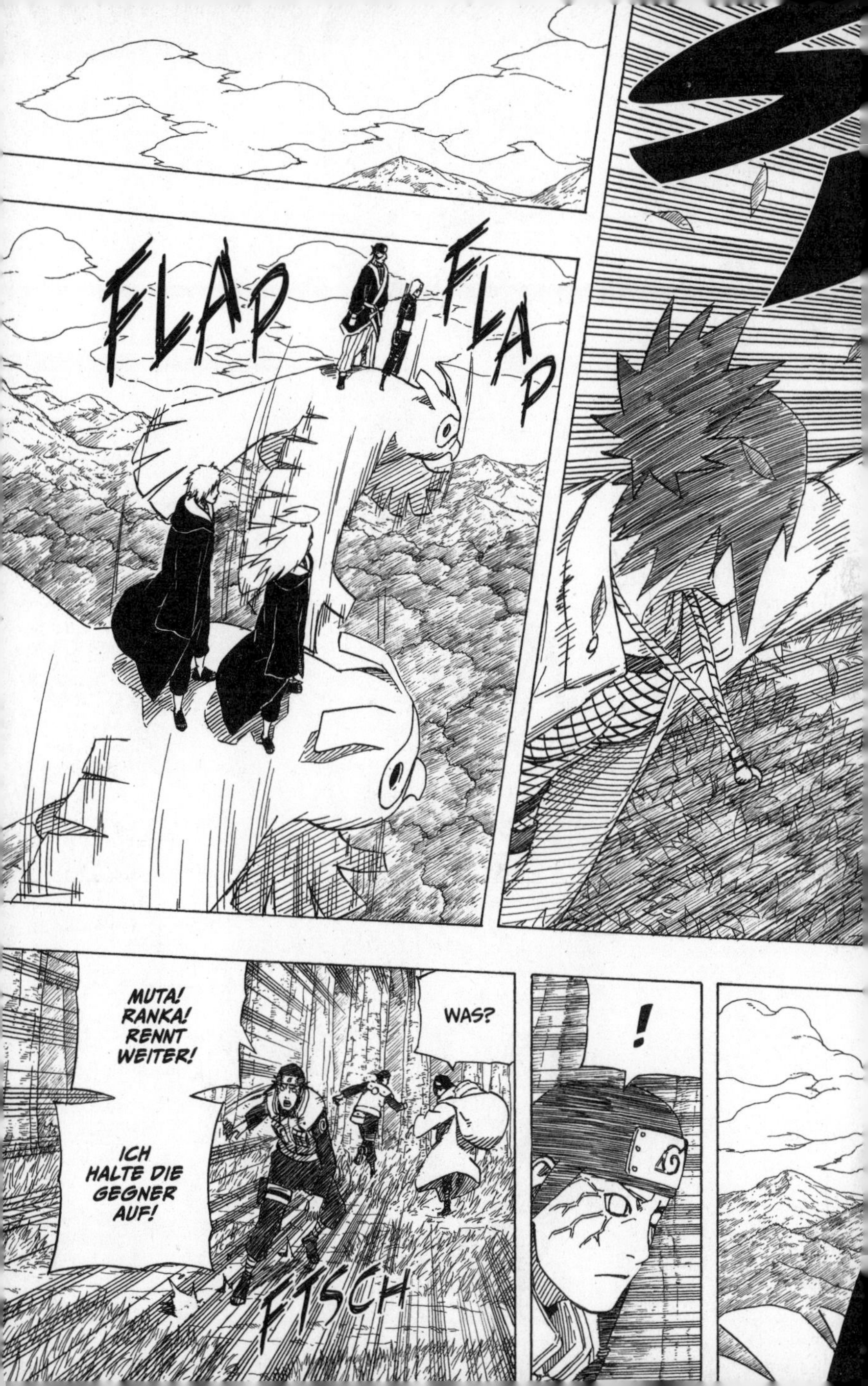
FLAP
FLAP
!
WAS?
MUTA! RANKA! RENNT WEITER!
ICH HALTE DIE GEGNER AUF!
FTSCH

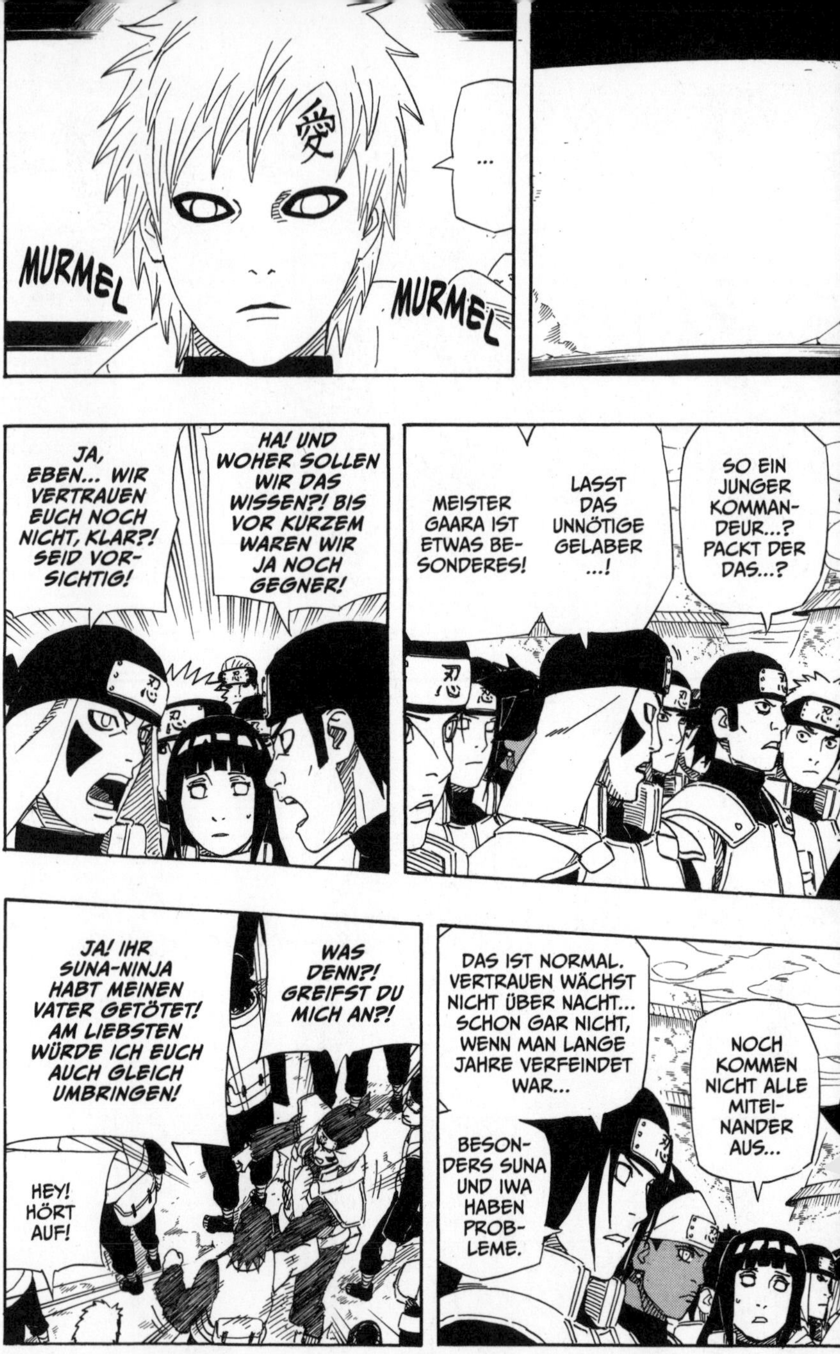

...
MURMEL
MURMEL
SO EIN JUNGER KOMMANDEUR...? PACKT DER DAS...?
LASST DAS UNNÖTIGE GELABER ...!
MEISTER GAARA IST ETWAS BESONDERES!
HA! UND WOHER SOLLEN WIR DAS WISSEN?! BIS VOR KURZEM WAREN WIR JA NOCH GEGNER!
JA, EBEN... WIR VERTRAUEN EUCH NOCH NICHT, KLAR?! SEID VORSICHTIG!
NOCH KOMMEN NICHT ALLE MITEINANDER AUS...
DAS IST NORMAL. VERTRAUEN WÄCHST NICHT ÜBER NACHT... SCHON GAR NICHT, WENN MAN LANGE JAHRE VERFEINDET WAR...
BESONDERS SUNA UND IWA HABEN PROBLEME.
WAS DENN?! GREIFST DU MICH AN?!
JA! IHR SUNA-NINJA HABT MEINEN VATER GETÖTET! AM LIEBSTEN WÜRDE ICH EUCH AUCH GLEICH UMBRINGEN!
HEY! HÖRT AUF!

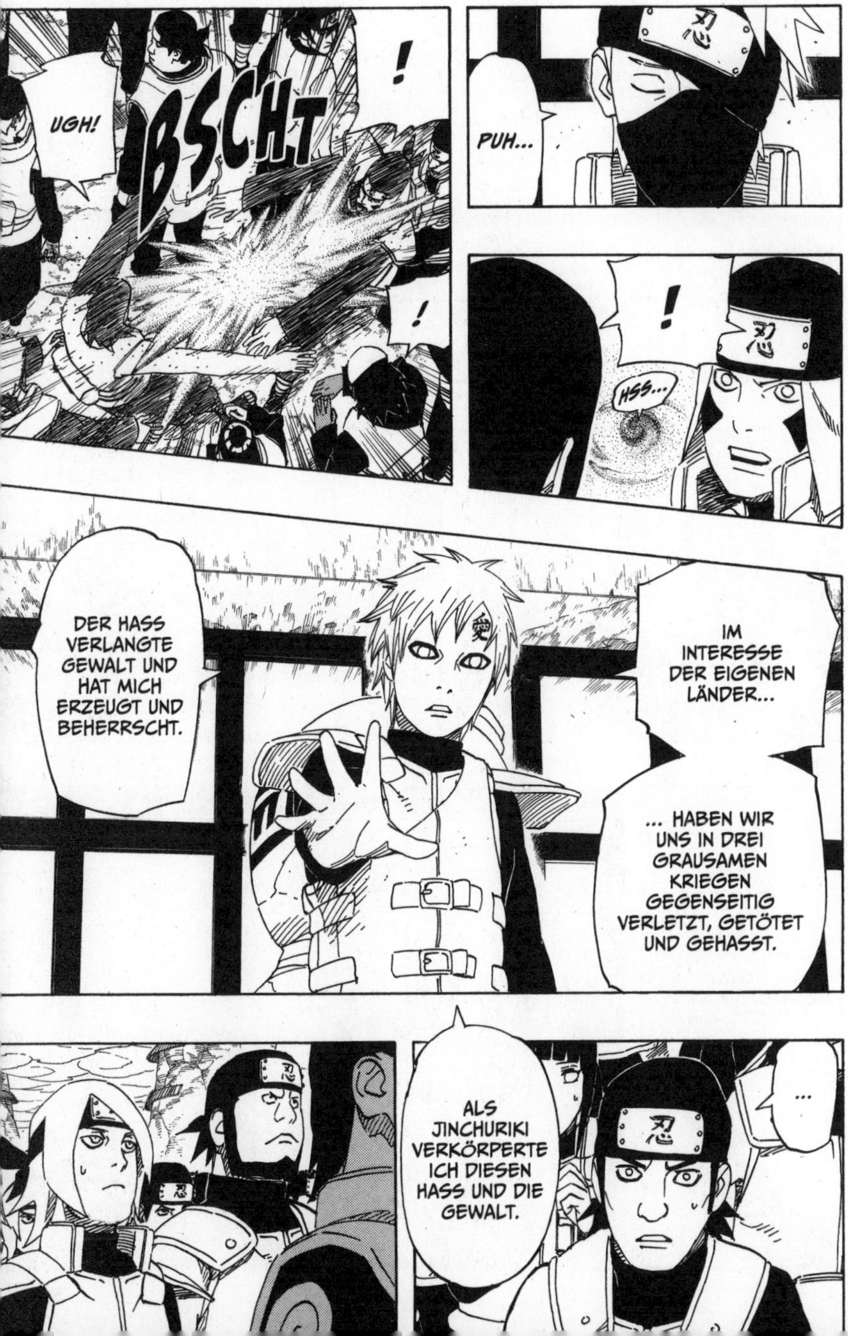
PUH...
!
UGH!
BSCHT
!
!
HSS...
IM INTERESSE DER EIGENEN LÄNDER...
... HABEN WIR UNS IN DREI GRAUSAMEN KRIEGEN GEGENSEITIG VERLETZT, GETÖTET UND GEHASST.
DER HASS VERLANGTE GEWALT UND HAT MICH ERZEUGT UND BEHERRSCHT.
...
ALS JINCHURIKI VERKÖRPERTE ICH DIESEN HASS UND DIE GEWALT.

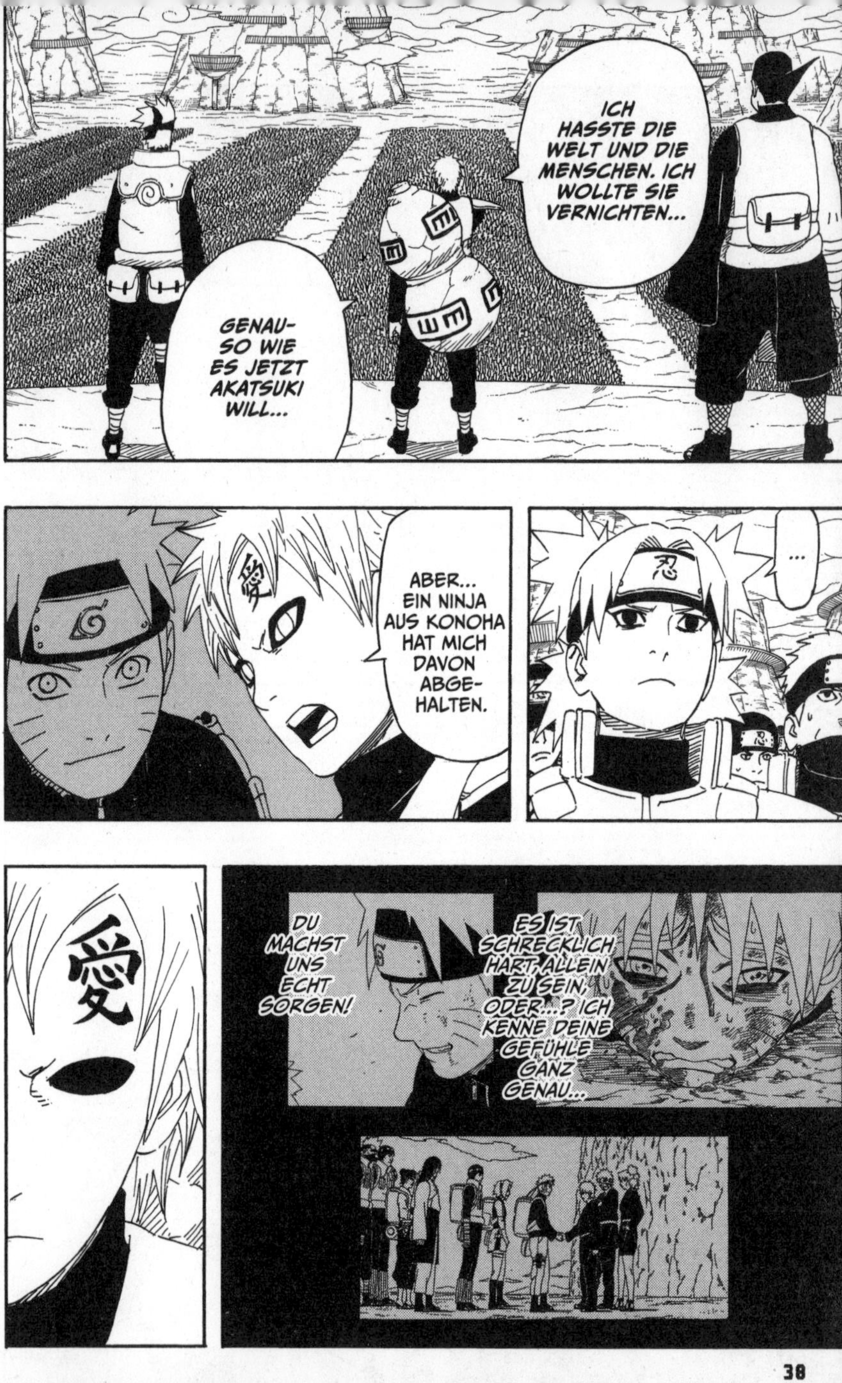
ICH HASSTE DIE WELT UND DIE MENSCHEN. ICH WOLLTE SIE VERNICHTEN...
GENAU-SO WIE ES JETZT AKATSUKI WILL...
...
ABER... EIN NINJA AUS KONOHA HAT MICH DAVON ABGE-HALTEN.
ES IST SCHRECKLICH HART, ALLEIN ZU SEIN, ODER...? ICH KENNE DEINE GEFÜHLE GANZ GENAU...
DU MACHST UNS ECHT SORGEN!

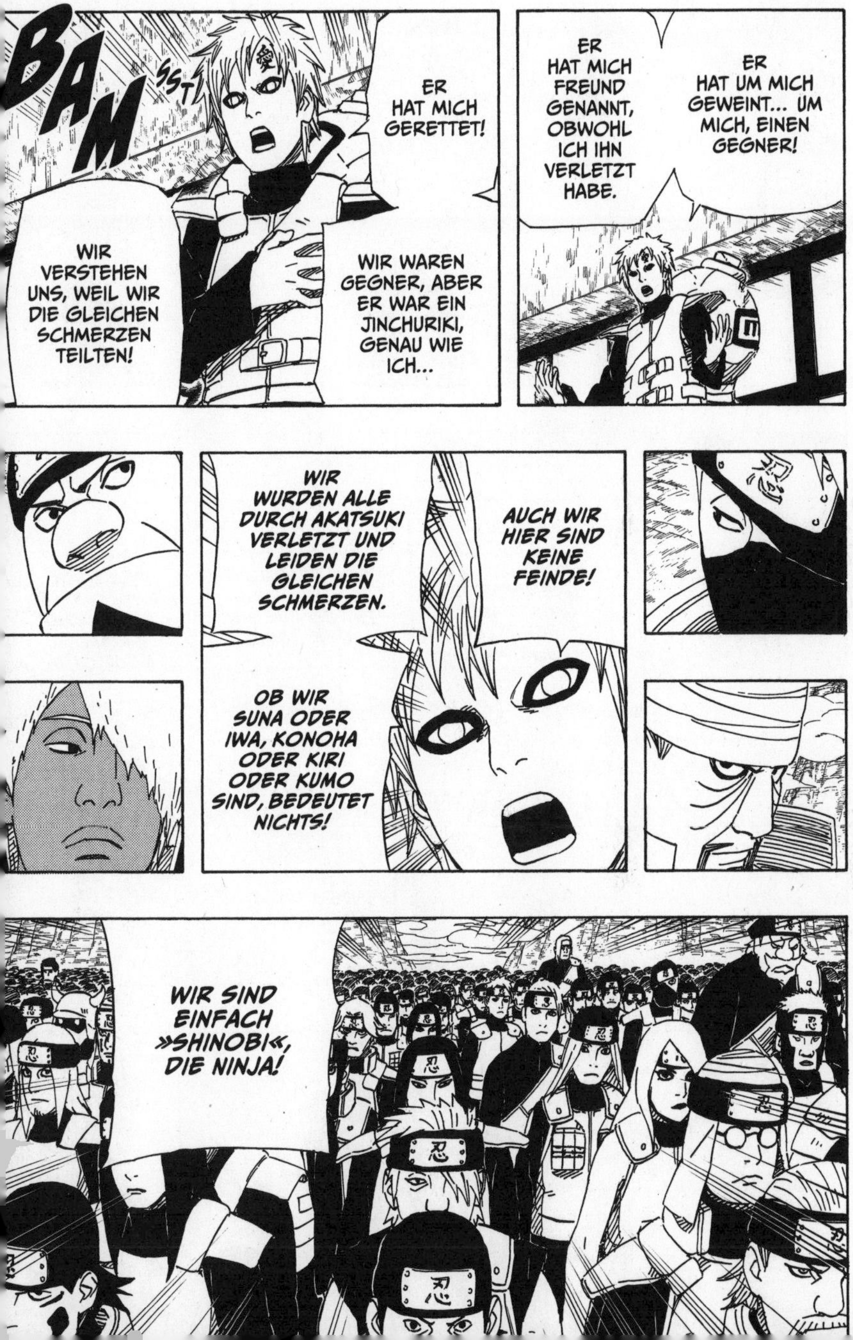
ER HAT UM MICH GEWEINT... UM MICH, EINEN GEGNER!
ER HAT MICH FREUND GENANNT, OBWOHL ICH IHN VERLETZT HABE.
BAM
SST
ER HAT MICH GERETTET!
WIR WAREN GEGNER, ABER ER WAR EIN JINCHURIKI, GENAU WIE ICH...
WIR VERSTEHEN UNS, WEIL WIR DIE GLEICHEN SCHMERZEN TEILTEN!
AUCH WIR HIER SIND KEINE FEINDE!
WIR WURDEN ALLE DURCH AKATSUKI VERLETZT UND LEIDEN DIE GLEICHEN SCHMERZEN.
OB WIR SUNA ODER IWA, KONOHA ODER KIRI ODER KUMO SIND, BEDEUTET NICHTS!
WIR SIND EINFACH »SHINOBI«, DIE NINJA!

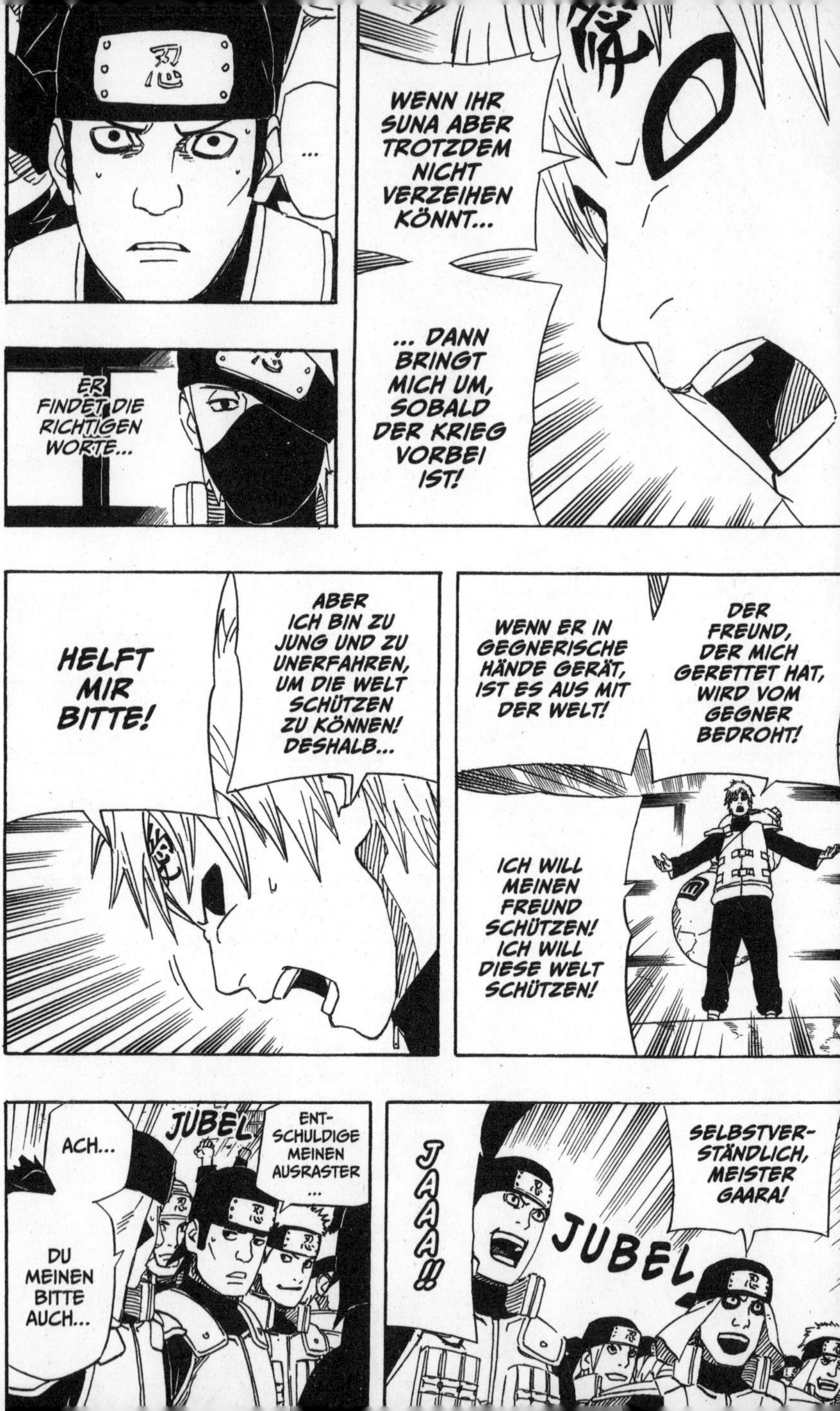
WENN IHR SUNA ABER TROTZDEM NICHT VERZEIHEN KÖNNT...
... DANN BRINGT MICH UM, SOBALD DER KRIEG VORBEI IST!
...
ER FINDET DIE RICHTIGEN WORTE...
DER FREUND, DER MICH GERETTET HAT, WIRD VOM GEGNER BEDROHT!
WENN ER IN GEGNERISCHE HÄNDE GERÄT, IST ES AUS MIT DER WELT!
ICH WILL MEINEN FREUND SCHÜTZEN! ICH WILL DIESE WELT SCHÜTZEN!
ABER ICH BIN ZU JUNG UND ZU UNERFAHREN, UM DIE WELT SCHÜTZEN ZU KÖNNEN! DESHALB...
HELFT MIR BITTE!
SELBSTVERSTÄNDLICH, MEISTER GAARA!
JUBEL
JAAAA!!
ENT-SCHULDIGE MEINEN AUSRASTER ...
JUBEL
ACH...
DU MEINEN BITTE AUCH...

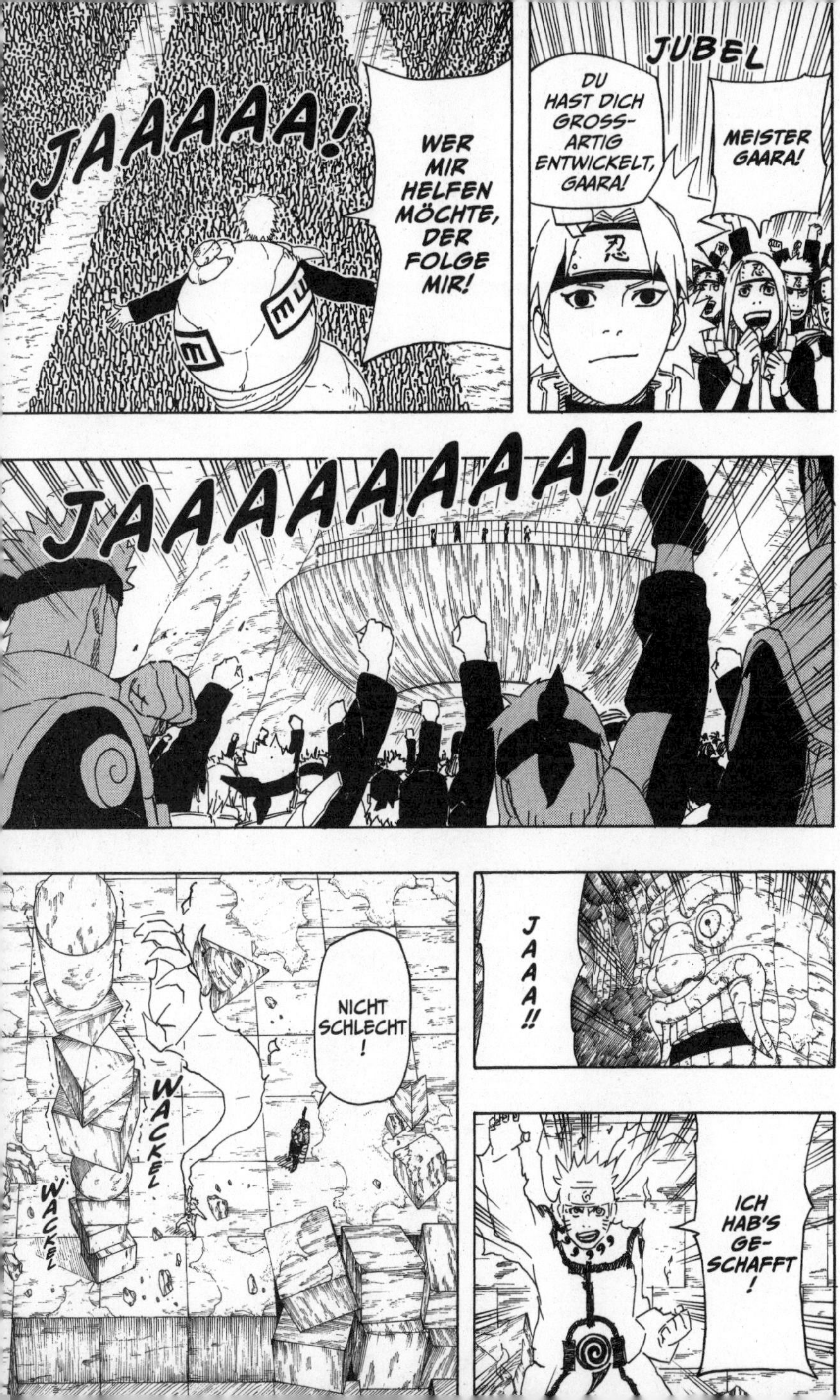
JUBEL
MEISTER GAARA!
DU HAST DICH GROSS-ARTIG ENTWICKELT, GAARA!
WER MIR HELFEN MÖCHTE, DER FOLGE MIR!
JAAAAA!
JAAAAAAAAA!
JAAAA!!
NICHT SCHLECHT!
WACKEL
WACKEL
ICH HAB'S GE-SCHAFFT!

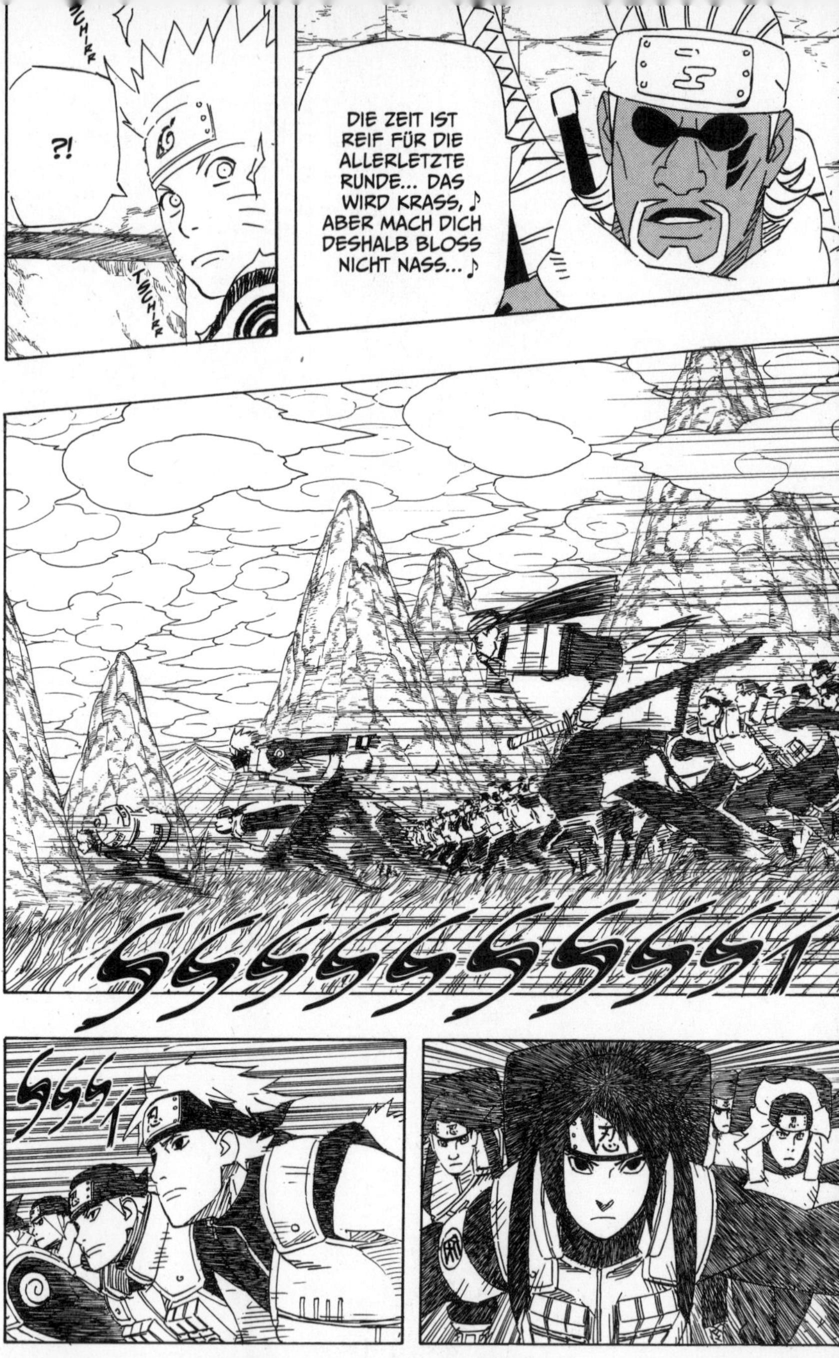
DIE ZEIT IST REIF FÜR DIE ALLERLETZTE RUNDE... DAS WIRD KRASS, ♪ ABER MACH DICH DESHALB BLOSS NICHT NASS... ♪
TSCHIRR
?!
TSCHIRR

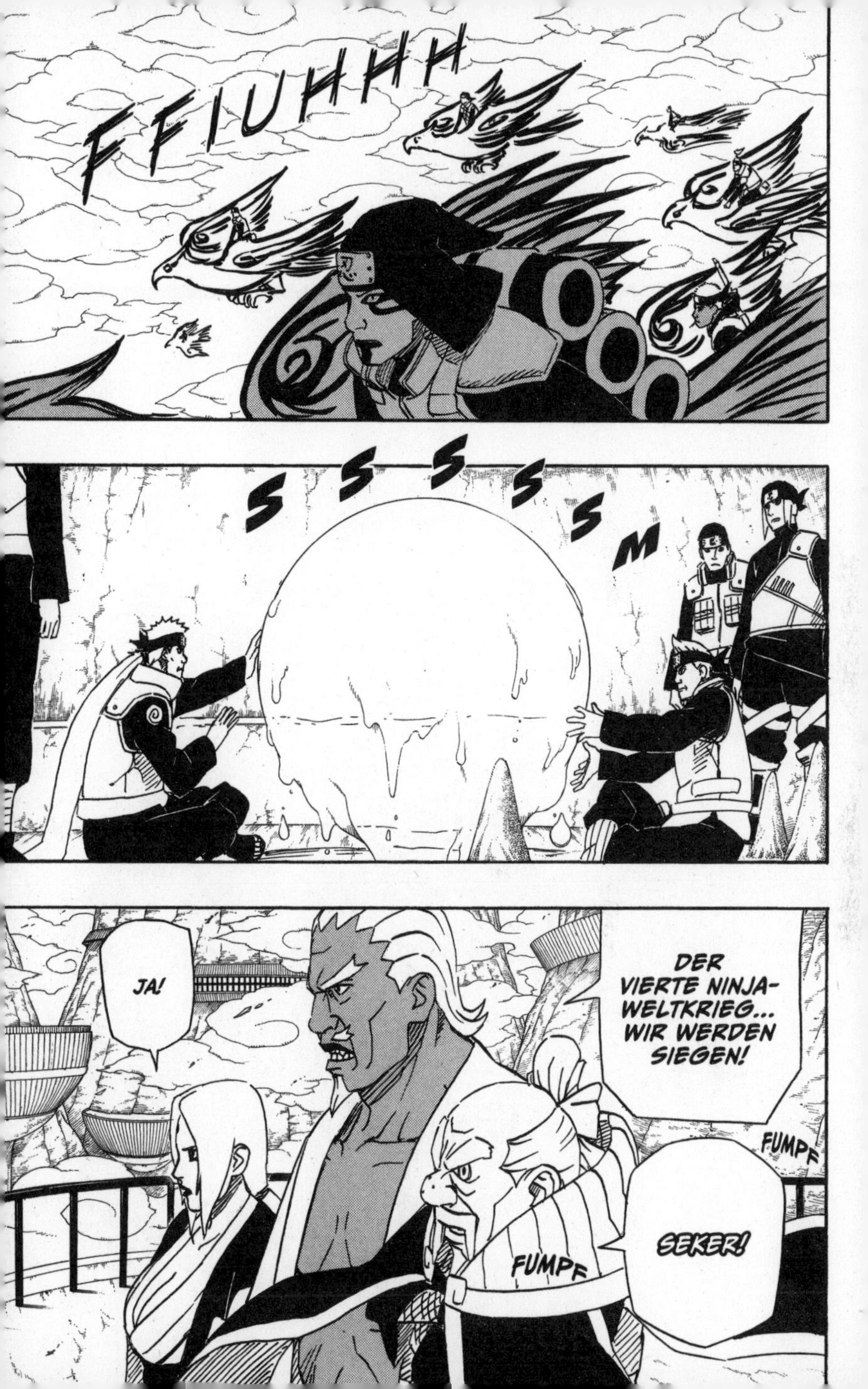
FFIUHHH
SSSSSM
DER VIERTE NINJA-WELTKRIEG... WIR WERDEN SIEGEN!
JA!
FUMPF
SEKER!
FUMPF

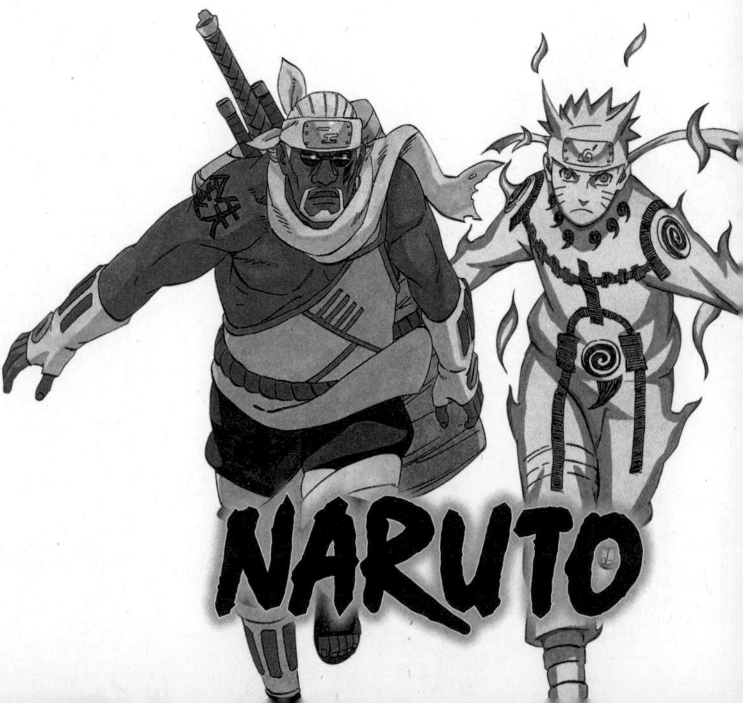
NARUTO

517. Kapitel: Omois Feldzug!

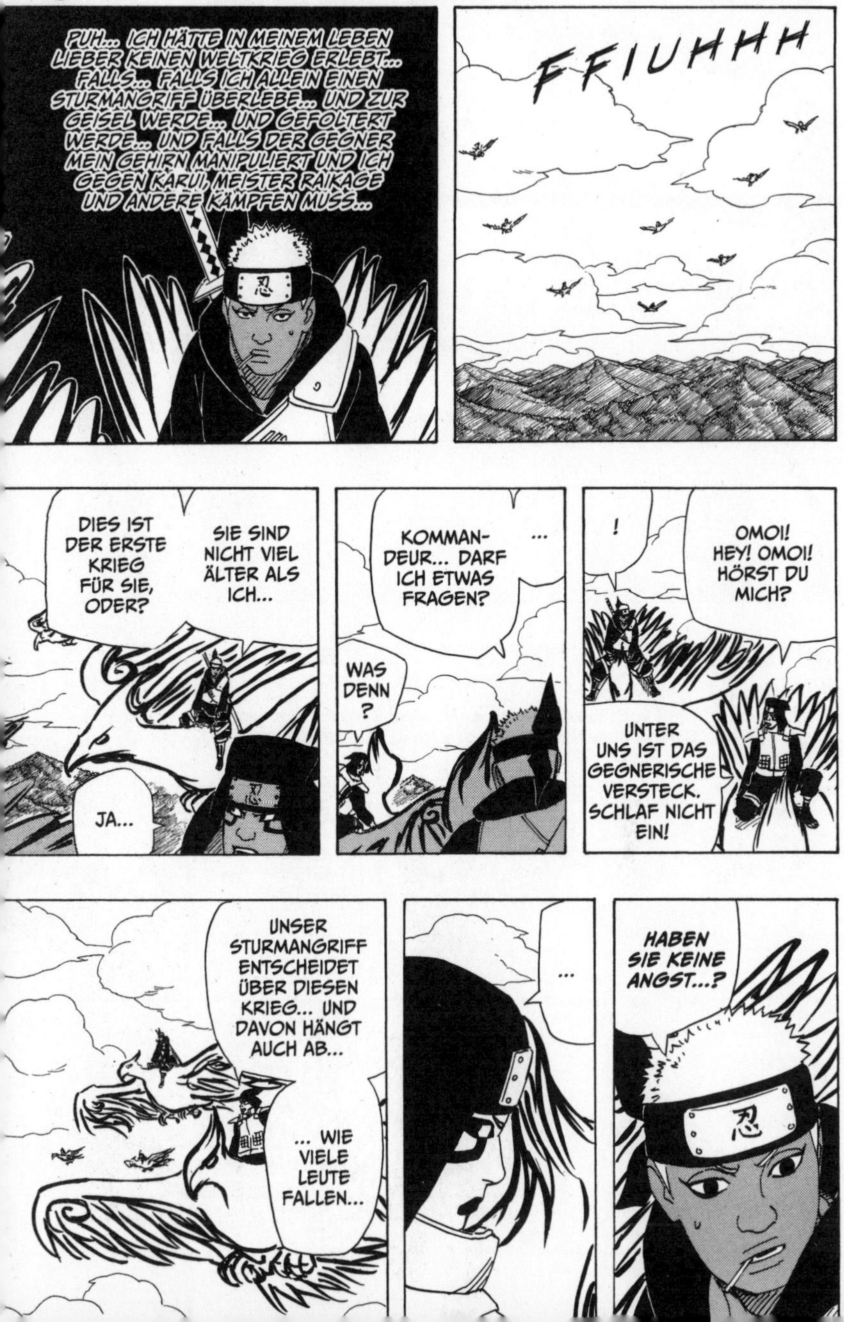

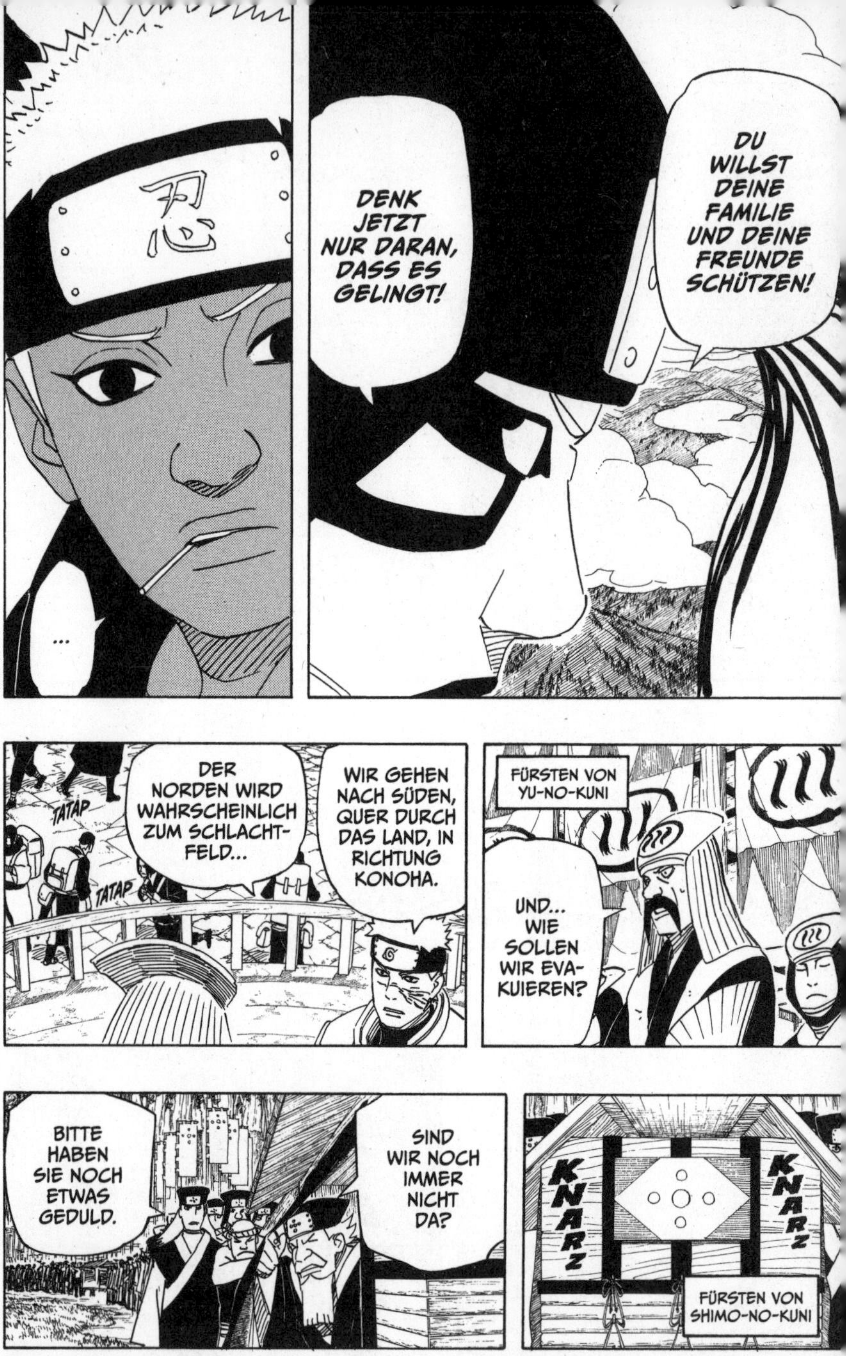

DU WILLST DEINE FAMILIE UND DEINE FREUNDE SCHÜTZEN!
DENK JETZT NUR DARAN, DASS ES GELINGT!
...
FÜRSTEN VON YU-NO-KUNI
UND... WIE SOLLEN WIR EVAKUIEREN?
WIR GEHEN NACH SÜDEN, QUER DURCH DAS LAND, IN RICHTUNG KONOHA.
DER NORDEN WIRD WAHRSCHEINLICH ZUM SCHLACHTFELD...
TATAP
TATAP
KNARZ
KNARZ
FÜRSTEN VON SHIMO-NO-KUNI
SIND WIR NOCH IMMER NICHT DA?
BITTE HABEN SIE NOCH ETWAS GEDULD.

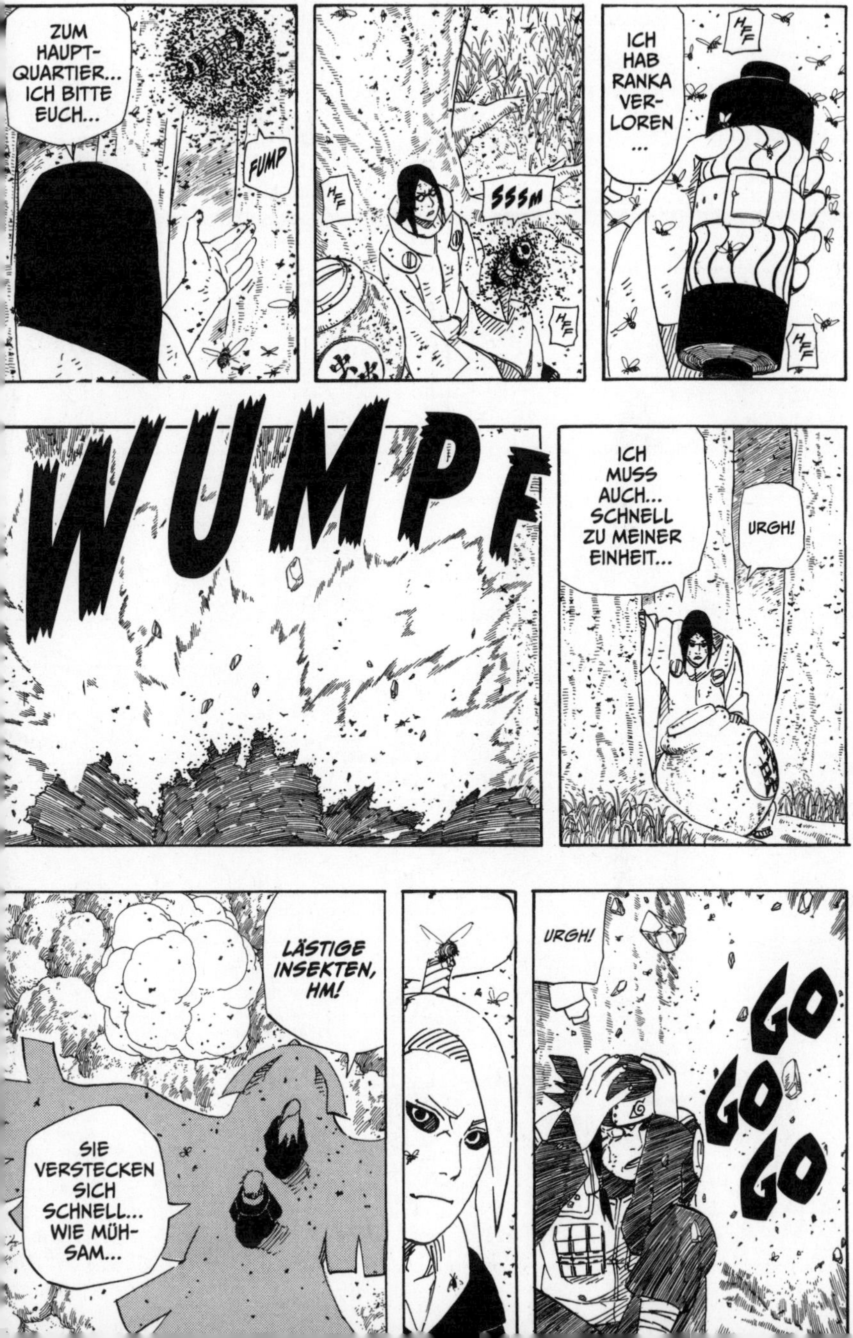

ICH HAB RANKA VER-LOREN ...
HFF
HFF
SSSM
HFF
HFF
ZUM HAUPT-QUARTIER... ICH BITTE EUCH...
FUMP
ICH MUSS AUCH... SCHNELL ZU MEINER EINHEIT...
URGH!
WUMPF
URGH!
GO GO GO
LÄSTIGE INSEKTEN, HM!
SIE VERSTECKEN SICH SCHNELL... WIE MÜH-SAM...

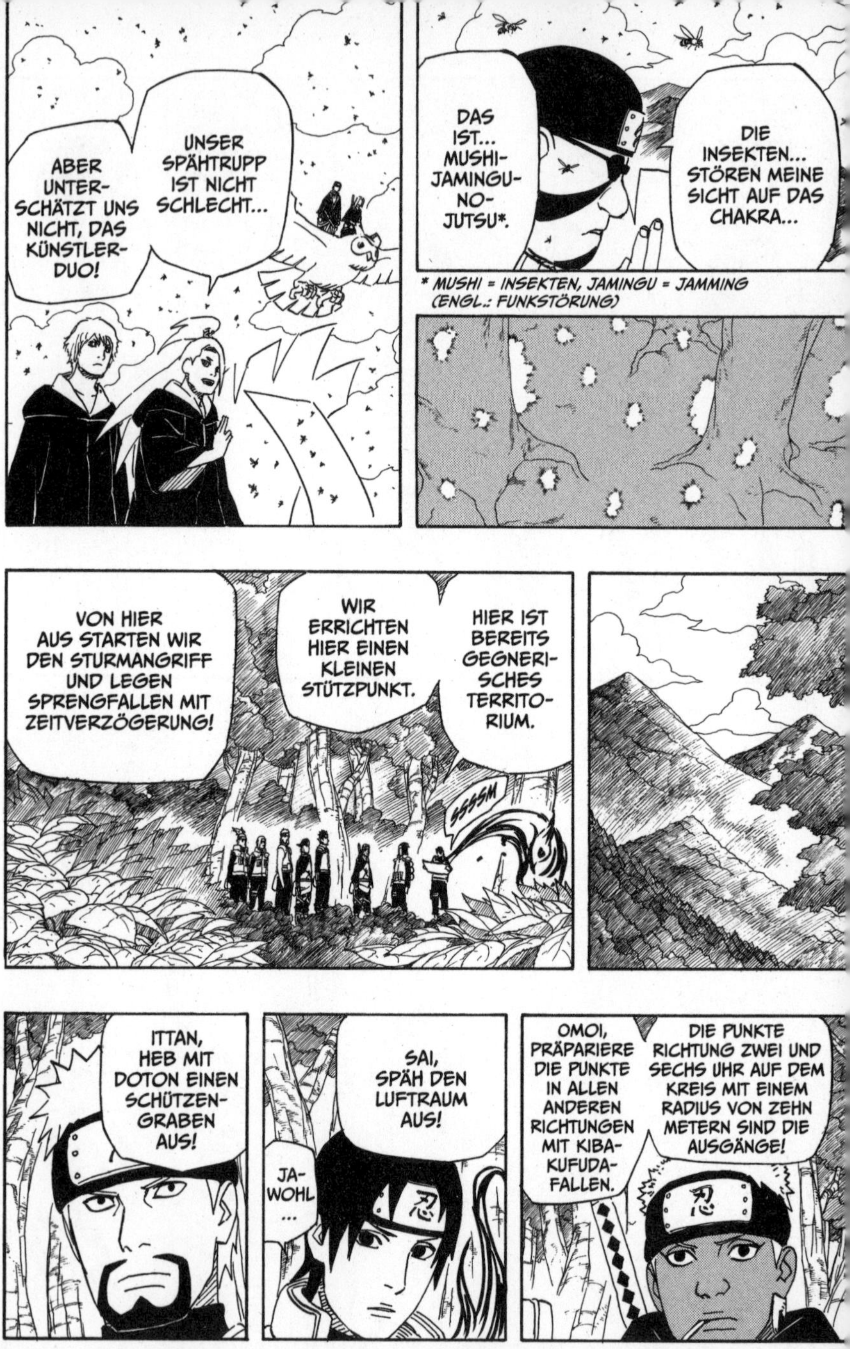
DIE INSEKTEN... STÖREN MEINE SICHT AUF DAS CHAKRA...
DAS IST... MUSHI-JAMINGU-NO-JUTSU*.
* MUSHI = INSEKTEN, JAMINGU = JAMMING (ENGL.: FUNKSTÖRUNG)
UNSER SPÄHTRUPP IST NICHT SCHLECHT...
ABER UNTERSCHÄTZT UNS NICHT, DAS KÜNSTLERDUO!
HIER IST BEREITS GEGNERISCHES TERRITORIUM.
WIR ERRICHTEN HIER EINEN KLEINEN STÜTZPUNKT.
VON HIER AUS STARTEN WIR DEN STURMANGRIFF UND LEGEN SPRENGFALLEN MIT ZEITVERZÖGERUNG!
SSSSM
DIE PUNKTE RICHTUNG ZWEI UND SECHS UHR AUF DEM KREIS MIT EINEM RADIUS VON ZEHN METERN SIND DIE AUSGÄNGE!
OMOI, PRÄPARIERE DIE PUNKTE IN ALLEN ANDEREN RICHTUNGEN MIT KIBAKUFUDA-FALLEN.
SAI, SPÄH DEN LUFTRAUM AUS!
JAWOHL...
ITTAN, HEB MIT DOTON EINEN SCHÜTZENGRABEN AUS!

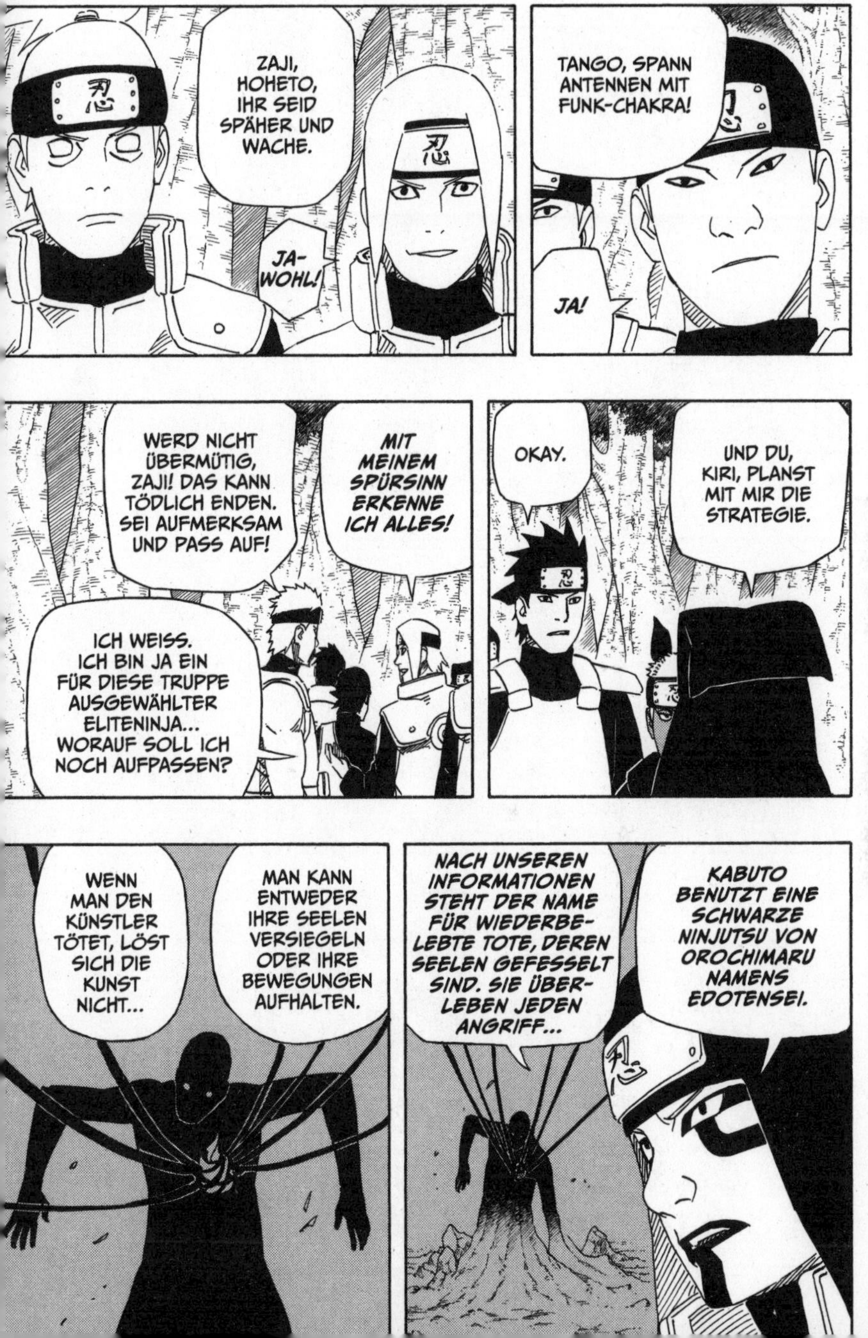
TANGO, SPANN ANTENNEN MIT FUNK-CHAKRA!
JA!
ZAJI, HOHETO, IHR SEID SPÄHER UND WACHE.
JAWOHL!
UND DU, KIRI, PLANST MIT MIR DIE STRATEGIE.
OKAY.
MIT MEINEM SPÜRSINN ERKENNE ICH ALLES!
WERD NICHT ÜBERMÜTIG, ZAJI! DAS KANN TÖDLICH ENDEN. SEI AUFMERKSAM UND PASS AUF!
ICH WEISS. ICH BIN JA EIN FÜR DIESE TRUPPE AUSGEWÄHLTER ELITENINJA... WORAUF SOLL ICH NOCH AUFPASSEN?
KABUTO BENUTZT EINE SCHWARZE NINJUTSU VON OROCHIMARU NAMENS EDOTENSEI.
NACH UNSEREN INFORMATIONEN STEHT DER NAME FÜR WIEDERBELEBTE TOTE, DEREN SEELEN GEFESSELT SIND. SIE ÜBERLEBEN JEDEN ANGRIFF...
MAN KANN ENTWEDER IHRE SEELEN VERSIEGELN ODER IHRE BEWEGUNGEN AUFHALTEN.
WENN MAN DEN KÜNSTLER TÖTET, LÖST SICH DIE KUNST NICHT...

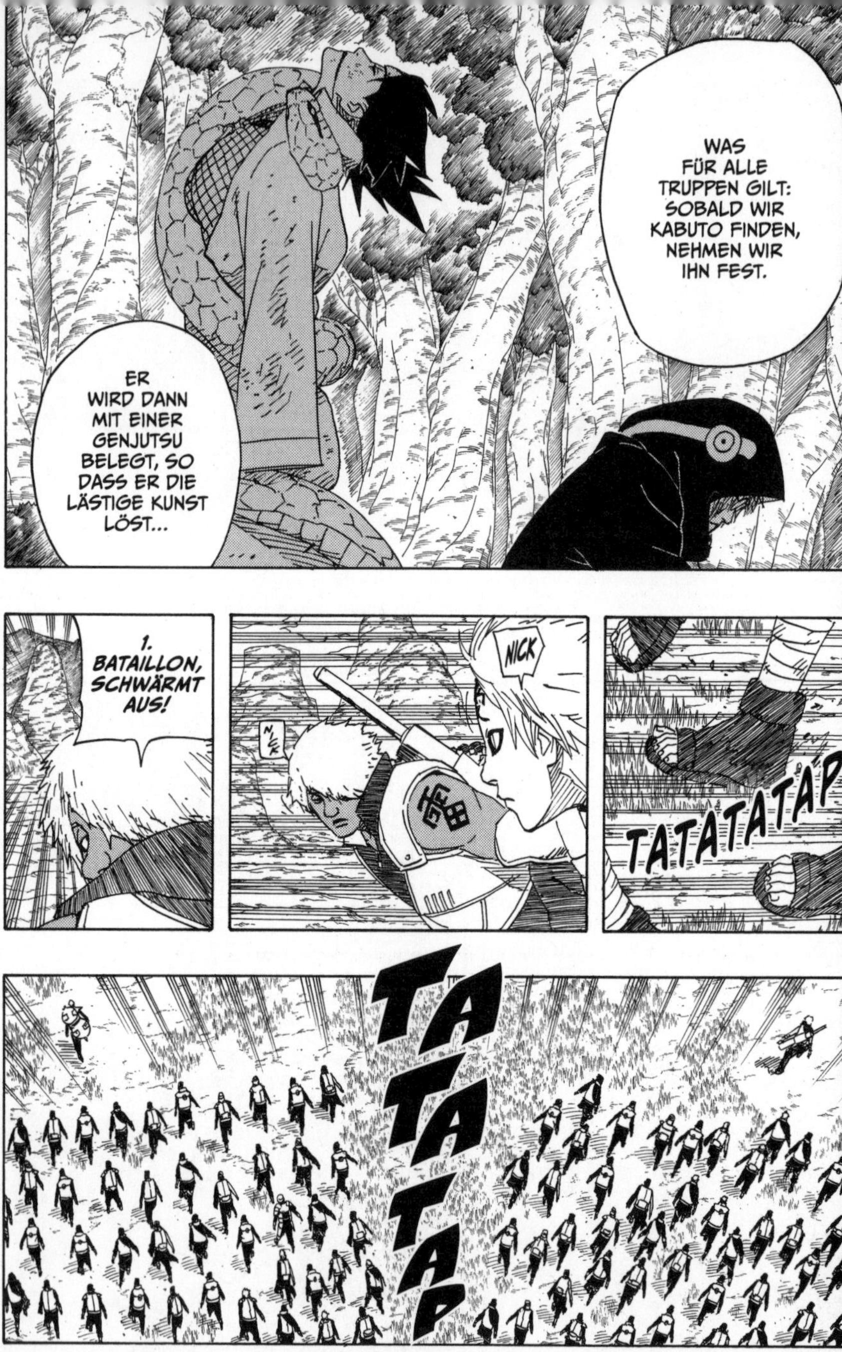
WAS FÜR ALLE TRUPPEN GILT: SOBALD WIR KABUTO FINDEN, NEHMEN WIR IHN FEST.
ER WIRD DANN MIT EINER GENJUTSU BELEGT, SO DASS ER DIE LÄSTIGE KUNST LÖST...
TATATATAP
NICK
NICK
1. BATAILLON, SCHWÄRMT AUS!
TATATATAP

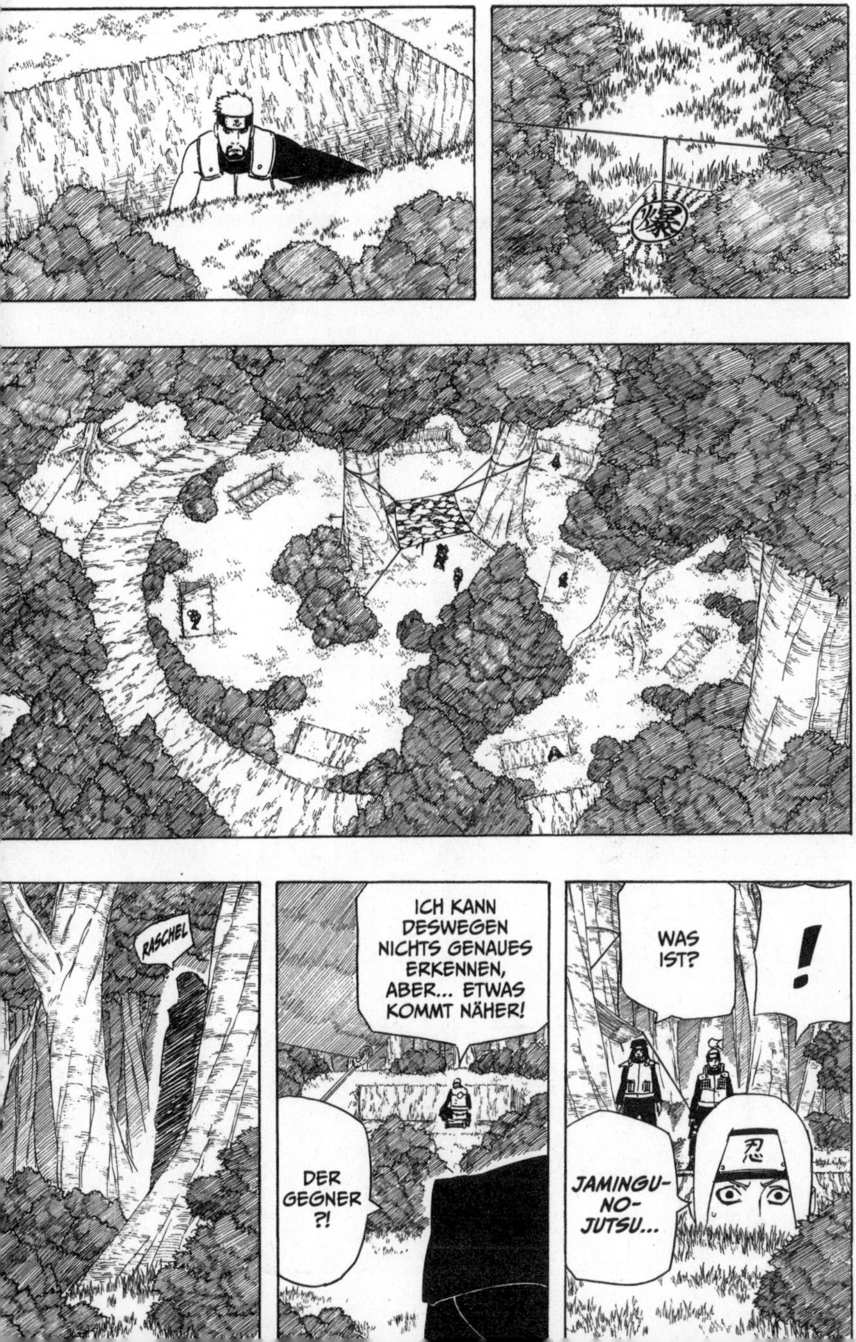
!
WAS IST?
JAMINGU-NO-JUTSU...
ICH KANN DESWEGEN NICHTS GENAUES ERKENNEN, ABER... ETWAS KOMMT NÄHER!
DER GEGNER ?!
RASCHEL

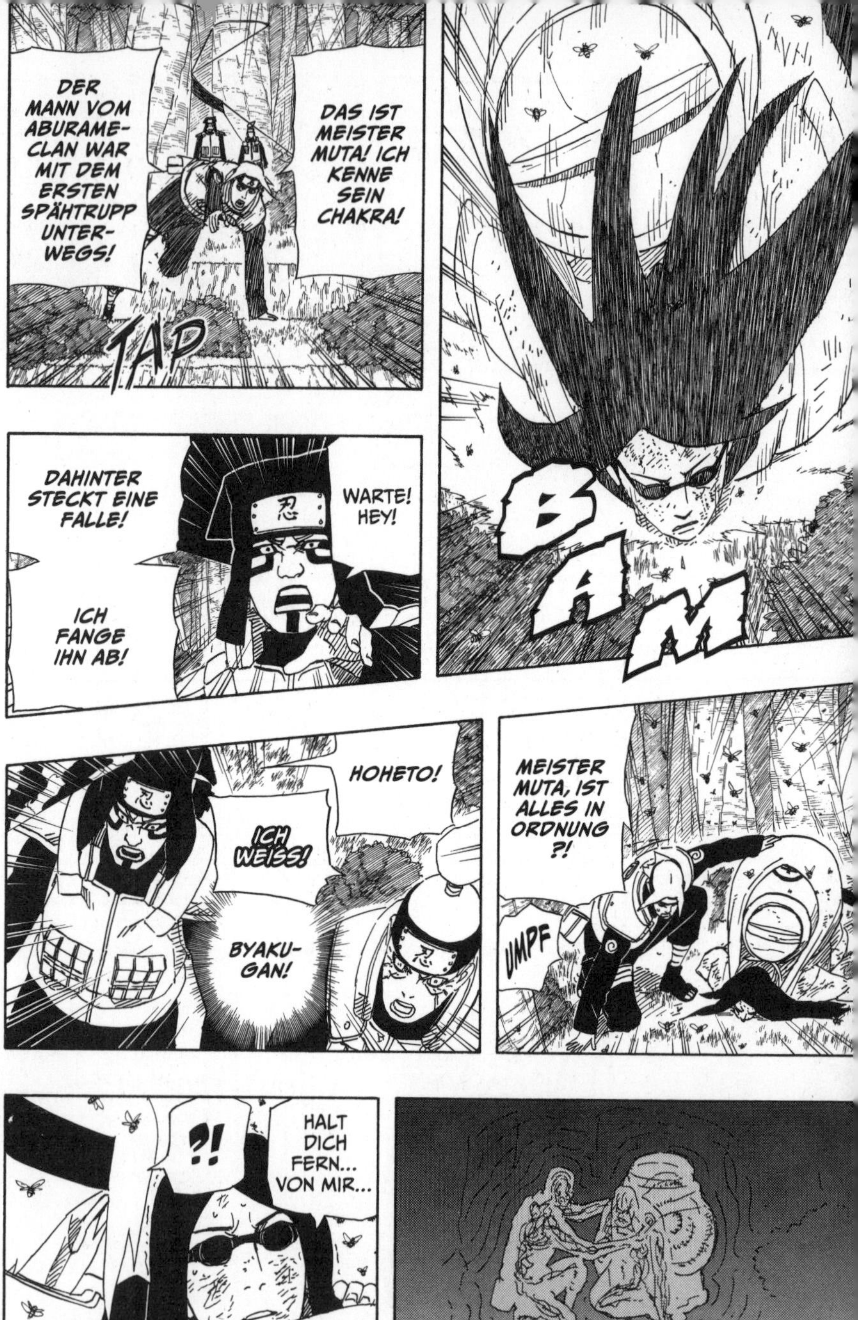
BAM
DAS IST MEISTER MUTA! ICH KENNE SEIN CHAKRA!
DER MANN VOM ABURAME-CLAN WAR MIT DEM ERSTEN SPÄHTRUPP UNTERWEGS!
TAP
WARTE! HEY!
DAHINTER STECKT EINE FALLE!
ICH FANGE IHN AB!
MEISTER MUTA, IST ALLES IN ORDNUNG ?!
UMPF
HOHETO!
ICH WEISS!
BYAKUGAN!
HALT DICH FERN... VON MIR...
?!

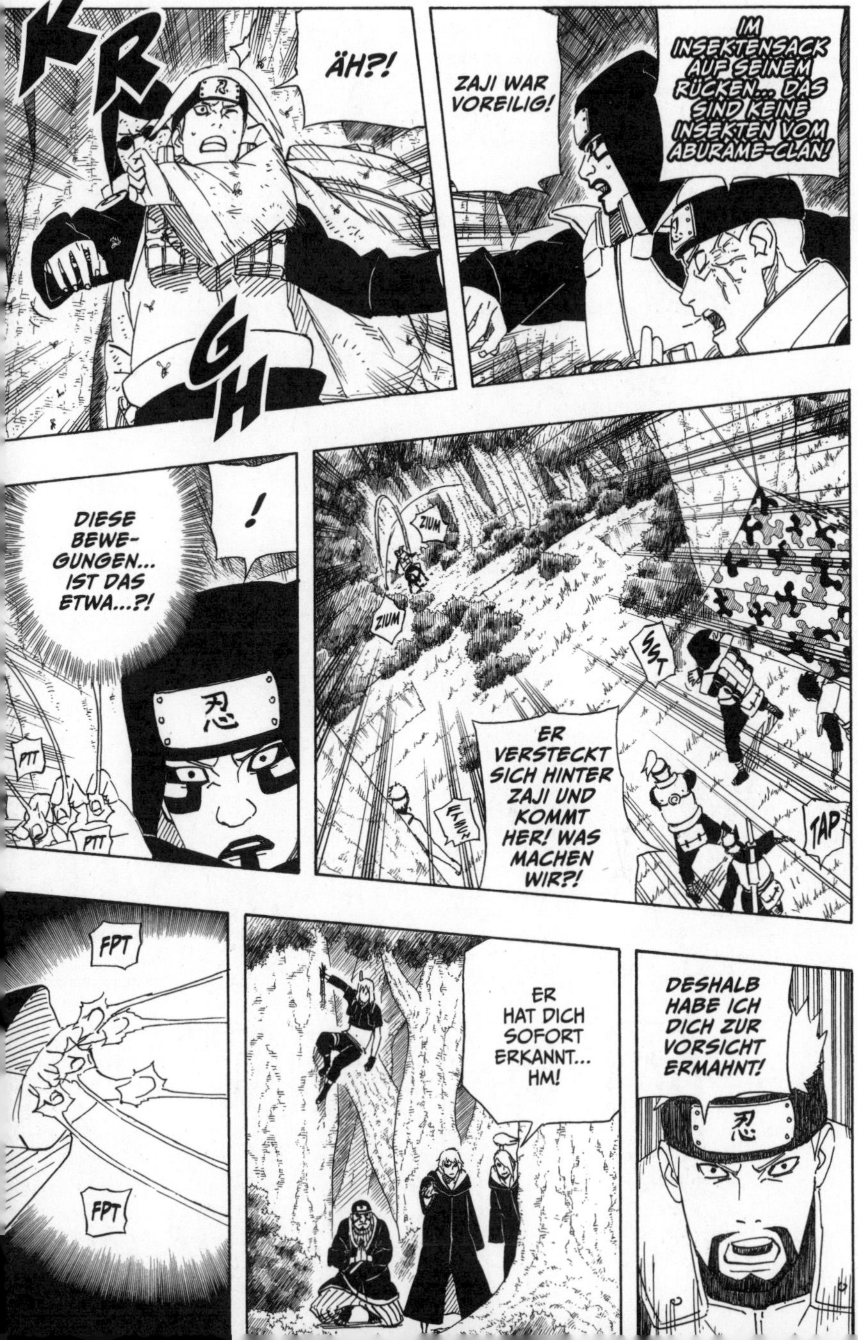
IM INSEKTENSACK AUF SEINEM RÜCKEN... DAS SIND KEINE INSEKTEN VOM ABURAME-CLAN!
ZAJI WAR VOREILIG!
ÄH?!
KRGH
!
DIESE BEWEGUNGEN... IST DAS ETWA...?!
PTT
PTT
ZIUM
ZIUM
SST
TAP
ER VERSTECKT SICH HINTER ZAJI UND KOMMT HER! WAS MACHEN WIR?!
DESHALB HABE ICH DICH ZUR VORSICHT ERMAHNT!
ER HAT DICH SOFORT ERKANNT... HM!
FPT
FPT

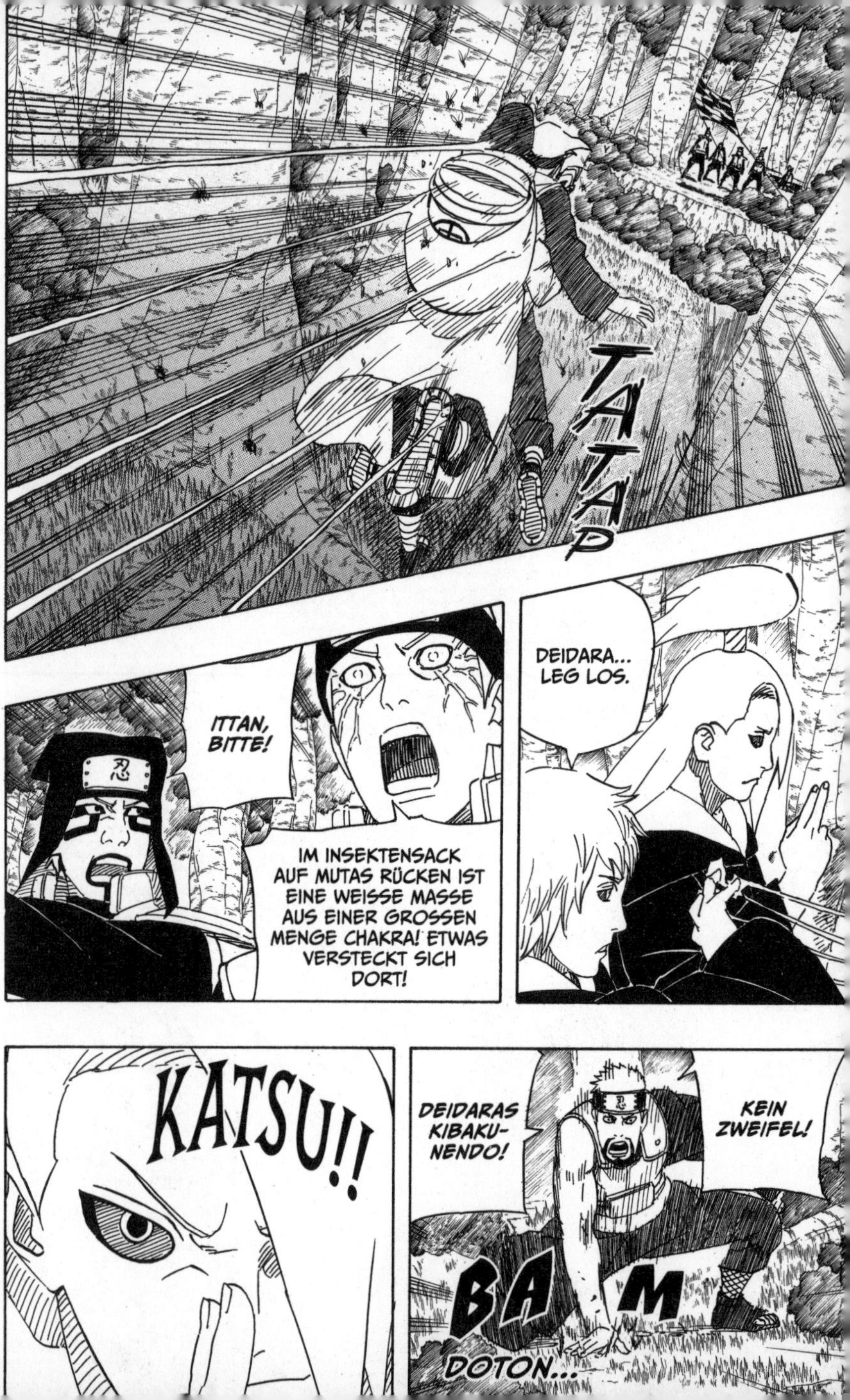
TATAP
DEIDARA... LEG LOS.
ITTAN, BITTE!
IM INSEKTENSACK AUF MUTAS RÜCKEN IST EINE WEISSE MASSE AUS EINER GROSSEN MENGE CHAKRA! ETWAS VERSTECKT SICH DORT!
KEIN ZWEIFEL!
DEIDARAS KIBAKU-NENDO!
BAM
DOTON...
KATSU!!

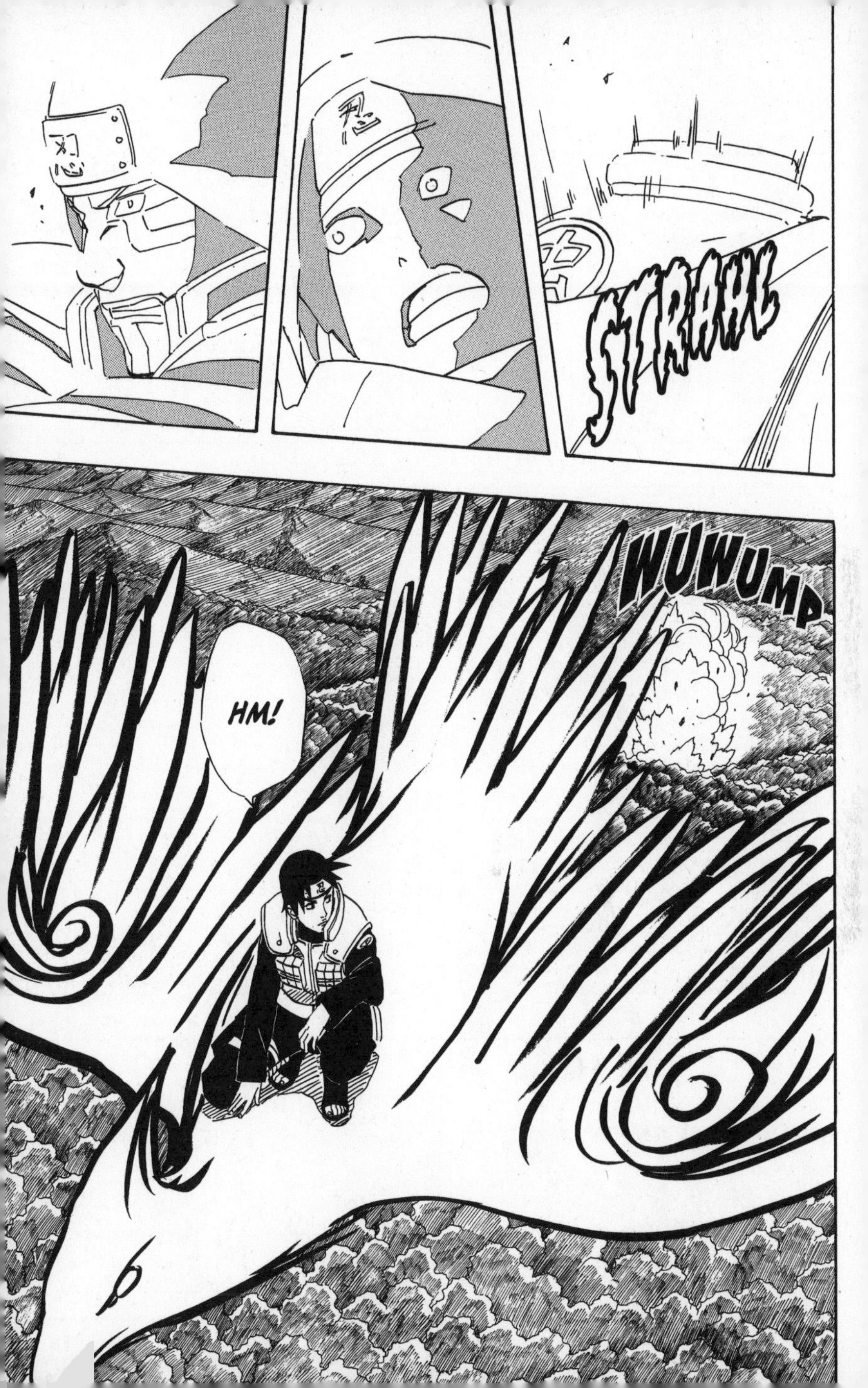
STRAHL
WUWUMP
HM!

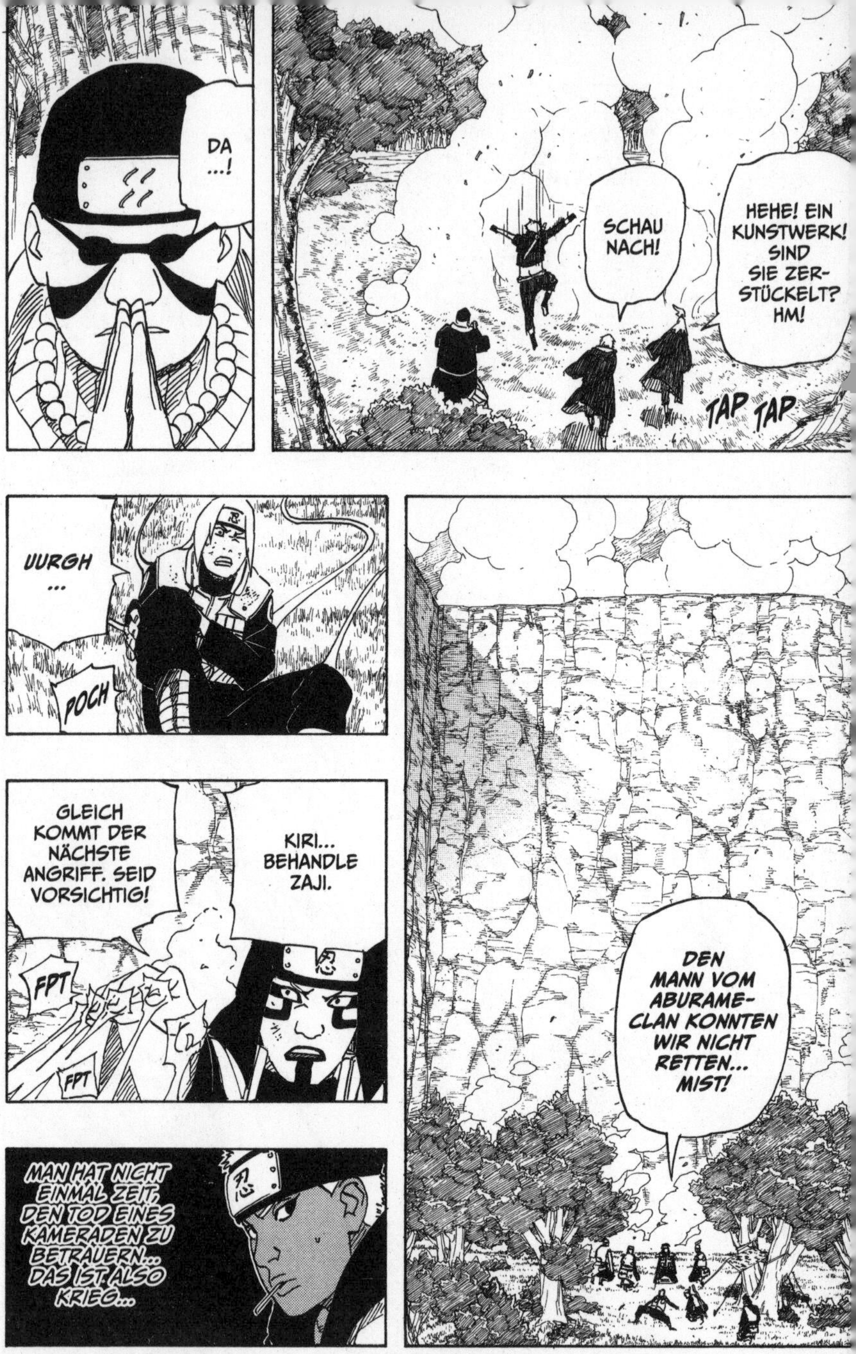

HEHE! EIN KUNSTWERK! SIND SIE ZERSTÜCKELT? HM!
SCHAU NACH!
TAP TAP
DA ...!
DEN MANN VOM ABURAME-CLAN KONNTEN WIR NICHT RETTEN... MIST!
UURGH ...
POCH
KIRI... BEHANDLE ZAJI.
GLEICH KOMMT DER NÄCHSTE ANGRIFF. SEID VORSICHTIG!
FPT
FPT
MAN HAT NICHT EINMAL ZEIT, DEN TOD EINES KAMERADEN ZU BETRAUERN... DAS IST ALSO KRIEG...

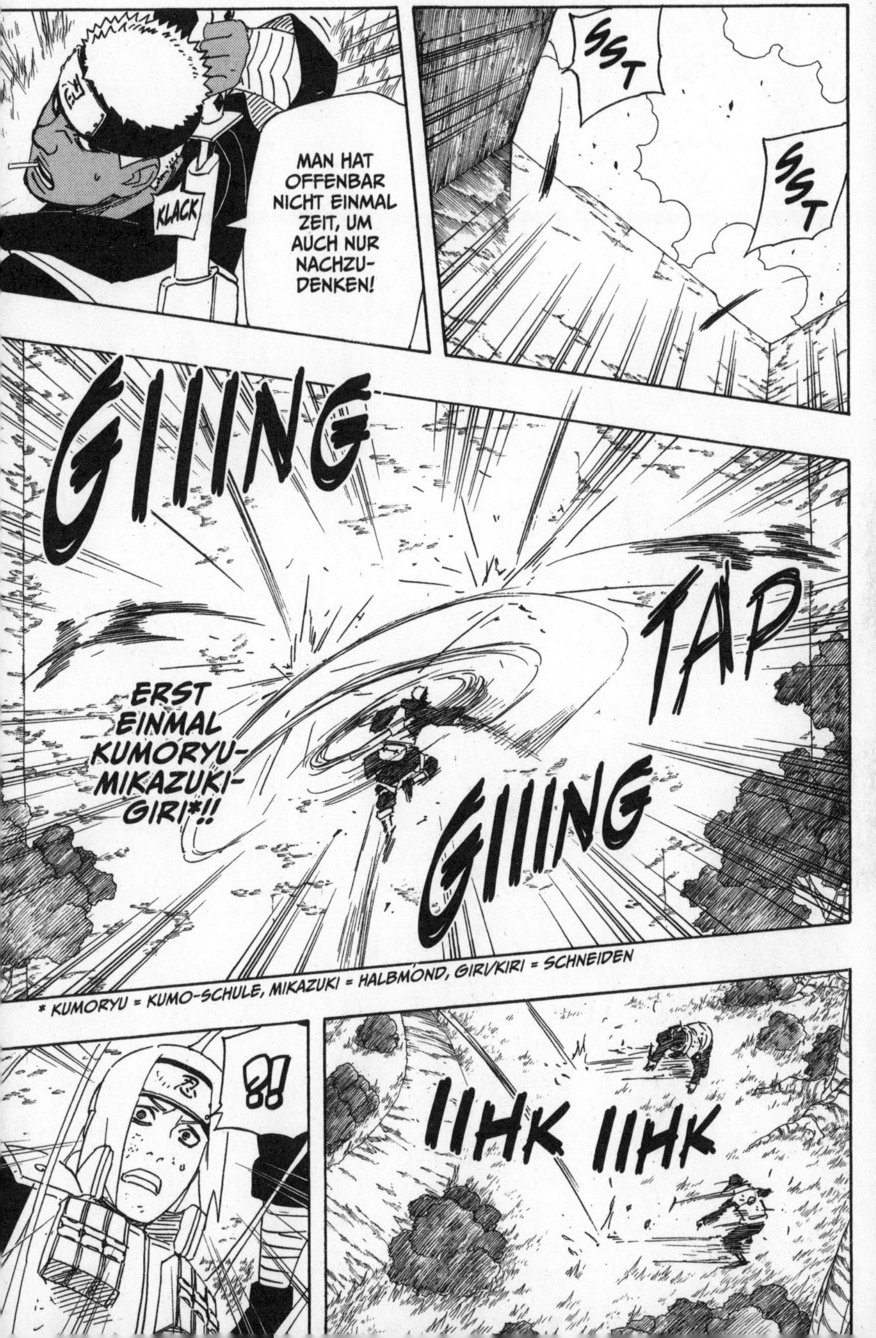

* KUMORYU = KUMO-SCHULE, MIKAZUKI = HALBMOND, GIRI/KIRI = SCHNEIDEN

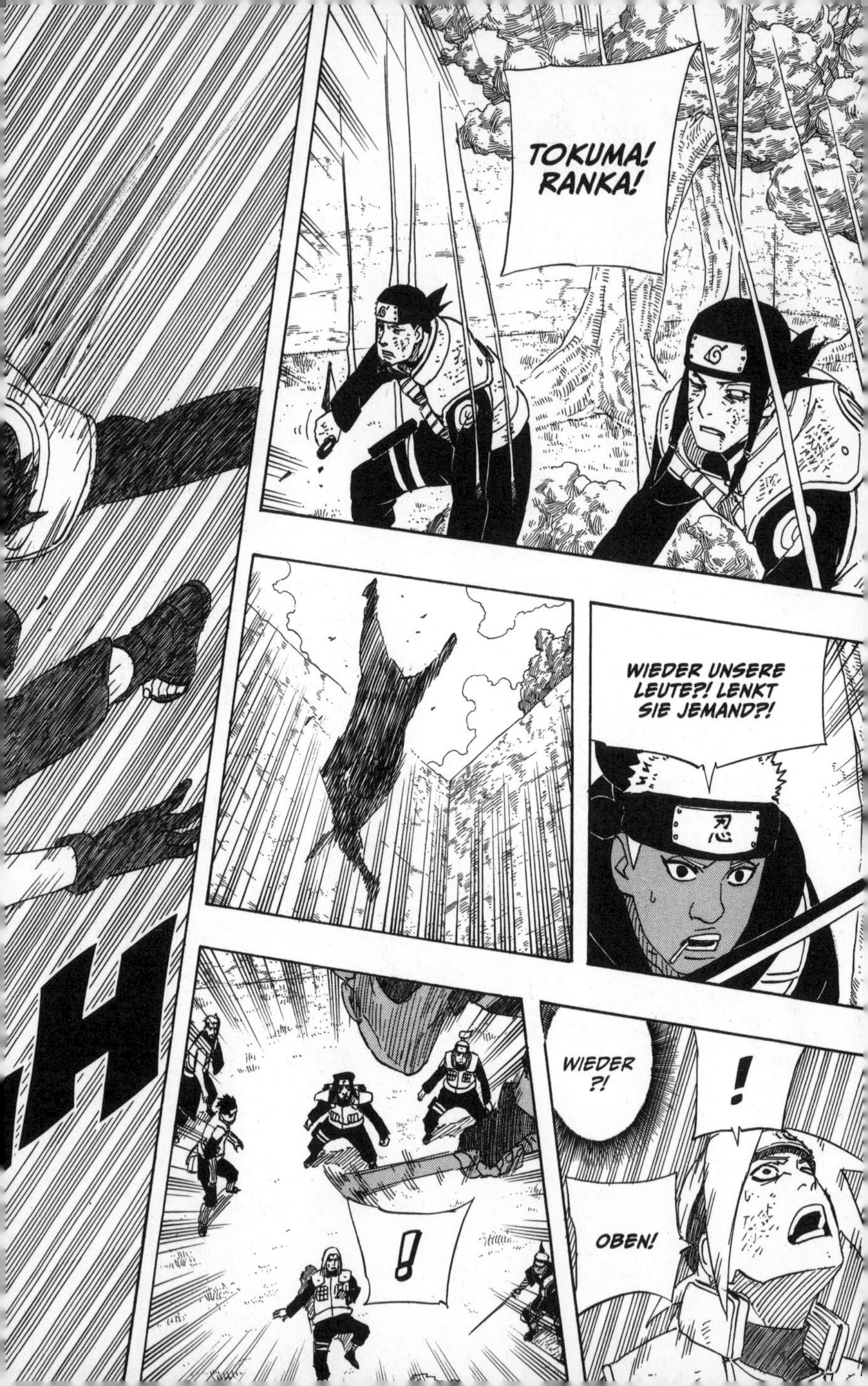
TOKUMA! RANKA!
WIEDER UNSERE LEUTE?! LENKT SIE JEMAND?!
!
WIEDER ?!
!
OBEN!

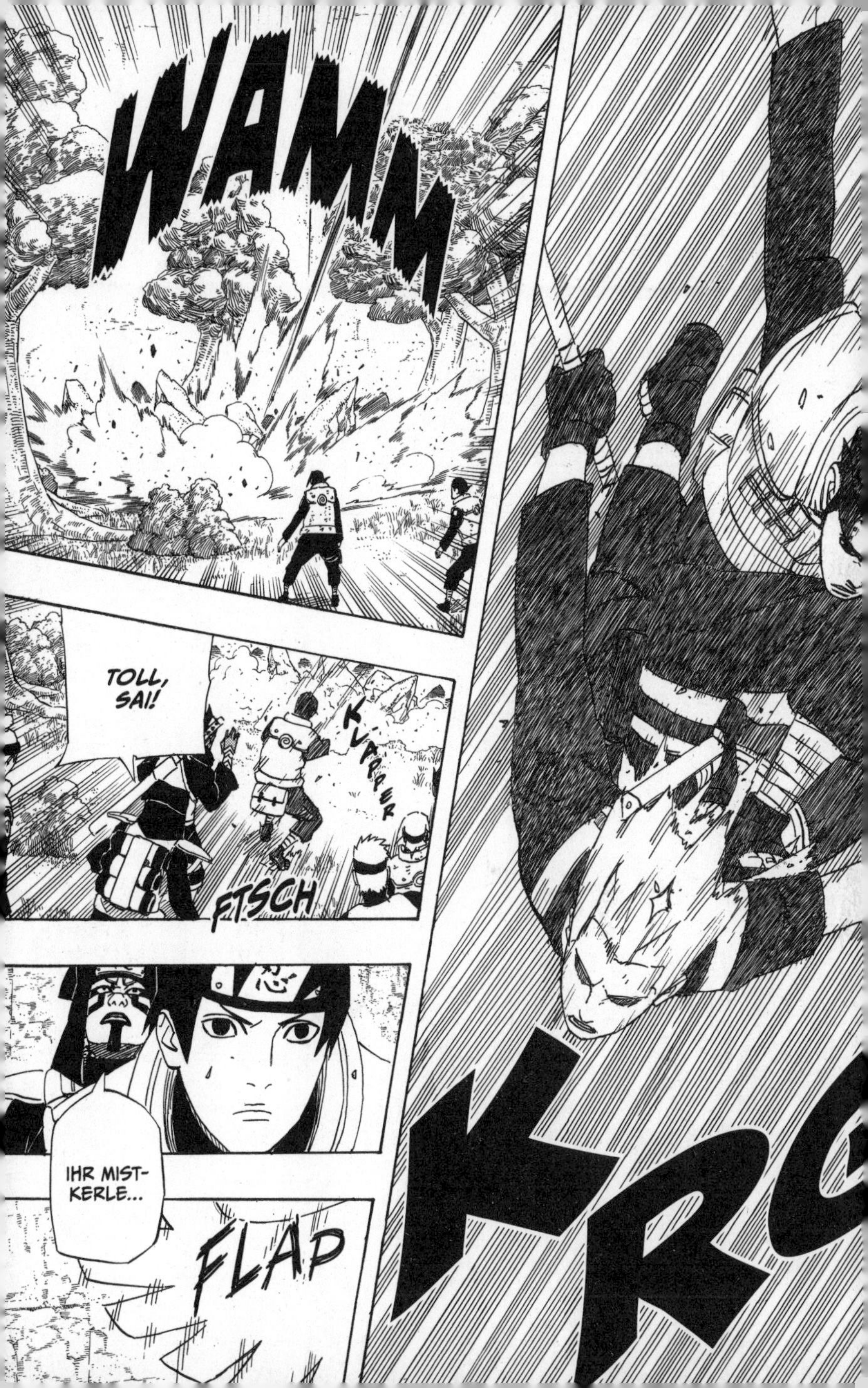
WAMM
TOLL, SAI!
KLAPPER
FTSCH
IHR MIST-
KERLE...
FLAP

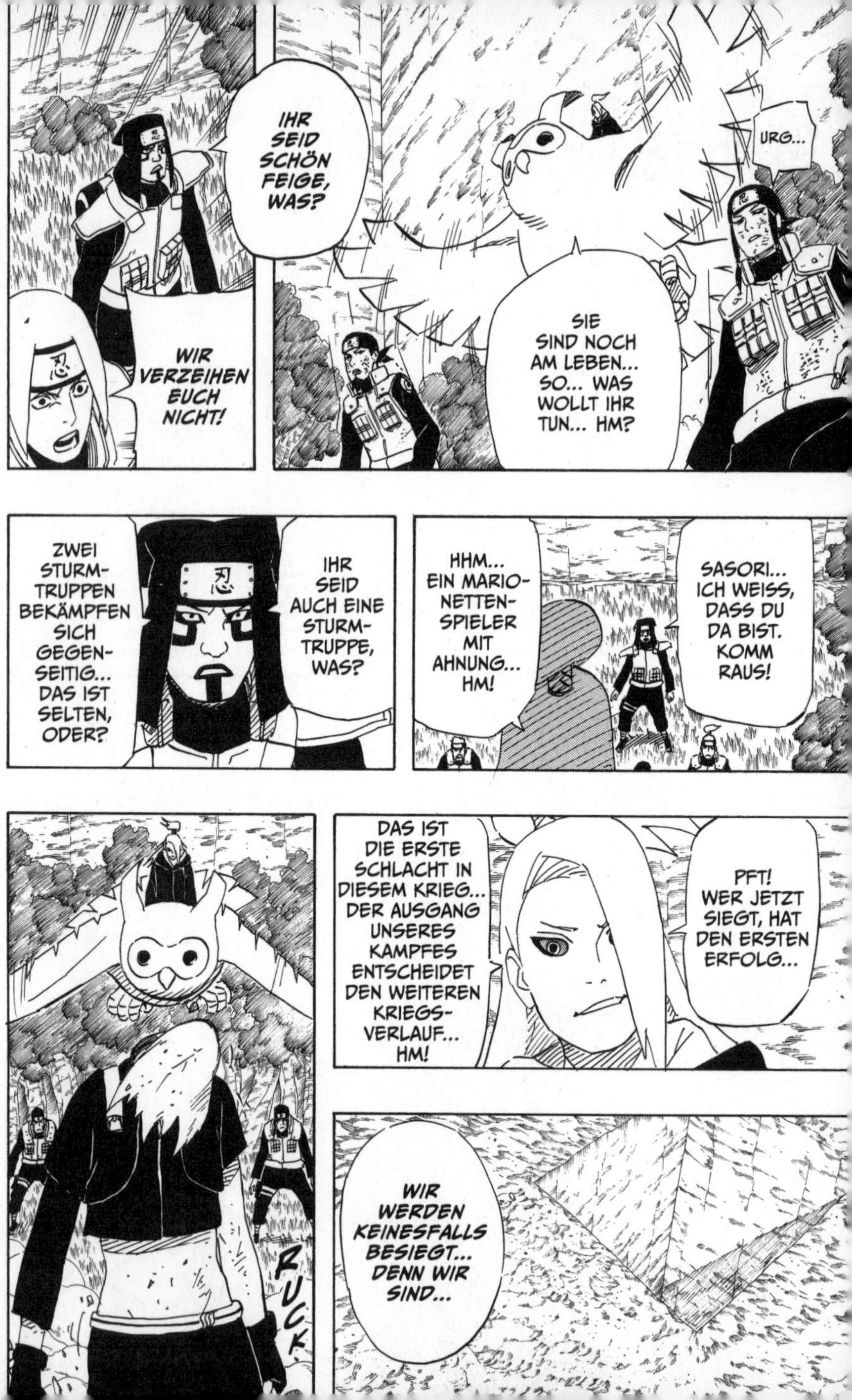
URG...
SIE SIND NOCH AM LEBEN... SO... WAS WOLLT IHR TUN... HM?
IHR SEID SCHÖN FEIGE, WAS?
WIR VERZEIHEN EUCH NICHT!
SASORI... ICH WEISS, DASS DU DA BIST. KOMM RAUS!
HHM... EIN MARIONETTEN-SPIELER MIT AHNUNG... HM!
IHR SEID AUCH EINE STURMTRUPPE, WAS?
ZWEI STURMTRUPPEN BEKÄMPFEN SICH GEGENSEITIG... DAS IST SELTEN, ODER?
PFT! WER JETZT SIEGT, HAT DEN ERSTEN ERFOLG...
DAS IST DIE ERSTE SCHLACHT IN DIESEM KRIEG... DER AUSGANG UNSERES KAMPFES ENTSCHEIDET DEN WEITEREN KRIEGSVERLAUF... HM!
WIR WERDEN KEINESFALLS BESIEGT... DENN WIR SIND...
RUCK

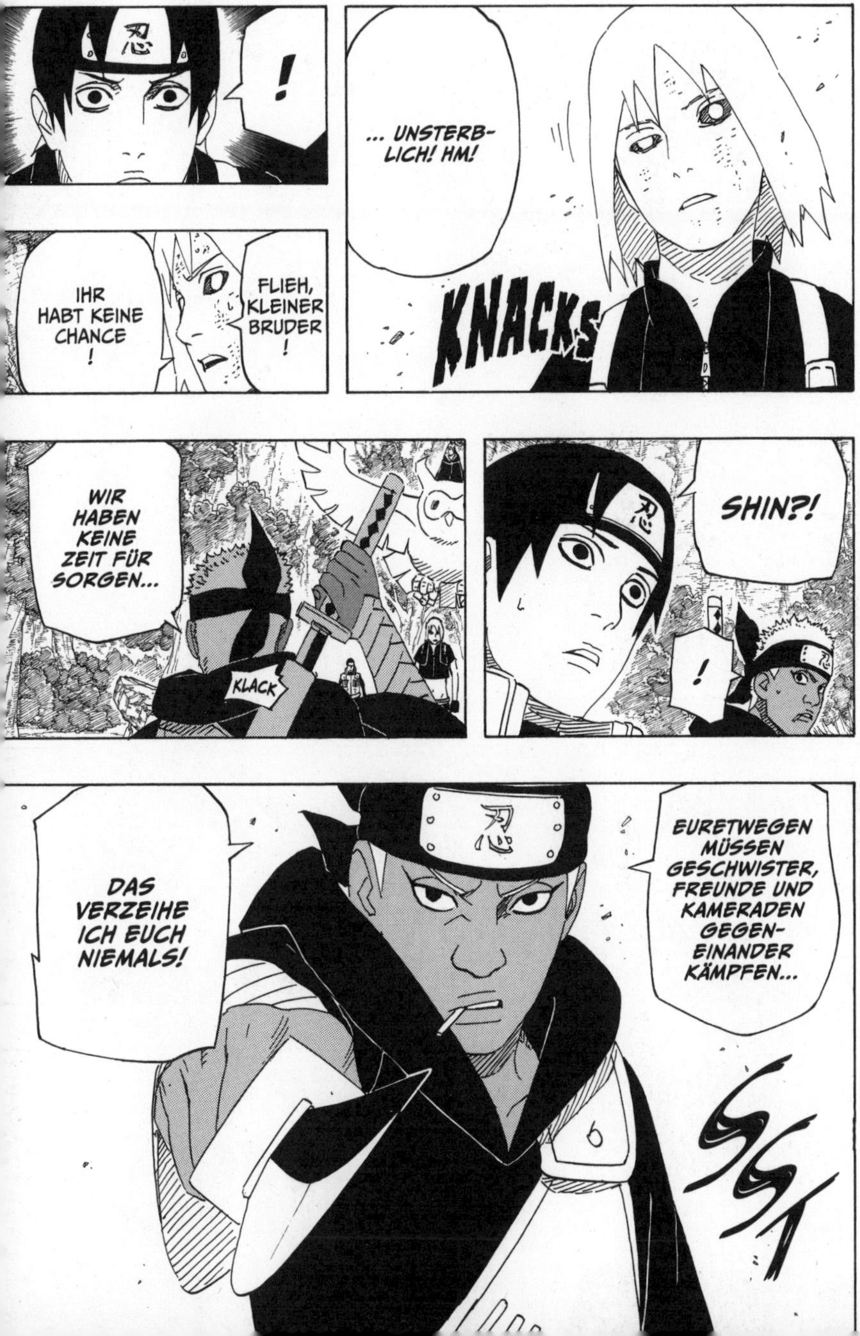
... UNSTERBLICH! HM!
KNACKS
!
FLIEH, KLEINER BRUDER!
IHR HABT KEINE CHANCE!
SHIN?!
!
WIR HABEN KEINE ZEIT FÜR SORGEN...
KLACK
EURETWEGEN MÜSSEN GESCHWISTER, FREUNDE UND KAMERADEN GEGENEINANDER KÄMPFEN...
DAS VERZEIHE ICH EUCH NIEMALS!
SST

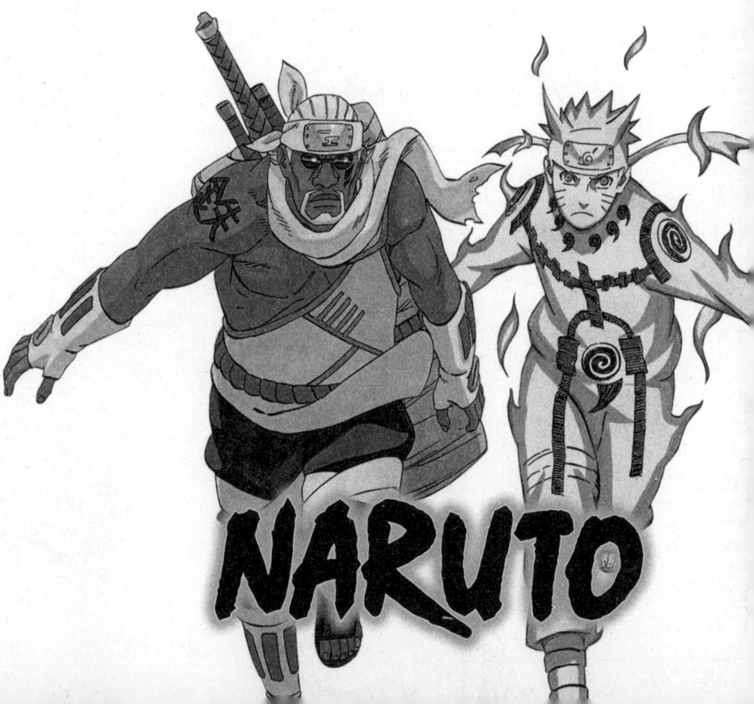
NARUTO

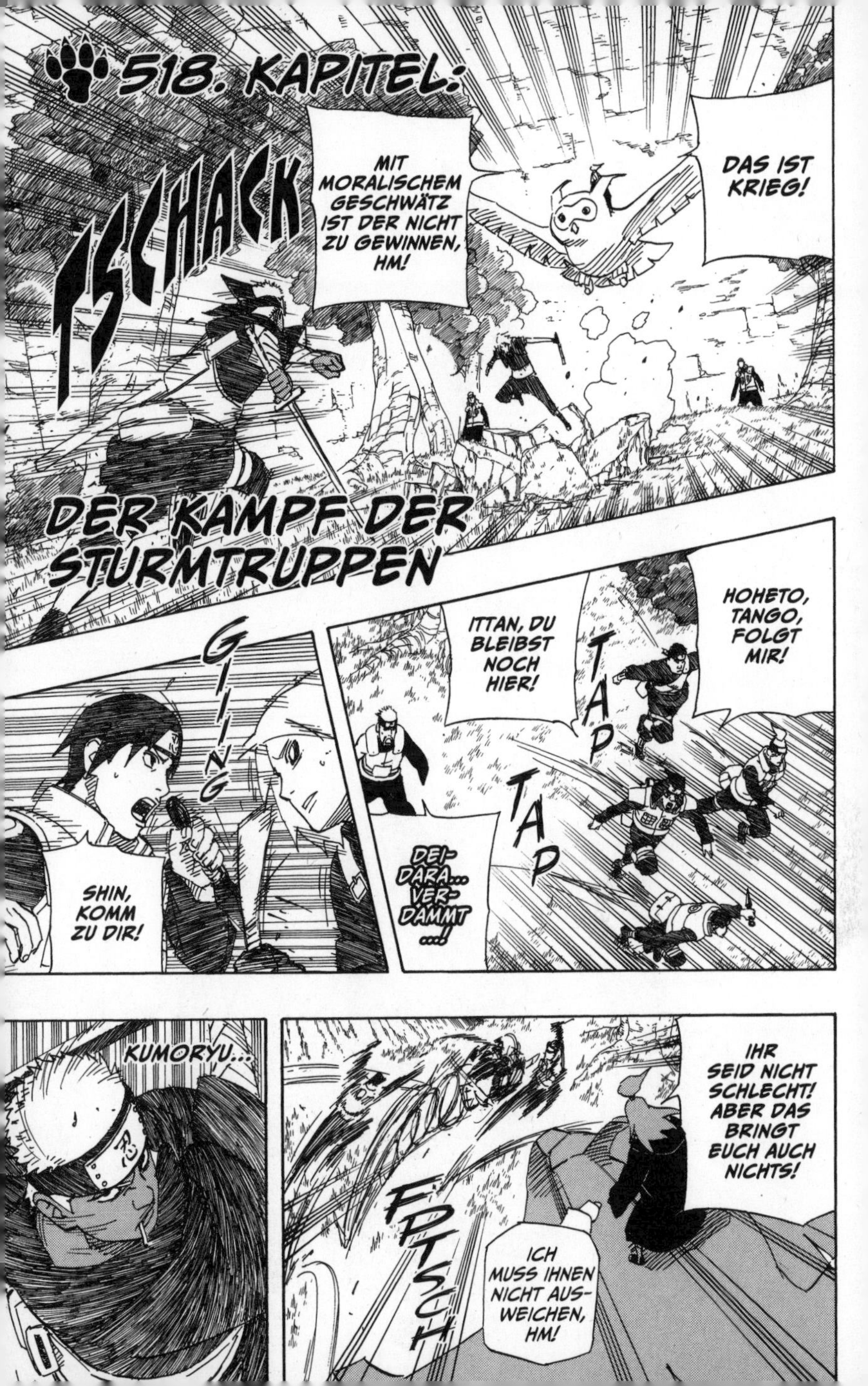
518. KAPITEL:
DER KAMPF DER STURMTRUPPEN
DAS IST KRIEG!
MIT MORALISCHEM GESCHWÄTZ IST DER NICHT ZU GEWINNEN, HM!
TSCHACK
HOHETO, TANGO, FOLGT MIR!
ITTAN, DU BLEIBST NOCH HIER!
TAP
TAP
DEI-DARA... VER-DAMMT ...!
GIIING
SHIN, KOMM ZU DIR!
IHR SEID NICHT SCHLECHT! ABER DAS BRINGT EUCH AUCH NICHTS!
ICH MUSS IHNEN NICHT AUS-WEICHEN, HM!
FDTSCH
KUMORYU...

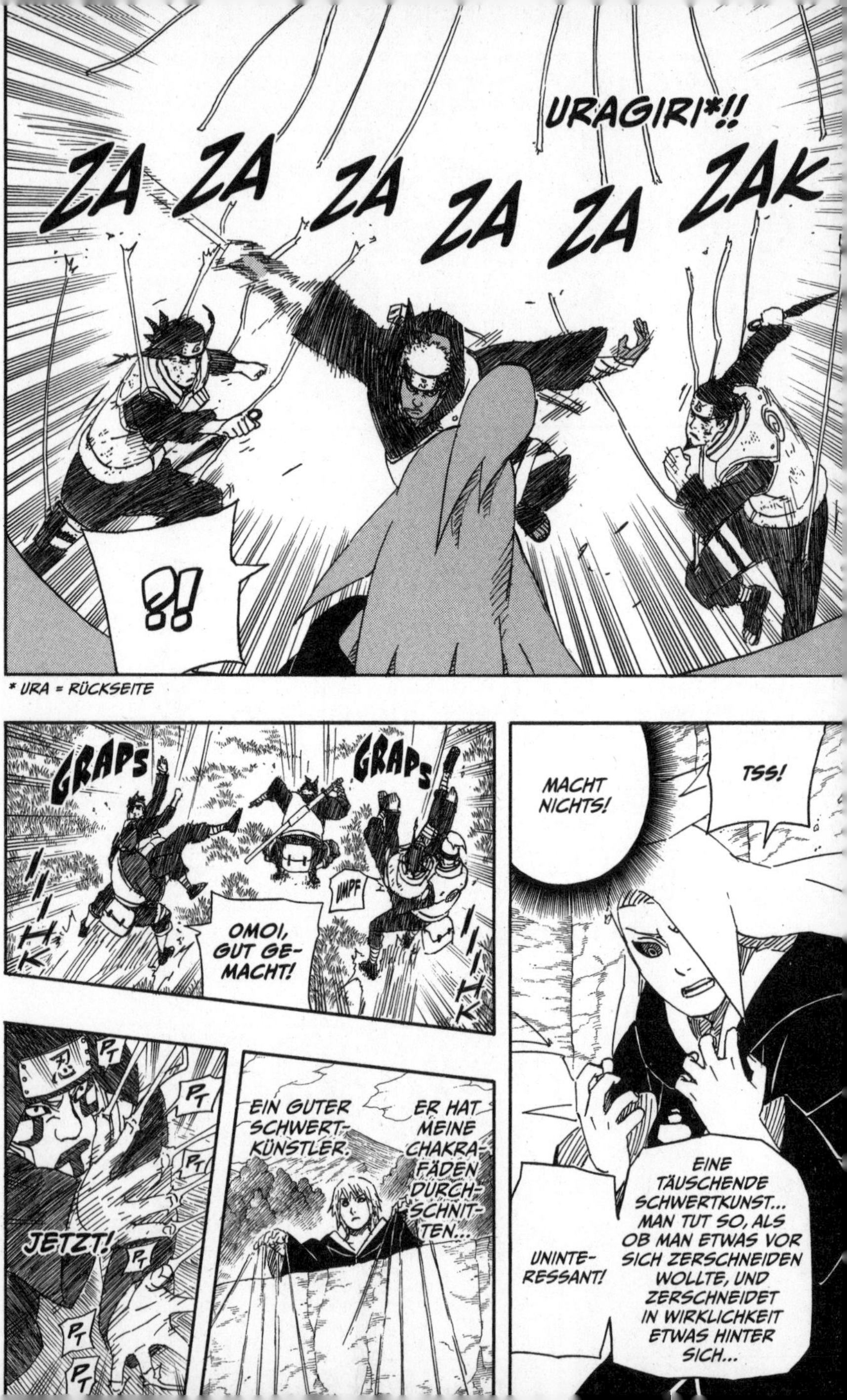
URAGIRI*!!
ZA ZA ZA ZA ZA ZAK
?!
* URA = RÜCKSEITE
TSS!
MACHT NICHTS!
GRAPS
GRAPS
UMPF
OMOI, GUT GE- MACHT!
IIIHK
IIIHK
ER HAT MEINE CHAKRA- FÄDEN DURCH- SCHNIT- TEN...
EIN GUTER SCHWERT- KÜNSTLER.
PT
JETZT!
EINE TÄUSCHENDE SCHWERTKUNST... MAN TUT SO, ALS OB MAN ETWAS VOR SICH ZERSCHNEIDEN WOLLTE, UND ZERSCHNEIDET IN WIRKLICHKEIT ETWAS HINTER SICH...
UNINTE- RESSANT!

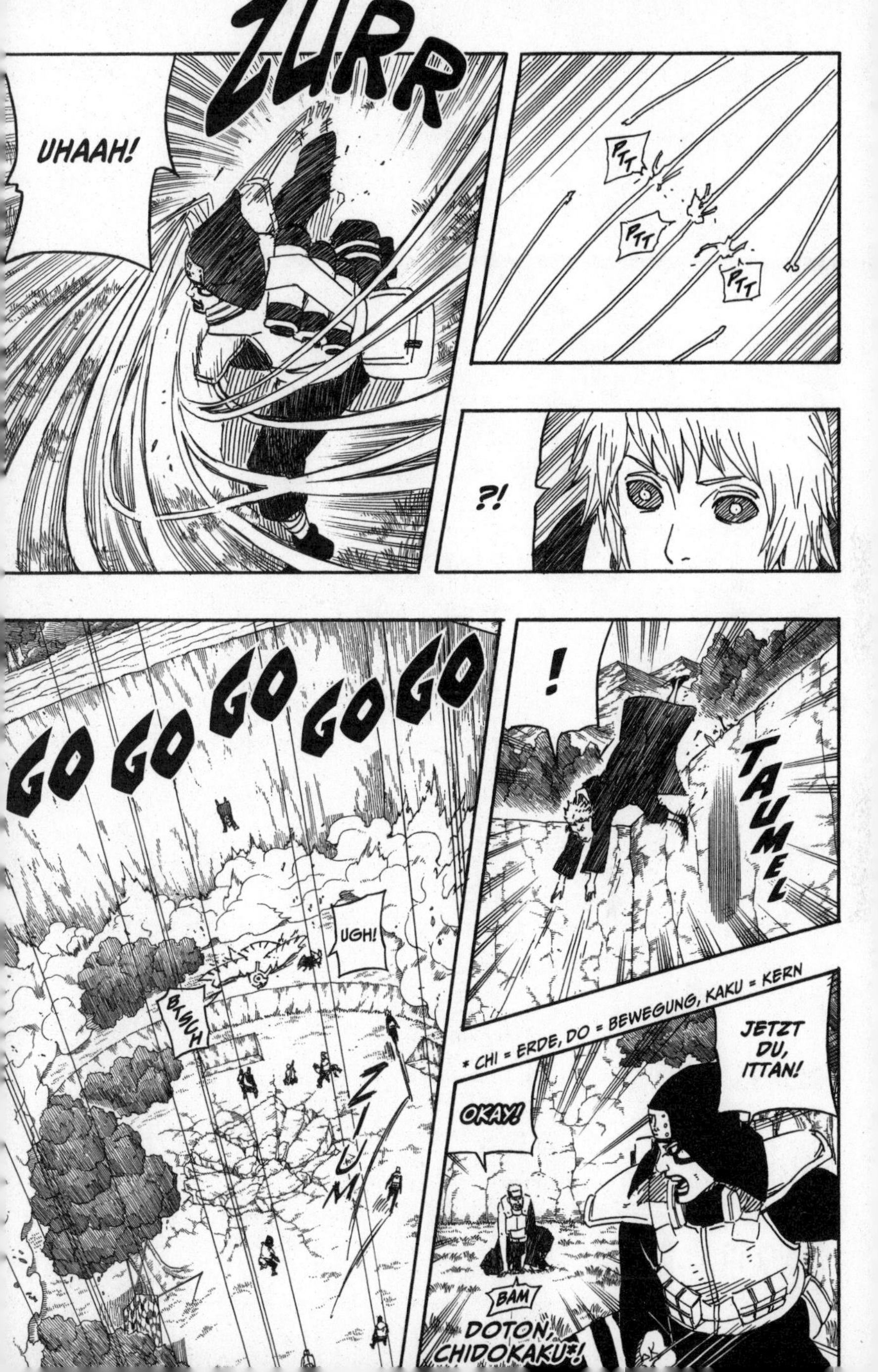
ZURR
UHAAH!
PTT
PTT
PTT
?!
!
TAUMEL
JETZT DU, ITTAN!
OKAY!
BAM
DOTON, CHIDOKAKU*!
GO GO GO GO GO GO
UGH!
BASCH
ZIUUM
* CHI = ERDE, DO = BEWEGUNG, KAKU = KERN

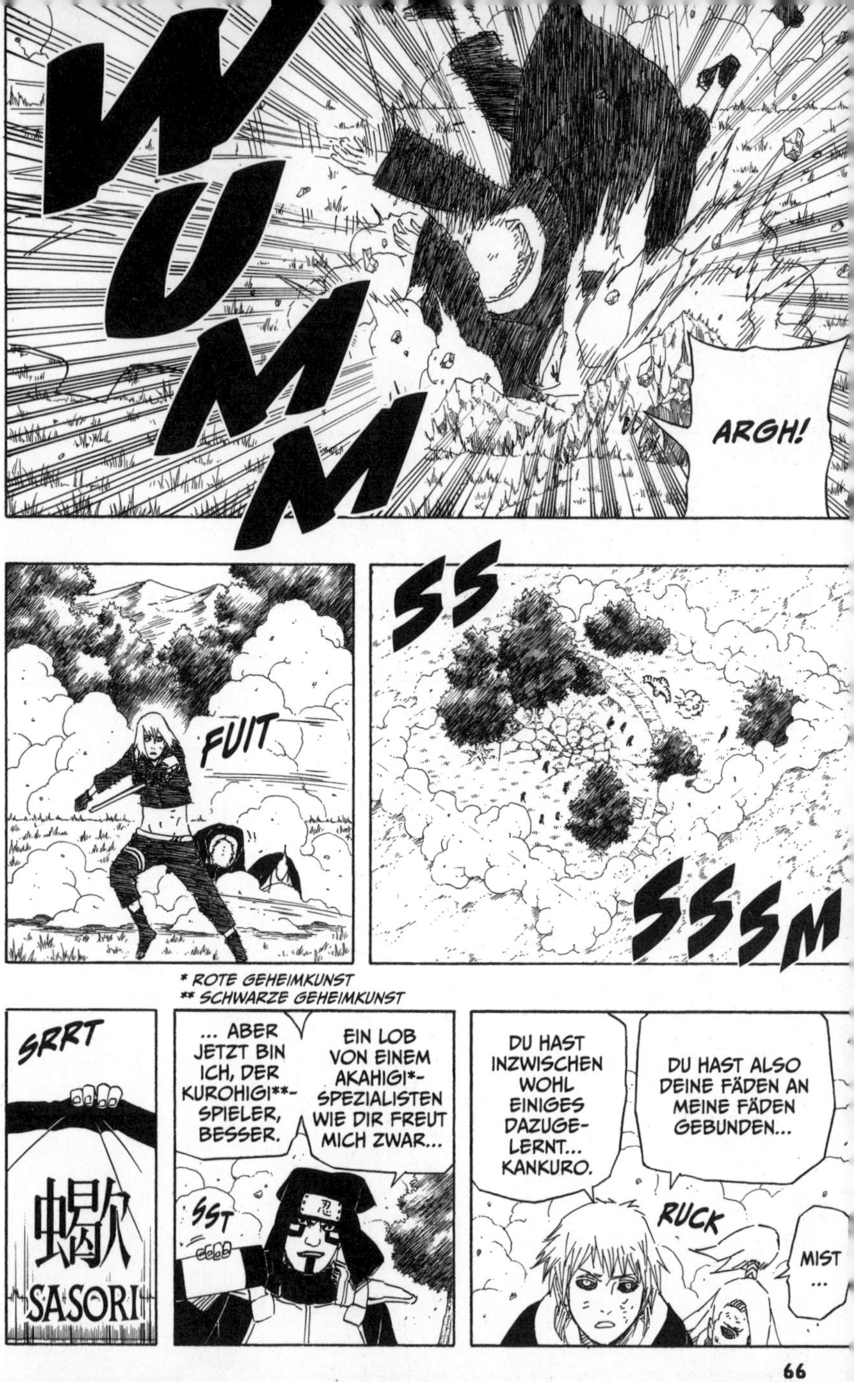

* ROTE GEHEIMKUNST
** SCHWARZE GEHEIMKUNST

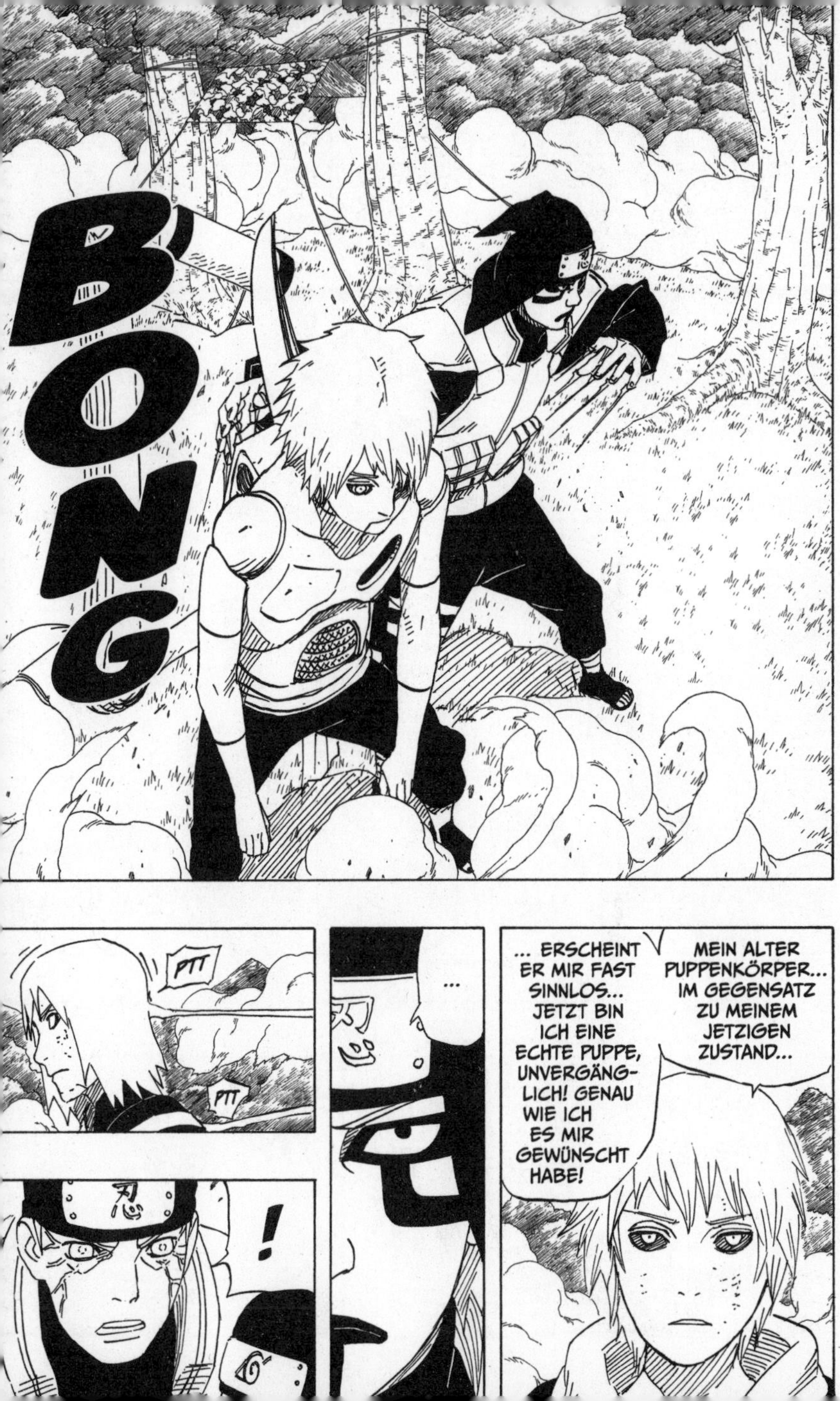
BONG
MEIN ALTER PUPPENKÖRPER... IM GEGENSATZ ZU MEINEM JETZIGEN ZUSTAND...
... ERSCHEINT ER MIR FAST SINNLOS... JETZT BIN ICH EINE ECHTE PUPPE, UNVERGÄNG-LICH! GENAU WIE ICH ES MIR GEWÜNSCHT HABE!
...
PTT
PTT
!

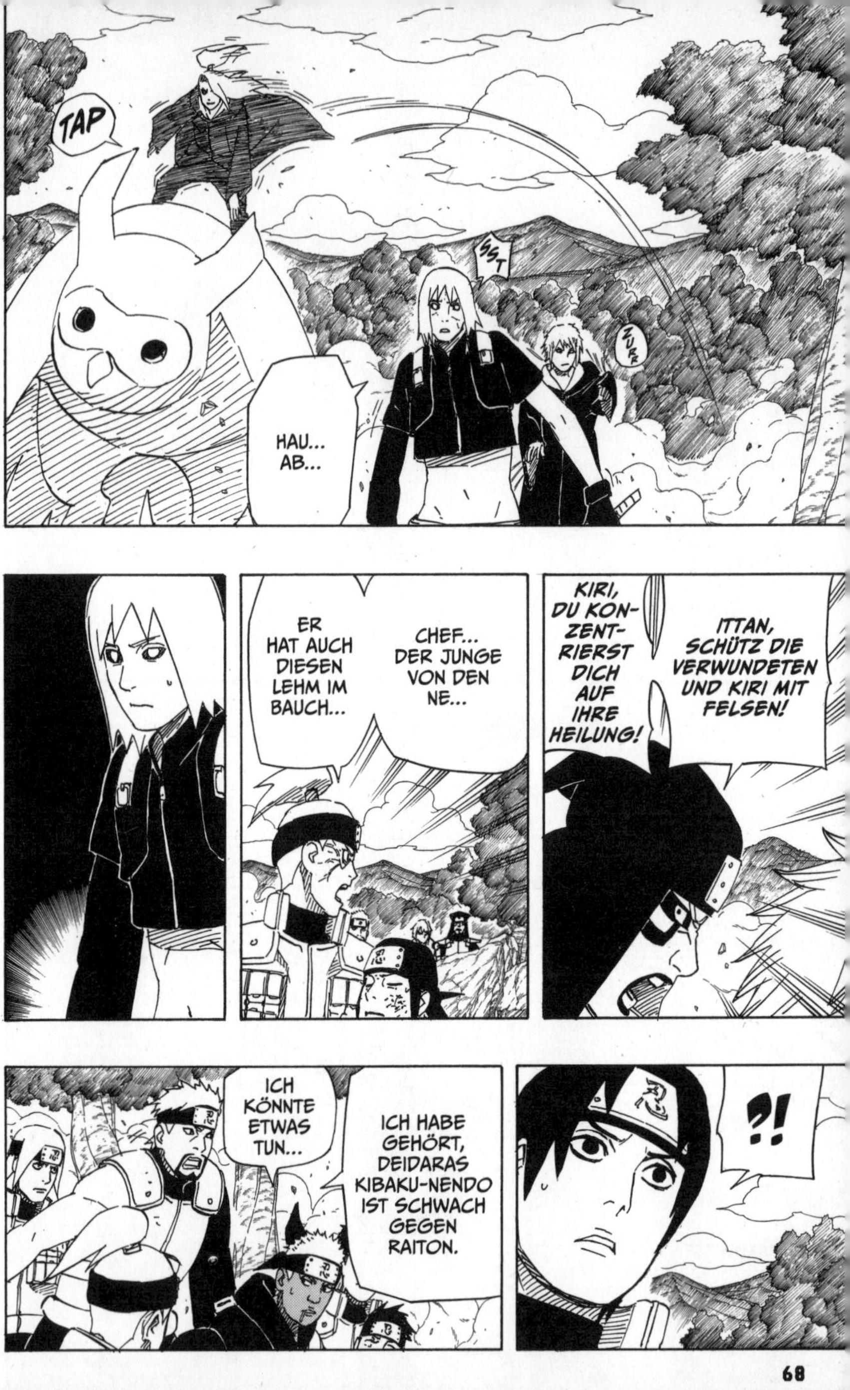

TAP
SST
ZURR
HAU... AB...
ITTAN, SCHÜTZ DIE VERWUNDETEN UND KIRI MIT FELSEN!
KIRI, DU KONZENTRIERST DICH AUF IHRE HEILUNG!
CHEF... DER JUNGE VON DEN NE...
ER HAT AUCH DIESEN LEHM IM BAUCH...
?!
ICH HABE GEHÖRT, DEIDARAS KIBAKU-NENDO IST SCHWACH GEGEN RAITON.
ICH KÖNNTE ETWAS TUN...

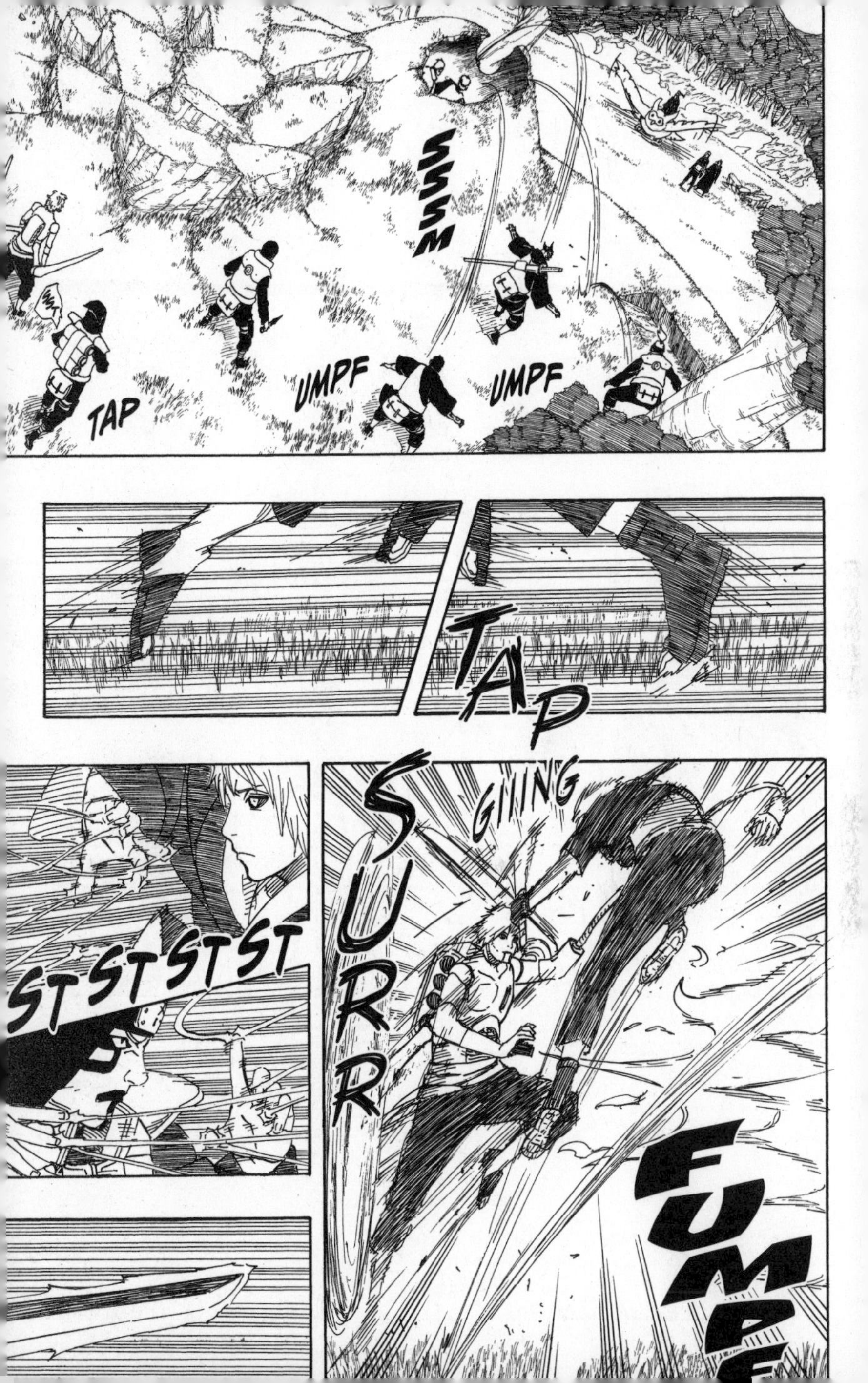
SSSM
UMPF
UMPF
TAP
TAP
GIIING
SURR
FUMP
ST ST ST ST ST

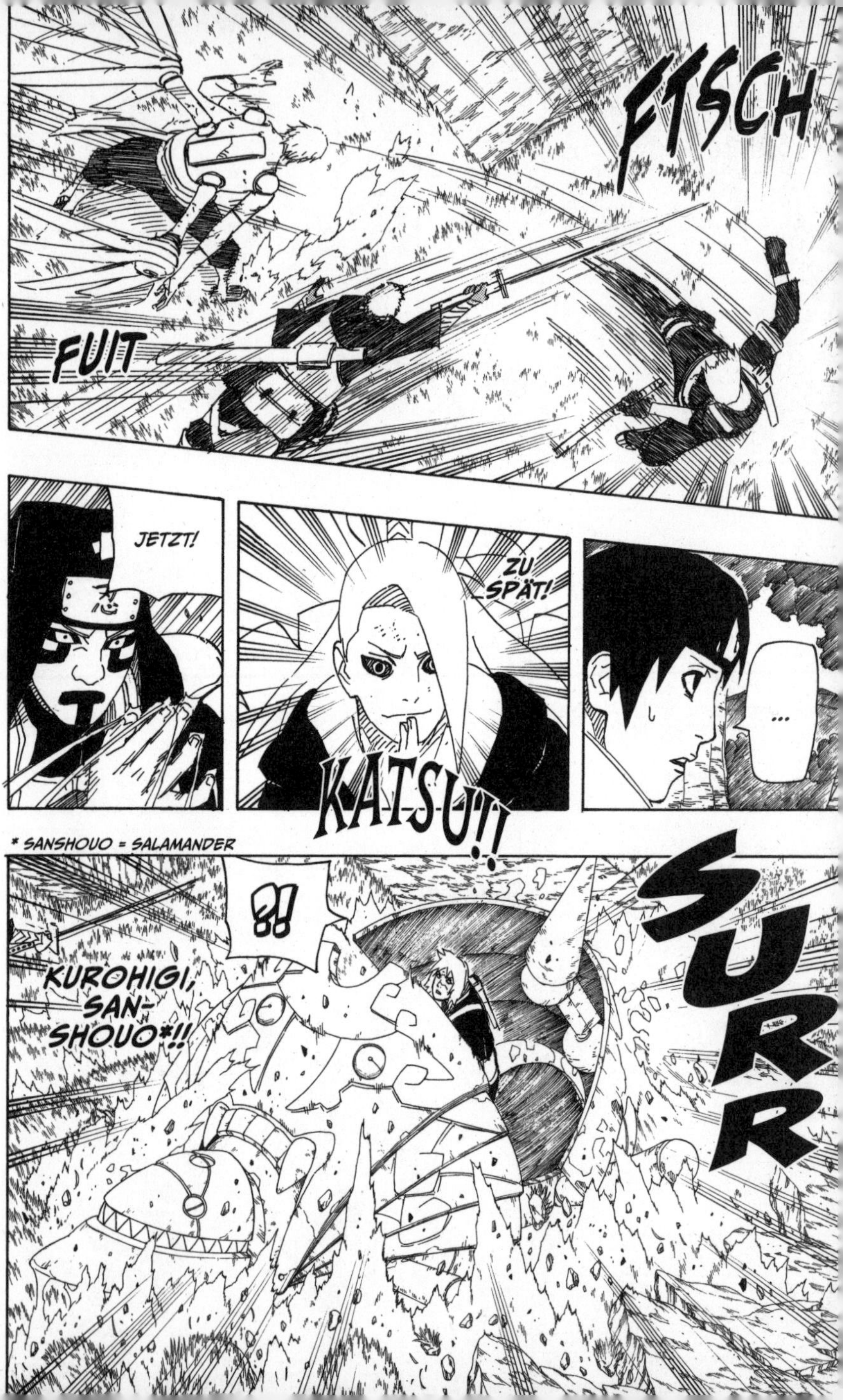

* SANSHOUO = SALAMANDER

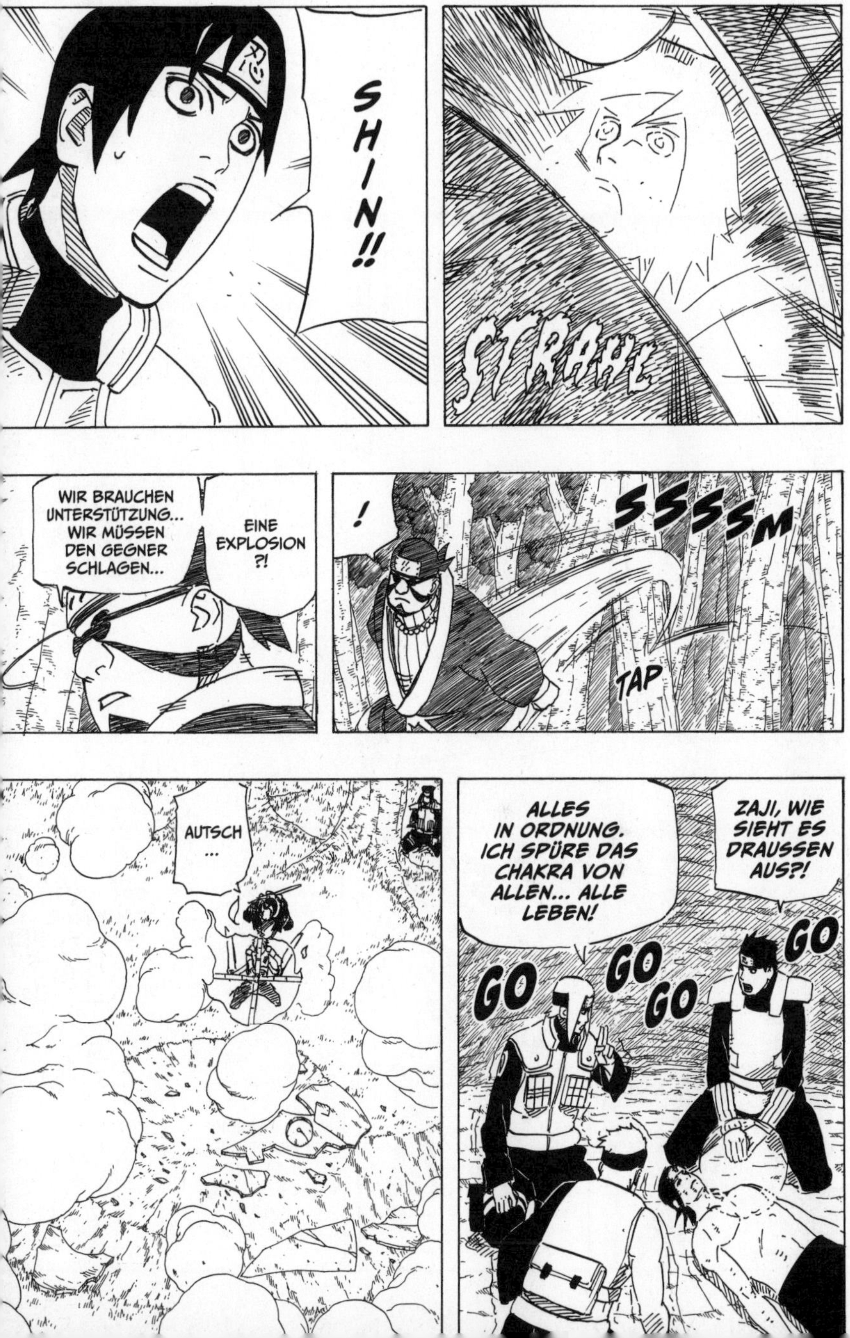
STRAHL
SHIN!!
SSSSM
TAP
!
EINE EXPLOSION ?!
WIR BRAUCHEN UNTERSTÜTZUNG... WIR MÜSSEN DEN GEGNER SCHLAGEN...
ZAJI, WIE SIEHT ES DRAUSSEN AUS?!
ALLES IN ORDNUNG. ICH SPÜRE DAS CHAKRA VON ALLEN... ALLE LEBEN!
GO GO GO GO
AUTSCH ...

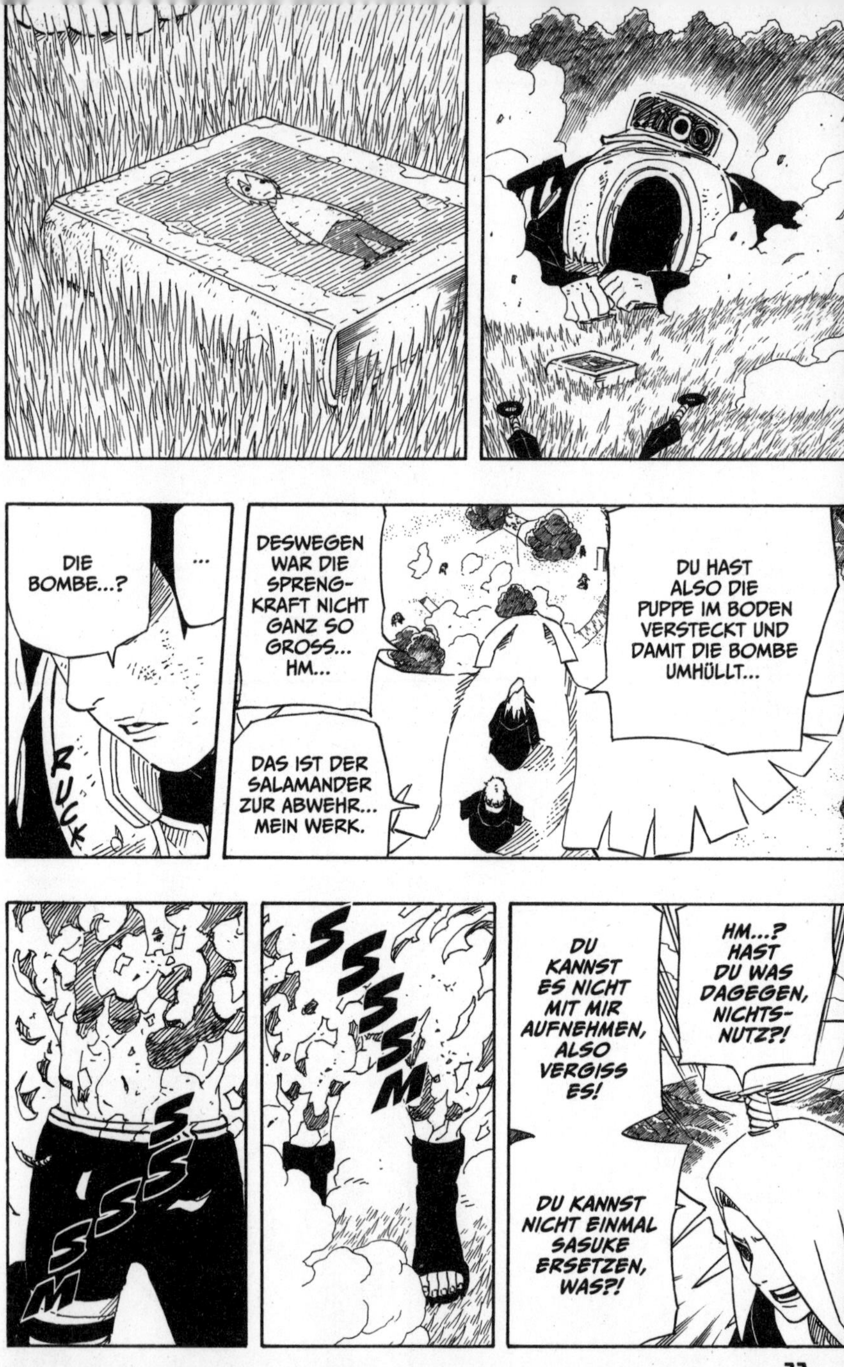
DU HAST ALSO DIE PUPPE IM BODEN VERSTECKT UND DAMIT DIE BOMBE UMHÜLLT...
DESWEGEN WAR DIE SPRENG-KRAFT NICHT GANZ SO GROSS... HM...
DAS IST DER SALAMANDER ZUR ABWEHR... MEIN WERK.
...
DIE BOMBE...?
RUCK
HM...? HAST DU WAS DAGEGEN, NICHTS-NUTZ?!
DU KANNST ES NICHT MIT MIR AUFNEHMEN, ALSO VERGISS ES!
DU KANNST NICHT EINMAL SASUKE ERSETZEN, WAS?!
SSSSM
SSSSSM

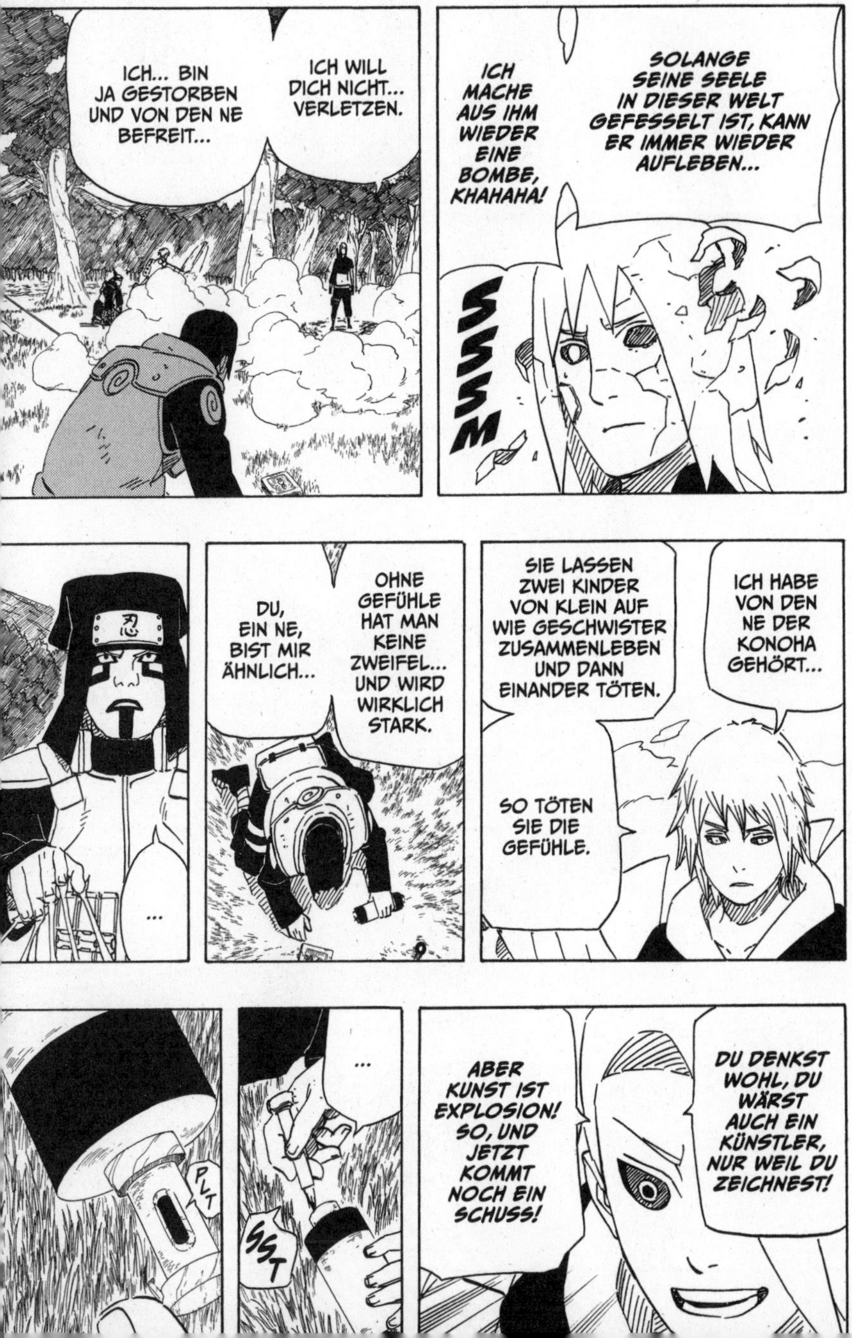
SOLANGE SEINE SEELE IN DIESER WELT GEFESSELT IST, KANN ER IMMER WIEDER AUFLEBEN...
ICH MACHE AUS IHM WIEDER EINE BOMBE, KHAHAHA!
SSSM
ICH WILL DICH NICHT... VERLETZEN.
ICH... BIN JA GESTORBEN UND VON DEN NE BEFREIT...
ICH HABE VON DEN NE DER KONOHA GEHÖRT...
SIE LASSEN ZWEI KINDER VON KLEIN AUF WIE GESCHWISTER ZUSAMMENLEBEN UND DANN EINANDER TÖTEN.
SO TÖTEN SIE DIE GEFÜHLE.
OHNE GEFÜHLE HAT MAN KEINE ZWEIFEL... UND WIRD WIRKLICH STARK.
DU, EIN NE, BIST MIR ÄHNLICH...
...
DU DENKST WOHL, DU WÄRST AUCH EIN KÜNSTLER, NUR WEIL DU ZEICHNEST!
ABER KUNST IST EXPLOSION! SO, UND JETZT KOMMT NOCH EIN SCHUSS!
...
SST
PLT

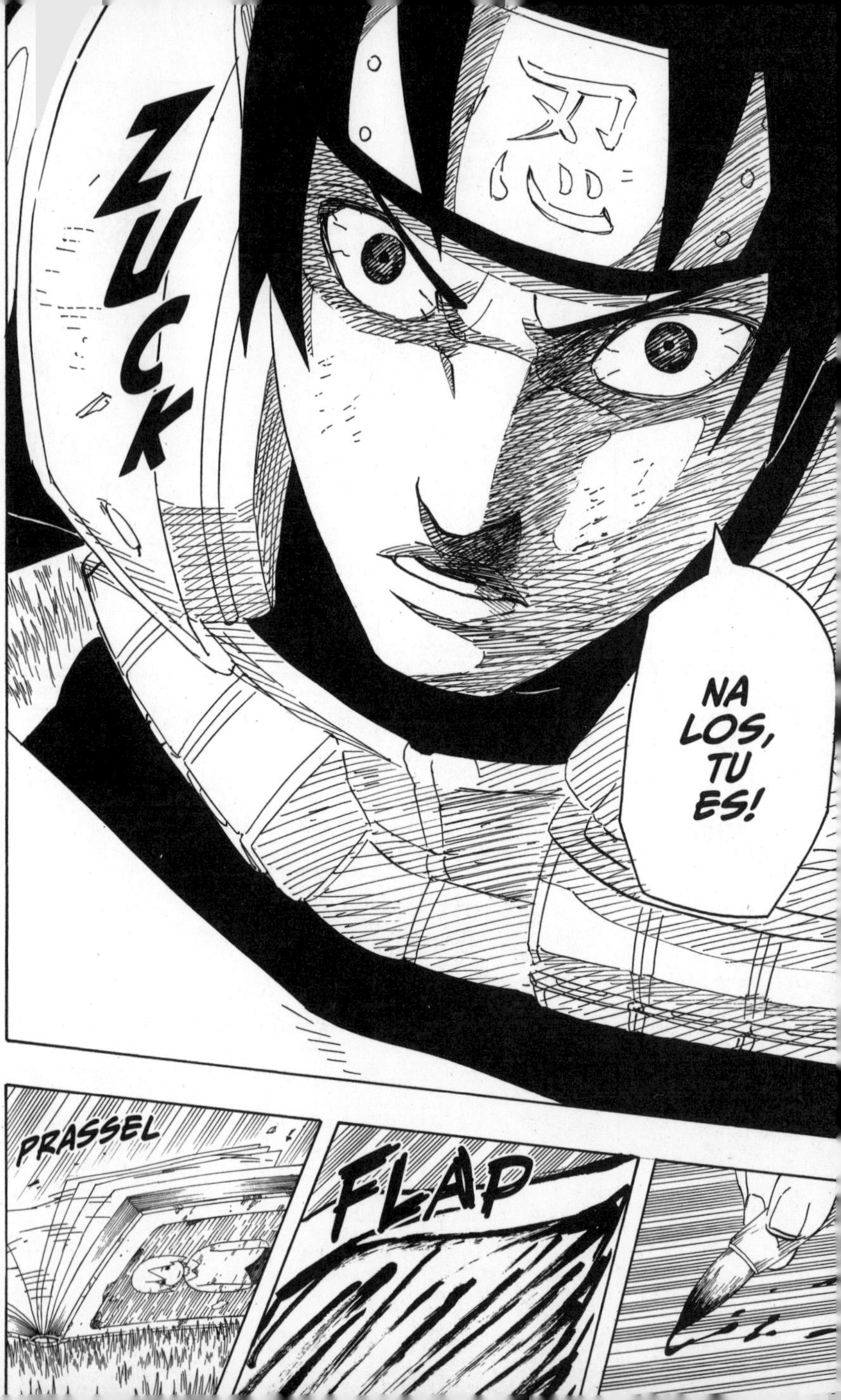
ZUCK
NA LOS, TU ES!
PRASSEL
FLAP

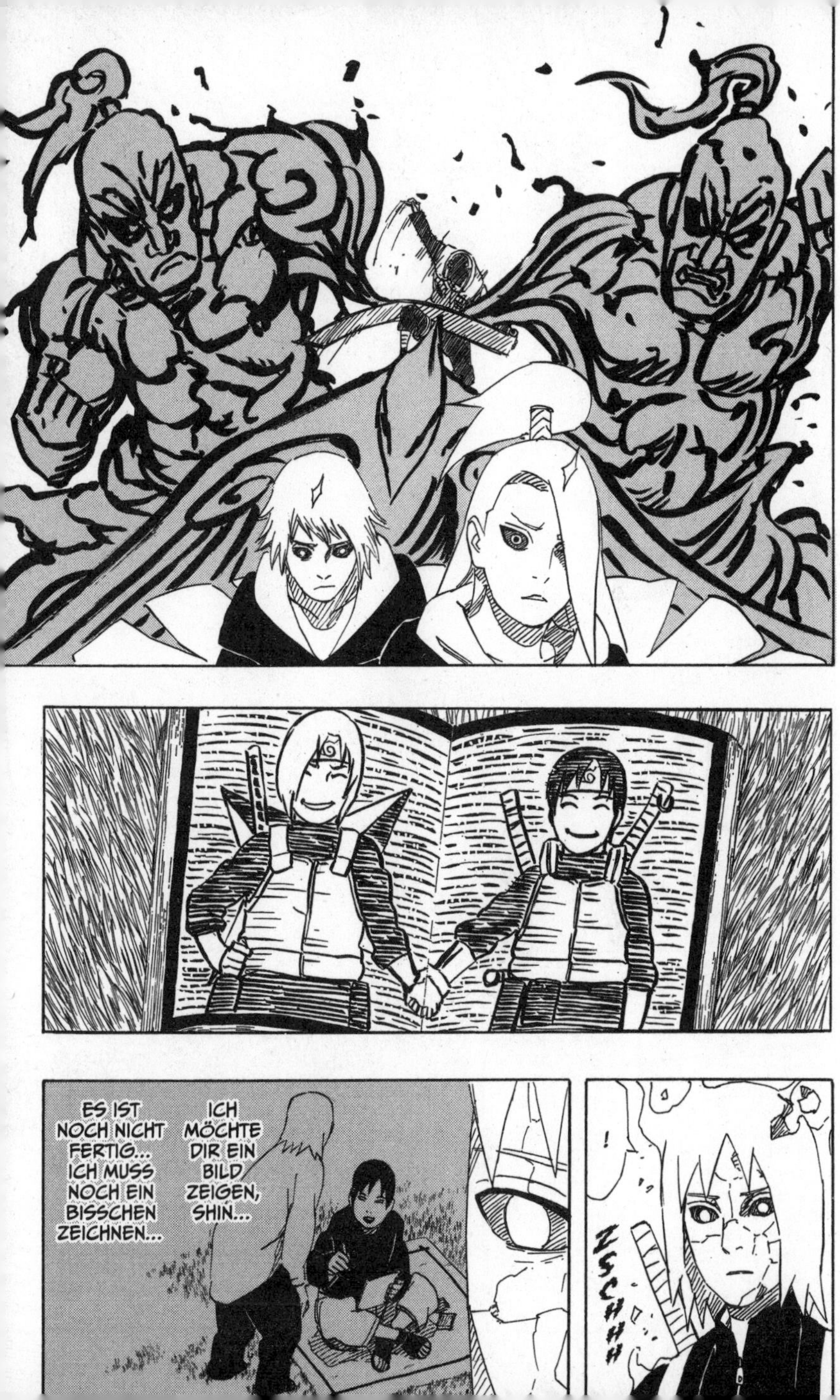
!
ZSCHHH
ICH MÖCHTE DIR EIN BILD ZEIGEN, SHIN...
ES IST NOCH NICHT FERTIG... ICH MUSS NOCH EIN BISSCHEN ZEICHNEN...

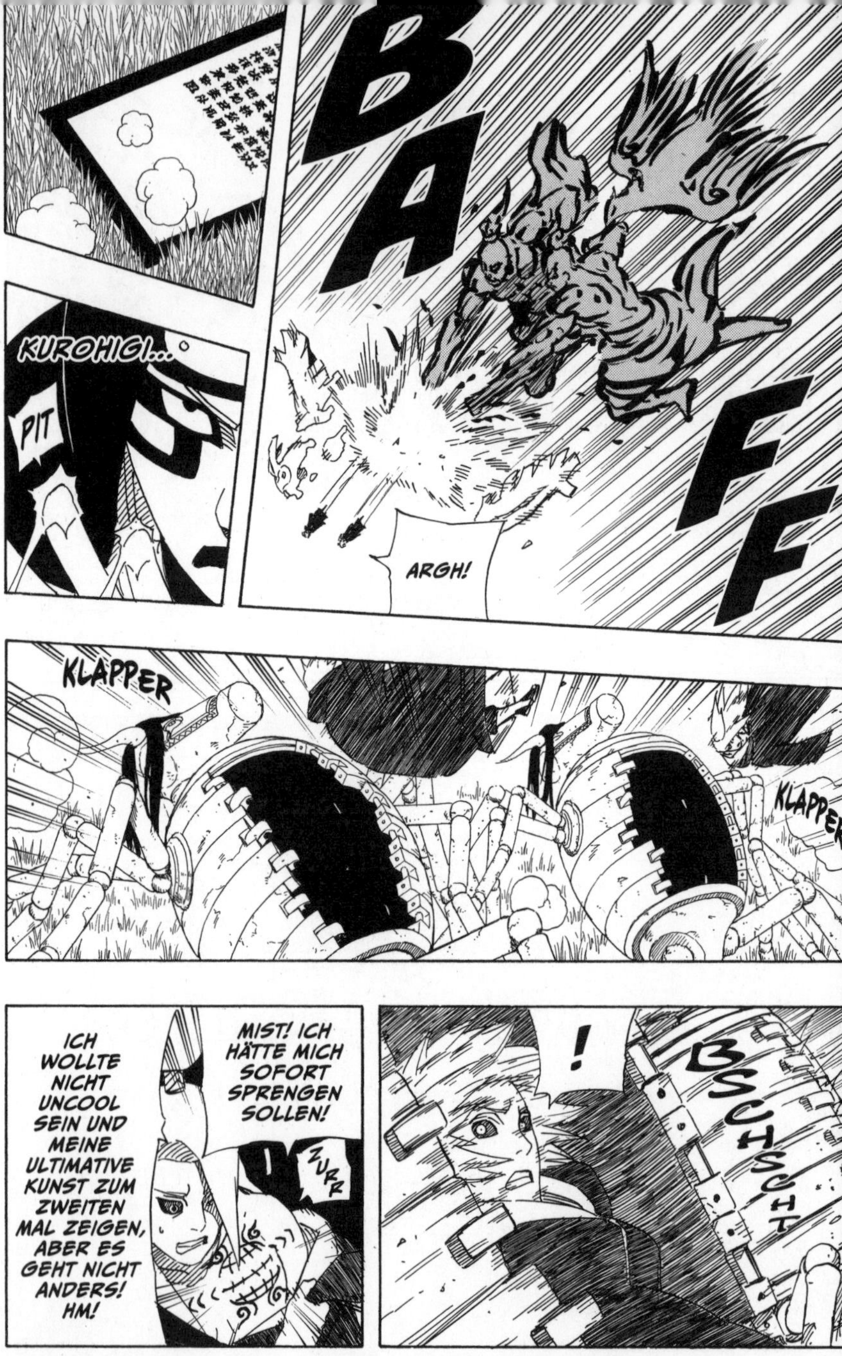
BAFF
ARGH!
KUROHIGI...
PIT
KLAPPER
KLAPPER
!
BSCHSCHT
MIST! ICH HÄTTE MICH SOFORT SPRENGEN SOLLEN!
ZURR
ICH WOLLTE NICHT UNCOOL SEIN UND MEINE ULTIMATIVE KUNST ZUM ZWEITEN MAL ZEIGEN, ABER ES GEHT NICHT ANDERS! HM!

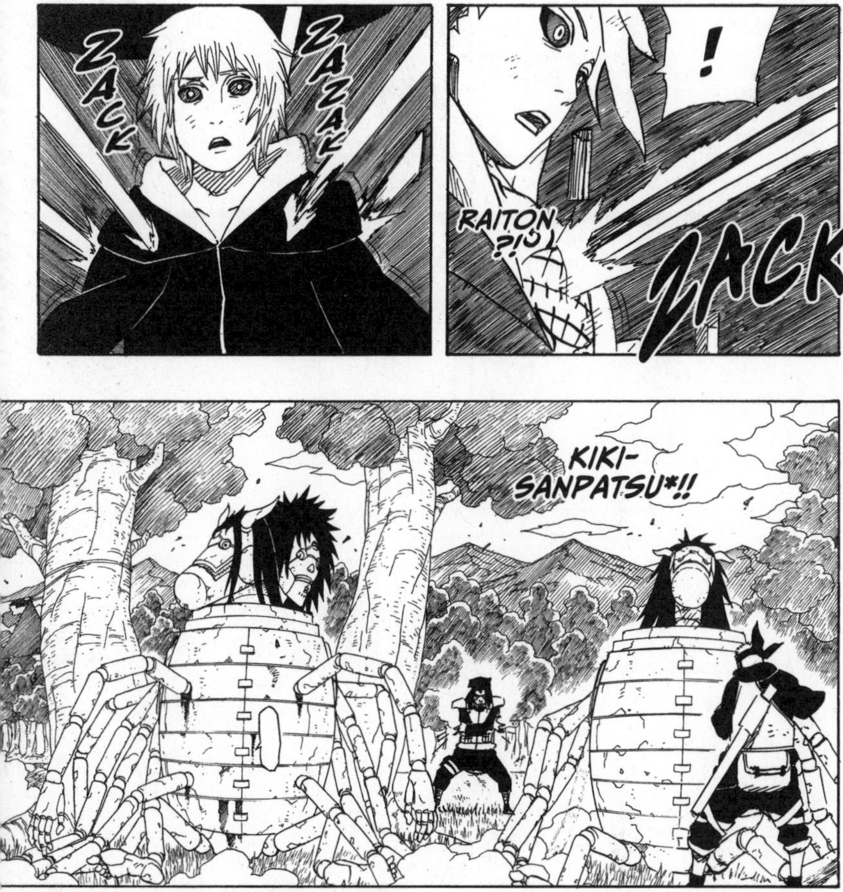

* KI = MASCHINE, SAN = DREI, PATSU = SCHUSS

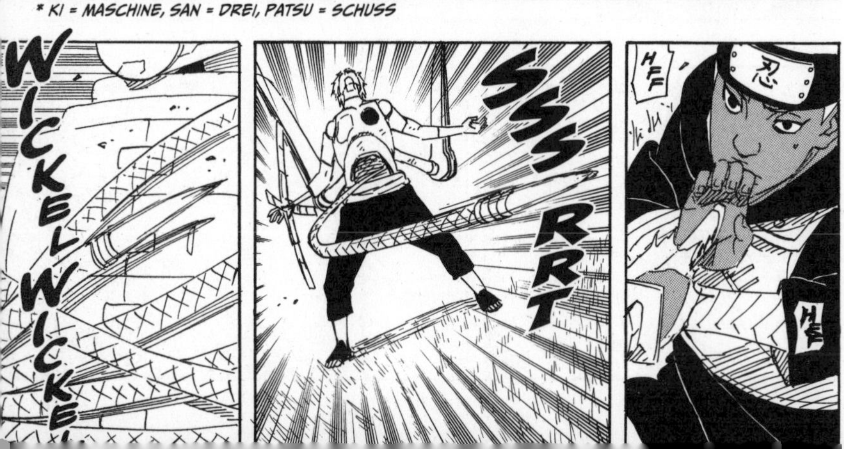

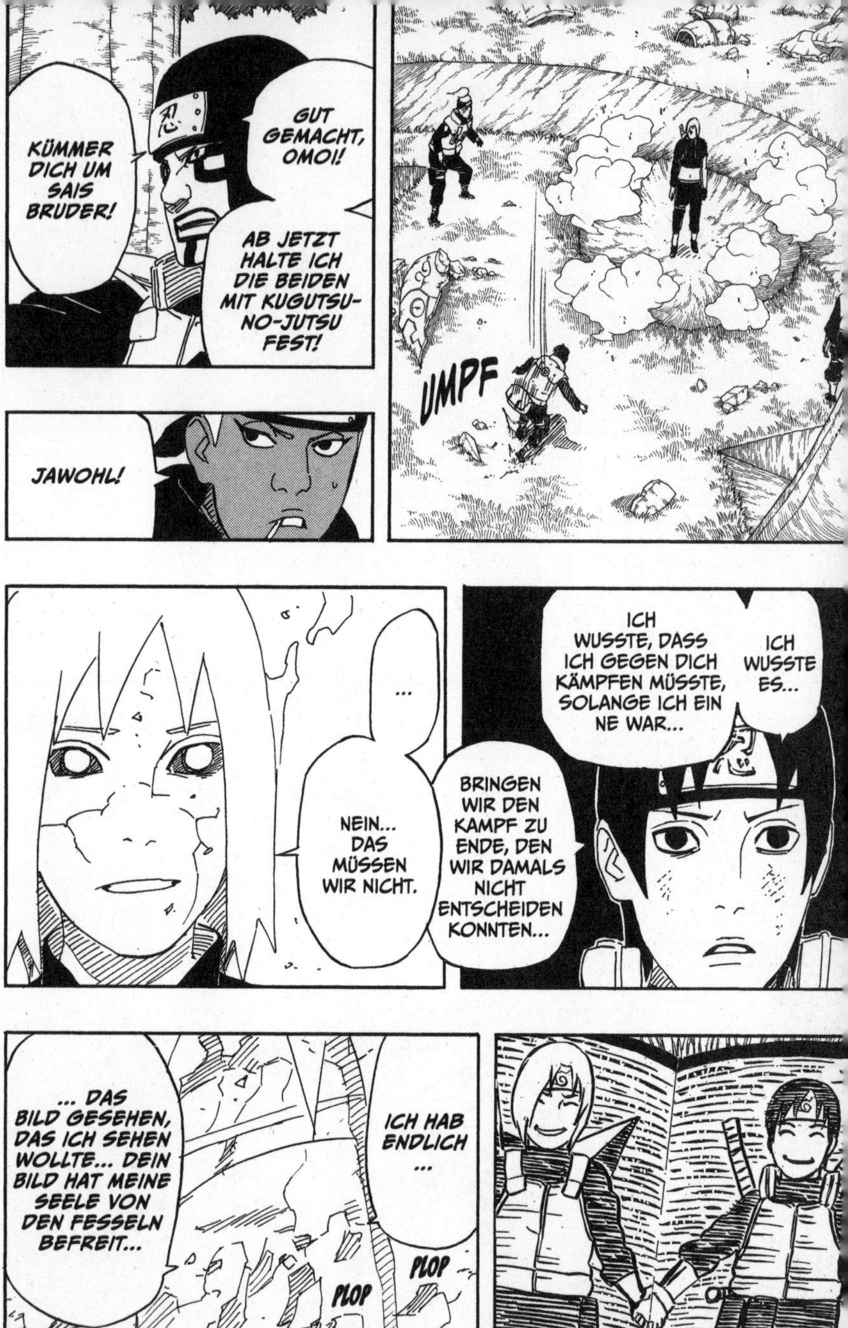

UMPF
GUT GEMACHT, OMOI!
AB JETZT HALTE ICH DIE BEIDEN MIT KUGUTSU-NO-JUTSU FEST!
KÜMMER DICH UM SAIS BRUDER!
JAWOHL!
ICH WUSSTE ES...
ICH WUSSTE, DASS ICH GEGEN DICH KÄMPFEN MÜSSTE, SOLANGE ICH EIN NE WAR...
BRINGEN WIR DEN KAMPF ZU ENDE, DEN WIR DAMALS NICHT ENTSCHEIDEN KONNTEN...
...
NEIN... DAS MÜSSEN WIR NICHT.
ICH HAB ENDLICH ...
... DAS BILD GESEHEN, DAS ICH SEHEN WOLLTE... DEIN BILD HAT MEINE SEELE VON DEN FESSELN BEFREIT...
PLOP
PLOP

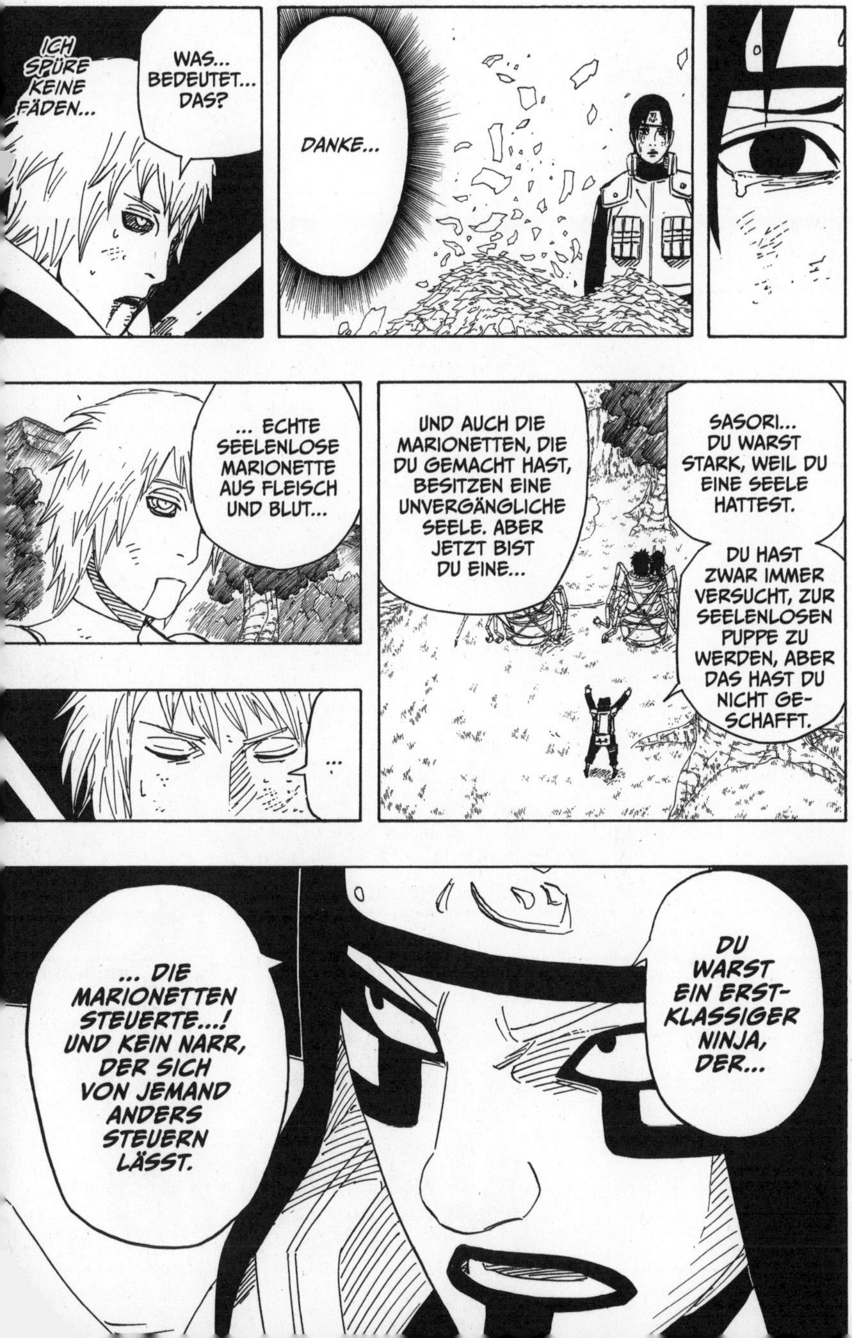
DANKE...
WAS... BEDEUTET... DAS?
ICH SPÜRE KEINE FÄDEN...
SASORI... DU WARST STARK, WEIL DU EINE SEELE HATTEST.
DU HAST ZWAR IMMER VERSUCHT, ZUR SEELENLOSEN PUPPE ZU WERDEN, ABER DAS HAST DU NICHT GE-SCHAFFT.
UND AUCH DIE MARIONETTEN, DIE DU GEMACHT HAST, BESITZEN EINE UNVERGÄNGLICHE SEELE. ABER JETZT BIST DU EINE...
... ECHTE SEELENLOSE MARIONETTE AUS FLEISCH UND BLUT...
...
DU WARST EIN ERST-KLASSIGER NINJA, DER...
... DIE MARIONETTEN STEUERTE...! UND KEIN NARR, DER SICH VON JEMAND ANDERS STEUERN LÄSST.

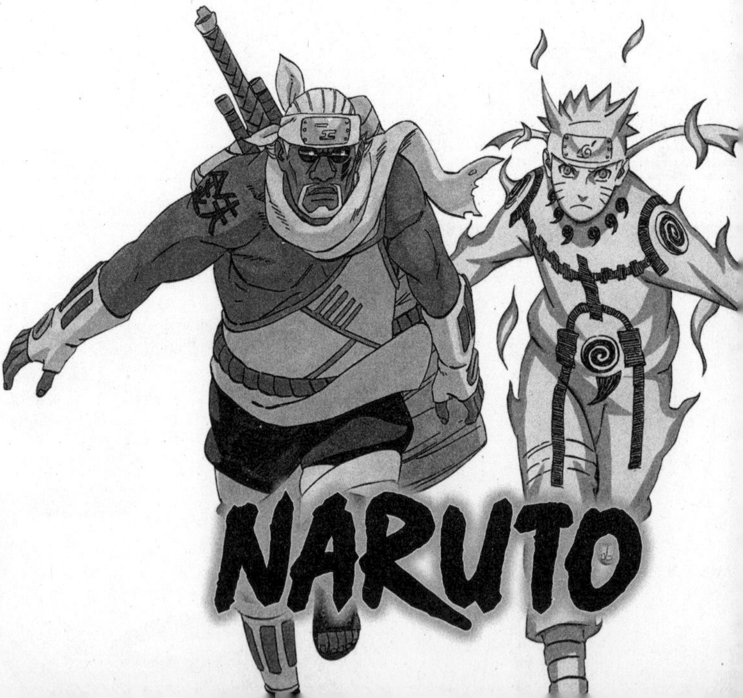
NARUTO

519. Kapitel: Bijudama

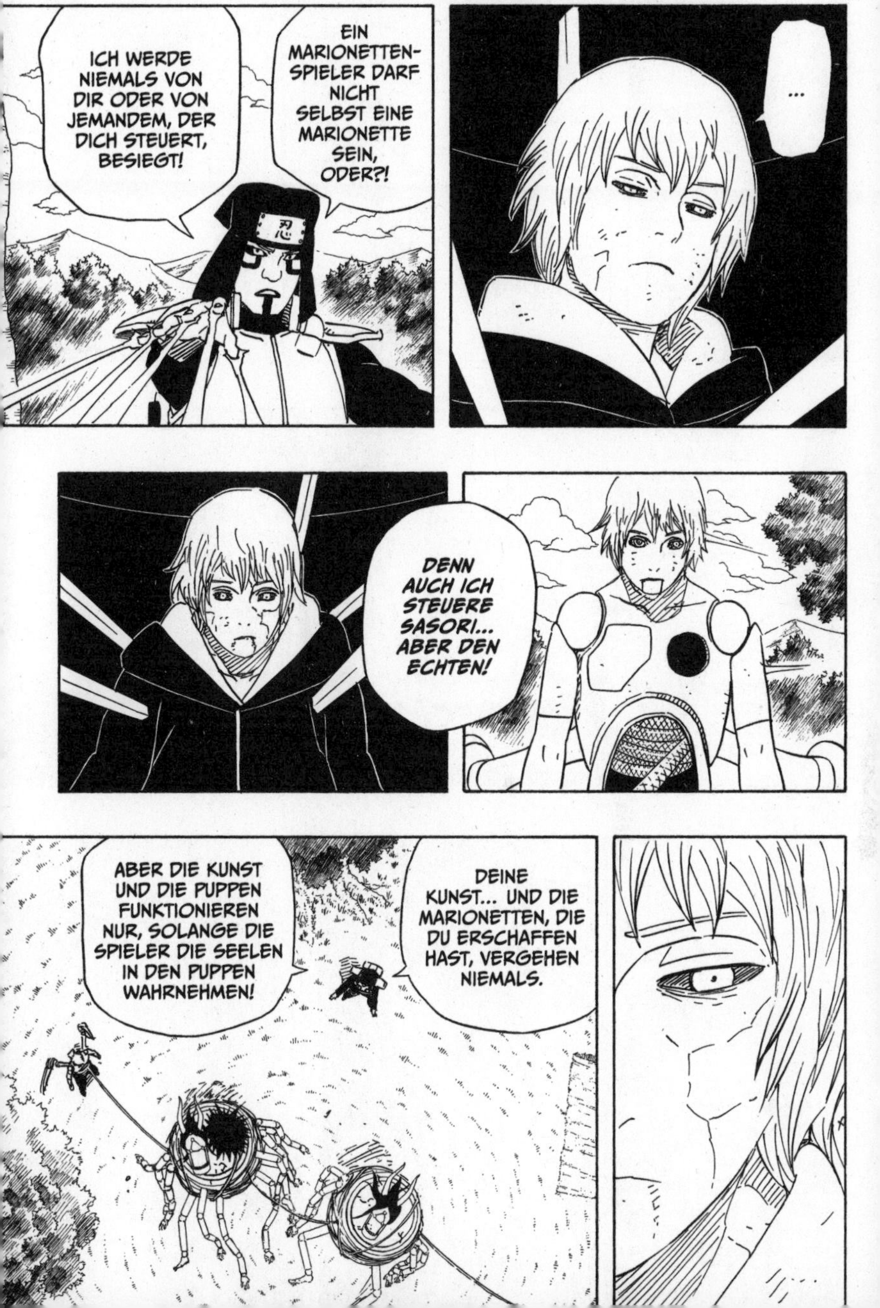

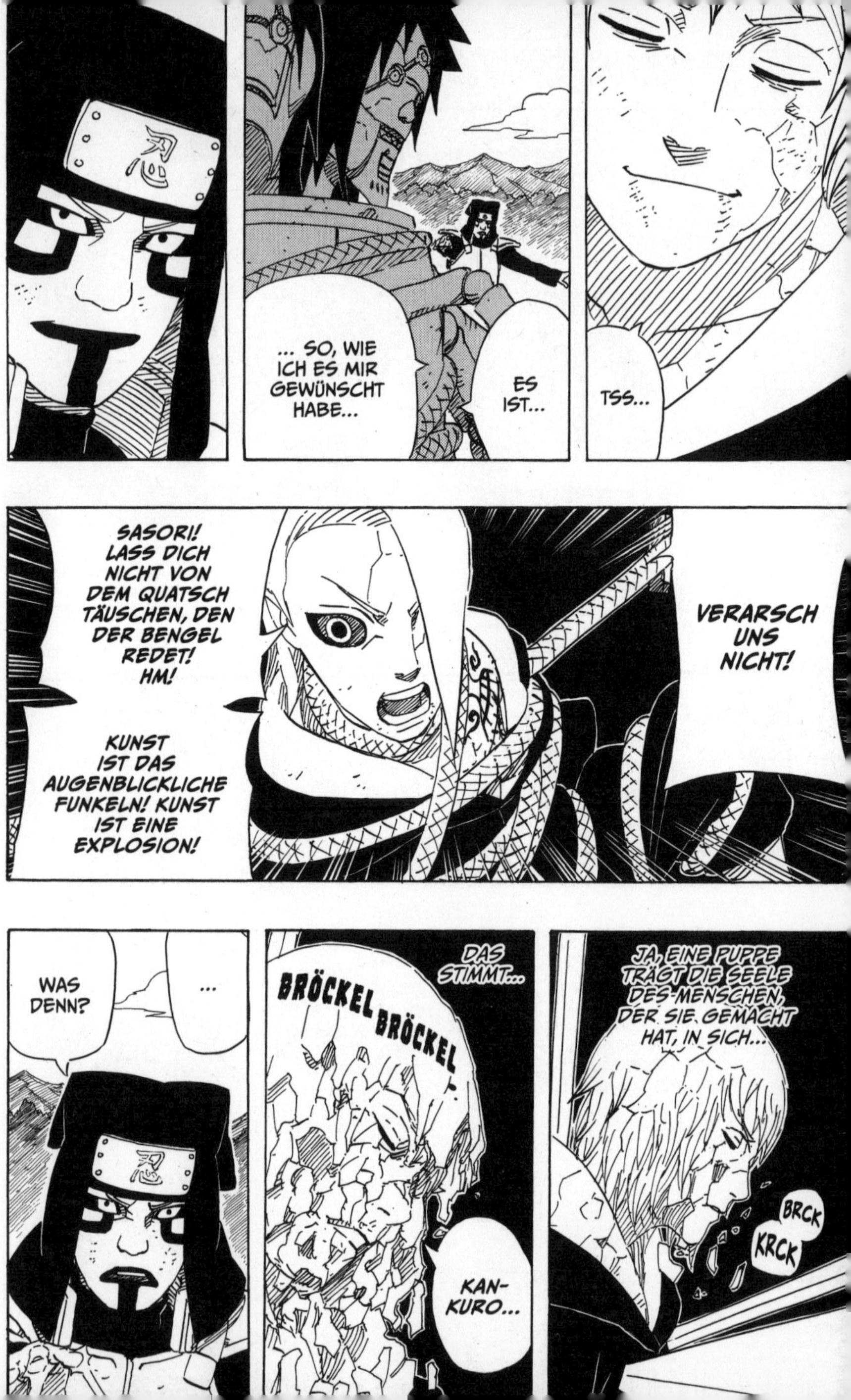
TSS...
ES IST...
... SO, WIE ICH ES MIR GEWÜNSCHT HABE...
VERARSCH UNS NICHT!
SASORI! LASS DICH NICHT VON DEM QUATSCH TÄUSCHEN, DEN DER BENGEL REDET! HM!
KUNST IST DAS AUGENBLICKLICHE FUNKELN! KUNST IST EINE EXPLOSION!
JA, EINE PUPPE TRÄGT DIE SEELE DES MENSCHEN, DER SIE GEMACHT HAT, IN SICH...
BRCK
KRCK
DAS STIMMT...
BRÖCKEL BRÖCKEL
KAN-KURO...
...
WAS DENN?

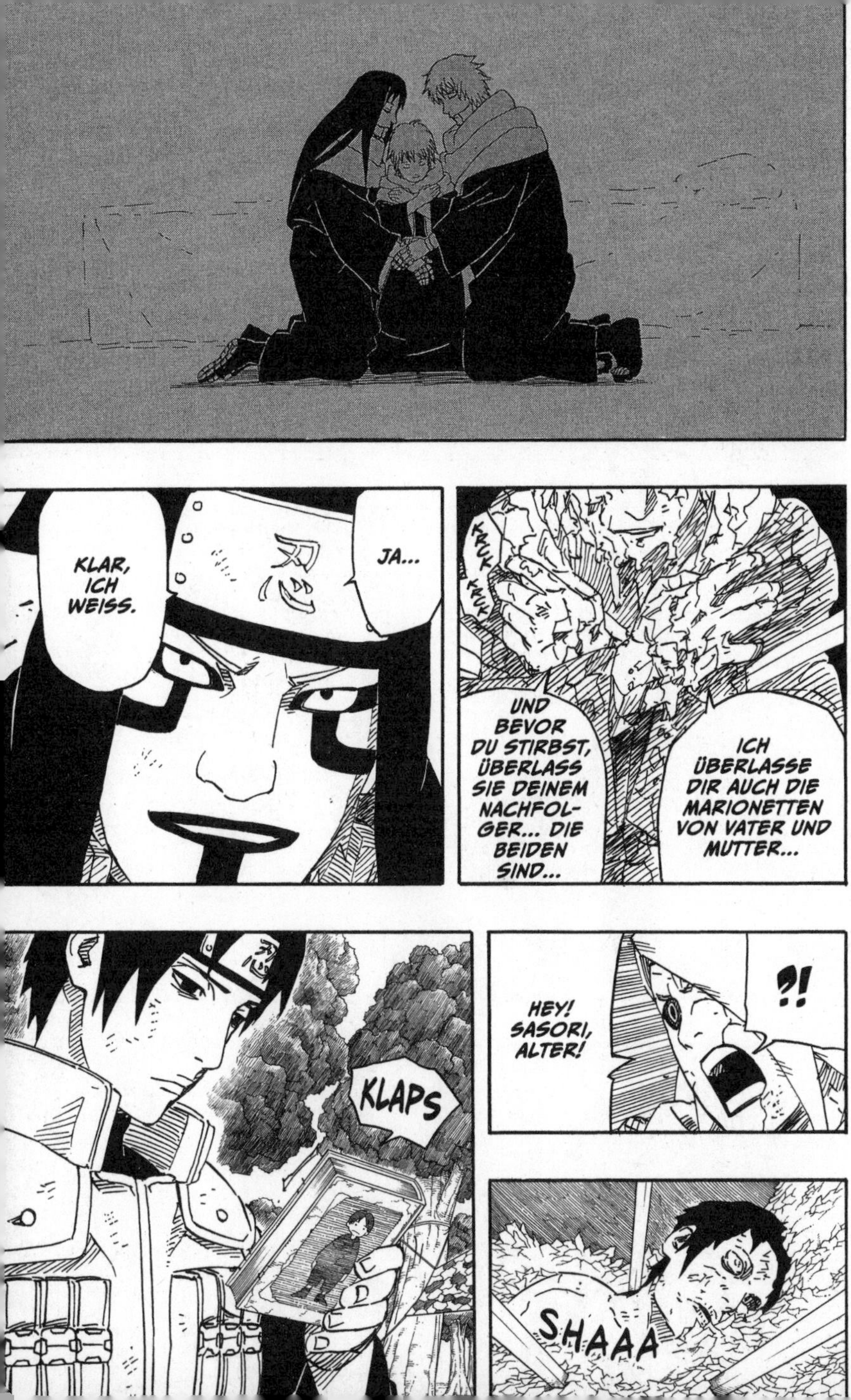
KRCK KRCK
ICH ÜBERLASSE DIR AUCH DIE MARIONETTEN VON VATER UND MUTTER...
UND BEVOR DU STIRBST, ÜBERLASS SIE DEINEM NACHFOLGER... DIE BEIDEN SIND...
JA...
KLAR, ICH WEISS.
?!
HEY! SASORI, ALTER!
SHAAA
KLAPS

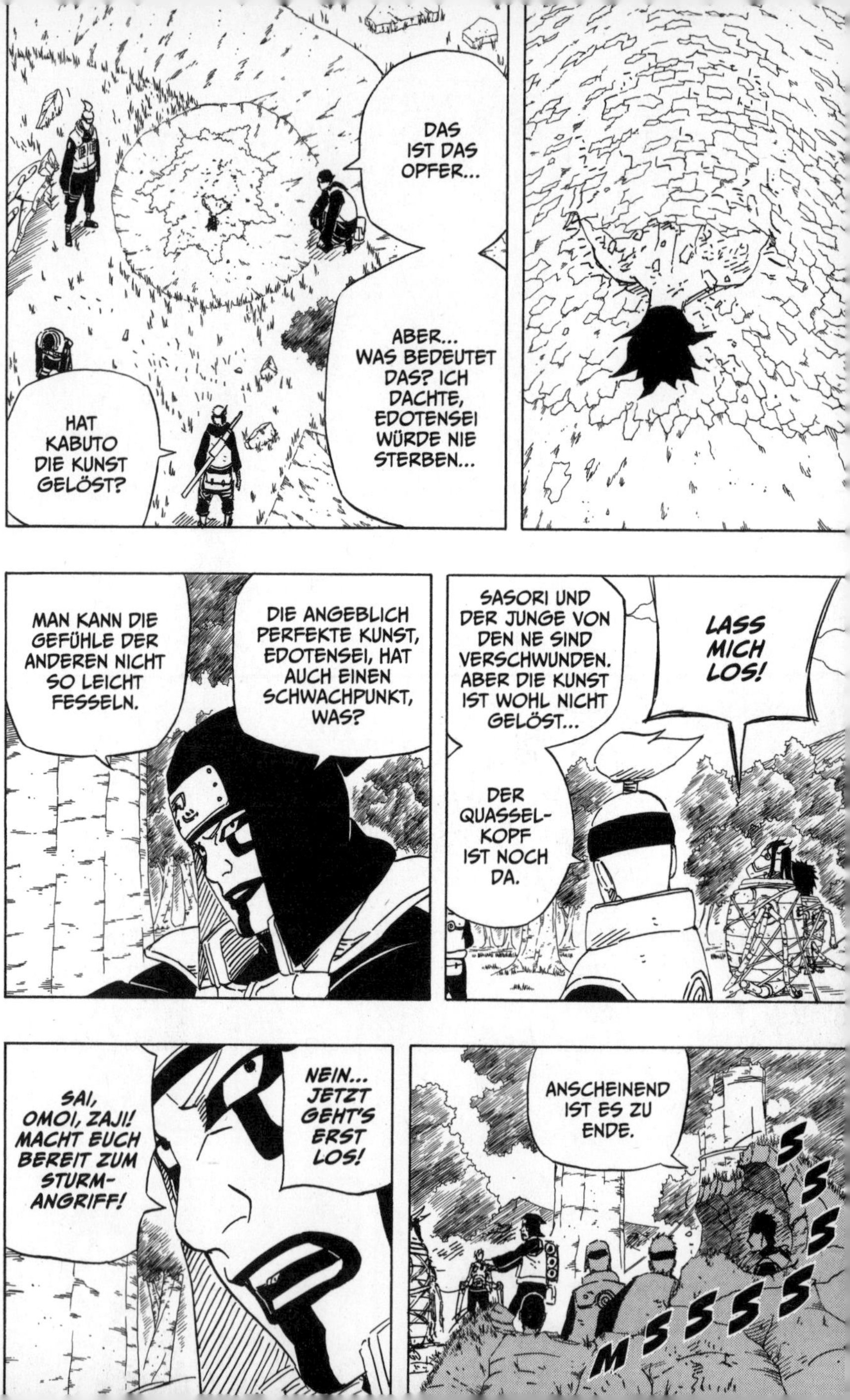
DAS IST DAS OPFER...
ABER... WAS BEDEUTET DAS? ICH DACHTE, EDOTENSEI WÜRDE NIE STERBEN...
HAT KABUTO DIE KUNST GELÖST?
LASS MICH LOS!
SASORI UND DER JUNGE VON DEN NE SIND VERSCHWUNDEN. ABER DIE KUNST IST WOHL NICHT GELÖST...
DER QUASSEL-KOPF IST NOCH DA.
DIE ANGEBLICH PERFEKTE KUNST, EDOTENSEI, HAT AUCH EINEN SCHWACHPUNKT, WAS?
MAN KANN DIE GEFÜHLE DER ANDEREN NICHT SO LEICHT FESSELN.
ANSCHEINEND IST ES ZU ENDE.
MSSSSSSSS
NEIN... JETZT GEHT'S ERST LOS!
SAI, OMOI, ZAJI! MACHT EUCH BEREIT ZUM STURM-ANGRIFF!

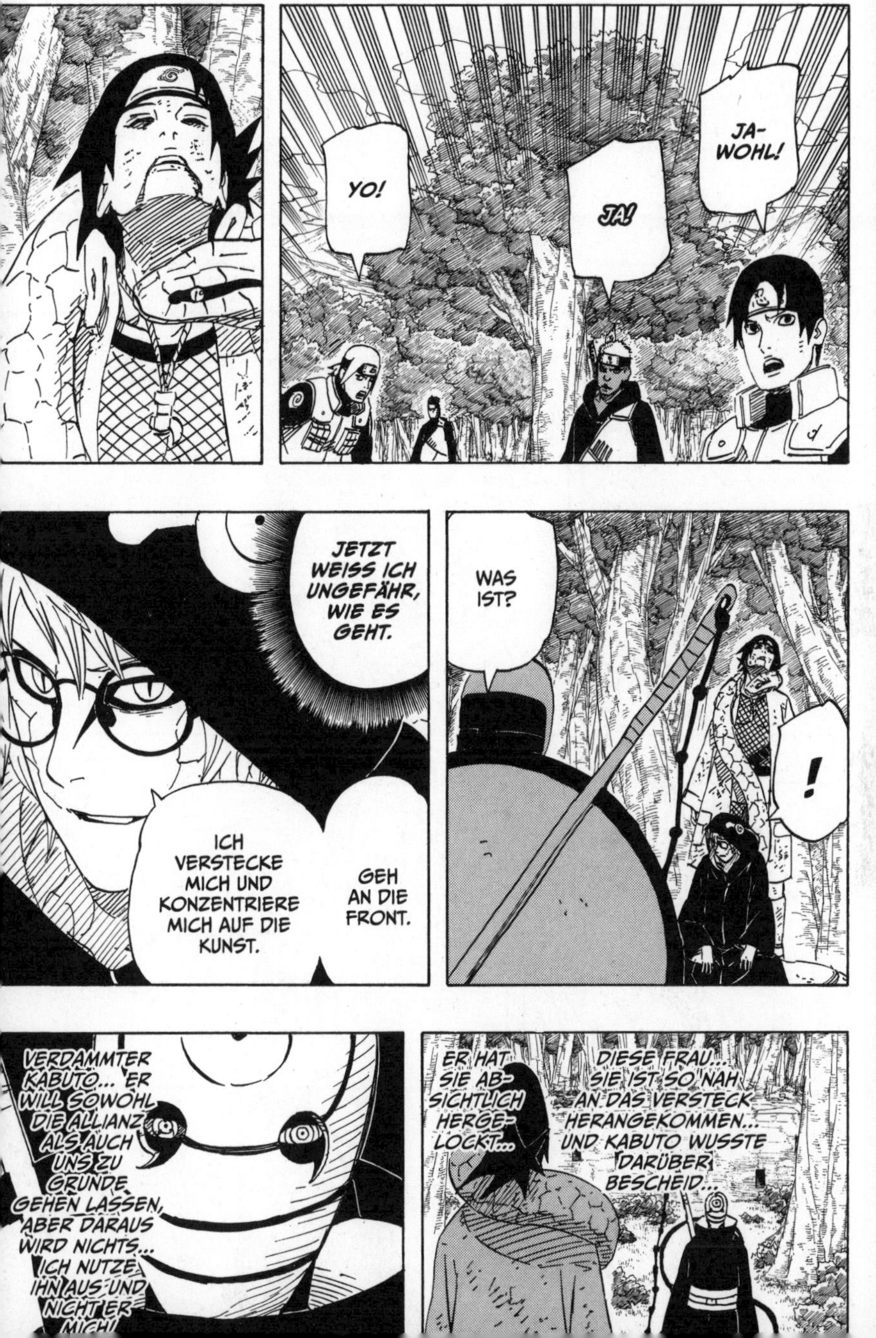

JA-WOHL!
JA!
YO!
WAS IST?
!
JETZT WEISS ICH UNGEFÄHR, WIE ES GEHT.
GEH AN DIE FRONT.
ICH VERSTECKE MICH UND KONZENTRIERE MICH AUF DIE KUNST.
DIESE FRAU... SIE IST SO NAH AN DAS VERSTECK HERANGEKOMMEN... UND KABUTO WUSSTE DARÜBER BESCHEID...
ER HAT SIE AB-SICHTLICH HERGE-LOCKT...
VERDAMMTER KABUTO... ER WILL SOWOHL DIE ALLIANZ ALS AUCH UNS ZU GRUNDE GEHEN LASSEN, ABER DARAUS WIRD NICHTS... ICH NUTZE IHN AUS UND NICHT ER MICH!

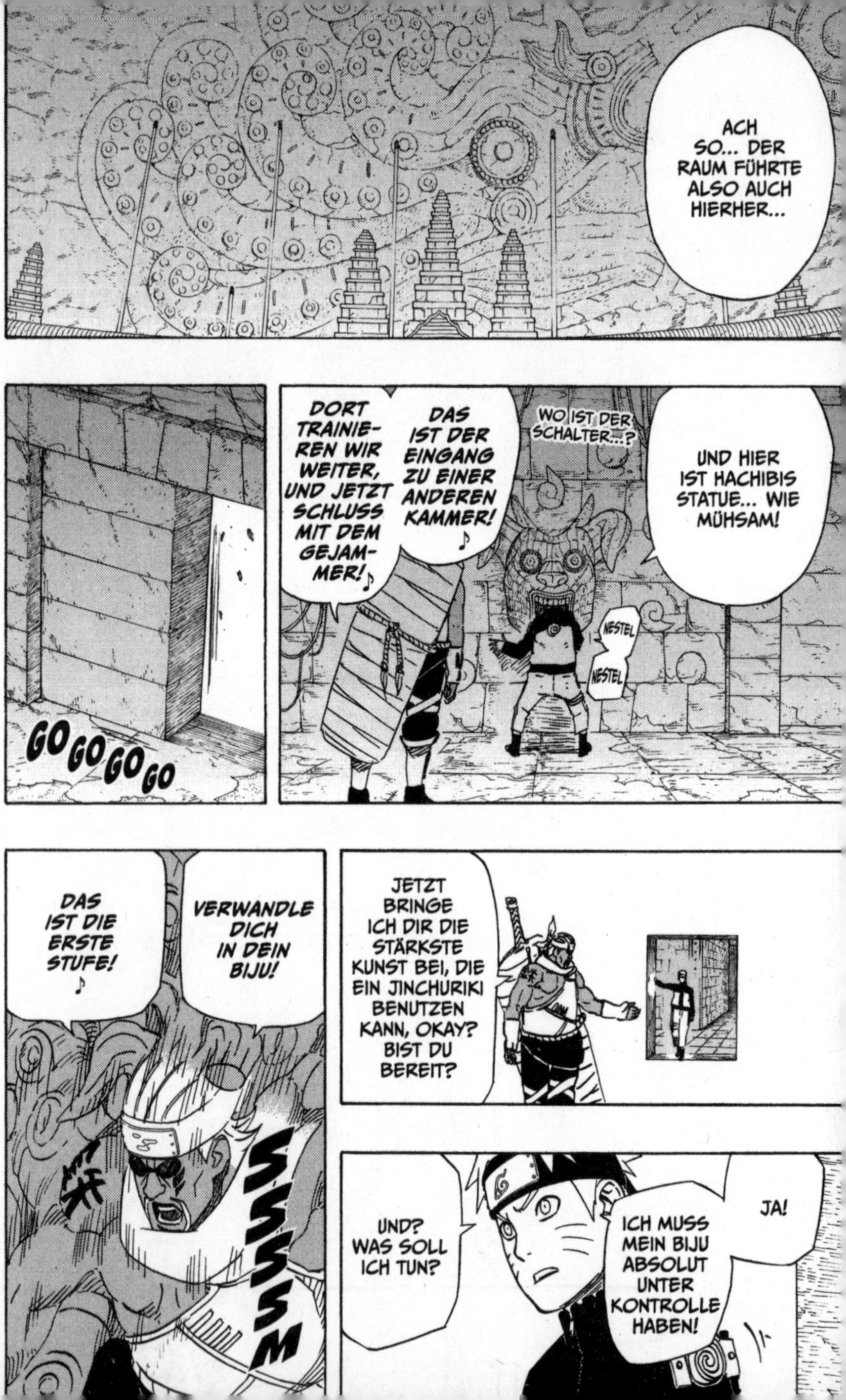
ACH SO... DER RAUM FÜHRTE ALSO AUCH HIERHER...
UND HIER IST HACHIBIS STATUE... WIE MÜHSAM!
WO IST DER SCHALTER...?
NESTEL
NESTEL
DAS IST DER EINGANG ZU EINER ANDEREN KAMMER! ♪
DORT TRAINIEREN WIR WEITER, UND JETZT SCHLUSS MIT DEM GEJAMMER! ♪
GO GO GO GO
JETZT BRINGE ICH DIR DIE STÄRKSTE KUNST BEI, DIE EIN JINCHURIKI BENUTZEN KANN, OKAY? BIST DU BEREIT?
JA!
ICH MUSS MEIN BIJU ABSOLUT UNTER KONTROLLE HABEN!
UND? WAS SOLL ICH TUN?
VERWANDLE DICH IN DEIN BIJU!
DAS IST DIE ERSTE STUFE! ♪
SSSSM

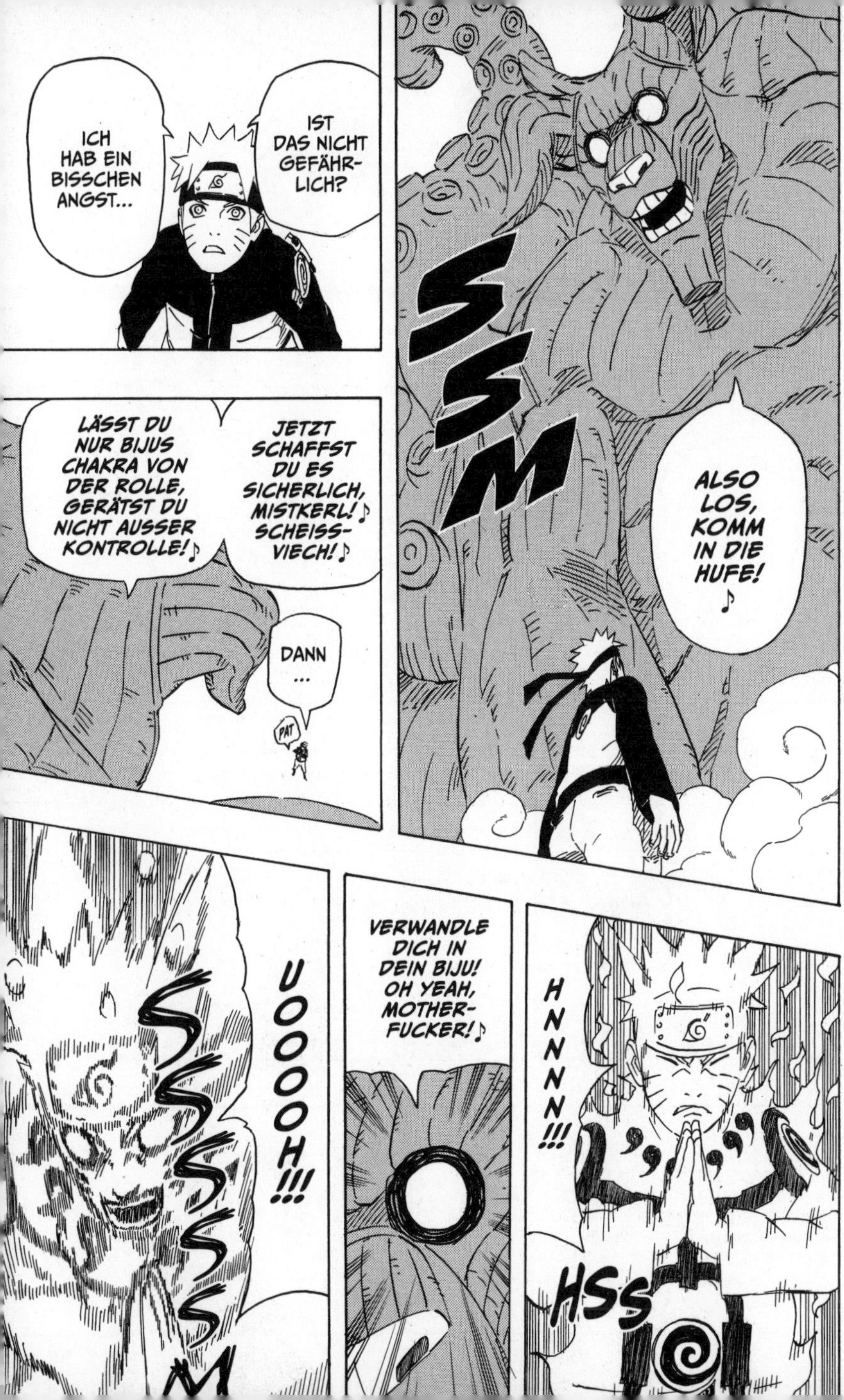
SSSM
ALSO LOS, KOMM IN DIE HUFE! ♪
IST DAS NICHT GEFÄHRLICH?
ICH HAB EIN BISSCHEN ANGST...
JETZT SCHAFFST DU ES SICHERLICH, MISTKERL! ♪ SCHEISS-VIECH! ♪
LÄSST DU NUR BIJUS CHAKRA VON DER ROLLE, GERÄTST DU NICHT AUSSER KONTROLLE! ♪
DANN ...
PAT
HNNNNN!!!
HSS
VERWANDLE DICH IN DEIN BIJU! OH YEAH, MOTHER-FUCKER! ♪
UOOOOH!!!
SSSSSM

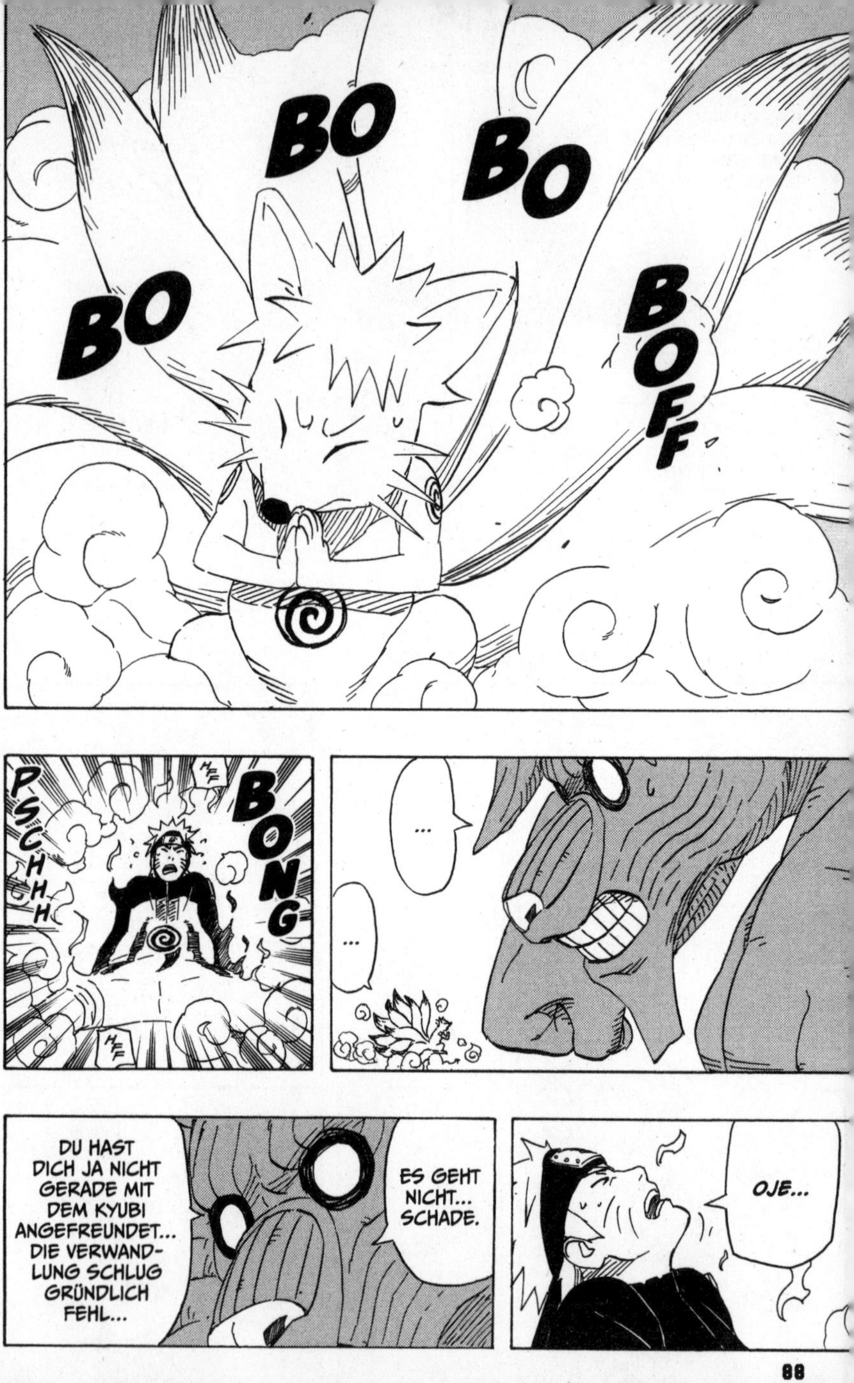
BOFF
BO
BO
BO
...
...
BONG
PSCHHH
HEF
HEF
OJE...
ES GEHT NICHT... SCHADE.
DU HAST DICH JA NICHT GERADE MIT DEM KYUBI ANGEFREUNDET... DIE VERWANDLUNG SCHLUG GRÜNDLICH FEHL...

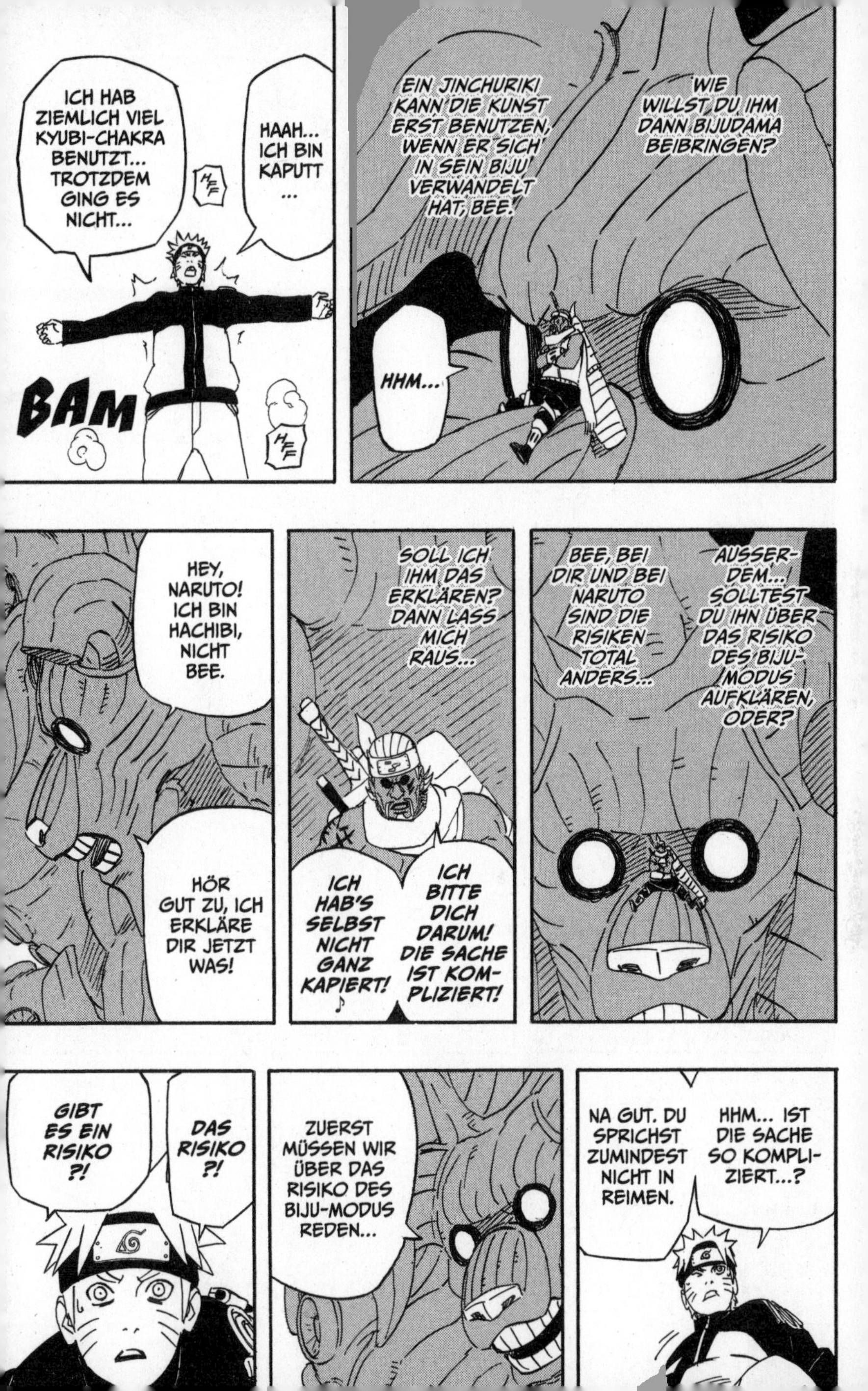
WIE WILLST DU IHM DANN BIJUDAMA BEIBRINGEN?
EIN JINCHURIKI KANN DIE KUNST ERST BENUTZEN, WENN ER SICH IN SEIN BIJU VERWANDELT HAT, BEE.
HHM...
HAAH... ICH BIN KAPUTT ...
ICH HAB ZIEMLICH VIEL KYUBI-CHAKRA BENUTZT... TROTZDEM GING ES NICHT...
HEF
BAM
HEF
AUSSER-DEM... SOLLTEST DU IHN ÜBER DAS RISIKO DES BIJU-MODUS AUFKLÄREN, ODER?
BEE, BEI DIR UND BEI NARUTO SIND DIE RISIKEN TOTAL ANDERS...
SOLL ICH IHM DAS ERKLÄREN? DANN LASS MICH RAUS...
ICH BITTE DICH DARUM! DIE SACHE IST KOM-PLIZIERT!
ICH HAB'S SELBST NICHT GANZ KAPIERT! ♪
HEY, NARUTO! ICH BIN HACHIBI, NICHT BEE.
HÖR GUT ZU, ICH ERKLÄRE DIR JETZT WAS!
HHM... IST DIE SACHE SO KOMPLI-ZIERT...?
NA GUT. DU SPRICHST ZUMINDEST NICHT IN REIMEN.
ZUERST MÜSSEN WIR ÜBER DAS RISIKO DES BIJU-MODUS REDEN...
DAS RISIKO ?!
GIBT ES EIN RISIKO ?!

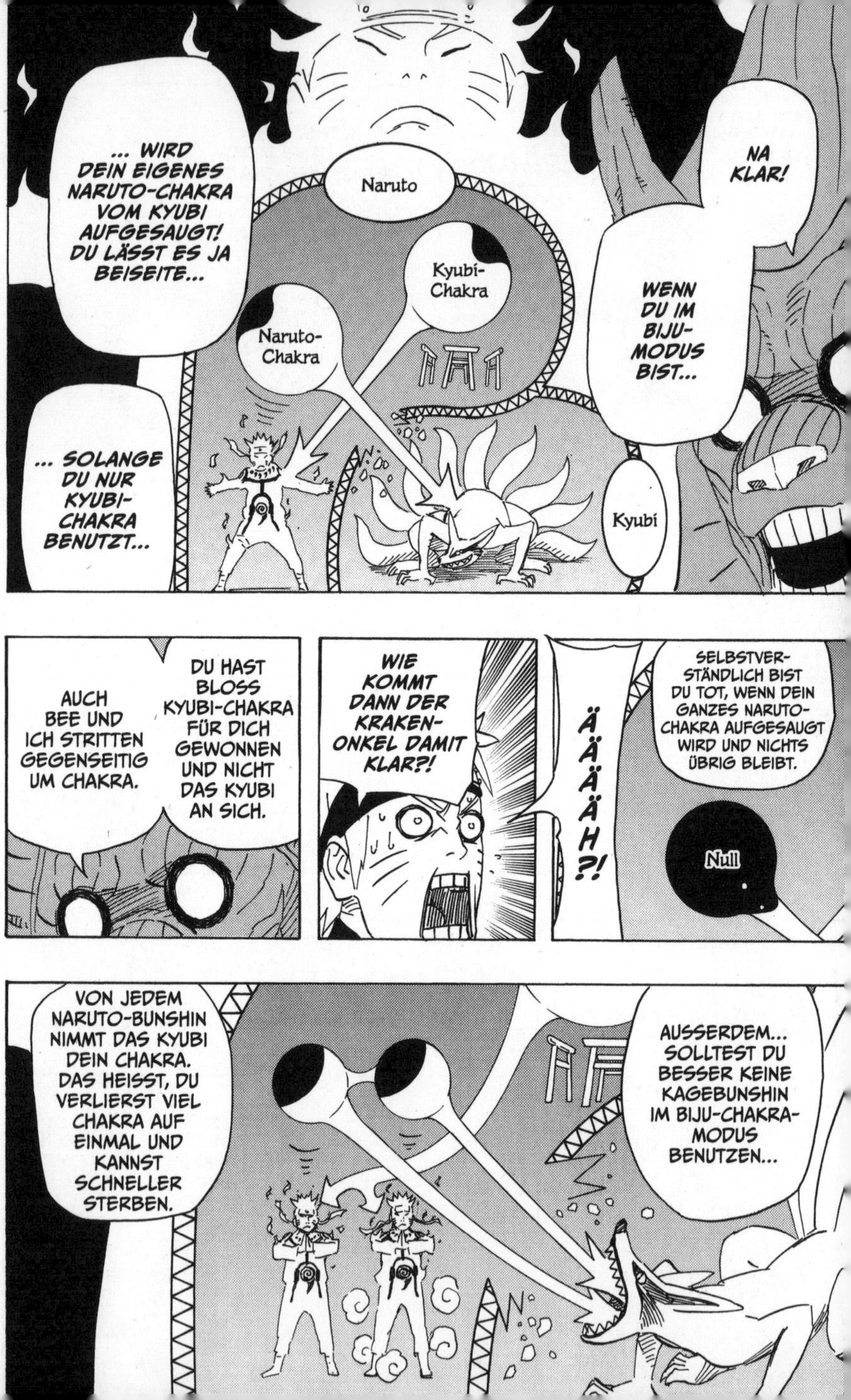
NA KLAR!
WENN DU IM BIJU-MODUS BIST...
... WIRD DEIN EIGENES NARUTO-CHAKRA VOM KYUBI AUFGESAUGT! DU LÄSST ES JA BEISEITE...
Naruto
Kyubi-Chakra
Naruto-Chakra
Kyubi
... SOLANGE DU NUR KYUBI-CHAKRA BENUTZT...
SELBSTVERSTÄNDLICH BIST DU TOT, WENN DEIN GANZES NARUTO-CHAKRA AUFGESAUGT WIRD UND NICHTS ÜBRIG BLEIBT.
Null
ÄÄÄÄH?!
WIE KOMMT DANN DER KRAKEN-ONKEL DAMIT KLAR?!
DU HAST BLOSS KYUBI-CHAKRA FÜR DICH GEWONNEN UND NICHT DAS KYUBI AN SICH.
AUCH BEE UND ICH STRITTEN GEGENSEITIG UM CHAKRA.
AUSSERDEM... SOLLTEST DU BESSER KEINE KAGEBUNSHIN IM BIJU-CHAKRA-MODUS BENUTZEN...
VON JEDEM NARUTO-BUNSHIN NIMMT DAS KYUBI DEIN CHAKRA. DAS HEISST, DU VERLIERST VIEL CHAKRA AUF EINMAL UND KANNST SCHNELLER STERBEN.

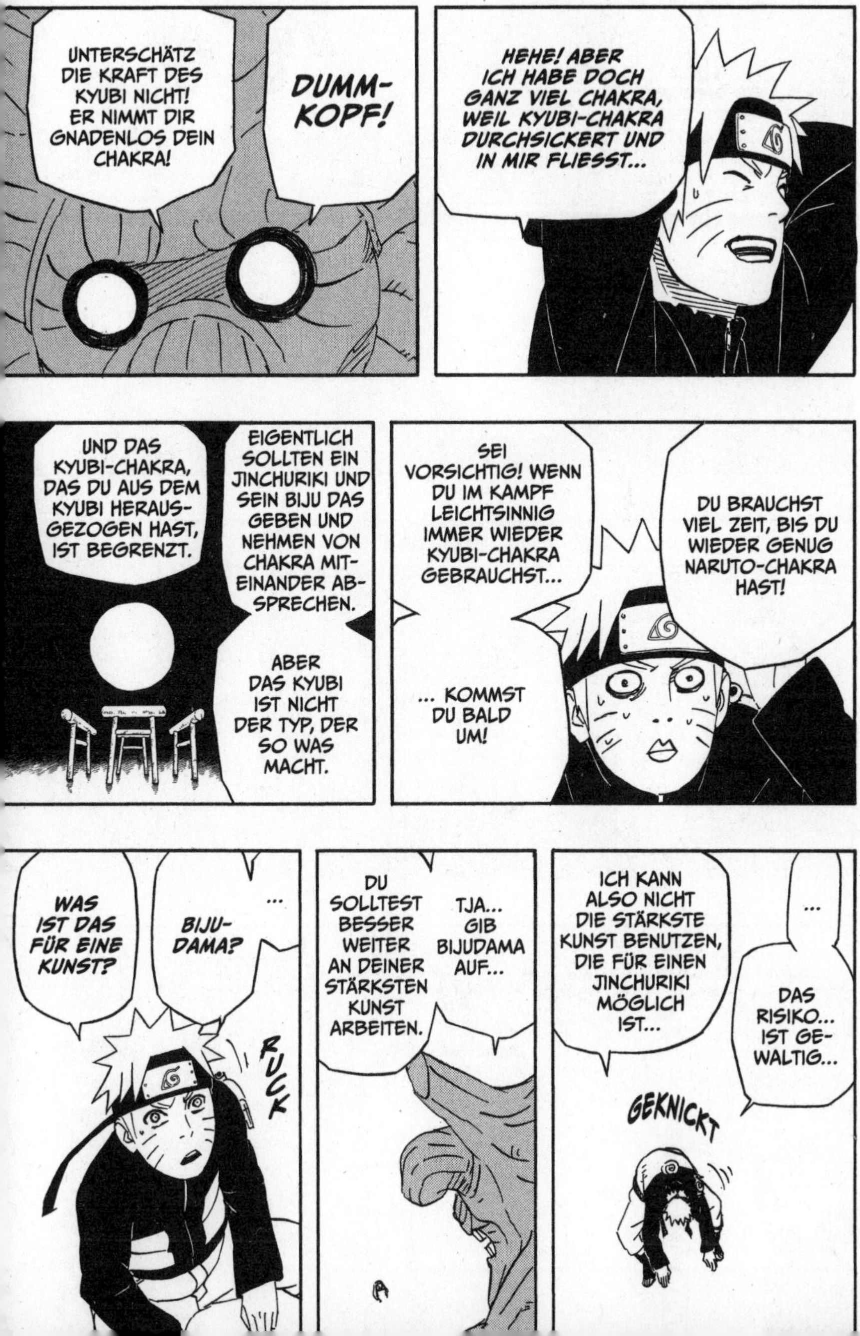
HEHE! ABER ICH HABE DOCH GANZ VIEL CHAKRA, WEIL KYUBI-CHAKRA DURCHSICKERT UND IN MIR FLIESST...
DUMM-KOPF!
UNTERSCHÄTZ DIE KRAFT DES KYUBI NICHT! ER NIMMT DIR GNADENLOS DEIN CHAKRA!
DU BRAUCHST VIEL ZEIT, BIS DU WIEDER GENUG NARUTO-CHAKRA HAST!
SEI VORSICHTIG! WENN DU IM KAMPF LEICHTSINNIG IMMER WIEDER KYUBI-CHAKRA GEBRAUCHST...
... KOMMST DU BALD UM!
EIGENTLICH SOLLTEN EIN JINCHURIKI UND SEIN BIJU DAS GEBEN UND NEHMEN VON CHAKRA MITEINANDER ABSPRECHEN.
ABER DAS KYUBI IST NICHT DER TYP, DER SO WAS MACHT.
UND DAS KYUBI-CHAKRA, DAS DU AUS DEM KYUBI HERAUSGEZOGEN HAST, IST BEGRENZT.
...
DAS RISIKO... IST GEWALTIG...
ICH KANN ALSO NICHT DIE STÄRKSTE KUNST BENUTZEN, DIE FÜR EINEN JINCHURIKI MÖGLICH IST...
GEKNICKT
TJA... GIB BIJUDAMA AUF...
DU SOLLTEST BESSER WEITER AN DEINER STÄRKSTEN KUNST ARBEITEN.
...
BIJU-DAMA?
WAS IST DAS FÜR EINE KUNST?
RUCK

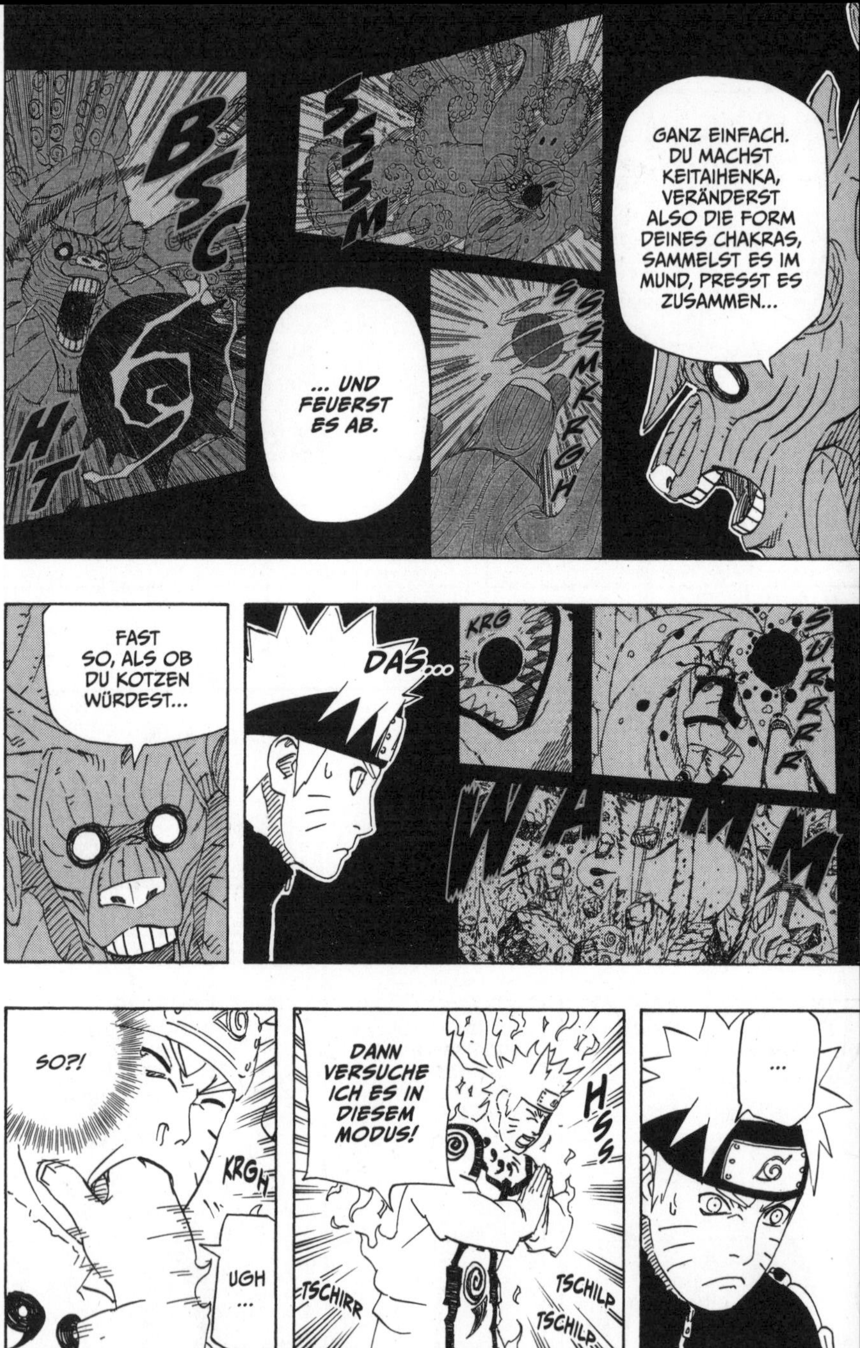
GANZ EINFACH. DU MACHST KEITAIHENKA, VERÄNDERST ALSO DIE FORM DEINES CHAKRAS, SAMMELST ES IM MUND, PRESST ES ZUSAMMEN...
SSSM
SSSMKRGH
... UND FEUERST ES AB.
BSCHT
SURRRR
WAMMM
KRG
DAS...
FAST SO, ALS OB DU KOTZEN WÜRDEST...
...
DANN VERSUCHE ICH ES IN DIESEM MODUS!
HSS
TSCHILP
TSCHILP
TSCHIRR
SO?!
KRGH
UGH ...

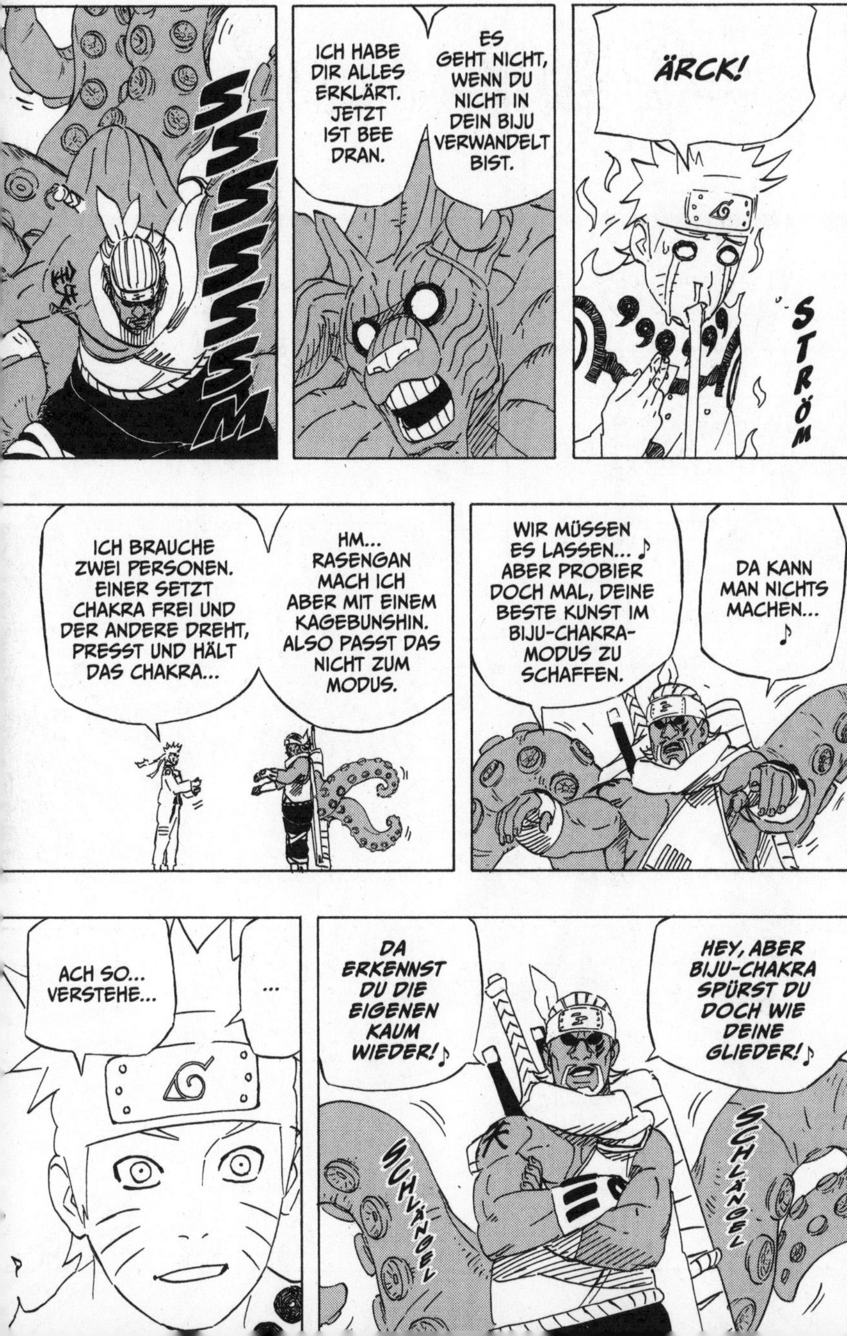

ÄRCK!
STRÖM
ES GEHT NICHT, WENN DU NICHT IN DEIN BIJU VERWANDELT BIST.
ICH HABE DIR ALLES ERKLÄRT. JETZT IST BEE DRAN.
SSSSSSWM
DA KANN MAN NICHTS MACHEN... ♪
WIR MÜSSEN ES LASSEN... ♪ ABER PROBIER DOCH MAL, DEINE BESTE KUNST IM BIJU-CHAKRA-MODUS ZU SCHAFFEN.
HM... RASENGAN MACH ICH ABER MIT EINEM KAGEBUNSHIN. ALSO PASST DAS NICHT ZUM MODUS.
ICH BRAUCHE ZWEI PERSONEN. EINER SETZT CHAKRA FREI UND DER ANDERE DREHT, PRESST UND HÄLT DAS CHAKRA...
HEY, ABER BIJU-CHAKRA SPÜRST DU DOCH WIE DEINE GLIEDER! ♪
DA ERKENNST DU DIE EIGENEN KAUM WIEDER! ♪
SCHLÄNGEL
SCHLÄNGEL
...
ACH SO... VERSTEHE...

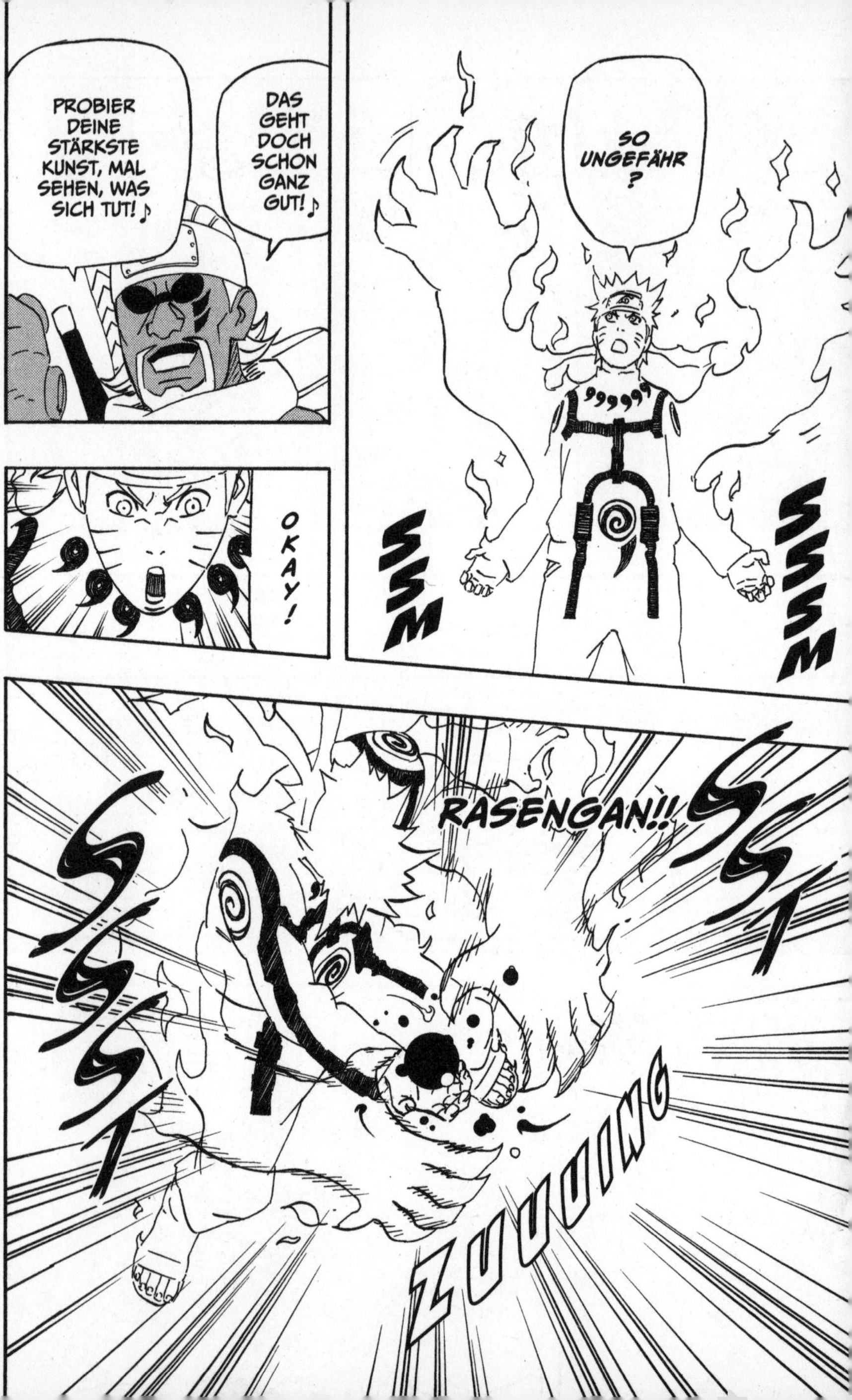
SO UNGEFÄHR ?
SSSM
SSSM
DAS GEHT DOCH SCHON GANZ GUT! ♪
PROBIER DEINE STÄRKSTE KUNST, MAL SEHEN, WAS SICH TUT! ♪
OKAY!
RASENGAN!!
SST
SSST
ZUUUING

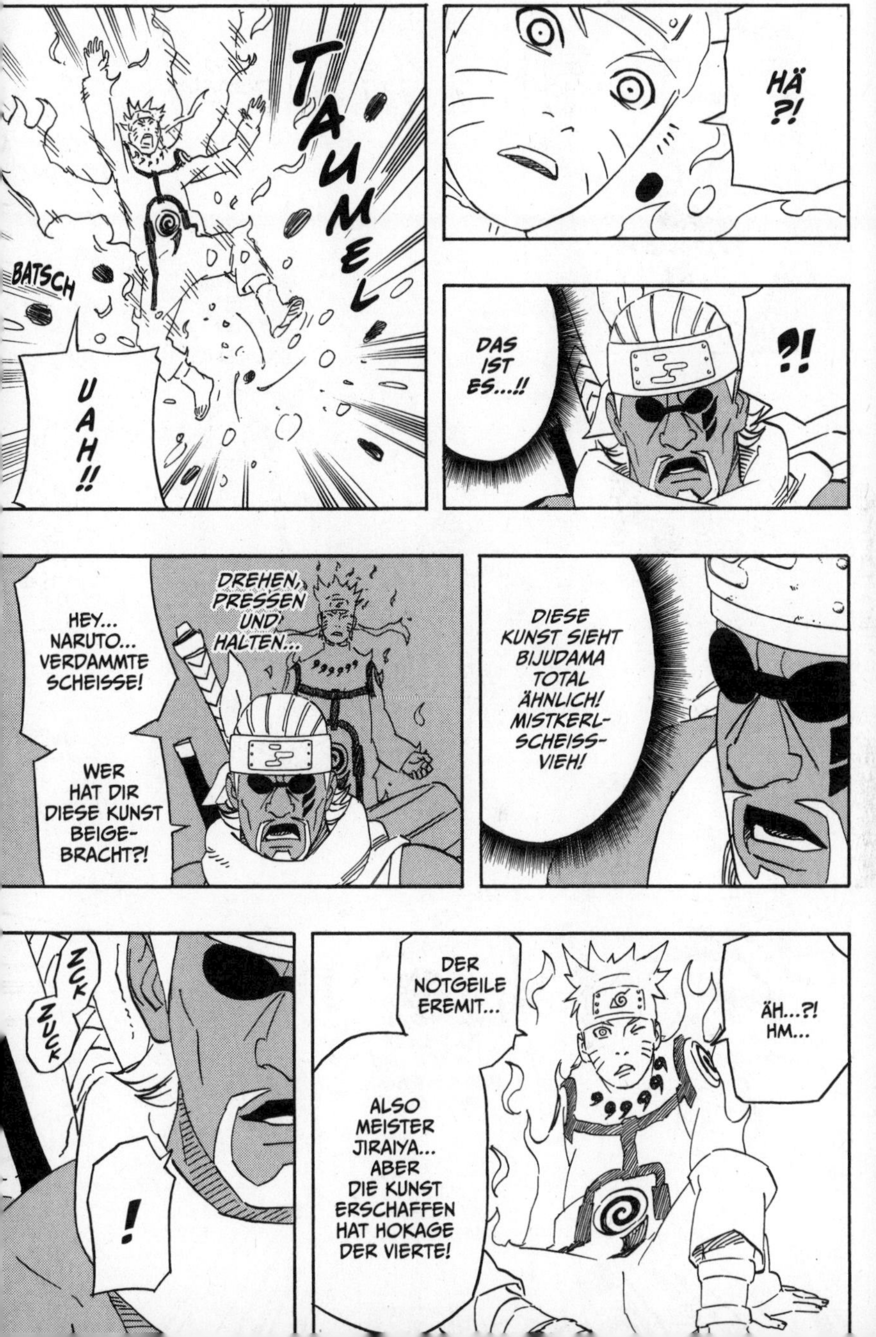
HÄ ?!
DAS IST ES...!!
?!
TAUMEL
BATSCH
UAH!!
DIESE KUNST SIEHT BIJUDAMA TOTAL ÄHNLICH! MISTKERL-SCHEISS-VIEH!
DREHEN, PRESSEN UND HALTEN...
HEY... NARUTO... VERDAMMTE SCHEISSE!
WER HAT DIR DIESE KUNST BEIGE-BRACHT?!
ÄH...?! HM...
DER NOTGEILE EREMIT...
ALSO MEISTER JIRAIYA... ABER DIE KUNST ERSCHAFFEN HAT HOKAGE DER VIERTE!
ZUCK ZUCK
!

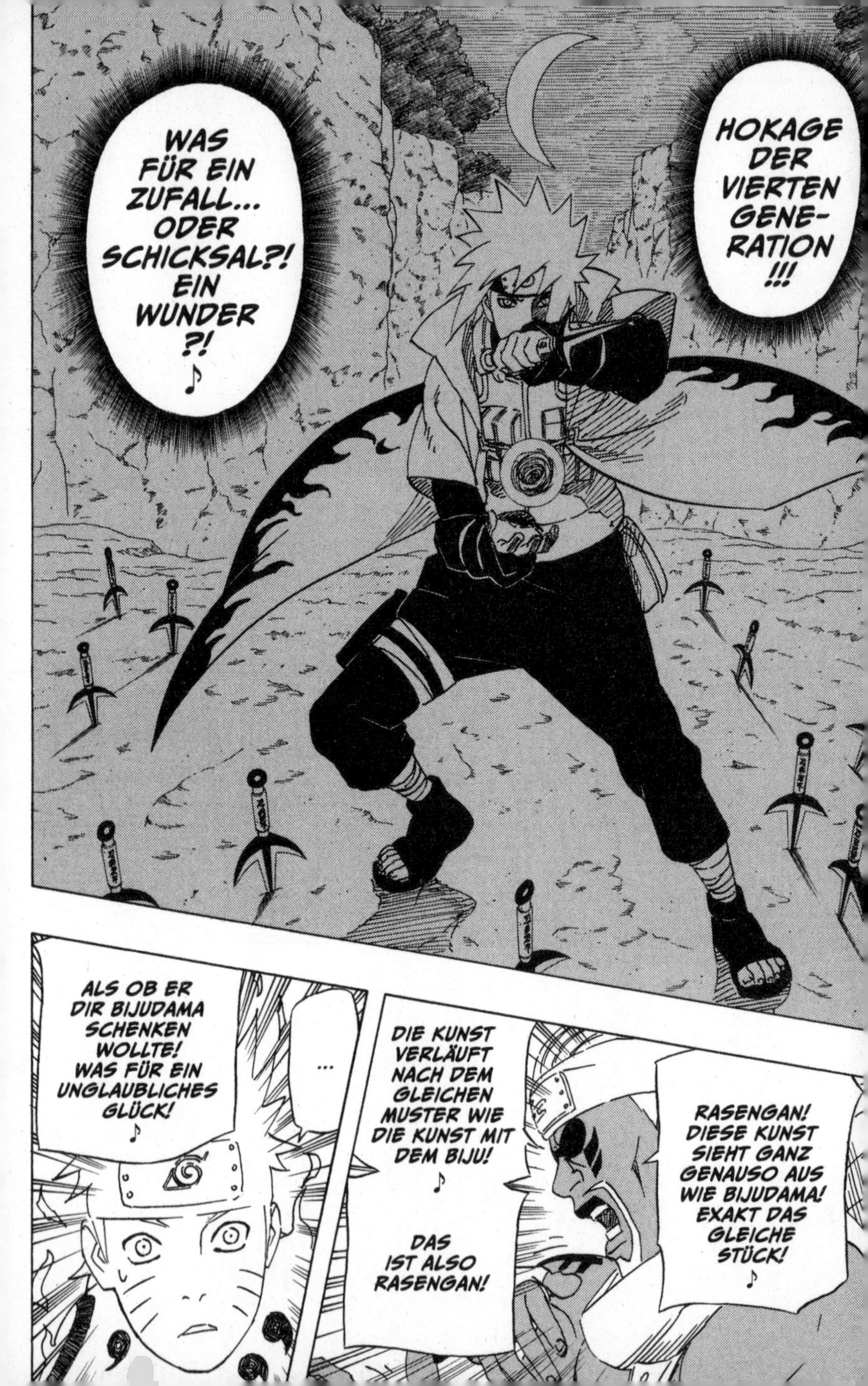
HOKAGE DER VIERTEN GENE-RATION !!!
WAS FÜR EIN ZUFALL... ODER SCHICKSAL?! EIN WUNDER ?! ♪
RASENGAN! DIESE KUNST SIEHT GANZ GENAUSO AUS WIE BIJUDAMA! EXAKT DAS GLEICHE STÜCK! ♪
DIE KUNST VERLÄUFT NACH DEM GLEICHEN MUSTER WIE DIE KUNST MIT DEM BIJU! ♪
DAS IST ALSO RASENGAN!
...
ALS OB ER DIR BIJUDAMA SCHENKEN WOLLTE! WAS FÜR EIN UNGLAUBLICHES GLÜCK! ♪

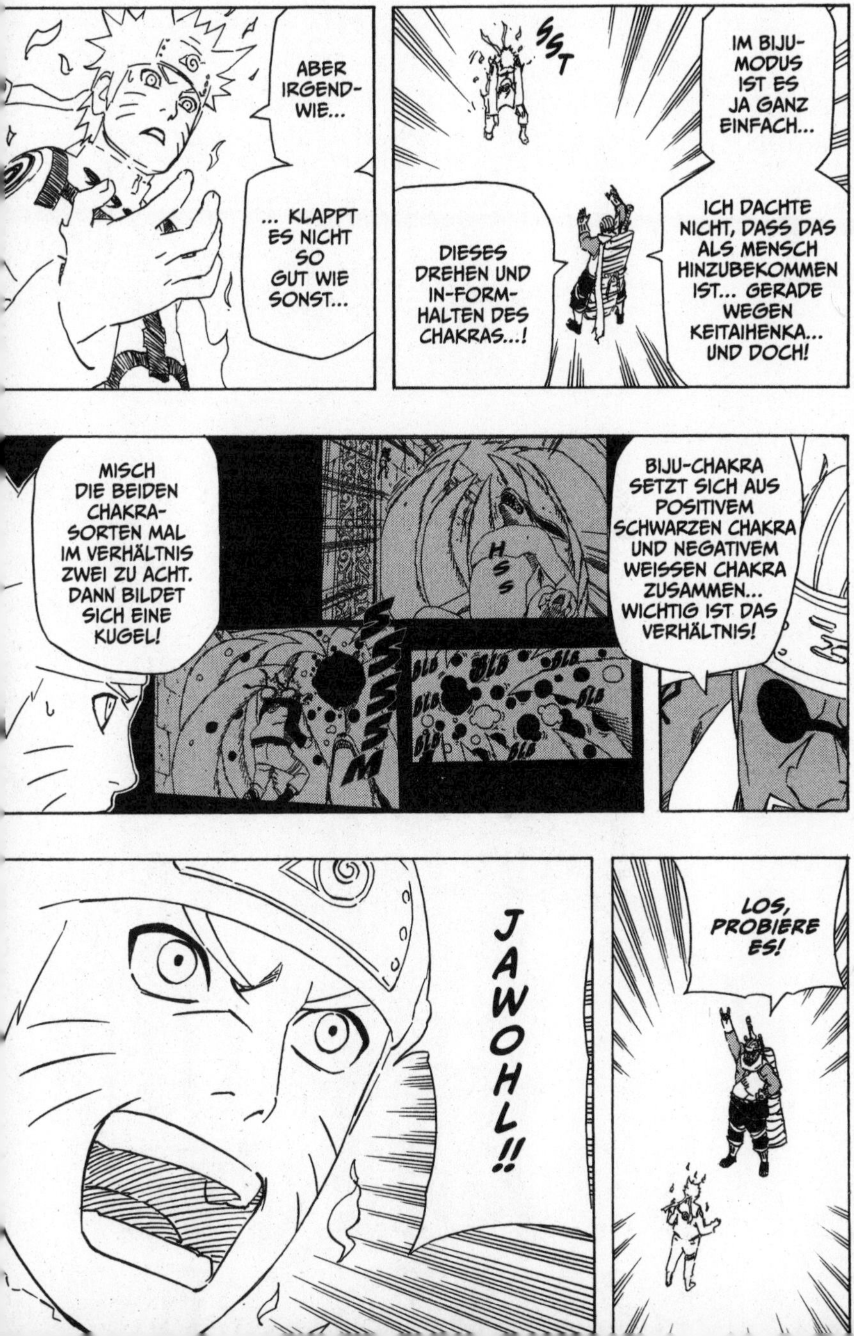
IM BIJU-MODUS IST ES JA GANZ EINFACH...
SST
ICH DACHTE NICHT, DASS DAS ALS MENSCH HINZUBEKOMMEN IST... GERADE WEGEN KEITAIHENKA... UND DOCH!
DIESES DREHEN UND IN-FORM-HALTEN DES CHAKRAS...!
ABER IRGEND-WIE...
... KLAPPT ES NICHT SO GUT WIE SONST...
BIJU-CHAKRA SETZT SICH AUS POSITIVEM SCHWARZEN CHAKRA UND NEGATIVEM WEISSEN CHAKRA ZUSAMMEN... WICHTIG IST DAS VERHÄLTNIS!
HSS
BLB BLB BLB BLB BLB BLB BLB BLB
MISCH DIE BEIDEN CHAKRA-SORTEN MAL IM VERHÄLTNIS ZWEI ZU ACHT. DANN BILDET SICH EINE KUGEL!
LOS, PROBIERE ES!
JAWOHL!!

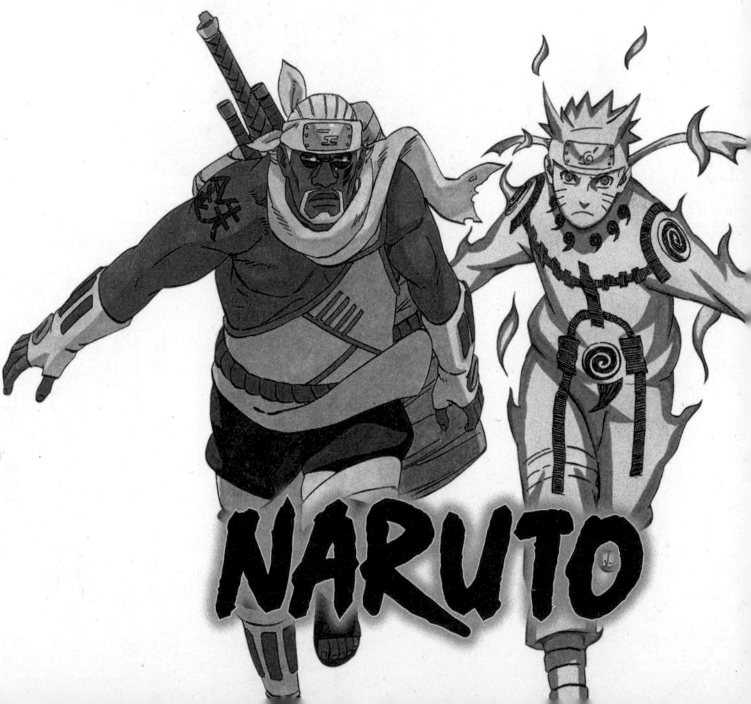
NARUTO

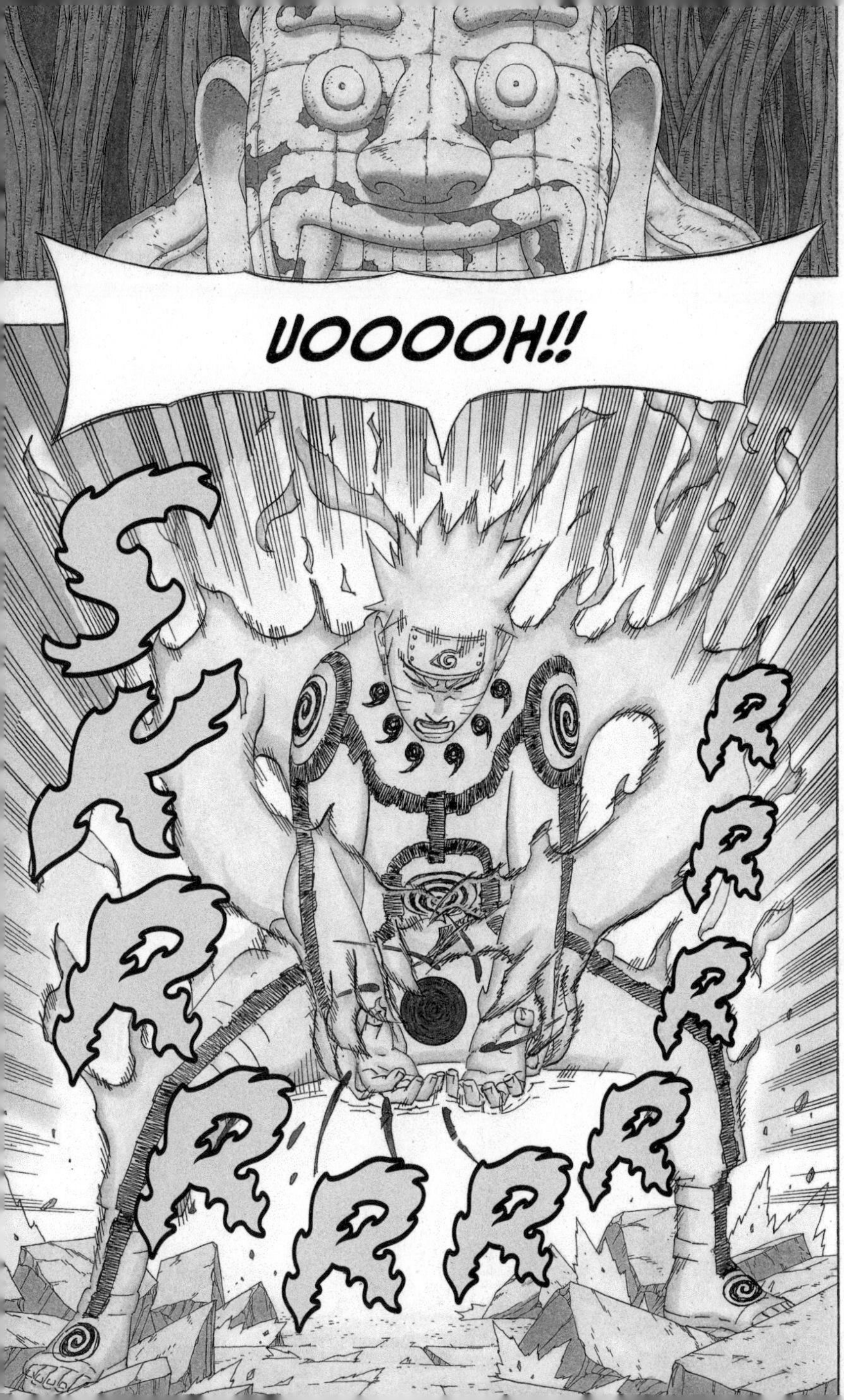

VOOOOH!!

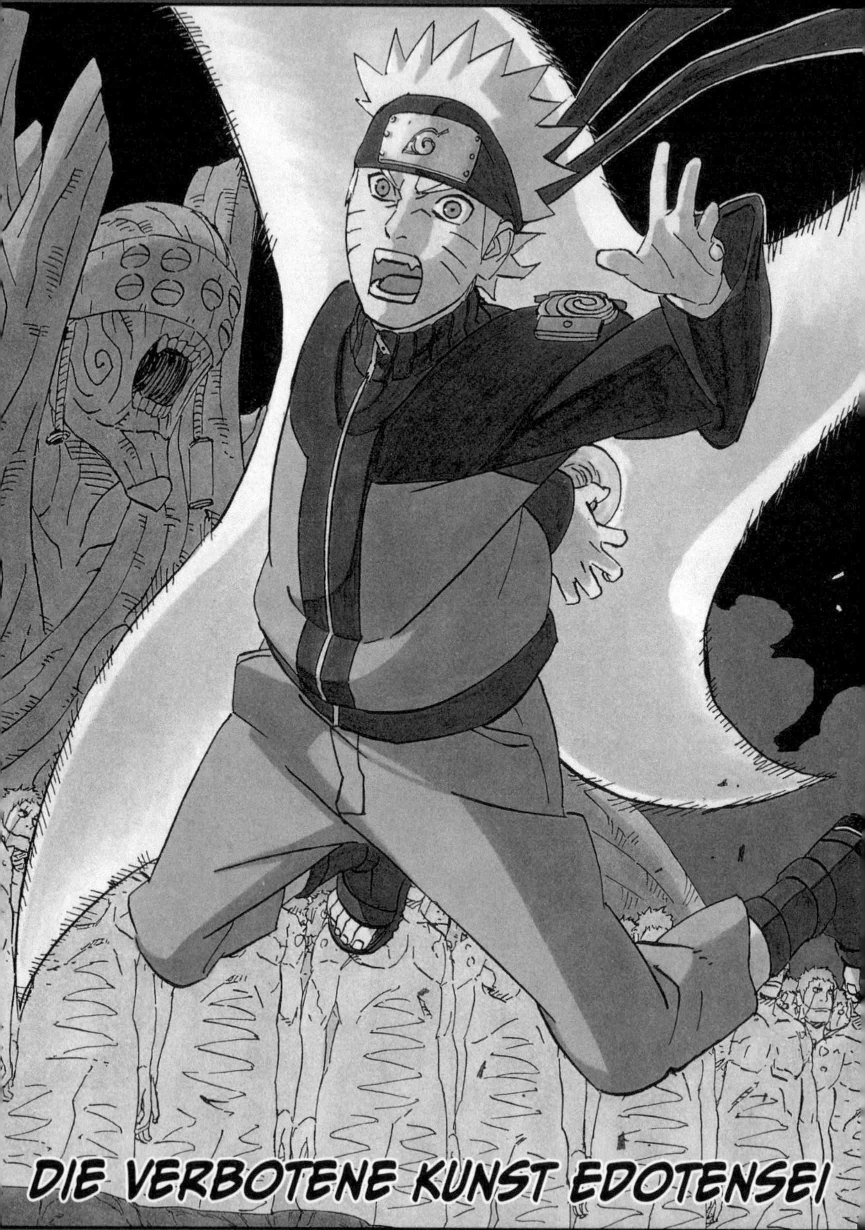
DIE VERBOTENE KUNST EDOTENSEI

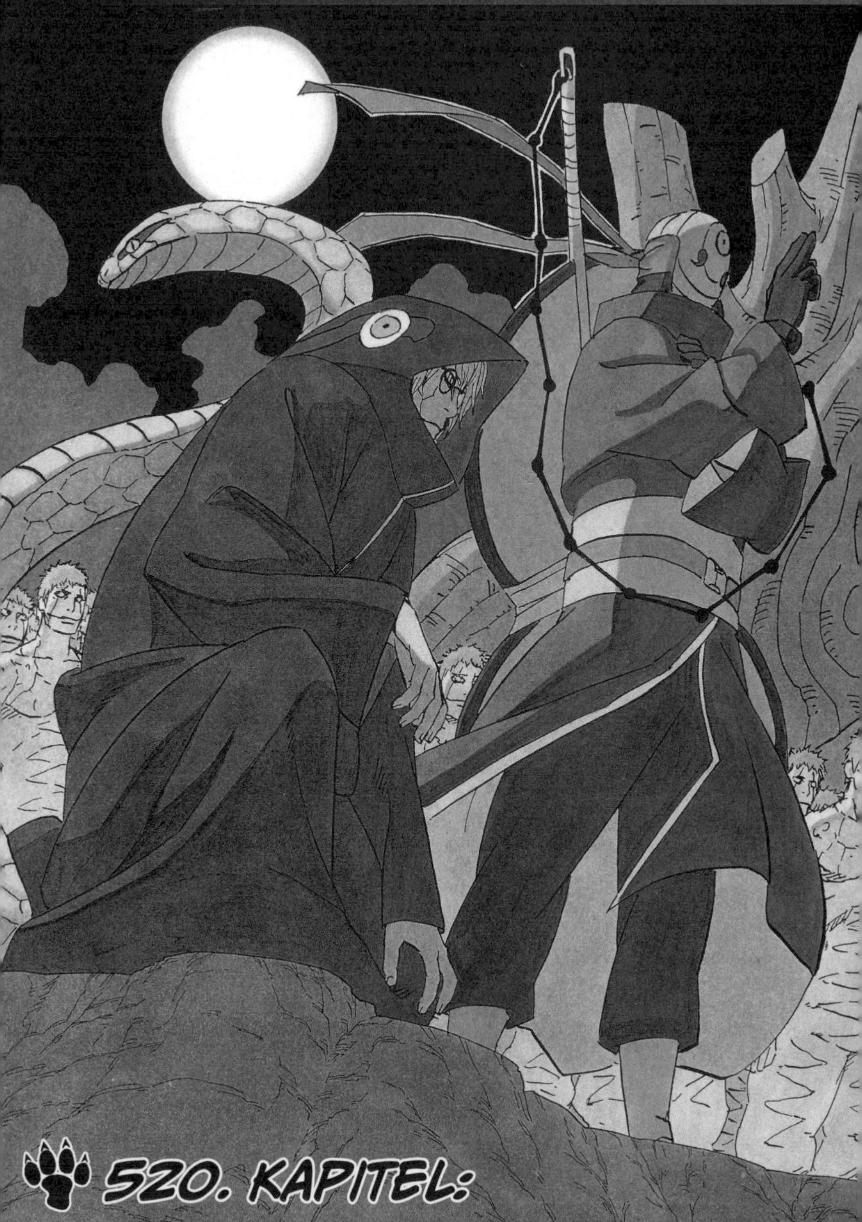
520. KAPITEL:

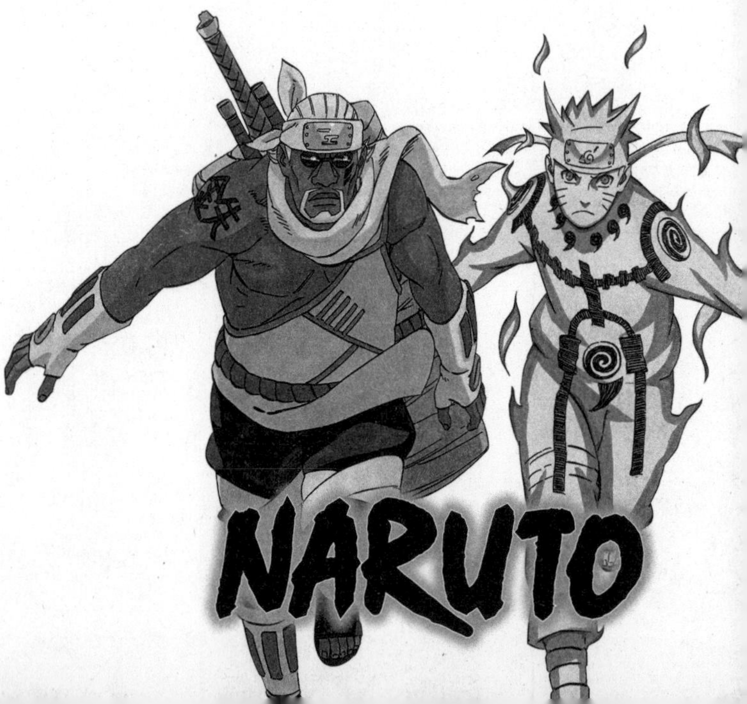
NARUTO

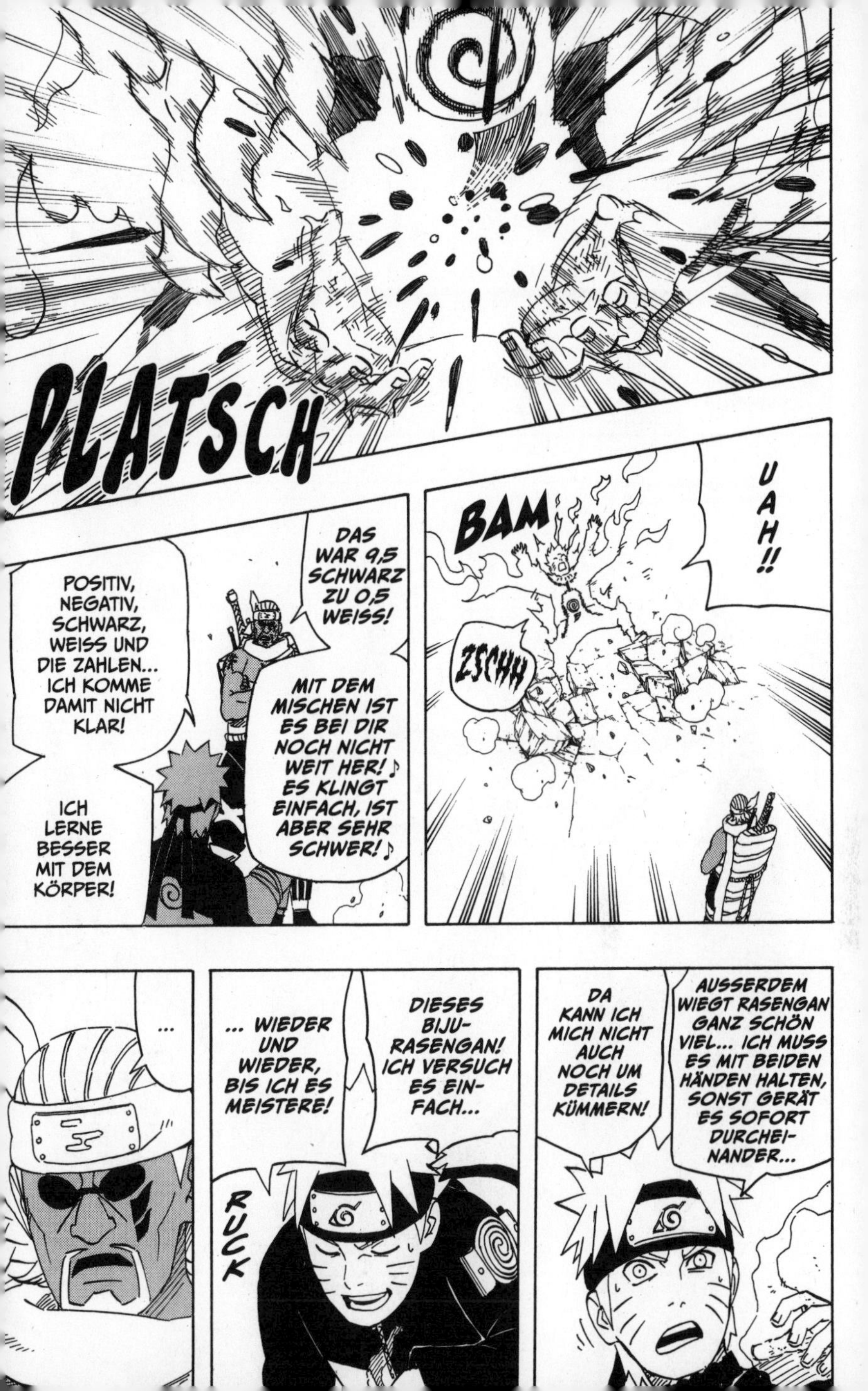
PLATSCH
UAH!!
BAM
ZSCHH
DAS WAR 9,5 SCHWARZ ZU 0,5 WEISS!
POSITIV, NEGATIV, SCHWARZ, WEISS UND DIE ZAHLEN... ICH KOMME DAMIT NICHT KLAR!
MIT DEM MISCHEN IST ES BEI DIR NOCH NICHT WEIT HER! ♪ ES KLINGT EINFACH, IST ABER SEHR SCHWER! ♪
ICH LERNE BESSER MIT DEM KÖRPER!
AUSSERDEM WIEGT RASENGAN GANZ SCHÖN VIEL... ICH MUSS ES MIT BEIDEN HÄNDEN HALTEN, SONST GERÄT ES SOFORT DURCHEINANDER...
DA KANN ICH MICH NICHT AUCH NOCH UM DETAILS KÜMMERN!
DIESES BIJU-RASENGAN! ICH VERSUCH ES EINFACH...
... WIEDER UND WIEDER, BIS ICH ES MEISTERE!
RUCK
...

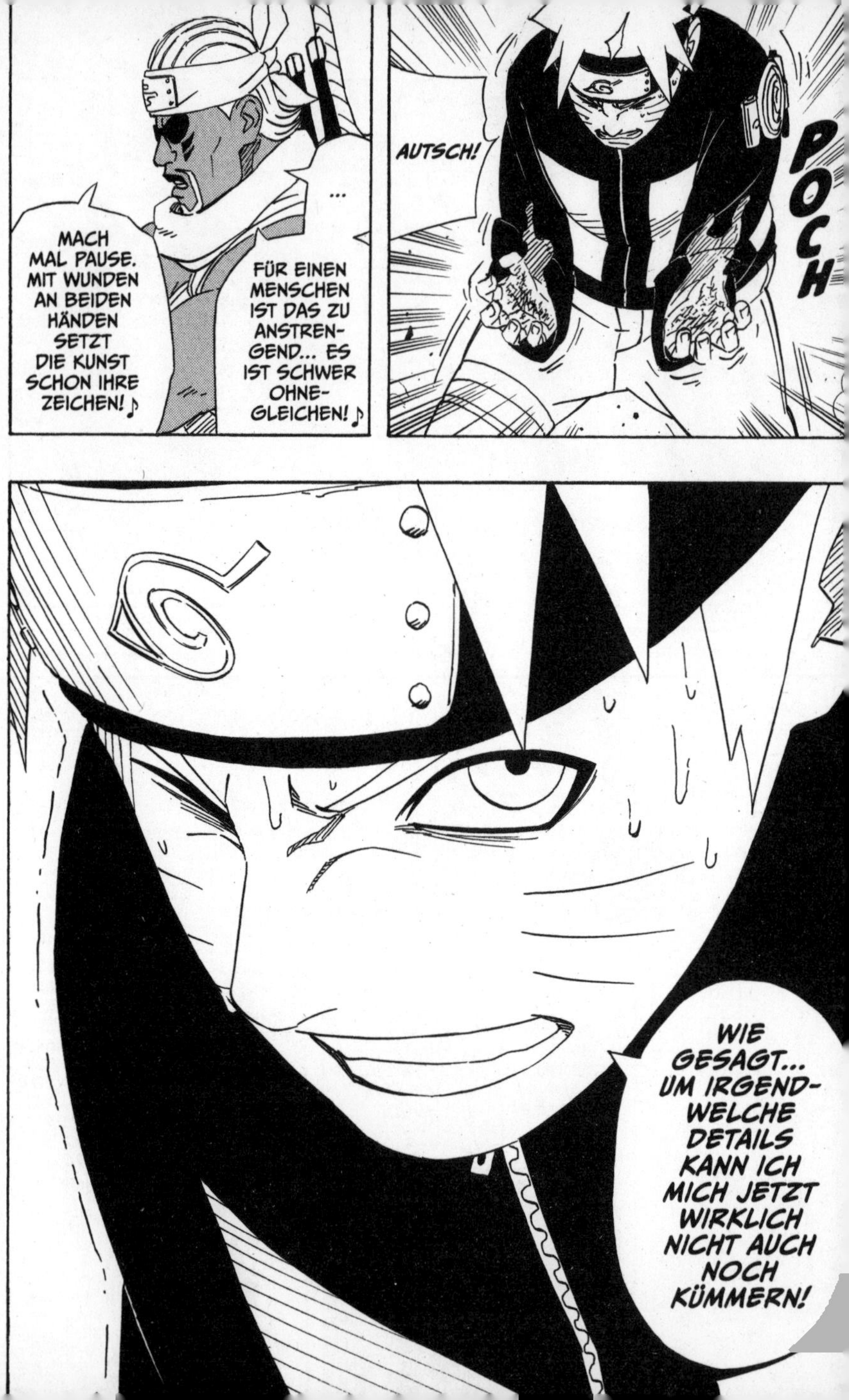
AUTSCH!
POCH
...
FÜR EINEN MENSCHEN IST DAS ZU ANSTRENGEND... ES IST SCHWER OHNEGLEICHEN! ♪
MACH MAL PAUSE. MIT WUNDEN AN BEIDEN HÄNDEN SETZT DIE KUNST SCHON IHRE ZEICHEN! ♪
WIE GESAGT... UM IRGENDWELCHE DETAILS KANN ICH MICH JETZT WIRKLICH NICHT AUCH NOCH KÜMMERN!

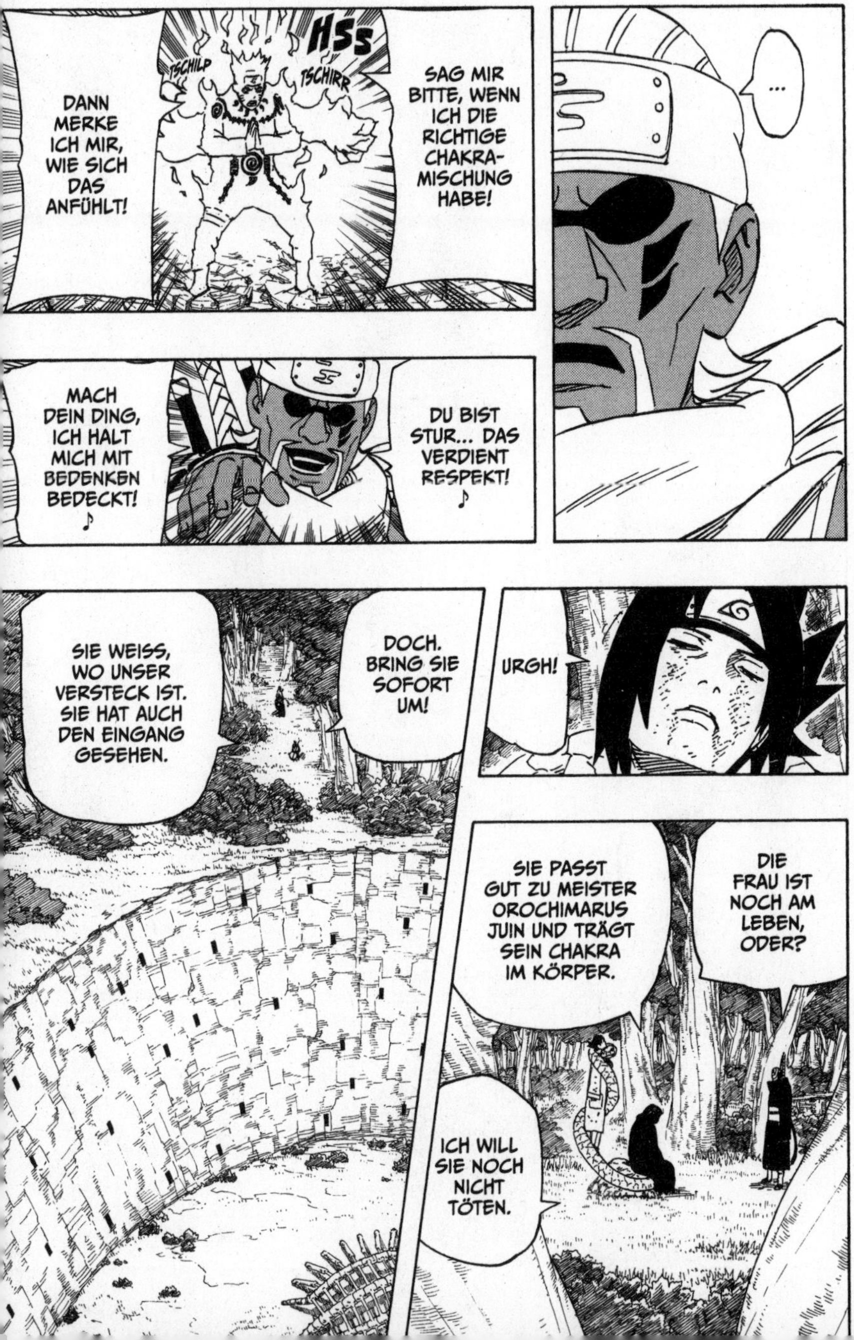
…
HSSS
TSCHIRR
TSCHILP
SAG MIR BITTE, WENN ICH DIE RICHTIGE CHAKRA-MISCHUNG HABE!
DANN MERKE ICH MIR, WIE SICH DAS ANFÜHLT!
DU BIST STUR… DAS VERDIENT RESPEKT! ♪
MACH DEIN DING, ICH HALT MICH MIT BEDENKEN BEDECKT! ♪
URGH!
DIE FRAU IST NOCH AM LEBEN, ODER?
SIE PASST GUT ZU MEISTER OROCHIMARUS JUIN UND TRÄGT SEIN CHAKRA IM KÖRPER.
ICH WILL SIE NOCH NICHT TÖTEN.
DOCH. BRING SIE SOFORT UM!
SIE WEISS, WO UNSER VERSTECK IST. SIE HAT AUCH DEN EINGANG GESEHEN.

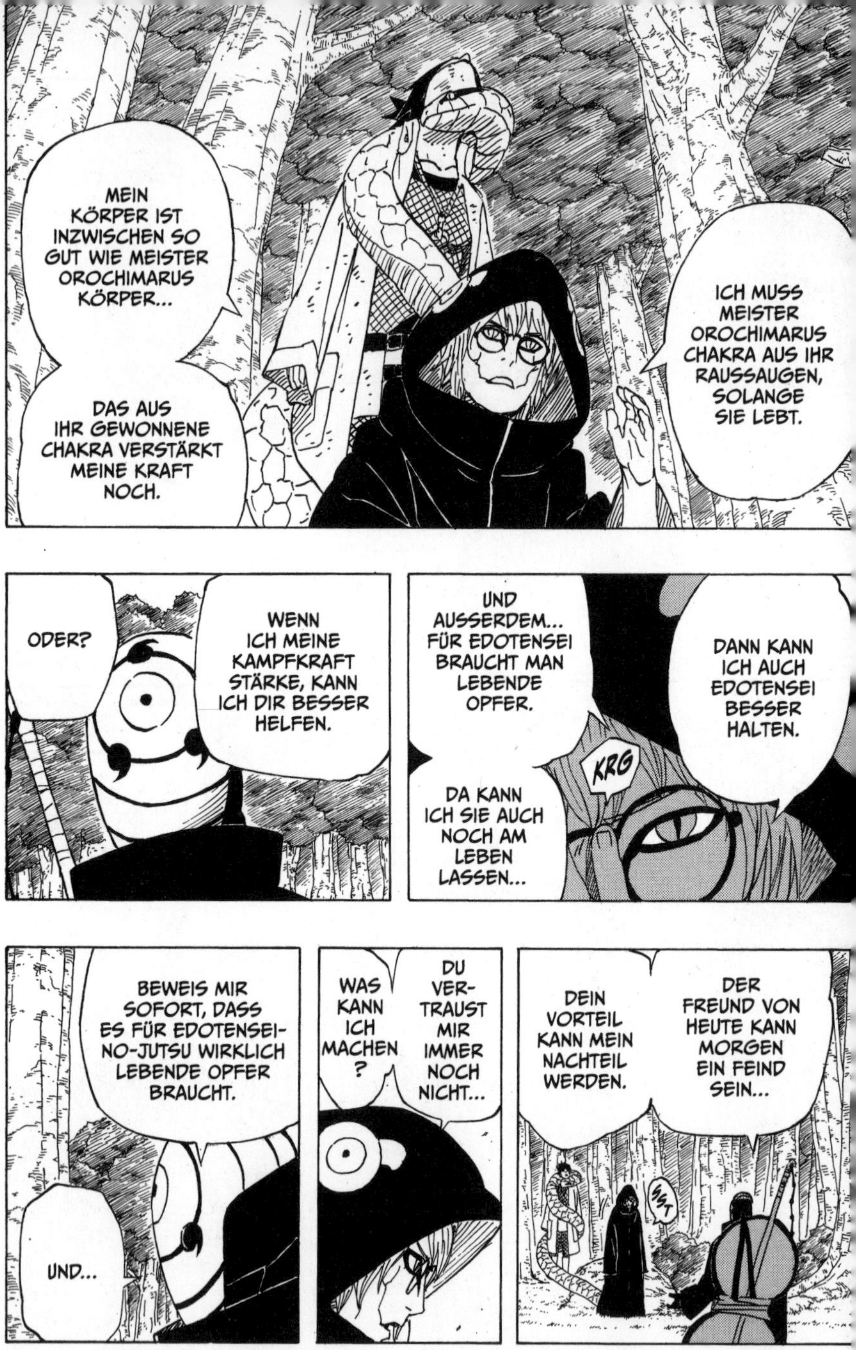
MEIN KÖRPER IST INZWISCHEN SO GUT WIE MEISTER OROCHIMARUS KÖRPER...
DAS AUS IHR GEWONNENE CHAKRA VERSTÄRKT MEINE KRAFT NOCH.
ICH MUSS MEISTER OROCHIMARUS CHAKRA AUS IHR RAUSSAUGEN, SOLANGE SIE LEBT.
UND AUSSERDEM... FÜR EDOTENSEI BRAUCHT MAN LEBENDE OPFER.
DA KANN ICH SIE AUCH NOCH AM LEBEN LASSEN...
KRG
DANN KANN ICH AUCH EDOTENSEI BESSER HALTEN.
WENN ICH MEINE KAMPFKRAFT STÄRKE, KANN ICH DIR BESSER HELFEN.
ODER?
DER FREUND VON HEUTE KANN MORGEN EIN FEIND SEIN...
DEIN VORTEIL KANN MEIN NACHTEIL WERDEN.
SST
DU VERTRAUST MIR IMMER NOCH NICHT...
WAS KANN ICH MACHEN?
BEWEIS MIR SOFORT, DASS ES FÜR EDOTENSEI-NO-JUTSU WIRKLICH LEBENDE OPFER BRAUCHT.
UND...

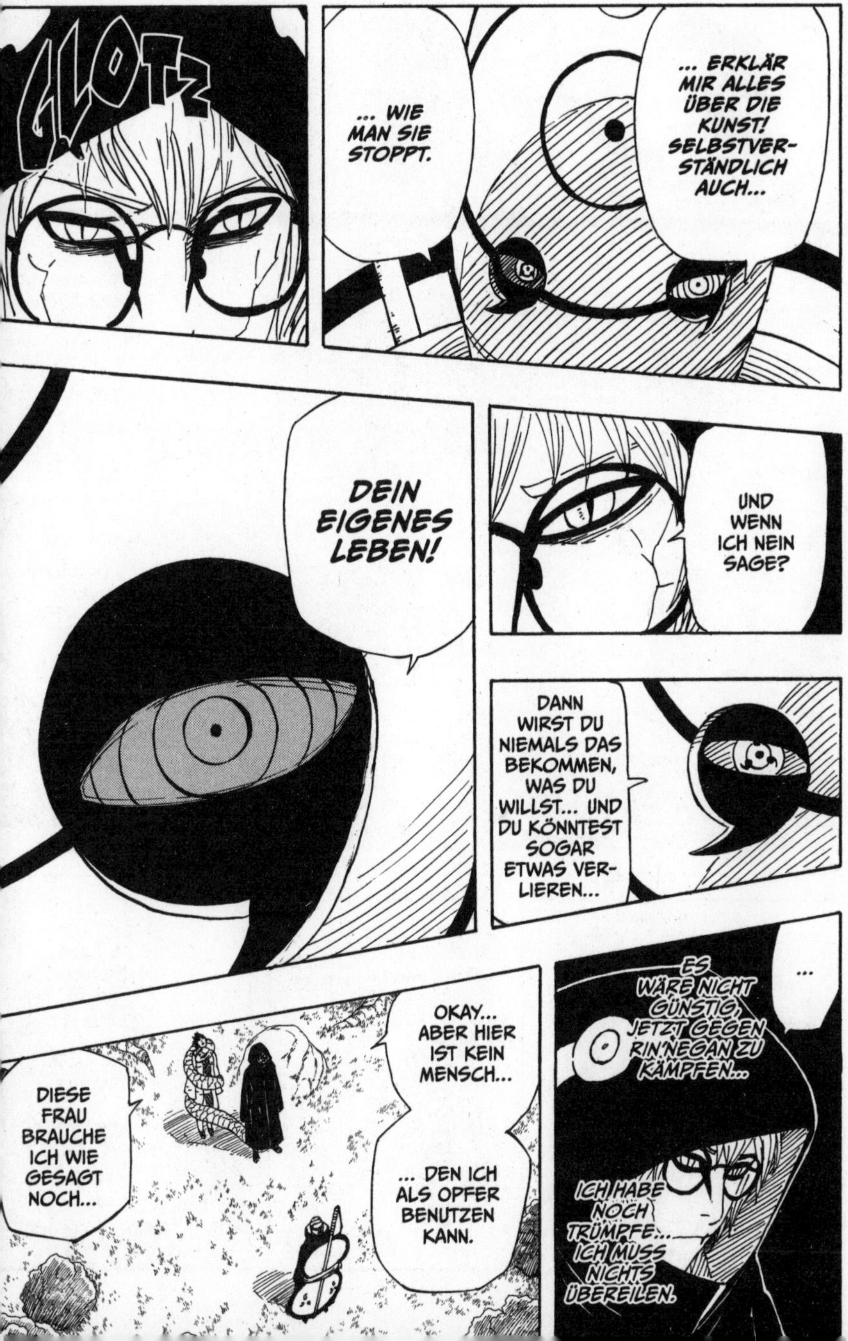

... ERKLÄR MIR ALLES ÜBER DIE KUNST! SELBSTVERSTÄNDLICH AUCH...
... WIE MAN SIE STOPPT.
GLOTZ
UND WENN ICH NEIN SAGE?
DANN WIRST DU NIEMALS DAS BEKOMMEN, WAS DU WILLST... UND DU KÖNNTEST SOGAR ETWAS VERLIEREN...
DEIN EIGENES LEBEN!
...
ES WÄRE NICHT GÜNSTIG, JETZT GEGEN RIN'NEGAN ZU KÄMPFEN...
ICH HABE NOCH TRÜMPFE... ICH MUSS NICHTS ÜBEREILEN.
OKAY... ABER HIER IST KEIN MENSCH...
... DEN ICH ALS OPFER BENUTZEN KANN.
DIESE FRAU BRAUCHE ICH WIE GESAGT NOCH...

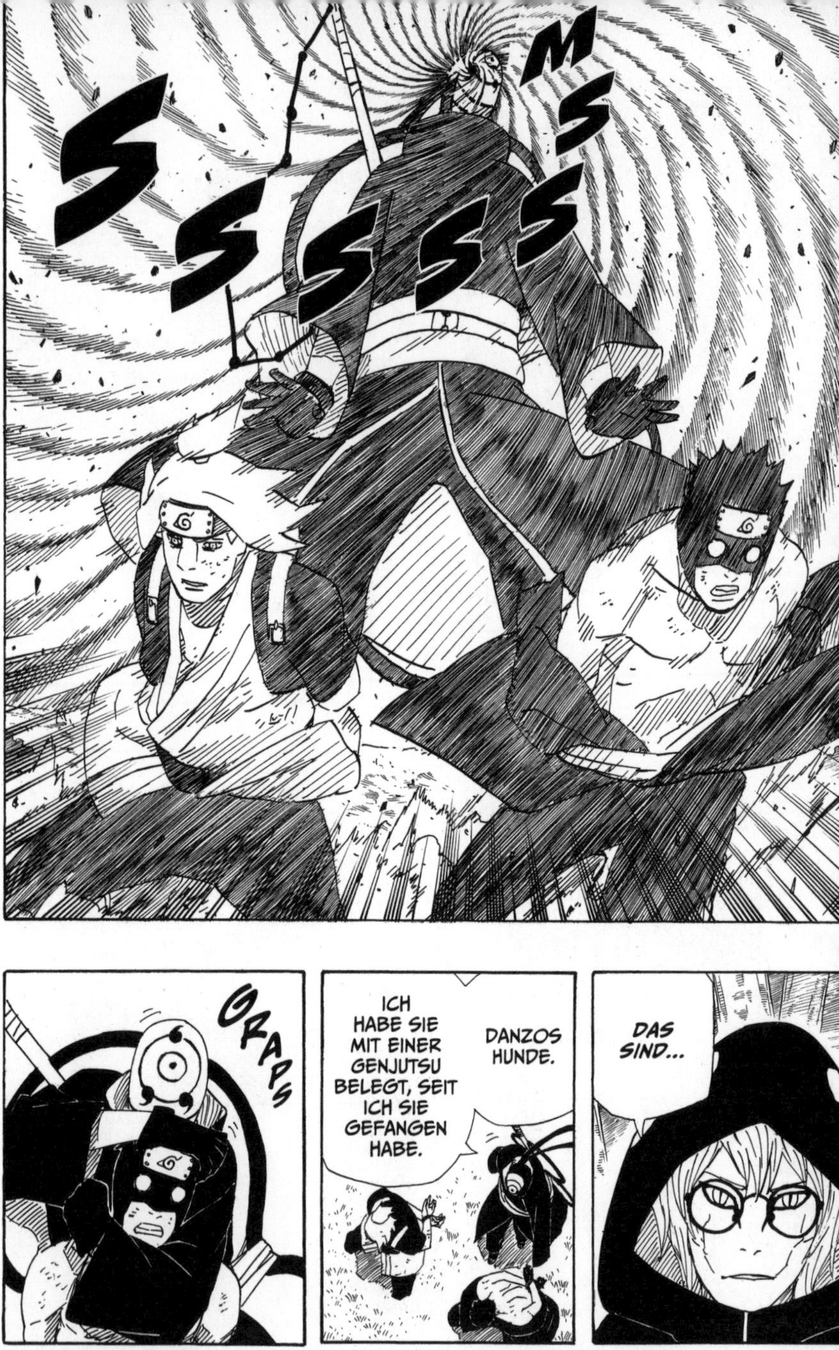
DAS SIND...
DANZOS HUNDE.
ICH HABE SIE MIT EINER GENJUTSU BELEGT, SEIT ICH SIE GEFANGEN HABE.
GRAPS

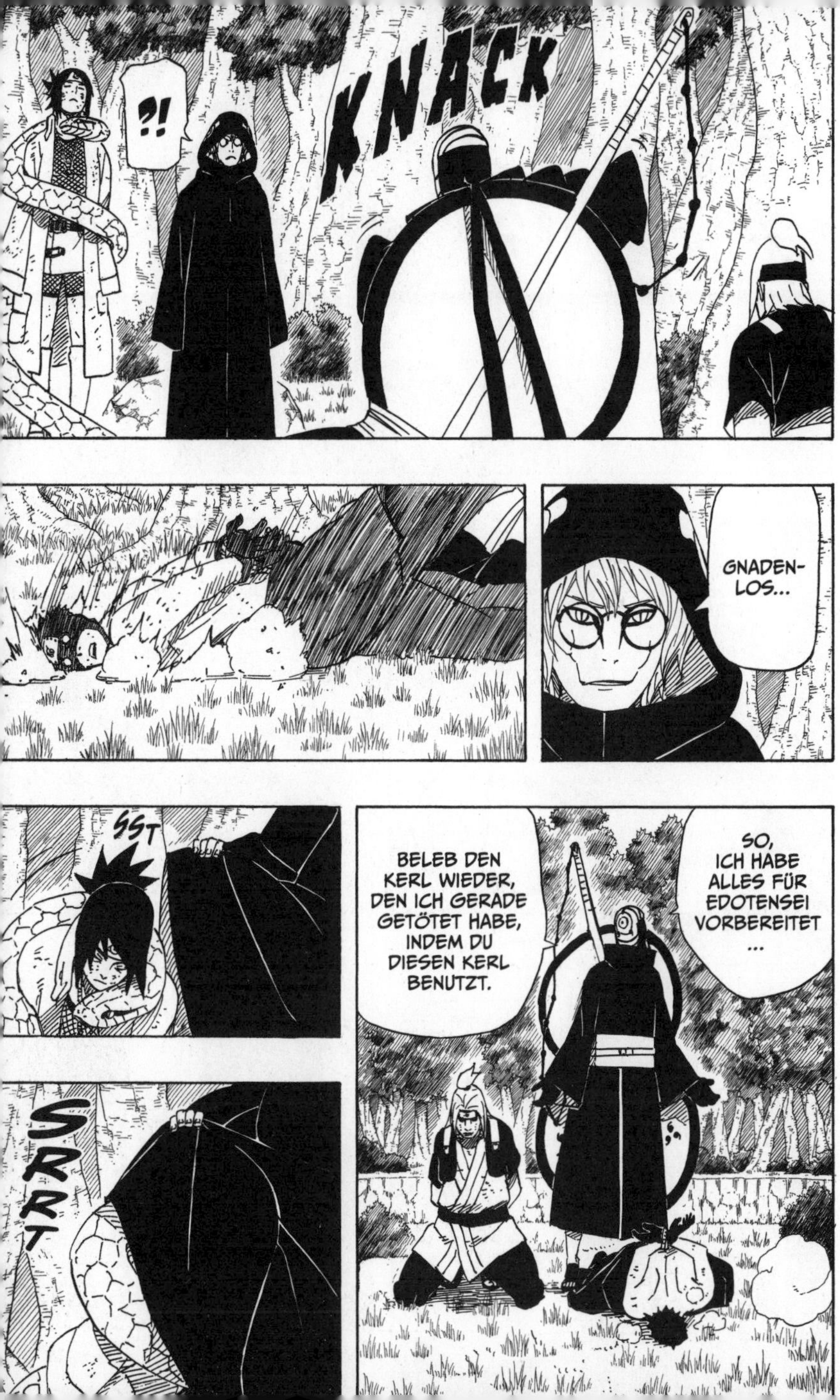
KNACK
?!
GNADEN-LOS...
SO, ICH HABE ALLES FÜR EDOTENSEI VORBEREITET ...
BELEB DEN KERL WIEDER, DEN ICH GERADE GETÖTET HABE, INDEM DU DIESEN KERL BENUTZT.
SST
SRRT

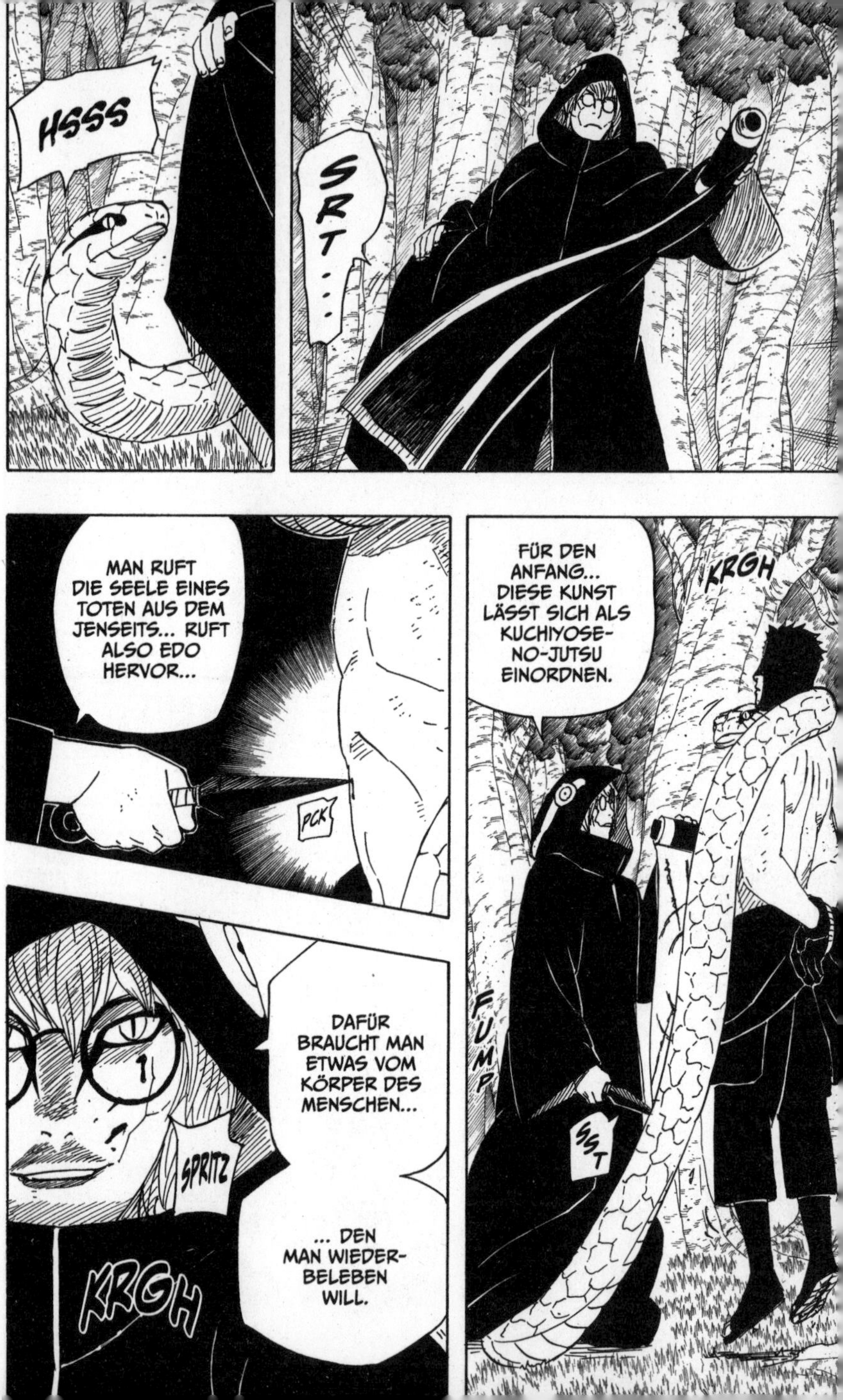
SRT...
HSSS
FÜR DEN ANFANG... DIESE KUNST LÄSST SICH ALS KUCHIYOSE-NO-JUTSU EINORDNEN.
KRGH
FUMP
SST
MAN RUFT DIE SEELE EINES TOTEN AUS DEM JENSEITS... RUFT ALSO EDO HERVOR...
PCK
DAFÜR BRAUCHT MAN ETWAS VOM KÖRPER DES MENSCHEN...
... DEN MAN WIEDER-BELEBEN WILL.
SPRITZ
KRGH

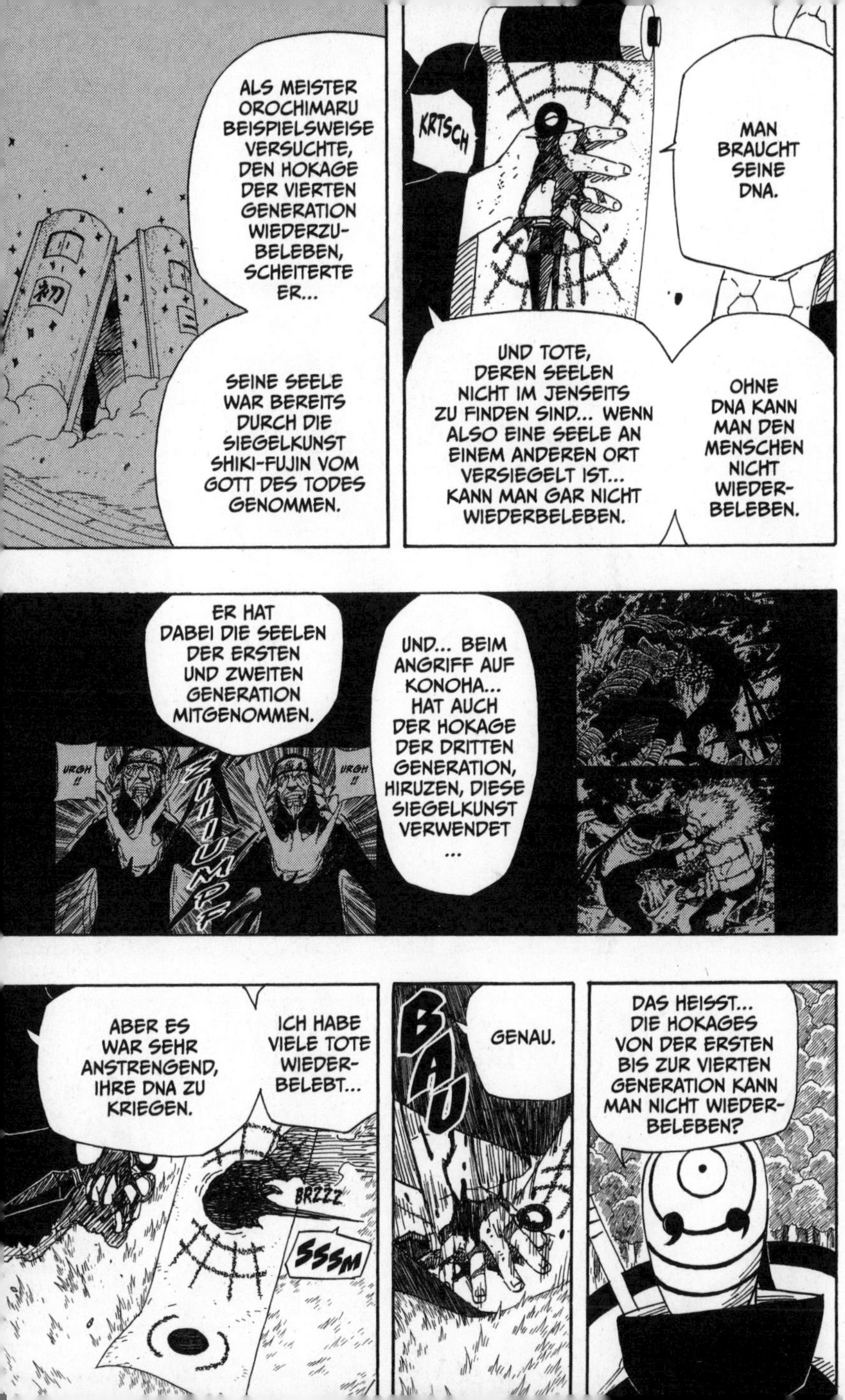
MAN BRAUCHT SEINE DNA.
OHNE DNA KANN MAN DEN MENSCHEN NICHT WIEDER-BELEBEN.
KRTSCH
UND TOTE, DEREN SEELEN NICHT IM JENSEITS ZU FINDEN SIND... WENN ALSO EINE SEELE AN EINEM ANDEREN ORT VERSIEGELT IST... KANN MAN GAR NICHT WIEDERBELEBEN.
ALS MEISTER OROCHIMARU BEISPIELSWEISE VERSUCHTE, DEN HOKAGE DER VIERTEN GENERATION WIEDERZU-BELEBEN, SCHEITERTE ER...
SEINE SEELE WAR BEREITS DURCH DIE SIEGELKUNST SHIKI-FUJIN VOM GOTT DES TODES GENOMMEN.
UND... BEIM ANGRIFF AUF KONOHA... HAT AUCH DER HOKAGE DER DRITTEN GENERATION, HIRUZEN, DIESE SIEGELKUNST VERWENDET ...
ER HAT DABEI DIE SEELEN DER ERSTEN UND ZWEITEN GENERATION MITGENOMMEN.
URGH!!
URGH!!
ZIIIUMPF
DAS HEISST... DIE HOKAGES VON DER ERSTEN BIS ZUR VIERTEN GENERATION KANN MAN NICHT WIEDER-BELEBEN?
GENAU.
BAU
ICH HABE VIELE TOTE WIEDER-BELEBT...
ABER ES WAR SEHR ANSTRENGEND, IHRE DNA ZU KRIEGEN.
BRZZZ
SSSM

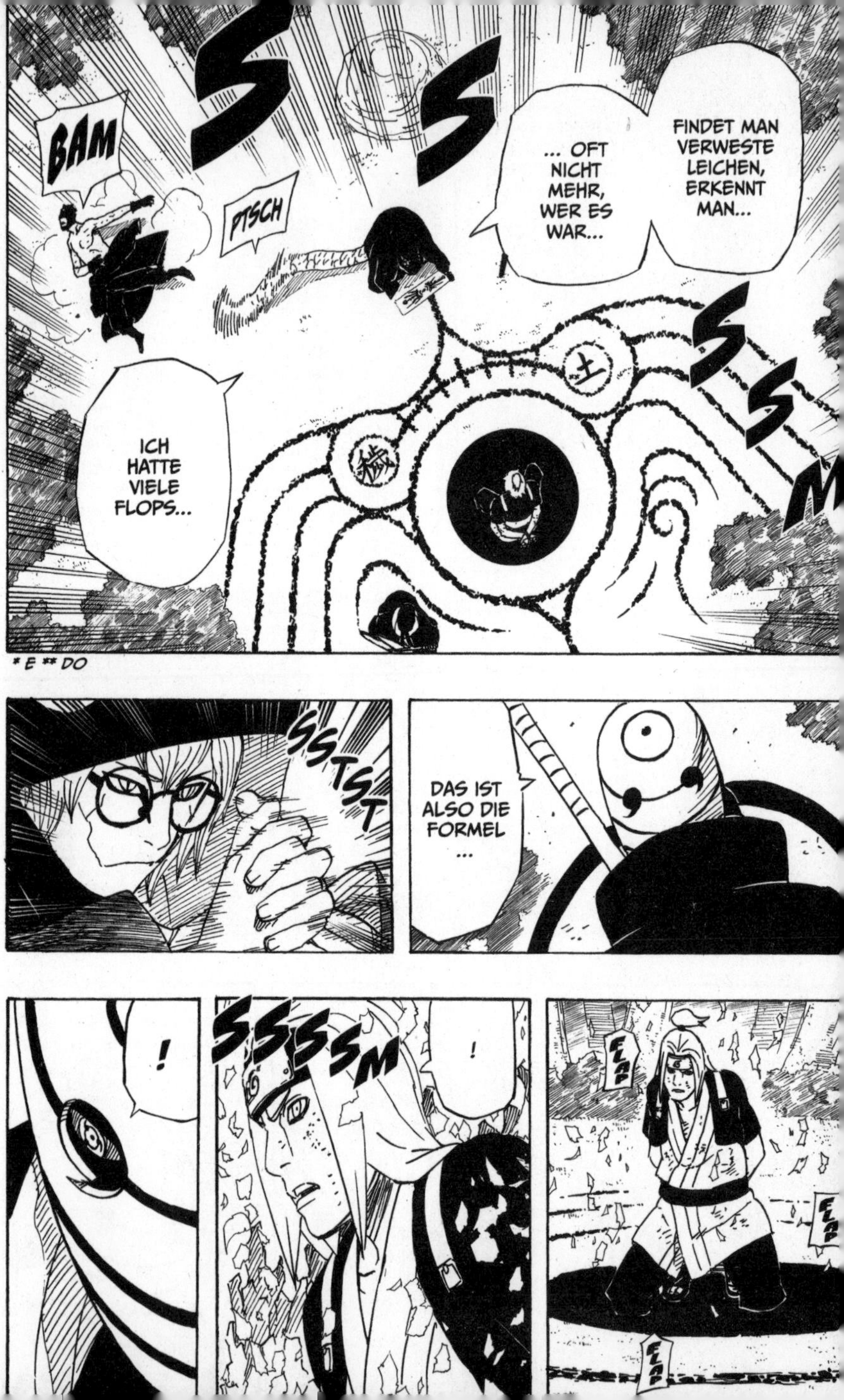

FINDET MAN VERWESTE LEICHEN, ERKENNT MAN...
... OFT NICHT MEHR, WER ES WAR...
S S
PTSCH
BAM
SSSM
ICH HATTE VIELE FLOPS...
* E ** DO
DAS IST ALSO DIE FORMEL ...
SSTST
FLAP
FLAP
FLAP
!
SSSSM
!

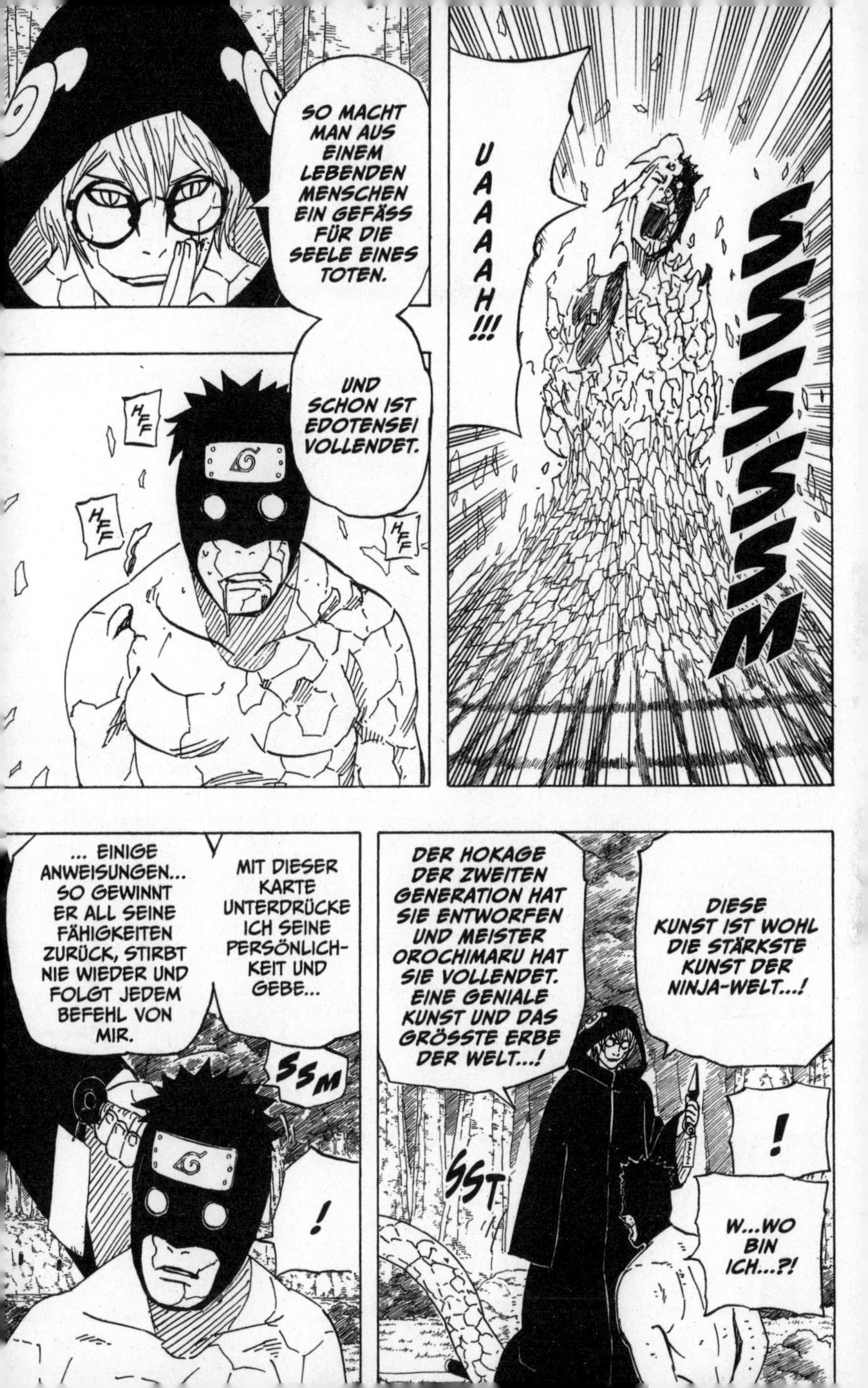
UAAAAAAH!!!
SSSSSM
SO MACHT MAN AUS EINEM LEBENDEN MENSCHEN EIN GEFÄSS FÜR DIE SEELE EINES TOTEN.
UND SCHON IST EDOTENSEI VOLLENDET.
HFF
HFF
HFF
DIESE KUNST IST WOHL DIE STÄRKSTE KUNST DER NINJA-WELT...!
DER HOKAGE DER ZWEITEN GENERATION HAT SIE ENTWORFEN UND MEISTER OROCHIMARU HAT SIE VOLLENDET. EINE GENIALE KUNST UND DAS GRÖSSTE ERBE DER WELT...!
!
W...WO BIN ICH...?!
SST
MIT DIESER KARTE UNTERDRÜCKE ICH SEINE PERSÖNLICHKEIT UND GEBE...
... EINIGE ANWEISUNGEN... SO GEWINNT ER ALL SEINE FÄHIGKEITEN ZURÜCK, STIRBT NIE WIEDER UND FOLGT JEDEM BEFEHL VON MIR.
SSM
!

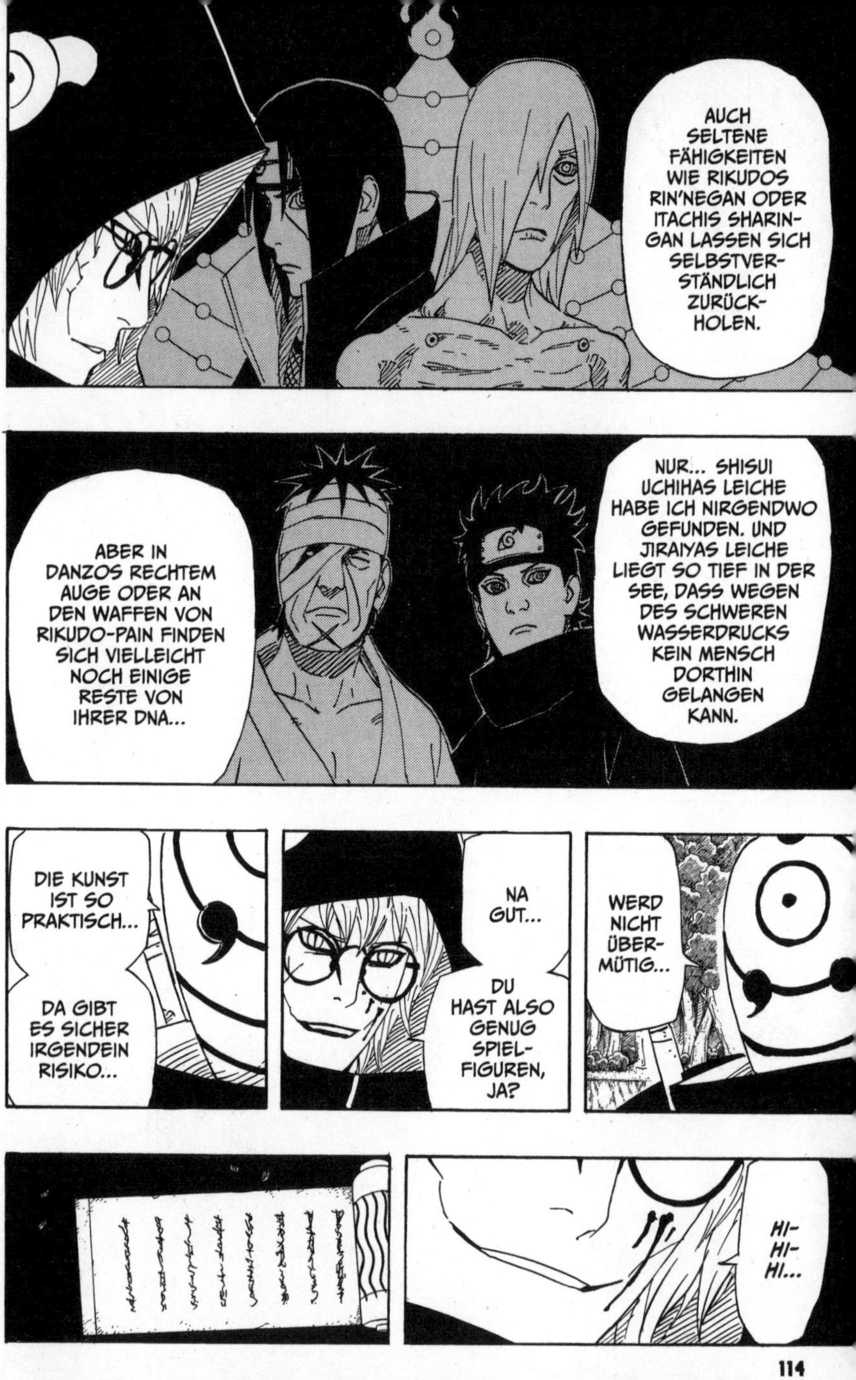
AUCH SELTENE FÄHIGKEITEN WIE RIKUDOS RIN'NEGAN ODER ITACHIS SHARIN-GAN LASSEN SICH SELBSTVER-STÄNDLICH ZURÜCK-HOLEN.
NUR... SHISUI UCHIHAS LEICHE HABE ICH NIRGENDWO GEFUNDEN. UND JIRAIYAS LEICHE LIEGT SO TIEF IN DER SEE, DASS WEGEN DES SCHWEREN WASSERDRUCKS KEIN MENSCH DORTHIN GELANGEN KANN.
ABER IN DANZOS RECHTEM AUGE ODER AN DEN WAFFEN VON RIKUDO-PAIN FINDEN SICH VIELLEICHT NOCH EINIGE RESTE VON IHRER DNA...
WERD NICHT ÜBER-MÜTIG...
NA GUT...
DU HAST ALSO GENUG SPIEL-FIGUREN, JA?
DIE KUNST IST SO PRAKTISCH...
DA GIBT ES SICHER IRGENDEIN RISIKO...
HI-HI-HI...

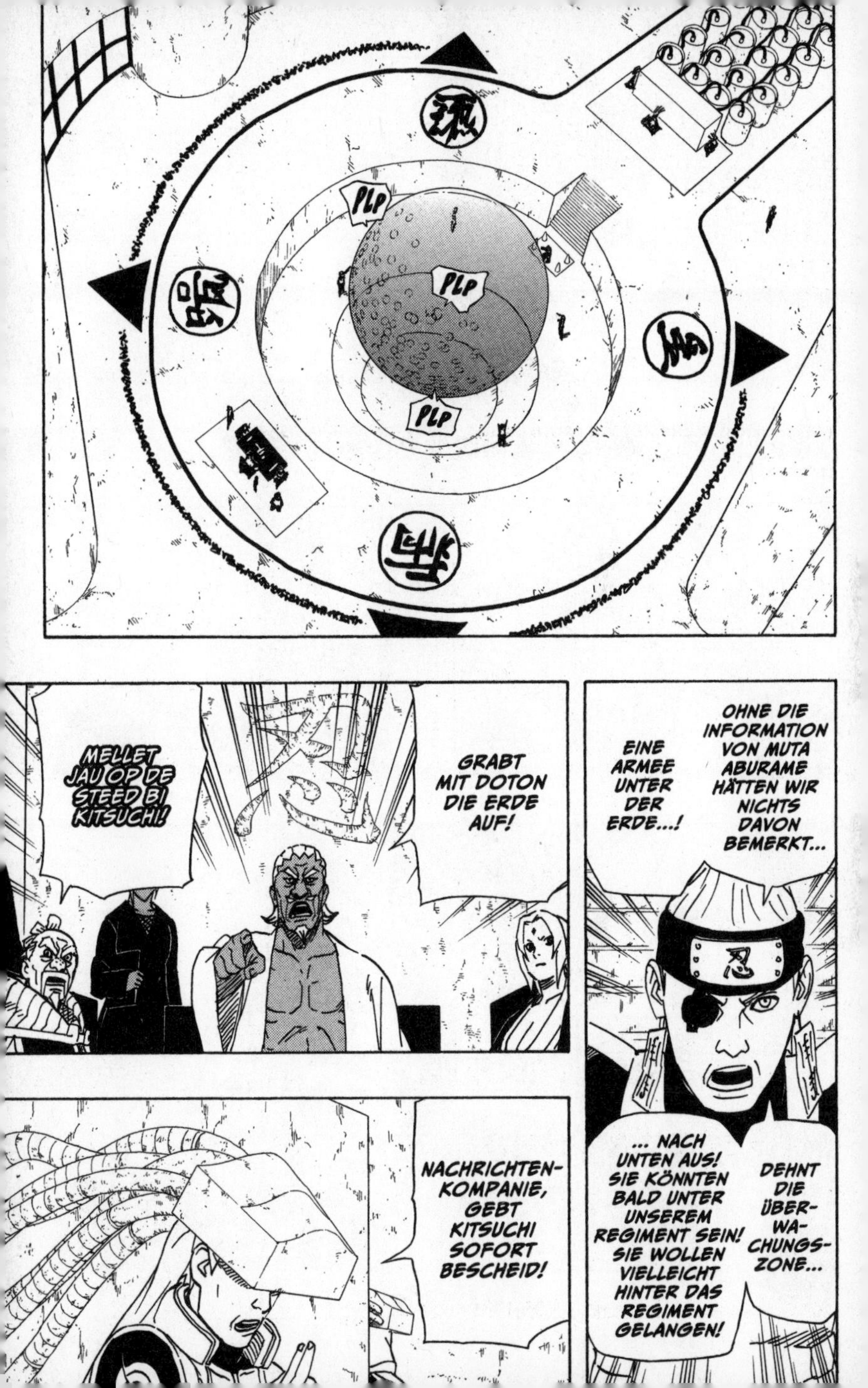

PLP
PLP
PLP
OHNE DIE INFORMATION VON MUTA ABURAME HÄTTEN WIR NICHTS DAVON BEMERKT...
EINE ARMEE UNTER DER ERDE...!
GRABT MIT DOTON DIE ERDE AUF!
MELLET JAU OP DE STEED BI KITSUCHI!
DEHNT DIE ÜBER-WA-CHUNGS-ZONE...
... NACH UNTEN AUS! SIE KÖNNTEN BALD UNTER UNSEREM REGIMENT SEIN! SIE WOLLEN VIELLEICHT HINTER DAS REGIMENT GELANGEN!
NACHRICHTEN-KOMPANIE, GEBT KITSUCHI SOFORT BESCHEID!

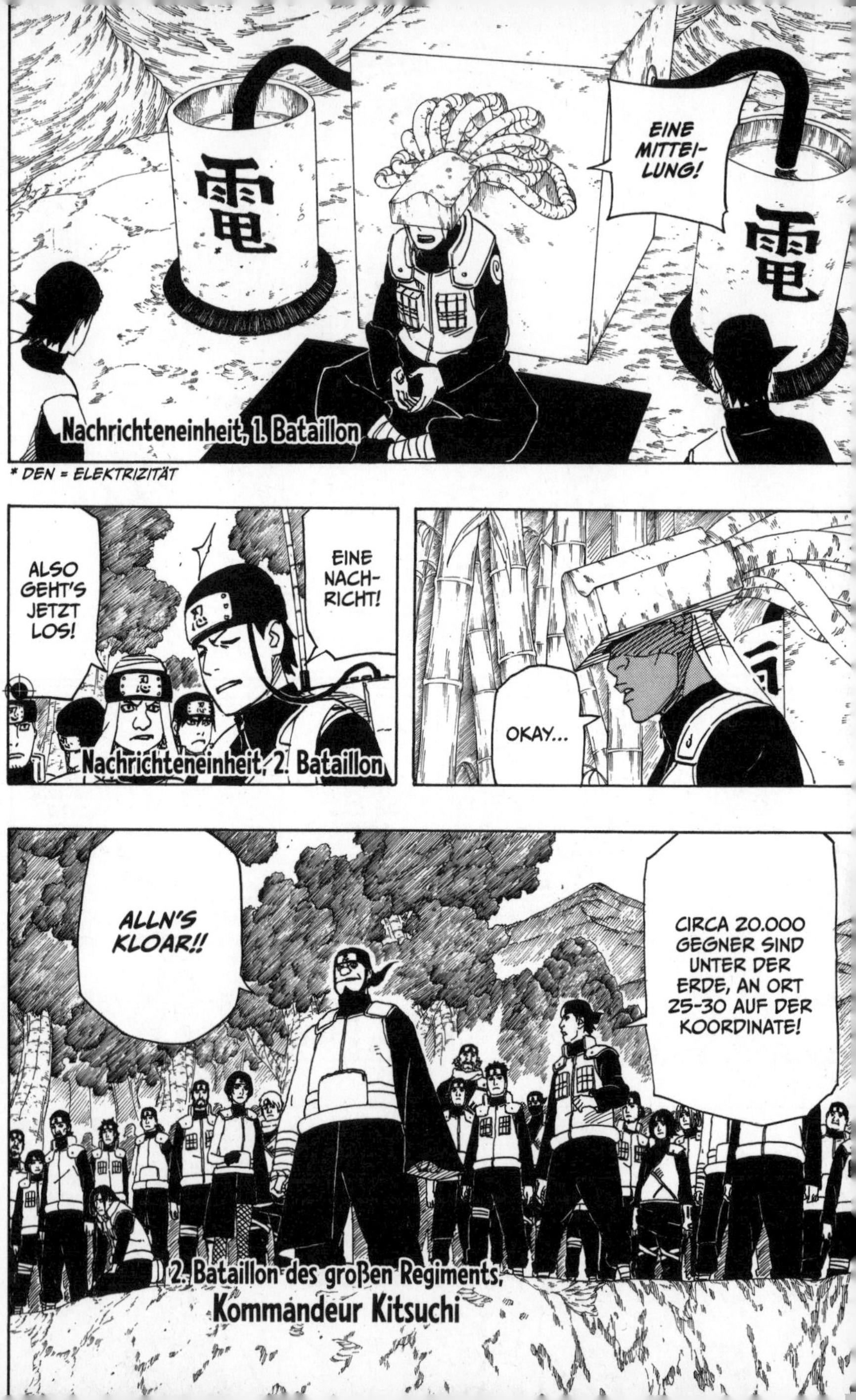
電
EINE MITTEILUNG!
電
Nachrichteneinheit, 1. Bataillon
* DEN = ELEKTRIZITÄT
OKAY...
EINE NACHRICHT!
ALSO GEHT'S JETZT LOS!
Nachrichteneinheit, 2. Bataillon
CIRCA 20.000 GEGNER SIND UNTER DER ERDE, AN ORT 25-30 AUF DER KOORDINATE!
ALLN'S KLOAR!!
2. Bataillon des großen Regiments, Kommandeur Kitsuchi

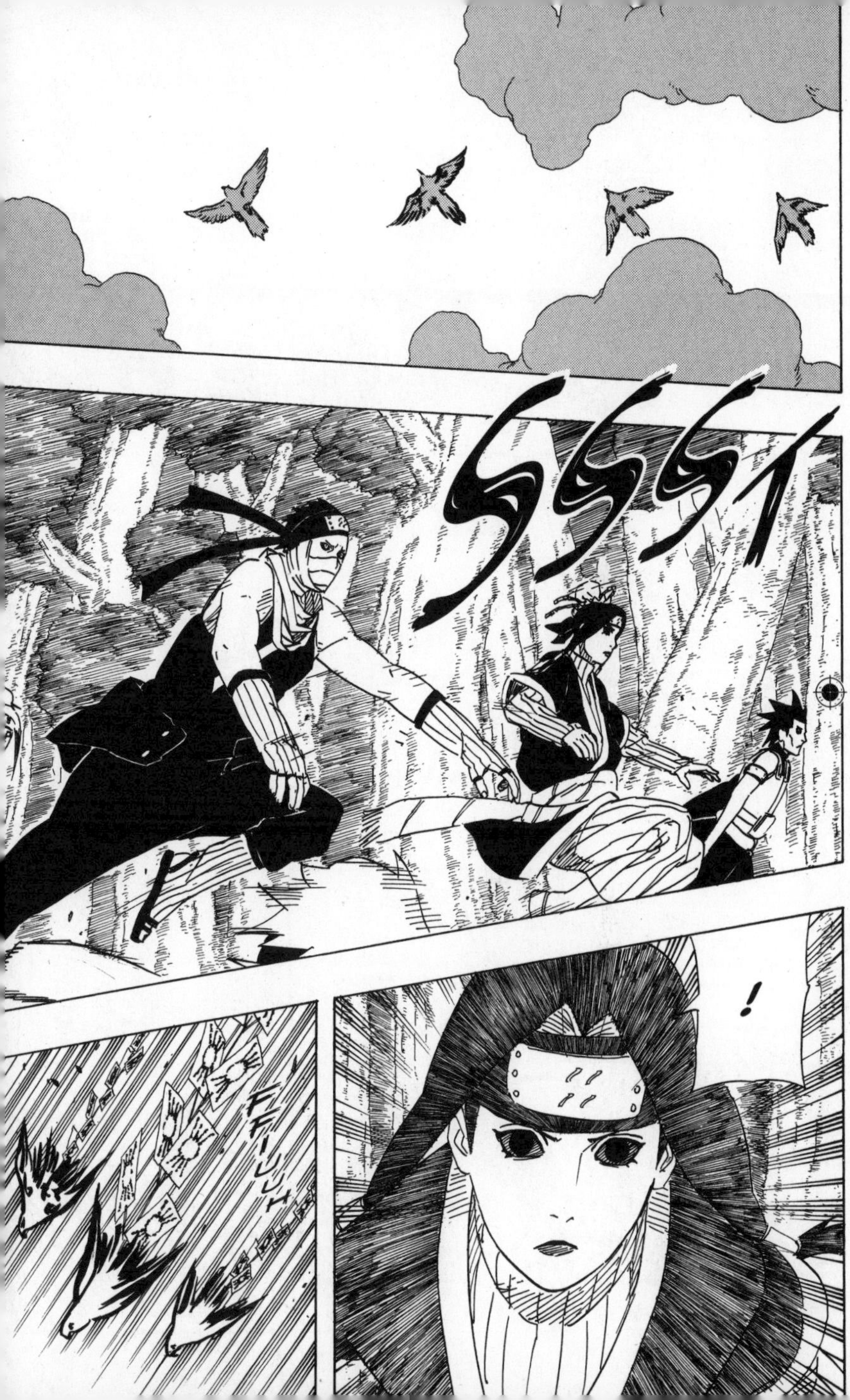
SSSA
!
FFLUT

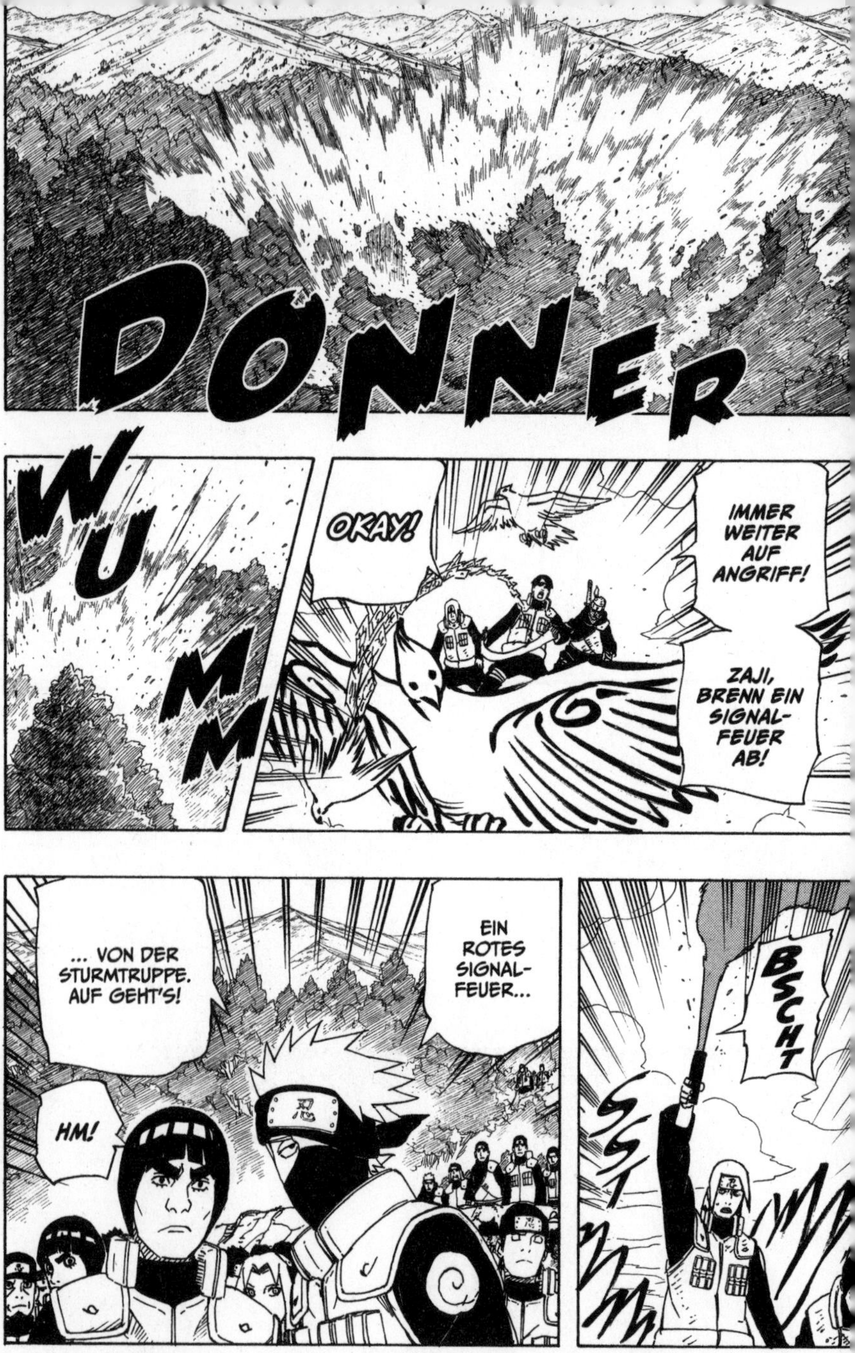
DONNER
IMMER WEITER AUF ANGRIFF!
ZAJI, BRENN EIN SIGNALFEUER AB!
OKAY!
WUMM
BSCHT
SST
EIN ROTES SIGNALFEUER...
... VON DER STURMTRUPPE. AUF GEHT'S!
HM!

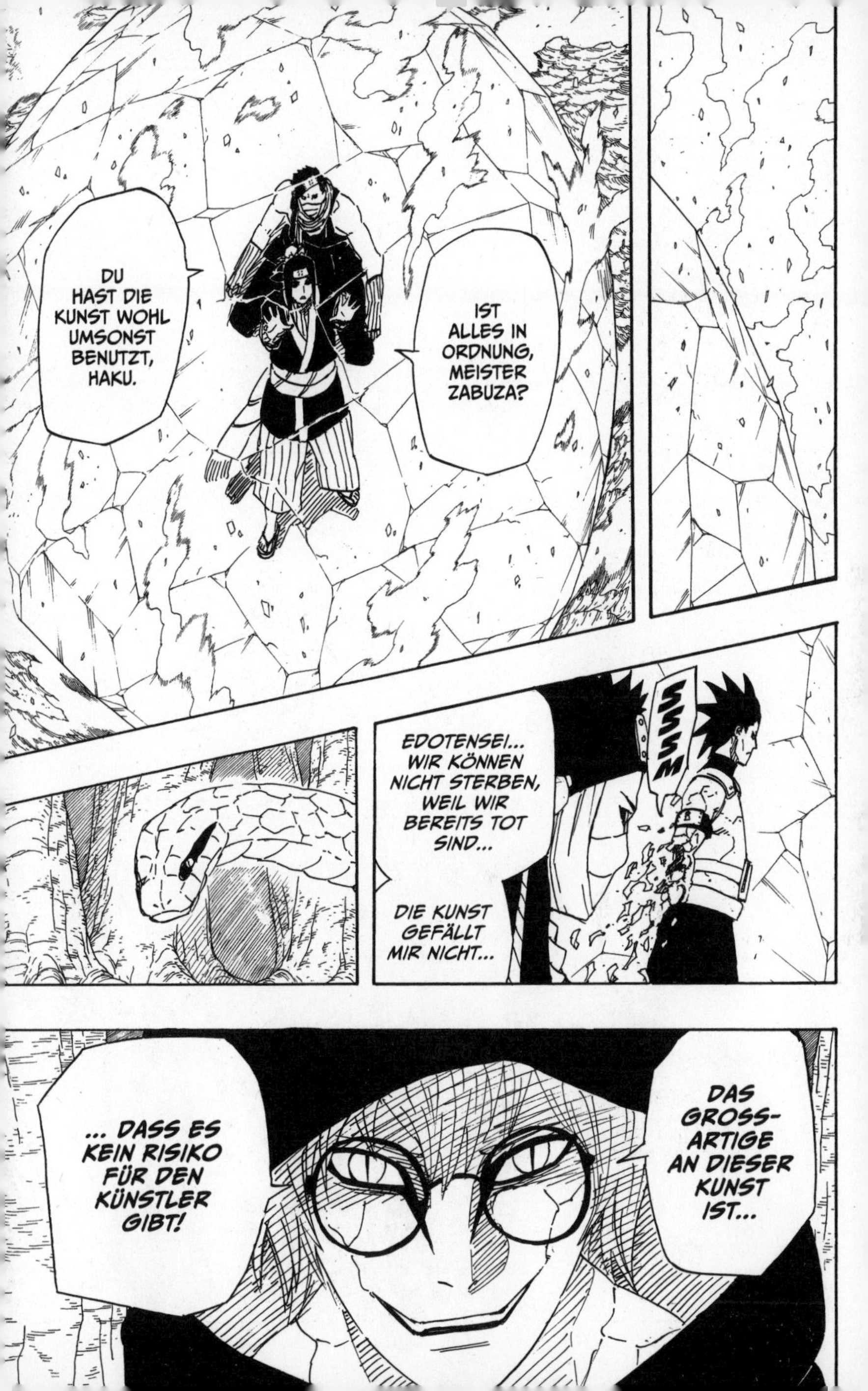
IST ALLES IN ORDNUNG, MEISTER ZABUZA?
DU HAST DIE KUNST WOHL UMSONST BENUTZT, HAKU.
SSSM
EDOTENSEI... WIR KÖNNEN NICHT STERBEN, WEIL WIR BEREITS TOT SIND...
DIE KUNST GEFÄLLT MIR NICHT...
DAS GROSS-ARTIGE AN DIESER KUNST IST...
... DASS ES KEIN RISIKO FÜR DEN KÜNSTLER GIBT!

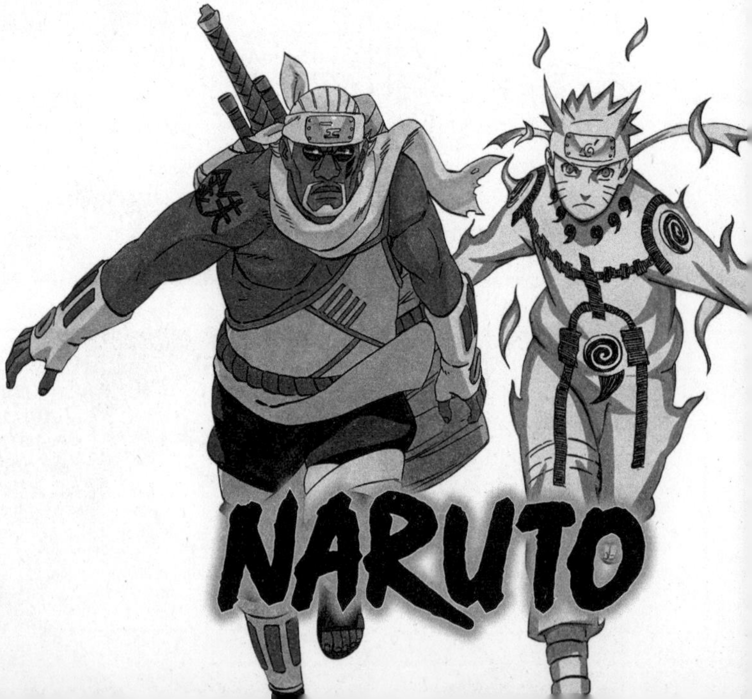
NARUTO

521. KAPITEL:

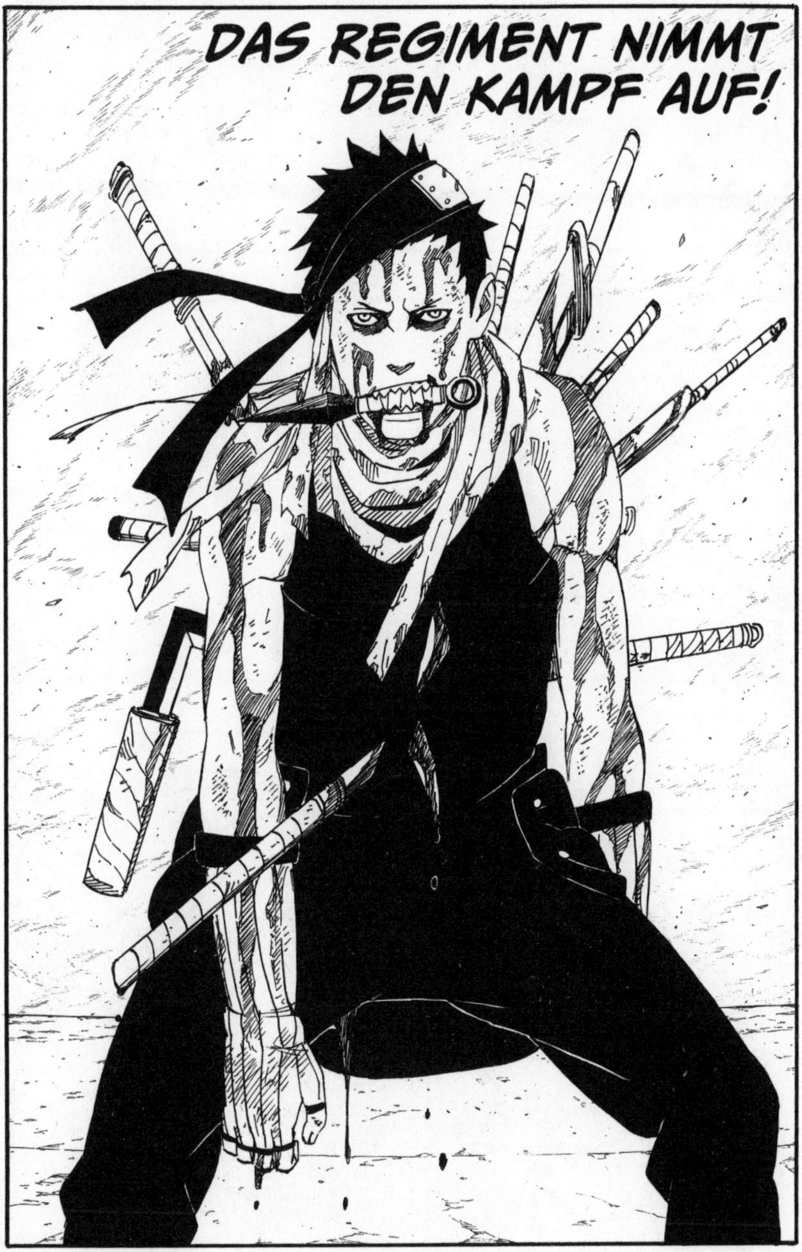

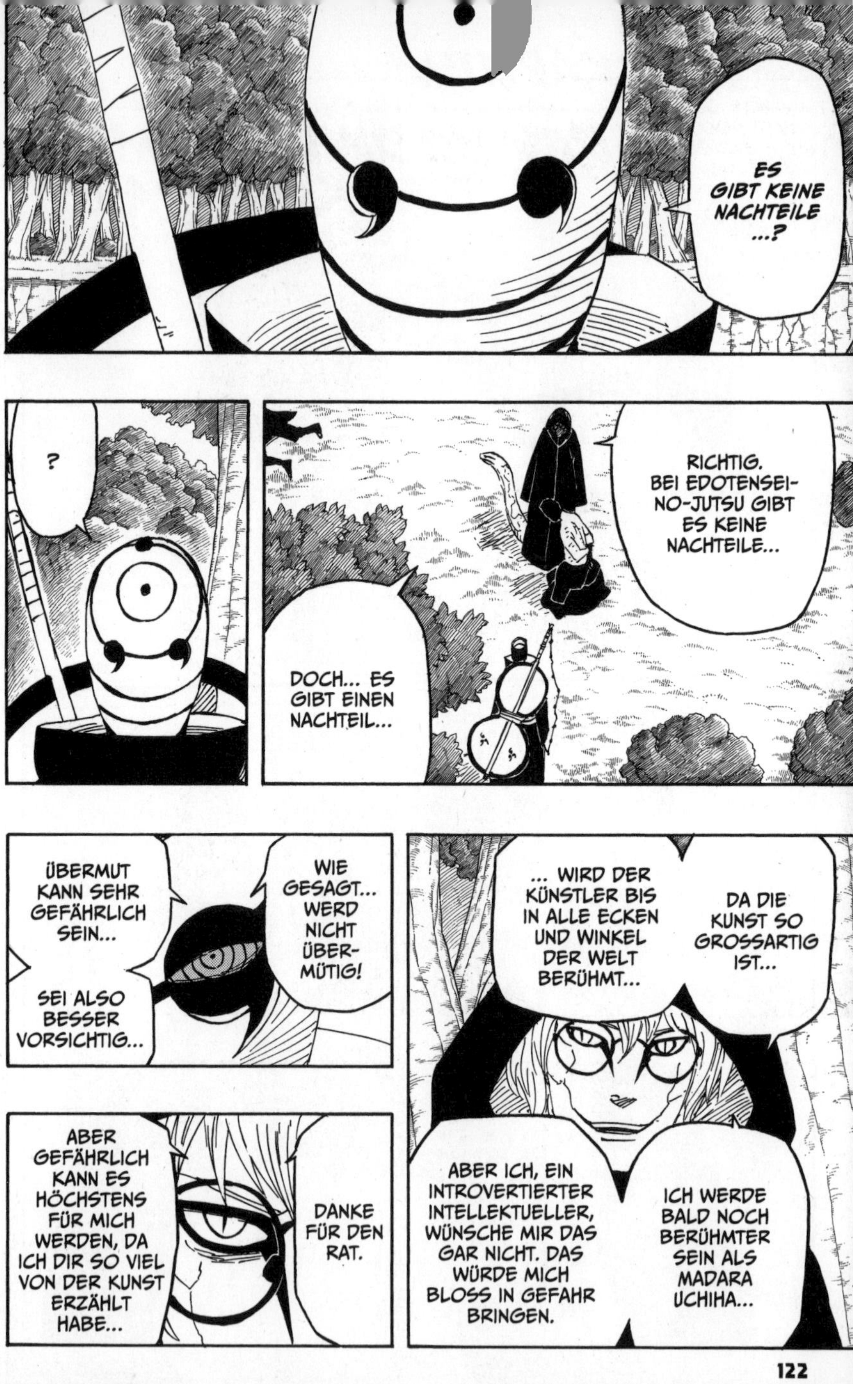
ES GIBT KEINE NACHTEILE ...?
RICHTIG. BEI EDOTENSEI-NO-JUTSU GIBT ES KEINE NACHTEILE...
DOCH... ES GIBT EINEN NACHTEIL...
?
DA DIE KUNST SO GROSSARTIG IST...
... WIRD DER KÜNSTLER BIS IN ALLE ECKEN UND WINKEL DER WELT BERÜHMT...
ICH WERDE BALD NOCH BERÜHMTER SEIN ALS MADARA UCHIHA...
ABER ICH, EIN INTROVERTIERTER INTELLEKTUELLER, WÜNSCHE MIR DAS GAR NICHT. DAS WÜRDE MICH BLOSS IN GEFAHR BRINGEN.
WIE GESAGT... WERD NICHT ÜBER-MÜTIG!
ÜBERMUT KANN SEHR GEFÄHRLICH SEIN...
SEI ALSO BESSER VORSICHTIG...
DANKE FÜR DEN RAT.
ABER GEFÄHRLICH KANN ES HÖCHSTENS FÜR MICH WERDEN, DA ICH DIR SO VIEL VON DER KUNST ERZÄHLT HABE...

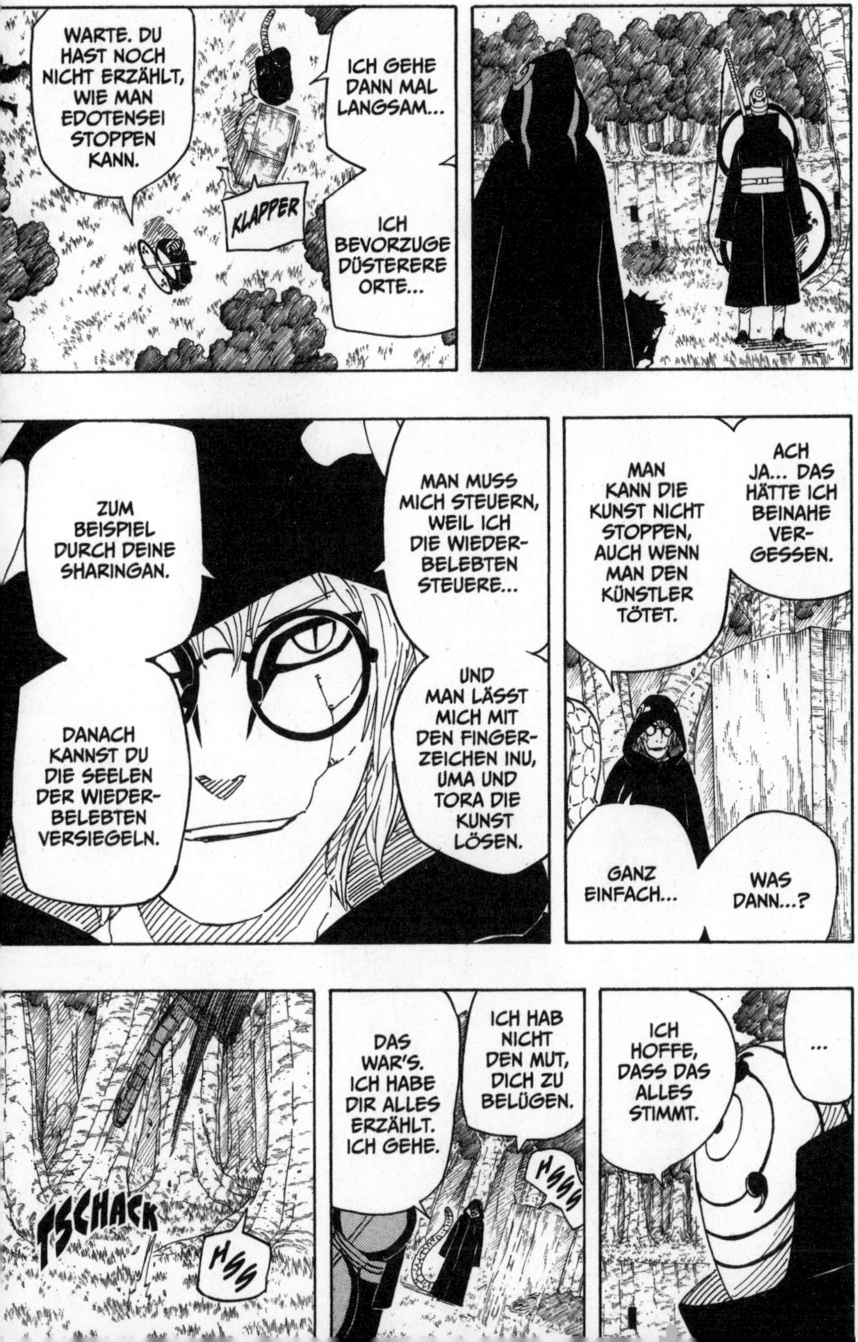

ICH GEHE DANN MAL LANGSAM...
ICH BEVORZUGE DÜSTERERE ORTE...
KLAPPER
WARTE. DU HAST NOCH NICHT ERZÄHLT, WIE MAN EDOTENSEI STOPPEN KANN.
ACH JA... DAS HÄTTE ICH BEINAHE VERGESSEN.
MAN KANN DIE KUNST NICHT STOPPEN, AUCH WENN MAN DEN KÜNSTLER TÖTET.
WAS DANN...?
GANZ EINFACH...
MAN MUSS MICH STEUERN, WEIL ICH DIE WIEDERBELEBTEN STEUERE...
UND MAN LÄSST MICH MIT DEN FINGERZEICHEN INU, UMA UND TORA DIE KUNST LÖSEN.
ZUM BEISPIEL DURCH DEINE SHARINGAN.
DANACH KANNST DU DIE SEELEN DER WIEDERBELEBTEN VERSIEGELN.
...
ICH HOFFE, DASS DAS ALLES STIMMT.
ICH HAB NICHT DEN MUT, DICH ZU BELÜGEN.
DAS WAR'S. ICH HABE DIR ALLES ERZÄHLT. ICH GEHE.
HSS
TSCHACK
HSS

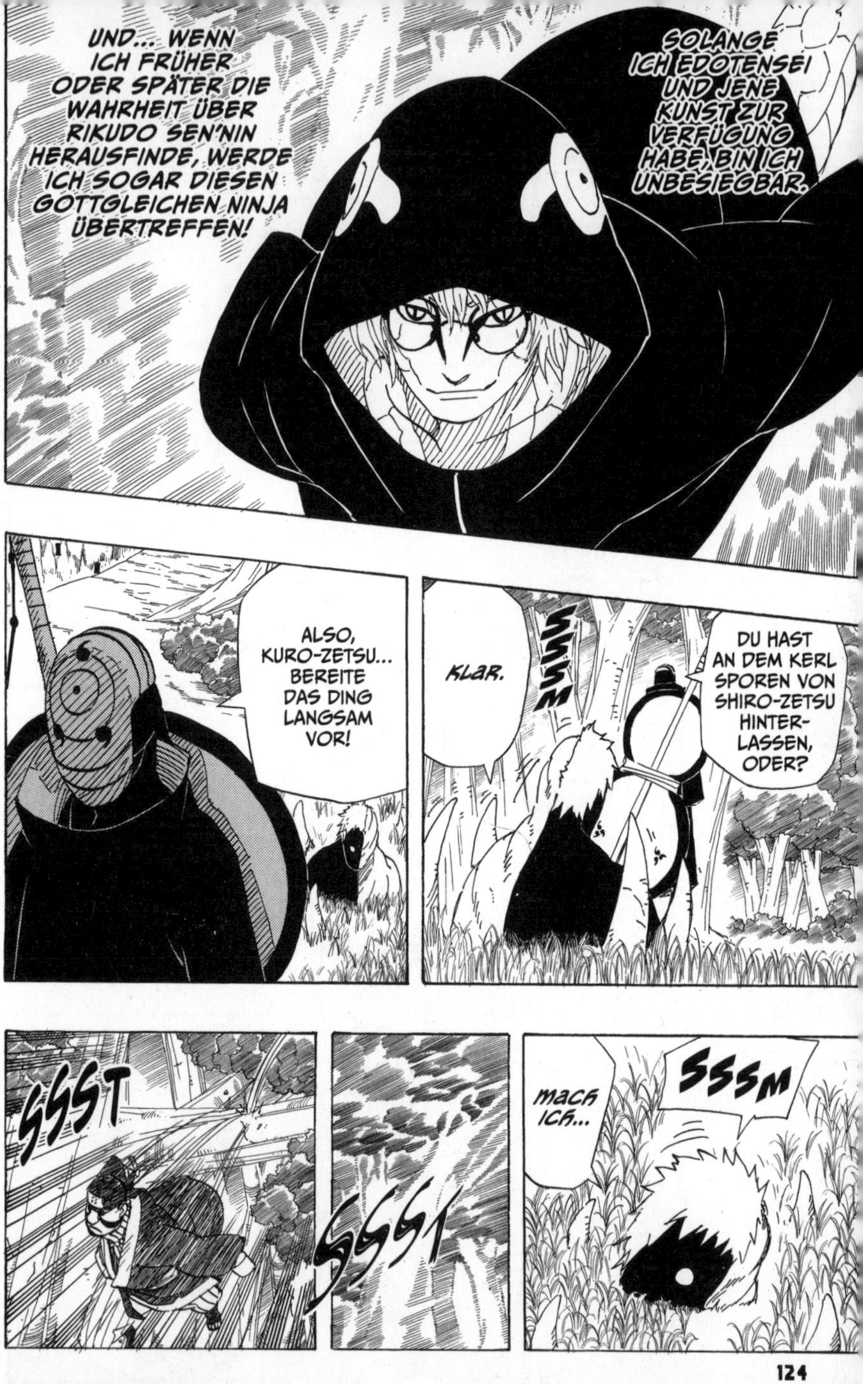
SOLANGE ICH EDOTENSEI UND JENE KUNST ZUR VERFÜGUNG HABE, BIN ICH UNBESIEGBAR.
UND... WENN ICH FRÜHER ODER SPÄTER DIE WAHRHEIT ÜBER RIKUDO SEN'NIN HERAUSFINDE, WERDE ICH SOGAR DIESEN GOTTGLEICHEN NINJA ÜBERTREFFEN!
DU HAST AN DEM KERL SPOREN VON SHIRO-ZETSU HINTER-LASSEN, ODER?
SSSM
KLAR.
ALSO, KURO-ZETSU... BEREITE DAS DING LANGSAM VOR!
SSSM
MACH ICH...
SSST
SSST

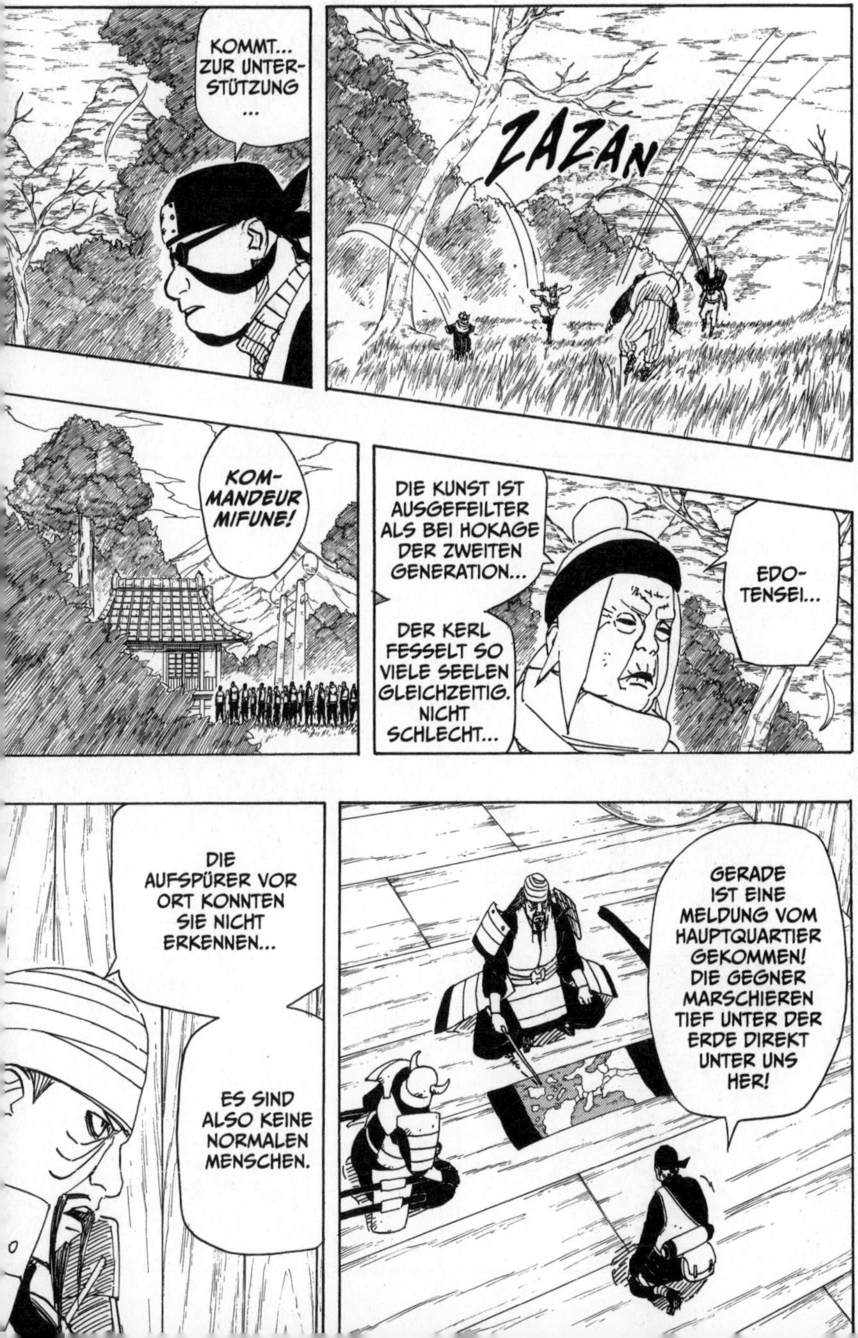

ZAZAN
KOMMT... ZUR UNTERSTÜTZUNG ...
EDO-TENSEI...
DIE KUNST IST AUSGEFEILTER ALS BEI HOKAGE DER ZWEITEN GENERATION...
DER KERL FESSELT SO VIELE SEELEN GLEICHZEITIG. NICHT SCHLECHT...
KOMMANDEUR MIFUNE!
GERADE IST EINE MELDUNG VOM HAUPTQUARTIER GEKOMMEN! DIE GEGNER MARSCHIEREN TIEF UNTER DER ERDE DIREKT UNTER UNS HER!
DIE AUFSPÜRER VOR ORT KONNTEN SIE NICHT ERKENNEN...
ES SIND ALSO KEINE NORMALEN MENSCHEN.

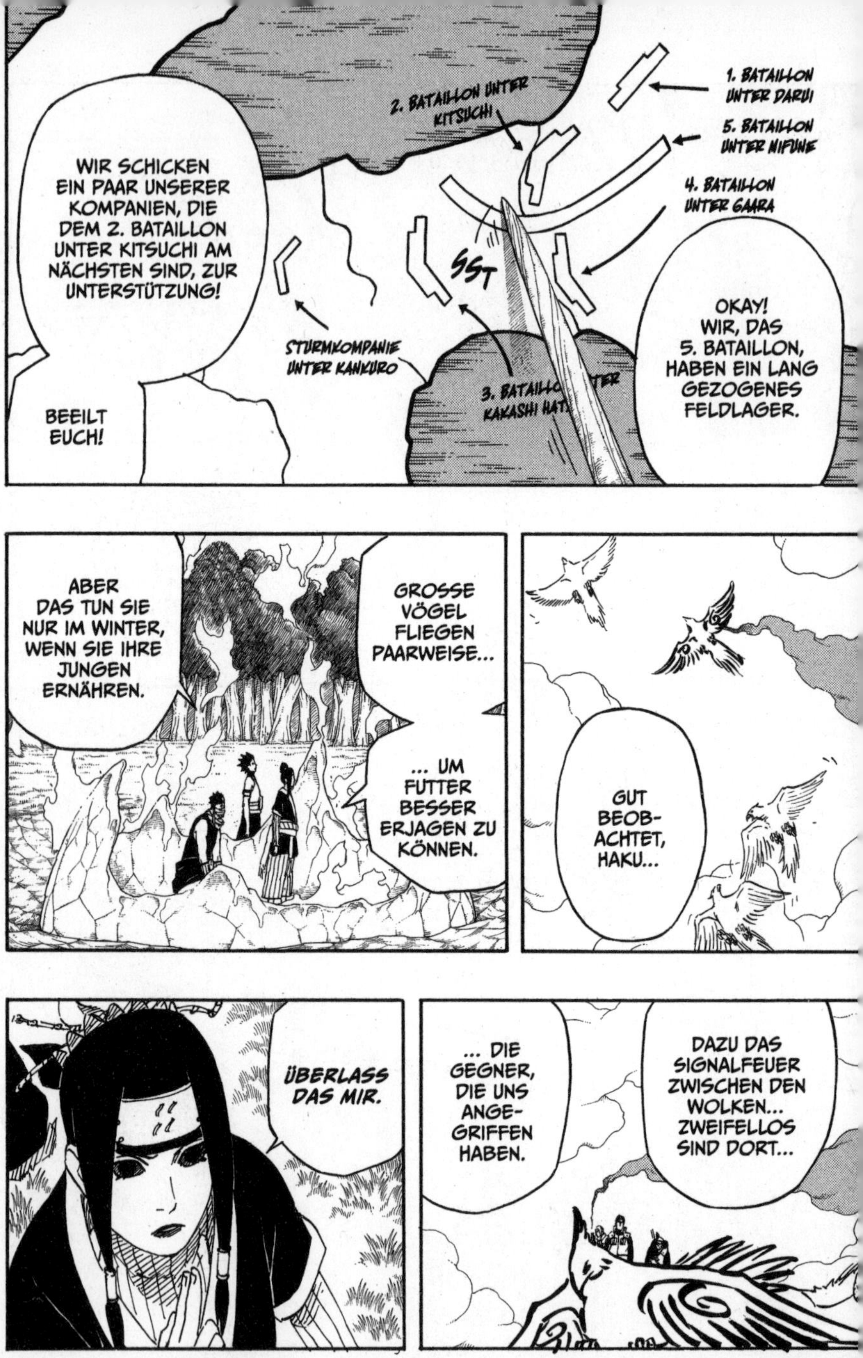
OKAY! WIR, DAS 5. BATAILLON, HABEN EIN LANG GEZOGENES FELDLAGER.
1. BATAILLON UNTER DARUI
5. BATAILLON UNTER MIFUNE
2. BATAILLON UNTER KITSUCHI
4. BATAILLON UNTER GAARA
SST
3. BATAILLO TER KAKASHI HAT
STURMKOMPANIE UNTER KANKURO
WIR SCHICKEN EIN PAAR UNSERER KOMPANIEN, DIE DEM 2. BATAILLON UNTER KITSUCHI AM NÄCHSTEN SIND, ZUR UNTERSTÜTZUNG!
BEEILT EUCH!
GUT BEOB-ACHTET, HAKU…
GROSSE VÖGEL FLIEGEN PAARWEISE…
… UM FUTTER BESSER ERJAGEN ZU KÖNNEN.
ABER DAS TUN SIE NUR IM WINTER, WENN SIE IHRE JUNGEN ERNÄHREN.
DAZU DAS SIGNALFEUER ZWISCHEN DEN WOLKEN… ZWEIFELLOS SIND DORT…
… DIE GEGNER, DIE UNS ANGE-GRIFFEN HABEN.
ÜBERLASS DAS MIR.

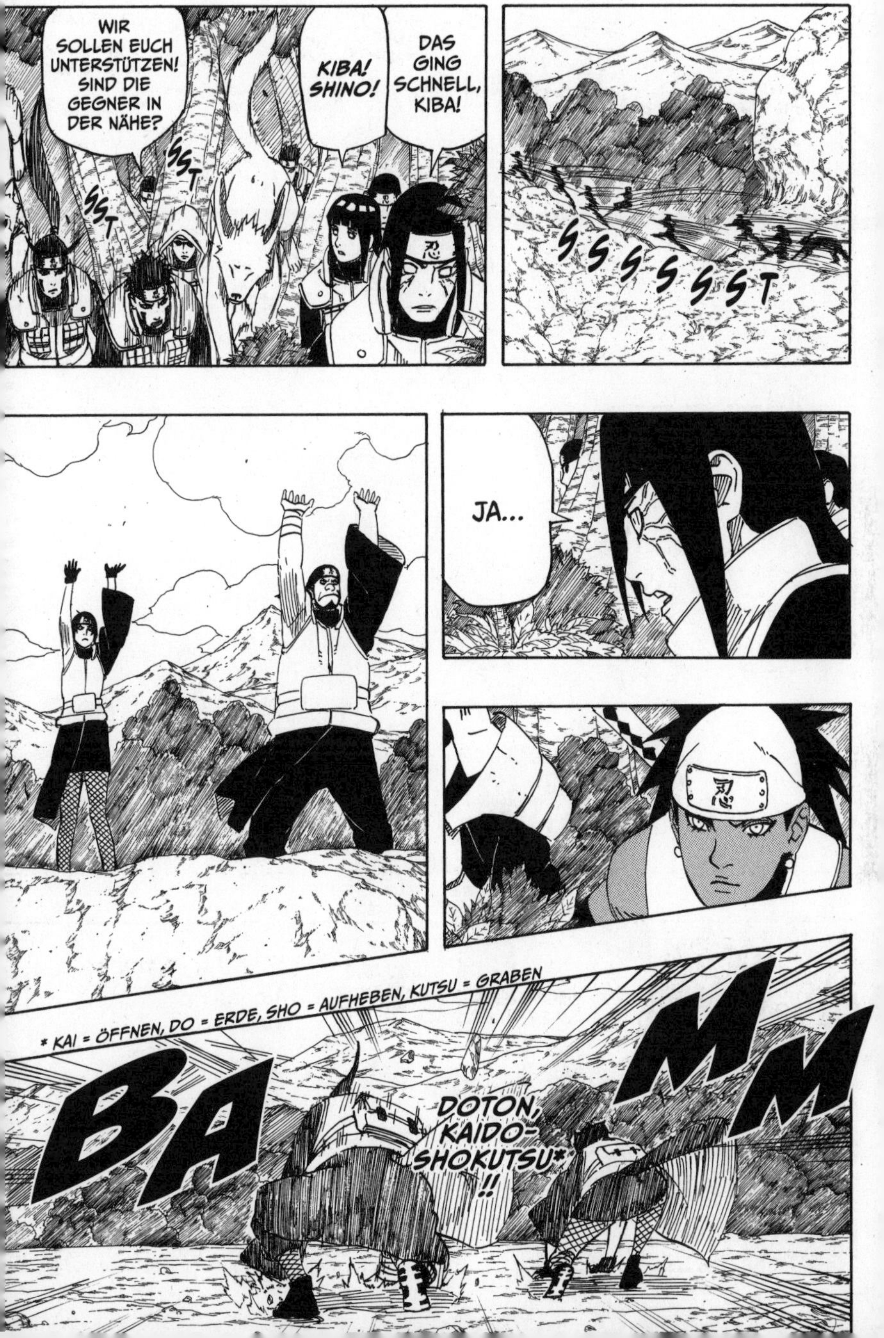
DAS GING SCHNELL, KIBA!
KIBA! SHINO!
WIR SOLLEN EUCH UNTERSTÜTZEN! SIND DIE GEGNER IN DER NÄHE?
SST
SST
SSSSSST
JA...
BAMM
DOTON, KAIDO-SHOKUTSU* !!
* KAI = ÖFFNEN, DO = ERDE, SHO = AUFHEBEN, KUTSU = GRABEN

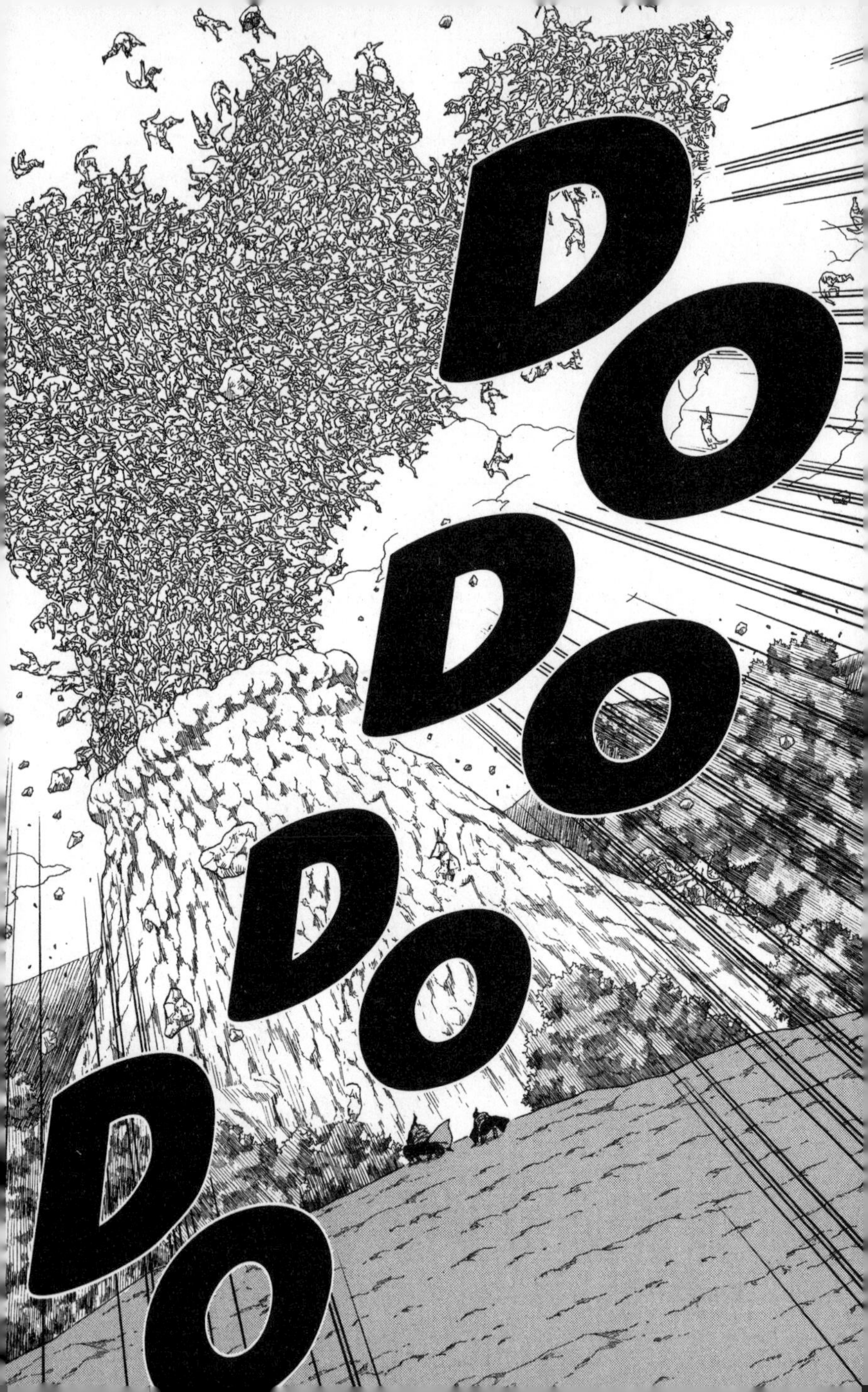
DODODODO

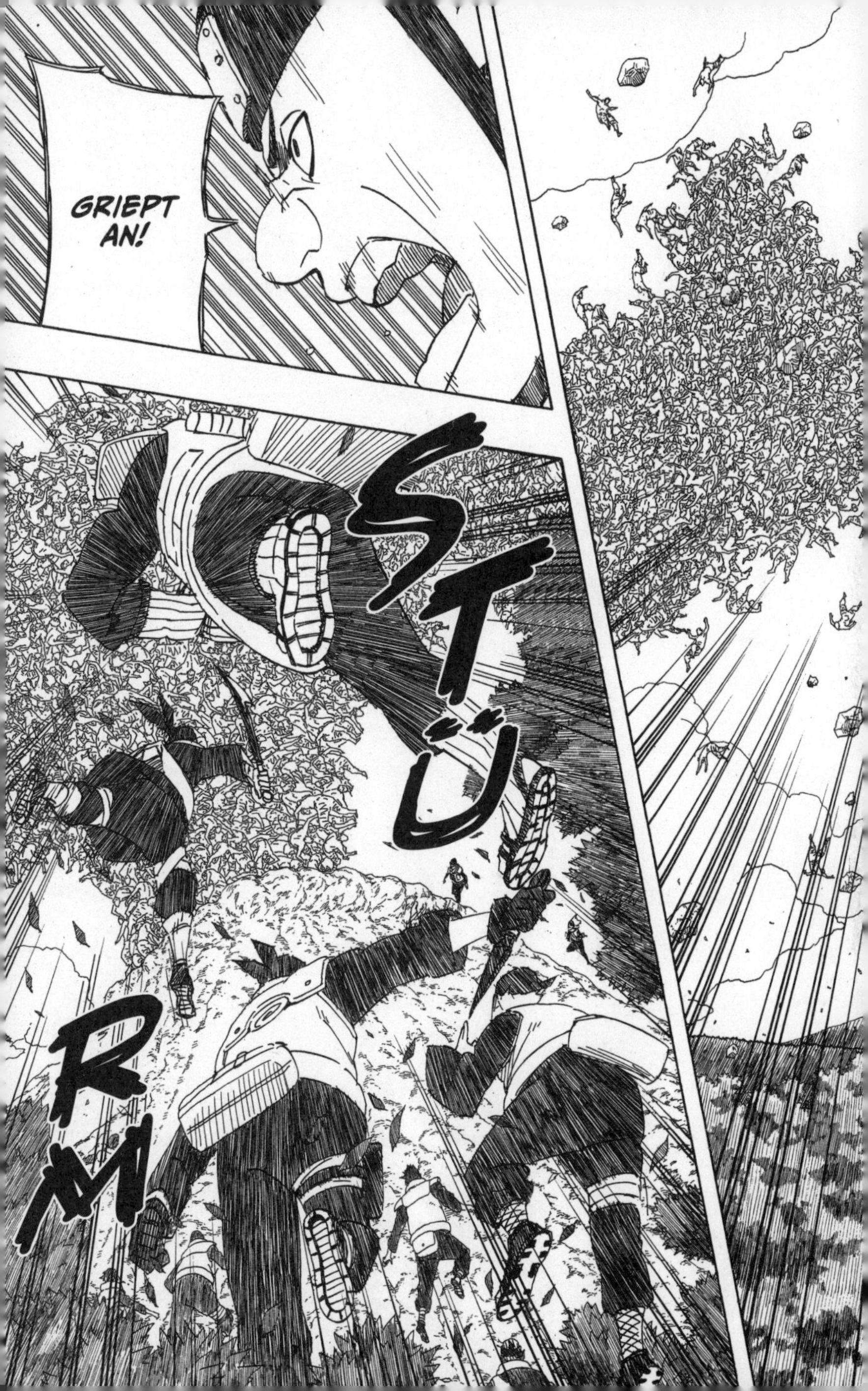
GRIEPT AN!

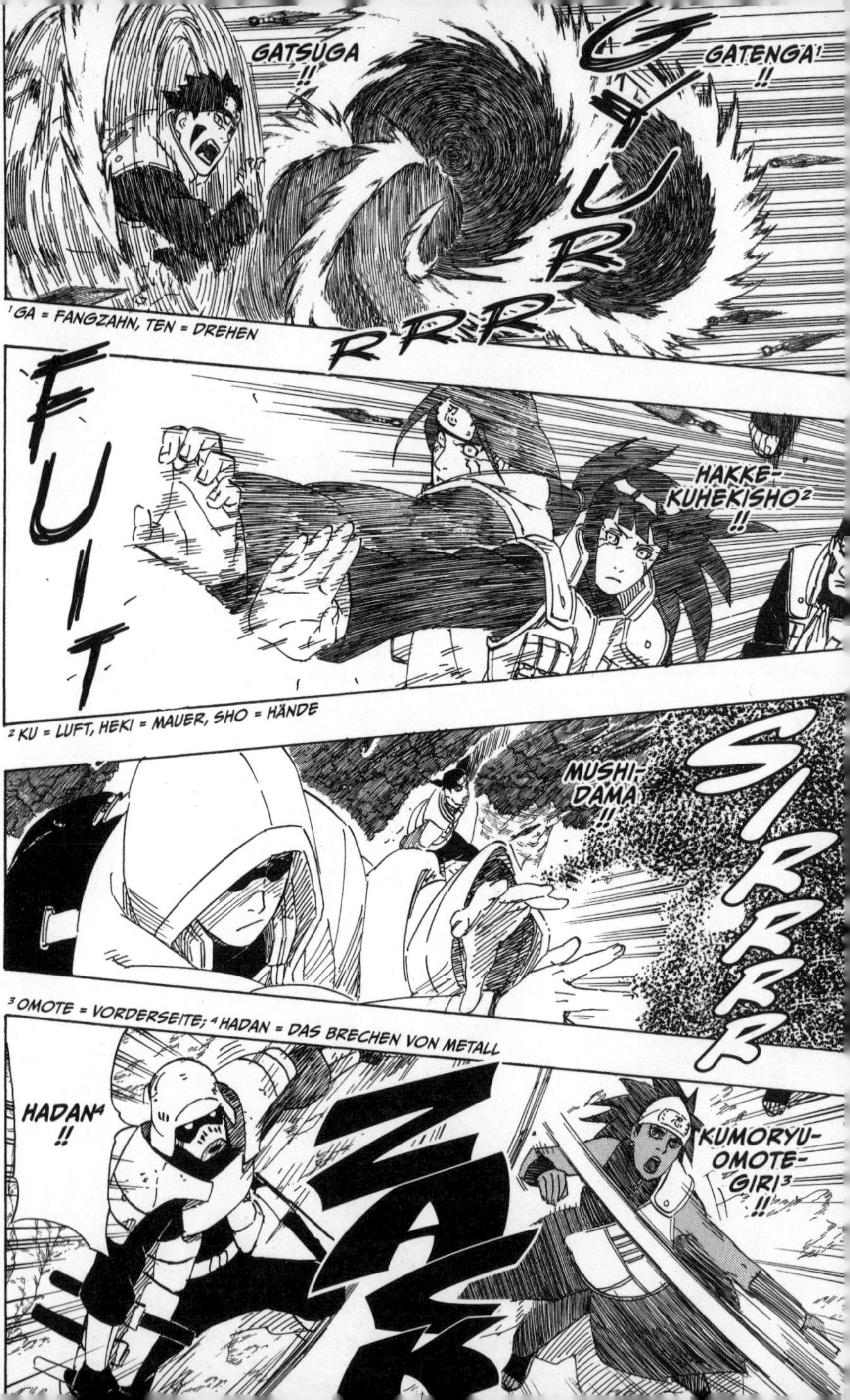
GATENGA[1] !!
GATSUGA !!
[1] GA = FANGZAHN, TEN = DREHEN
FUIT
HAKKE-KUHEKISHO[2] !!
[2] KU = LUFT, HEKI = MAUER, SHO = HÄNDE
SIRRRR
MUSHI-DAMA !!
[3] OMOTE = VORDERSEITE; [4] HADAN = DAS BRECHEN VON METALL
KUMORYU-OMOTE-GIRI[3] !!
HADAN[4] !!

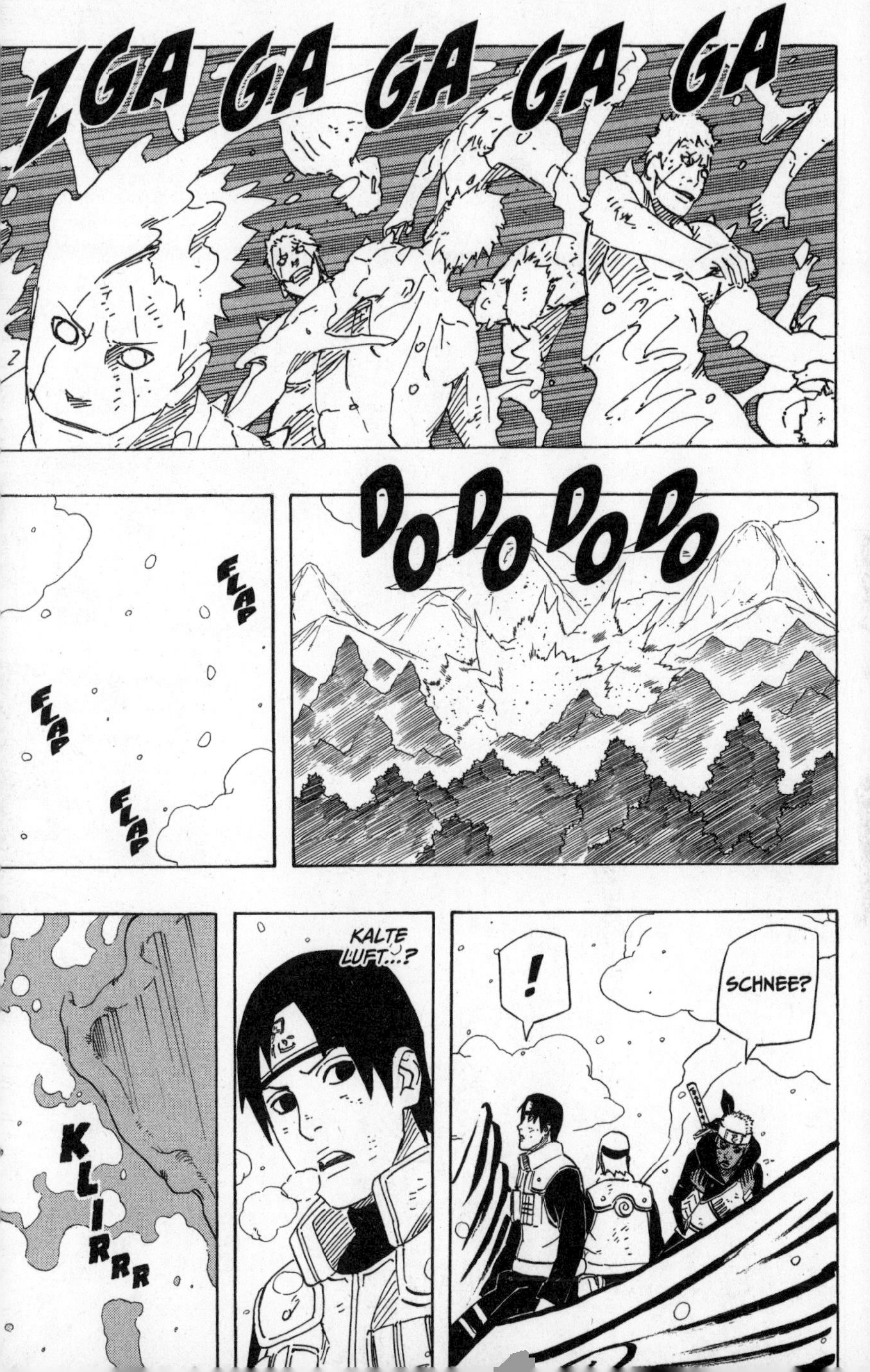
ZGA GA GA GA GA
DODODODO
FLAP
FLAP
FLAP
SCHNEE?
!
KALTE LUFT...?
KLIRRR

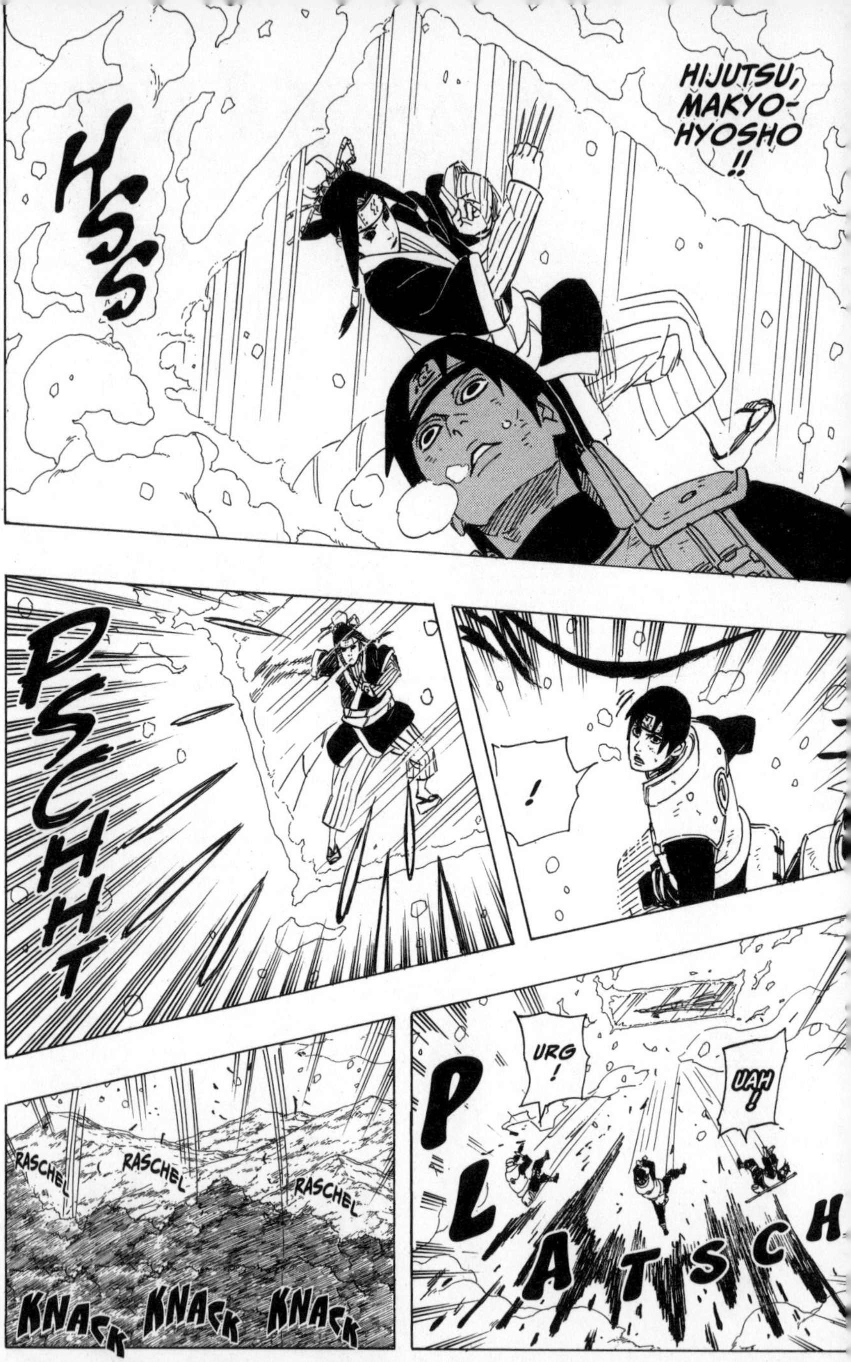
HIJUTSU, MAKYO-HYOSHO !!
HSS
!
PSCHHT
URG !
UAH !
PLATSCH
RASCHEL
RASCHEL
RASCHEL
KNACK
KNACK
KNACK

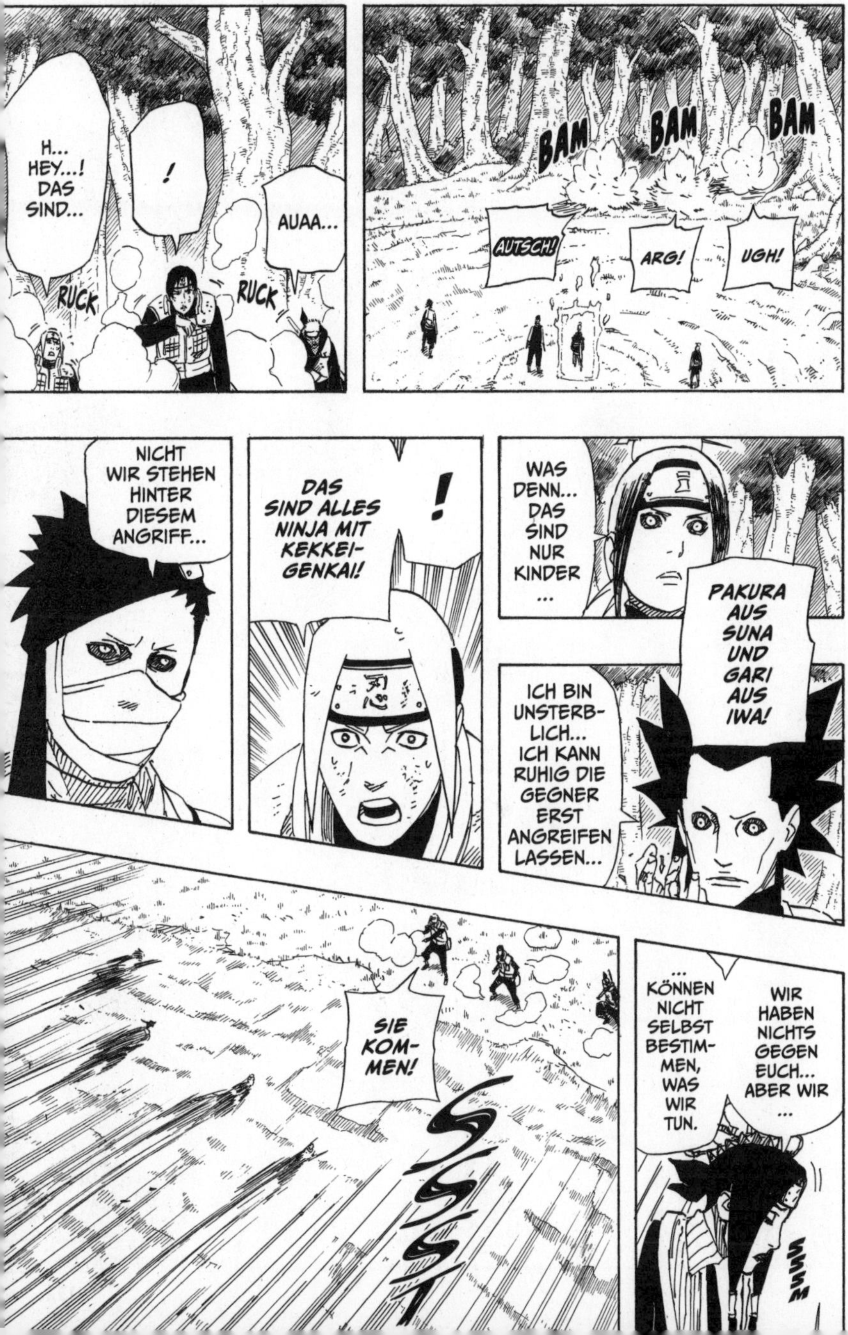
BAM
BAM
BAM
AUTSCH!
ARG!
UGH!
AUAA...
!
H... HEY...! DAS SIND...
RUCK
RUCK
WAS DENN... DAS SIND NUR KINDER ...
PAKURA AUS SUNA UND GARI AUS IWA!
ICH BIN UNSTERBLICH... ICH KANN RUHIG DIE GEGNER ERST ANGREIFEN LASSEN...
!
DAS SIND ALLES NINJA MIT KEKKEI-GENKAI!
NICHT WIR STEHEN HINTER DIESEM ANGRIFF...
WIR HABEN NICHTS GEGEN EUCH... ABER WIR ...
... KÖNNEN NICHT SELBST BESTIMMEN, WAS WIR TUN.
SIE KOMMEN!

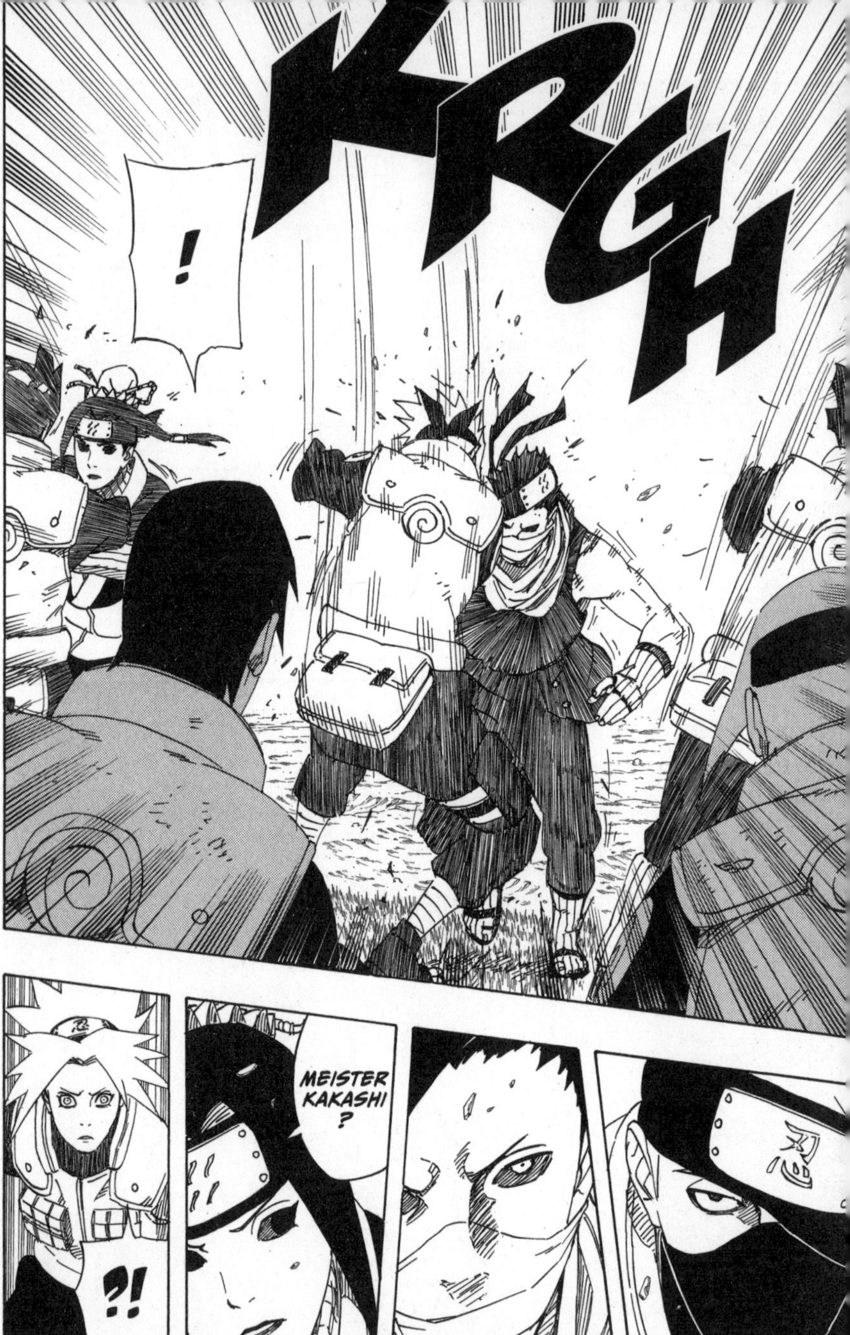

KRGH
!
MEISTER KAKASHI ?
?!

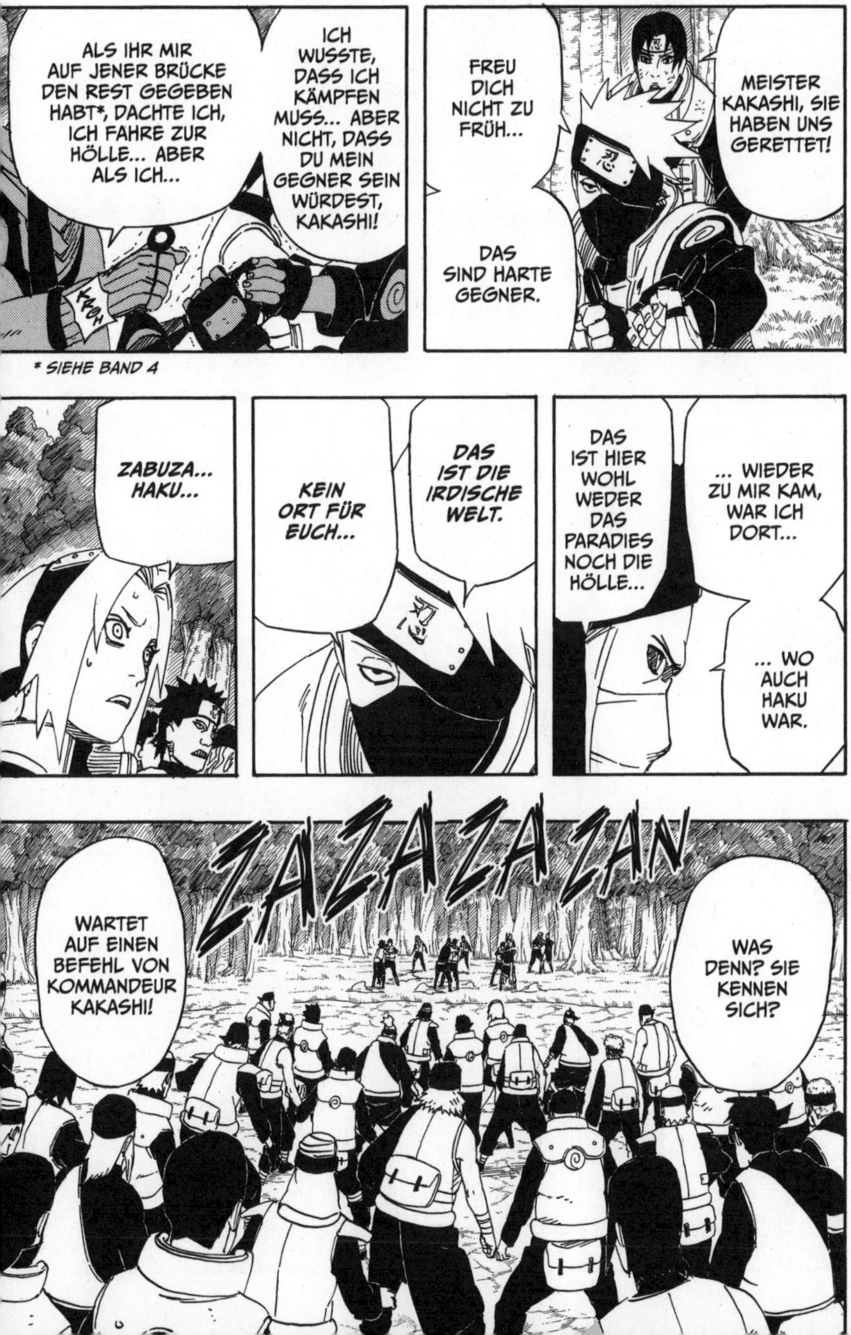
MEISTER KAKASHI, SIE HABEN UNS GERETTET!
FREU DICH NICHT ZU FRÜH...
DAS SIND HARTE GEGNER.
ICH WUSSTE, DASS ICH KÄMPFEN MUSS... ABER NICHT, DASS DU MEIN GEGNER SEIN WÜRDEST, KAKASHI!
ALS IHR MIR AUF JENER BRÜCKE DEN REST GEGEBEN HABT*, DACHTE ICH, ICH FAHRE ZUR HÖLLE... ABER ALS ICH...
KRGH
* SIEHE BAND 4
... WIEDER ZU MIR KAM, WAR ICH DORT...
... WO AUCH HAKU WAR.
DAS IST HIER WOHL WEDER DAS PARADIES NOCH DIE HÖLLE...
DAS IST DIE IRDISCHE WELT.
KEIN ORT FÜR EUCH...
ZABUZA... HAKU...
ZAZAZAZAN
WAS DENN? SIE KENNEN SICH?
WARTET AUF EINEN BEFEHL VON KOMMANDEUR KAKASHI!

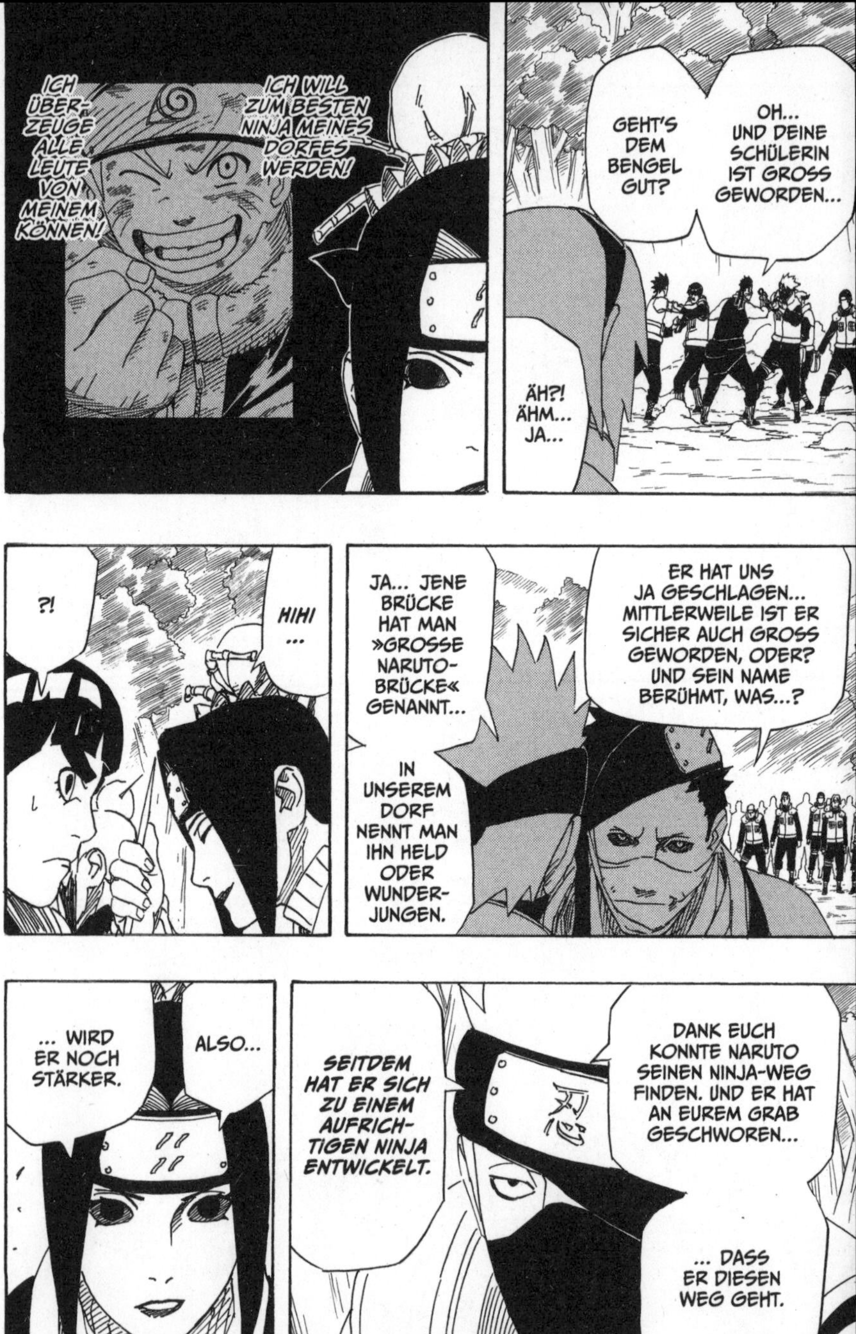
OH... UND DEINE SCHÜLERIN IST GROSS GEWORDEN...
GEHT'S DEM BENGEL GUT?
ÄH?! ÄHM... JA...
ICH WILL ZUM BESTEN NINJA MEINES DORFES WERDEN!
ICH ÜBERZEUGE ALLE LEUTE VON MEINEM KÖNNEN!
ER HAT UNS JA GESCHLAGEN... MITTLERWEILE IST ER SICHER AUCH GROSS GEWORDEN, ODER? UND SEIN NAME BERÜHMT, WAS...?
JA... JENE BRÜCKE HAT MAN »GROSSE NARUTO-BRÜCKE« GENANNT...
IN UNSEREM DORF NENNT MAN IHN HELD ODER WUNDERJUNGEN.
HIHI ...
?!
DANK EUCH KONNTE NARUTO SEINEN NINJA-WEG FINDEN. UND ER HAT AN EUREM GRAB GESCHWOREN...
... DASS ER DIESEN WEG GEHT.
SEITDEM HAT ER SICH ZU EINEM AUFRICHTIGEN NINJA ENTWICKELT.
ALSO...
... WIRD ER NOCH STÄRKER.

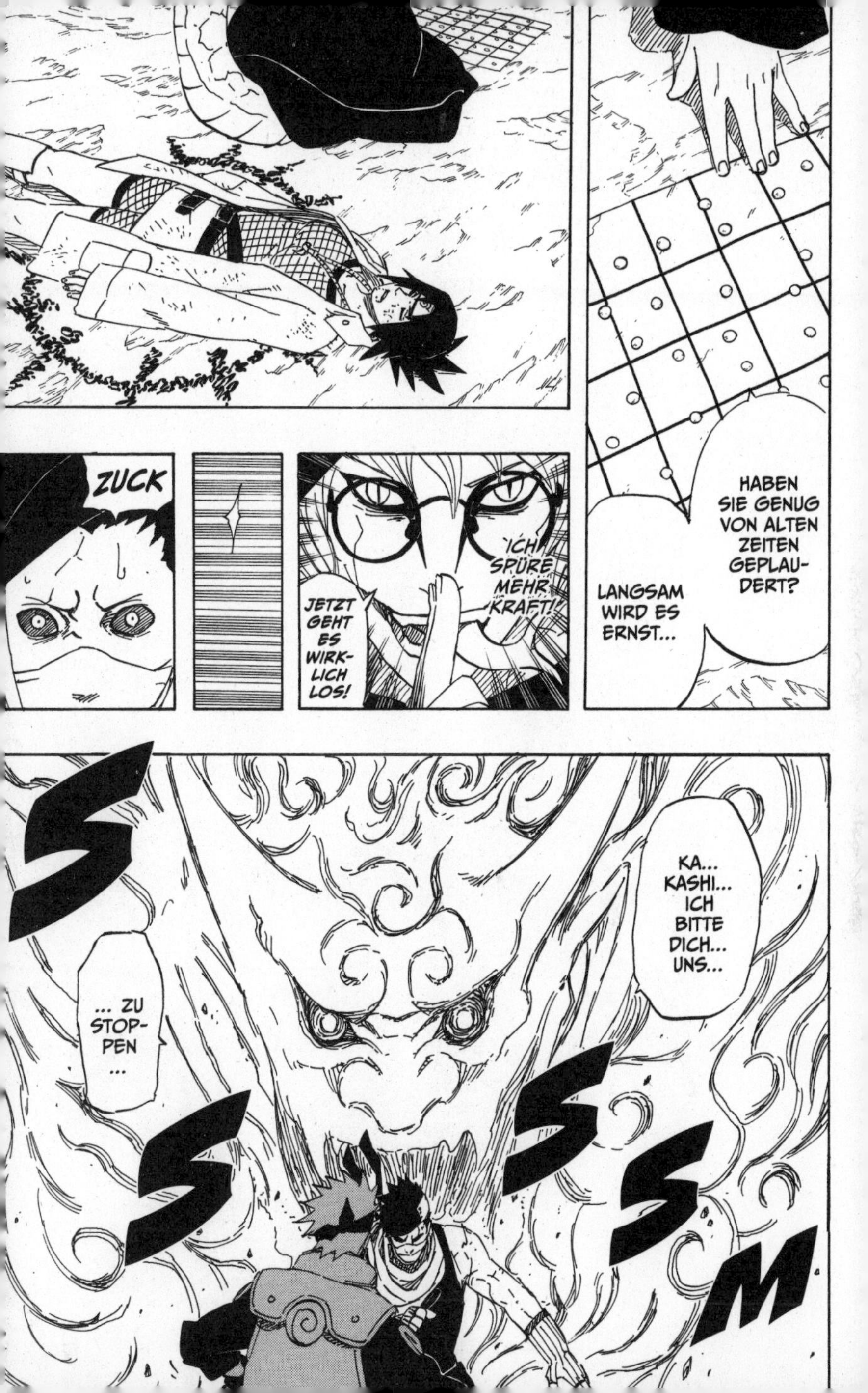
HABEN SIE GENUG VON ALTEN ZEITEN GEPLAUDERT?
LANGSAM WIRD ES ERNST...
ICH SPÜRE MEHR KRAFT!
JETZT GEHT ES WIRKLICH LOS!
ZUCK
KA... KASHI... ICH BITTE DICH... UNS...
... ZU STOPPEN ...
SSSSM

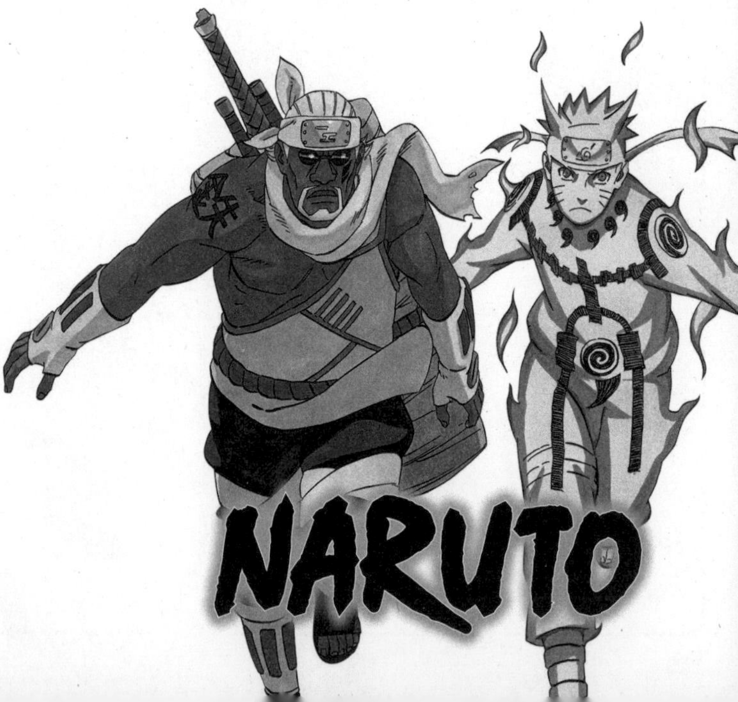
NARUTO

522. Kapitel: Ich bin gestorben!

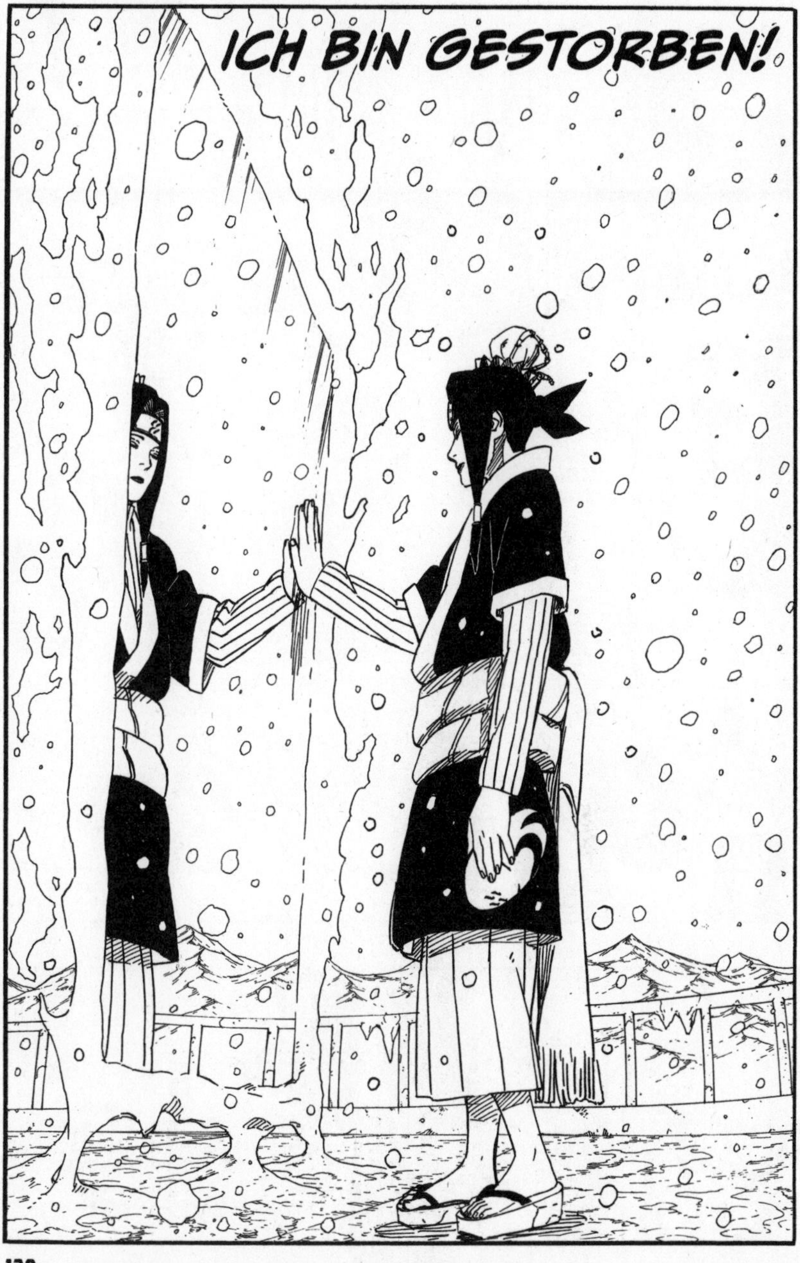

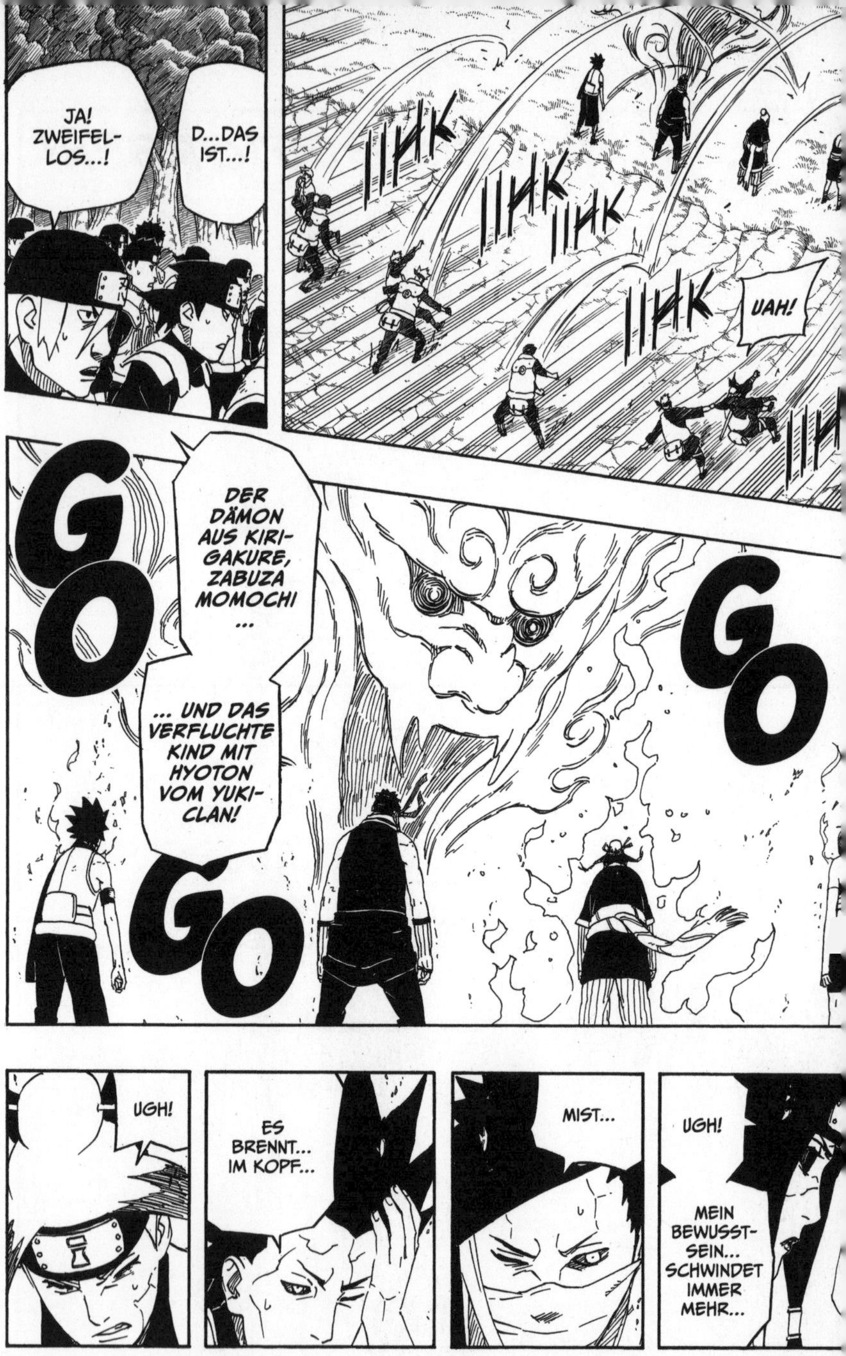
D...DAS IST...!
JA! ZWEIFEL-LOS...!
IIHK
IIHK
IIHK
IIHK
UAH!
IIH
GO
GO
GO
DER DÄMON AUS KIRI-GAKURE, ZABUZA MOMOCHI ...
... UND DAS VERFLUCHTE KIND MIT HYOTON VOM YUKI-CLAN!
UGH!
MEIN BEWUSST-SEIN... SCHWINDET IMMER MEHR...
MIST...
ES BRENNT... IM KOPF...
UGH!

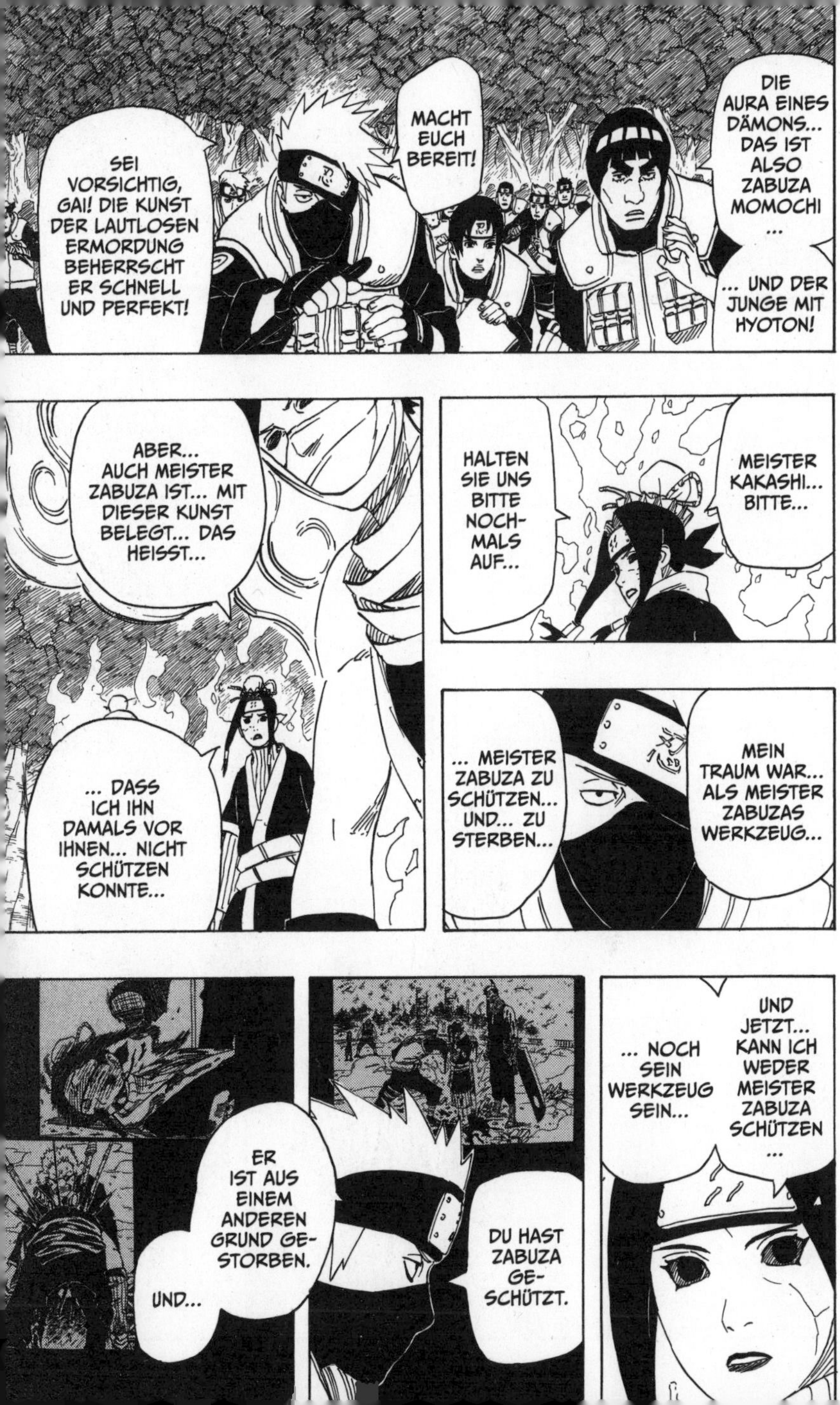
DIE AURA EINES DÄMONS... DAS IST ALSO ZABUZA MOMOCHI ...
... UND DER JUNGE MIT HYOTON!
MACHT EUCH BEREIT!
SEI VORSICHTIG, GAI! DIE KUNST DER LAUTLOSEN ERMORDUNG BEHERRSCHT ER SCHNELL UND PERFEKT!
MEISTER KAKASHI... BITTE...
HALTEN SIE UNS BITTE NOCHMALS AUF...
ABER... AUCH MEISTER ZABUZA IST... MIT DIESER KUNST BELEGT... DAS HEISST...
MEIN TRAUM WAR... ALS MEISTER ZABUZAS WERKZEUG...
... MEISTER ZABUZA ZU SCHÜTZEN... UND... ZU STERBEN...
... DASS ICH IHN DAMALS VOR IHNEN... NICHT SCHÜTZEN KONNTE...
UND JETZT... KANN ICH WEDER MEISTER ZABUZA SCHÜTZEN ...
... NOCH SEIN WERKZEUG SEIN...
DU HAST ZABUZA GE-SCHÜTZT.
ER IST AUS EINEM ANDEREN GRUND GE-STORBEN.
UND...

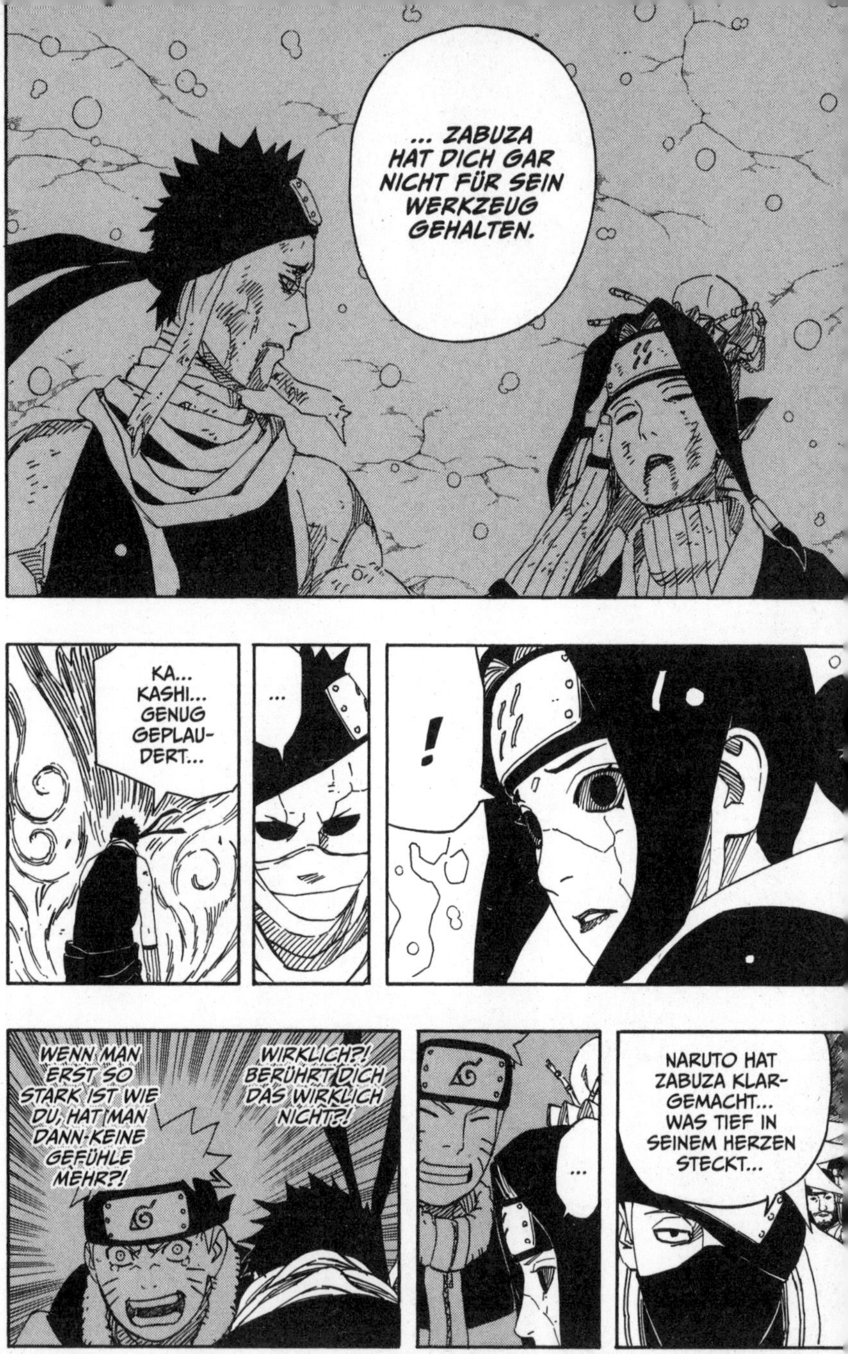

... ZABUZA HAT DICH GAR NICHT FÜR SEIN WERKZEUG GEHALTEN.
!
...
KA... KASHI... GENUG GEPLAUDERT...
NARUTO HAT ZABUZA KLARGEMACHT... WAS TIEF IN SEINEM HERZEN STECKT...
...
WIRKLICH?! BERÜHRT DICH DAS WIRKLICH NICHT?!
WENN MAN ERST SO STARK IST WIE DU, HAT MAN DANN KEINE GEFÜHLE MEHR?!

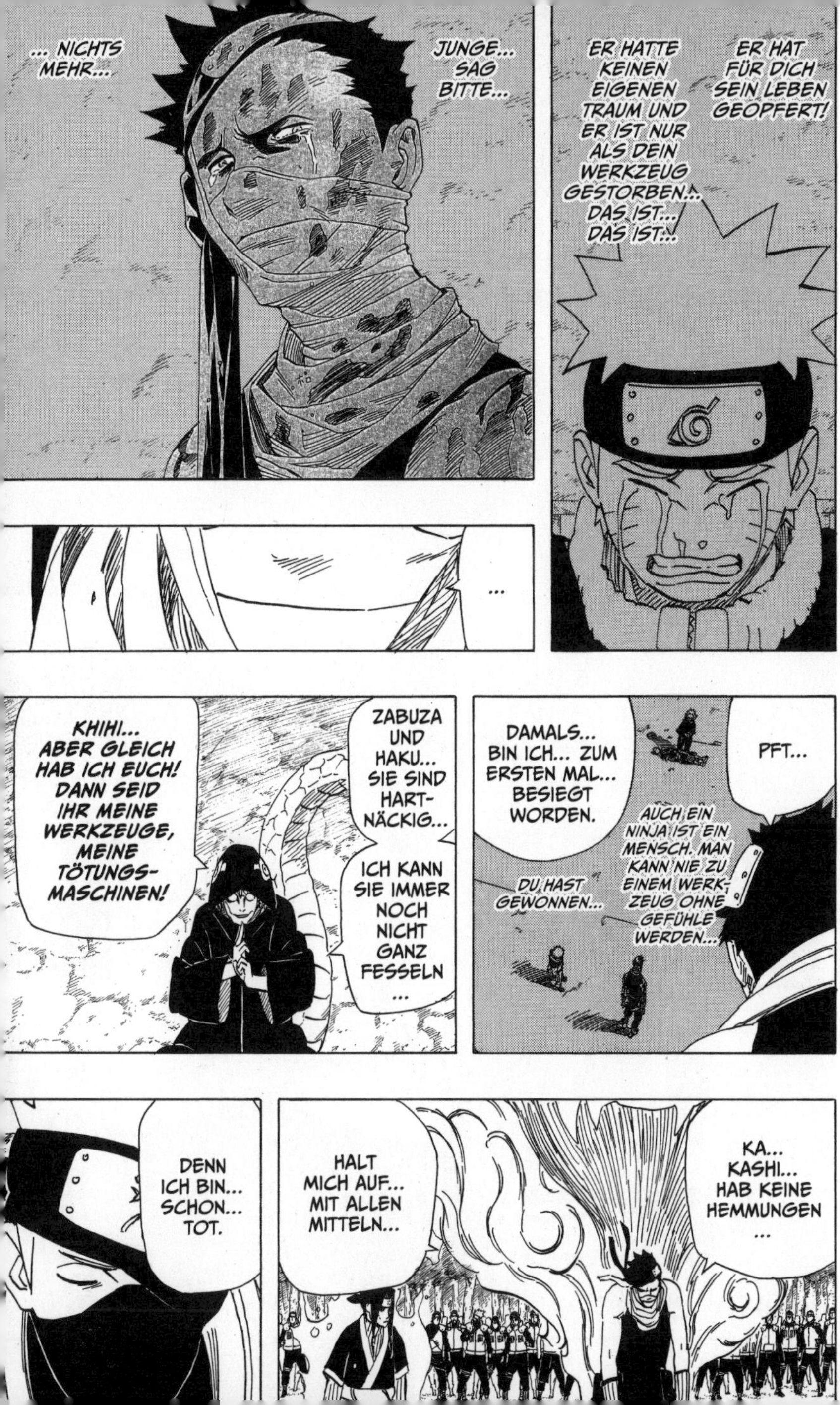
ER HAT FÜR DICH SEIN LEBEN GEOPFERT!
ER HATTE KEINEN EIGENEN TRAUM UND ER IST NUR ALS DEIN WERKZEUG GESTORBEN... DAS IST... DAS IST...
JUNGE... SAG BITTE...
... NICHTS MEHR...
...
PFT...
DAMALS... BIN ICH... ZUM ERSTEN MAL... BESIEGT WORDEN.
AUCH EIN NINJA IST EIN MENSCH. MAN KANN NIE ZU EINEM WERKZEUG OHNE GEFÜHLE WERDEN...
DU HAST GEWONNEN...
ZABUZA UND HAKU... SIE SIND HART-NÄCKIG...
ICH KANN SIE IMMER NOCH NICHT GANZ FESSELN ...
KHIHI... ABER GLEICH HAB ICH EUCH! DANN SEID IHR MEINE WERKZEUGE, MEINE TÖTUNGS-MASCHINEN!
KA... KASHI... HAB KEINE HEMMUNGEN ...
HALT MICH AUF... MIT ALLEN MITTELN...
DENN ICH BIN... SCHON... TOT.

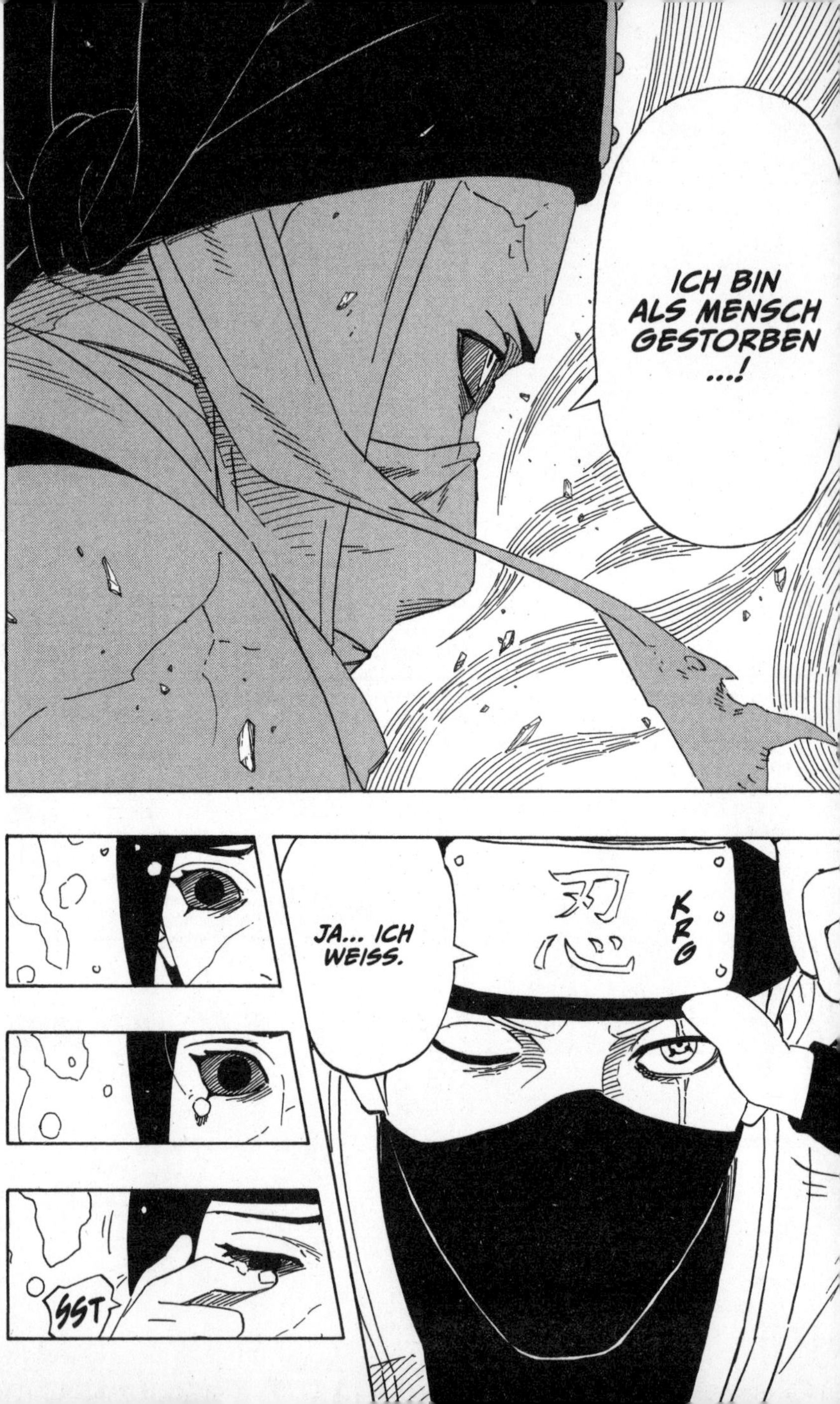
ICH BIN ALS MENSCH GESTORBEN ...!
JA... ICH WEISS.
KRG
SST

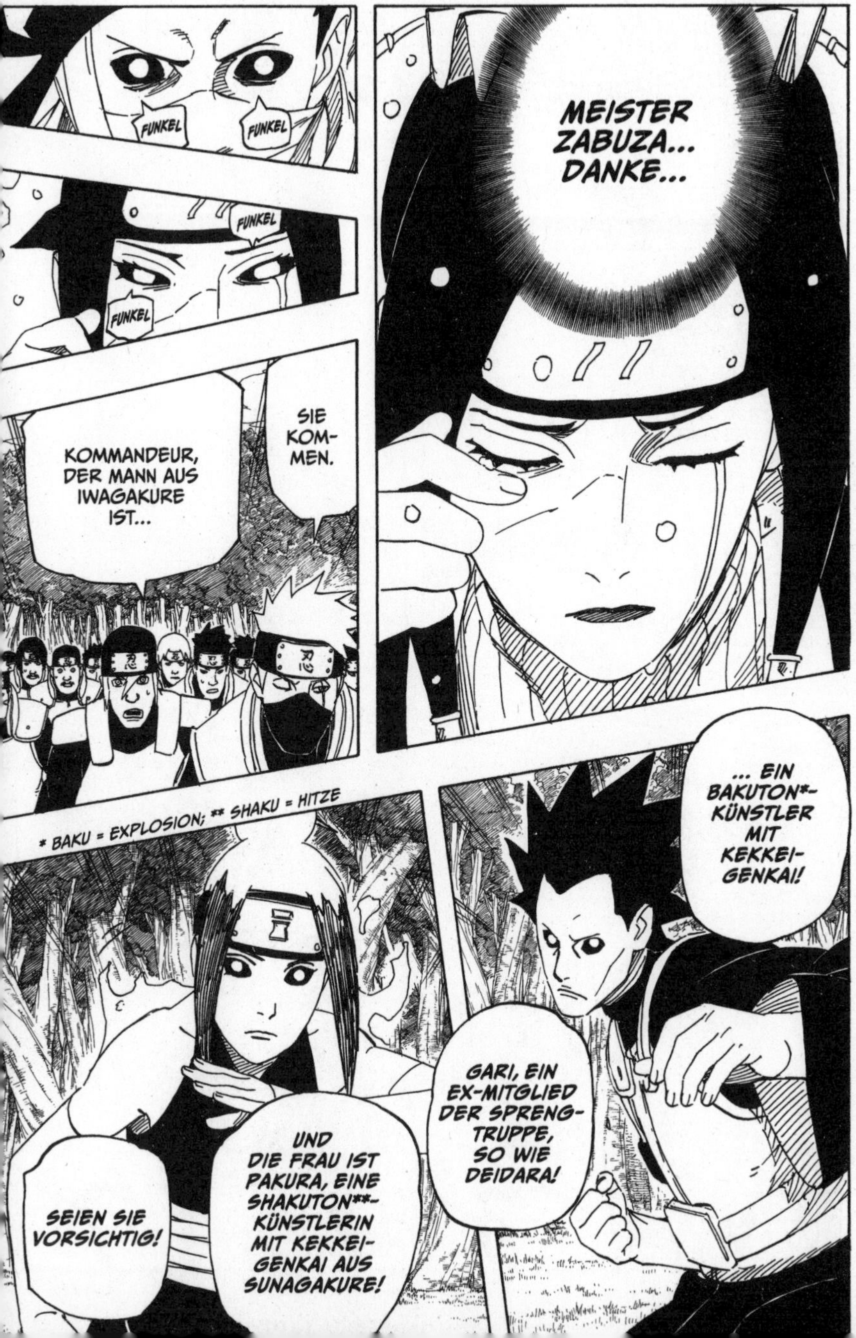

* BAKU = EXPLOSION; ** SHAKU = HITZE

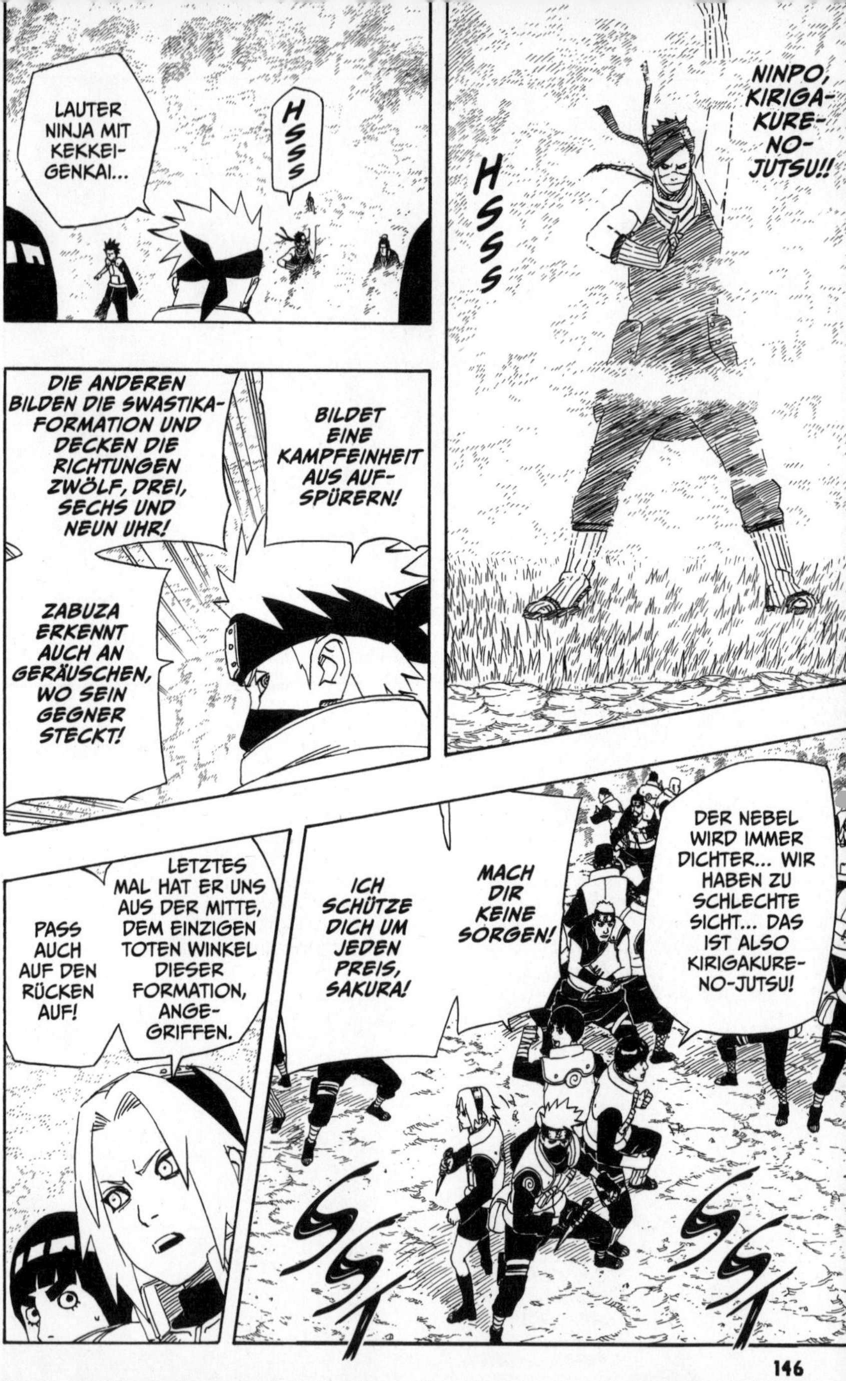
NINPO, KIRIGA-KURE-NO-JUTSU!!
HSSS
HSSS
LAUTER NINJA MIT KEKKEI-GENKAI...
BILDET EINE KAMPFEINHEIT AUS AUF-SPÜRERN!
DIE ANDEREN BILDEN DIE SWASTIKA-FORMATION UND DECKEN DIE RICHTUNGEN ZWÖLF, DREI, SECHS UND NEUN UHR!
ZABUZA ERKENNT AUCH AN GERÄUSCHEN, WO SEIN GEGNER STECKT!
DER NEBEL WIRD IMMER DICHTER... WIR HABEN ZU SCHLECHTE SICHT... DAS IST ALSO KIRIGAKURE-NO-JUTSU!
MACH DIR KEINE SORGEN!
ICH SCHÜTZE DICH UM JEDEN PREIS, SAKURA!
LETZTES MAL HAT ER UNS AUS DER MITTE, DEM EINZIGEN TOTEN WINKEL DIESER FORMATION, ANGE-GRIFFEN.
PASS AUCH AUF DEN RÜCKEN AUF!

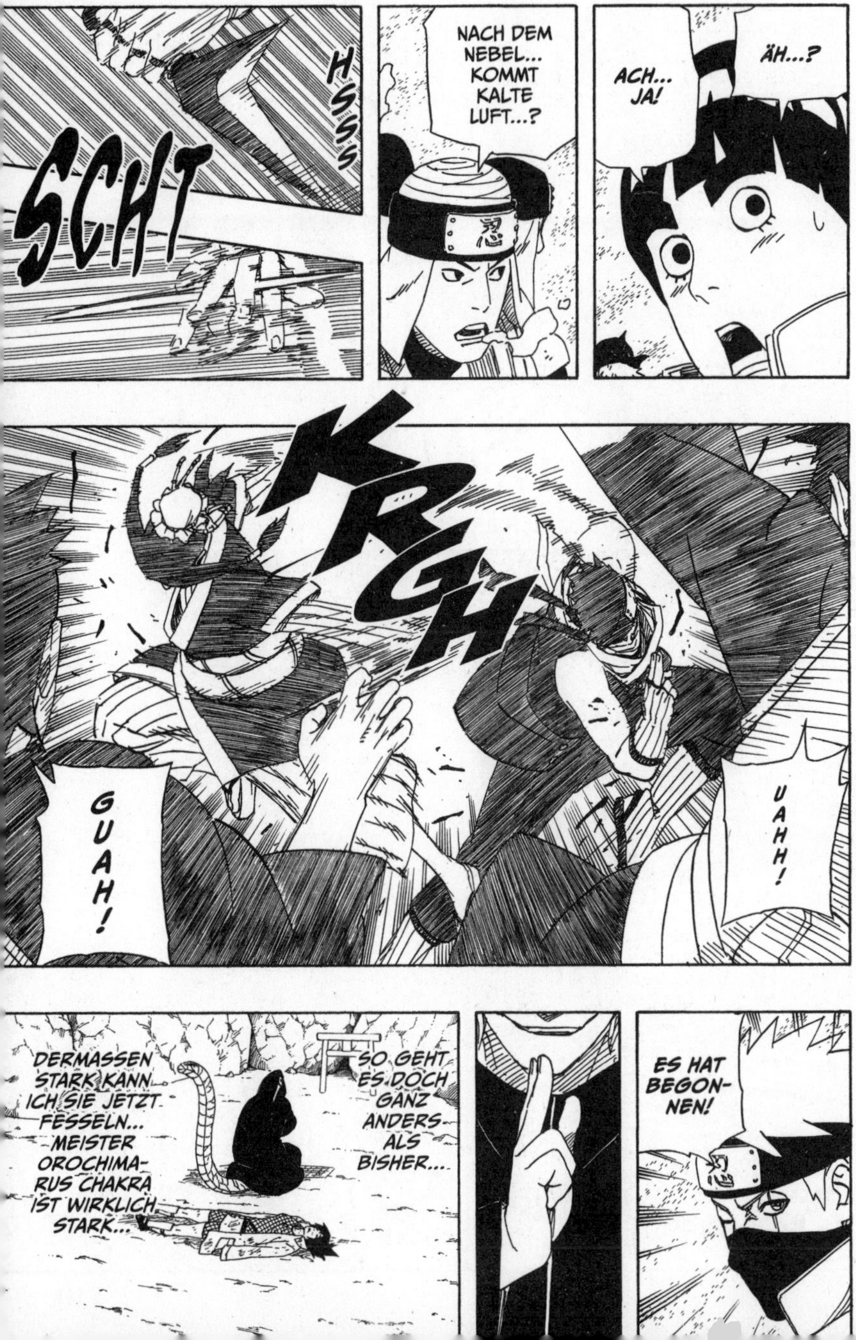
ÄH...?
ACH... JA!
NACH DEM NEBEL... KOMMT KALTE LUFT...?
HSSS
SCHT
KRGH
UAHH!
GUAH!
ES HAT BEGONNEN!
SO GEHT ES DOCH GANZ ANDERS ALS BISHER...
DERMASSEN STARK KANN ICH SIE JETZT FESSELN... MEISTER OROCHIMARUS CHAKRA IST WIRKLICH STARK...

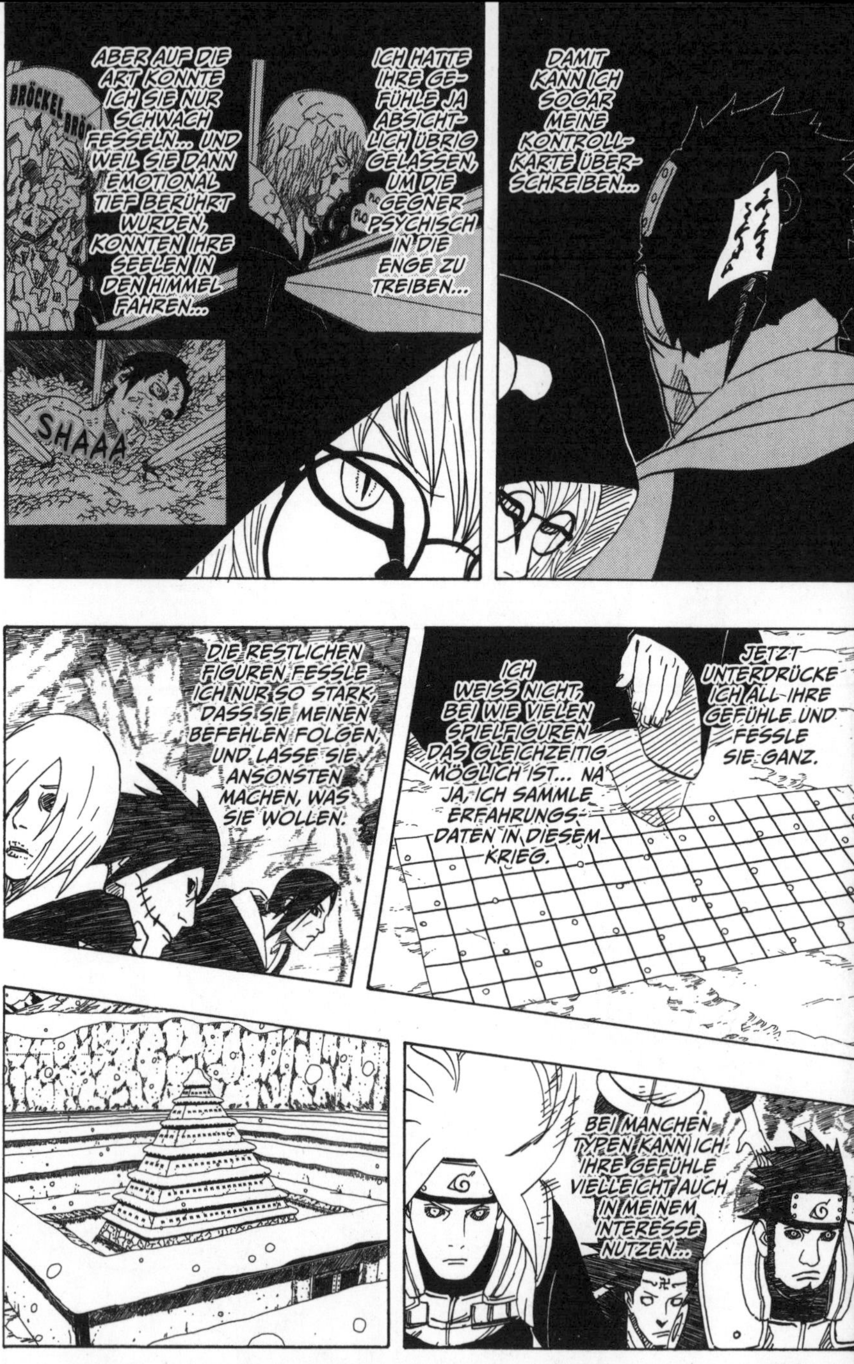
DAMIT KANN ICH SOGAR MEINE KONTROLL-KARTE ÜBER-SCHREIBEN...
ICH HATTE IHRE GE-FÜHLE JA ABSICHT-LICH ÜBRIG GELASSEN, UM DIE GEGNER PSYCHISCH IN DIE ENGE ZU TREIBEN...
PLO
PLO
ABER AUF DIE ART KONNTE ICH SIE NUR SCHWACH FESSELN... UND WEIL SIE DANN EMOTIONAL TIEF BERÜHRT WURDEN, KONNTEN IHRE SEELEN IN DEN HIMMEL FAHREN...
BRÖCKEL BRÖCK
SHAAA
JETZT UNTERDRÜCKE ICH ALL IHRE GEFÜHLE UND FESSLE SIE GANZ.
ICH WEISS NICHT, BEI WIE VIELEN SPIELFIGUREN DAS GLEICHZEITIG MÖGLICH IST... NA JA, ICH SAMMLE ERFAHRUNGS-DATEN IN DIESEM KRIEG.
DIE RESTLICHEN FIGUREN FESSLE ICH NUR SO STARK, DASS SIE MEINEN BEFEHLEN FOLGEN, UND LASSE SIE ANSONSTEN MACHEN, WAS SIE WOLLEN.
BEI MANCHEN TYPEN KANN ICH IHRE GEFÜHLE VIELLEICHT AUCH IN MEINEM INTERESSE NUTZEN...

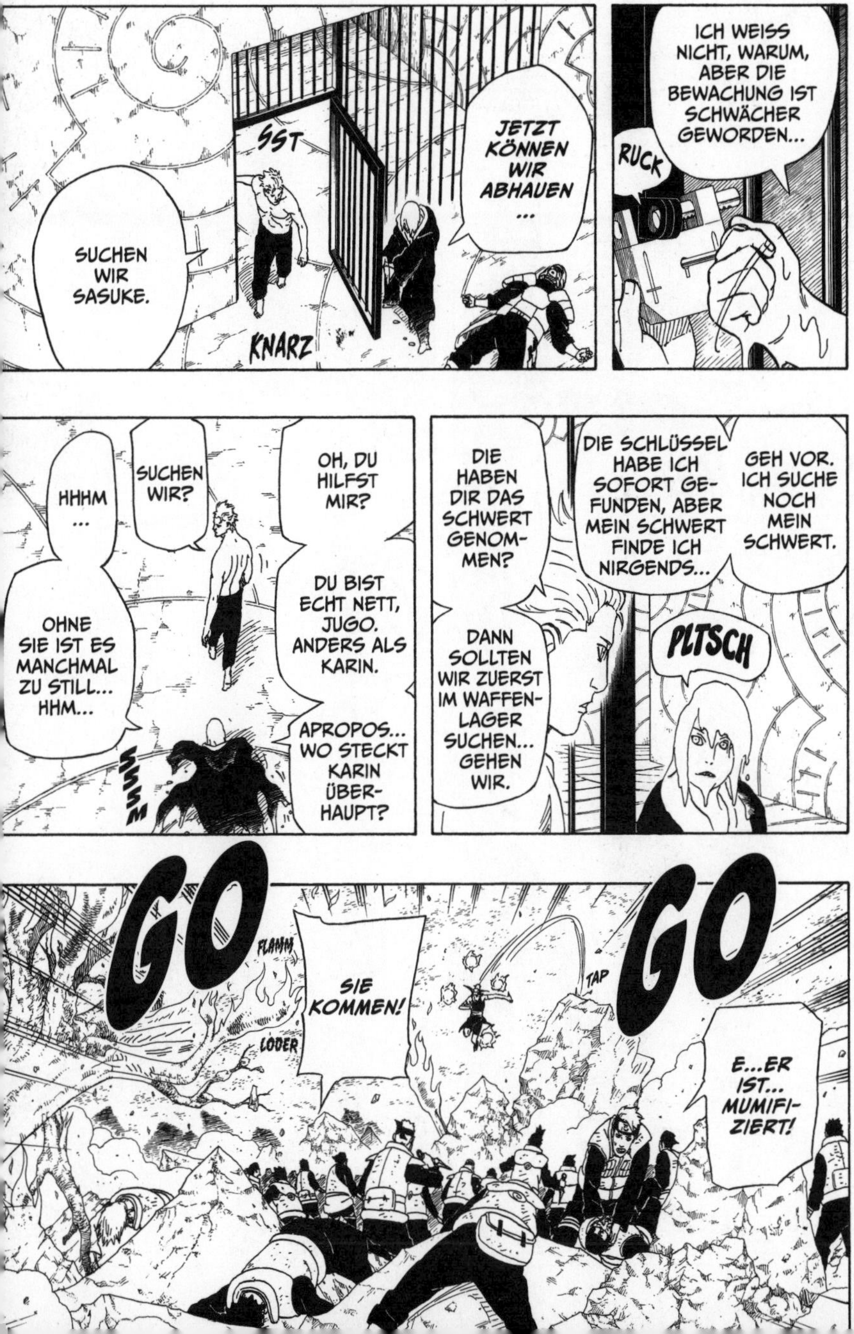
ICH WEISS NICHT, WARUM, ABER DIE BEWACHUNG IST SCHWÄCHER GEWORDEN...
RUCK
JETZT KÖNNEN WIR ABHAUEN ...
SST
KNARZ
SUCHEN WIR SASUKE.
GEH VOR. ICH SUCHE NOCH MEIN SCHWERT.
DIE SCHLÜSSEL HABE ICH SOFORT GE-FUNDEN, ABER MEIN SCHWERT FINDE ICH NIRGENDS...
PLTSCH
DIE HABEN DIR DAS SCHWERT GENOM-MEN?
DANN SOLLTEN WIR ZUERST IM WAFFEN-LAGER SUCHEN... GEHEN WIR.
OH, DU HILFST MIR?
SUCHEN WIR?
HHHM ...
DU BIST ECHT NETT, JUGO. ANDERS ALS KARIN.
APROPOS... WO STECKT KARIN ÜBER-HAUPT?
OHNE SIE IST ES MANCHMAL ZU STILL... HHM...
SSSM
GO
TAP
E...ER IST... MUMIFI-ZIERT!
SIE KOMMEN!
FLAMM
LODER
GO

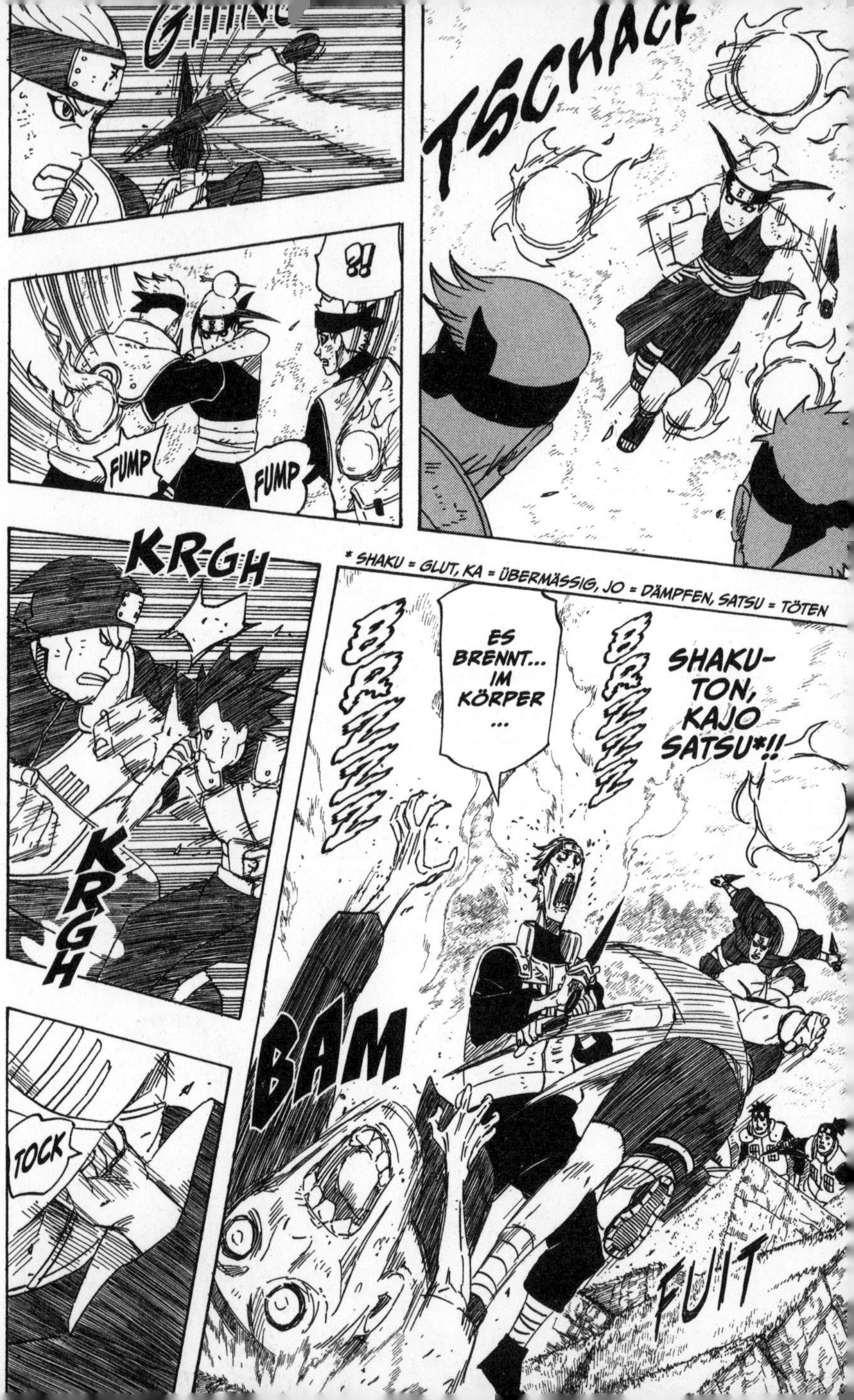
TSCHACK
GIIING
?!
FUMP
FUMP
* SHAKU = GLUT, KA = ÜBERMÄSSIG, JO = DÄMPFEN, SATSU = TÖTEN
SHAKU-TON, KAJO SATSU*!!
ES BRENNT... IM KÖRPER ...
KRGH
KRGH
BAM
FUIT
TOCK

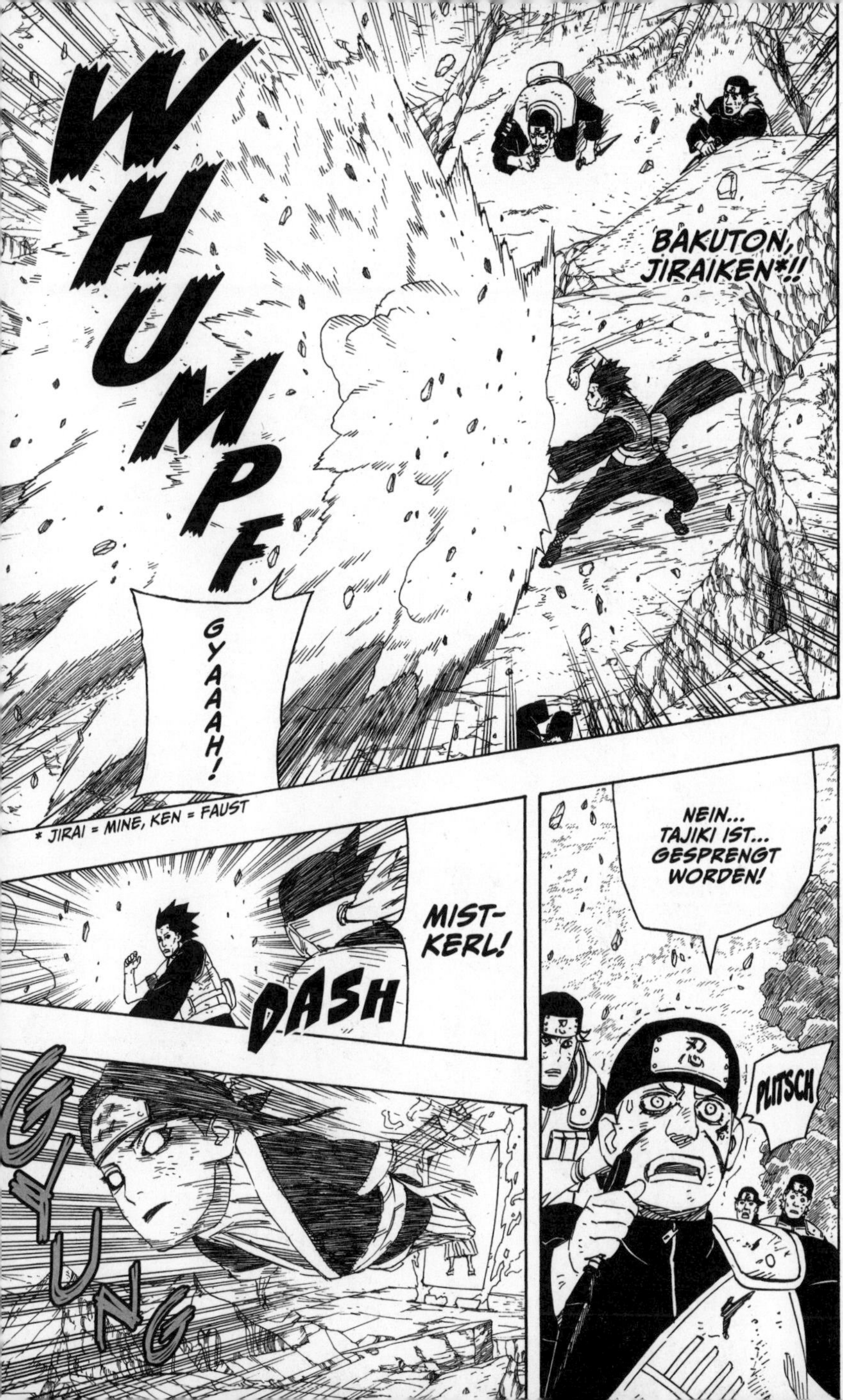

BAKUTON, JIRAIKEN*!!
WHUMPF
GYAAAH!
* JIRAI = MINE, KEN = FAUST
NEIN... TAJIKI IST... GESPRENGT WORDEN!
PLITSCH
MIST-KERL!
DASH
GYUNG

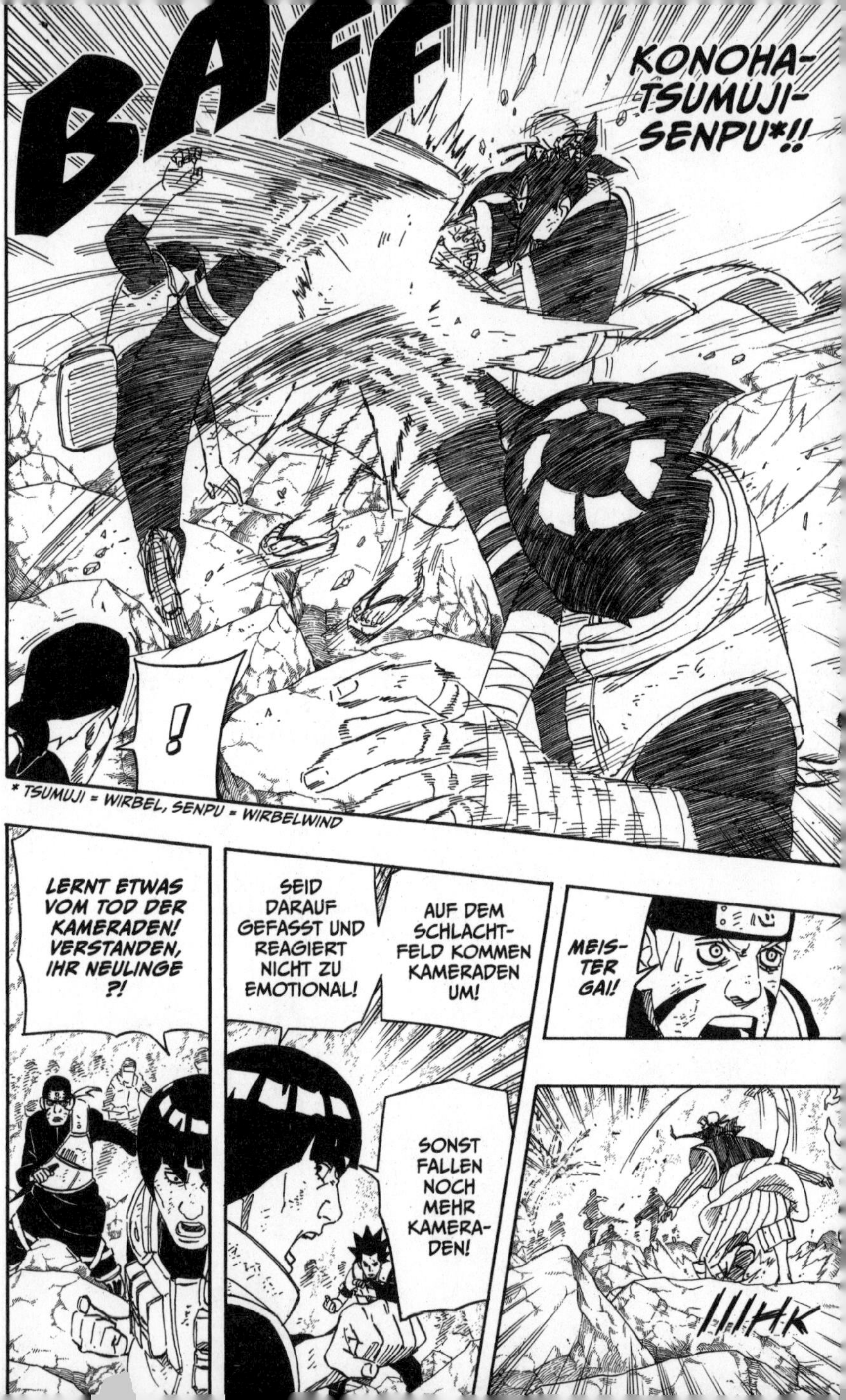

* TSUMUJI = WIRBEL, SENPU = WIRBELWIND

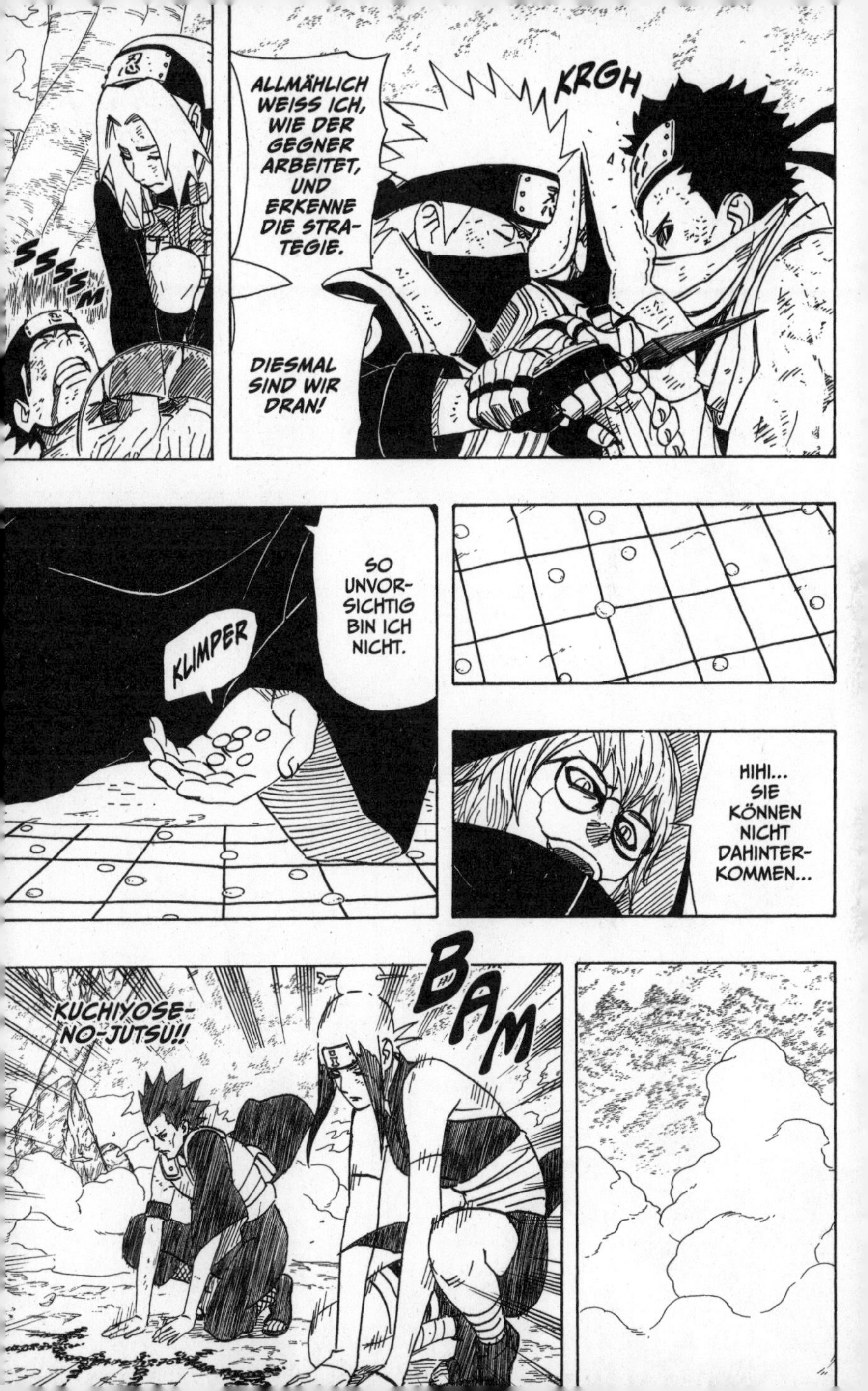
KRGH
ALLMÄHLICH WEISS ICH, WIE DER GEGNER ARBEITET, UND ERKENNE DIE STRATEGIE.
DIESMAL SIND WIR DRAN!
SSSSM
SO UNVORSICHTIG BIN ICH NICHT.
KLIMPER
HIHI... SIE KÖNNEN NICHT DAHINTERKOMMEN...
BAM
KUCHIYOSE-NO-JUTSU!!

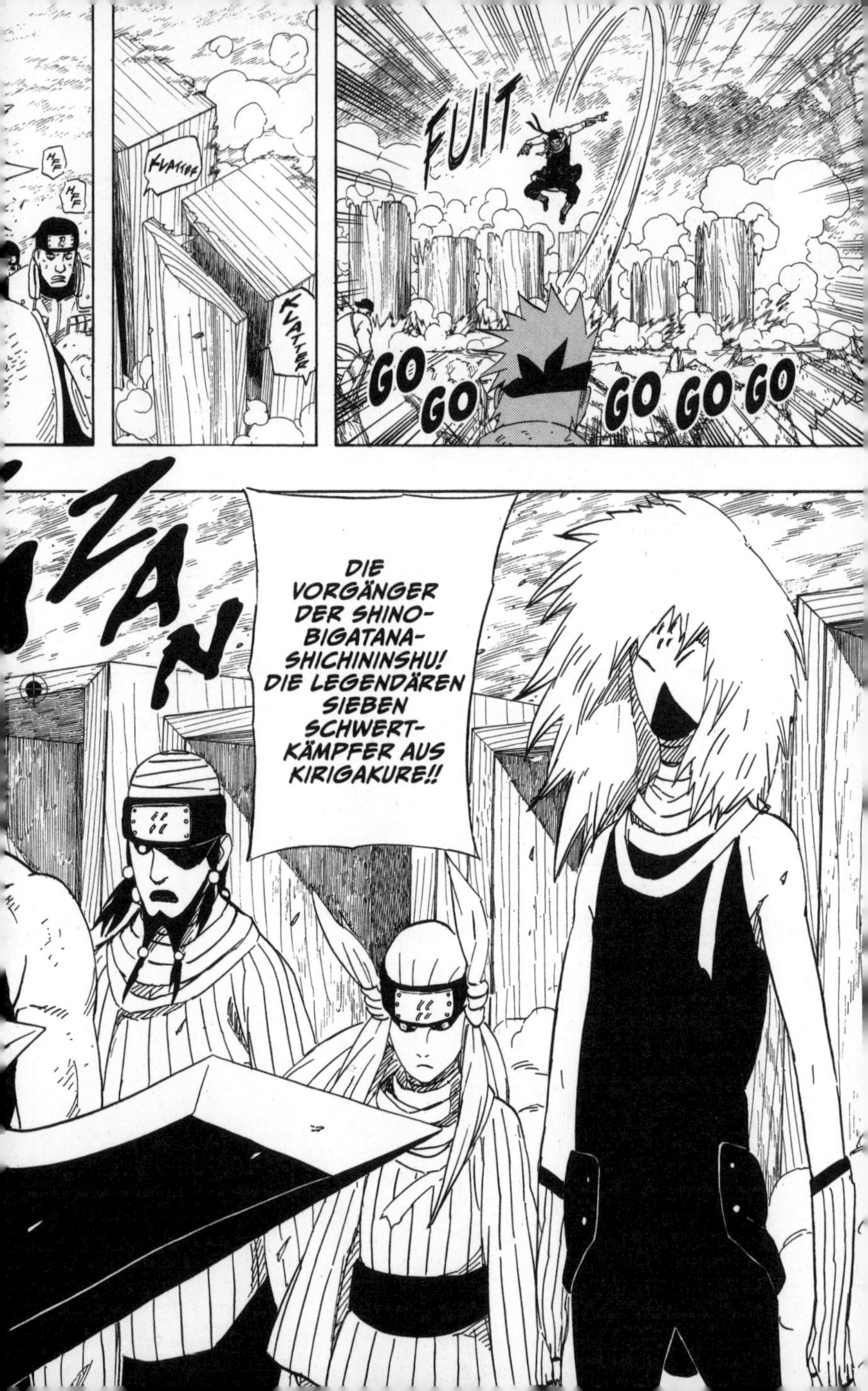
FUIT
GO GO GO GO GO GO
KLATTER
KLATTER
HEF
HEF
ZAN
DIE VORGÄNGER DER SHINOBIGATANA-SHICHININSHU! DIE LEGENDÄREN SIEBEN SCHWERTKÄMPFER AUS KIRIGAKURE!!

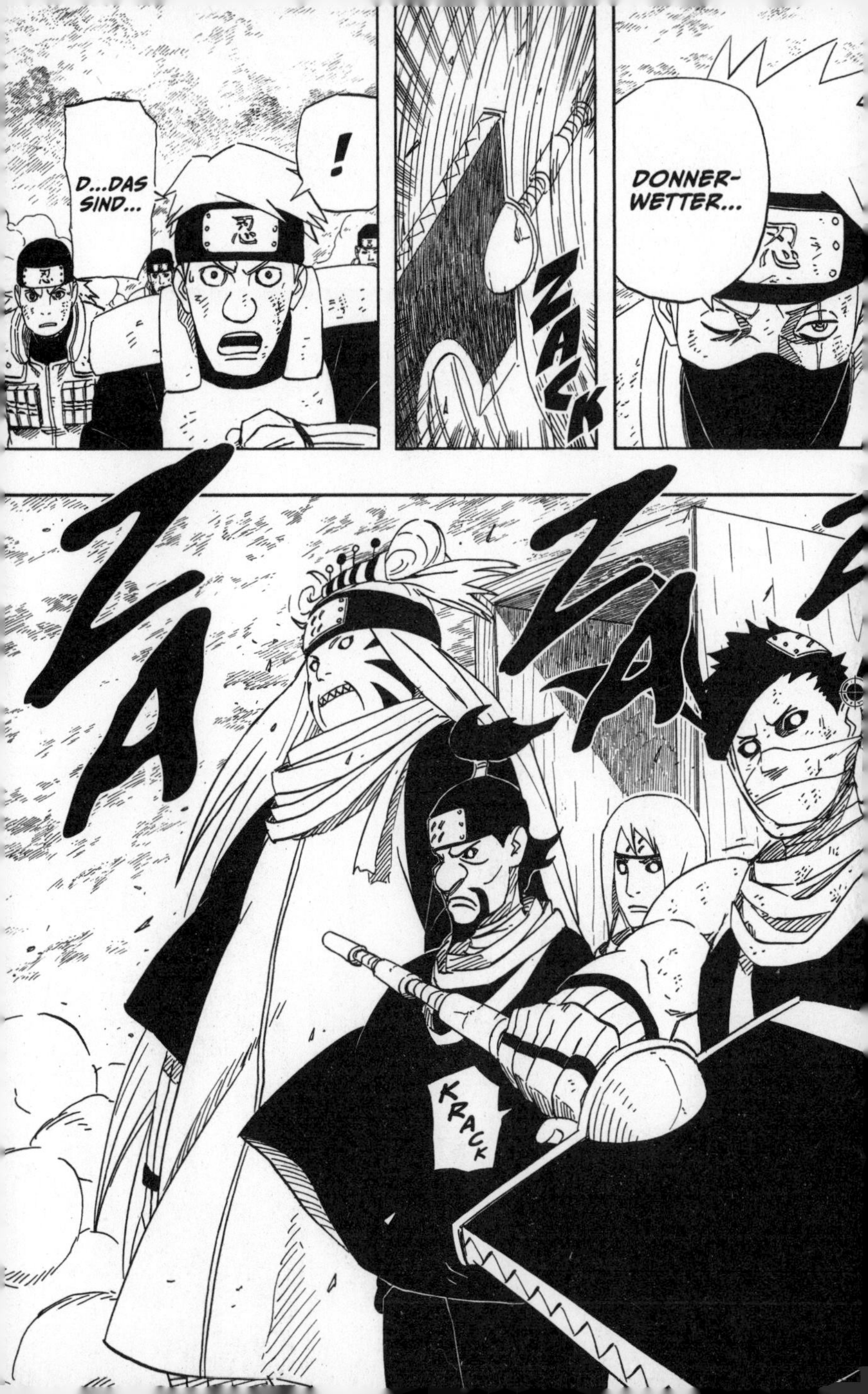
DONNER-WETTER...
ZACK
!
D...DAS SIND...
ZA
ZA
KRACK

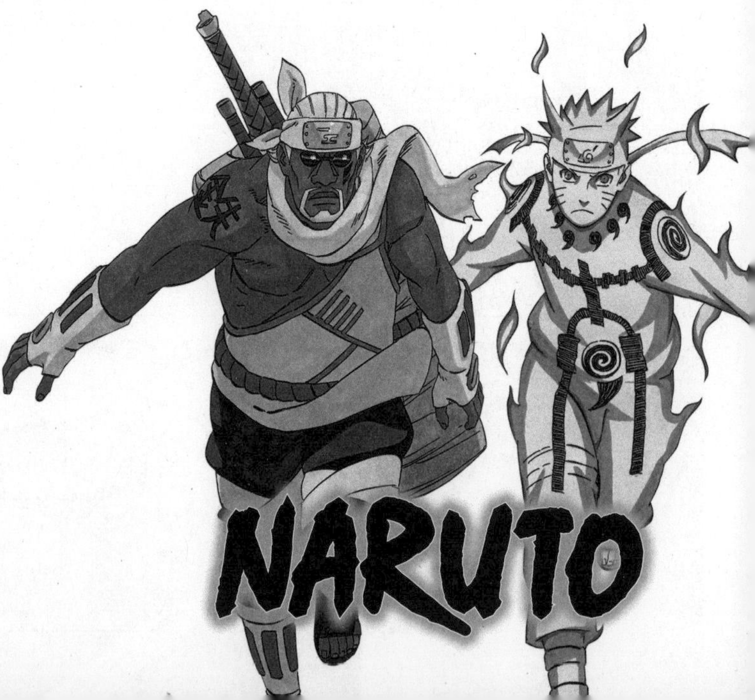
NARUTO

523. Kapitel:

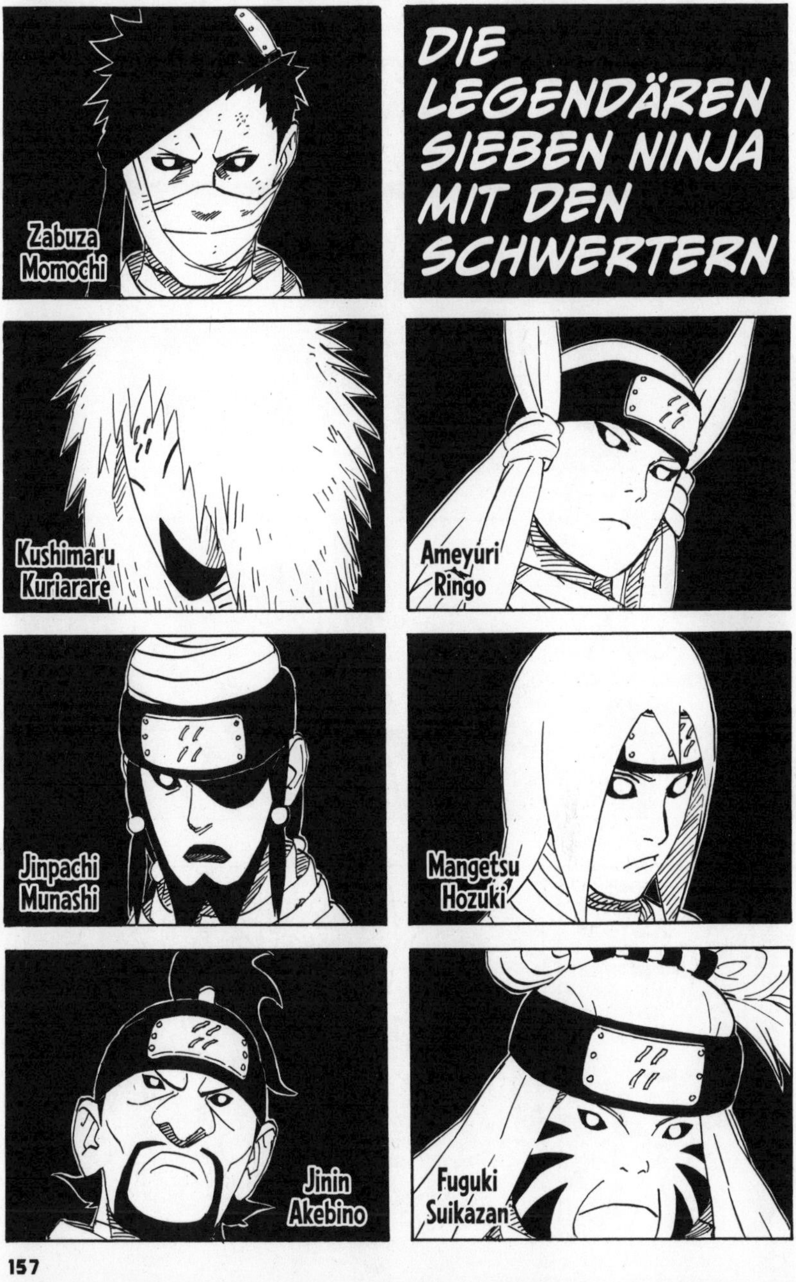
DIE LEGENDÄREN SIEBEN NINJA MIT DEN SCHWERTERN
Zabuza Momochi
Kushimaru Kuriarare
Ameyuri Ringo
Jinpachi Munashi
Mangetsu Hozuki
Jinin Akebino
Fuguki Suikazan

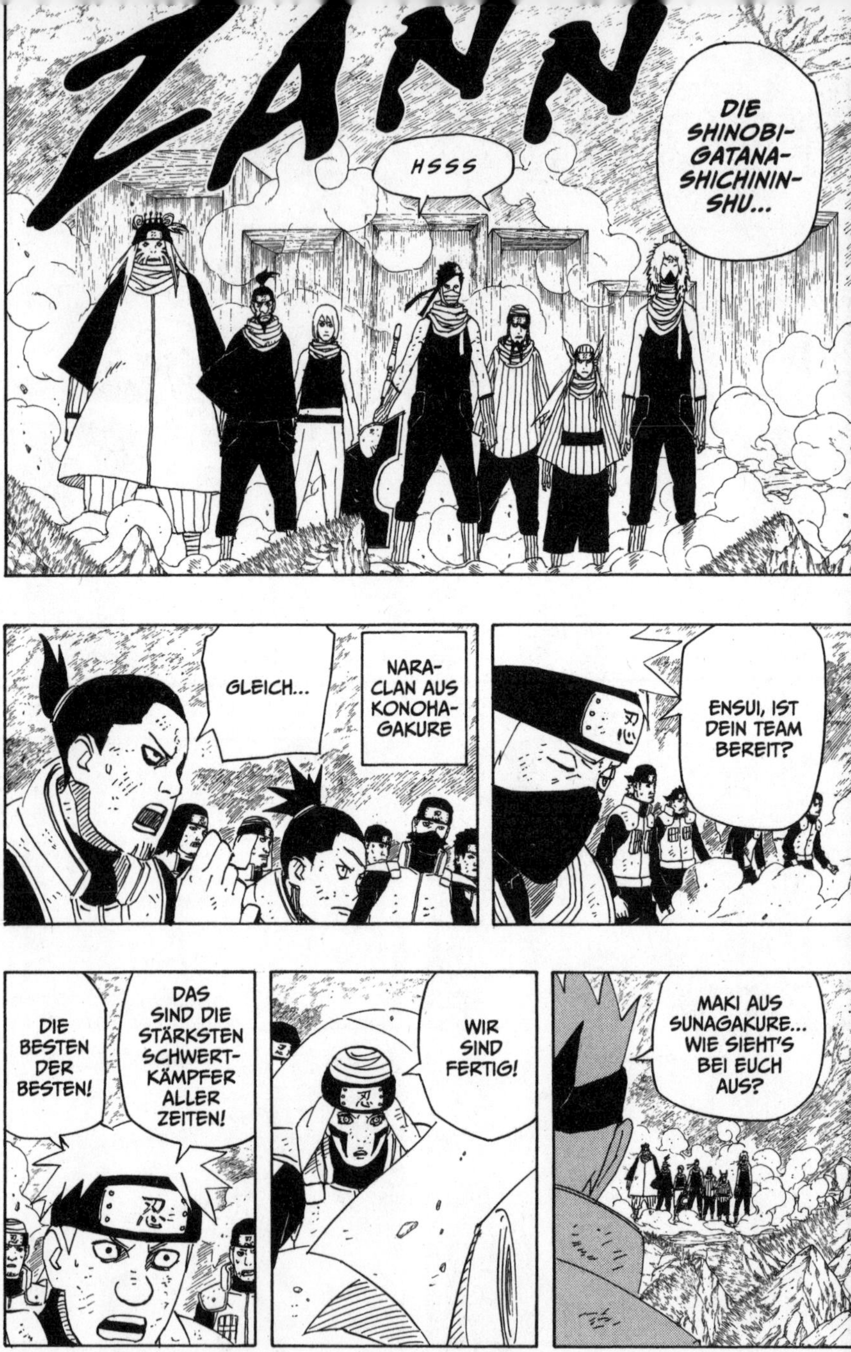
DIE SHINOBI-GATANA-SHICHININ-SHU...
HSSS
ZANN
ENSUI, IST DEIN TEAM BEREIT?
NARA-CLAN AUS KONOHA-GAKURE
GLEICH...
MAKI AUS SUNAGAKURE... WIE SIEHT'S BEI EUCH AUS?
WIR SIND FERTIG!
DAS SIND DIE STÄRKSTEN SCHWERT-KÄMPFER ALLER ZEITEN!
DIE BESTEN DER BESTEN!

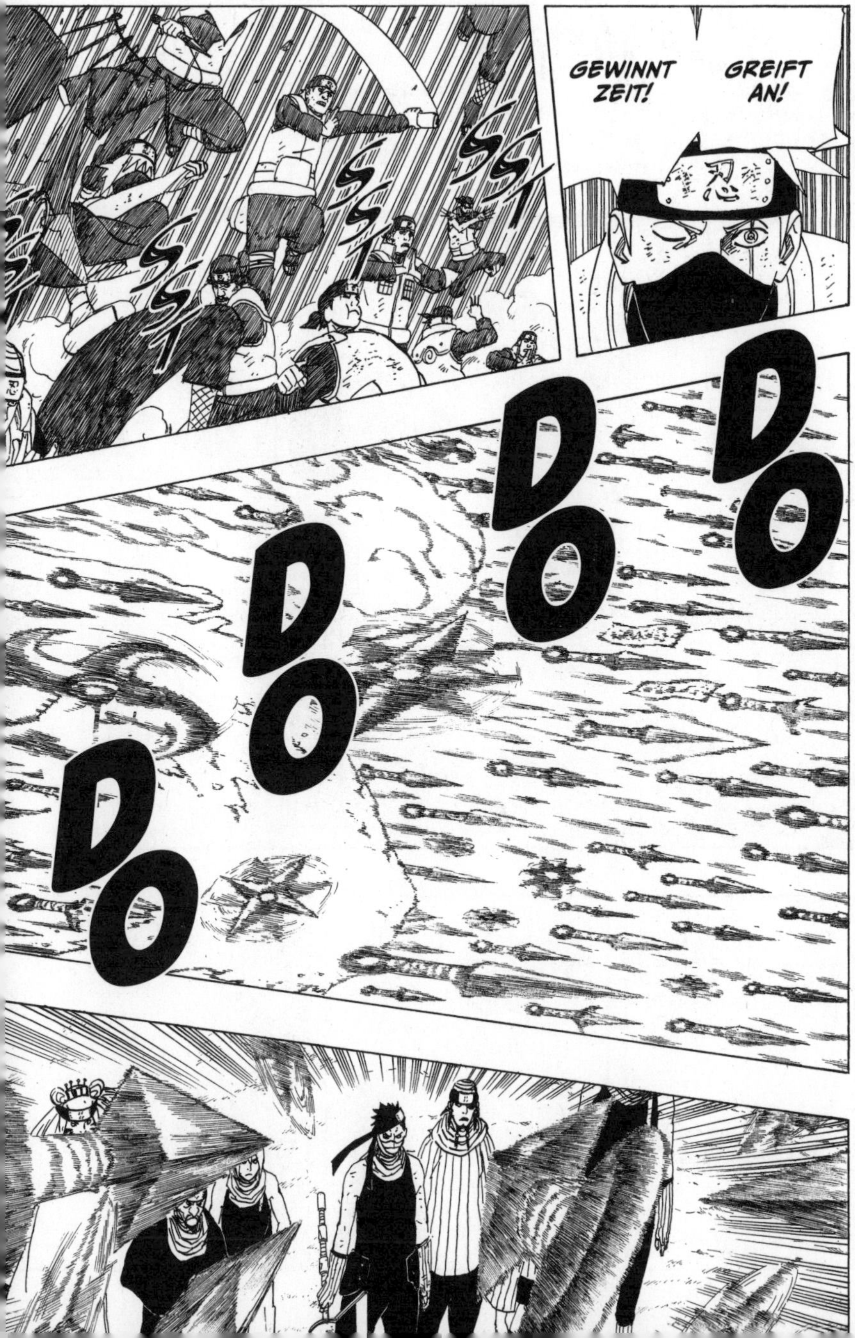
GREIFT AN!
GEWINNT ZEIT!
SSI
SSI
SSI
SSI
DO
DO
DO
DO

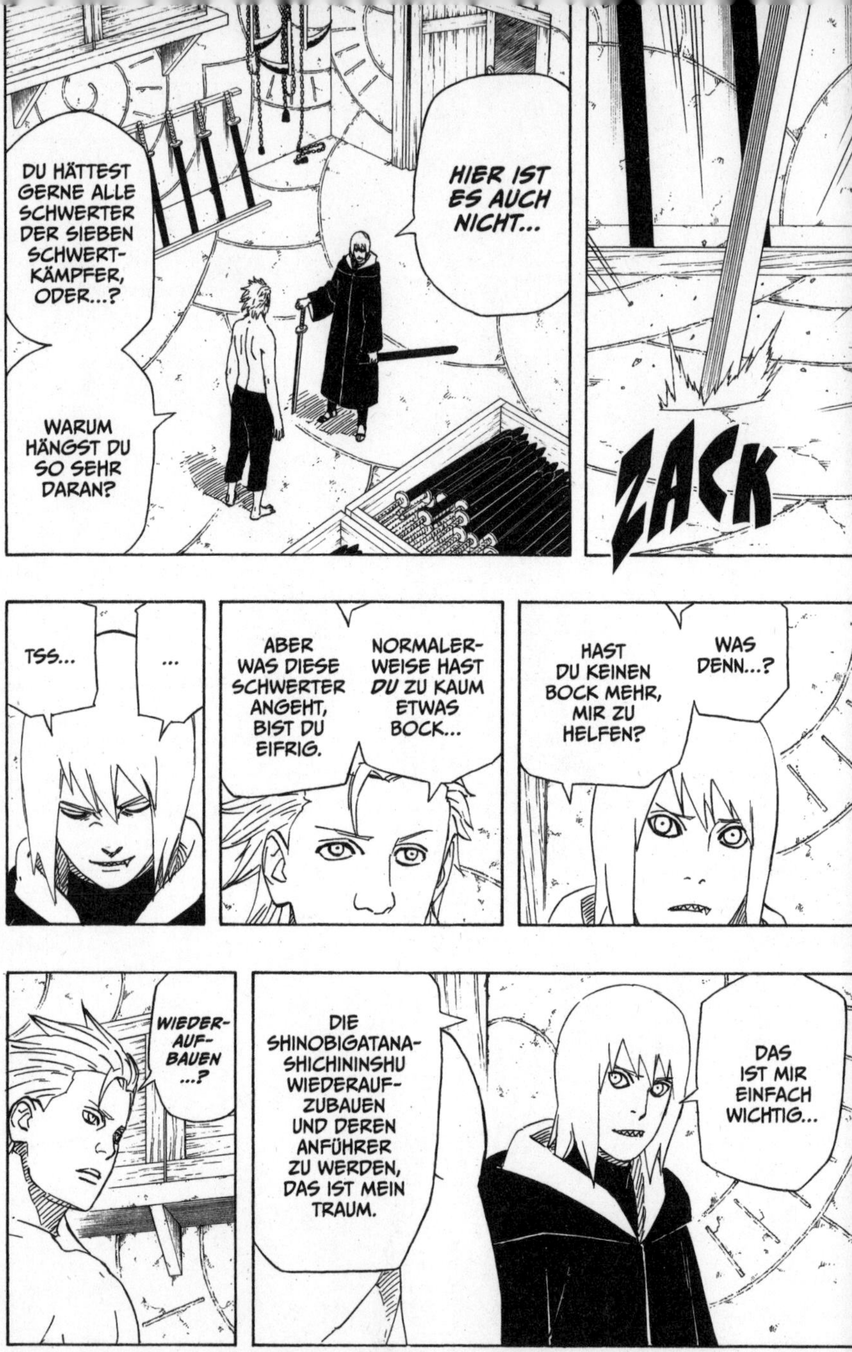
ZACK
HIER IST ES AUCH NICHT...
DU HÄTTEST GERNE ALLE SCHWERTER DER SIEBEN SCHWERT-KÄMPFER, ODER...?
WARUM HÄNGST DU SO SEHR DARAN?
WAS DENN...?
HAST DU KEINEN BOCK MEHR, MIR ZU HELFEN?
NORMALER-WEISE HAST DU ZU KAUM ETWAS BOCK...
ABER WAS DIESE SCHWERTER ANGEHT, BIST DU EIFRIG.
...
TSS...
DAS IST MIR EINFACH WICHTIG...
DIE SHINOBIGATANA-SHICHININSHU WIEDERAUF-ZUBAUEN UND DEREN ANFÜHRER ZU WERDEN, DAS IST MEIN TRAUM.
WIEDER-AUF-BAUEN ...?

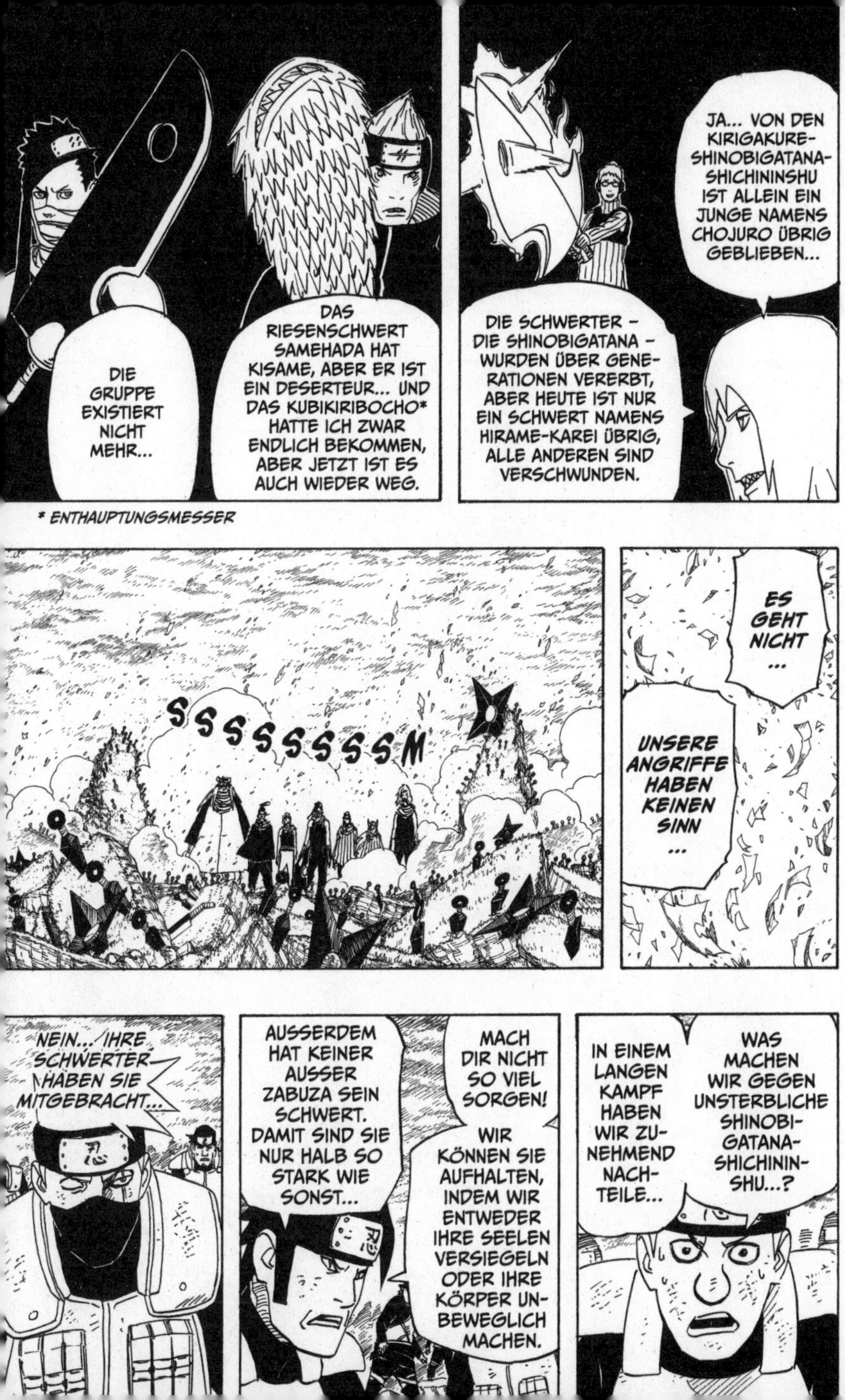
JA... VON DEN KIRIGAKURE-SHINOBIGATANA-SHICHININSHU IST ALLEIN EIN JUNGE NAMENS CHOJURO ÜBRIG GEBLIEBEN...
DIE SCHWERTER – DIE SHINOBIGATANA – WURDEN ÜBER GENERATIONEN VERERBT, ABER HEUTE IST NUR EIN SCHWERT NAMENS HIRAME-KAREI ÜBRIG, ALLE ANDEREN SIND VERSCHWUNDEN.
DAS RIESENSCHWERT SAMEHADA HAT KISAME, ABER ER IST EIN DESERTEUR... UND DAS KUBIKIRIBOCHO* HATTE ICH ZWAR ENDLICH BEKOMMEN, ABER JETZT IST ES AUCH WIEDER WEG.
DIE GRUPPE EXISTIERT NICHT MEHR...
* ENTHAUPTUNGSMESSER
ES GEHT NICHT ...
UNSERE ANGRIFFE HABEN KEINEN SINN ...
SSSSSSSSM
WAS MACHEN WIR GEGEN UNSTERBLICHE SHINOBIGATANA-SHICHININSHU...?
IN EINEM LANGEN KAMPF HABEN WIR ZUNEHMEND NACHTEILE...
MACH DIR NICHT SO VIEL SORGEN!
WIR KÖNNEN SIE AUFHALTEN, INDEM WIR ENTWEDER IHRE SEELEN VERSIEGELN ODER IHRE KÖRPER UNBEWEGLICH MACHEN.
AUSSERDEM HAT KEINER AUSSER ZABUZA SEIN SCHWERT. DAMIT SIND SIE NUR HALB SO STARK WIE SONST...
NEIN... IHRE SCHWERTER HABEN SIE MITGEBRACHT...

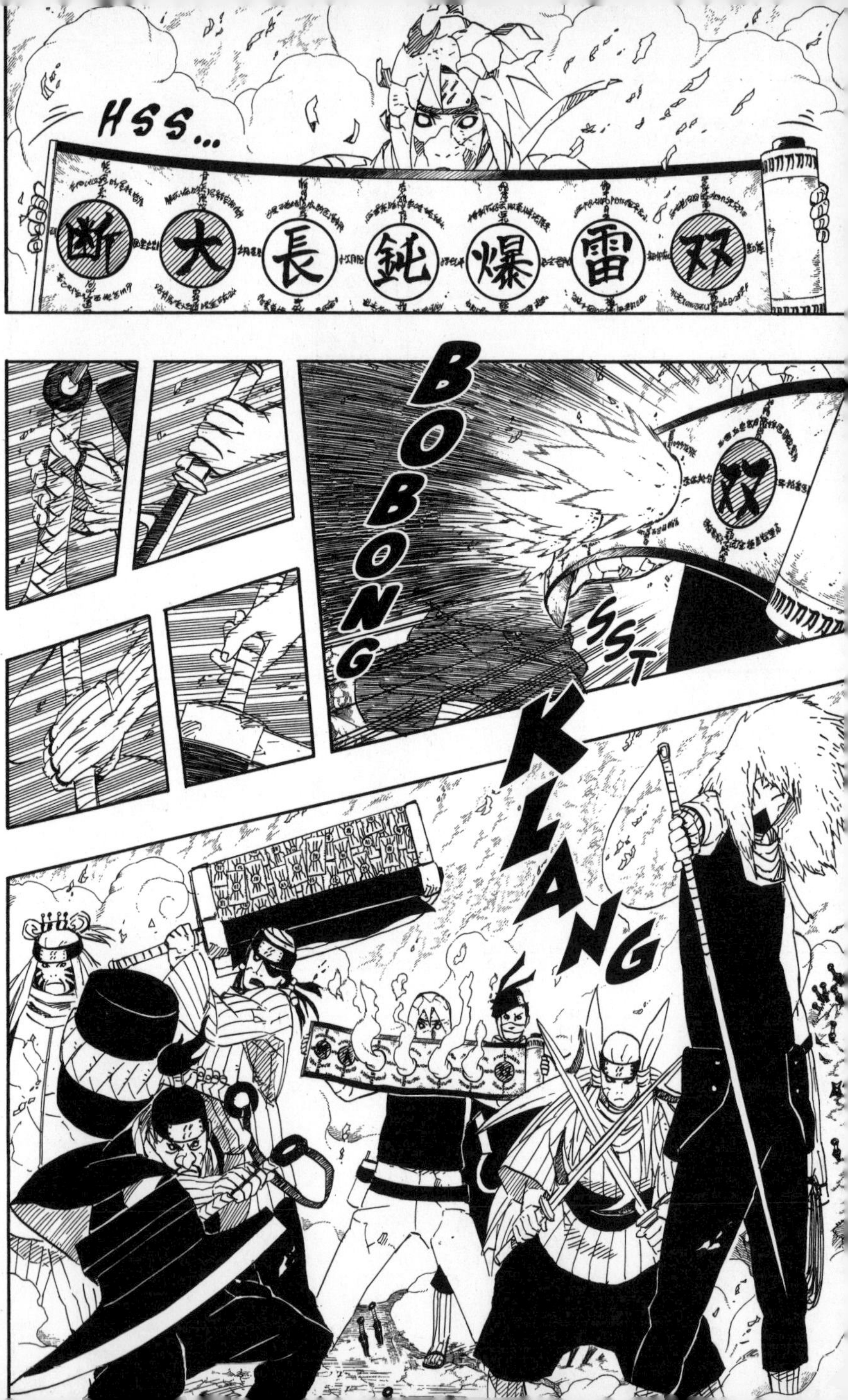
HSS...
断 大 長 鈍 爆 雷 双
BOBONG
SST
KLANG

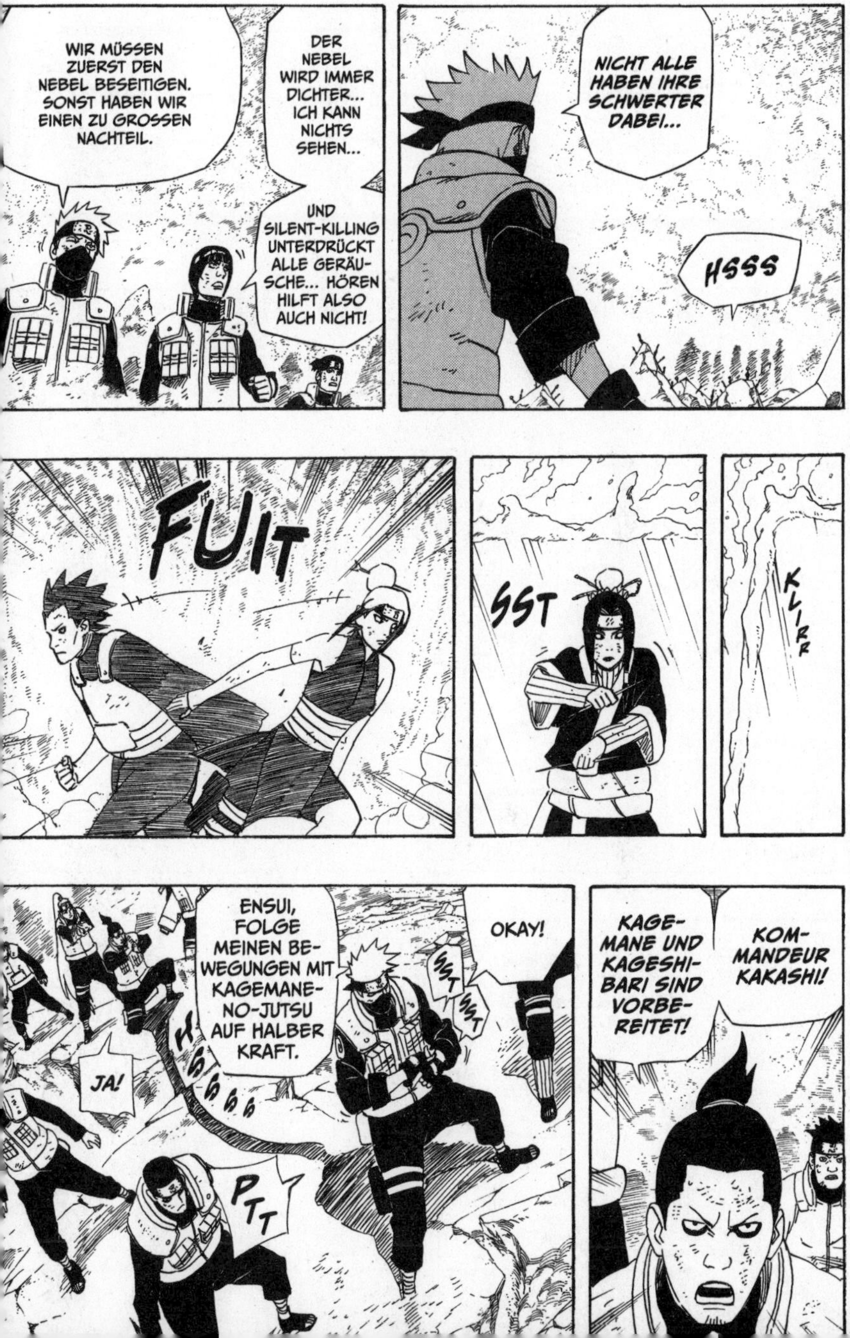
NICHT ALLE HABEN IHRE SCHWERTER DABEI...
HSSS
DER NEBEL WIRD IMMER DICHTER... ICH KANN NICHTS SEHEN...
UND SILENT-KILLING UNTERDRÜCKT ALLE GERÄUSCHE... HÖREN HILFT ALSO AUCH NICHT!
WIR MÜSSEN ZUERST DEN NEBEL BESEITIGEN. SONST HABEN WIR EINEN ZU GROSSEN NACHTEIL.
KLIRR
SST
FUIT
KOMMANDEUR KAKASHI!
KAGEMANE UND KAGESHIBARI SIND VORBEREITET!
OKAY!
SST
SST
ENSUI, FOLGE MEINEN BEWEGUNGEN MIT KAGEMANE-NO-JUTSU AUF HALBER KRAFT.
HSSSSS
JA!
PTTT

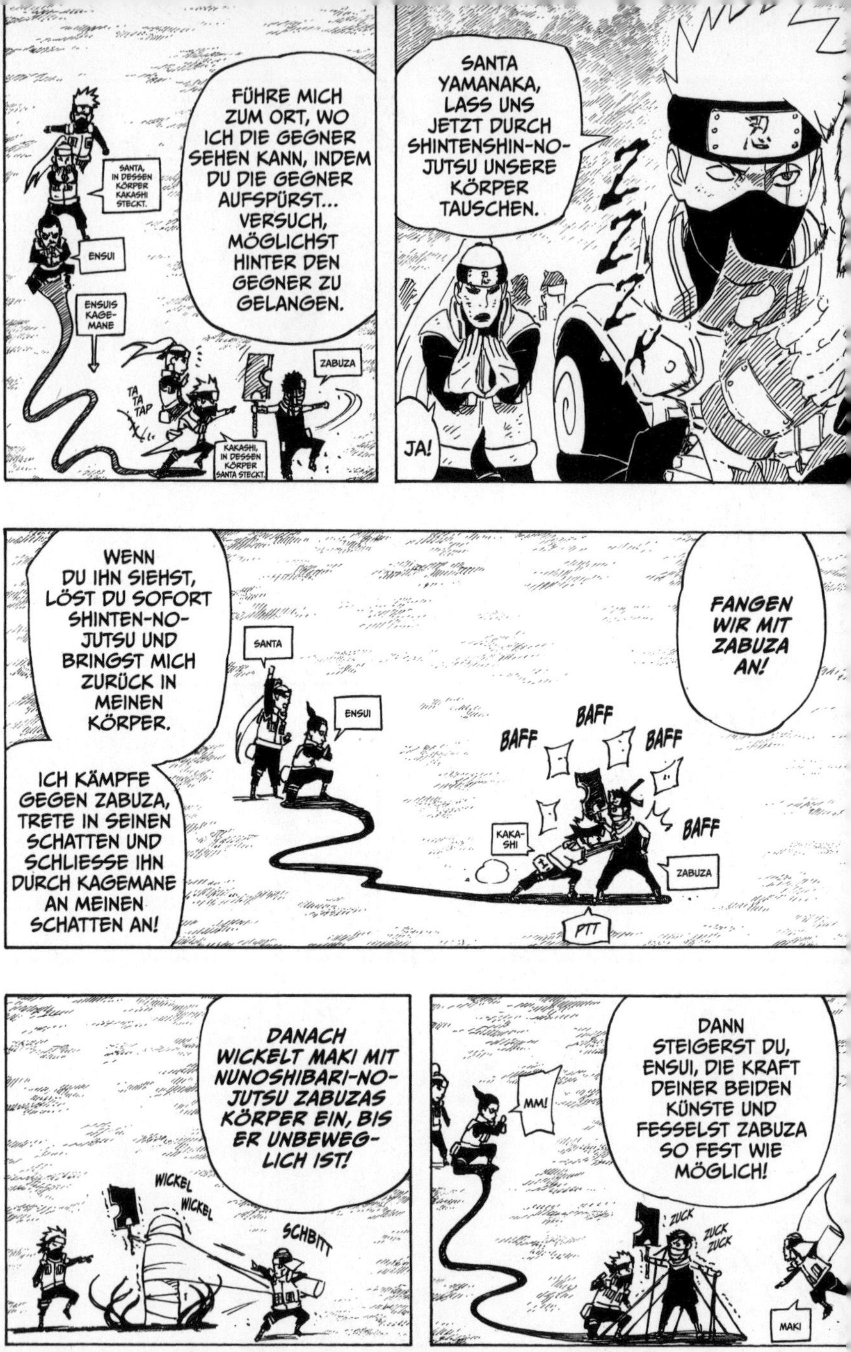
SANTA YAMANAKA, LASS UNS JETZT DURCH SHINTENSHIN-NO-JUTSU UNSERE KÖRPER TAUSCHEN.
JA!
FÜHRE MICH ZUM ORT, WO ICH DIE GEGNER SEHEN KANN, INDEM DU DIE GEGNER AUFSPÜRST... VERSUCH, MÖGLICHST HINTER DEN GEGNER ZU GELANGEN.
SANTA, IN DESSEN KÖRPER KAKASHI STECKT.
ENSUI
ENSUIS KAGEMANE
ZABUZA
TA TA TAP
KAKASHI, IN DESSEN KÖRPER SANTA STECKT.
FANGEN WIR MIT ZABUZA AN!
WENN DU IHN SIEHST, LÖST DU SOFORT SHINTEN-NO-JUTSU UND BRINGST MICH ZURÜCK IN MEINEN KÖRPER.
ICH KÄMPFE GEGEN ZABUZA, TRETE IN SEINEN SCHATTEN UND SCHLIESSE IHN DURCH KAGEMANE AN MEINEN SCHATTEN AN!
SANTA
ENSUI
BAFF
BAFF
BAFF
BAFF
KAKA-SHI
ZABUZA
PTT
DANN STEIGERST DU, ENSUI, DIE KRAFT DEINER BEIDEN KÜNSTE UND FESSELST ZABUZA SO FEST WIE MÖGLICH!
MM!
ZUCK
ZUCK ZUCK
MAKI
DANACH WICKELT MAKI MIT NUNOSHIBARI-NO-JUTSU ZABUZAS KÖRPER EIN, BIS ER UNBEWEGLICH IST!
WICKEL
WICKEL
SCHBITT

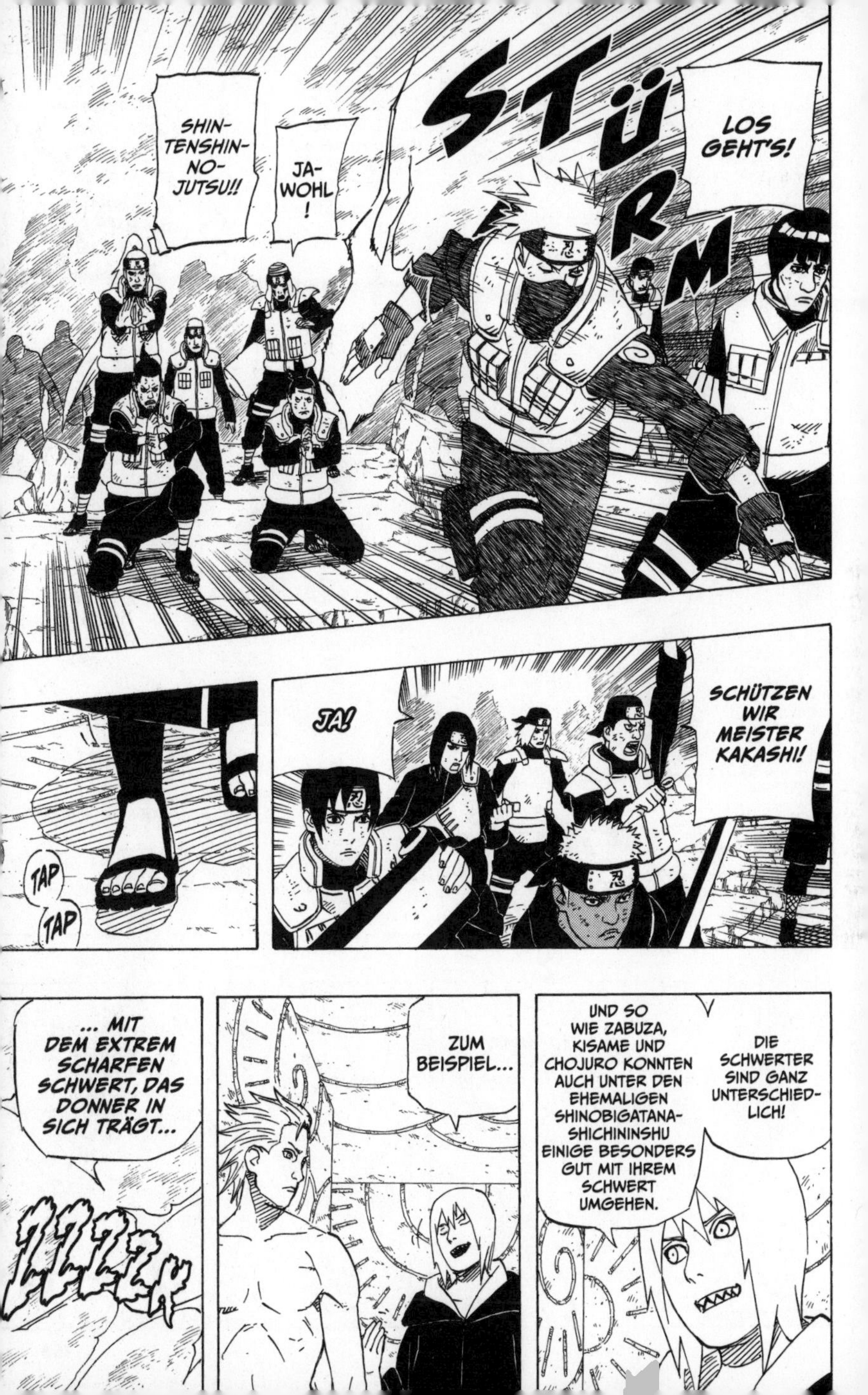
LOS GEHT'S!
STÜRM
JA-WOHL!
SHIN-TENSHIN-NO-JUTSU!!
SCHÜTZEN WIR MEISTER KAKASHI!
JA!
TAP
TAP
DIE SCHWERTER SIND GANZ UNTERSCHIED-LICH!
UND SO WIE ZABUZA, KISAME UND CHOJURO KONNTEN AUCH UNTER DEN EHEMALIGEN SHINOBIGATANA-SHICHININSHU EINIGE BESONDERS GUT MIT IHREM SCHWERT UMGEHEN.
ZUM BEISPIEL...
... MIT DEM EXTREM SCHARFEN SCHWERT, DAS DONNER IN SICH TRÄGT...

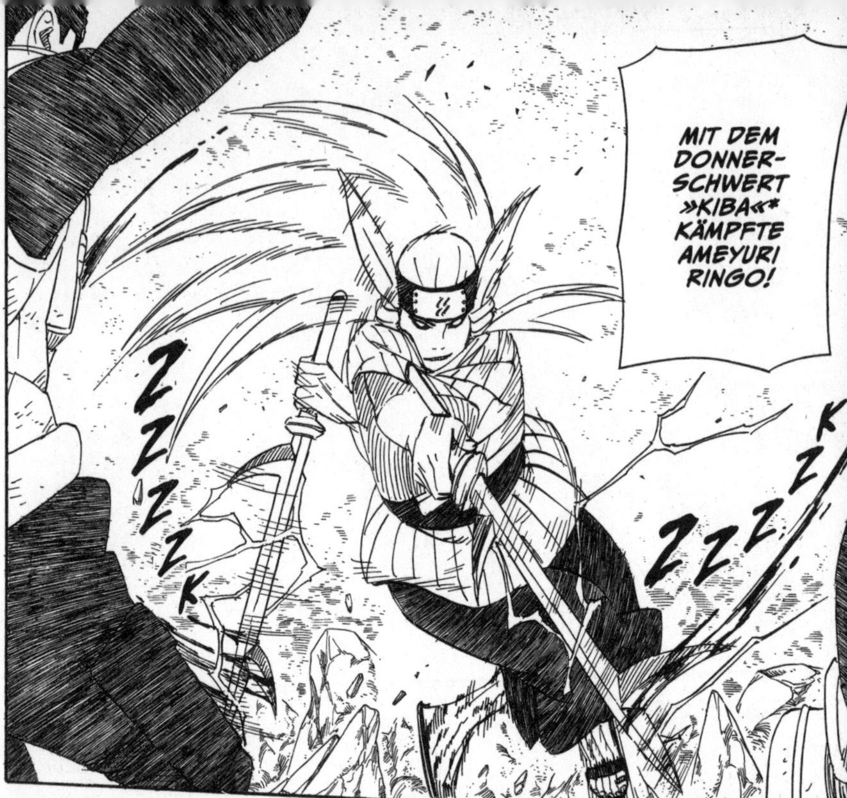

* KIBA = FANGZAHN

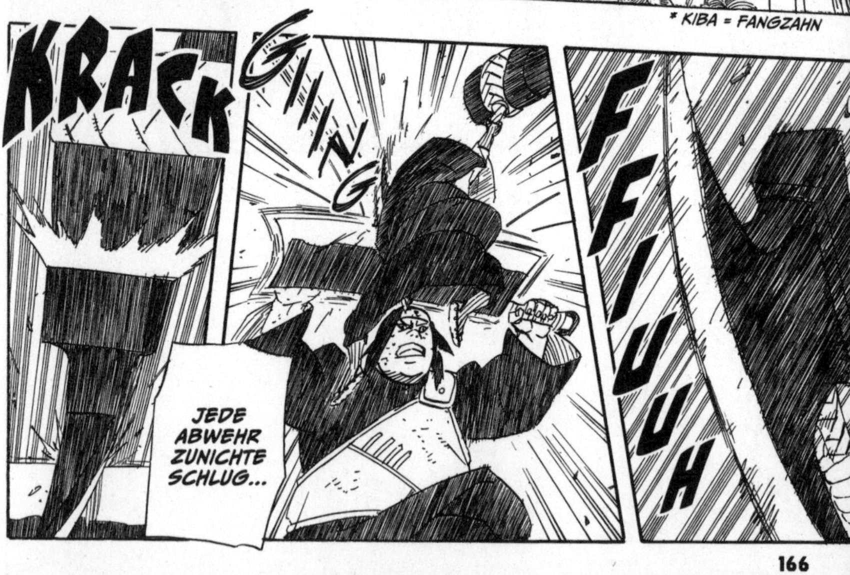

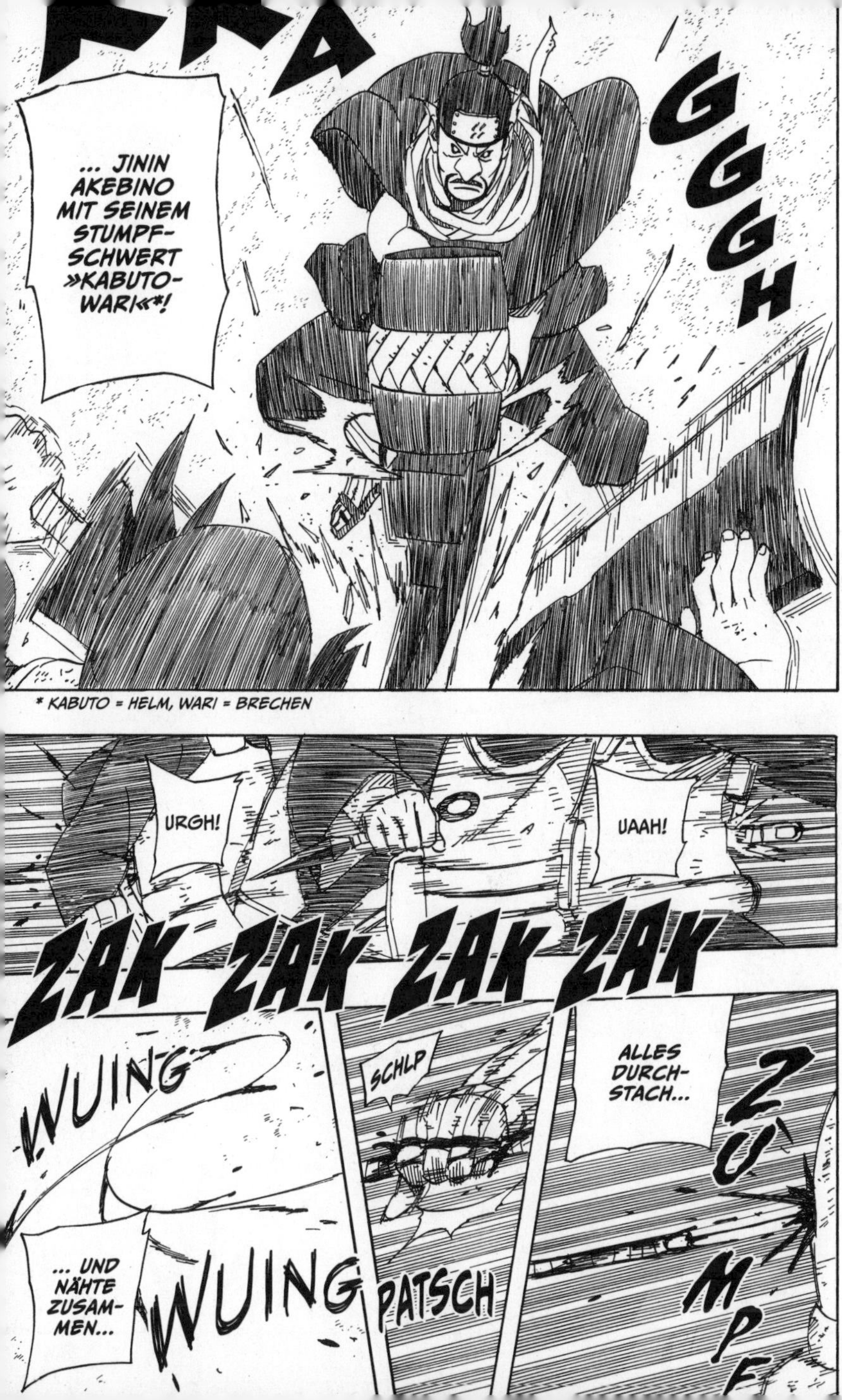
FFA
GGGH
... JININ AKEBINO MIT SEINEM STUMPF-SCHWERT »KABUTO-WARI«*!
* KABUTO = HELM, WARI = BRECHEN
UAAH!
URGH!
ZAK ZAK ZAK ZAK
ALLES DURCH-STACH...
ZUMPF
SCHLP
PATSCH
WUING
... UND NÄHTE ZUSAM-MEN...
WUING

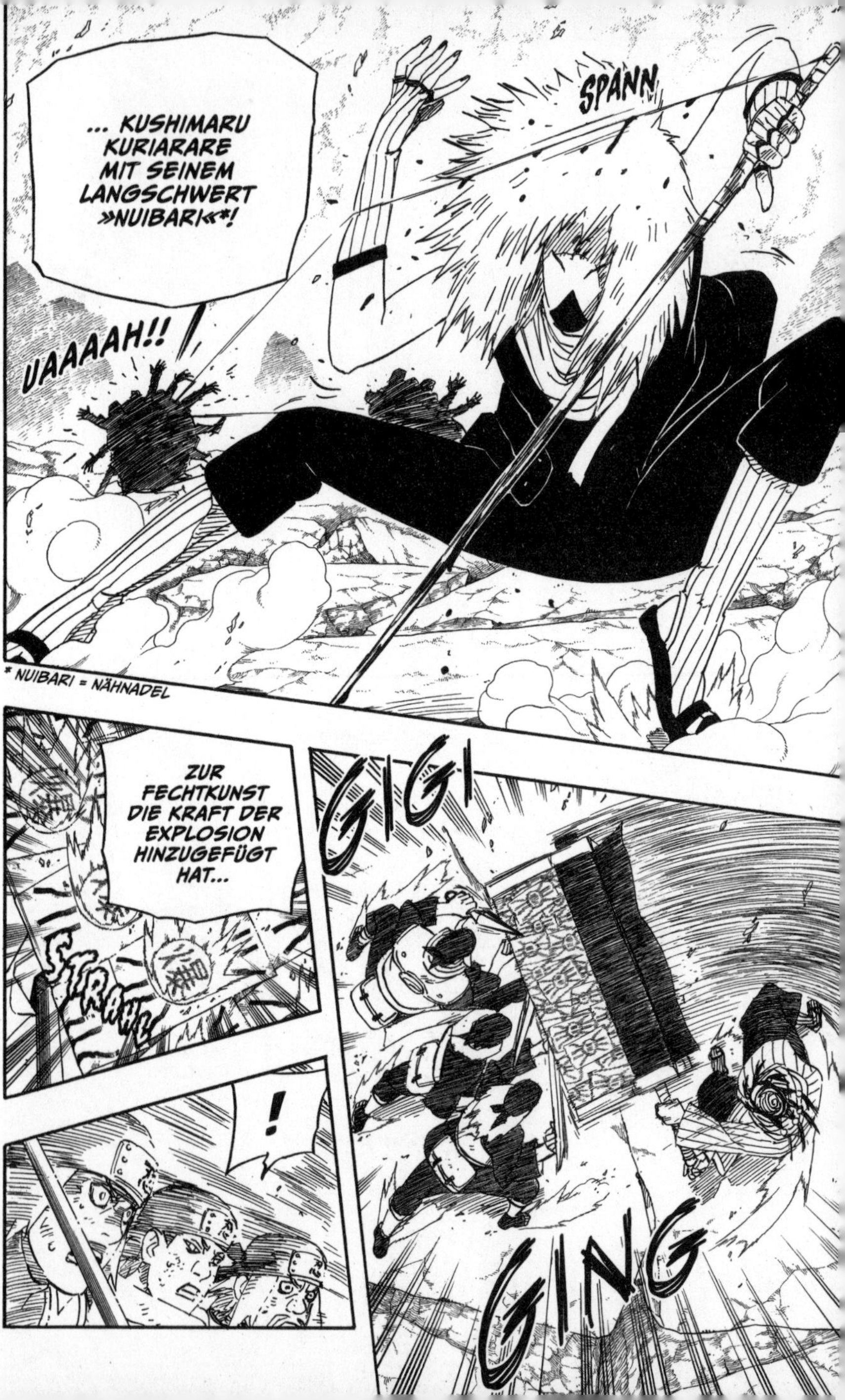
SPANN
... KUSHIMARU KURIARARE MIT SEINEM LANGSCHWERT »NUIBARI«*!
UAAAAH!!
* NUIBARI = NÄHNADEL
GIGI
ZUR FECHTKUNST DIE KRAFT DER EXPLOSION HINZUGEFÜGT HAT...
STRAHL
!
GING

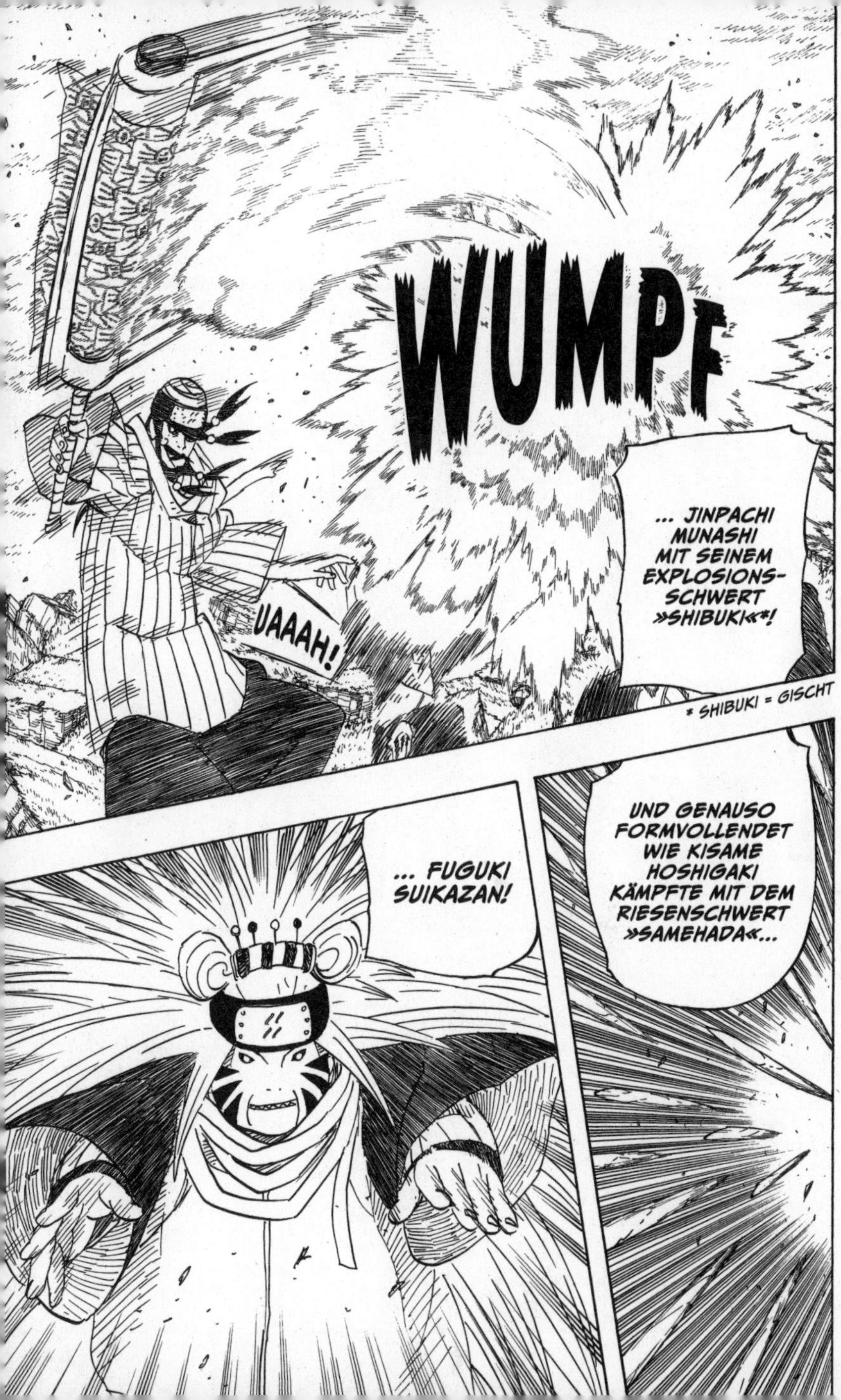
WUMPF
... JINPACHI MUNASHI MIT SEINEM EXPLOSIONS-SCHWERT »SHIBUKI«*!
UAAAH!
* SHIBUKI = GISCHT
UND GENAUSO FORMVOLLENDET WIE KISAME HOSHIGAKI KÄMPFTE MIT DEM RIESENSCHWERT »SAMEHADA«...
... FUGUKI SUIKAZAN!

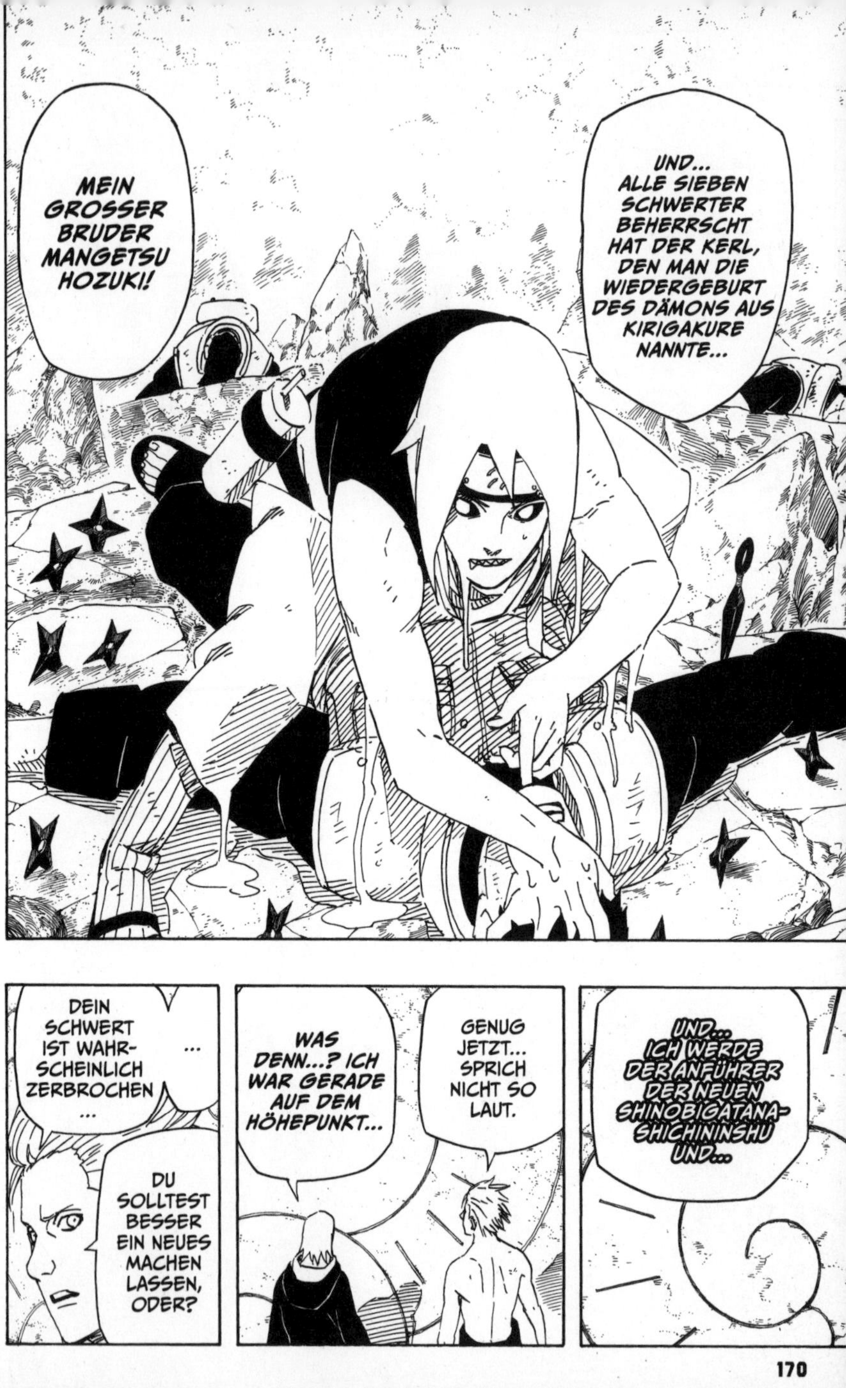
UND... ALLE SIEBEN SCHWERTER BEHERRSCHT HAT DER KERL, DEN MAN DIE WIEDERGEBURT DES DÄMONS AUS KIRIGAKURE NANNTE...
MEIN GROSSER BRUDER MANGETSU HOZUKI!
UND... ICH WERDE DER ANFÜHRER DER NEUEN SHINOBIGATANA-SHICHININSHU UND...
GENUG JETZT... SPRICH NICHT SO LAUT.
WAS DENN...? ICH WAR GERADE AUF DEM HÖHEPUNKT...
DEIN SCHWERT IST WAHRSCHEINLICH ZERBROCHEN ...
...
DU SOLLTEST BESSER EIN NEUES MACHEN LASSEN, ODER?

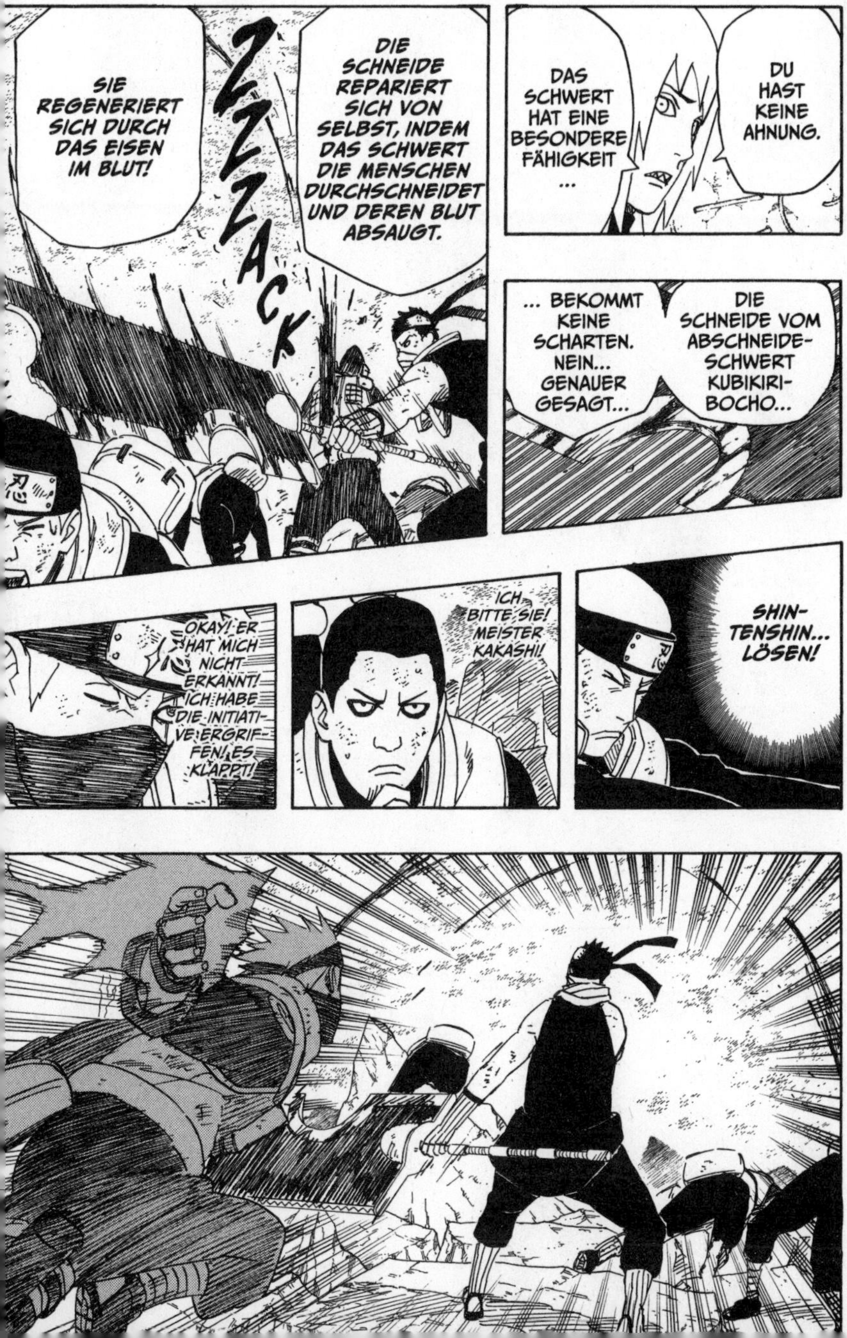
DU HAST KEINE AHNUNG.
DAS SCHWERT HAT EINE BESONDERE FÄHIGKEIT ...
DIE SCHNEIDE VOM ABSCHNEIDE-SCHWERT KUBIKIRI-BOCHO...
... BEKOMMT KEINE SCHARTEN. NEIN... GENAUER GESAGT...
DIE SCHNEIDE REPARIERT SICH VON SELBST, INDEM DAS SCHWERT DIE MENSCHEN DURCHSCHNEIDET UND DEREN BLUT ABSAUGT.
ZZZACK
SIE REGENERIERT SICH DURCH DAS EISEN IM BLUT!
SHIN-TENSHIN... LÖSEN!
ICH BITTE SIE! MEISTER KAKASHI!
OKAY! ER HAT MICH NICHT ERKANNT! ICH HABE DIE INITIATIVE ERGRIFFEN! ES KLAPPT!

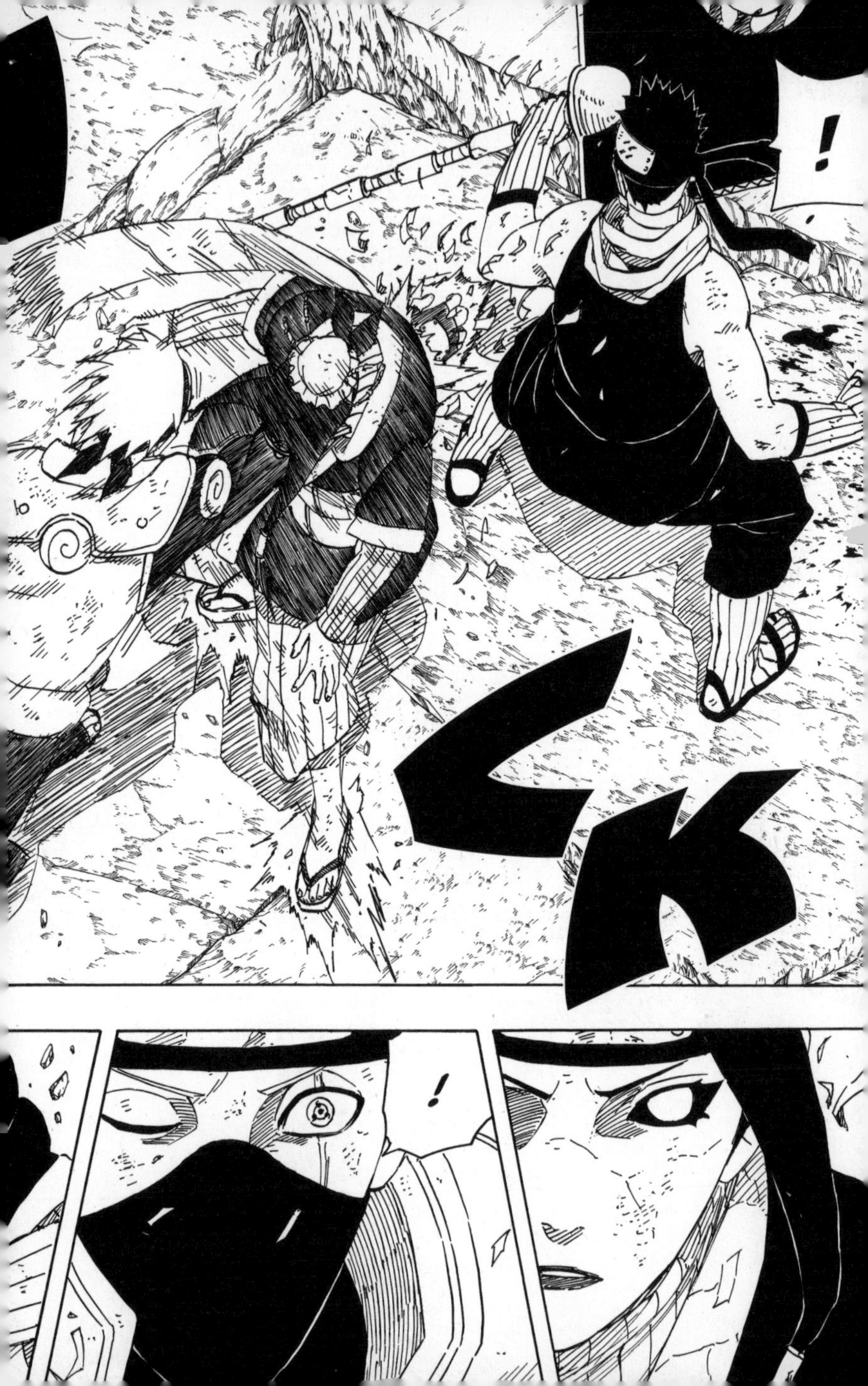
!
ZK
!

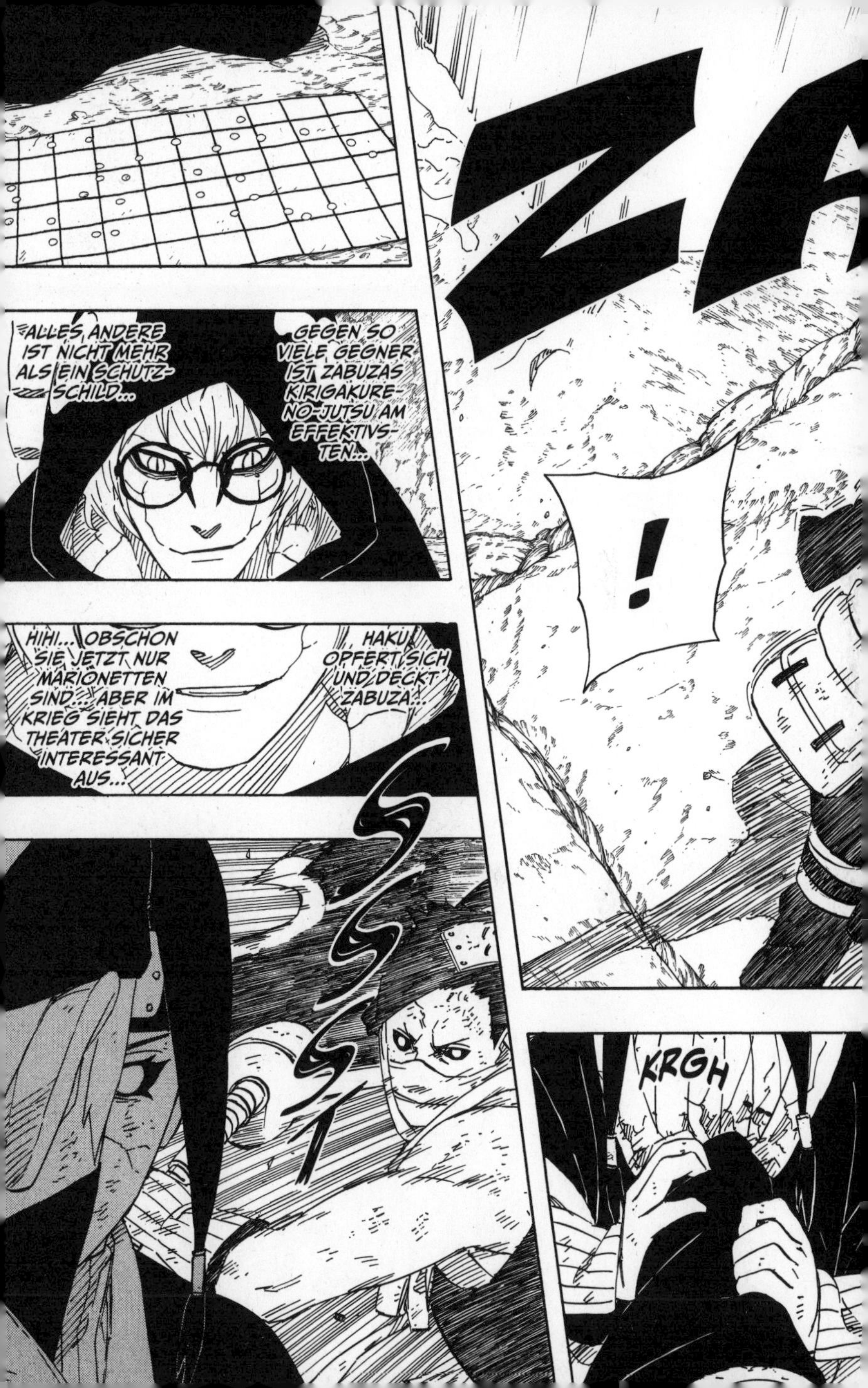
GEGEN SO VIELE GEGNER IST ZABUZAS KIRIGAKURE-NO-JUTSU AM EFFEKTIVSTEN...
ALLES ANDERE IST NICHT MEHR ALS EIN SCHUTZSCHILD...
HAKU OPFERT SICH UND DECKT ZABUZA...
HIHI... OBSCHON SIE JETZT NUR MARIONETTEN SIND... ABER IM KRIEG SIEHT DAS THEATER SICHER INTERESSANT AUS...
!
KRGH

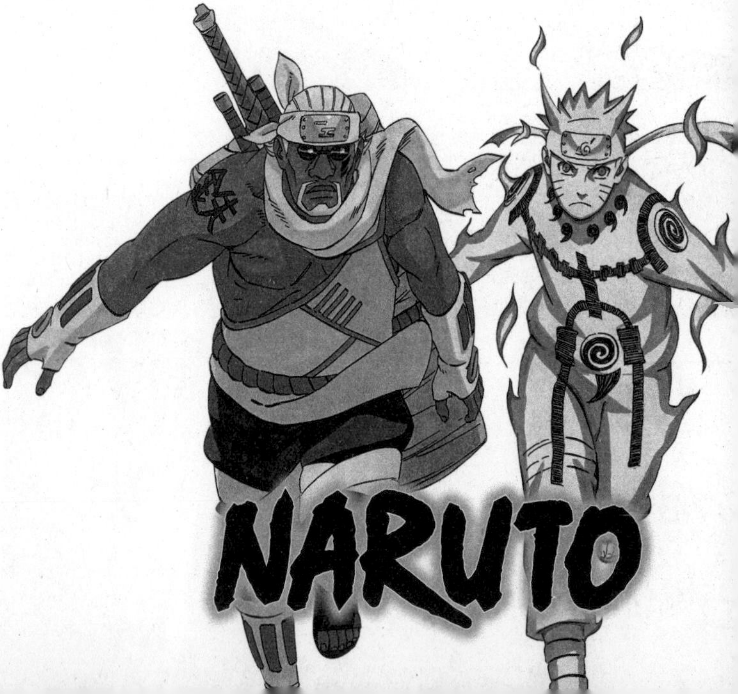
NARUTO

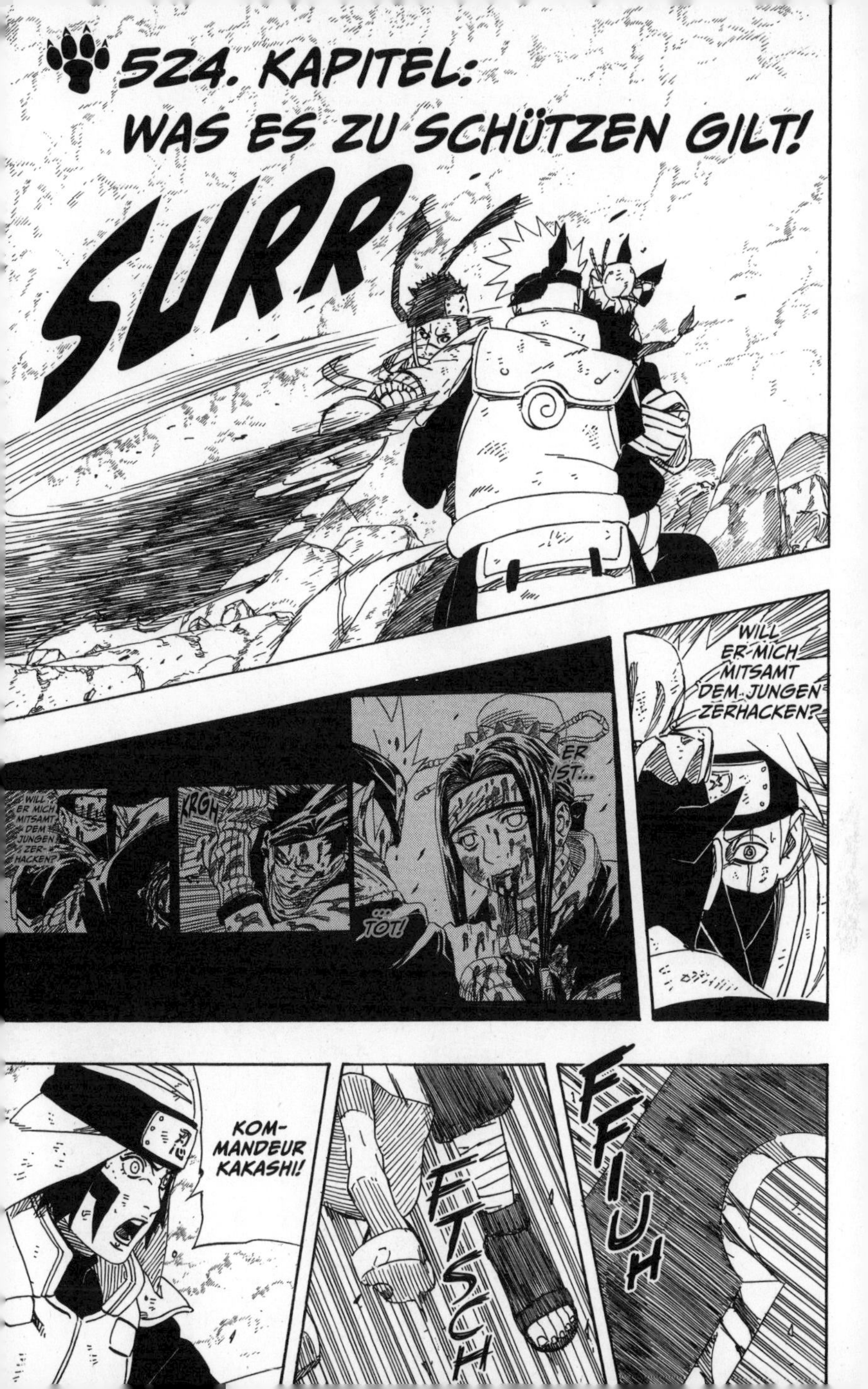
524. KAPITEL:
WAS ES ZU SCHÜTZEN GILT!
SURR
WILL ER MICH MITSAMT DEM JUNGEN ZERHACKEN?
ER IST...
...TOT!
KRGH
WILL ER MICH MITSAMT DEM JUNGEN ZERHACKEN?
FFIUH
FTSCH
KOM-MANDEUR KAKASHI!

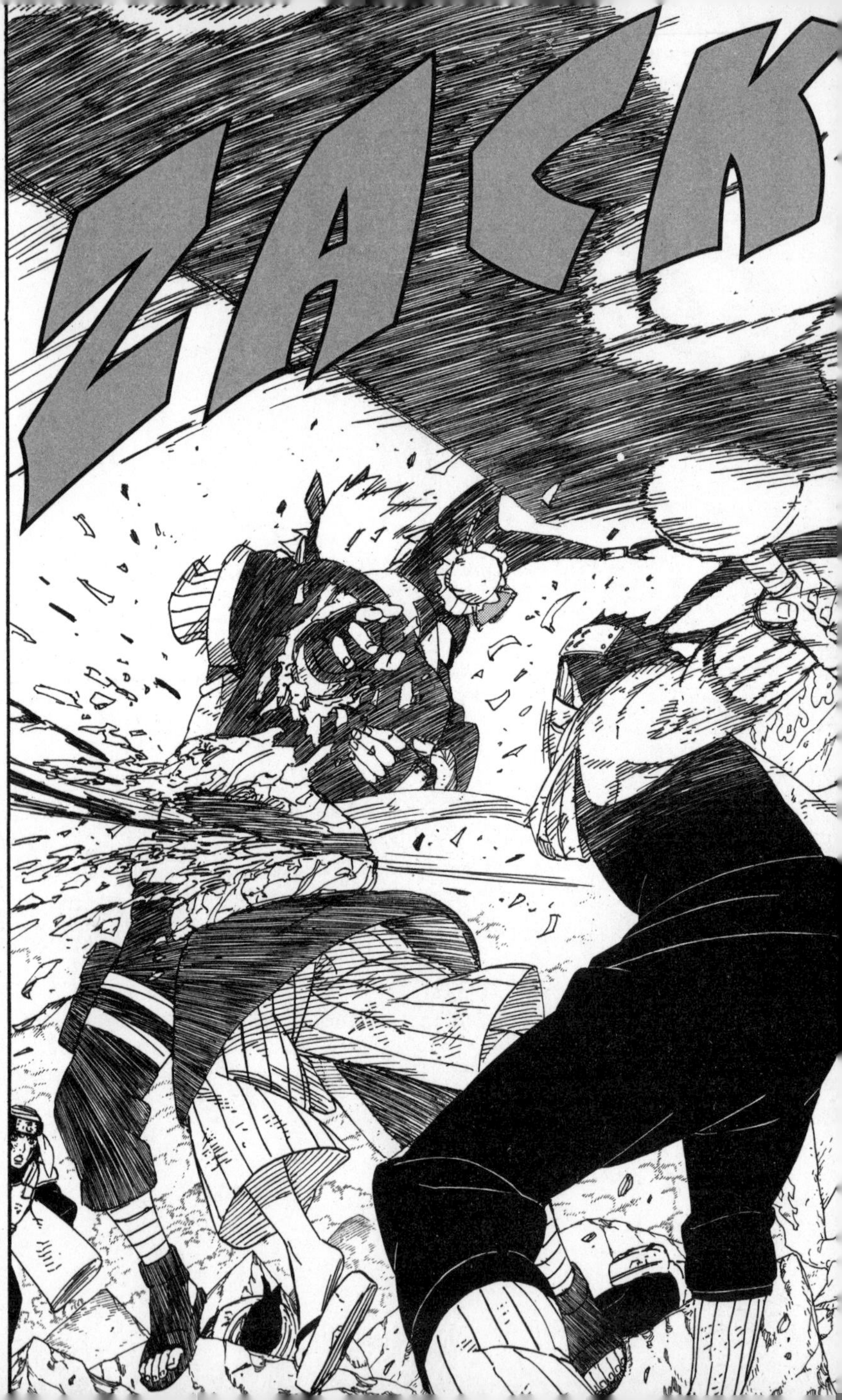
ZACK

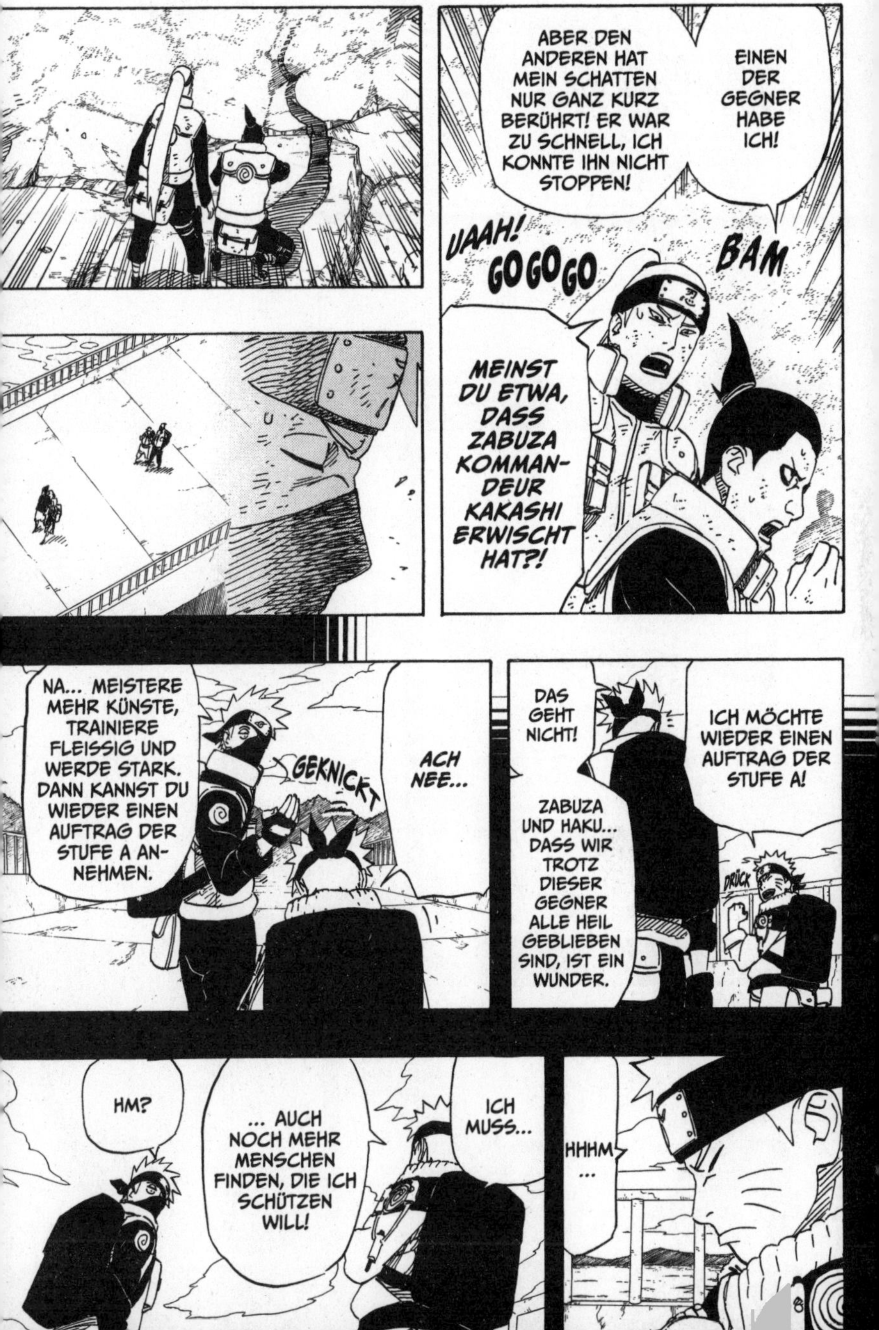
EINEN DER GEGNER HABE ICH!
ABER DEN ANDEREN HAT MEIN SCHATTEN NUR GANZ KURZ BERÜHRT! ER WAR ZU SCHNELL, ICH KONNTE IHN NICHT STOPPEN!
BAM
UAAH!
GOGOGO
MEINST DU ETWA, DASS ZABUZA KOMMANDEUR KAKASHI ERWISCHT HAT?!
ICH MÖCHTE WIEDER EINEN AUFTRAG DER STUFE A!
DRÜCK
DAS GEHT NICHT!
ZABUZA UND HAKU... DASS WIR TROTZ DIESER GEGNER ALLE HEIL GEBLIEBEN SIND, IST EIN WUNDER.
ACH NEE...
GEKNICKT
NA... MEISTERE MEHR KÜNSTE, TRAINIERE FLEISSIG UND WERDE STARK. DANN KANNST DU WIEDER EINEN AUFTRAG DER STUFE A ANNEHMEN.
HHHM...
ICH MUSS...
... AUCH NOCH MEHR MENSCHEN FINDEN, DIE ICH SCHÜTZEN WILL!
HM?

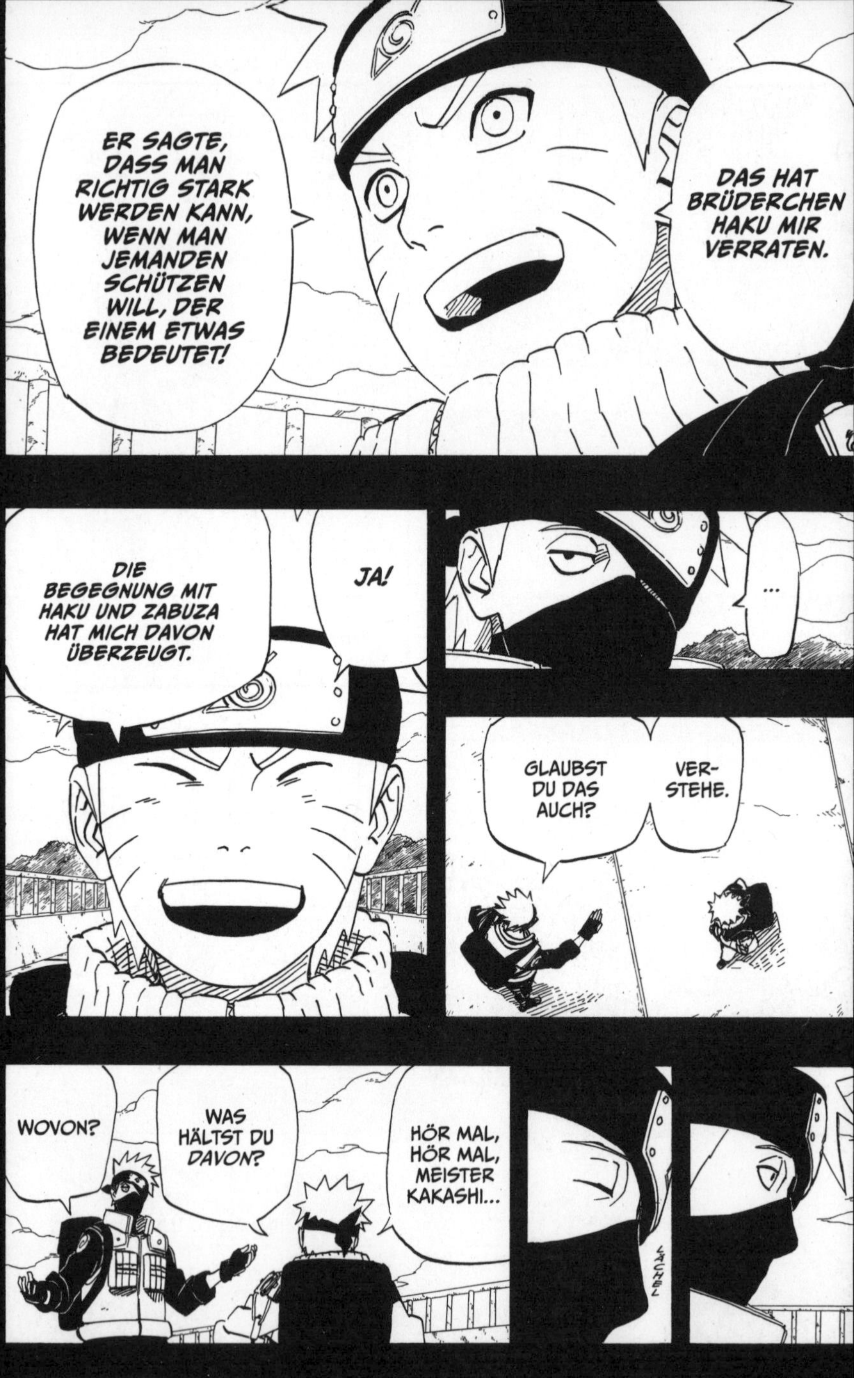

DAS HAT BRÜDERCHEN HAKU MIR VERRATEN.
ER SAGTE, DASS MAN RICHTIG STARK WERDEN KANN, WENN MAN JEMANDEN SCHÜTZEN WILL, DER EINEM ETWAS BEDEUTET!
...
VER-STEHE.
GLAUBST DU DAS AUCH?
JA!
DIE BEGEGNUNG MIT HAKU UND ZABUZA HAT MICH DAVON ÜBERZEUGT.
LÄCHEL
HÖR MAL, HÖR MAL, MEISTER KAKASHI...
WAS HÄLTST DU DAVON?
WOVON?

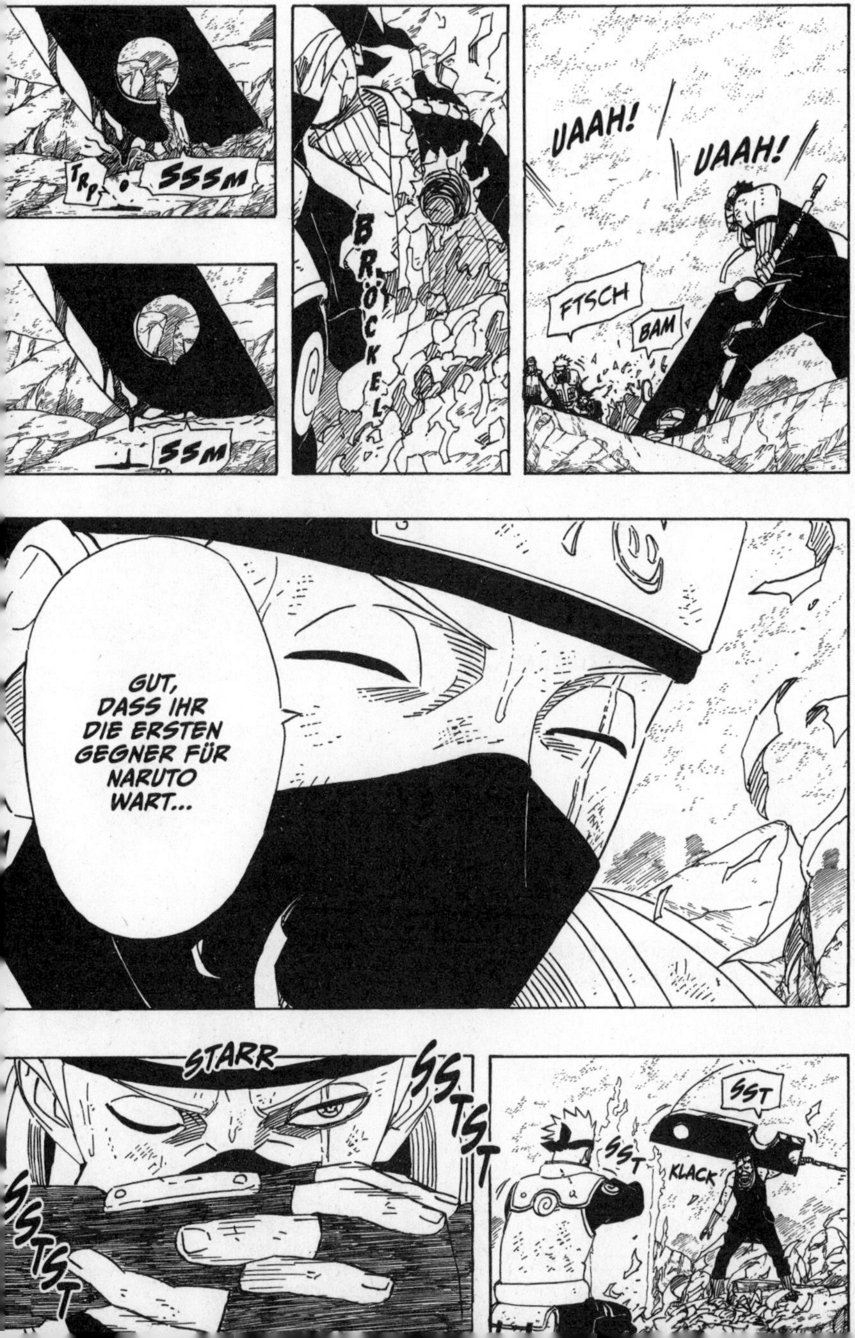

UAAH!
UAAH!
FTSCH
BAM
BRÖCKEL
TRP
SSSM
SSM
GUT, DASS IHR DIE ERSTEN GEGNER FÜR NARUTO WART...
STARR
SSTST
SSTST
SST
SST
KLACK

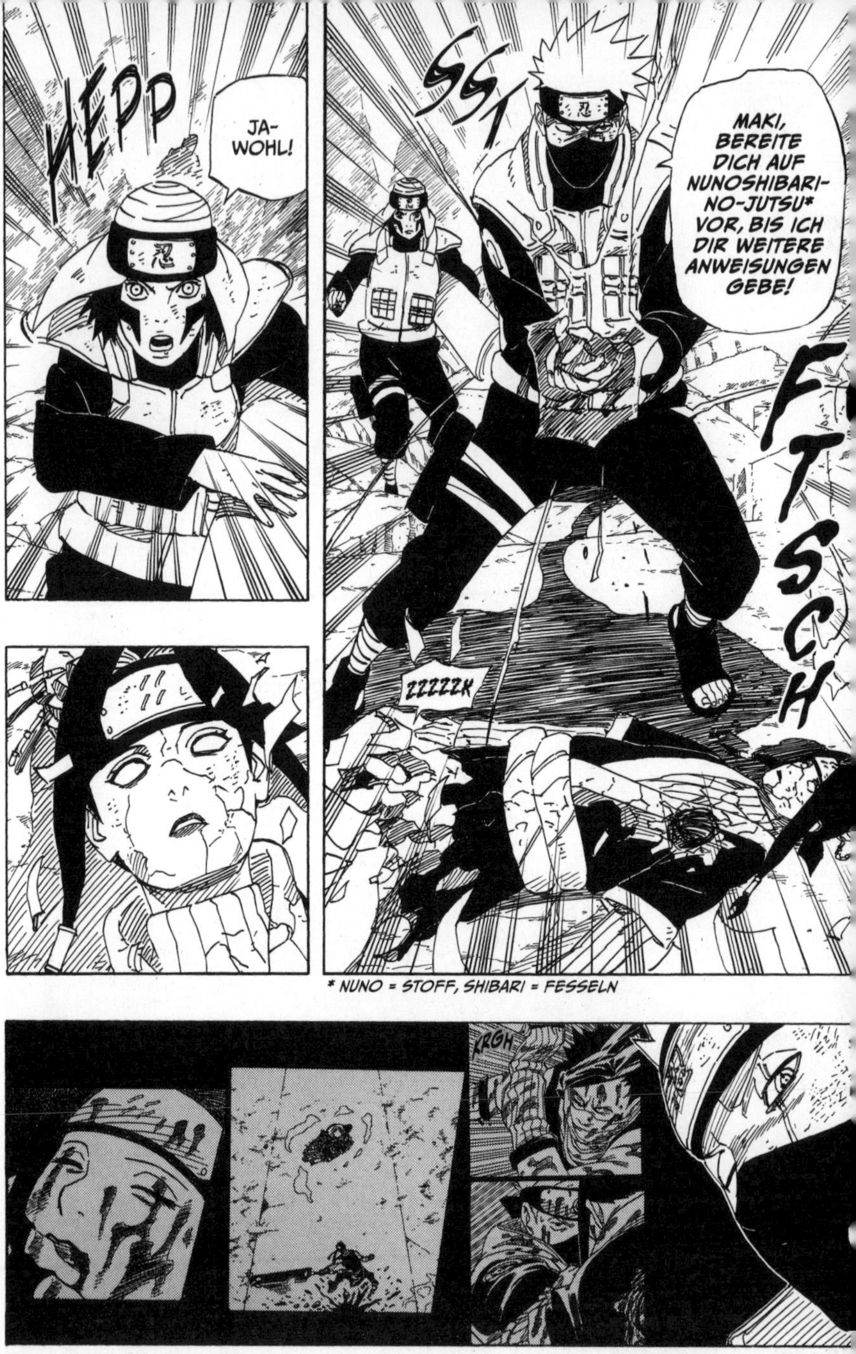

* NUNO = STOFF, SHIBARI = FESSELN

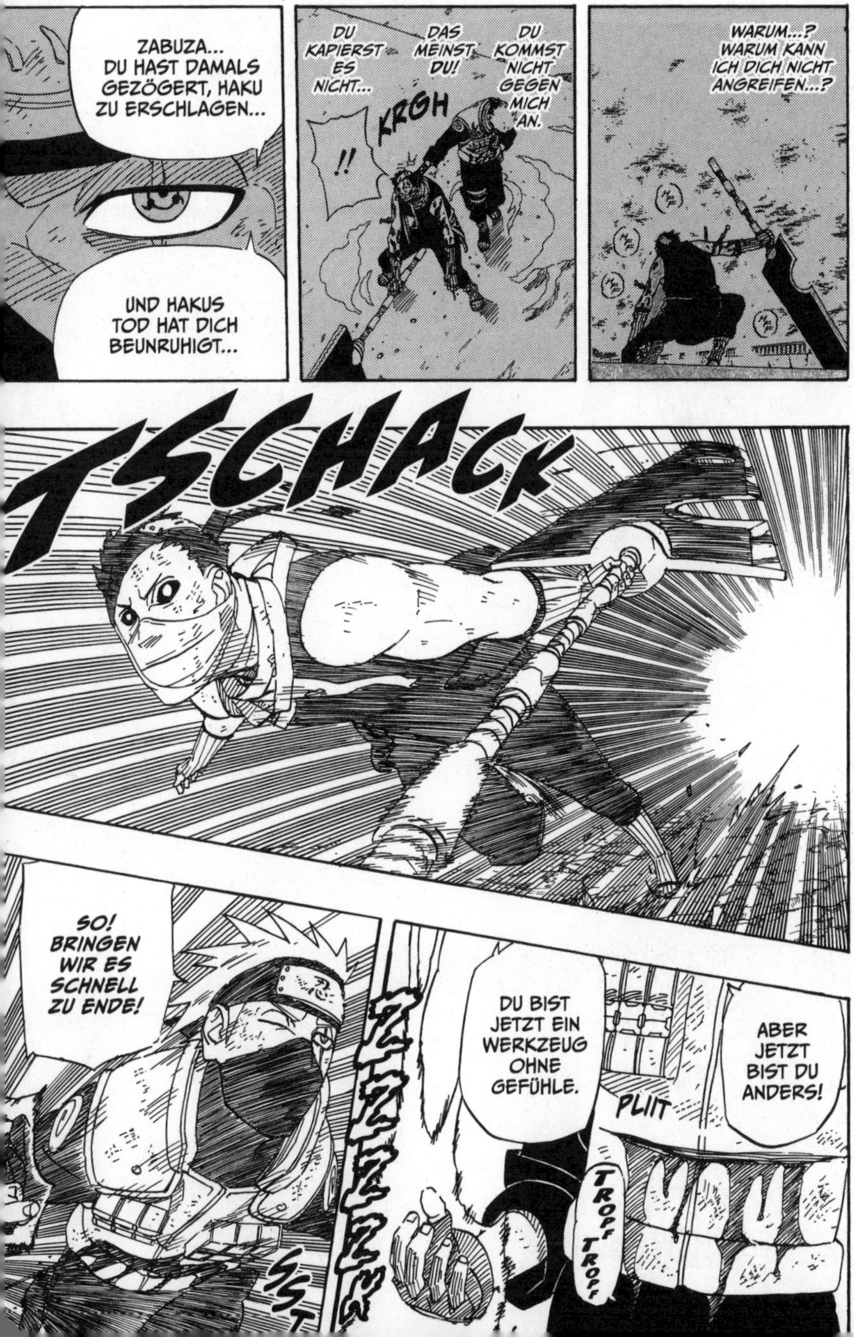
WARUM...? WARUM KANN ICH DICH NICHT ANGREIFEN...?
DU KOMMST NICHT GEGEN MICH AN.
DAS MEINST DU!
DU KAPIERST ES NICHT...
KRGH
!!
ZABUZA... DU HAST DAMALS GEZÖGERT, HAKU ZU ERSCHLAGEN...
UND HAKUS TOD HAT DICH BEUNRUHIGT...
TSCHACK
ABER JETZT BIST DU ANDERS!
DU BIST JETZT EIN WERKZEUG OHNE GEFÜHLE.
PLIIT
TROPF TROPF
SO! BRINGEN WIR ES SCHNELL ZU ENDE!
SST

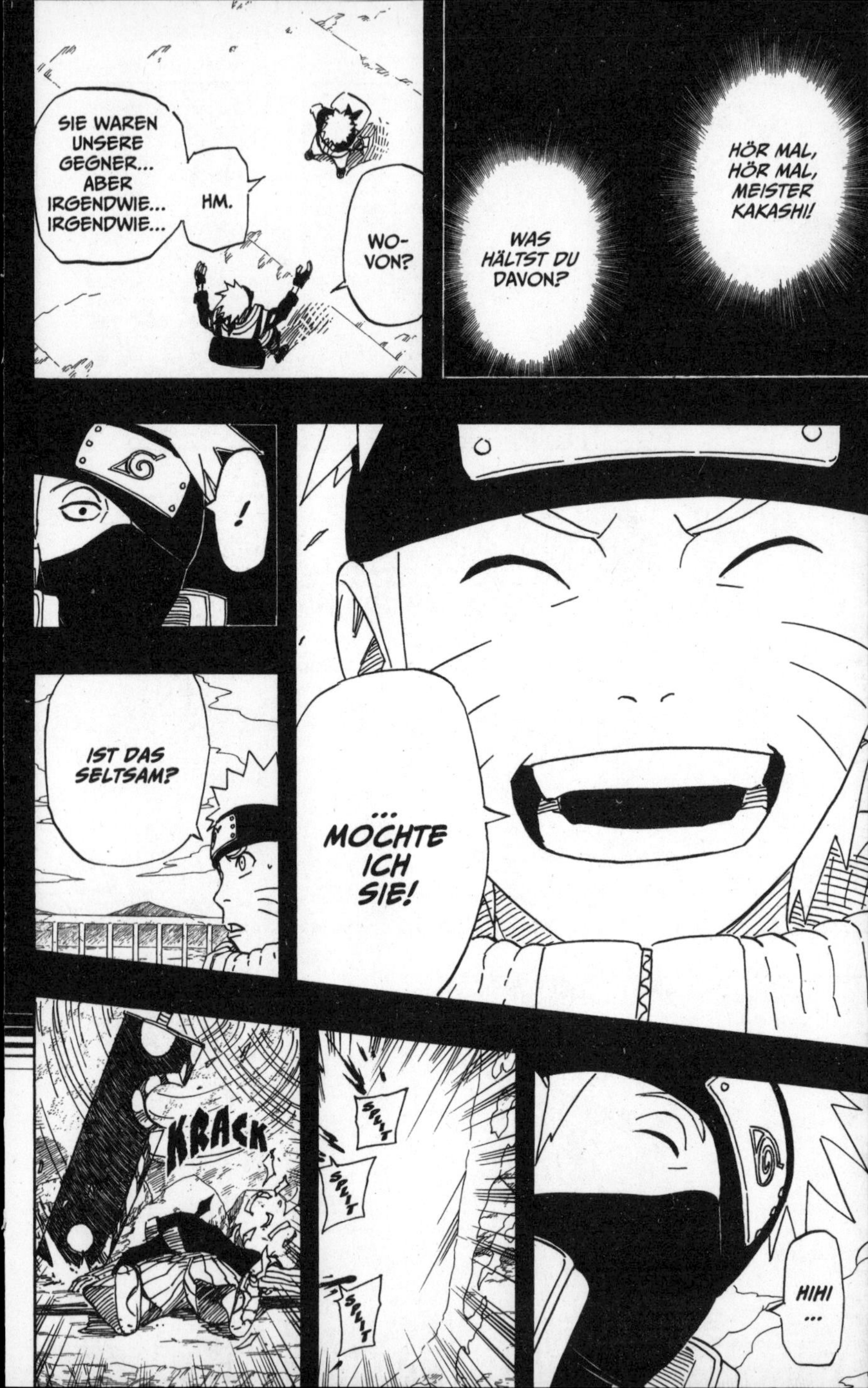
HÖR MAL, HÖR MAL, MEISTER KAKASHI!
WAS HÄLTST DU DAVON?
WO-VON?
HM.
SIE WAREN UNSERE GEGNER... ABER IRGENDWIE... IRGENDWIE...
... MÖCHTE ICH SIE!
!
IST DAS SELTSAM?
HIHI ...
SPLIT
SPLIT
SPLIT
KRACK

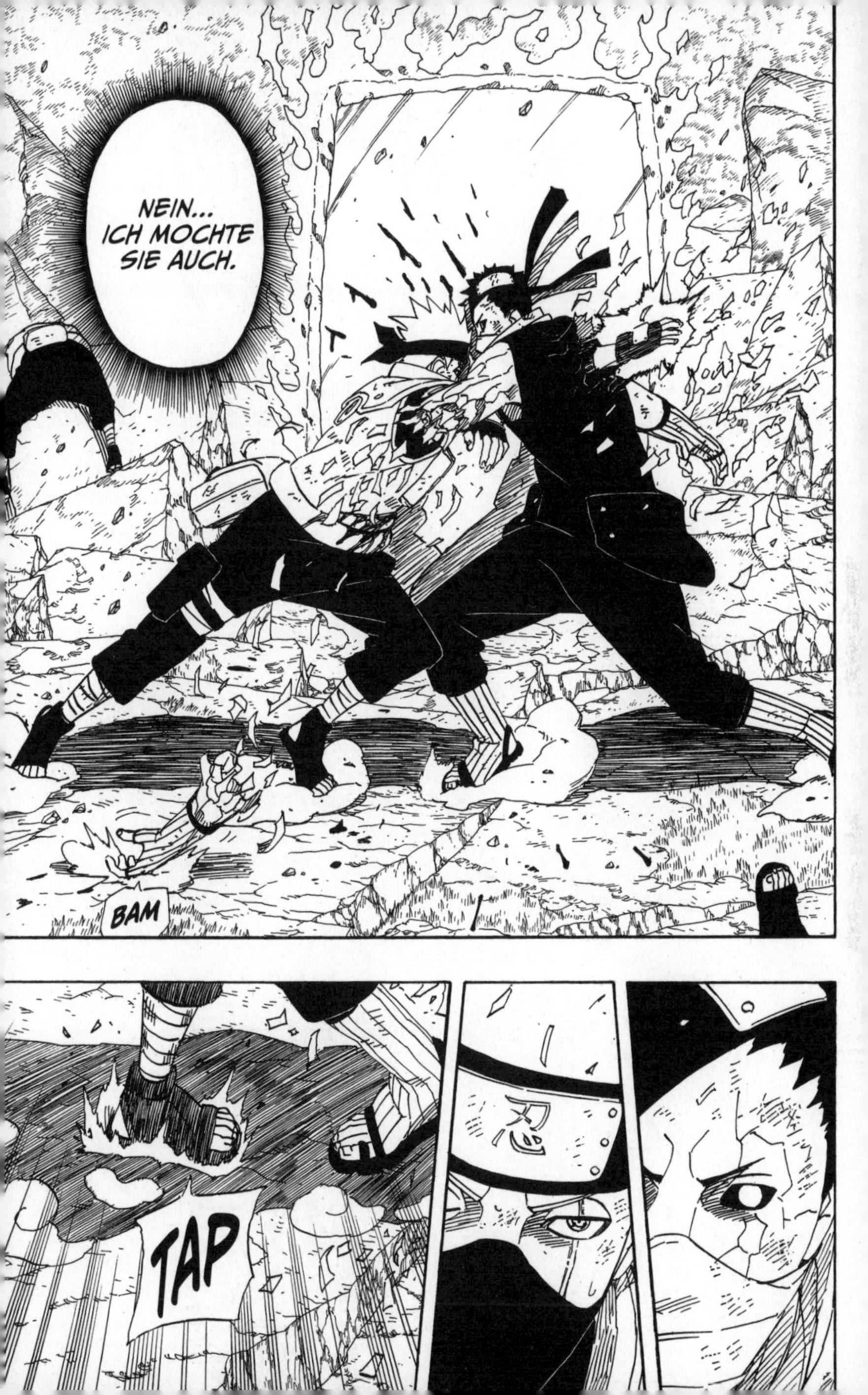
NEIN... ICH MOCHTE SIE AUCH.
BAM
TAP

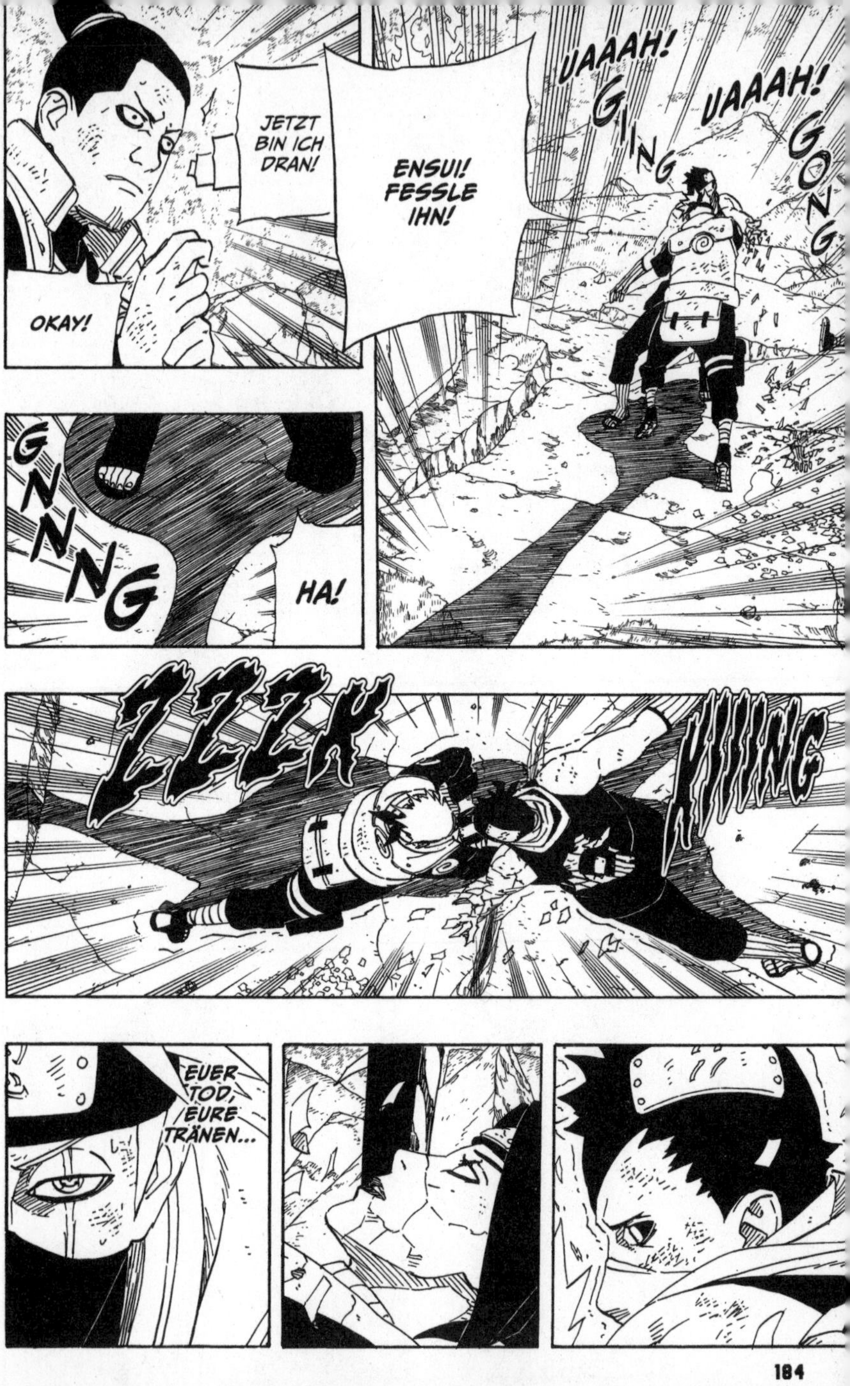
UAAAH!
GING
UAAAH!
GONG
ENSUI! FESSLE IHN!
JETZT BIN ICH DRAN!
OKAY!
GNNNG
HA!
KIIING
ZZZK
EUER TOD, EURE TRÄNEN...

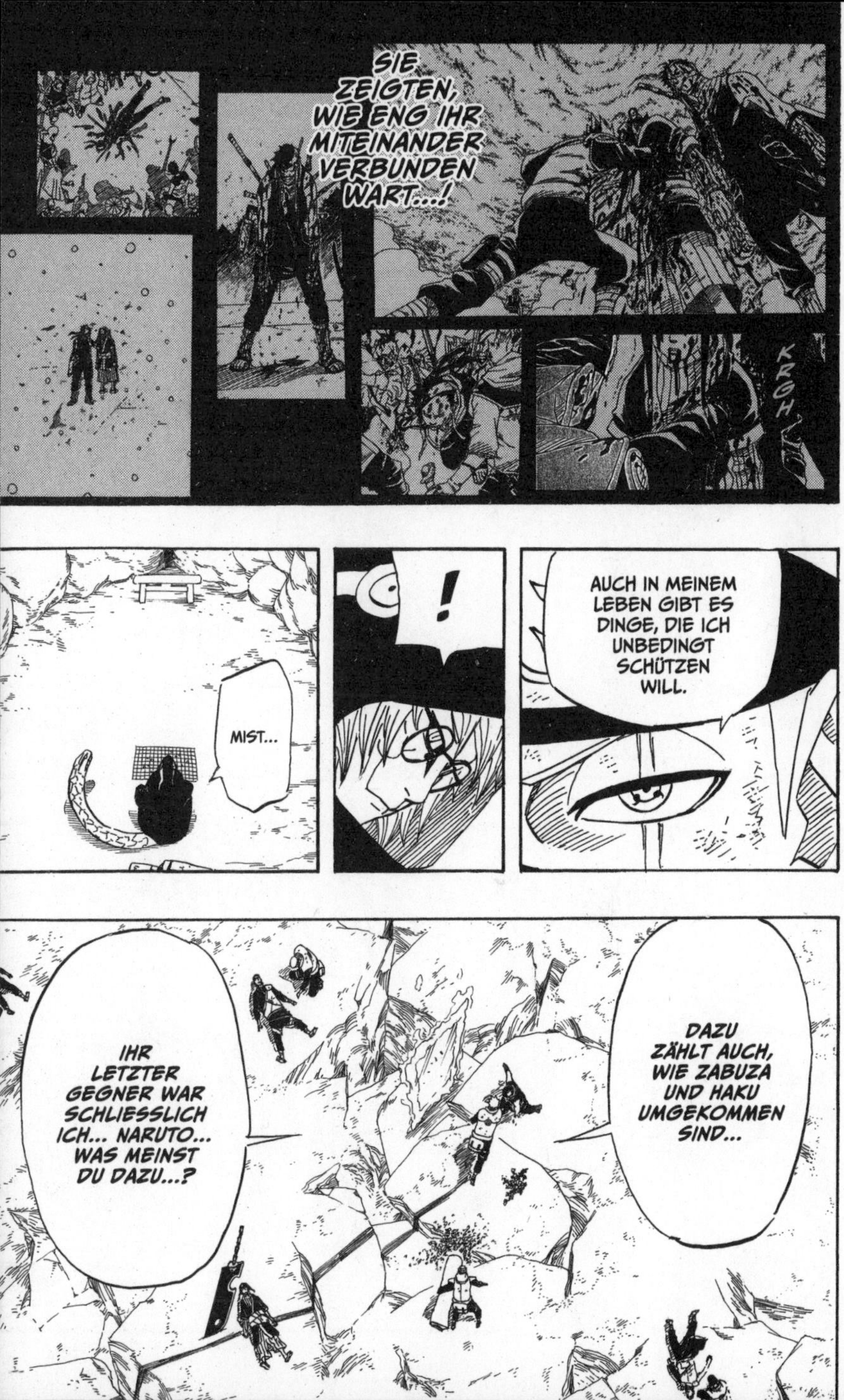
SIE ZEIGTEN, WIE ENG IHR MITEINANDER VERBUNDEN WART...!
KRGH
AUCH IN MEINEM LEBEN GIBT ES DINGE, DIE ICH UNBEDINGT SCHÜTZEN WILL.
!
MIST...
DAZU ZÄHLT AUCH, WIE ZABUZA UND HAKU UMGEKOMMEN SIND...
IHR LETZTER GEGNER WAR SCHLIESSLICH ICH... NARUTO... WAS MEINST DU DAZU...?

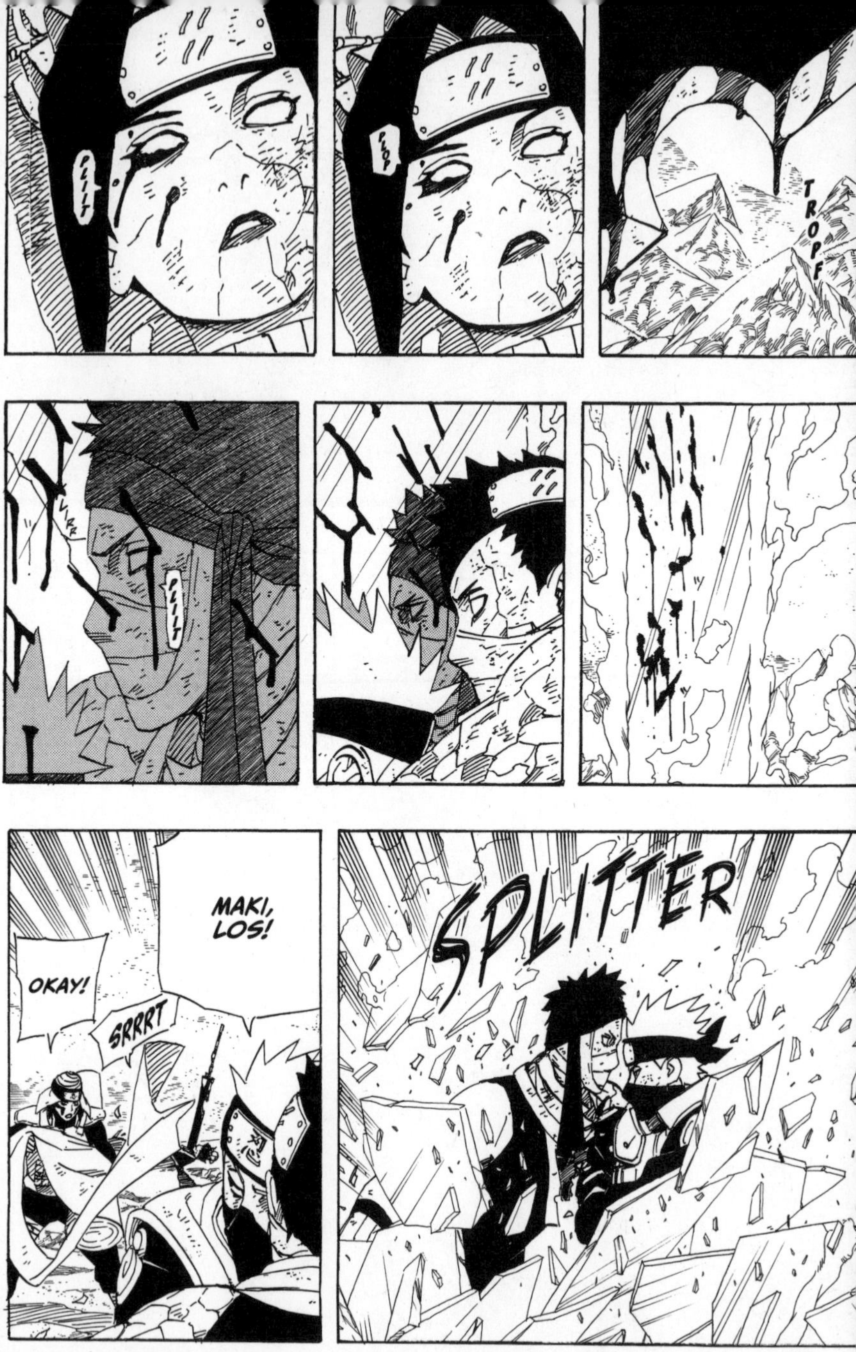
TROPF
PLOP
PLIIT
PLIIT
VIRR
MAKI, LOS!
OKAY!
SRRRT
SPLITTER

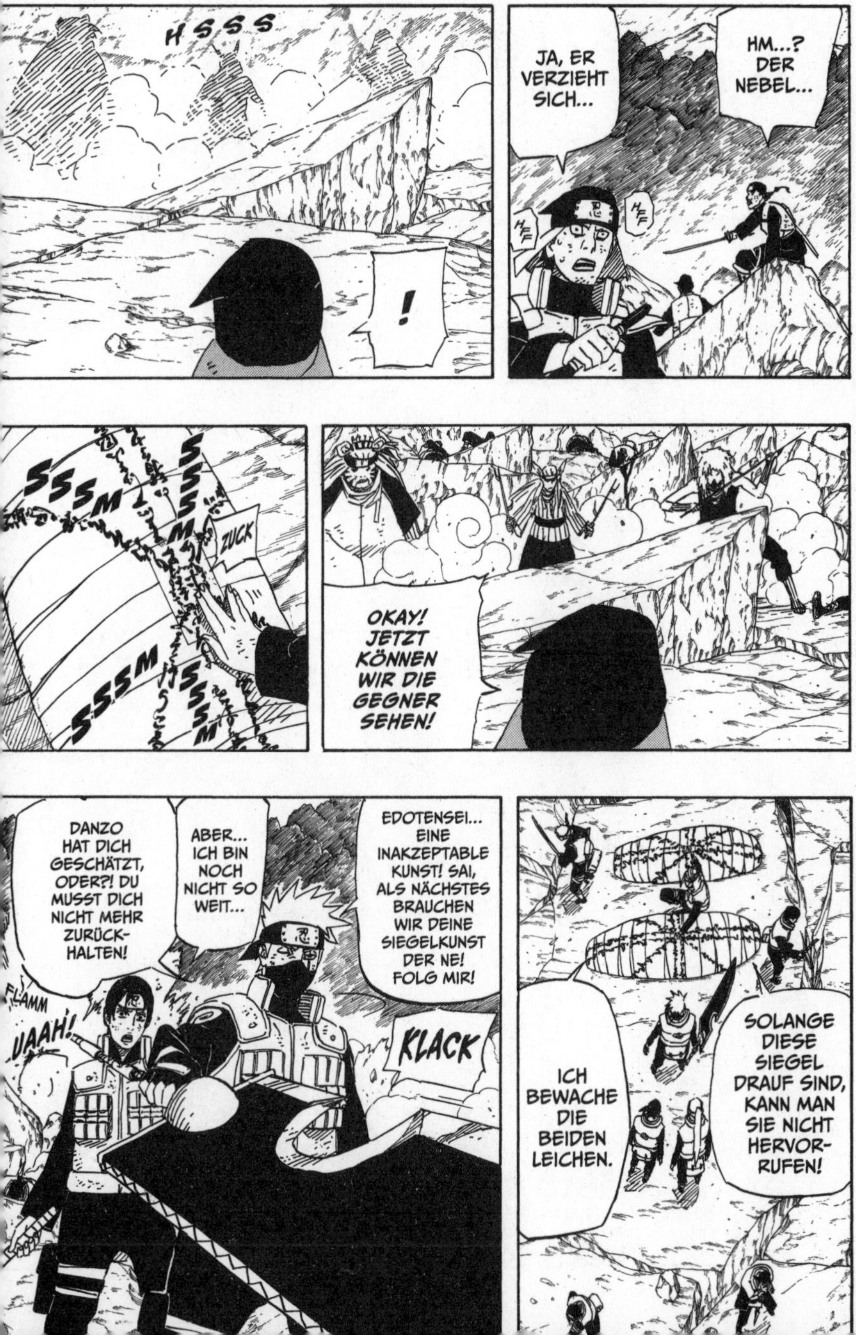
HM...? DER NEBEL...
JA, ER VERZIEHT SICH...
HEF
HEF
HSSS
!
OKAY! JETZT KÖNNEN WIR DIE GEGNER SEHEN!
SSSM
SSSM
ZUCK
SSSM
SSSM
SSSM
SOLANGE DIESE SIEGEL DRAUF SIND, KANN MAN SIE NICHT HERVORRUFEN!
ICH BEWACHE DIE BEIDEN LEICHEN.
EDOTENSEI... EINE INAKZEPTABLE KUNST! SAI, ALS NÄCHSTES BRAUCHEN WIR DEINE SIEGELKUNST DER NE! FOLG MIR!
ABER... ICH BIN NOCH NICHT SO WEIT...
DANZO HAT DICH GESCHÄTZT, ODER?! DU MUSST DICH NICHT MEHR ZURÜCKHALTEN!
KLACK
FLAMM
UAAH!

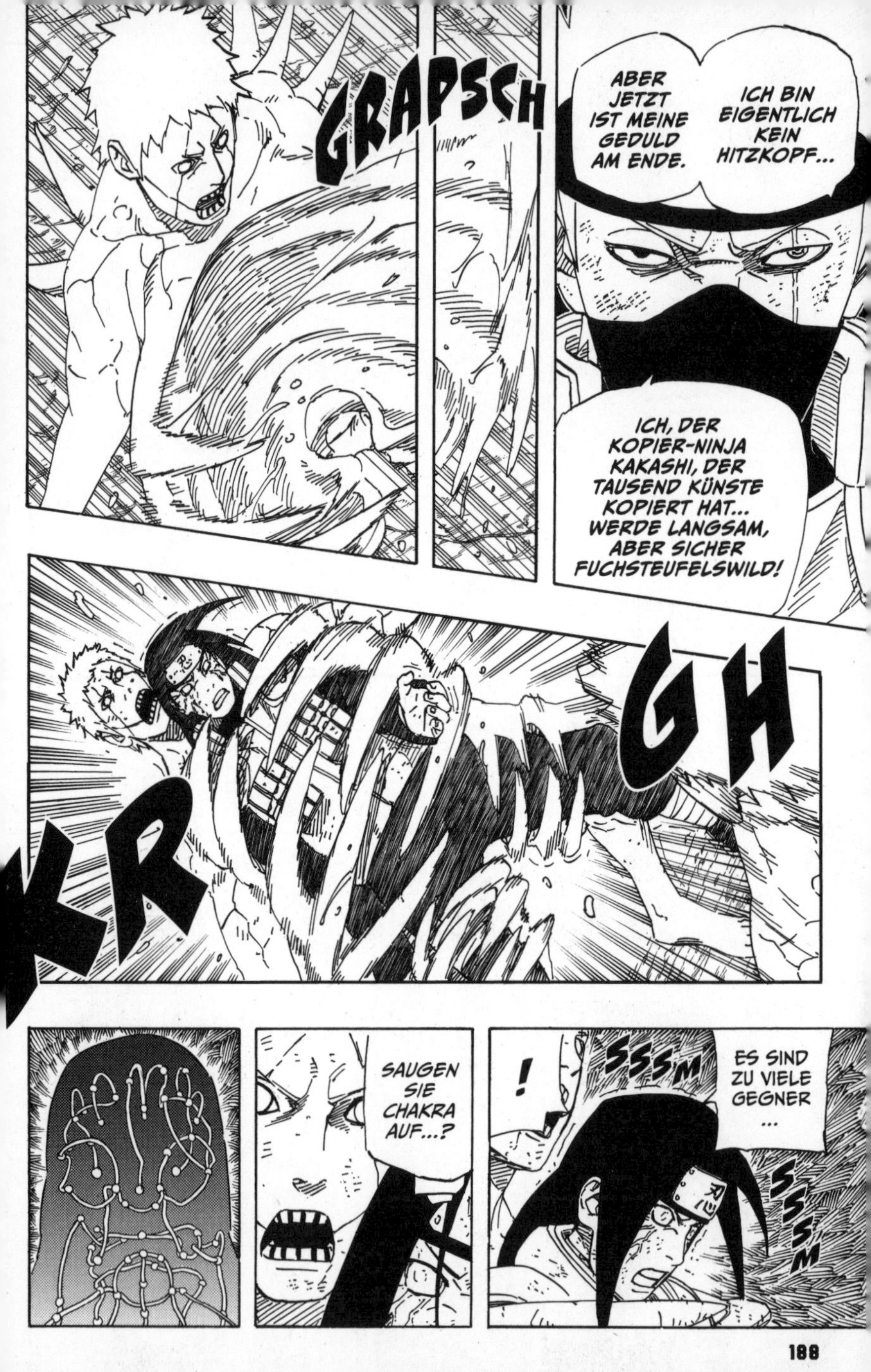

ICH BIN EIGENTLICH KEIN HITZKOPF...
ABER JETZT IST MEINE GEDULD AM ENDE.
ICH, DER KOPIER-NINJA KAKASHI, DER TAUSEND KÜNSTE KOPIERT HAT... WERDE LANGSAM, ABER SICHER FUCHSTEUFELSWILD!
GRAPSCH
KR
GH
SSSM
ES SIND ZU VIELE GEGNER ...
!
SSSM
SAUGEN SIE CHAKRA AUF...?

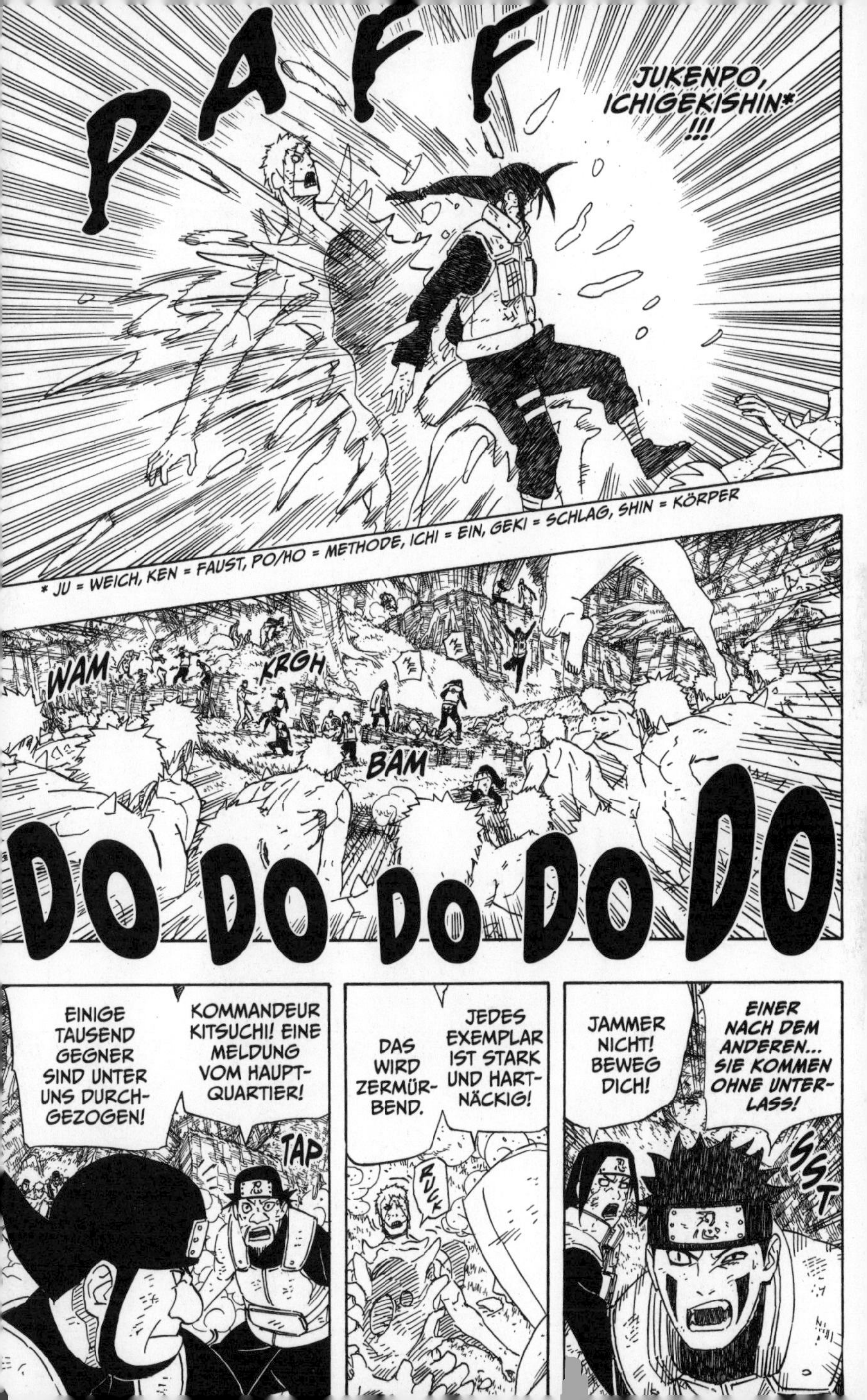
PAFF
JUKENPO, ICHIGEKISHIN* !!!
* JU = WEICH, KEN = FAUST, PO/HO = METHODE, ICHI = EIN, GEKI = SCHLAG, SHIN = KÖRPER
WAM
KRGH
BAM
DO DO DO DO DO
EINER NACH DEM ANDEREN... SIE KOMMEN OHNE UNTERLASS!
JAMMER NICHT! BEWEG DICH!
SST
JEDES EXEMPLAR IST STARK UND HARTNÄCKIG!
DAS WIRD ZERMÜRBEND.
RUCK
KOMMANDEUR KITSUCHI! EINE MELDUNG VOM HAUPTQUARTIER!
EINIGE TAUSEND GEGNER SIND UNTER UNS DURCHGEZOGEN!
TAP

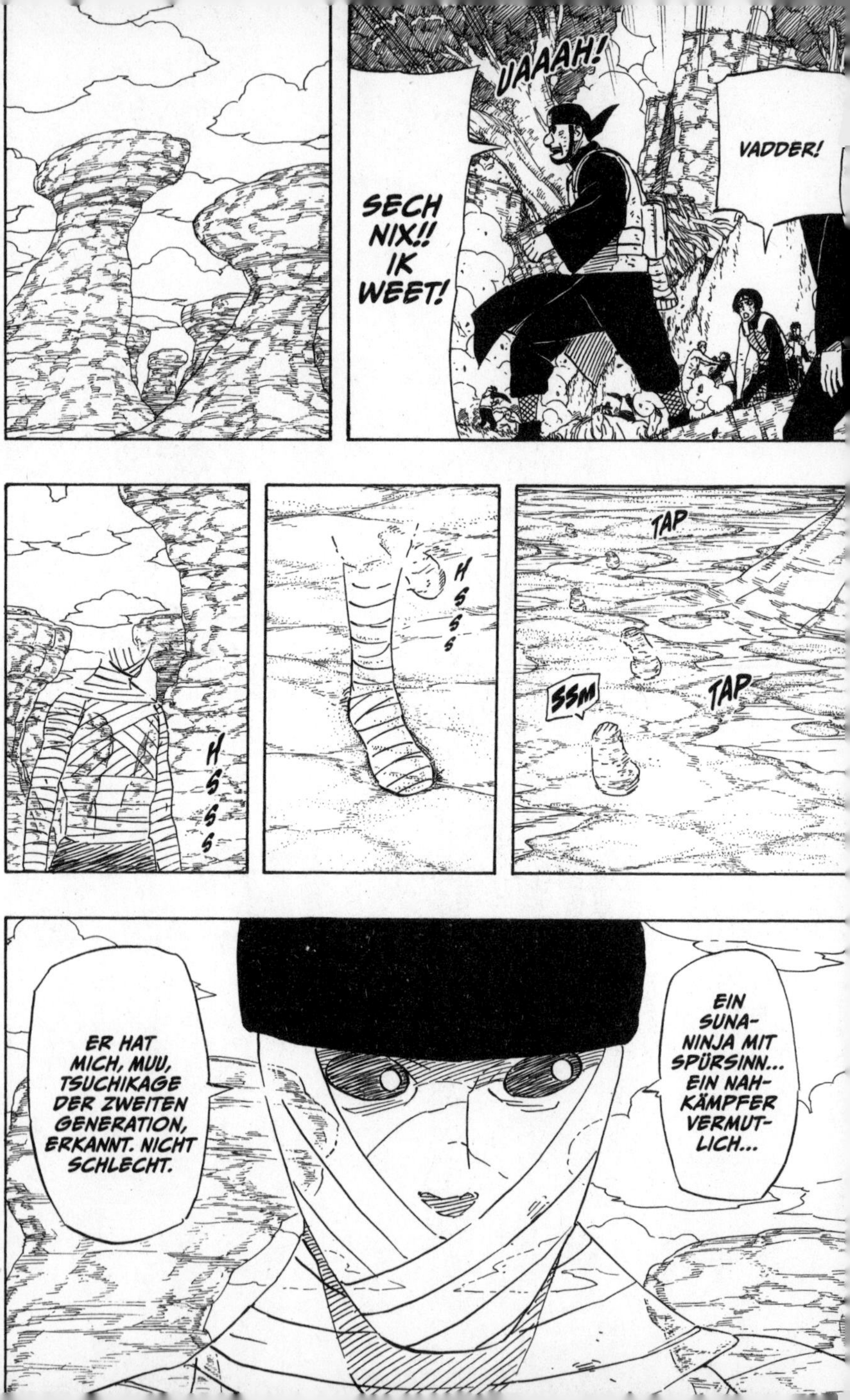
VADDER!
UAAAH!
SECH NIX!! IK WEET!
TAP
TAP
SSM
HSSS
HSSS
EIN SUNA-NINJA MIT SPÜRSINN... EIN NAH-KÄMPFER VERMUT-LICH...
ER HAT MICH, MUU, TSUCHIKAGE DER ZWEITEN GENERATION, ERKANNT. NICHT SCHLECHT.

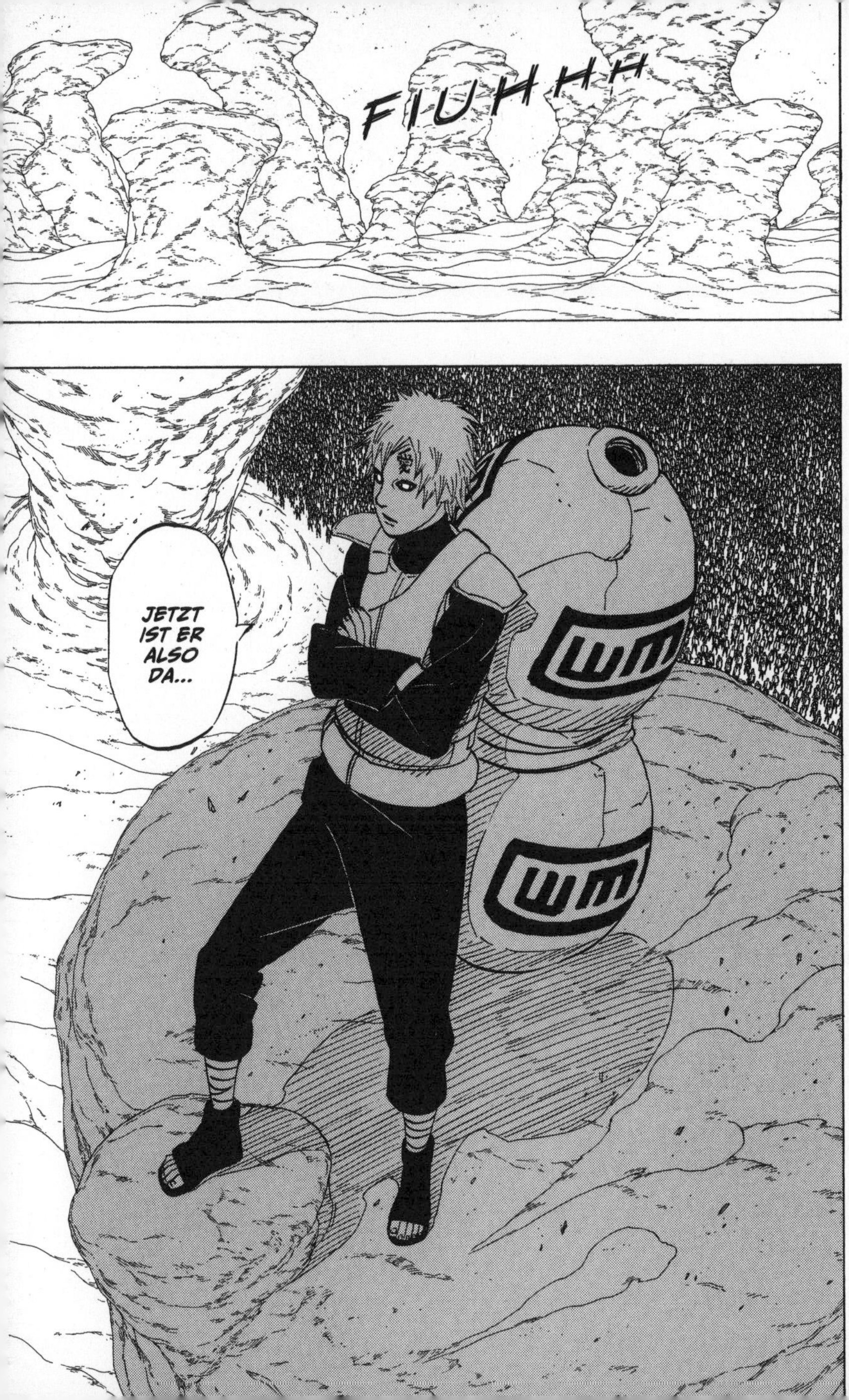
FIUHHH
JETZT IST ER ALSO DA...

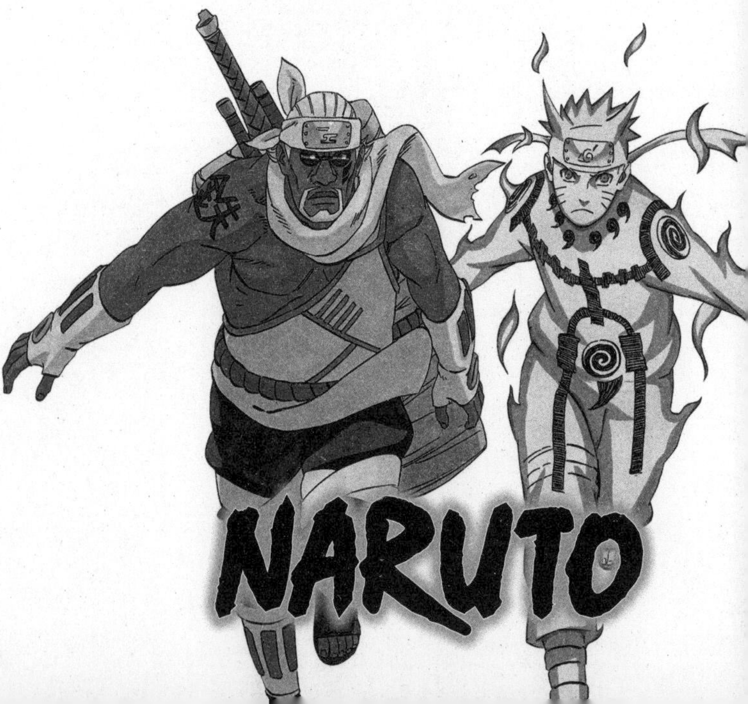
NARUTO

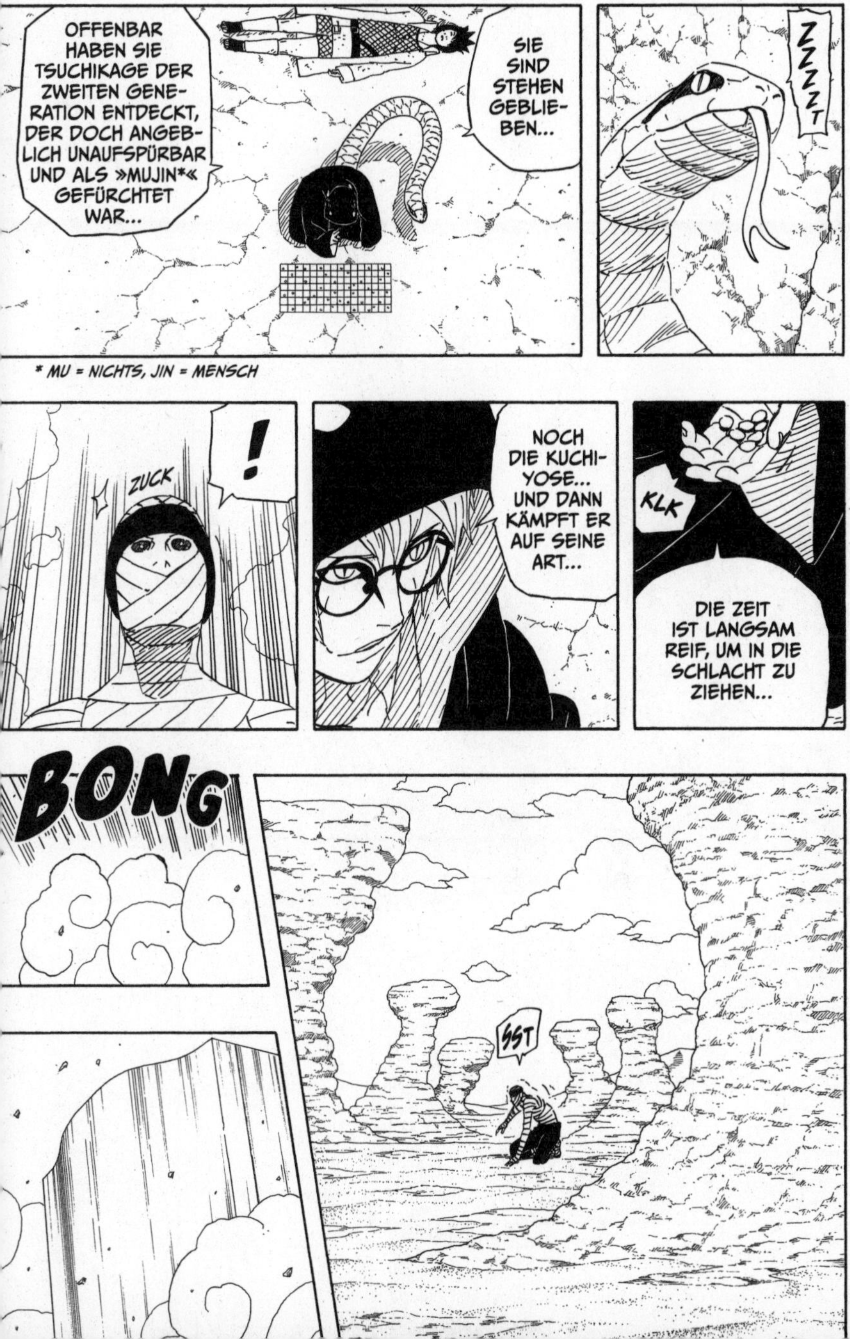
ZZZZT
SIE SIND STEHEN GEBLIE-BEN...
OFFENBAR HABEN SIE TSUCHIKAGE DER ZWEITEN GENE-RATION ENTDECKT, DER DOCH ANGEB-LICH UNAUFSPÜRBAR UND ALS »MUJIN*« GEFÜRCHTET WAR...
* MU = NICHTS, JIN = MENSCH
KLK
DIE ZEIT IST LANGSAM REIF, UM IN DIE SCHLACHT ZU ZIEHEN...
NOCH DIE KUCHI-YOSE... UND DANN KÄMPFT ER AUF SEINE ART...
ZUCK
!
BONG
SST

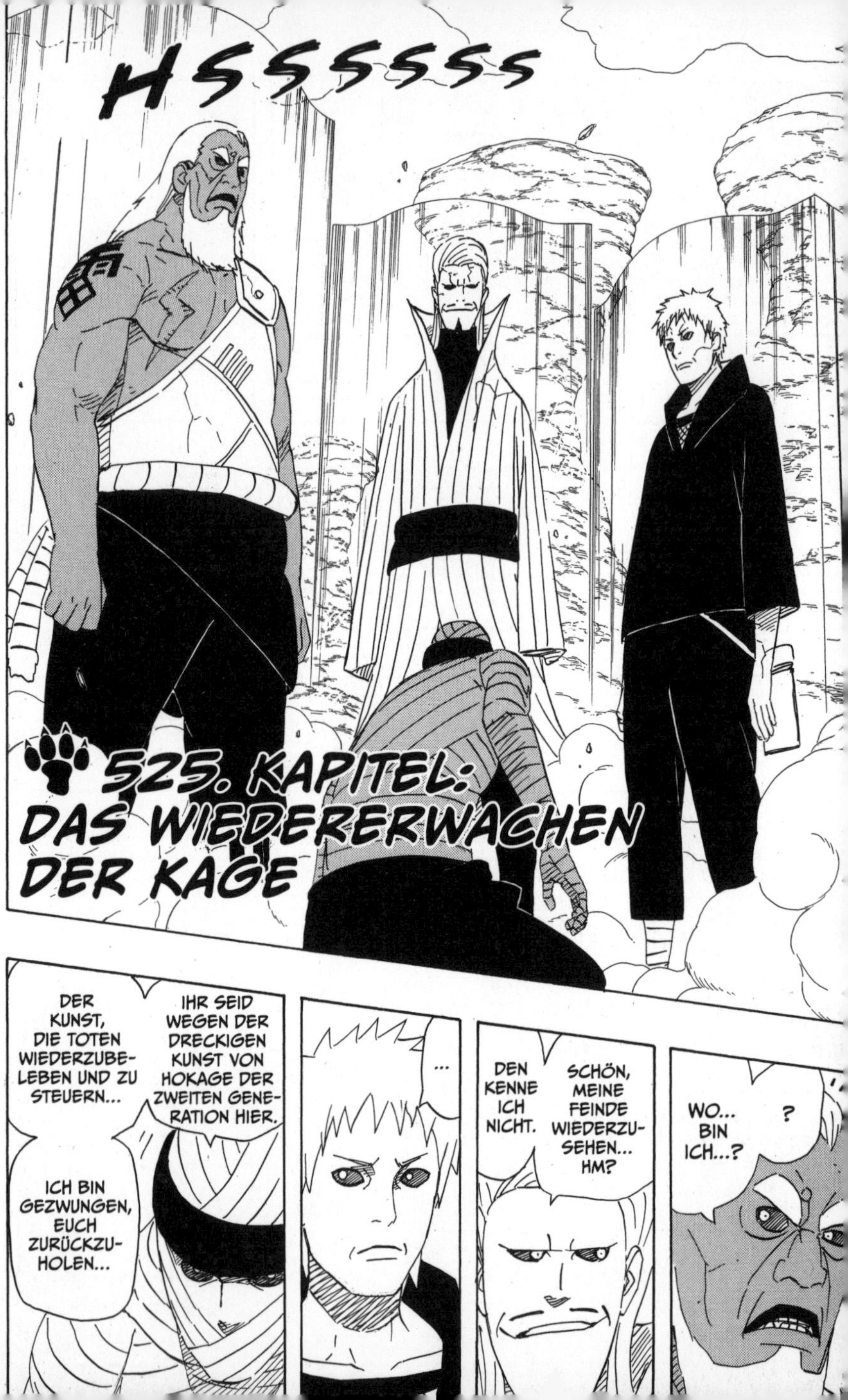
HSSSSSS
525. KAPITEL: DAS WIEDERERWACHEN DER KAGE
?
WO... BIN ICH...?
SCHÖN, MEINE FEINDE WIEDERZUSEHEN... HM?
DEN KENNE ICH NICHT.
...
IHR SEID WEGEN DER DRECKIGEN KUNST VON HOKAGE DER ZWEITEN GENERATION HIER.
DER KUNST, DIE TOTEN WIEDERZUBELEBEN UND ZU STEUERN...
ICH BIN GEZWUNGEN, EUCH ZURÜCKZUHOLEN...

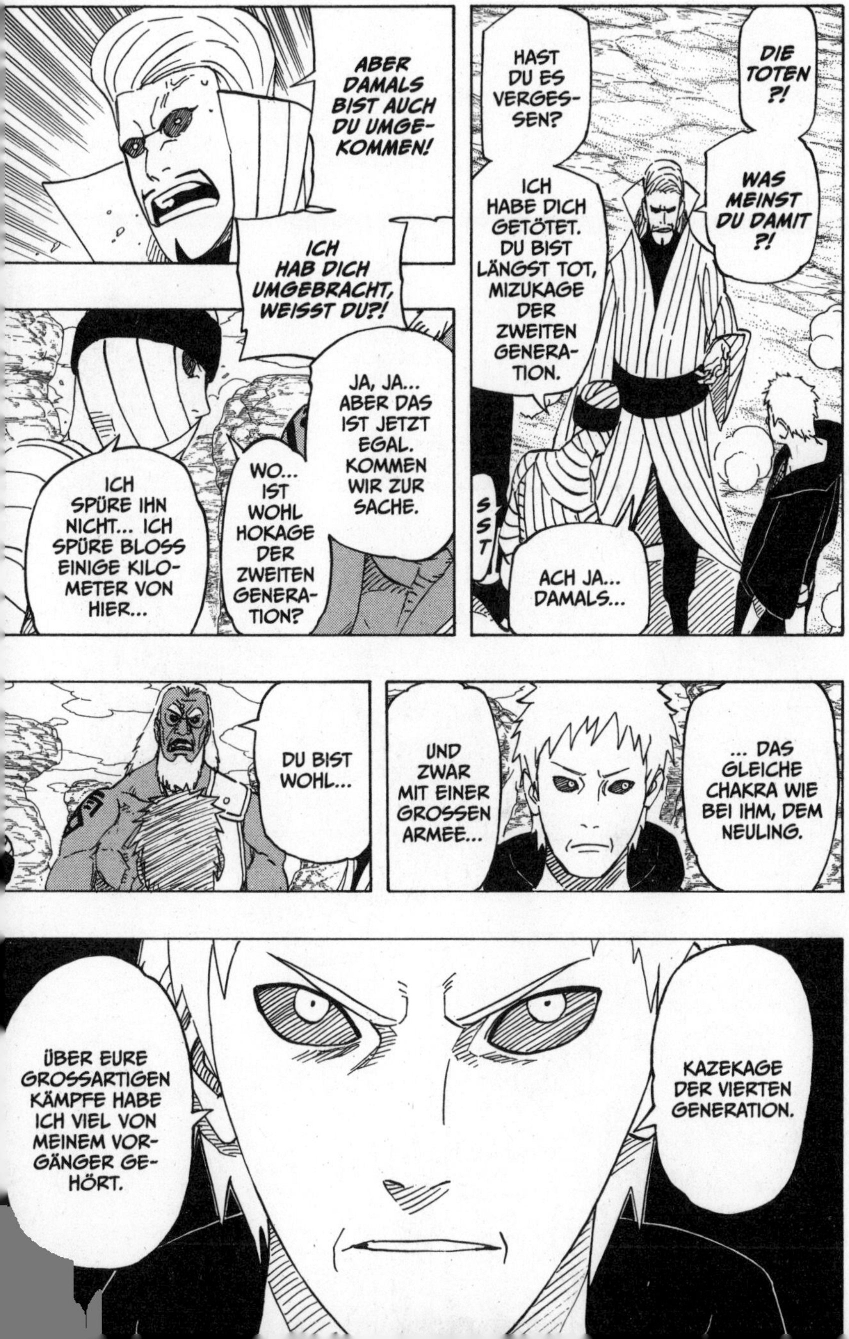
DIE TOTEN ?!
WAS MEINST DU DAMIT ?!
HAST DU ES VERGESSEN?
ICH HABE DICH GETÖTET. DU BIST LÄNGST TOT, MIZUKAGE DER ZWEITEN GENERATION.
SST
ACH JA... DAMALS...
ABER DAMALS BIST AUCH DU UMGEKOMMEN!
ICH HAB DICH UMGEBRACHT, WEISST DU?!
JA, JA... ABER DAS IST JETZT EGAL. KOMMEN WIR ZUR SACHE.
WO... IST WOHL HOKAGE DER ZWEITEN GENERATION?
ICH SPÜRE IHN NICHT... ICH SPÜRE BLOSS EINIGE KILOMETER VON HIER...
... DAS GLEICHE CHAKRA WIE BEI IHM, DEM NEULING.
UND ZWAR MIT EINER GROSSEN ARMEE...
DU BIST WOHL...
KAZEKAGE DER VIERTEN GENERATION.
ÜBER EURE GROSSARTIGEN KÄMPFE HABE ICH VIEL VON MEINEM VORGÄNGER GEHÖRT.

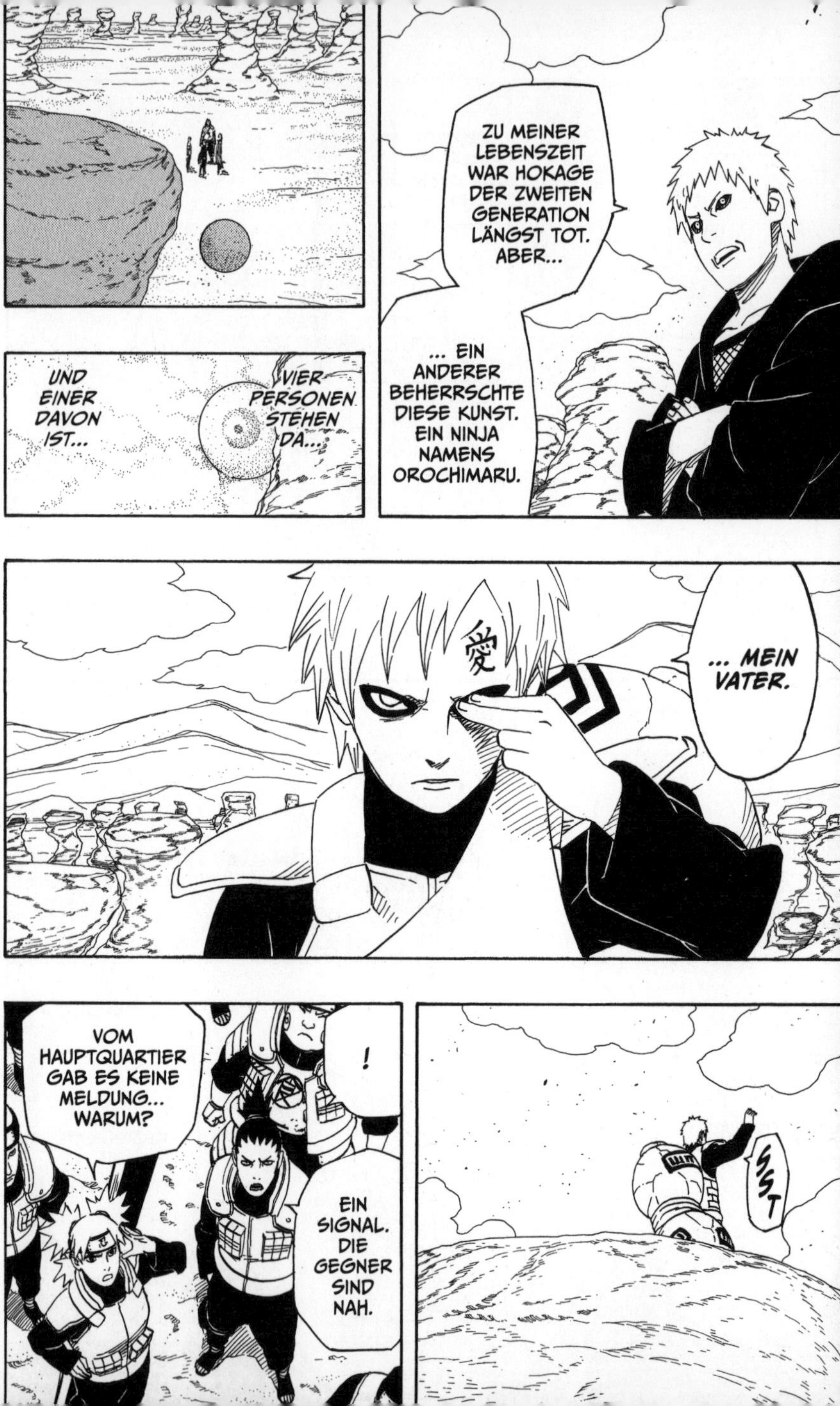
ZU MEINER LEBENSZEIT WAR HOKAGE DER ZWEITEN GENERATION LÄNGST TOT. ABER...
... EIN ANDERER BEHERRSCHTE DIESE KUNST. EIN NINJA NAMENS OROCHIMARU.
VIER PERSONEN STEHEN DA...
UND EINER DAVON IST...
... MEIN VATER.
SST
!
VOM HAUPTQUARTIER GAB ES KEINE MELDUNG... WARUM?
EIN SIGNAL. DIE GEGNER SIND NAH.

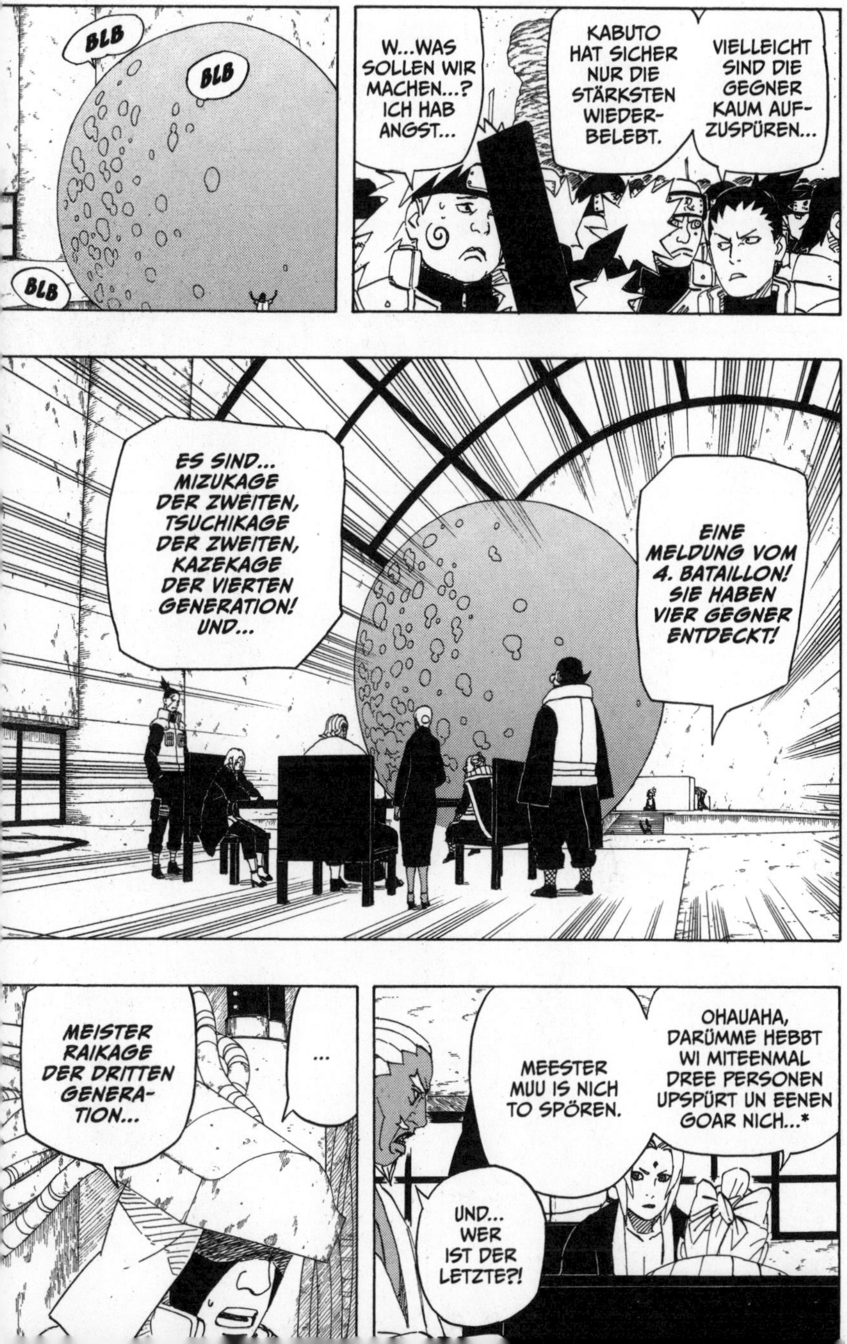
BLB
BLB
BLB
W...WAS SOLLEN WIR MACHEN...? ICH HAB ANGST...
KABUTO HAT SICHER NUR DIE STÄRKSTEN WIEDER-BELEBT.
VIELLEICHT SIND DIE GEGNER KAUM AUF-ZUSPÜREN...
ES SIND... MIZUKAGE DER ZWEITEN, TSUCHIKAGE DER ZWEITEN, KAZEKAGE DER VIERTEN GENERATION! UND...
EINE MELDUNG VOM 4. BATAILLON! SIE HABEN VIER GEGNER ENTDECKT!
MEISTER RAIKAGE DER DRITTEN GENERA-TION...
...
OHAUAHA, DARÜMME HEBBT WI MITEENMAL DREE PERSONEN UPSPÜRT UN EENEN GOAR NICH...*
MEESTER MUU IS NICH TO SPÖREN.
UND... WER IST DER LETZTE?!

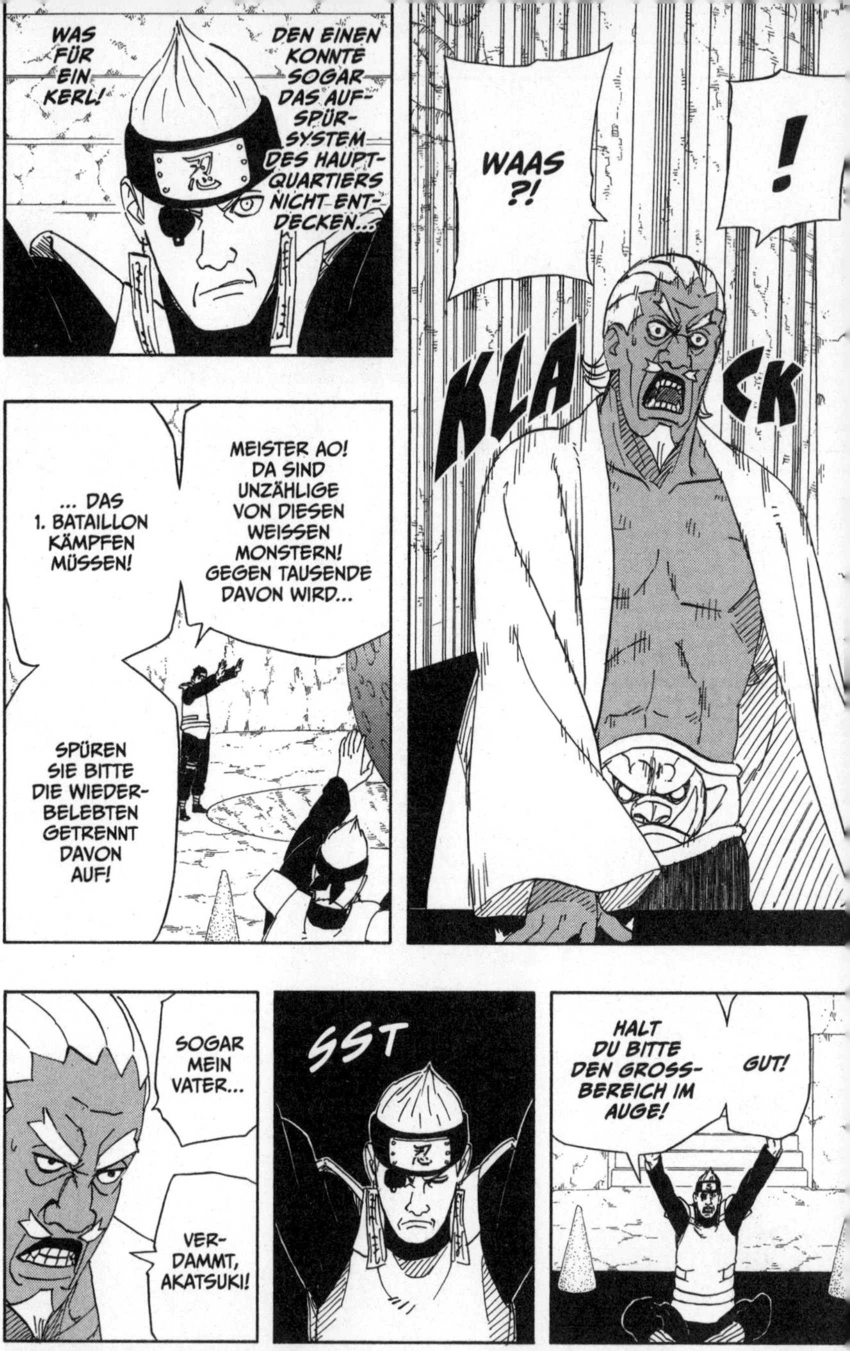
!
WAAS ?!
KLACK
DEN EINEN KONNTE SOGAR DAS AUFSPÜR-SYSTEM DES HAUPTQUARTIERS NICHT ENTDECKEN...
WAS FÜR EIN KERL!
MEISTER AO! DA SIND UNZÄHLIGE VON DIESEN WEISSEN MONSTERN! GEGEN TAUSENDE DAVON WIRD...
... DAS 1. BATAILLON KÄMPFEN MÜSSEN!
SPÜREN SIE BITTE DIE WIEDERBELEBTEN GETRENNT DAVON AUF!
GUT!
HALT DU BITTE DEN GROSSBEREICH IM AUGE!
SST
SOGAR MEIN VATER...
VERDAMMT, AKATSUKI!

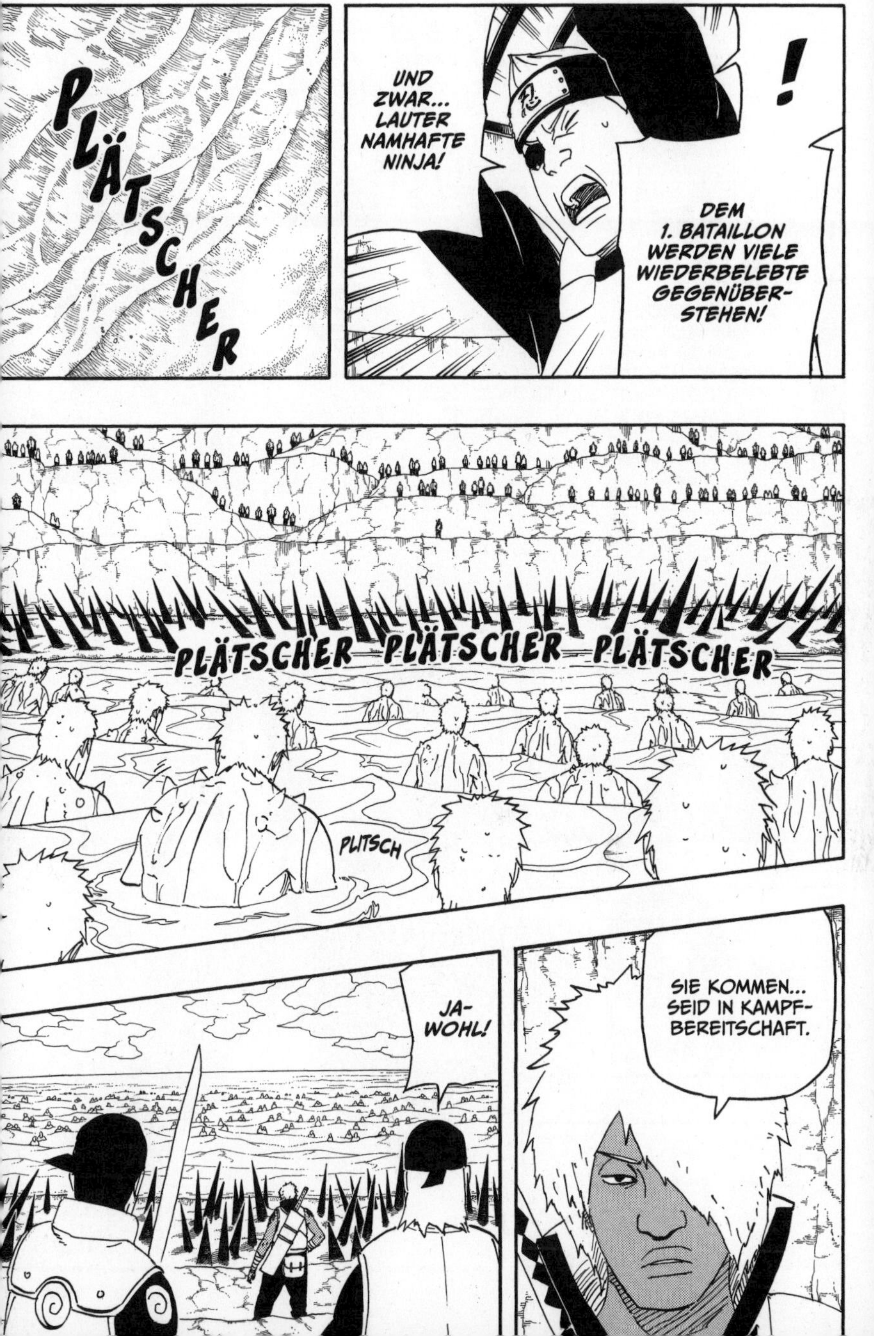

!
DEM 1. BATAILLON WERDEN VIELE WIEDERBELEBTE GEGENÜBERSTEHEN!
UND ZWAR... LAUTER NAMHAFTE NINJA!
PLÄTSCHER
PLÄTSCHER PLÄTSCHER PLÄTSCHER
PLITSCH
SIE KOMMEN... SEID IN KAMPFBEREITSCHAFT.
JAWOHL!

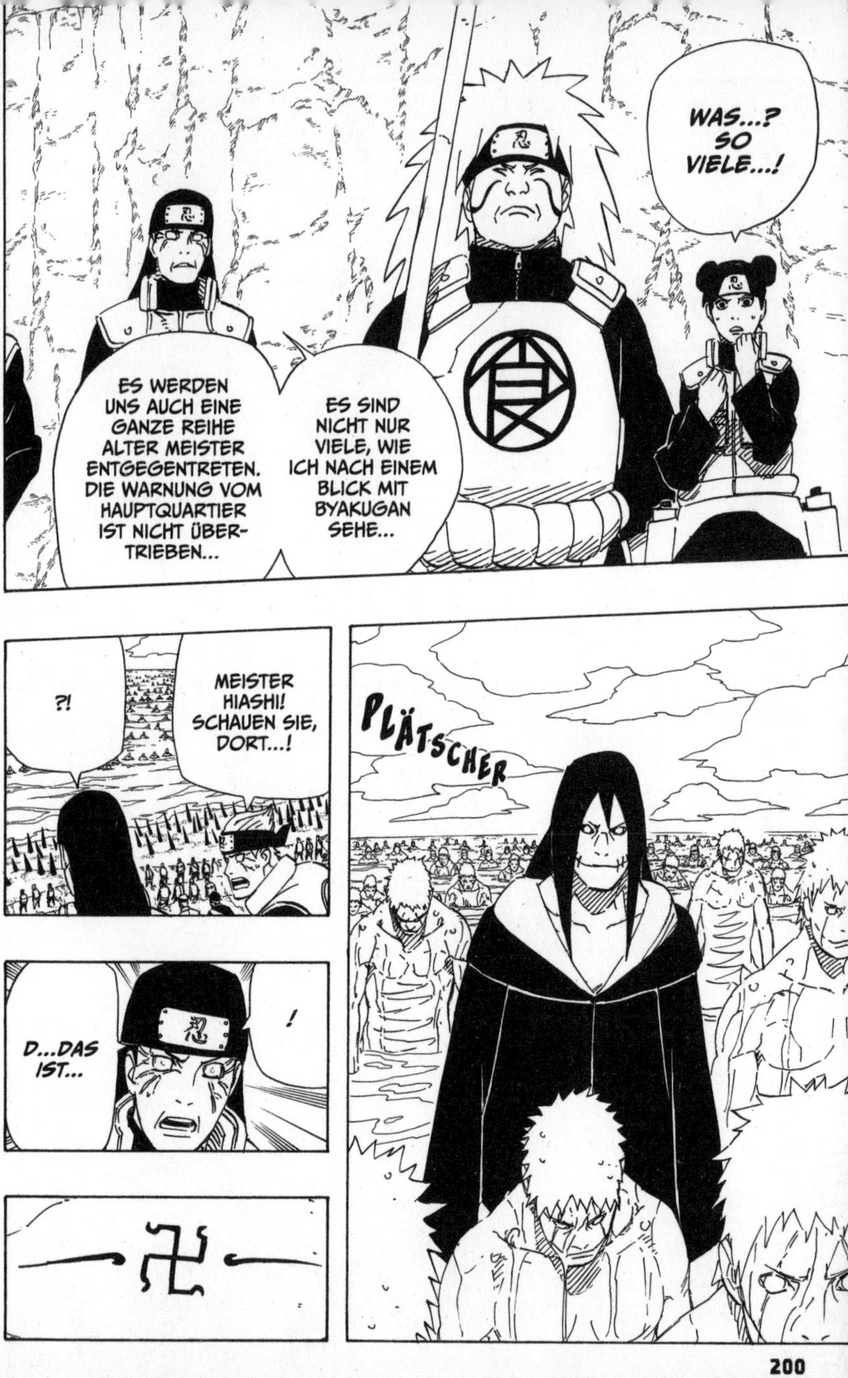
WAS...? SO VIELE...!
ES SIND NICHT NUR VIELE, WIE ICH NACH EINEM BLICK MIT BYAKUGAN SEHE...
ES WERDEN UNS AUCH EINE GANZE REIHE ALTER MEISTER ENTGEGENTRETEN. DIE WARNUNG VOM HAUPTQUARTIER IST NICHT ÜBERTRIEBEN...
PLÄTSCHER
MEISTER HIASHI! SCHAUEN SIE, DORT...!
?!
!
D...DAS IST...

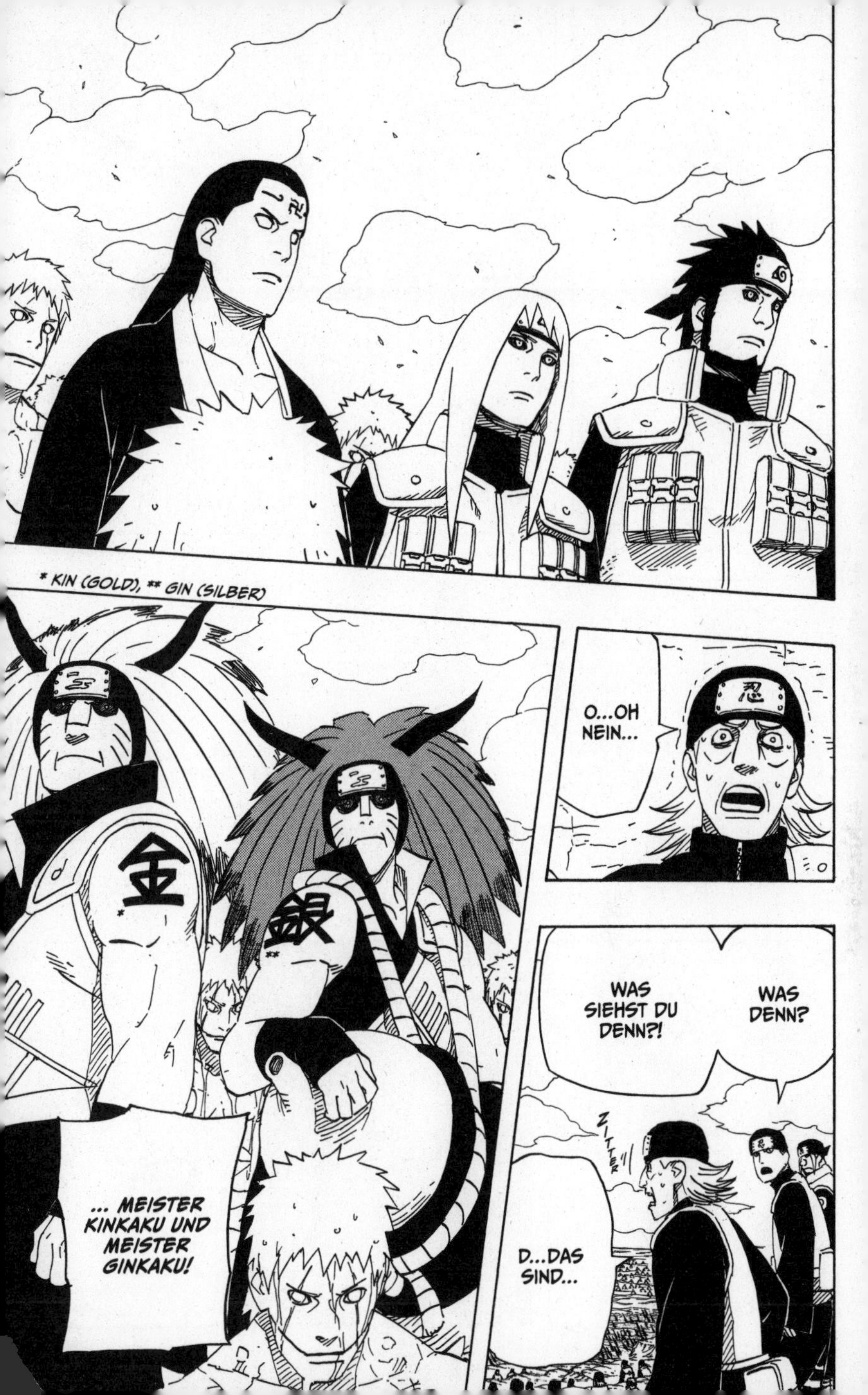
* KIN (GOLD), ** GIN (SILBER)
O...OH NEIN...
WAS DENN?
WAS SIEHST DU DENN?!
ZITTER
D...DAS SIND...
... MEISTER KINKAKU UND MEISTER GINKAKU!

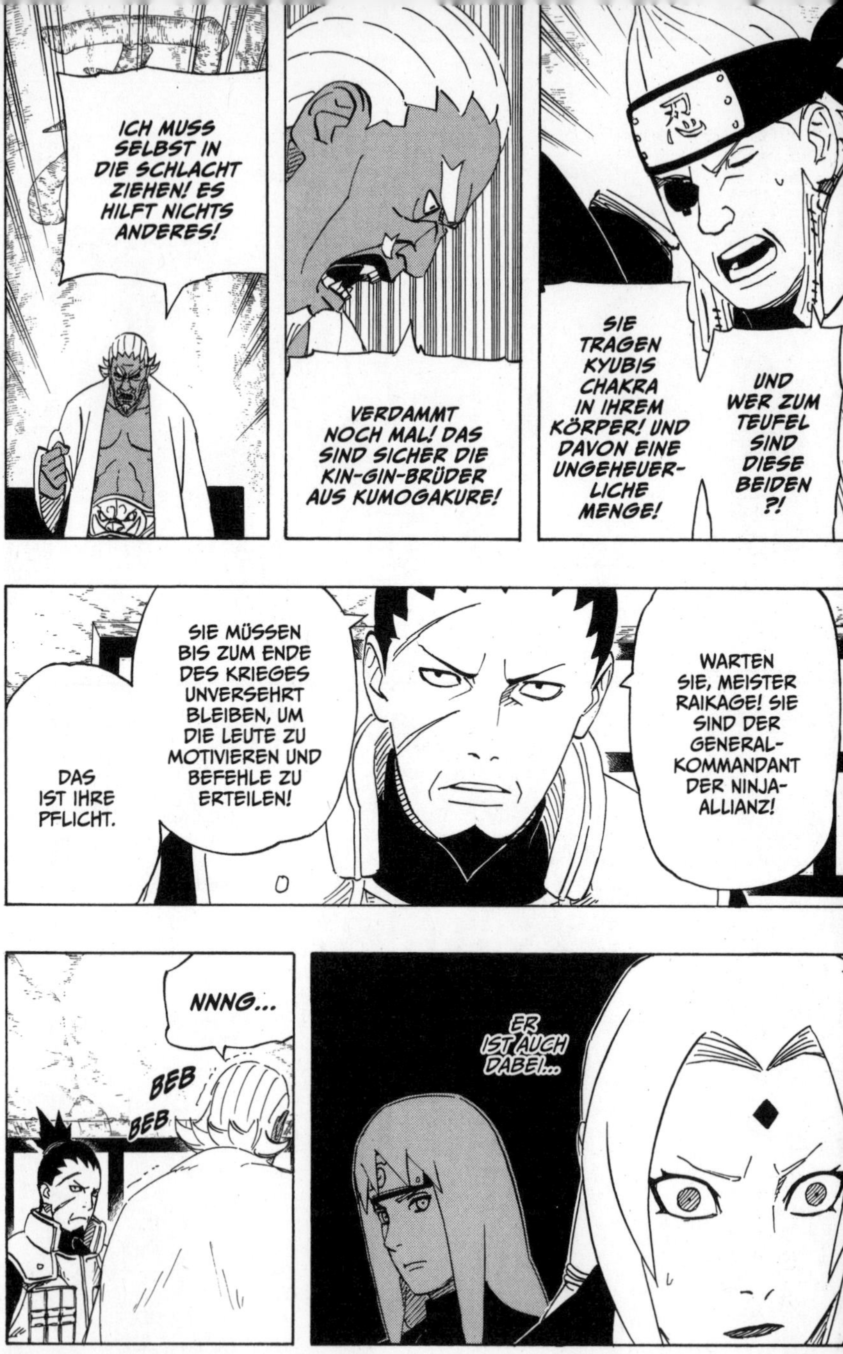
UND WER ZUM TEUFEL SIND DIESE BEIDEN ?!
SIE TRAGEN KYUBIS CHAKRA IN IHREM KÖRPER! UND DAVON EINE UNGEHEUER-LICHE MENGE!
VERDAMMT NOCH MAL! DAS SIND SICHER DIE KIN-GIN-BRÜDER AUS KUMOGAKURE!
ICH MUSS SELBST IN DIE SCHLACHT ZIEHEN! ES HILFT NICHTS ANDERES!
WARTEN SIE, MEISTER RAIKAGE! SIE SIND DER GENERAL-KOMMANDANT DER NINJA-ALLIANZ!
SIE MÜSSEN BIS ZUM ENDE DES KRIEGES UNVERSEHRT BLEIBEN, UM DIE LEUTE ZU MOTIVIEREN UND BEFEHLE ZU ERTEILEN!
DAS IST IHRE PFLICHT.
ER IST AUCH DABEI...
NNNG...
BEB
BEB

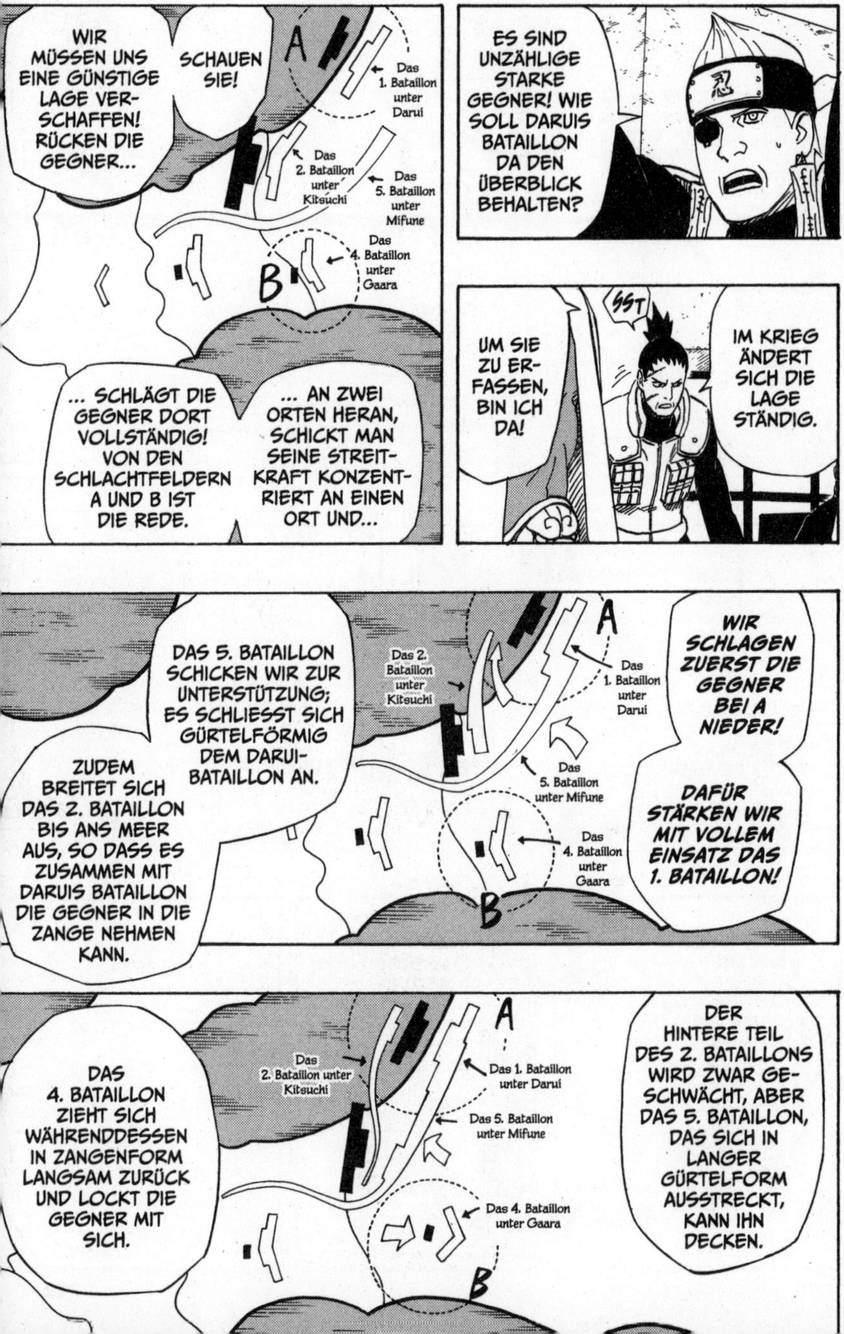

ES SIND UNZÄHLIGE STARKE GEGNER! WIE SOLL DARUIS BATAILLON DA DEN ÜBERBLICK BEHALTEN?
IM KRIEG ÄNDERT SICH DIE LAGE STÄNDIG.
SST
UM SIE ZU ERFASSEN, BIN ICH DA!
SCHAUEN SIE!
WIR MÜSSEN UNS EINE GÜNSTIGE LAGE VERSCHAFFEN! RÜCKEN DIE GEGNER...
... AN ZWEI ORTEN HERAN, SCHICKT MAN SEINE STREITKRAFT KONZENTRIERT AN EINEN ORT UND...
... SCHLÄGT DIE GEGNER DORT VOLLSTÄNDIG! VON DEN SCHLACHTFELDERN A UND B IST DIE REDE.
A
B
Das 1. Bataillon unter Darui
Das 2. Bataillon unter Kitsuchi
Das 5. Bataillon unter Mifune
Das 4. Bataillon unter Gaara
WIR SCHLAGEN ZUERST DIE GEGNER BEI A NIEDER!
DAFÜR STÄRKEN WIR MIT VOLLEM EINSATZ DAS 1. BATAILLON!
DAS 5. BATAILLON SCHICKEN WIR ZUR UNTERSTÜTZUNG; ES SCHLIESST SICH GÜRTELFÖRMIG DEM DARUI-BATAILLON AN.
ZUDEM BREITET SICH DAS 2. BATAILLON BIS ANS MEER AUS, SO DASS ES ZUSAMMEN MIT DARUIS BATAILLON DIE GEGNER IN DIE ZANGE NEHMEN KANN.
A
B
Das 1. Bataillon unter Darui
Das 2. Bataillon unter Kitsuchi
Das 5. Bataillon unter Mifune
Das 4. Bataillon unter Gaara
DER HINTERE TEIL DES 2. BATAILLONS WIRD ZWAR GESCHWÄCHT, ABER DAS 5. BATAILLON, DAS SICH IN LANGER GÜRTELFORM AUSSTRECKT, KANN IHN DECKEN.
DAS 4. BATAILLON ZIEHT SICH WÄHRENDDESSEN IN ZANGENFORM LANGSAM ZURÜCK UND LOCKT DIE GEGNER MIT SICH.
A
B
Das 1. Bataillon unter Darui
Das 2. Bataillon unter Kitsuchi
Das 5. Bataillon unter Mifune
Das 4. Bataillon unter Gaara

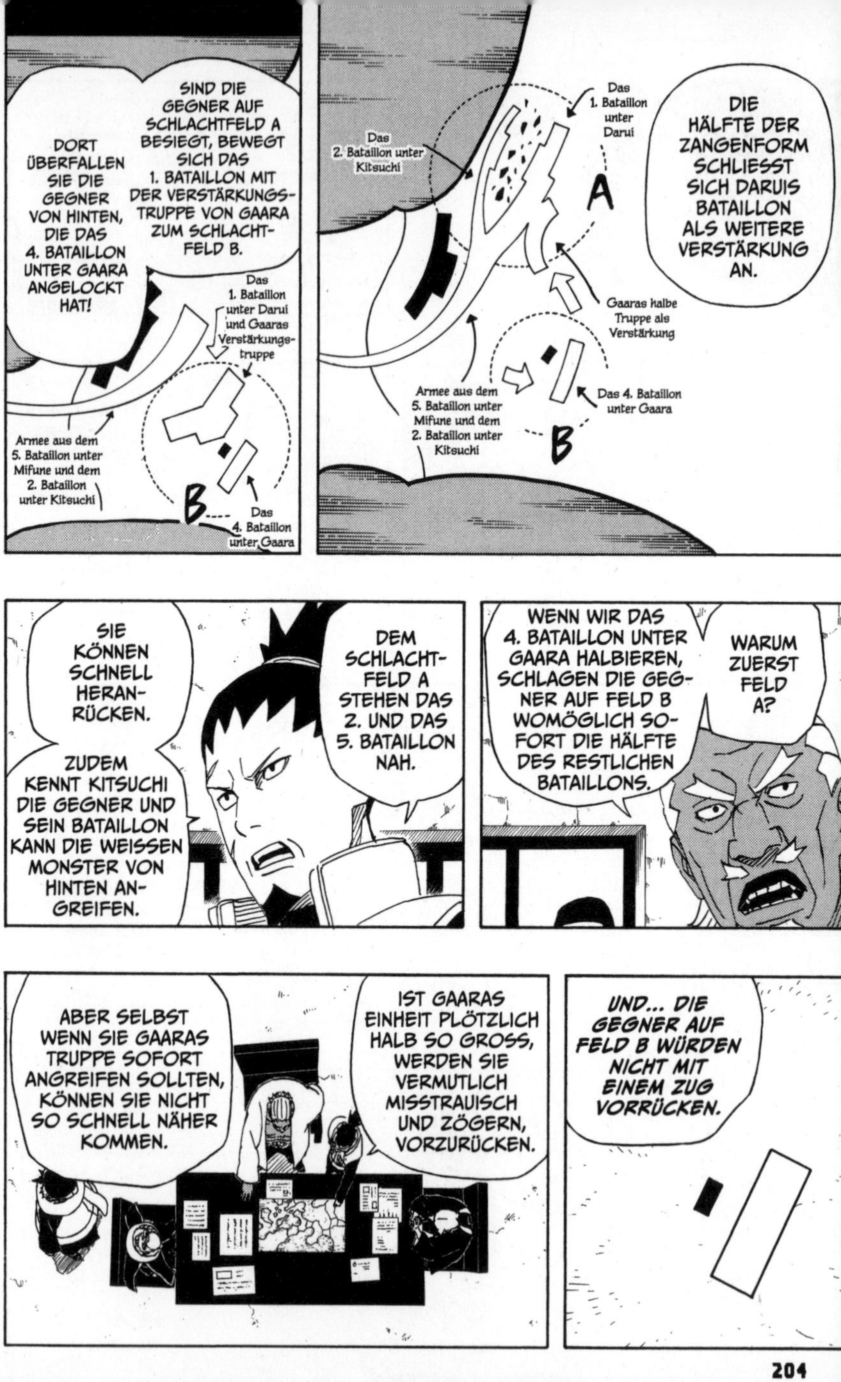

DIE HÄLFTE DER ZANGENFORM SCHLIESST SICH DARUIS BATAILLON ALS WEITERE VERSTÄRKUNG AN.
Das 1. Bataillon unter Darui
Das 2. Bataillon unter Kitsuchi
A
Gaaras halbe Truppe als Verstärkung
Das 4. Bataillon unter Gaara
Armee aus dem 5. Bataillon unter Mifune und dem 2. Bataillon unter Kitsuchi
B
SIND DIE GEGNER AUF SCHLACHTFELD A BESIEGT, BEWEGT SICH DAS 1. BATAILLON MIT DER VERSTÄRKUNGS-TRUPPE VON GAARA ZUM SCHLACHT-FELD B.
DORT ÜBERFALLEN SIE DIE GEGNER VON HINTEN, DIE DAS 4. BATAILLON UNTER GAARA ANGELOCKT HAT!
Das 1. Bataillon unter Darui und Gaaras Verstärkungs-truppe
Armee aus dem 5. Bataillon unter Mifune und dem 2. Bataillon unter Kitsuchi
B
Das 4. Bataillon unter Gaara
WARUM ZUERST FELD A?
WENN WIR DAS 4. BATAILLON UNTER GAARA HALBIEREN, SCHLAGEN DIE GEG-NER AUF FELD B WOMÖGLICH SO-FORT DIE HÄLFTE DES RESTLICHEN BATAILLONS.
DEM SCHLACHT-FELD A STEHEN DAS 2. UND DAS 5. BATAILLON NAH.
SIE KÖNNEN SCHNELL HERAN-RÜCKEN.
ZUDEM KENNT KITSUCHI DIE GEGNER UND SEIN BATAILLON KANN DIE WEISSEN MONSTER VON HINTEN AN-GREIFEN.
UND... DIE GEGNER AUF FELD B WÜRDEN NICHT MIT EINEM ZUG VORRÜCKEN.
IST GAARAS EINHEIT PLÖTZLICH HALB SO GROSS, WERDEN SIE VERMUTLICH MISSTRAUISCH UND ZÖGERN, VORZURÜCKEN.
ABER SELBST WENN SIE GAARAS TRUPPE SOFORT ANGREIFEN SOLLTEN, KÖNNEN SIE NICHT SO SCHNELL NÄHER KOMMEN.

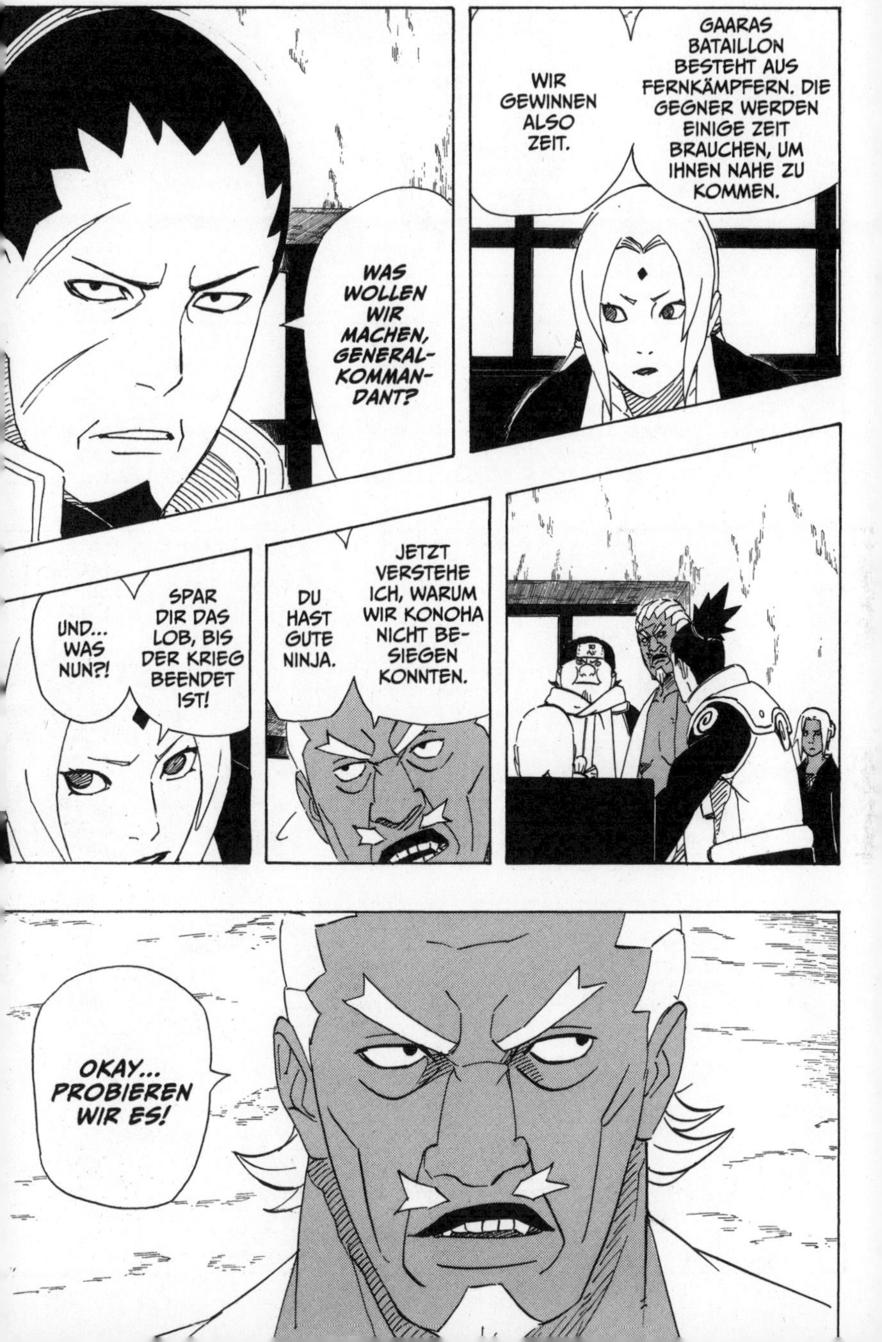
GAARAS BATAILLON BESTEHT AUS FERNKÄMPFERN. DIE GEGNER WERDEN EINIGE ZEIT BRAUCHEN, UM IHNEN NAHE ZU KOMMEN.
WIR GEWINNEN ALSO ZEIT.
WAS WOLLEN WIR MACHEN, GENERAL-KOMMAN-DANT?
JETZT VERSTEHE ICH, WARUM WIR KONOHA NICHT BE-SIEGEN KONNTEN.
DU HAST GUTE NINJA.
SPAR DIR DAS LOB, BIS DER KRIEG BEENDET IST!
UND... WAS NUN?!
OKAY... PROBIEREN WIR ES!

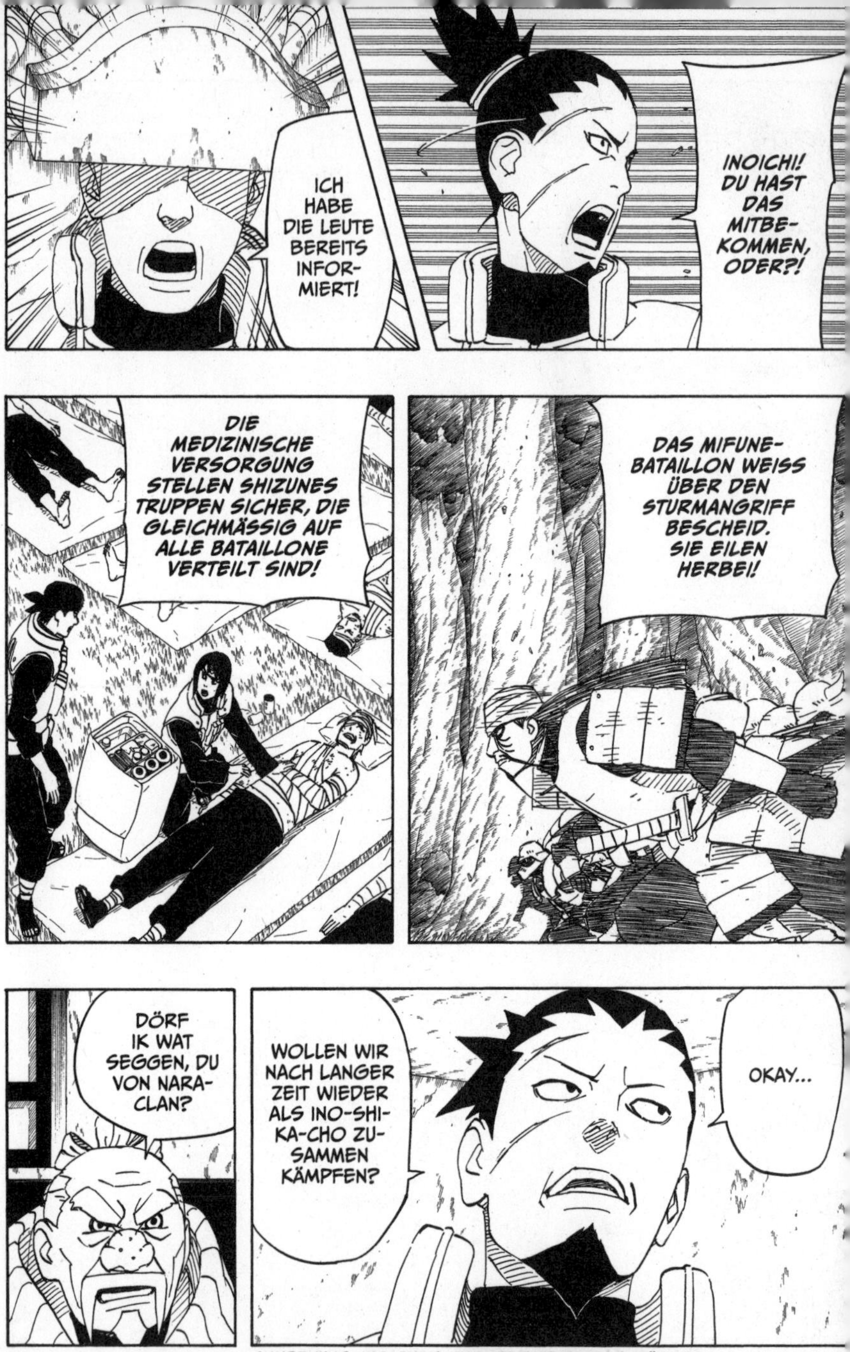

ANMERKUNG: INO-SHIKA-CHO IST EINE SCHLAGKRÄFTIGE KOMBINATION BEIM JAPANISCHEN KARTENSPIEL HANAFUDA.

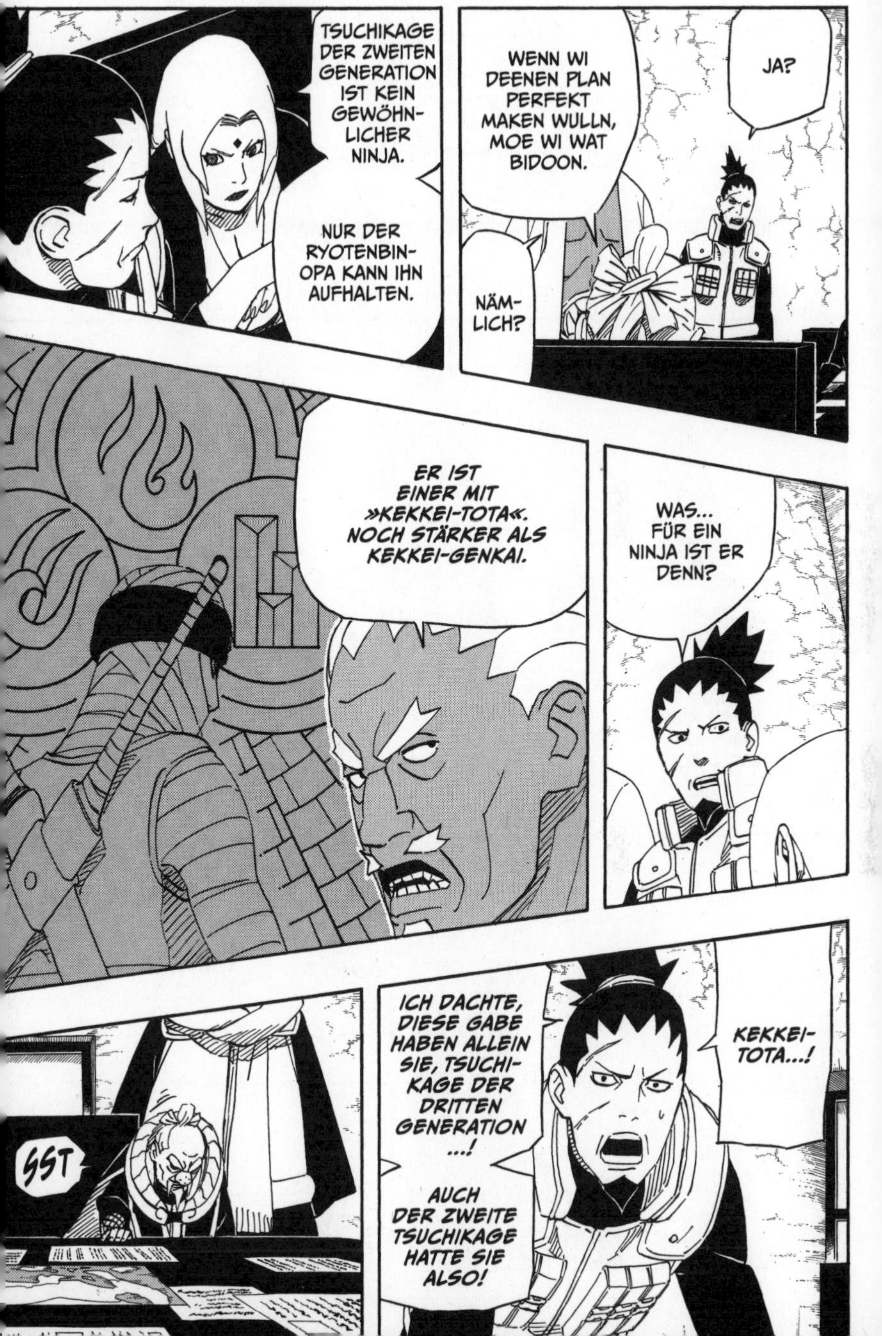
JA?
WENN WI DEENEN PLAN PERFEKT MAKEN WULLN, MOE WI WAT BIDOON.
NÄMLICH?
TSUCHIKAGE DER ZWEITEN GENERATION IST KEIN GEWÖHN-LICHER NINJA.
NUR DER RYOTENBIN-OPA KANN IHN AUFHALTEN.
WAS... FÜR EIN NINJA IST ER DENN?
ER IST EINER MIT »KEKKEI-TOTA«. NOCH STÄRKER ALS KEKKEI-GENKAI.
KEKKEI-TOTA...!
ICH DACHTE, DIESE GABE HABEN ALLEIN SIE, TSUCHI-KAGE DER DRITTEN GENERATION ...!
AUCH DER ZWEITE TSUCHIKAGE HATTE SIE ALSO!
SST

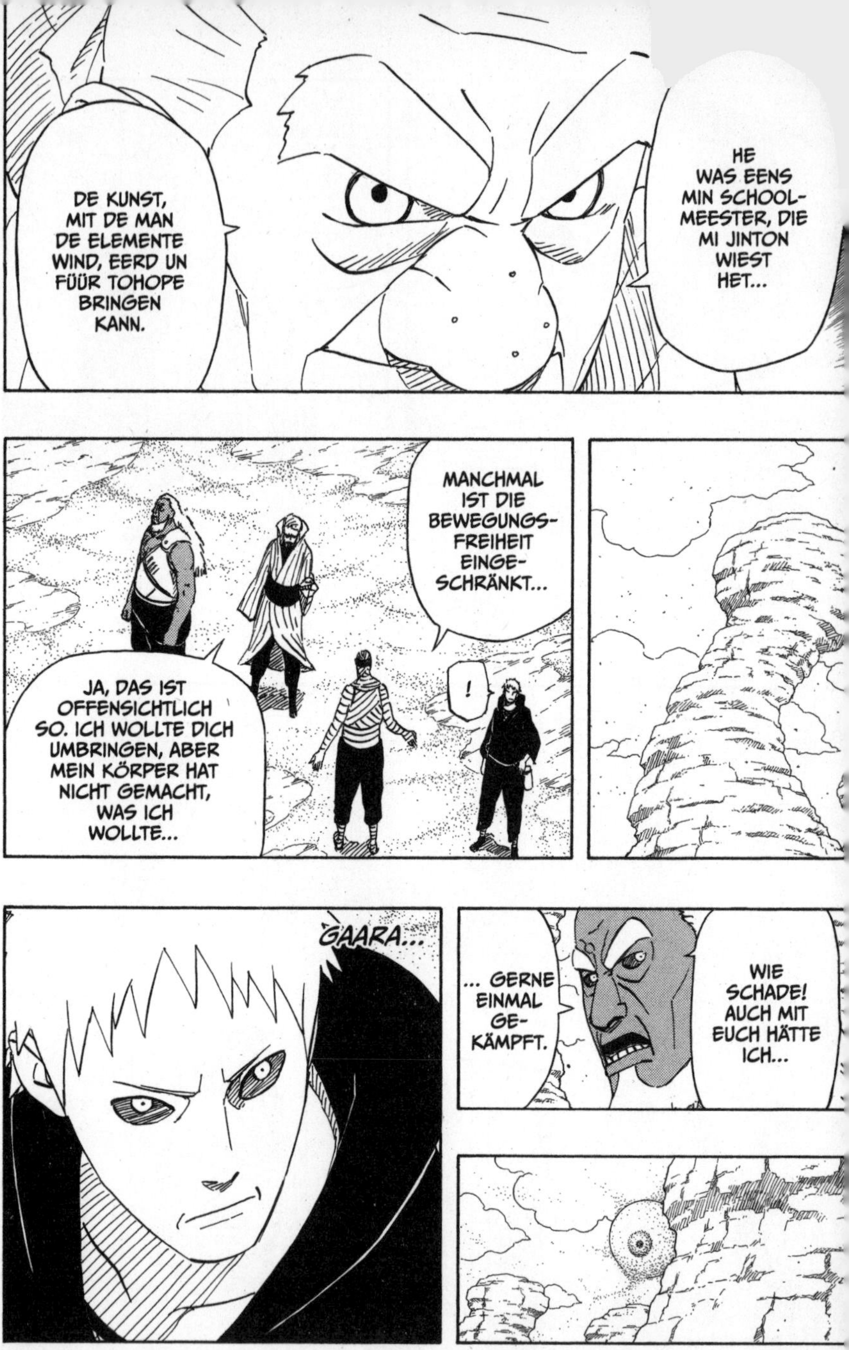
HE WAS EENS MIN SCHOOLMEESTER, DIE MI JINTON WIEST HET...
DE KUNST, MIT DE MAN DE ELEMENTE WIND, EERD UN FÜÜR TOHOPE BRINGEN KANN.
MANCHMAL IST DIE BEWEGUNGSFREIHEIT EINGESCHRÄNKT...
!
JA, DAS IST OFFENSICHTLICH SO. ICH WOLLTE DICH UMBRINGEN, ABER MEIN KÖRPER HAT NICHT GEMACHT, WAS ICH WOLLTE...
WIE SCHADE! AUCH MIT EUCH HÄTTE ICH...
... GERNE EINMAL GEKÄMPFT.
GAARA...

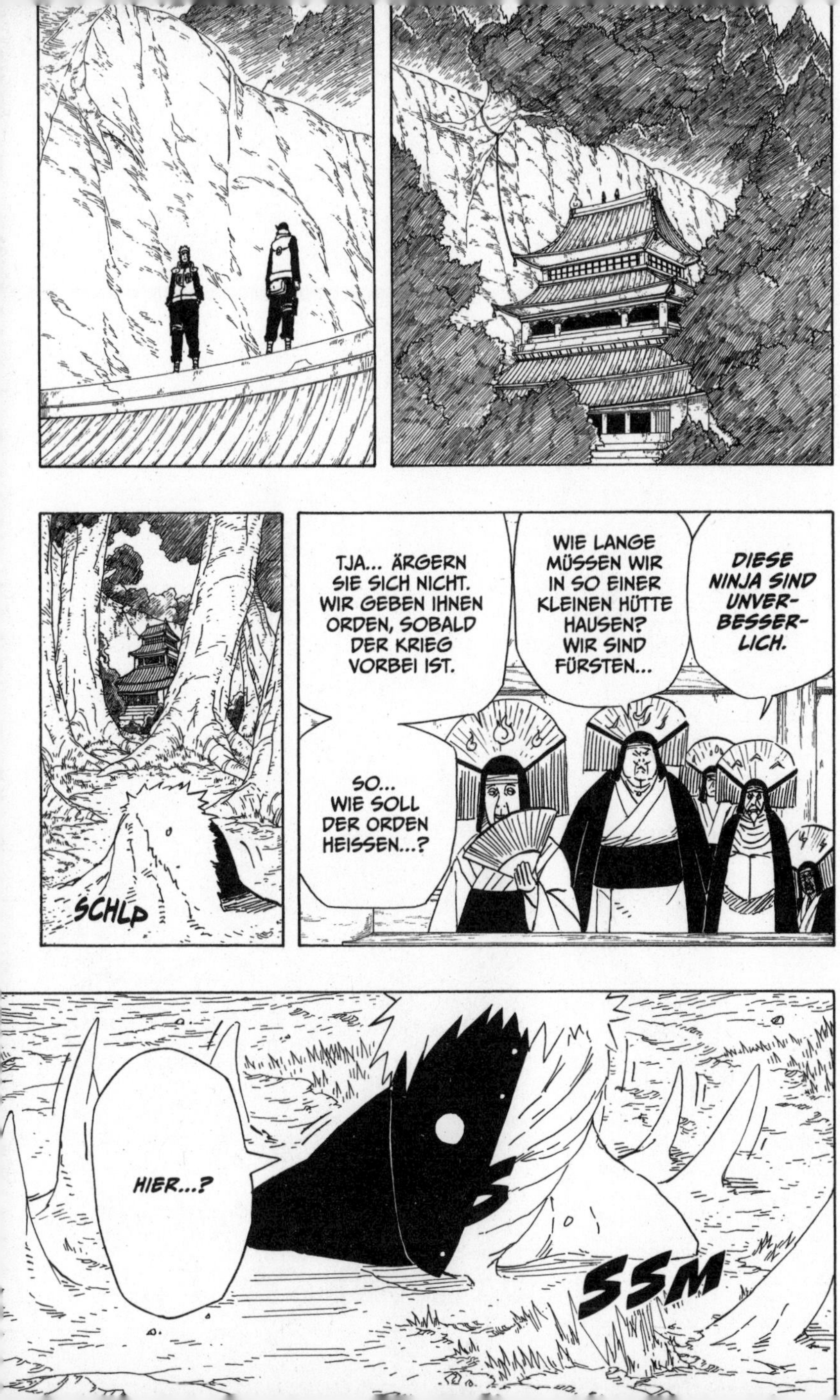
DIESE NINJA SIND UNVER-BESSER-LICH.
WIE LANGE MÜSSEN WIR IN SO EINER KLEINEN HÜTTE HAUSEN? WIR SIND FÜRSTEN...
TJA... ÄRGERN SIE SICH NICHT. WIR GEBEN IHNEN ORDEN, SOBALD DER KRIEG VORBEI IST.
SO... WIE SOLL DER ORDEN HEISSEN...?
SCHLP
HIER...?
SSM

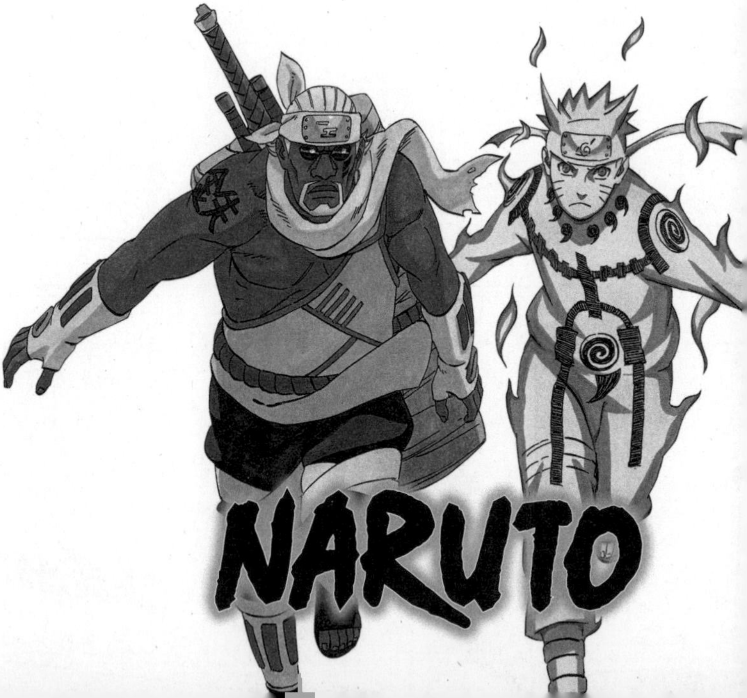
NARUTO

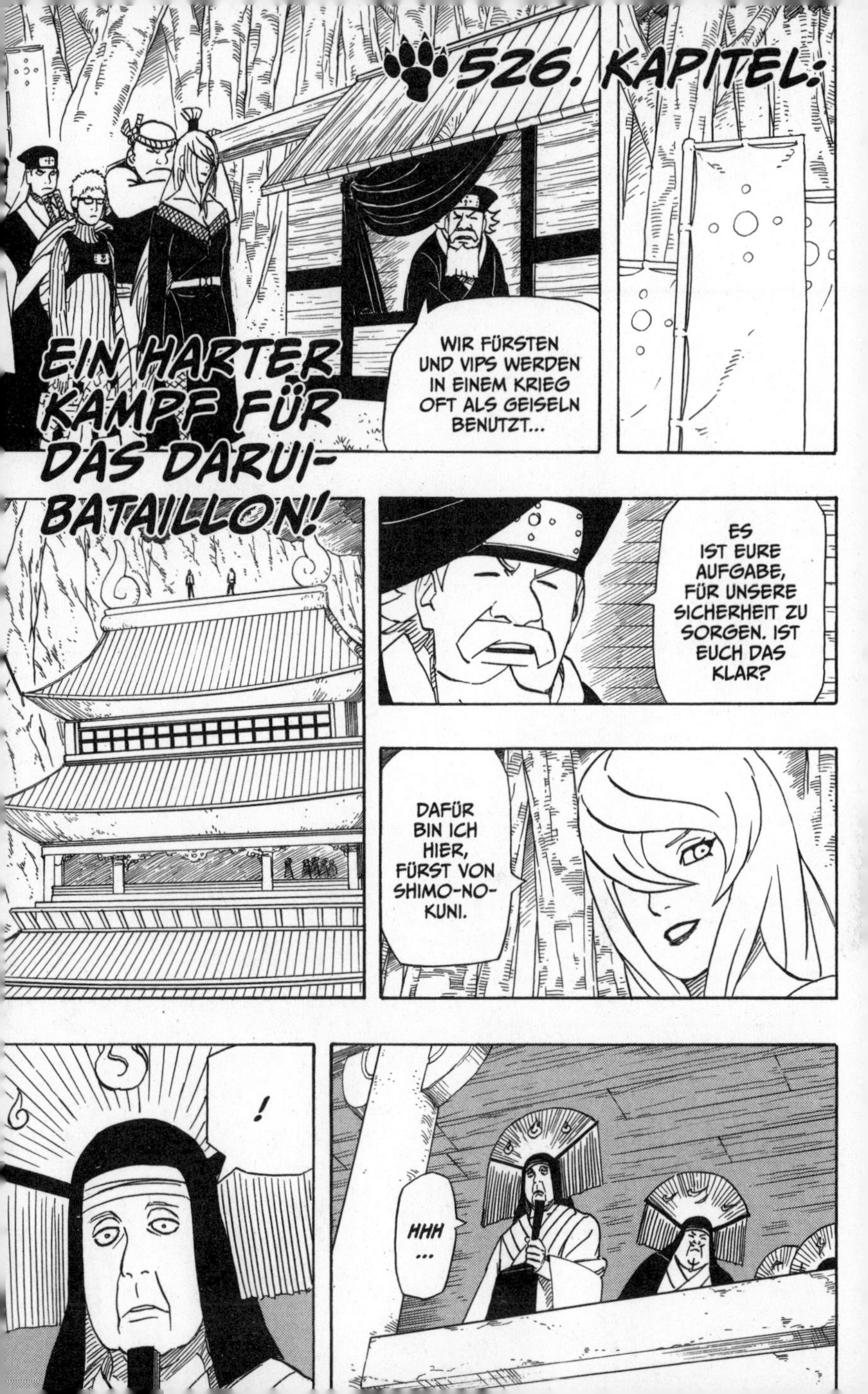
526. KAPITEL:
EIN HARTER KAMPF FÜR DAS DARUI-BATAILLON!
WIR FÜRSTEN UND VIPS WERDEN IN EINEM KRIEG OFT ALS GEISELN BENUTZT...
ES IST EURE AUFGABE, FÜR UNSERE SICHERHEIT ZU SORGEN. IST EUCH DAS KLAR?
DAFÜR BIN ICH HIER, FÜRST VON SHIMO-NO-KUNI.
!
HHH ...

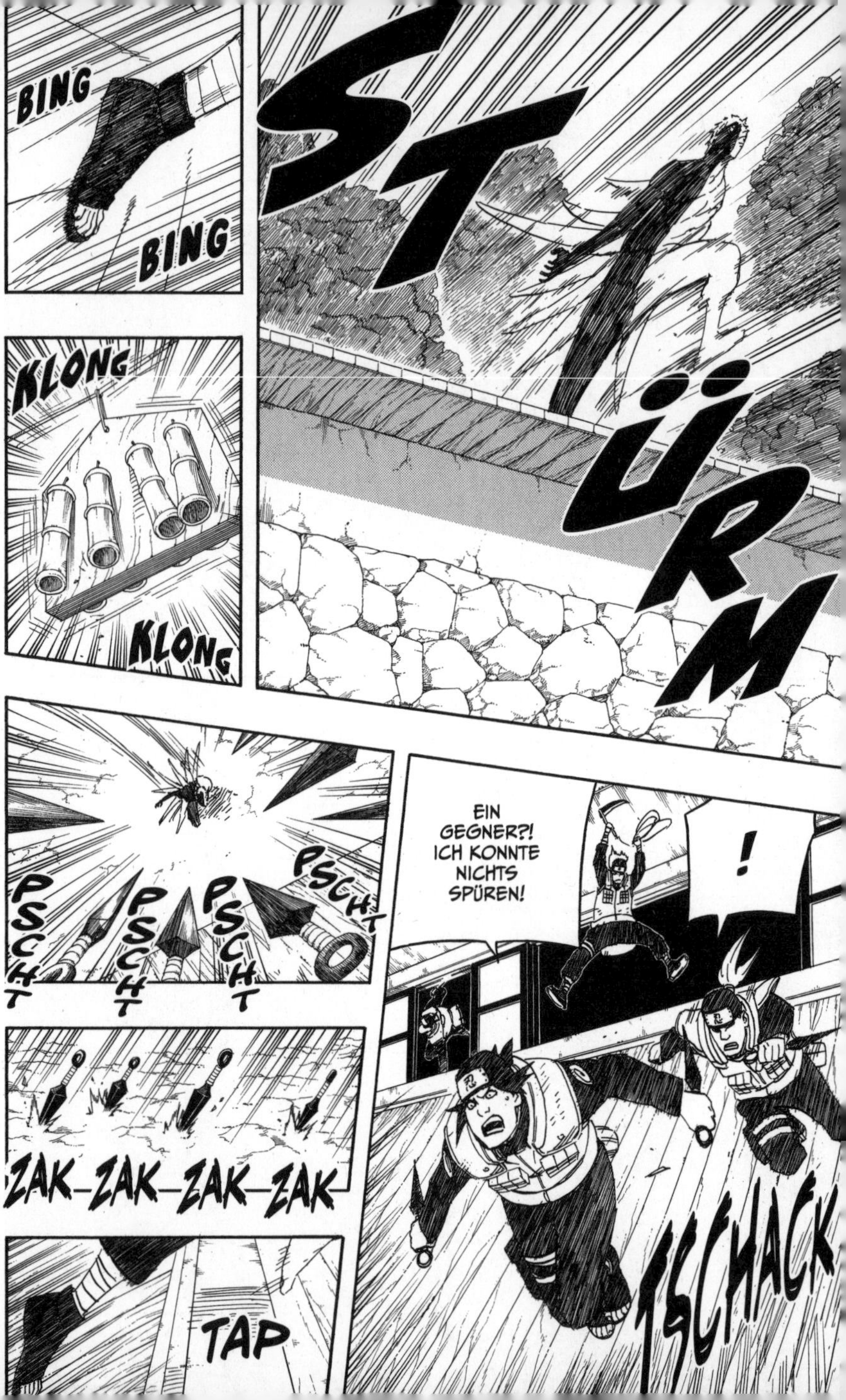

STÜRM
BING
BING
KLONG
KLONG
!
EIN GEGNER?! ICH KONNTE NICHTS SPÜREN!
PSCHT
PSCHT
PSCHT
PSCHT
TSCHACK
ZAK ZAK ZAK ZAK
TAP

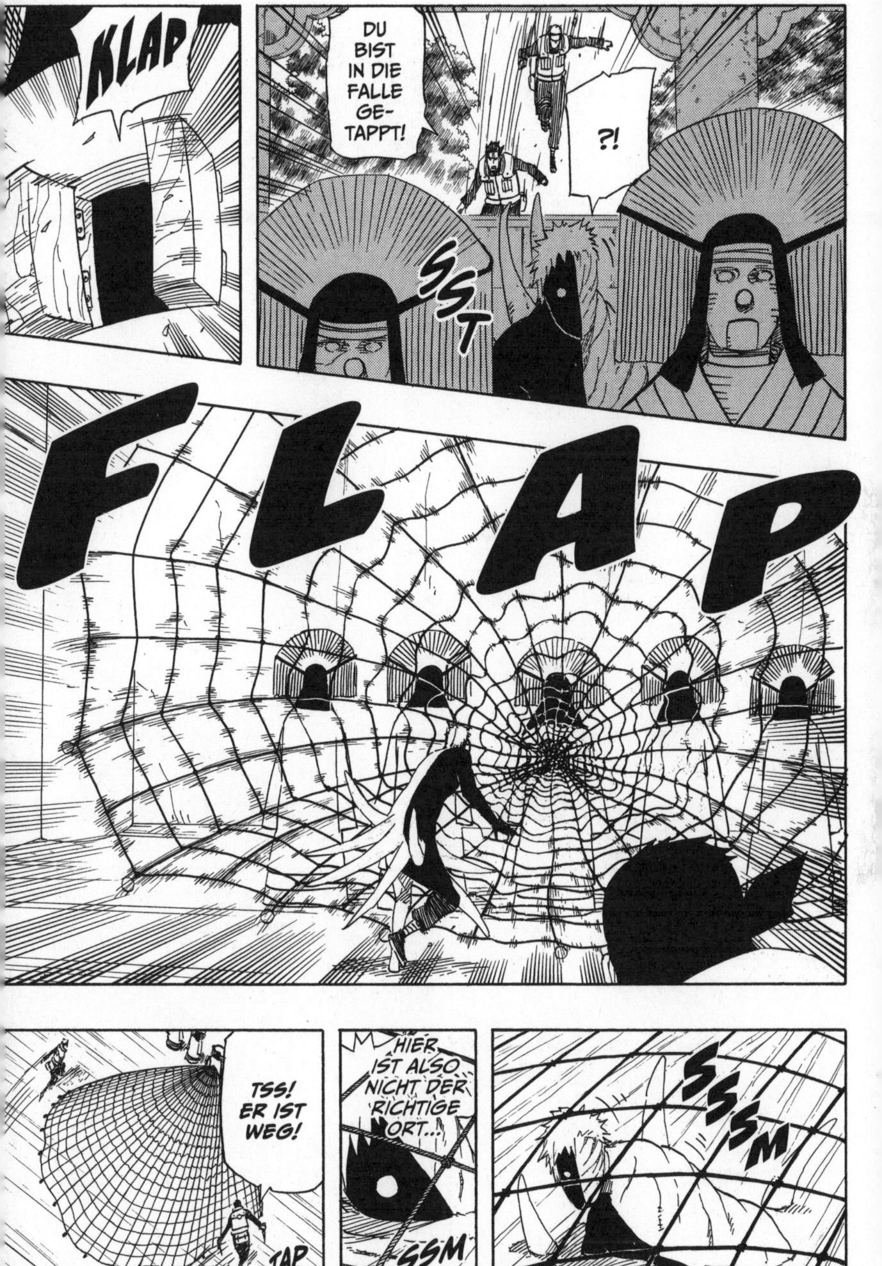
DU BIST IN DIE FALLE GE-TAPPT!
?!
SST
KLAP
FLAP
SSSM
HIER IST ALSO NICHT DER RICHTIGE ORT...
SSM
TSS! ER IST WEG!
TAP

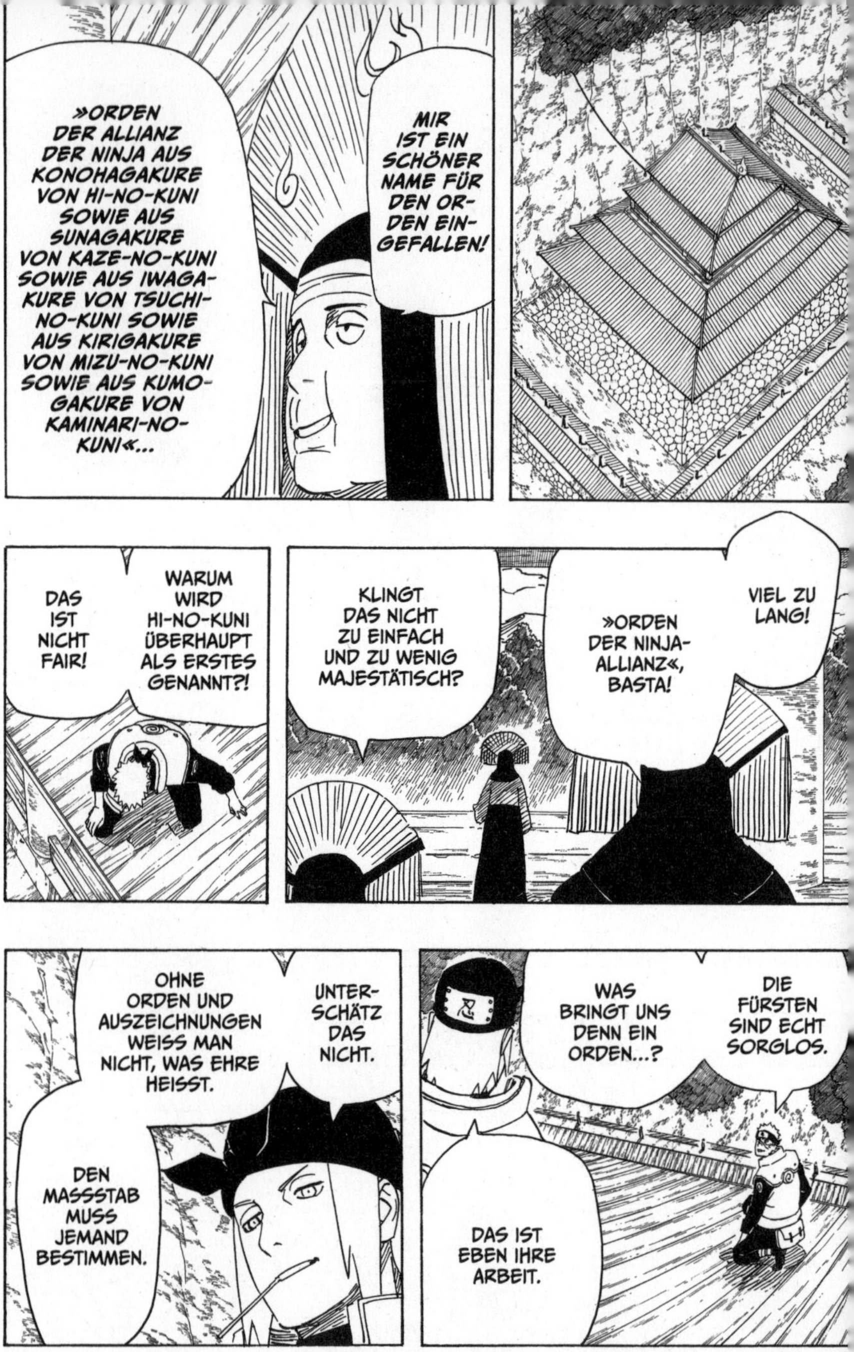
MIR IST EIN SCHÖNER NAME FÜR DEN ORDEN EINGEFALLEN!
»ORDEN DER ALLIANZ DER NINJA AUS KONOHAGAKURE VON HI-NO-KUNI SOWIE AUS SUNAGAKURE VON KAZE-NO-KUNI SOWIE AUS IWAGAKURE VON TSUCHI-NO-KUNI SOWIE AUS KIRIGAKURE VON MIZU-NO-KUNI SOWIE AUS KUMOGAKURE VON KAMINARI-NO-KUNI«...
VIEL ZU LANG!
»ORDEN DER NINJA-ALLIANZ«, BASTA!
KLINGT DAS NICHT ZU EINFACH UND ZU WENIG MAJESTÄTISCH?
WARUM WIRD HI-NO-KUNI ÜBERHAUPT ALS ERSTES GENANNT?!
DAS IST NICHT FAIR!
DIE FÜRSTEN SIND ECHT SORGLOS.
WAS BRINGT UNS DENN EIN ORDEN...?
DAS IST EBEN IHRE ARBEIT.
UNTERSCHÄTZ DAS NICHT.
OHNE ORDEN UND AUSZEICHNUNGEN WEISS MAN NICHT, WAS EHRE HEISST.
DEN MASSSTAB MUSS JEMAND BESTIMMEN.

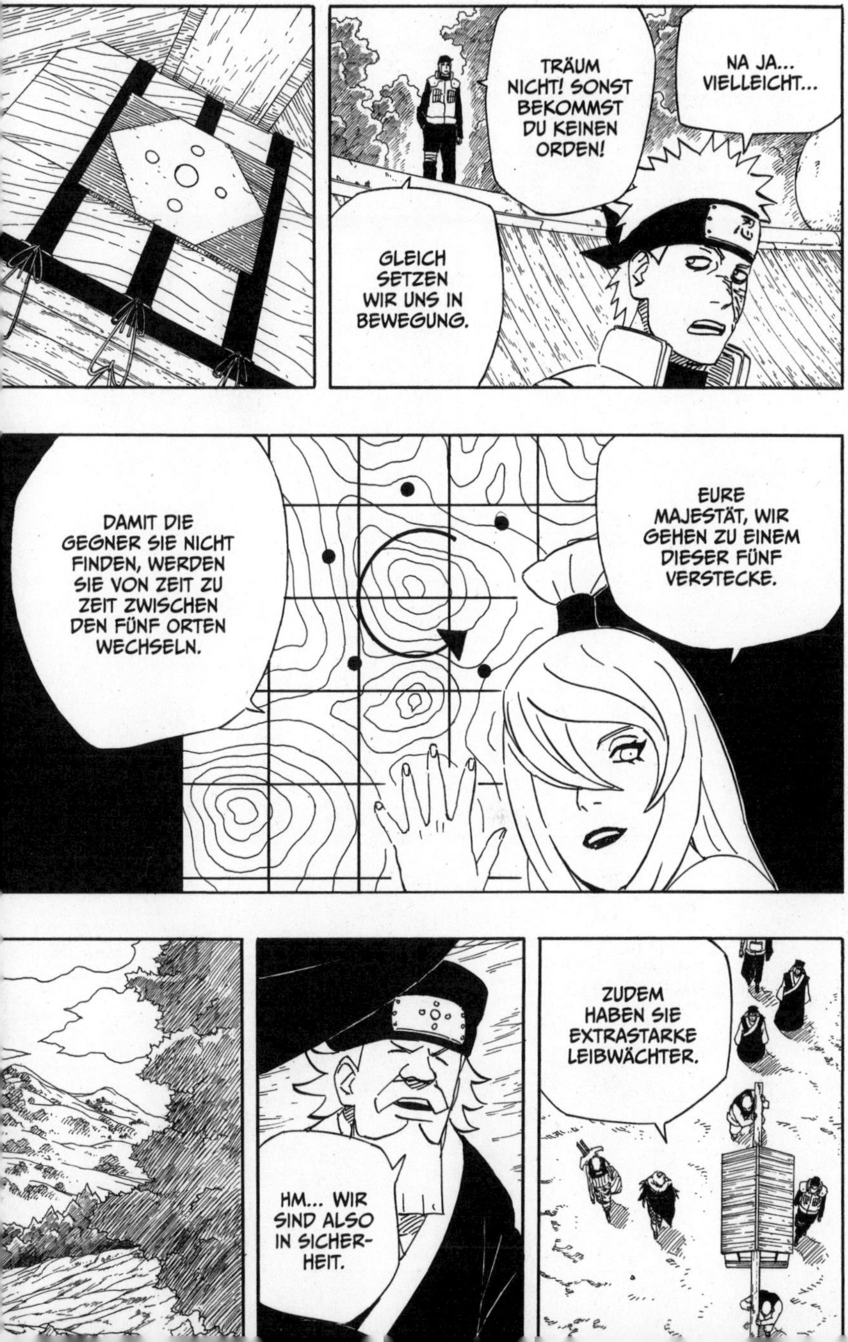
NA JA... VIELLEICHT...
TRÄUM NICHT! SONST BEKOMMST DU KEINEN ORDEN!
GLEICH SETZEN WIR UNS IN BEWEGUNG.
EURE MAJESTÄT, WIR GEHEN ZU EINEM DIESER FÜNF VERSTECKE.
DAMIT DIE GEGNER SIE NICHT FINDEN, WERDEN SIE VON ZEIT ZU ZEIT ZWISCHEN DEN FÜNF ORTEN WECHSELN.
ZUDEM HABEN SIE EXTRASTARKE LEIBWÄCHTER.
HM... WIR SIND ALSO IN SICHER-HEIT.

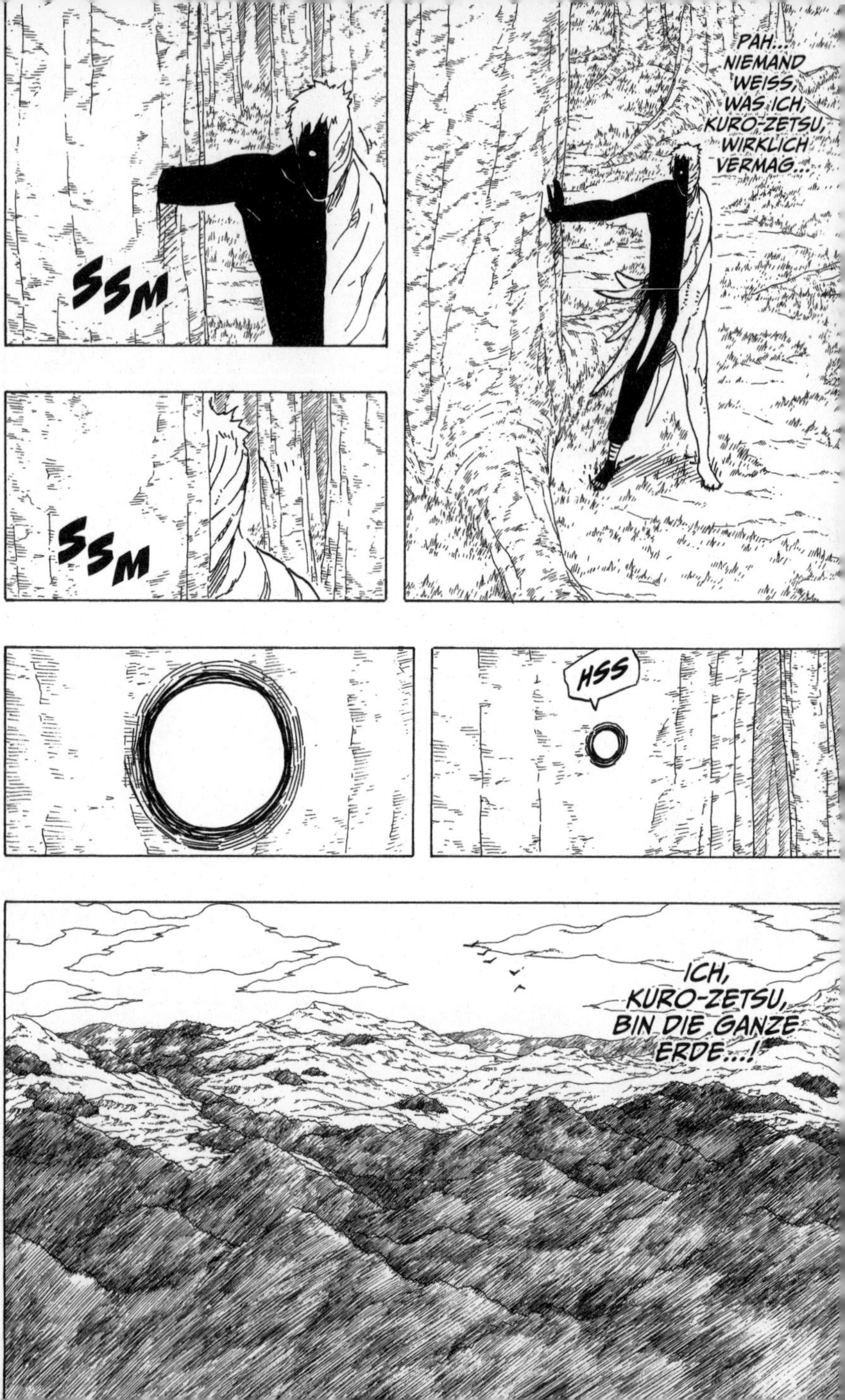
PAH... NIEMAND WEISS, WAS ICH, KURO-ZETSU, WIRKLICH VERMAG...
SSM
SSM
HSS
ICH, KURO-ZETSU, BIN DIE GANZE ERDE...!

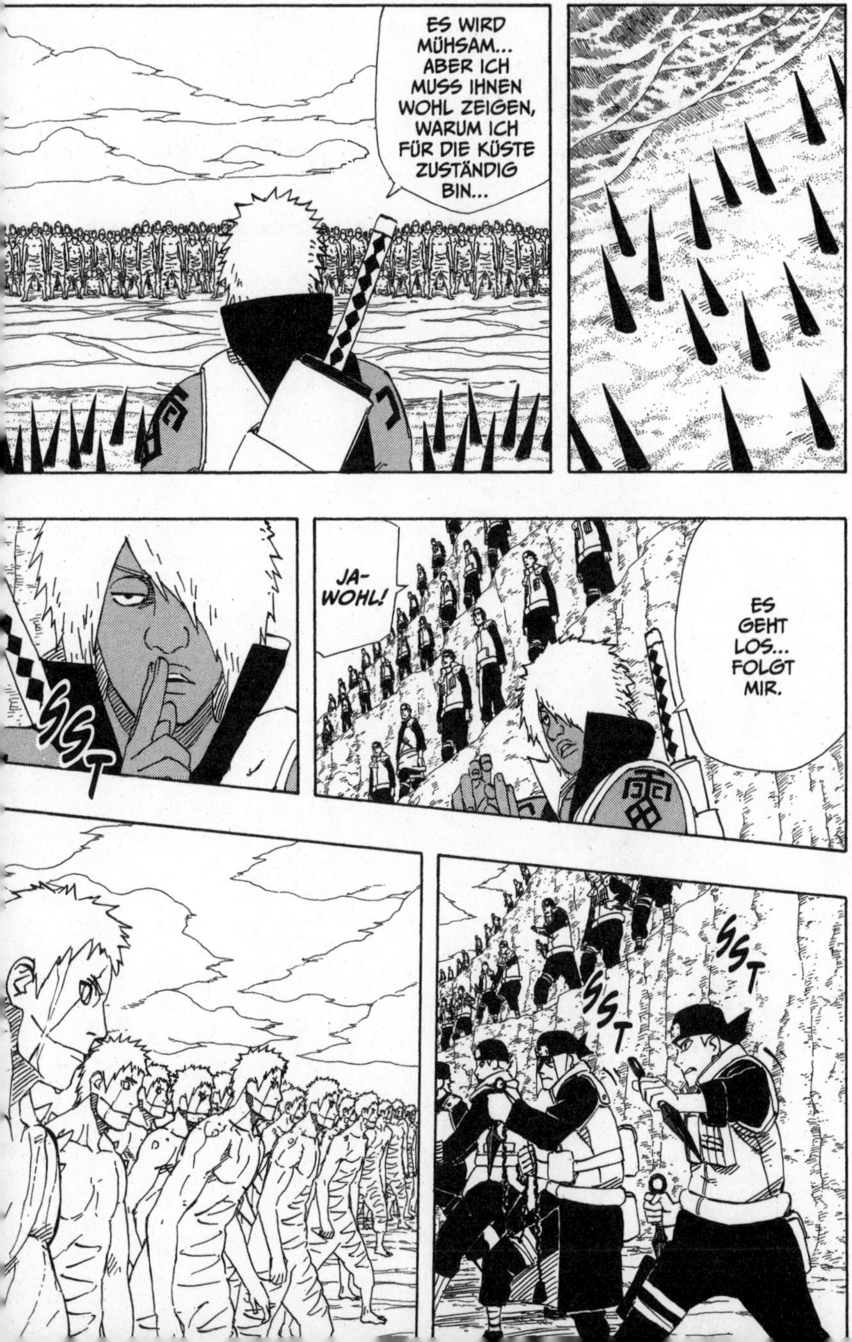
ES WIRD MÜHSAM... ABER ICH MUSS IHNEN WOHL ZEIGEN, WARUM ICH FÜR DIE KÜSTE ZUSTÄNDIG BIN...
ES GEHT LOS... FOLGT MIR.
JA-WOHL!
SST
SST
SST

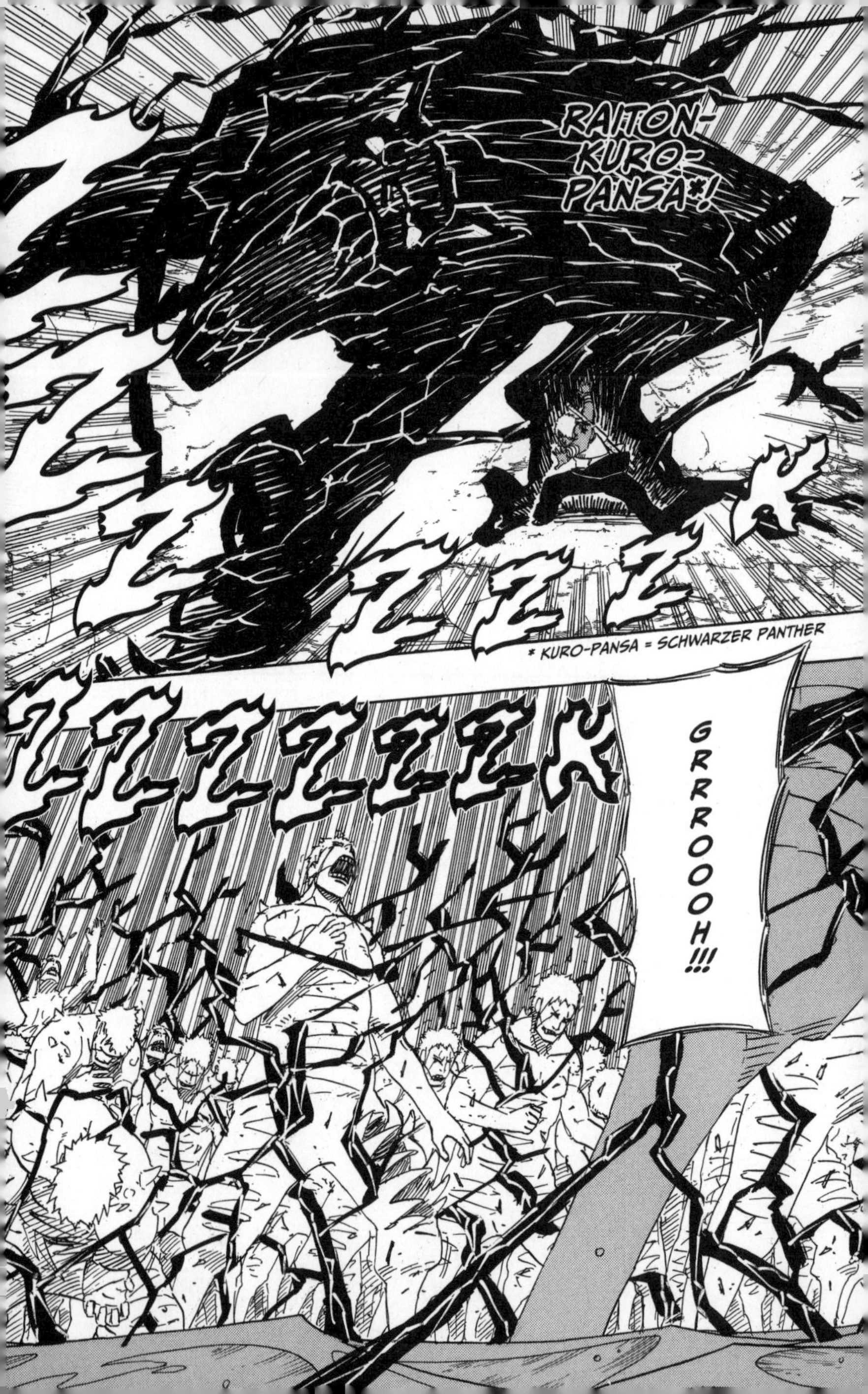

RAITON-KURO-PANSA*!
ZZZZZ
* KURO-PANSA = SCHWARZER PANTHER
ZZZZZZK
GRRROOOOH!!!

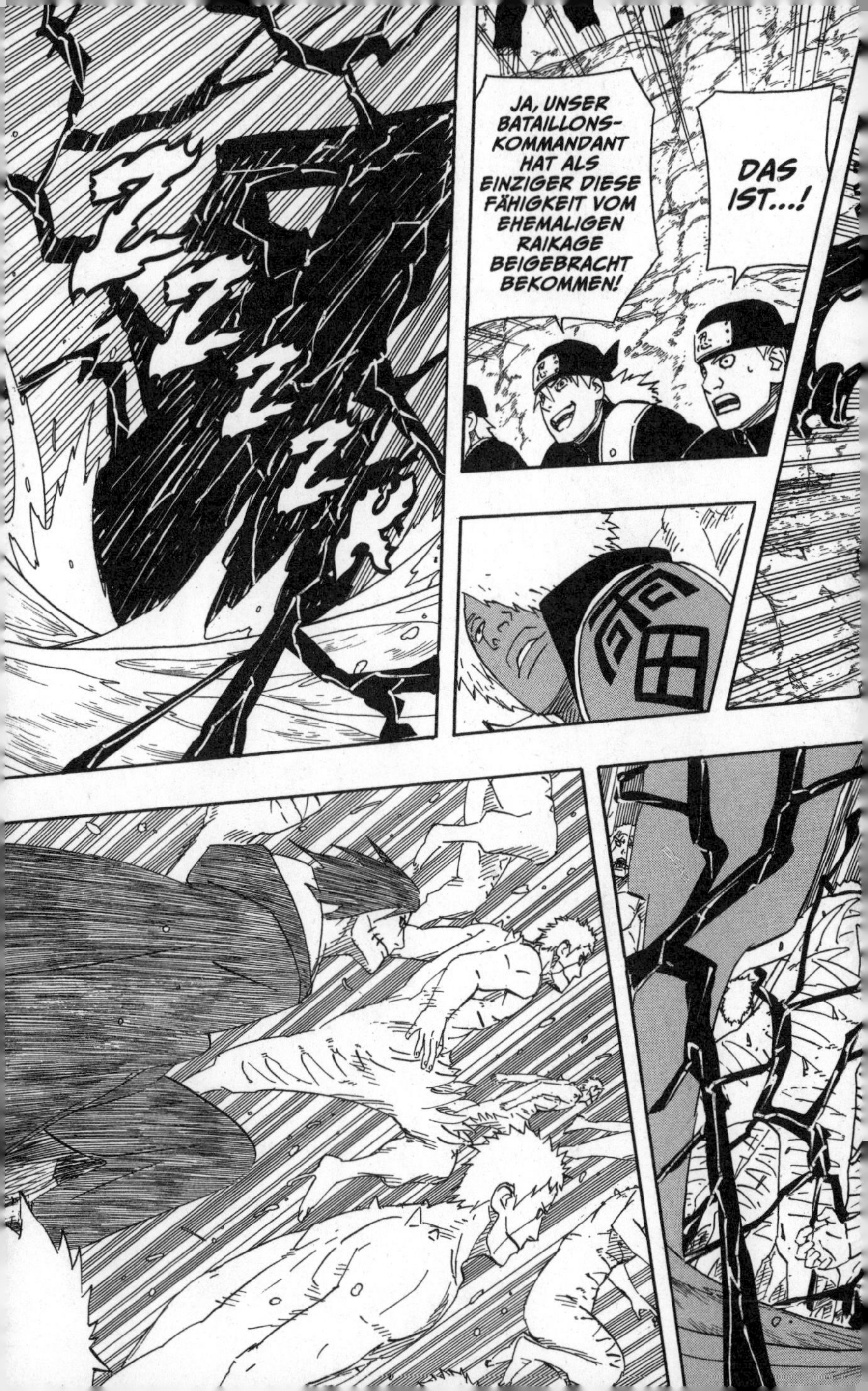
DAS IST...!
JA, UNSER BATAILLONS-KOMMANDANT HAT ALS EINZIGER DIESE FÄHIGKEIT VOM EHEMALIGEN RAIKAGE BEIGEBRACHT BEKOMMEN!

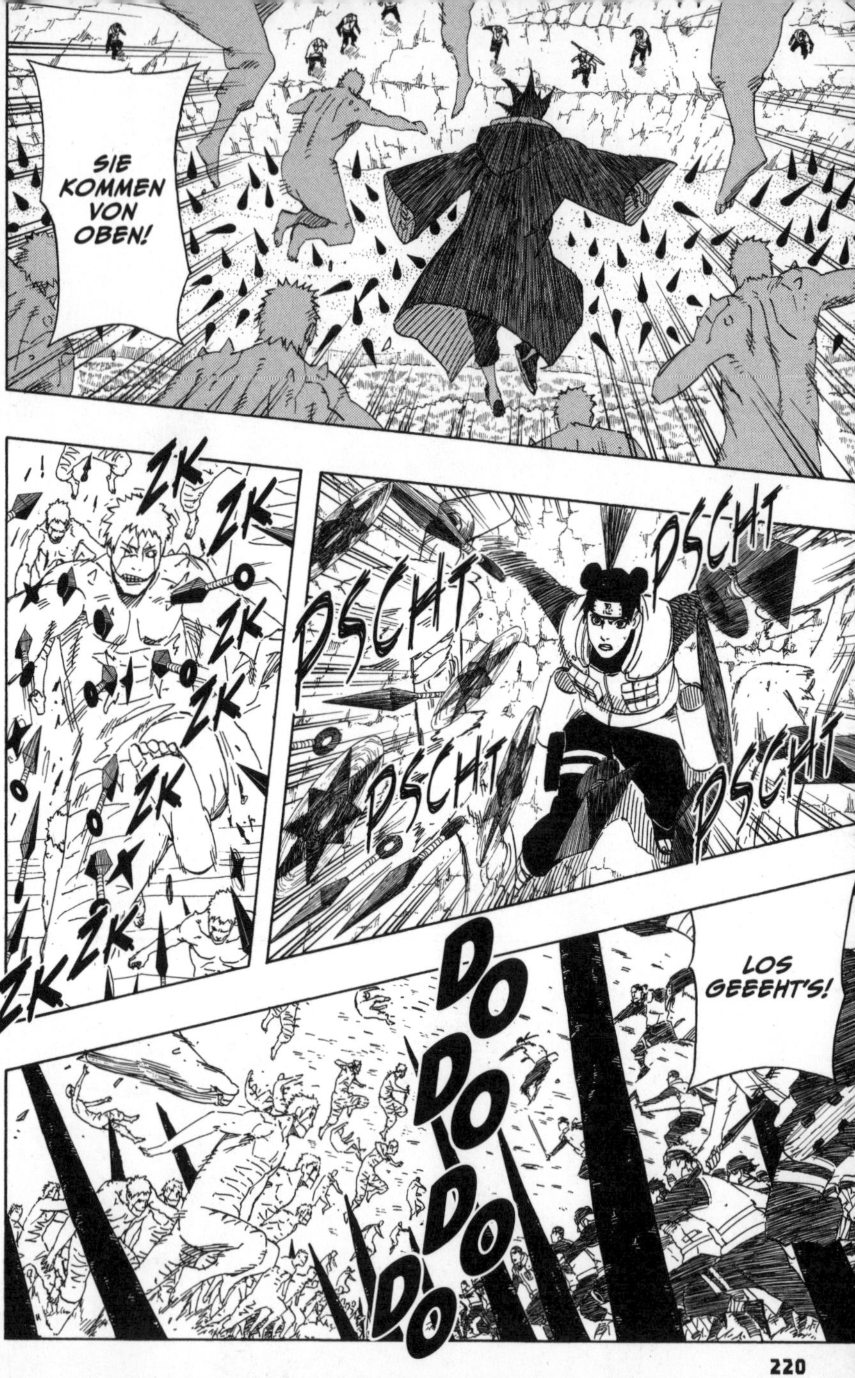
SIE KOMMEN VON OBEN!
PSCHT
PSCHT
PSCHT
PSCHT
ZK
ZK
ZK
ZK
ZK
ZK
ZK
LOS GEEEHT'S!
DODODODODO

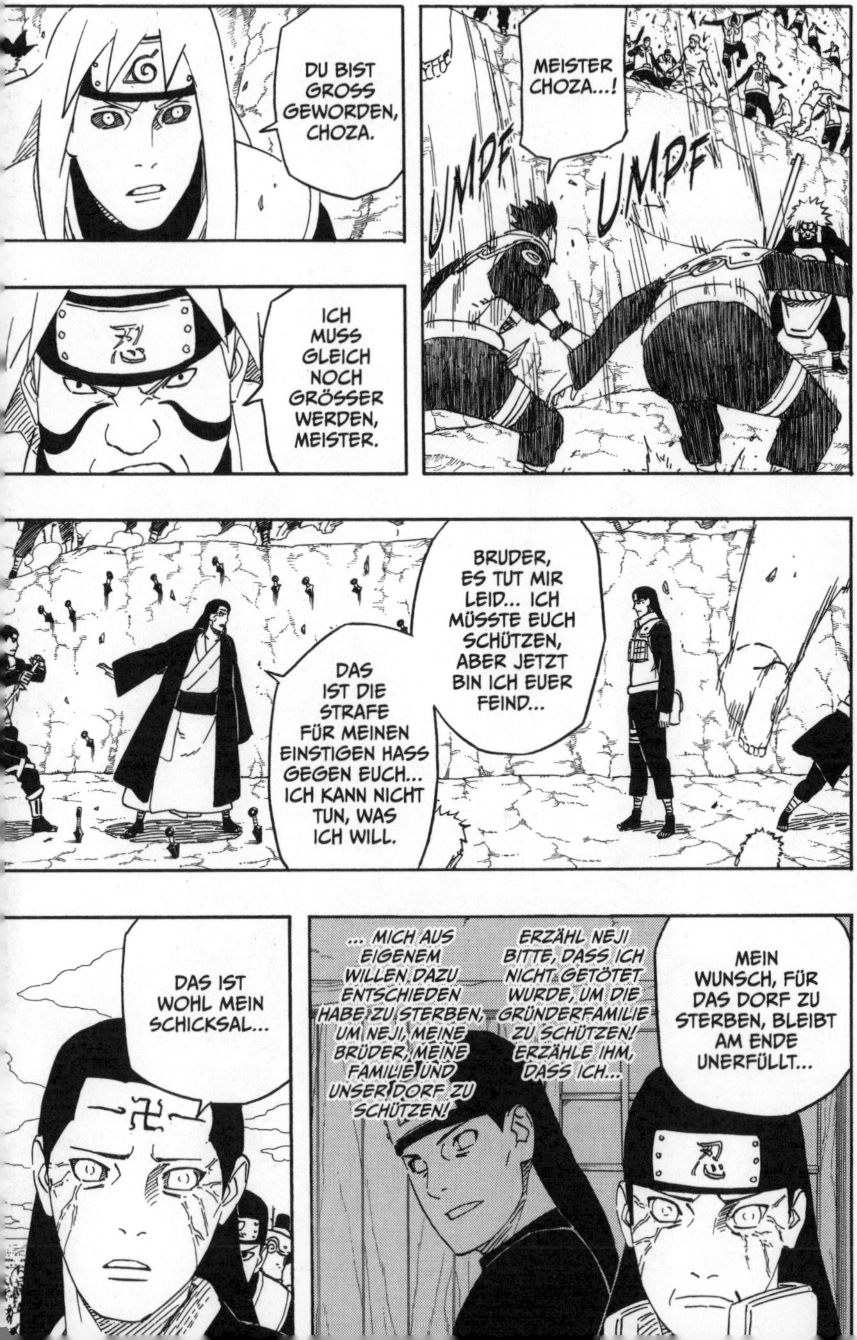

MEISTER CHOZA...!
UMPF
UMPF
DU BIST GROSS GEWORDEN, CHOZA.
ICH MUSS GLEICH NOCH GRÖSSER WERDEN, MEISTER.
BRUDER, ES TUT MIR LEID... ICH MÜSSTE EUCH SCHÜTZEN, ABER JETZT BIN ICH EUER FEIND...
DAS IST DIE STRAFE FÜR MEINEN EINSTIGEN HASS GEGEN EUCH... ICH KANN NICHT TUN, WAS ICH WILL.
MEIN WUNSCH, FÜR DAS DORF ZU STERBEN, BLEIBT AM ENDE UNERFÜLLT...
ERZÄHL NEJI BITTE, DASS ICH NICHT GETÖTET WURDE, UM DIE GRÜNDERFAMILIE ZU SCHÜTZEN! ERZÄHLE IHM, DASS ICH...
... MICH AUS EIGENEM WILLEN DAZU ENTSCHIEDEN HABE ZU STERBEN, UM NEJI, MEINE BRÜDER, MEINE FAMILIE UND UNSER DORF ZU SCHÜTZEN!
DAS IST WOHL MEIN SCHICKSAL...

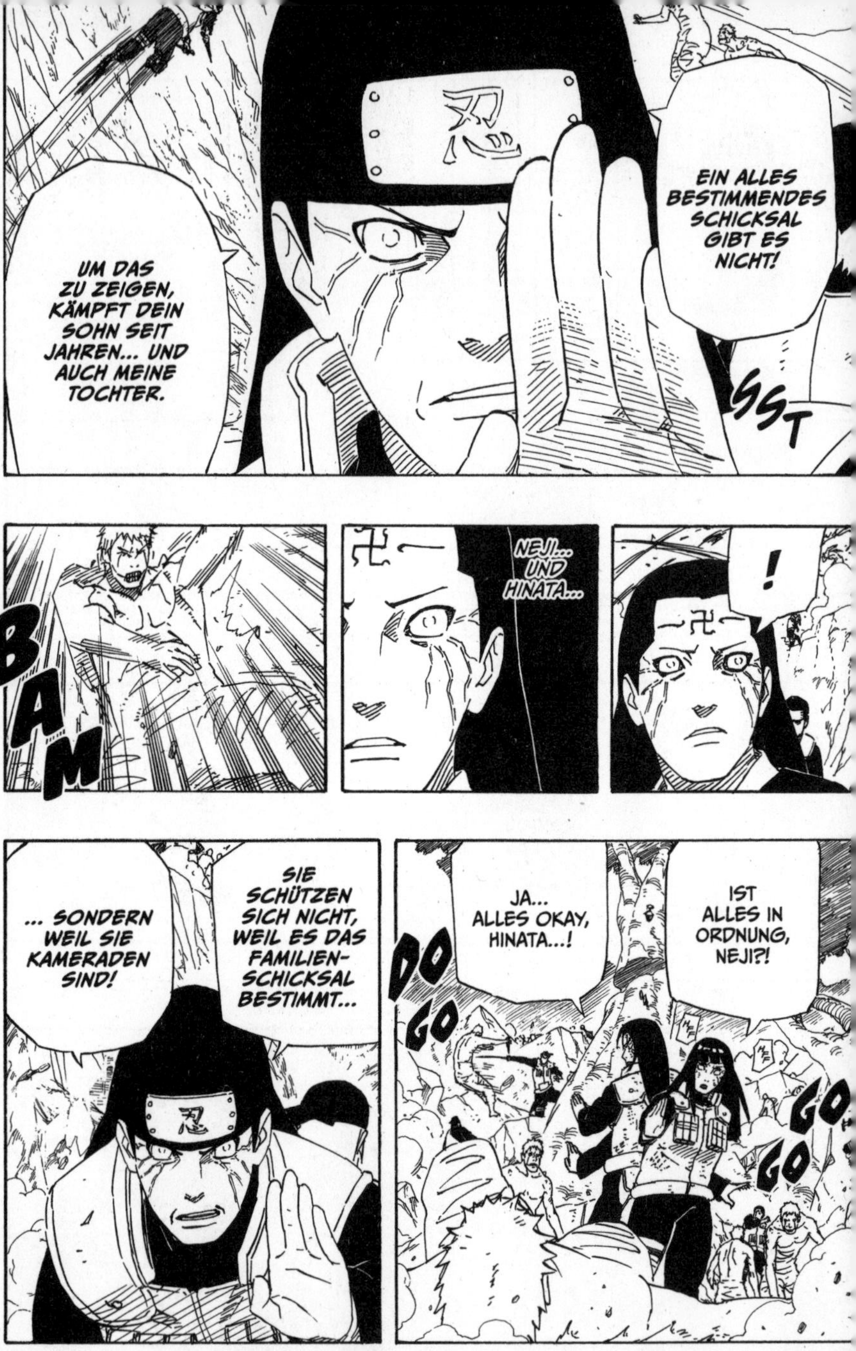
EIN ALLES BESTIMMENDES SCHICKSAL GIBT ES NICHT!
SST
UM DAS ZU ZEIGEN, KÄMPFT DEIN SOHN SEIT JAHREN... UND AUCH MEINE TOCHTER.
!
NEJI... UND HINATA...
BAM
IST ALLES IN ORDNUNG, NEJI?!
JA... ALLES OKAY, HINATA...!
DOGO
GOGO
SIE SCHÜTZEN SICH NICHT, WEIL ES DAS FAMILIEN-SCHICKSAL BESTIMMT...
... SONDERN WEIL SIE KAMERADEN SIND!

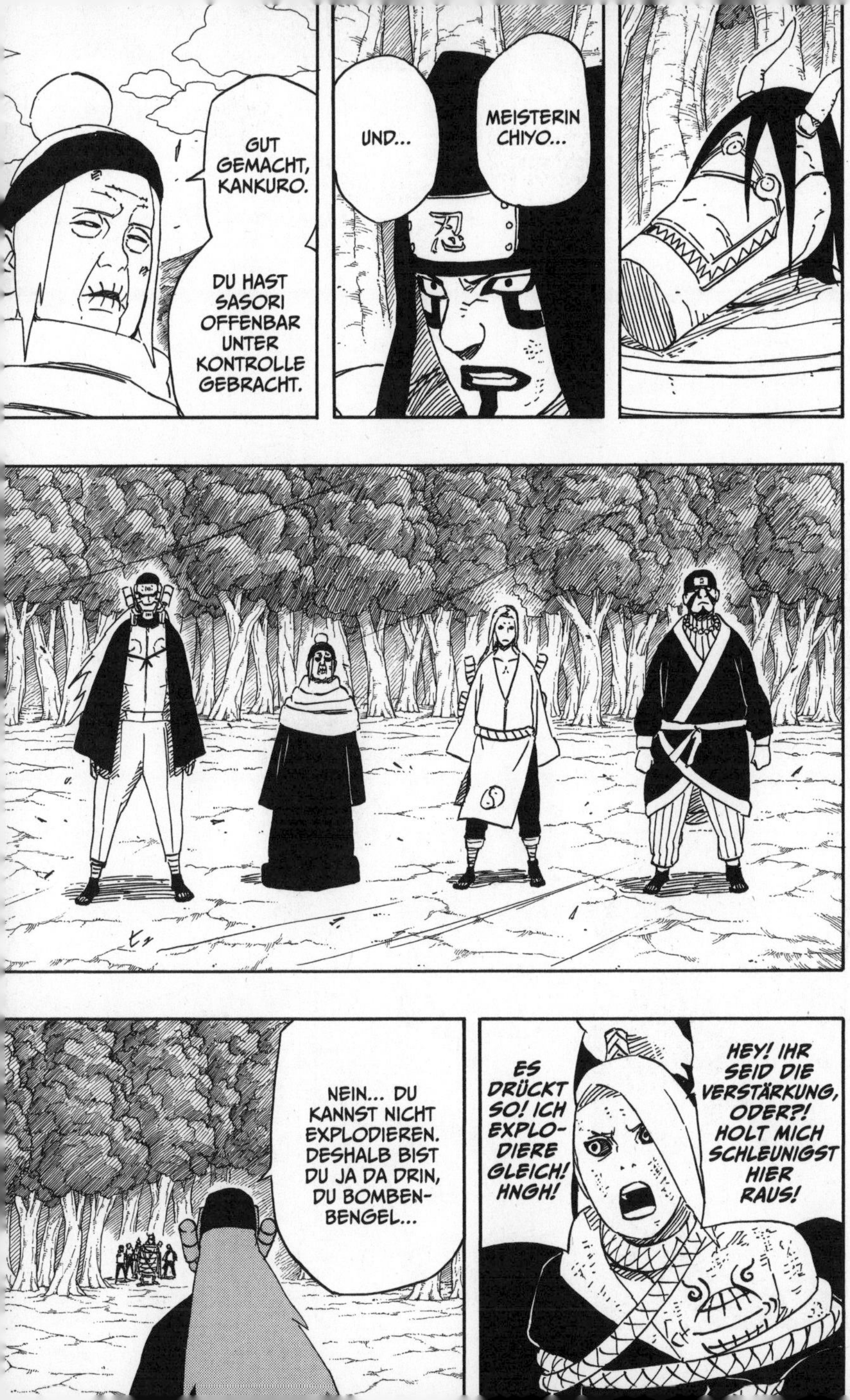
MEISTERIN CHIYO...
UND...
GUT GEMACHT, KANKURO.
DU HAST SASORI OFFENBAR UNTER KONTROLLE GEBRACHT.
HEY! IHR SEID DIE VERSTÄRKUNG, ODER?! HOLT MICH SCHLEUNIGST HIER RAUS!
ES DRÜCKT SO! ICH EXPLODIERE GLEICH! HNGH!
NEIN... DU KANNST NICHT EXPLODIEREN. DESHALB BIST DU JA DA DRIN, DU BOMBEN-BENGEL...

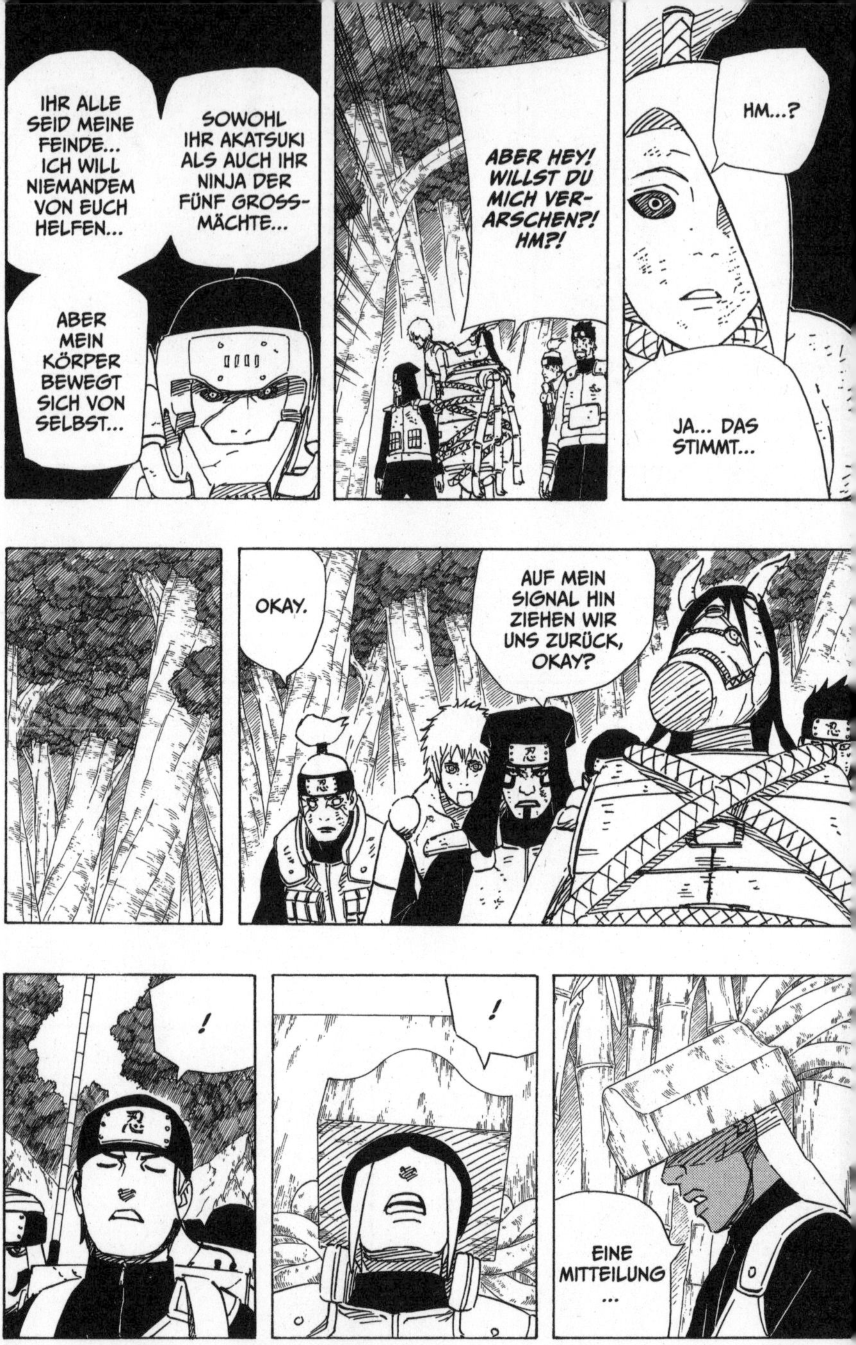

IHR ALLE SEID MEINE FEINDE... ICH WILL NIEMANDEM VON EUCH HELFEN...
SOWOHL IHR AKATSUKI ALS AUCH IHR NINJA DER FÜNF GROSS-MÄCHTE...
ABER MEIN KÖRPER BEWEGT SICH VON SELBST...
ABER HEY! WILLST DU MICH VER-ARSCHEN?! HM?!
HM...?
JA... DAS STIMMT...
OKAY.
AUF MEIN SIGNAL HIN ZIEHEN WIR UNS ZURÜCK, OKAY?
!
!
EINE MITTEILUNG ...

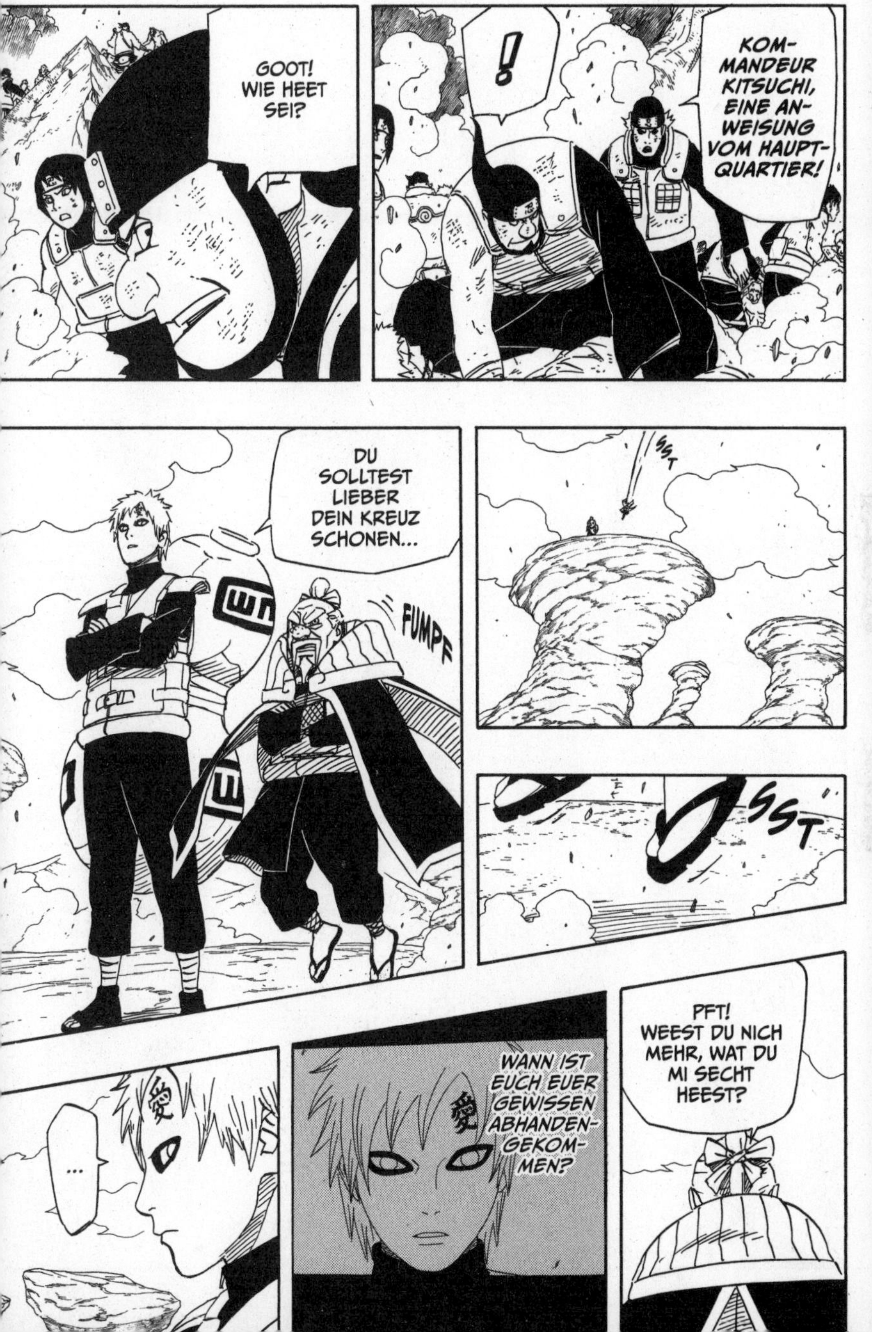
KOMMANDEUR KITSUCHI, EINE ANWEISUNG VOM HAUPTQUARTIER!
!
GOOT! WIE HEET SEI?
SST
SST
DU SOLLTEST LIEBER DEIN KREUZ SCHONEN...
FUMPF
PFT! WEEST DU NICH MEHR, WAT DU MI SECHT HEEST?
WANN IST EUCH EUER GEWISSEN ABHANDENGEKOMMEN?
...

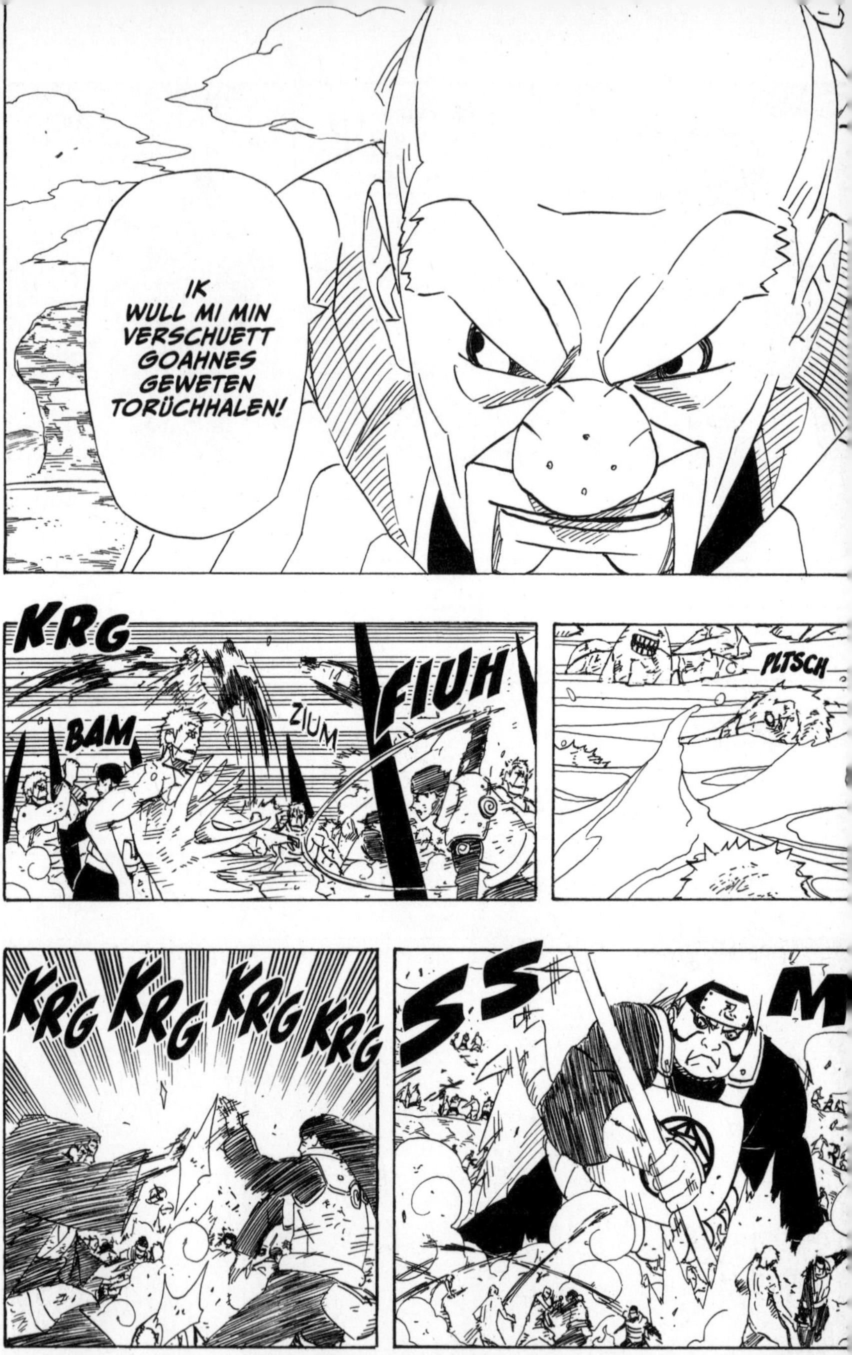
IK WULL MI MIN VERSCHUETT GOAHNES GEWETEN TORÜCHHALEN!
KRG
BAM
ZIUM
FIUH
PLTSCH
KRG KRG KRG KRG
SS
M

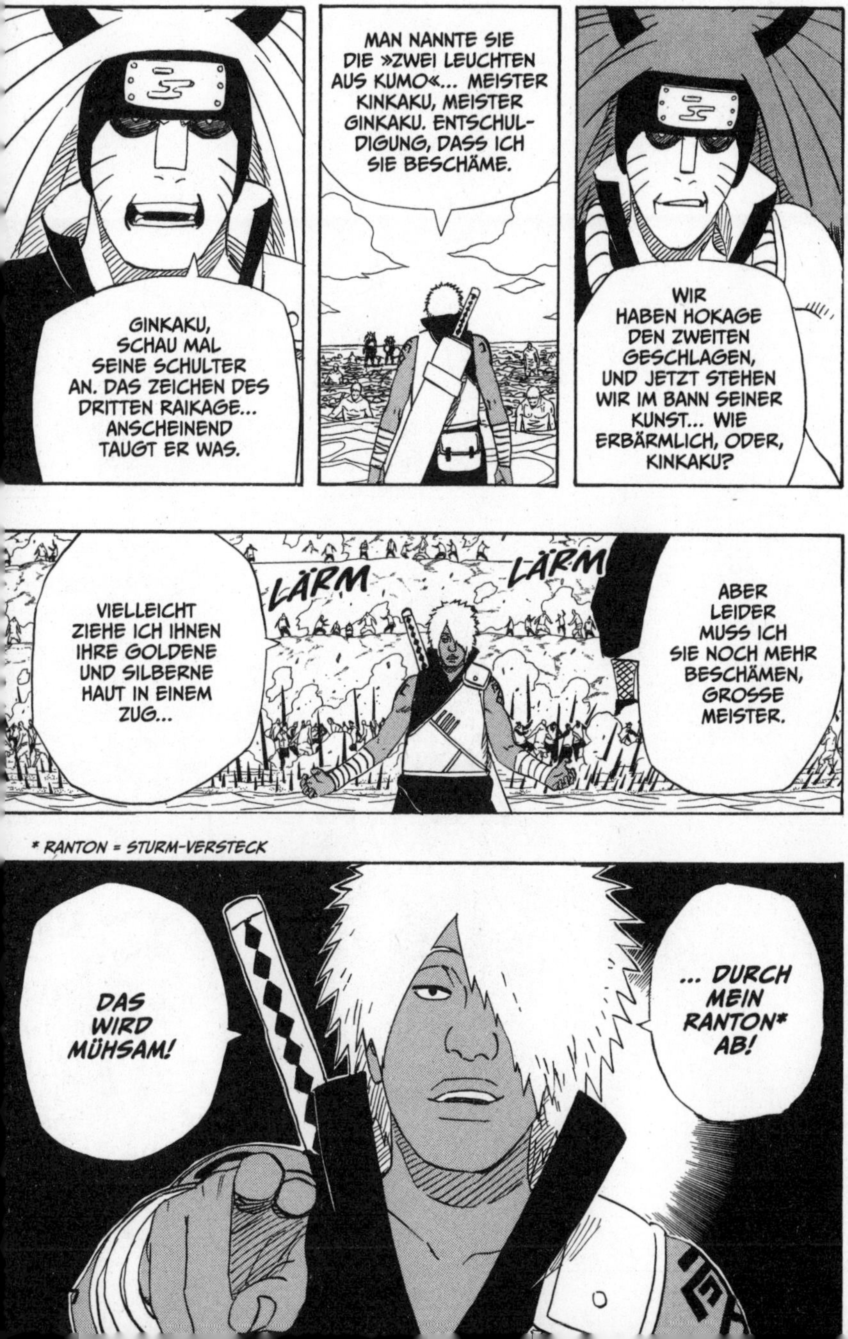

* RANTON = STURM-VERSTECK

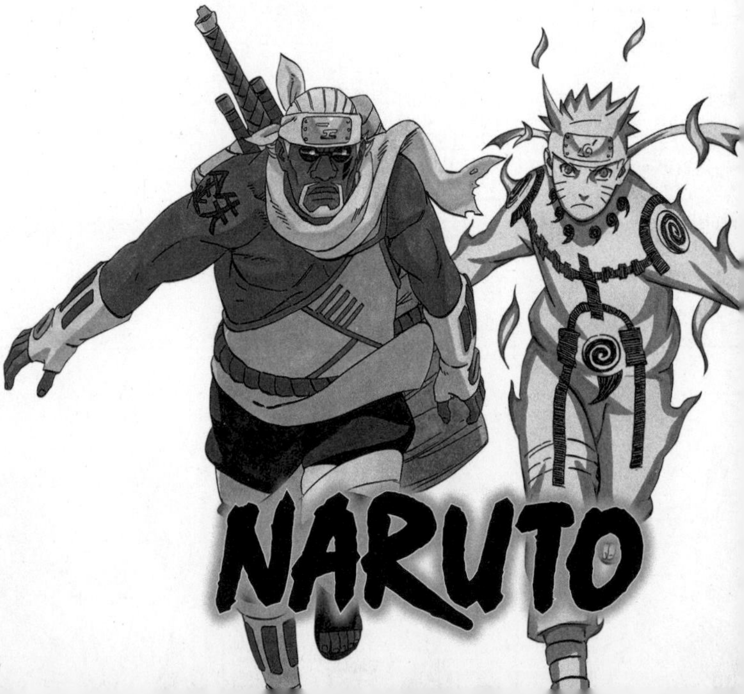
NARUTO

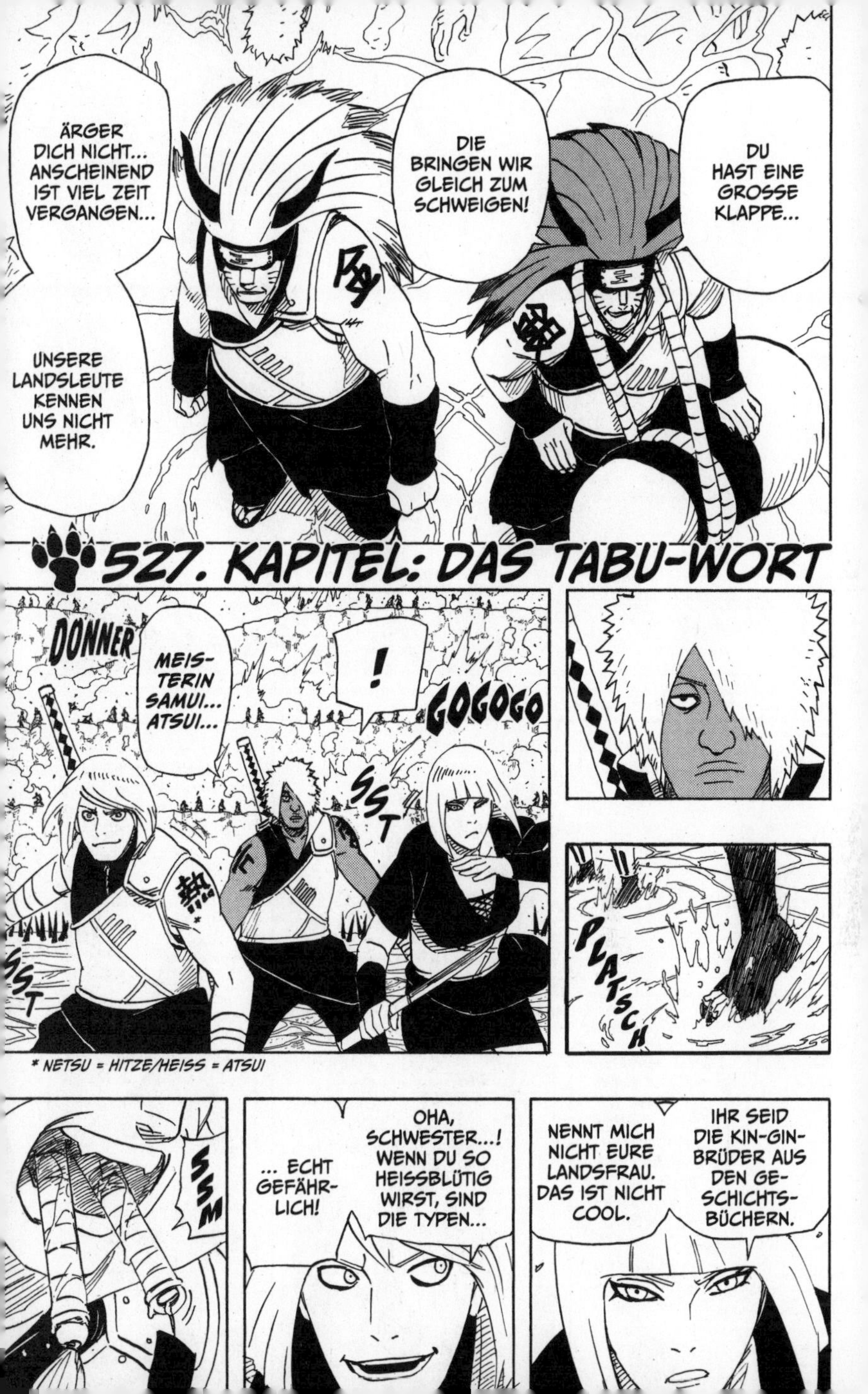

DU HAST EINE GROSSE KLAPPE...
DIE BRINGEN WIR GLEICH ZUM SCHWEIGEN!
ÄRGER DICH NICHT... ANSCHEINEND IST VIEL ZEIT VERGANGEN...
UNSERE LANDSLEUTE KENNEN UNS NICHT MEHR.
527. KAPITEL: DAS TABU-WORT
PLATSCH
!
GOGOGO
SST
MEISTERIN SAMUI... ATSUI...
DONNER
SST
* NETSU = HITZE/HEISS = ATSUI
IHR SEID DIE KIN-GIN-BRÜDER AUS DEN GESCHICHTSBÜCHERN.
NENNT MICH NICHT EURE LANDSFRAU. DAS IST NICHT COOL.
OHA, SCHWESTER...! WENN DU SO HEISSBLÜTIG WIRST, SIND DIE TYPEN...
... ECHT GEFÄHRLICH!
SSM

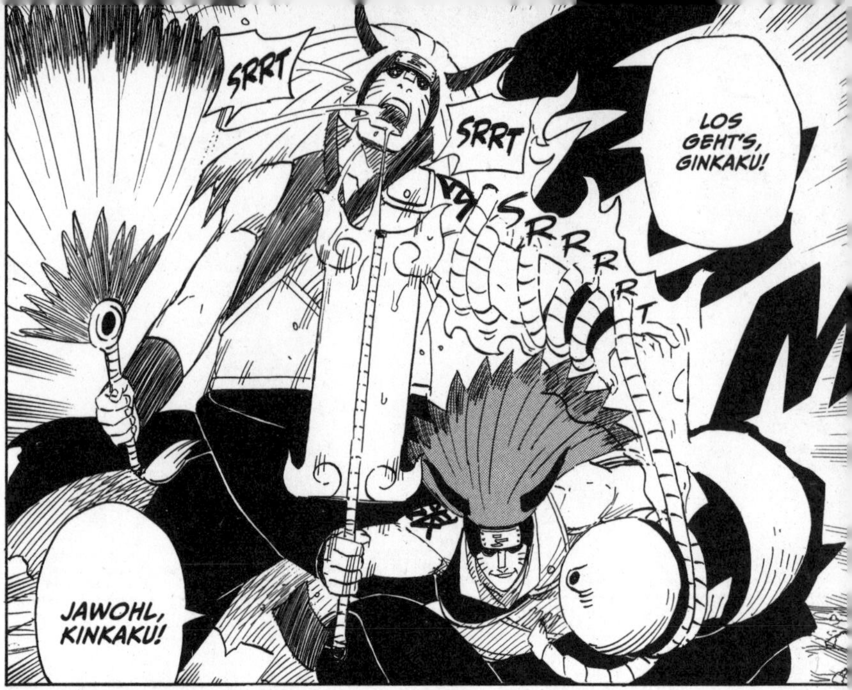

[1] KO = PLANE/VERDECK, JO = SEIL [2] KOTODAMA (KOTO = WORTE/SPRACHE, TAMA/DAMA = SEELE/GEIST) BEZEICHNET DIE SPIRITUELLE KRAFT DES WORTES UND DER SPRACHE; ZENTRALES KONZEPT IM JAPANISCHEN GLAUBEN

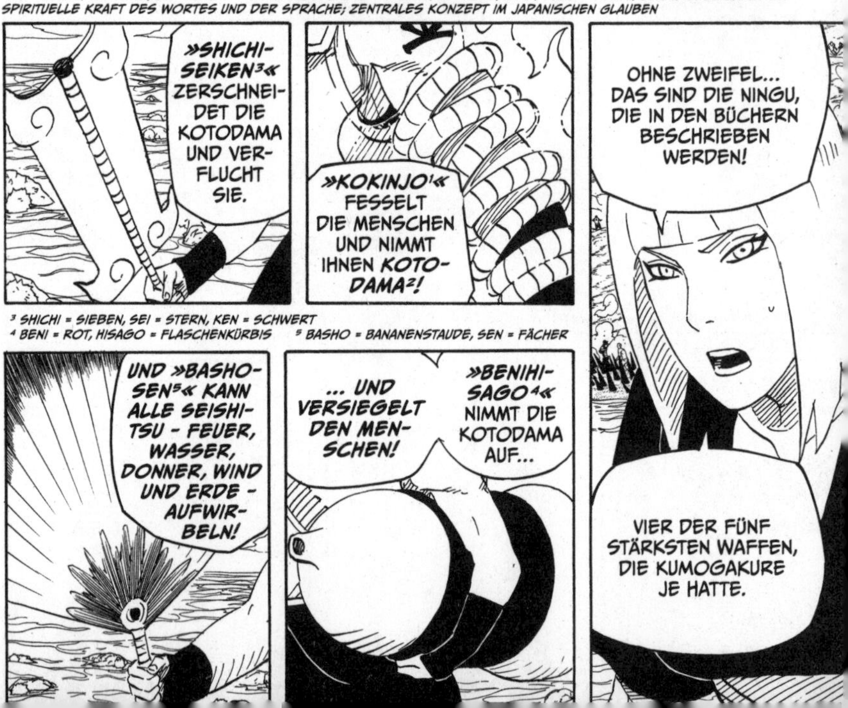

[3] SHICHI = SIEBEN, SEI = STERN, KEN = SCHWERT
[4] BENI = ROT, HISAGO = FLASCHENKÜRBIS [5] BASHO = BANANENSTAUDE, SEN = FÄCHER

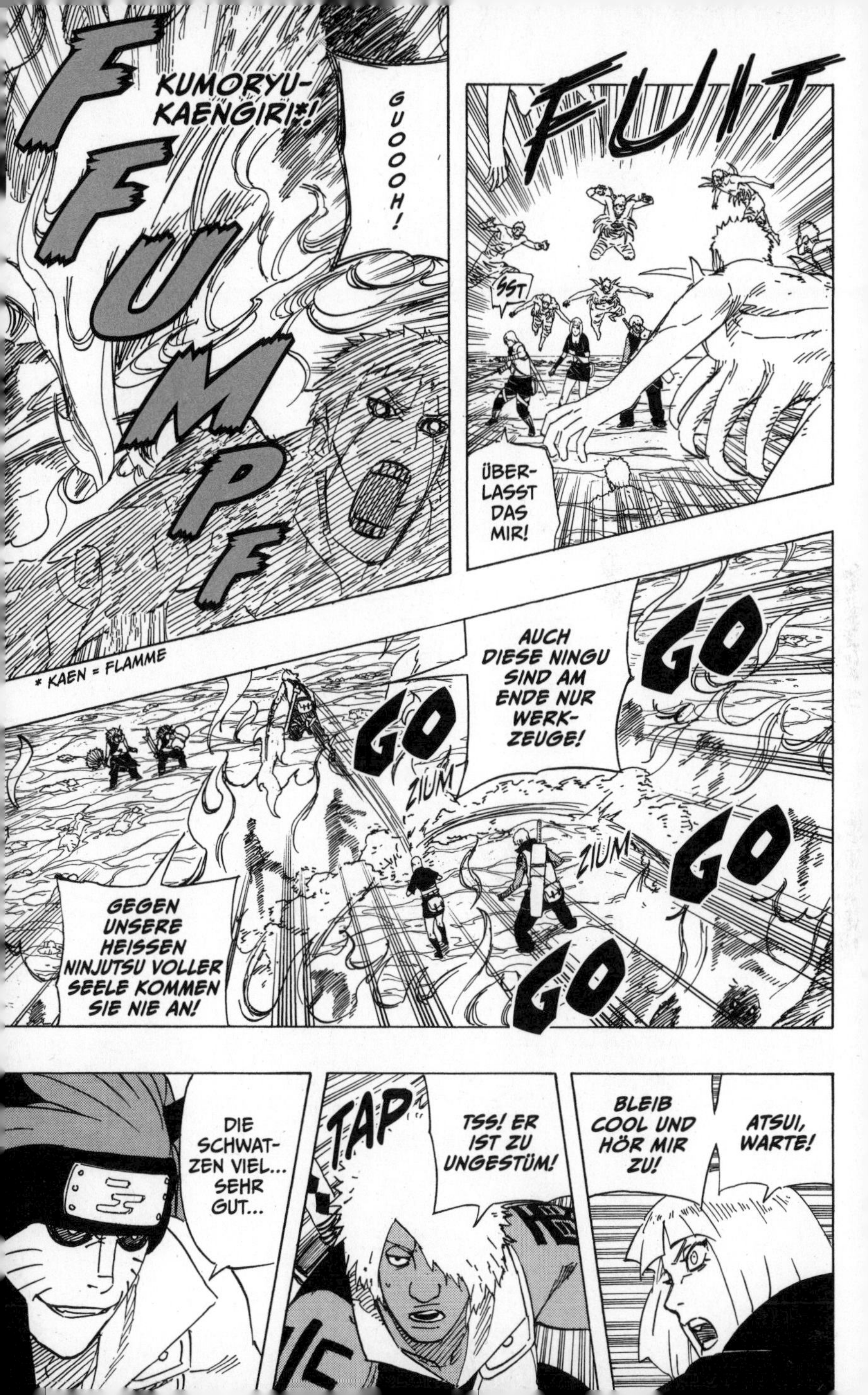
FUIT
SST
ÜBERLASST DAS MIR!
KUMORYU-KAENGIRI*!
GUOOOOH!
FFUMPF
* KAEN = FLAMME
AUCH DIESE NINGU SIND AM ENDE NUR WERKZEUGE!
GO
GO
GO
GO
ZIUM
ZIUM
GEGEN UNSERE HEISSEN NINJUTSU VOLLER SEELE KOMMEN SIE NIE AN!
ATSUI, WARTE!
BLEIB COOL UND HÖR MIR ZU!
TSS! ER IST ZU UNGESTÜM!
TAP
DIE SCHWATZEN VIEL... SEHR GUT...

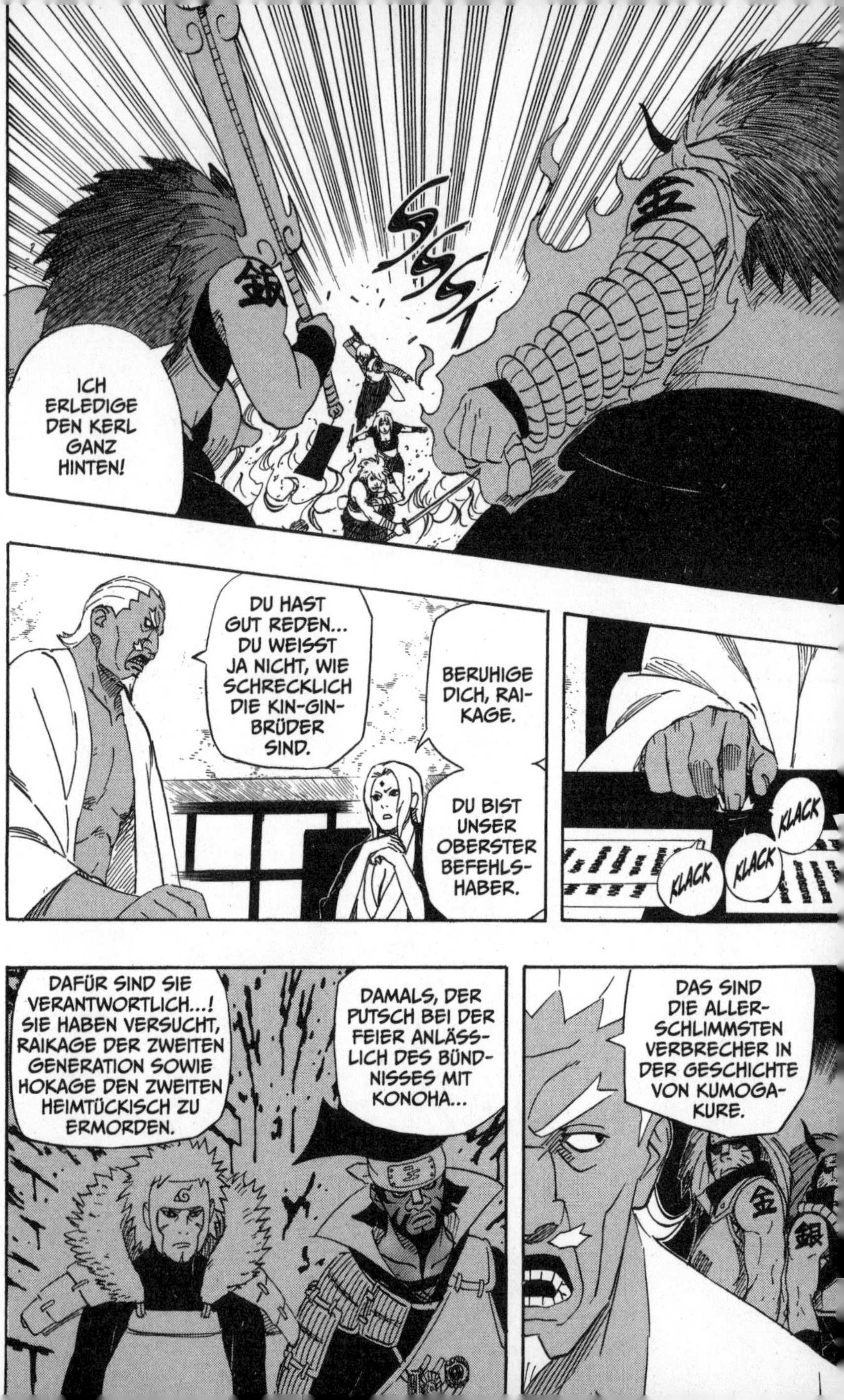
ICH ERLEDIGE DEN KERL GANZ HINTEN!
KLACK
KLACK
KLACK
BERUHIGE DICH, RAIKAGE.
DU BIST UNSER OBERSTER BEFEHLSHABER.
DU HAST GUT REDEN... DU WEISST JA NICHT, WIE SCHRECKLICH DIE KIN-GIN-BRÜDER SIND.
DAS SIND DIE ALLERSCHLIMMSTEN VERBRECHER IN DER GESCHICHTE VON KUMOGAKURE.
DAMALS, DER PUTSCH BEI DER FEIER ANLÄSSLICH DES BÜNDNISSES MIT KONOHA...
DAFÜR SIND SIE VERANTWORTLICH...! SIE HABEN VERSUCHT, RAIKAGE DER ZWEITEN GENERATION SOWIE HOKAGE DEN ZWEITEN HEIMTÜCKISCH ZU ERMORDEN.

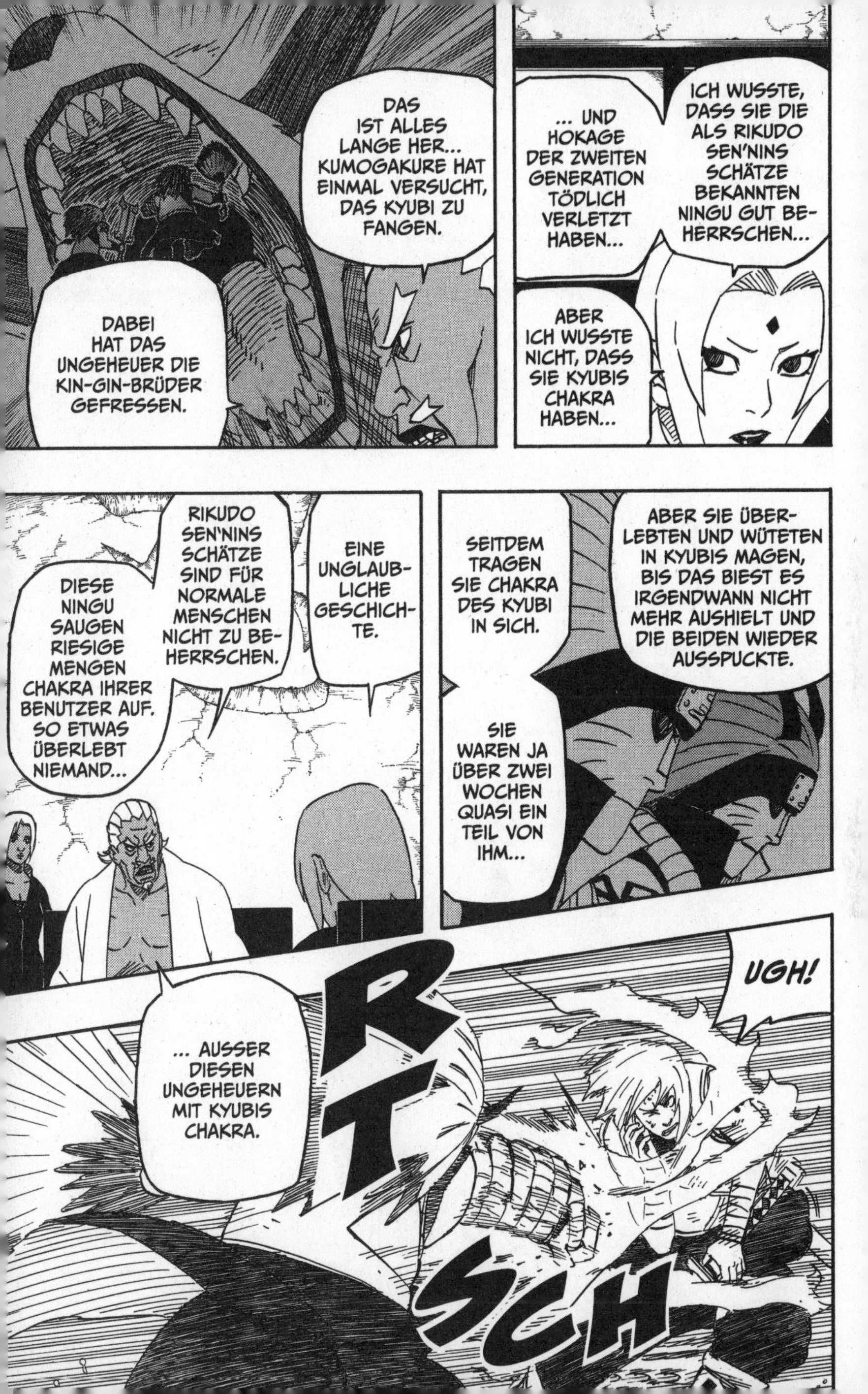
ICH WUSSTE, DASS SIE DIE ALS RIKUDO SEN'NINS SCHÄTZE BEKANNTEN NINGU GUT BEHERRSCHEN...
... UND HOKAGE DER ZWEITEN GENERATION TÖDLICH VERLETZT HABEN...
ABER ICH WUSSTE NICHT, DASS SIE KYUBIS CHAKRA HABEN...
DAS IST ALLES LANGE HER... KUMOGAKURE HAT EINMAL VERSUCHT, DAS KYUBI ZU FANGEN.
DABEI HAT DAS UNGEHEUER DIE KIN-GIN-BRÜDER GEFRESSEN.
ABER SIE ÜBERLEBTEN UND WÜTETEN IN KYUBIS MAGEN, BIS DAS BIEST ES IRGENDWANN NICHT MEHR AUSHIELT UND DIE BEIDEN WIEDER AUSSPUCKTE.
SEITDEM TRAGEN SIE CHAKRA DES KYUBI IN SICH.
SIE WAREN JA ÜBER ZWEI WOCHEN QUASI EIN TEIL VON IHM...
EINE UNGLAUBLICHE GESCHICHTE.
RIKUDO SEN'NINS SCHÄTZE SIND FÜR NORMALE MENSCHEN NICHT ZU BEHERRSCHEN.
DIESE NINGU SAUGEN RIESIGE MENGEN CHAKRA IHRER BENUTZER AUF. SO ETWAS ÜBERLEBT NIEMAND...
UGH!
... AUSSER DIESEN UNGEHEUERN MIT KYUBIS CHAKRA.
RT
SCH

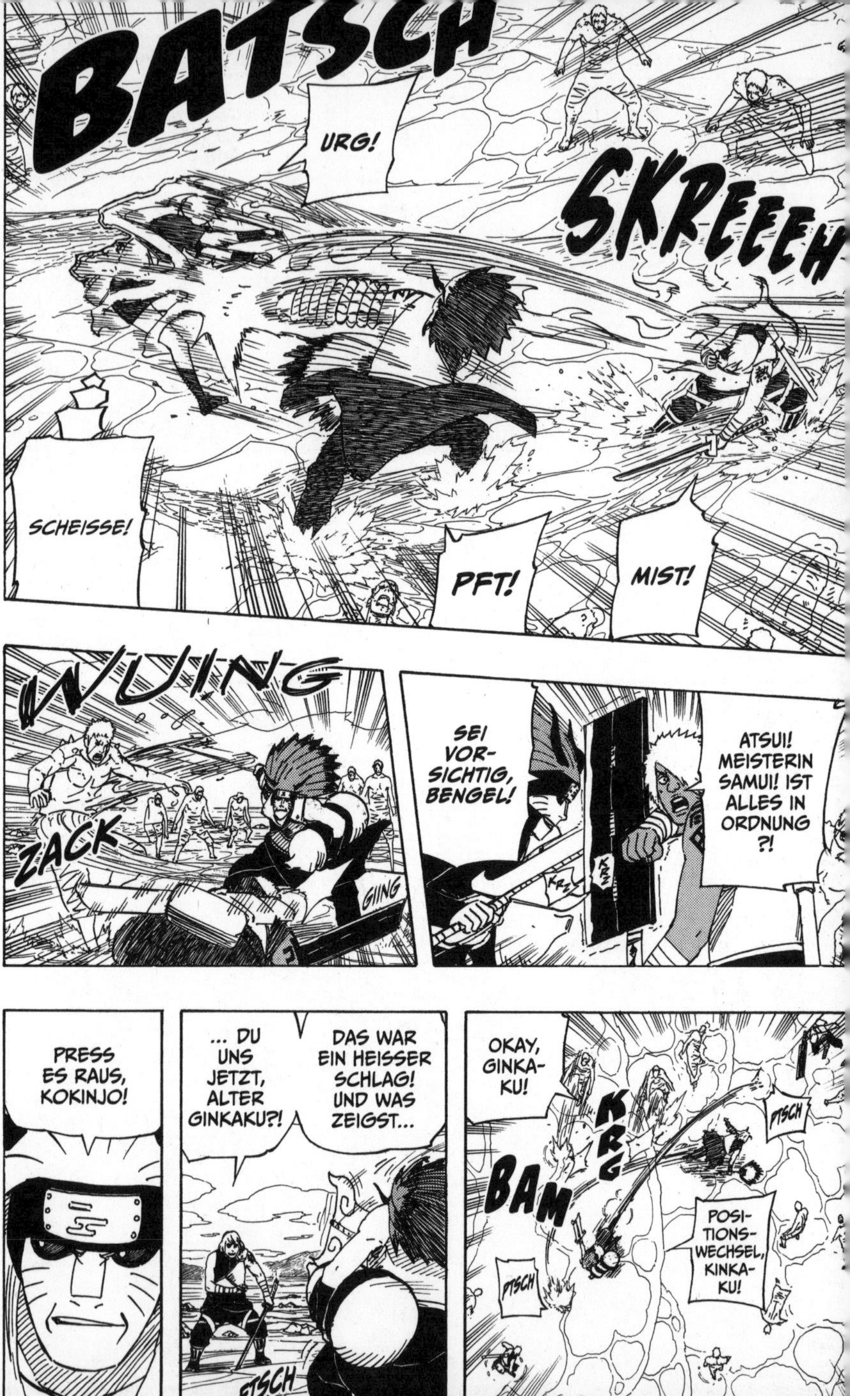
BATSCH
URG!
SKREEEH
MIST!
PFT!
SCHEISSE!
ATSUI! MEISTERIN SAMUI! IST ALLES IN ORDNUNG?!
SEI VOR-SICHTIG, BENGEL!
KRZ
KRZ
WUING
ZACK
GIING
OKAY, GINKA-KU!
KRG
BAM
PTSCH
POSI-TIONS-WECHSEL, KINKA-KU!
PTSCH
DAS WAR EIN HEISSER SCHLAG! UND WAS ZEIGST...
... DU UNS JETZT, ALTER GINKAKU?!
FTSCH
PRESS ES RAUS, KOKINJO!

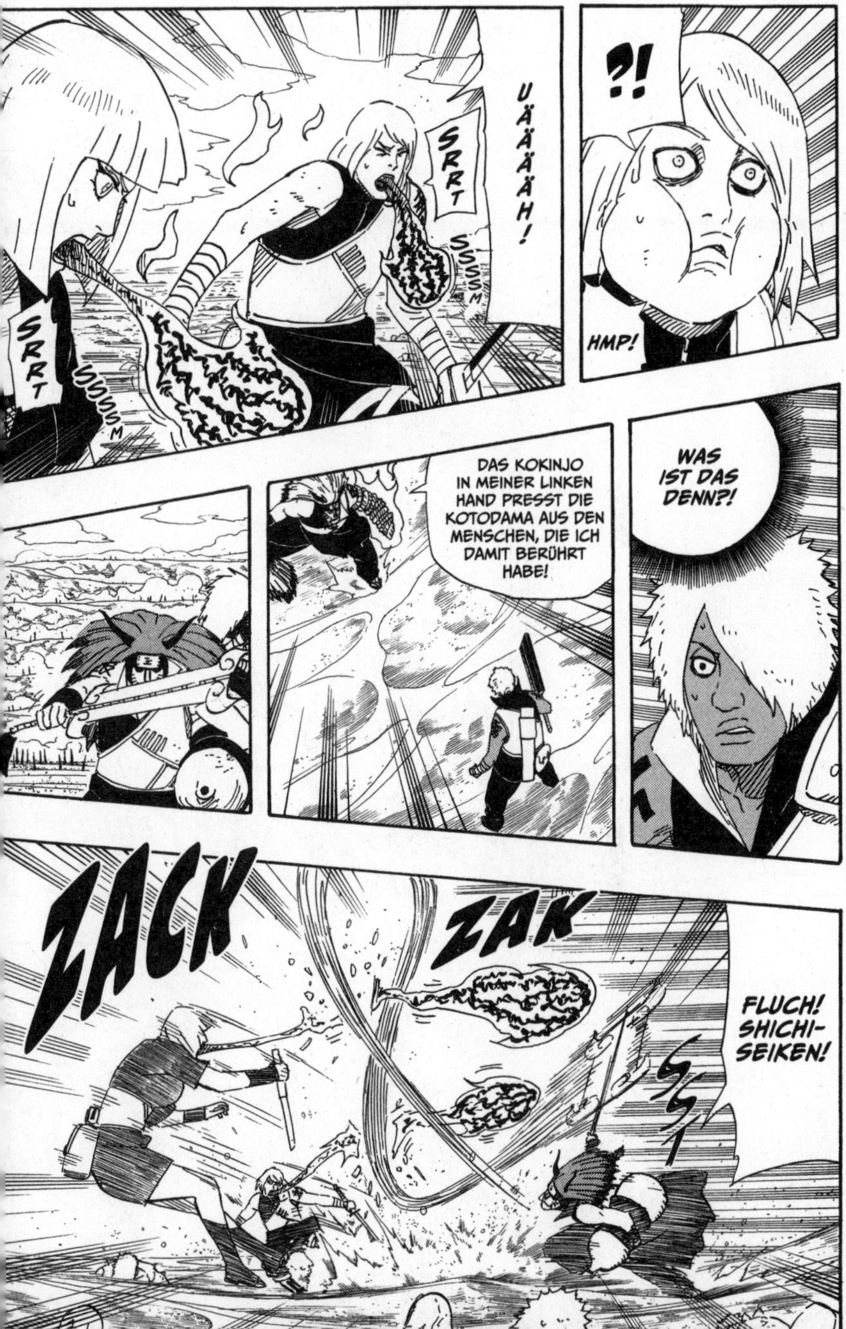
?!
HMP!
UÄÄÄÄH!
SRRT
SSSSM
SRRT
SSSSM
WAS IST DAS DENN?!
DAS KOKINJO IN MEINER LINKEN HAND PRESST DIE KOTODAMA AUS DEN MENSCHEN, DIE ICH DAMIT BERÜHRT HABE!
FLUCH! SHICHI-SEIKEN!
ZAK
ZACK

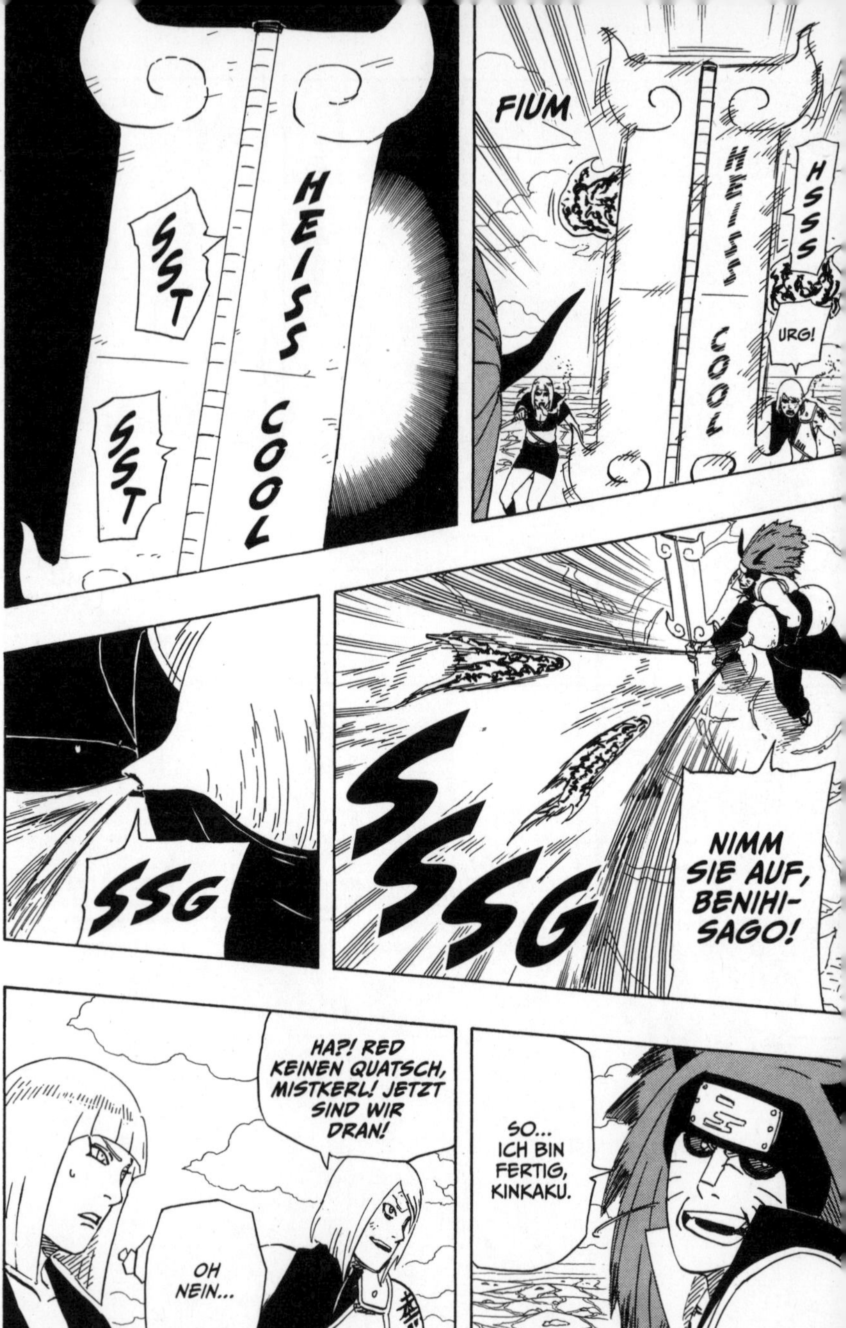
FIUM
HSSS
HEISS
COOL
URG!
HEISS
COOL
SST
SST
NIMM SIE AUF, BENIHI-SAGO!
SSSG
SSG
SO... ICH BIN FERTIG, KINKAKU.
HA?! RED KEINEN QUATSCH, MISTKERL! JETZT SIND WIR DRAN!
OH NEIN...

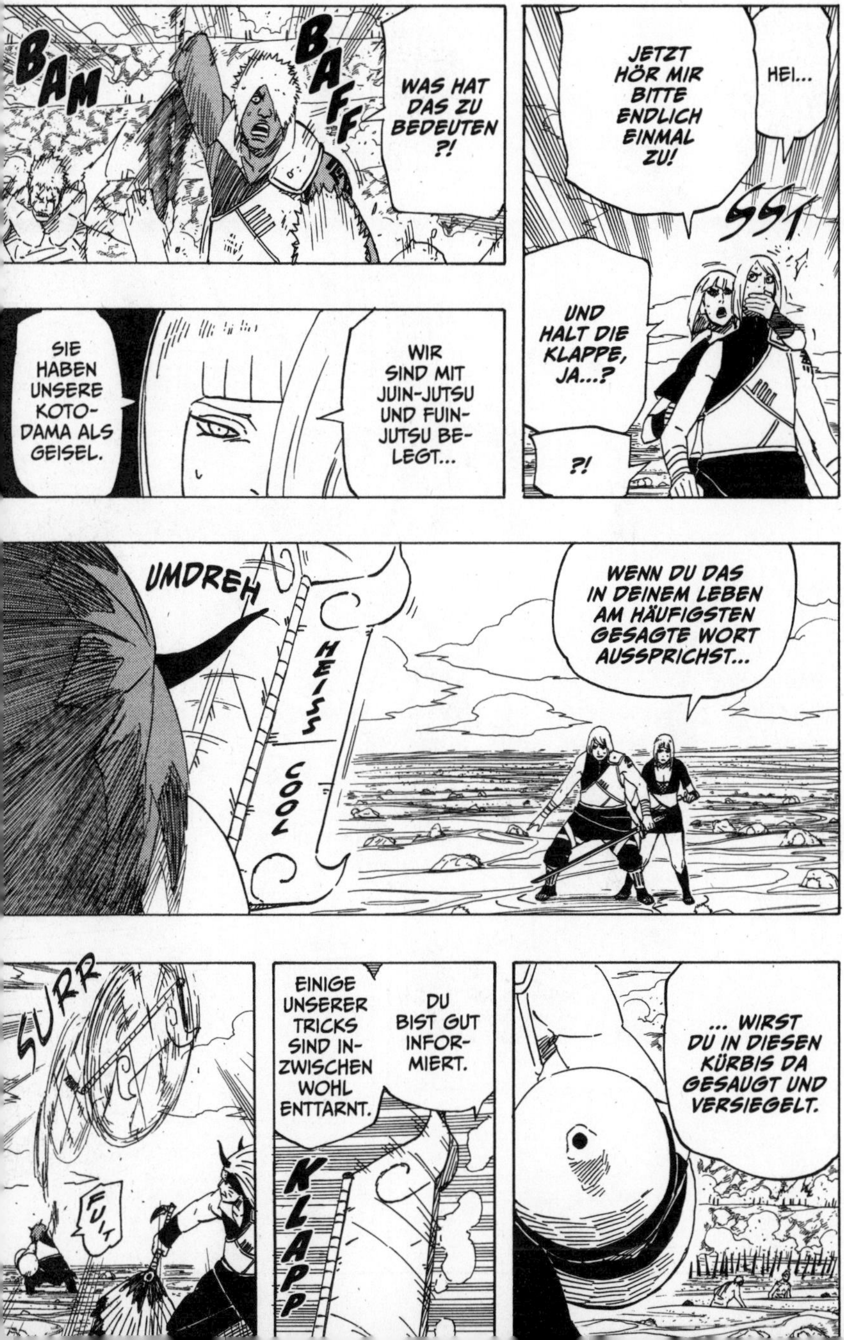
HEI...
JETZT HÖR MIR BITTE ENDLICH EINMAL ZU!
UND HALT DIE KLAPPE, JA...?
?!
BAM
BAFF
WAS HAT DAS ZU BEDEUTEN ?!
WIR SIND MIT JUIN-JUTSU UND FUIN-JUTSU BELEGT...
SIE HABEN UNSERE KOTODAMA ALS GEISEL.
WENN DU DAS IN DEINEM LEBEN AM HÄUFIGSTEN GESAGTE WORT AUSSPRICHST...
HEISS
COOL
UMDREH
... WIRST DU IN DIESEN KÜRBIS DA GESAUGT UND VERSIEGELT.
DU BIST GUT INFORMIERT.
EINIGE UNSERER TRICKS SIND INZWISCHEN WOHL ENTTARNT.
KLAPP
SURR

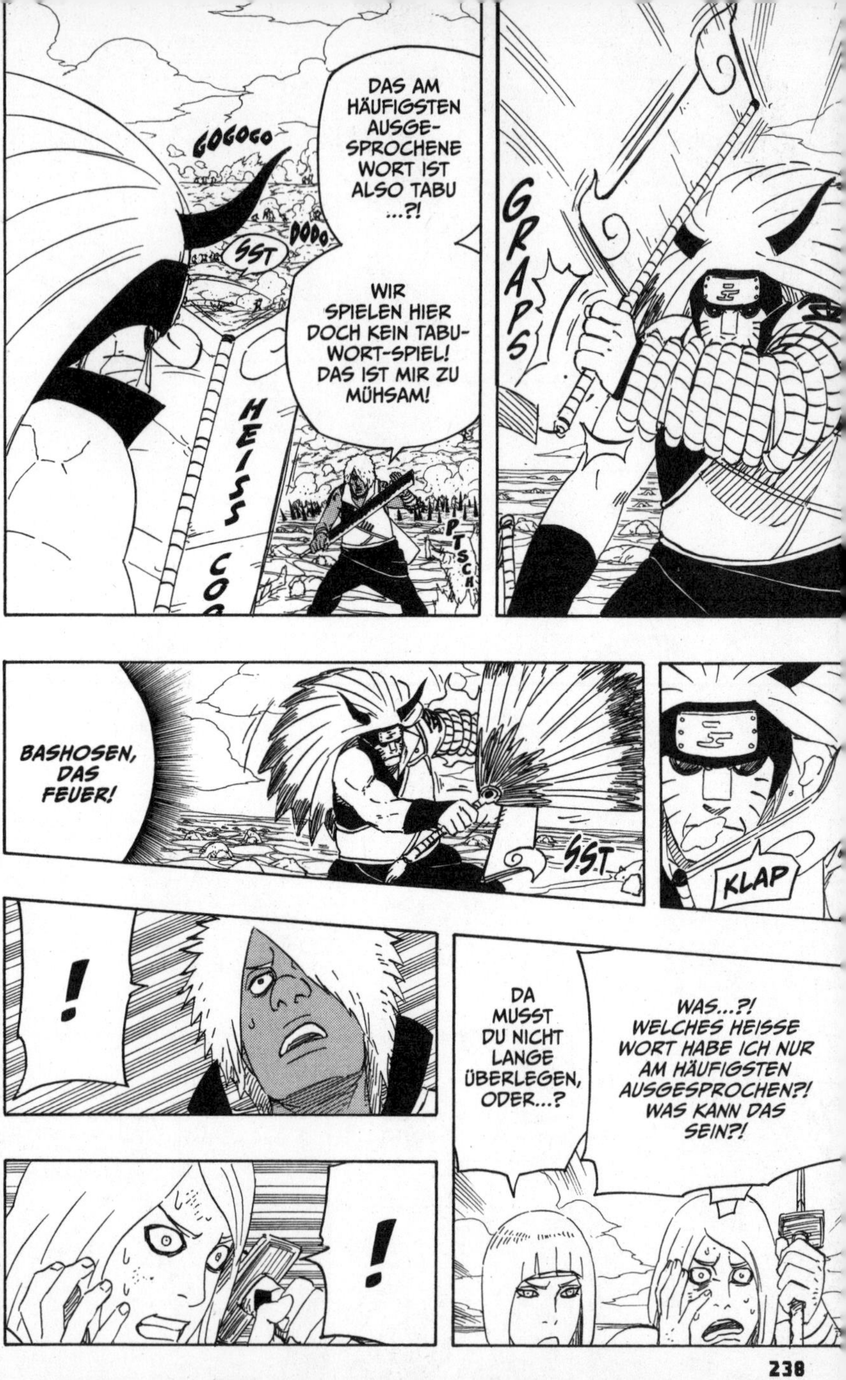
GRAPS
GOGOGO
DODO
SST
DAS AM HÄUFIGSTEN AUSGESPROCHENE WORT IST ALSO TABU ...?!
WIR SPIELEN HIER DOCH KEIN TABU-WORT-SPIEL! DAS IST MIR ZU MÜHSAM!
HEISS
PTSCH
KLAP
BASHOSEN, DAS FEUER!
SST
DA MUSST DU NICHT LANGE ÜBERLEGEN, ODER...?
WAS...?! WELCHES HEISSE WORT HABE ICH NUR AM HÄUFIGSTEN AUSGESPROCHEN?! WAS KANN DAS SEIN?!
!
!

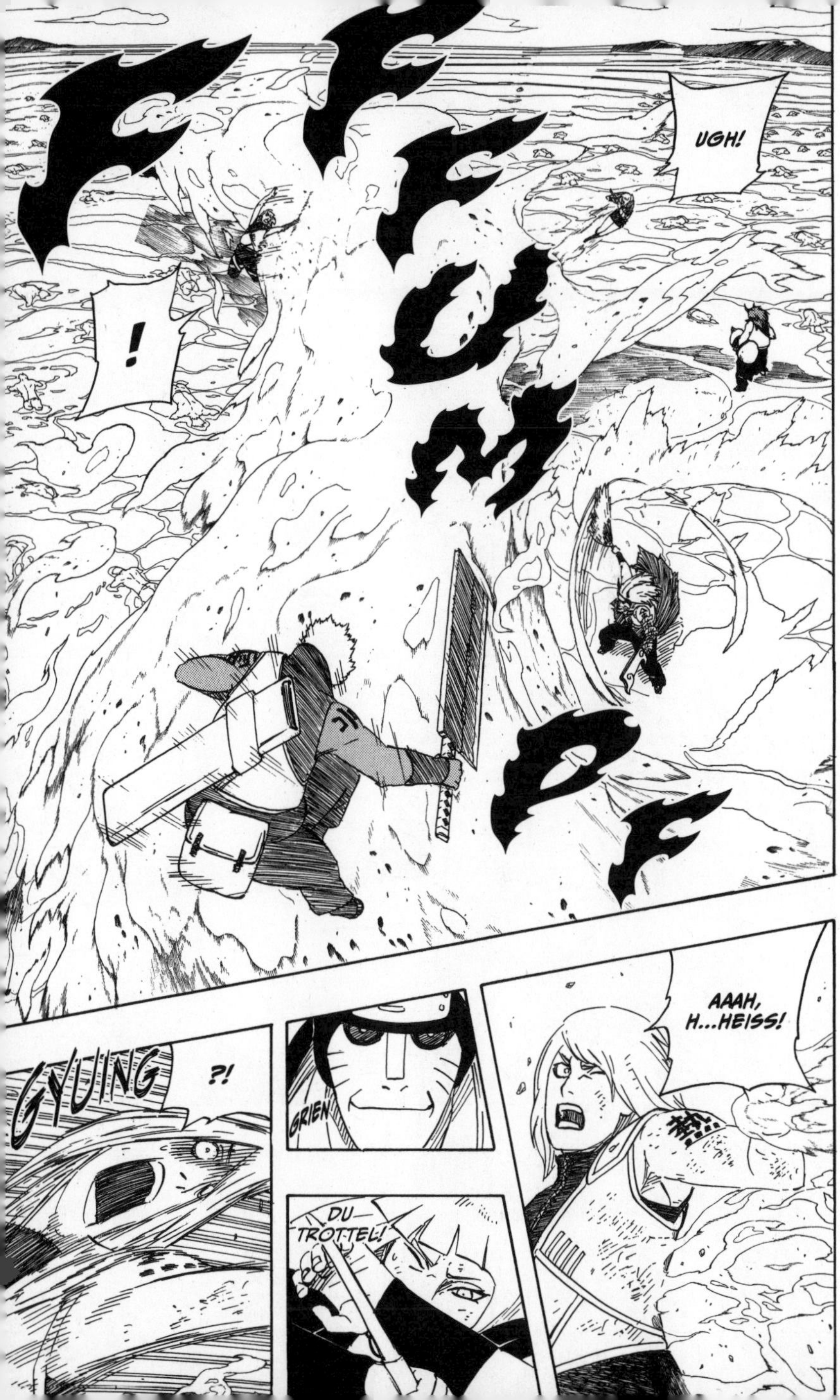
UGH!
!
AAAH,
H...HEISS!
GRIEN
DU
TROTTEL!
GYUING
?!

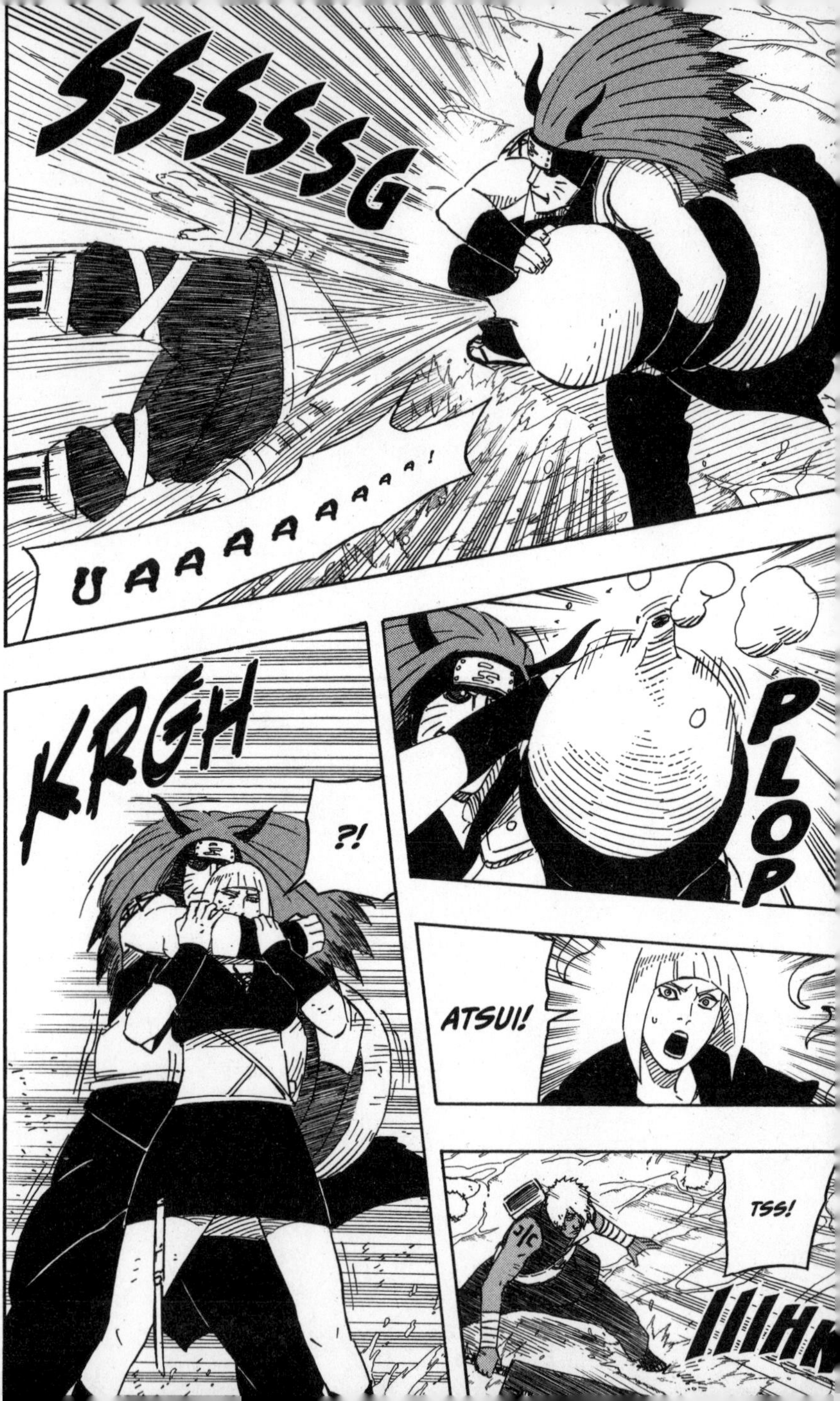

SSSSSG
UAAAAAAAAA!
PLOP
KRGH
?!
ATSUI!
TSS!
IIIHR

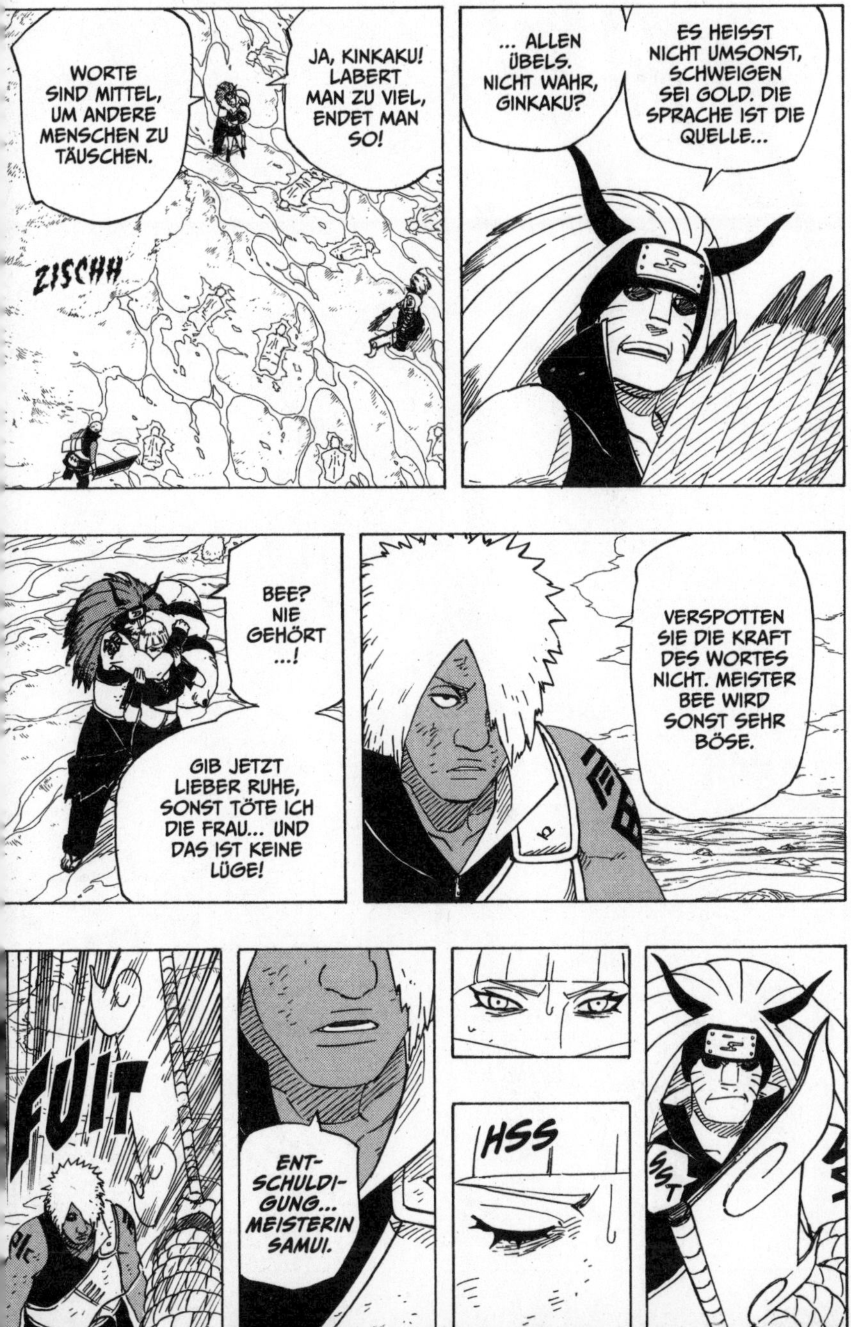
ES HEISST NICHT UMSONST, SCHWEIGEN SEI GOLD. DIE SPRACHE IST DIE QUELLE...
... ALLEN ÜBELS. NICHT WAHR, GINKAKU?
JA, KINKAKU! LABERT MAN ZU VIEL, ENDET MAN SO!
WORTE SIND MITTEL, UM ANDERE MENSCHEN ZU TÄUSCHEN.
ZISCHH
VERSPOTTEN SIE DIE KRAFT DES WORTES NICHT. MEISTER BEE WIRD SONST SEHR BÖSE.
BEE? NIE GEHÖRT ...!
GIB JETZT LIEBER RUHE, SONST TÖTE ICH DIE FRAU... UND DAS IST KEINE LÜGE!
SST
HSS
ENT-SCHULDI-GUNG... MEISTERIN SAMUI.
FUIT

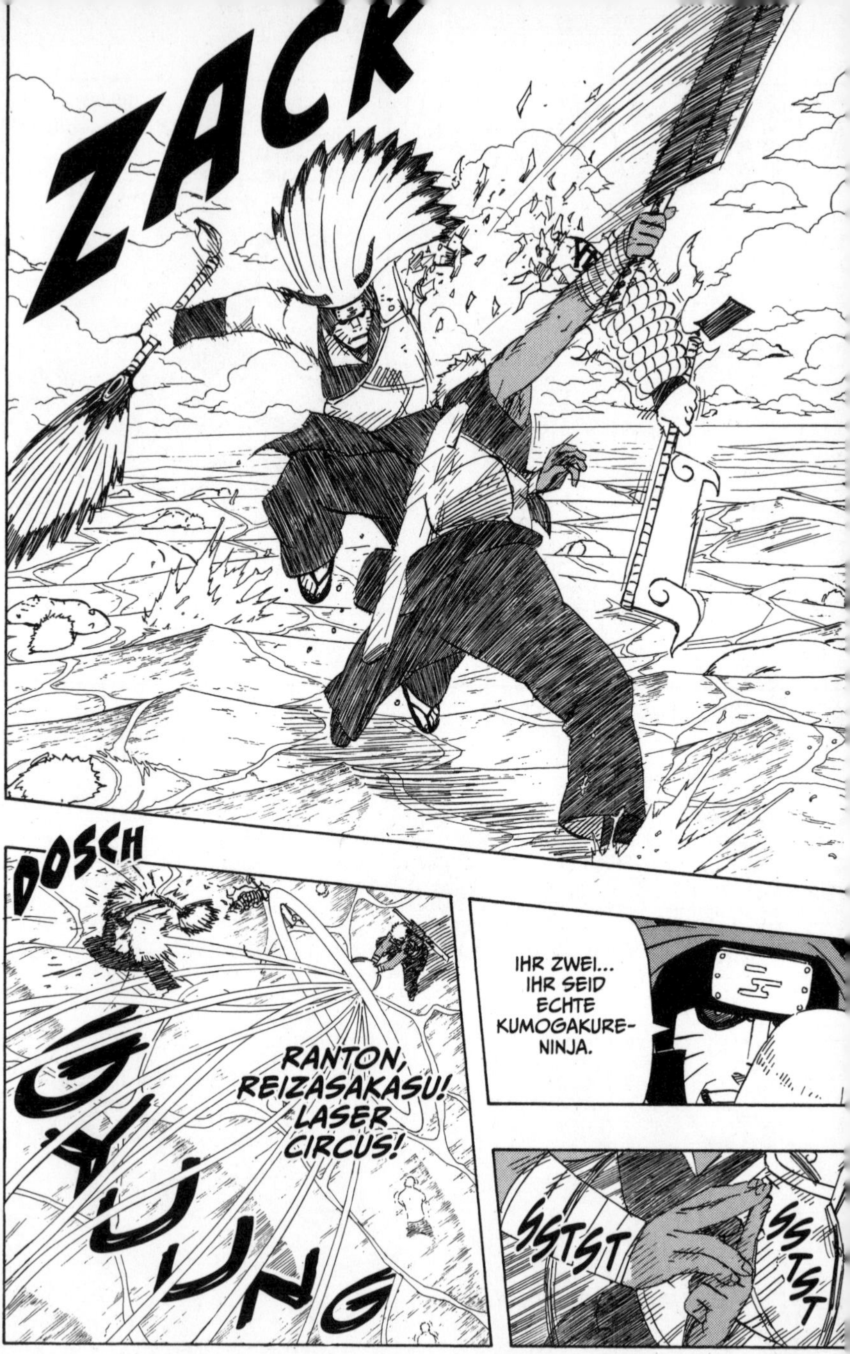
ZACK
IHR ZWEI... IHR SEID ECHTE KUMOGAKURE-NINJA.
DOSCH
RANTON, REIZASAKASU! LASER CIRCUS!
GJUUNG
SSTST
SSTST

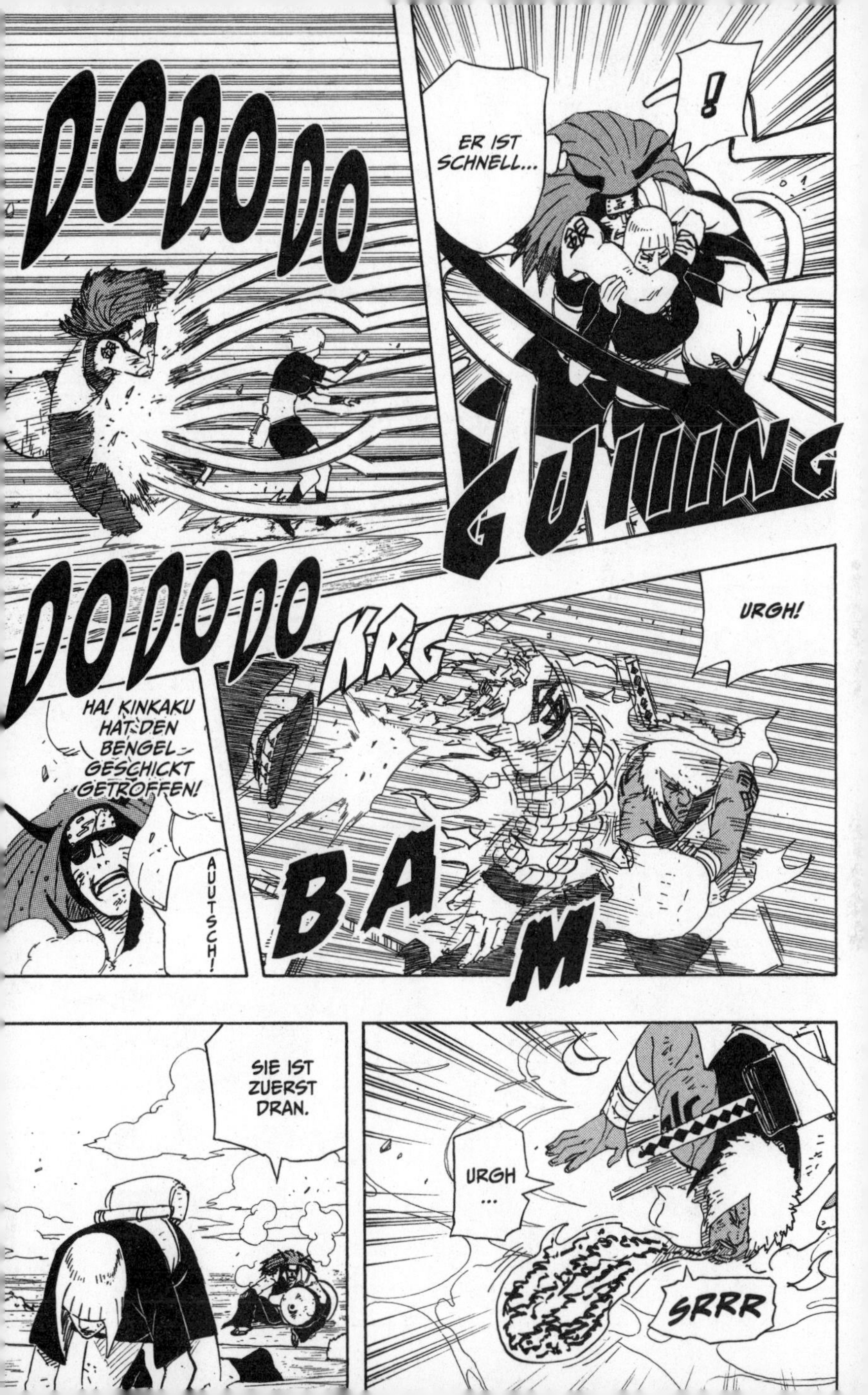
!
ER IST SCHNELL...
DODODO
DODODO
GUIIING
URGH!
KRG
HA! KINKAKU HAT DEN BENGEL GESCHICKT GETROFFEN!
AUUTSCH!
BAM
URGH ...
SRRR
SIE IST ZUERST DRAN.

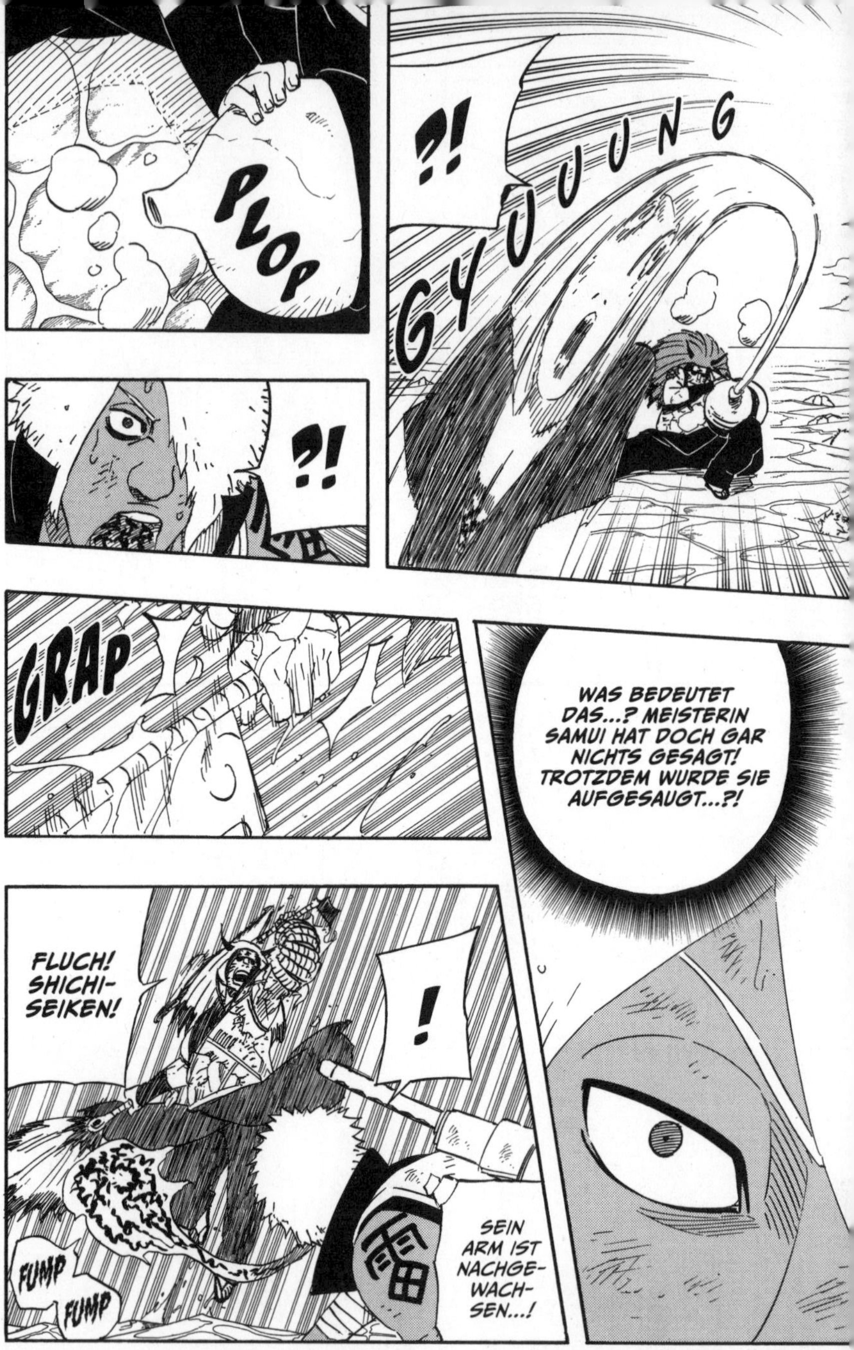
?!
GYUUUUNG
PLOP
?!
WAS BEDEUTET DAS...? MEISTERIN SAMUI HAT DOCH GAR NICHTS GESAGT! TROTZDEM WURDE SIE AUFGESAUGT...?!
GRAP
!
FLUCH! SHICHI-SEIKEN!
SEIN ARM IST NACHGE-WACH-SEN...!
FUMP
FUMP

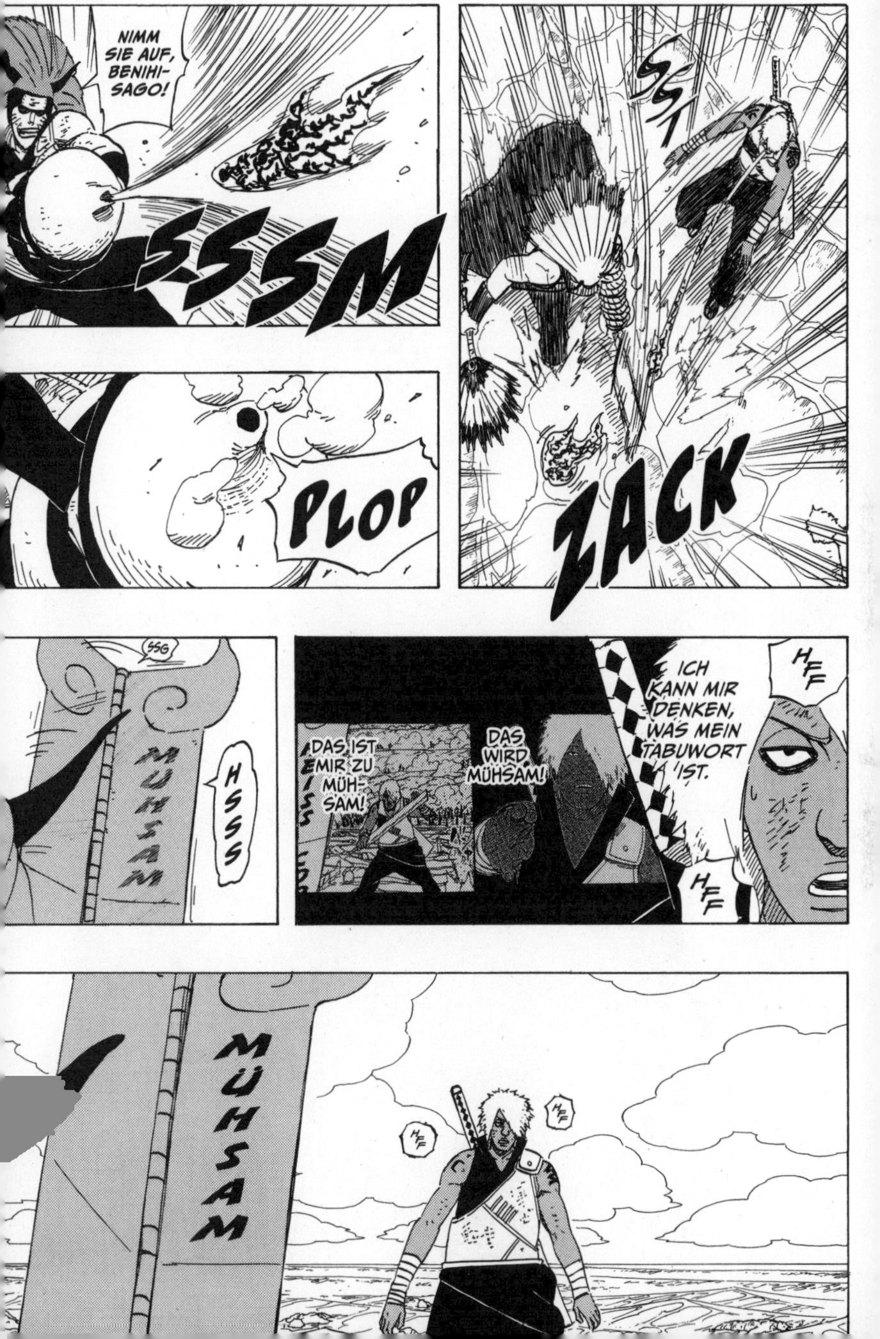

SS
ZACK
NIMM SIE AUF, BENIHI-SAGO!
SSSM
PLOP
HFF
ICH KANN MIR DENKEN, WAS MEIN TABUWORT IST.
DAS WIRD MÜHSAM!
DAS IST MIR ZU MÜH-SAM!
HFF
SSG
MÜHSAM
HSSS
HFF
HFF
MÜHSAM

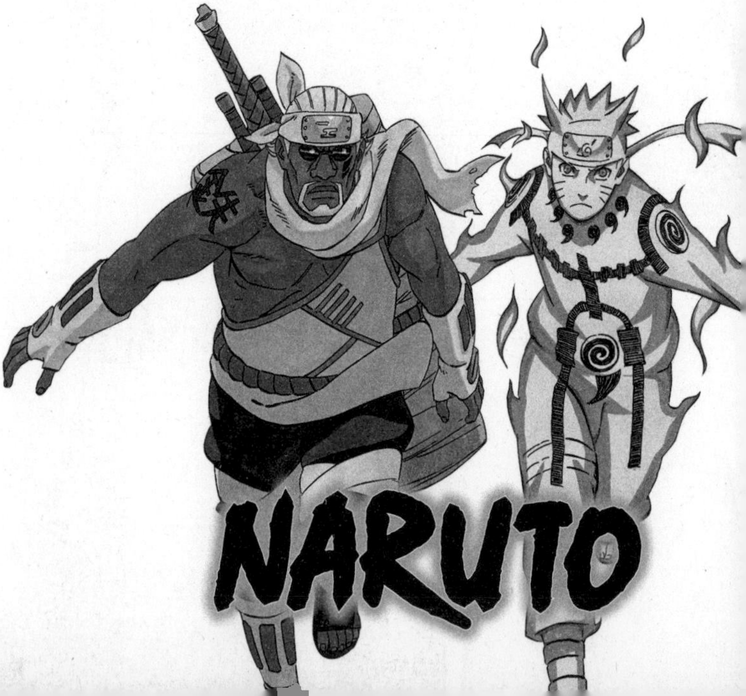
NARUTO

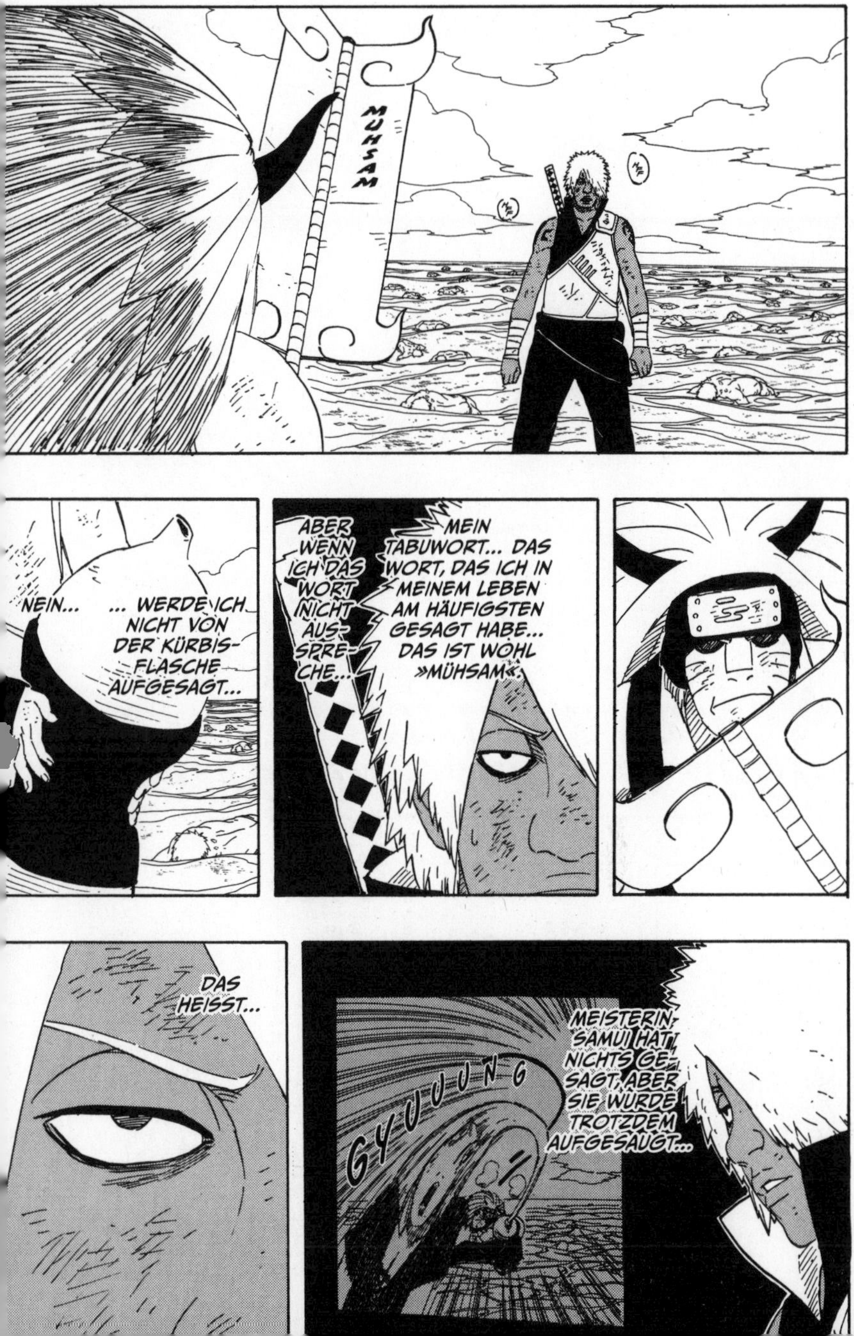
MÜHSAM
MEIN TABUWORT... DAS WORT, DAS ICH IN MEINEM LEBEN AM HÄUFIGSTEN GESAGT HABE... DAS IST WOHL »MÜHSAM«.
ABER WENN ICH DAS WORT NICHT AUS-SPRE-CHE...
NEIN...
... WERDE ICH NICHT VON DER KÜRBIS-FLASCHE AUFGESAGT...
MEISTERIN SAMUI HAT NICHTS GE-SAGT, ABER SIE WURDE TROTZDEM AUFGESAUGT...
GYUUUNG
DAS HEISST...

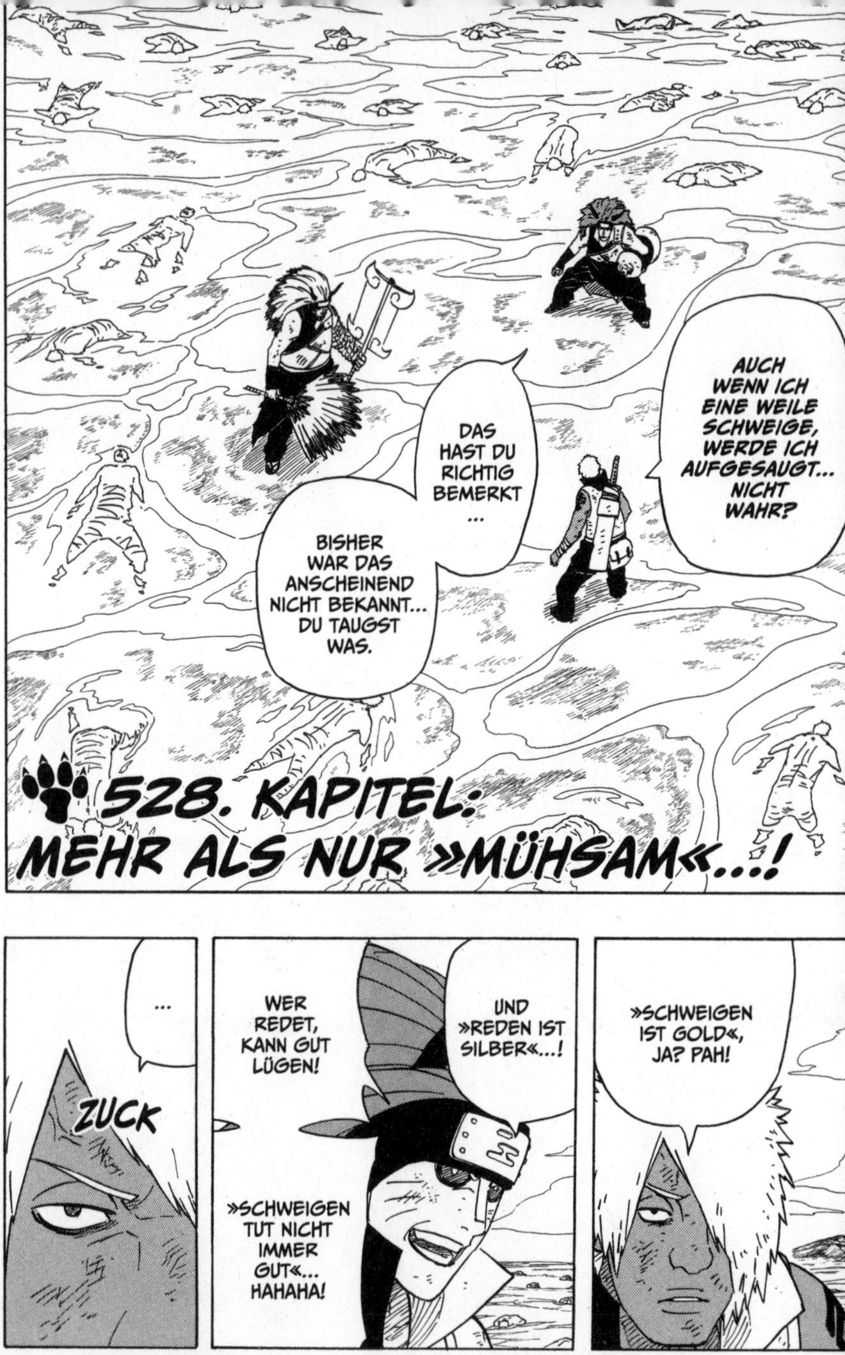
AUCH WENN ICH EINE WEILE SCHWEIGE, WERDE ICH AUFGESAUGT... NICHT WAHR?
DAS HAST DU RICHTIG BEMERKT ...
BISHER WAR DAS ANSCHEINEND NICHT BEKANNT... DU TAUGST WAS.
528. KAPITEL: MEHR ALS NUR »MÜHSAM«...!
»SCHWEIGEN IST GOLD«, JA? PAH!
UND »REDEN IST SILBER«...!
WER REDET, KANN GUT LÜGEN!
»SCHWEIGEN TUT NICHT IMMER GUT«... HAHAHA!
...
ZUCK

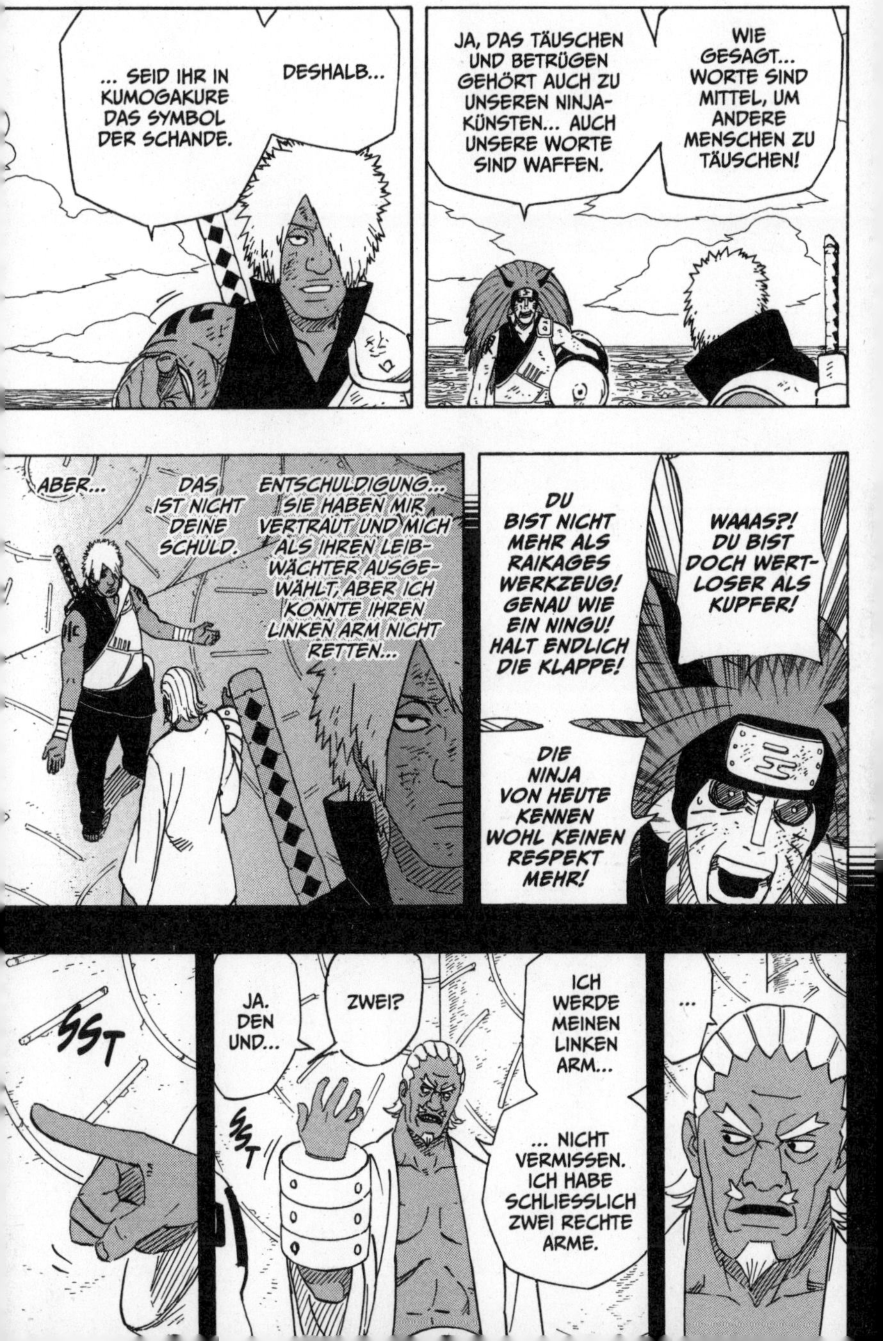
WIE GESAGT... WORTE SIND MITTEL, UM ANDERE MENSCHEN ZU TÄUSCHEN!
JA, DAS TÄUSCHEN UND BETRÜGEN GEHÖRT AUCH ZU UNSEREN NINJA-KÜNSTEN... AUCH UNSERE WORTE SIND WAFFEN.
DESHALB...
... SEID IHR IN KUMOGAKURE DAS SYMBOL DER SCHANDE.
WAAAS?! DU BIST DOCH WERTLOSER ALS KUPFER!
DU BIST NICHT MEHR ALS RAIKAGES WERKZEUG! GENAU WIE EIN NINGU! HALT ENDLICH DIE KLAPPE!
DIE NINJA VON HEUTE KENNEN WOHL KEINEN RESPEKT MEHR!
ENTSCHULDIGUNG... SIE HABEN MIR VERTRAUT UND MICH ALS IHREN LEIBWÄCHTER AUSGEWÄHLT, ABER ICH KONNTE IHREN LINKEN ARM NICHT RETTEN...
DAS IST NICHT DEINE SCHULD.
ABER...
...
ICH WERDE MEINEN LINKEN ARM...
... NICHT VERMISSEN. ICH HABE SCHLIESSLICH ZWEI RECHTE ARME.
ZWEI?
JA. DEN UND...
SST
SST

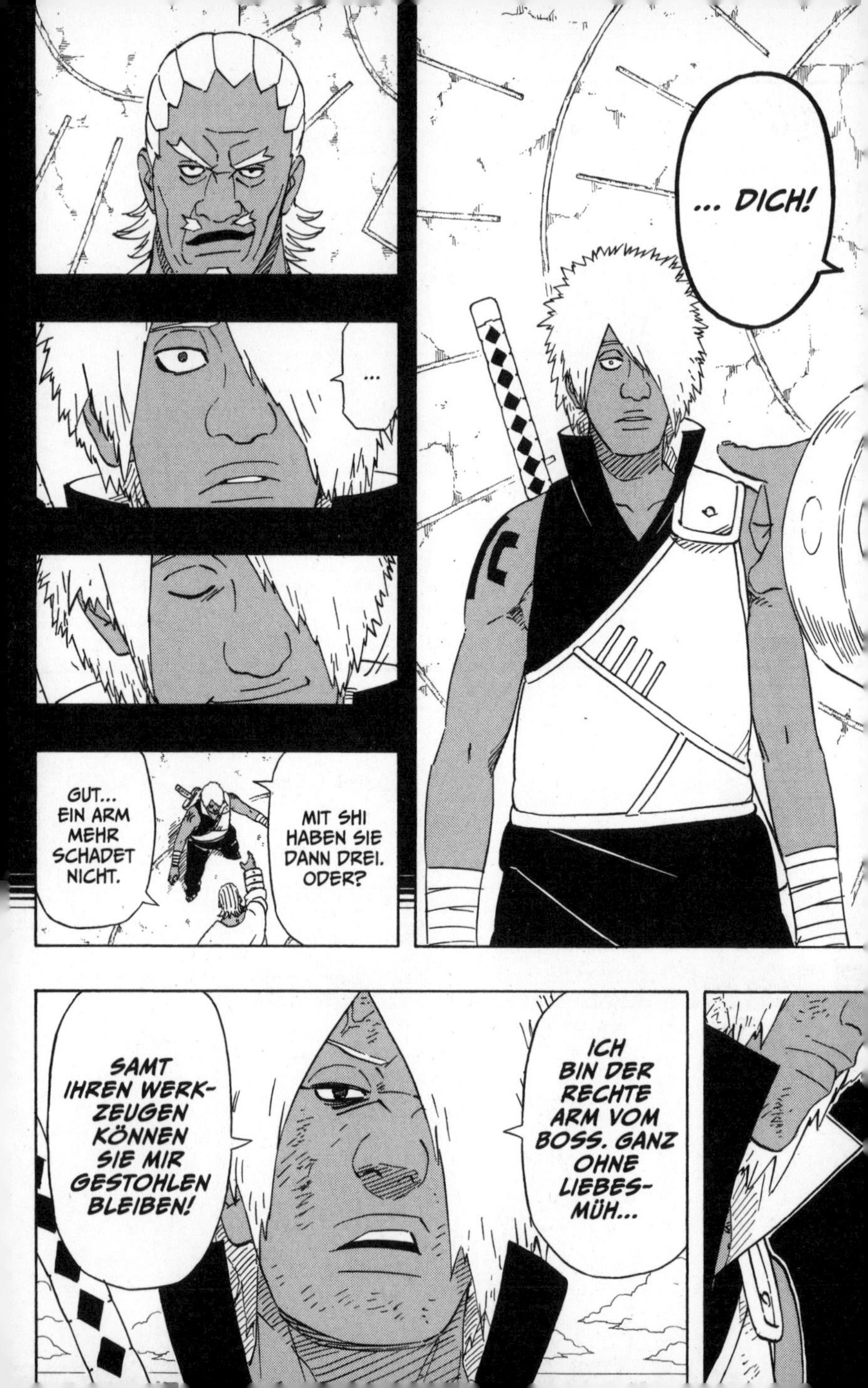
... DICH!
...
MIT SHI HABEN SIE DANN DREI. ODER?
GUT... EIN ARM MEHR SCHADET NICHT.
ICH BIN DER RECHTE ARM VOM BOSS. GANZ OHNE LIEBES-MÜH...
SAMT IHREN WERK-ZEUGEN KÖNNEN SIE MIR GESTOHLEN BLEIBEN!

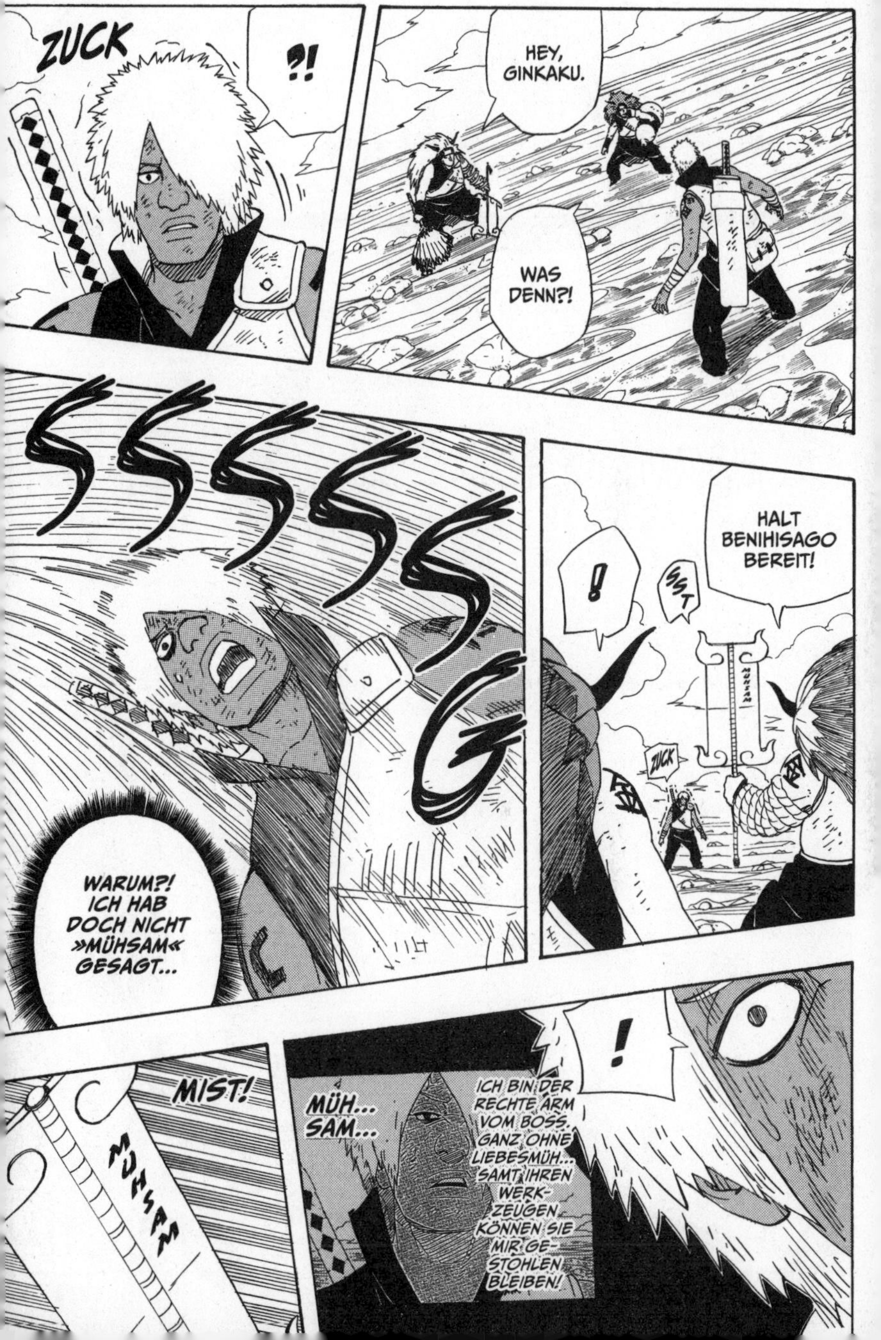
HEY, GINKAKU.
WAS DENN?!
?!
ZUCK
HALT BENIHISAGO BEREIT!
SST
!
ZUCK
MÜHSAM
SSSSSSG
WARUM?! ICH HAB DOCH NICHT »MÜHSAM« GESAGT...
!
ICH BIN DER RECHTE ARM VOM BOSS. GANZ OHNE LIEBESMÜH... SAMT IHREN WERKZEUGEN KÖNNEN SIE MIR GESTOHLEN BLEIBEN!
MÜH... SAM...
MIST!
MÜHSAM

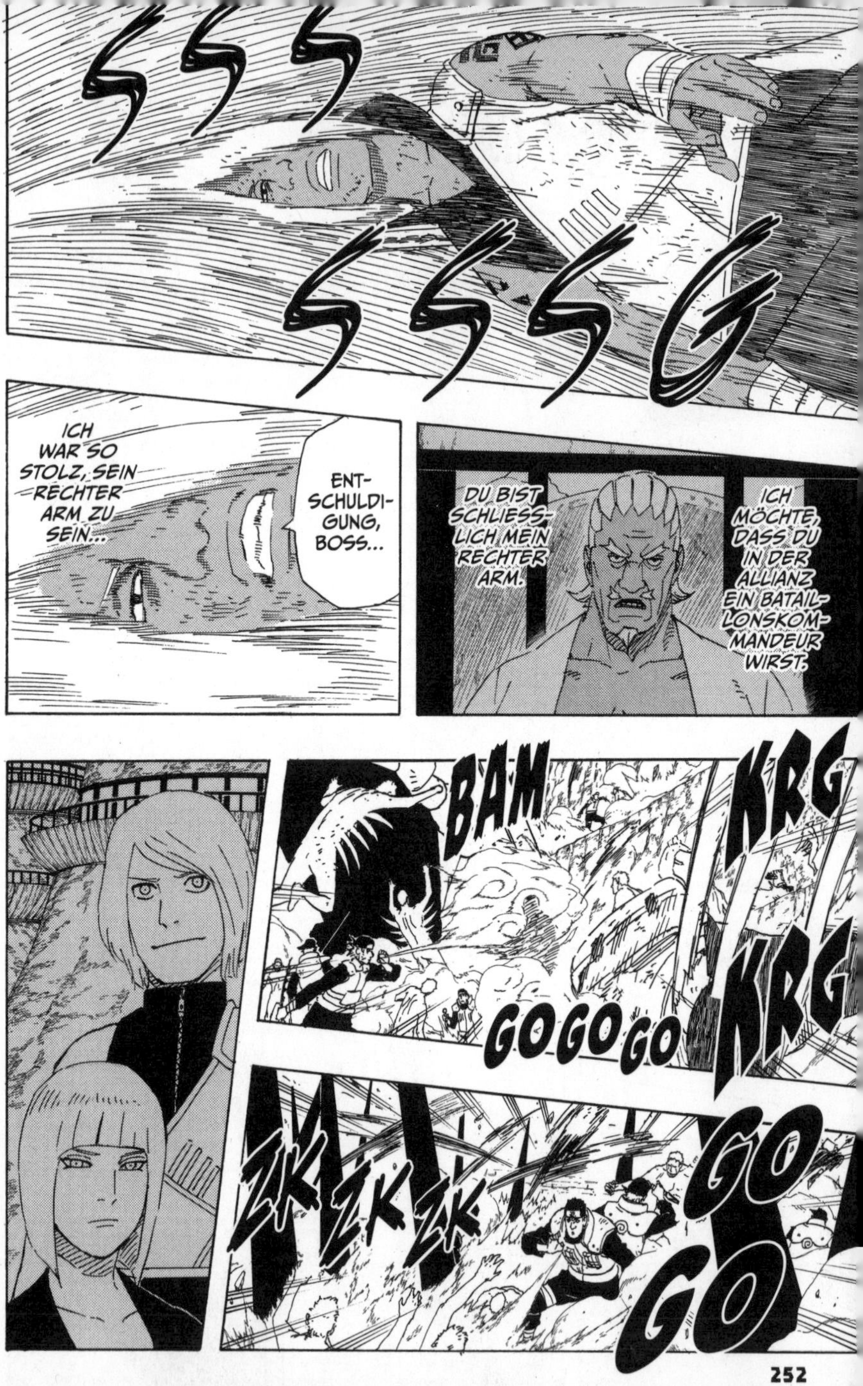
SSS
SSSG
ICH MÖCHTE, DASS DU IN DER ALLIANZ EIN BATAIL-LONSKOM-MANDEUR WIRST.
DU BIST SCHLIESS-LICH MEIN RECHTER ARM.
ENT-SCHULDI-GUNG, BOSS...
ICH WAR SO STOLZ, SEIN RECHTER ARM ZU SEIN...
KRG KRG
BAM
GO GO GO
GO GO
ZK ZK ZK

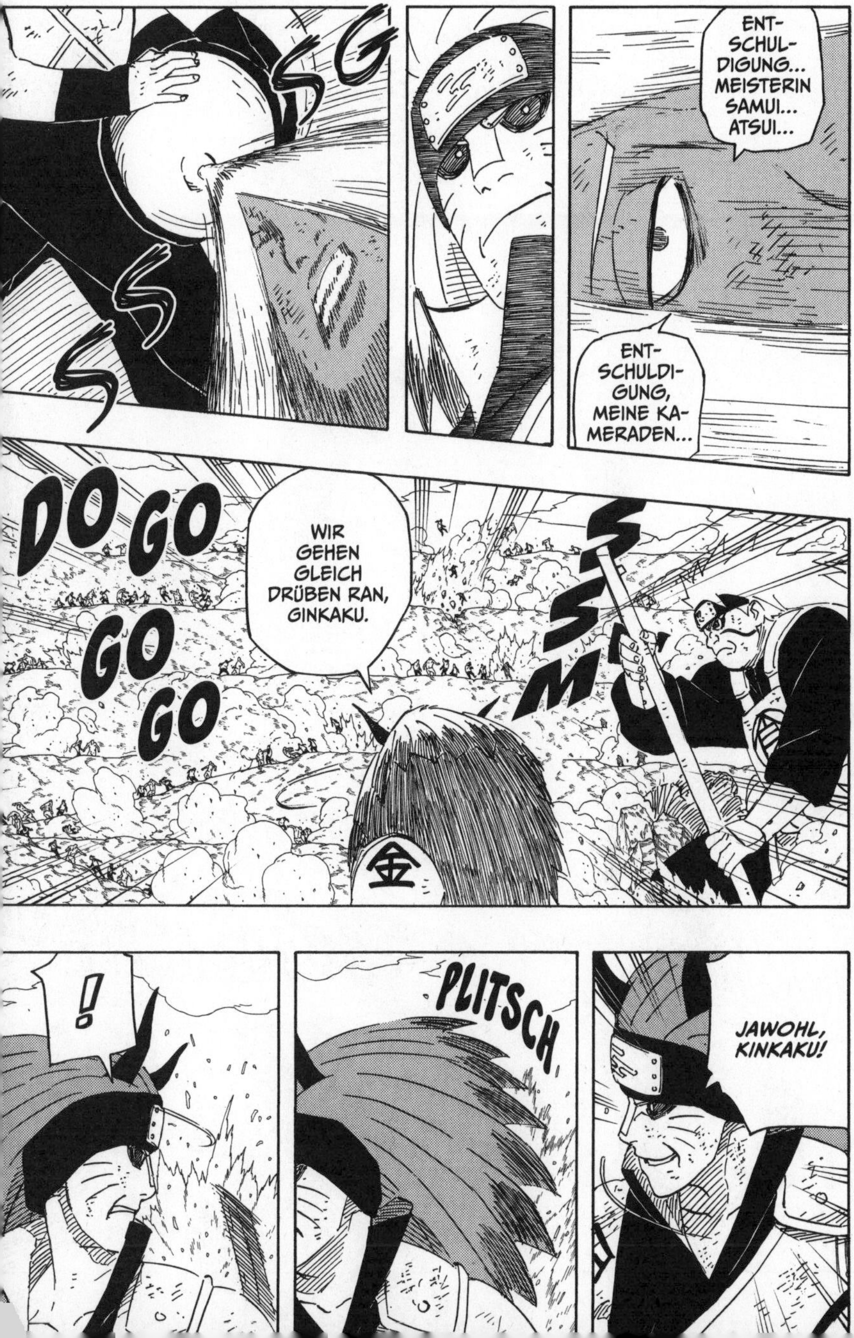
ENT-SCHULDIGUNG... MEISTERIN SAMUI... ATSUI...
ENT-SCHULDIGUNG, MEINE KAMERADEN...
SG
SSS
SSM
WIR GEHEN GLEICH DRÜBEN RAN, GINKAKU.
DO GO GO
GO GO
GO
JAWOHL, KINKAKU!
PLITSCH
!

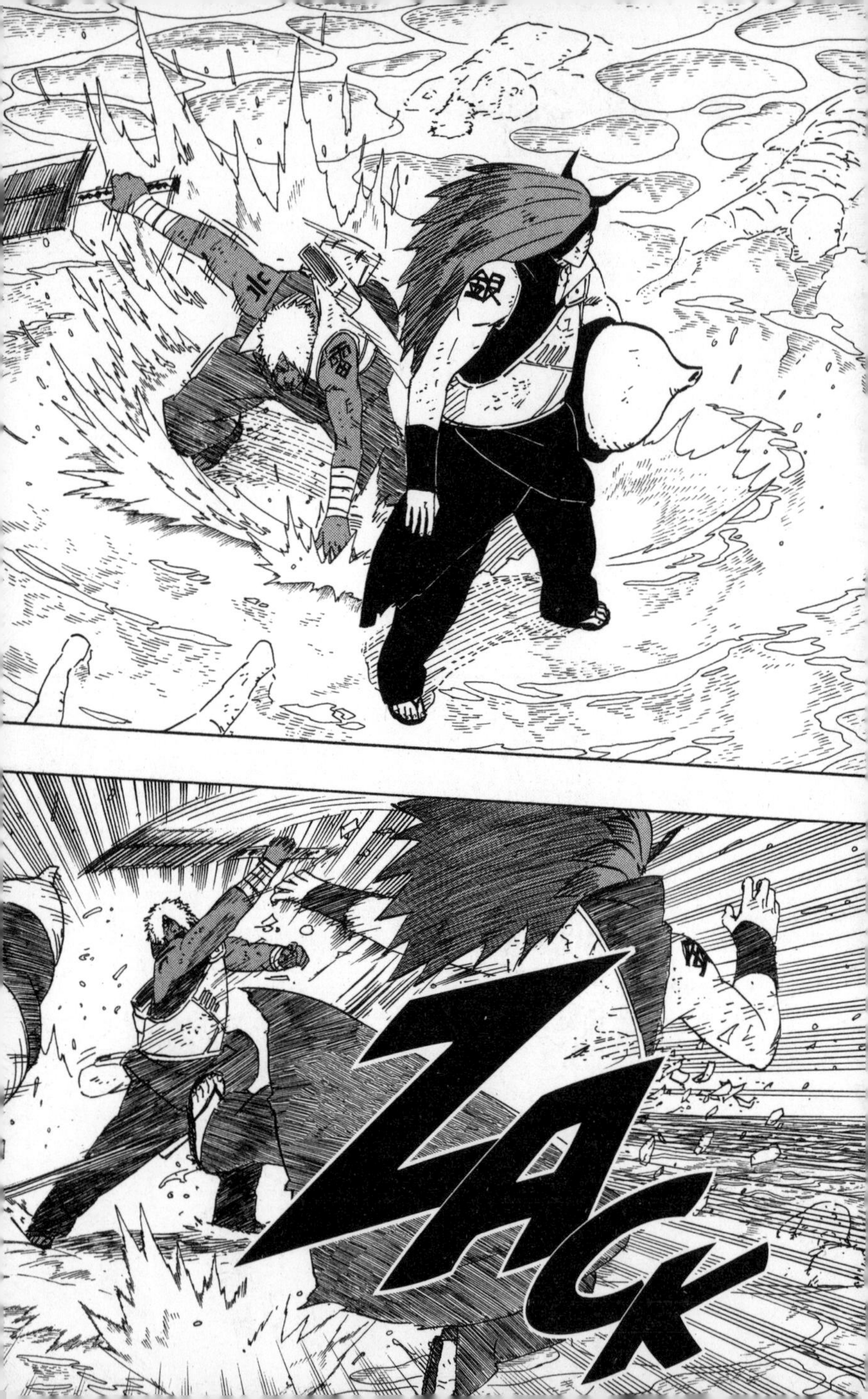
ZACK

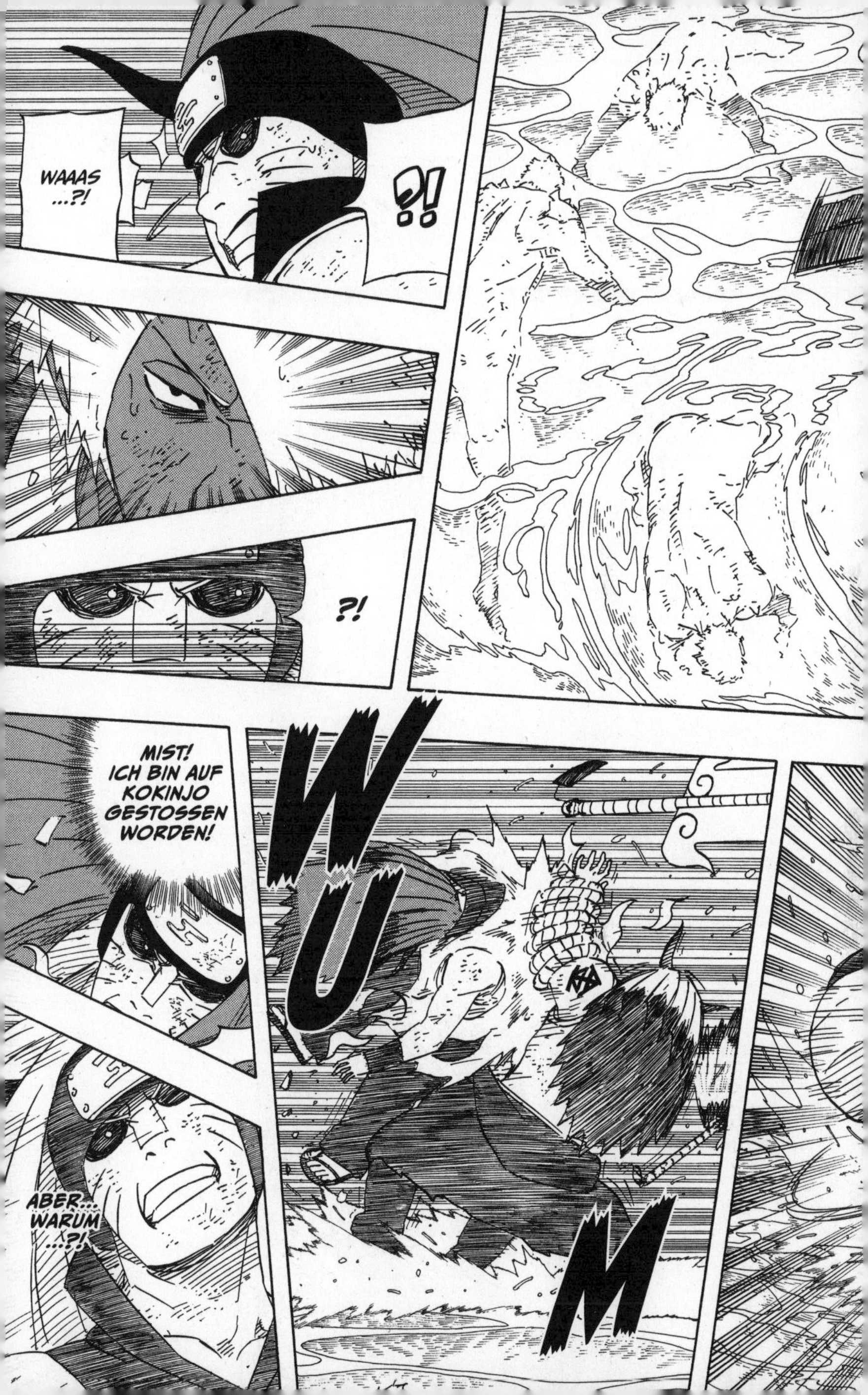
WAAAS ...?!
?!
?!
MIST! ICH BIN AUF KOKINJO GESTOSSEN WORDEN!
WUMM
ABER... WARUM ...?!

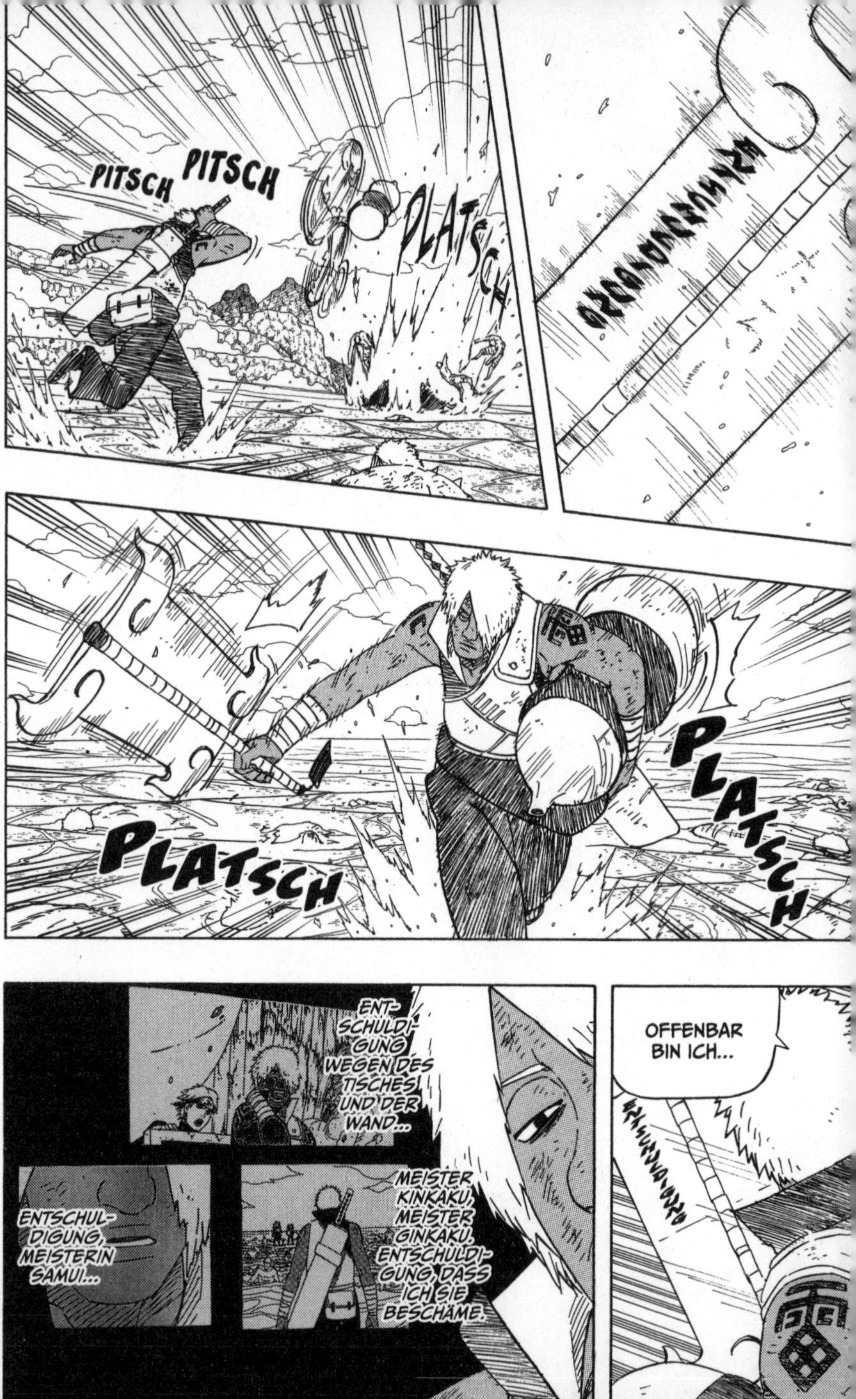
PLATSCH
PITSCH
PITSCH
PLATSCH
PLATSCH
OFFENBAR BIN ICH...
ENTSCHULDIGUNG WEGEN DES TISCHES UND DER WAND...
MEISTER KINKAKU, MEISTER GINKAKU. ENTSCHULDIGUNG, DASS ICH SIE BESCHÄME.
ENTSCHULDIGUNG, MEISTERIN SAMUI...

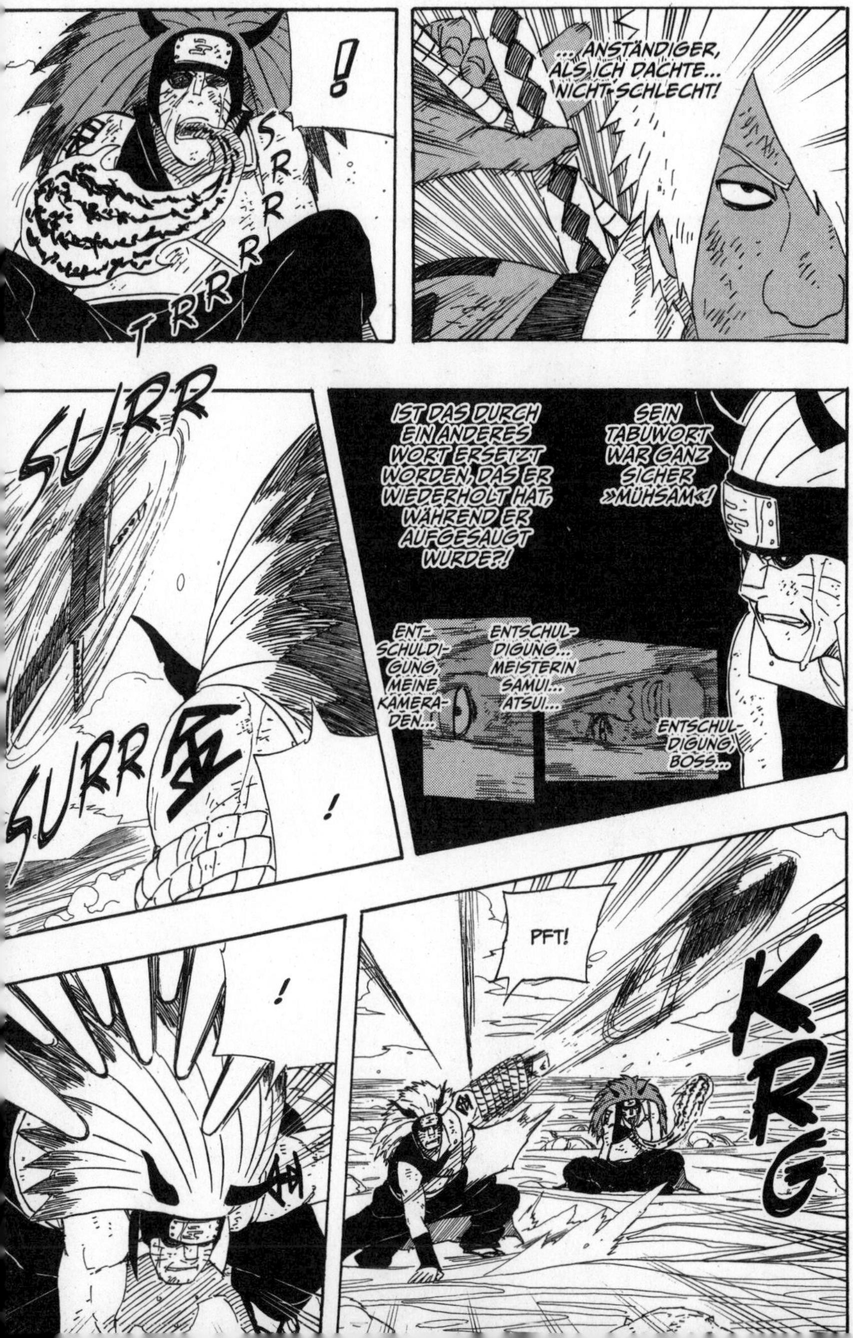
...ANSTÄNDIGER, ALS ICH DACHTE... NICHT SCHLECHT!
!
SRRRR
TRRR
SEIN TABUWORT WAR GANZ SICHER »MÜHSAM«!
IST DAS DURCH EIN ANDERES WORT ERSETZT WORDEN, DAS ER WIEDERHOLT HAT, WÄHREND ER AUFGESAUGT WURDE?!
ENTSCHUL-DIGUNG, BOSS...
ENTSCHUL-DIGUNG... MEISTERIN SAMUI... ATSUI...
ENT-SCHULDI-GUNG, MEINE KAMERA-DEN...
SURR
SURR
!
PFT!
KRG
!

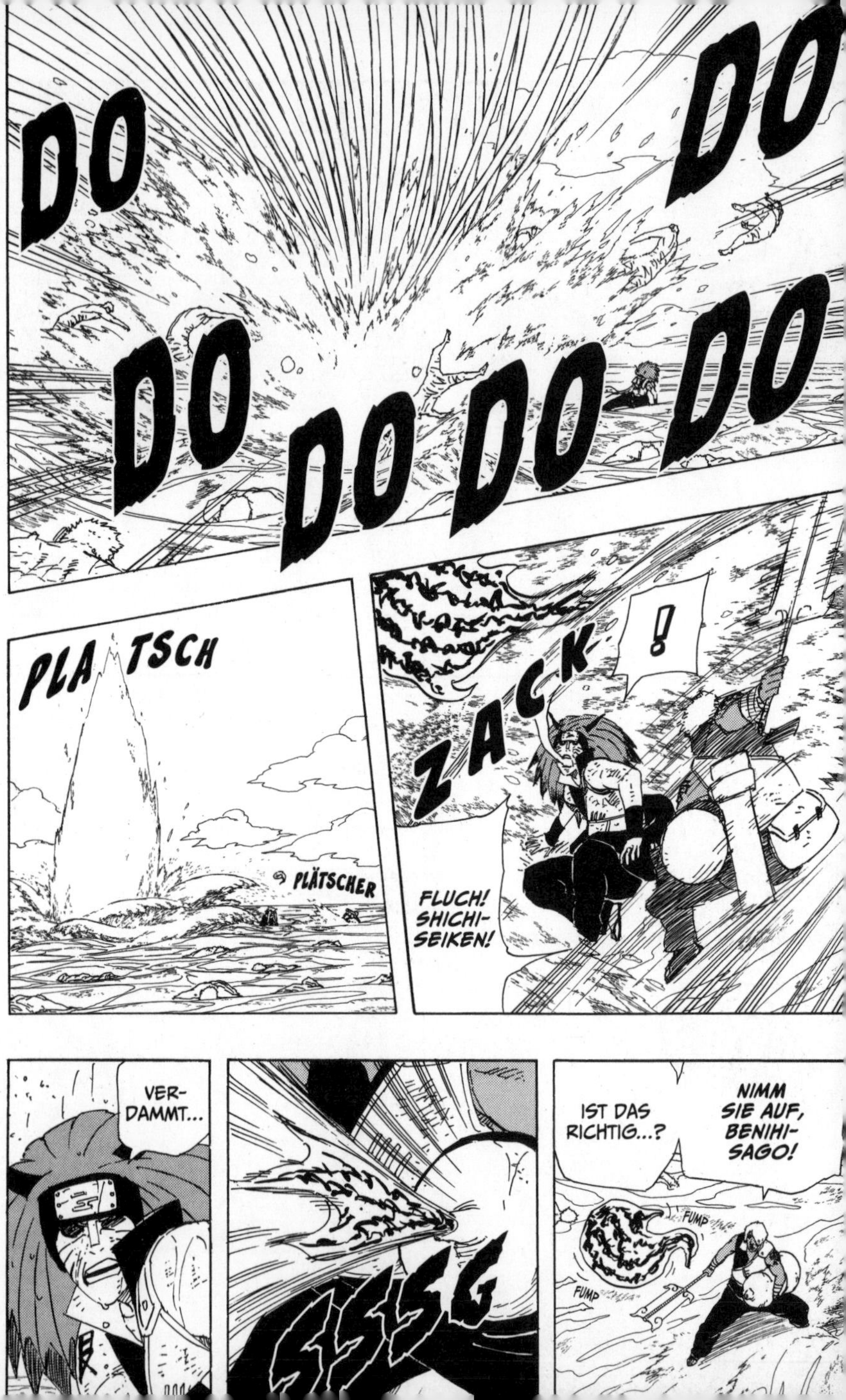
DO DO DO DO DO DO DO
!
ZACK
FLUCH! SHICHI-SEIKEN!
PLATSCH
PLÄTSCHER
NIMM SIE AUF, BENIHI-SAGO!
IST DAS RICHTIG...?
FUMP
FUMP
SSSG
VER-DAMMT...

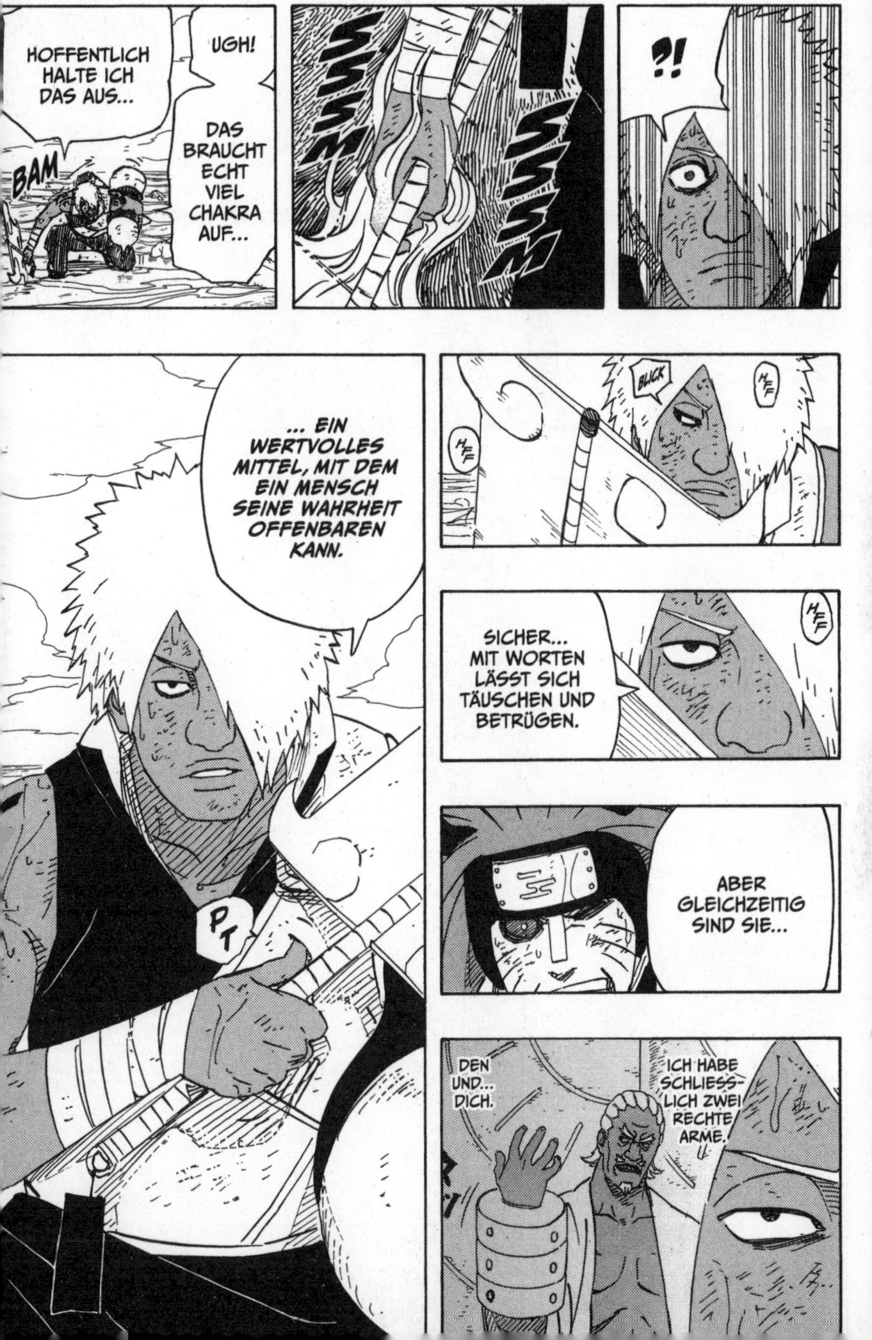
?!
SWSWSW
SWSWSW
UGH!
DAS BRAUCHT ECHT VIEL CHAKRA AUF...
HOFFENTLICH HALTE ICH DAS AUS...
BAM
HEF
BLICK
HEF
... EIN WERTVOLLES MITTEL, MIT DEM EIN MENSCH SEINE WAHRHEIT OFFENBAREN KANN.
PT
HEF
SICHER... MIT WORTEN LÄSST SICH TÄUSCHEN UND BETRÜGEN.
ABER GLEICHZEITIG SIND SIE...
ICH HABE SCHLIESSLICH ZWEI RECHTE ARME.
DEN UND... DICH.

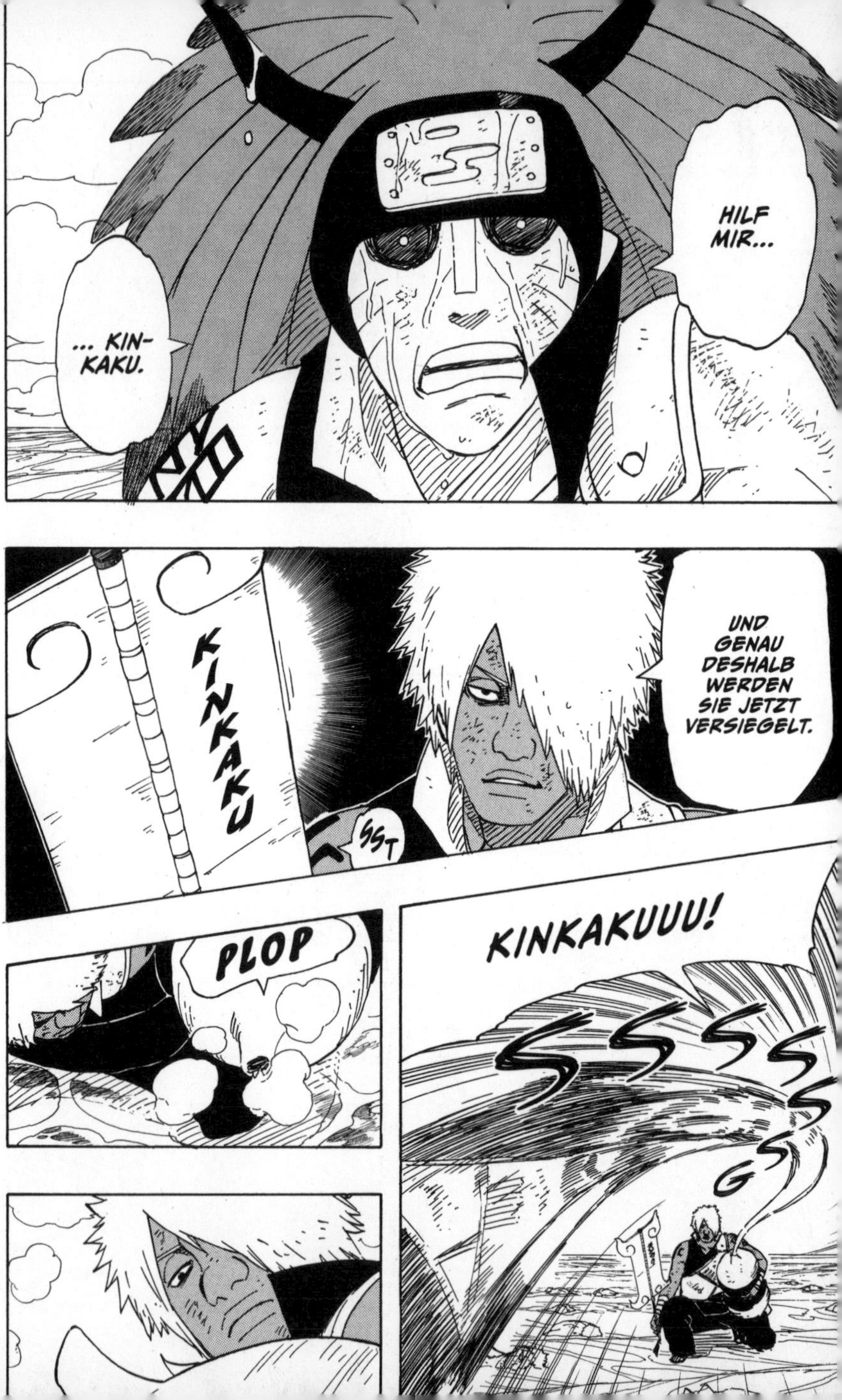

HILF MIR...
... KIN-KAKU.
UND GENAU DESHALB WERDEN SIE JETZT VERSIEGELT.
KINKAKU
SST
KINKAKUUU!
SSSSSSSG
PLOP

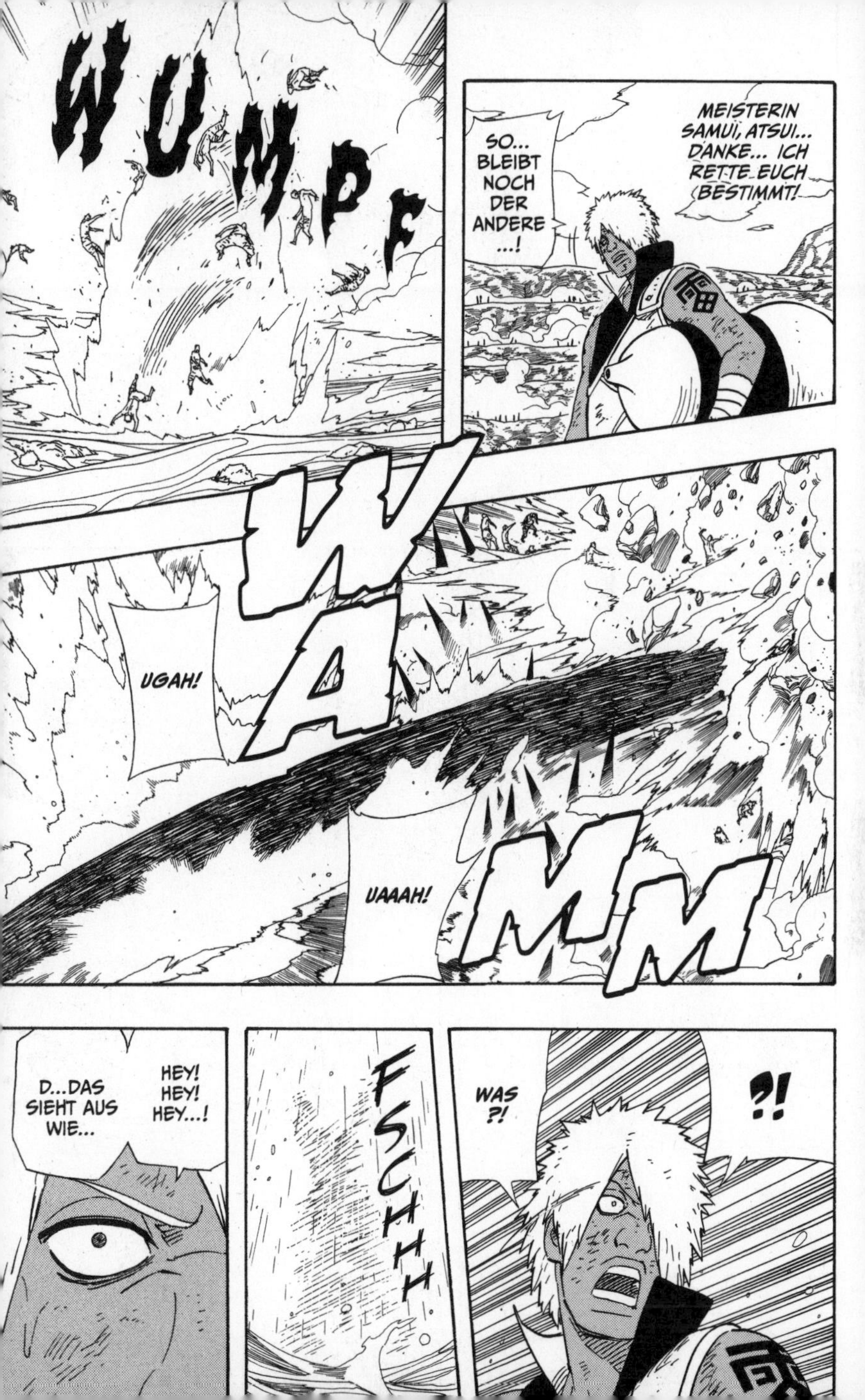
MEISTERIN SAMUI, ATSUI... DANKE... ICH RETTE EUCH BESTIMMT!
SO... BLEIBT NOCH DER ANDERE ...!
WUMPF
WAMM
UGAH!
UAAAH!
?!
WAS ?!
FSCHHH
HEY! HEY! HEY...!
D...DAS SIEHT AUS WIE...

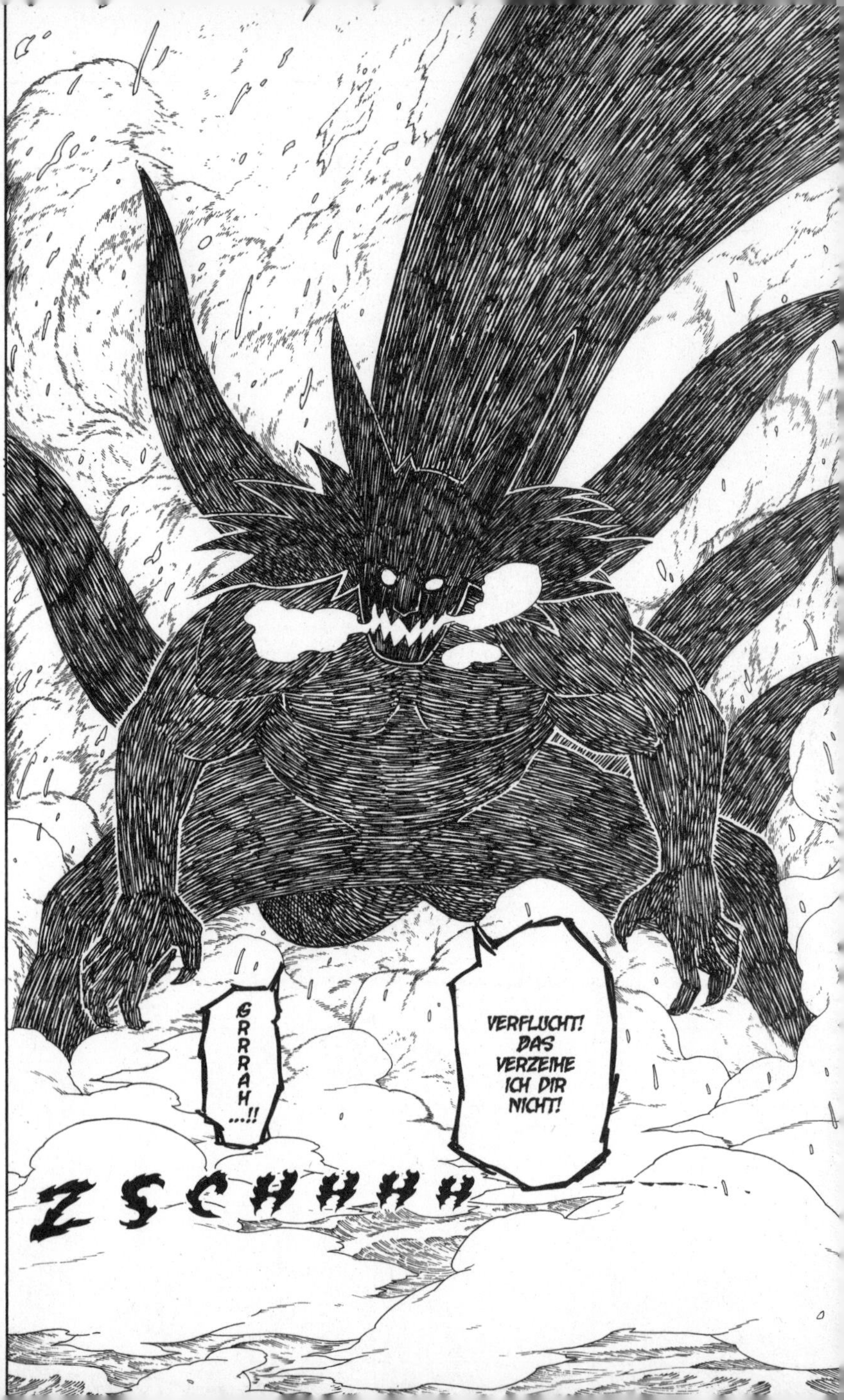
VERFLUCHT! DAS VERZEIHE ICH DIR NICHT!
GRRRAH ...!!
ZSCHHHH

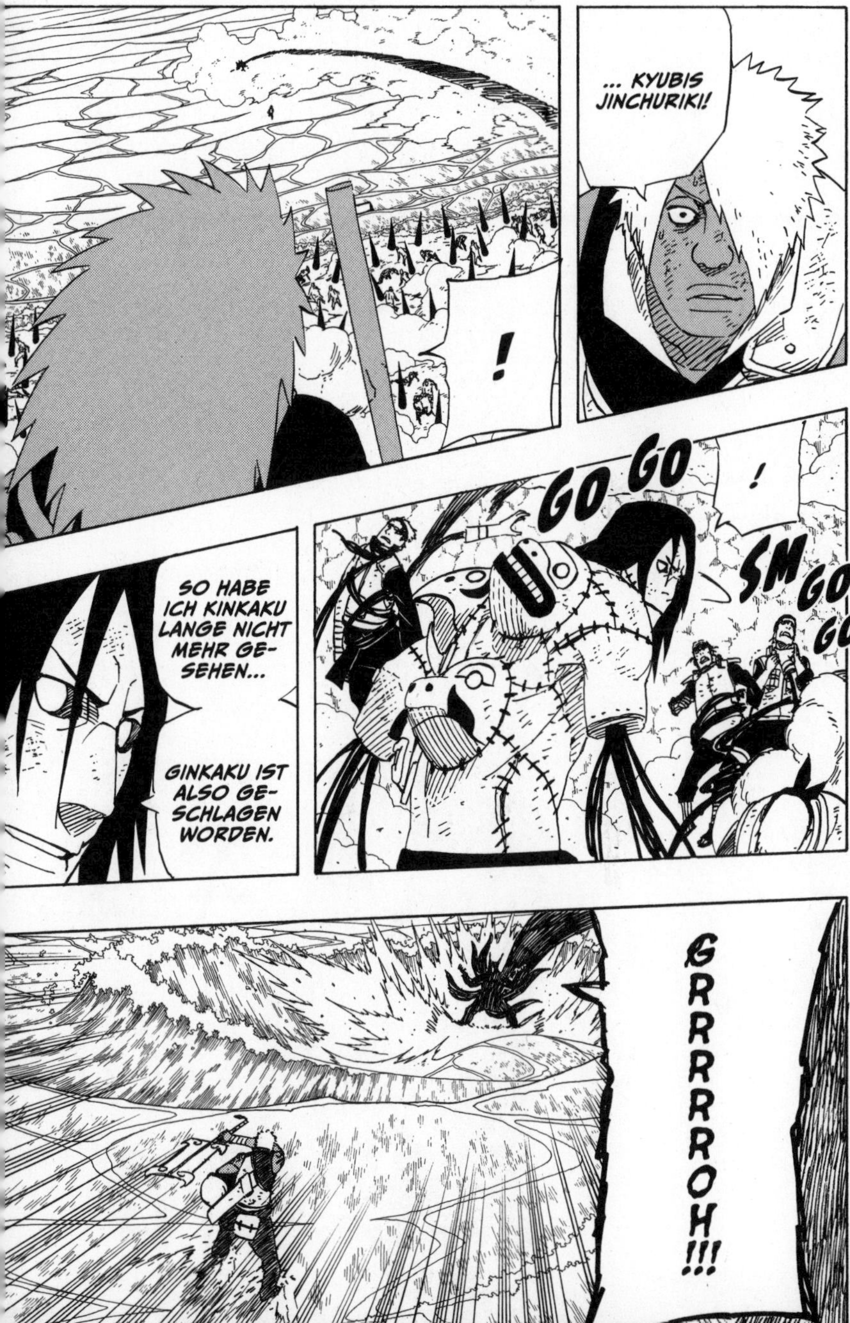
... KYUBIS JINCHURIKI!
!
!
GO GO
SO HABE ICH KINKAKU LANGE NICHT MEHR GE-SEHEN...
GINKAKU IST ALSO GE-SCHLAGEN WORDEN.
SM
GO GO
GRRRRROH!!!

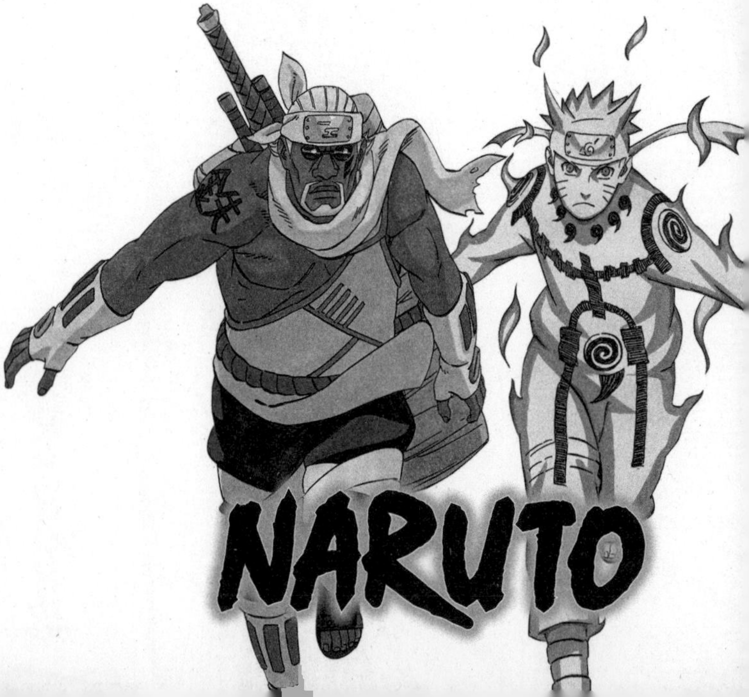
NARUTO

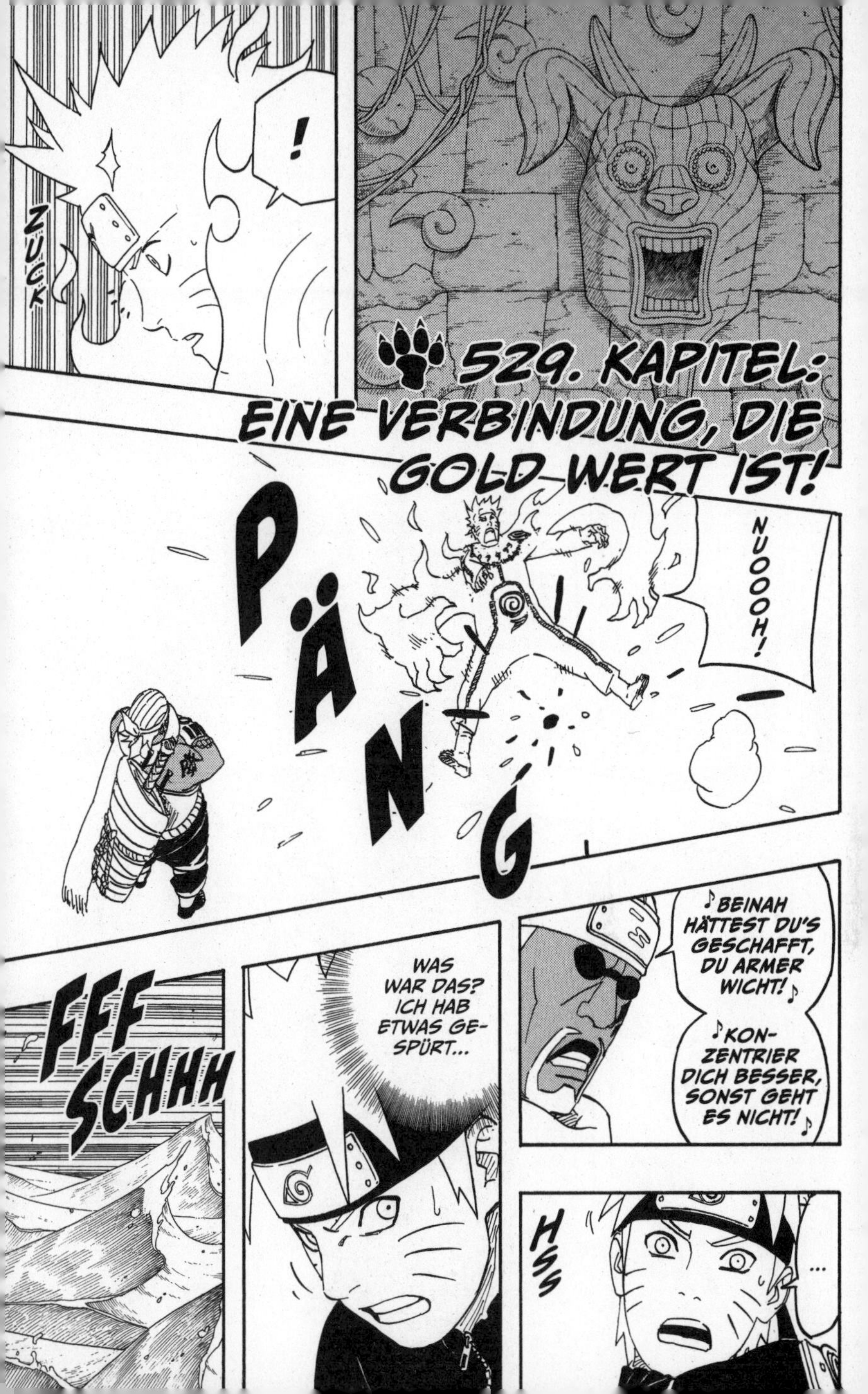
ZUCK
!
529. KAPITEL: EINE VERBINDUNG, DIE GOLD WERT IST!
NUOOOOH!
PÄNG
♪BEINAH HÄTTEST DU'S GESCHAFFT, DU ARMER WICHT!♪
♪KONZENTRIER DICH BESSER, SONST GEHT ES NICHT!♪
WAS WAR DAS? ICH HAB ETWAS GESPÜRT...
FFFSCHHH
HSS
...

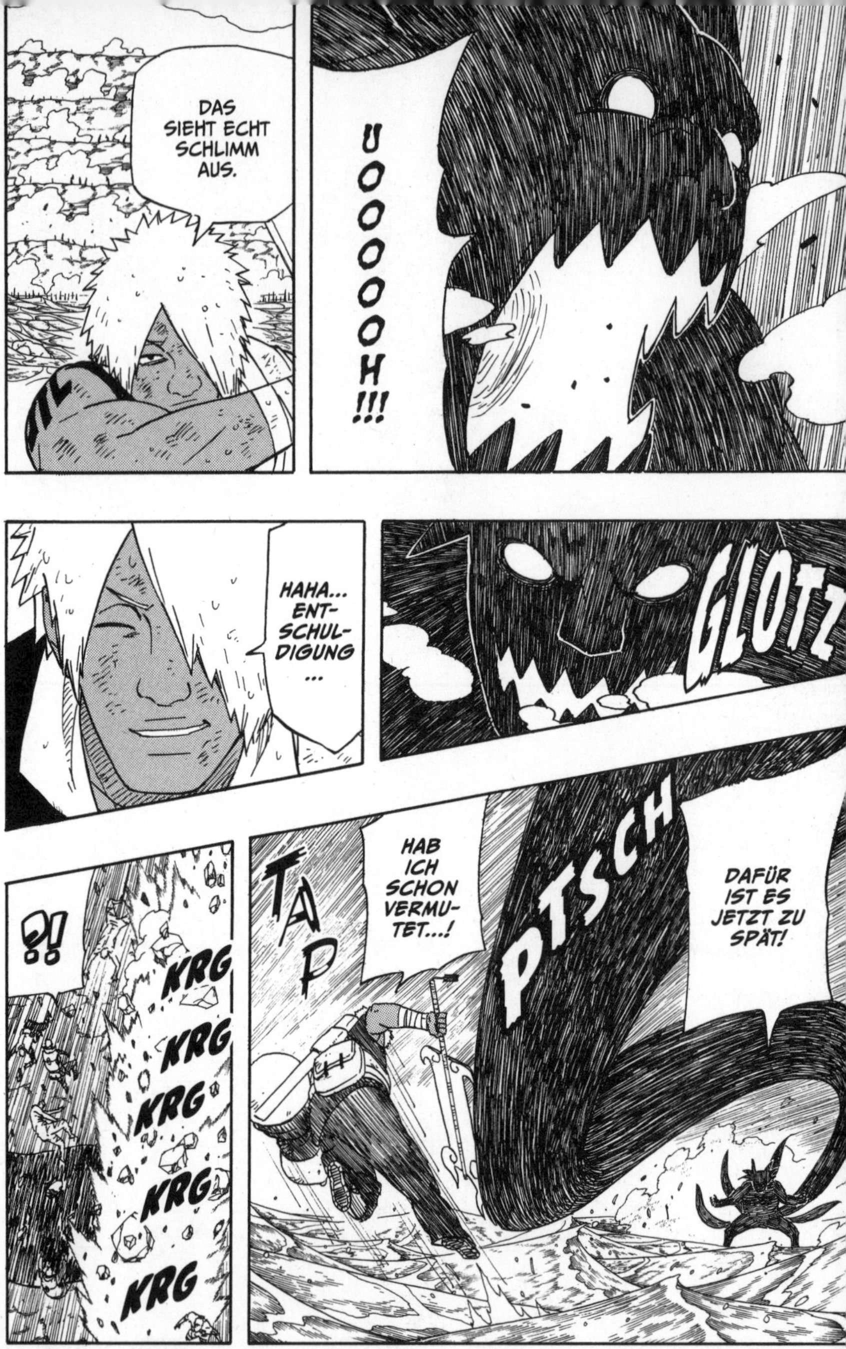
ÜOOOOOOOH!!!
DAS SIEHT ECHT SCHLIMM AUS.
GLOTZ
HAHA... ENT-SCHUL-DIGUNG ...
DAFÜR IST ES JETZT ZU SPÄT!
PTSCH
HAB ICH SCHON VERMU-TET...!
TAP
?!
KRG
KRG
KRG
KRG
KRG

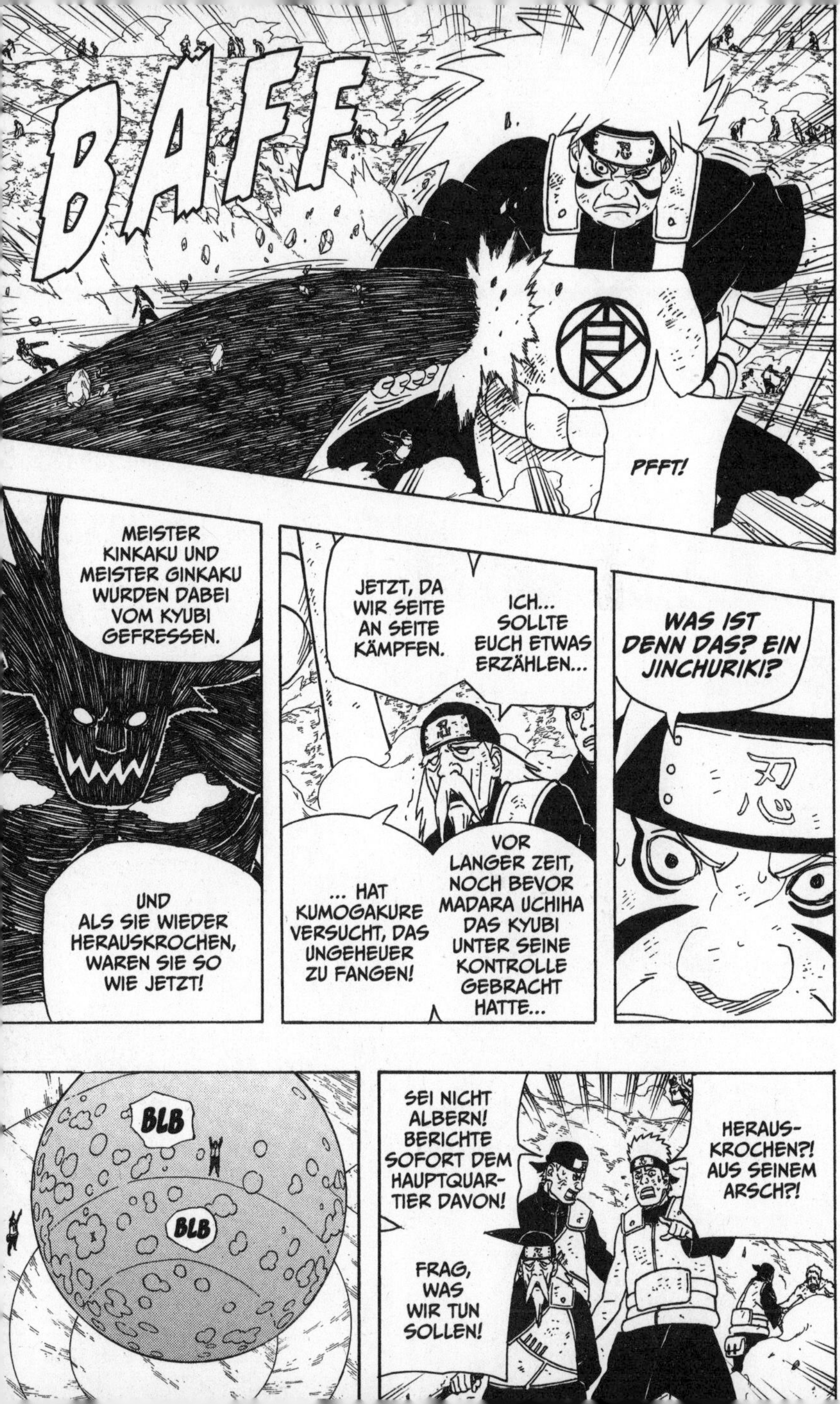
BAFF
PFFT!
WAS IST DENN DAS? EIN JINCHURIKI?
ICH... SOLLTE EUCH ETWAS ERZÄHLEN...
JETZT, DA WIR SEITE AN SEITE KÄMPFEN.
VOR LANGER ZEIT, NOCH BEVOR MADARA UCHIHA DAS KYUBI UNTER SEINE KONTROLLE GEBRACHT HATTE...
... HAT KUMOGAKURE VERSUCHT, DAS UNGEHEUER ZU FANGEN!
MEISTER KINKAKU UND MEISTER GINKAKU WURDEN DABEI VOM KYUBI GEFRESSEN.
UND ALS SIE WIEDER HERAUSKROCHEN, WAREN SIE SO WIE JETZT!
HERAUS-KROCHEN?! AUS SEINEM ARSCH?!
SEI NICHT ALBERN! BERICHTE SOFORT DEM HAUPTQUARTIER DAVON!
FRAG, WAS WIR TUN SOLLEN!
BLB
BLB

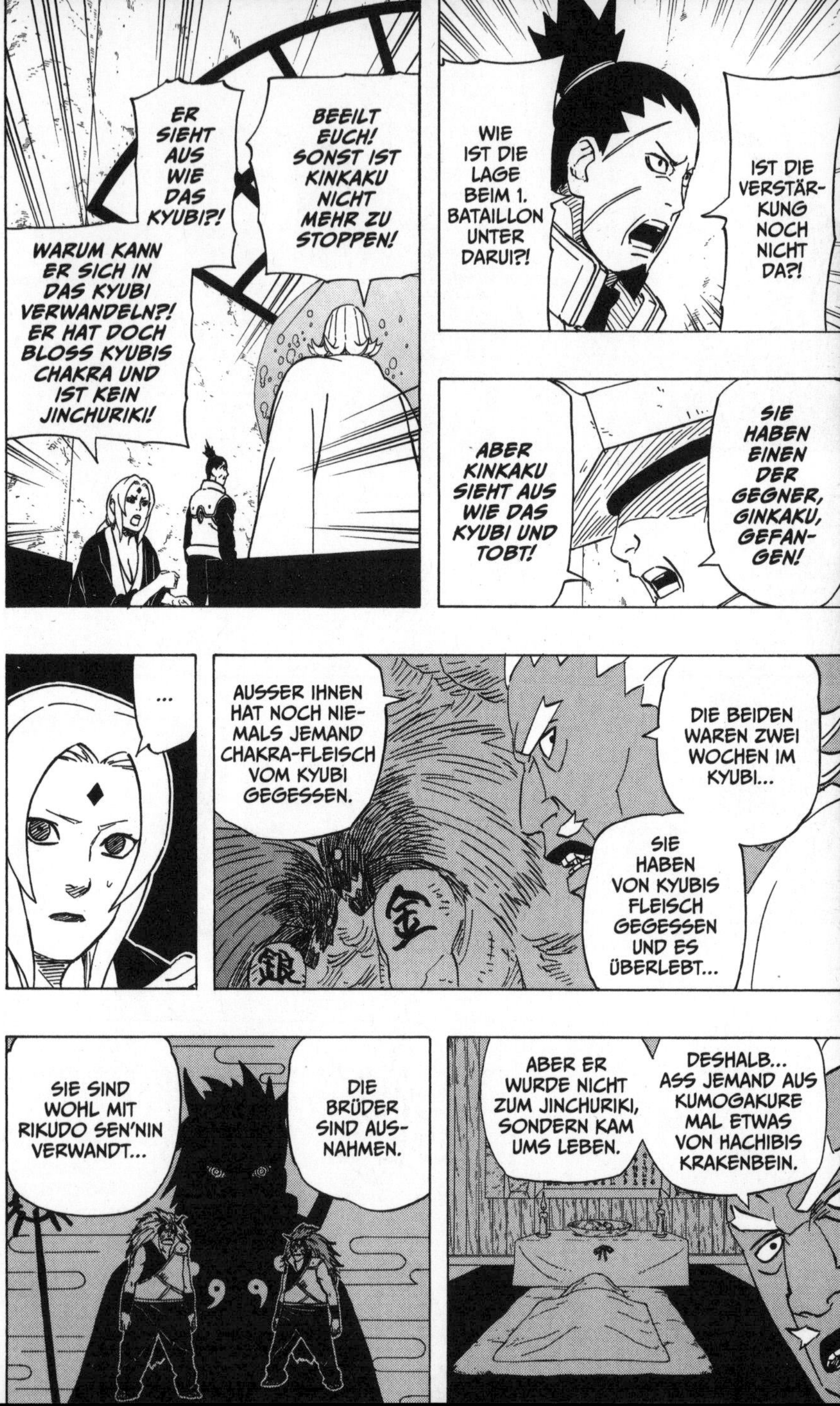
IST DIE VERSTÄRKUNG NOCH NICHT DA?!
WIE IST DIE LAGE BEIM 1. BATAILLON UNTER DARUI?!
SIE HABEN EINEN DER GEGNER, GINKAKU, GEFANGEN!
ABER KINKAKU SIEHT AUS WIE DAS KYUBI UND TOBT!
BEEILT EUCH! SONST IST KINKAKU NICHT MEHR ZU STOPPEN!
ER SIEHT AUS WIE DAS KYUBI?!
WARUM KANN ER SICH IN DAS KYUBI VERWANDELN?! ER HAT DOCH BLOSS KYUBIS CHAKRA UND IST KEIN JINCHURIKI!
DIE BEIDEN WAREN ZWEI WOCHEN IM KYUBI...
SIE HABEN VON KYUBIS FLEISCH GEGESSEN UND ES ÜBERLEBT...
AUSSER IHNEN HAT NOCH NIEMALS JEMAND CHAKRA-FLEISCH VOM KYUBI GEGESSEN.
...
DESHALB... ASS JEMAND AUS KUMOGAKURE MAL ETWAS VON HACHIBIS KRAKENBEIN.
ABER ER WURDE NICHT ZUM JINCHURIKI, SONDERN KAM UMS LEBEN.
DIE BRÜDER SIND AUSNAHMEN.
SIE SIND WOHL MIT RIKUDO SEN'NIN VERWANDT...

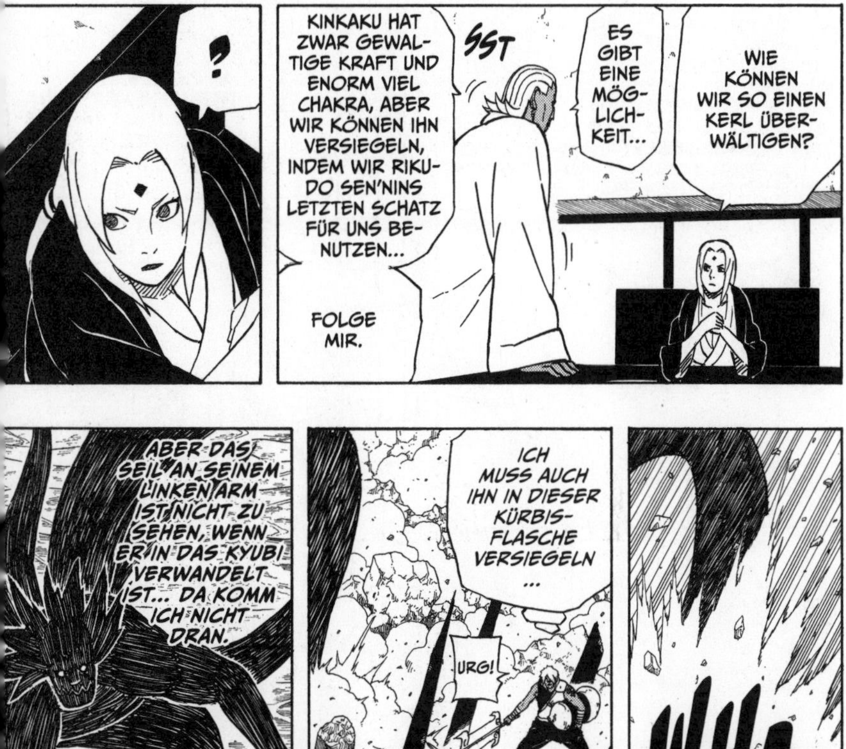

* KOHAKU = BERNSTEIN, JO = REIN/HEILIG, HEI = FLASCHE

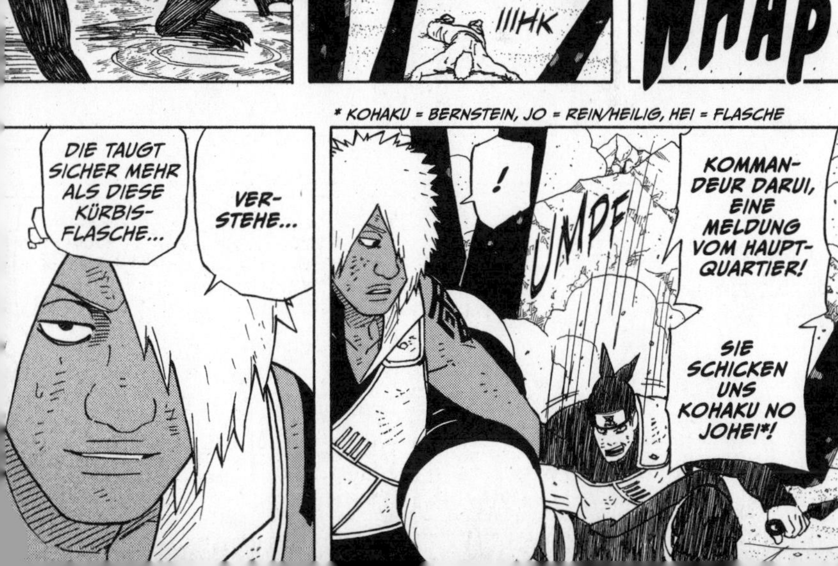

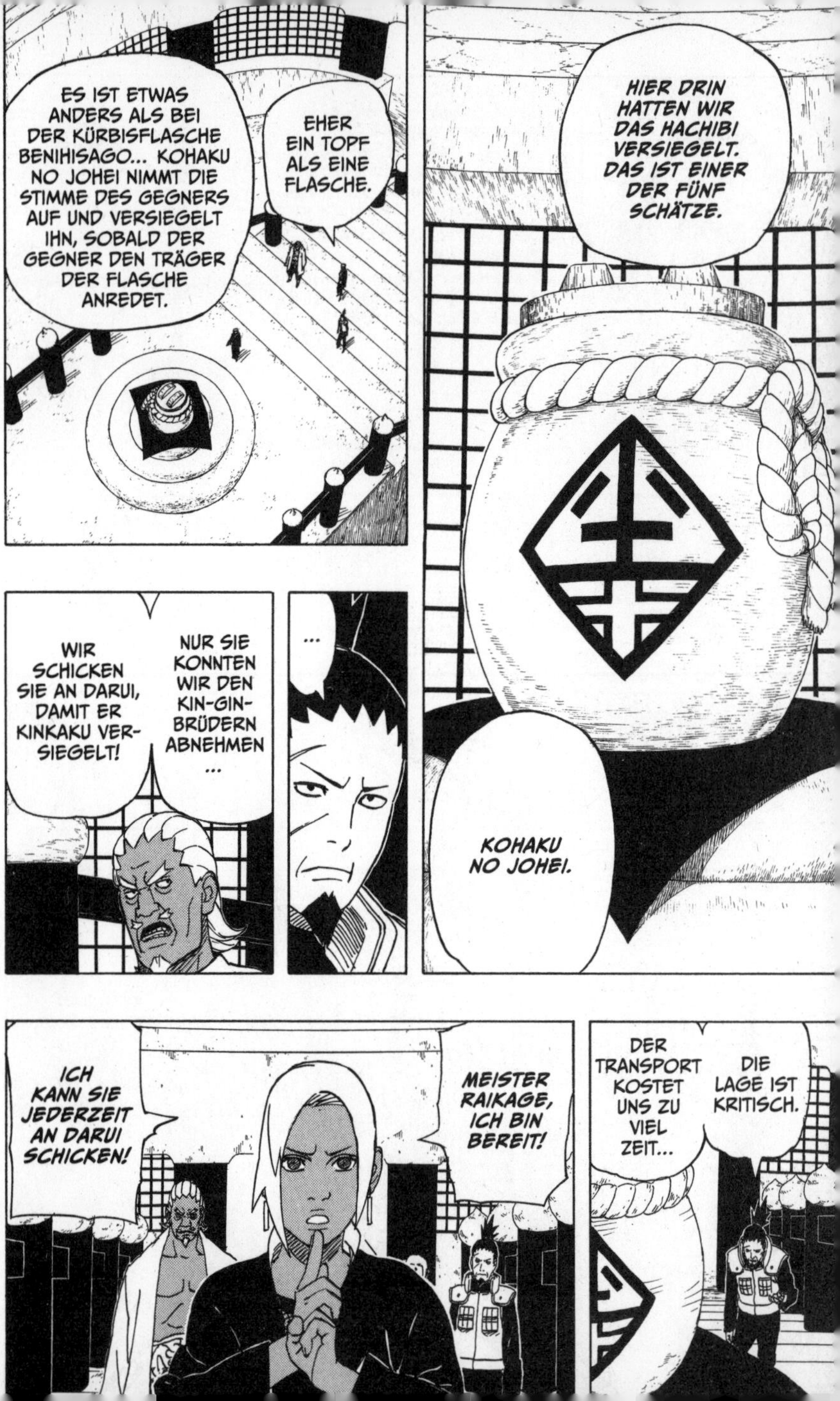

HIER DRIN HATTEN WIR DAS HACHIBI VERSIEGELT. DAS IST EINER DER FÜNF SCHÄTZE.
KOHAKU NO JOHEI.
EHER EIN TOPF ALS EINE FLASCHE.
ES IST ETWAS ANDERS ALS BEI DER KÜRBISFLASCHE BENIHISAGO... KOHAKU NO JOHEI NIMMT DIE STIMME DES GEGNERS AUF UND VERSIEGELT IHN, SOBALD DER GEGNER DEN TRÄGER DER FLASCHE ANREDET.
...
NUR SIE KONNTEN WIR DEN KIN-GIN-BRÜDERN ABNEHMEN ...
WIR SCHICKEN SIE AN DARUI, DAMIT ER KINKAKU VER-SIEGELT!
DIE LAGE IST KRITISCH.
DER TRANSPORT KOSTET UNS ZU VIEL ZEIT...
MEISTER RAIKAGE, ICH BIN BEREIT!
ICH KANN SIE JEDERZEIT AN DARUI SCHICKEN!

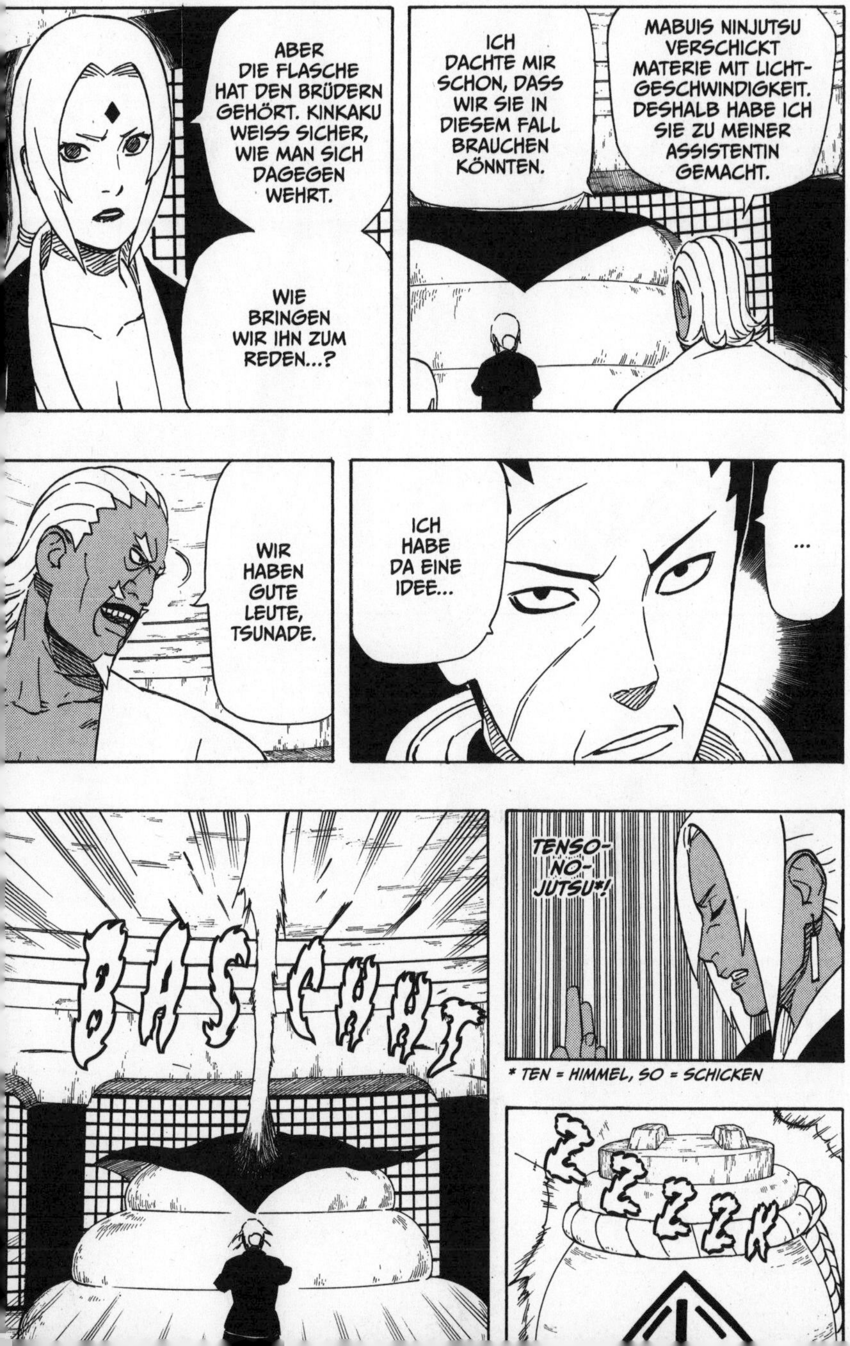

ABER DIE FLASCHE HAT DEN BRÜDERN GEHÖRT. KINKAKU WEISS SICHER, WIE MAN SICH DAGEGEN WEHRT.
WIE BRINGEN WIR IHN ZUM REDEN...?
MABUIS NINJUTSU VERSCHICKT MATERIE MIT LICHT-GESCHWINDIGKEIT. DESHALB HABE ICH SIE ZU MEINER ASSISTENTIN GEMACHT.
ICH DACHTE MIR SCHON, DASS WIR SIE IN DIESEM FALL BRAUCHEN KÖNNTEN.
...
ICH HABE DA EINE IDEE...
WIR HABEN GUTE LEUTE, TSUNADE.
TENSO-NO-JUTSU*!
* TEN = HIMMEL, SO = SCHICKEN
BASCHAT
ZZZZK

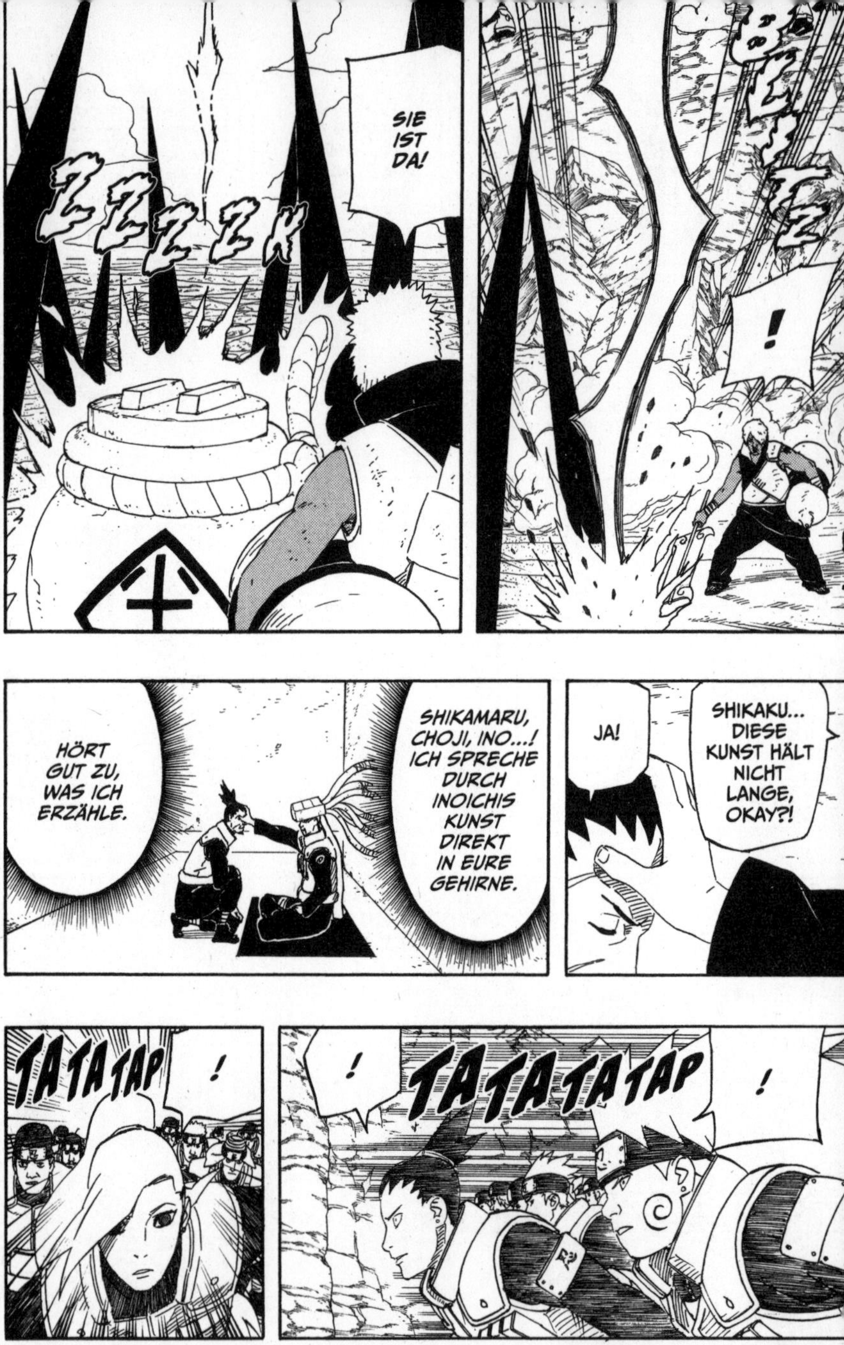
!
SIE IST DA!
ZZZZK
SHIKAKU... DIESE KUNST HÄLT NICHT LANGE, OKAY?!
JA!
SHIKAMARU, CHOJI, INO...! ICH SPRECHE DURCH INOICHIS KUNST DIREKT IN EURE GEHIRNE.
HÖRT GUT ZU, WAS ICH ERZÄHLE.
!
TA TA TA TAP
!
TA TA TAP
!

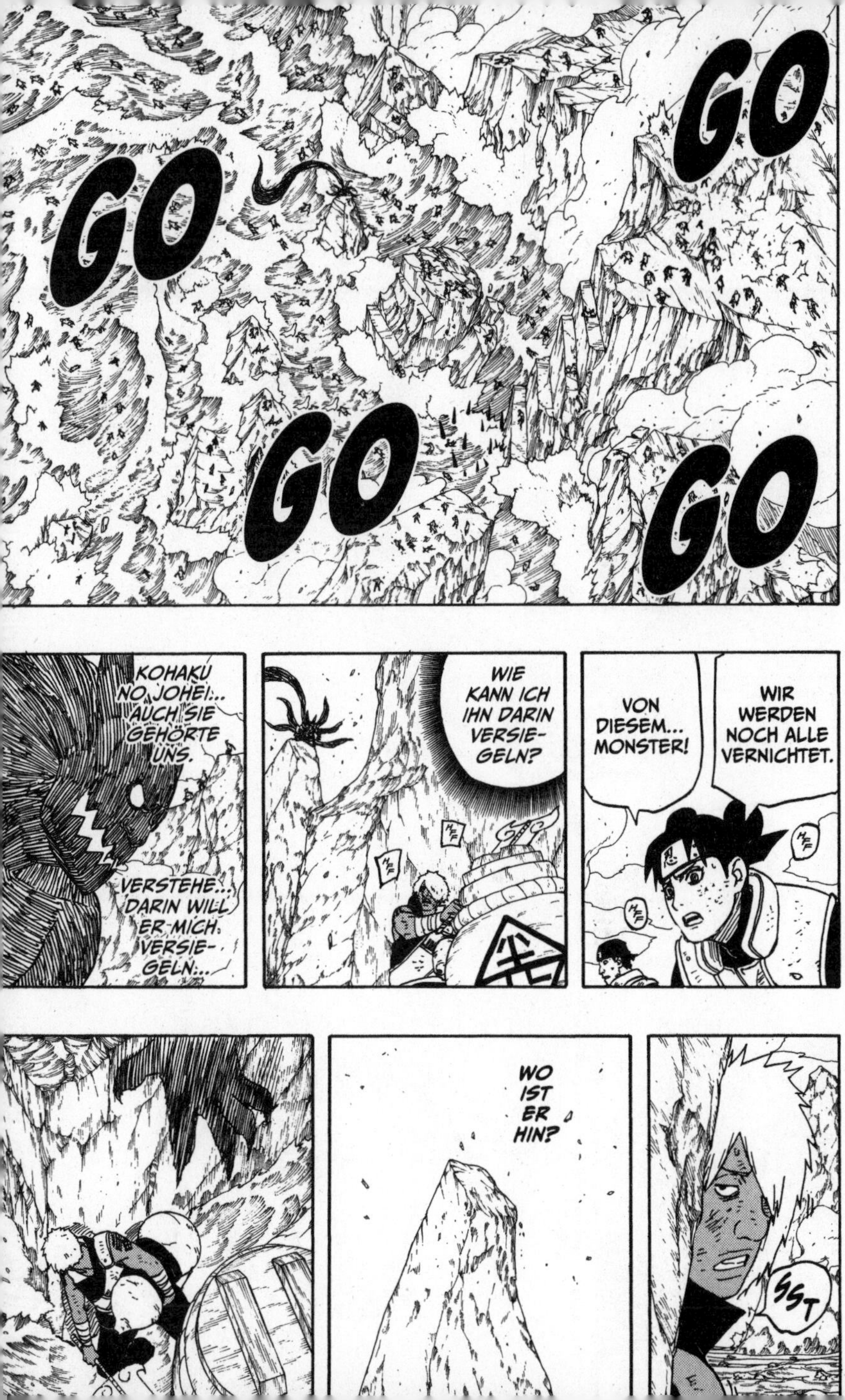
GO GO
GO GO
WIR WERDEN NOCH ALLE VERNICHTET.
VON DIESEM... MONSTER!
WIE KANN ICH IHN DARIN VERSIEGELN?
KOHAKU NO JOHEI... AUCH SIE GEHÖRTE UNS.
VERSTEHE... DARIN WILL ER MICH VERSIEGELN...
SST
WO IST ER HIN?

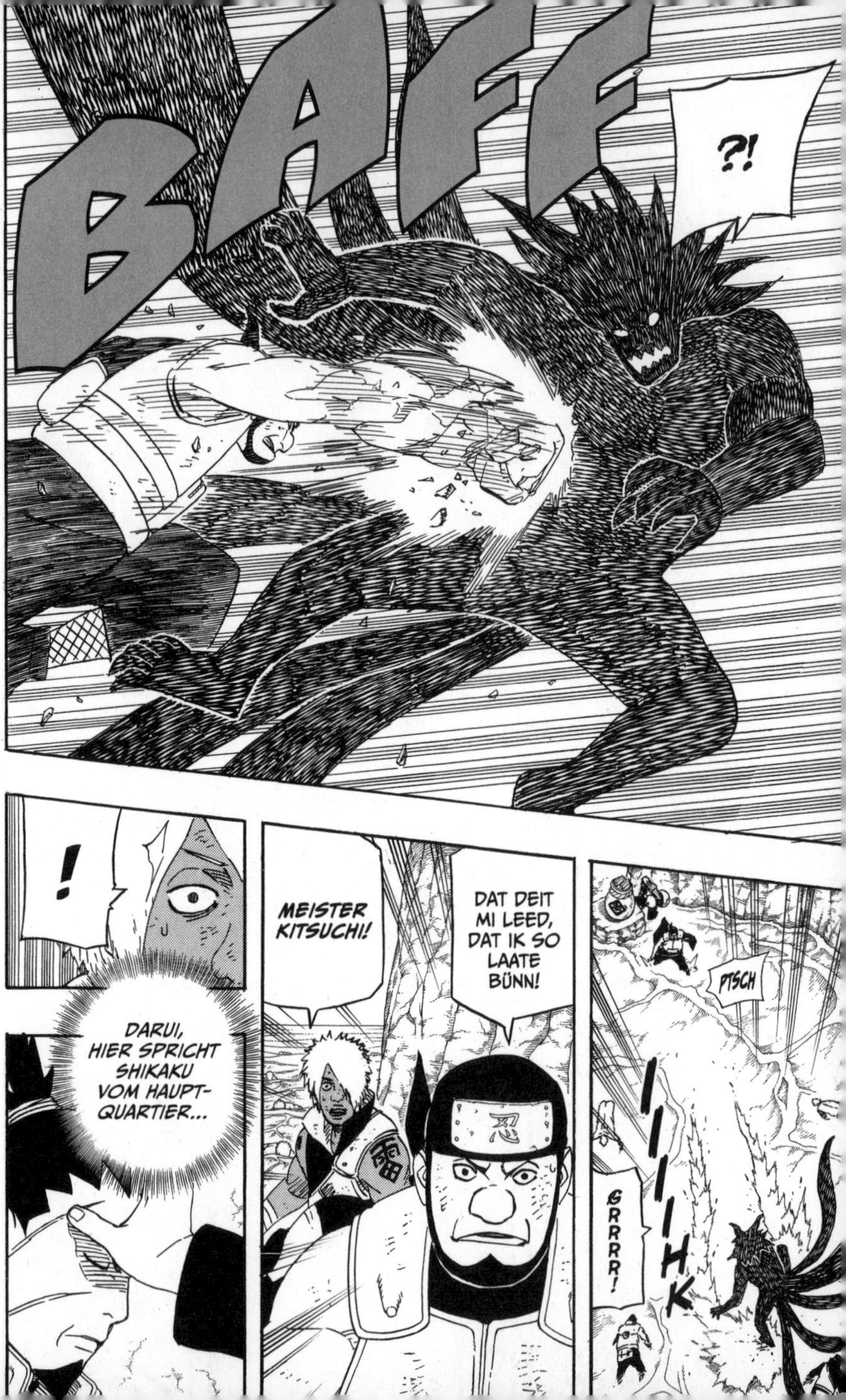
BAFF
?!
!
MEISTER KITSUCHI!
DAT DEIT MI LEED, DAT IK SO LAATE BÜNN!
PTSCH
IIIIHK
GRRRR!
DARUI, HIER SPRICHT SHIKAKU VOM HAUPT-QUARTIER...

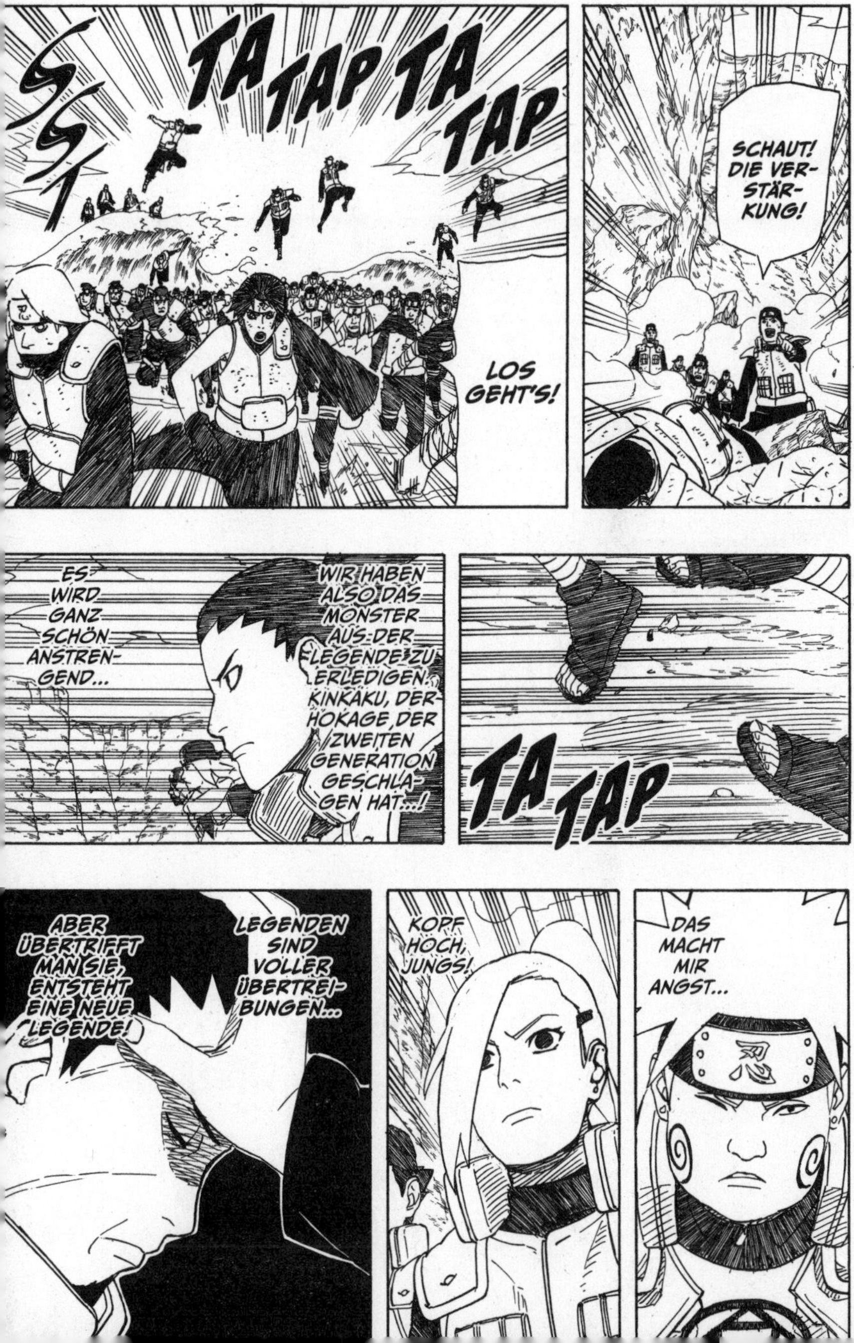
SCHAUT! DIE VERSTÄRKUNG!
TA TAP TA TAP
SSS
LOS GEHT'S!
WIR HABEN ALSO DAS MONSTER AUS DER LEGENDE ZU ERLEDIGEN. KINKAKU, DER HOKAGE DER ZWEITEN GENERATION GESCHLAGEN HAT...!
ES WIRD GANZ SCHÖN ANSTRENGEND...
TA TAP
DAS MACHT MIR ANGST...
KOPF HOCH, JUNGS!
LEGENDEN SIND VOLLER ÜBERTREIBUNGEN...
ABER ÜBERTRIFFT MAN SIE, ENTSTEHT EINE NEUE LEGENDE!

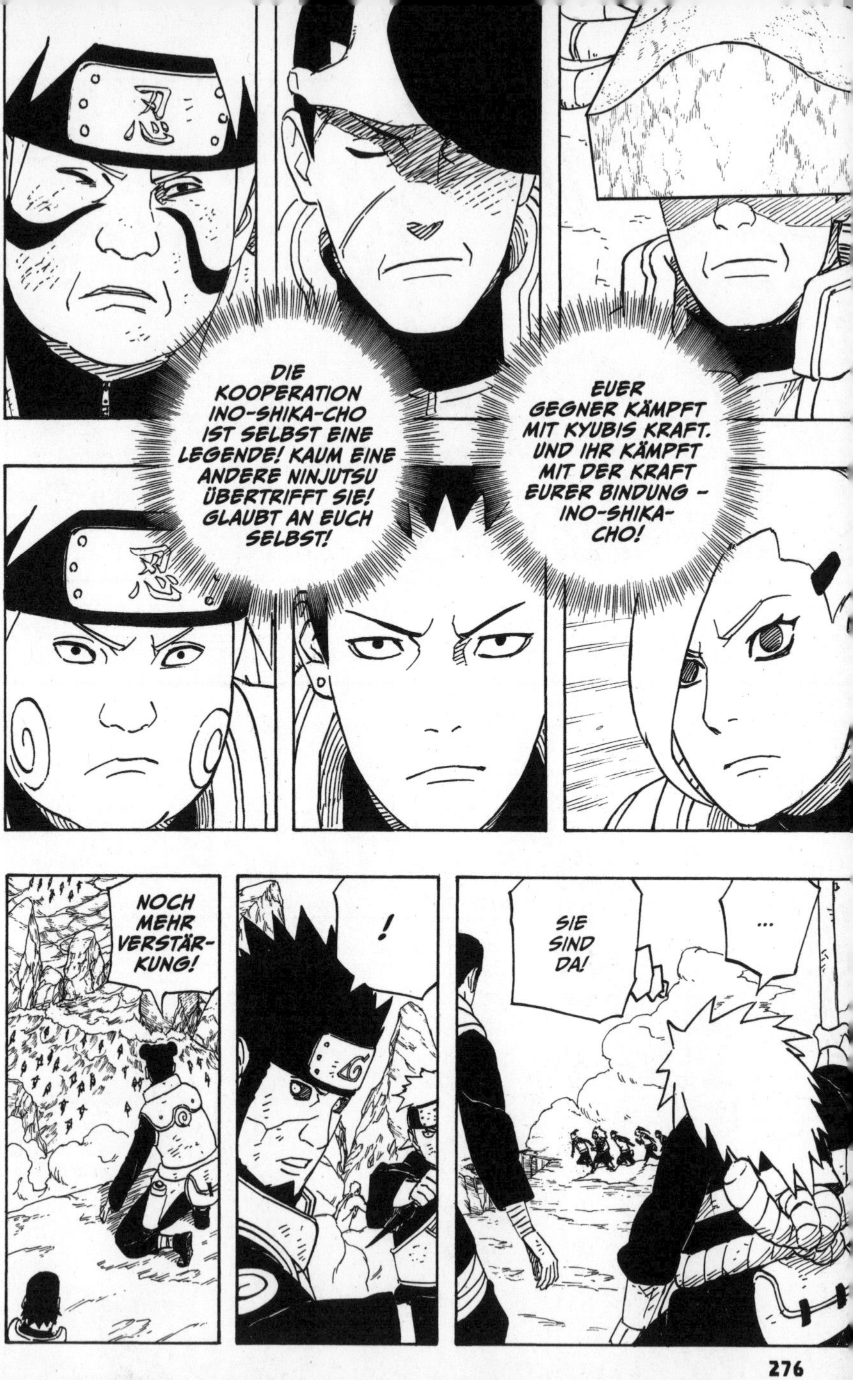
EUER GEGNER KÄMPFT MIT KYUBIS KRAFT. UND IHR KÄMPFT MIT DER KRAFT EURER BINDUNG - INO-SHIKA-CHO!
DIE KOOPERATION INO-SHIKA-CHO IST SELBST EINE LEGENDE! KAUM EINE ANDERE NINJUTSU ÜBERTRIFFT SIE! GLAUBT AN EUCH SELBST!
...
SIE SIND DA!
!
NOCH MEHR VERSTÄR-KUNG!

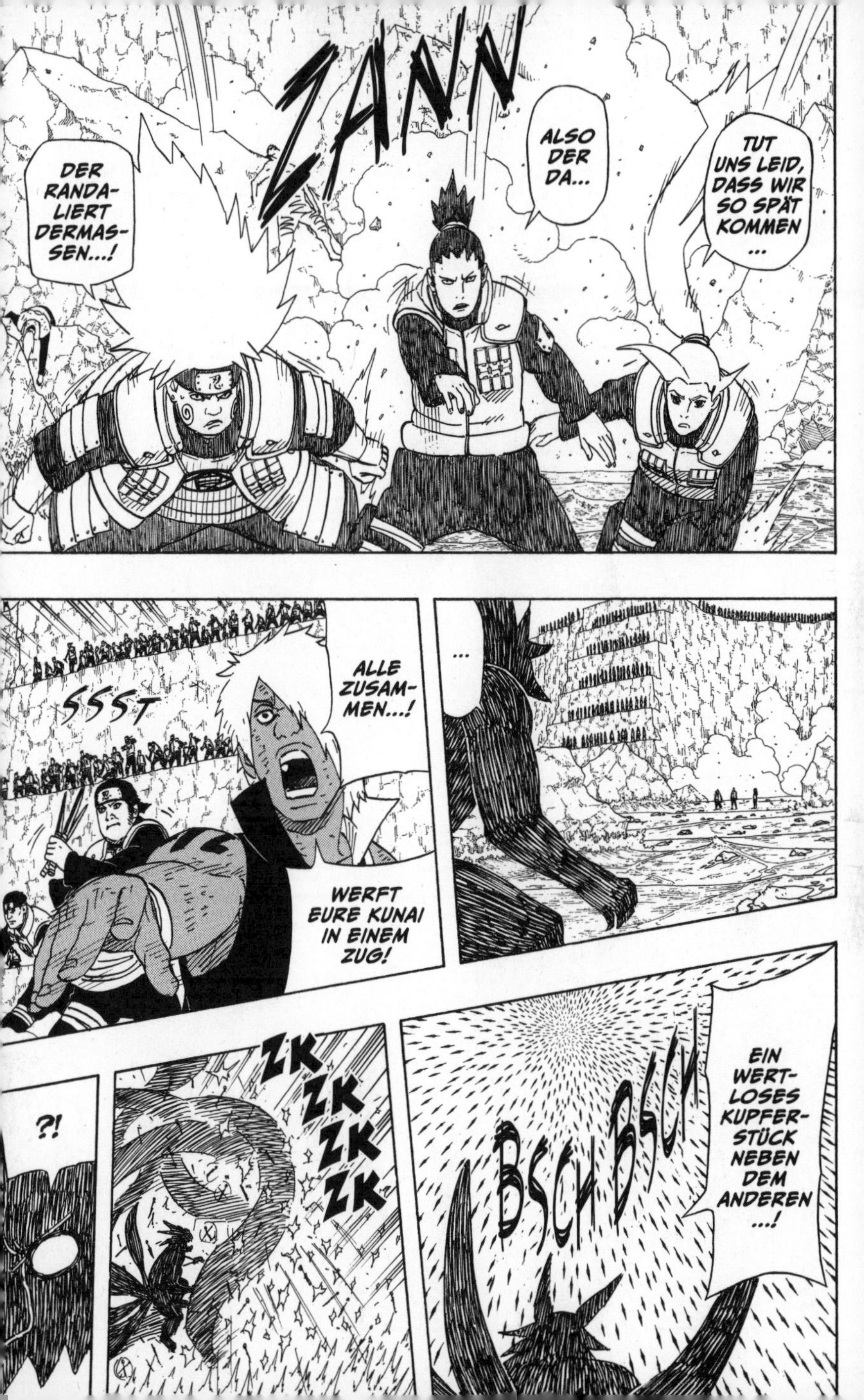
TUT UNS LEID, DASS WIR SO SPÄT KOMMEN ...
ALSO DER DA...
ZAAN
DER RANDALIERT DERMASSEN...!
...
ALLE ZUSAMMEN...!
WERFT EURE KUNAI IN EINEM ZUG!
SSST
EIN WERTLOSES KUPFERSTÜCK NEBEN DEM ANDEREN ...!
BSCH BSCH
ZK ZK ZK ZK
?!

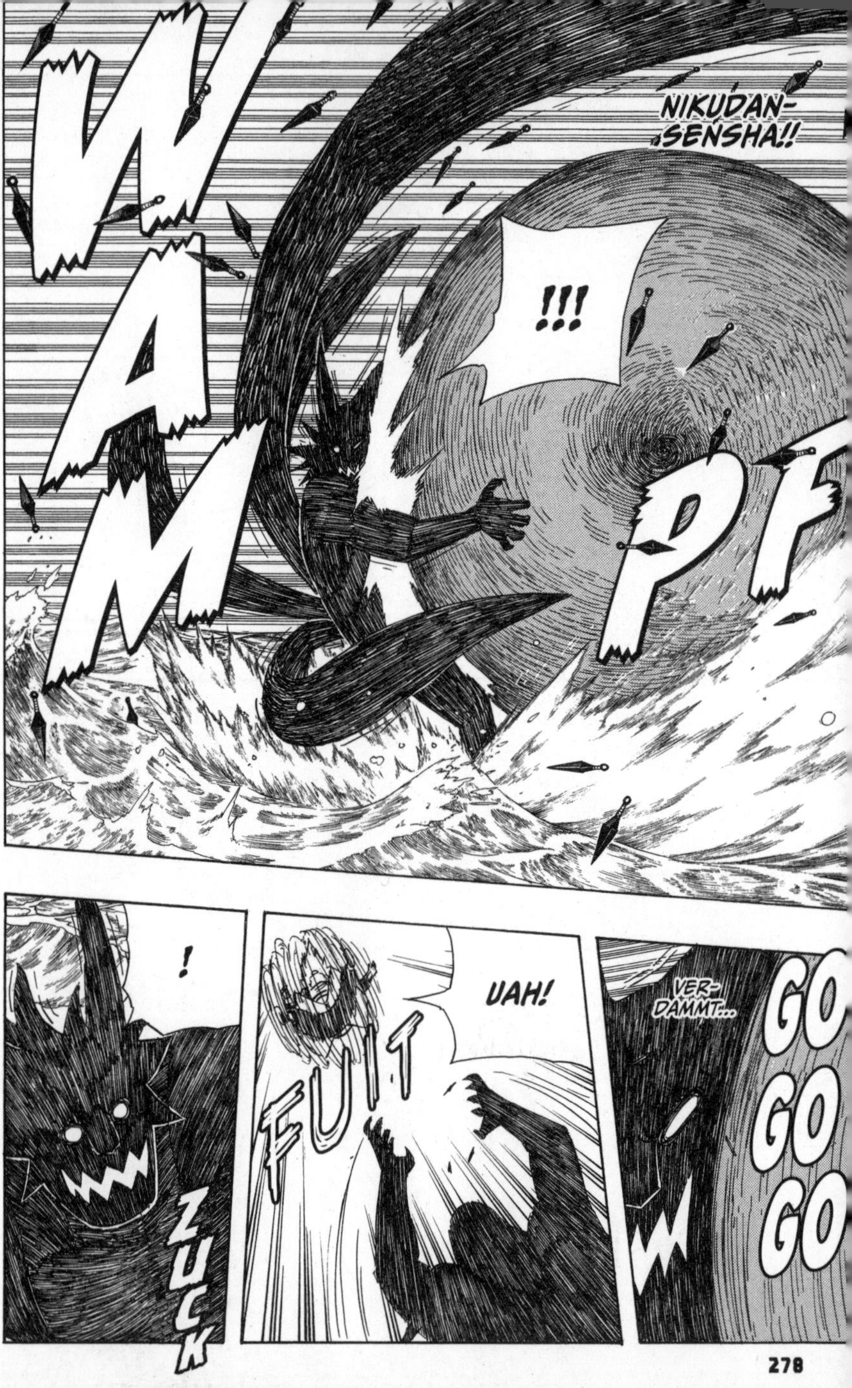

NIKUDAN-SENSHA!!
!!!
WAM
PF
VER-DAMMT...
GO GO GO
UAH!
FUIT
!
ZUCK

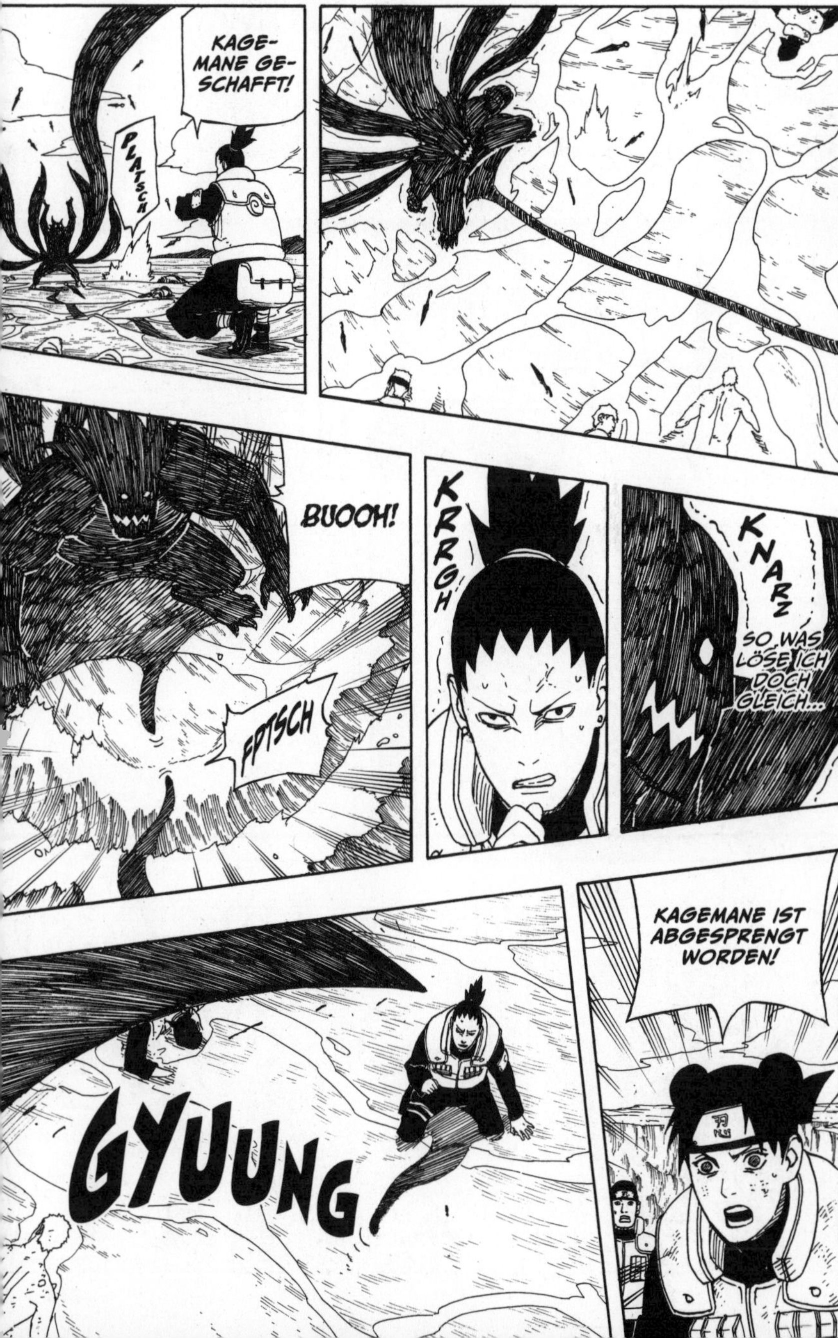
PLATSCH
KAGE-MANE GE-SCHAFFT!
BUOOH!
FPTSCH
KRRGH
KNARZ
SO WAS LÖSE ICH DOCH GLEICH...
GYUUNG
KAGEMANE IST ABGESPRENGT WORDEN!

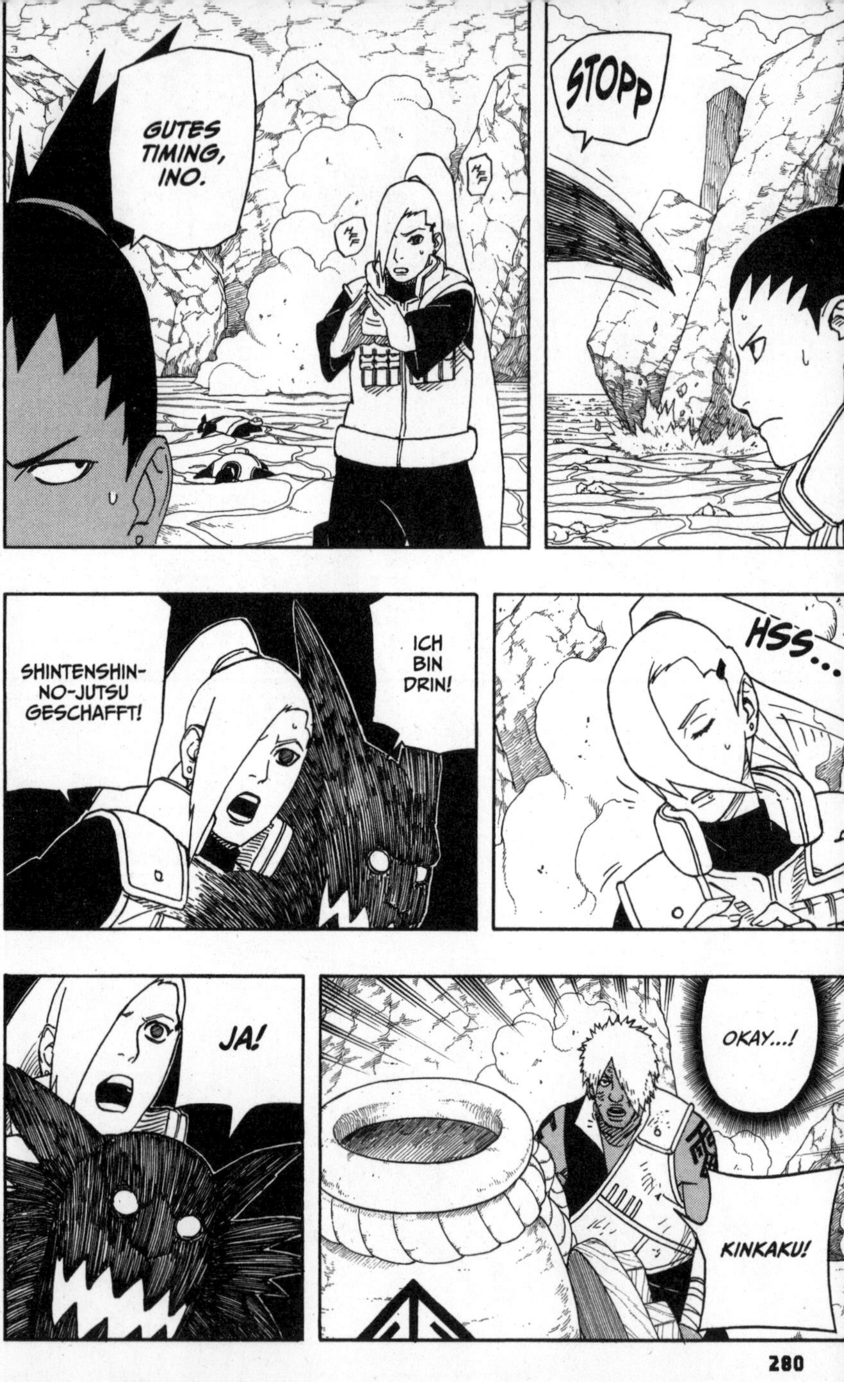
STOPP
GUTES TIMING, INO.
HSS...
ICH BIN DRIN!
SHINTENSHIN-NO-JUTSU GESCHAFFT!
OKAY...!
KINKAKU!
JA!

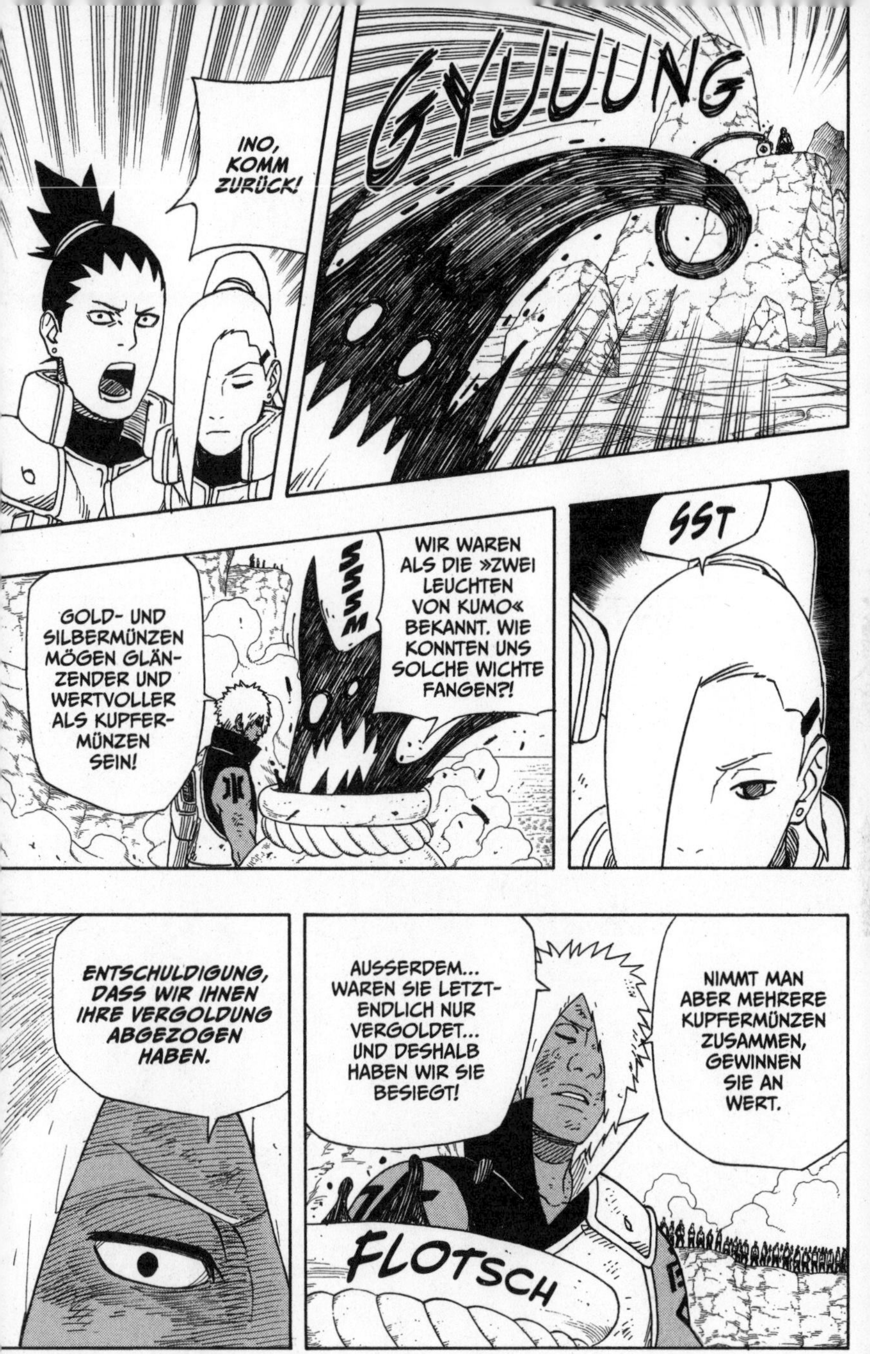
GYUUUNG
INO, KOMM ZURÜCK!
SST
WIR WAREN ALS DIE »ZWEI LEUCHTEN VON KUMO« BEKANNT. WIE KONNTEN UNS SOLCHE WICHTE FANGEN?!
SSSM
GOLD- UND SILBERMÜNZEN MÖGEN GLÄNZENDER UND WERTVOLLER ALS KUPFERMÜNZEN SEIN!
NIMMT MAN ABER MEHRERE KUPFERMÜNZEN ZUSAMMEN, GEWINNEN SIE AN WERT.
AUSSERDEM... WAREN SIE LETZTENDLICH NUR VERGOLDET... UND DESHALB HABEN WIR SIE BESIEGT!
FLOTSCH
ENTSCHULDIGUNG, DASS WIR IHNEN IHRE VERGOLDUNG ABGEZOGEN HABEN.

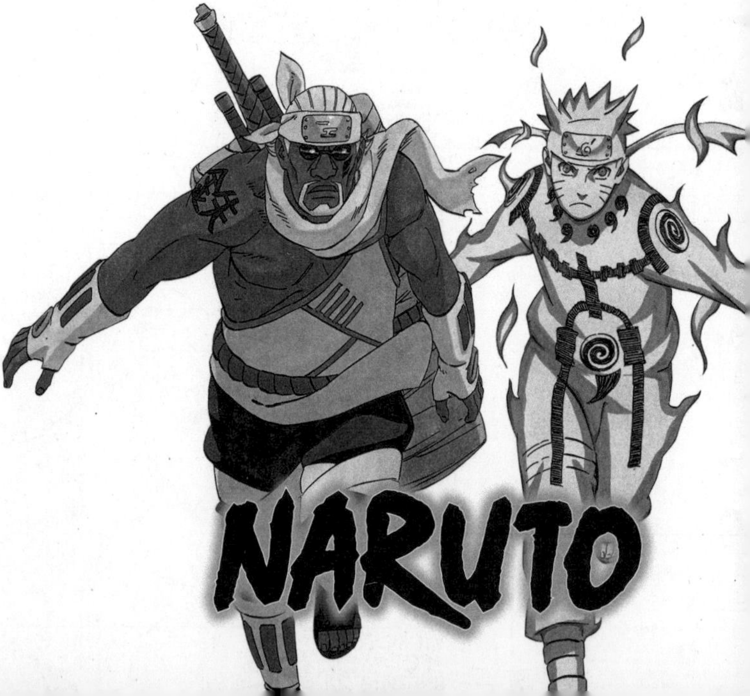
NARUTO

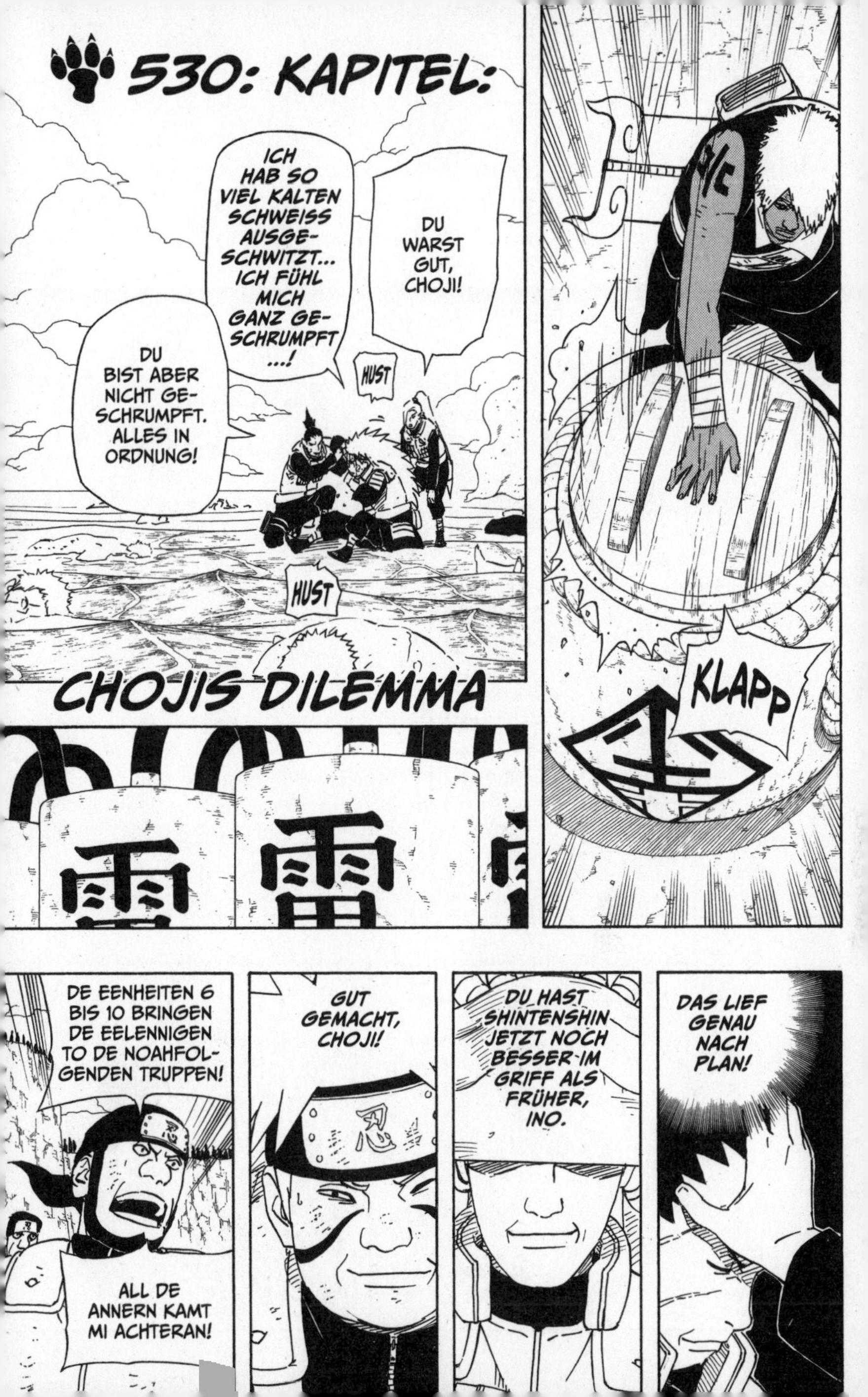
530: KAPITEL:
CHOJIS DILEMMA
KLAPP
DU WARST GUT, CHOJI!
ICH HAB SO VIEL KALTEN SCHWEISS AUSGE-SCHWITZT... ICH FÜHL MICH GANZ GE-SCHRUMPFT ...!
HUST
DU BIST ABER NICHT GE-SCHRUMPFT. ALLES IN ORDNUNG!
HUST
DAS LIEF GENAU NACH PLAN!
DU HAST SHINTENSHIN JETZT NOCH BESSER IM GRIFF ALS FRÜHER, INO.
GUT GEMACHT, CHOJI!
DE EENHEITEN 6 BIS 10 BRINGEN DE EELENNIGEN TO DE NOAHFOL-GENDEN TRUPPEN!
ALL DE ANNERN KAMT MI ACHTERAN!

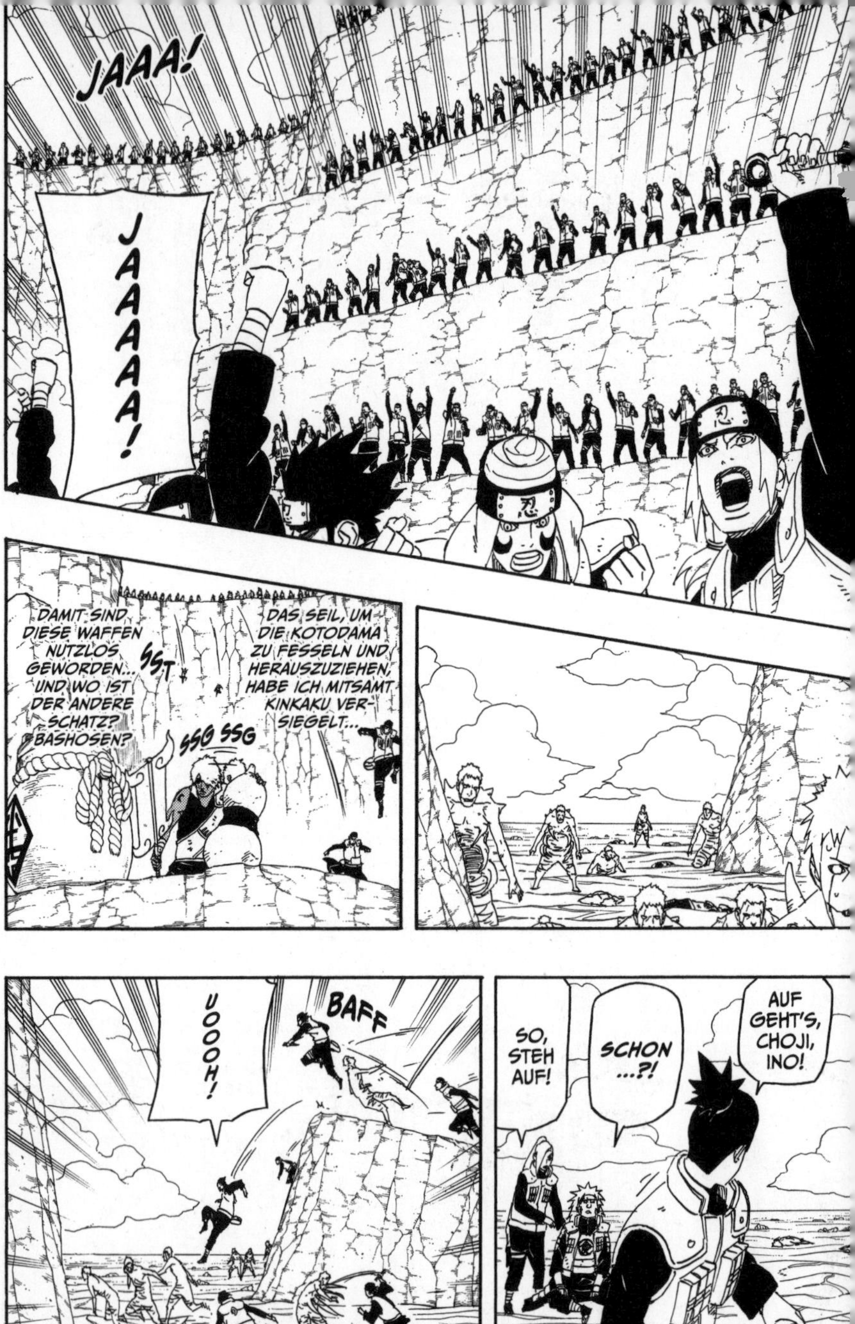
JAAA!
JAAAAAAA!
DAS SEIL, UM DIE KOTODAMA ZU FESSELN UND HERAUSZUZIEHEN, HABE ICH MITSAMT KINKAKU VERSIEGELT...
DAMIT SIND DIESE WAFFEN NUTZLOS GEWORDEN... UND WO IST DER ANDERE SCHATZ? BASHOSEN?
SST
SSG SSG
AUF GEHT'S, CHOJI, INO!
SCHON ...?!
SO, STEH AUF!
BAFF
UOOOOH!

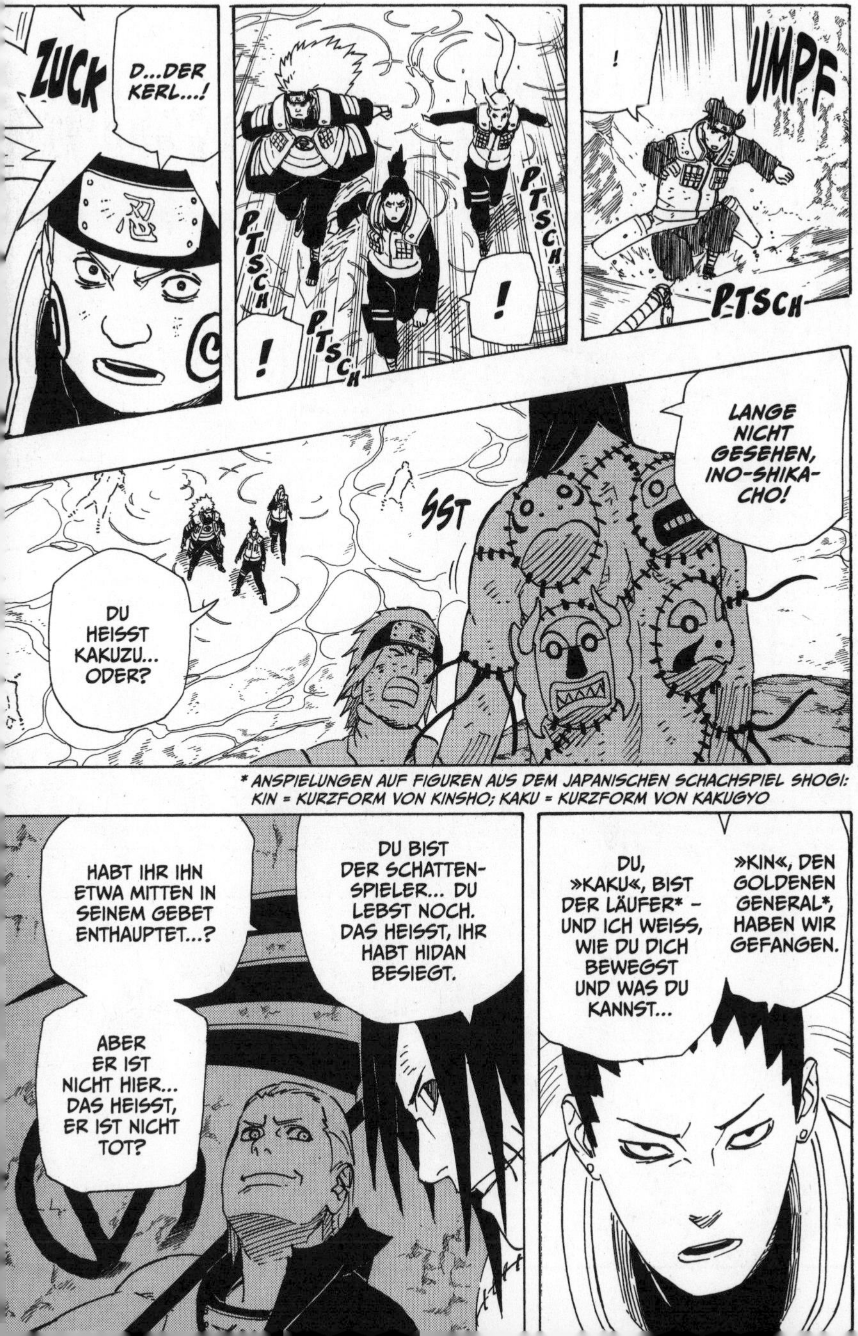

* ANSPIELUNGEN AUF FIGUREN AUS DEM JAPANISCHEN SCHACHSPIEL SHOGI: KIN = KURZFORM VON KINSHO; KAKU = KURZFORM VON KAKUGYO

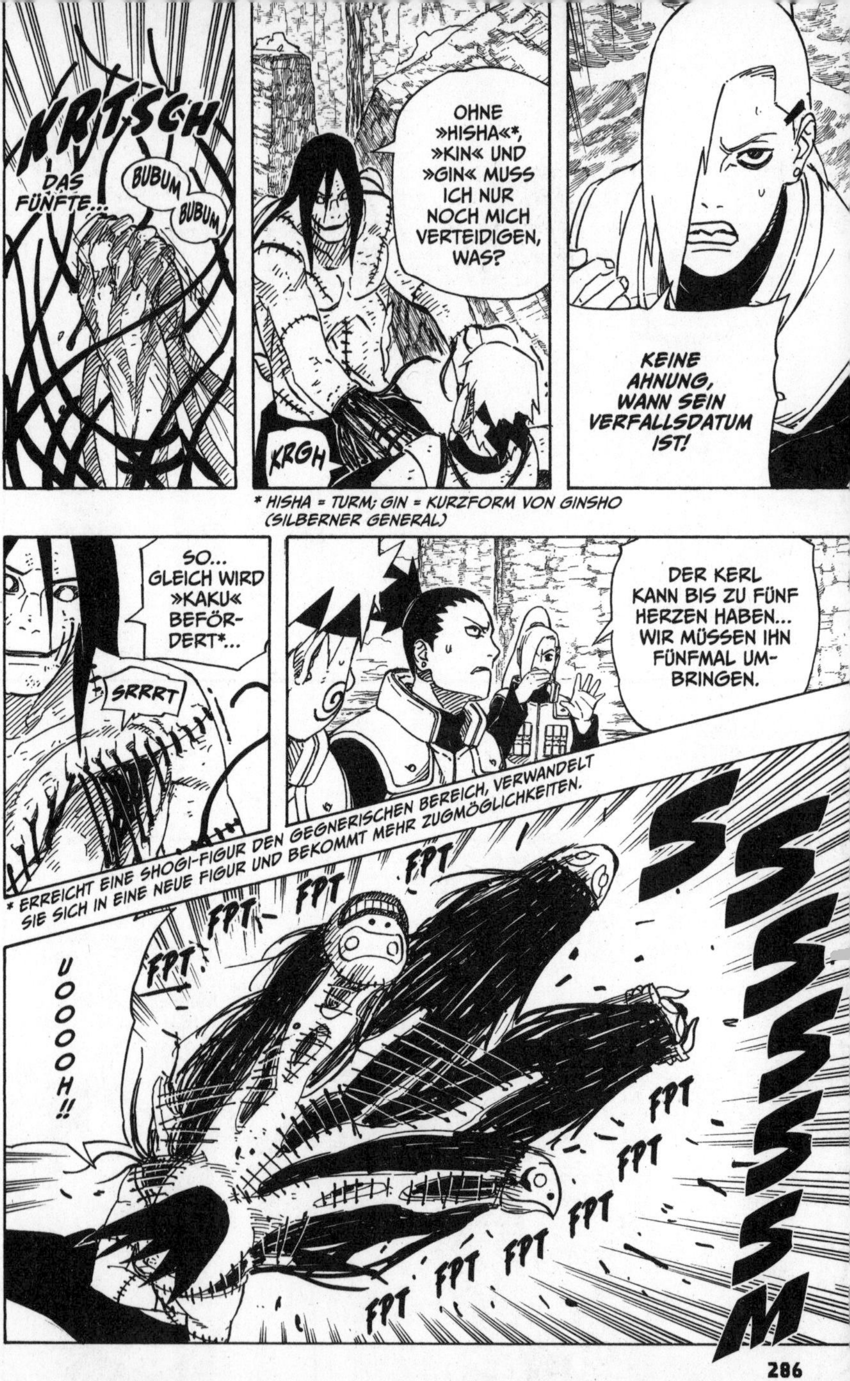

KRTSCH
DAS FÜNFTE...
BUBUM
BUBUM
OHNE »HISHA«*, »KIN« UND »GIN« MUSS ICH NUR NOCH MICH VERTEIDIGEN, WAS?
KRGH
KEINE AHNUNG, WANN SEIN VERFALLSDATUM IST!
* HISHA = TURM; GIN = KURZFORM VON GINSHO (SILBERNER GENERAL)
DER KERL KANN BIS ZU FÜNF HERZEN HABEN... WIR MÜSSEN IHN FÜNFMAL UMBRINGEN.
SO... GLEICH WIRD »KAKU« BEFÖRDERT*...
SRRRT
* ERREICHT EINE SHOGI-FIGUR DEN GEGNERISCHEN BEREICH, VERWANDELT SIE SICH IN EINE NEUE FIGUR UND BEKOMMT MEHR ZUGMÖGLICHKEITEN.
SSSSSSSM
FPT
FPT
FPT
FPT
FPT
FPT
FPT
FPT
FPT
FPT
FPT
UOOOOOH!!

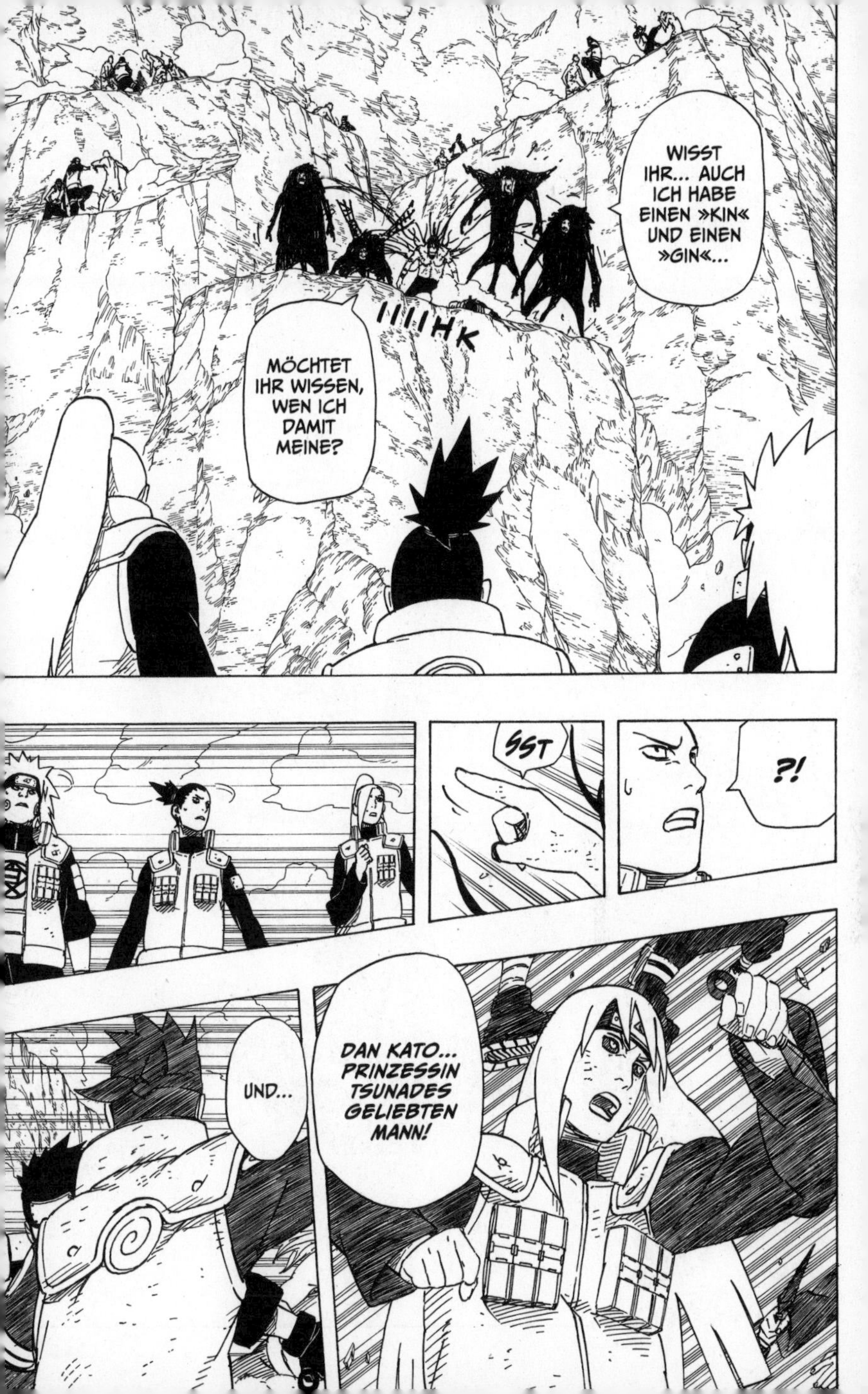
WISST IHR... AUCH ICH HABE EINEN »KIN« UND EINEN »GIN«...
IIIIHK
MÖCHTET IHR WISSEN, WEN ICH DAMIT MEINE?
?!
SST
DAN KATO... PRINZESSIN TSUNADES GELIEBTEN MANN!
UND...

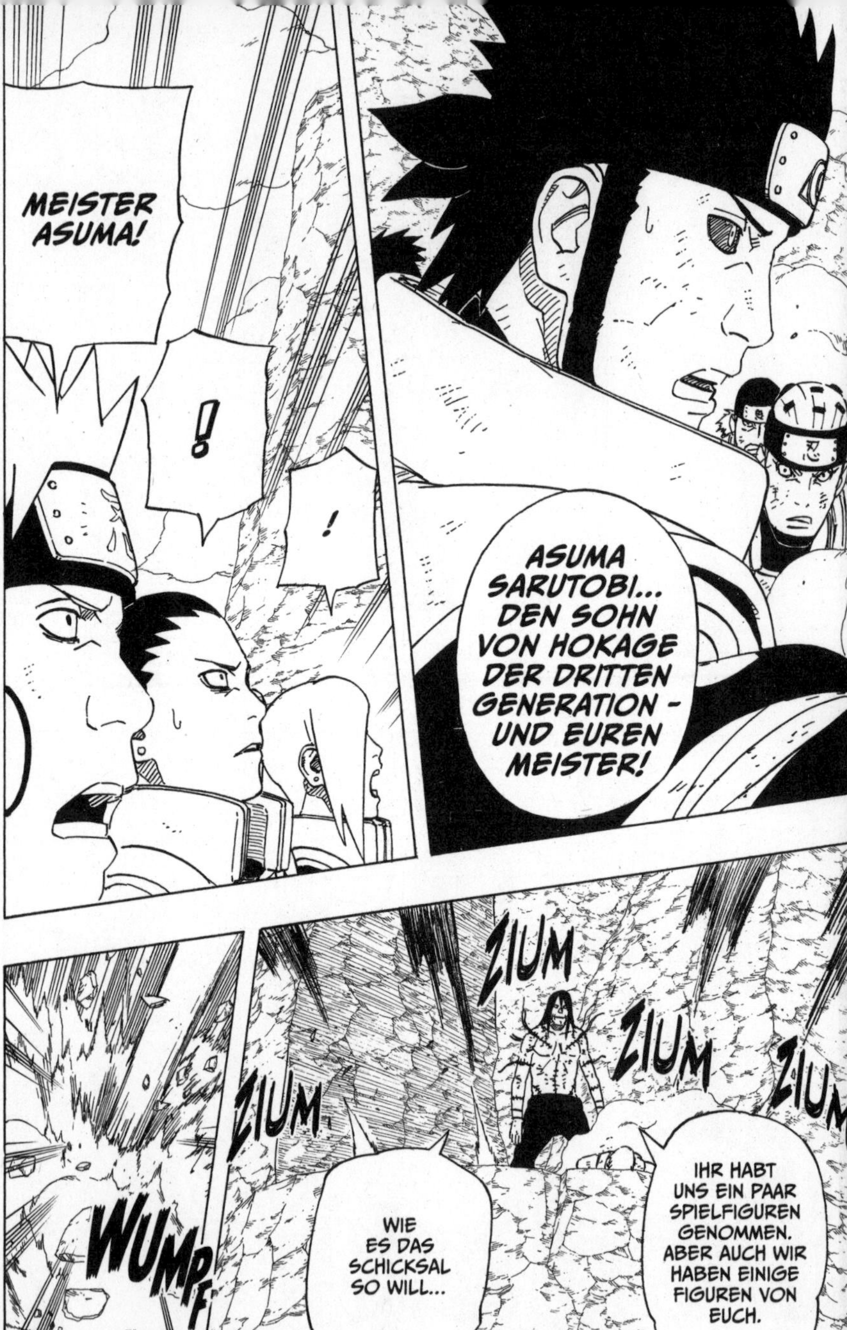
ASUMA SARUTOBI... DEN SOHN VON HOKAGE DER DRITTEN GENERATION – UND EUREN MEISTER!
MEISTER ASUMA!
!
!
ZIUM
ZIUM
ZIUM
ZIUM
IHR HABT UNS EIN PAAR SPIELFIGUREN GENOMMEN. ABER AUCH WIR HABEN EINIGE FIGUREN VON EUCH.
WIE ES DAS SCHICKSAL SO WILL...
WUMPF

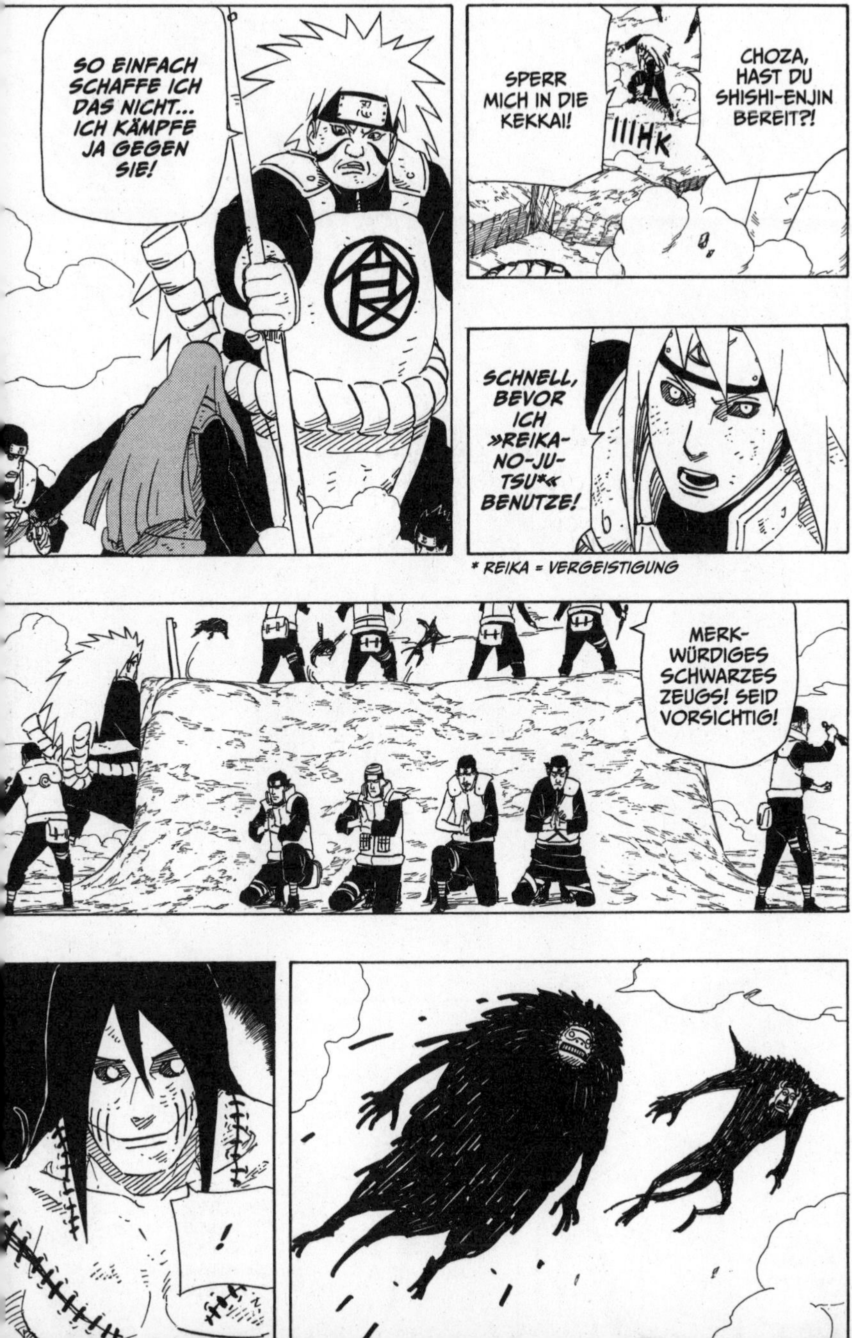

* REIKA = VERGEISTIGUNG

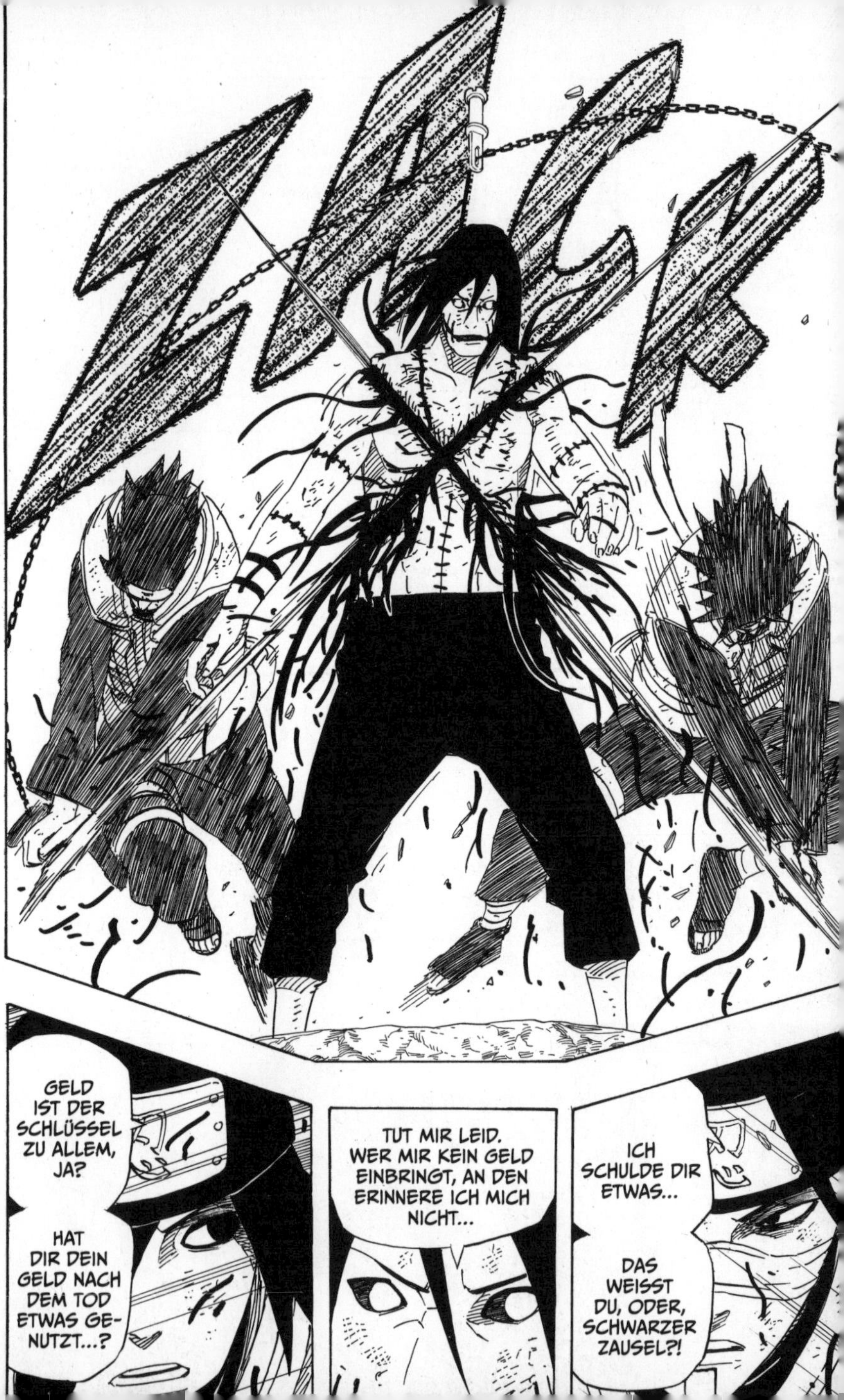
ZACK
ICH SCHULDE DIR ETWAS...
DAS WEISST DU, ODER, SCHWARZER ZAUSEL?!
TUT MIR LEID. WER MIR KEIN GELD EINBRINGT, AN DEN ERINNERE ICH MICH NICHT...
GELD IST DER SCHLÜSSEL ZU ALLEM, JA?
HAT DIR DEIN GELD NACH DEM TOD ETWAS GE-NUTZT...?

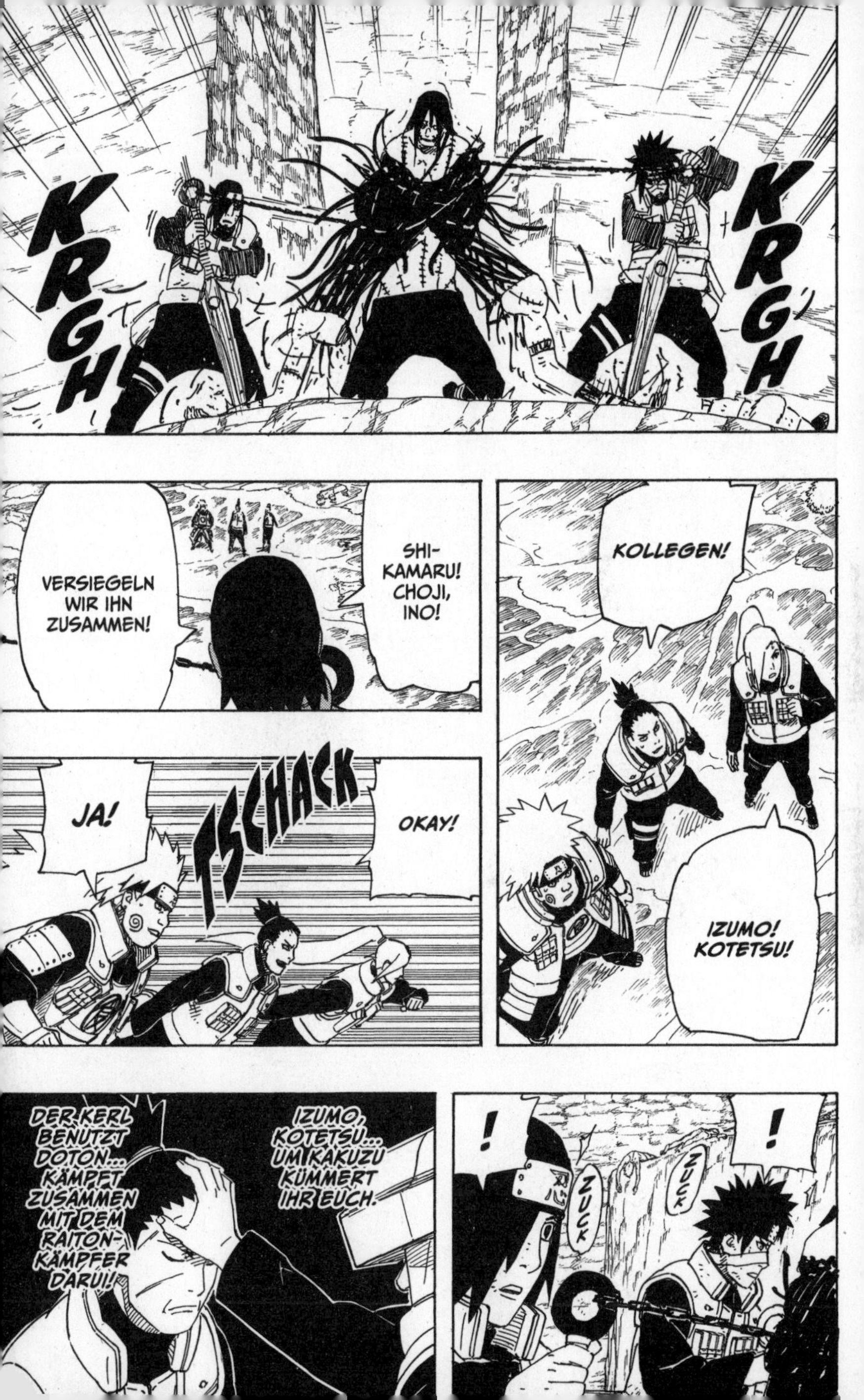

KRGH
KRGH
KOLLEGEN!
IZUMO! KOTETSU!
SHI-KAMARU! CHOJI, INO!
VERSIEGELN WIR IHN ZUSAMMEN!
OKAY!
TSCHACK
JA!
!
ZUCK
ZUCK
!
IZUMO, KOTETSU... UM KAKUZU KÜMMERT IHR EUCH.
DER KERL BENUTZT DOTON... KÄMPFT ZUSAMMEN MIT DEM RAITON-KÄMPFER DARUI!

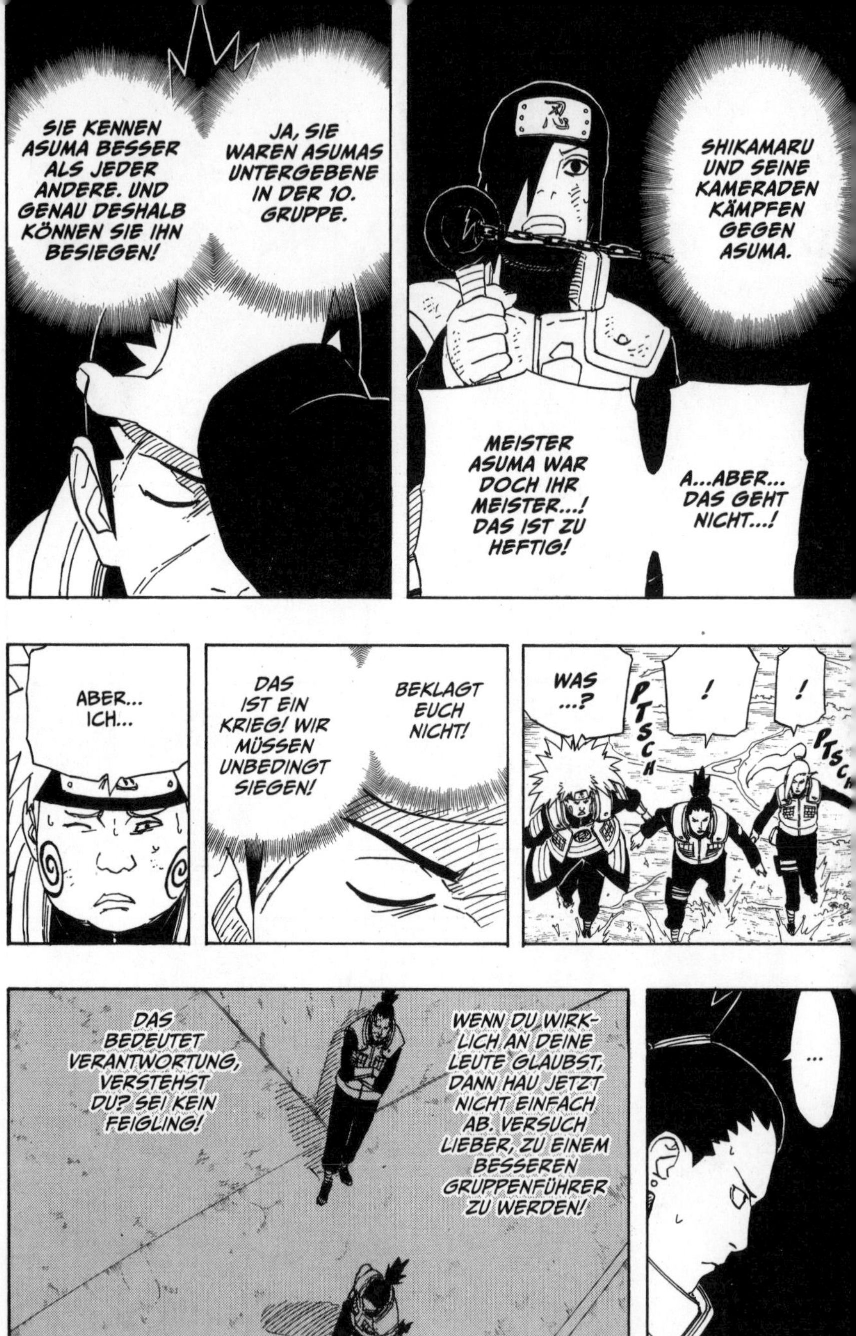
SHIKAMARU UND SEINE KAMERADEN KÄMPFEN GEGEN ASUMA.
A...ABER... DAS GEHT NICHT...!
MEISTER ASUMA WAR DOCH IHR MEISTER...! DAS IST ZU HEFTIG!
JA, SIE WAREN ASUMAS UNTERGEBENE IN DER 10. GRUPPE.
SIE KENNEN ASUMA BESSER ALS JEDER ANDERE. UND GENAU DESHALB KÖNNEN SIE IHN BESIEGEN!
!
!
PTSCH
WAS ...?
PTSCH
BEKLAGT EUCH NICHT!
DAS IST EIN KRIEG! WIR MÜSSEN UNBEDINGT SIEGEN!
ABER... ICH...
...
WENN DU WIRKLICH AN DEINE LEUTE GLAUBST, DANN HAU JETZT NICHT EINFACH AB. VERSUCH LIEBER, ZU EINEM BESSEREN GRUPPENFÜHRER ZU WERDEN!
DAS BEDEUTET VERANTWORTUNG, VERSTEHST DU? SEI KEIN FEIGLING!

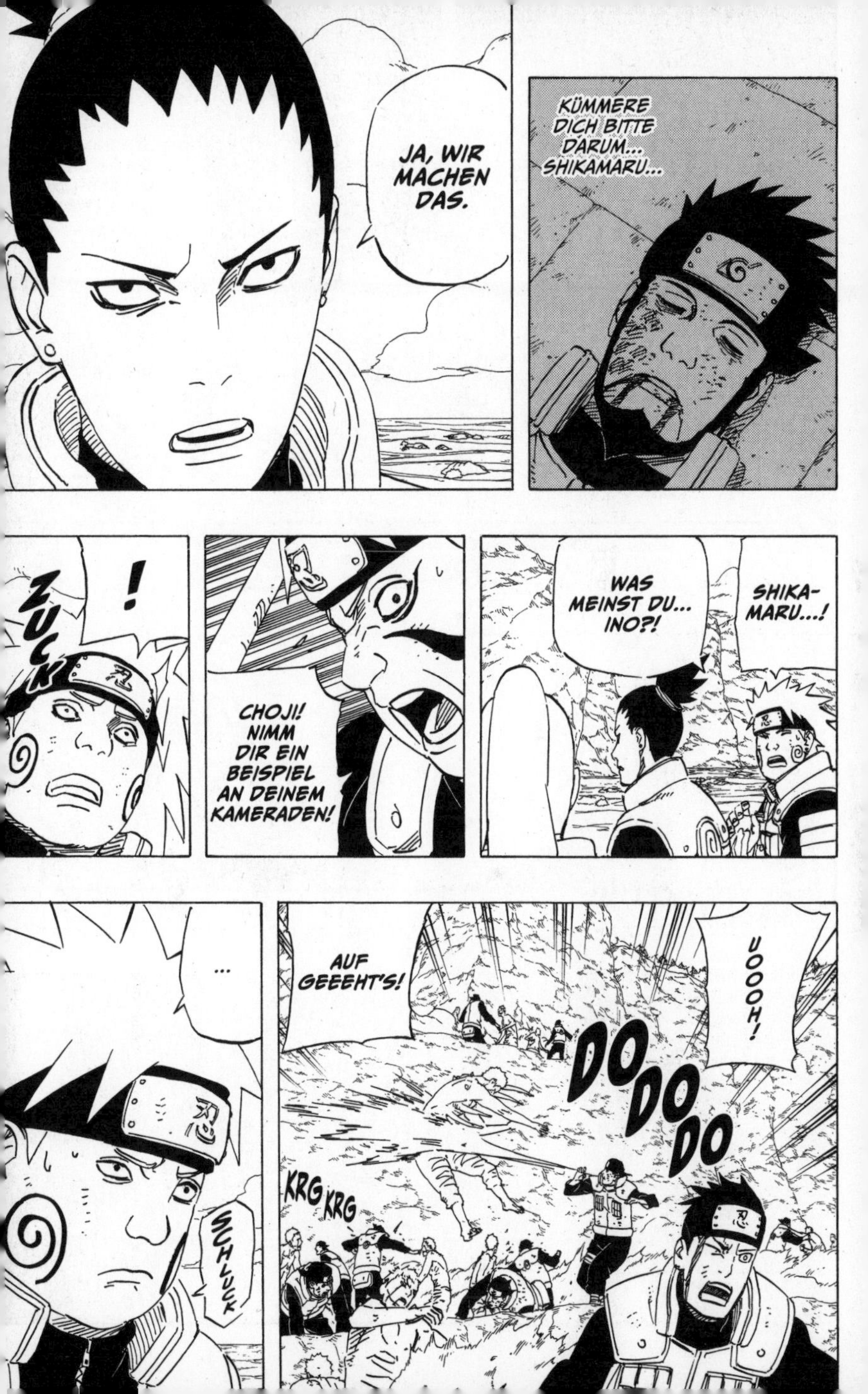
KÜMMERE DICH BITTE DARUM... SHIKAMARU...
JA, WIR MACHEN DAS.
SHIKA-MARU...!
WAS MEINST DU... INO?!
CHOJI! NIMM DIR EIN BEISPIEL AN DEINEM KAMERADEN!
!
ZUCK
UOOOH!
DODODO
AUF GEEEHT'S!
KRG KRG
...
SCHLUCK

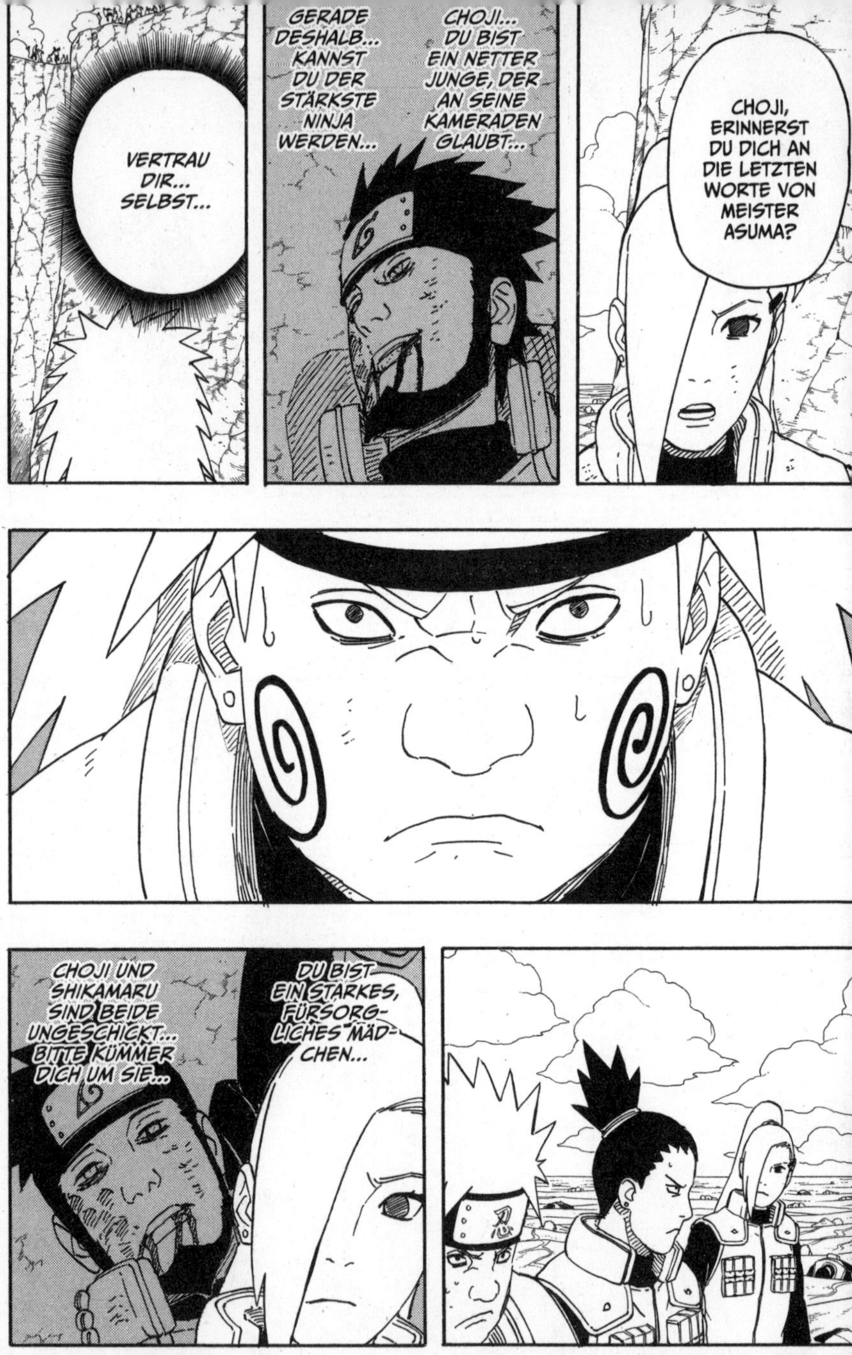
CHOJI, ERINNERST DU DICH AN DIE LETZTEN WORTE VON MEISTER ASUMA?
CHOJI... DU BIST EIN NETTER JUNGE, DER AN SEINE KAMERADEN GLAUBT...
GERADE DESHALB... KANNST DU DER STÄRKSTE NINJA WERDEN...
VERTRAU DIR... SELBST...
DU BIST EIN STARKES, FÜRSORG-LICHES MÄD-CHEN...
CHOJI UND SHIKAMARU SIND BEIDE UNGESCHICKT... BITTE KÜMMER DICH UM SIE...

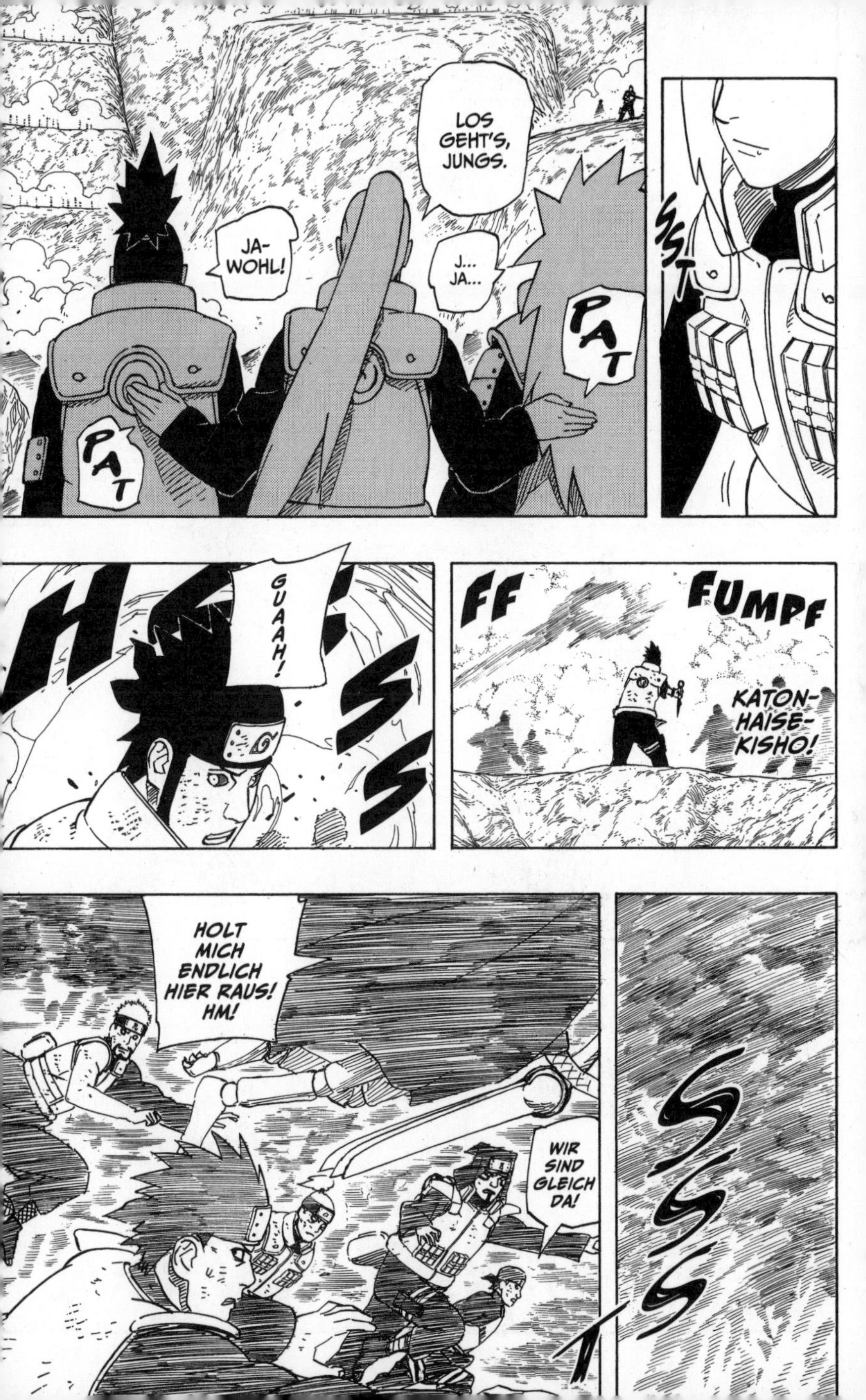

SST
LOS GEHT'S, JUNGS.
J... JA...
JA-WOHL!
PAT
PAT
FF
FUMPF
KATON-HAISE-KISHO!
H
GUAAH!
SS
SSST
WIR SIND GLEICH DA!
HOLT MICH ENDLICH HIER RAUS! HM!

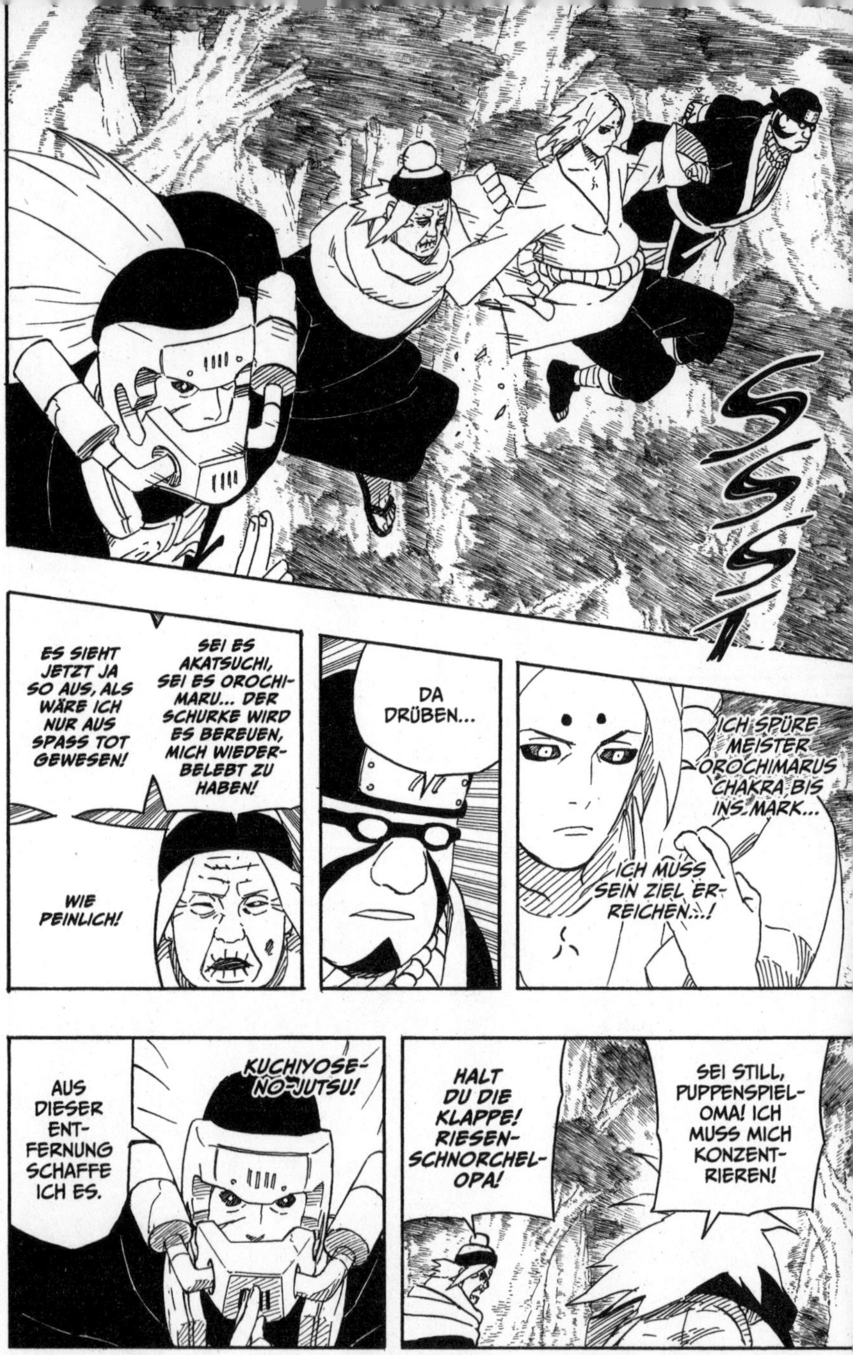
SSSST
ICH SPÜRE MEISTER OROCHIMARUS CHAKRA BIS INS MARK...
ICH MUSS SEIN ZIEL ERREICHEN...!
DA DRÜBEN...
SEI ES AKATSUCHI, SEI ES OROCHIMARU... DER SCHURKE WIRD ES BEREUEN, MICH WIEDERBELEBT ZU HABEN!
ES SIEHT JETZT JA SO AUS, ALS WÄRE ICH NUR AUS SPASS TOT GEWESEN!
WIE PEINLICH!
SEI STILL, PUPPENSPIELOMA! ICH MUSS MICH KONZENTRIEREN!
HALT DU DIE KLAPPE! RIESENSCHNORCHELOPA!
KUCHIYOSE-NO-JUTSU!
AUS DIESER ENTFERNUNG SCHAFFE ICH ES.

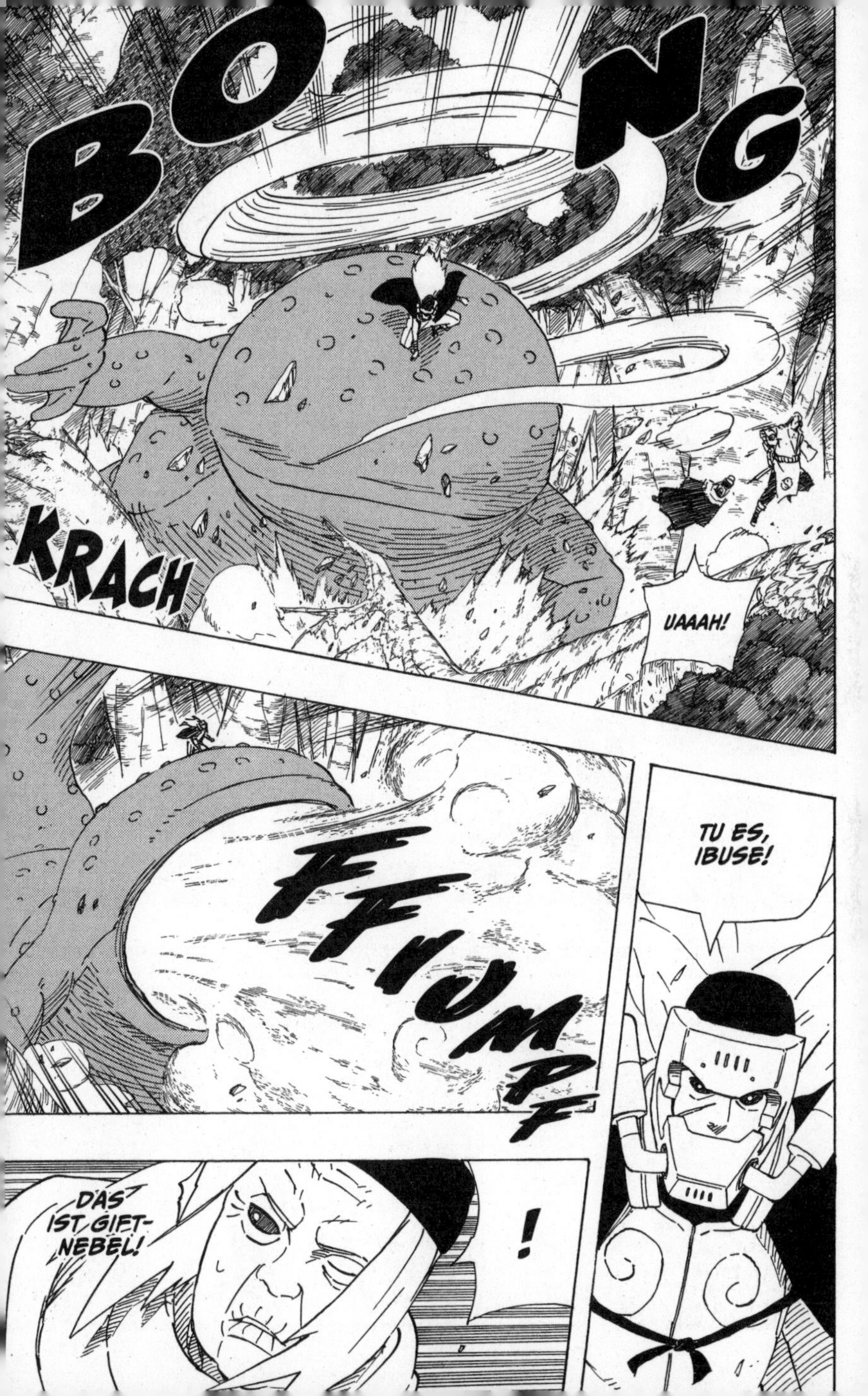
BONG
KRACH
UAAAH!
TU ES, IBUSE!
FFUMPF
!
DAS IST GIFT-NEBEL!

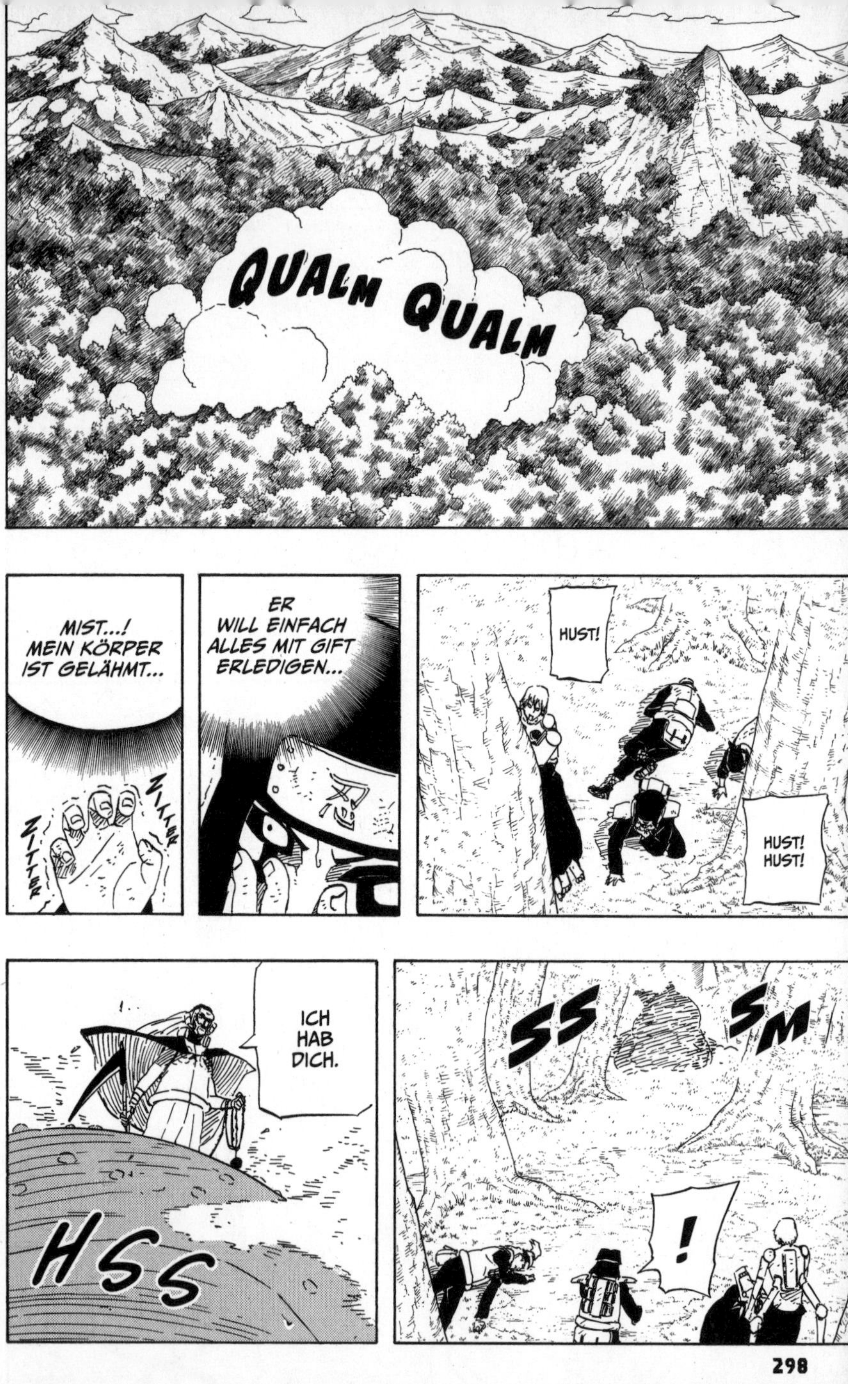
QUALM QUALM
HUST!
HUST! HUST!
ER WILL EINFACH ALLES MIT GIFT ERLEDIGEN...
MIST...! MEIN KÖRPER IST GELÄHMT...
ZITTER ZITTER
SS SM
!
ICH HAB DICH.
HSS

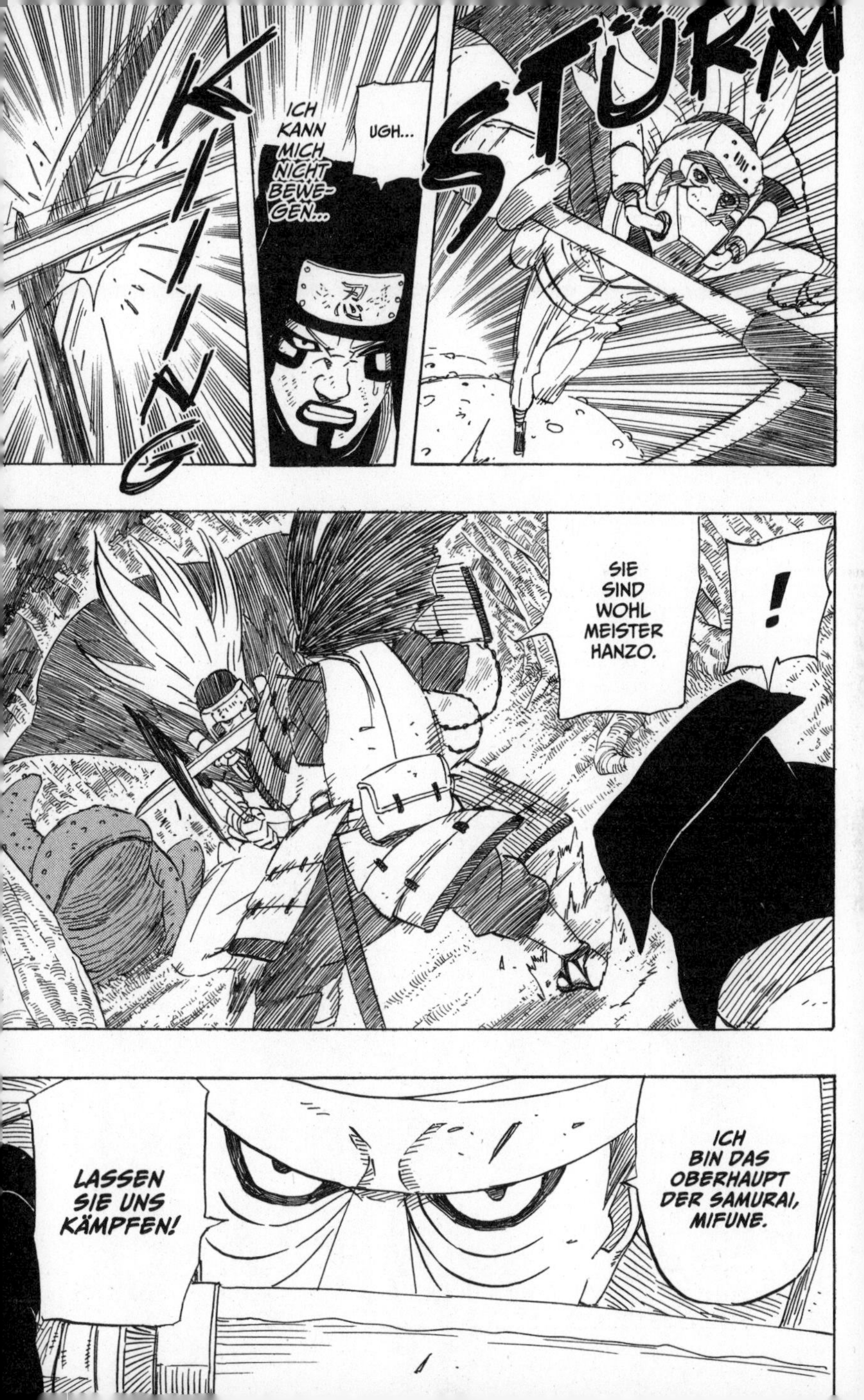
STÜRM
UGH...
ICH KANN MICH NICHT BEWEGEN...
K-I-I-I-N-G
!
SIE SIND WOHL MEISTER HANZO.
ICH BIN DAS OBERHAUPT DER SAMURAI, MIFUNE.
LASSEN SIE UNS KÄMPFEN!

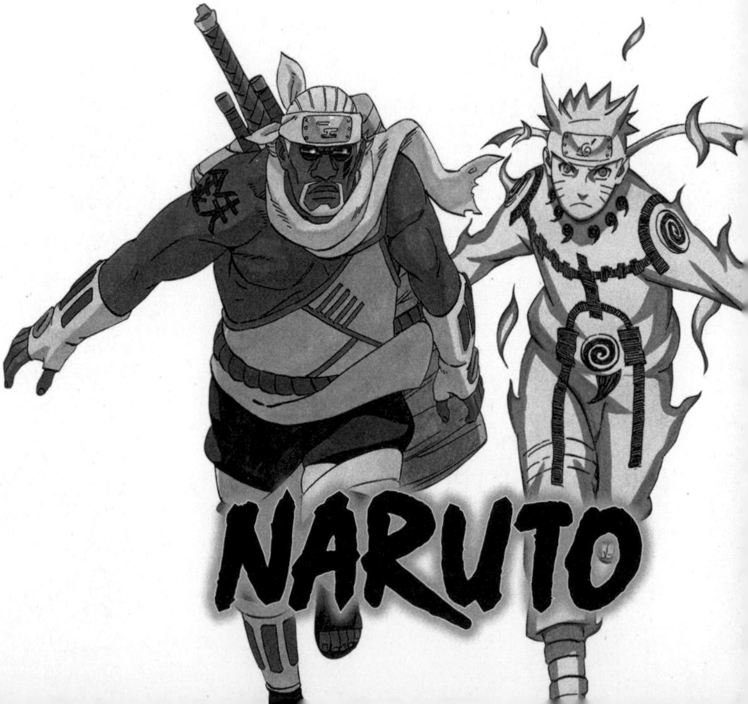
NARUTO

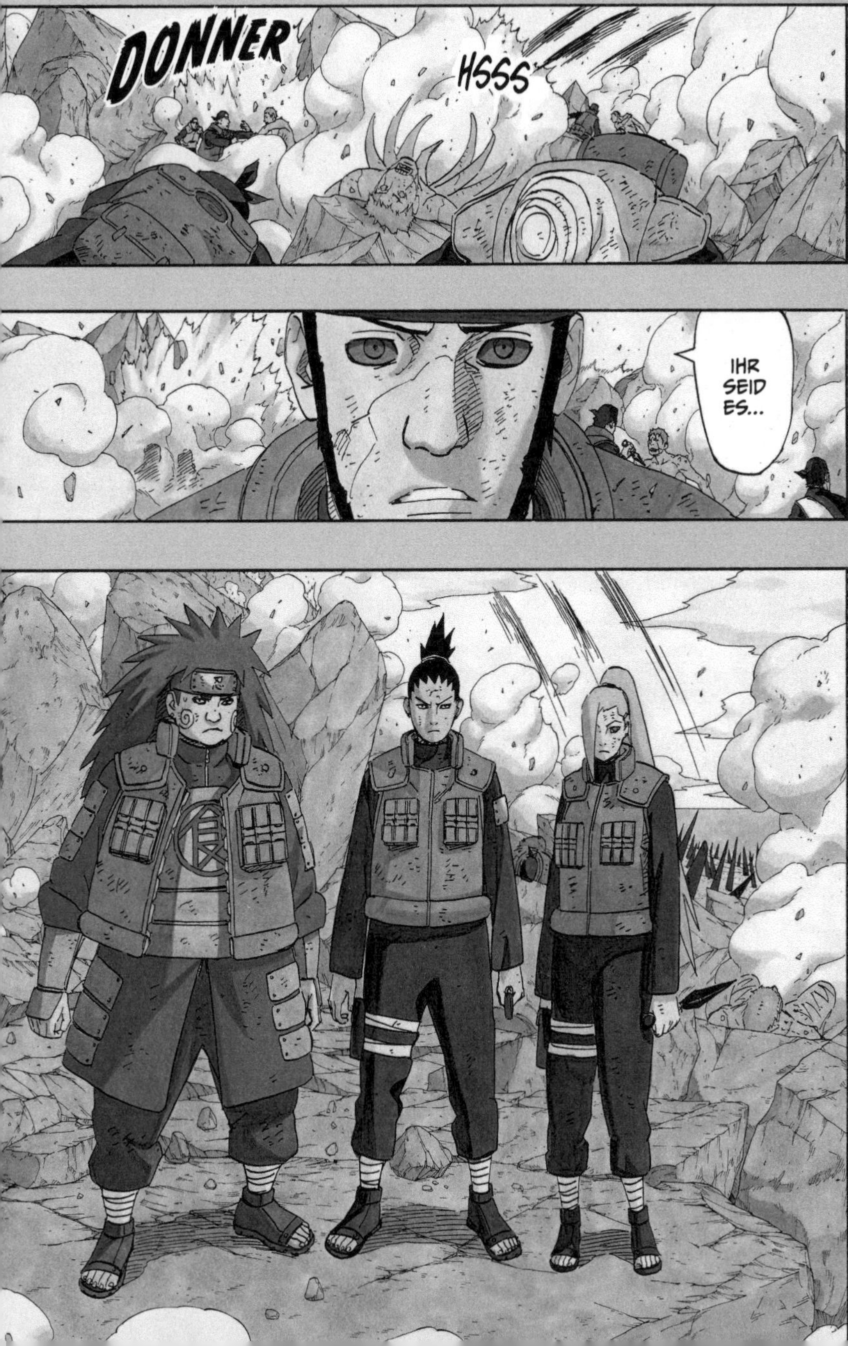
DONNER
HSSS
IHR SEID ES...

SEHEN DER ASUMA-GRUPPE!

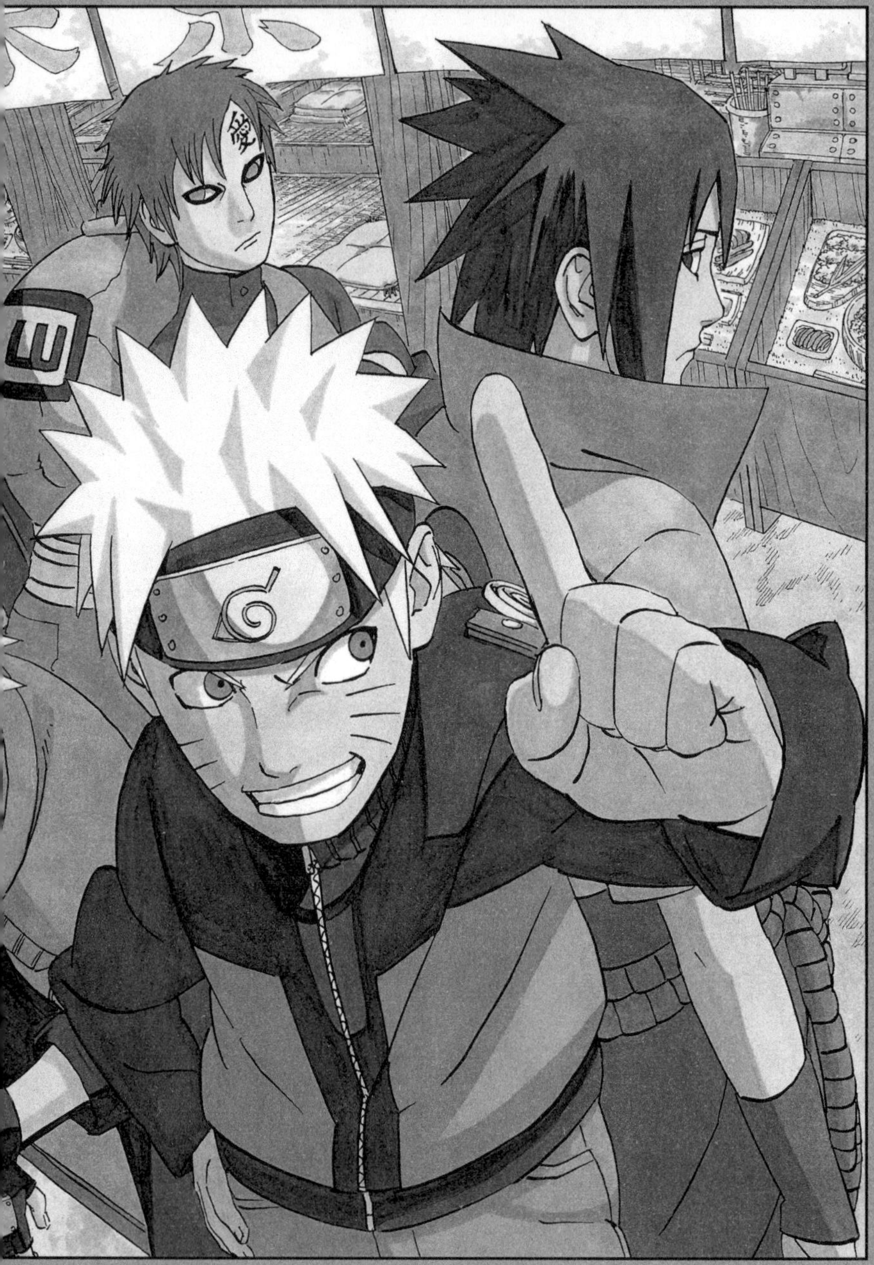

531. Kapitel: Das Wieder

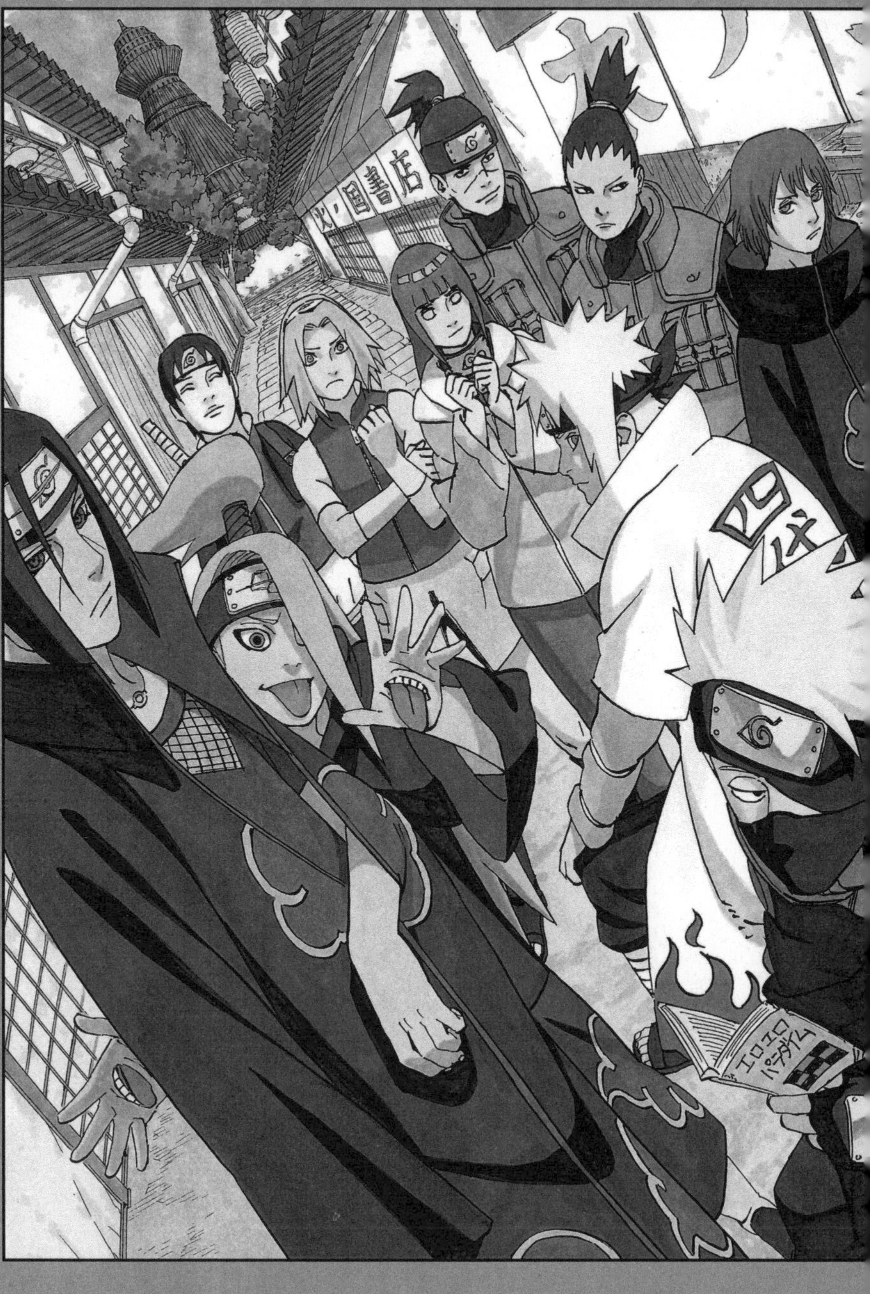

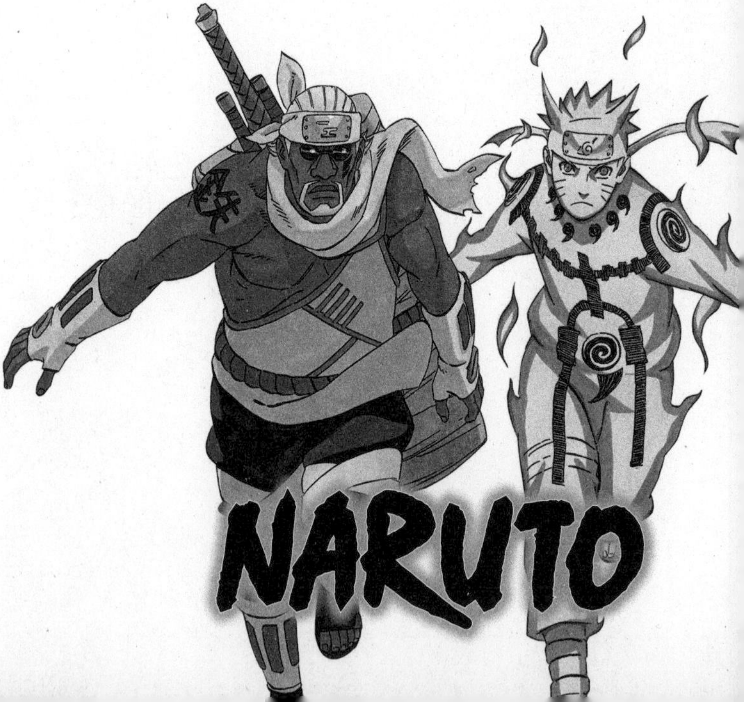
NARUTO

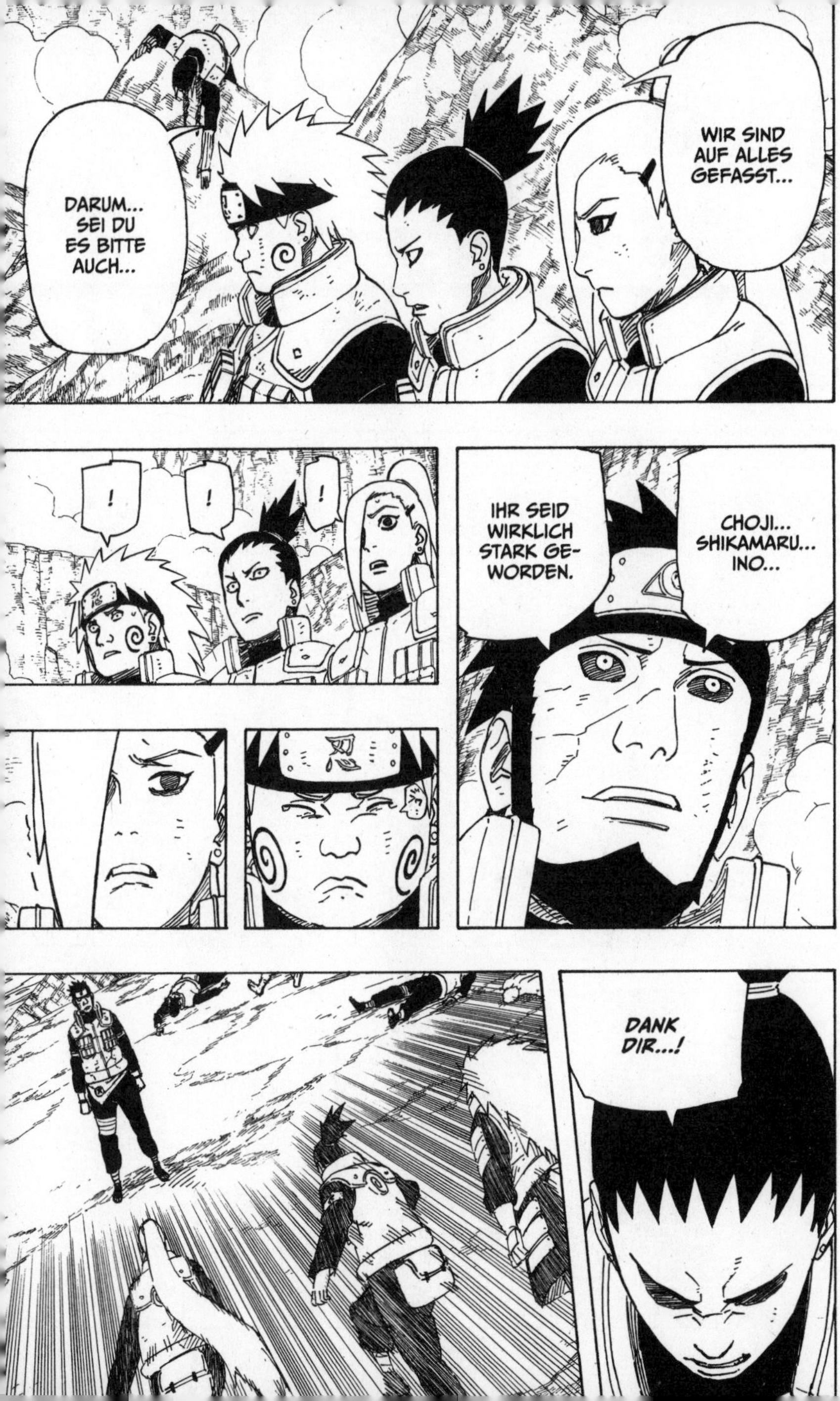
WIR SIND AUF ALLES GEFASST...
DARUM... SEI DU ES BITTE AUCH...
CHOJI... SHIKAMARU... INO...
IHR SEID WIRKLICH STARK GE-WORDEN.
!
!
!
DANK DIR...!

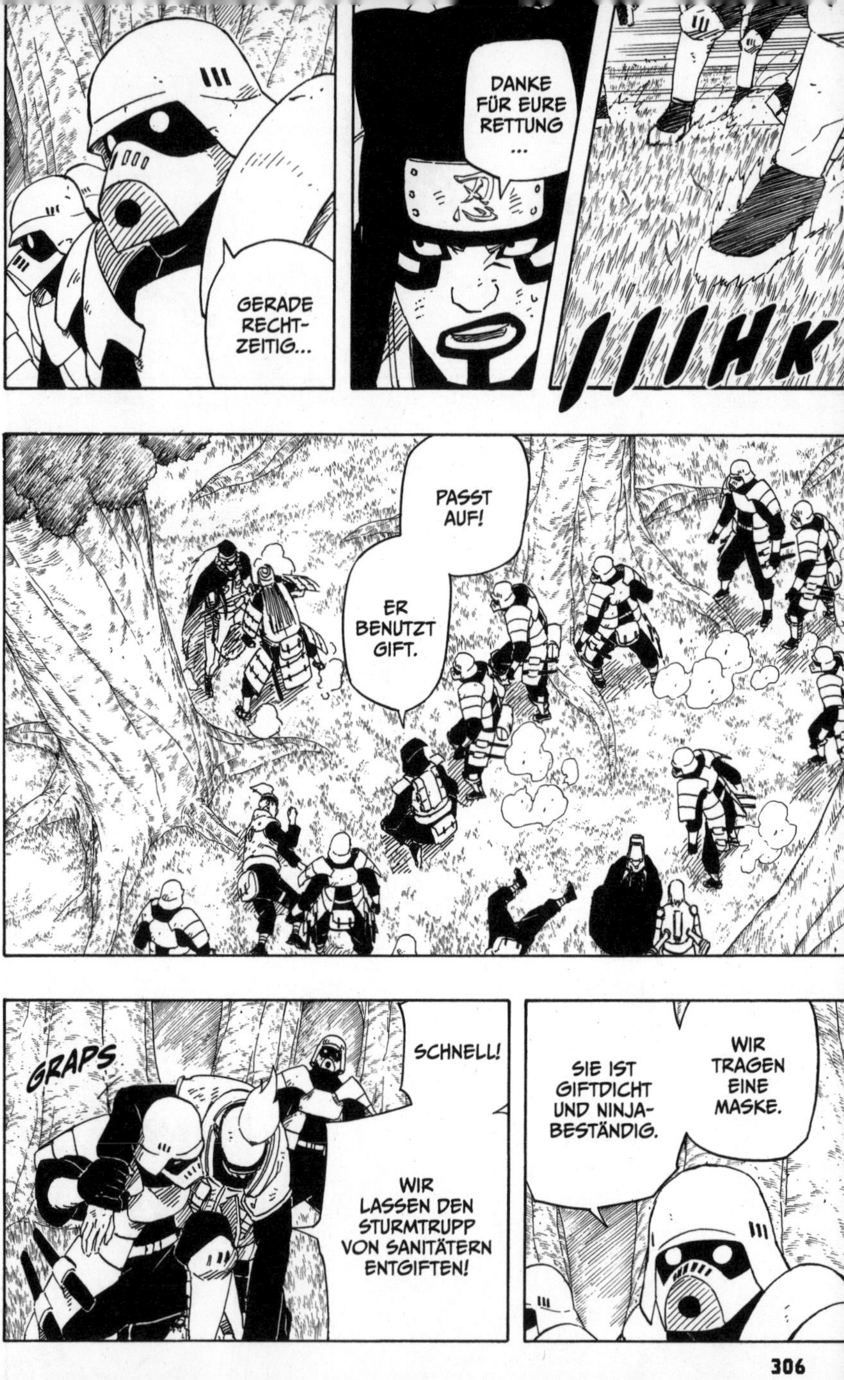
IIIHK
DANKE FÜR EURE RETTUNG ...
GERADE RECHT-ZEITIG...
PASST AUF!
ER BENUTZT GIFT.
WIR TRAGEN EINE MASKE.
SIE IST GIFTDICHT UND NINJA-BESTÄNDIG.
SCHNELL!
WIR LASSEN DEN STURMTRUPP VON SANITÄTERN ENTGIFTEN!
GRAPS

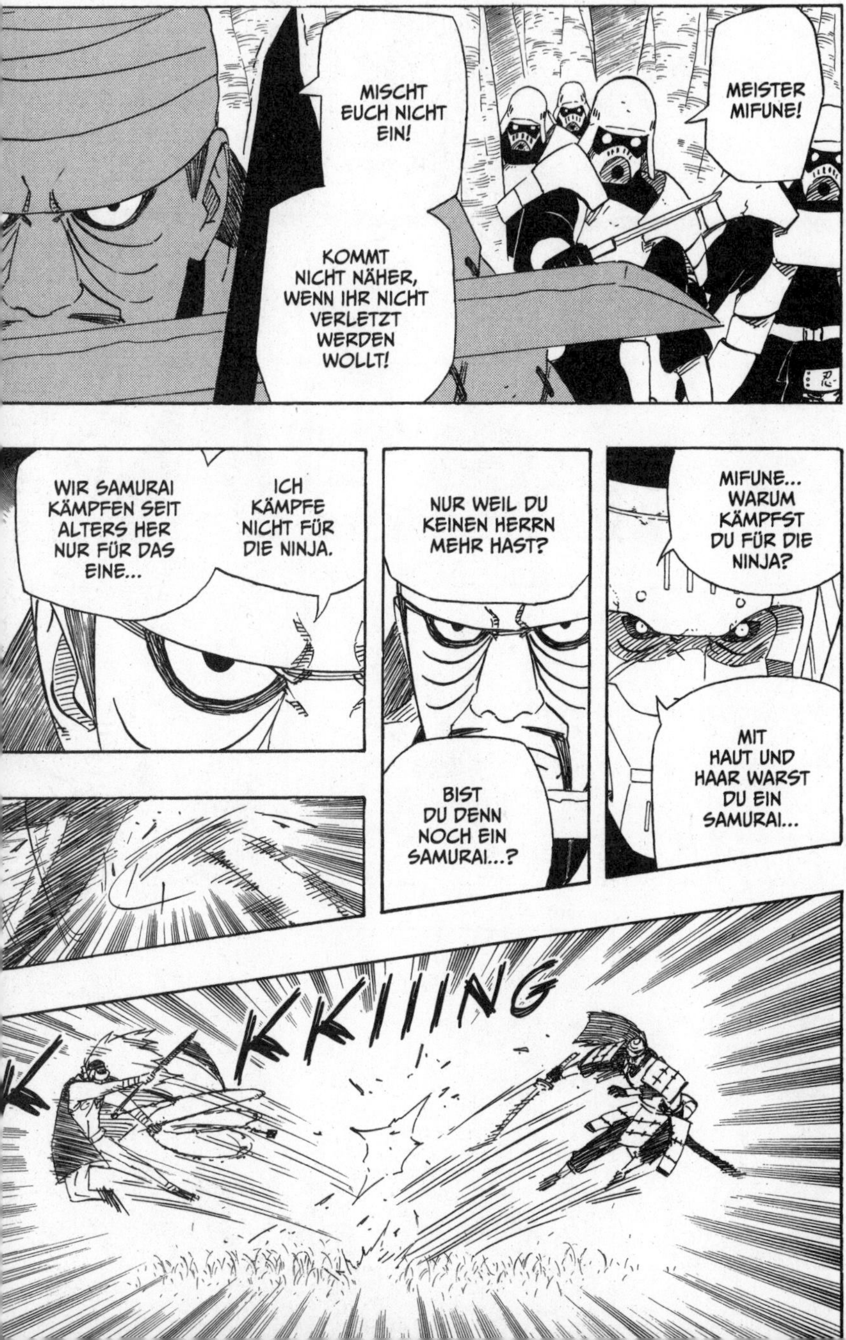
MEISTER MIFUNE!
MISCHT EUCH NICHT EIN!
KOMMT NICHT NÄHER, WENN IHR NICHT VERLETZT WERDEN WOLLT!
MIFUNE... WARUM KÄMPFST DU FÜR DIE NINJA?
MIT HAUT UND HAAR WARST DU EIN SAMURAI...
NUR WEIL DU KEINEN HERRN MEHR HAST?
BIST DU DENN NOCH EIN SAMURAI...?
ICH KÄMPFE NICHT FÜR DIE NINJA.
WIR SAMURAI KÄMPFEN SEIT ALTERS HER NUR FÜR DAS EINE...
KKIIING

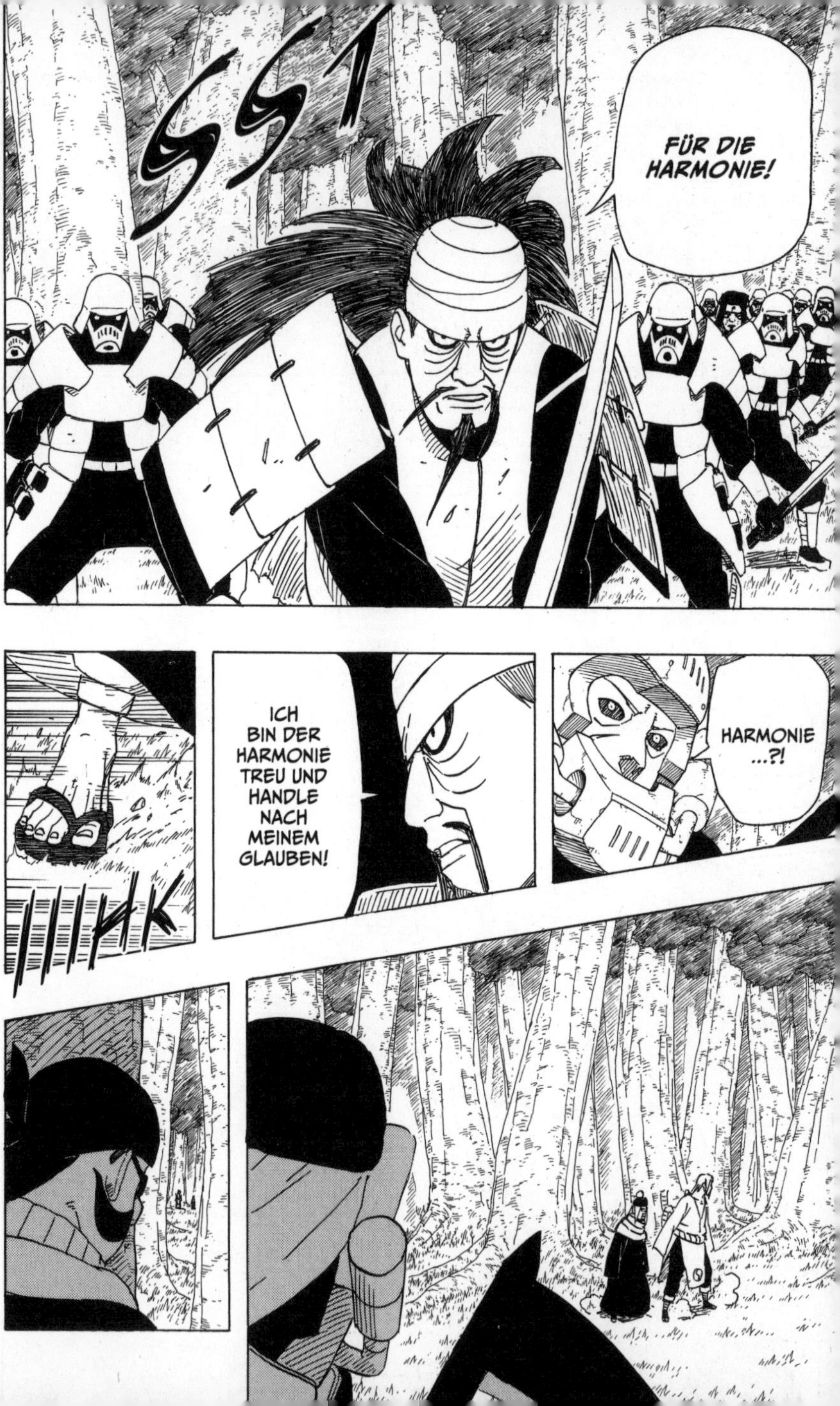
SST
FÜR DIE HARMONIE!
HARMONIE ...?!
ICH BIN DER HARMONIE TREU UND HANDLE NACH MEINEM GLAUBEN!
KK

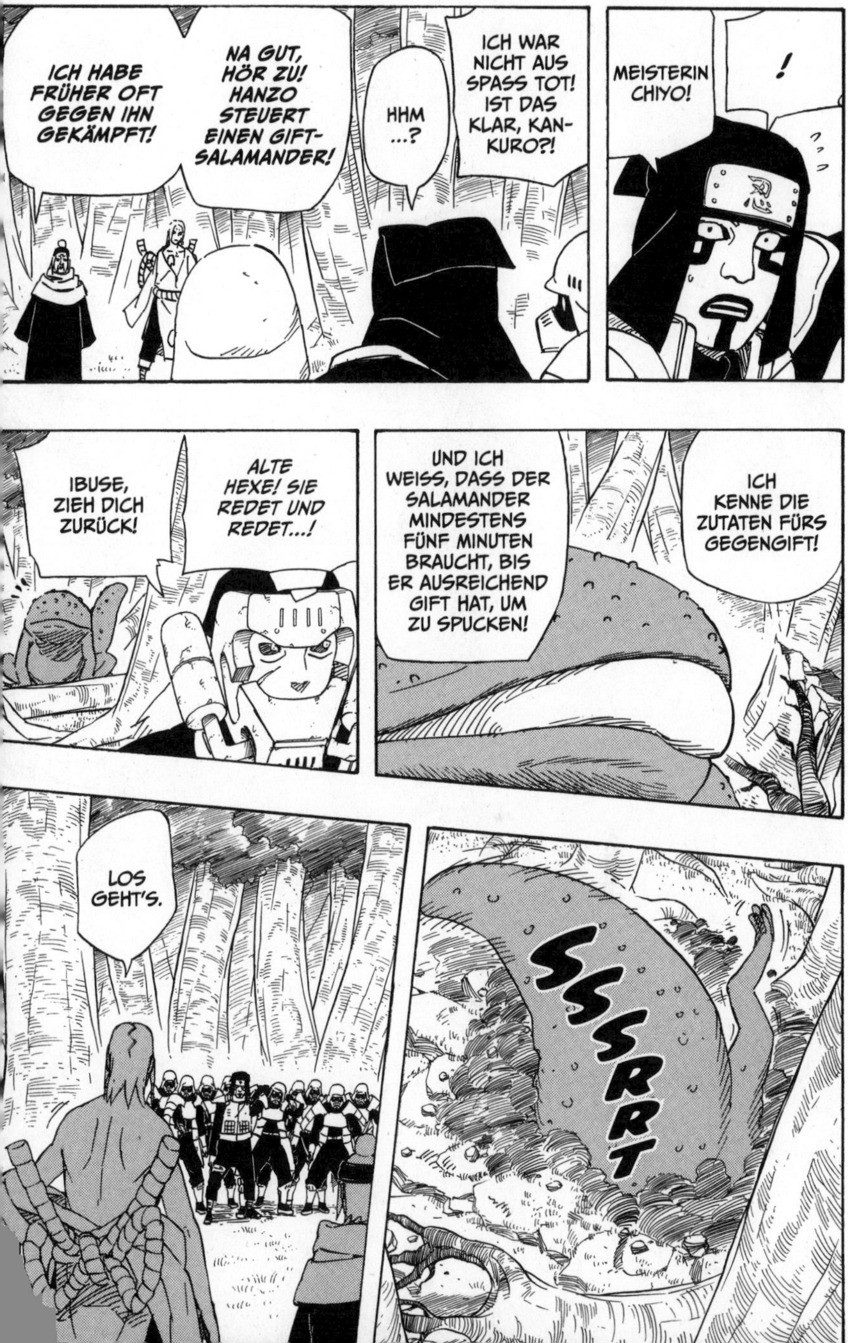
!
MEISTERIN CHIYO!
ICH WAR NICHT AUS SPASS TOT! IST DAS KLAR, KAN-KURO?!
HHM ...?
NA GUT, HÖR ZU! HANZO STEUERT EINEN GIFT-SALAMANDER!
ICH HABE FRÜHER OFT GEGEN IHN GEKÄMPFT!
ICH KENNE DIE ZUTATEN FÜRS GEGENGIFT!
UND ICH WEISS, DASS DER SALAMANDER MINDESTENS FÜNF MINUTEN BRAUCHT, BIS ER AUSREICHEND GIFT HAT, UM ZU SPUCKEN!
ALTE HEXE! SIE REDET UND REDET...!
IBUSE, ZIEH DICH ZURÜCK!
SSSRT
LOS GEHT'S.

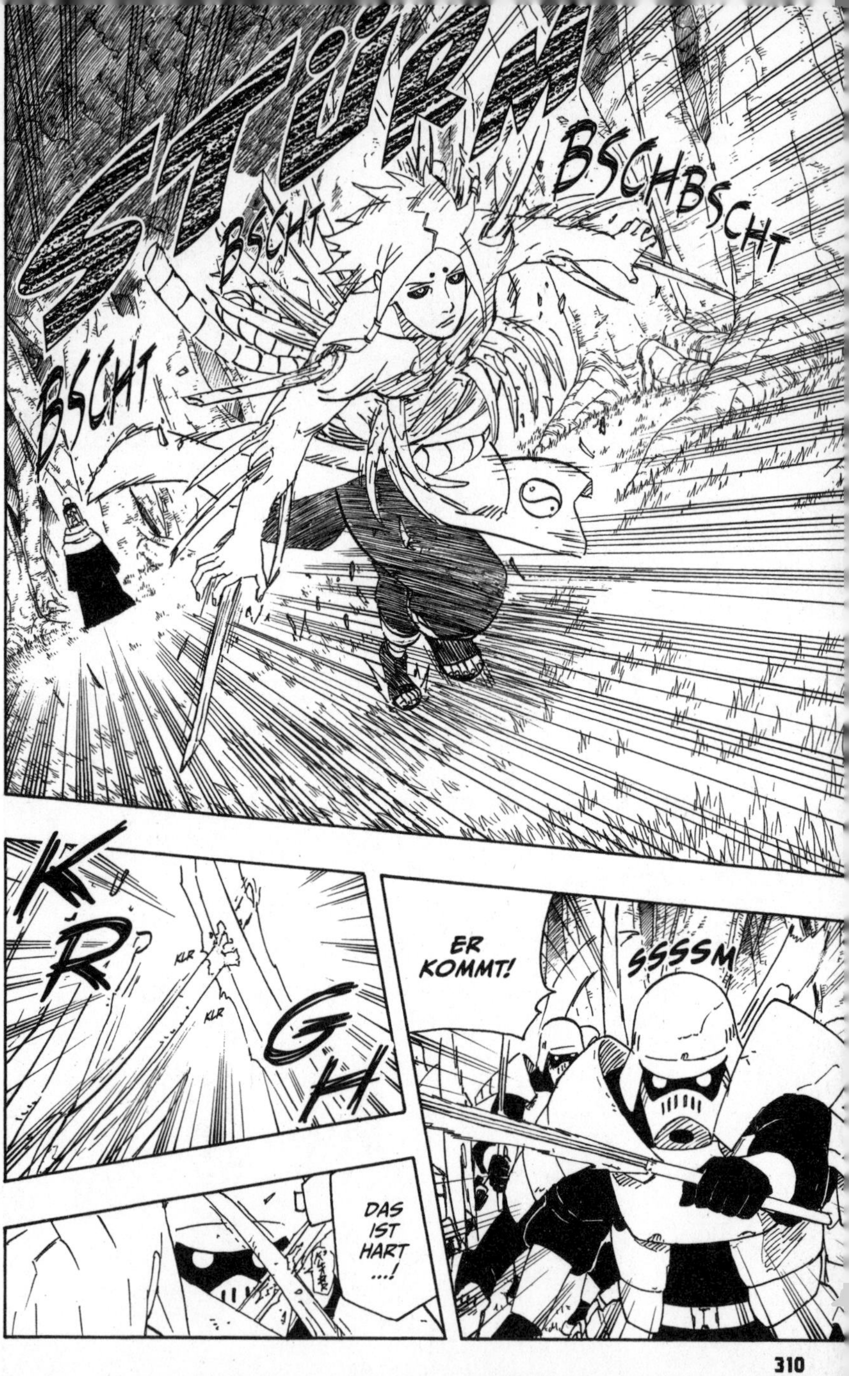
STÜRM
BSCHBSCHT
BSCHT
BSCHT
ER KOMMT!
SSSSM
KRGH
KLR
KLR
DAS IST HART …!

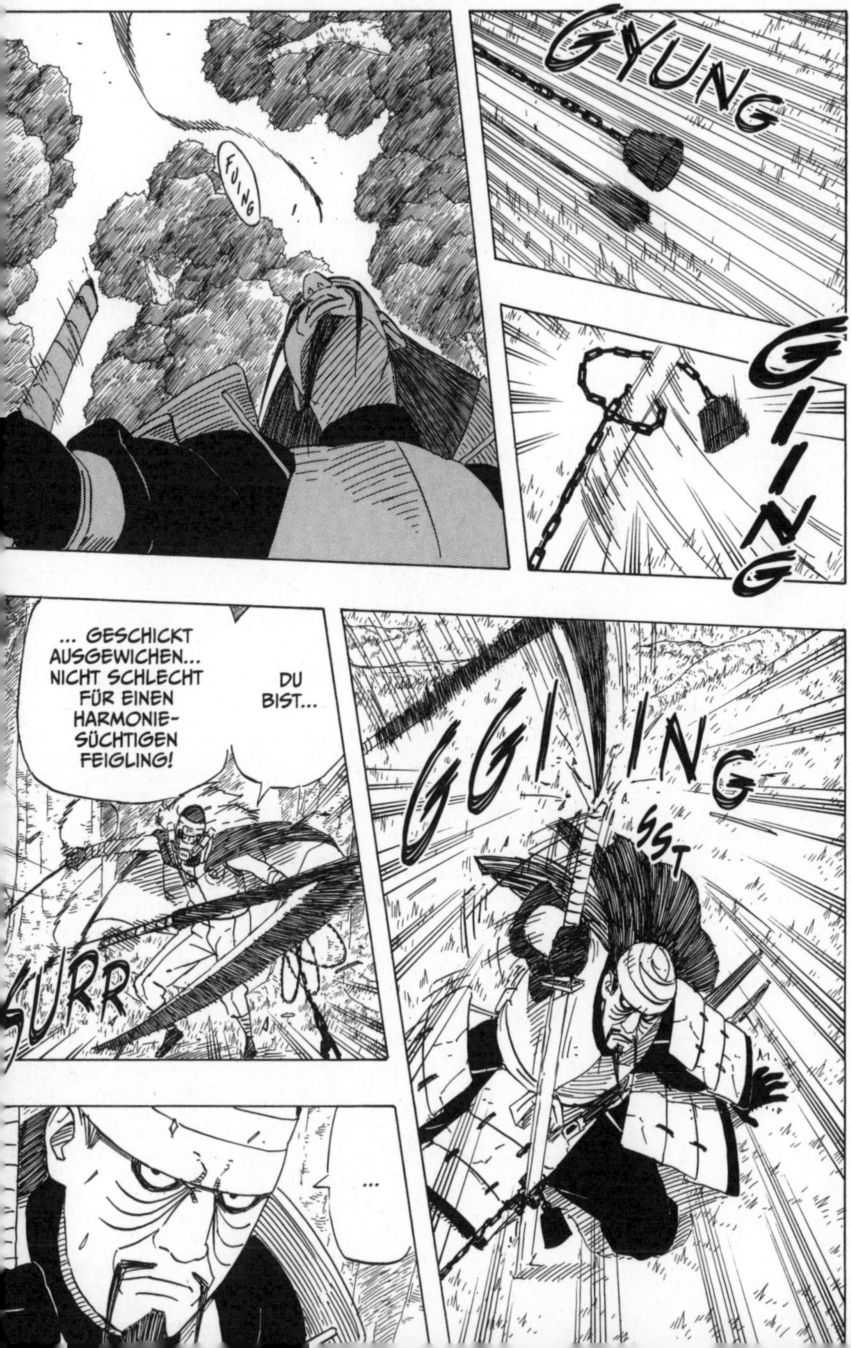
GYUNG
GIIING
FUING
GGIING
SST
DU BIST...
... GESCHICKT AUSGEWICHEN... NICHT SCHLECHT FÜR EINEN HARMONIE-SÜCHTIGEN FEIGLING!
SURR
...

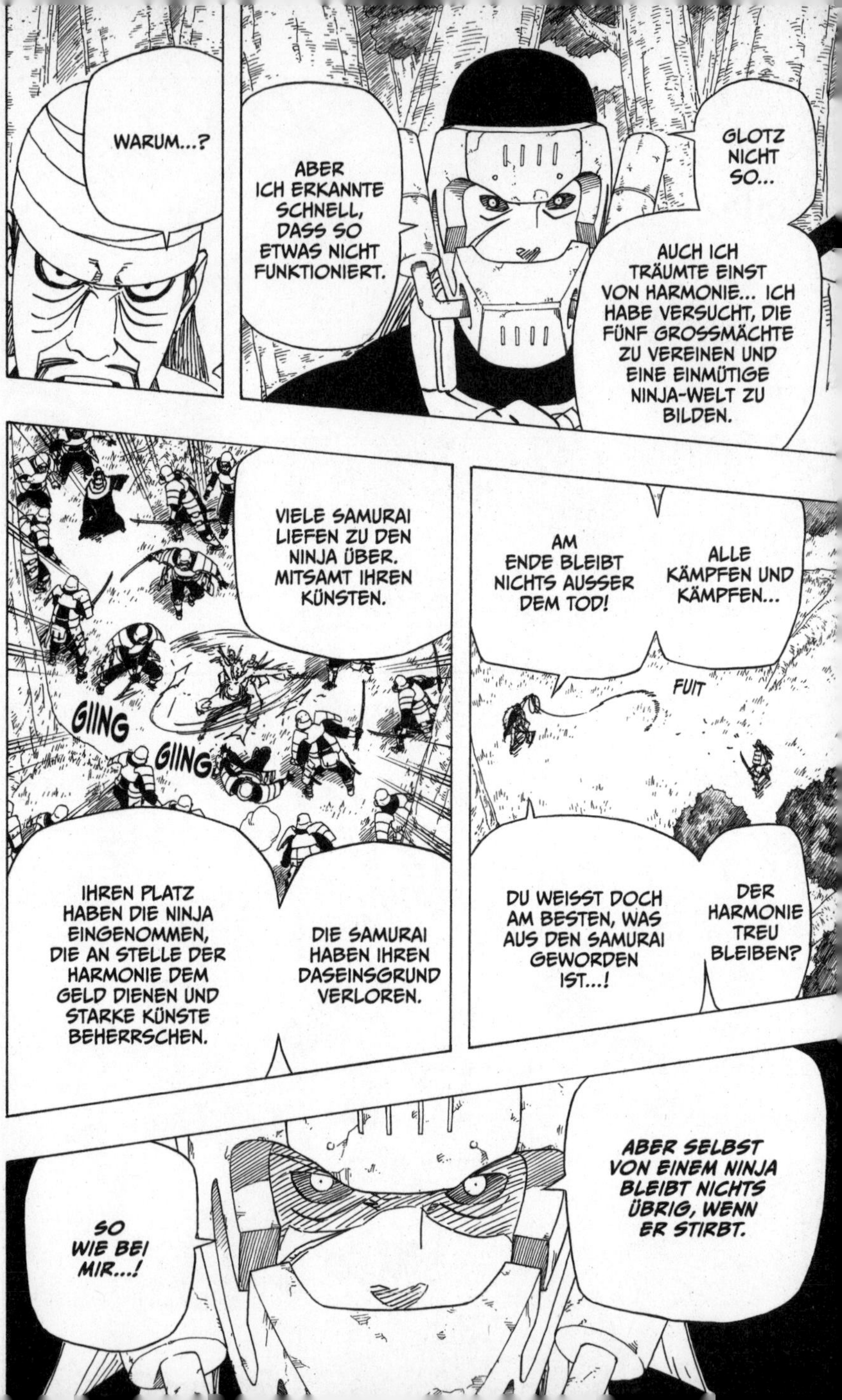
GLOTZ NICHT SO...
AUCH ICH TRÄUMTE EINST VON HARMONIE... ICH HABE VERSUCHT, DIE FÜNF GROSSMÄCHTE ZU VEREINEN UND EINE EINMÜTIGE NINJA-WELT ZU BILDEN.
ABER ICH ERKANNTE SCHNELL, DASS SO ETWAS NICHT FUNKTIONIERT.
WARUM...?
ALLE KÄMPFEN UND KÄMPFEN...
AM ENDE BLEIBT NICHTS AUSSER DEM TOD!
FUIT
DER HARMONIE TREU BLEIBEN?
DU WEISST DOCH AM BESTEN, WAS AUS DEN SAMURAI GEWORDEN IST...!
VIELE SAMURAI LIEFEN ZU DEN NINJA ÜBER. MITSAMT IHREN KÜNSTEN.
GIING
GIING
DIE SAMURAI HABEN IHREN DASEINSGRUND VERLOREN.
IHREN PLATZ HABEN DIE NINJA EINGENOMMEN, DIE AN STELLE DER HARMONIE DEM GELD DIENEN UND STARKE KÜNSTE BEHERRSCHEN.
ABER SELBST VON EINEM NINJA BLEIBT NICHTS ÜBRIG, WENN ER STIRBT.
SO WIE BEI MIR...!

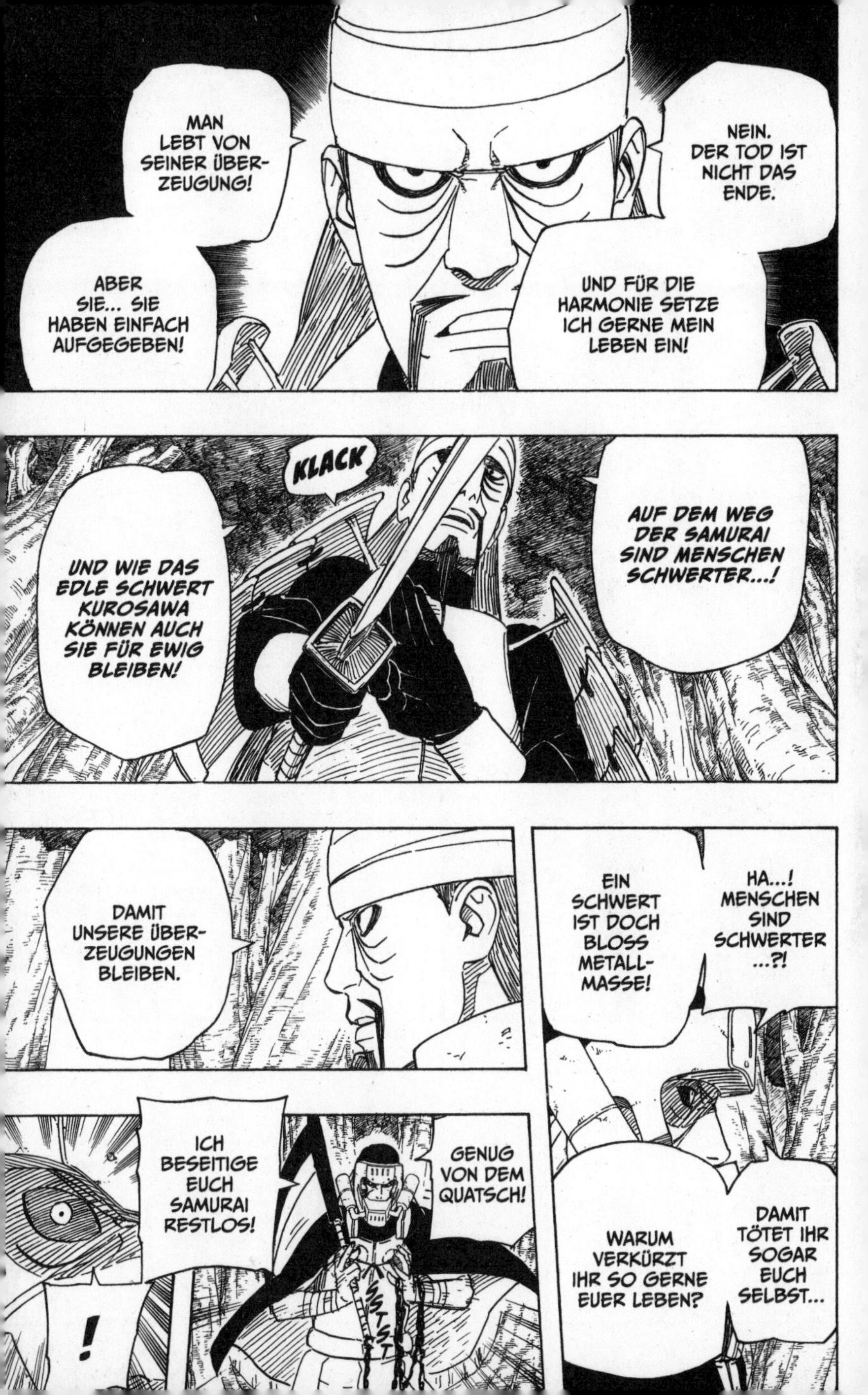

NEIN. DER TOD IST NICHT DAS ENDE.
MAN LEBT VON SEINER ÜBER-ZEUGUNG!
UND FÜR DIE HARMONIE SETZE ICH GERNE MEIN LEBEN EIN!
ABER SIE... SIE HABEN EINFACH AUFGEGEBEN!
AUF DEM WEG DER SAMURAI SIND MENSCHEN SCHWERTER...!
KLACK
UND WIE DAS EDLE SCHWERT KUROSAWA KÖNNEN AUCH SIE FÜR EWIG BLEIBEN!
HA...! MENSCHEN SIND SCHWERTER ...?!
EIN SCHWERT IST DOCH BLOSS METALL-MASSE!
DAMIT UNSERE ÜBER-ZEUGUNGEN BLEIBEN.
DAMIT TÖTET IHR SOGAR EUCH SELBST...
WARUM VERKÜRZT IHR SO GERNE EUER LEBEN?
GENUG VON DEM QUATSCH!
ICH BESEITIGE EUCH SAMURAI RESTLOS!
SSTST
!

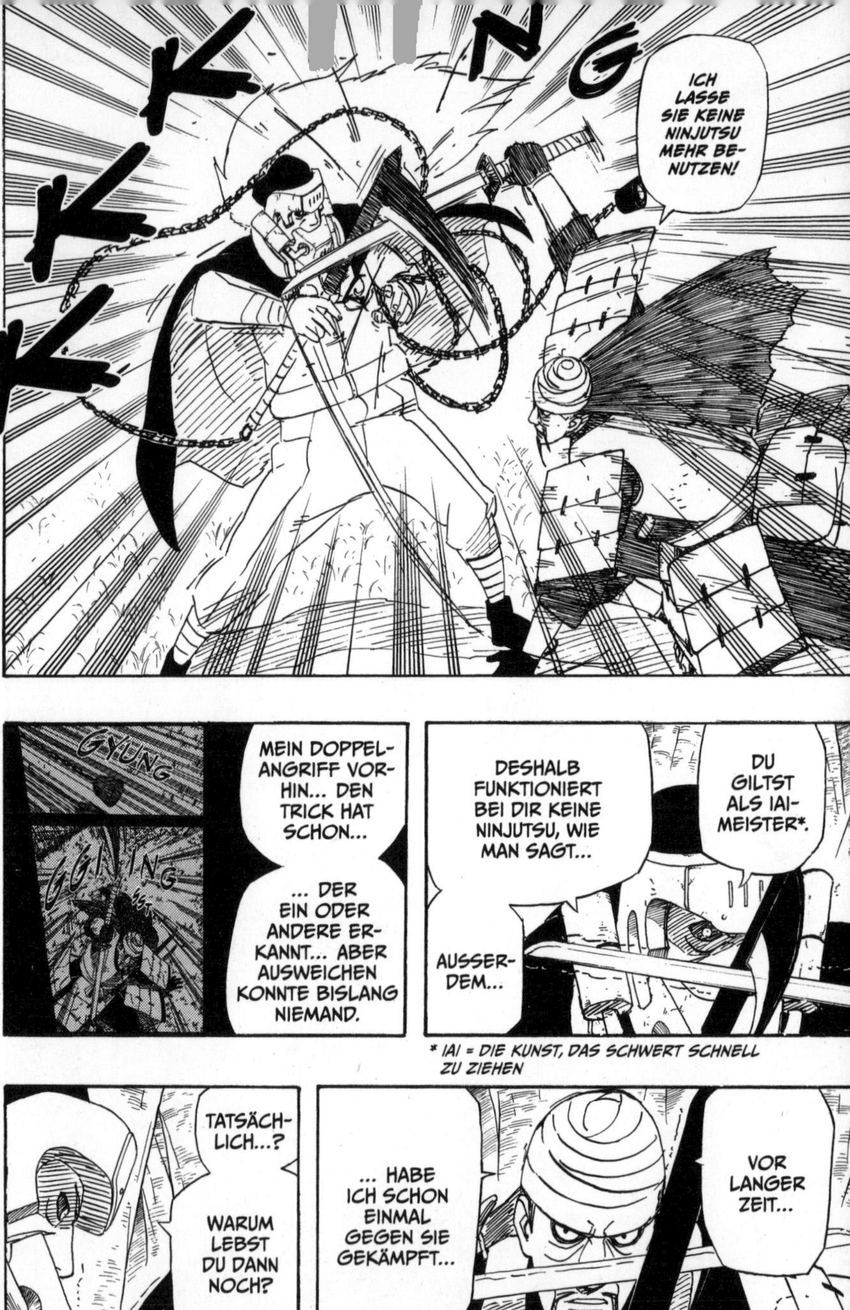

* IAI = DIE KUNST, DAS SCHWERT SCHNELL ZU ZIEHEN

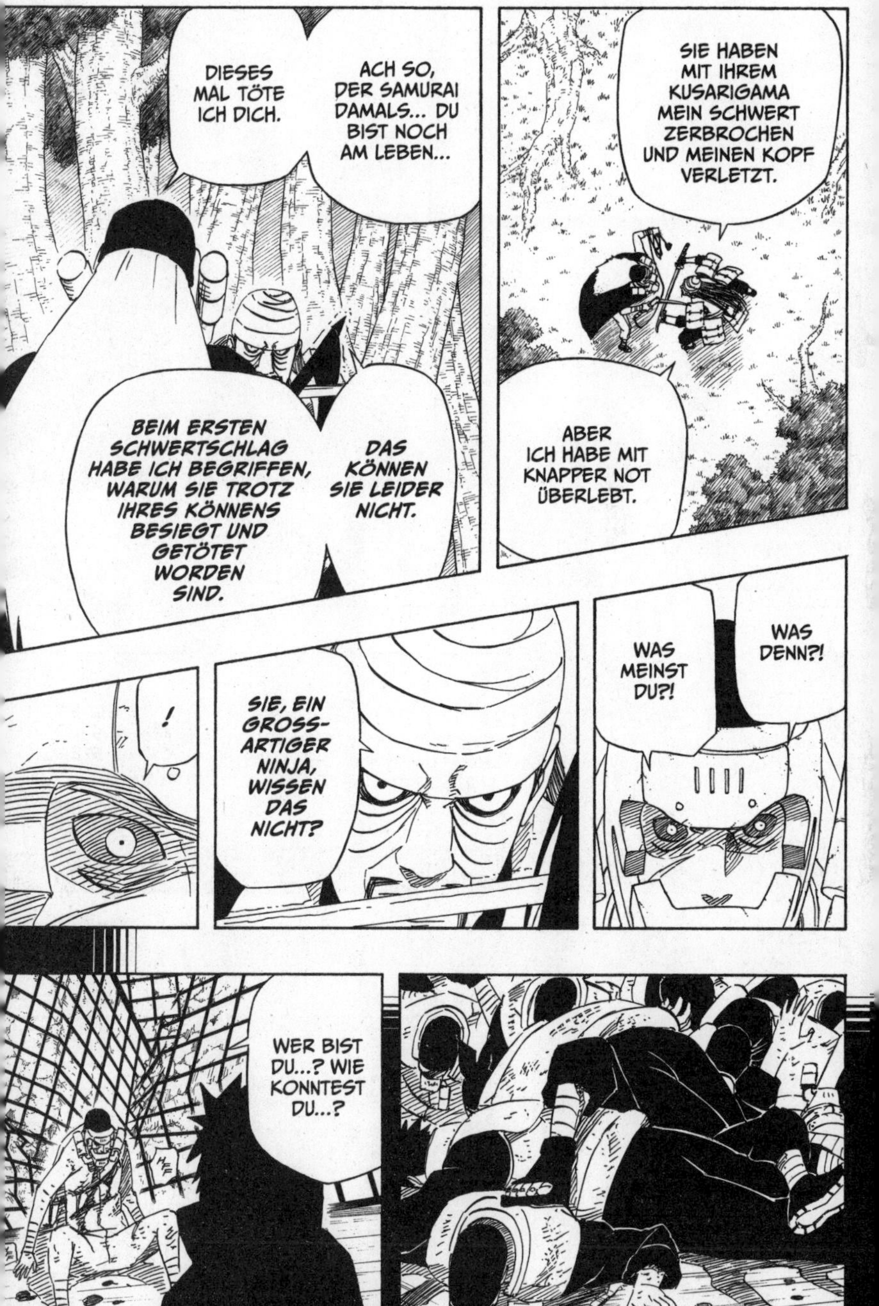
SIE HABEN MIT IHREM KUSARIGAMA MEIN SCHWERT ZERBROCHEN UND MEINEN KOPF VERLETZT.
ABER ICH HABE MIT KNAPPER NOT ÜBERLEBT.
ACH SO, DER SAMURAI DAMALS... DU BIST NOCH AM LEBEN...
DIESES MAL TÖTE ICH DICH.
DAS KÖNNEN SIE LEIDER NICHT.
BEIM ERSTEN SCHWERTSCHLAG HABE ICH BEGRIFFEN, WARUM SIE TROTZ IHRES KÖNNENS BESIEGT UND GETÖTET WORDEN SIND.
WAS DENN?!
WAS MEINST DU?!
SIE, EIN GROSS-ARTIGER NINJA, WISSEN DAS NICHT?
!
WER BIST DU...? WIE KONNTEST DU...?

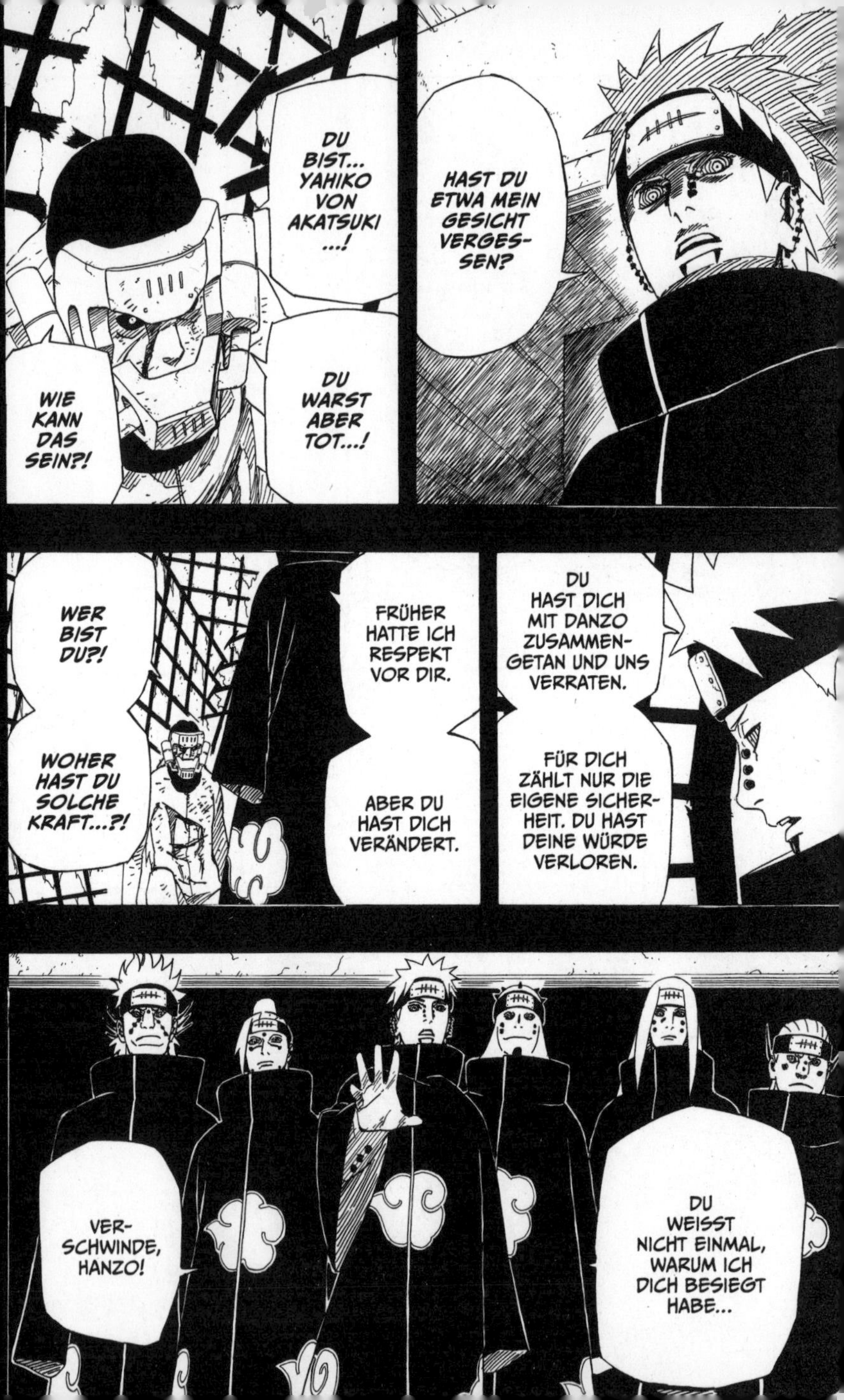
HAST DU ETWA MEIN GESICHT VERGES-SEN?
DU BIST... YAHIKO VON AKATSUKI ...!
DU WARST ABER TOT...!
WIE KANN DAS SEIN?!
DU HAST DICH MIT DANZO ZUSAMMEN-GETAN UND UNS VERRATEN.
FÜR DICH ZÄHLT NUR DIE EIGENE SICHER-HEIT. DU HAST DEINE WÜRDE VERLOREN.
FRÜHER HATTE ICH RESPEKT VOR DIR.
ABER DU HAST DICH VERÄNDERT.
WER BIST DU?!
WOHER HAST DU SOLCHE KRAFT...?!
DU WEISST NICHT EINMAL, WARUM ICH DICH BESIEGT HABE...
VER-SCHWINDE, HANZO!

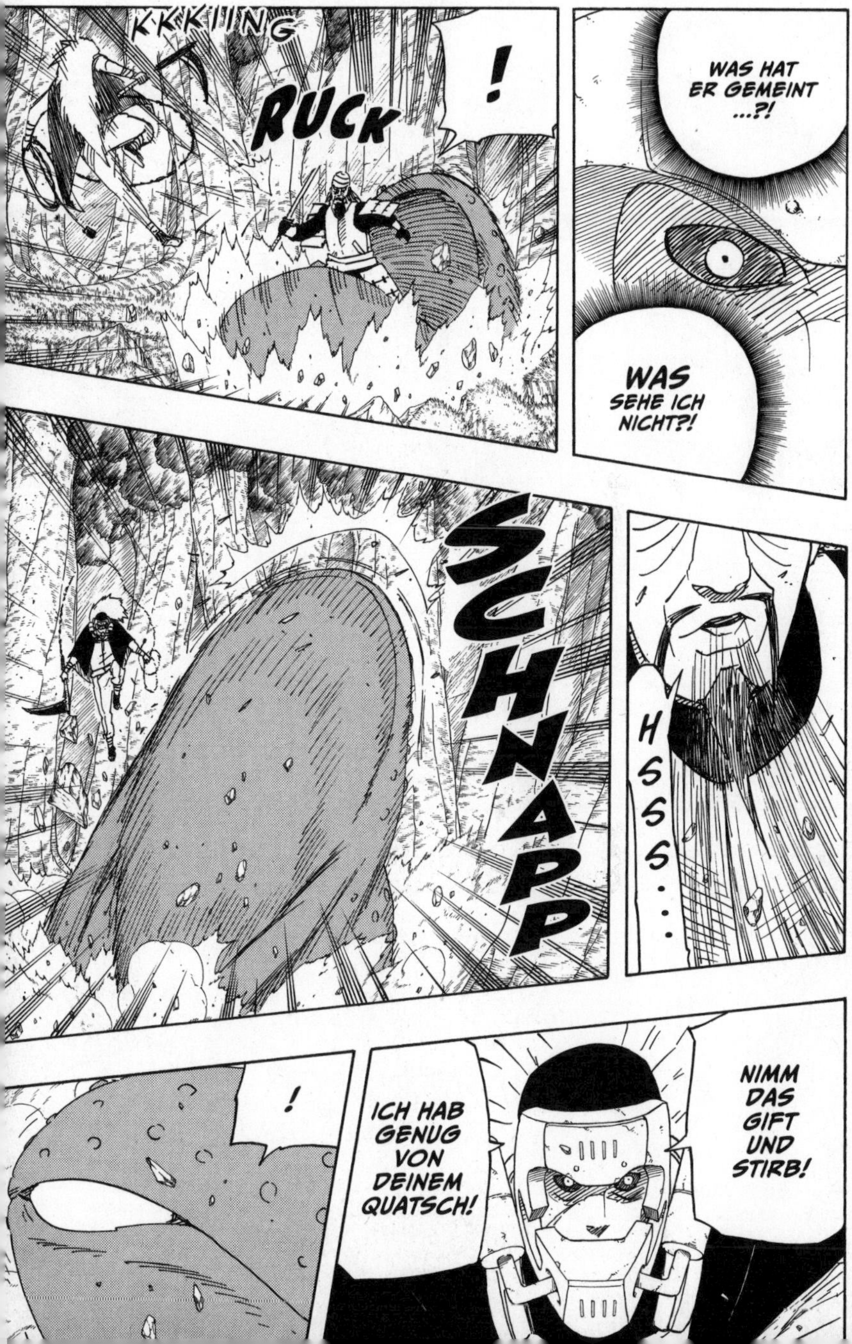

KKKIING
RUCK
!
WAS HAT ER GEMEINT ...?!
WAS SEHE ICH NICHT?!
SCHNAPP
HSSS...
NIMM DAS GIFT UND STIRB!
ICH HAB GENUG VON DEINEM QUATSCH!
!

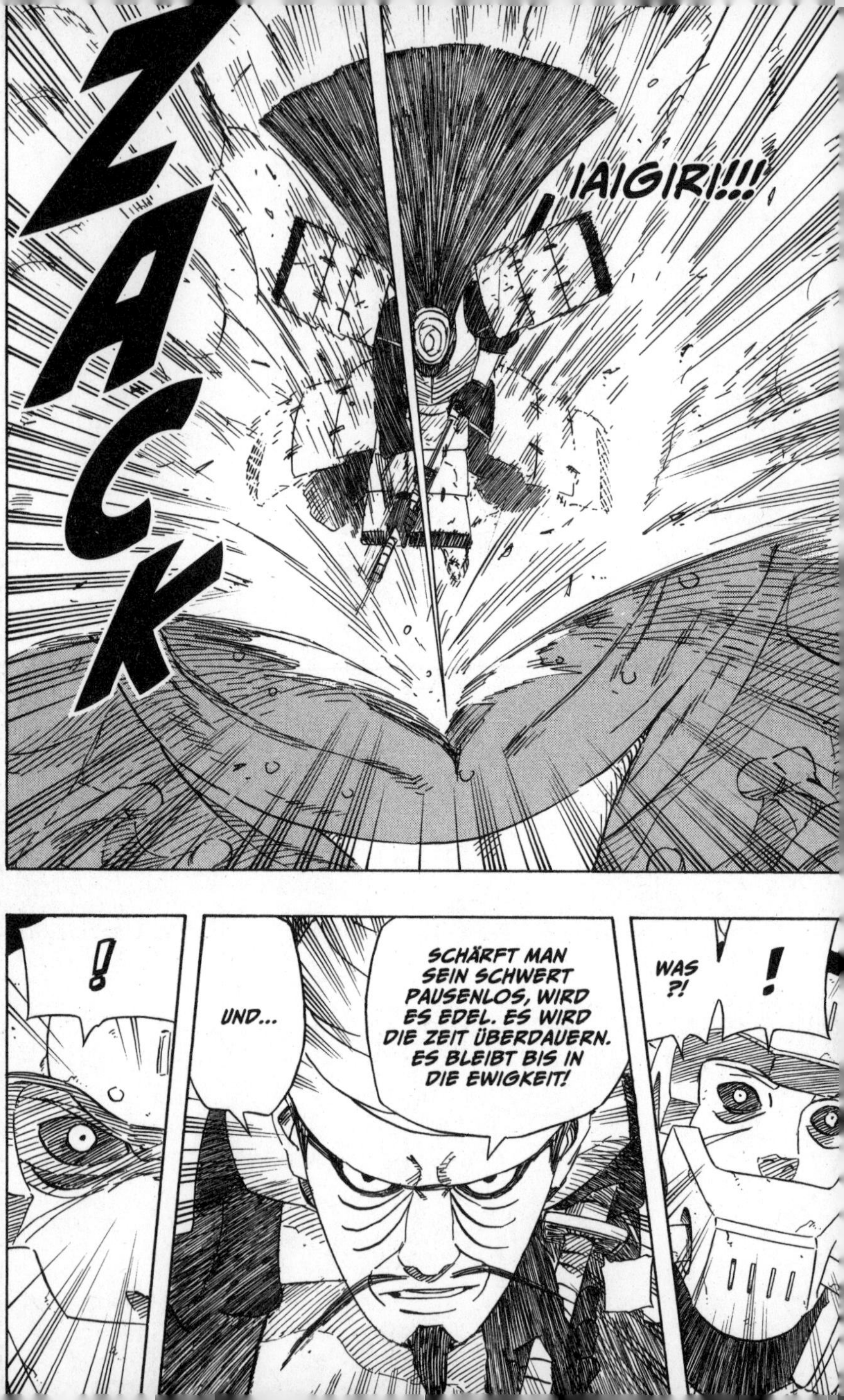
IAIGIRI!!!
ZZACK
!
WAS ?!
SCHÄRFT MAN SEIN SCHWERT PAUSENLOS, WIRD ES EDEL. ES WIRD DIE ZEIT ÜBERDAUERN. ES BLEIBT BIS IN DIE EWIGKEIT!
UND...
!

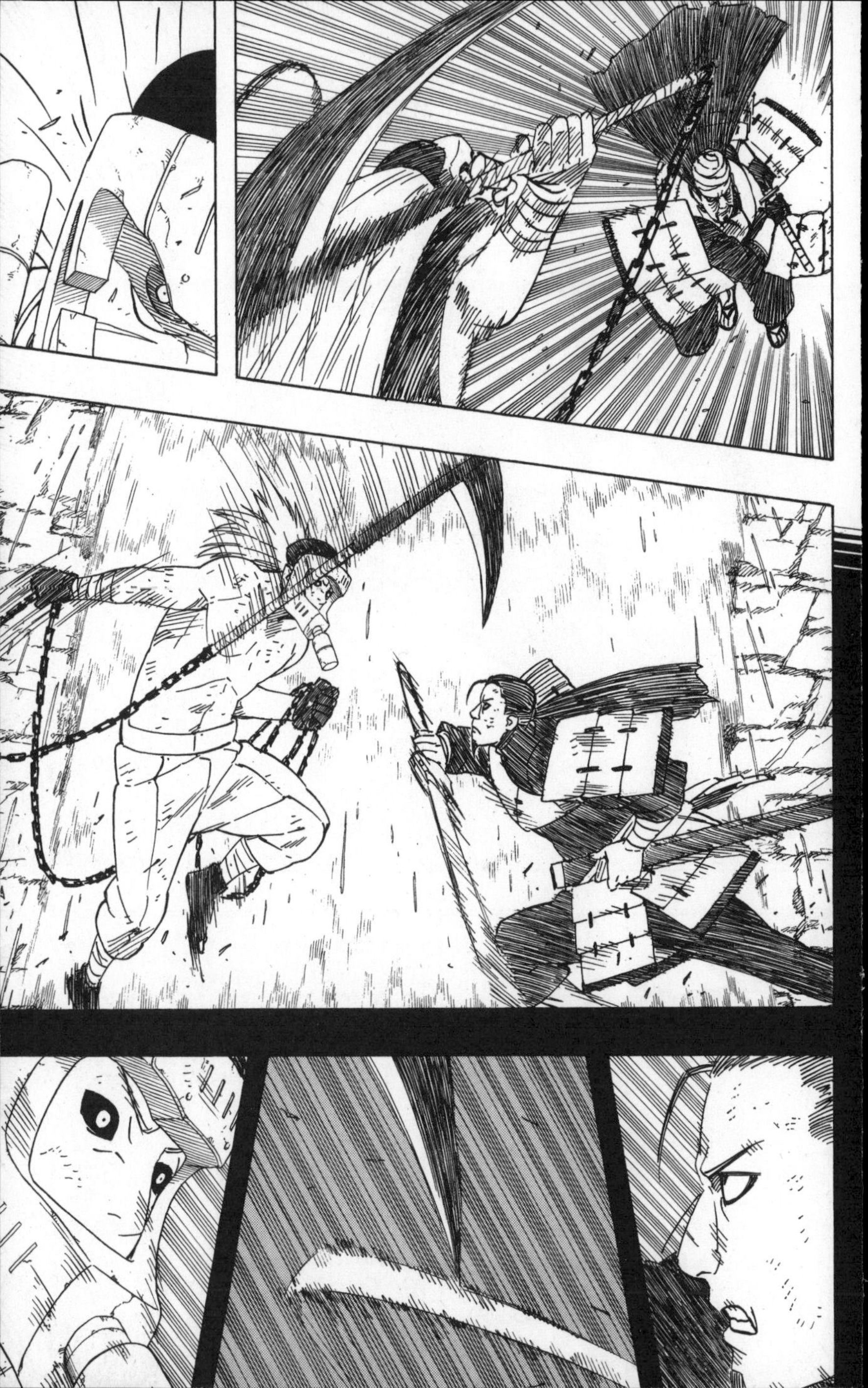

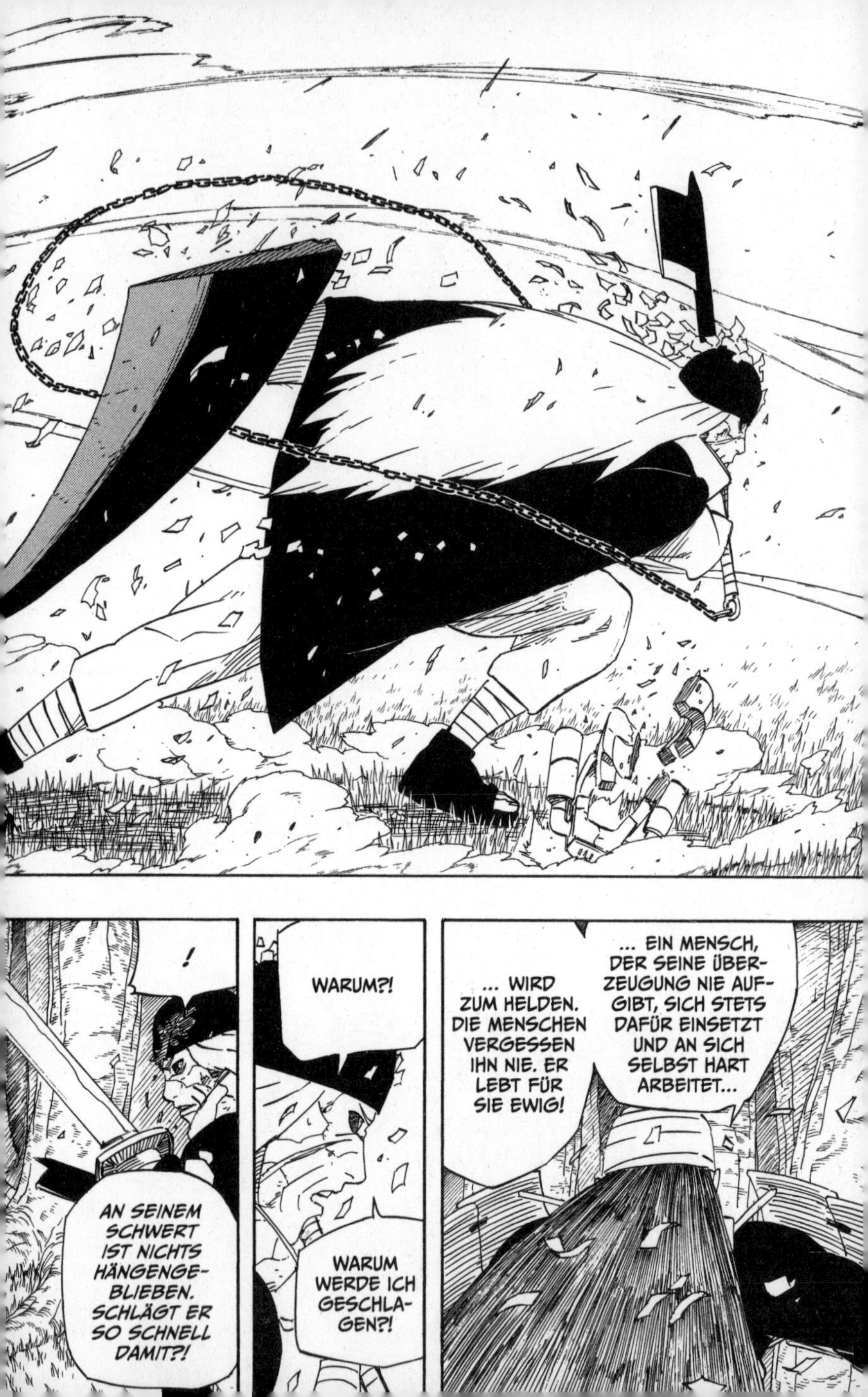
... EIN MENSCH, DER SEINE ÜBERZEUGUNG NIE AUFGIBT, SICH STETS DAFÜR EINSETZT UND AN SICH SELBST HART ARBEITET...
... WIRD ZUM HELDEN. DIE MENSCHEN VERGESSEN IHN NIE. ER LEBT FÜR SIE EWIG!
WARUM?!
WARUM WERDE ICH GESCHLAGEN?!
!
AN SEINEM SCHWERT IST NICHTS HÄNGENGEBLIEBEN. SCHLÄGT ER SO SCHNELL DAMIT?!

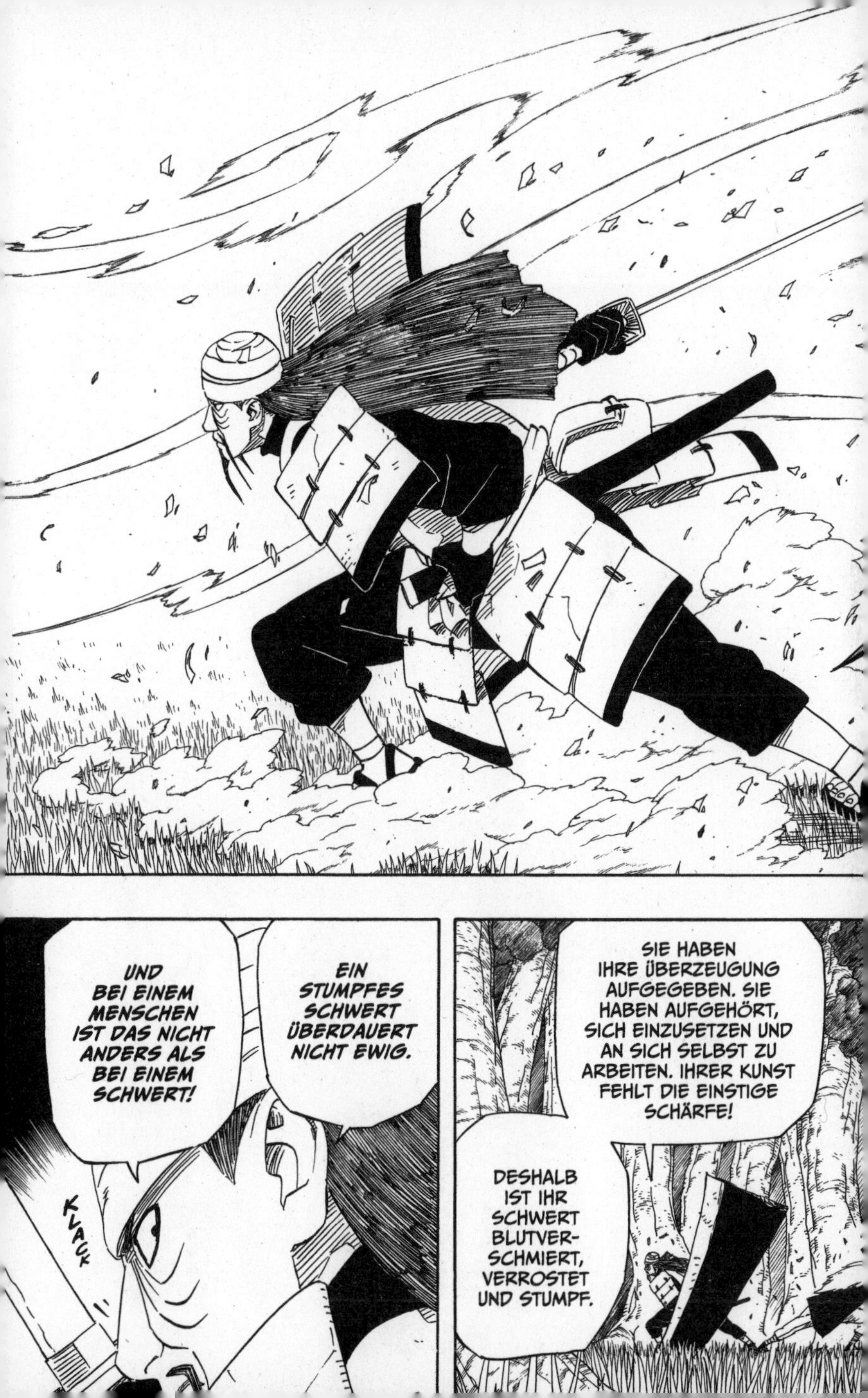
SIE HABEN IHRE ÜBERZEUGUNG AUFGEGEBEN. SIE HABEN AUFGEHÖRT, SICH EINZUSETZEN UND AN SICH SELBST ZU ARBEITEN. IHRER KUNST FEHLT DIE EINSTIGE SCHÄRFE!
DESHALB IST IHR SCHWERT BLUTVERSCHMIERT, VERROSTET UND STUMPF.
EIN STUMPFES SCHWERT ÜBERDAUERT NICHT EWIG.
UND BEI EINEM MENSCHEN IST DAS NICHT ANDERS ALS BEI EINEM SCHWERT!
KLACK

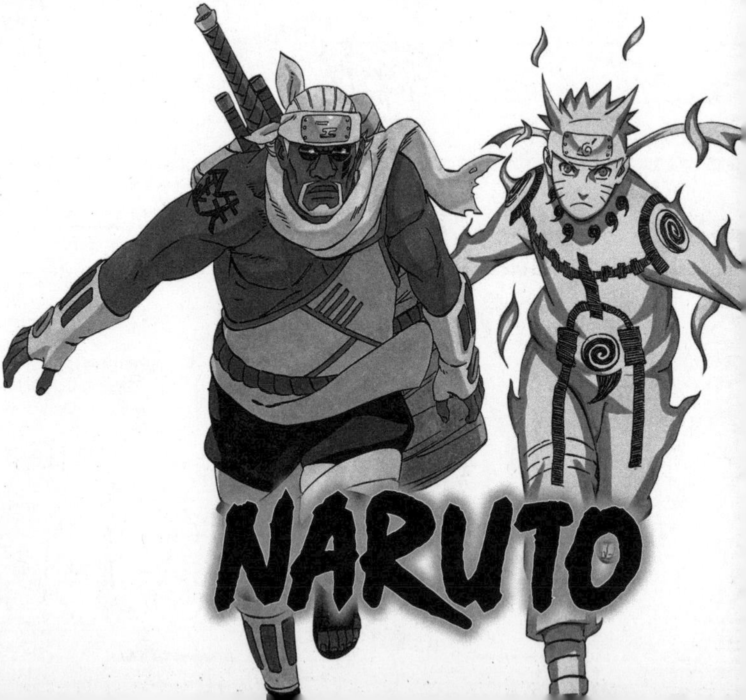
NARUTO

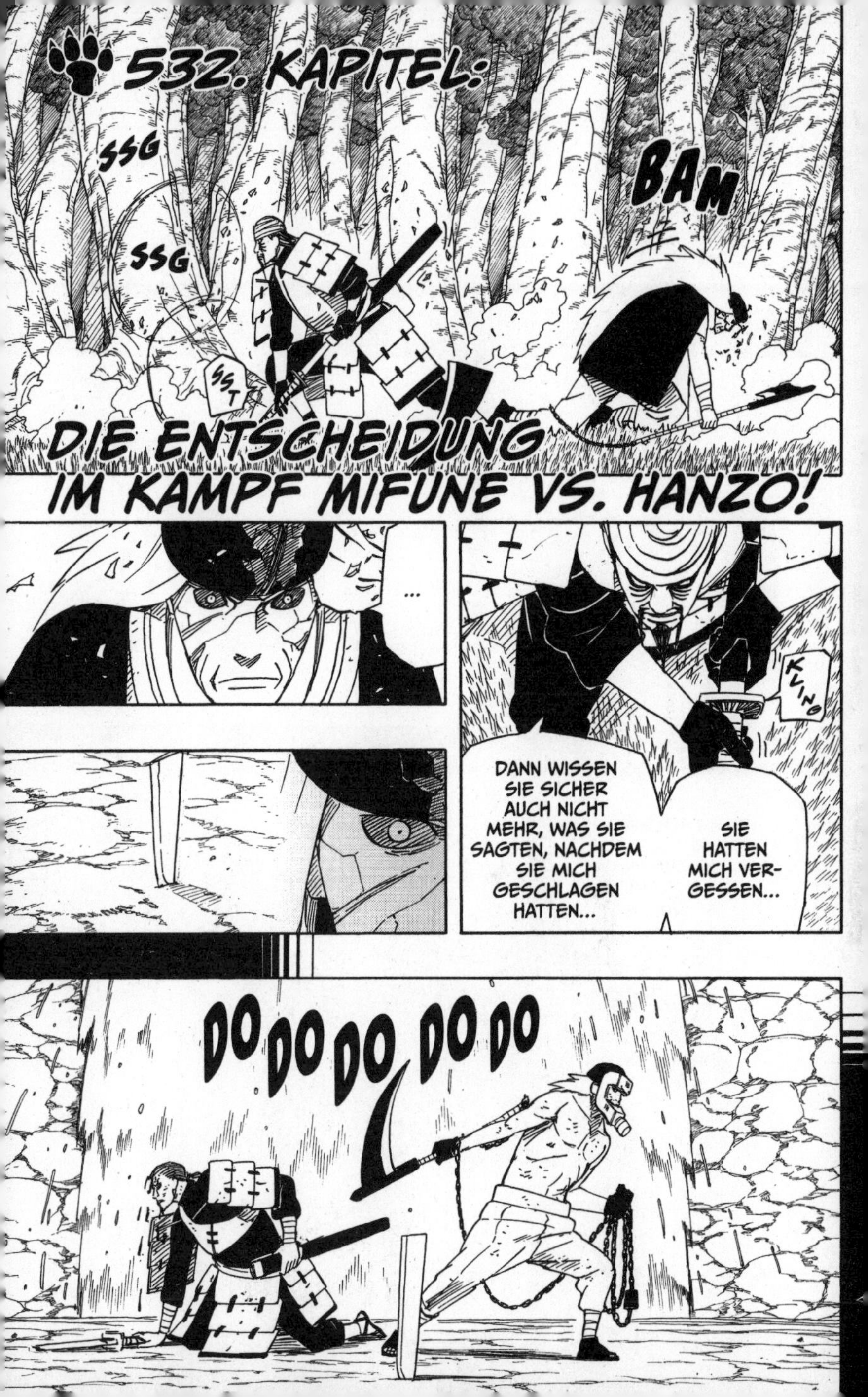
532. KAPITEL:
DIE ENTSCHEIDUNG IM KAMPF MIFUNE VS. HANZO!
BAM
SSG
SSG
SST
KLING
SIE HATTEN MICH VERGESSEN...
DANN WISSEN SIE SICHER AUCH NICHT MEHR, WAS SIE SAGTEN, NACHDEM SIE MICH GESCHLAGEN HATTEN...
...
DO DO DO DO DO

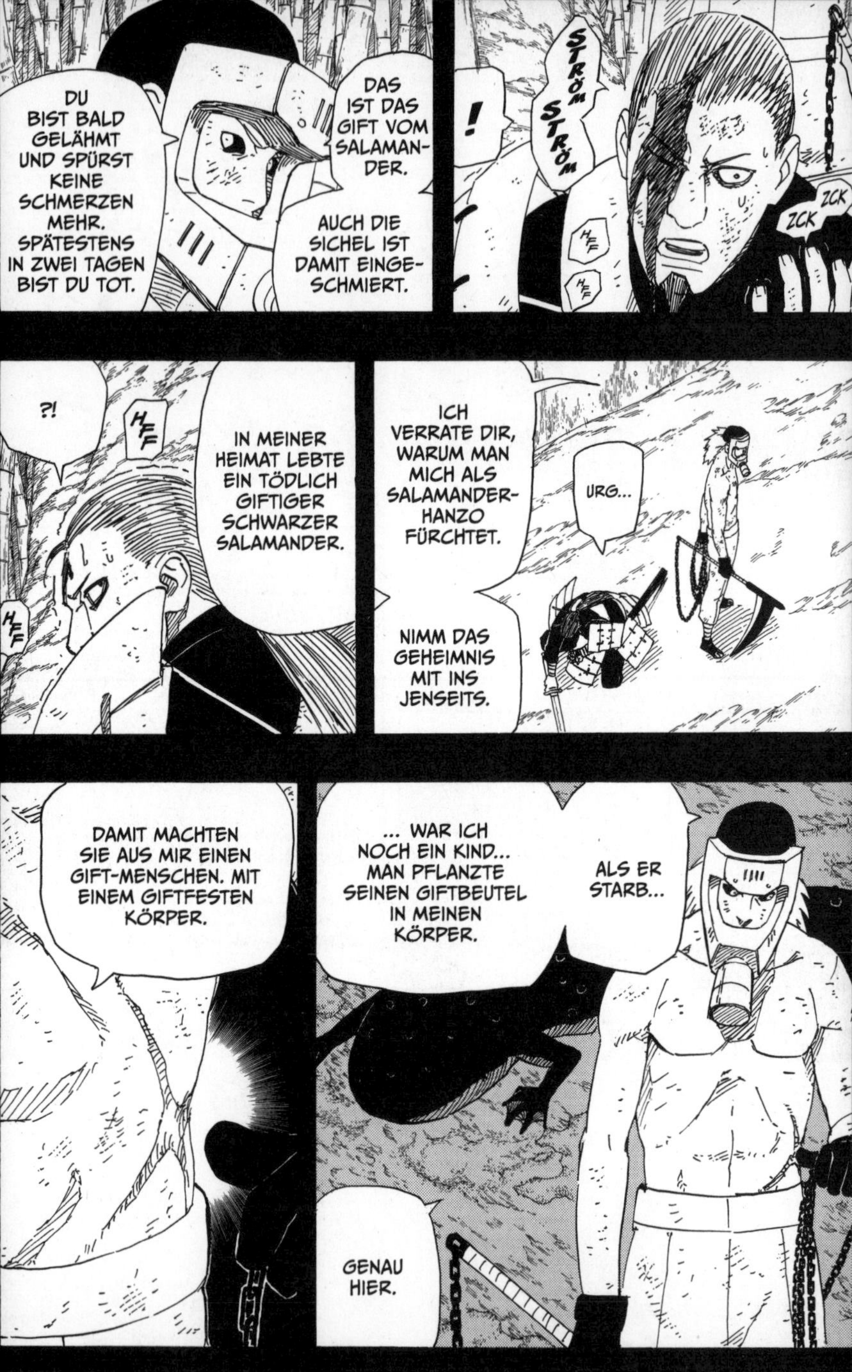

STRÖM
STRÖM
!
HFF
HFF
ZCK
ZCK
DAS IST DAS GIFT VOM SALAMANDER.
AUCH DIE SICHEL IST DAMIT EINGESCHMIERT.
DU BIST BALD GELÄHMT UND SPÜRST KEINE SCHMERZEN MEHR. SPÄTESTENS IN ZWEI TAGEN BIST DU TOT.
URG...
ICH VERRATE DIR, WARUM MAN MICH ALS SALAMANDER-HANZO FÜRCHTET.
NIMM DAS GEHEIMNIS MIT INS JENSEITS.
IN MEINER HEIMAT LEBTE EIN TÖDLICH GIFTIGER SCHWARZER SALAMANDER.
?!
HFF
HFF
ALS ER STARB...
... WAR ICH NOCH EIN KIND... MAN PFLANZTE SEINEN GIFTBEUTEL IN MEINEN KÖRPER.
GENAU HIER.
DAMIT MACHTEN SIE AUS MIR EINEN GIFT-MENSCHEN. MIT EINEM GIFTFESTEN KÖRPER.

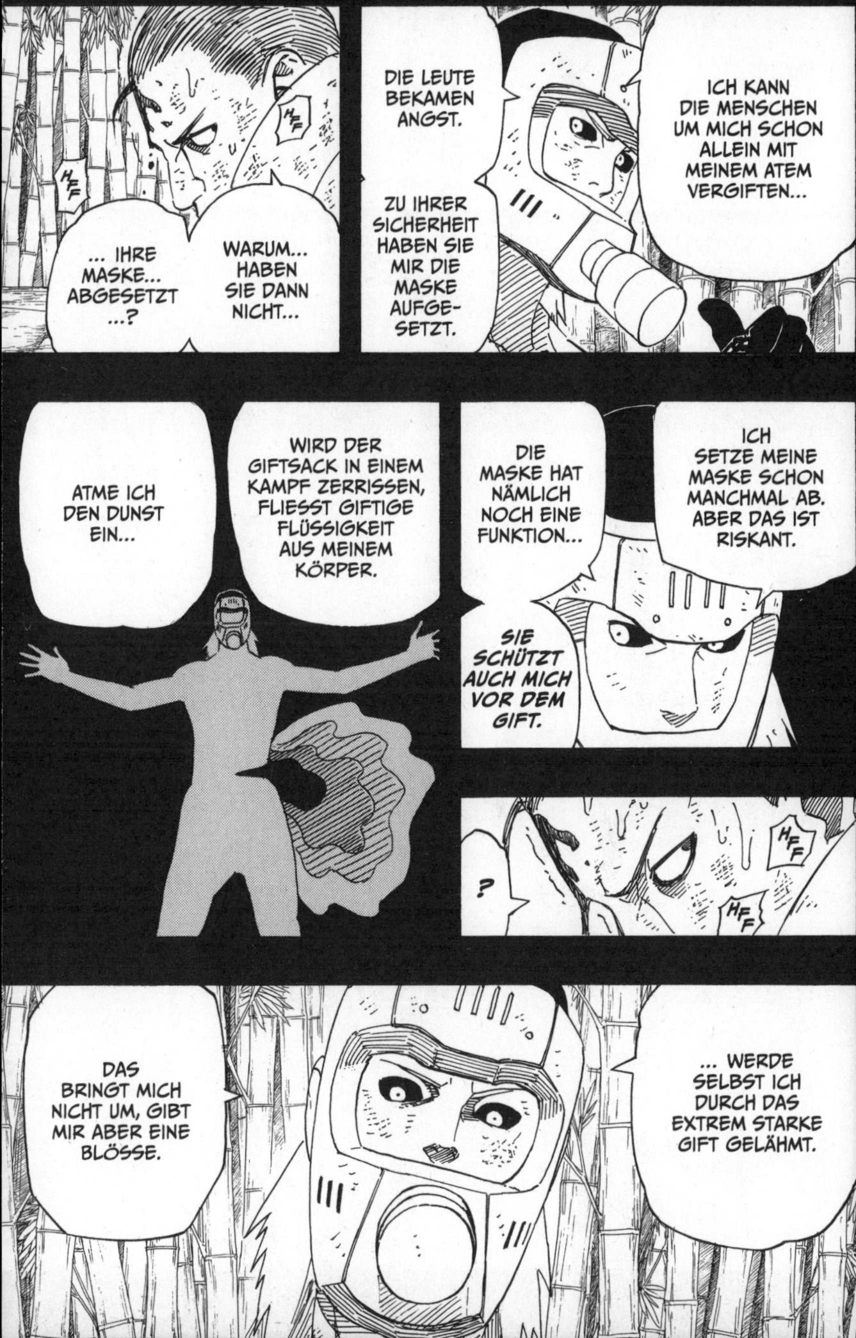
ICH KANN DIE MENSCHEN UM MICH SCHON ALLEIN MIT MEINEM ATEM VERGIFTEN...
DIE LEUTE BEKAMEN ANGST.
ZU IHRER SICHERHEIT HABEN SIE MIR DIE MASKE AUFGESETZT.
HFF
WARUM... HABEN SIE DANN NICHT...
... IHRE MASKE... ABGESETZT ...?
HFF
ICH SETZE MEINE MASKE SCHON MANCHMAL AB. ABER DAS IST RISKANT.
DIE MASKE HAT NÄMLICH NOCH EINE FUNKTION...
SIE SCHÜTZT AUCH MICH VOR DEM GIFT.
WIRD DER GIFTSACK IN EINEM KAMPF ZERRISSEN, FLIESST GIFTIGE FLÜSSIGKEIT AUS MEINEM KÖRPER.
ATME ICH DEN DUNST EIN...
HFF
?
HFF
... WERDE SELBST ICH DURCH DAS EXTREM STARKE GIFT GELÄHMT.
DAS BRINGT MICH NICHT UM, GIBT MIR ABER EINE BLÖSSE.

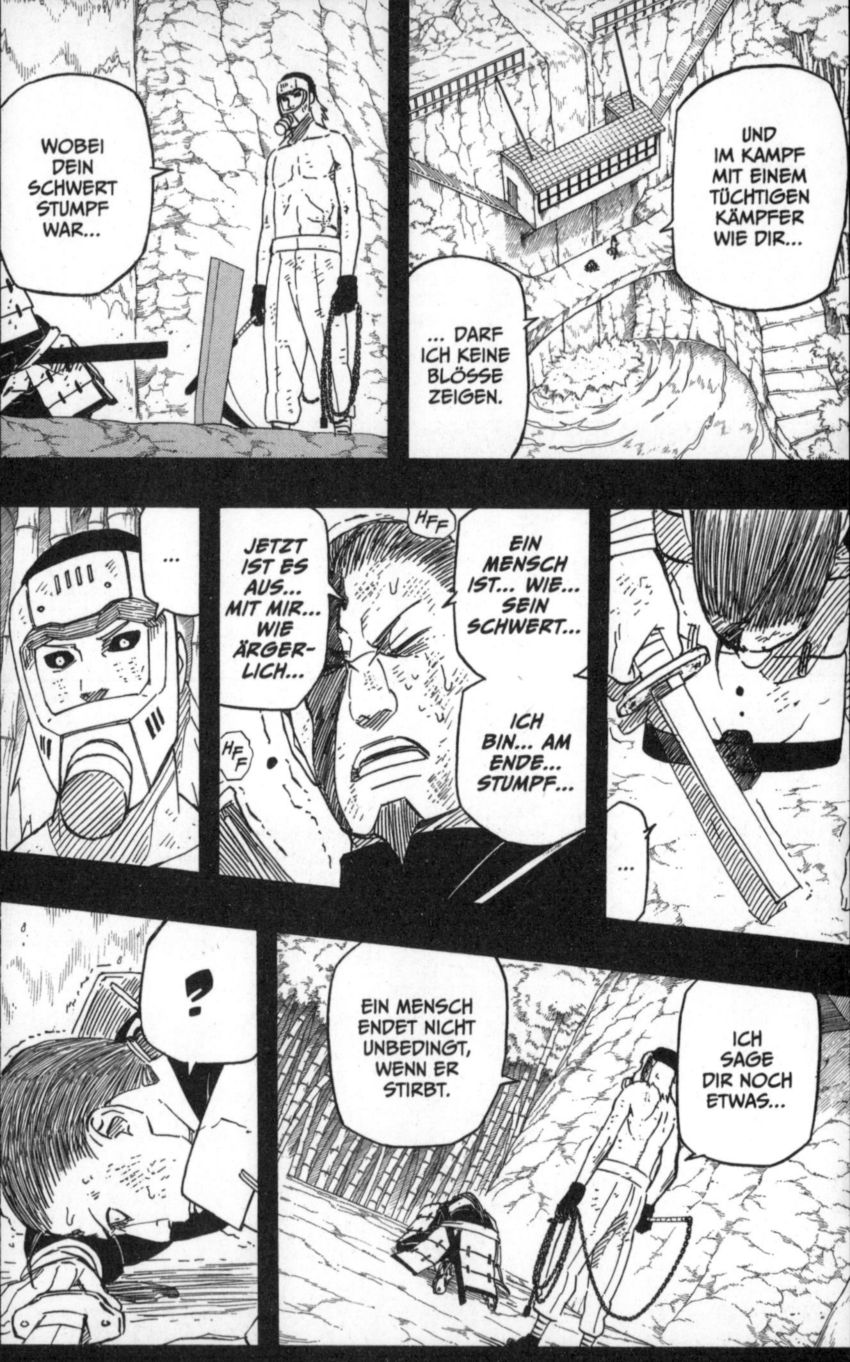
UND IM KAMPF MIT EINEM TÜCHTIGEN KÄMPFER WIE DIR...
... DARF ICH KEINE BLÖSSE ZEIGEN.
WOBEI DEIN SCHWERT STUMPF WAR...
...
HFF
EIN MENSCH IST... WIE... SEIN SCHWERT...
JETZT IST ES AUS... MIT MIR... WIE ÄRGERLICH...
HFF
ICH BIN... AM ENDE... STUMPF...
...
ICH SAGE DIR NOCH ETWAS...
EIN MENSCH ENDET NICHT UNBEDINGT, WENN ER STIRBT.
?

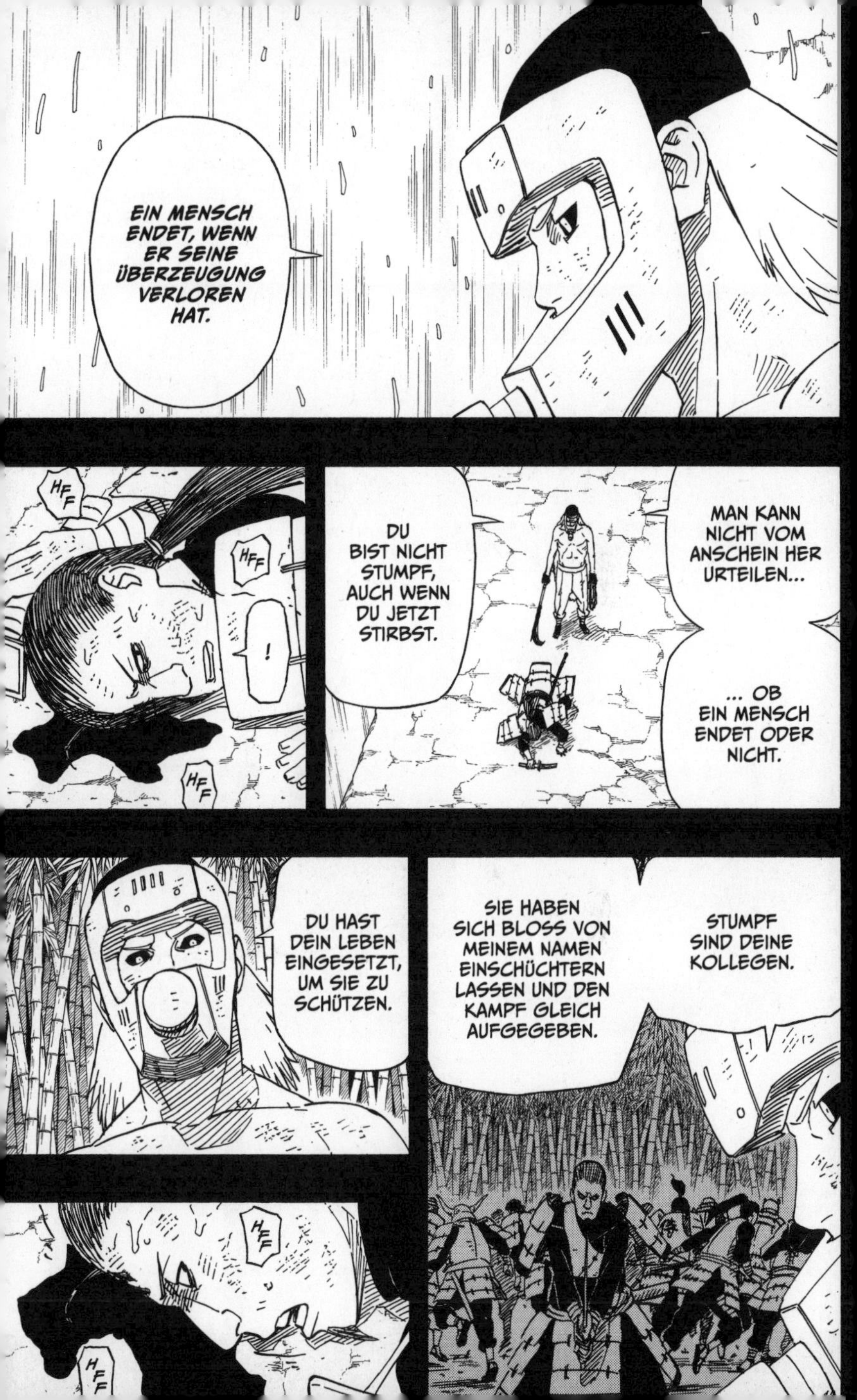
EIN MENSCH ENDET, WENN ER SEINE ÜBERZEUGUNG VERLOREN HAT.
MAN KANN NICHT VOM ANSCHEIN HER URTEILEN...
... OB EIN MENSCH ENDET ODER NICHT.
DU BIST NICHT STUMPF, AUCH WENN DU JETZT STIRBST.
HFF
HFF
!
HFF
STUMPF SIND DEINE KOLLEGEN.
SIE HABEN SICH BLOSS VON MEINEM NAMEN EINSCHÜCHTERN LASSEN UND DEN KAMPF GLEICH AUFGEGEBEN.
DU HAST DEIN LEBEN EINGESETZT, UM SIE ZU SCHÜTZEN.
HFF
HFF

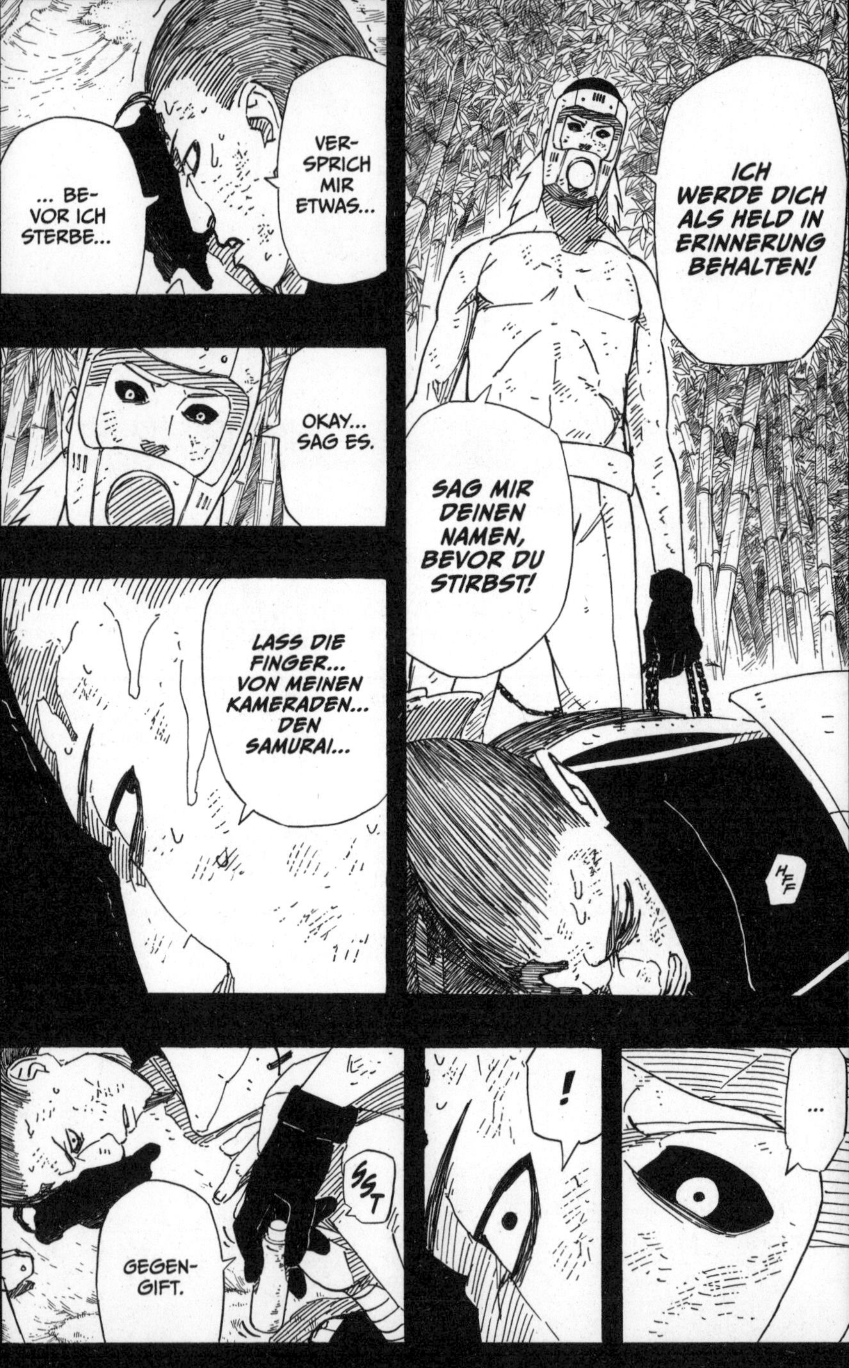
ICH WERDE DICH ALS HELD IN ERINNERUNG BEHALTEN!
SAG MIR DEINEN NAMEN, BEVOR DU STIRBST!
HFF
VER-SPRICH MIR ETWAS...
... BE-VOR ICH STERBE...
OKAY... SAG ES.
LASS DIE FINGER... VON MEINEN KAMERADEN... DEN SAMURAI...
...
!
SST
GEGEN-GIFT.

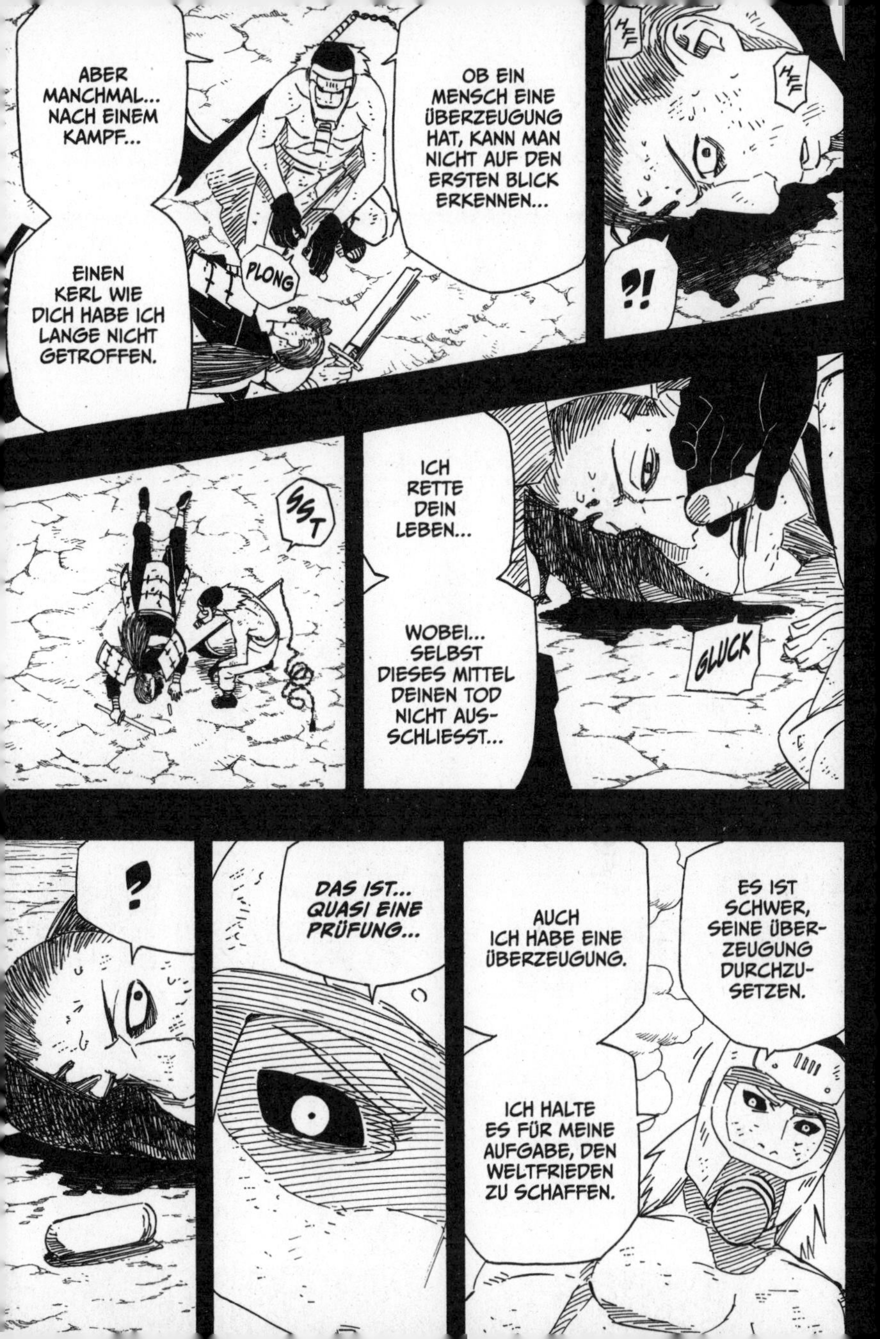
HFF
HFF
?!
OB EIN MENSCH EINE ÜBERZEUGUNG HAT, KANN MAN NICHT AUF DEN ERSTEN BLICK ERKENNEN...
ABER MANCHMAL... NACH EINEM KAMPF...
EINEN KERL WIE DICH HABE ICH LANGE NICHT GETROFFEN.
PLONG
ICH RETTE DEIN LEBEN...
WOBEI... SELBST DIESES MITTEL DEINEN TOD NICHT AUS-SCHLIESST...
GLUCK
SST
ES IST SCHWER, SEINE ÜBER-ZEUGUNG DURCHZU-SETZEN.
AUCH ICH HABE EINE ÜBERZEUGUNG.
ICH HALTE ES FÜR MEINE AUFGABE, DEN WELTFRIEDEN ZU SCHAFFEN.
DAS IST... QUASI EINE PRÜFUNG...
?

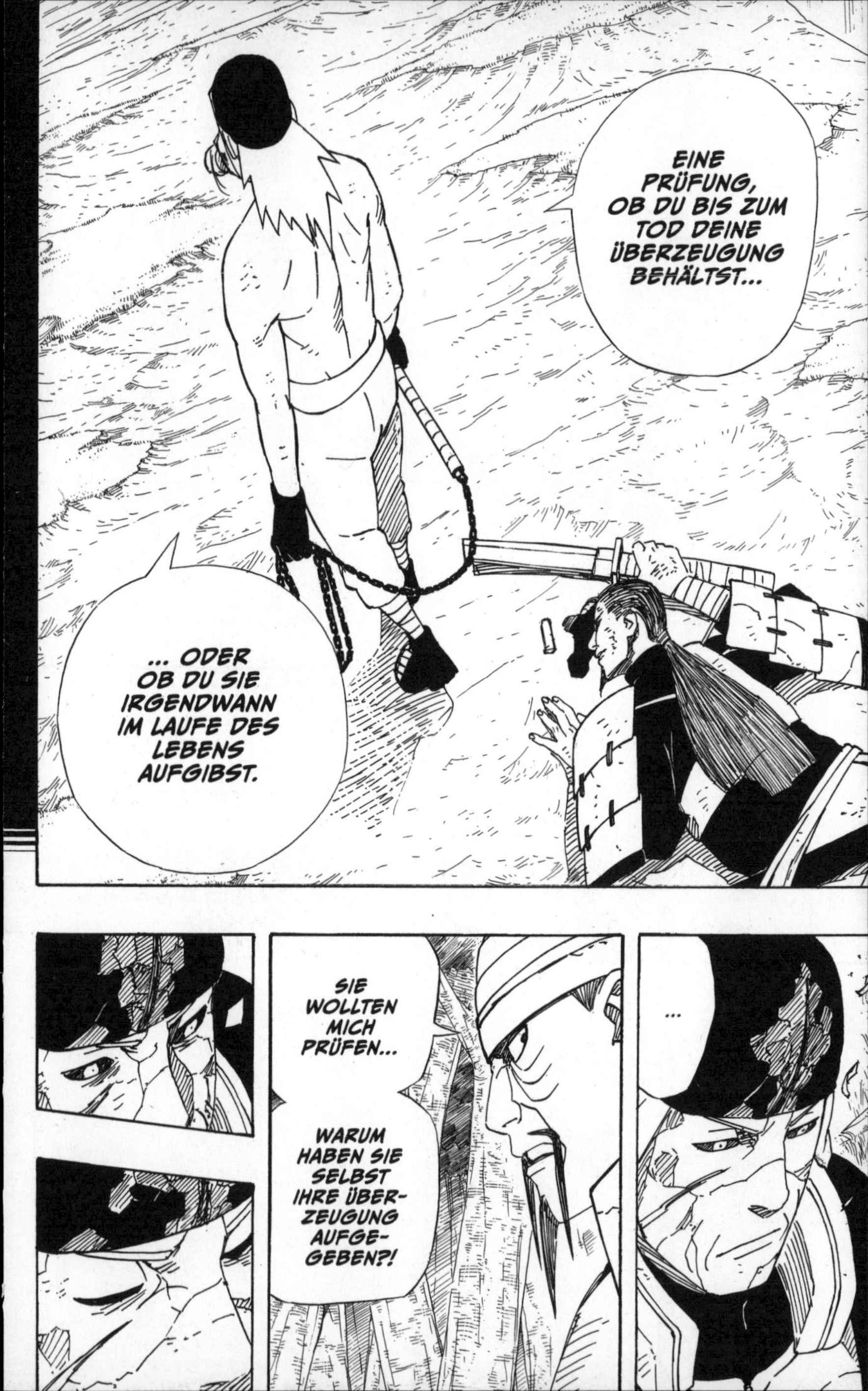
EINE PRÜFUNG, OB DU BIS ZUM TOD DEINE ÜBERZEUGUNG BEHÄLTST...
... ODER OB DU SIE IRGENDWANN IM LAUFE DES LEBENS AUFGIBST.
...
SIE WOLLTEN MICH PRÜFEN...
WARUM HABEN SIE SELBST IHRE ÜBER-ZEUGUNG AUFGE-GEBEN?!

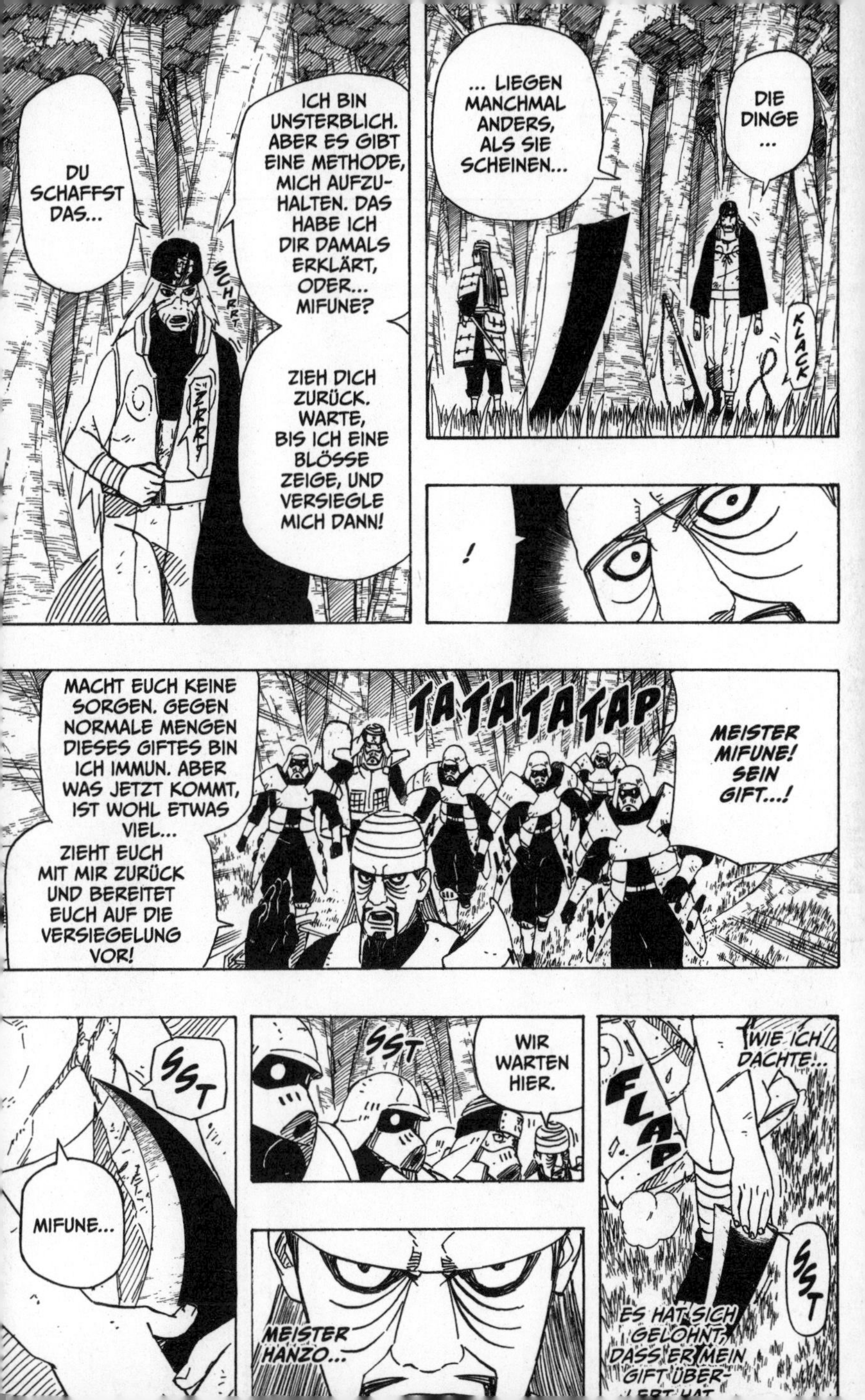
DIE DINGE ...
... LIEGEN MANCHMAL ANDERS, ALS SIE SCHEINEN...
KLACK
!
ICH BIN UNSTERBLICH. ABER ES GIBT EINE METHODE, MICH AUFZUHALTEN. DAS HABE ICH DIR DAMALS ERKLÄRT, ODER... MIFUNE?
SCHRRT
ZRRT
ZIEH DICH ZURÜCK. WARTE, BIS ICH EINE BLÖSSE ZEIGE, UND VERSIEGLE MICH DANN!
DU SCHAFFST DAS...
MEISTER MIFUNE! SEIN GIFT...!
TATATATAP
MACHT EUCH KEINE SORGEN. GEGEN NORMALE MENGEN DIESES GIFTES BIN ICH IMMUN. ABER WAS JETZT KOMMT, IST WOHL ETWAS VIEL...
ZIEHT EUCH MIT MIR ZURÜCK UND BEREITET EUCH AUF DIE VERSIEGELUNG VOR!
WIE ICH DACHTE...
FLAP
SST
ES HAT SICH GELOHNT, DASS ER MEIN GIFT ÜBER-
WIR WARTEN HIER.
SST
MEISTER HANZO...
SST
MIFUNE...

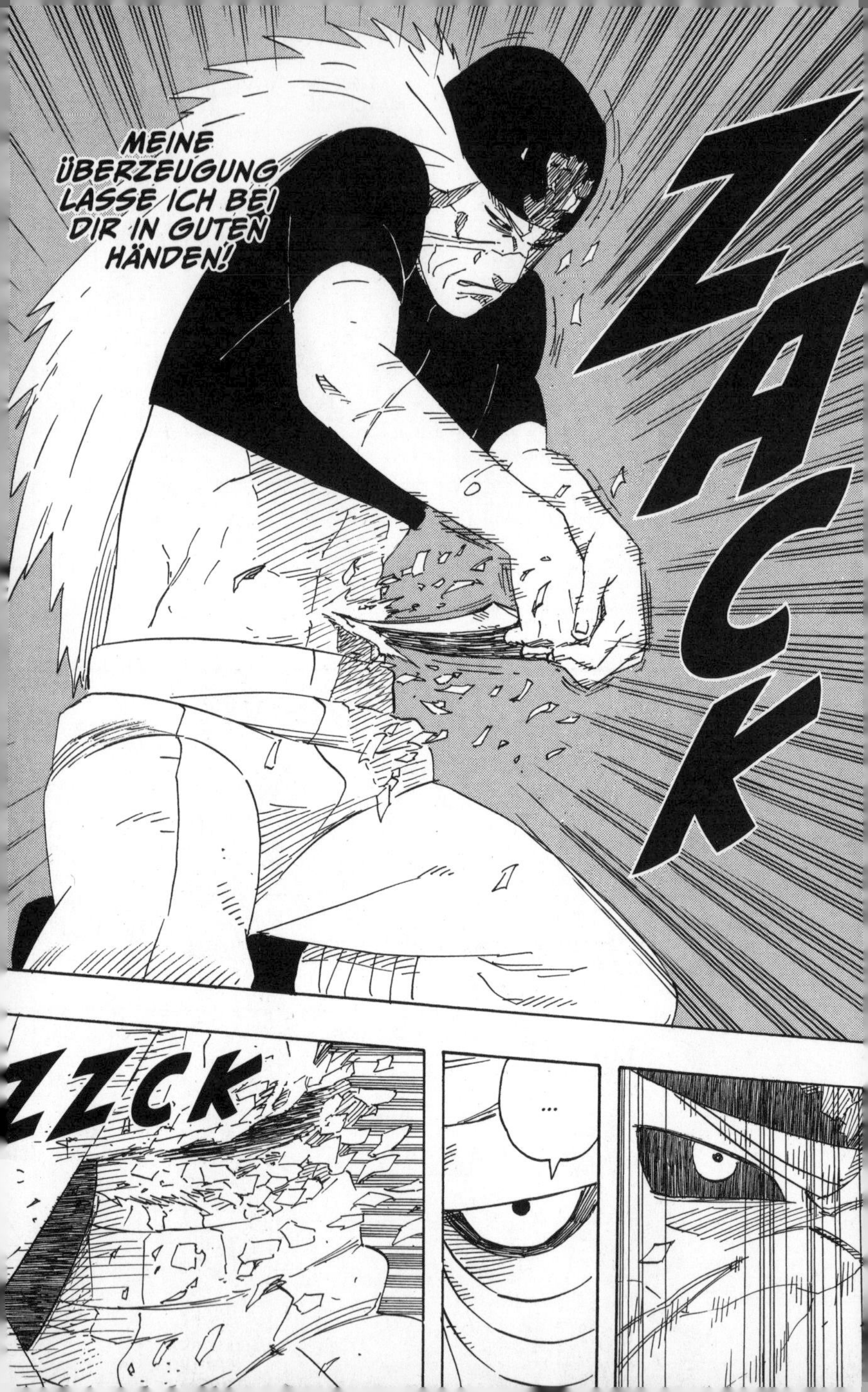
ZACK
MEINE ÜBERZEUGUNG LASSE ICH BEI DIR IN GUTEN HÄNDEN!
...
ZZCK

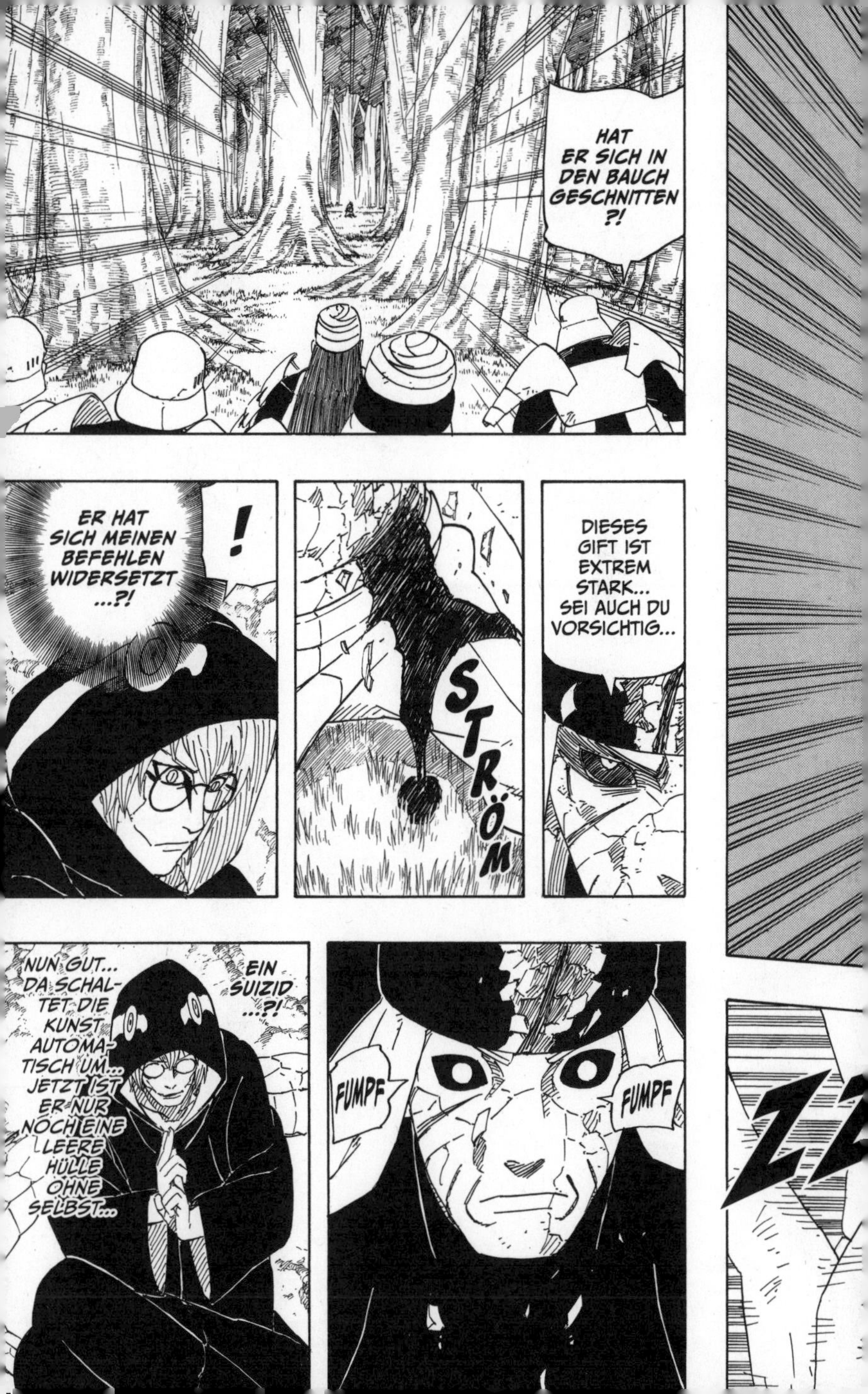
HAT ER SICH IN DEN BAUCH GESCHNITTEN ?!
DIESES GIFT IST EXTREM STARK... SEI AUCH DU VORSICHTIG...
STRÖM
!
ER HAT SICH MEINEN BEFEHLEN WIDERSETZT ...?!
FUMPF
FUMPF
EIN SUIZID ...?!
NUN GUT... DA SCHALTET DIE KUNST AUTOMATISCH UM... JETZT IST ER NUR NOCH EINE LEERE HÜLLE OHNE SELBST...

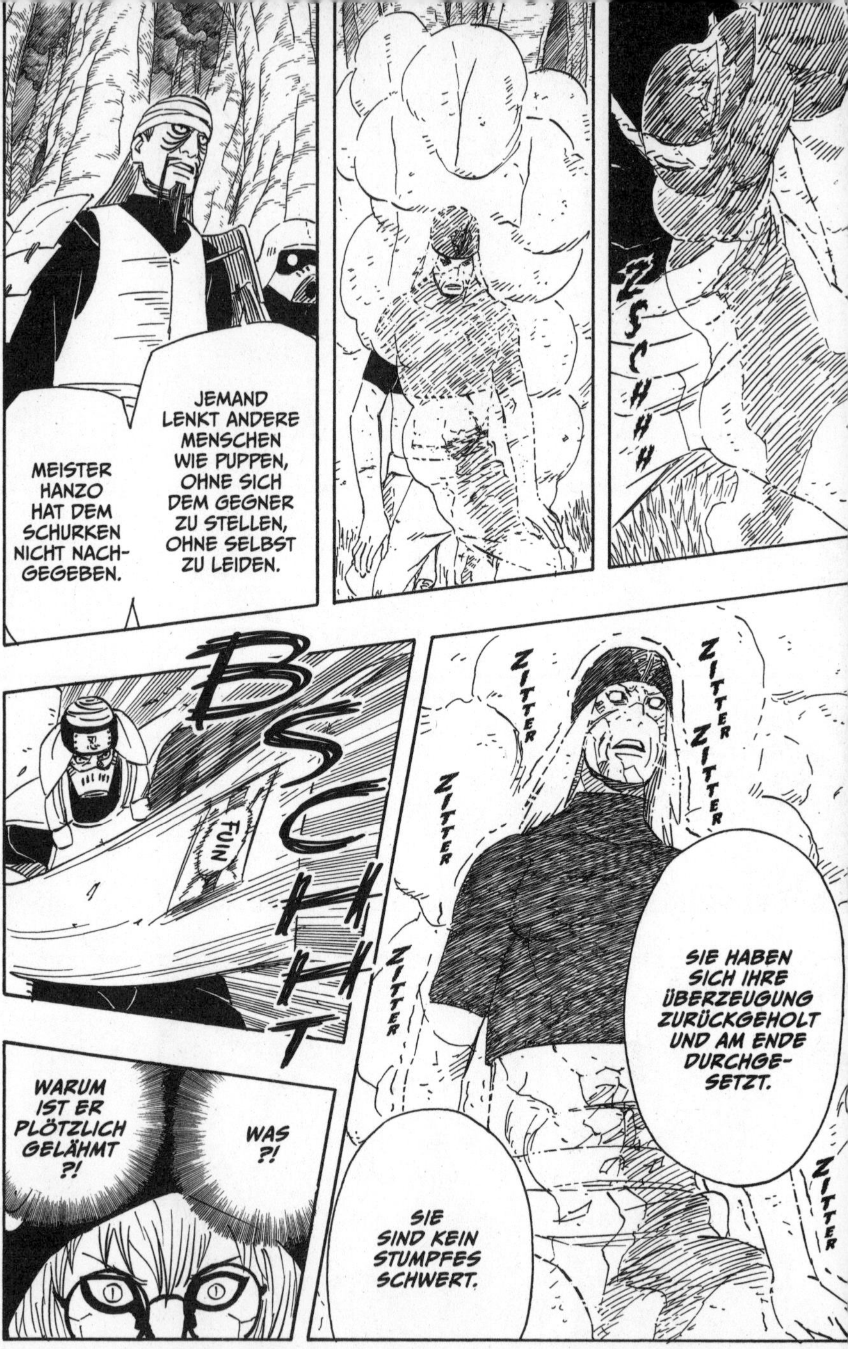
ZSCHHH
JEMAND LENKT ANDERE MENSCHEN WIE PUPPEN, OHNE SICH DEM GEGNER ZU STELLEN, OHNE SELBST ZU LEIDEN.
MEISTER HANZO HAT DEM SCHURKEN NICHT NACH-GEGEBEN.
ZITTER ZITTER ZITTER ZITTER ZITTER ZITTER
SIE HABEN SICH IHRE ÜBERZEUGUNG ZURÜCKGEHOLT UND AM ENDE DURCHGE-SETZT.
SIE SIND KEIN STUMPFES SCHWERT.
BSCHHHT
FUIN
WAS ?!
WARUM IST ER PLÖTZLICH GELÄHMT ?!

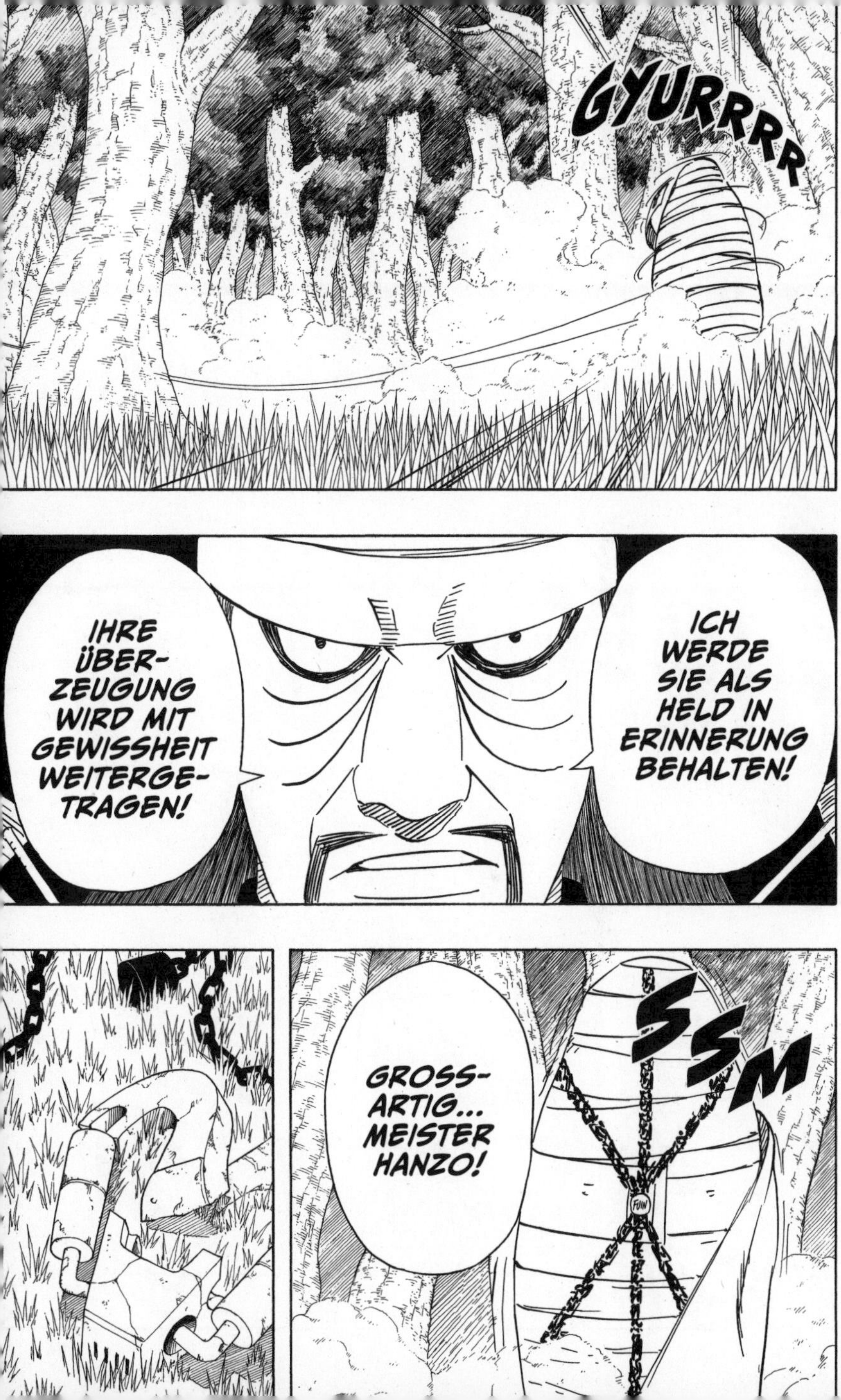
GYURRRR
ICH WERDE SIE ALS HELD IN ERINNERUNG BEHALTEN!
IHRE ÜBER-ZEUGUNG WIRD MIT GEWISSHEIT WEITERGE-TRAGEN!
SSM
GROSS-ARTIG... MEISTER HANZO!

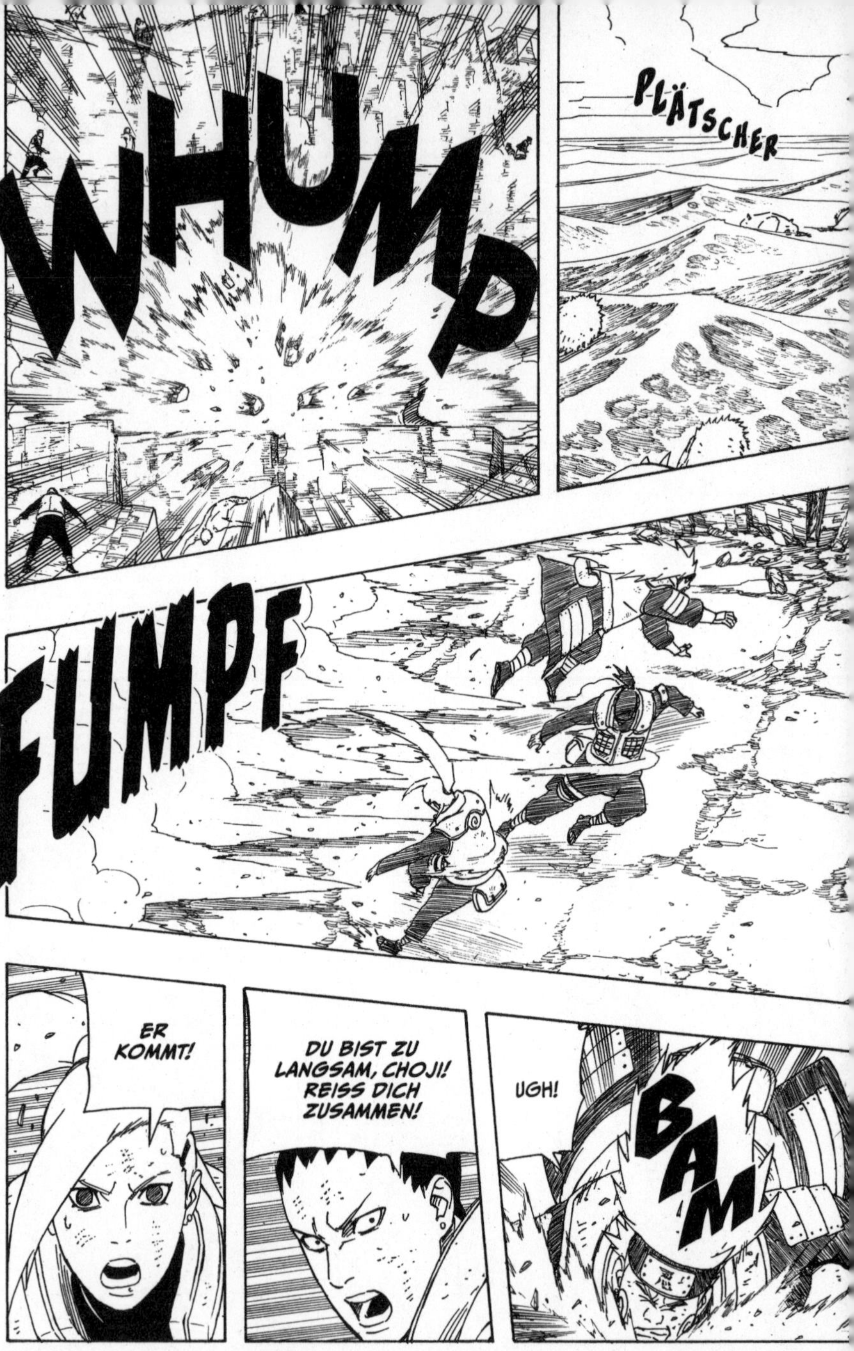
PLÄTSCHER
WHUMP
FUMPF
UGH!
BAM
DU BIST ZU LANGSAM, CHOJI! REISS DICH ZUSAMMEN!
ER KOMMT!

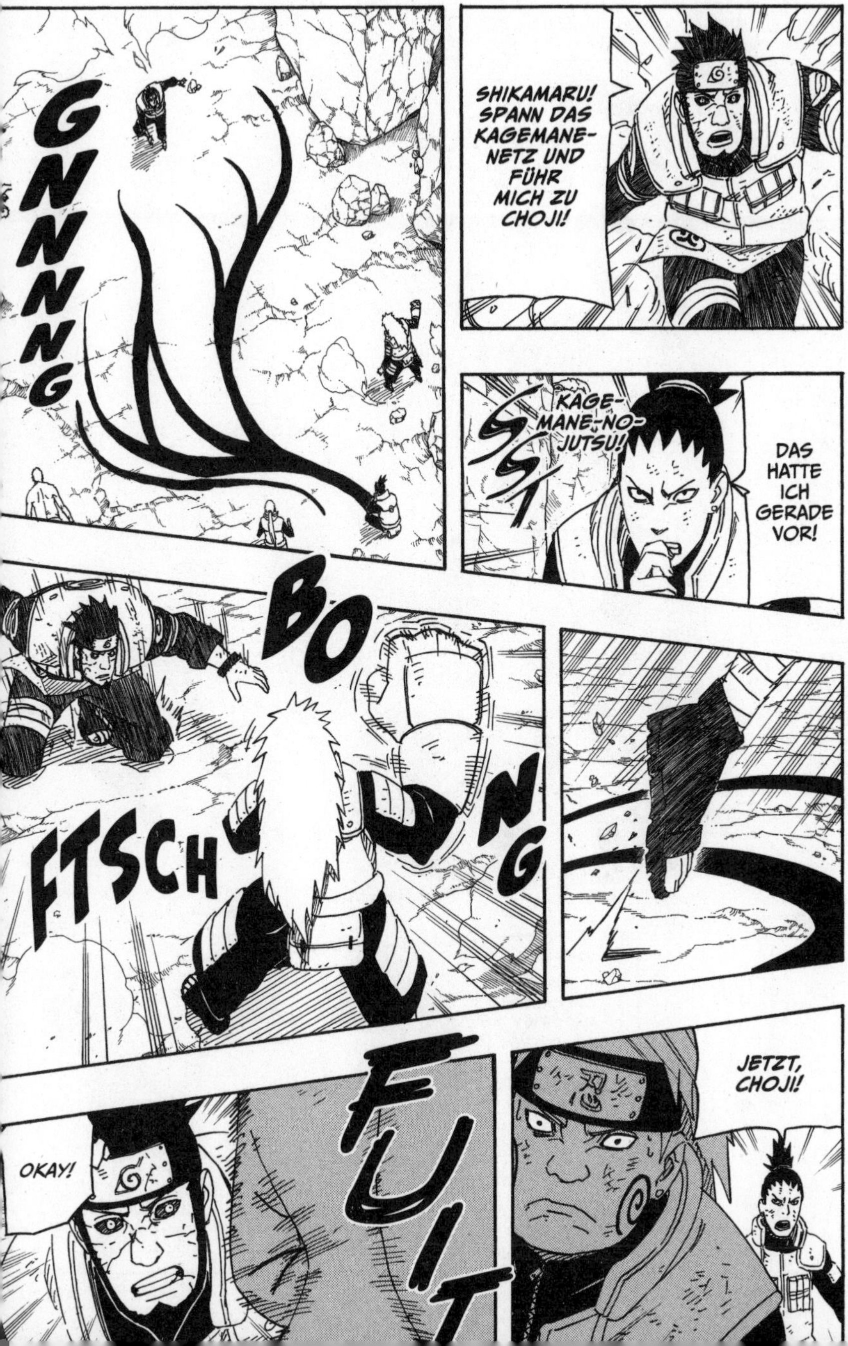
SHIKAMARU! SPANN DAS KAGEMANE-NETZ UND FÜHR MICH ZU CHOJI!
GNNNNG
DAS HATTE ICH GERADE VOR!
KAGE-MANE-NO-JUTSU!
SS
BONG
FTSCH
JETZT, CHOJI!
FUIT
OKAY!

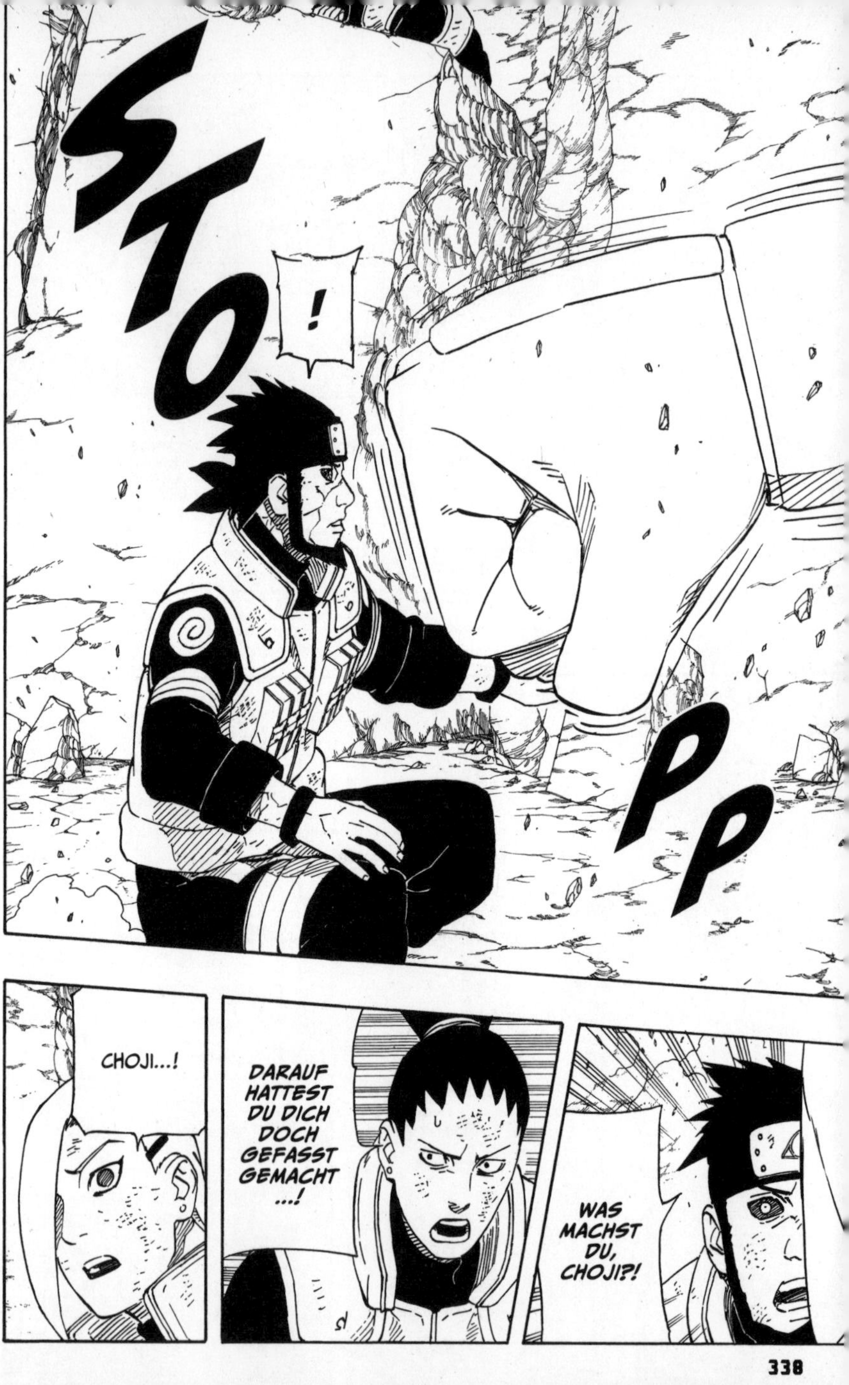
STOPP
!
CHOJI...!
DARAUF HATTEST DU DICH DOCH GEFASST GEMACHT ...!
WAS MACHST DU, CHOJI?!

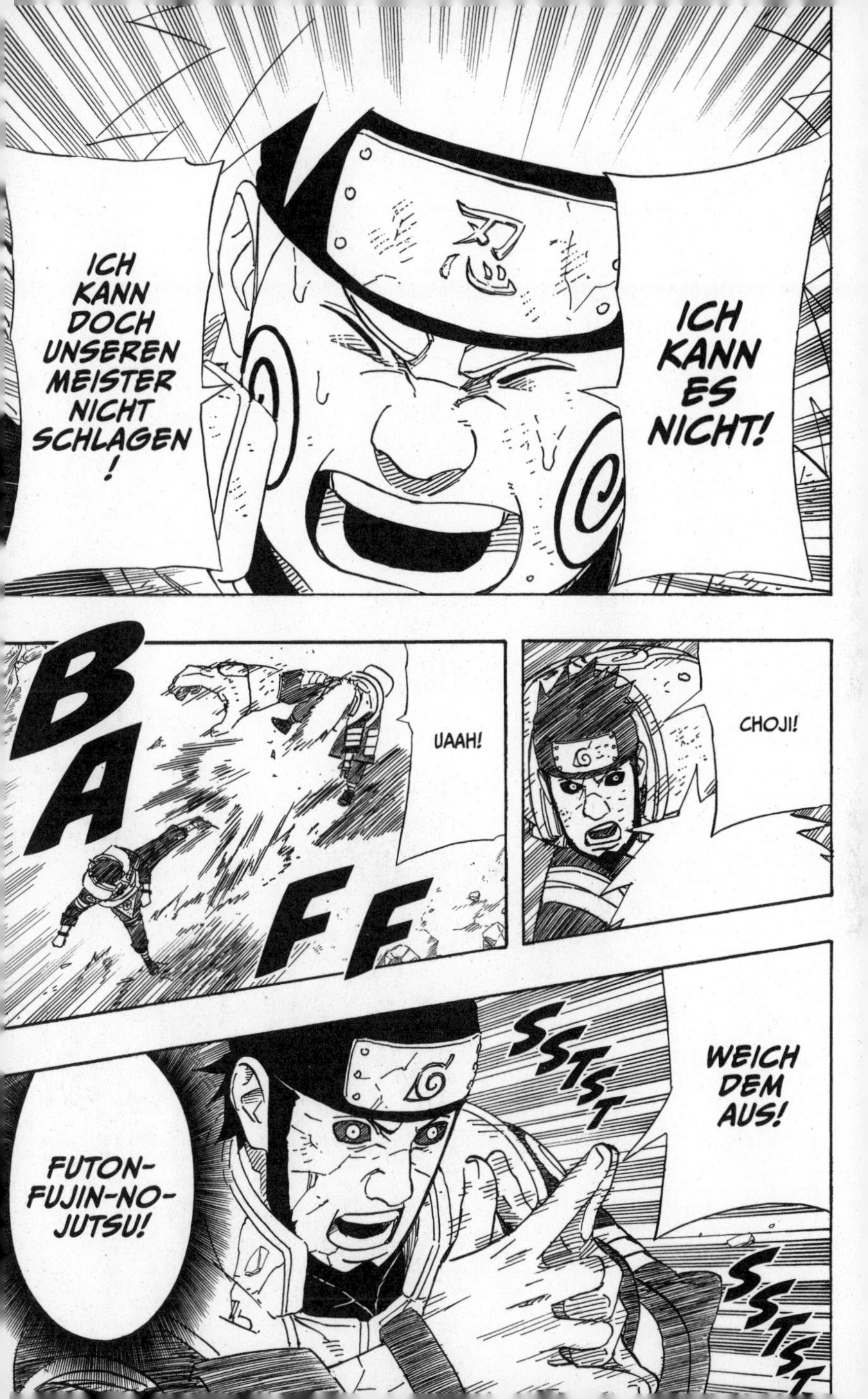
ICH KANN ES NICHT!
ICH KANN DOCH UNSEREN MEISTER NICHT SCHLAGEN!
CHOJI!
UAAH!
BAFF
WEICH DEM AUS!
SSTST
SSTST
FUTON-FUJIN-NO-JUTSU!

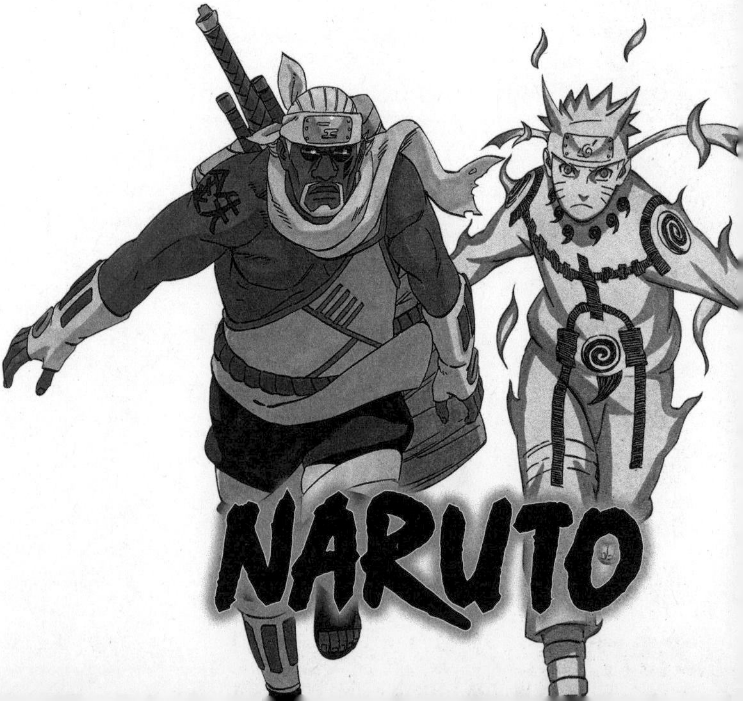
NARUTO

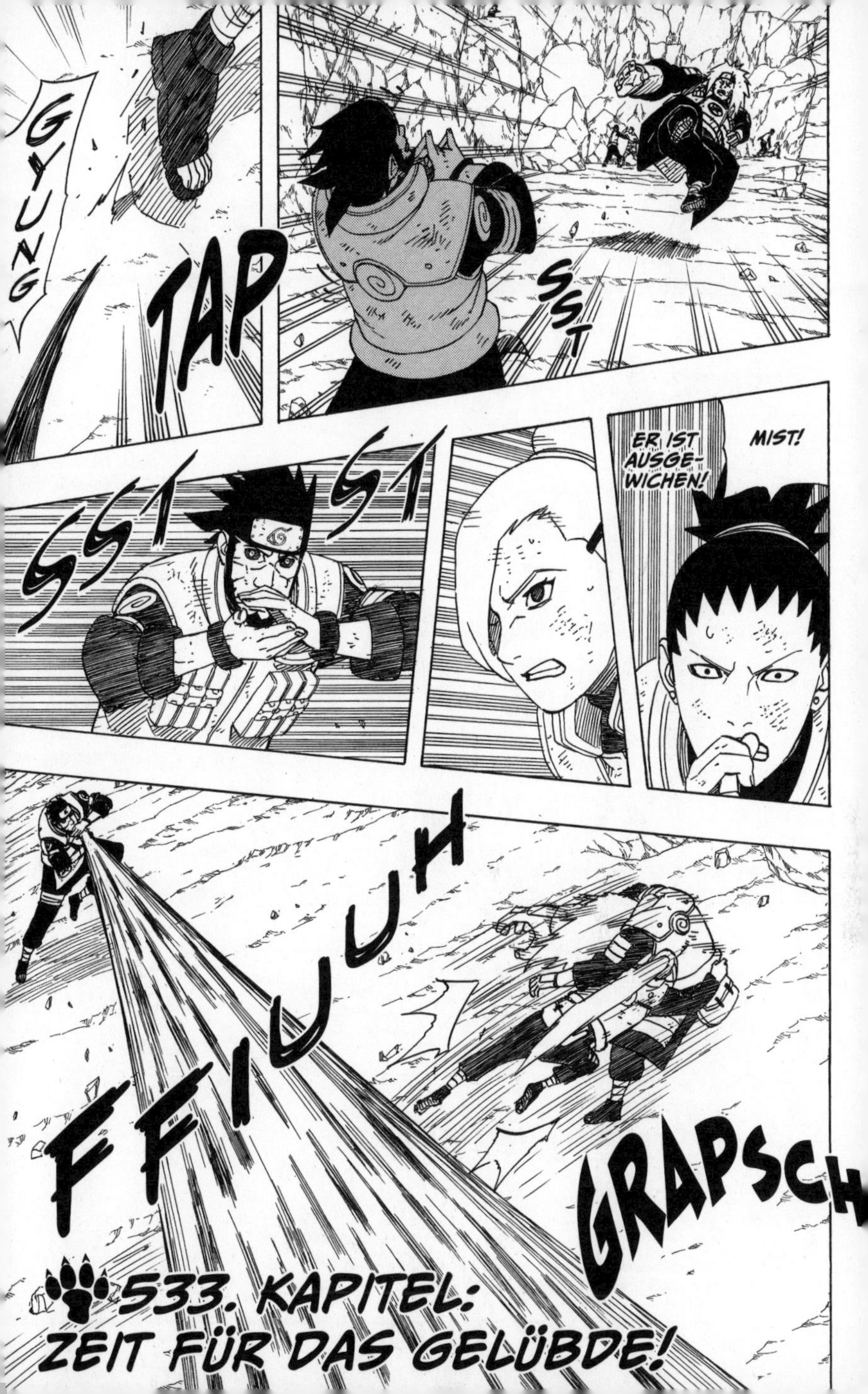
SST
TAP
GYUNG
MIST!
ER IST AUSGE-WICHEN!
SST SST
FFIUH
GRAPSCH
533. KAPITEL:
ZEIT FÜR DAS GELÜBDE!

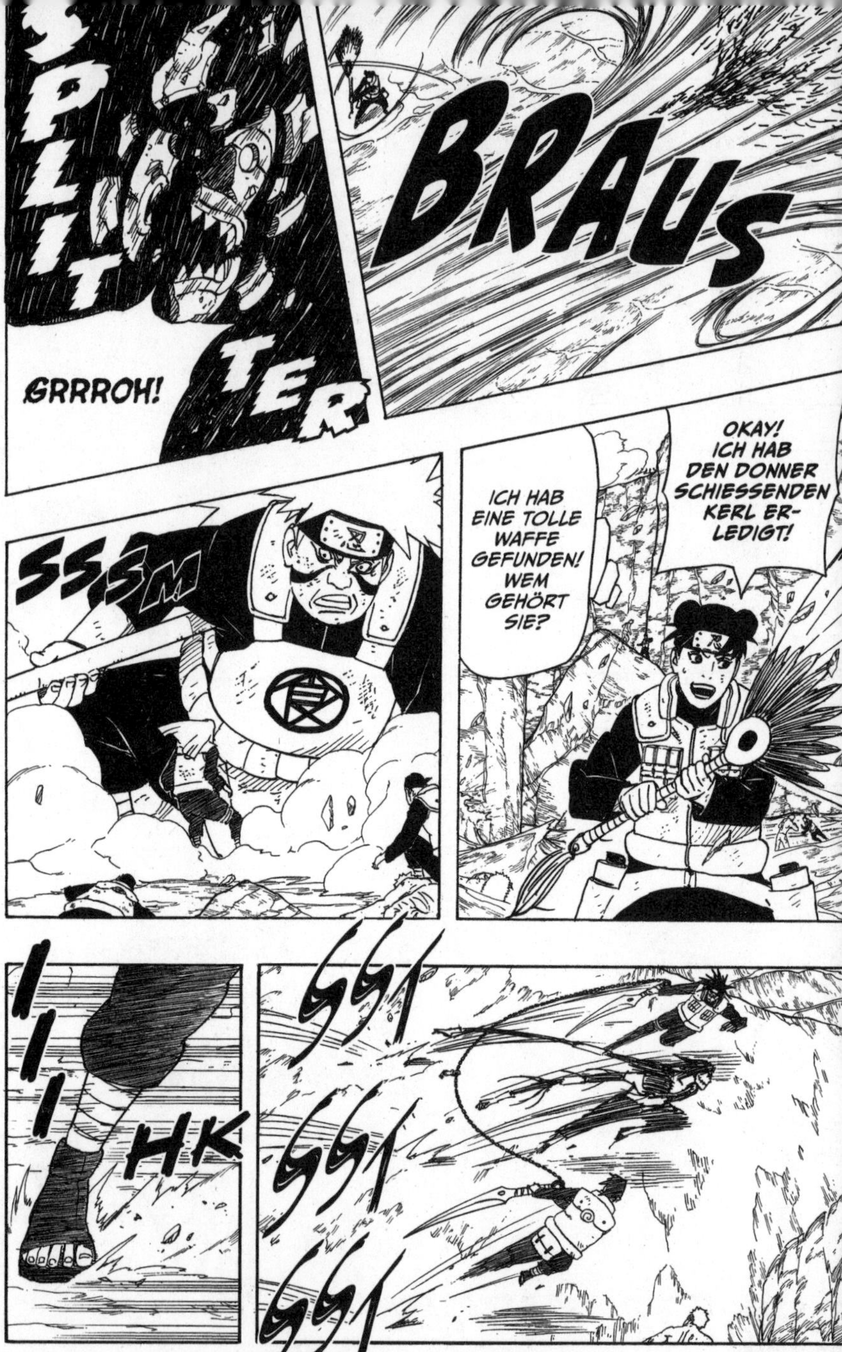
BRAUS
SPLITTER
GRRROH!
OKAY! ICH HAB DEN DONNER SCHIESSENDEN KERL ER-LEDIGT!
ICH HAB EINE TOLLE WAFFE GEFUNDEN! WEM GEHÖRT SIE?
SSSM
SST
SST
SST
HK

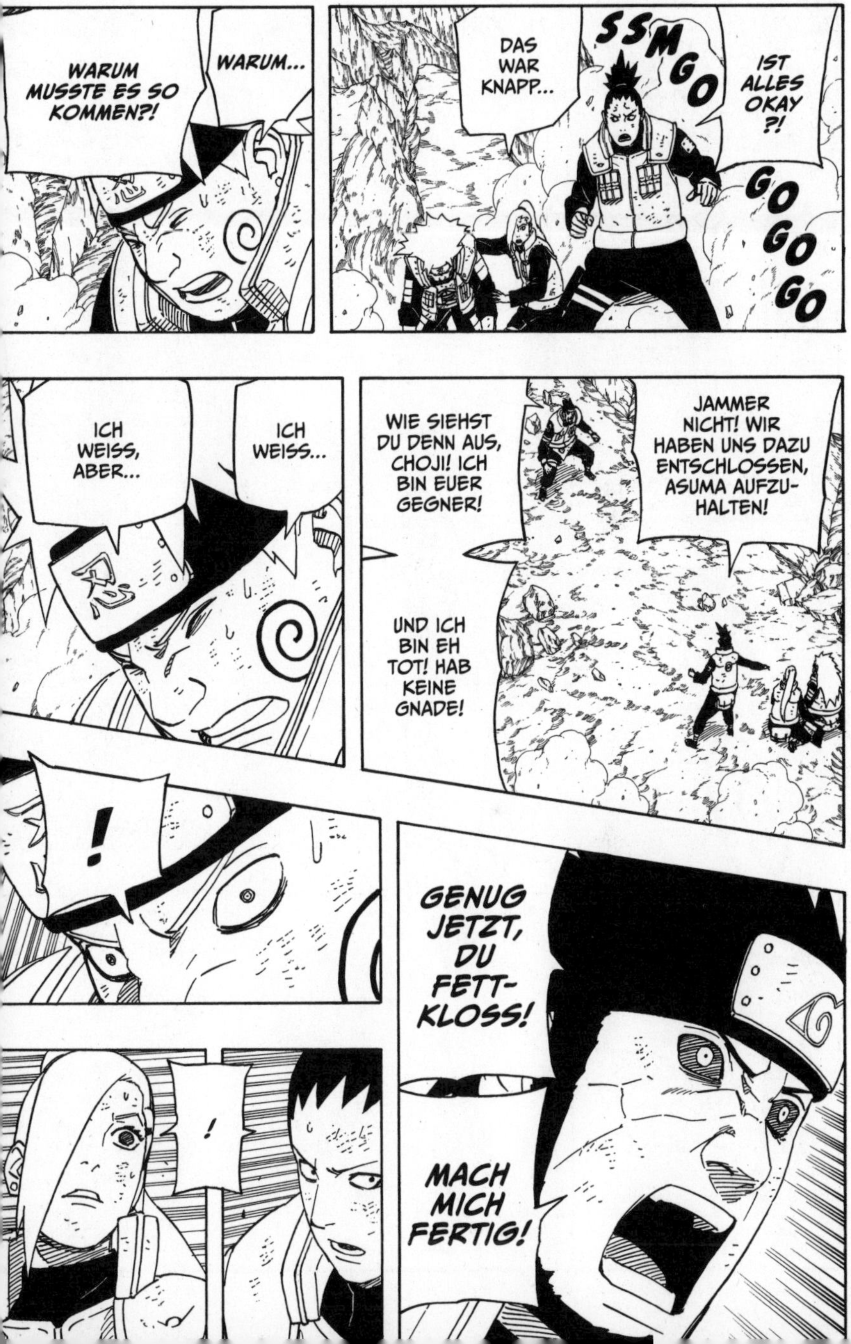

SSMGO
IST ALLES OKAY ?!
DAS WAR KNAPP...
GOGOGO
WARUM...
WARUM MUSSTE ES SO KOMMEN?!
JAMMER NICHT! WIR HABEN UNS DAZU ENTSCHLOSSEN, ASUMA AUFZU-HALTEN!
WIE SIEHST DU DENN AUS, CHOJI! ICH BIN EUER GEGNER!
UND ICH BIN EH TOT! HAB KEINE GNADE!
ICH WEISS...
ICH WEISS, ABER...
!
GENUG JETZT, DU FETT-KLOSS!
MACH MICH FERTIG!
!

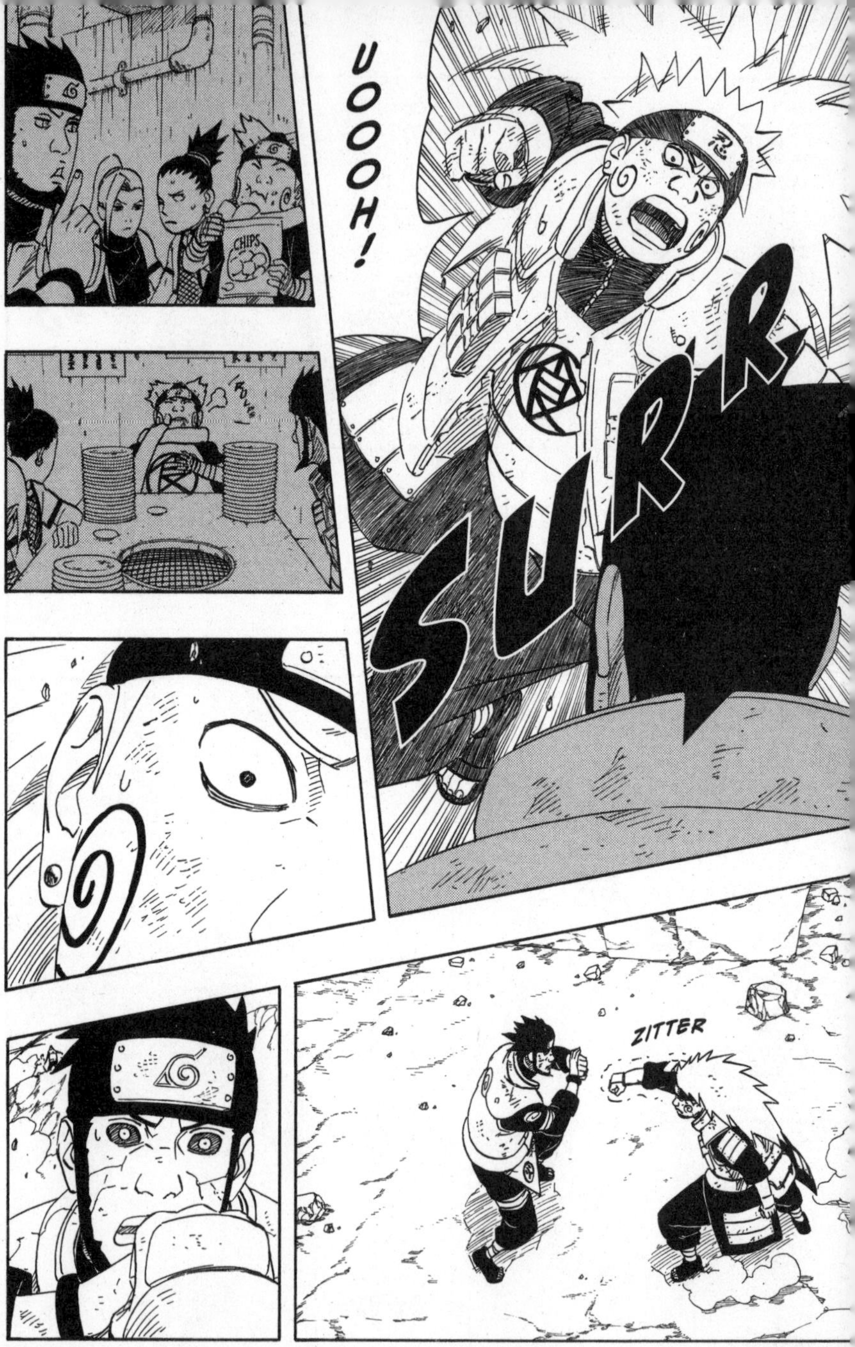
UOOOOH!
CHIPS
SURR
ZITTER

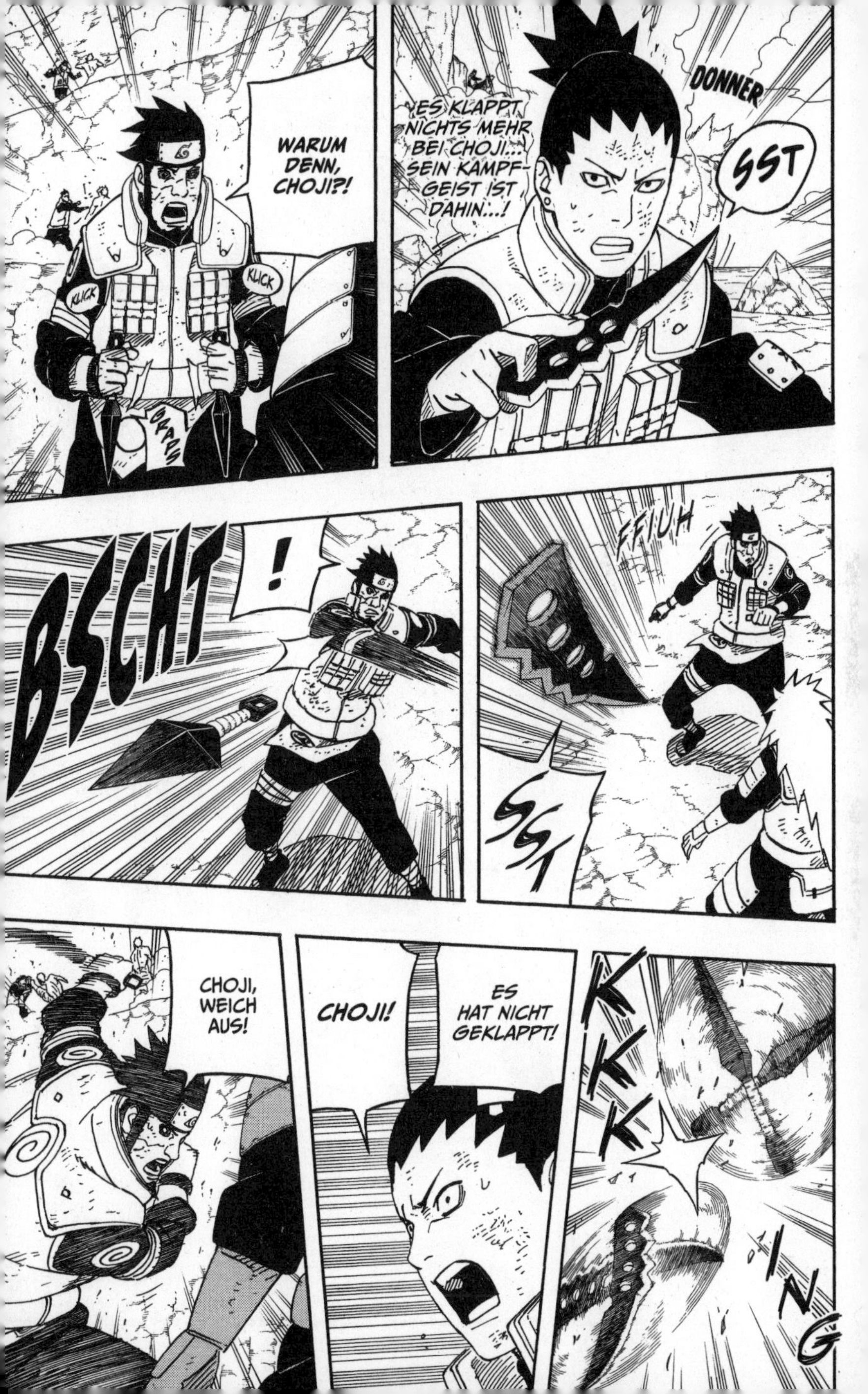
DONNER
SST
ES KLAPPT NICHTS MEHR BEI CHOJI... SEIN KAMPF-GEIST IST DAHIN...!
WARUM DENN, CHOJI?!
KLICK
KLICK
GRAPS
FFIUH
SST
!
BSCHT
K K K K
ES HAT NICHT GEKLAPPT!
CHOJI!
CHOJI, WEICH AUS!
ING

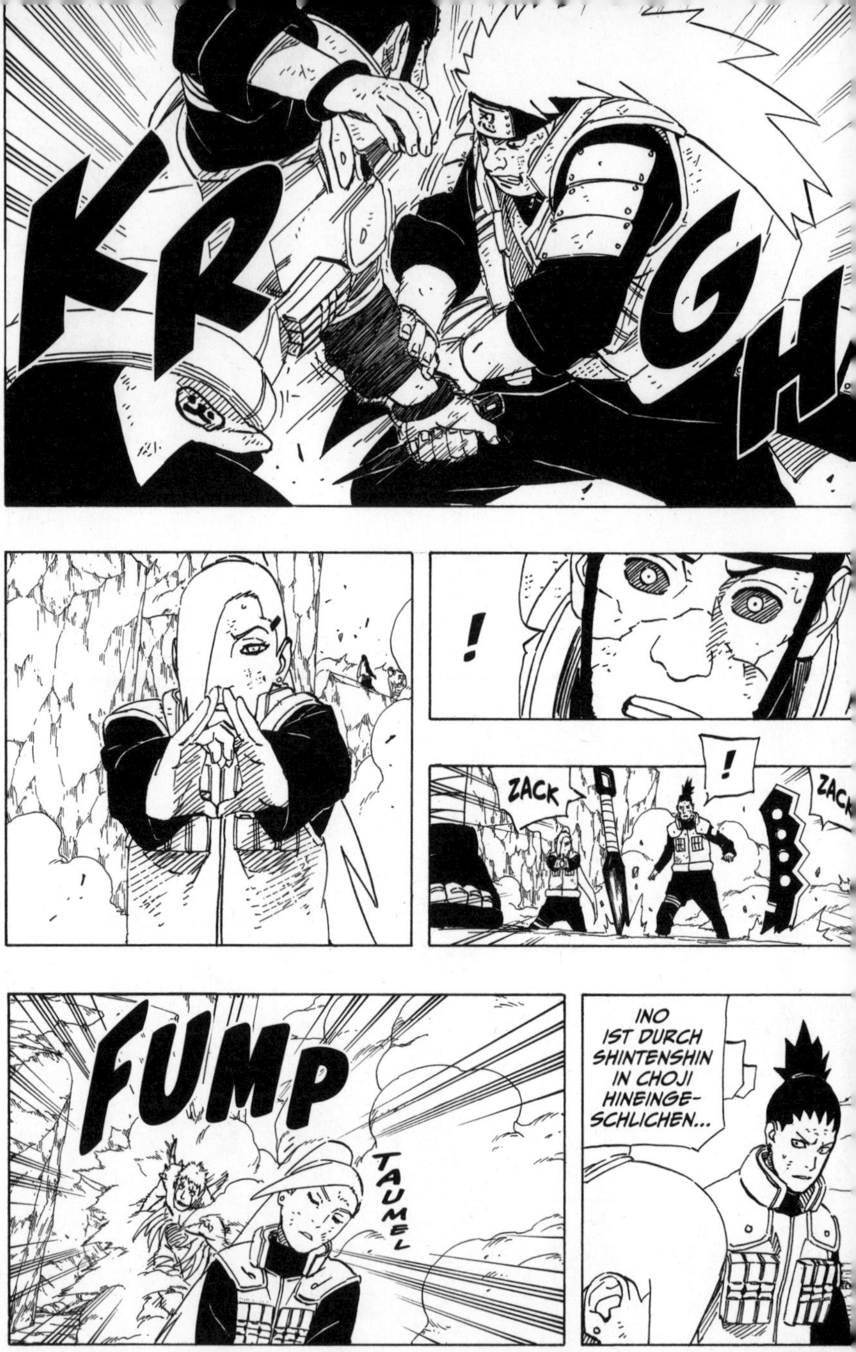
KRAGH
!
ZACK
!
ZACK
FUMP
TAUMEL
INO IST DURCH SHINTENSHIN IN CHOJI HINEINGE-SCHLICHEN...

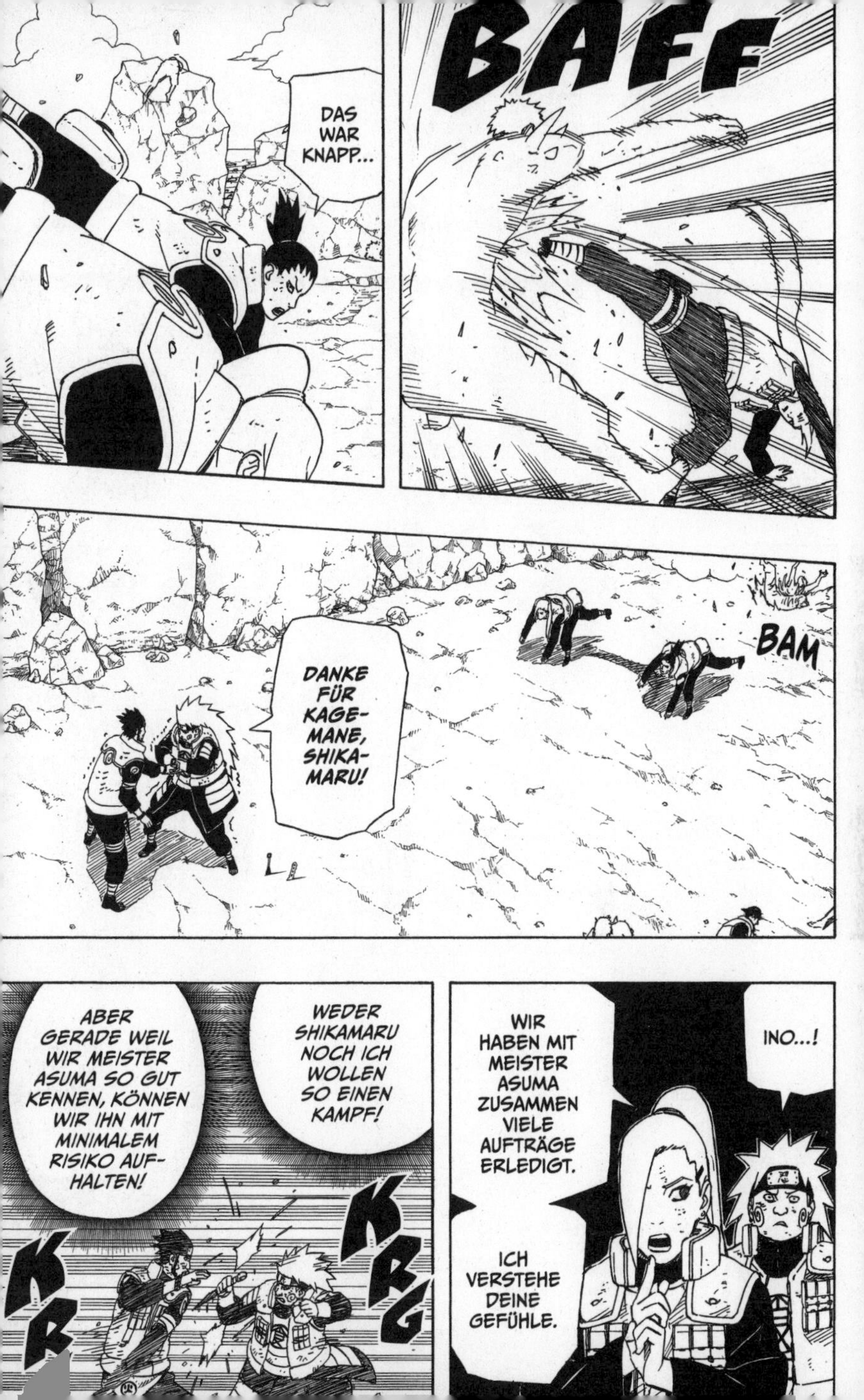
BAFF
DAS WAR KNAPP...
BAM
DANKE FÜR KAGE-MANE, SHIKA-MARU!
INO...!
WIR HABEN MIT MEISTER ASUMA ZUSAMMEN VIELE AUFTRÄGE ERLEDIGT.
ICH VERSTEHE DEINE GEFÜHLE.
WEDER SHIKAMARU NOCH ICH WOLLEN SO EINEN KAMPF!
ABER GERADE WEIL WIR MEISTER ASUMA SO GUT KENNEN, KÖNNEN WIR IHN MIT MINIMALEM RISIKO AUF-HALTEN!
KRG
KR

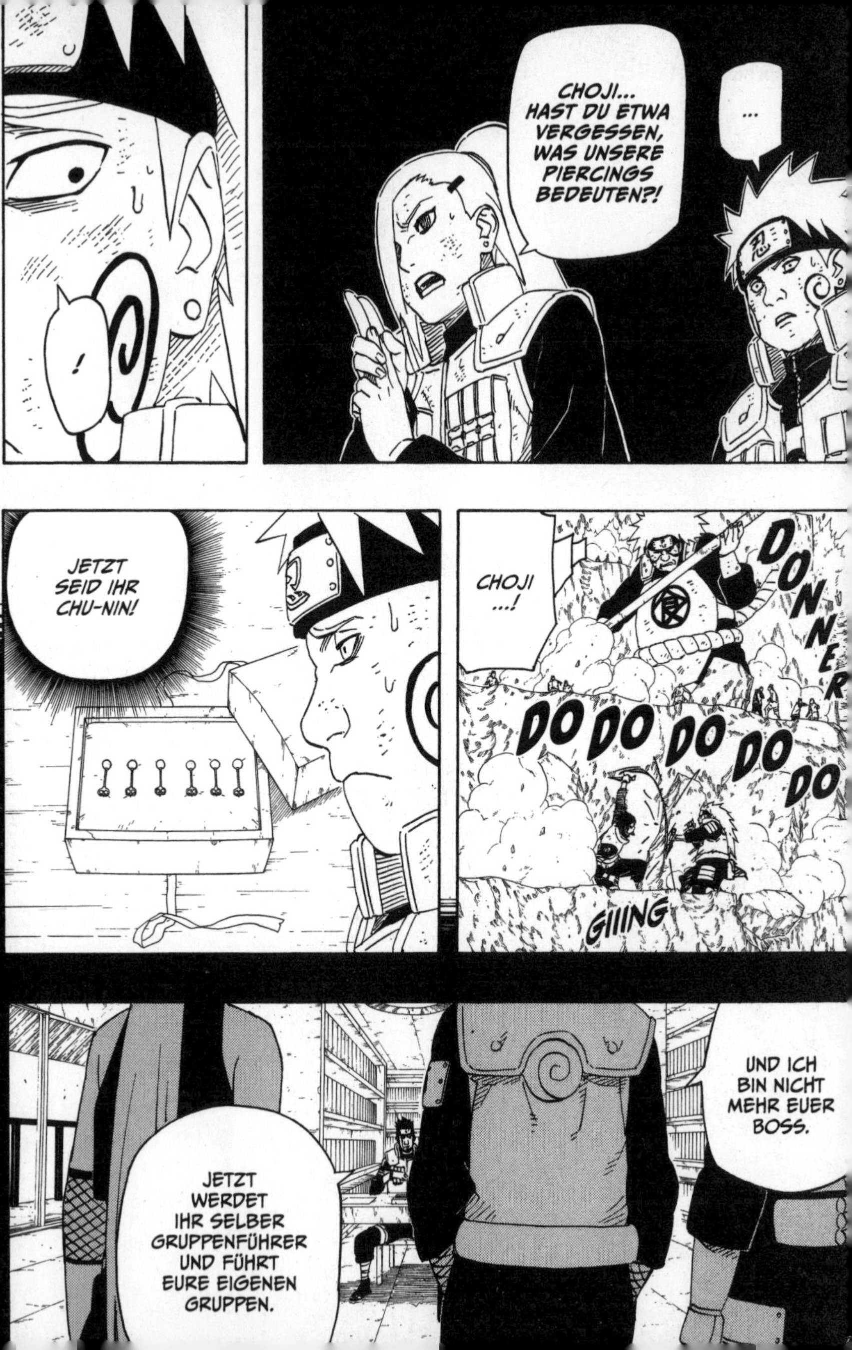
...
CHOJI... HAST DU ETWA VERGESSEN, WAS UNSERE PIERCINGS BEDEUTEN?!
!
CHOJI ...!
DONNER
DO DO DO DO DO DO
GIIING
JETZT SEID IHR CHU-NIN!
UND ICH BIN NICHT MEHR EUER BOSS.
JETZT WERDET IHR SELBER GRUPPENFÜHRER UND FÜHRT EURE EIGENEN GRUPPEN.

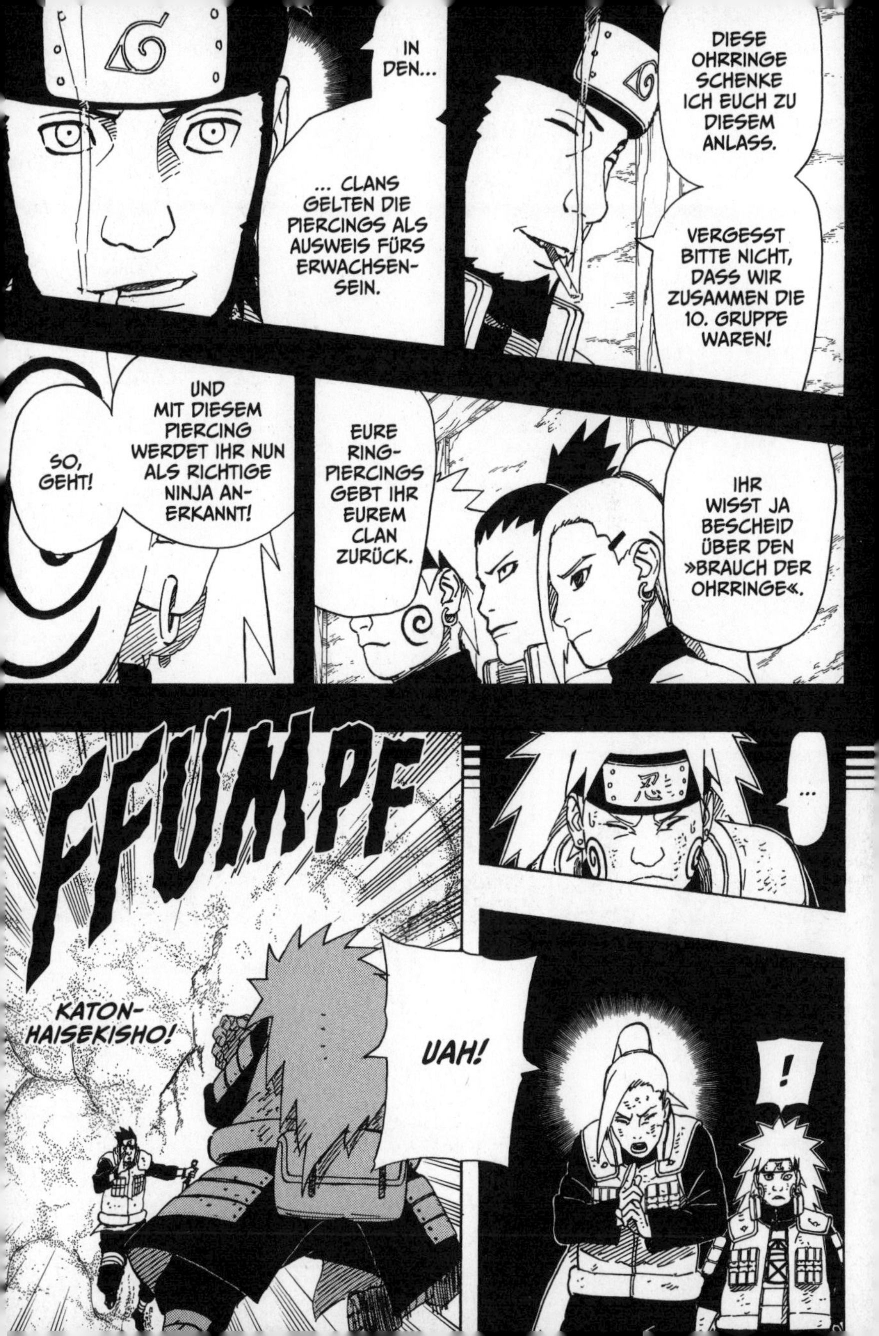
DIESE OHRRINGE SCHENKE ICH EUCH ZU DIESEM ANLASS.
VERGESST BITTE NICHT, DASS WIR ZUSAMMEN DIE 10. GRUPPE WAREN!
IN DEN...
... CLANS GELTEN DIE PIERCINGS ALS AUSWEIS FÜRS ERWACHSEN-SEIN.
IHR WISST JA BESCHEID ÜBER DEN »BRAUCH DER OHRRINGE«.
EURE RING-PIERCINGS GEBT IHR EUREM CLAN ZURÜCK.
UND MIT DIESEM PIERCING WERDET IHR NUN ALS RICHTIGE NINJA AN-ERKANNT!
SO, GEHT!
...
FFUMPF
!
UAH!
KATON-HAISEKISHO!

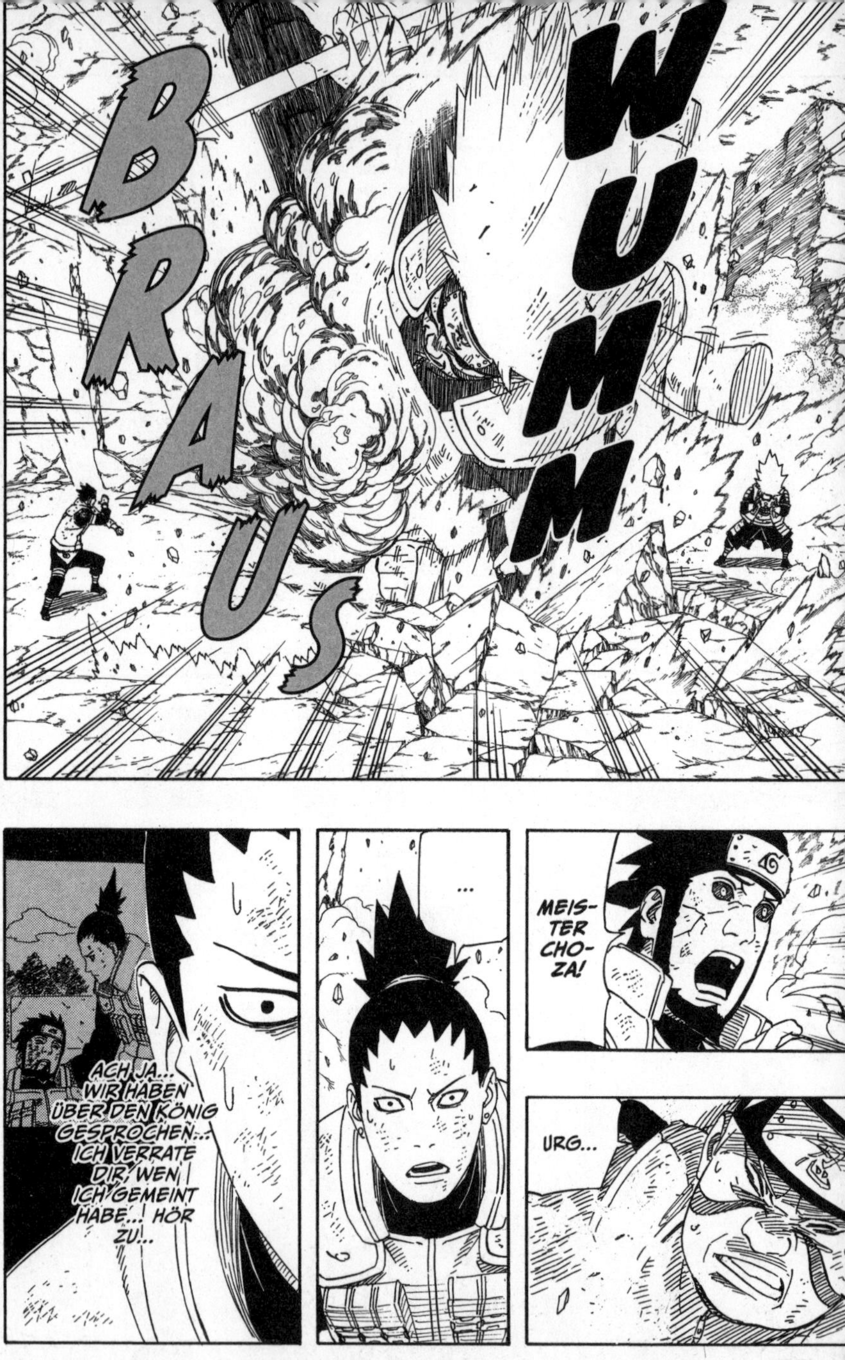
WUMMM
BRAUS
MEISTER CHOZA!
URG...
...
ACH JA... WIR HABEN ÜBER DEN KÖNIG GESPROCHEN... ICH VERRATE DIR, WEN ICH GEMEINT HABE... HÖR ZU...

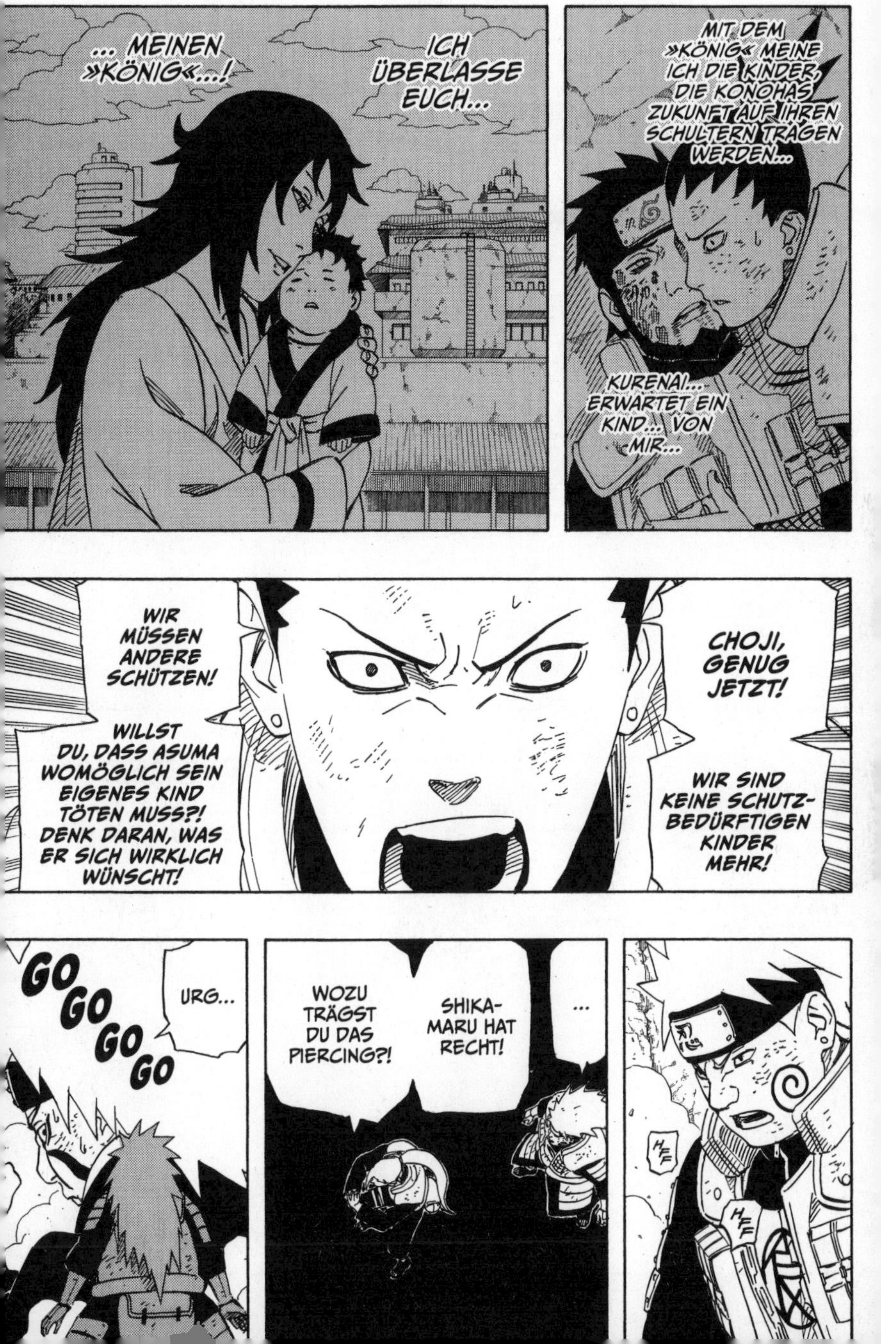
MIT DEM »KÖNIG« MEINE ICH DIE KINDER, DIE KONOHAS ZUKUNFT AUF IHREN SCHULTERN TRAGEN WERDEN...
KURENAI... ERWARTET EIN KIND... VON MIR...
ICH ÜBERLASSE EUCH...
... MEINEN »KÖNIG«...!
CHOJI, GENUG JETZT!
WIR SIND KEINE SCHUTZ-BEDÜRFTIGEN KINDER MEHR!
WIR MÜSSEN ANDERE SCHÜTZEN!
WILLST DU, DASS ASUMA WOMÖGLICH SEIN EIGENES KIND TÖTEN MUSS?! DENK DARAN, WAS ER SICH WIRKLICH WÜNSCHT!
...
SHIKA-MARU HAT RECHT!
WOZU TRÄGST DU DAS PIERCING?!
URG...
GO GO GO GO

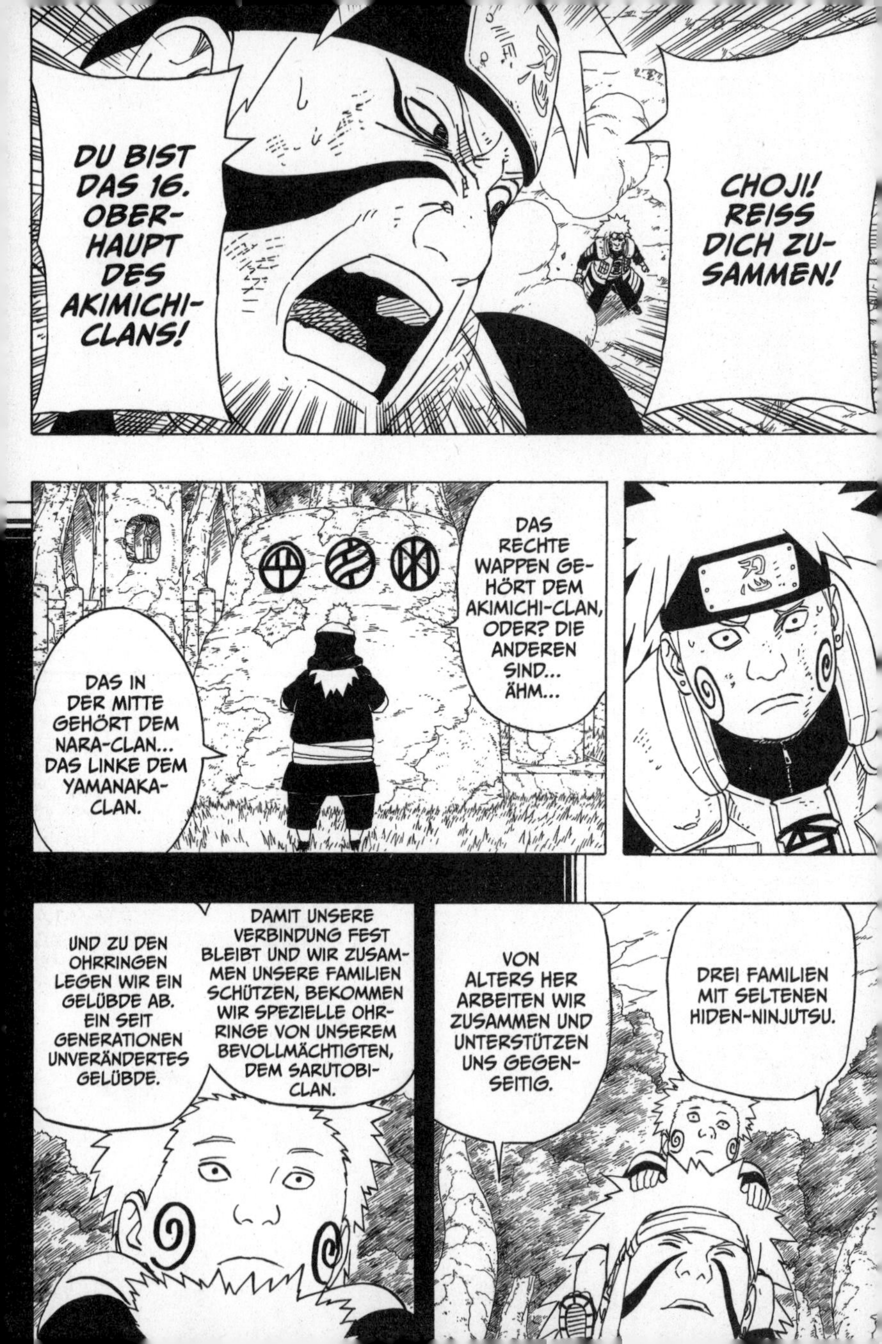
CHOJI! REISS DICH ZUSAMMEN!
DU BIST DAS 16. OBERHAUPT DES AKIMICHI-CLANS!
DAS RECHTE WAPPEN GEHÖRT DEM AKIMICHI-CLAN, ODER? DIE ANDEREN SIND... ÄHM...
DAS IN DER MITTE GEHÖRT DEM NARA-CLAN... DAS LINKE DEM YAMANAKA-CLAN.
DREI FAMILIEN MIT SELTENEN HIDEN-NINJUTSU.
VON ALTERS HER ARBEITEN WIR ZUSAMMEN UND UNTERSTÜTZEN UNS GEGENSEITIG.
DAMIT UNSERE VERBINDUNG FEST BLEIBT UND WIR ZUSAMMEN UNSERE FAMILIEN SCHÜTZEN, BEKOMMEN WIR SPEZIELLE OHRRINGE VON UNSEREM BEVOLLMÄCHTIGTEN, DEM SARUTOBI-CLAN.
UND ZU DEN OHRRINGEN LEGEN WIR EIN GELÜBDE AB. EIN SEIT GENERATIONEN UNVERÄNDERTES GELÜBDE.

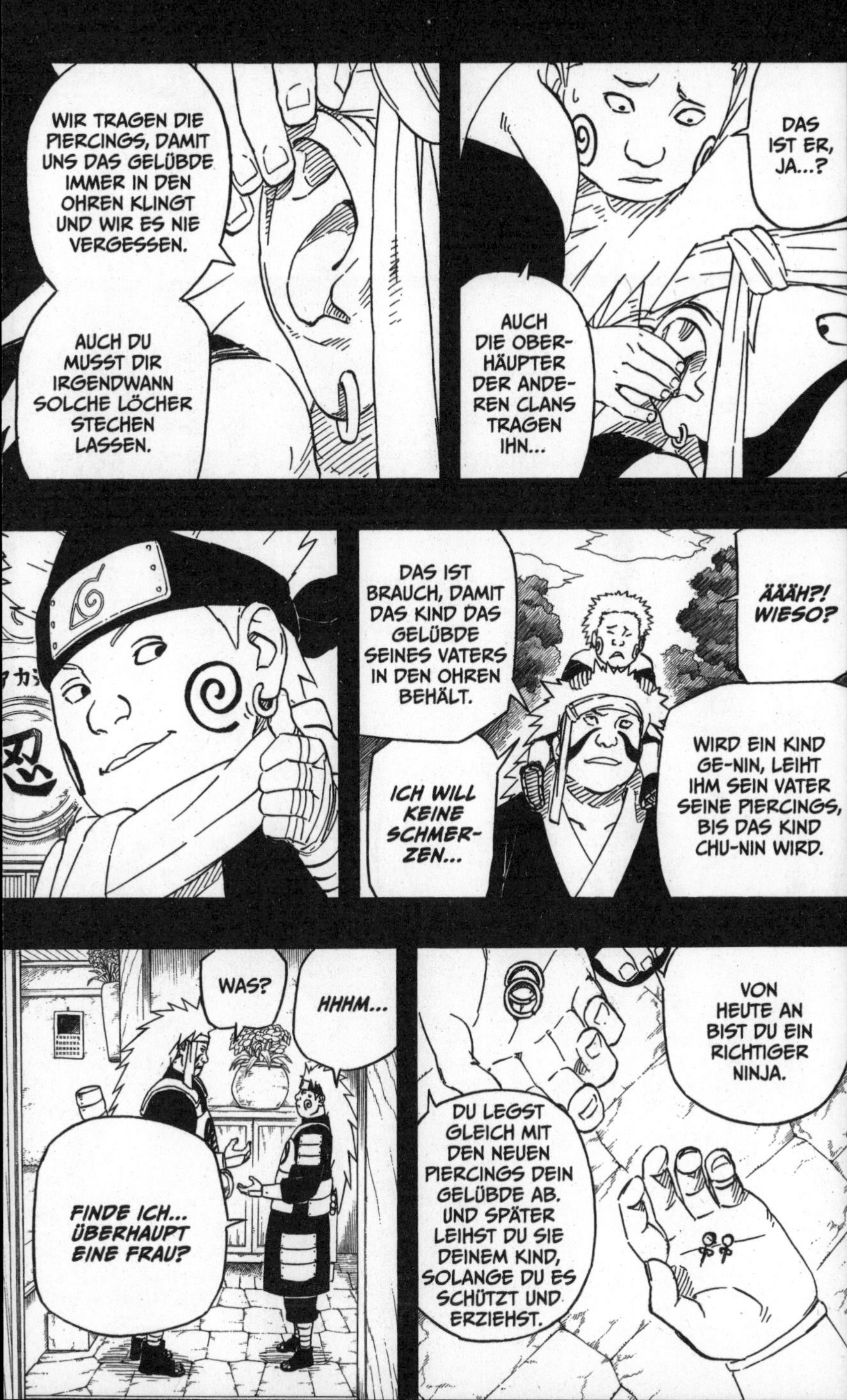
DAS IST ER, JA...?
AUCH DIE OBER-HÄUPTER DER ANDE-REN CLANS TRAGEN IHN...
WIR TRAGEN DIE PIERCINGS, DAMIT UNS DAS GELÜBDE IMMER IN DEN OHREN KLINGT UND WIR ES NIE VERGESSEN.
AUCH DU MUSST DIR IRGENDWANN SOLCHE LÖCHER STECHEN LASSEN.
ÄÄÄH?! WIESO?
DAS IST BRAUCH, DAMIT DAS KIND DAS GELÜBDE SEINES VATERS IN DEN OHREN BEHÄLT.
WIRD EIN KIND GE-NIN, LEIHT IHM SEIN VATER SEINE PIERCINGS, BIS DAS KIND CHU-NIN WIRD.
ICH WILL KEINE SCHMER-ZEN...
VON HEUTE AN BIST DU EIN RICHTIGER NINJA.
DU LEGST GLEICH MIT DEN NEUEN PIERCINGS DEIN GELÜBDE AB. UND SPÄTER LEIHST DU SIE DEINEM KIND, SOLANGE DU ES SCHÜTZT UND ERZIEHST.
HHHM...
WAS?
FINDE ICH... ÜBERHAUPT EINE FRAU?

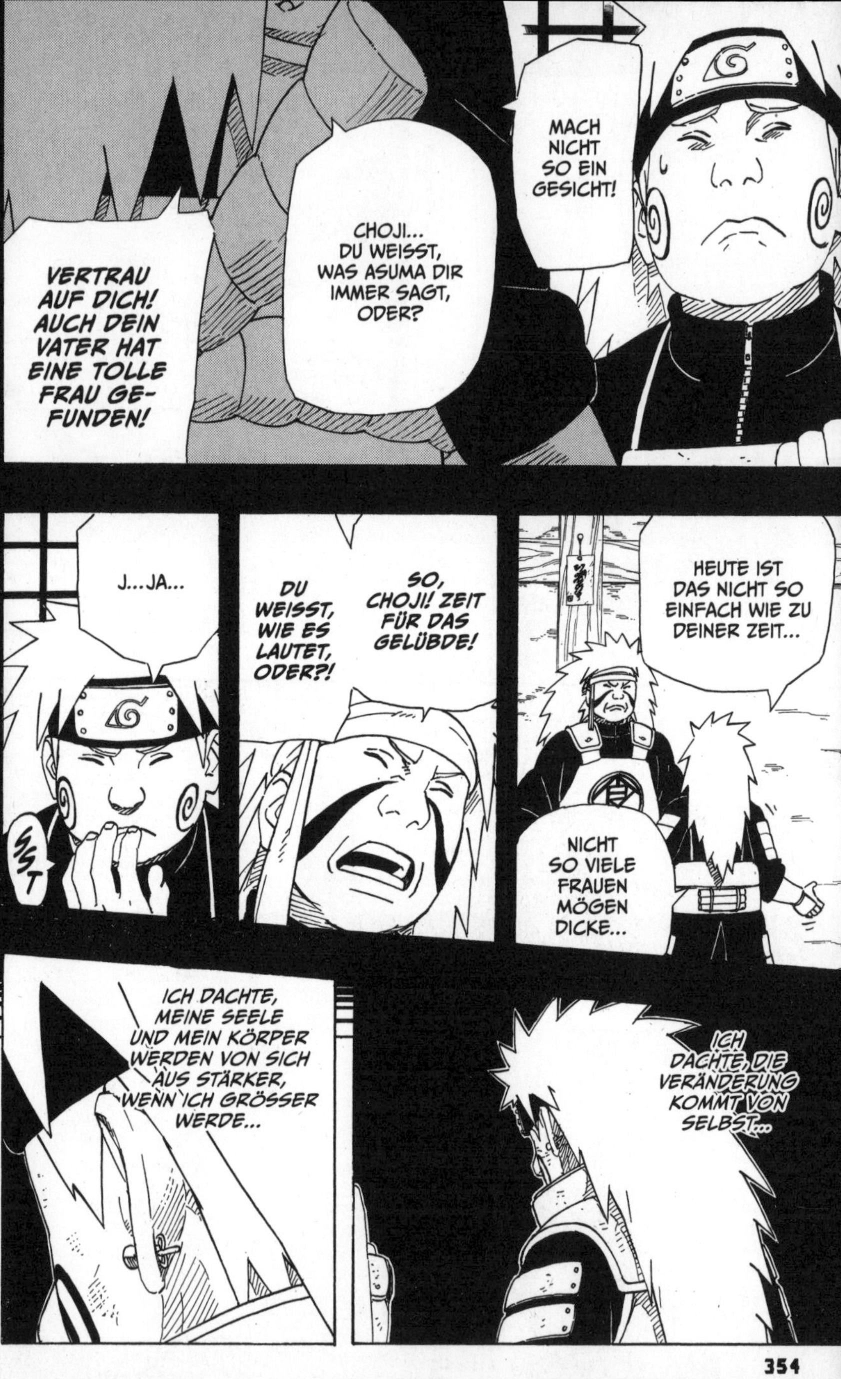
MACH NICHT SO EIN GESICHT!
CHOJI... DU WEISST, WAS ASUMA DIR IMMER SAGT, ODER?
VERTRAU AUF DICH! AUCH DEIN VATER HAT EINE TOLLE FRAU GEFUNDEN!
HEUTE IST DAS NICHT SO EINFACH WIE ZU DEINER ZEIT...
NICHT SO VIELE FRAUEN MÖGEN DICKE...
SO, CHOJI! ZEIT FÜR DAS GELÜBDE!
DU WEISST, WIE ES LAUTET, ODER?!
J...JA...
ICH DACHTE, DIE VERÄNDERUNG KOMMT VON SELBST...
ICH DACHTE, MEINE SEELE UND MEIN KÖRPER WERDEN VON SICH AUS STÄRKER, WENN ICH GRÖSSER WERDE...

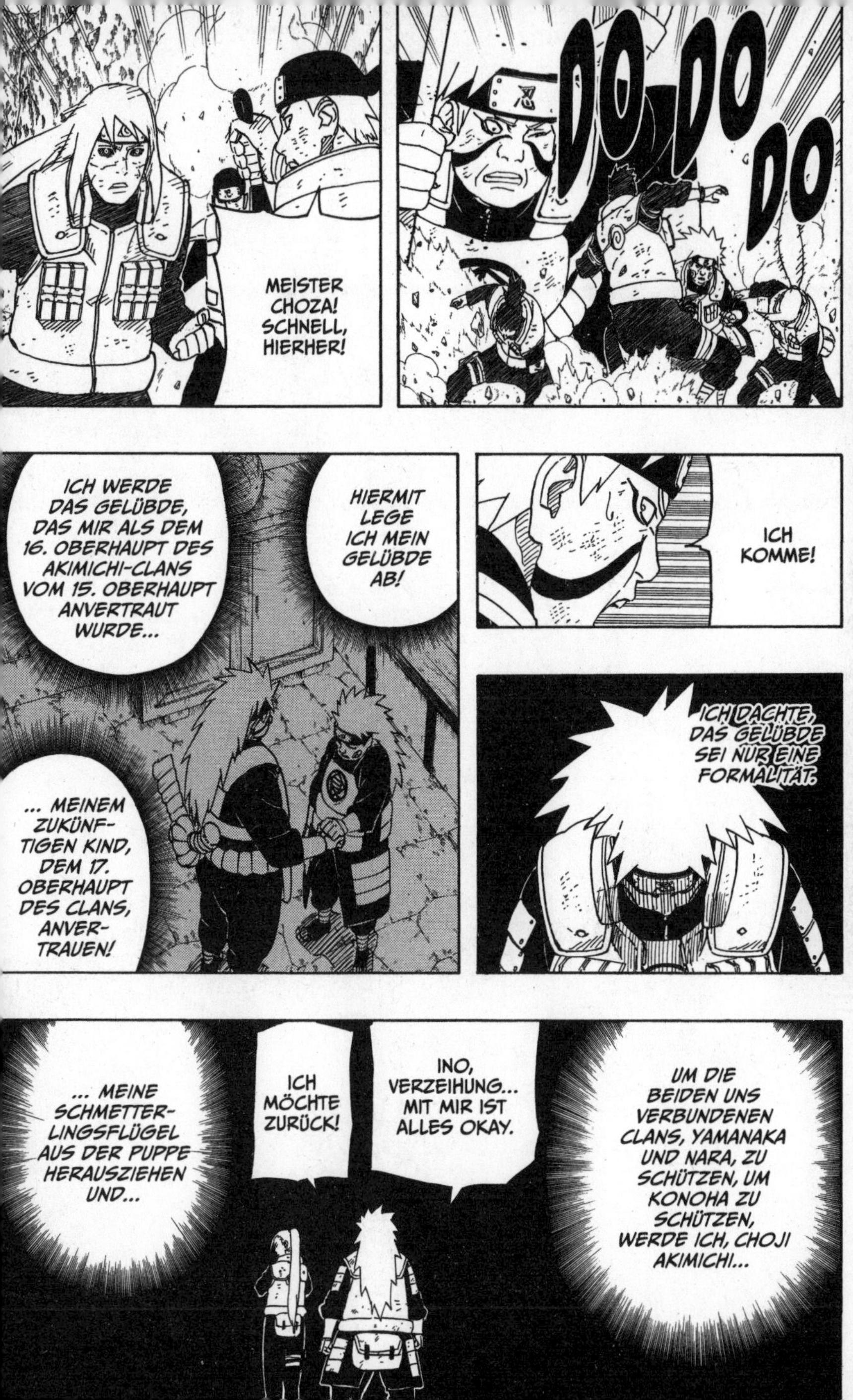
DO-DO-DO DO
MEISTER CHOZA! SCHNELL, HIERHER!
ICH KOMME!
HIERMIT LEGE ICH MEIN GELÜBDE AB!
ICH WERDE DAS GELÜBDE, DAS MIR ALS DEM 16. OBERHAUPT DES AKIMICHI-CLANS VOM 15. OBERHAUPT ANVERTRAUT WURDE...
... MEINEM ZUKÜNF-TIGEN KIND, DEM 17. OBERHAUPT DES CLANS, ANVER-TRAUEN!
ICH DACHTE, DAS GELÜBDE SEI NUR EINE FORMALITÄT.
UM DIE BEIDEN UNS VERBUNDENEN CLANS, YAMANAKA UND NARA, ZU SCHÜTZEN, UM KONOHA ZU SCHÜTZEN, WERDE ICH, CHOJI AKIMICHI...
INO, VERZEIHUNG... MIT MIR IST ALLES OKAY.
ICH MÖCHTE ZURÜCK!
... MEINE SCHMETTER-LINGSFLÜGEL AUS DER PUPPE HERAUSZIEHEN UND...

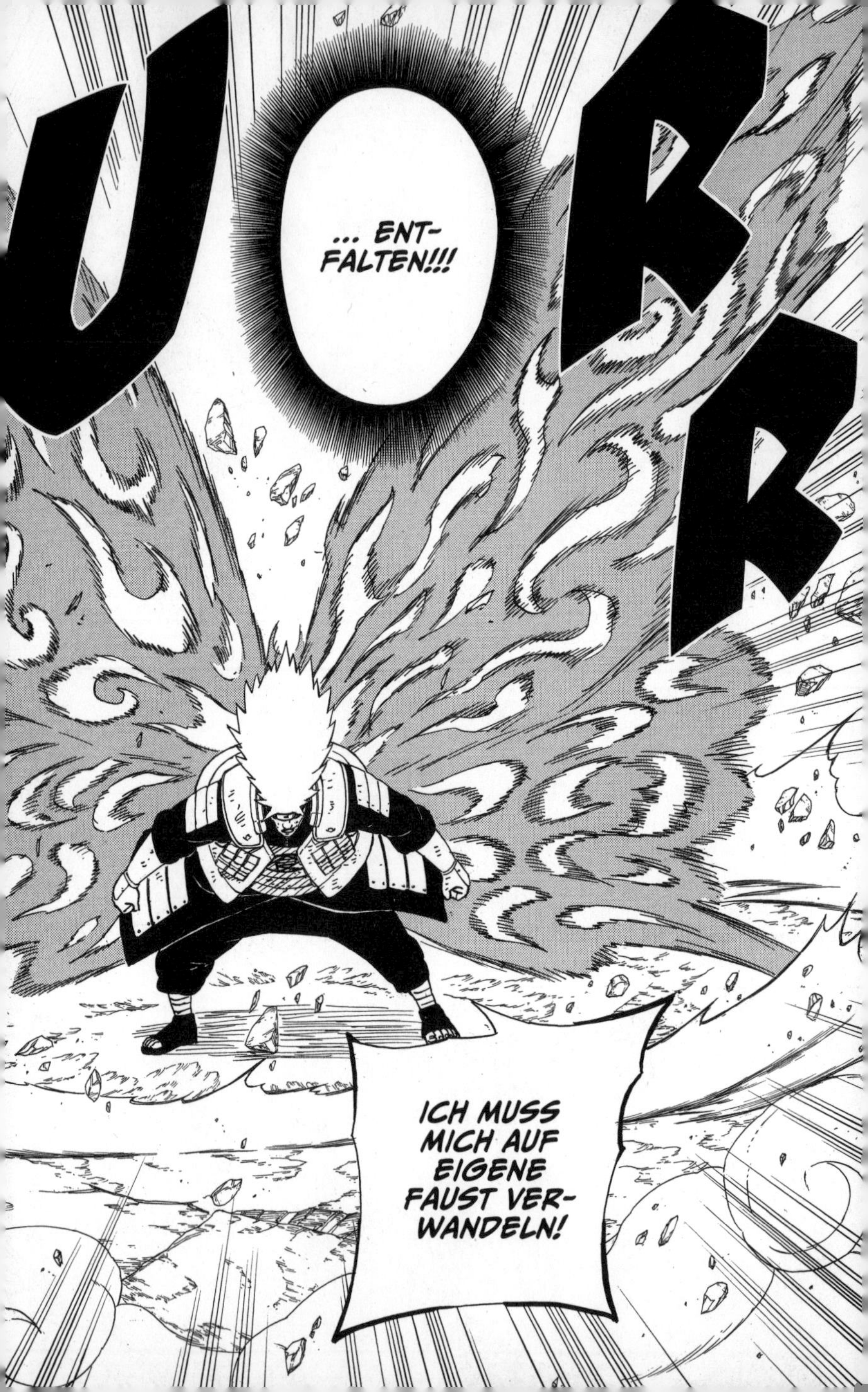

... ENT-
FALTEN!!!
ICH MUSS
MICH AUF
EIGENE
FAUST VER-
WANDELN!

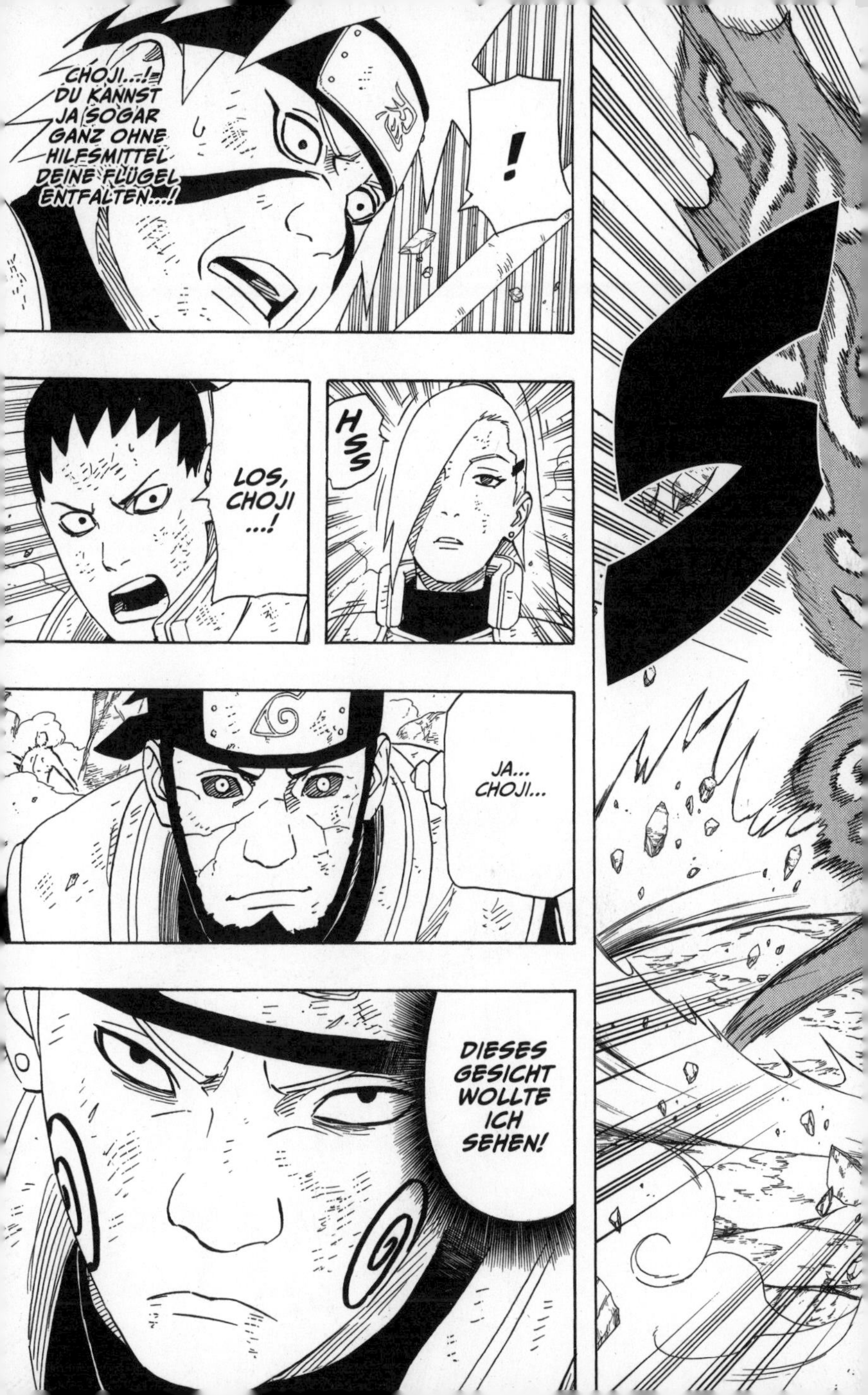
!
CHOJI...! DU KANNST JA SOGAR GANZ OHNE HILFSMITTEL DEINE FLÜGEL ENTFALTEN...!
HSS
LOS, CHOJI ...!
JA... CHOJI...
DIESES GESICHT WOLLTE ICH SEHEN!

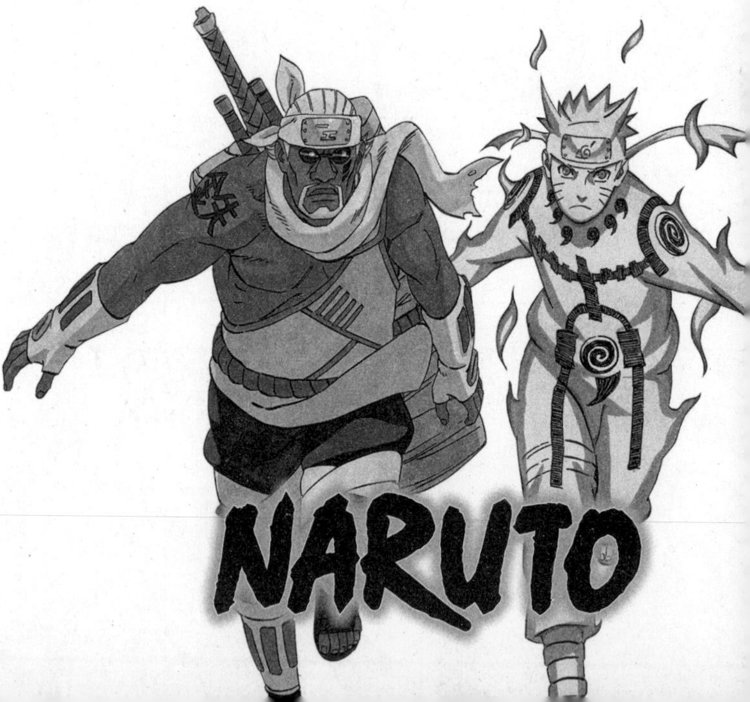
NARUTO

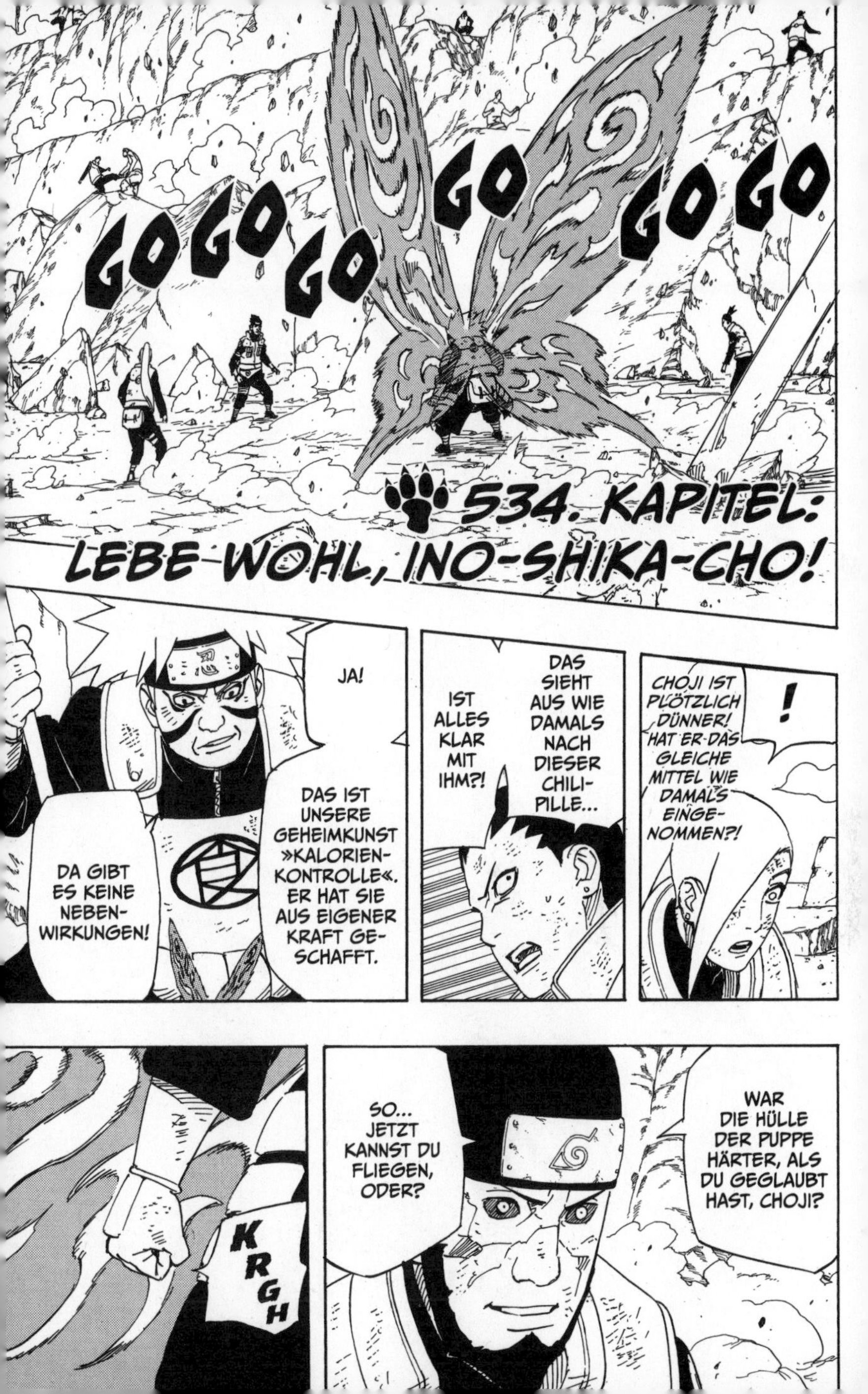
GOGOGOGOGOGOGO
534. KAPITEL: LEBE WOHL, INO-SHIKA-CHO!
!
CHOJI IST PLÖTZLICH DÜNNER! HAT ER DAS GLEICHE MITTEL WIE DAMALS EINGE-NOMMEN?!
DAS SIEHT AUS WIE DAMALS NACH DIESER CHILI-PILLE...
IST ALLES KLAR MIT IHM?!
JA!
DAS IST UNSERE GEHEIMKUNST »KALORIEN-KONTROLLE«. ER HAT SIE AUS EIGENER KRAFT GE-SCHAFFT.
DA GIBT ES KEINE NEBEN-WIRKUNGEN!
WAR DIE HÜLLE DER PUPPE HÄRTER, ALS DU GEGLAUBT HAST, CHOJI?
SO... JETZT KANNST DU FLIEGEN, ODER?
KRGH

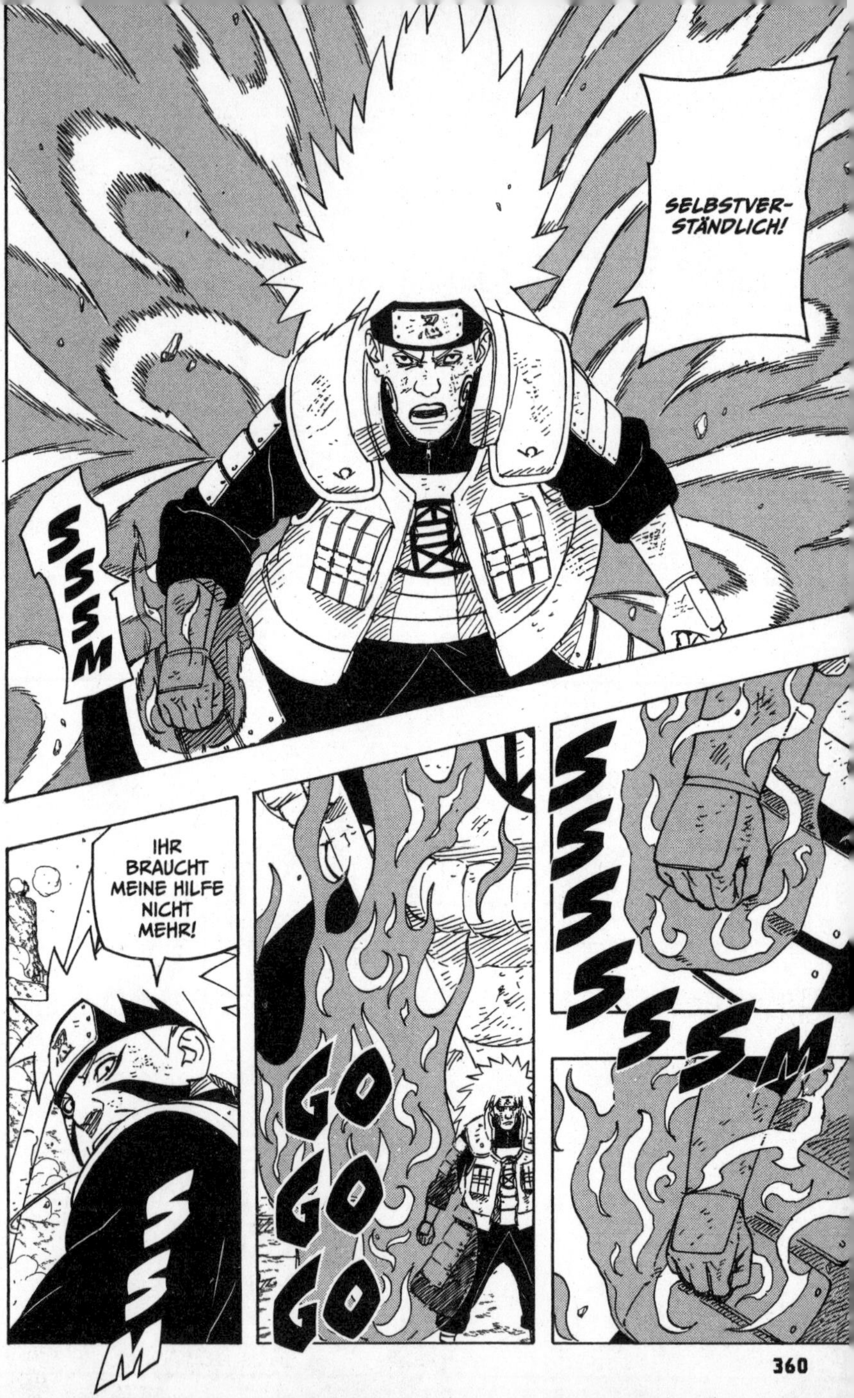
SELBSTVERSTÄNDLICH!
SSSM
SSSSSSSM
GOGOGOGO
IHR BRAUCHT MEINE HILFE NICHT MEHR!
SSSM

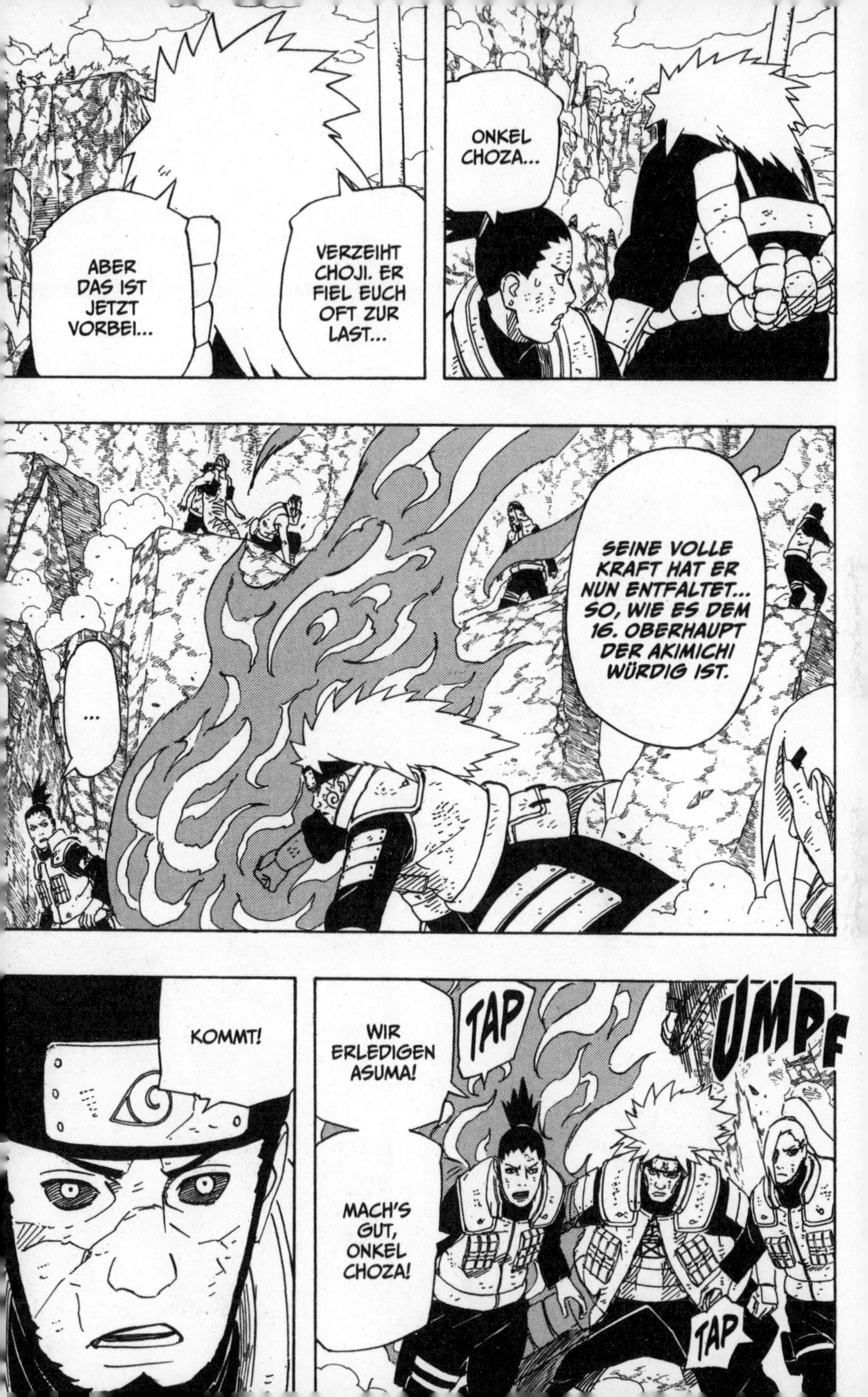
ONKEL CHOZA...
VERZEIHT CHOJI. ER FIEL EUCH OFT ZUR LAST...
ABER DAS IST JETZT VORBEI...
SEINE VOLLE KRAFT HAT ER NUN ENTFALTET... SO, WIE ES DEM 16. OBERHAUPT DER AKIMICHI WÜRDIG IST.
...
UMPF
TAP
WIR ERLEDIGEN ASUMA!
MACH'S GUT, ONKEL CHOZA!
TAP
KOMMT!

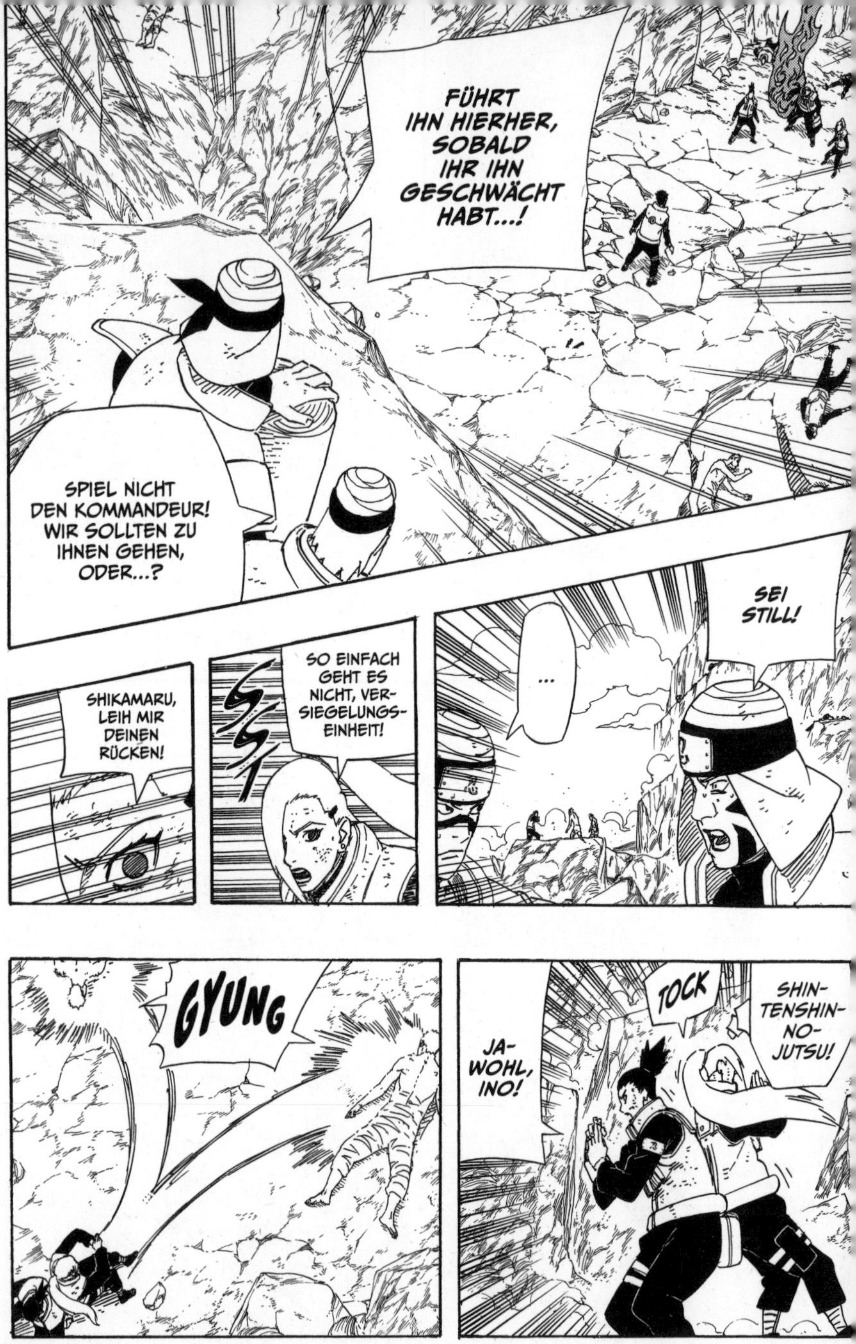
FÜHRT IHN HIERHER, SOBALD IHR IHN GESCHWÄCHT HABT...!
SPIEL NICHT DEN KOMMANDEUR! WIR SOLLTEN ZU IHNEN GEHEN, ODER...?
SEI STILL!
...
SO EINFACH GEHT ES NICHT, VERSIEGELUNGSEINHEIT!
SHIKAMARU, LEIH MIR DEINEN RÜCKEN!
SHINTENSHIN-NO-JUTSU!
TOCK
JAWOHL, INO!
GYUNG

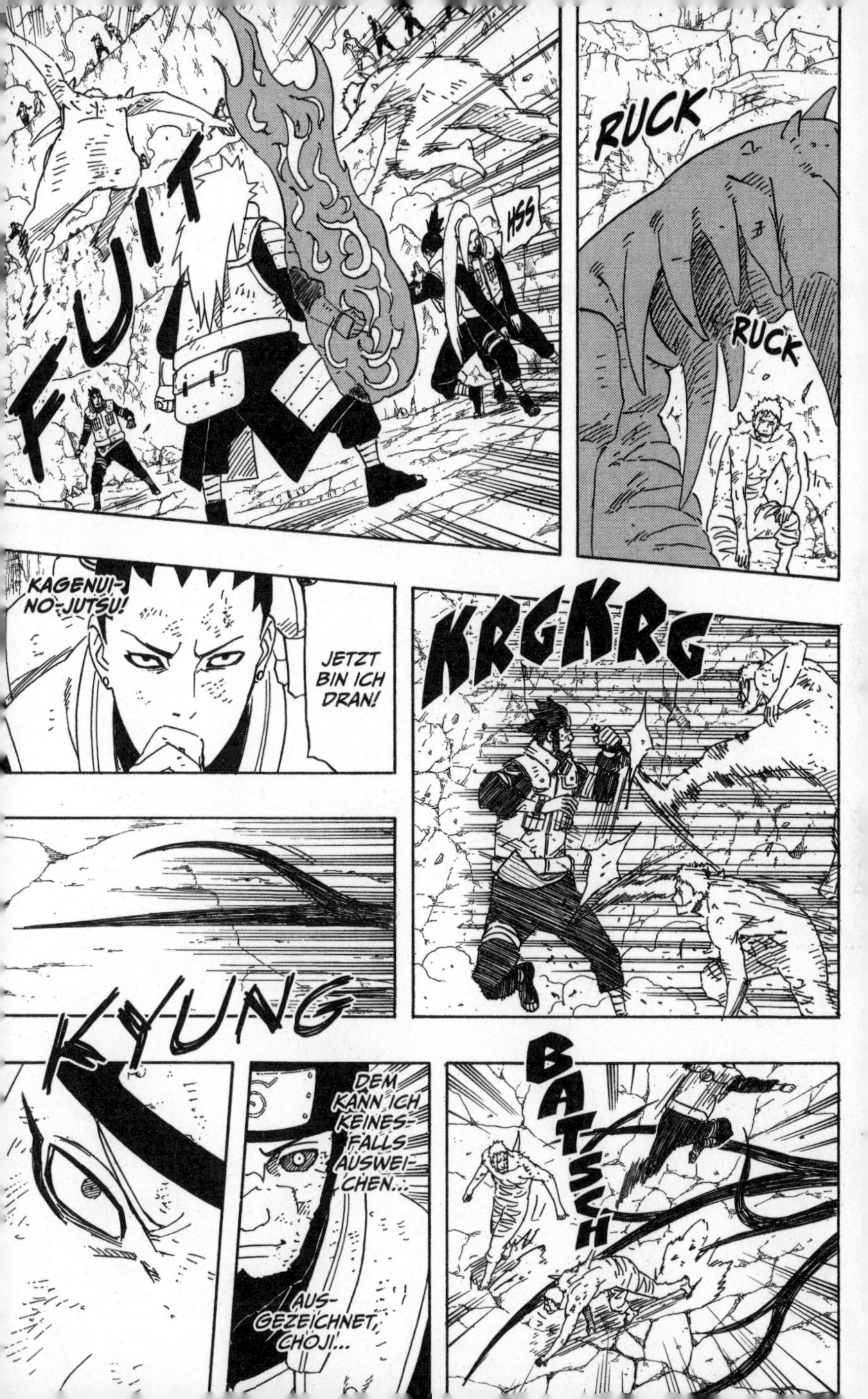
RUCK
RUCK
FUIT
HSS
KRGKRG
JETZT BIN ICH DRAN!
KAGENUI-NO-JUTSU!
KYUNG
BATSCH
DEM KANN ICH KEINESFALLS AUSWEICHEN...
AUSGEZEICHNET, CHOJI...

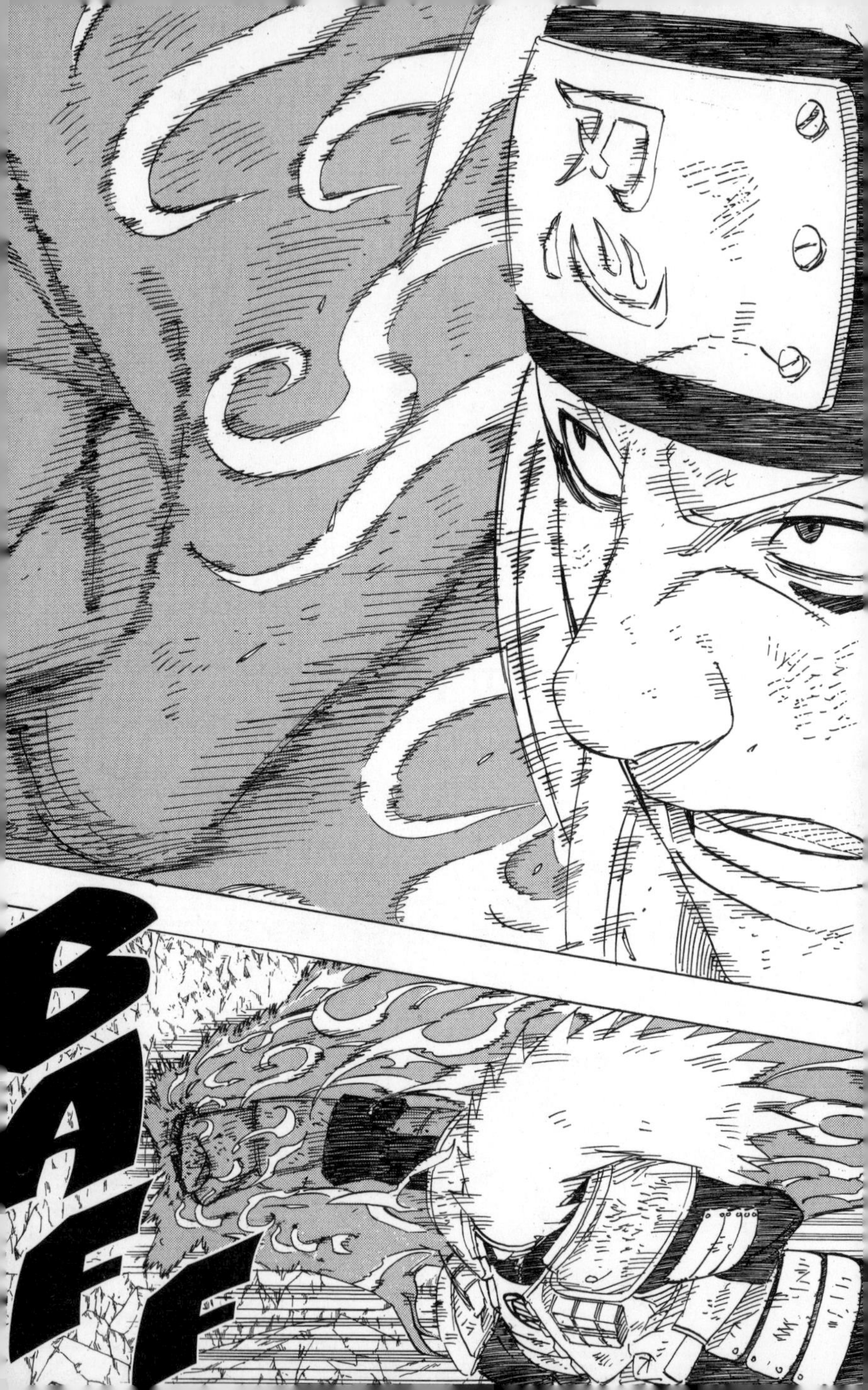
BAFF

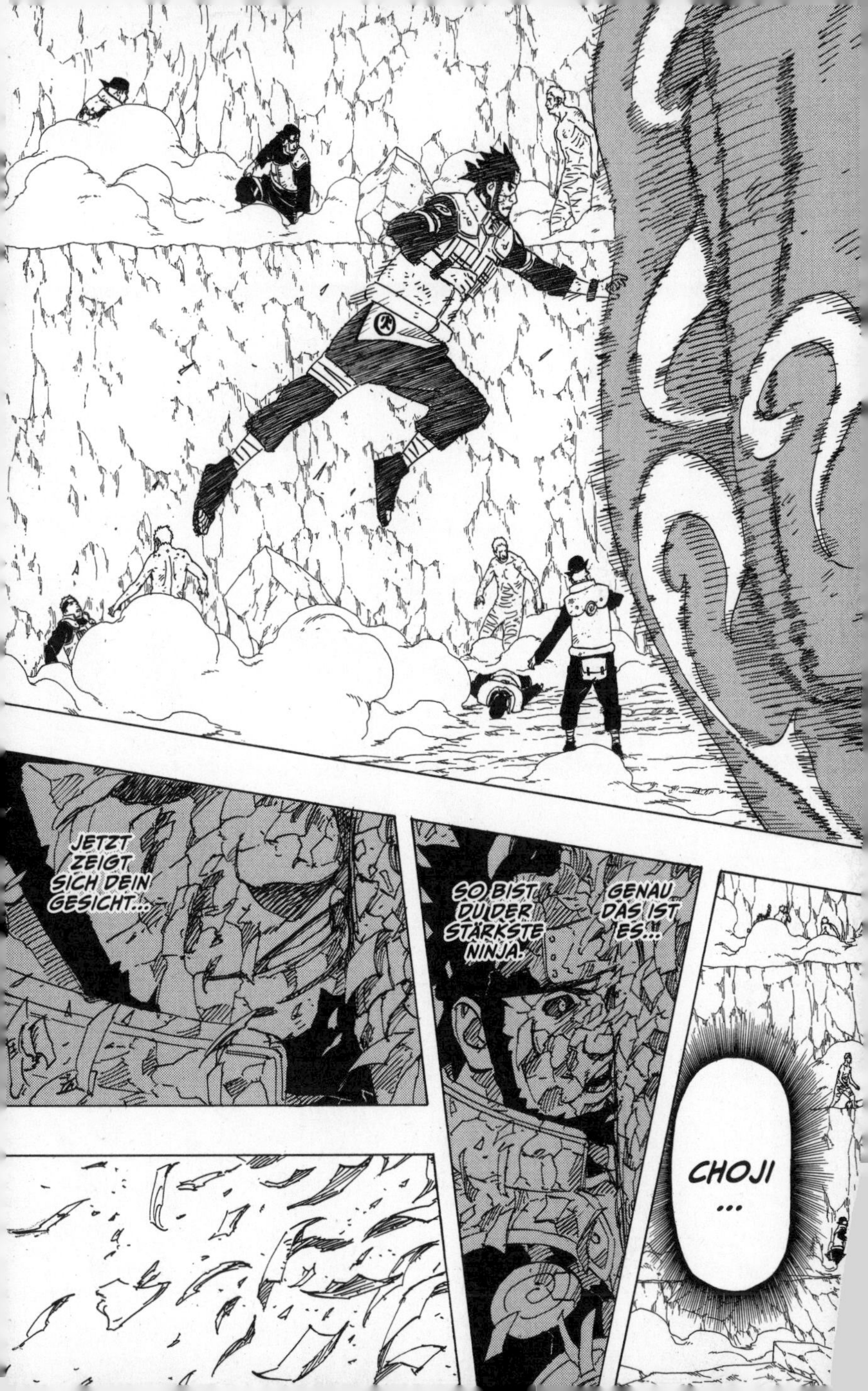
CHOJI ...
GENAU DAS IST ES...!
SO BIST DU DER STÄRKSTE NINJA.
JETZT ZEIGT SICH DEIN GESICHT...

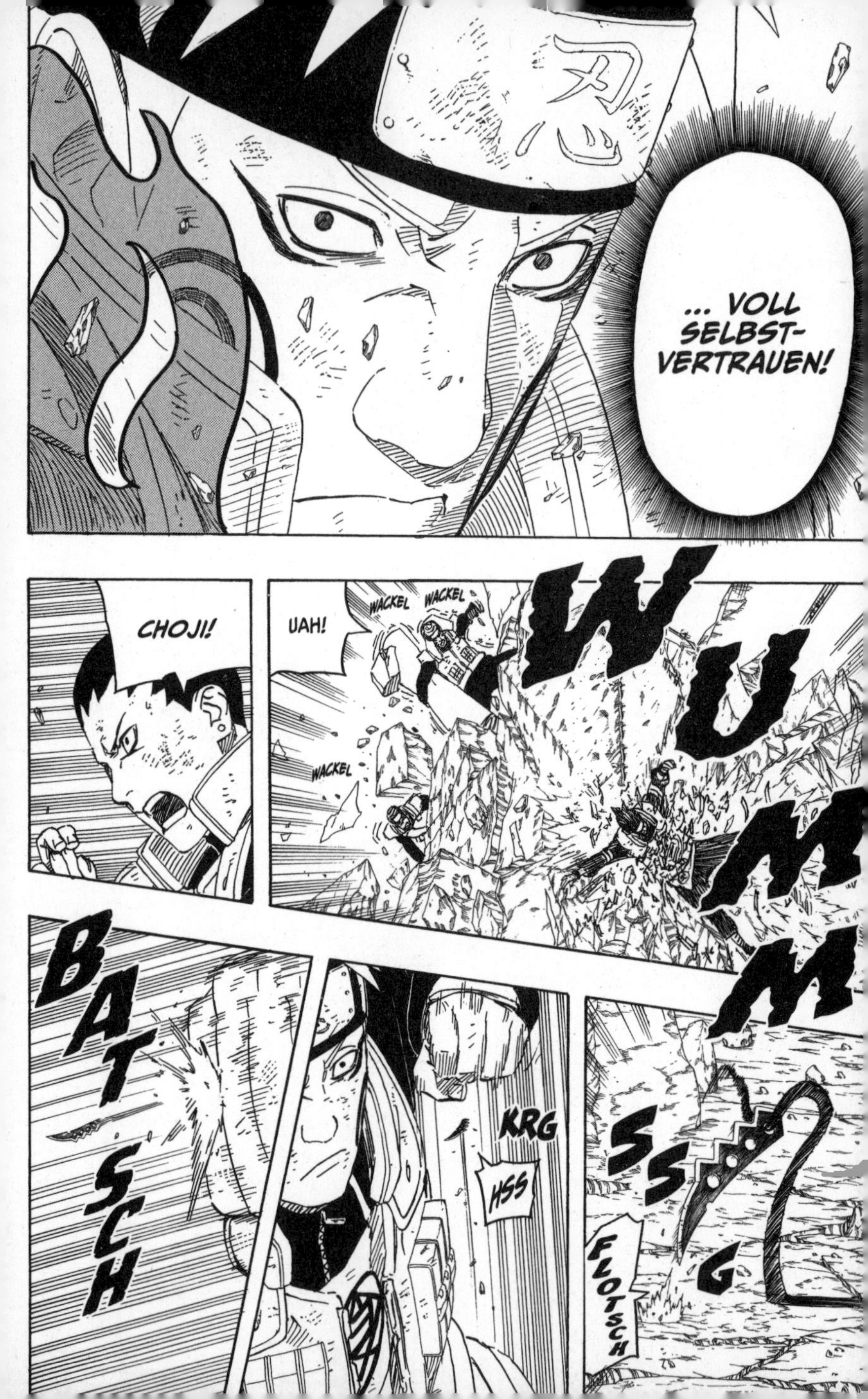
... VOLL SELBST-VERTRAUEN!
CHOJI!
UAH!
WACKEL
WACKEL
WACKEL
WUMM
BATSCH
KRG
HSS
SSG
FLOTSCH

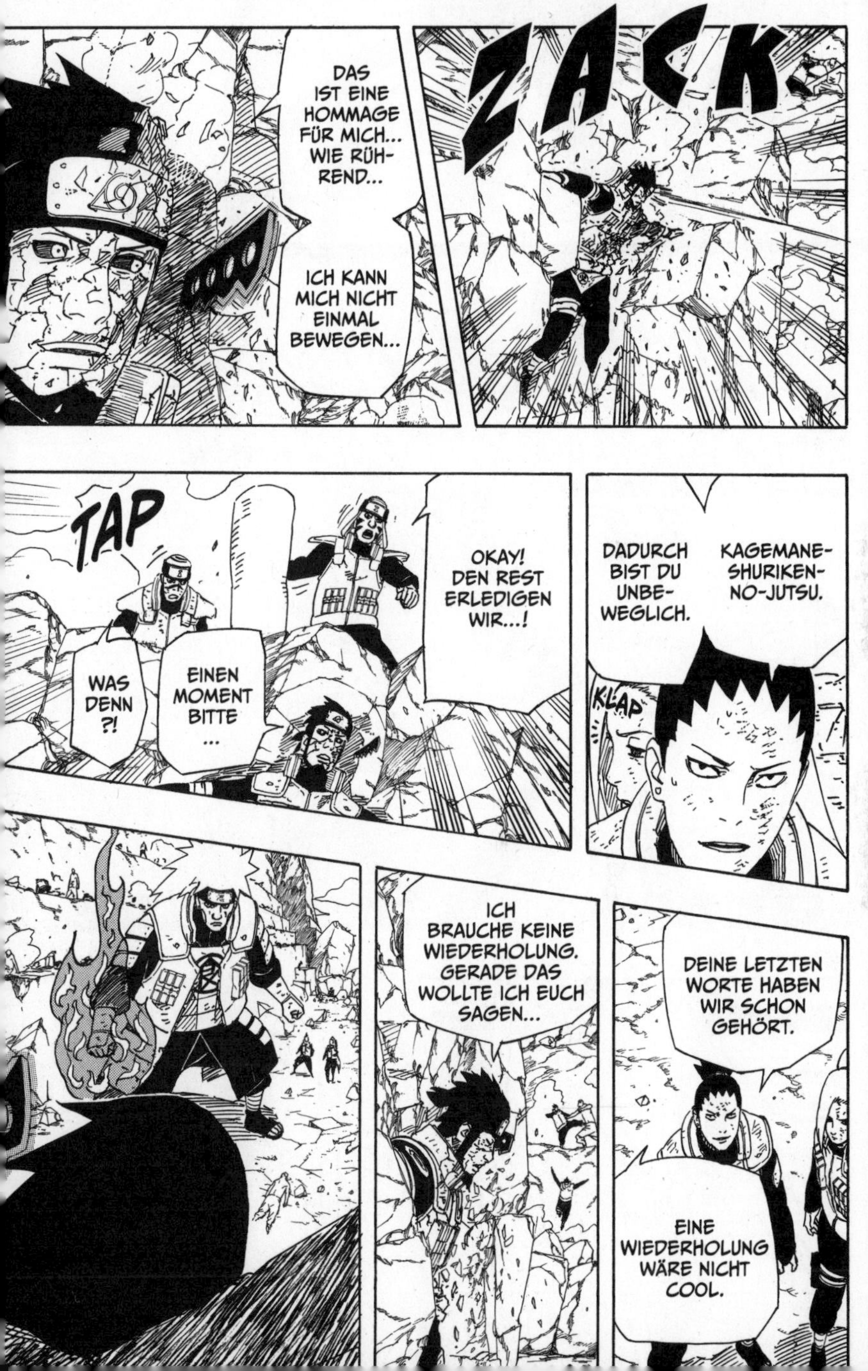
ZACK
DAS IST EINE HOMMAGE FÜR MICH... WIE RÜHREND...
ICH KANN MICH NICHT EINMAL BEWEGEN...
KAGEMANE-SHURIKEN-NO-JUTSU.
DADURCH BIST DU UNBEWEGLICH.
KLAP
OKAY! DEN REST ERLEDIGEN WIR...!
TAP
EINEN MOMENT BITTE ...
WAS DENN ?!
DEINE LETZTEN WORTE HABEN WIR SCHON GEHÖRT.
EINE WIEDERHOLUNG WÄRE NICHT COOL.
ICH BRAUCHE KEINE WIEDERHOLUNG. GERADE DAS WOLLTE ICH EUCH SAGEN...

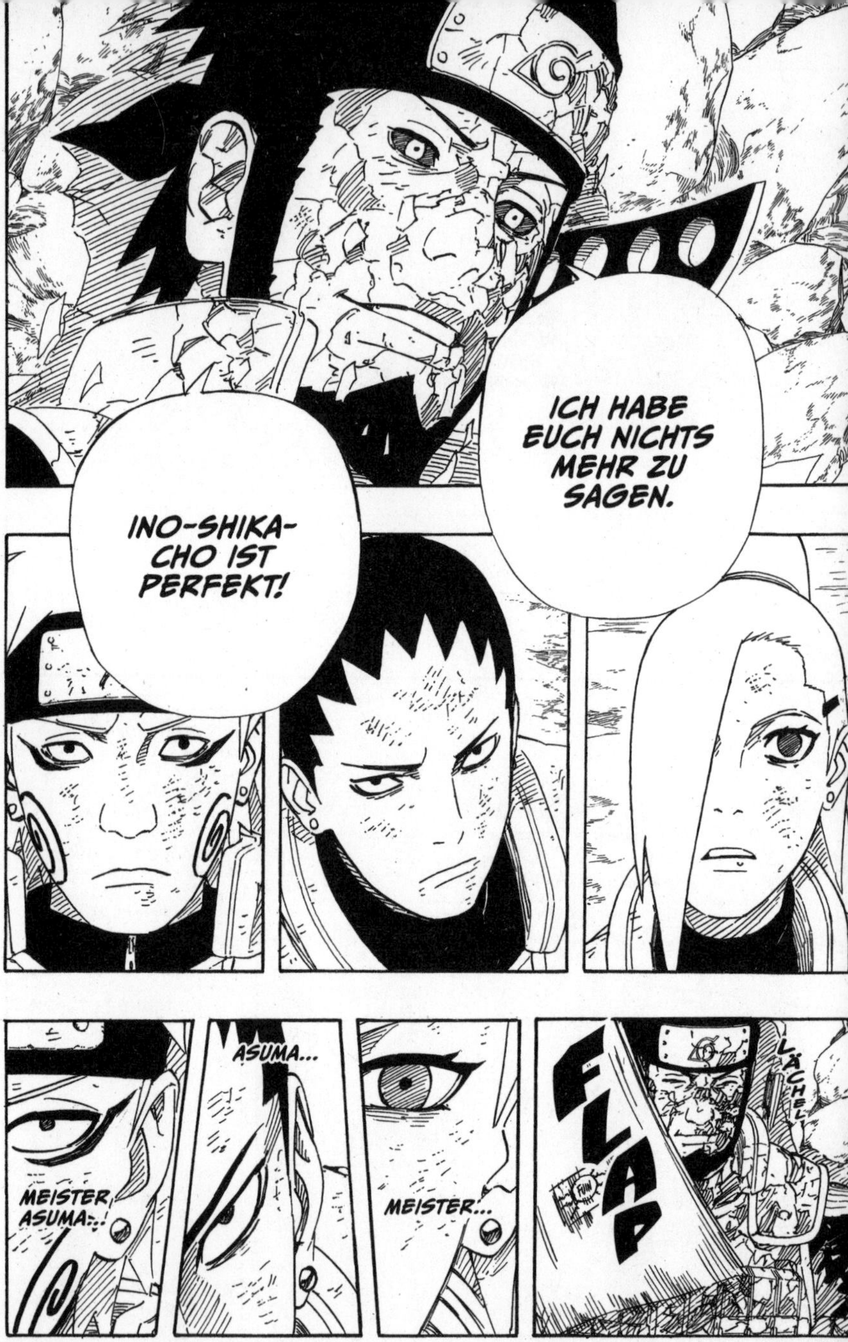
ICH HABE EUCH NICHTS MEHR ZU SAGEN.
INO-SHIKA-CHO IST PERFEKT!
LÄCHEL
FLAP
MEISTER...
ASUMA...
MEISTER ASUMA...!

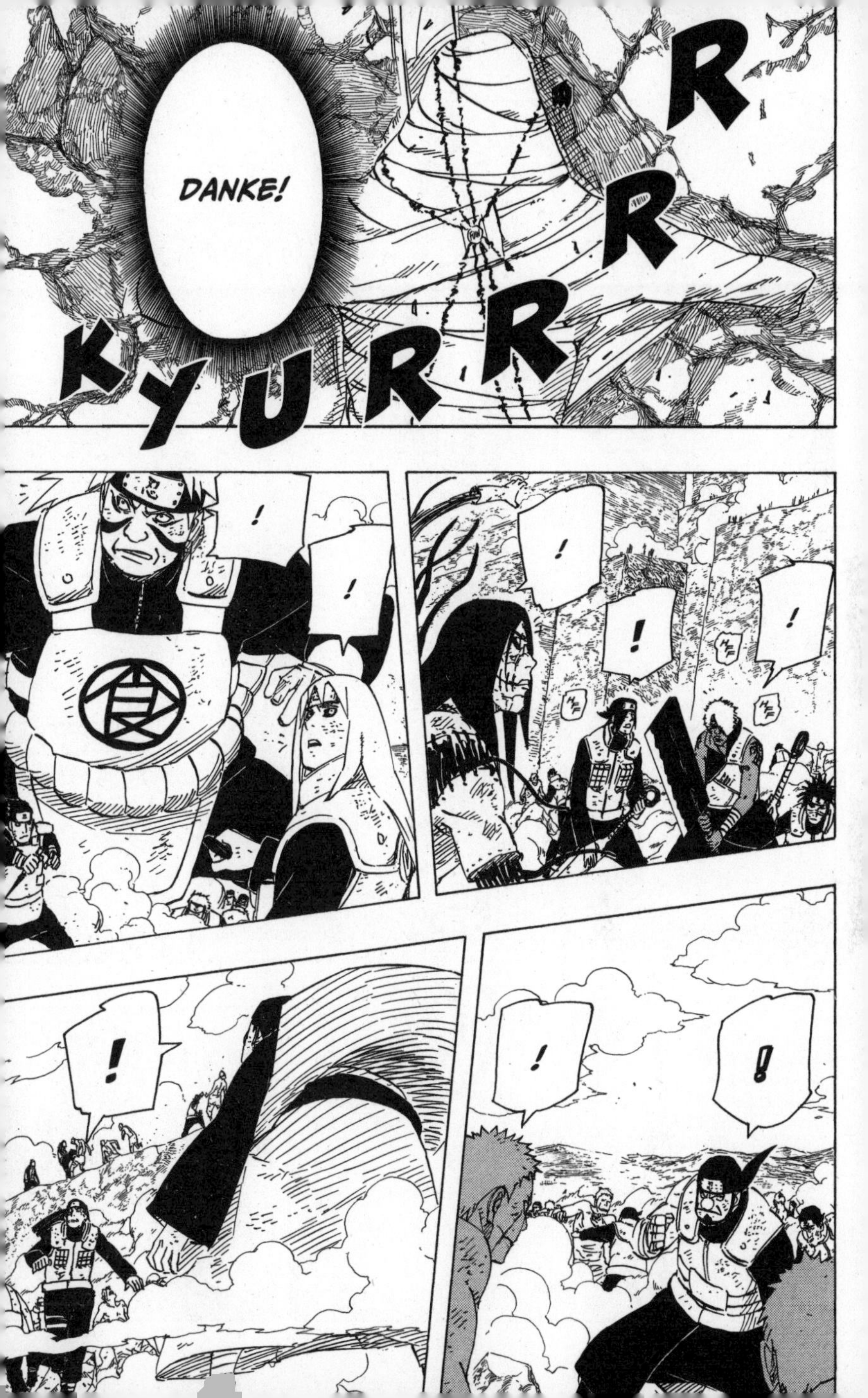
DANKE!
KYURRRR
!
!
!
!
!
!
!
!

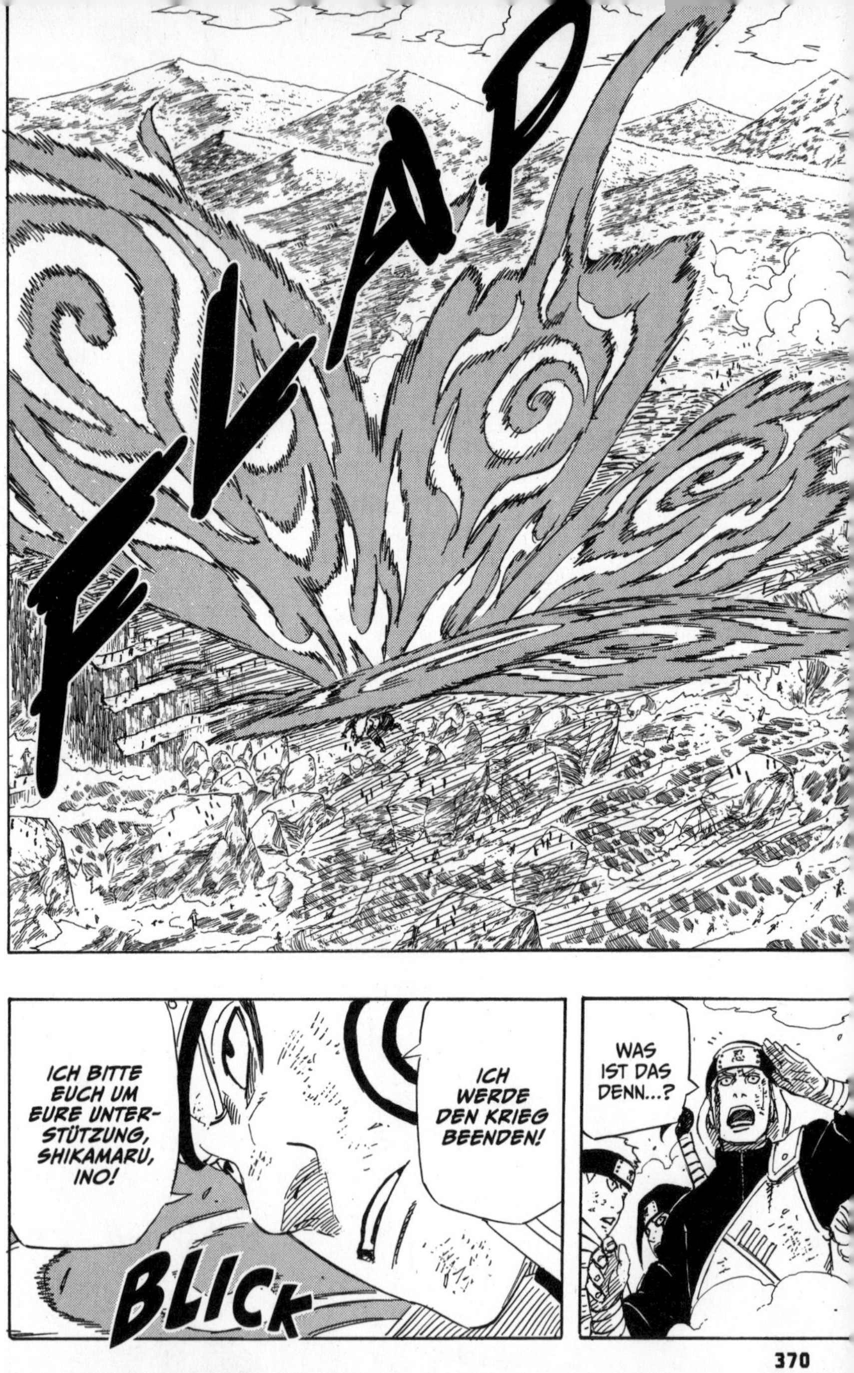
FLAP
WAS IST DAS DENN...?
ICH WERDE DEN KRIEG BEENDEN!
ICH BITTE EUCH UM EURE UNTERSTÜTZUNG, SHIKAMARU, INO!
BLICK

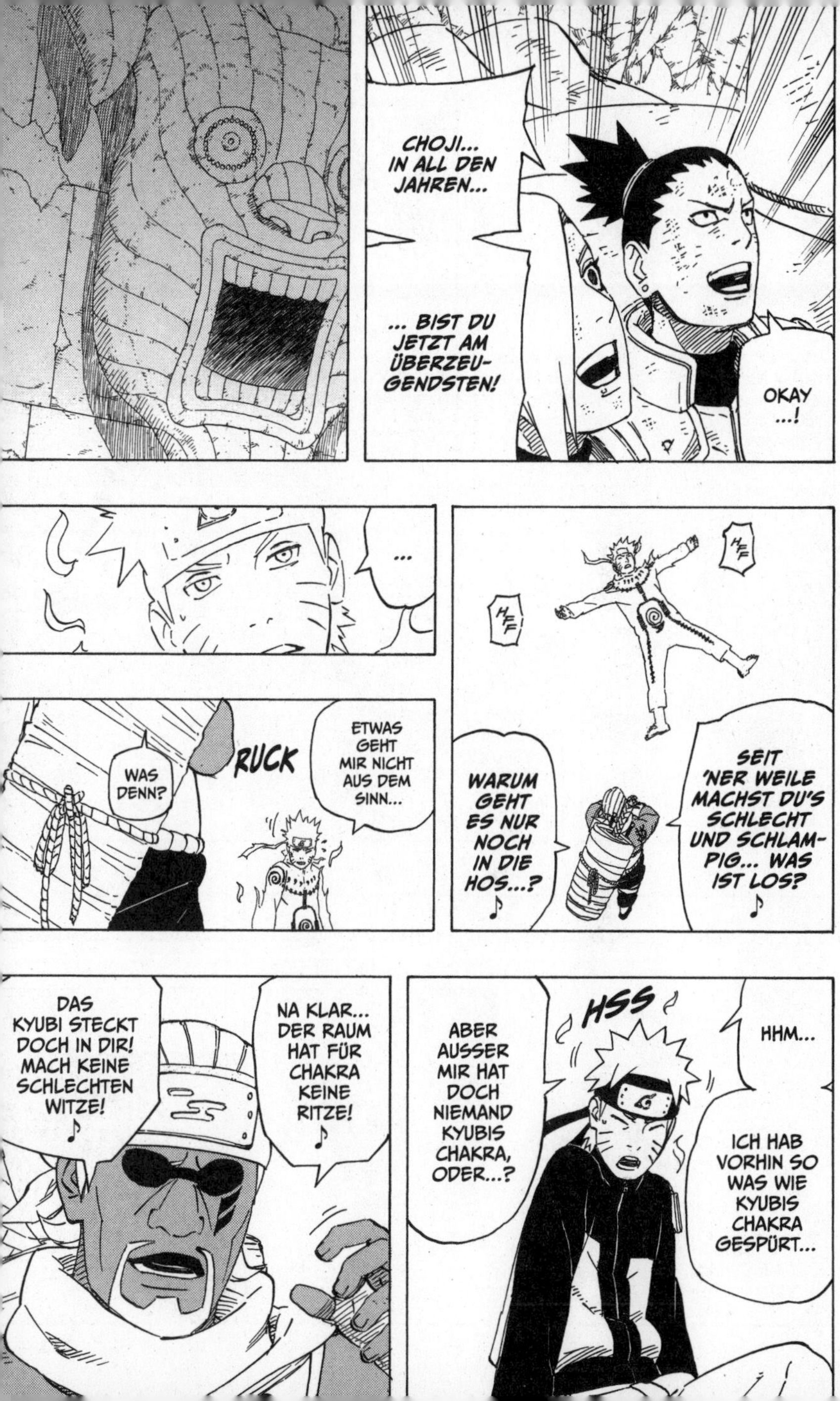
CHOJI... IN ALL DEN JAHREN...
... BIST DU JETZT AM ÜBERZEU-GENDSTEN!
OKAY ...!
HF
HF
...
SEIT 'NER WEILE MACHST DU'S SCHLECHT UND SCHLAM-PIG... WAS IST LOS? ♪
WARUM GEHT ES NUR NOCH IN DIE HOS...? ♪
ETWAS GEHT MIR NICHT AUS DEM SINN...
RUCK
WAS DENN?
HHM...
ICH HAB VORHIN SO WAS WIE KYUBIS CHAKRA GESPÜRT...
HSS
ABER AUSSER MIR HAT DOCH NIEMAND KYUBIS CHAKRA, ODER...?
NA KLAR... DER RAUM HAT FÜR CHAKRA KEINE RITZE! ♪
DAS KYUBI STECKT DOCH IN DIR! MACH KEINE SCHLECHTEN WITZE! ♪

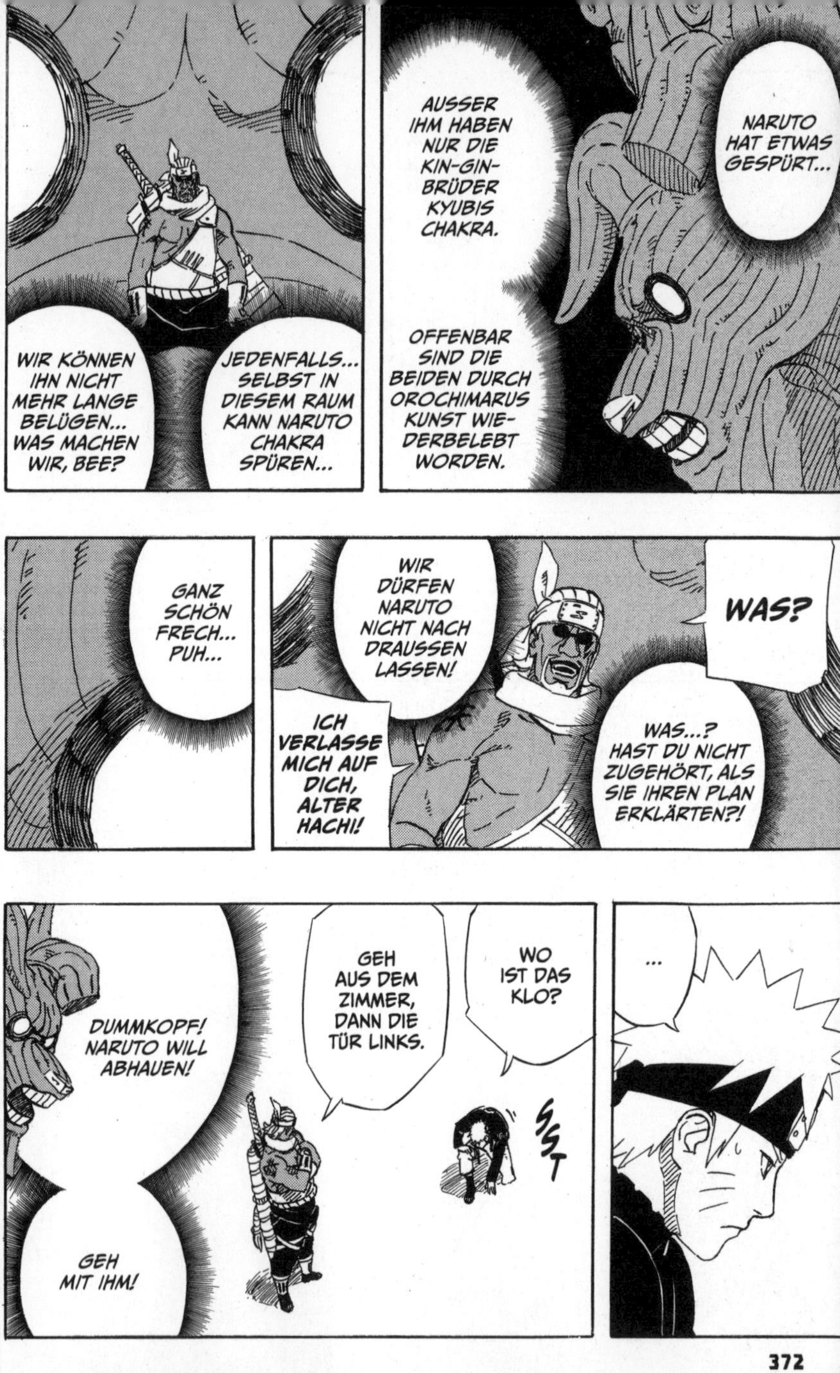
NARUTO HAT ETWAS GESPÜRT...
AUSSER IHM HABEN NUR DIE KIN-GIN-BRÜDER KYUBIS CHAKRA.
OFFENBAR SIND DIE BEIDEN DURCH OROCHIMARUS KUNST WIEDERBELEBT WORDEN.
JEDENFALLS... SELBST IN DIESEM RAUM KANN NARUTO CHAKRA SPÜREN...
WIR KÖNNEN IHN NICHT MEHR LANGE BELÜGEN... WAS MACHEN WIR, BEE?
WAS?
WAS...? HAST DU NICHT ZUGEHÖRT, ALS SIE IHREN PLAN ERKLÄRTEN?!
WIR DÜRFEN NARUTO NICHT NACH DRAUSSEN LASSEN!
ICH VERLASSE MICH AUF DICH, ALTER HACHI!
GANZ SCHÖN FRECH... PUH...
...
WO IST DAS KLO?
GEH AUS DEM ZIMMER, DANN DIE TÜR LINKS.
SST
DUMMKOPF! NARUTO WILL ABHAUEN!
GEH MIT IHM!

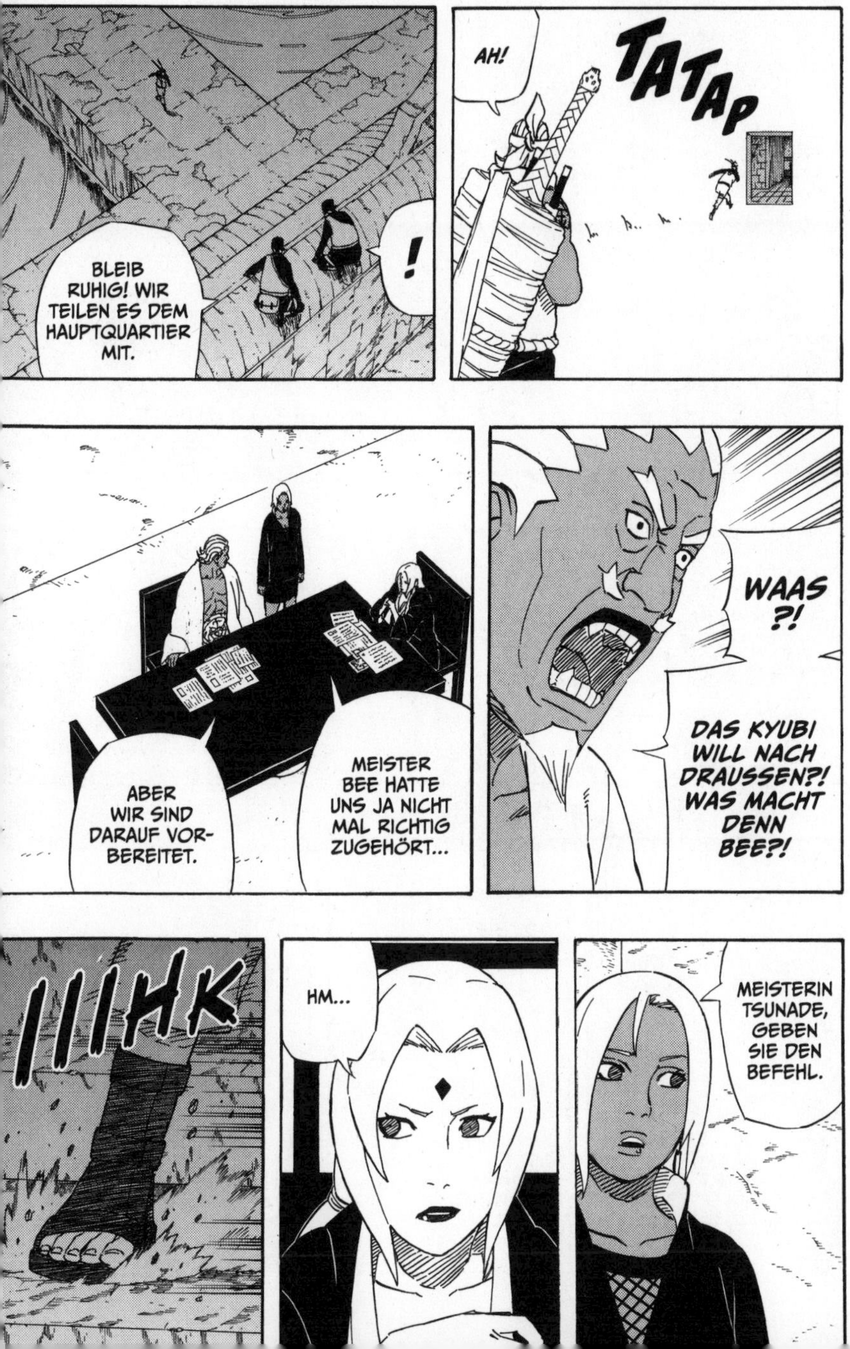
AH!
TATAP
!
BLEIB RUHIG! WIR TEILEN ES DEM HAUPTQUARTIER MIT.
WAAS ?!
DAS KYUBI WILL NACH DRAUSSEN?! WAS MACHT DENN BEE?!
MEISTER BEE HATTE UNS JA NICHT MAL RICHTIG ZUGEHÖRT...
ABER WIR SIND DARAUF VORBEREITET.
MEISTERIN TSUNADE, GEBEN SIE DEN BEFEHL.
HM...
IIIHK

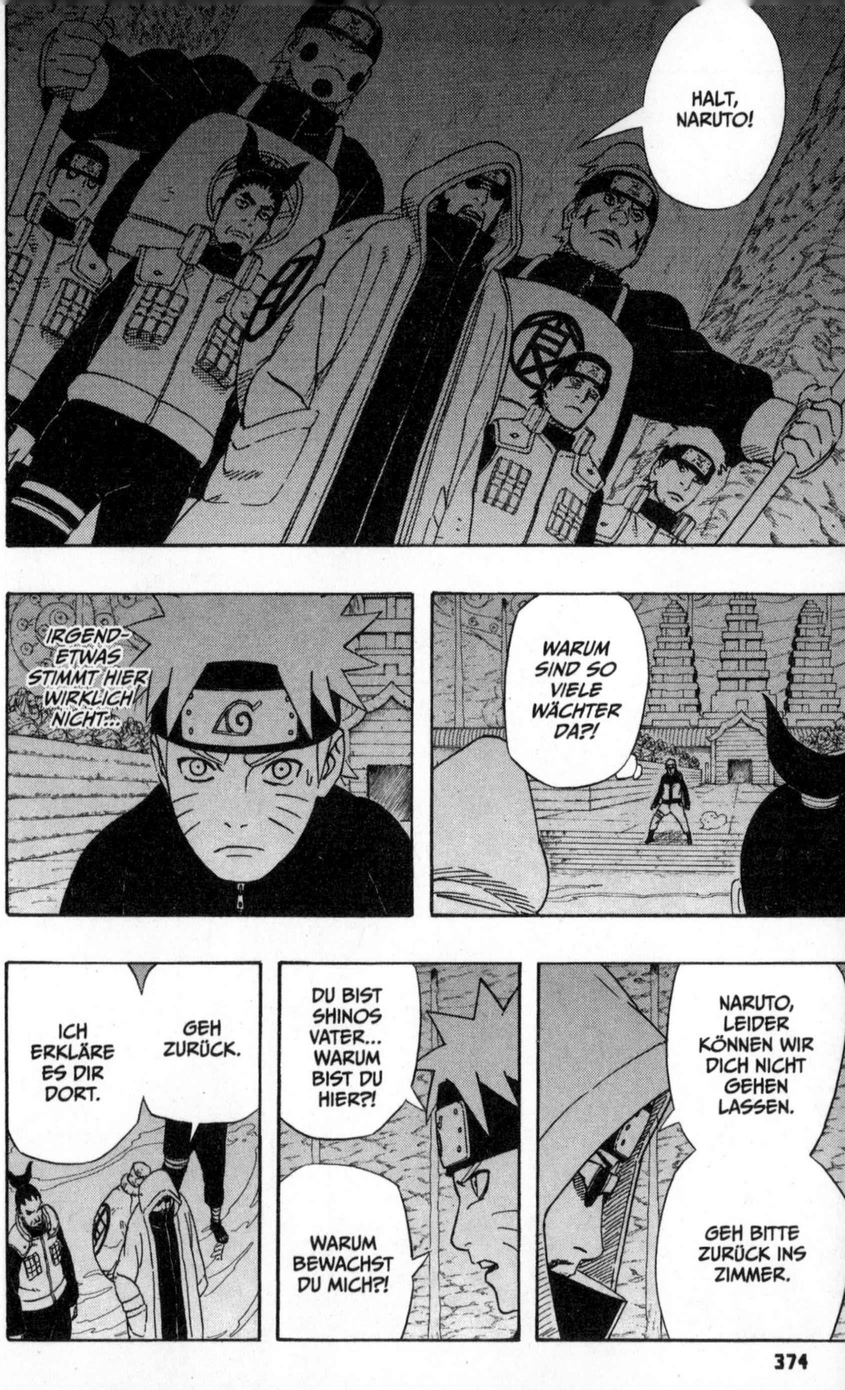
HALT, NARUTO!
WARUM SIND SO VIELE WÄCHTER DA?!
IRGEND-ETWAS STIMMT HIER WIRKLICH NICHT...
NARUTO, LEIDER KÖNNEN WIR DICH NICHT GEHEN LASSEN.
GEH BITTE ZURÜCK INS ZIMMER.
DU BIST SHINOS VATER... WARUM BIST DU HIER?!
WARUM BEWACHST DU MICH?!
GEH ZURÜCK.
ICH ERKLÄRE ES DIR DORT.

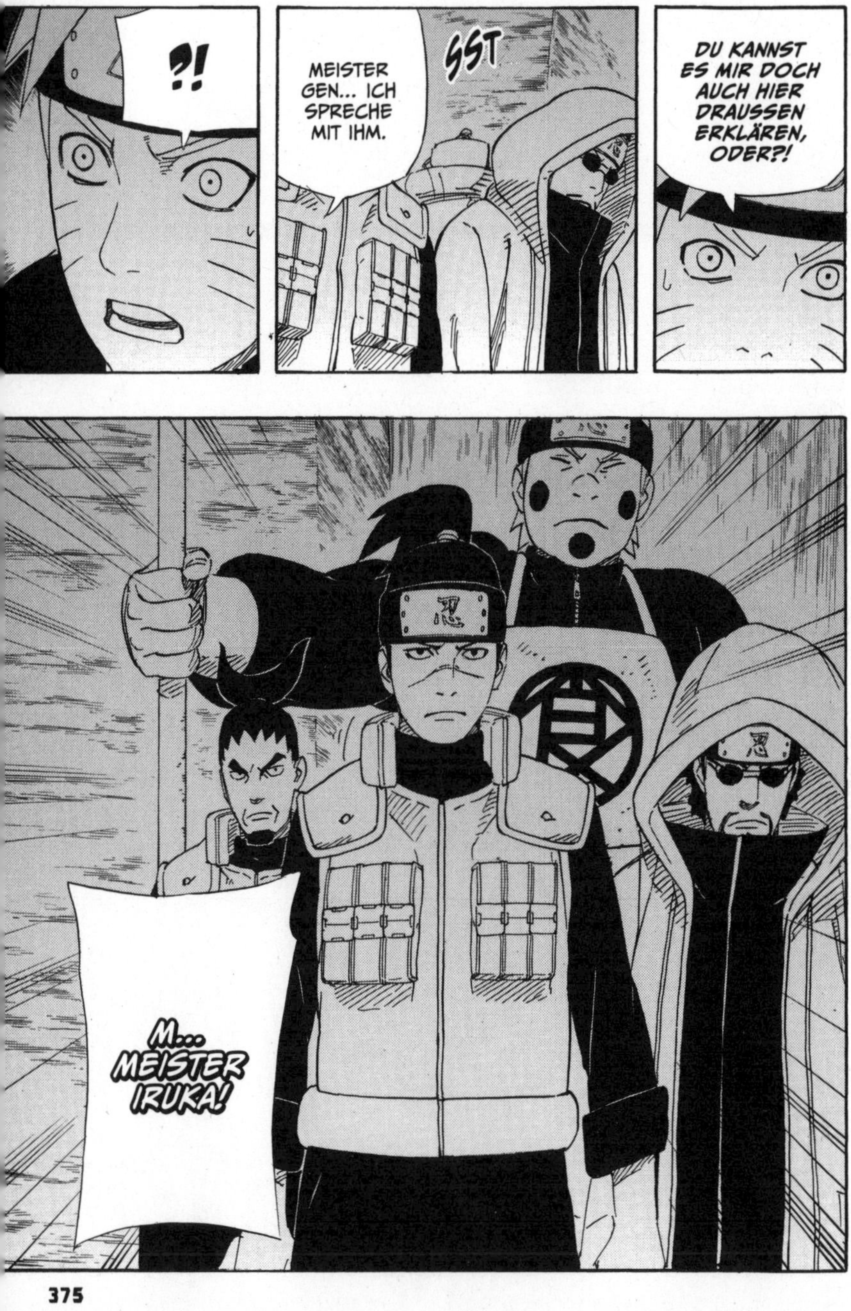
?!
MEISTER GEN... ICH SPRECHE MIT IHM.
SST
DU KANNST ES MIR DOCH AUCH HIER DRAUSSEN ERKLÄREN, ODER?!
M... MEISTER IRUKA!

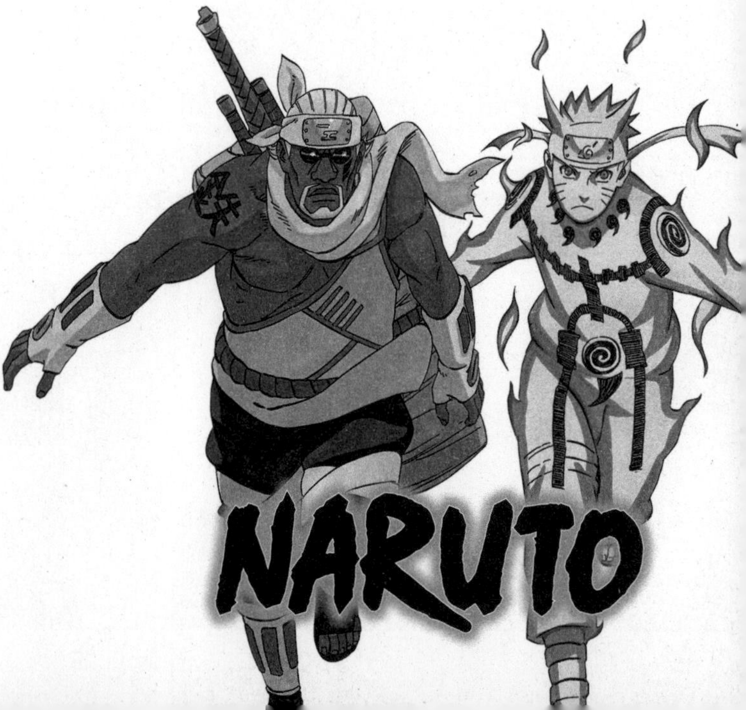
NARUTO

535. Kapitel: Irukas Bitte

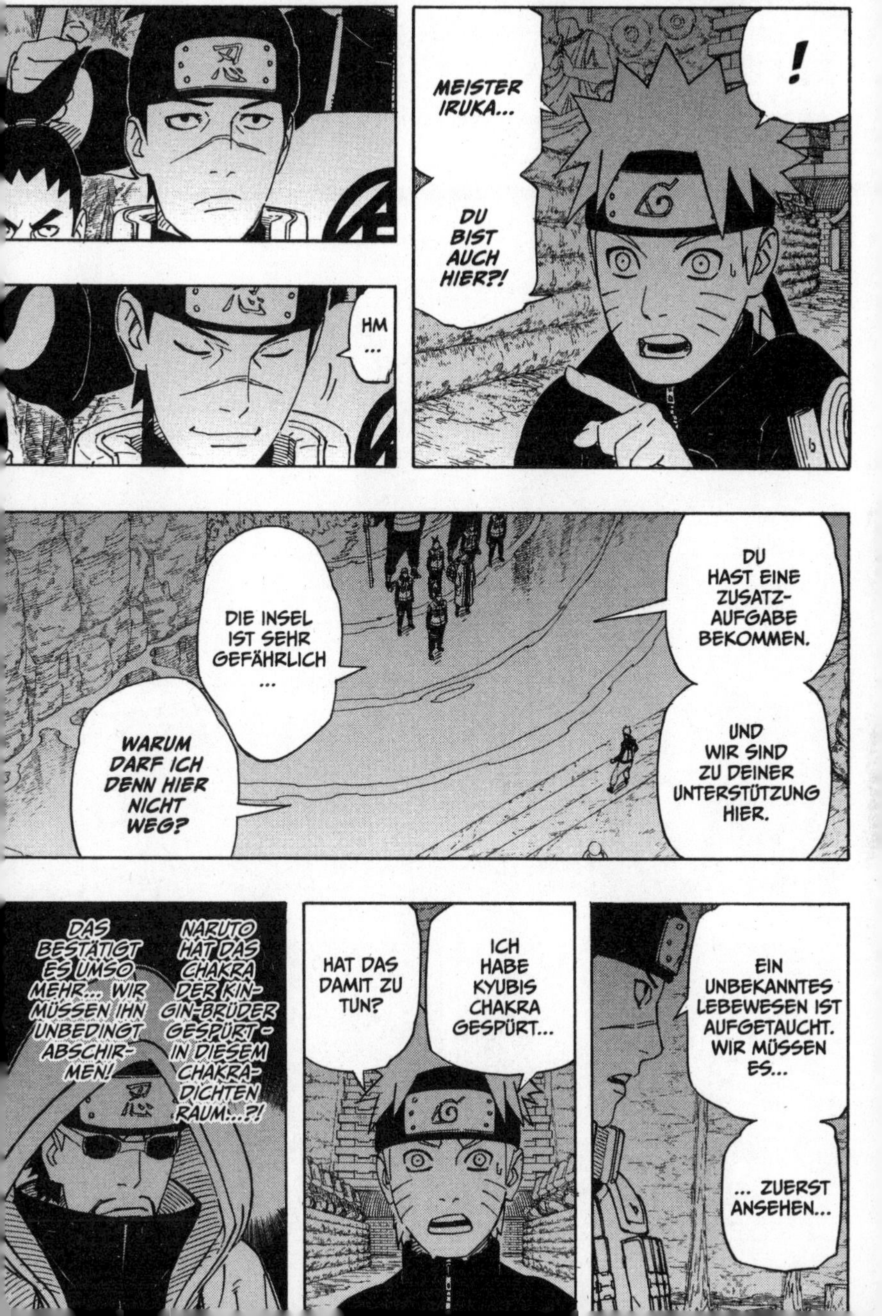

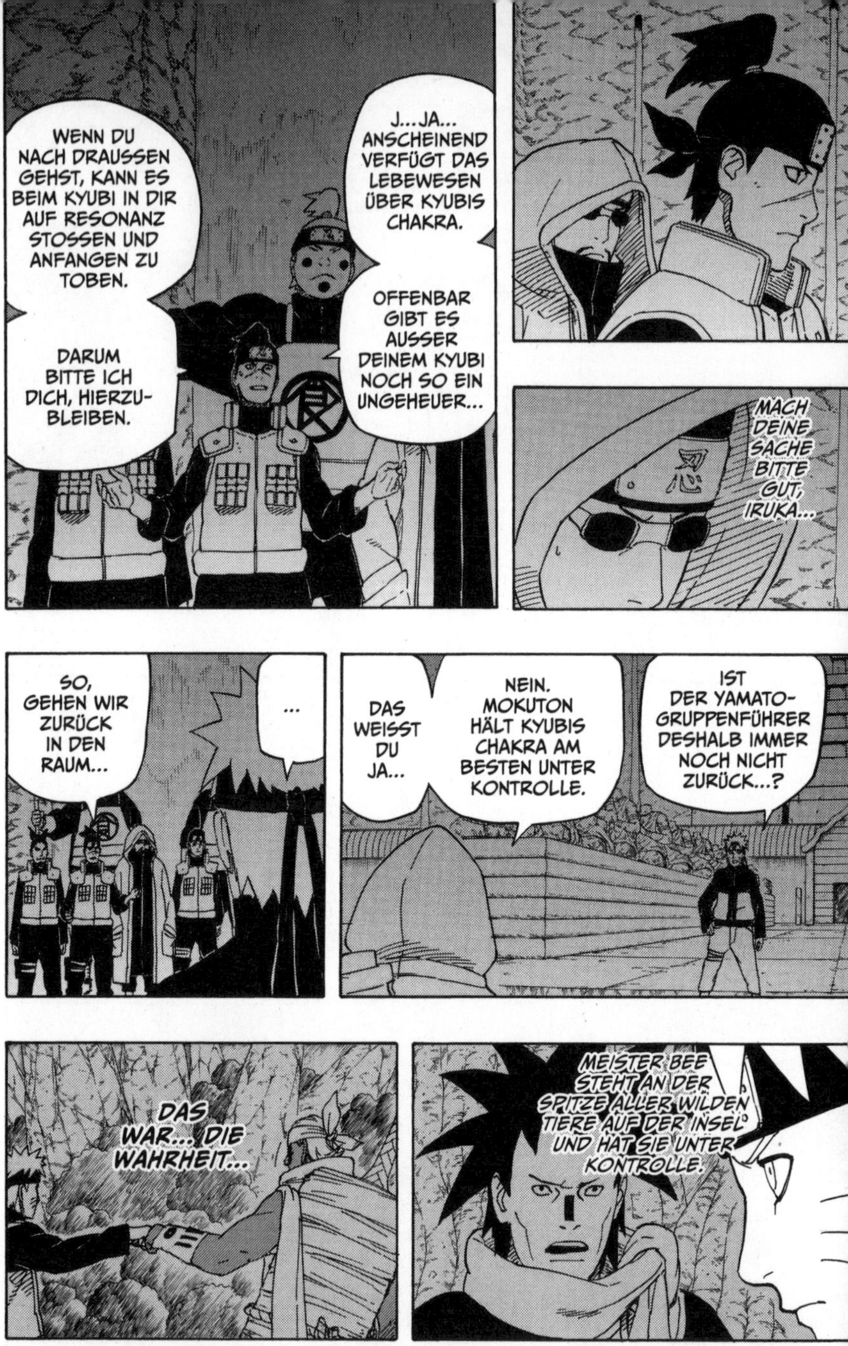
MACH DEINE SACHE BITTE GUT, IRUKA...
J... JA... ANSCHEINEND VERFÜGT DAS LEBEWESEN ÜBER KYUBIS CHAKRA.
OFFENBAR GIBT ES AUSSER DEINEM KYUBI NOCH SO EIN UNGEHEUER...
WENN DU NACH DRAUSSEN GEHST, KANN ES BEIM KYUBI IN DIR AUF RESONANZ STOSSEN UND ANFANGEN ZU TOBEN.
DARUM BITTE ICH DICH, HIERZUBLEIBEN.
IST DER YAMATO-GRUPPENFÜHRER DESHALB IMMER NOCH NICHT ZURÜCK...?
NEIN. MOKUTON HÄLT KYUBIS CHAKRA AM BESTEN UNTER KONTROLLE.
DAS WEISST DU JA...
...
SO, GEHEN WIR ZURÜCK IN DEN RAUM...
MEISTER BEE STEHT AN DER SPITZE ALLER WILDEN TIERE AUF DER INSEL UND HAT SIE UNTER KONTROLLE.
DAS WAR... DIE WAHRHEIT...

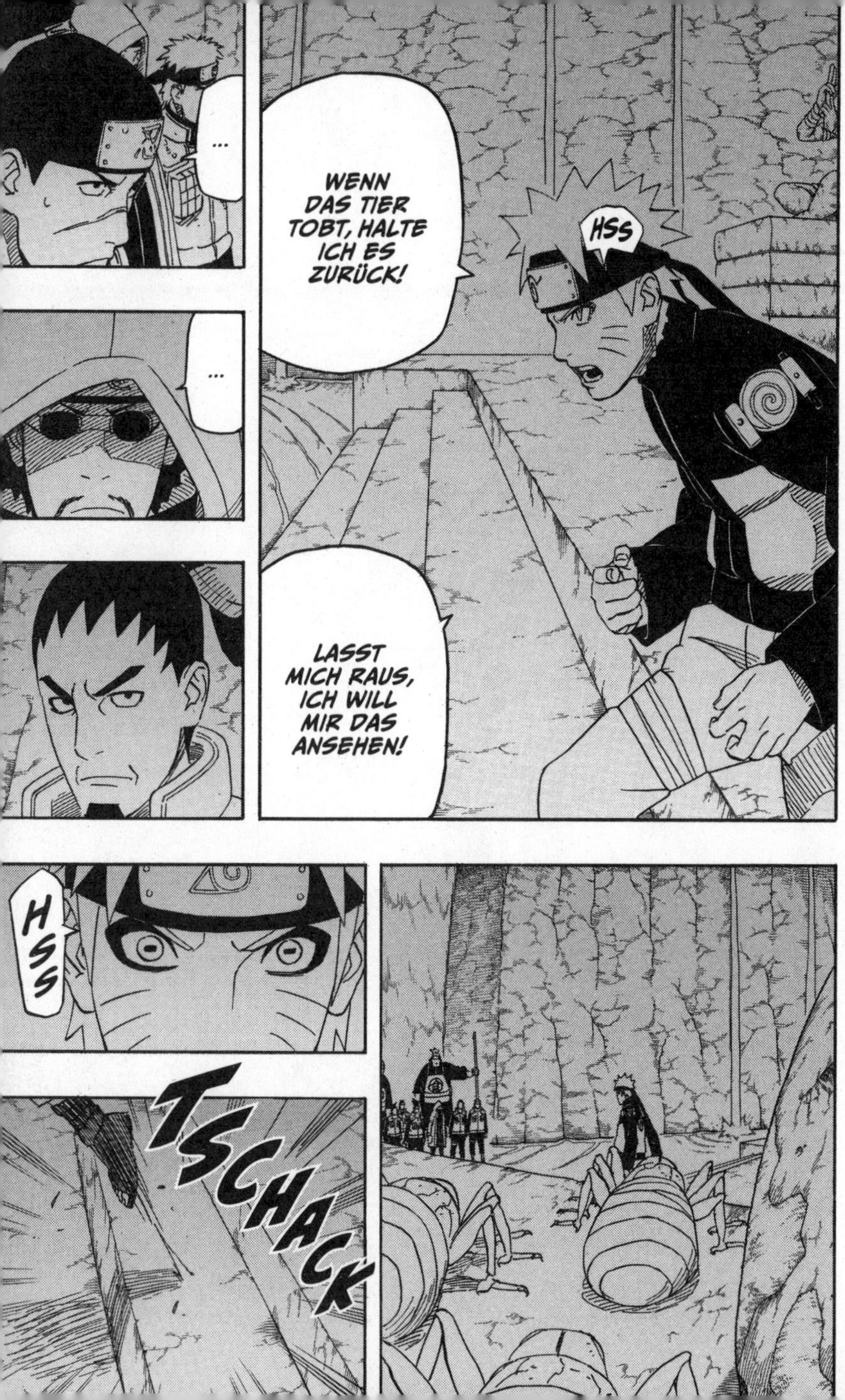
HSS
WENN DAS TIER TOBT, HALTE ICH ES ZURÜCK!
...
...
LASST MICH RAUS, ICH WILL MIR DAS ANSEHEN!
HSS
TSCHACK

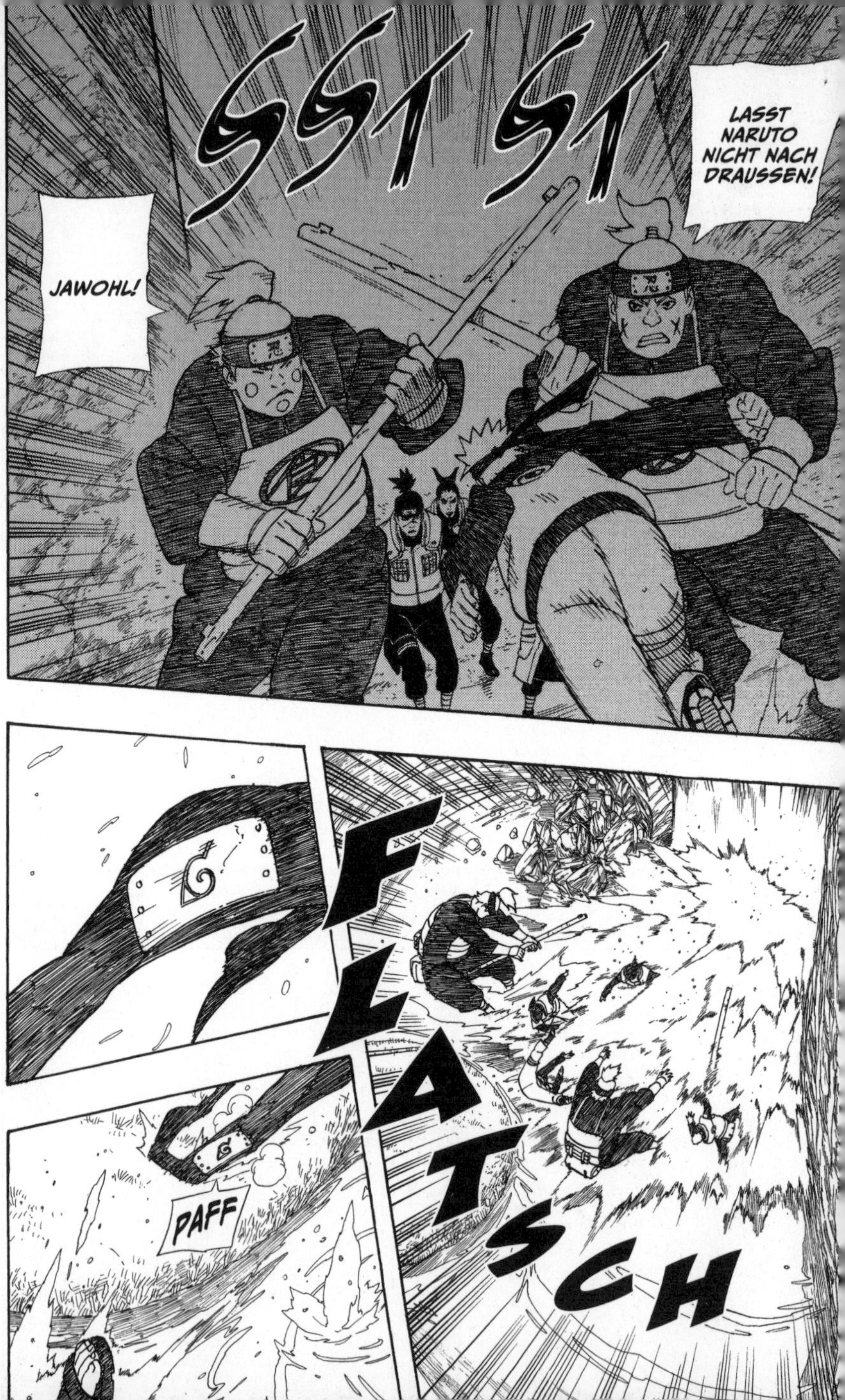
SST ST
LASST NARUTO NICHT NACH DRAUSSEN!
JAWOHL!
FLATSCH
PAFF

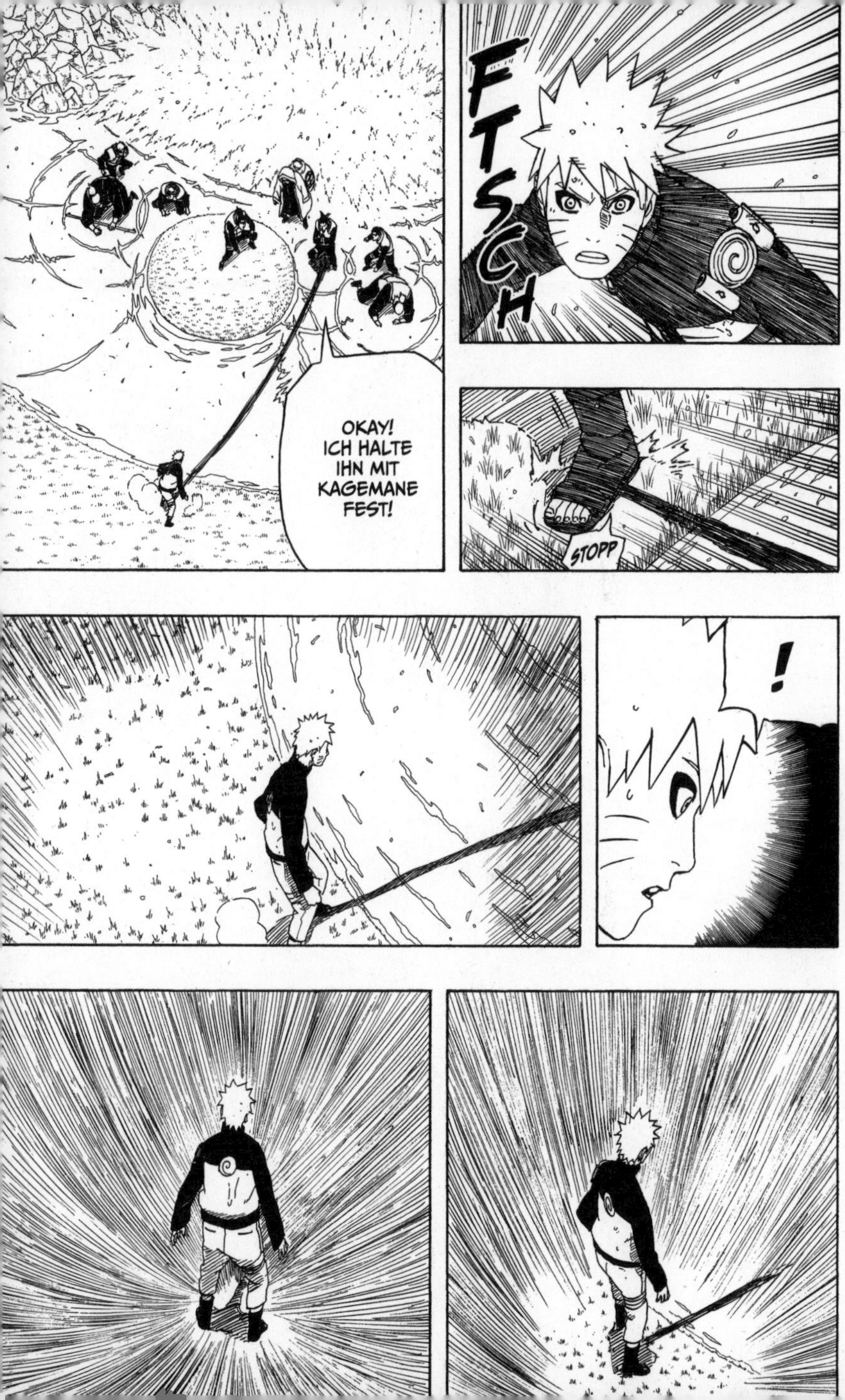
FFTSCH
OKAY! ICH HALTE IHN MIT KAGEMANE FEST!
STOPP
!

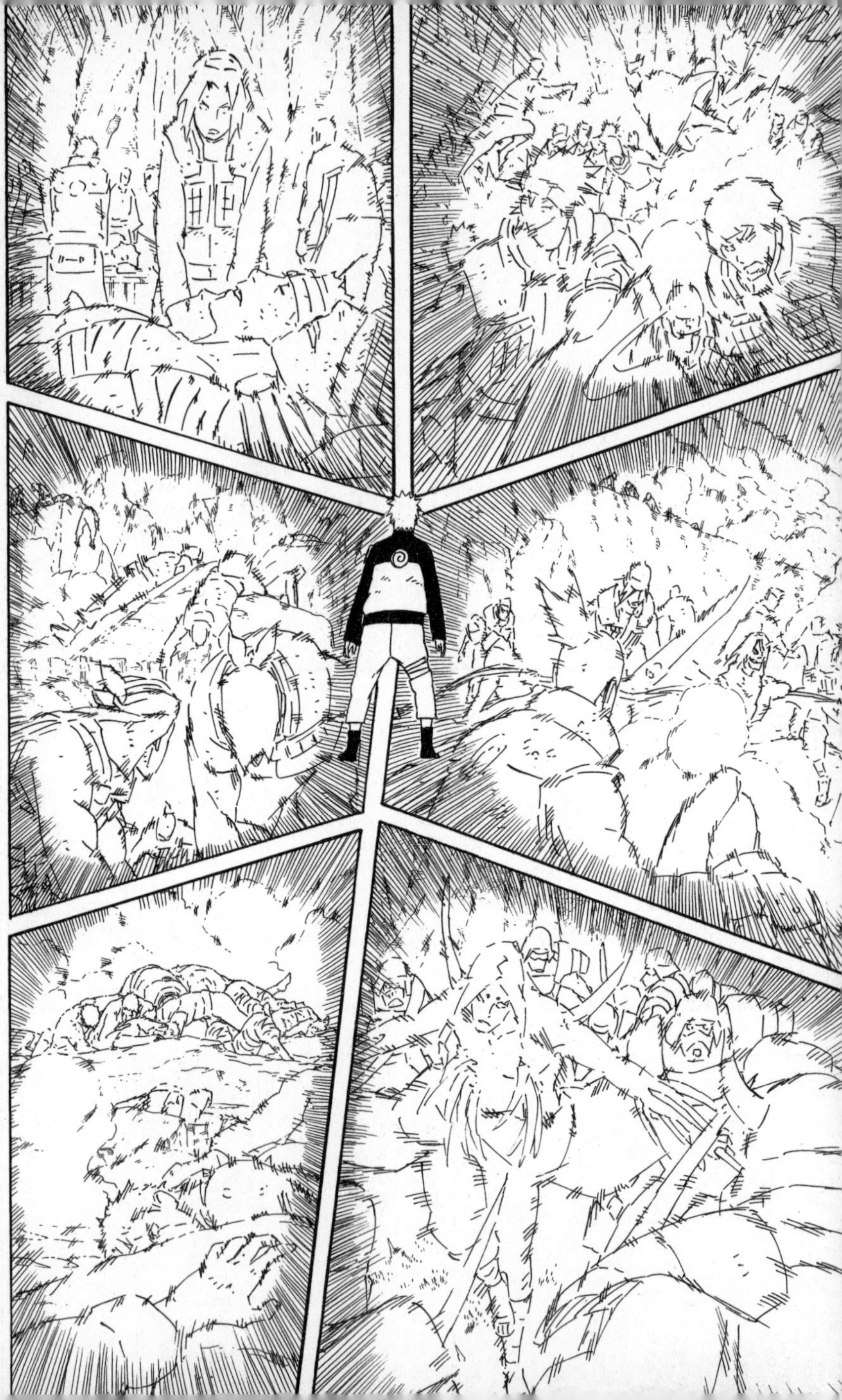

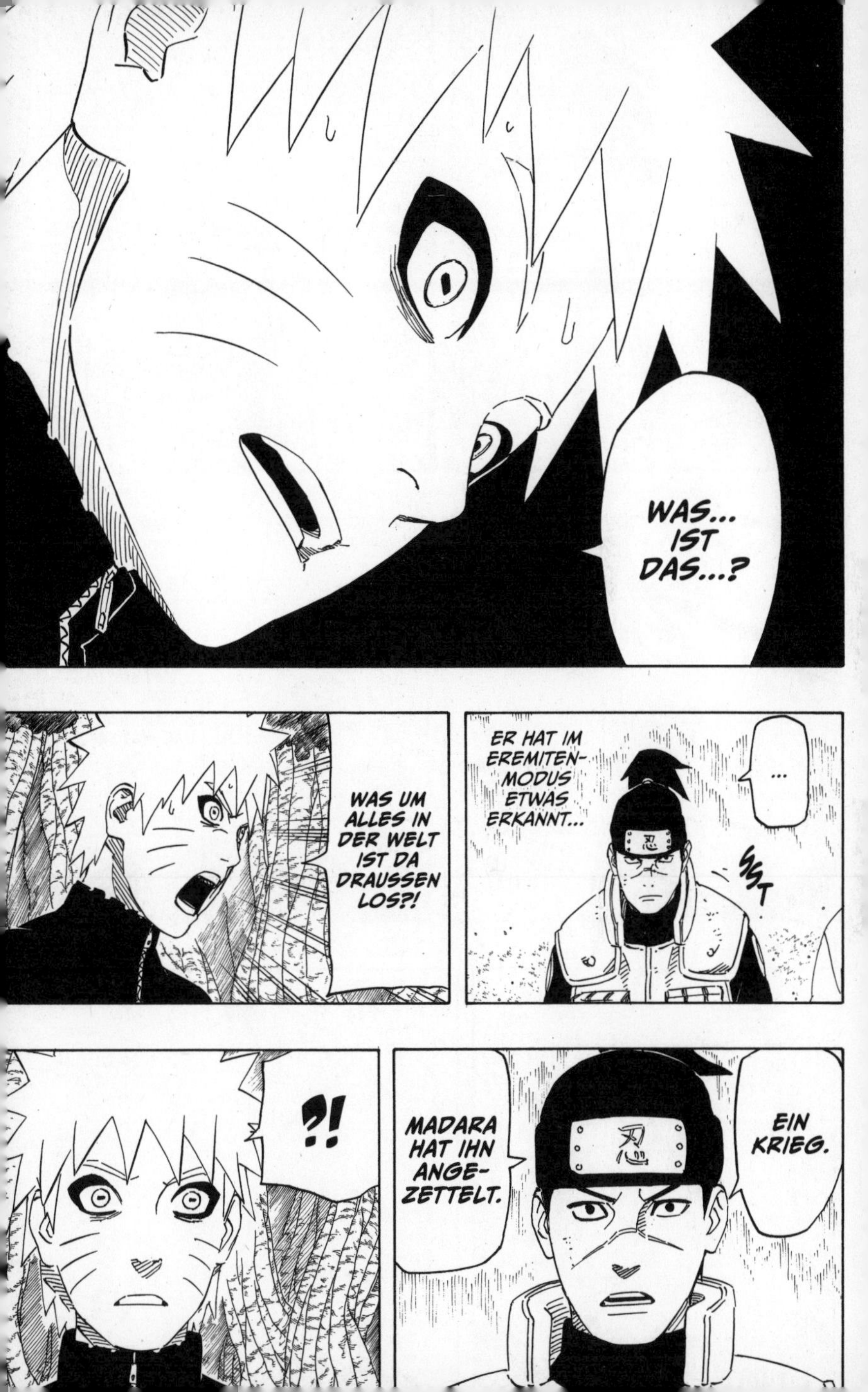
WAS... IST DAS...?
...
ER HAT IM EREMITEN-MODUS ETWAS ERKANNT...
WSST
WAS UM ALLES IN DER WELT IST DA DRAUSSEN LOS?!
EIN KRIEG.
MADARA HAT IHN ANGE-ZETTELT.
?!

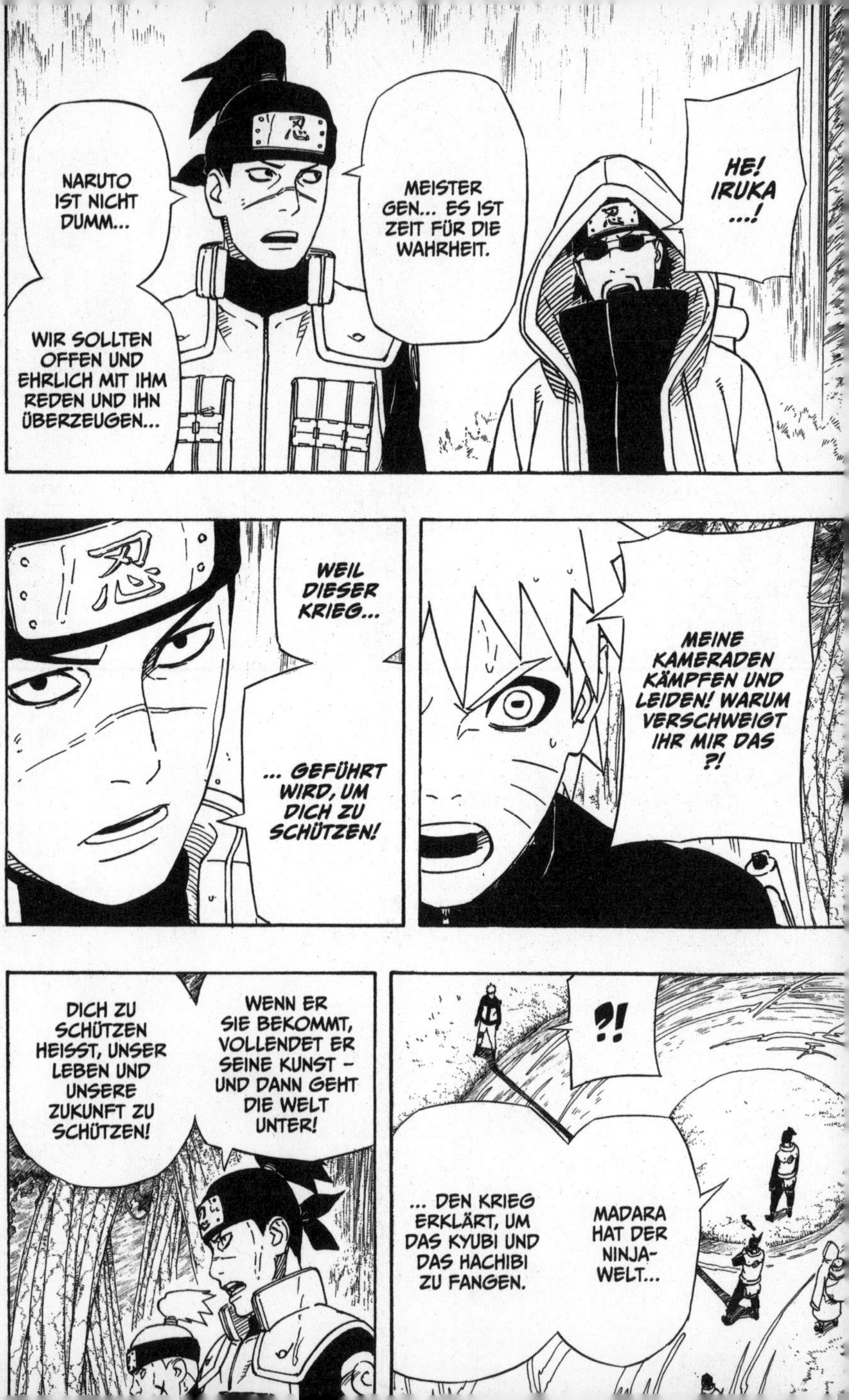
HE! IRUKA ...!
MEISTER GEN... ES IST ZEIT FÜR DIE WAHRHEIT.
NARUTO IST NICHT DUMM...
WIR SOLLTEN OFFEN UND EHRLICH MIT IHM REDEN UND IHN ÜBERZEUGEN...
MEINE KAMERADEN KÄMPFEN UND LEIDEN! WARUM VERSCHWEIGT IHR MIR DAS ?!
WEIL DIESER KRIEG...
... GEFÜHRT WIRD, UM DICH ZU SCHÜTZEN!
?!
MADARA HAT DER NINJA-WELT...
... DEN KRIEG ERKLÄRT, UM DAS KYUBI UND DAS HACHIBI ZU FANGEN.
WENN ER SIE BEKOMMT, VOLLENDET ER SEINE KUNST – UND DANN GEHT DIE WELT UNTER!
DICH ZU SCHÜTZEN HEISST, UNSER LEBEN UND UNSERE ZUKUNFT ZU SCHÜTZEN!

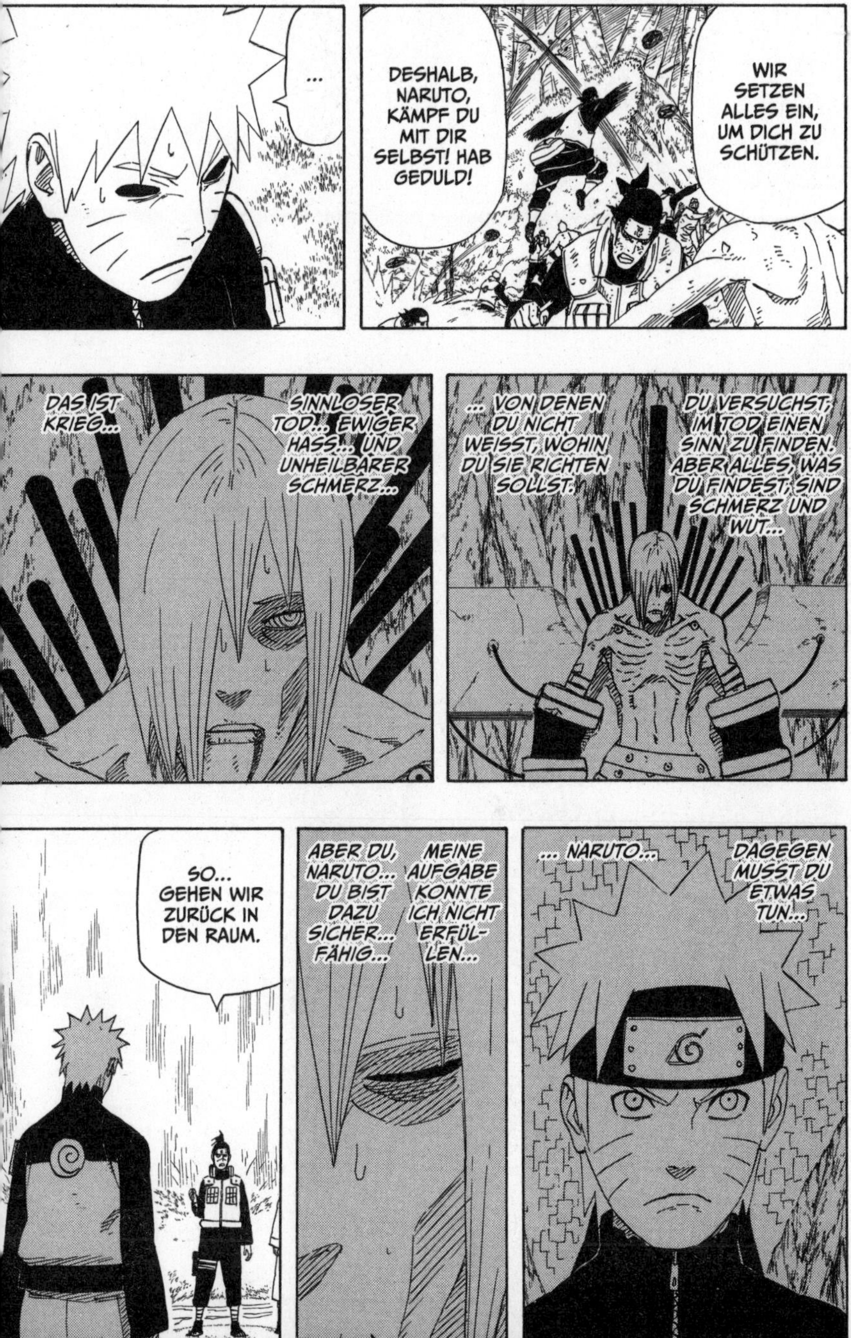
WIR SETZEN ALLES EIN, UM DICH ZU SCHÜTZEN.
DESHALB, NARUTO, KÄMPF DU MIT DIR SELBST! HAB GEDULD!
...
DU VERSUCHST, IM TOD EINEN SINN ZU FINDEN. ABER ALLES, WAS DU FINDEST, SIND SCHMERZ UND WUT...
... VON DENEN DU NICHT WEISST, WOHIN DU SIE RICHTEN SOLLST.
SINNLOSER TOD... EWIGER HASS... UND UNHEILBARER SCHMERZ...
DAS IST KRIEG...
DAGEGEN MUSST DU ETWAS TUN...
... NARUTO...
MEINE AUFGABE KONNTE ICH NICHT ERFÜL-LEN...
ABER DU, NARUTO... DU BIST DAZU SICHER... FÄHIG...
SO... GEHEN WIR ZURÜCK IN DEN RAUM.

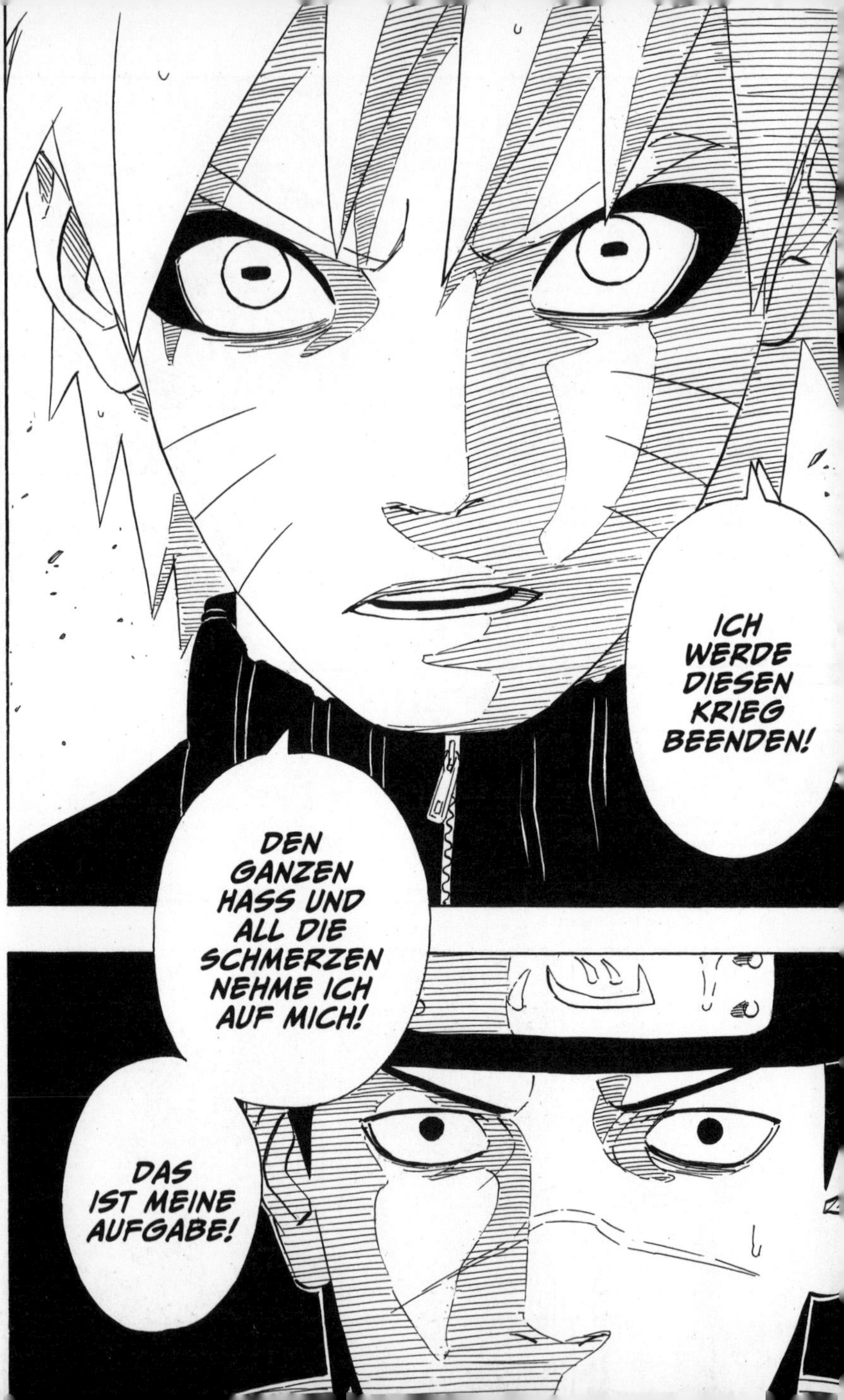
ICH WERDE DIESEN KRIEG BEENDEN!
DEN GANZEN HASS UND ALL DIE SCHMERZEN NEHME ICH AUF MICH!
DAS IST MEINE AUFGABE!

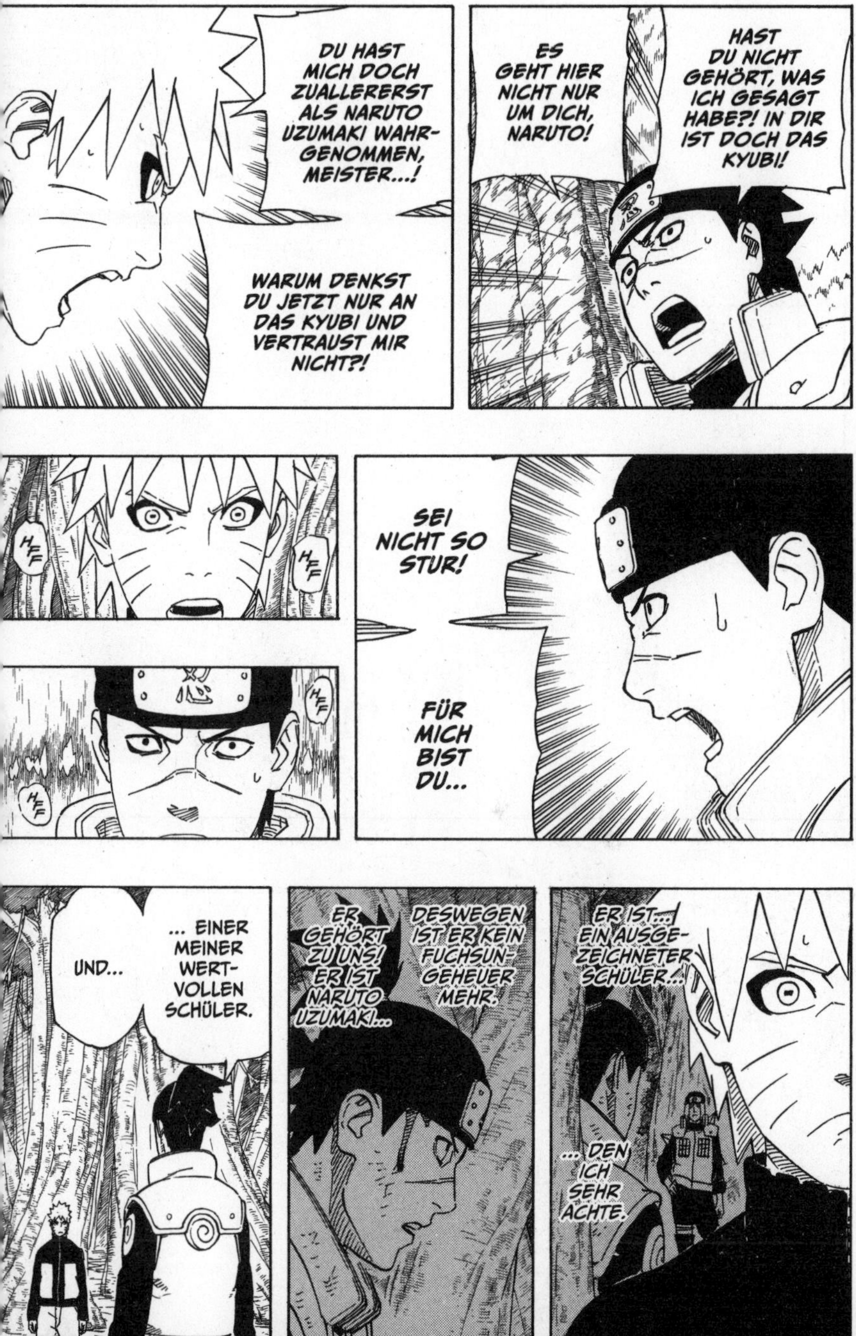
HAST DU NICHT GEHÖRT, WAS ICH GESAGT HABE?! IN DIR IST DOCH DAS KYUBI!
ES GEHT HIER NICHT NUR UM DICH, NARUTO!
DU HAST MICH DOCH ZUALLERERST ALS NARUTO UZUMAKI WAHRGENOMMEN, MEISTER...!
WARUM DENKST DU JETZT NUR AN DAS KYUBI UND VERTRAUST MIR NICHT?!
SEI NICHT SO STUR!
FÜR MICH BIST DU...
HEF
HEF
HEF
HEF
ER IST... EIN AUSGEZEICHNETER SCHÜLER...
... DEN ICH SEHR ACHTE.
DESWEGEN IST ER KEIN FUCHSUNGEHEUER MEHR.
ER GEHÖRT ZU UNS! ER IST NARUTO UZUMAKI...
UND...
... EINER MEINER WERTVOLLEN SCHÜLER.

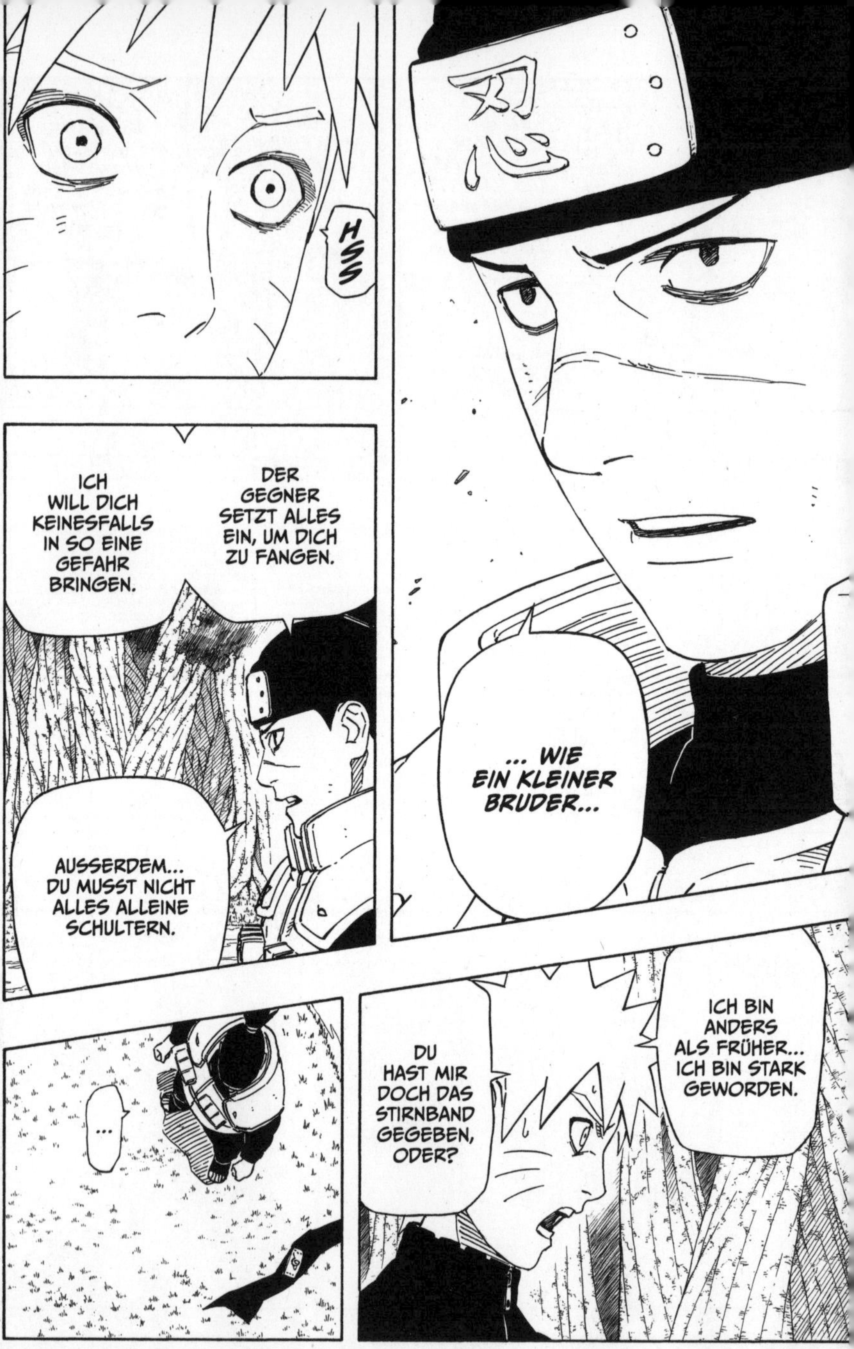
HSS
DER GEGNER SETZT ALLES EIN, UM DICH ZU FANGEN.
ICH WILL DICH KEINESFALLS IN SO EINE GEFAHR BRINGEN.
AUSSERDEM... DU MUSST NICHT ALLES ALLEINE SCHULTERN.
... WIE EIN KLEINER BRUDER...
ICH BIN ANDERS ALS FRÜHER... ICH BIN STARK GEWORDEN.
DU HAST MIR DOCH DAS STIRNBAND GEGEBEN, ODER?
...

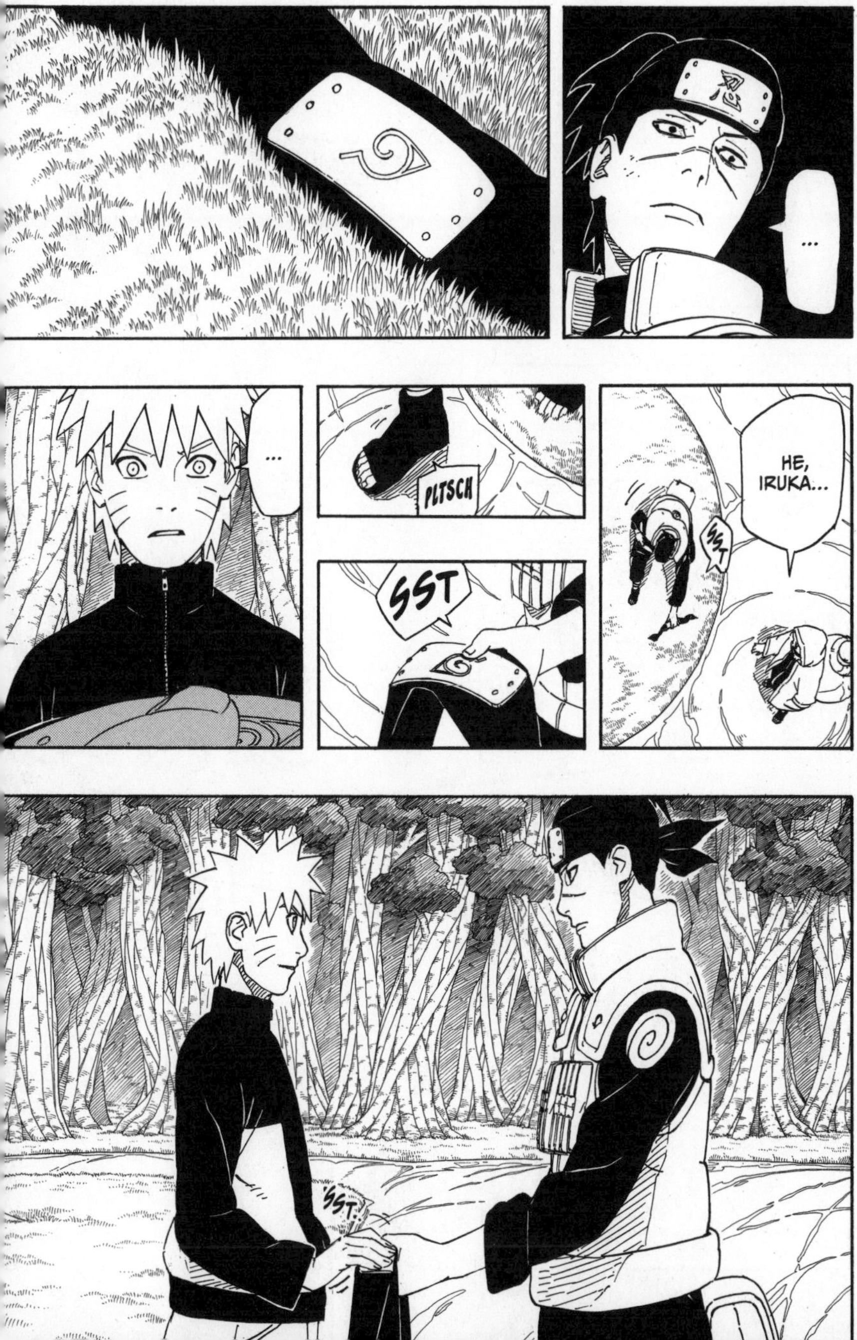
...
HE, IRUKA...
SST
PLTSCH
SST
...
SST

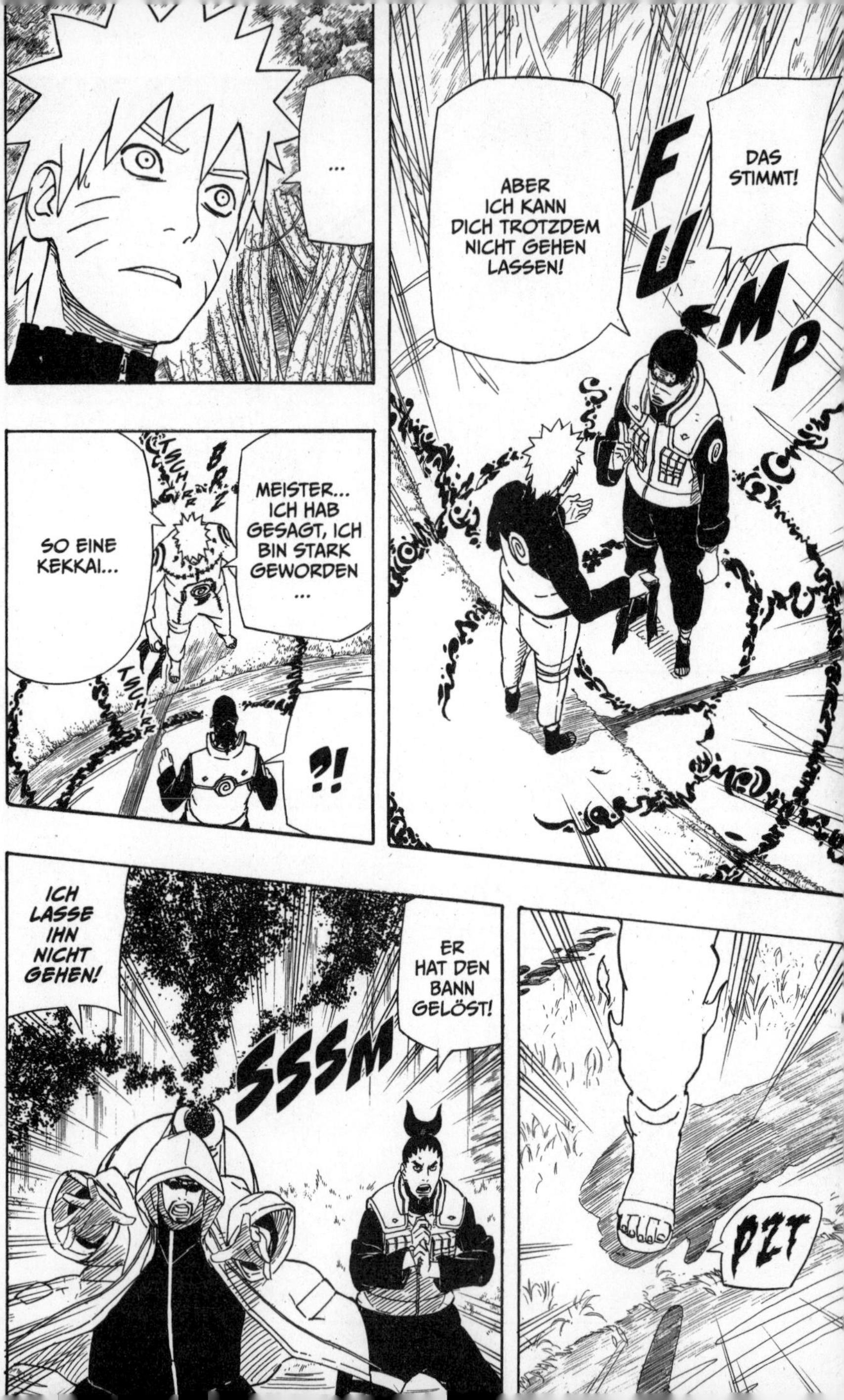

DAS STIMMT!
FUMP
ABER ICH KANN DICH TROTZDEM NICHT GEHEN LASSEN!
...
MEISTER... ICH HAB GESAGT, ICH BIN STARK GEWORDEN ...
BRZ
TSCHIRR
SO EINE KEKKAI...
TSCHIRR
?!
PZT
ER HAT DEN BANN GELÖST!
SSSM
ICH LASSE IHN NICHT GEHEN!

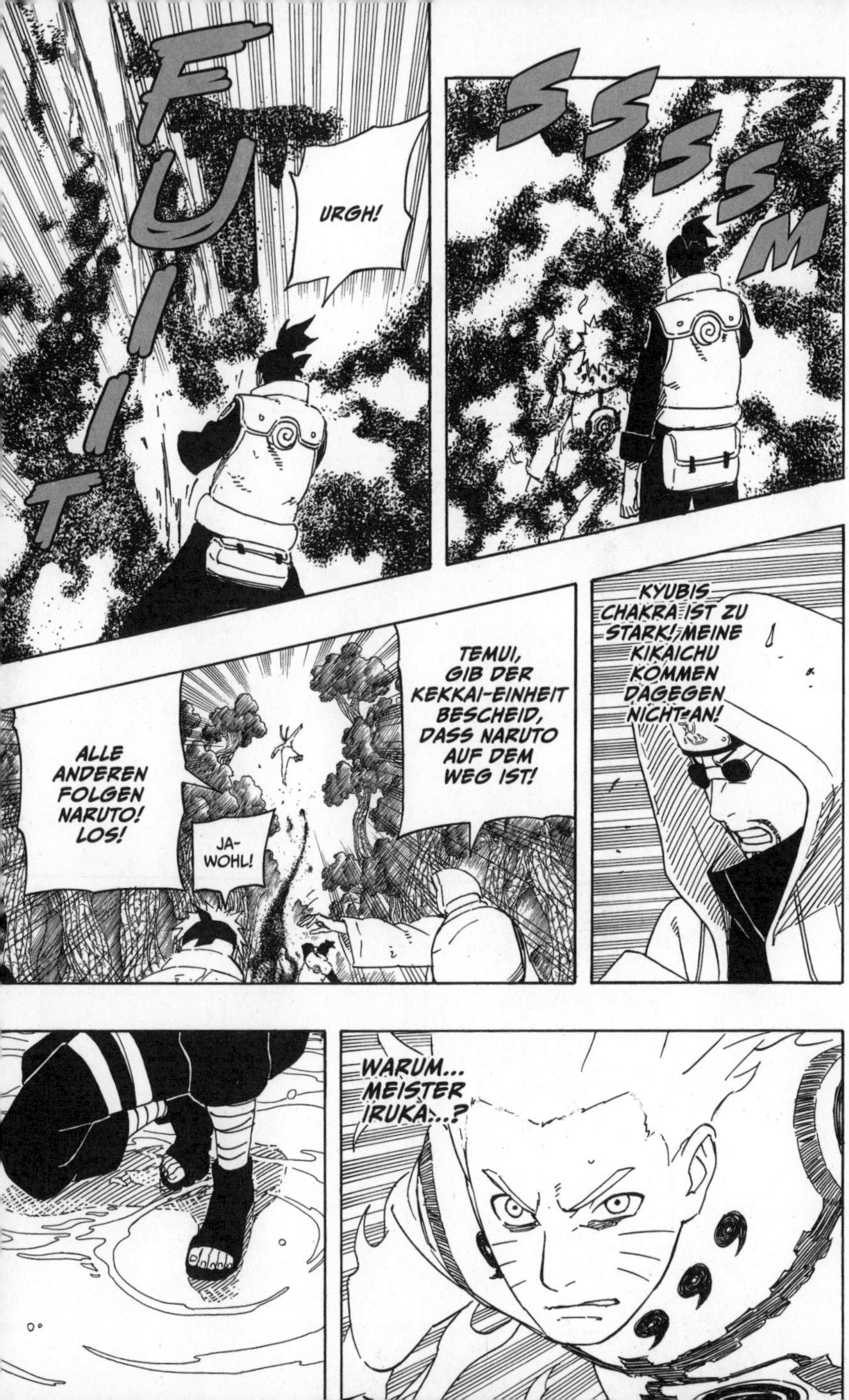
SSSSSM
FUIIIT
URGH!
KYUBIS CHAKRA IST ZU STARK! MEINE KIKAICHU KOMMEN DAGEGEN NICHT AN!
TEMUI, GIB DER KEKKAI-EINHEIT BESCHEID, DASS NARUTO AUF DEM WEG IST!
ALLE ANDEREN FOLGEN NARUTO! LOS!
JAWOHL!
WARUM... MEISTER IRUKA...?

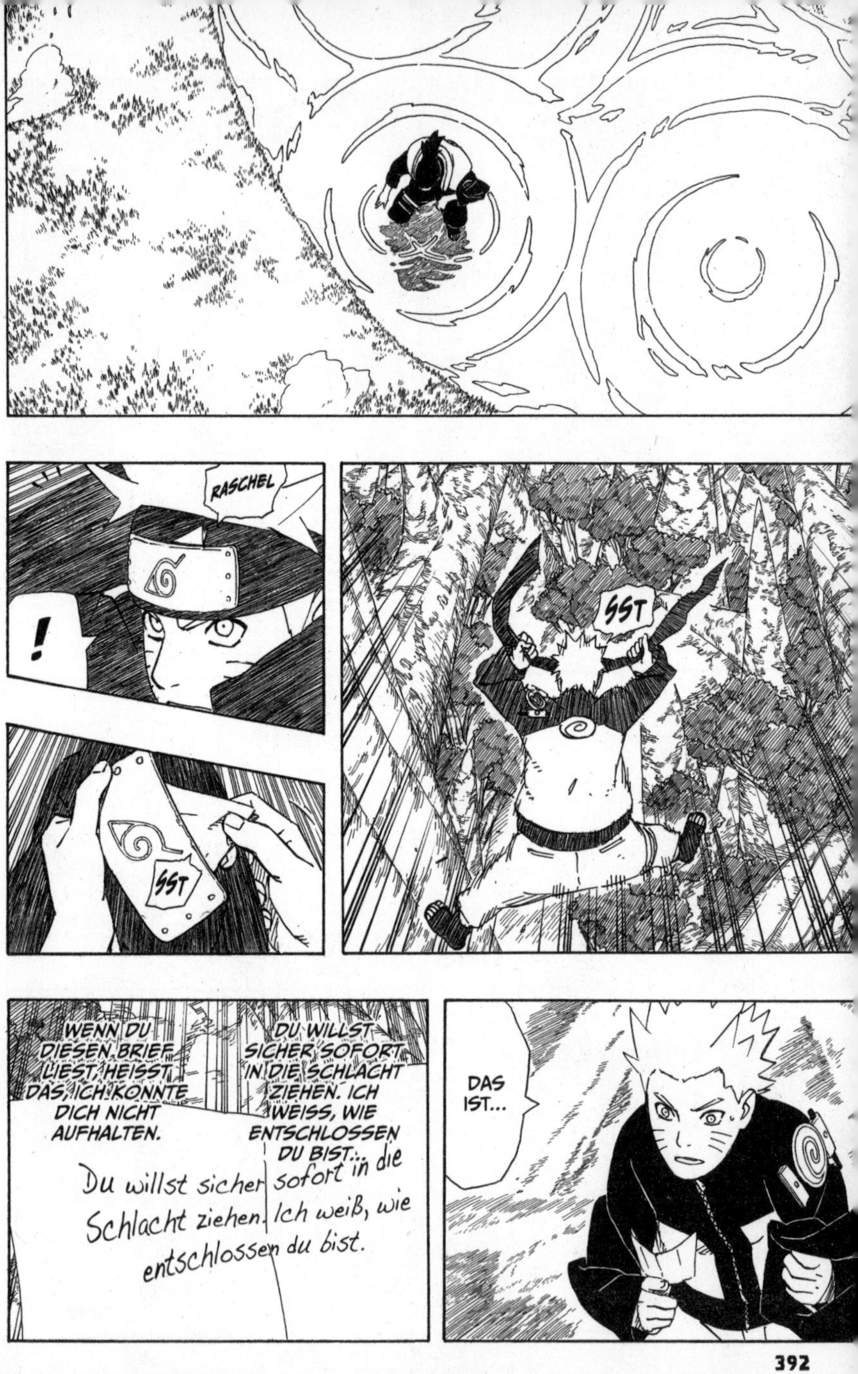
RASCHEL
!
SST
SST
WENN DU DIESEN BRIEF LIEST, HEISST DAS, ICH KONNTE DICH NICHT AUFHALTEN.
DU WILLST SICHER SOFORT IN DIE SCHLACHT ZIEHEN. ICH WEISS, WIE ENTSCHLOSSEN DU BIST...
Du willst sicher sofort in die Schlacht ziehen. Ich weiß, wie entschlossen du bist.
DAS IST...

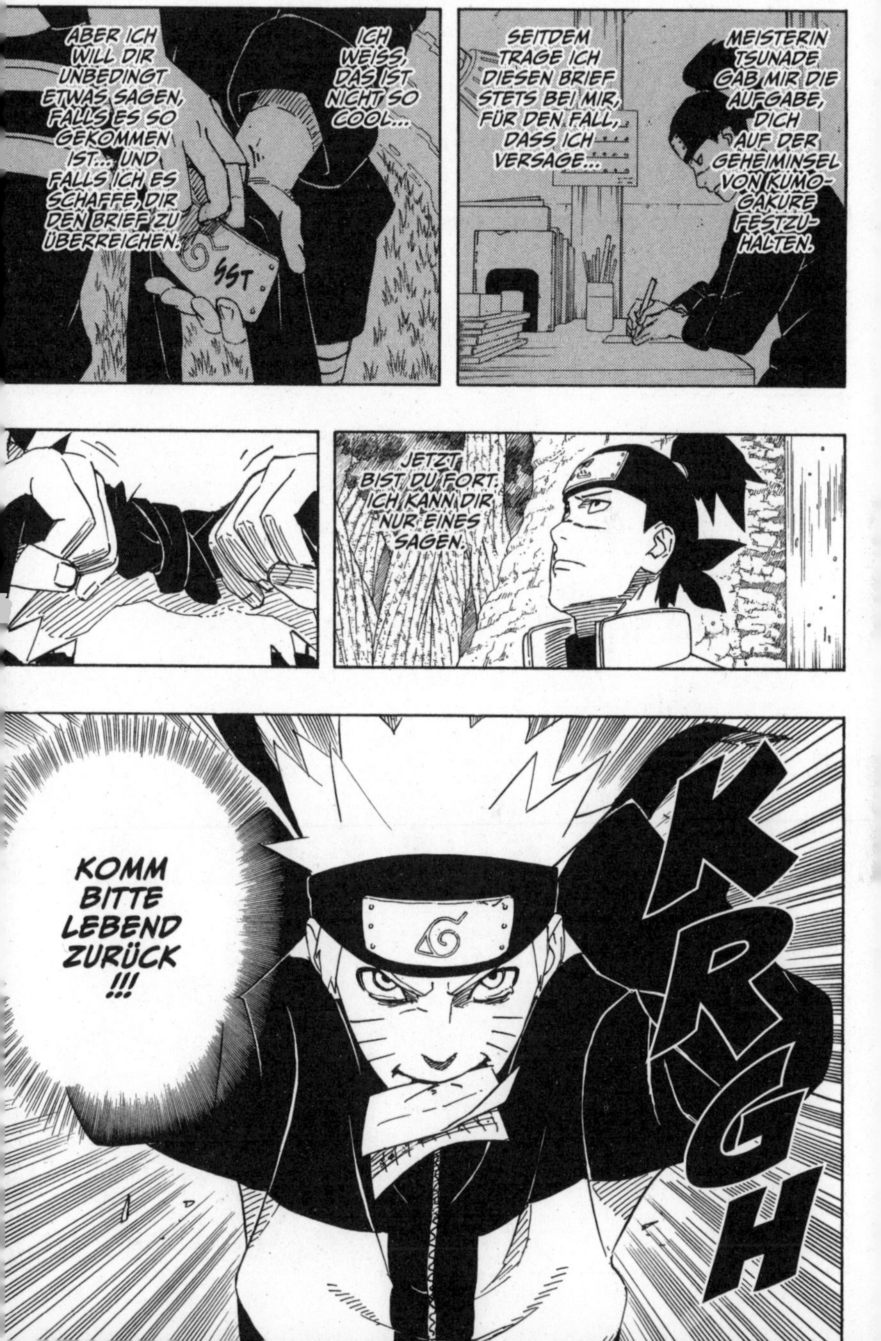

MEISTERIN TSUNADE GAB MIR DIE AUFGABE, DICH AUF DER GEHEIMINSEL VON KUMOGAKURE FESTZUHALTEN.
SEITDEM TRAGE ICH DIESEN BRIEF STETS BEI MIR, FÜR DEN FALL, DASS ICH VERSAGE ...
ICH WEISS, DAS IST NICHT SO COOL ...
ABER ICH WILL DIR UNBEDINGT ETWAS SAGEN, FALLS ES SO GEKOMMEN IST ... UND FALLS ICH ES SCHAFFE, DIR DEN BRIEF ZU ÜBERREICHEN.
SST
JETZT BIST DU FORT. ICH KANN DIR NUR EINES SAGEN.
KRRGH
KOMM BITTE LEBEND ZURÜCK !!!

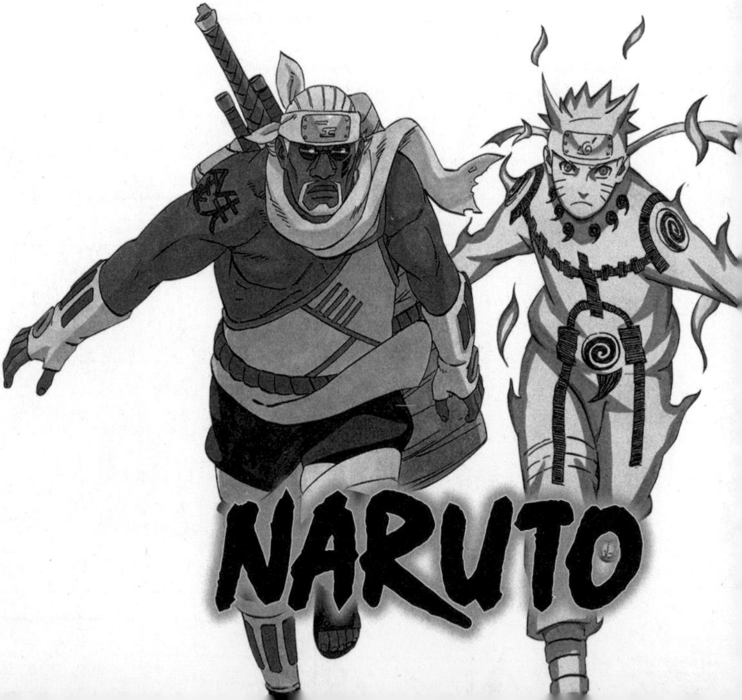
NARUTO

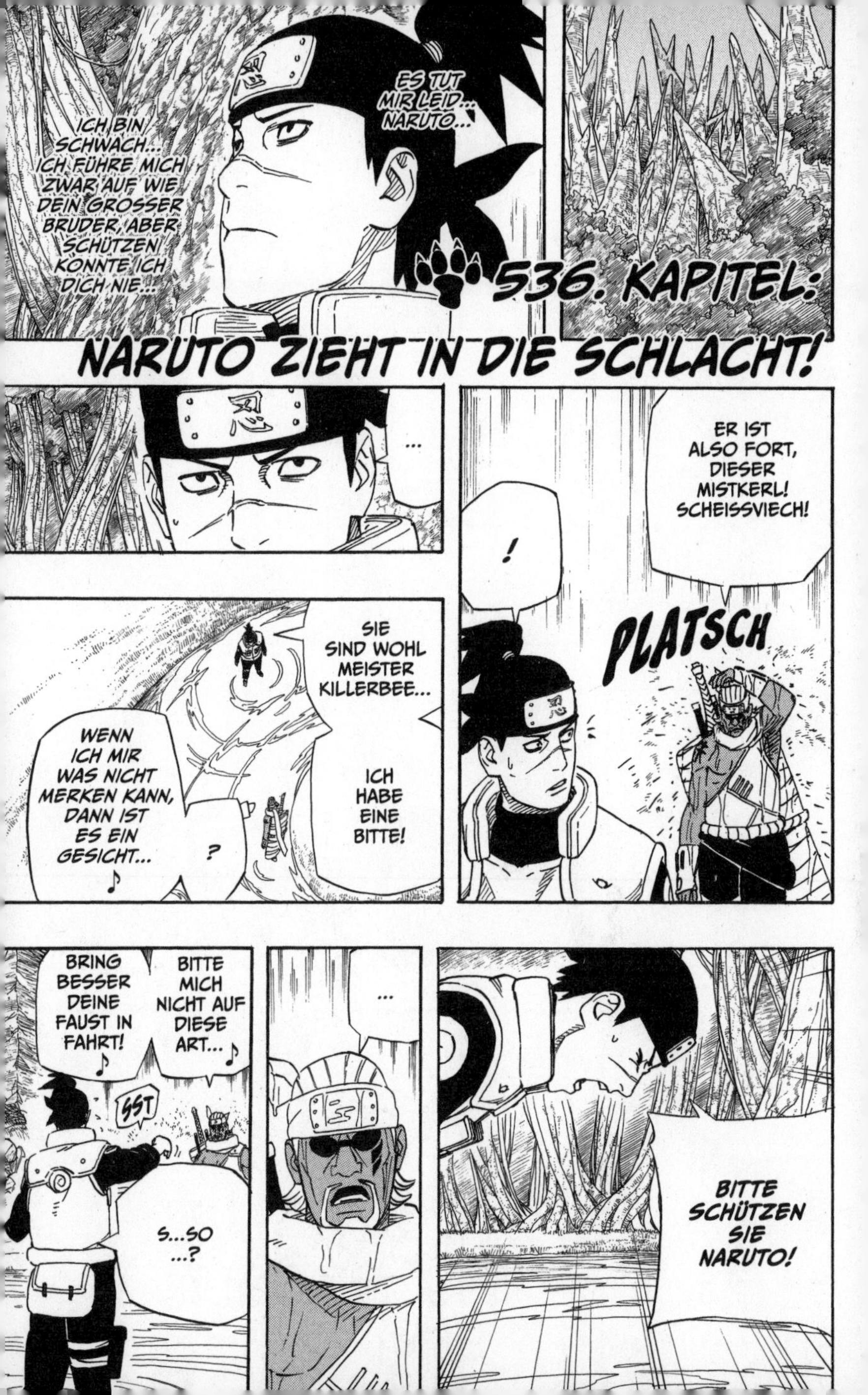
ES TUT MIR LEID... NARUTO...
ICH BIN SCHWACH... ICH FÜHRE MICH ZWAR AUF WIE DEIN GROSSER BRUDER, ABER SCHÜTZEN KONNTE ICH DICH NIE...
536. KAPITEL:
NARUTO ZIEHT IN DIE SCHLACHT!
!
ER IST ALSO FORT, DIESER MISTKERL! SCHEISSVIECH!
PLATSCH
...
SIE SIND WOHL MEISTER KILLERBEE...
ICH HABE EINE BITTE!
?
WENN ICH MIR WAS NICHT MERKEN KANN, DANN IST ES EIN GESICHT... ♪
BITTE SCHÜTZEN SIE NARUTO!
...
BITTE MICH NICHT AUF DIESE ART... ♪
BRING BESSER DEINE FAUST IN FAHRT! ♪
SST
S...SO ...?

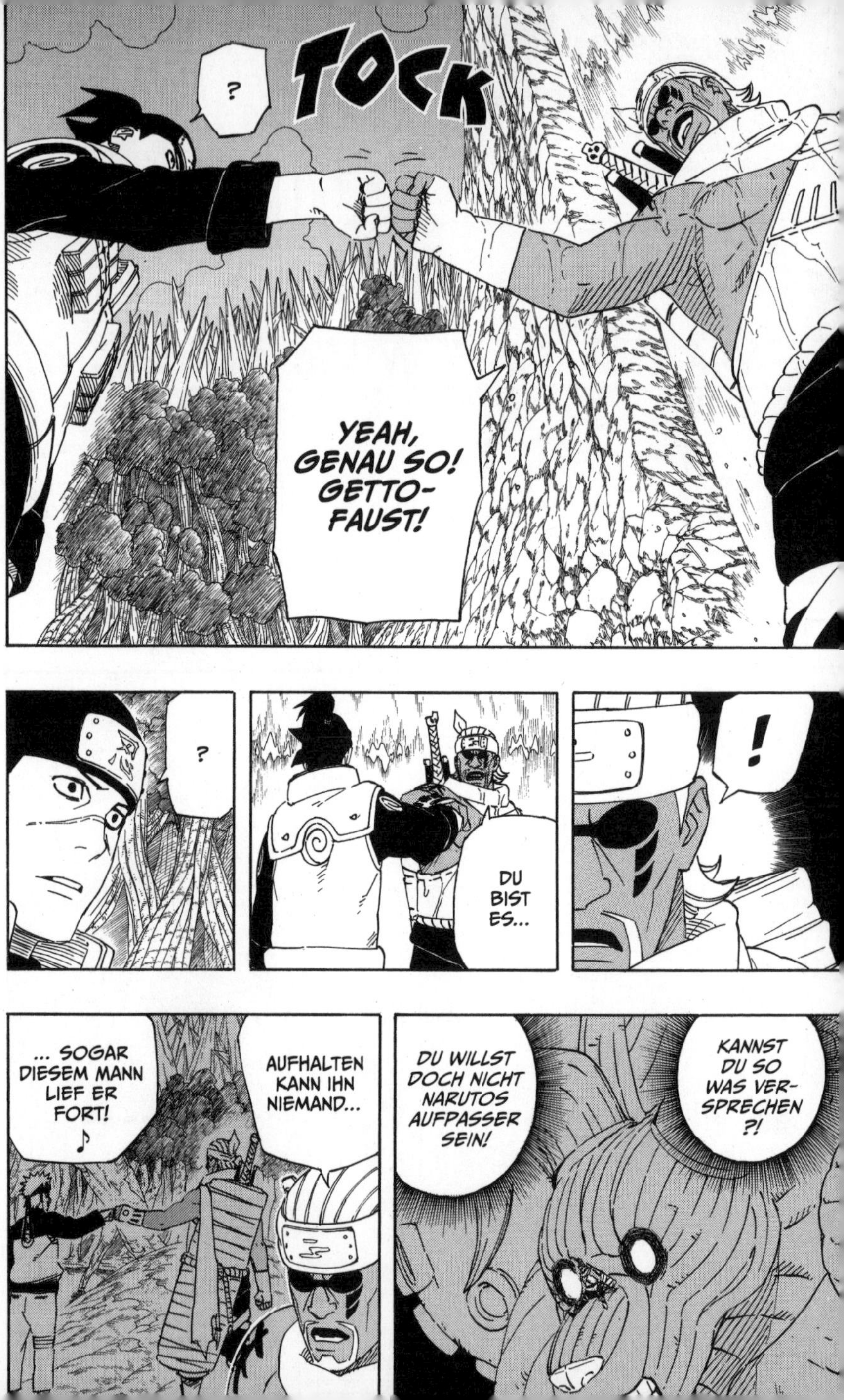
TOCK
YEAH, GENAU SO! GETTO-FAUST!
?
!
DU BIST ES...
?
KANNST DU SO WAS VER-SPRECHEN ?!
DU WILLST DOCH NICHT NARUTOS AUFPASSER SEIN!
AUFHALTEN KANN IHN NIEMAND...
... SOGAR DIESEM MANN LIEF ER FORT! ♪

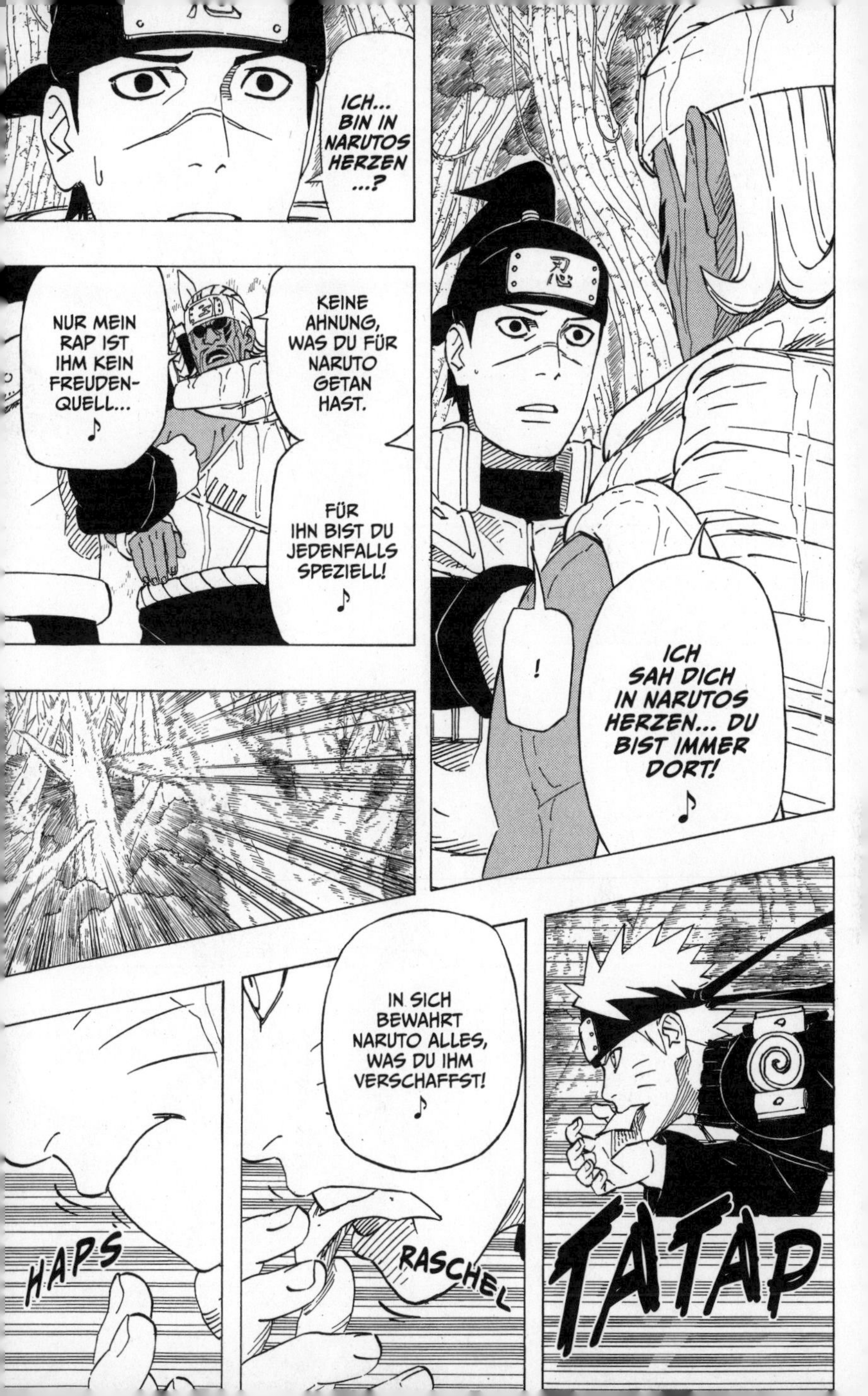

!
ICH SAH DICH IN NARUTOS HERZEN... DU BIST IMMER DORT! ♪
ICH... BIN IN NARUTOS HERZEN ...?
KEINE AHNUNG, WAS DU FÜR NARUTO GETAN HAST.
FÜR IHN BIST DU JEDENFALLS SPEZIELL! ♪
NUR MEIN RAP IST IHM KEIN FREUDEN-QUELL... ♪
TATAP
IN SICH BEWAHRT NARUTO ALLES, WAS DU IHM VERSCHAFFST! ♪
RASCHEL
HAPS

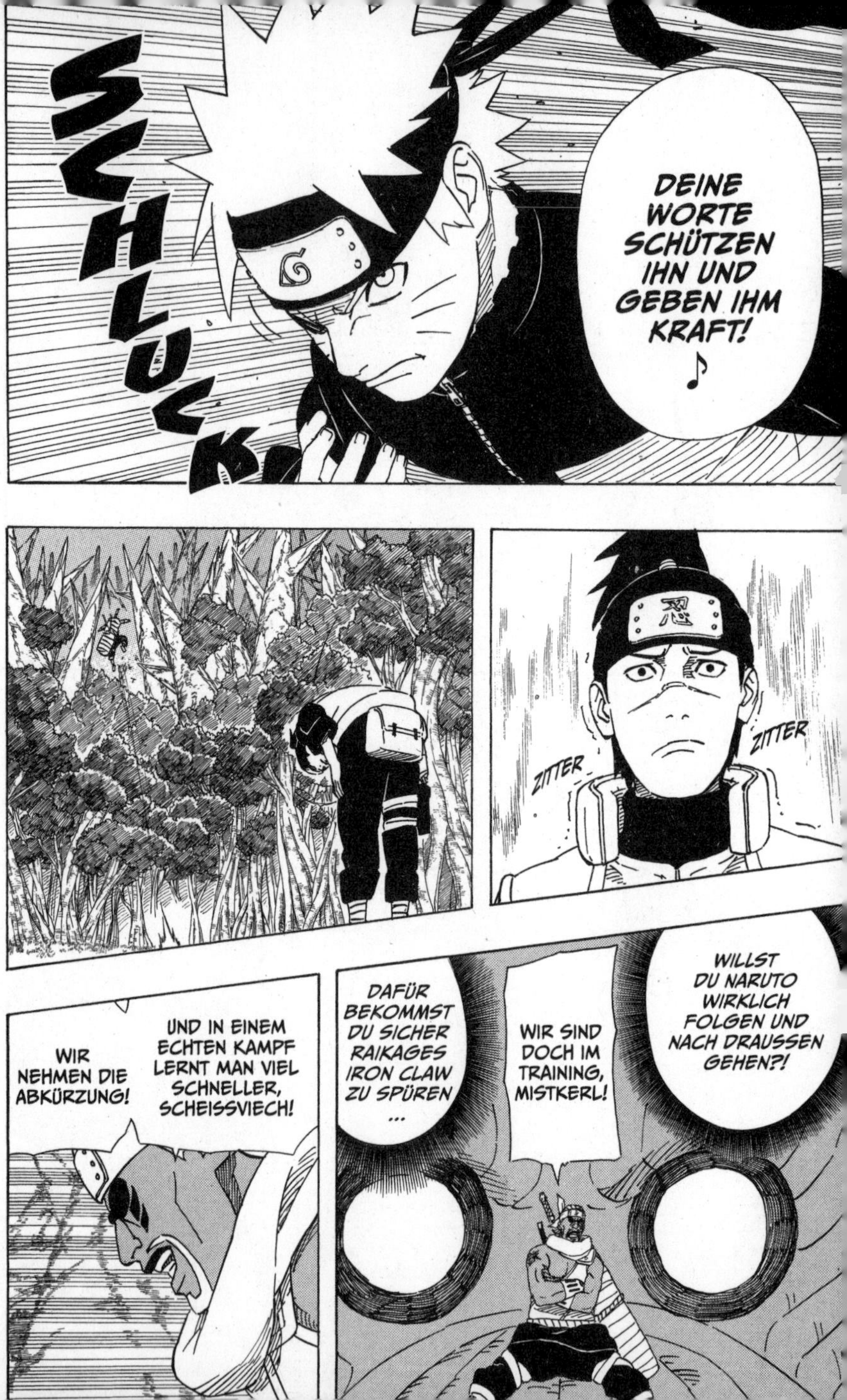
DEINE WORTE SCHÜTZEN IHN UND GEBEN IHM KRAFT! ♪
SCHLUCK
ZITTER
ZITTER
WILLST DU NARUTO WIRKLICH FOLGEN UND NACH DRAUSSEN GEHEN?!
WIR SIND DOCH IM TRAINING, MISTKERL!
DAFÜR BEKOMMST DU SICHER RAIKAGES IRON CLAW ZU SPÜREN ...
UND IN EINEM ECHTEN KAMPF LERNT MAN VIEL SCHNELLER, SCHEISSVIECH!
WIR NEHMEN DIE ABKÜRZUNG!

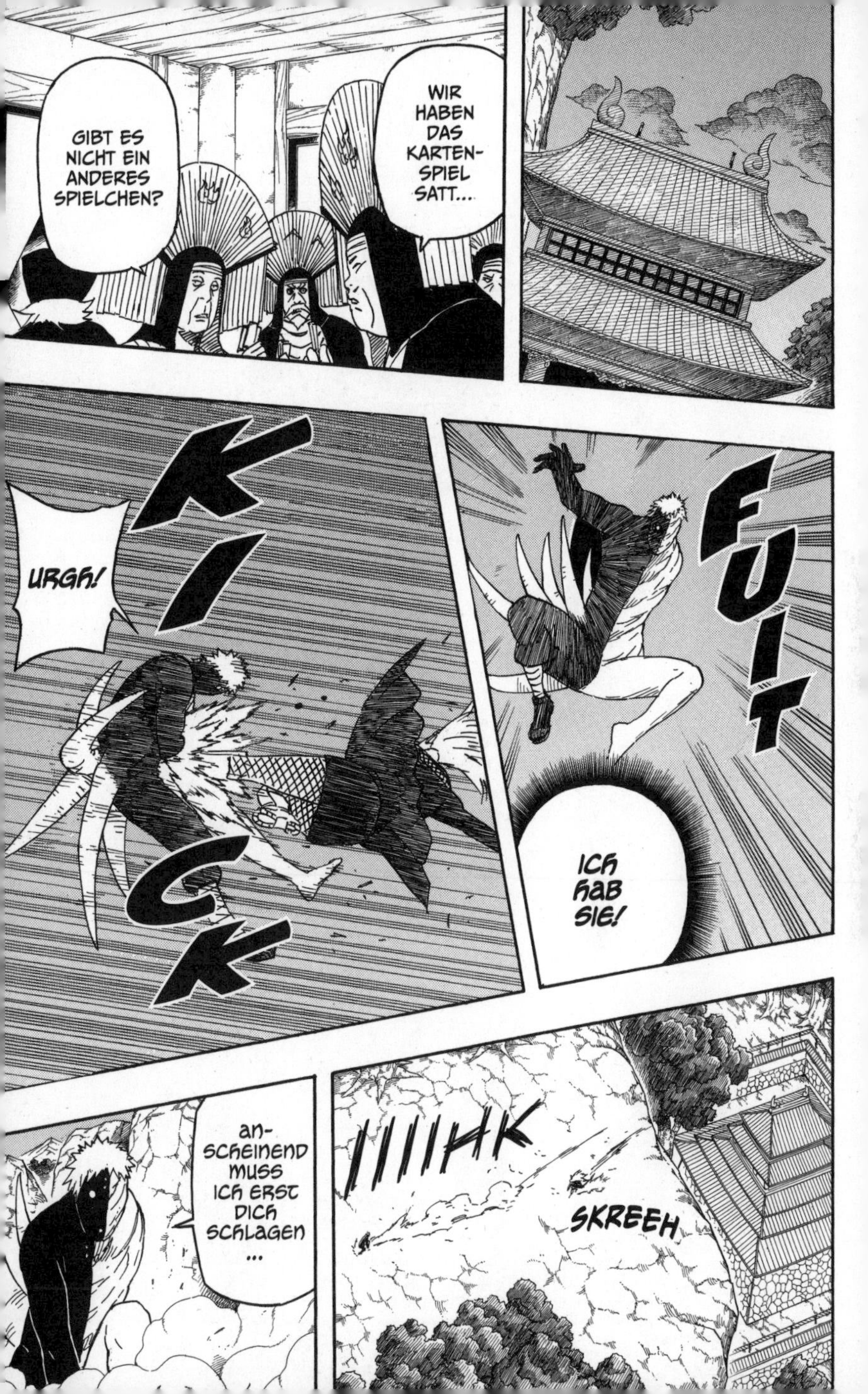
WIR HABEN DAS KARTENSPIEL SATT...
GIBT ES NICHT EIN ANDERES SPIELCHEN?
FUIT
ICH HAB SIE!
KICK
URGH!
SKREEH
IIIIIHK
ANSCHEINEND MUSS ICH ERST DICH SCHLAGEN ...

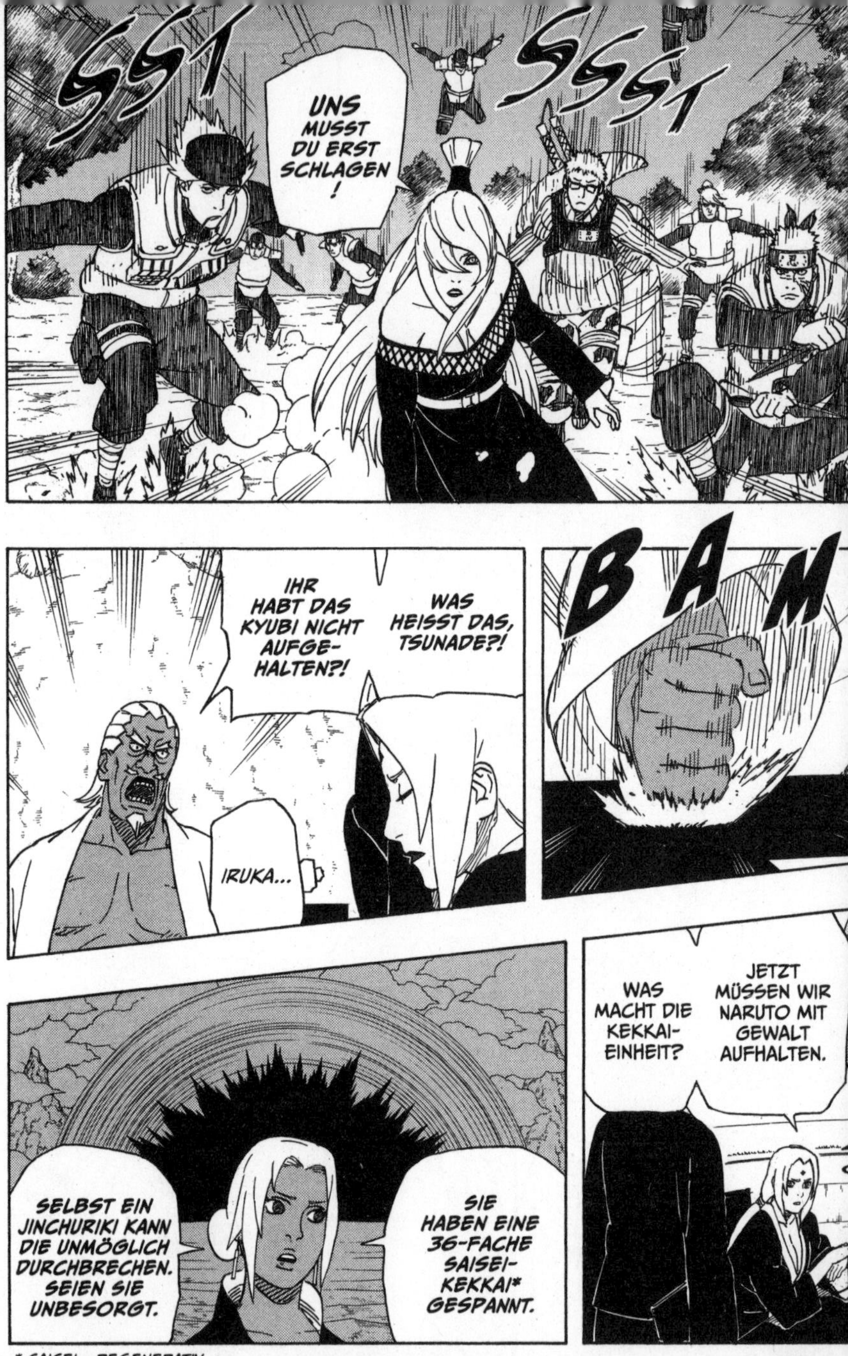

* SAISEI = REGENERATIV

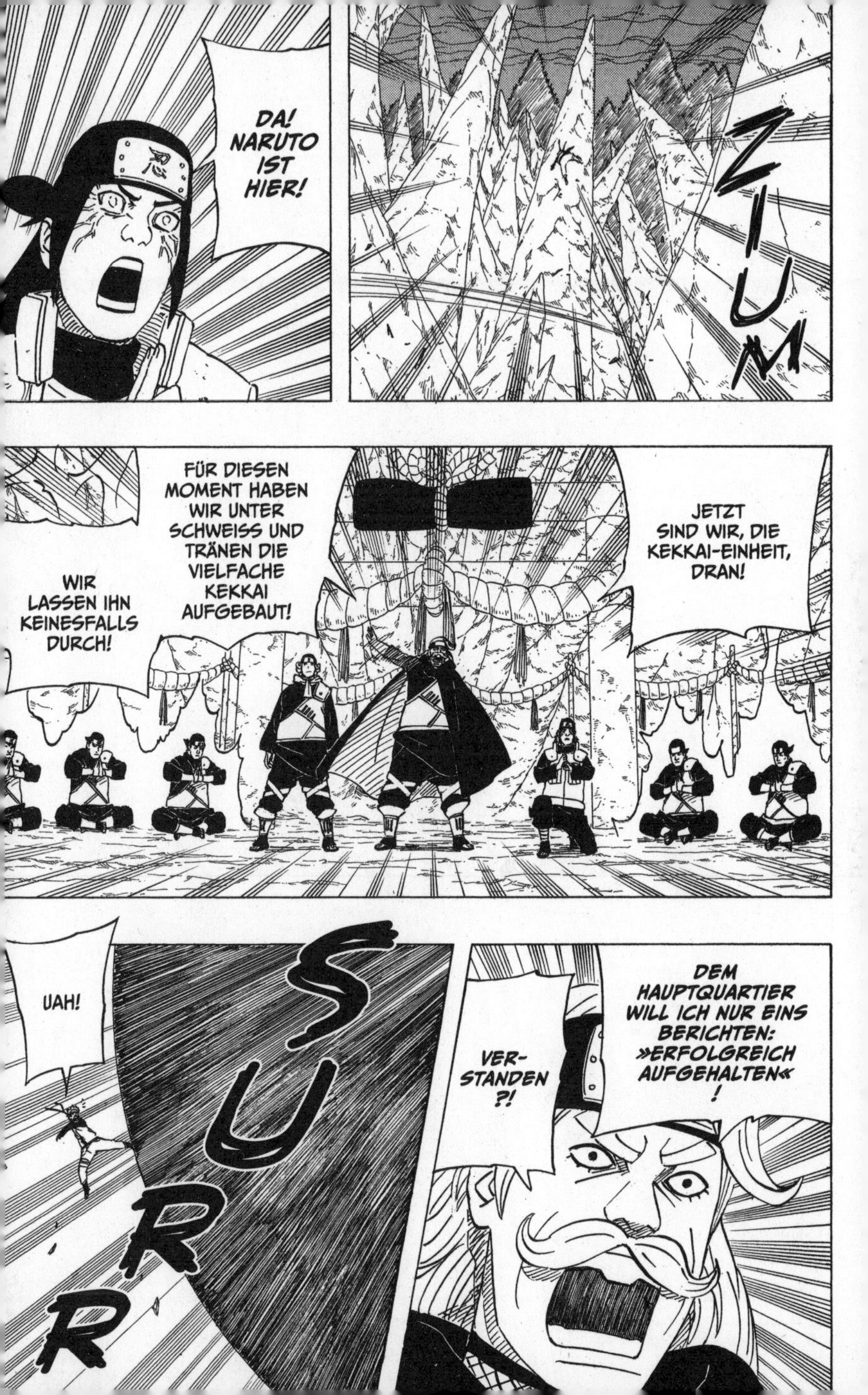
ZUM
DA! NARUTO IST HIER!
JETZT SIND WIR, DIE KEKKAI-EINHEIT, DRAN!
FÜR DIESEN MOMENT HABEN WIR UNTER SCHWEISS UND TRÄNEN DIE VIELFACHE KEKKAI AUFGEBAUT!
WIR LASSEN IHN KEINESFALLS DURCH!
DEM HAUPTQUARTIER WILL ICH NUR EINS BERICHTEN: »ERFOLGREICH AUFGEHALTEN«!
VER-STANDEN?!
SURRR
UAH!

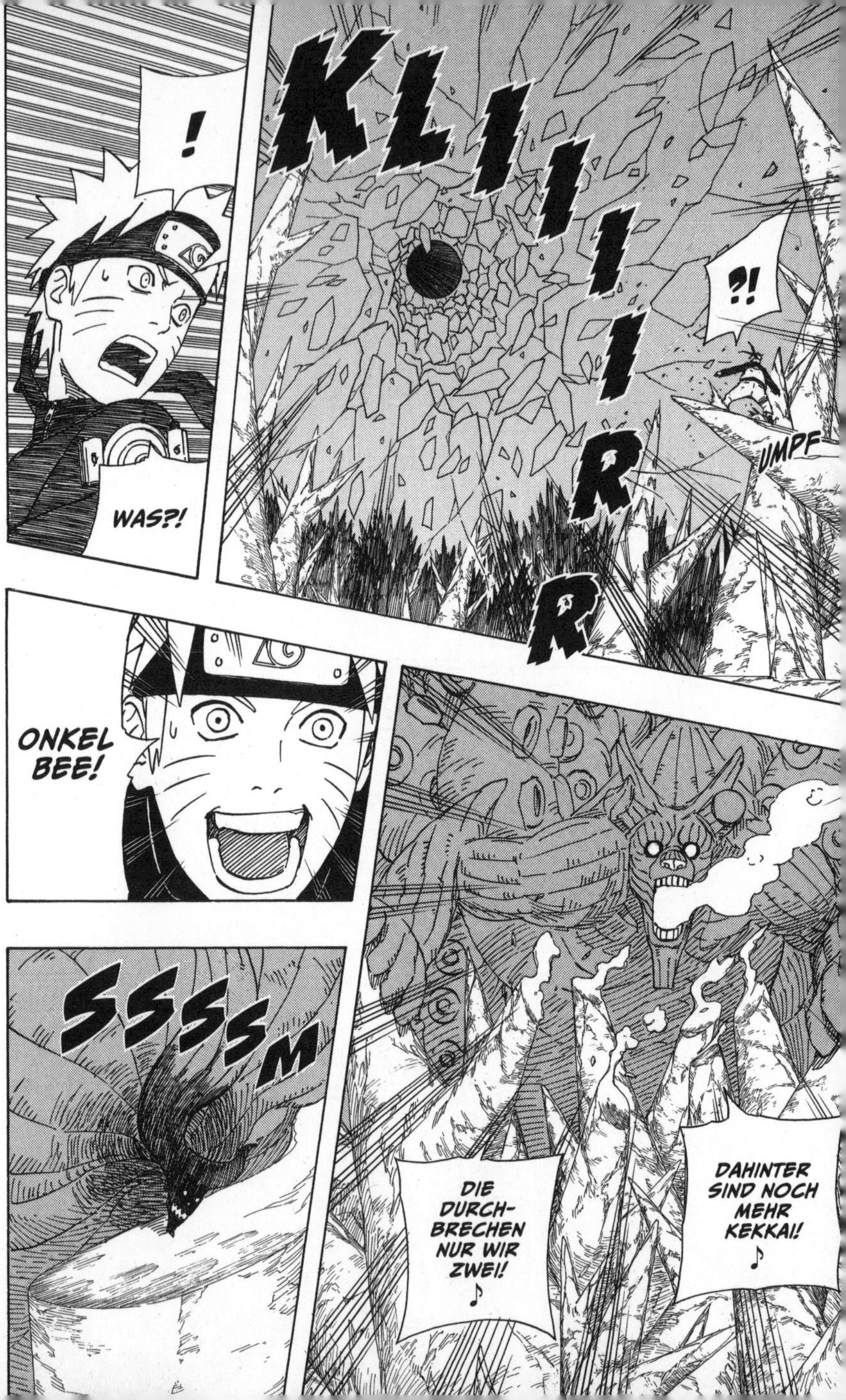
KLIIIIRRR
?!
UMPF
!
WAS?!
ONKEL BEE!
DAHINTER SIND NOCH MEHR KEKKAI! ♪
DIE DURCH-BRECHEN NUR WIR ZWEI! ♪
SSSSM

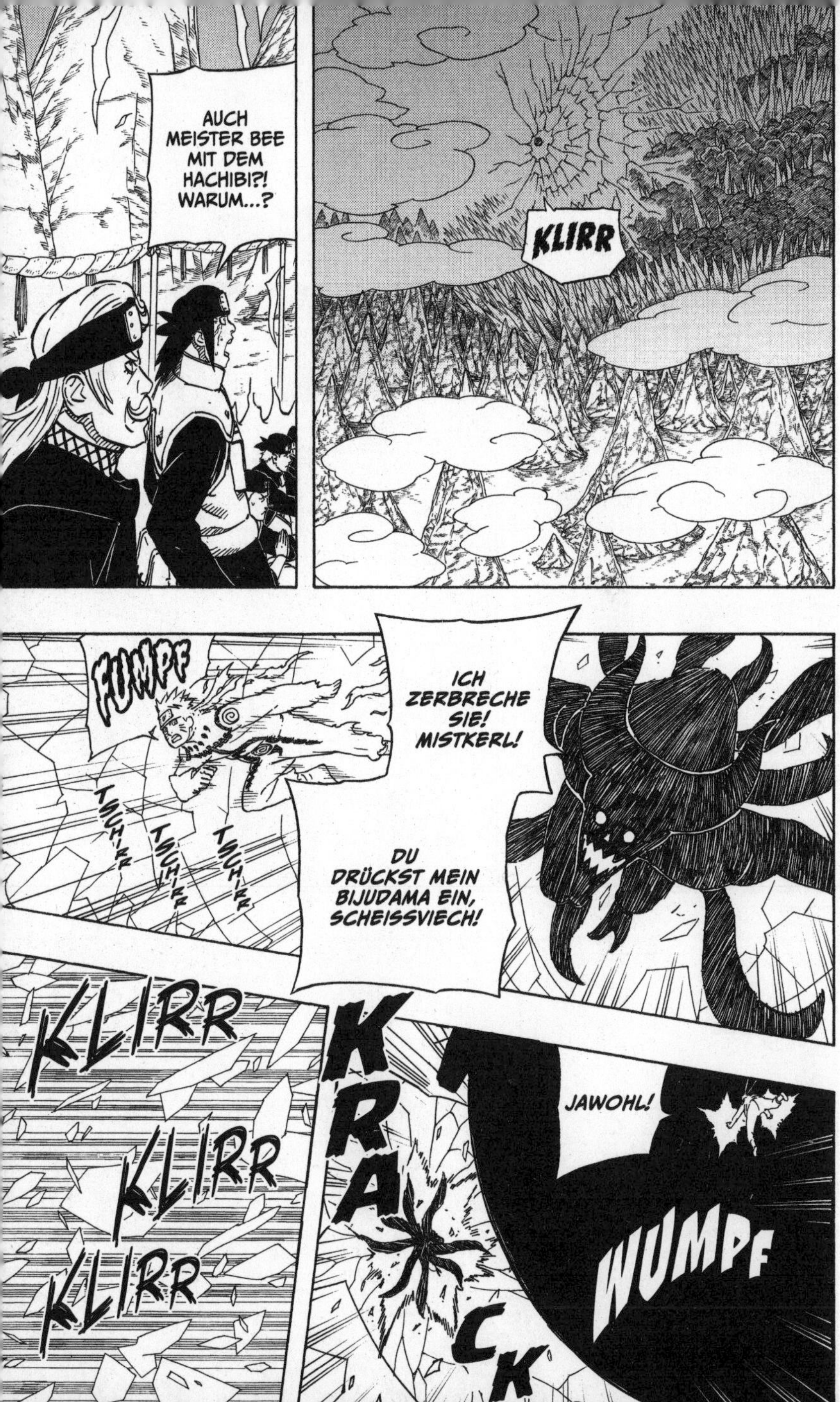
KLIRR
AUCH MEISTER BEE MIT DEM HACHIBI?! WARUM...?
ICH ZERBRECHE SIE! MISTKERL!
DU DRÜCKST MEIN BIJUDAMA EIN, SCHEISSVIECH!
FUMPF
TSCHIRR
TSCHIRR
TSCHIRR
JAWOHL!
WUMPF
KRACK
KLIRR
KLIRR
KLIRR

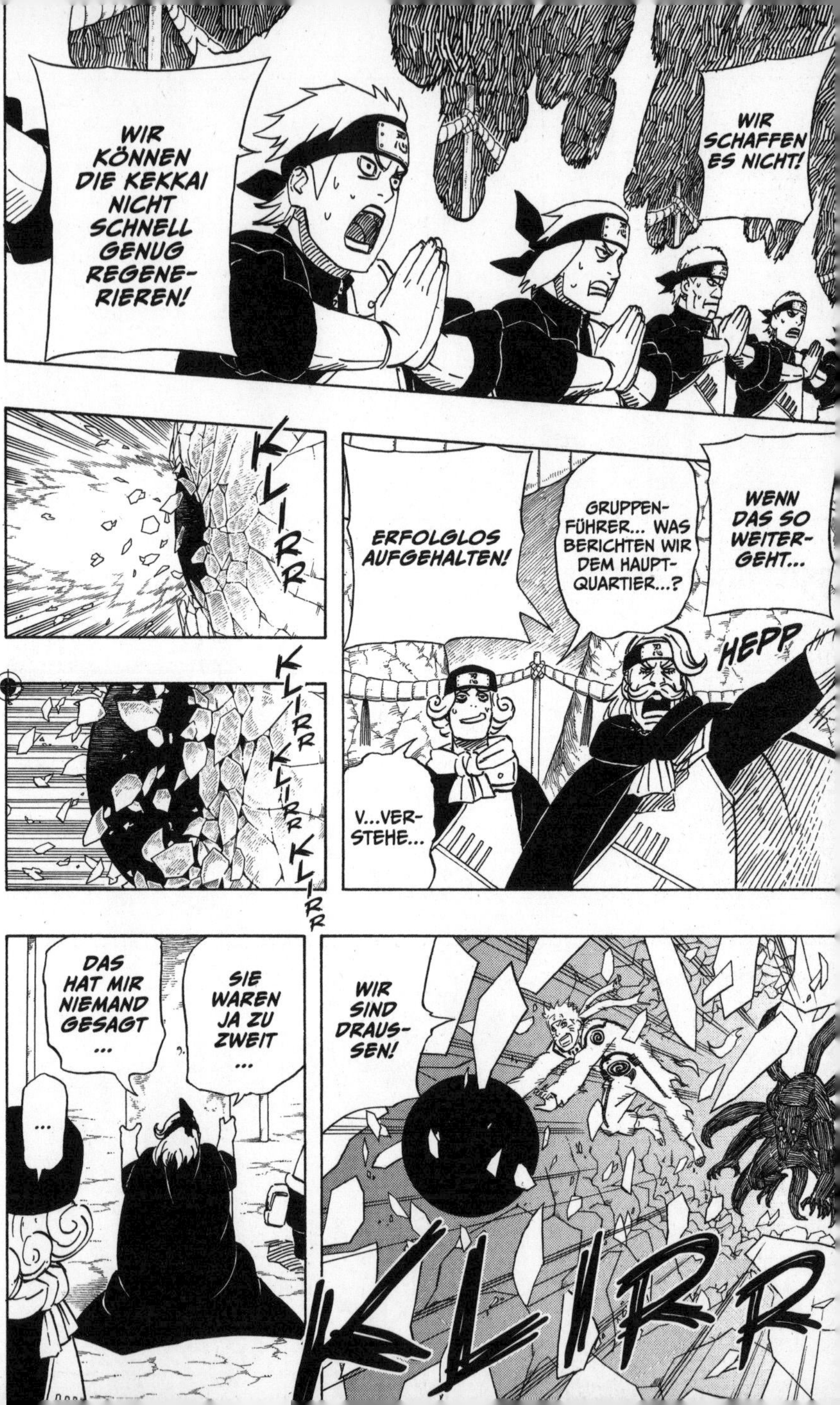
WIR SCHAFFEN ES NICHT!
WIR KÖNNEN DIE KEKKAI NICHT SCHNELL GENUG REGENERIEREN!
WENN DAS SO WEITERGEHT...
GRUPPENFÜHRER... WAS BERICHTEN WIR DEM HAUPTQUARTIER...?
ERFOLGLOS AUFGEHALTEN!
HEPP
V...VERSTEHE...
KLIRR
KLIRR
KLIRR
KLIRR
KLIRR
WIR SIND DRAUSSEN!
KLIRR
SIE WAREN JA ZU ZWEIT ...
DAS HAT MIR NIEMAND GESAGT ...
...

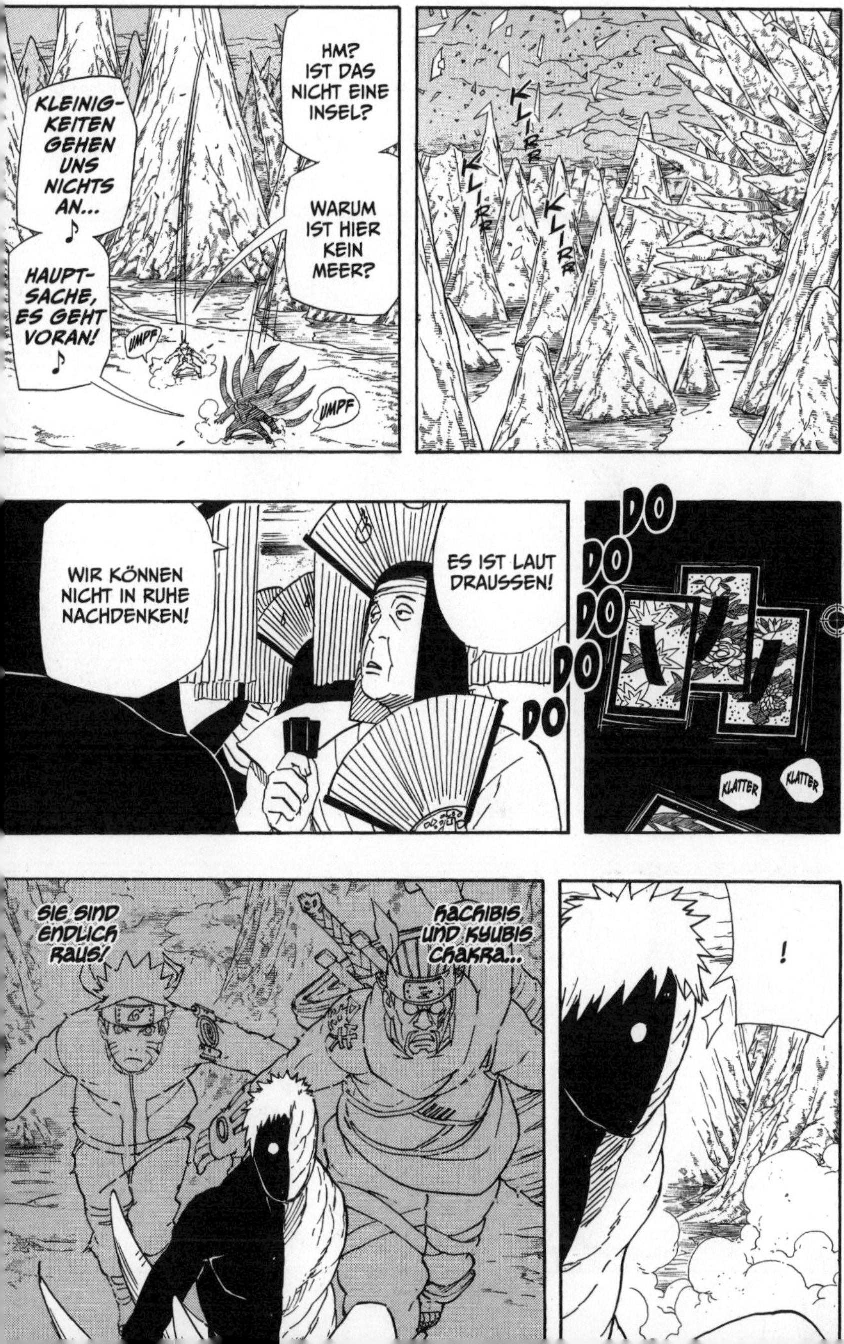
HM?
IST DAS NICHT EINE INSEL?
WARUM IST HIER KEIN MEER?
KLEINIGKEITEN GEHEN UNS NICHTS AN... ♪
HAUPTSACHE, ES GEHT VORAN! ♪
UMPF
UMPF
KLIRR
KLIRR
KLIRR
DO DO DO DO DO DO
KLATTER
KLATTER
ES IST LAUT DRAUSSEN!
WIR KÖNNEN NICHT IN RUHE NACHDENKEN!
!
HACHIBIS UND KYUBIS CHAKRA...
SIE SIND ENDLICH RAUS!

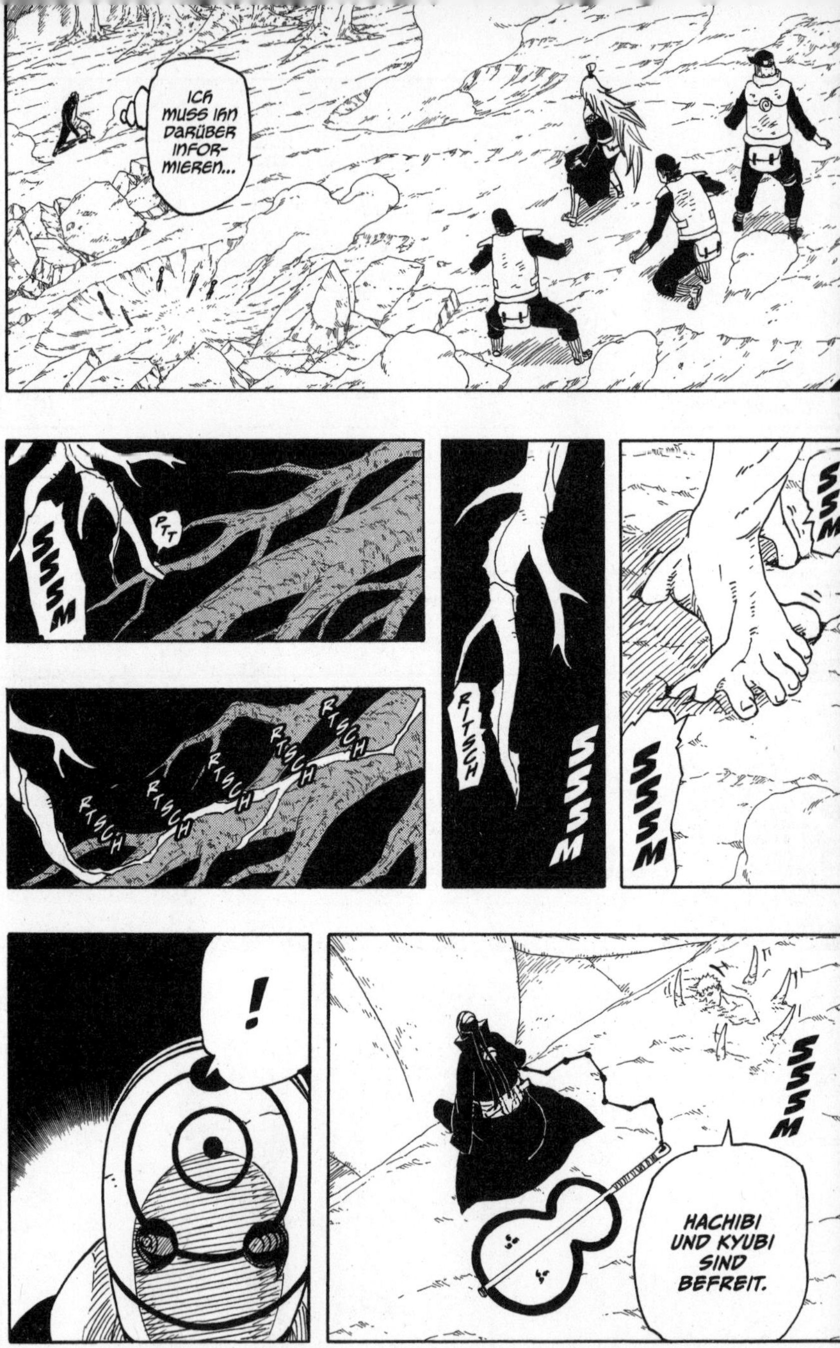
ICH MUSS IHN DARÜBER INFORMIEREN...
SSSM
SSSM
RITSCH
SSSM
SSSM
PTT
RITSCH
RITSCH
RITSCH
RITSCH
SSSM
HACHIBI UND KYUBI SIND BEFREIT.
!

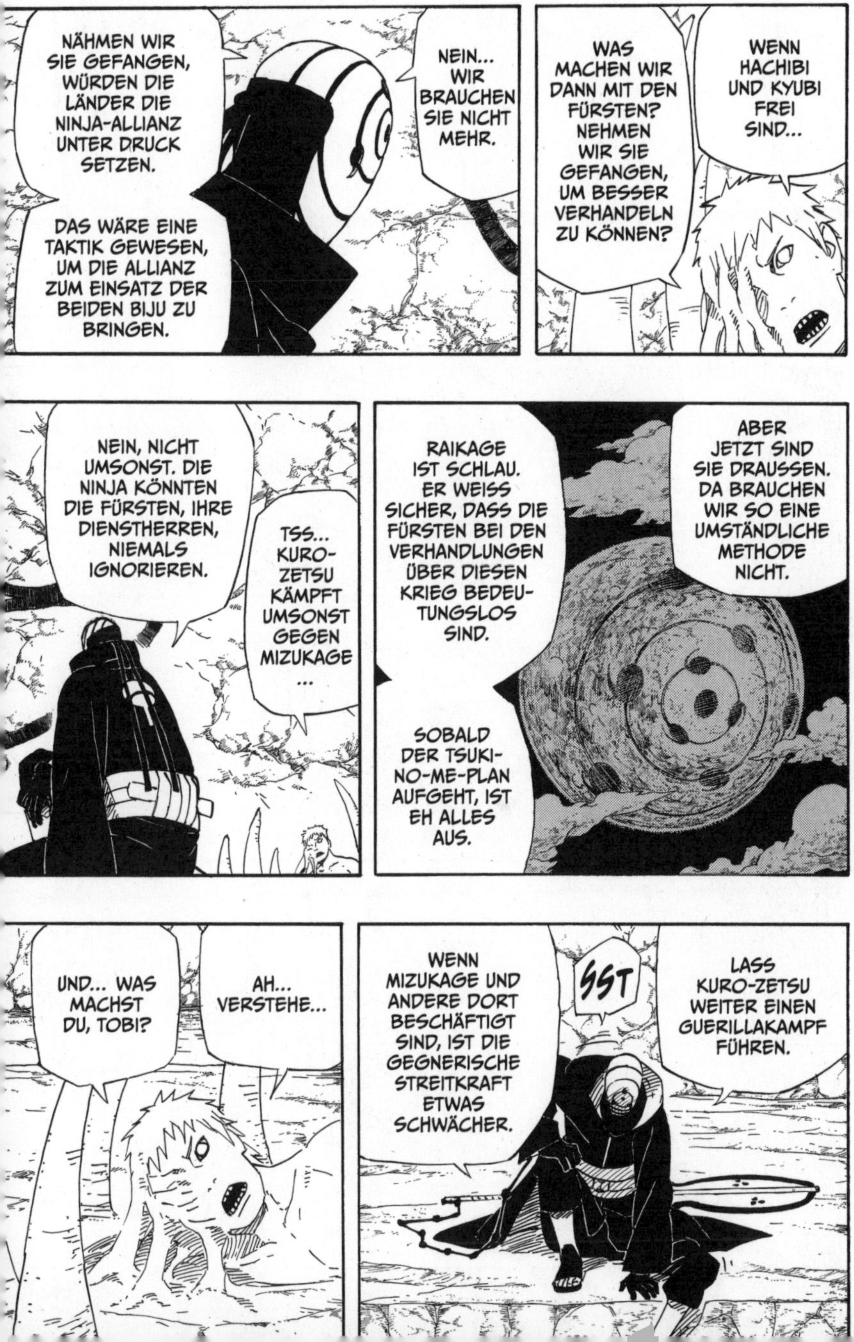
WENN HACHIBI UND KYUBI FREI SIND...
WAS MACHEN WIR DANN MIT DEN FÜRSTEN? NEHMEN WIR SIE GEFANGEN, UM BESSER VERHANDELN ZU KÖNNEN?
NEIN... WIR BRAUCHEN SIE NICHT MEHR.
NÄHMEN WIR SIE GEFANGEN, WÜRDEN DIE LÄNDER DIE NINJA-ALLIANZ UNTER DRUCK SETZEN.
DAS WÄRE EINE TAKTIK GEWESEN, UM DIE ALLIANZ ZUM EINSATZ DER BEIDEN BIJU ZU BRINGEN.
ABER JETZT SIND SIE DRAUSSEN. DA BRAUCHEN WIR SO EINE UMSTÄNDLICHE METHODE NICHT.
RAIKAGE IST SCHLAU. ER WEISS SICHER, DASS DIE FÜRSTEN BEI DEN VERHANDLUNGEN ÜBER DIESEN KRIEG BEDEU-TUNGSLOS SIND.
SOBALD DER TSUKI-NO-ME-PLAN AUFGEHT, IST EH ALLES AUS.
TSS... KURO-ZETSU KÄMPFT UMSONST GEGEN MIZUKAGE ...
NEIN, NICHT UMSONST. DIE NINJA KÖNNTEN DIE FÜRSTEN, IHRE DIENSTHERREN, NIEMALS IGNORIEREN.
LASS KURO-ZETSU WEITER EINEN GUERILLAKAMPF FÜHREN.
SST
WENN MIZUKAGE UND ANDERE DORT BESCHÄFTIGT SIND, IST DIE GEGNERISCHE STREITKRAFT ETWAS SCHWÄCHER.
AH... VERSTEHE...
UND... WAS MACHST DU, TOBI?

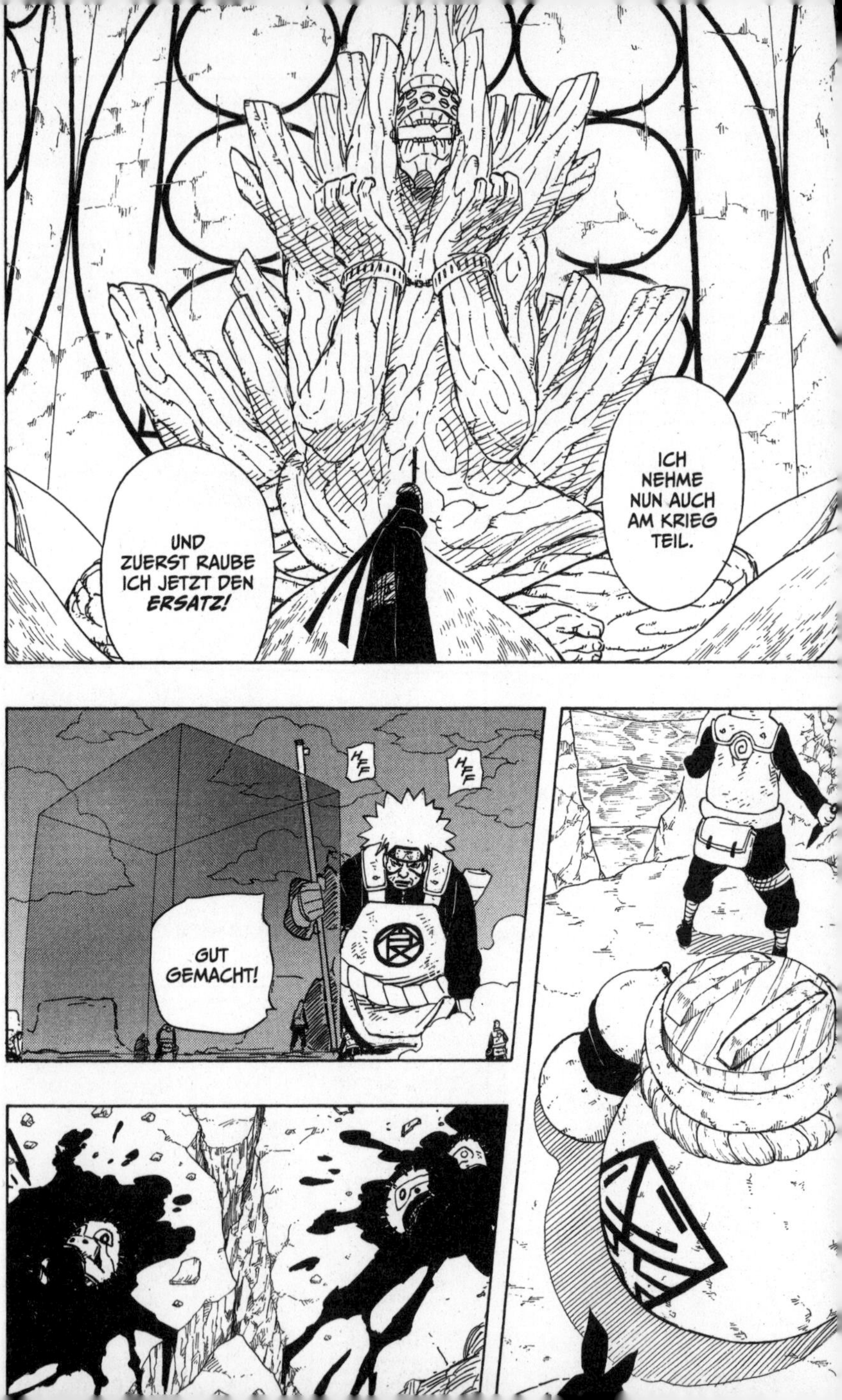
ICH NEHME NUN AUCH AM KRIEG TEIL.
UND ZUERST RAUBE ICH JETZT DEN *ERSATZ!*
HEF
HEF
GUT GEMACHT!

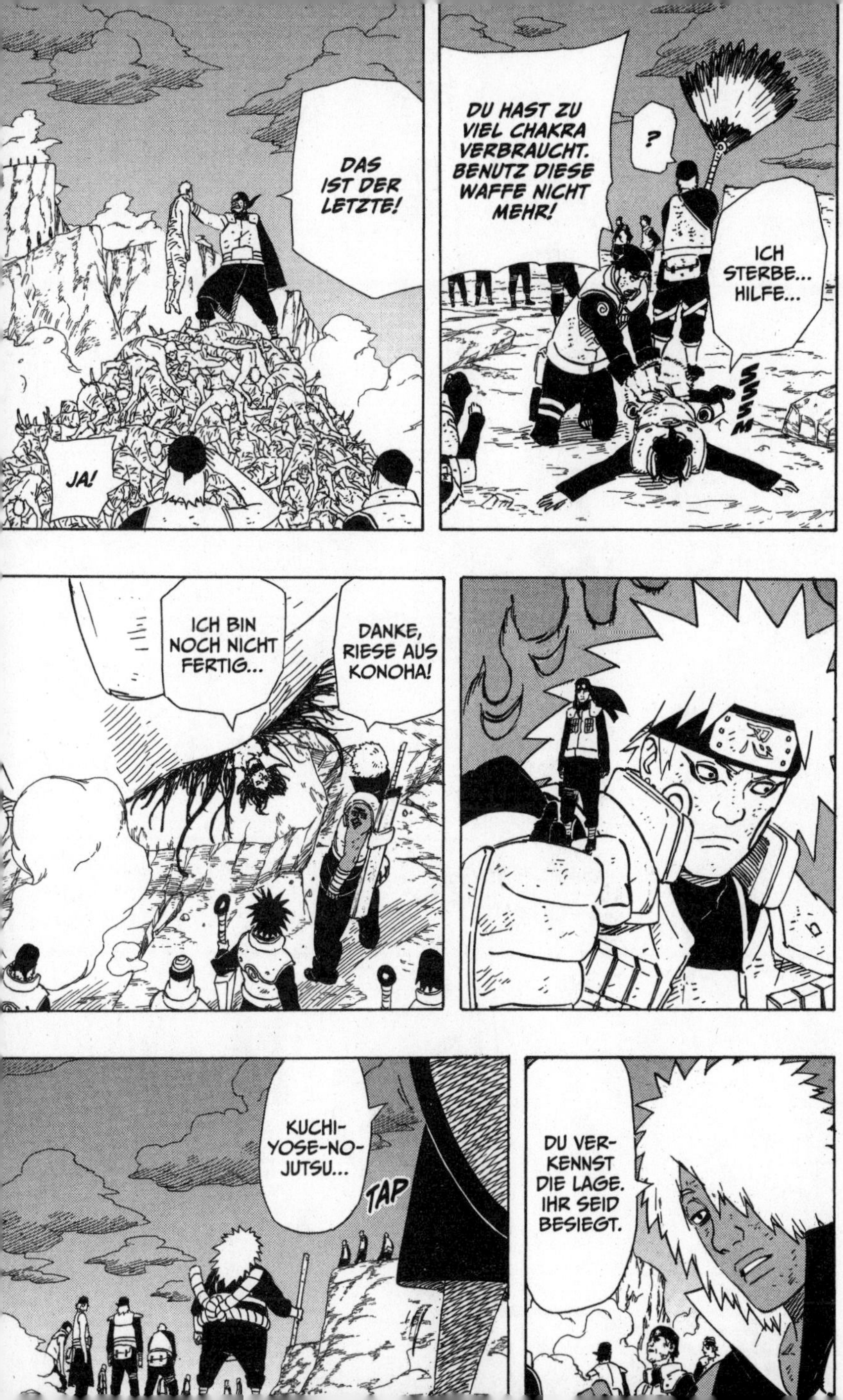
ICH STERBE... HILFE...
SSSM
?
DU HAST ZU VIEL CHAKRA VERBRAUCHT. BENUTZ DIESE WAFFE NICHT MEHR!
DAS IST DER LETZTE!
JA!
DANKE, RIESE AUS KONOHA!
ICH BIN NOCH NICHT FERTIG...
DU VERKENNST DIE LAGE. IHR SEID BESIEGT.
KUCHIYOSE-NO-JUTSU...
TAP

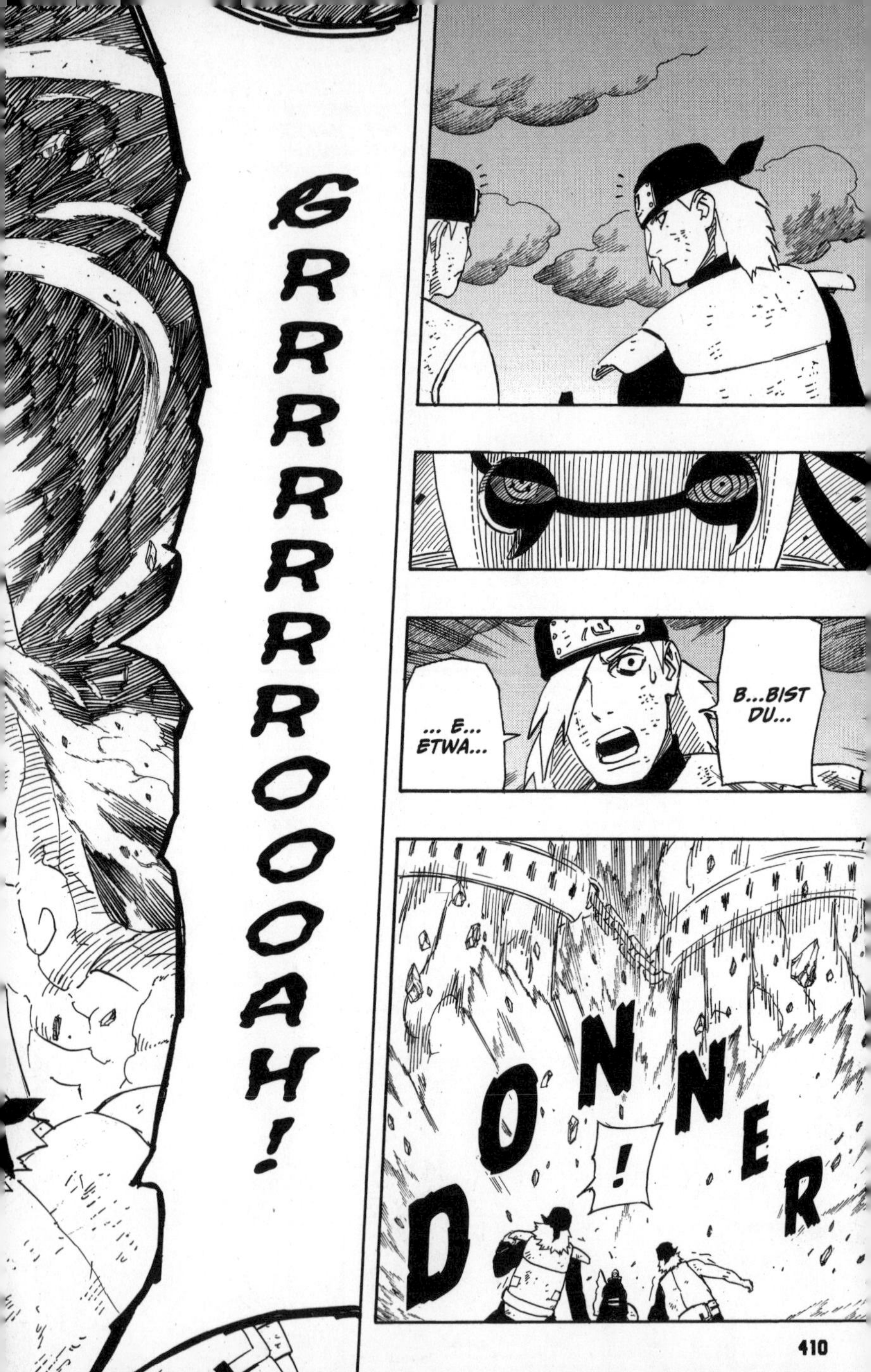
B...BIST DU...
... E... ETWA...
DONNER!
GRRRRRRRRROOOAH!

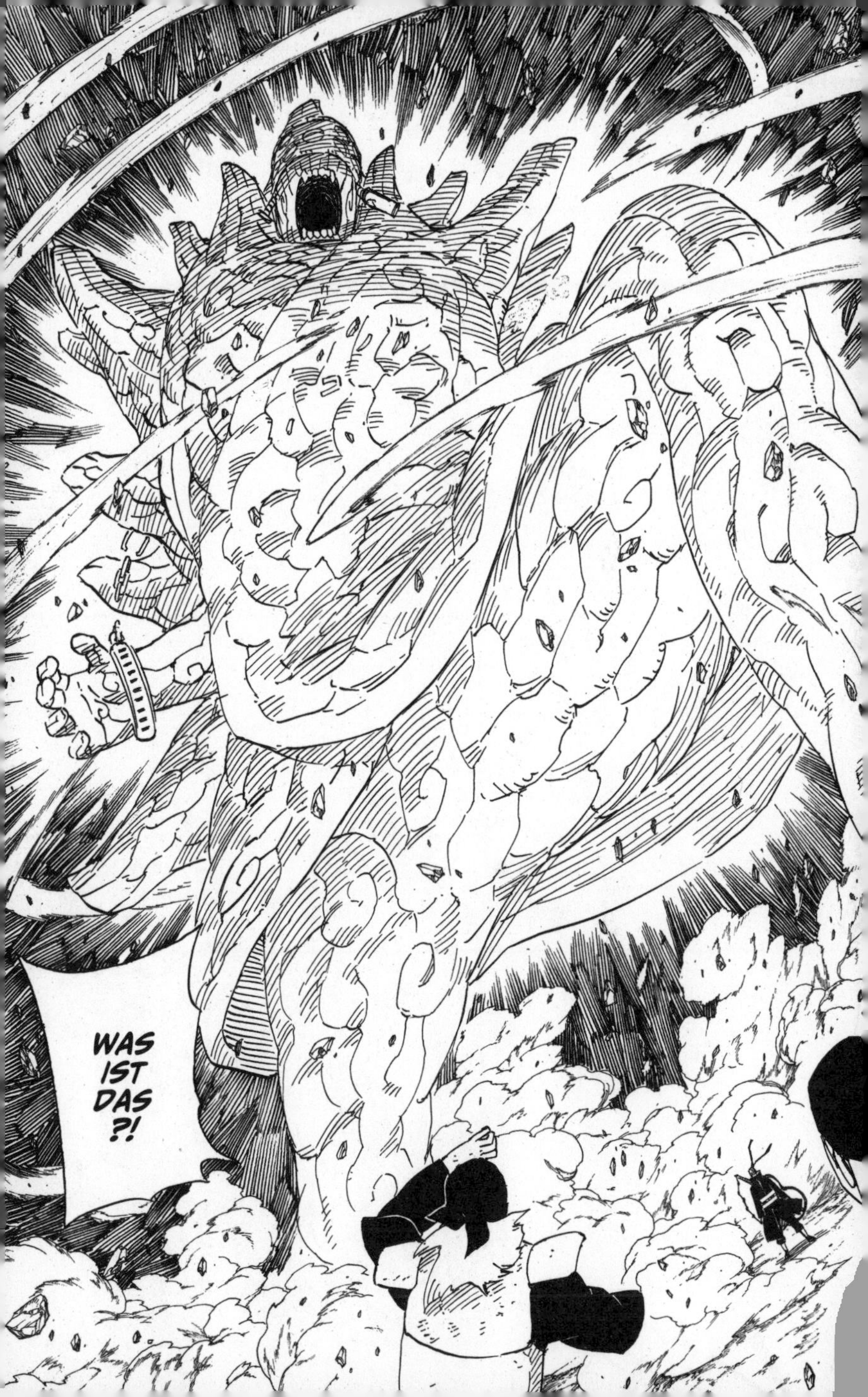
WAS IST DAS ?!

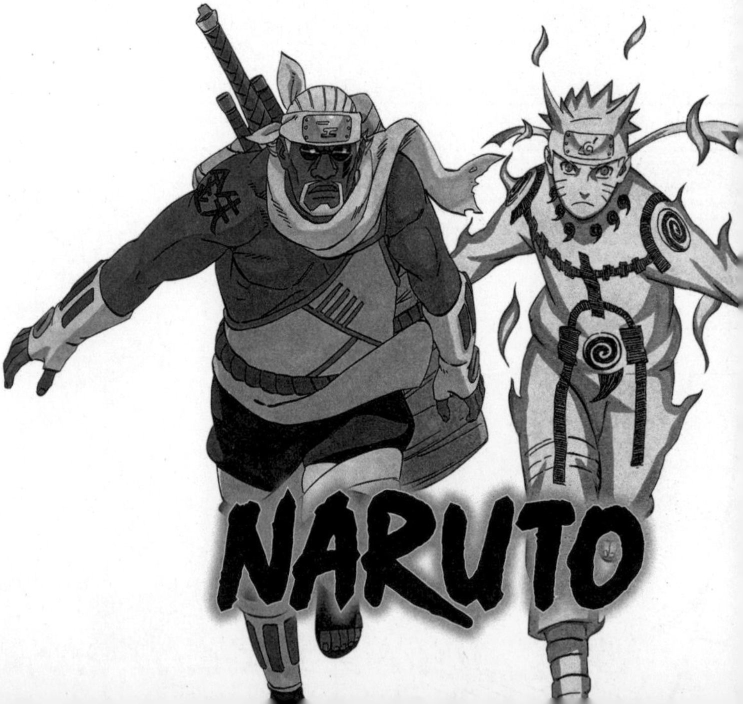
NARUTO

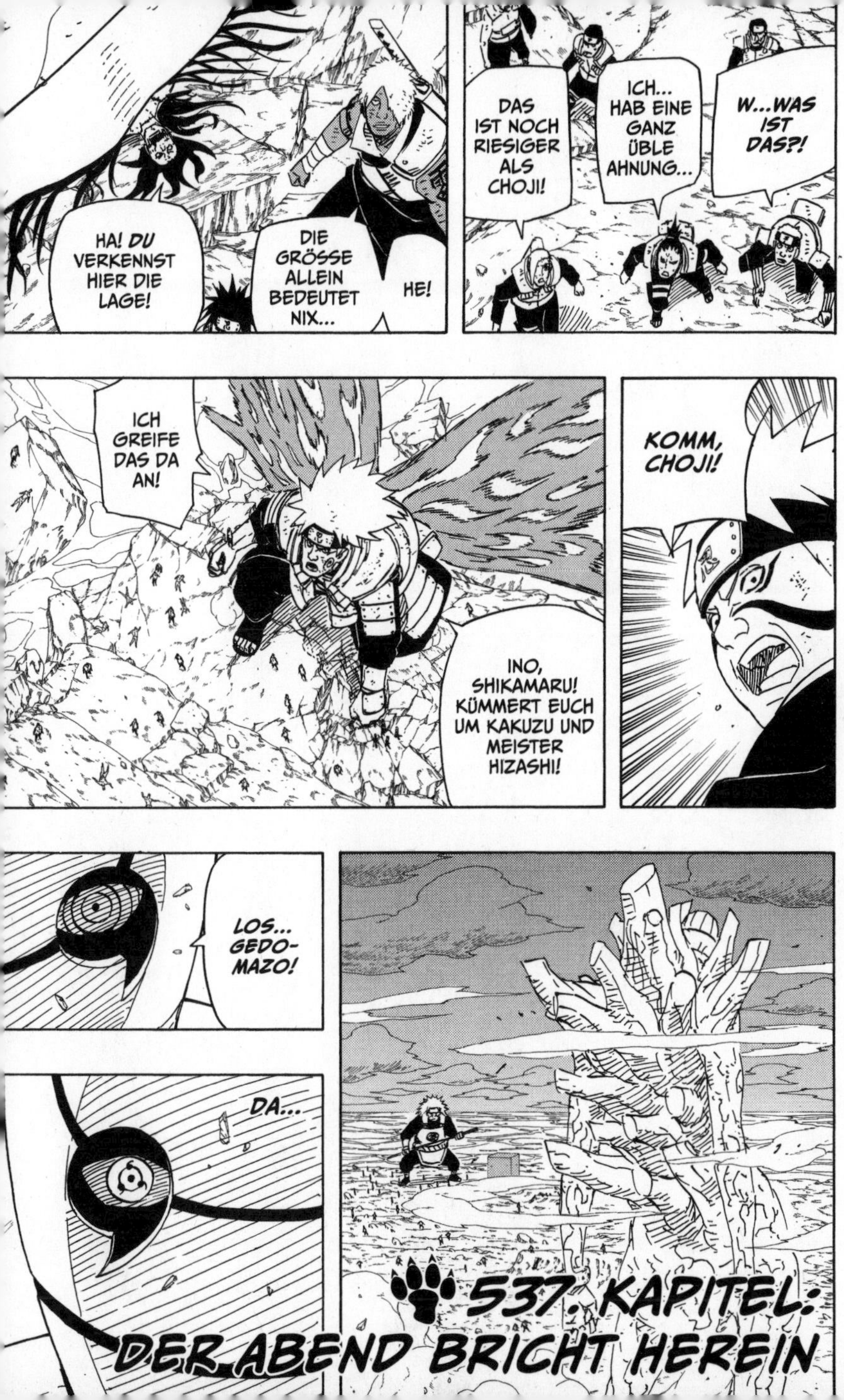

537. KAPITEL: DER ABEND BRICHT HEREIN

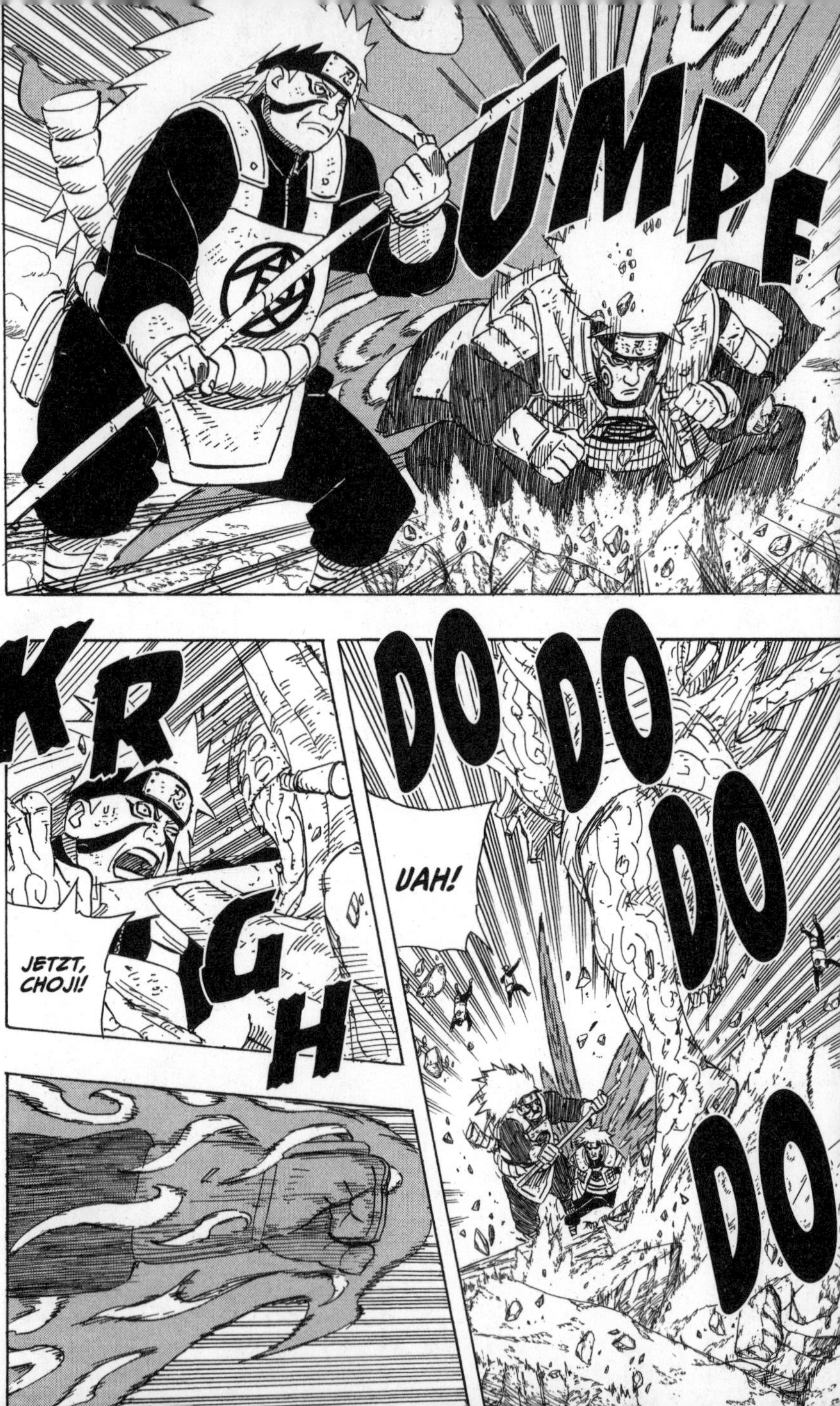
UMPF
UAH!
DO DO DO DO DO
KRGH
JETZT, CHOJI!

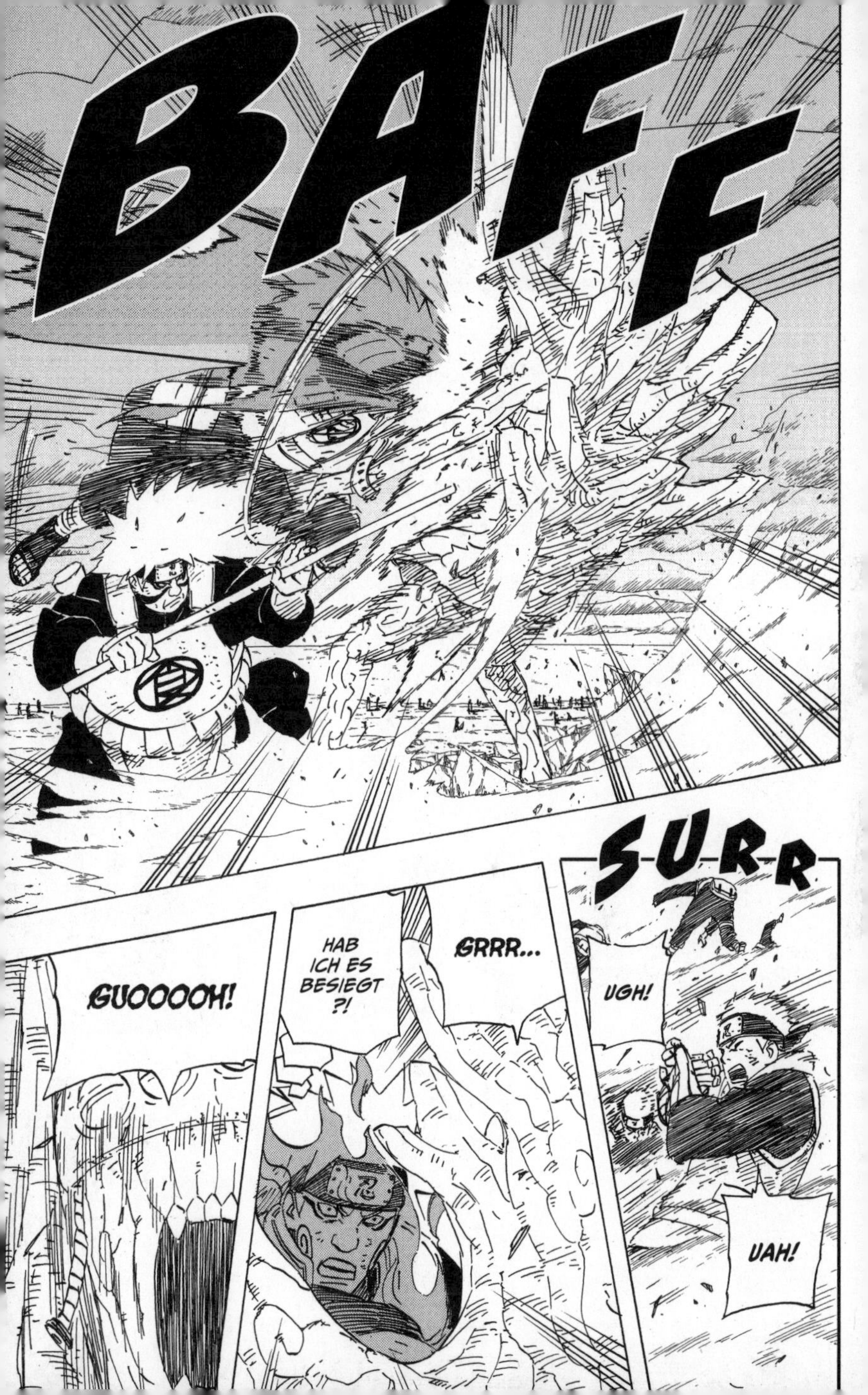
BAFF
SURR
UGH!
UAH!
HAB ICH ES BESIEGT ?!
GRRR...
GUOOOOH!

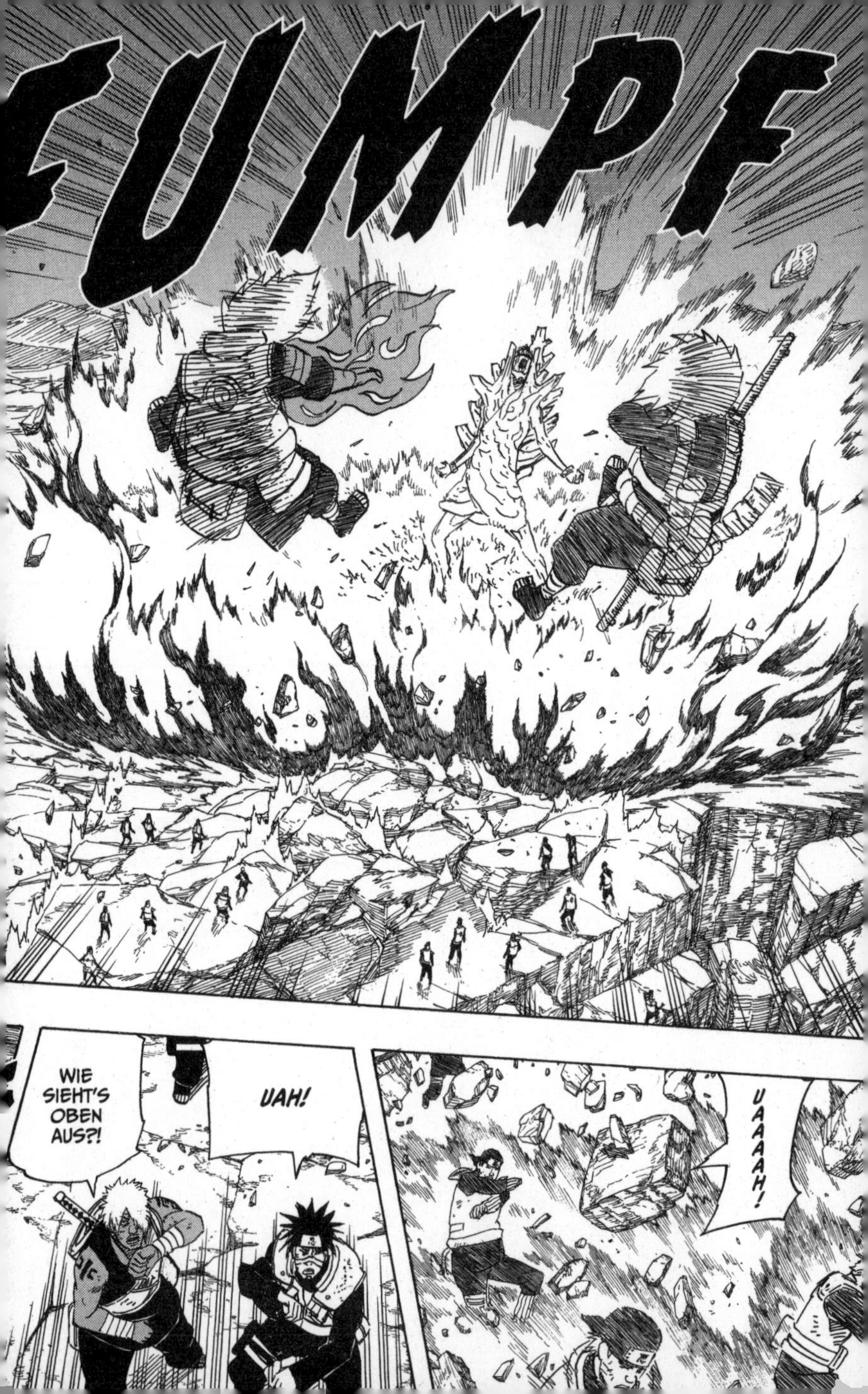

ZUMPF
WIE SIEHT'S OBEN AUS?!
UAH!
UAAAAH!

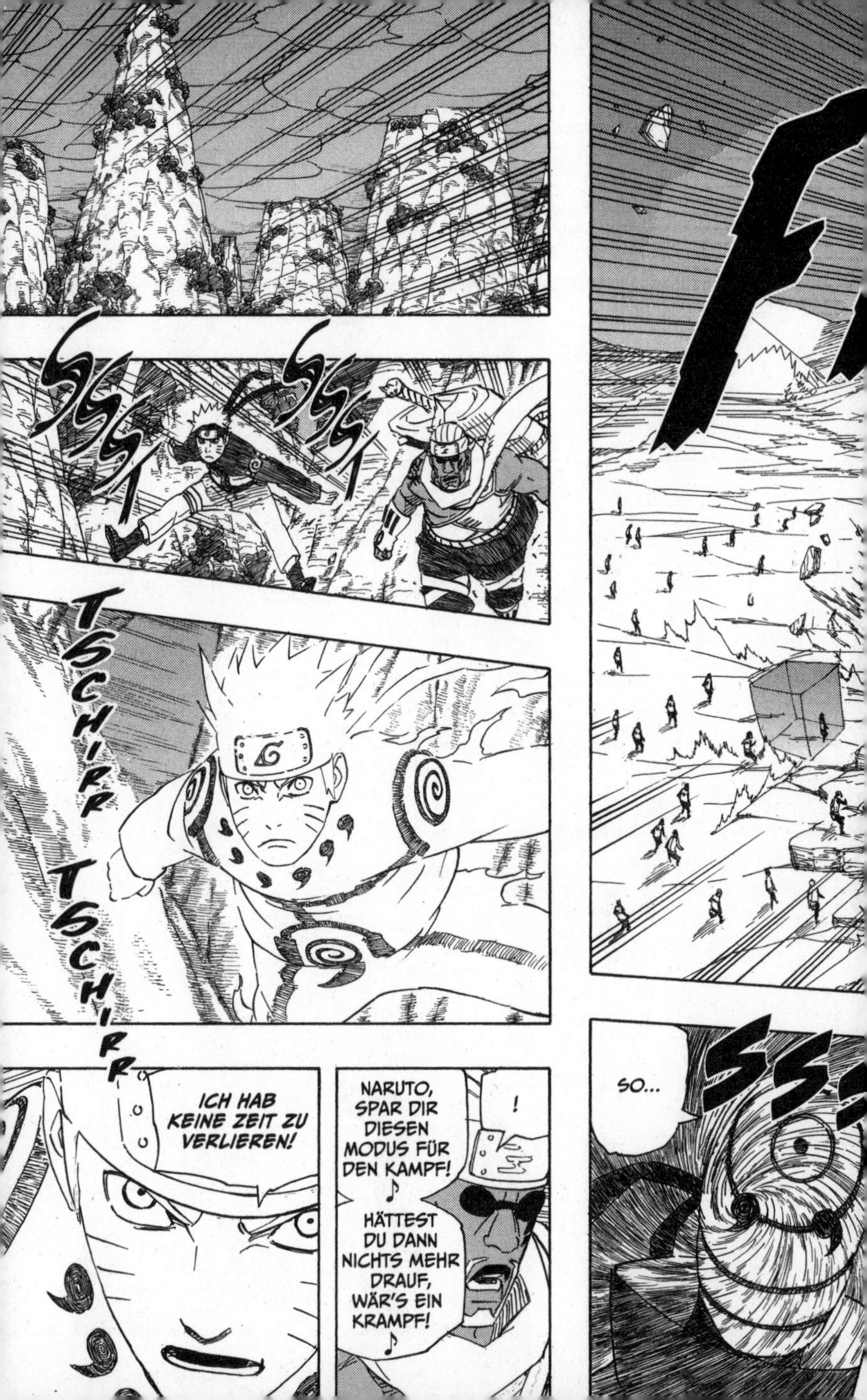
SSS
SSS
TSCHIRR TSCHIRR
NARUTO, SPAR DIR DIESEN MODUS FÜR DEN KAMPF! ♪
HÄTTEST DU DANN NICHTS MEHR DRAUF, WÄR'S EIN KRAMPF! ♪
!
ICH HAB KEINE ZEIT ZU VERLIEREN!
SO...
SS

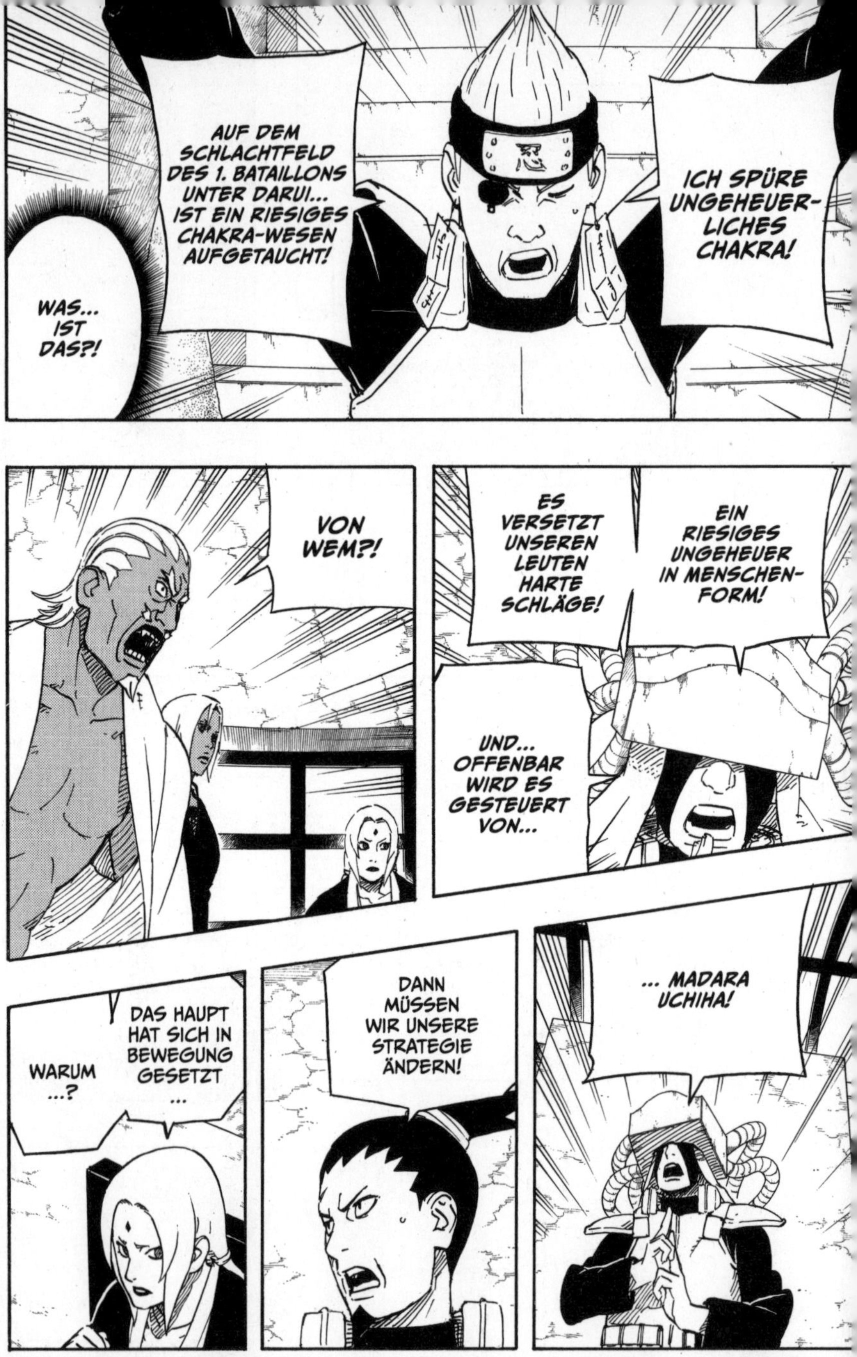
ICH SPÜRE UNGEHEUER-LICHES CHAKRA!
AUF DEM SCHLACHTFELD DES 1. BATAILLONS UNTER DARUI... IST EIN RIESIGES CHAKRA-WESEN AUFGETAUCHT!
WAS... IST DAS?!
EIN RIESIGES UNGEHEUER IN MENSCHEN-FORM!
ES VERSETZT UNSEREN LEUTEN HARTE SCHLÄGE!
UND... OFFENBAR WIRD ES GESTEUERT VON...
VON WEM?!
... MADARA UCHIHA!
DANN MÜSSEN WIR UNSERE STRATEGIE ÄNDERN!
DAS HAUPT HAT SICH IN BEWEGUNG GESETZT ...
WARUM ...?

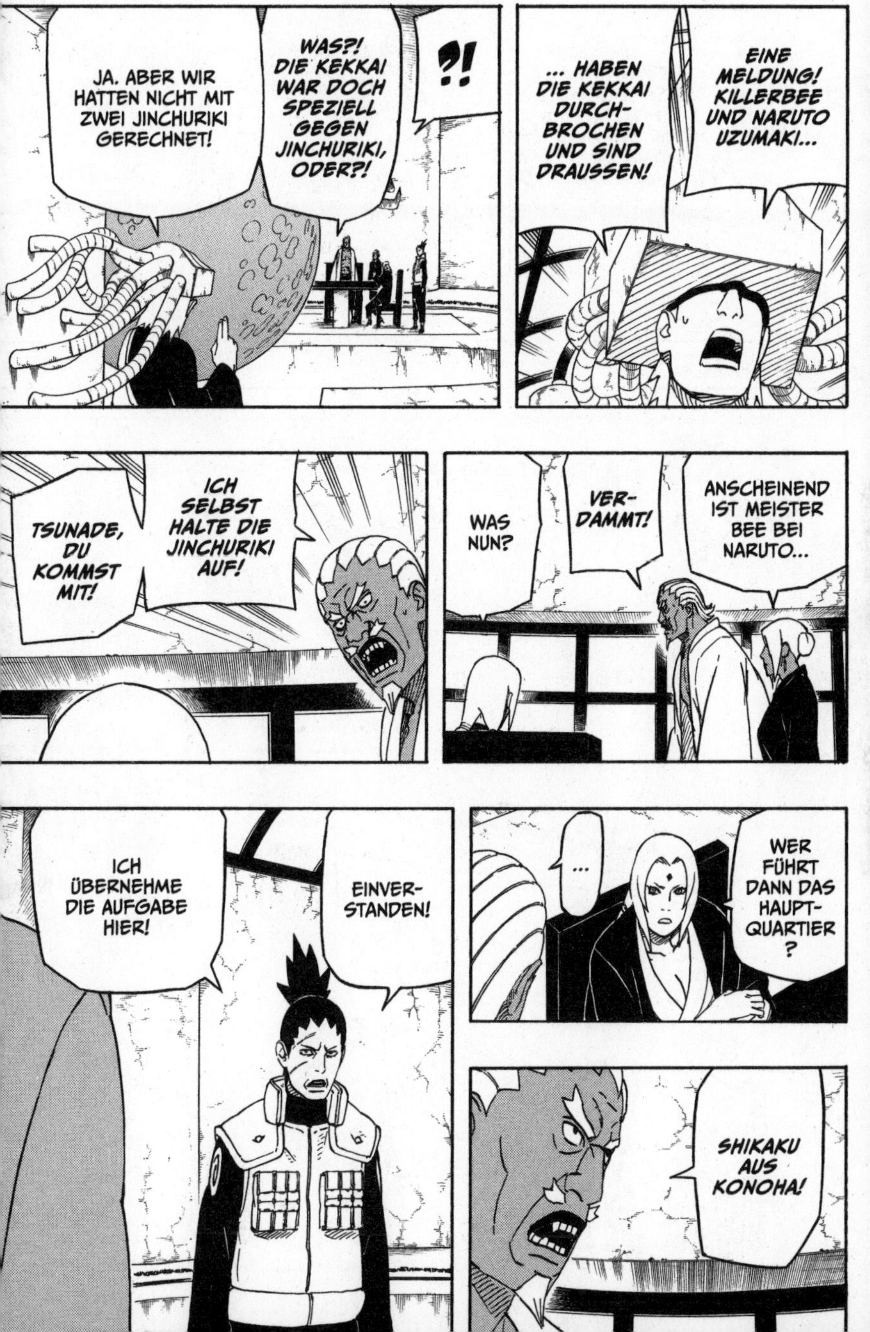
EINE MELDUNG! KILLERBEE UND NARUTO UZUMAKI...
... HABEN DIE KEKKAI DURCH-BROCHEN UND SIND DRAUSSEN!
?!
WAS?! DIE KEKKAI WAR DOCH SPEZIELL GEGEN JINCHURIKI, ODER?!
JA. ABER WIR HATTEN NICHT MIT ZWEI JINCHURIKI GERECHNET!
ANSCHEINEND IST MEISTER BEE BEI NARUTO...
VER-DAMMT!
WAS NUN?
ICH SELBST HALTE DIE JINCHURIKI AUF!
TSUNADE, DU KOMMST MIT!
WER FÜHRT DANN DAS HAUPT-QUARTIER?
...
SHIKAKU AUS KONOHA!
ICH ÜBERNEHME DIE AUFGABE HIER!
EINVER-STANDEN!

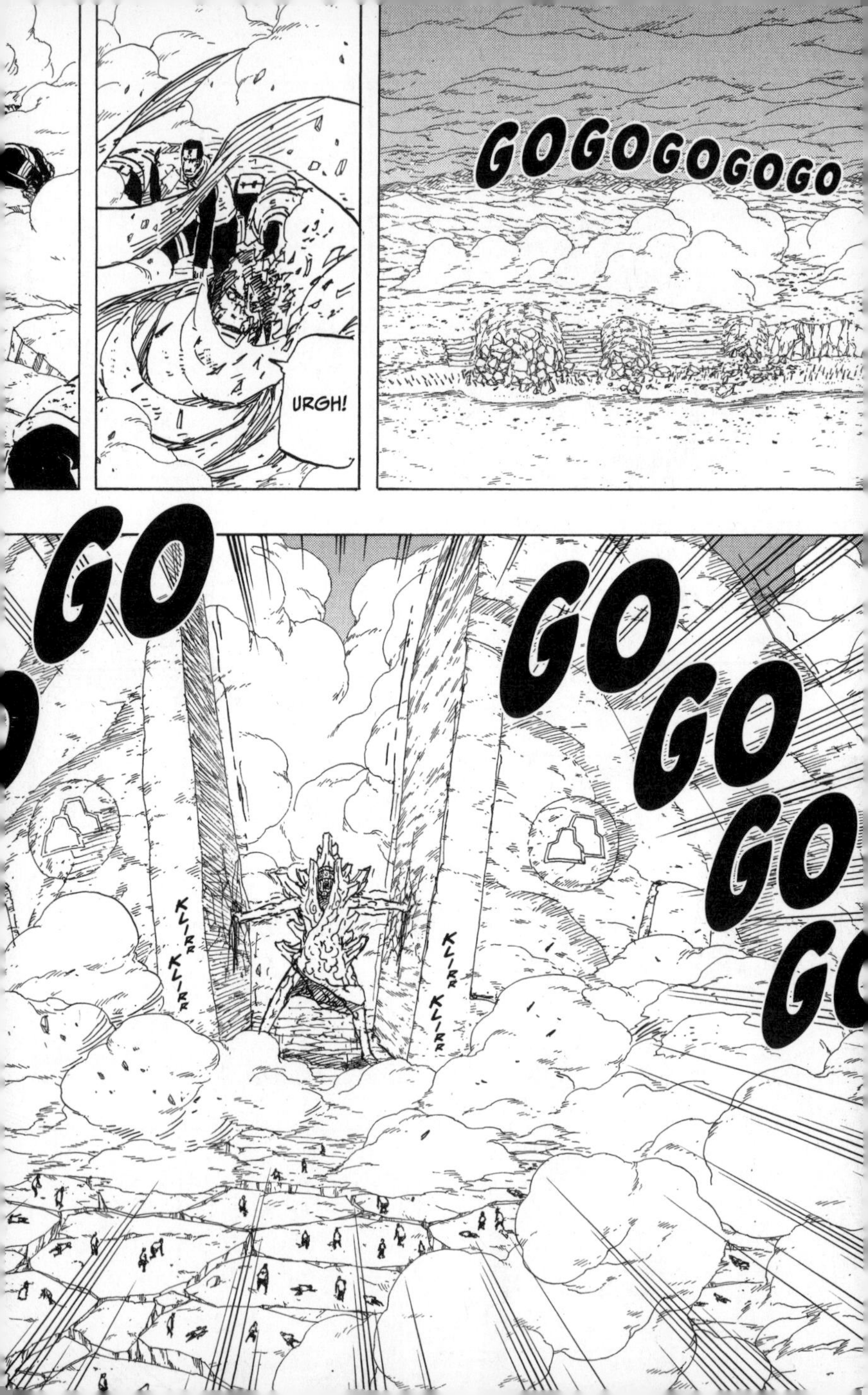
GOGOGOGOGOGO
URGH!
GO
GO
GO
GO
GO
KLIRR
KLIRR
KLIRR
KLIRR

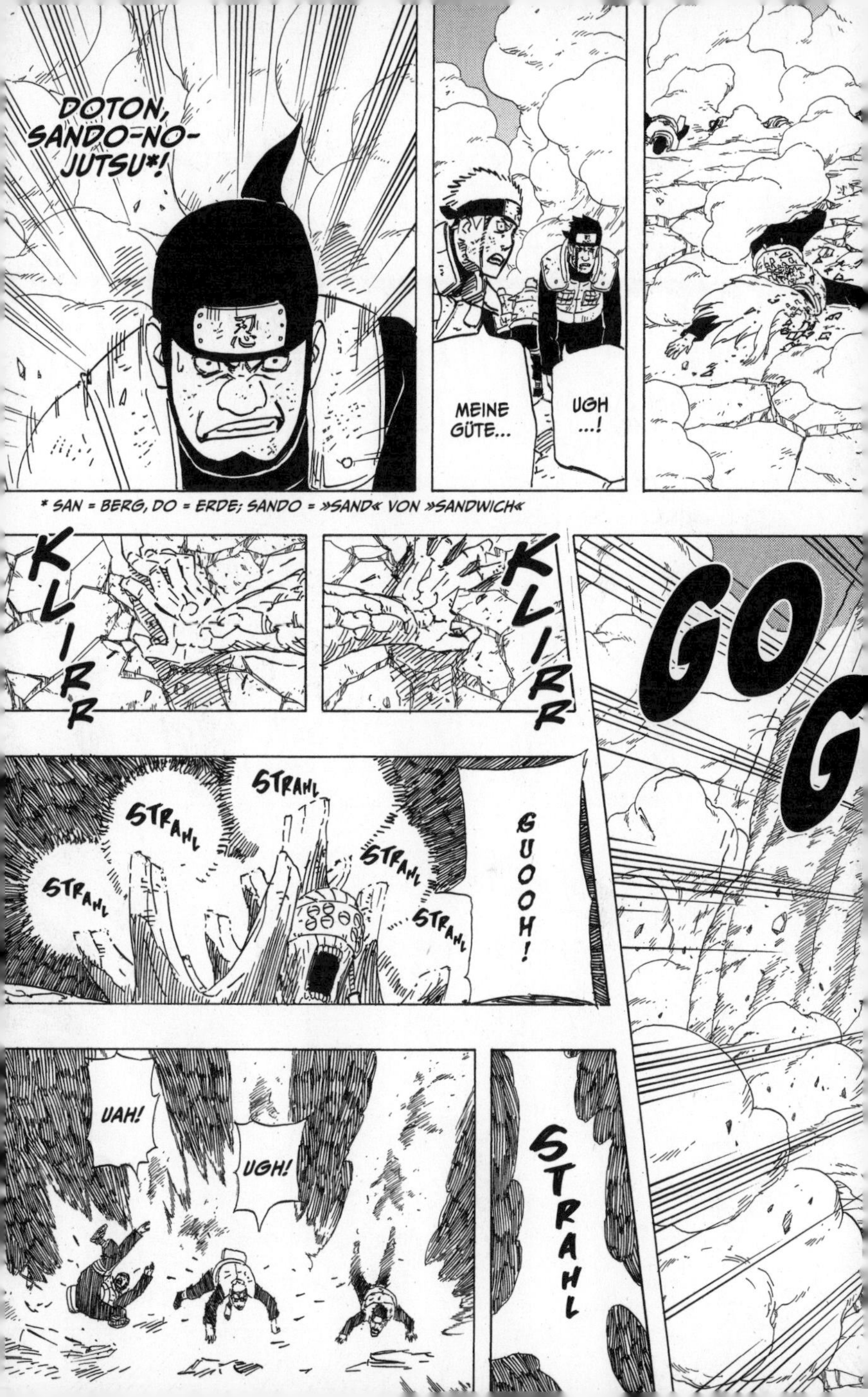
MEINE GÜTE...
UGH ...!
DOTON, SANDO-NO-JUTSU*!
* SAN = BERG, DO = ERDE; SANDO = »SAND« VON »SANDWICH«
GOG
KLIRR
KLIRR
GUOOOH!
STRAHL
STRAHL
STRAHL
STRAHL
...STRAHL
STRAHL
STRAHL
UGH!
UAH!

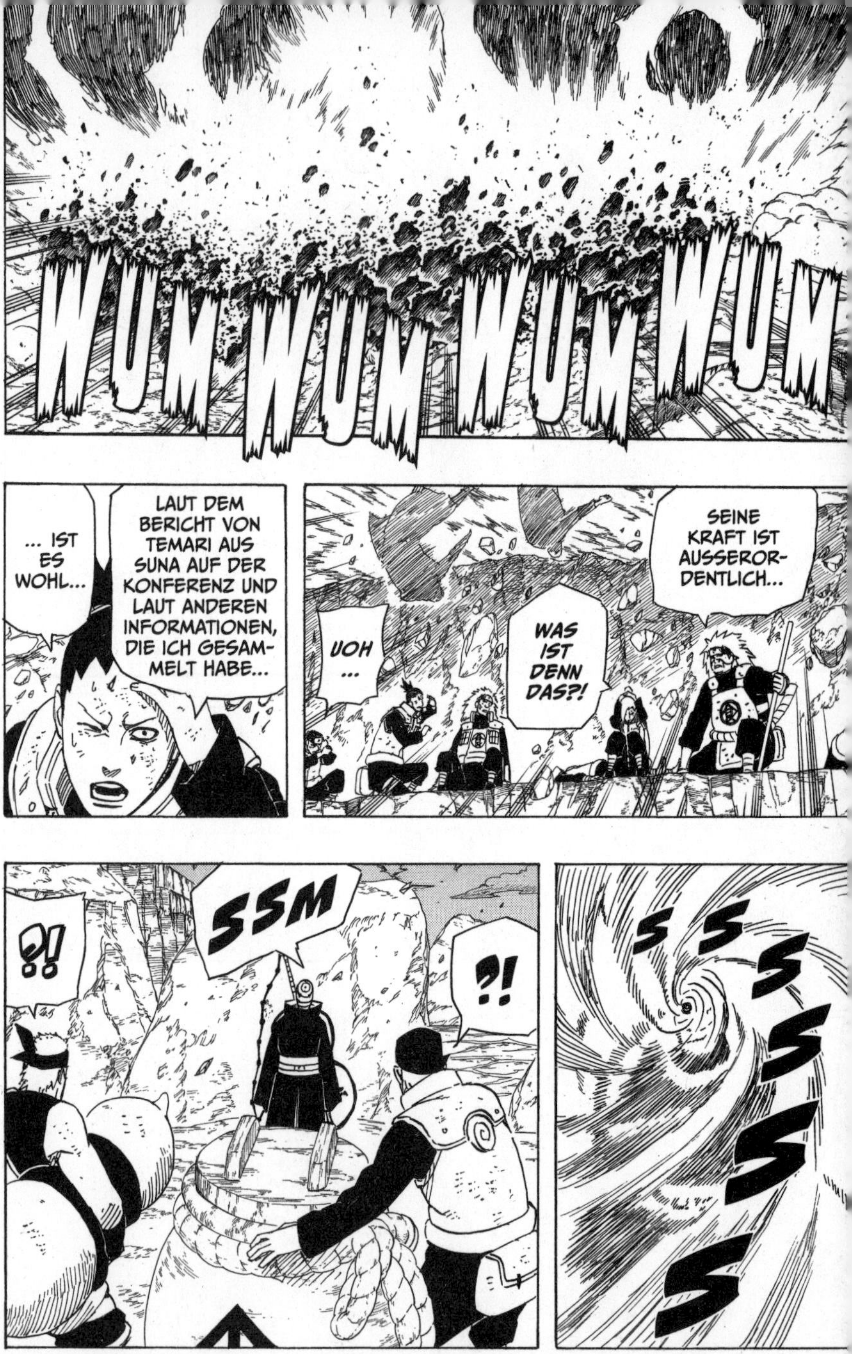

WUM WUM WUM WUM WUM
SEINE KRAFT IST AUSSERORDENTLICH...
WAS IST DENN DAS?!
UOH ...
LAUT DEM BERICHT VON TEMARI AUS SUNA AUF DER KONFERENZ UND LAUT ANDEREN INFORMATIONEN, DIE ICH GESAMMELT HABE...
... IST ES WOHL...
SSSSSSSS
SSM
?!
?!

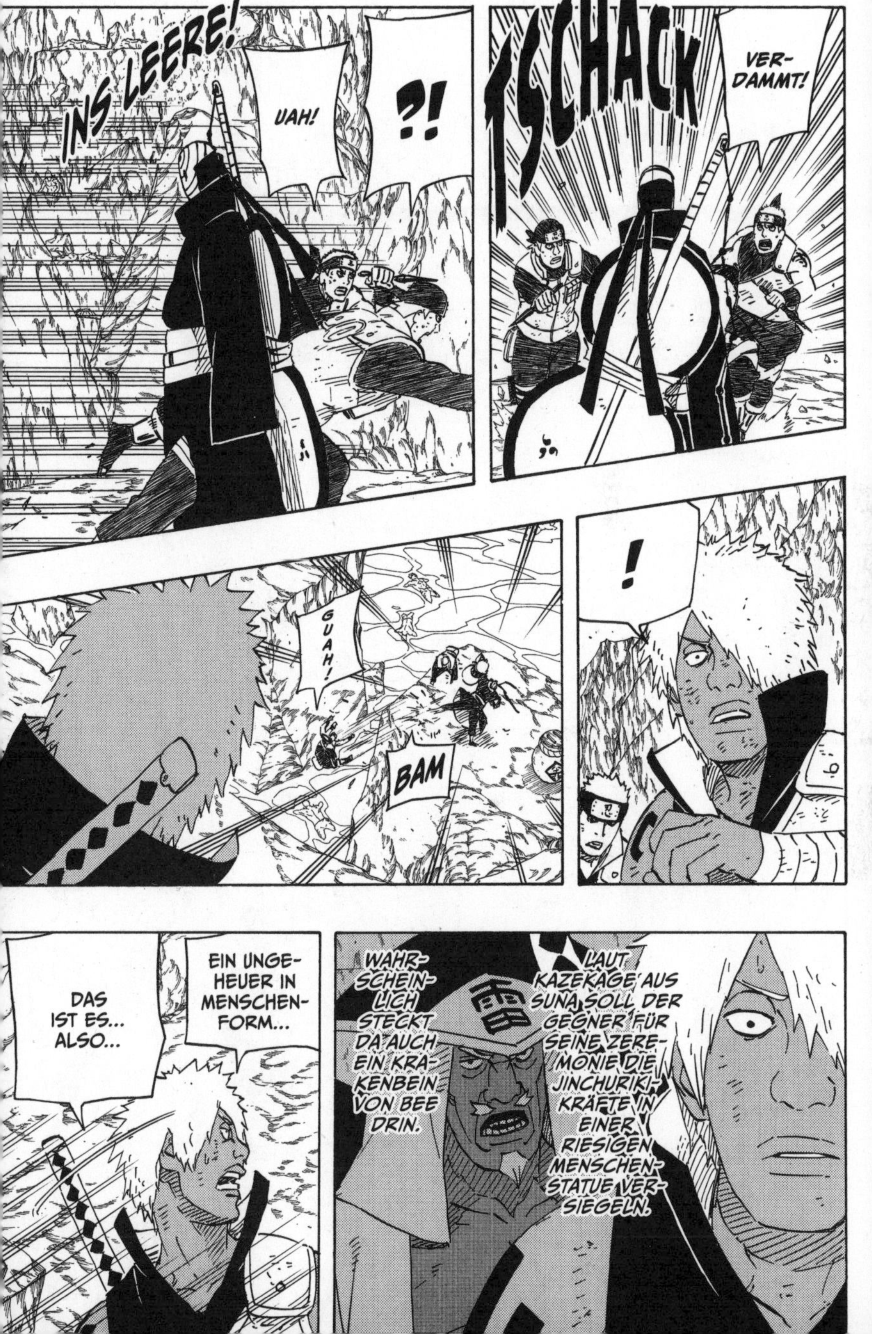
TSCHACK
VER-DAMMT!
?!
UAH!
INS LEERE!
!
GUAH!
BAM
LAUT KAZEKAGE AUS SUNA SOLL DER GEGNER FÜR SEINE ZERE-MONIE DIE JINCHURIKI-KRÄFTE IN EINER RIESIGEN MENSCHEN-STATUE VER-SIEGELN.
WAHR-SCHEIN-LICH STECKT DA AUCH EIN KRA-KENBEIN VON BEE DRIN.
EIN UNGE-HEUER IN MENSCHEN-FORM...
DAS IST ES... ALSO...

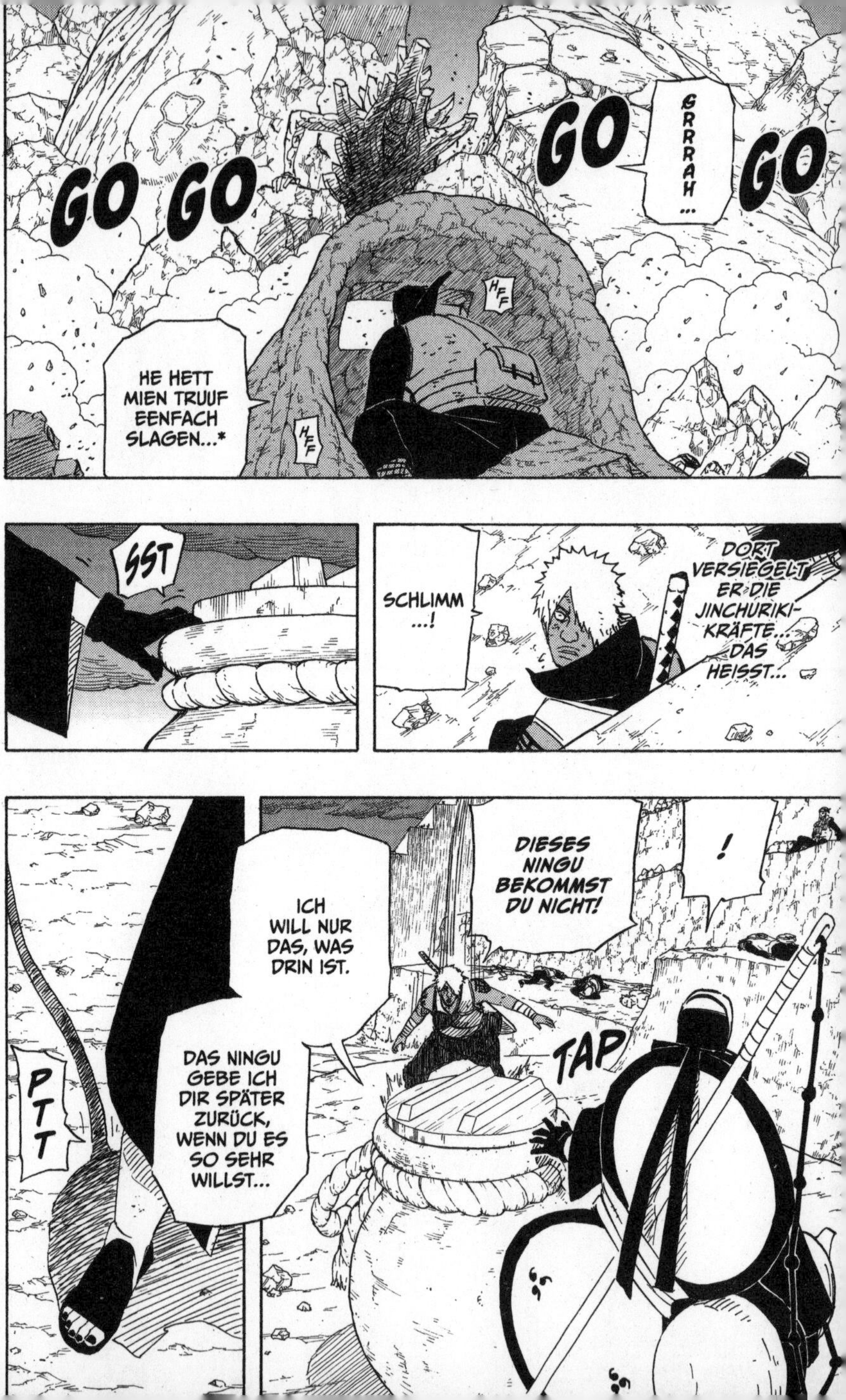
GO GO GO GO
GRRRAH...
HFF
HFF
HE HETT MIEN TRUUF EENFACH SLAGEN...*
DORT VERSIEGELT ER DIE JINCHURIKI-KRÄFTE... DAS HEISST...
SCHLIMM ...!
SST
!
DIESES NINGU BEKOMMST DU NICHT!
TAP
ICH WILL NUR DAS, WAS DRIN IST.
DAS NINGU GEBE ICH DIR SPÄTER ZURÜCK, WENN DU ES SO SEHR WILLST...
PTT

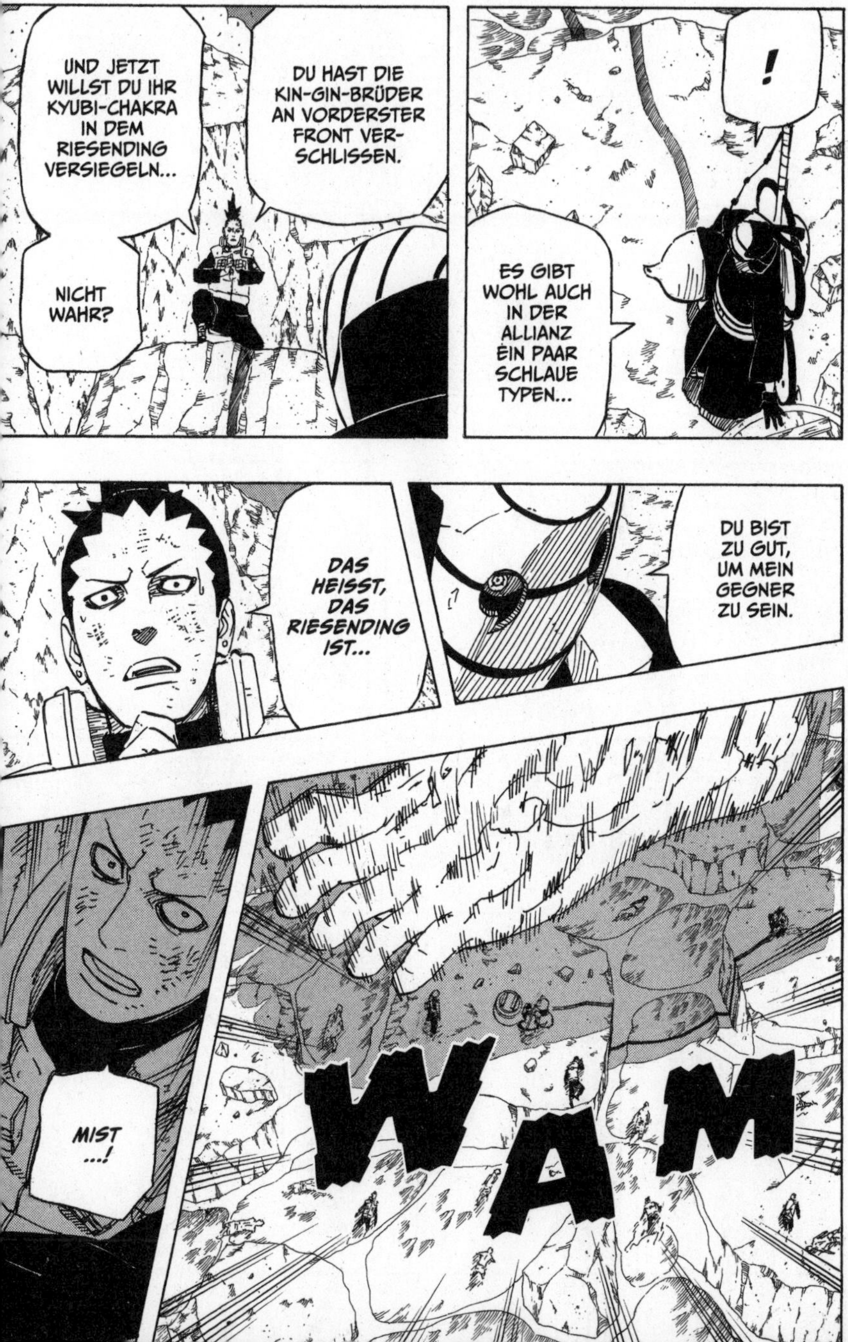
!
ES GIBT WOHL AUCH IN DER ALLIANZ EIN PAAR SCHLAUE TYPEN...
DU HAST DIE KIN-GIN-BRÜDER AN VORDERSTER FRONT VER-SCHLISSEN.
UND JETZT WILLST DU IHR KYUBI-CHAKRA IN DEM RIESENDING VERSIEGELN...
NICHT WAHR?
DU BIST ZU GUT, UM MEIN GEGNER ZU SEIN.
DAS HEISST, DAS RIESENDING IST...
WAM
MIST ...!

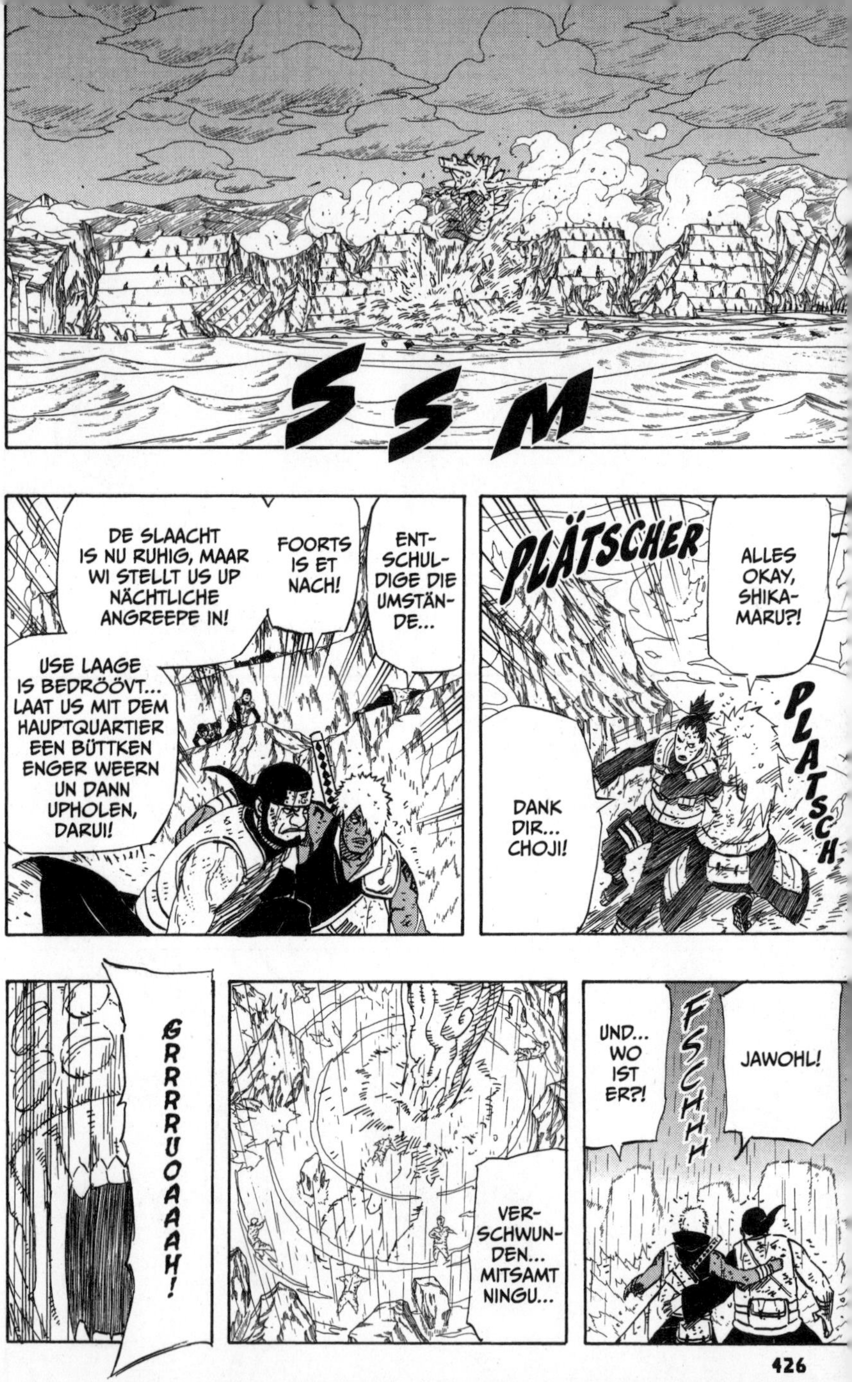
SSM
PLÄTSCHER
ALLES OKAY, SHIKAMARU?!
PLATSCH
DANK DIR... CHOJI!
ENT-SCHUL-DIGE DIE UMSTÄN-DE...
FOORTS IS ET NACH!
DE SLAACHT IS NU RUHIG, MAAR WI STELLT US UP NÄCHTLICHE ANGREEPE IN!
USE LAAGE IS BEDRÖÖVT... LAAT US MIT DEM HAUPTQUARTIER EEN BÜTTKEN ENGER WEERN UN DANN UPHOLEN, DARUI!
JAWOHL!
FSCHHH
UND... WO IST ER?!
VER-SCHWUN-DEN... MITSAMT NINGU...
GRRRRUOAAAAH!

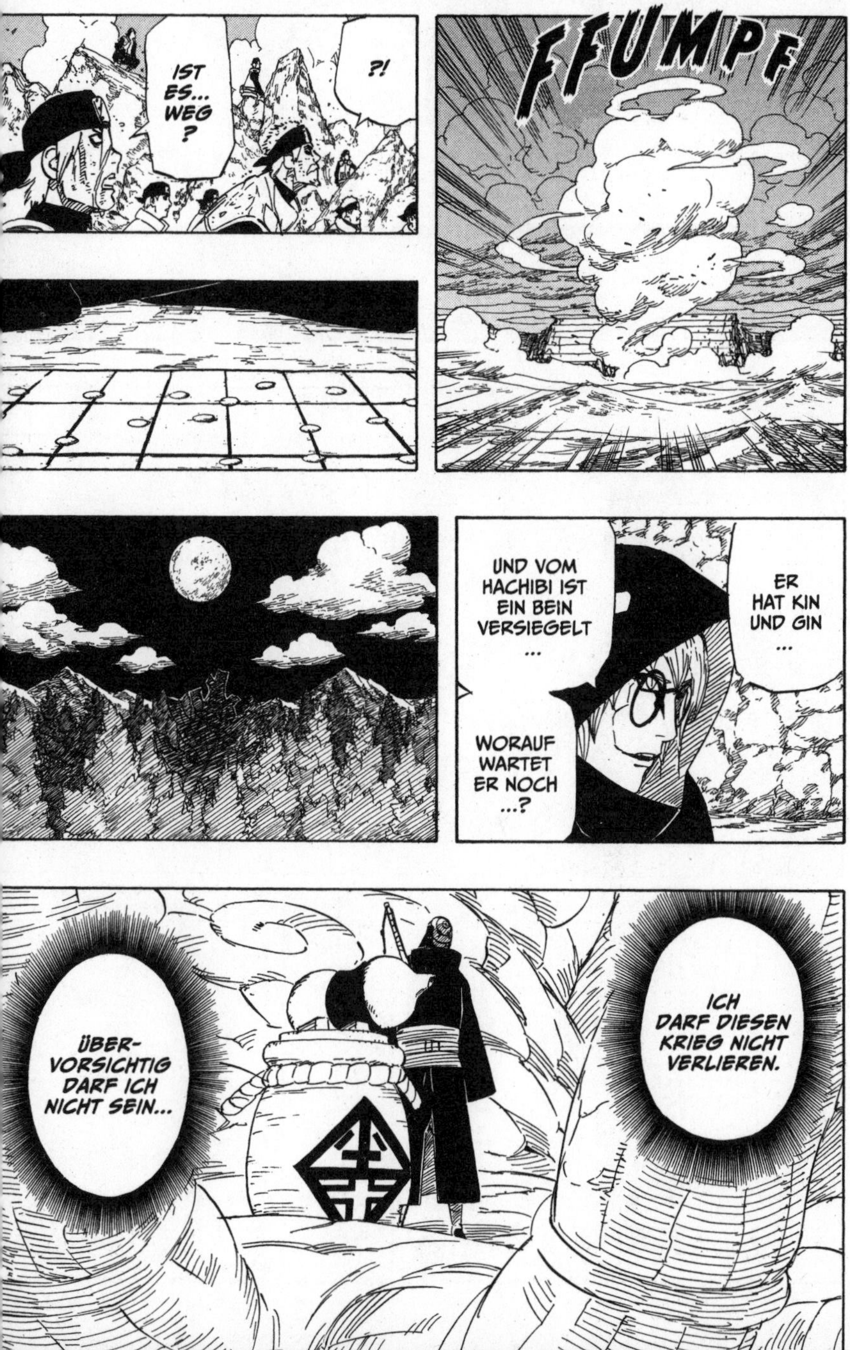
FFUMPF
?!
IST ES... WEG?
ER HAT KIN UND GIN ...
UND VOM HACHIBI IST EIN BEIN VERSIEGELT ...
WORAUF WARTET ER NOCH ...?
ICH DARF DIESEN KRIEG NICHT VERLIEREN.
ÜBER-VORSICHTIG DARF ICH NICHT SEIN...

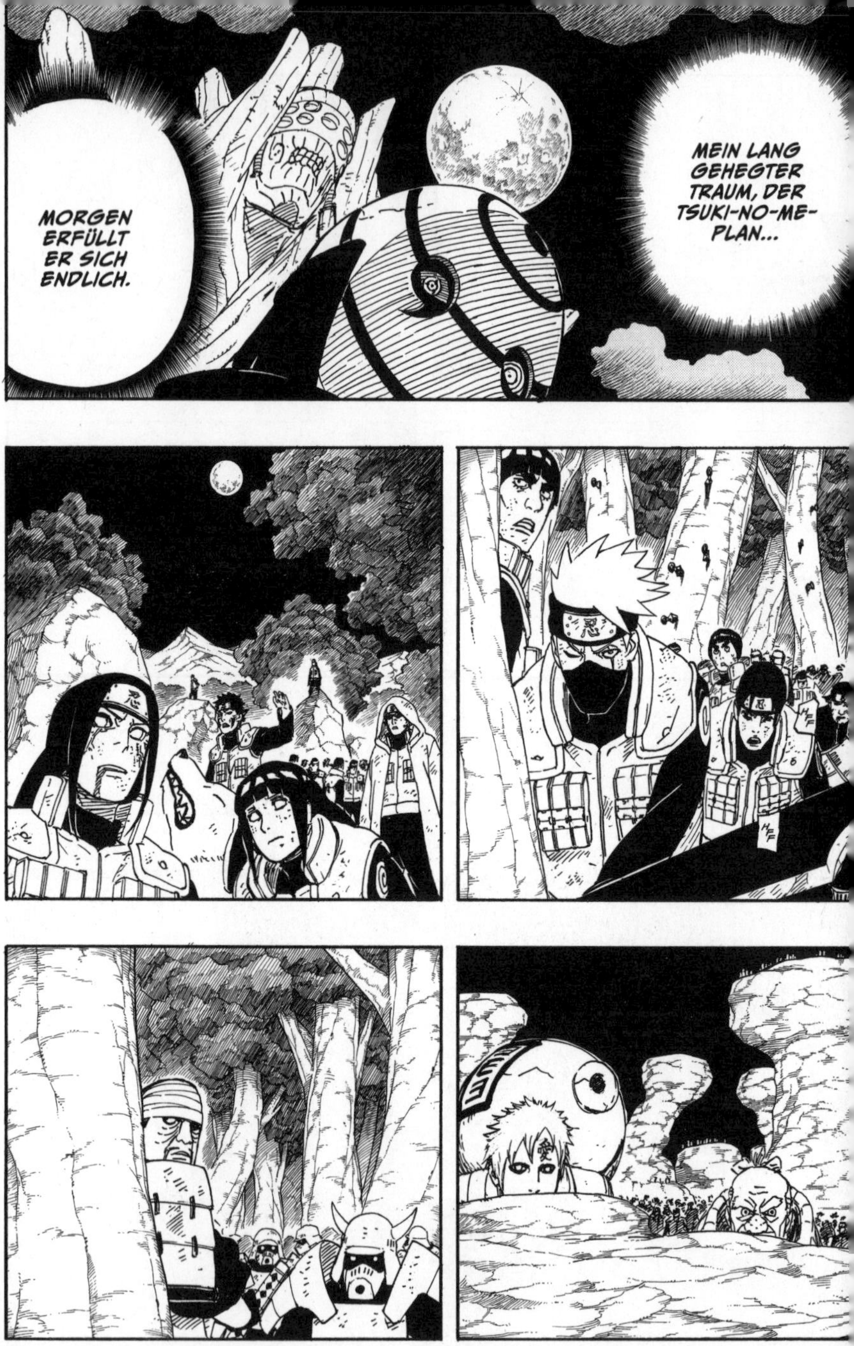
MEIN LANG GEHEGTER TRAUM, DER TSUKI-NO-ME-PLAN...
MORGEN ERFÜLLT ER SICH ENDLICH.

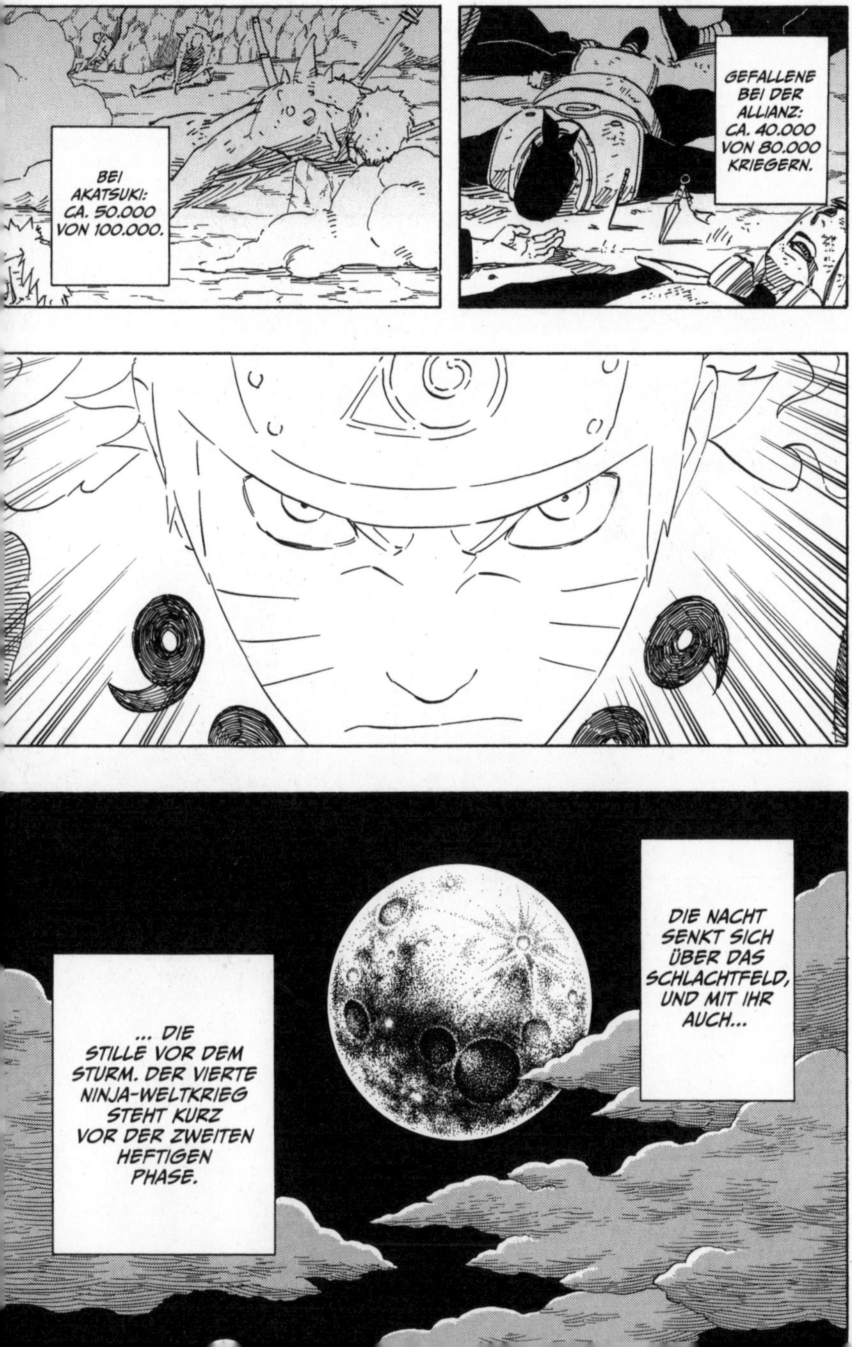

GEFALLENE BEI DER ALLIANZ: CA. 40.000 VON 80.000 KRIEGERN.
BEI AKATSUKI: CA. 50.000 VON 100.000.
DIE NACHT SENKT SICH ÜBER DAS SCHLACHTFELD, UND MIT IHR AUCH...
... DIE STILLE VOR DEM STURM. DER VIERTE NINJA-WELTKRIEG STEHT KURZ VOR DER ZWEITEN HEFTIGEN PHASE.

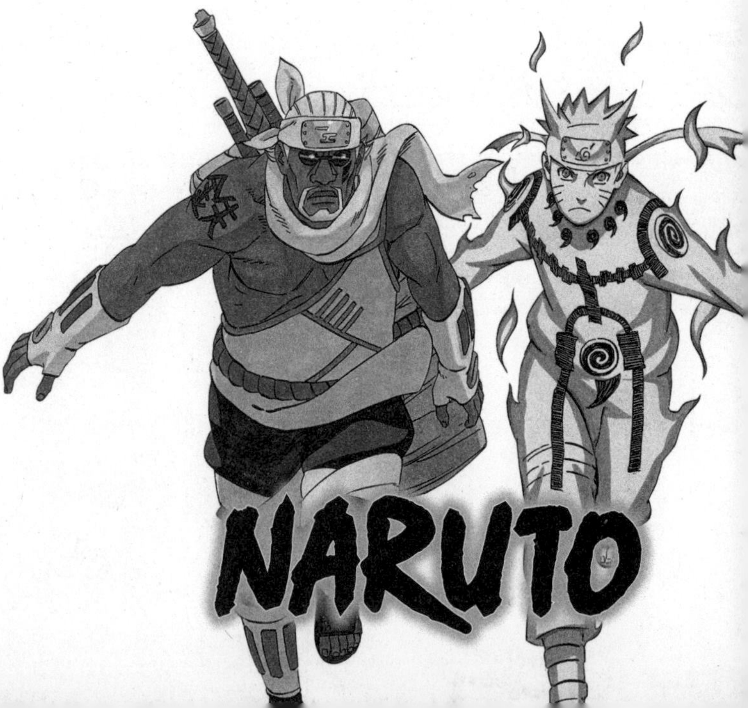
NARUTO

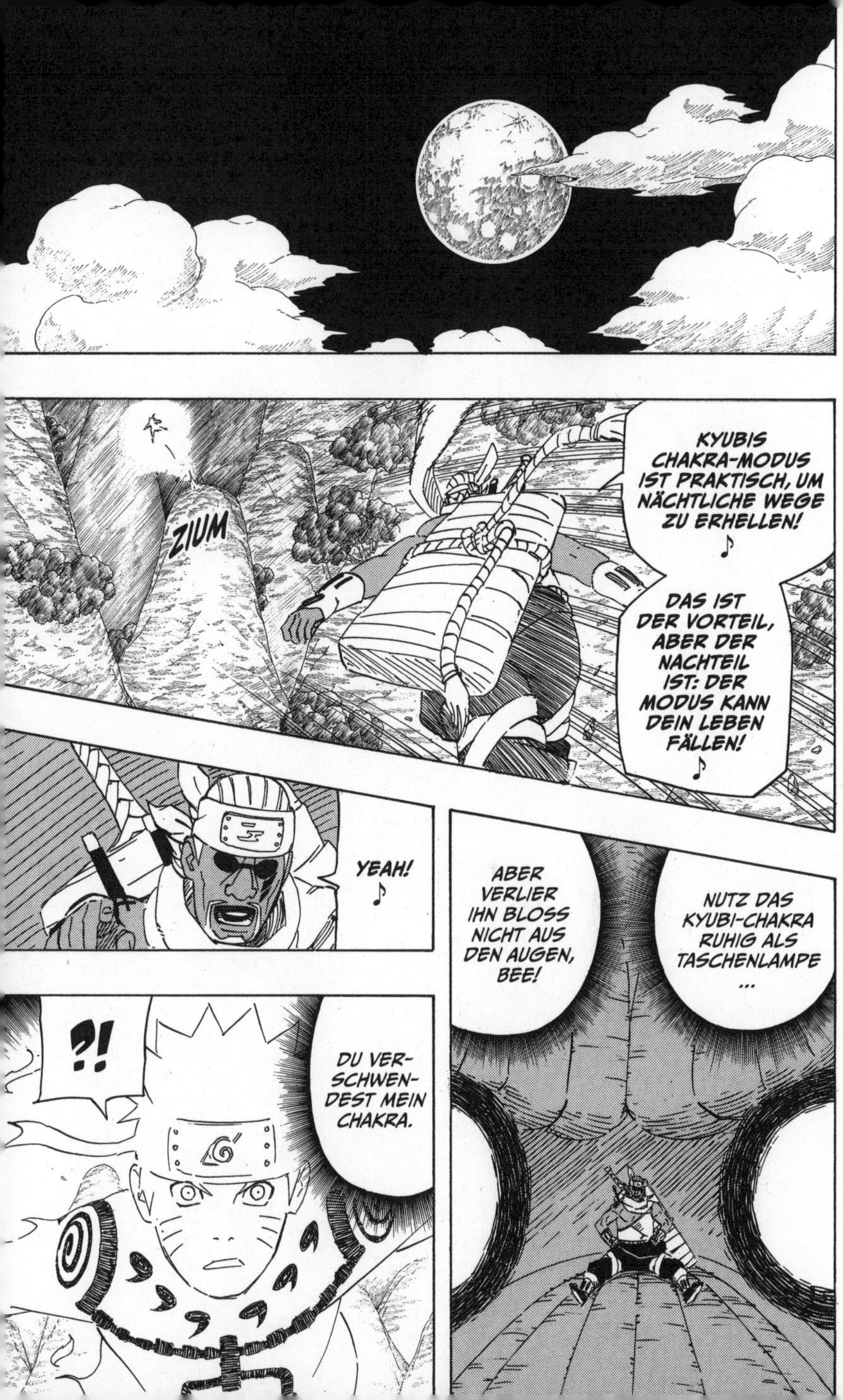
ZIUM
KYUBIS CHAKRA-MODUS IST PRAKTISCH, UM NÄCHTLICHE WEGE ZU ERHELLEN! ♪
DAS IST DER VORTEIL, ABER DER NACHTEIL IST: DER MODUS KANN DEIN LEBEN FÄLLEN! ♪
YEAH! ♪
NUTZ DAS KYUBI-CHAKRA RUHIG ALS TASCHENLAMPE ...
ABER VERLIER IHN BLOSS NICHT AUS DEN AUGEN, BEE!
DU VERSCHWENDEST MEIN CHAKRA.
?!

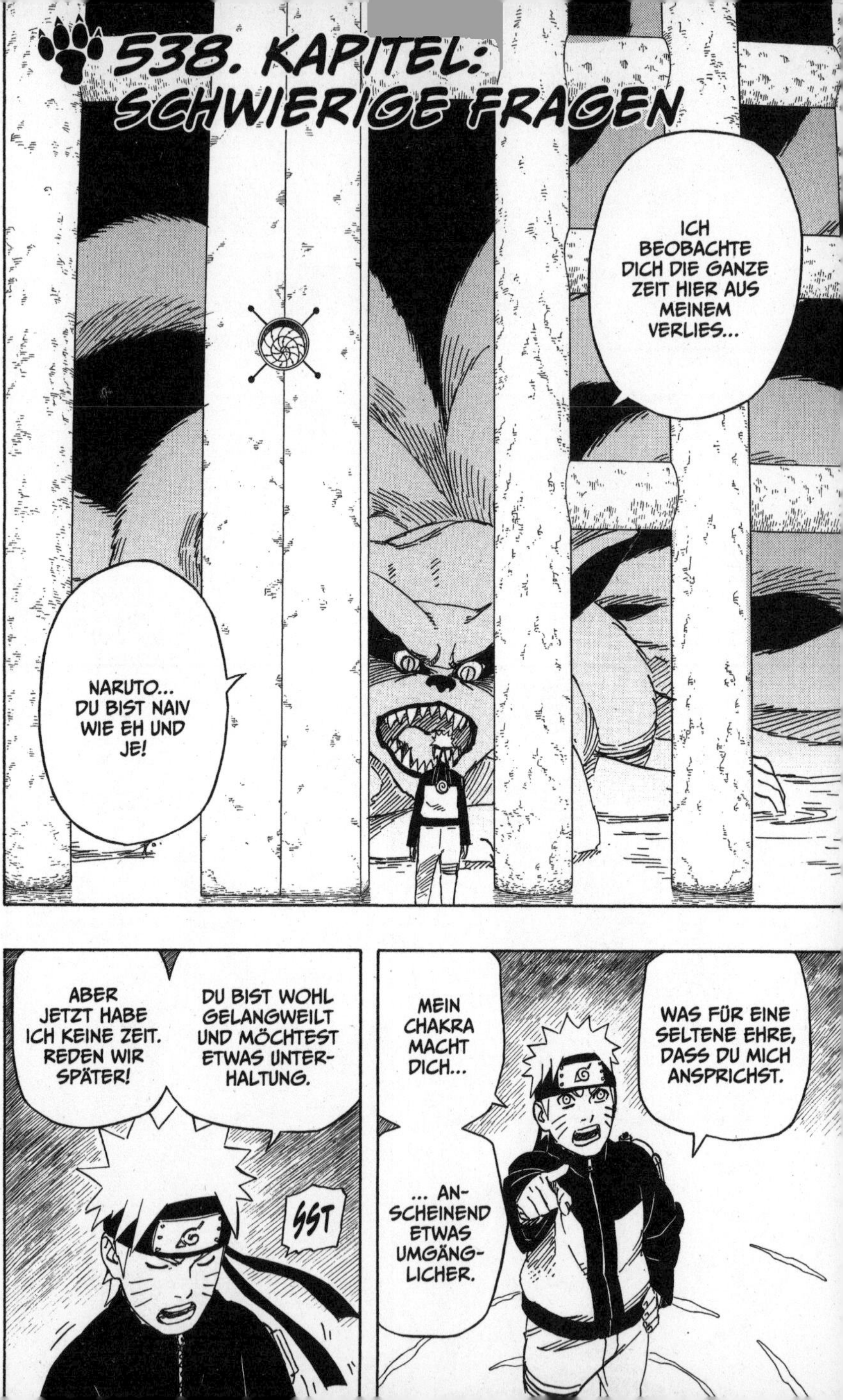
538. KAPITEL: SCHWIERIGE FRAGEN
ICH BEOBACHTE DICH DIE GANZE ZEIT HIER AUS MEINEM VERLIES...
NARUTO... DU BIST NAIV WIE EH UND JE!
WAS FÜR EINE SELTENE EHRE, DASS DU MICH ANSPRICHST.
MEIN CHAKRA MACHT DICH...
... ANSCHEINEND ETWAS UMGÄNGLICHER.
DU BIST WOHL GELANGWEILT UND MÖCHTEST ETWAS UNTERHALTUNG.
ABER JETZT HABE ICH KEINE ZEIT. REDEN WIR SPÄTER!
SST

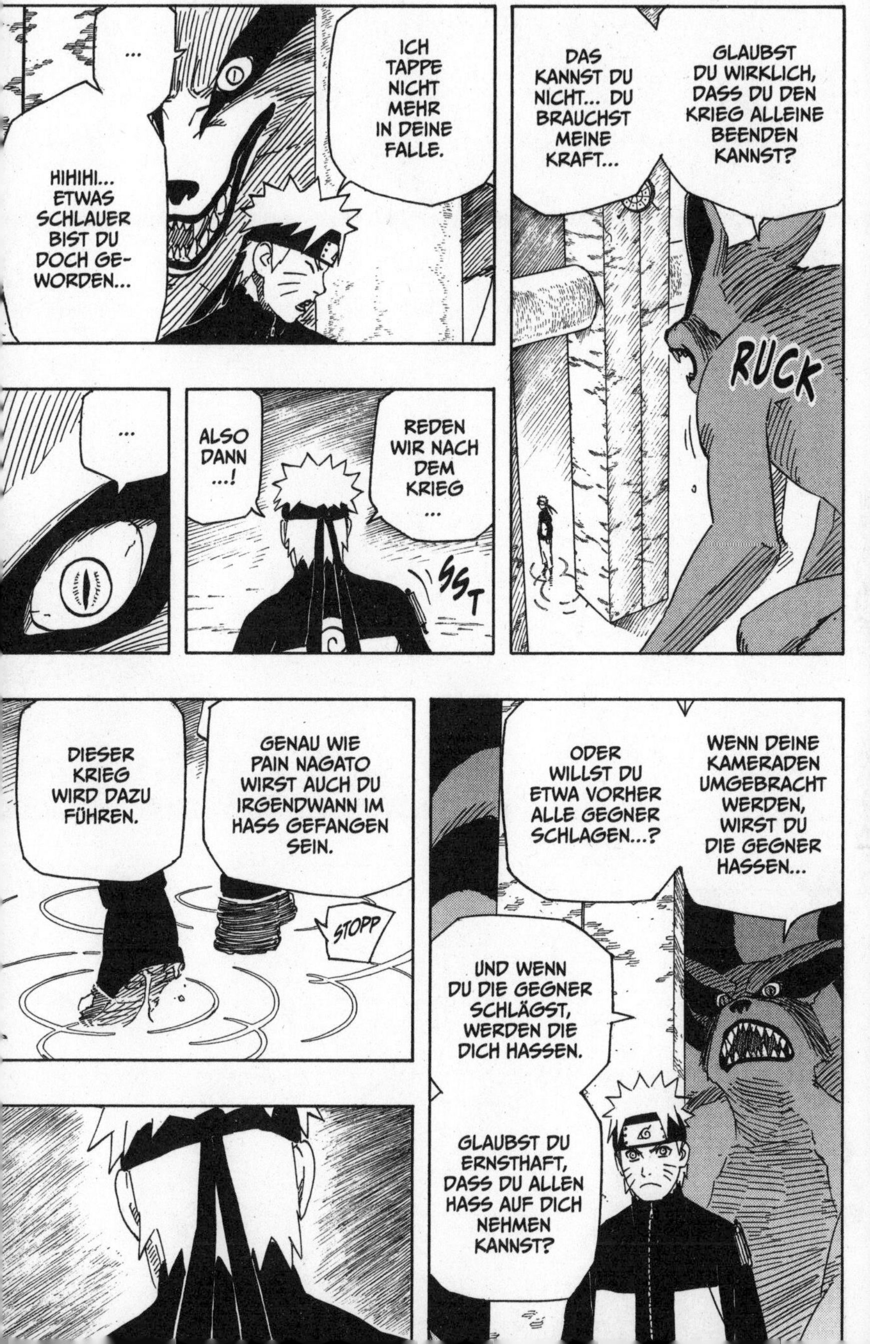
GLAUBST DU WIRKLICH, DASS DU DEN KRIEG ALLEINE BEENDEN KANNST?
DAS KANNST DU NICHT... DU BRAUCHST MEINE KRAFT...
RUCK
ICH TAPPE NICHT MEHR IN DEINE FALLE.
HIHIHI... ETWAS SCHLAUER BIST DU DOCH GE-WORDEN...
...
REDEN WIR NACH DEM KRIEG ...
ALSO DANN ...!
SST
...
WENN DEINE KAMERADEN UMGEBRACHT WERDEN, WIRST DU DIE GEGNER HASSEN...
ODER WILLST DU ETWA VORHER ALLE GEGNER SCHLAGEN...?
UND WENN DU DIE GEGNER SCHLÄGST, WERDEN DIE DICH HASSEN.
GLAUBST DU ERNSTHAFT, DASS DU ALLEN HASS AUF DICH NEHMEN KANNST?
GENAU WIE PAIN NAGATO WIRST AUCH DU IRGENDWANN IM HASS GEFANGEN SEIN.
DIESER KRIEG WIRD DAZU FÜHREN.
STOPP

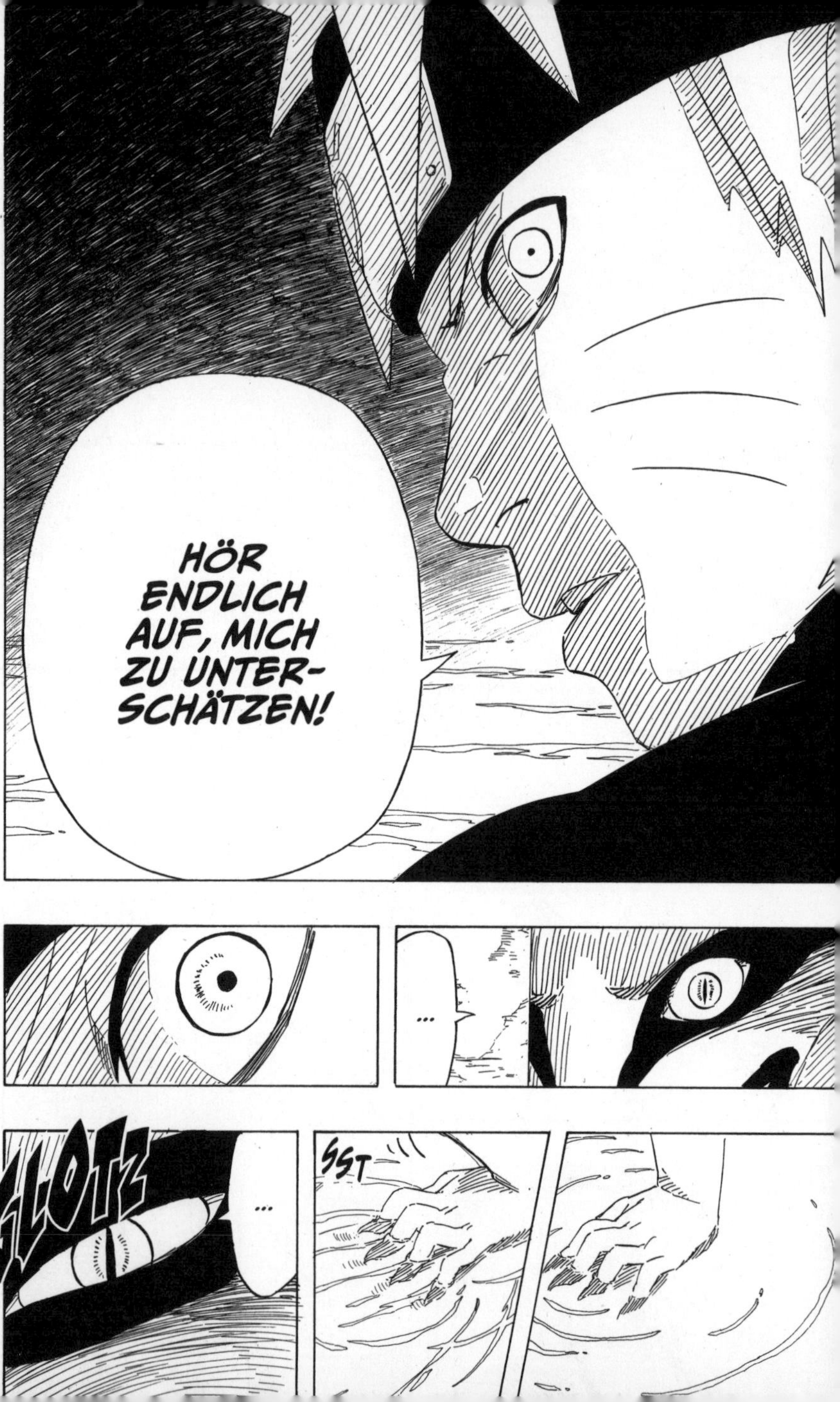
HÖR ENDLICH AUF, MICH ZU UNTER-SCHÄTZEN!
...
GLOTZ
...
SST

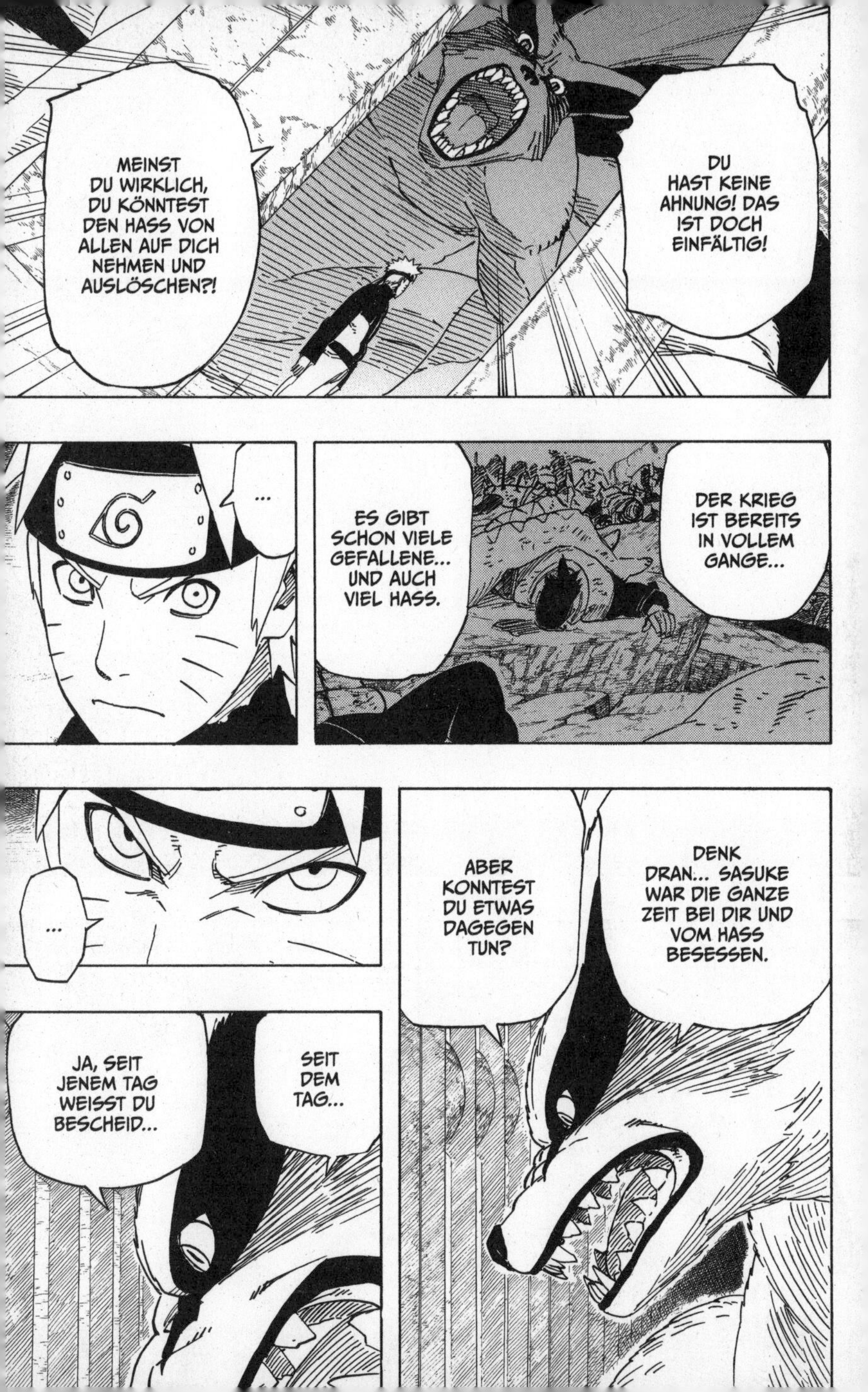
DU HAST KEINE AHNUNG! DAS IST DOCH EINFÄLTIG!
MEINST DU WIRKLICH, DU KÖNNTEST DEN HASS VON ALLEN AUF DICH NEHMEN UND AUSLÖSCHEN?!
DER KRIEG IST BEREITS IN VOLLEM GANGE...
ES GIBT SCHON VIELE GEFALLENE... UND AUCH VIEL HASS.
...
DENK DRAN... SASUKE WAR DIE GANZE ZEIT BEI DIR UND VOM HASS BESESSEN.
ABER KONNTEST DU ETWAS DAGEGEN TUN?
...
SEIT DEM TAG...
JA, SEIT JENEM TAG WEISST DU BESCHEID...

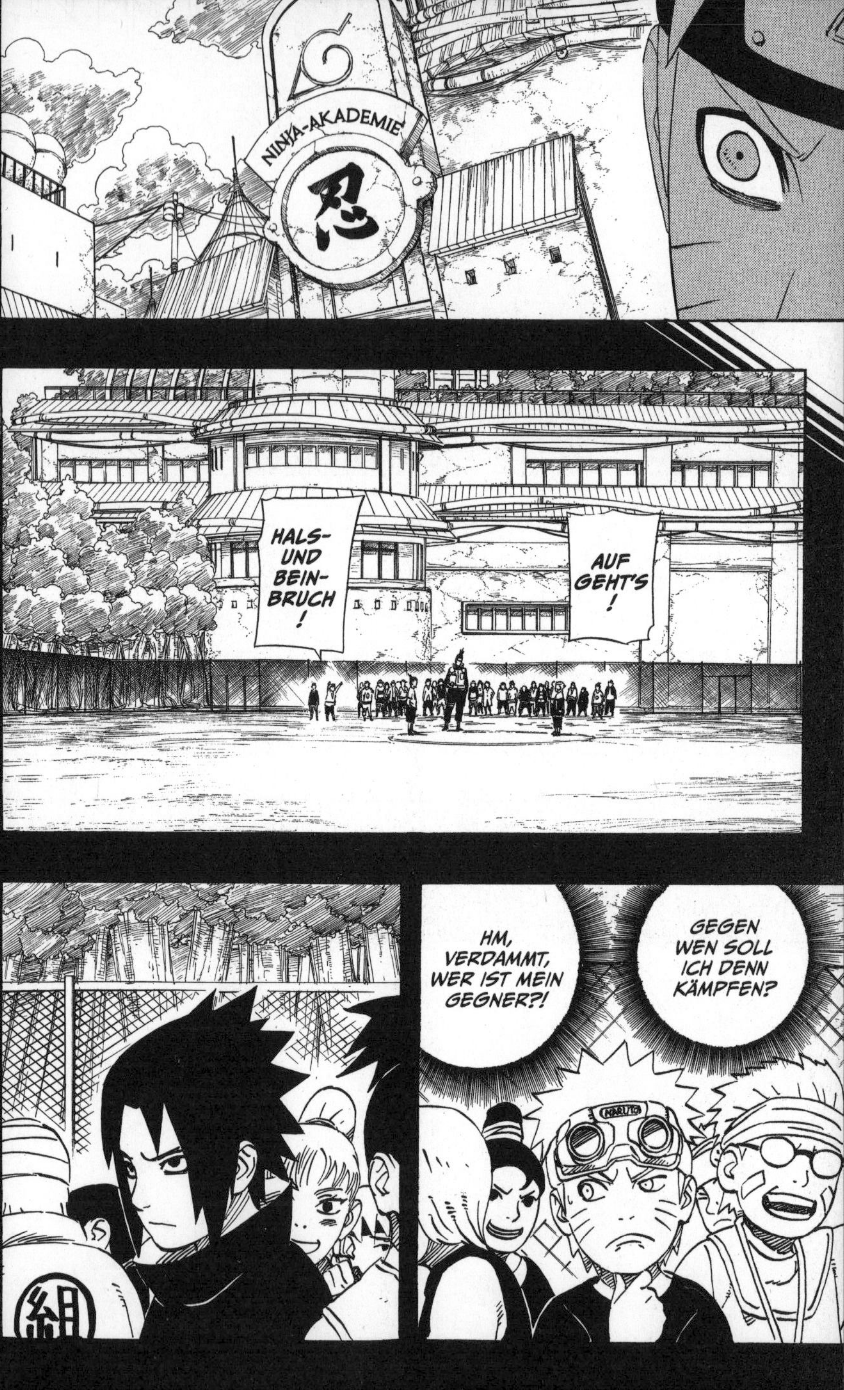
NINJA-AKADEMIE
AUF GEHT'S!
HALS- UND BEINBRUCH!
GEGEN WEN SOLL ICH DENN KÄMPFEN?
HM, VERDAMMT, WER IST MEIN GEGNER?!

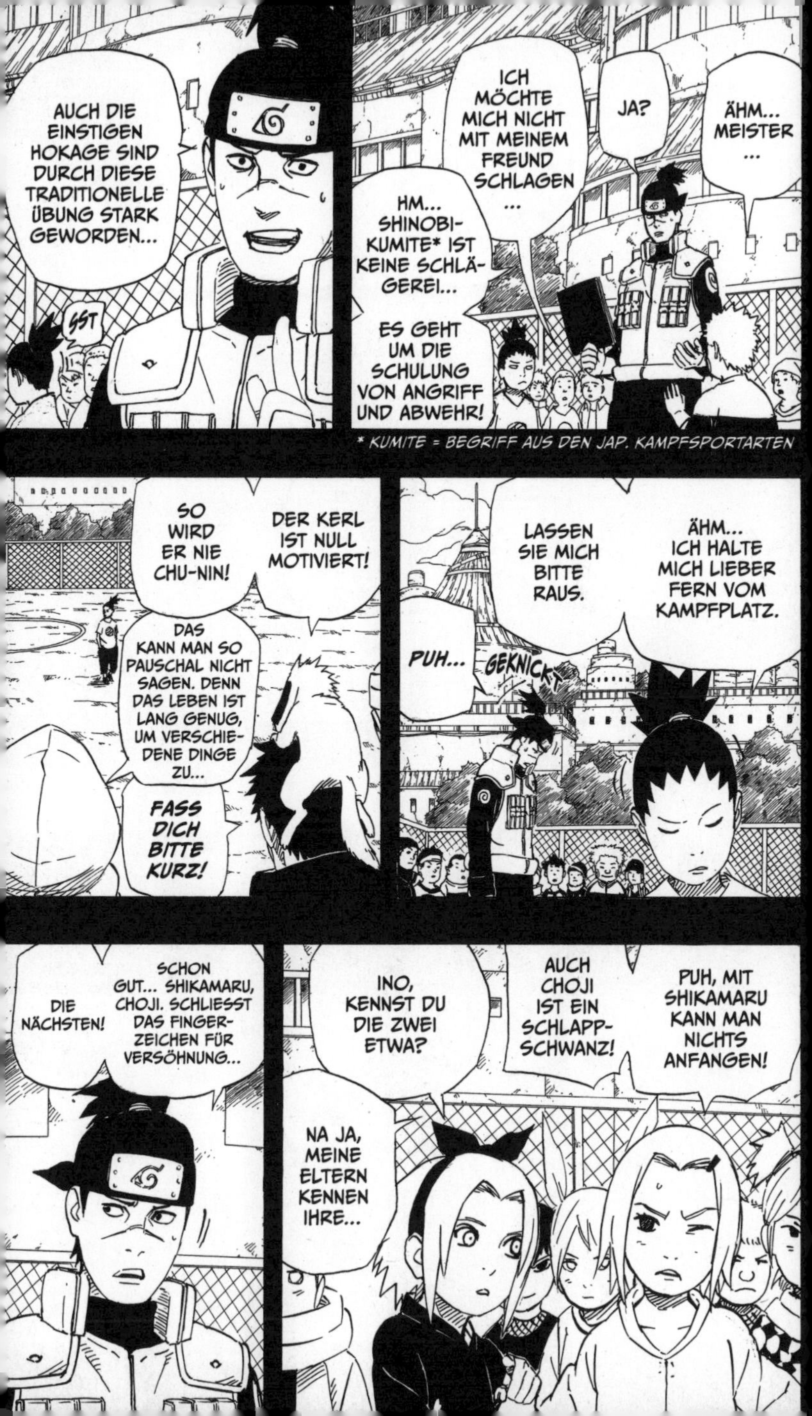

* KUMITE = BEGRIFF AUS DEN JAP. KAMPFSPORTARTEN

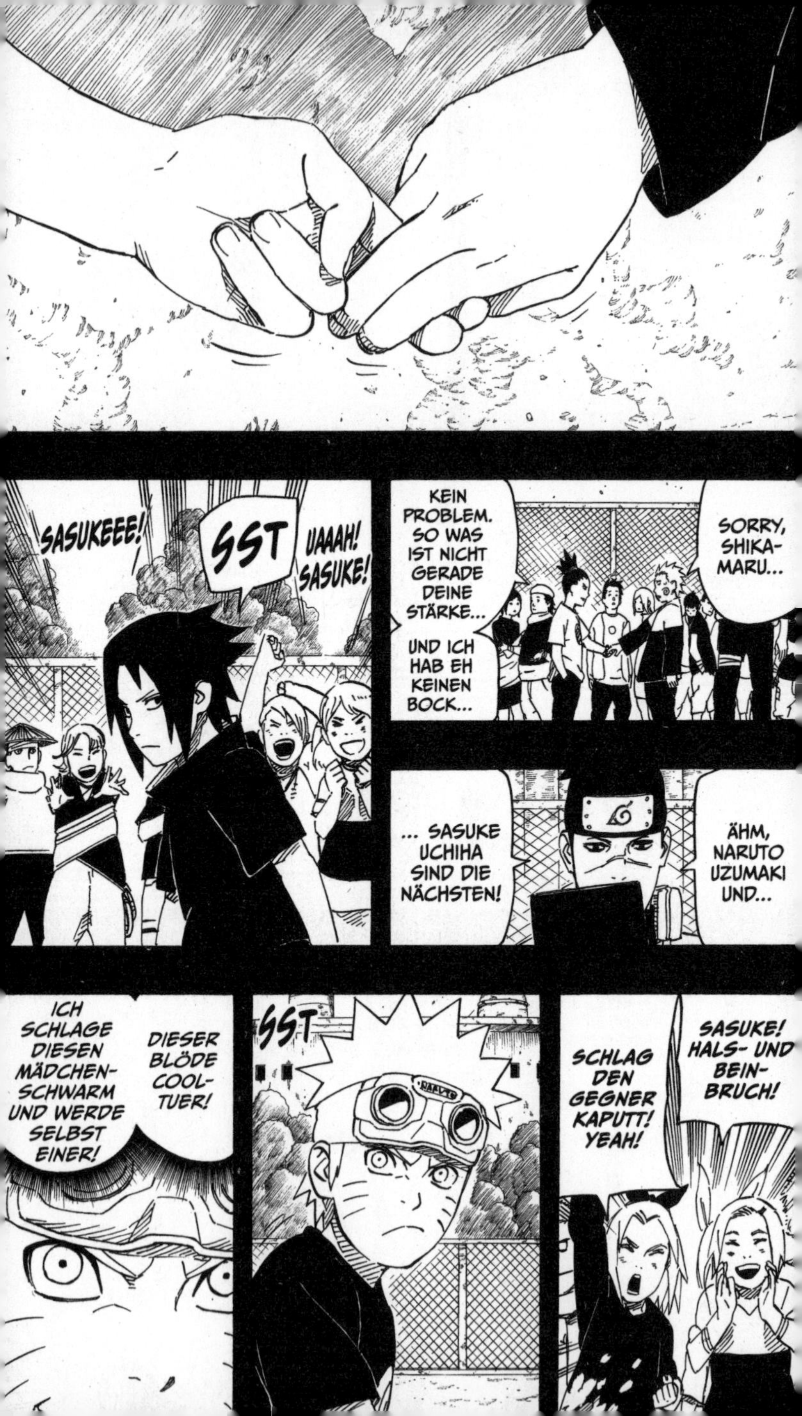
SORRY, SHIKAMARU...
KEIN PROBLEM. SO WAS IST NICHT GERADE DEINE STÄRKE...
UND ICH HAB EH KEINEN BOCK...
ÄHM, NARUTO UZUMAKI UND...
... SASUKE UCHIHA SIND DIE NÄCHSTEN!
UAAAH! SASUKE!
SST
SASUKEEE!
SASUKE! HALS- UND BEINBRUCH!
SCHLAG DEN GEGNER KAPUTT! YEAH!
SST
DIESER BLÖDE COOLTUER!
ICH SCHLAGE DIESEN MÄDCHENSCHWARM UND WERDE SELBST EINER!

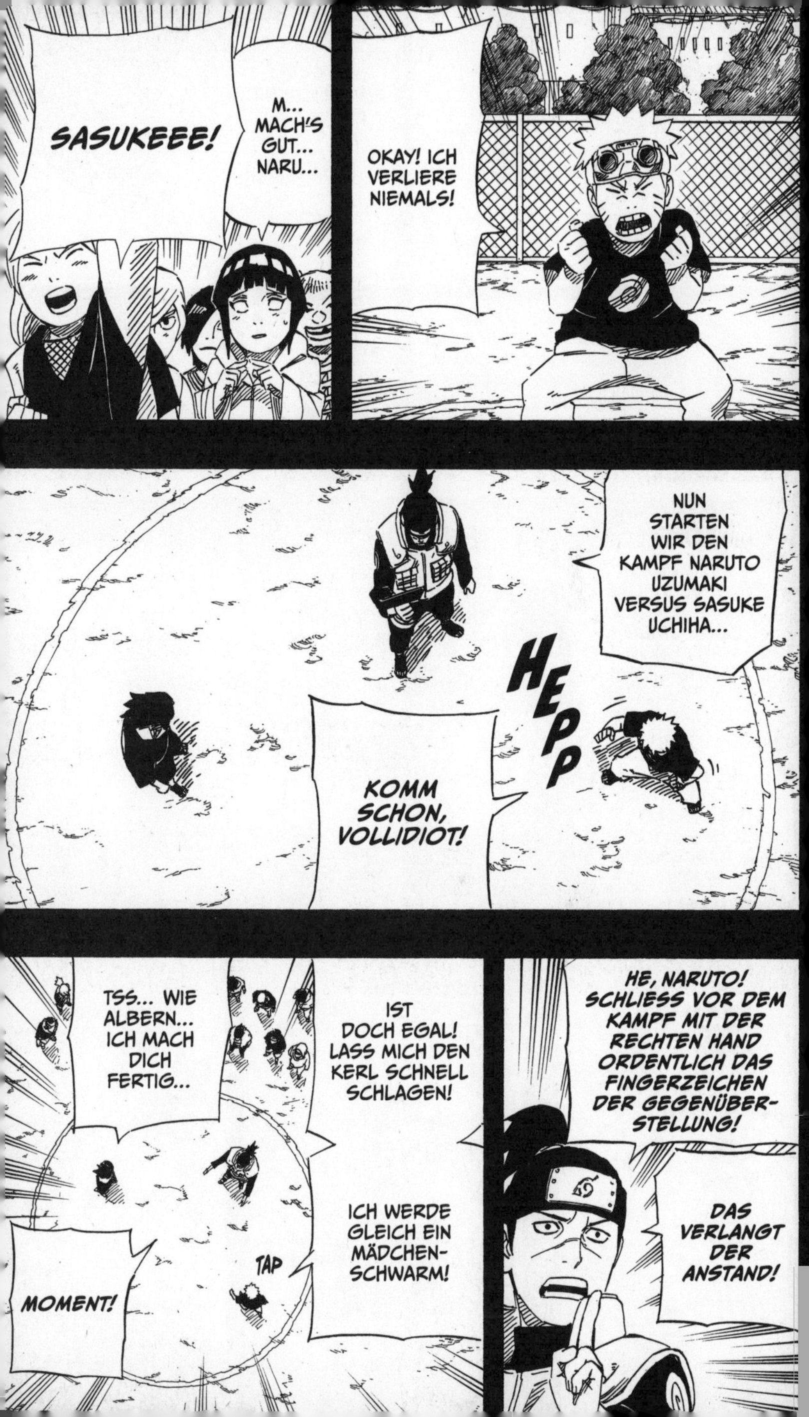

OKAY! ICH VERLIERE NIEMALS!
M... MACH'S GUT... NARU...
SASUKEEE!
NUN STARTEN WIR DEN KAMPF NARUTO UZUMAKI VERSUS SASUKE UCHIHA...
HEPP
KOMM SCHON, VOLLIDIOT!
HE, NARUTO! SCHLIESS VOR DEM KAMPF MIT DER RECHTEN HAND ORDENTLICH DAS FINGERZEICHEN DER GEGENÜBER-STELLUNG!
DAS VERLANGT DER ANSTAND!
IST DOCH EGAL! LASS MICH DEN KERL SCHNELL SCHLAGEN!
TSS... WIE ALBERN... ICH MACH DICH FERTIG...
ICH WERDE GLEICH EIN MÄDCHEN-SCHWARM!
TAP
MOMENT!

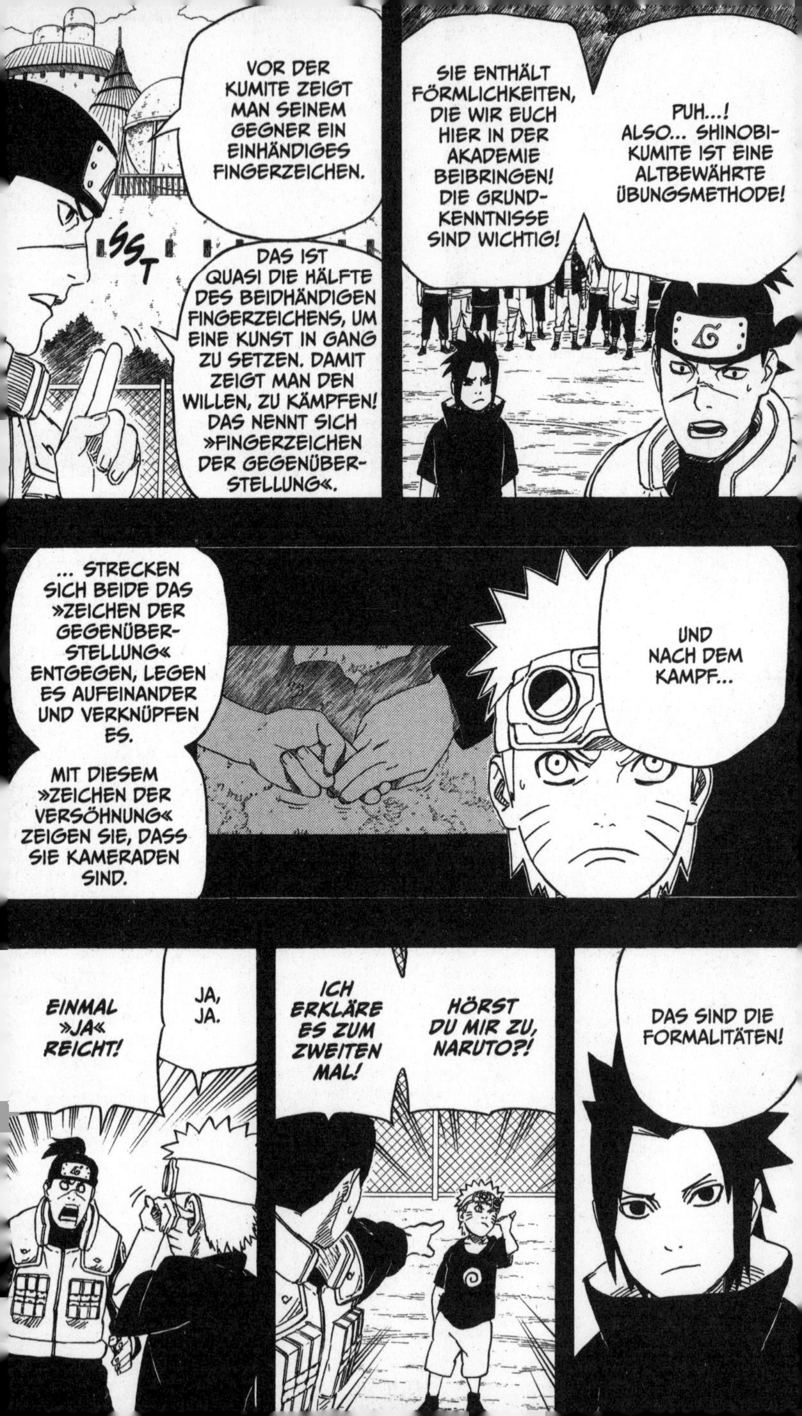
PUH...! ALSO... SHINOBI-KUMITE IST EINE ALTBEWÄHRTE ÜBUNGSMETHODE!
SIE ENTHÄLT FÖRMLICHKEITEN, DIE WIR EUCH HIER IN DER AKADEMIE BEIBRINGEN! DIE GRUNDKENNTNISSE SIND WICHTIG!
VOR DER KUMITE ZEIGT MAN SEINEM GEGNER EIN EINHÄNDIGES FINGERZEICHEN.
SST
DAS IST QUASI DIE HÄLFTE DES BEIDHÄNDIGEN FINGERZEICHENS, UM EINE KUNST IN GANG ZU SETZEN. DAMIT ZEIGT MAN DEN WILLEN, ZU KÄMPFEN! DAS NENNT SICH »FINGERZEICHEN DER GEGENÜBERSTELLUNG«.
UND NACH DEM KAMPF...
... STRECKEN SICH BEIDE DAS »ZEICHEN DER GEGENÜBERSTELLUNG« ENTGEGEN, LEGEN ES AUFEINANDER UND VERKNÜPFEN ES.
MIT DIESEM »ZEICHEN DER VERSÖHNUNG« ZEIGEN SIE, DASS SIE KAMERADEN SIND.
DAS SIND DIE FORMALITÄTEN!
HÖRST DU MIR ZU, NARUTO?!
ICH ERKLÄRE ES ZUM ZWEITEN MAL!
JA, JA.
EINMAL »JA« REICHT!

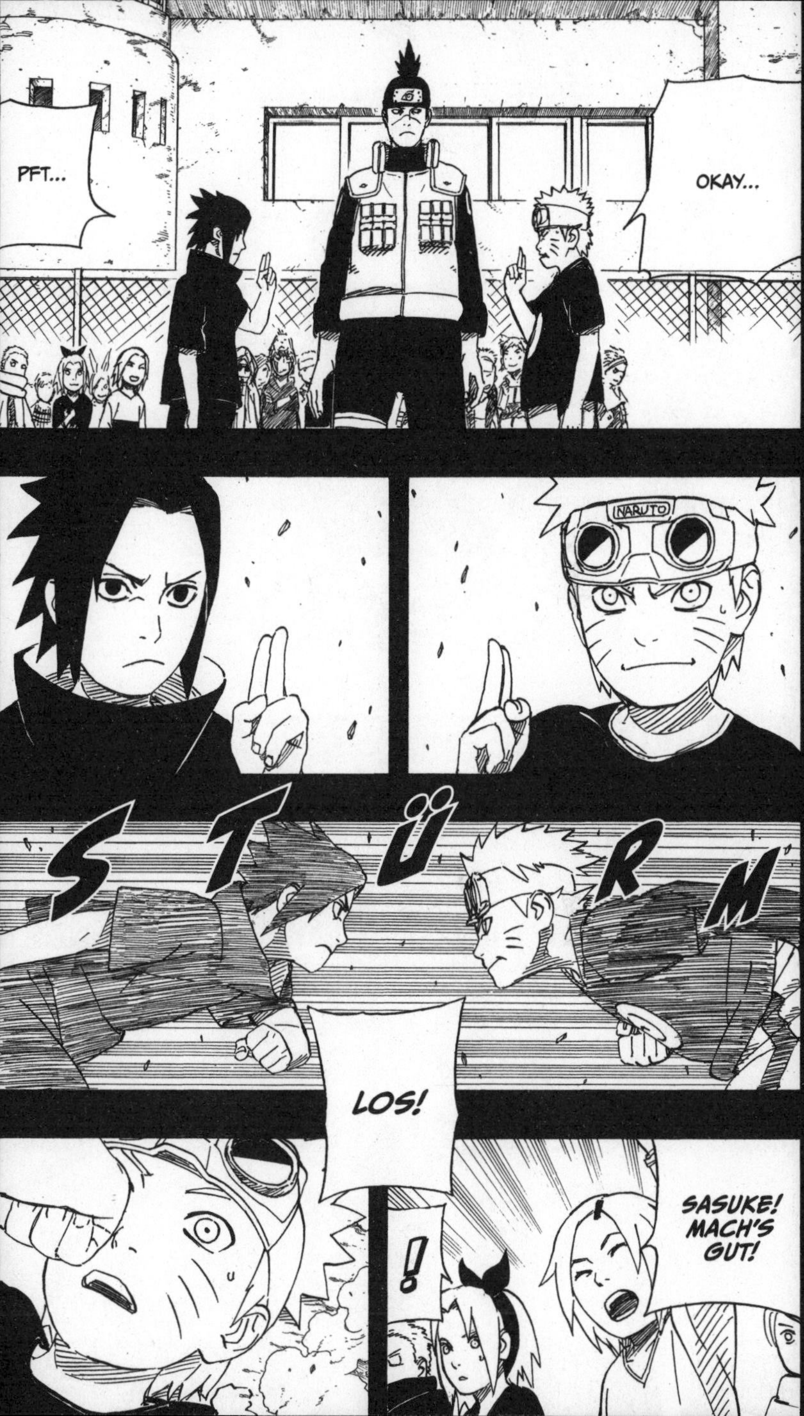
OKAY...
PFT...
STÜRM
LOS!
SASUKE! MACH'S GUT!
!

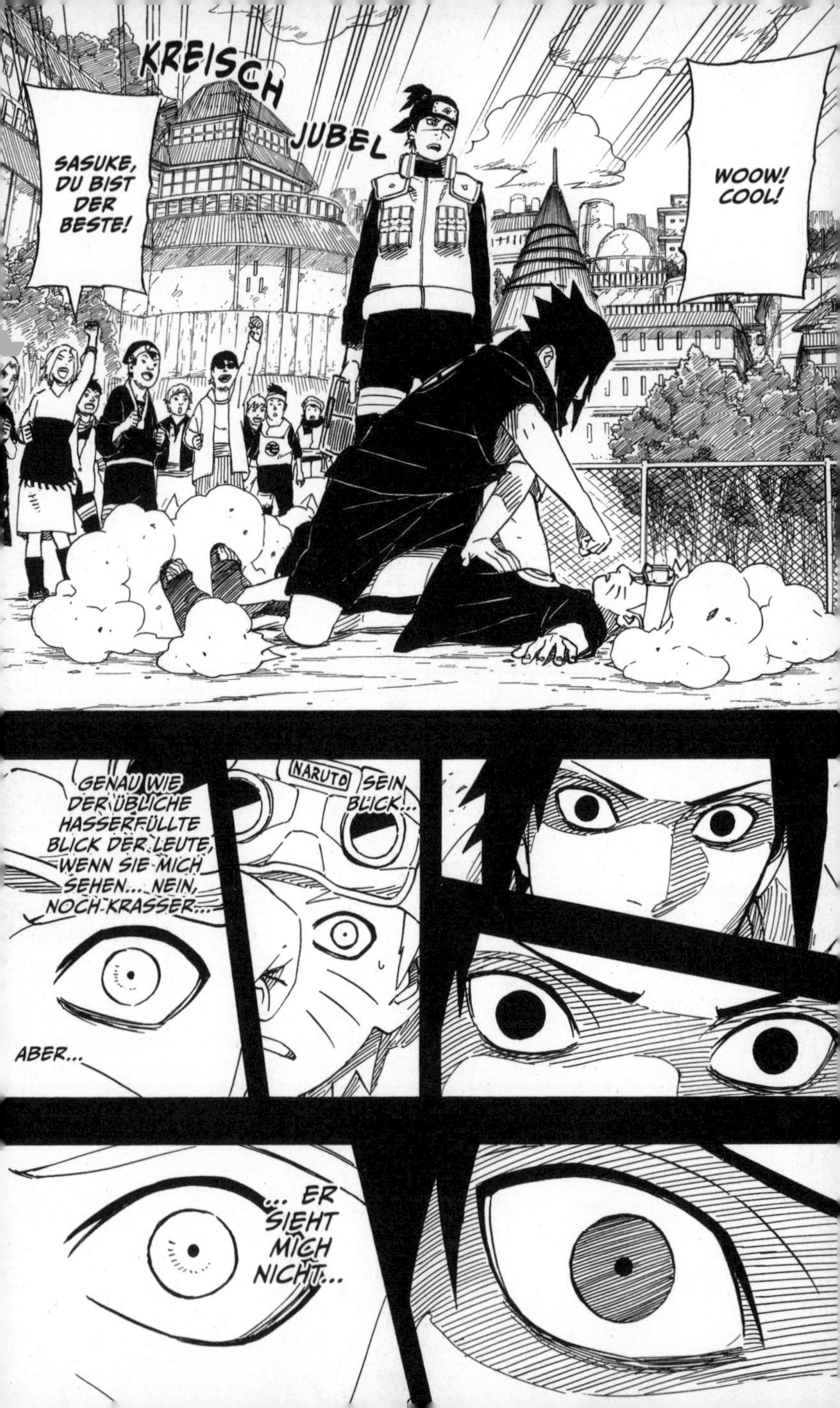
WOOW! COOL!
JUBEL
KREISCH
SASUKE, DU BIST DER BESTE!
NARUTO
SEIN BLICK...
GENAU WIE DER ÜBLICHE HASSERFÜLLTE BLICK DER LEUTE, WENN SIE MICH SEHEN... NEIN, NOCH KRASSER...
ABER...
... ER SIEHT MICH NICHT...

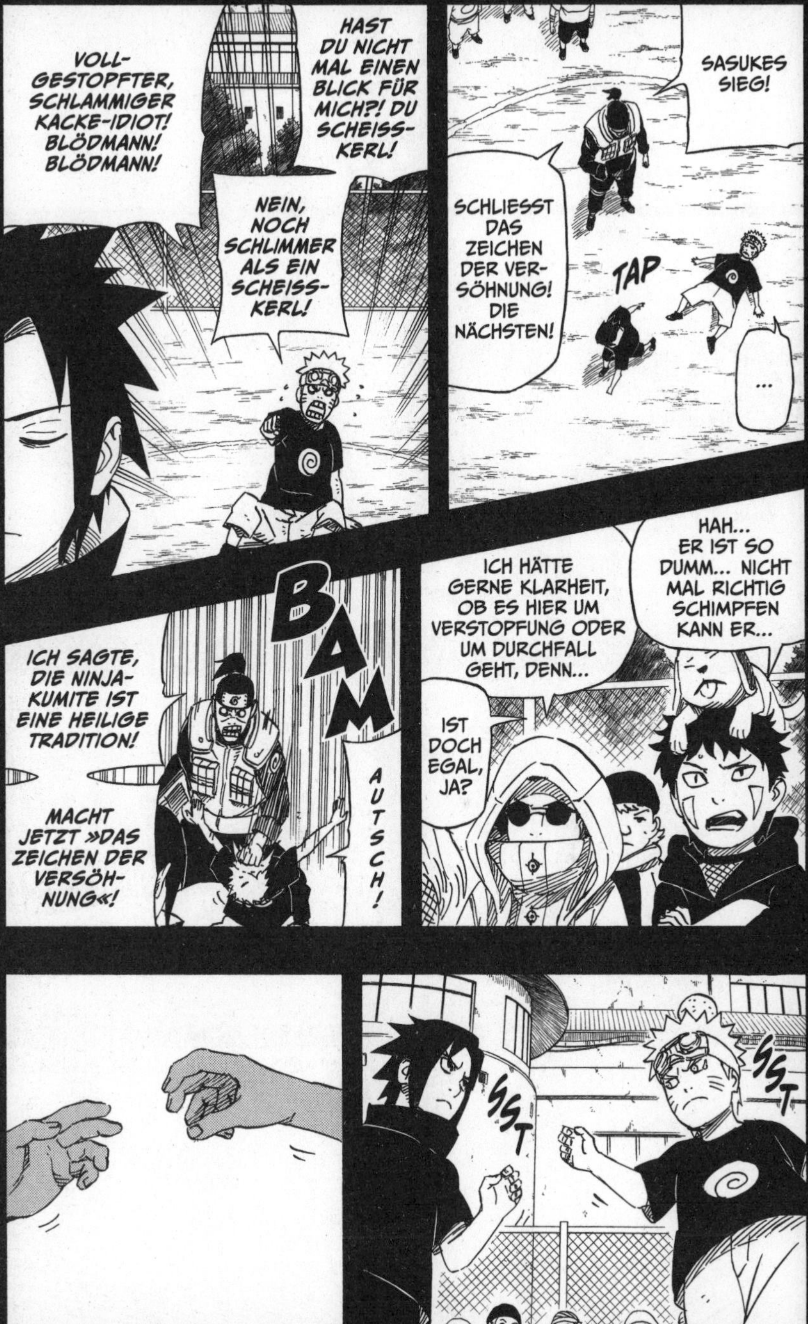
SASUKES SIEG!
SCHLIESST DAS ZEICHEN DER VERSÖHNUNG! DIE NÄCHSTEN!
TAP
...
HAST DU NICHT MAL EINEN BLICK FÜR MICH?! DU SCHEISS-KERL!
VOLL-GESTOPFTER, SCHLAMMIGER KACKE-IDIOT! BLÖDMANN! BLÖDMANN!
NEIN, NOCH SCHLIMMER ALS EIN SCHEISS-KERL!
HAH... ER IST SO DUMM... NICHT MAL RICHTIG SCHIMPFEN KANN ER...
ICH HÄTTE GERNE KLARHEIT, OB ES HIER UM VERSTOPFUNG ODER UM DURCHFALL GEHT, DENN...
IST DOCH EGAL, JA?
BAM
ICH SAGTE, DIE NINJA-KUMITE IST EINE HEILIGE TRADITION!
MACHT JETZT »DAS ZEICHEN DER VERSÖH-NUNG«!
AUTSCH!
SST
SST

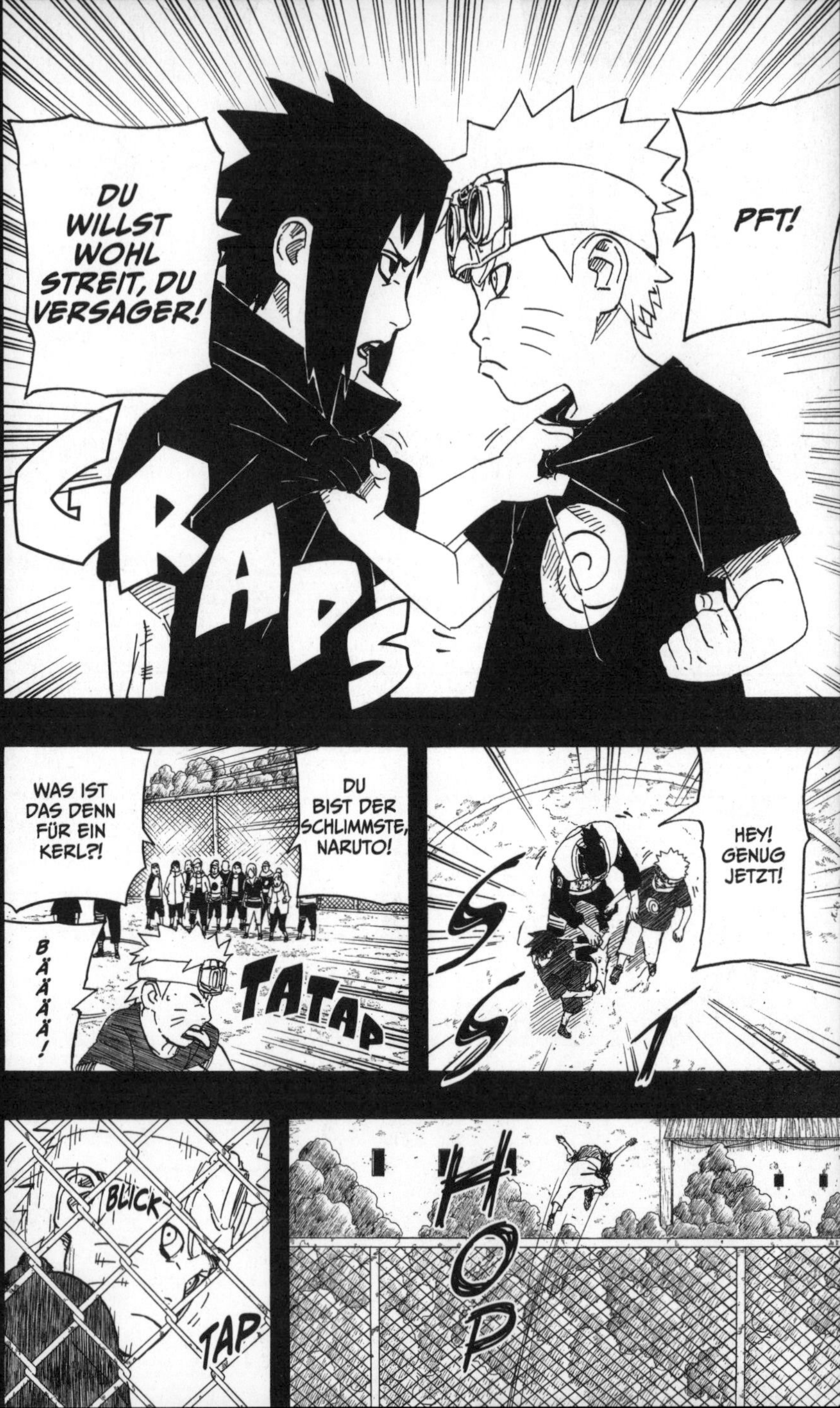
PFT!
DU WILLST WOHL STREIT, DU VERSAGER!
GRAPS
HEY! GENUG JETZT!
SSST
DU BIST DER SCHLIMMSTE, NARUTO!
WAS IST DAS DENN FÜR EIN KERL?!
BÄÄÄÄ!
TATAP
HOP
BLICK
TAP

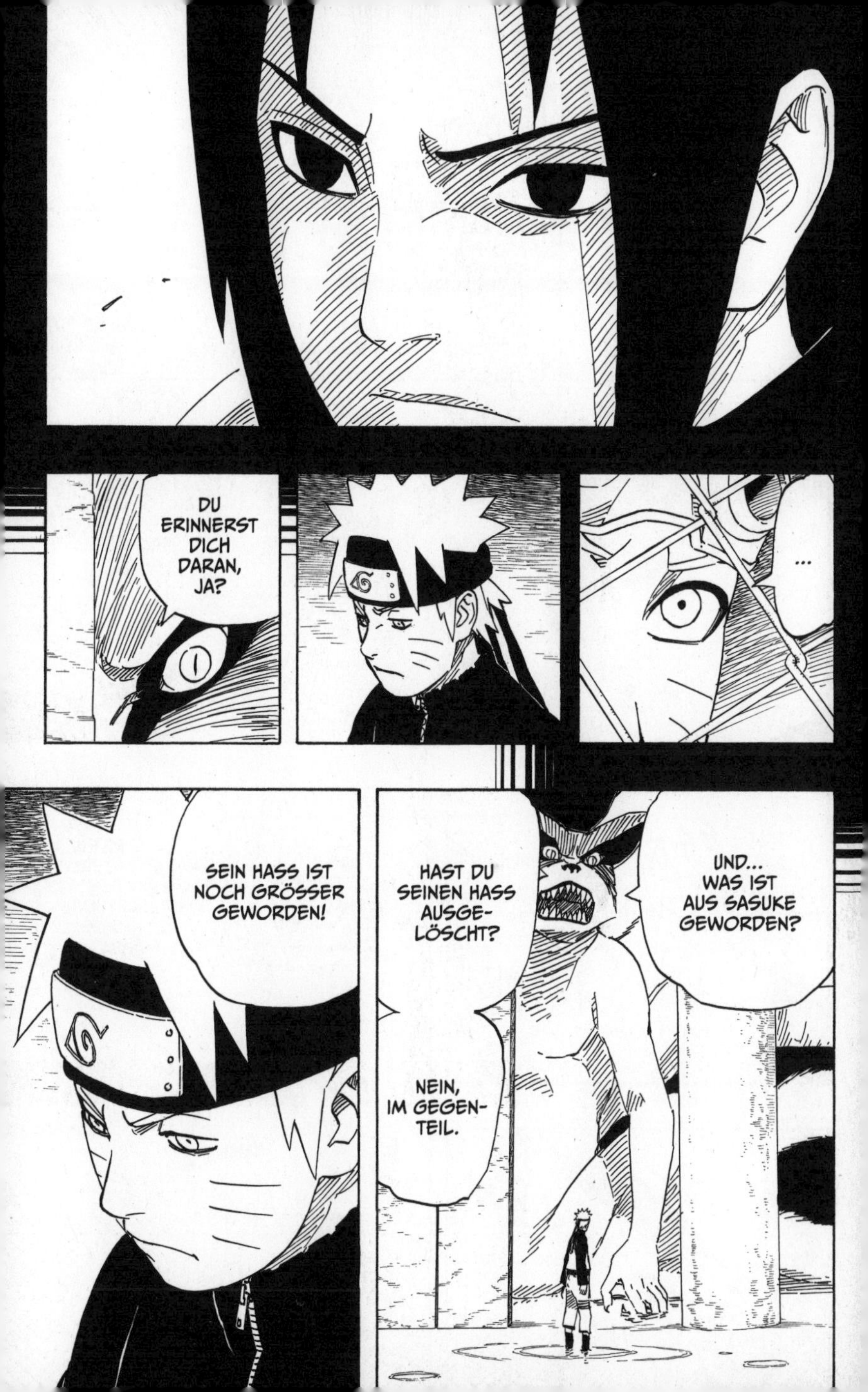

...
DU ERINNERST DICH DARAN, JA?
UND... WAS IST AUS SASUKE GEWORDEN?
HAST DU SEINEN HASS AUSGE-LÖSCHT?
NEIN, IM GEGEN-TEIL.
SEIN HASS IST NOCH GRÖSSER GEWORDEN!

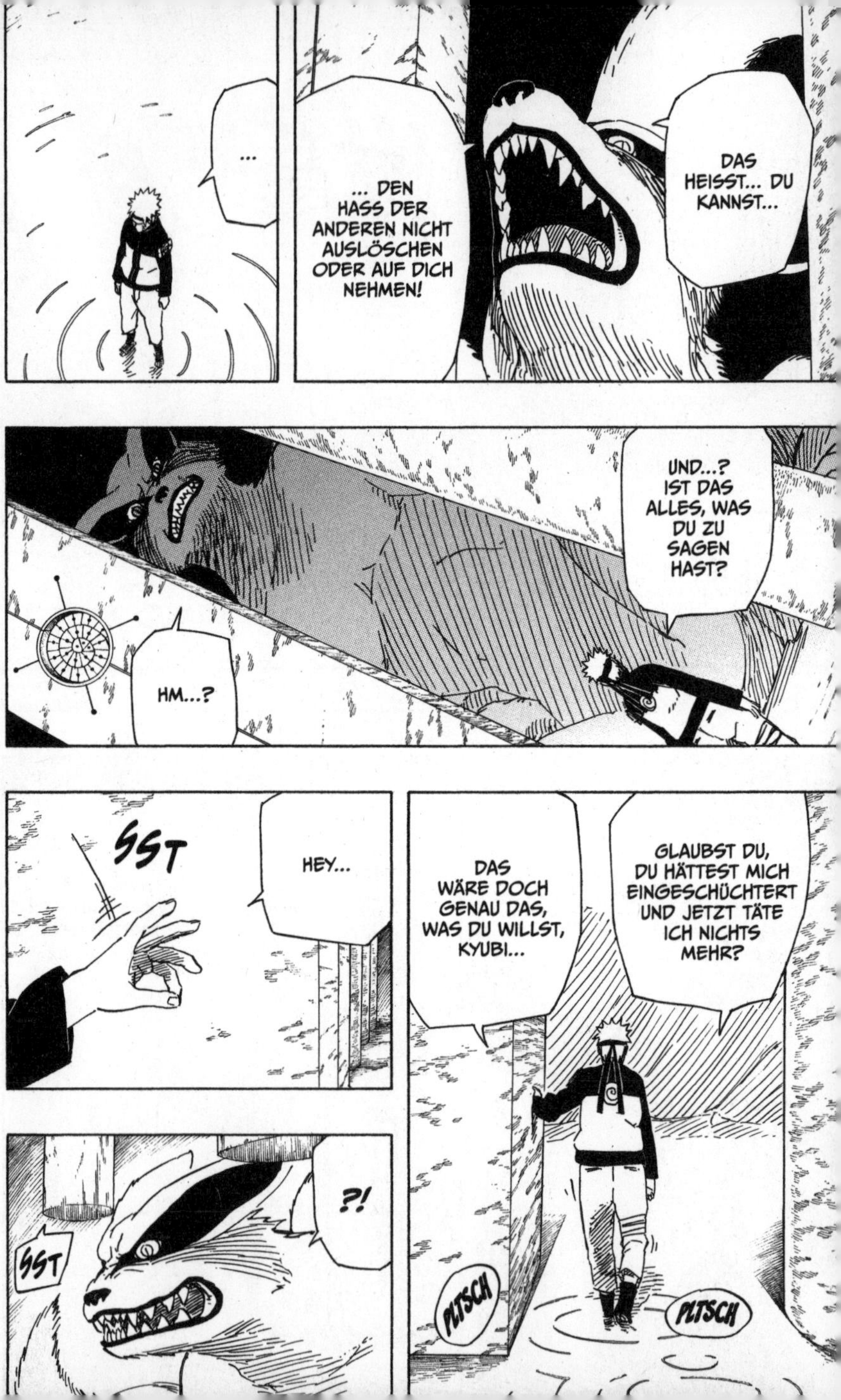
DAS HEISST... DU KANNST...
... DEN HASS DER ANDEREN NICHT AUSLÖSCHEN ODER AUF DICH NEHMEN!
...
UND...? IST DAS ALLES, WAS DU ZU SAGEN HAST?
HM...?
GLAUBST DU, DU HÄTTEST MICH EINGESCHÜCHTERT UND JETZT TÄTE ICH NICHTS MEHR?
DAS WÄRE DOCH GENAU DAS, WAS DU WILLST, KYUBI...
PLTSCH
PLTSCH
HEY...
SST
?!
SST

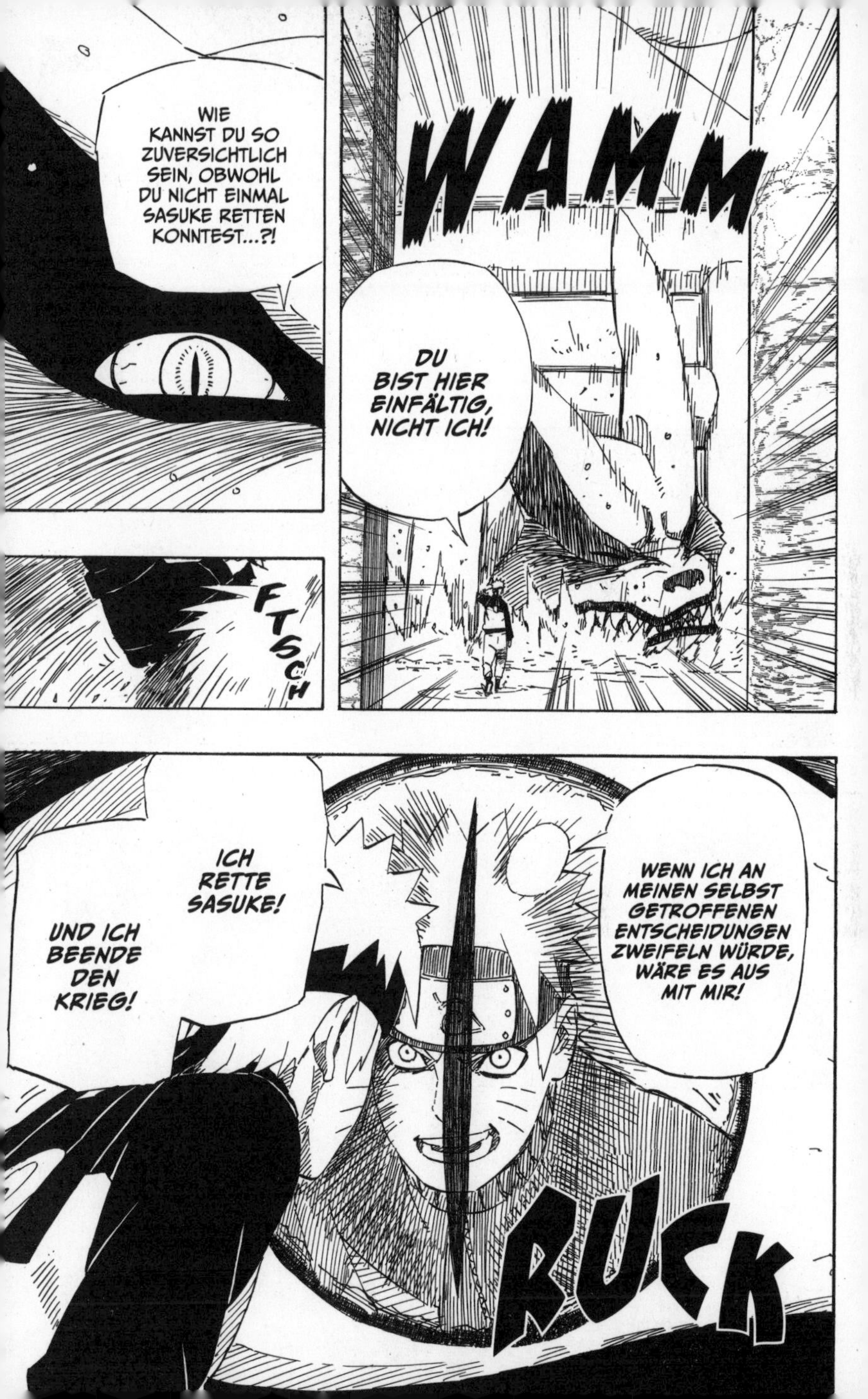
WAMM
DU BIST HIER EINFÄLTIG, NICHT ICH!
WIE KANNST DU SO ZUVERSICHTLICH SEIN, OBWOHL DU NICHT EINMAL SASUKE RETTEN KONNTEST...?!
FTSCH
WENN ICH AN MEINEN SELBST GETROFFENEN ENTSCHEIDUNGEN ZWEIFELN WÜRDE, WÄRE ES AUS MIT MIR!
ICH RETTE SASUKE!
UND ICH BEENDE DEN KRIEG!
RUCK

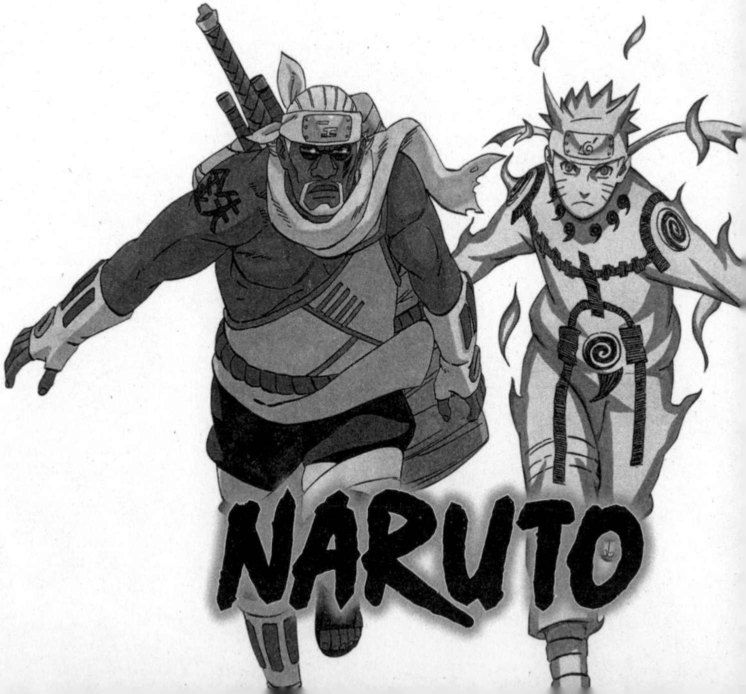
NARUTO

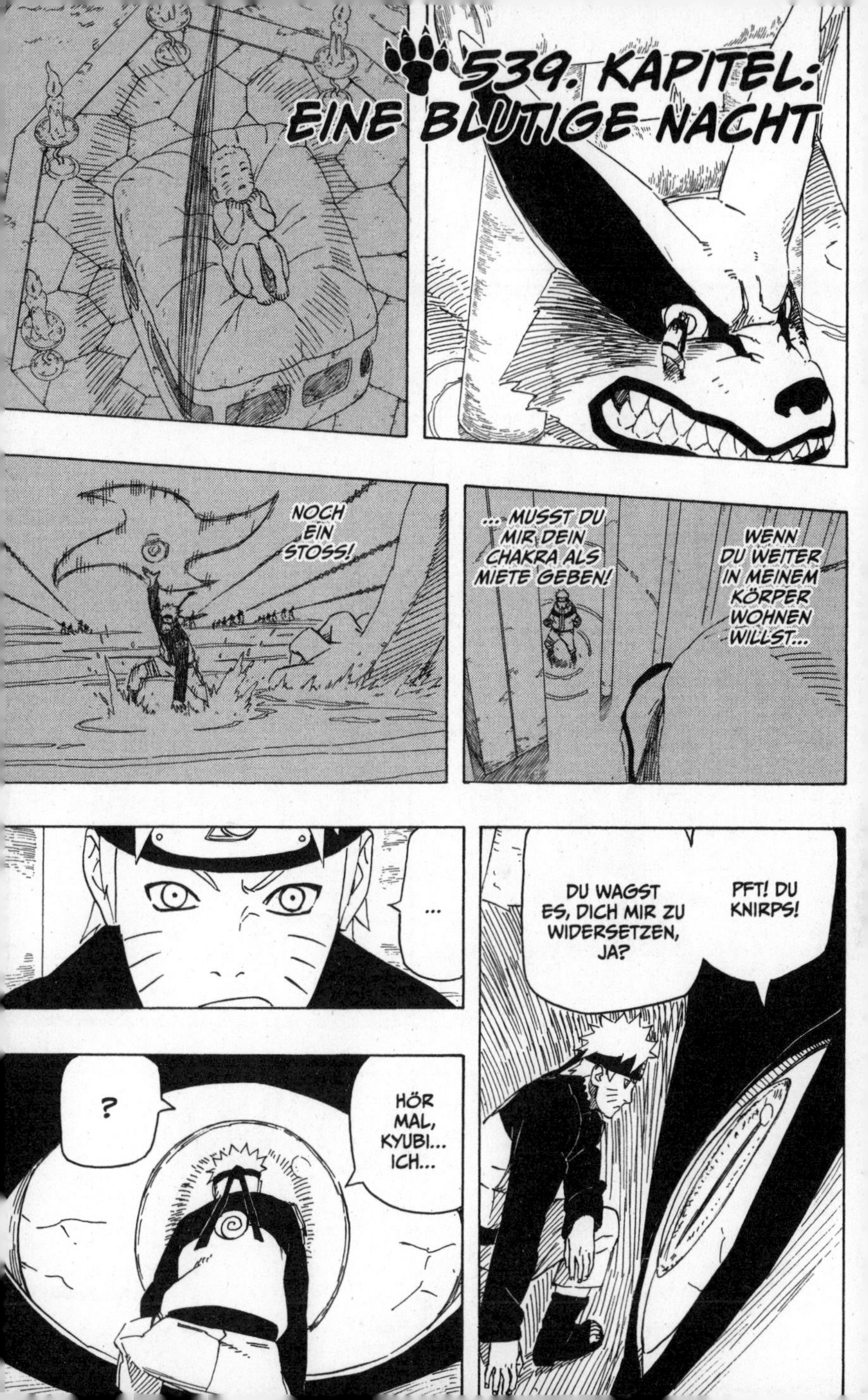
539. KAPITEL:
EINE BLUTIGE NACHT
WENN DU WEITER IN MEINEM KÖRPER WOHNEN WILLST...
... MUSST DU MIR DEIN CHAKRA ALS MIETE GEBEN!
NOCH EIN STOSS!
PFT! DU KNIRPS!
DU WAGST ES, DICH MIR ZU WIDERSETZEN, JA?
...
HÖR MAL, KYUBI... ICH...
?

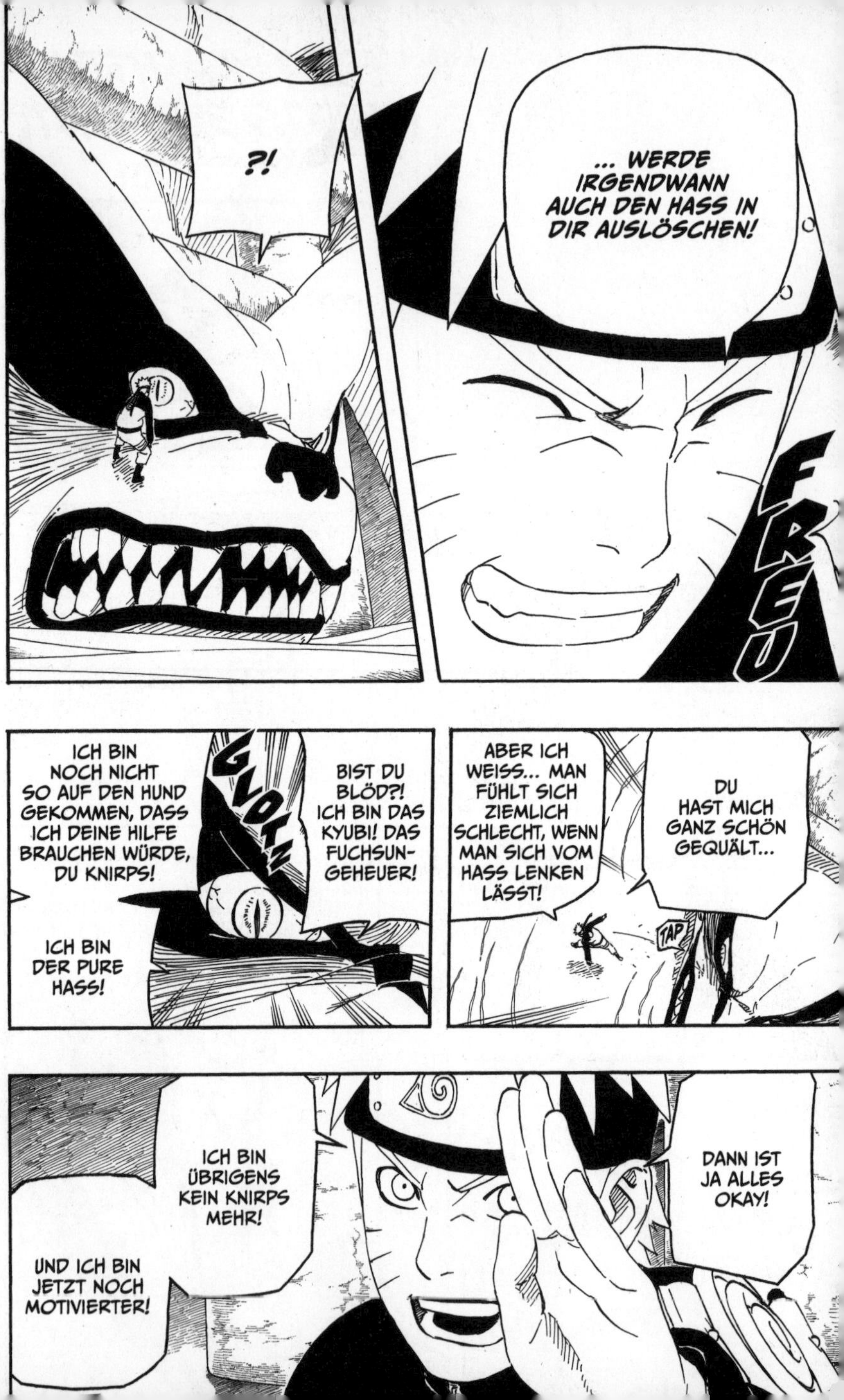
... WERDE IRGENDWANN AUCH DEN HASS IN DIR AUSLÖSCHEN!
FREU
?!
DU HAST MICH GANZ SCHÖN GEQUÄLT...
ABER ICH WEISS... MAN FÜHLT SICH ZIEMLICH SCHLECHT, WENN MAN SICH VOM HASS LENKEN LÄSST!
TAP
BIST DU BLÖD?! ICH BIN DAS KYUBI! DAS FUCHSUNGEHEUER!
ICH BIN NOCH NICHT SO AUF DEN HUND GEKOMMEN, DASS ICH DEINE HILFE BRAUCHEN WÜRDE, DU KNIRPS!
ICH BIN DER PURE HASS!
DANN IST JA ALLES OKAY!
ICH BIN ÜBRIGENS KEIN KNIRPS MEHR!
UND ICH BIN JETZT NOCH MOTIVIERTER!

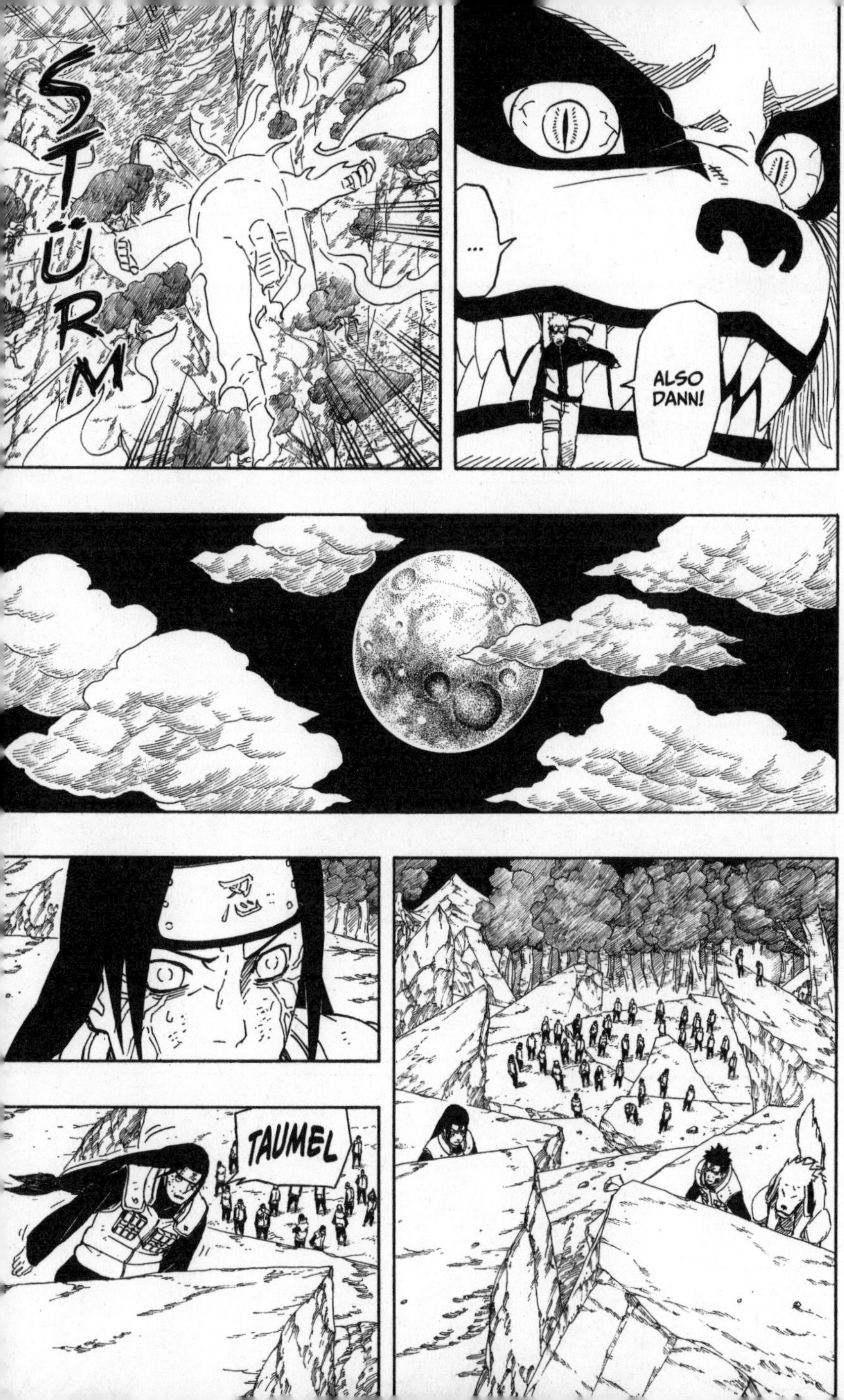
...
ALSO DANN!
STÜRM
TAUMEL

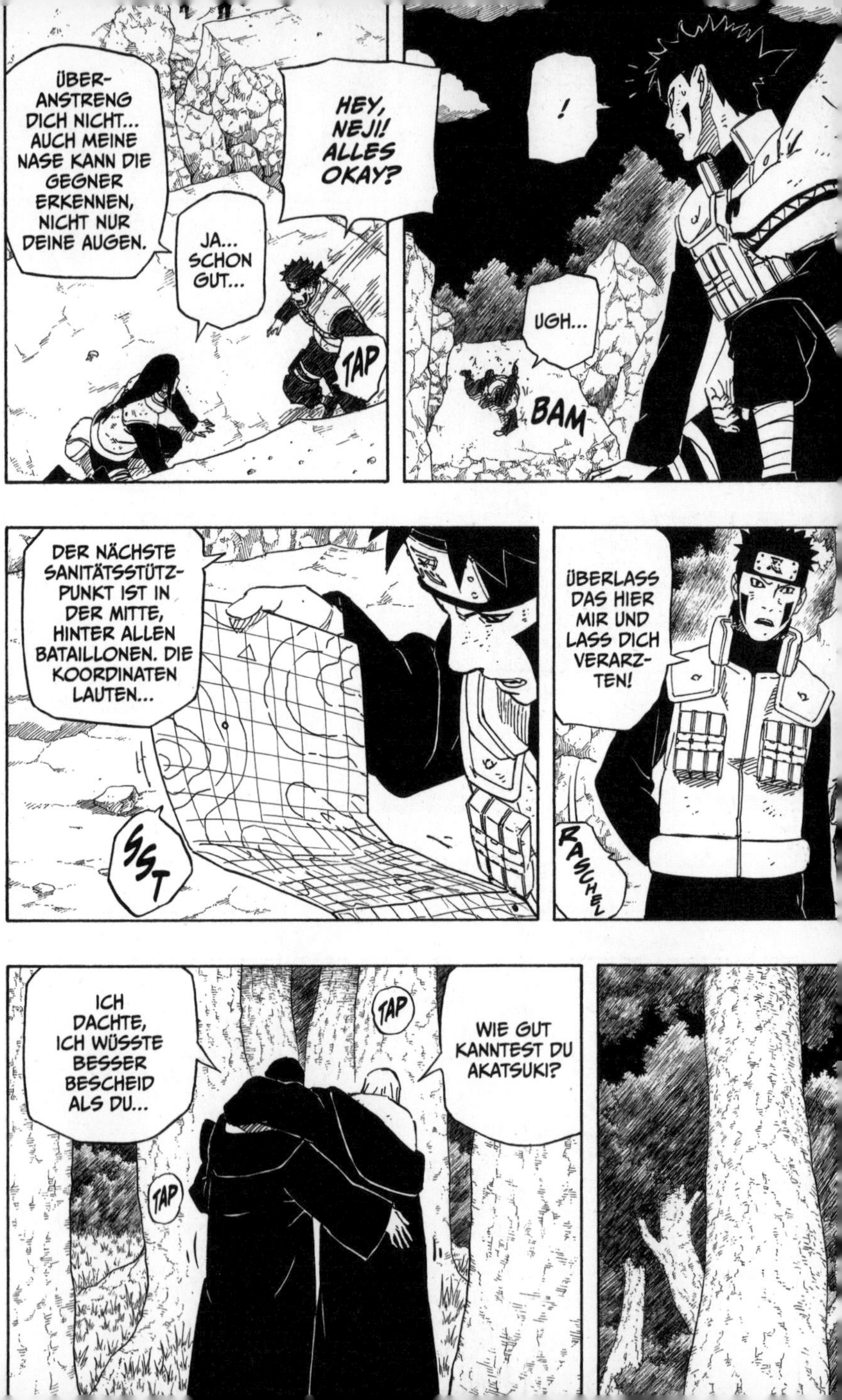
!
UGH...
BAM
HEY, NEJI! ALLES OKAY?
ÜBER-ANSTRENG DICH NICHT... AUCH MEINE NASE KANN DIE GEGNER ERKENNEN, NICHT NUR DEINE AUGEN.
JA... SCHON GUT...
TAP
ÜBERLASS DAS HIER MIR UND LASS DICH VERARZ-TEN!
RASCHEL
DER NÄCHSTE SANITÄTSSTÜTZ-PUNKT IST IN DER MITTE, HINTER ALLEN BATAILLONEN. DIE KOORDINATEN LAUTEN...
SST
WIE GUT KANNTEST DU AKATSUKI?
TAP
ICH DACHTE, ICH WÜSSTE BESSER BESCHEID ALS DU...
TAP

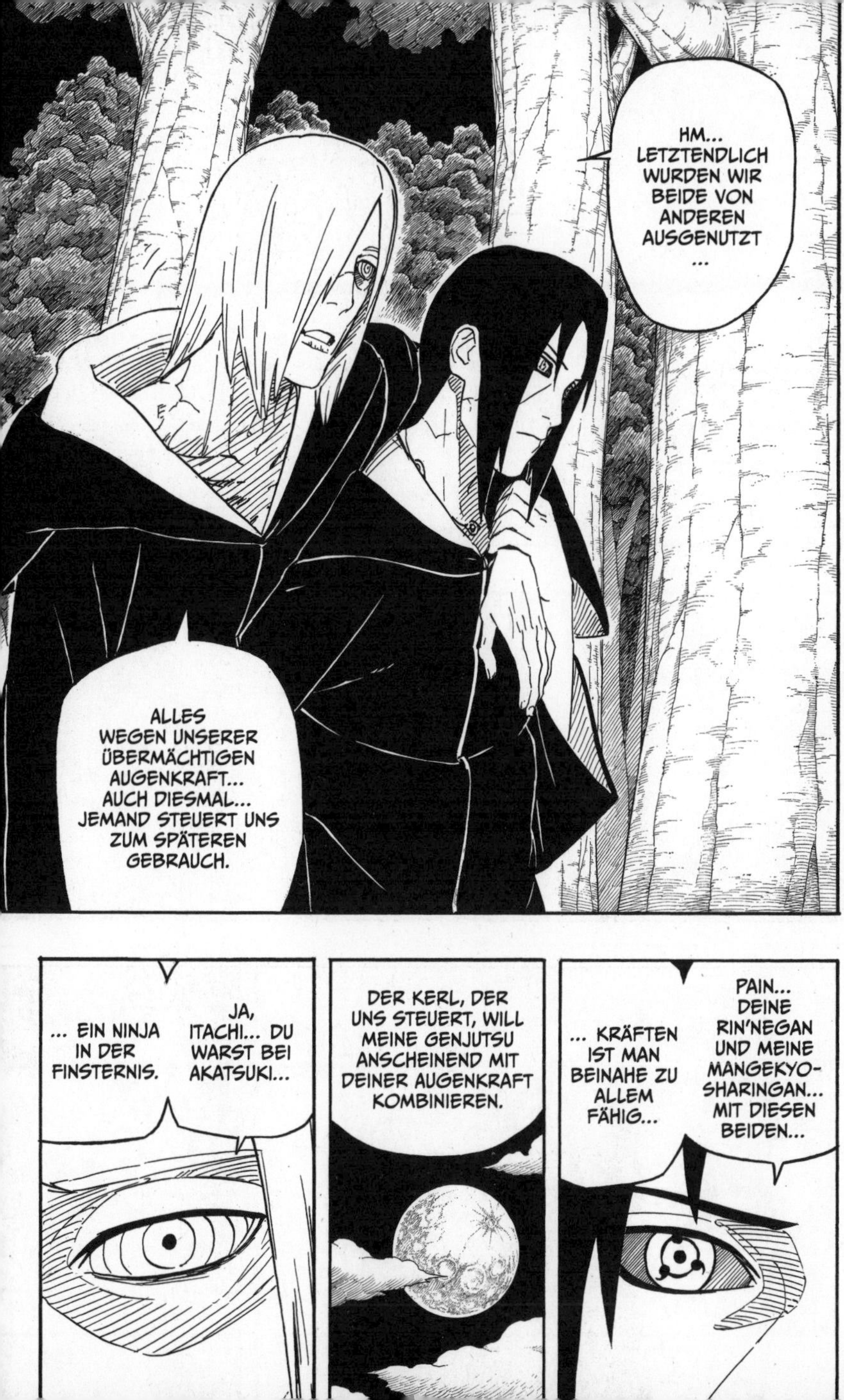
HM... LETZTENDLICH WURDEN WIR BEIDE VON ANDEREN AUSGENUTZT ...
ALLES WEGEN UNSERER ÜBERMÄCHTIGEN AUGENKRAFT... AUCH DIESMAL... JEMAND STEUERT UNS ZUM SPÄTEREN GEBRAUCH.
PAIN... DEINE RIN'NEGAN UND MEINE MANGEKYO-SHARINGAN... MIT DIESEN BEIDEN...
... KRÄFTEN IST MAN BEINAHE ZU ALLEM FÄHIG...
DER KERL, DER UNS STEUERT, WILL MEINE GENJUTSU ANSCHEINEND MIT DEINER AUGENKRAFT KOMBINIEREN.
JA, ITACHI... DU WARST BEI AKATSUKI...
... EIN NINJA IN DER FINSTERNIS.

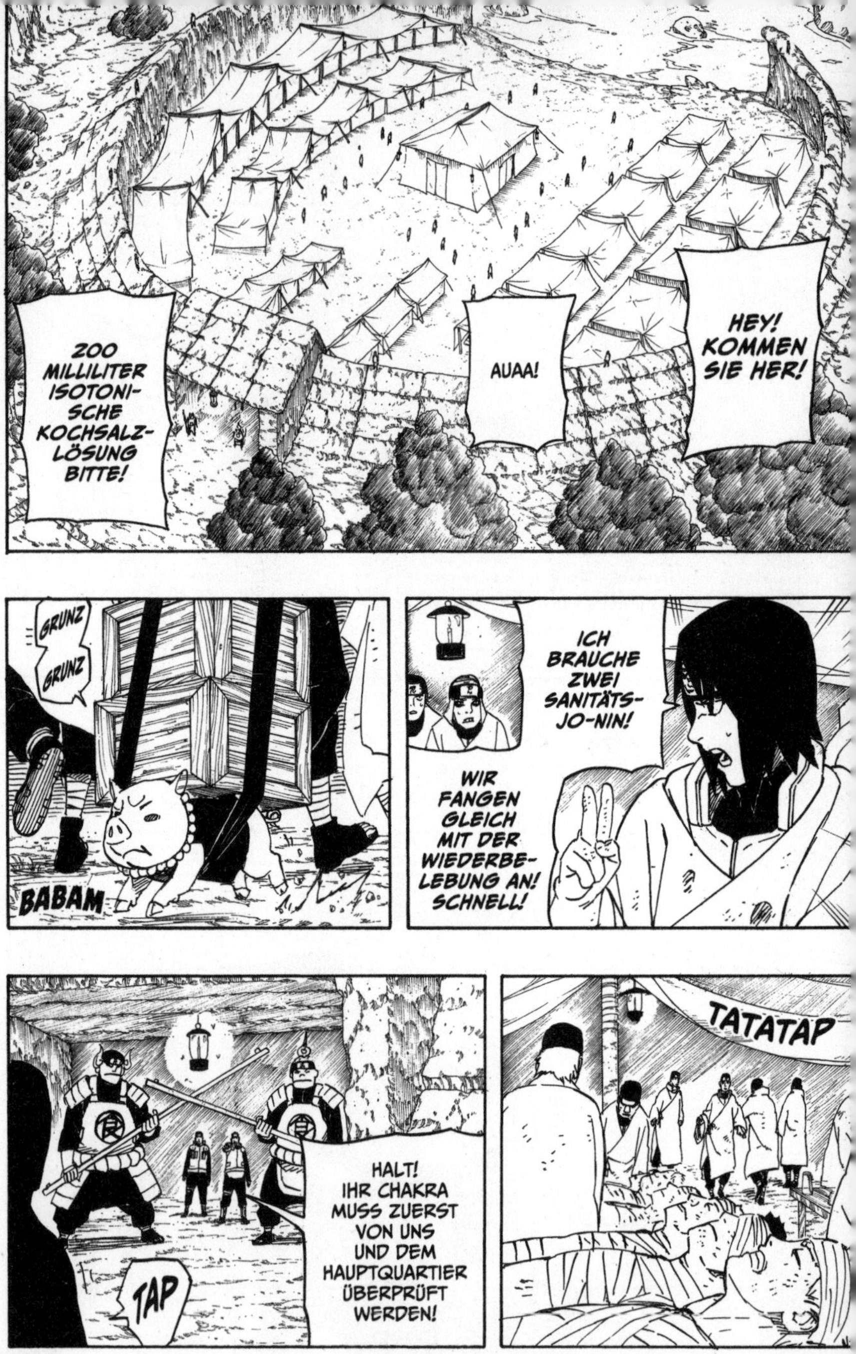
HEY! KOMMEN SIE HER!
AUAA!
200 MILLILITER ISOTONI-SCHE KOCHSALZ-LÖSUNG BITTE!
ICH BRAUCHE ZWEI SANITÄTS-JO-NIN!
WIR FANGEN GLEICH MIT DER WIEDERBE-LEBUNG AN! SCHNELL!
GRUNZ
GRUNZ
BABAM
TATATAP
HALT! IHR CHAKRA MUSS ZUERST VON UNS UND DEM HAUPTQUARTIER ÜBERPRÜFT WERDEN!
TAP

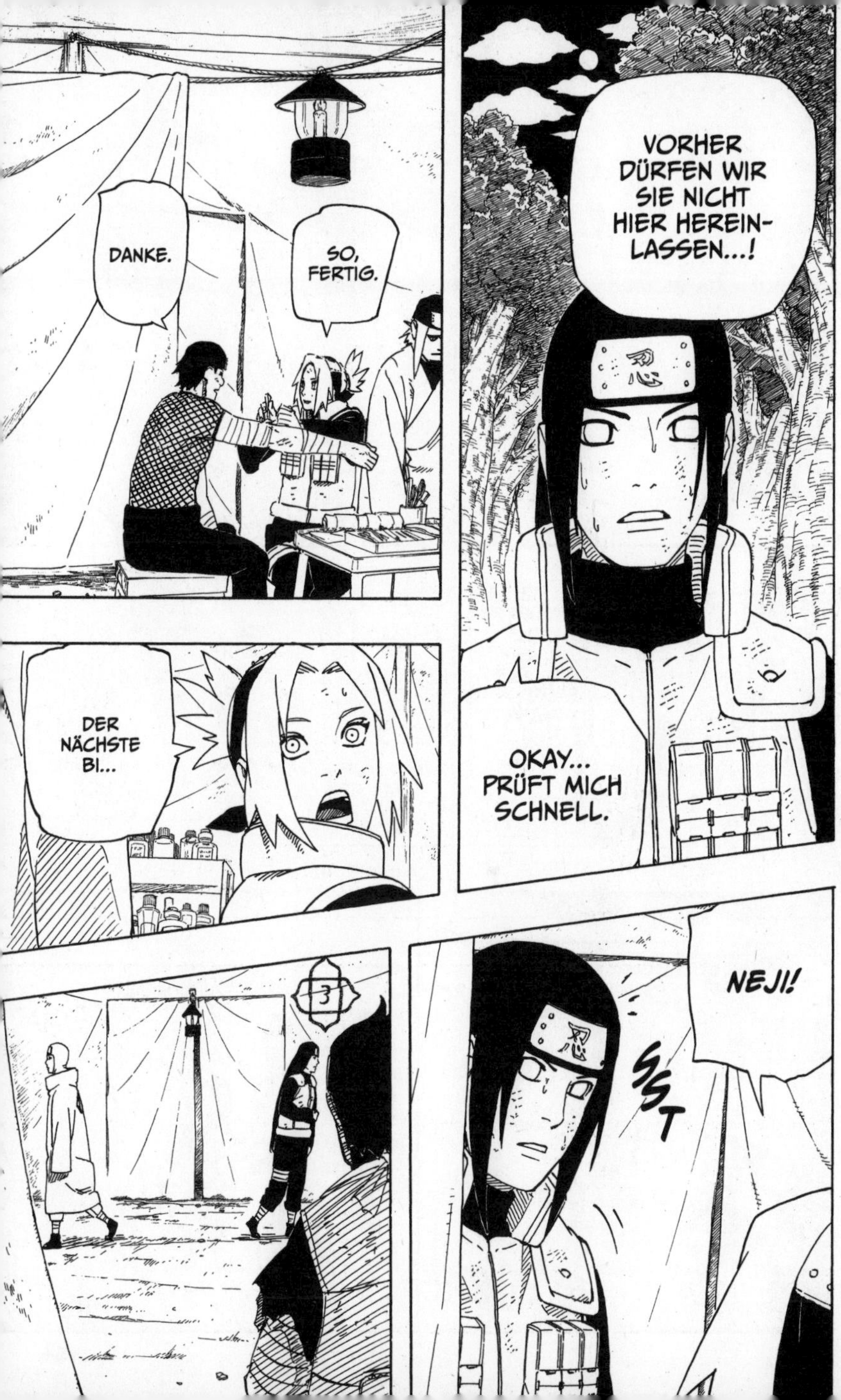
VORHER DÜRFEN WIR SIE NICHT HIER HEREIN-LASSEN...!
SO, FERTIG.
DANKE.
OKAY... PRÜFT MICH SCHNELL.
DER NÄCHSTE BI...
NEJI!
SST
3

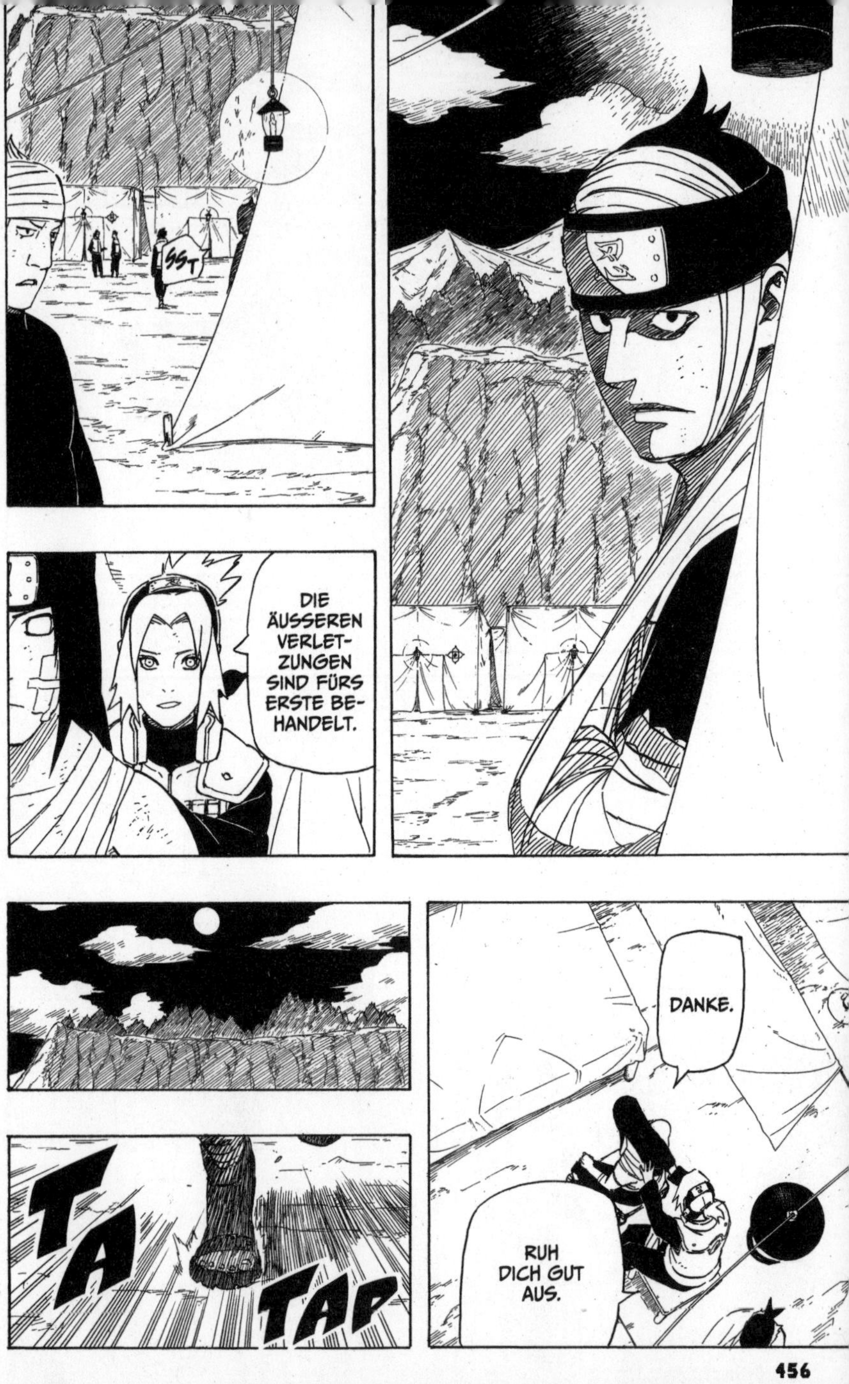
SST
DIE ÄUSSEREN VERLET-ZUNGEN SIND FÜRS ERSTE BE-HANDELT.
DANKE.
RUH DICH GUT AUS.
TA
TAP

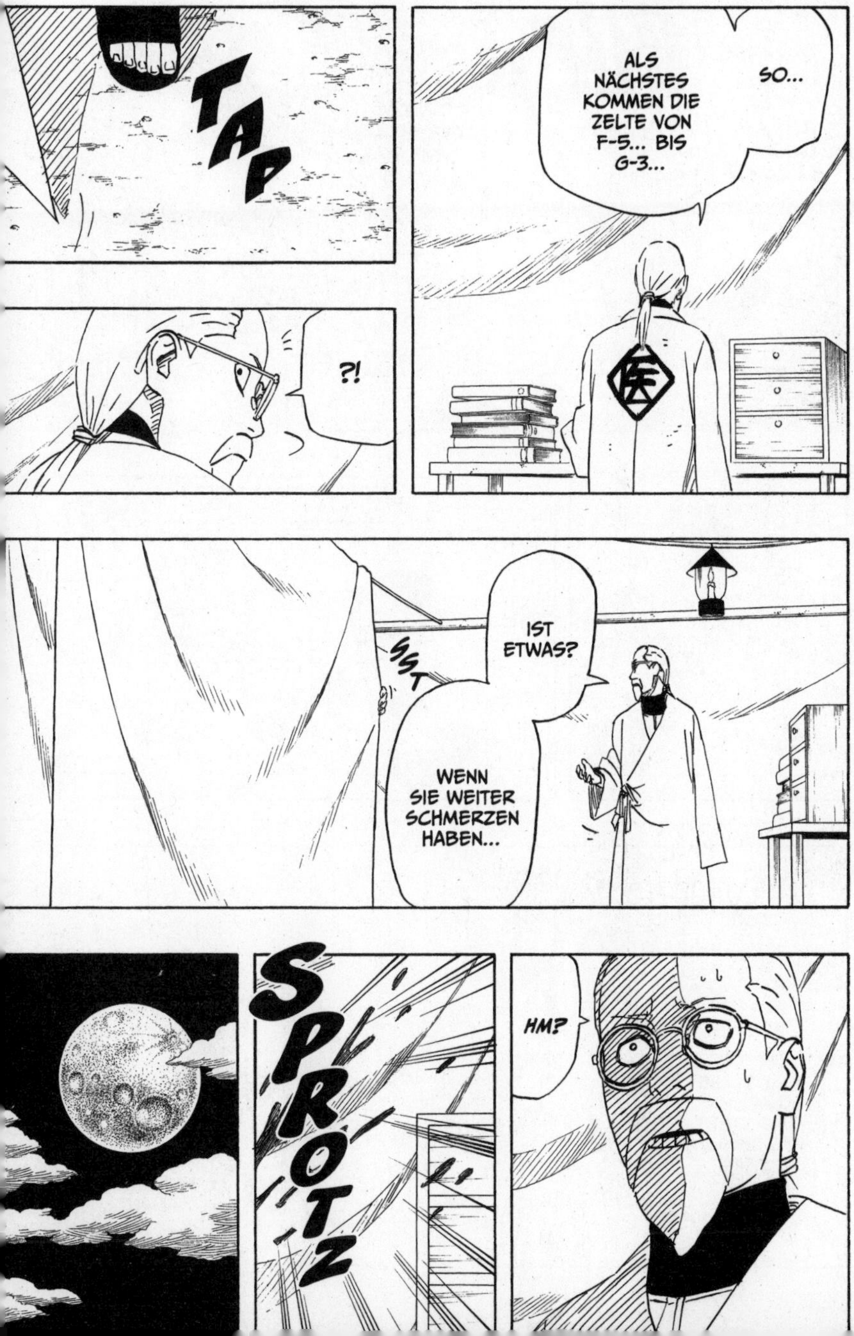
SO...
ALS NÄCHSTES KOMMEN DIE ZELTE VON F-5... BIS G-3...
TAP
?!
IST ETWAS?
WENN SIE WEITER SCHMERZEN HABEN...
SST
HM?
SPROTZ

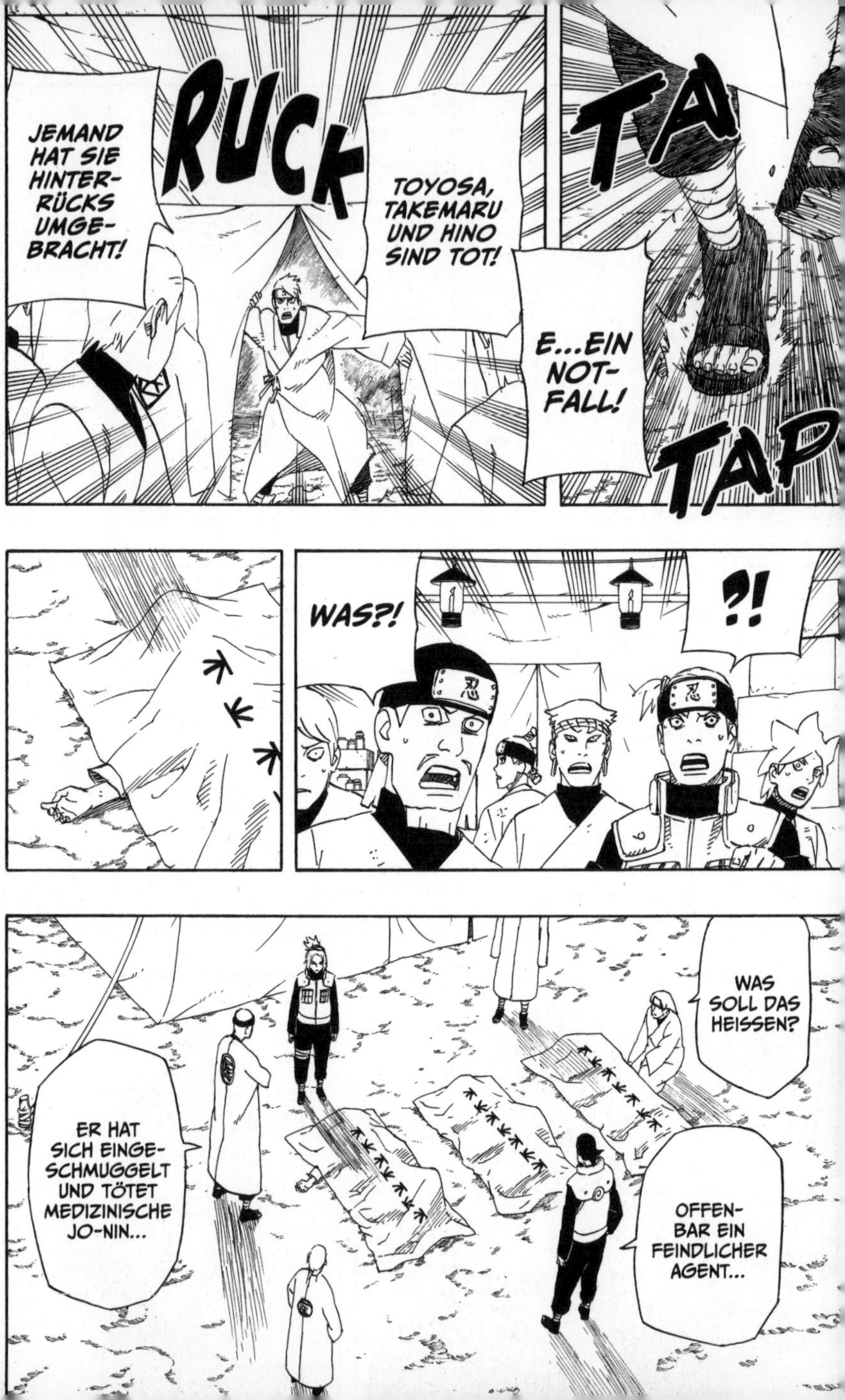
TAP
TAP
E...EIN NOT-FALL!
TOYOSA, TAKEMARU UND HINO SIND TOT!
RUCK
JEMAND HAT SIE HINTER-RÜCKS UMGE-BRACHT!
?!
WAS?!
WAS SOLL DAS HEISSEN?
OFFEN-BAR EIN FEINDLICHER AGENT...
ER HAT SICH EINGE-SCHMUGGELT UND TÖTET MEDIZINISCHE JO-NIN...

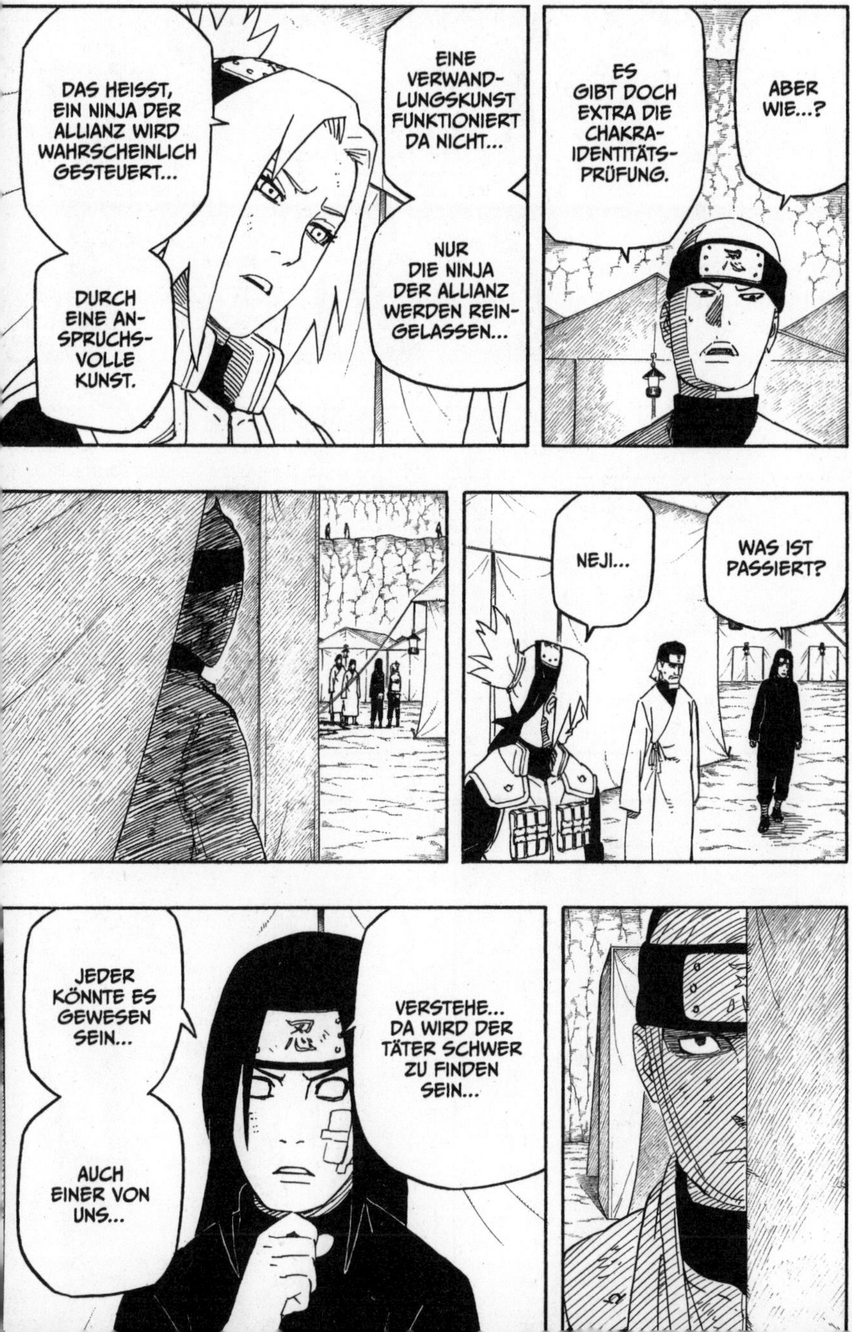
ABER WIE...?
ES GIBT DOCH EXTRA DIE CHAKRA-IDENTITÄTS-PRÜFUNG.
EINE VERWANDLUNGSKUNST FUNKTIONIERT DA NICHT...
NUR DIE NINJA DER ALLIANZ WERDEN REINGELASSEN...
DAS HEISST, EIN NINJA DER ALLIANZ WIRD WAHRSCHEINLICH GESTEUERT...
DURCH EINE ANSPRUCHSVOLLE KUNST.
WAS IST PASSIERT?
NEJI...
VERSTEHE... DA WIRD DER TÄTER SCHWER ZU FINDEN SEIN...
JEDER KÖNNTE ES GEWESEN SEIN...
AUCH EINER VON UNS...

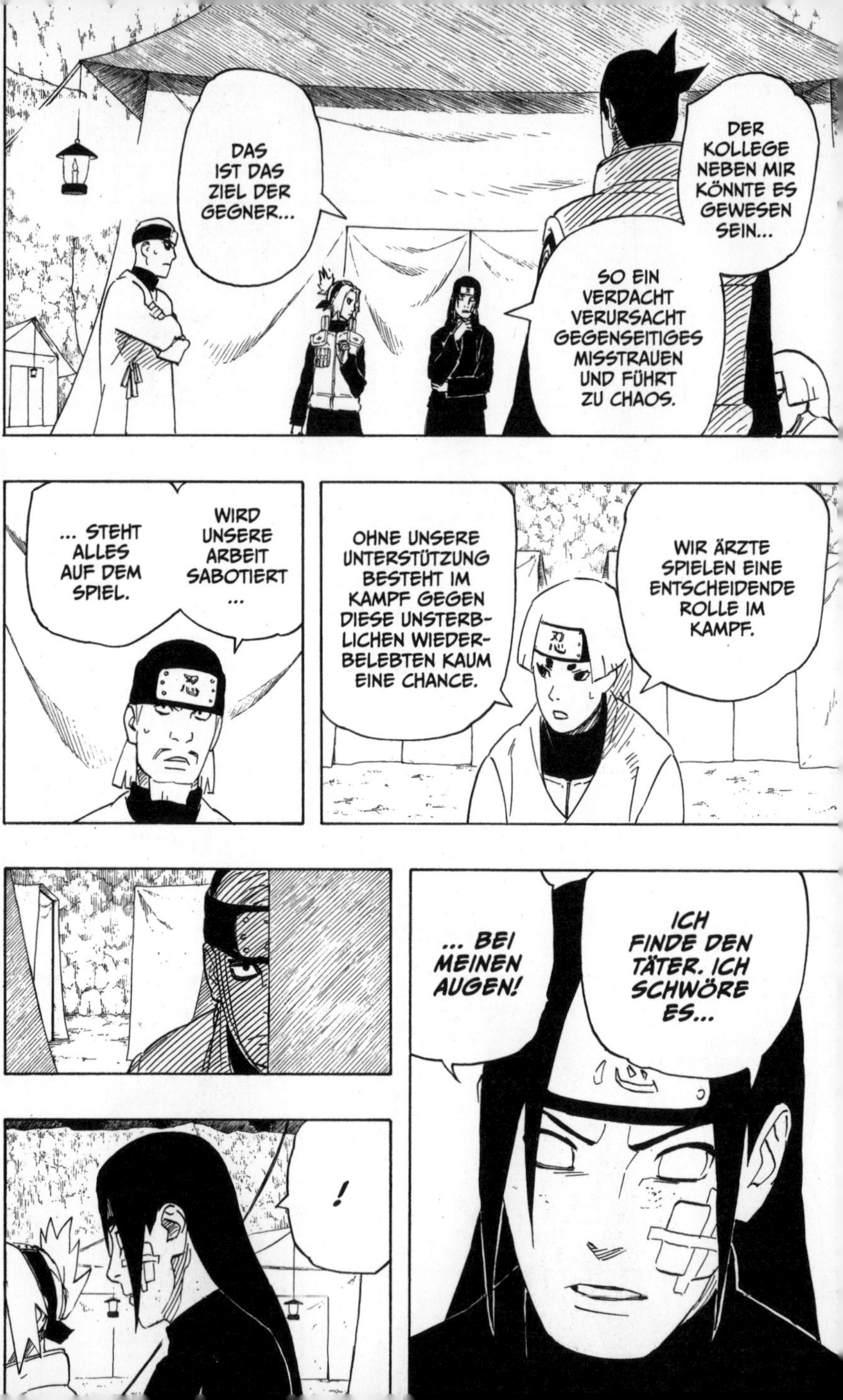
DER KOLLEGE NEBEN MIR KÖNNTE ES GEWESEN SEIN...
SO EIN VERDACHT VERURSACHT GEGENSEITIGES MISSTRAUEN UND FÜHRT ZU CHAOS.
DAS IST DAS ZIEL DER GEGNER...
WIR ÄRZTE SPIELEN EINE ENTSCHEIDENDE ROLLE IM KAMPF.
OHNE UNSERE UNTERSTÜTZUNG BESTEHT IM KAMPF GEGEN DIESE UNSTERBLICHEN WIEDERBELEBTEN KAUM EINE CHANCE.
WIRD UNSERE ARBEIT SABOTIERT ...
... STEHT ALLES AUF DEM SPIEL.
ICH FINDE DEN TÄTER. ICH SCHWÖRE ES...
... BEI MEINEN AUGEN!
!

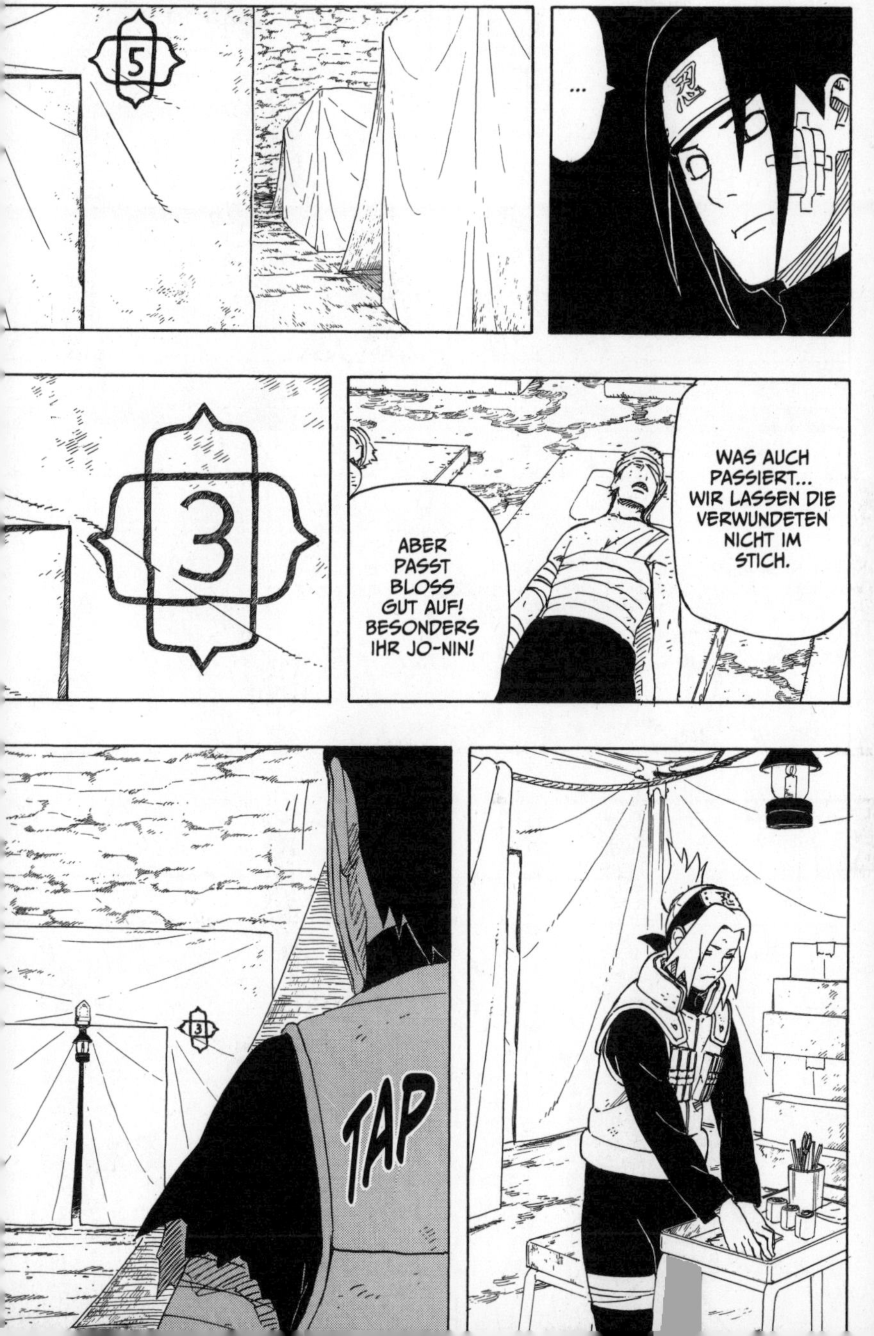

...
5
WAS AUCH PASSIERT... WIR LASSEN DIE VERWUNDETEN NICHT IM STICH.
ABER PASST BLOSS GUT AUF! BESONDERS IHR JO-NIN!
3
TAP
3

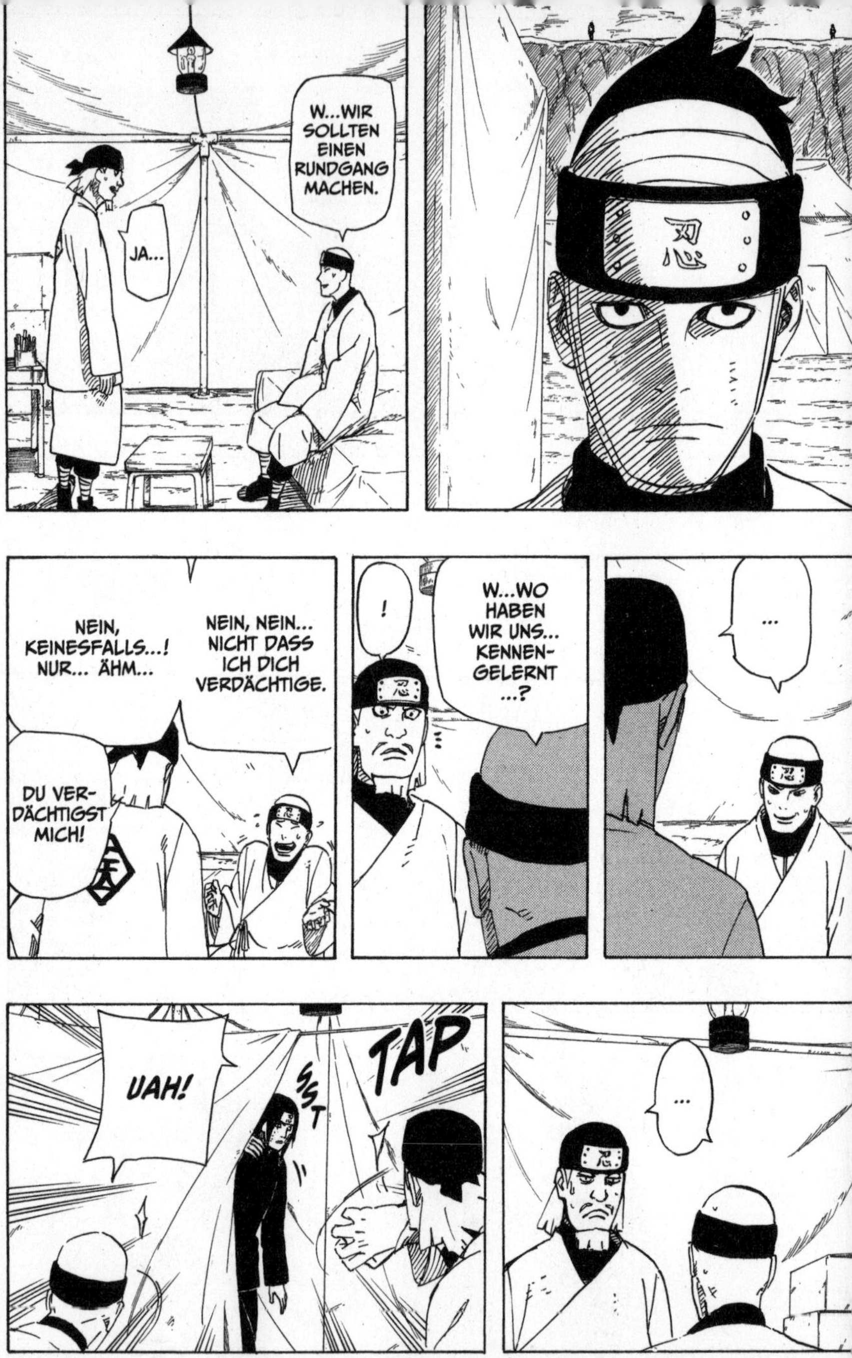

W...WIR SOLLTEN EINEN RUNDGANG MACHEN.
JA...
...
W...WO HABEN WIR UNS... KENNEN-GELERNT ...?
!
NEIN, NEIN... NICHT DASS ICH DICH VERDÄCHTIGE.
NEIN, KEINESFALLS...! NUR... ÄHM...
DU VER-DÄCHTIGST MICH!
...
TAP
SST
UAH!

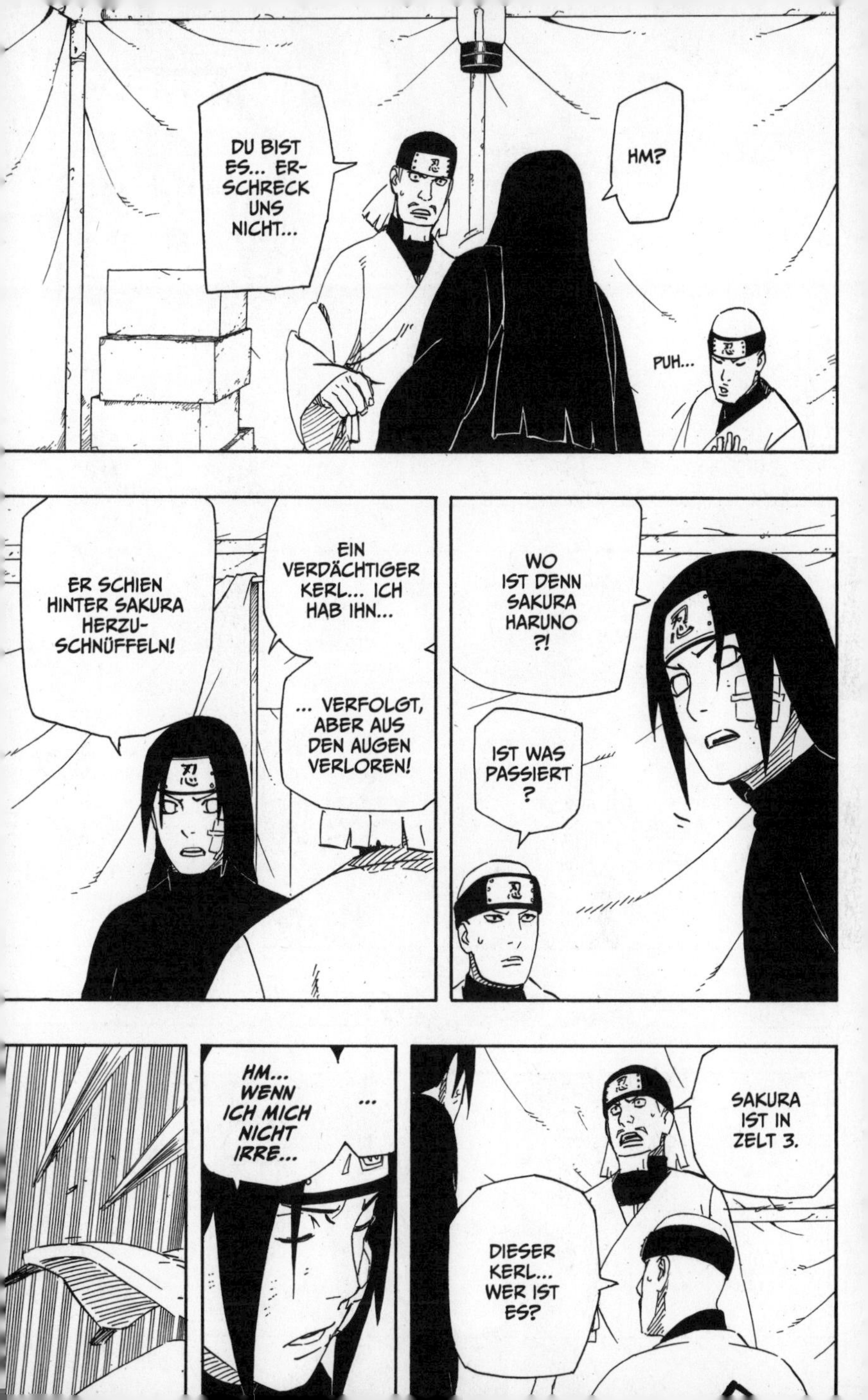
HM?
DU BIST ES... ERSCHRECK UNS NICHT...
PUH...
WO IST DENN SAKURA HARUNO ?!
IST WAS PASSIERT ?
EIN VERDÄCHTIGER KERL... ICH HAB IHN...
... VERFOLGT, ABER AUS DEN AUGEN VERLOREN!
ER SCHIEN HINTER SAKURA HERZUSCHNÜFFELN!
SAKURA IST IN ZELT 3.
DIESER KERL... WER IST ES?
...
HM... WENN ICH MICH NICHT IRRE...

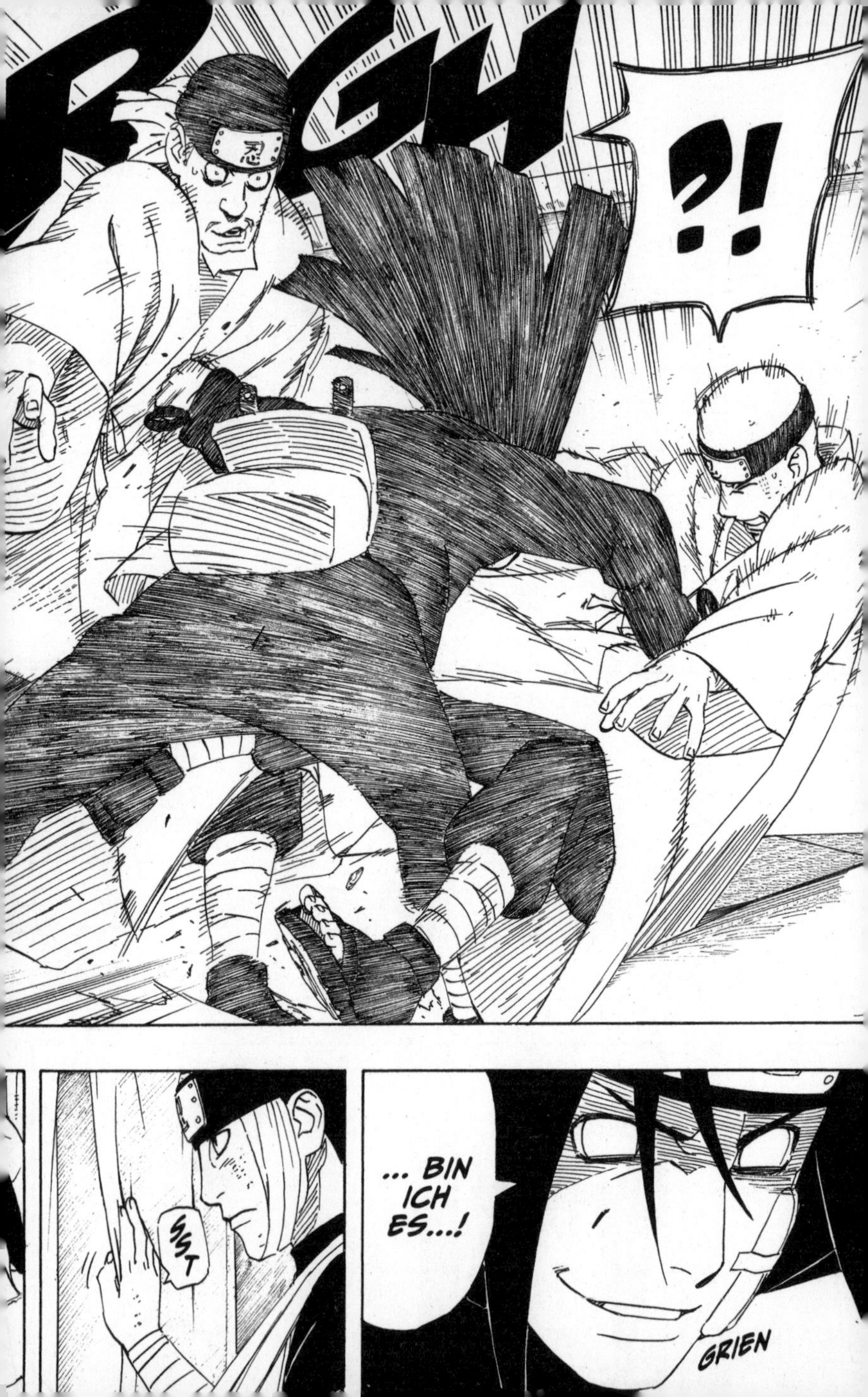

BGH
?!
SST
... BIN ICH ES...!
GRIEN

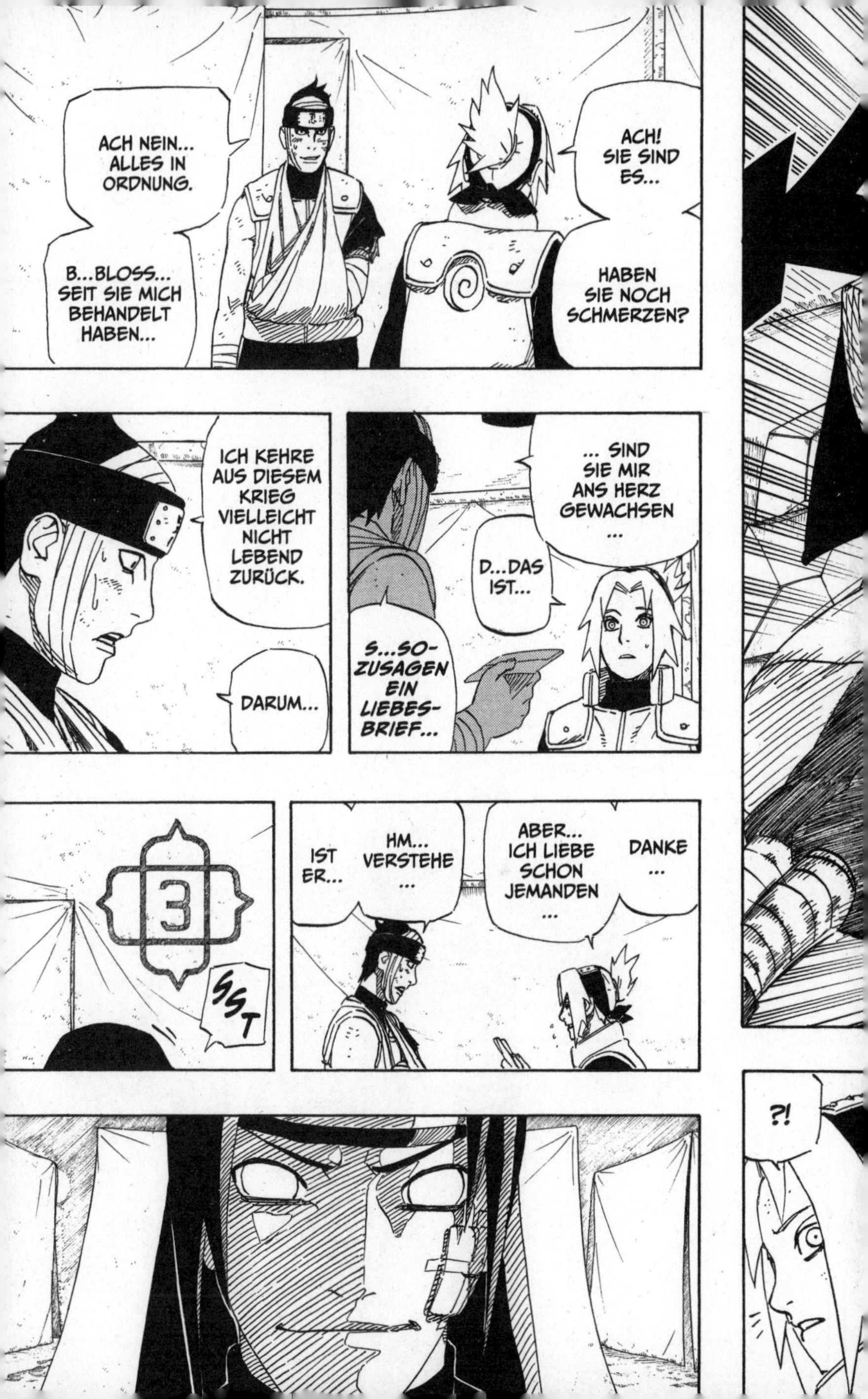
ACH! SIE SIND ES...
HABEN SIE NOCH SCHMERZEN?
ACH NEIN... ALLES IN ORDNUNG.
B...BLOSS... SEIT SIE MICH BEHANDELT HABEN...
... SIND SIE MIR ANS HERZ GEWACHSEN ...
D...DAS IST...
S...SO-ZUSAGEN EIN LIEBES-BRIEF...
ICH KEHRE AUS DIESEM KRIEG VIELLEICHT NICHT LEBEND ZURÜCK.
DARUM...
DANKE ...
ABER... ICH LIEBE SCHON JEMANDEN ...
HM... VERSTEHE ...
IST ER...
3
SST
?!

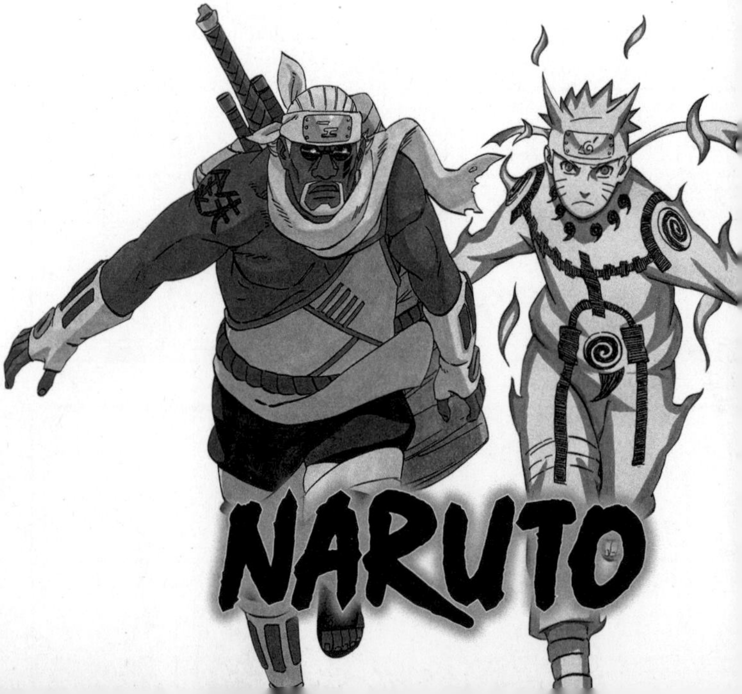
NARUTO

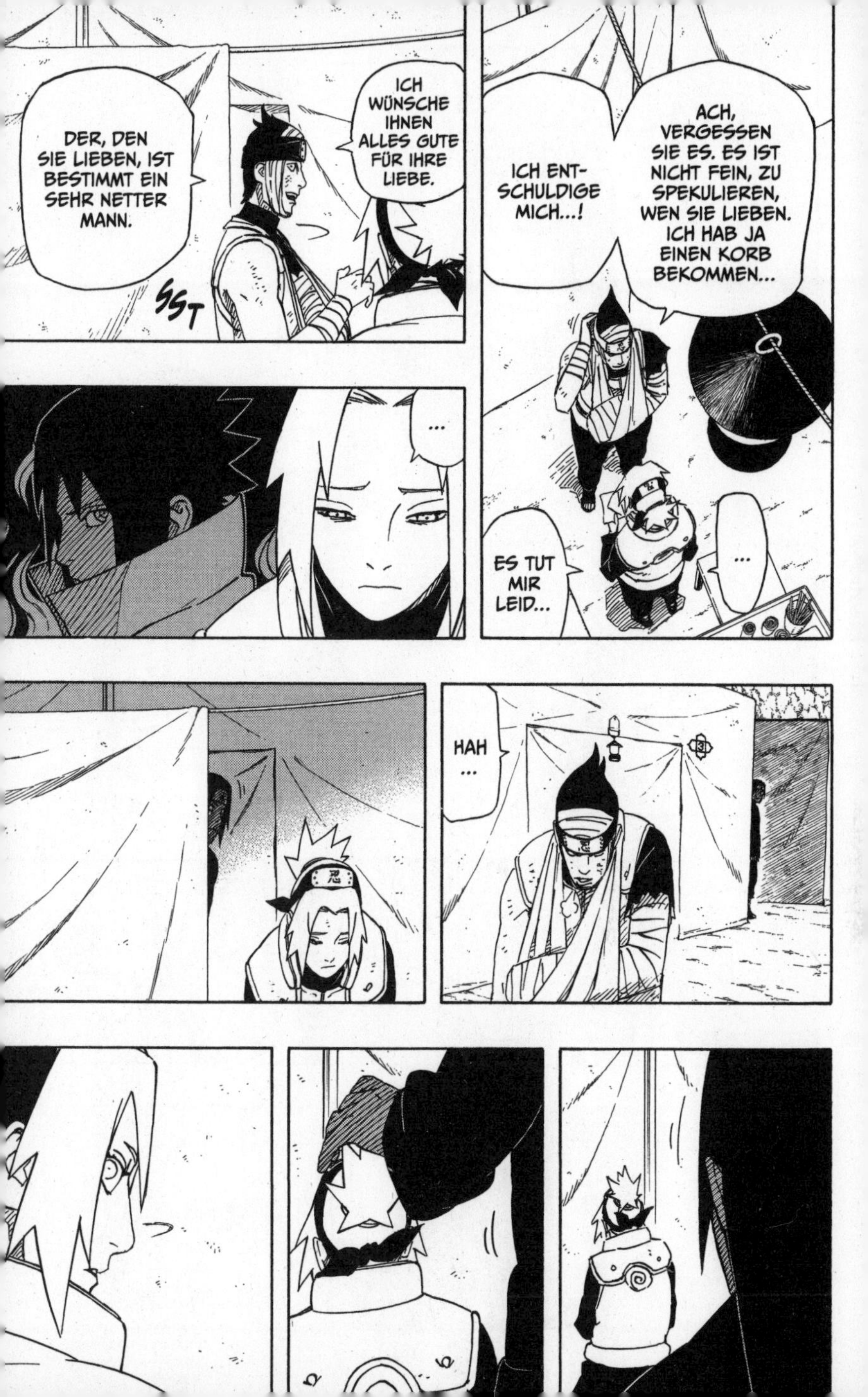

DER, DEN SIE LIEBEN, IST BESTIMMT EIN SEHR NETTER MANN.
ICH WÜNSCHE IHNEN ALLES GUTE FÜR IHRE LIEBE.
SST
...
ICH ENT-SCHULDIGE MICH...!
ACH, VERGESSEN SIE ES. ES IST NICHT FEIN, ZU SPEKULIEREN, WEN SIE LIEBEN. ICH HAB JA EINEN KORB BEKOMMEN...
ES TUT MIR LEID...
...
HAH ...

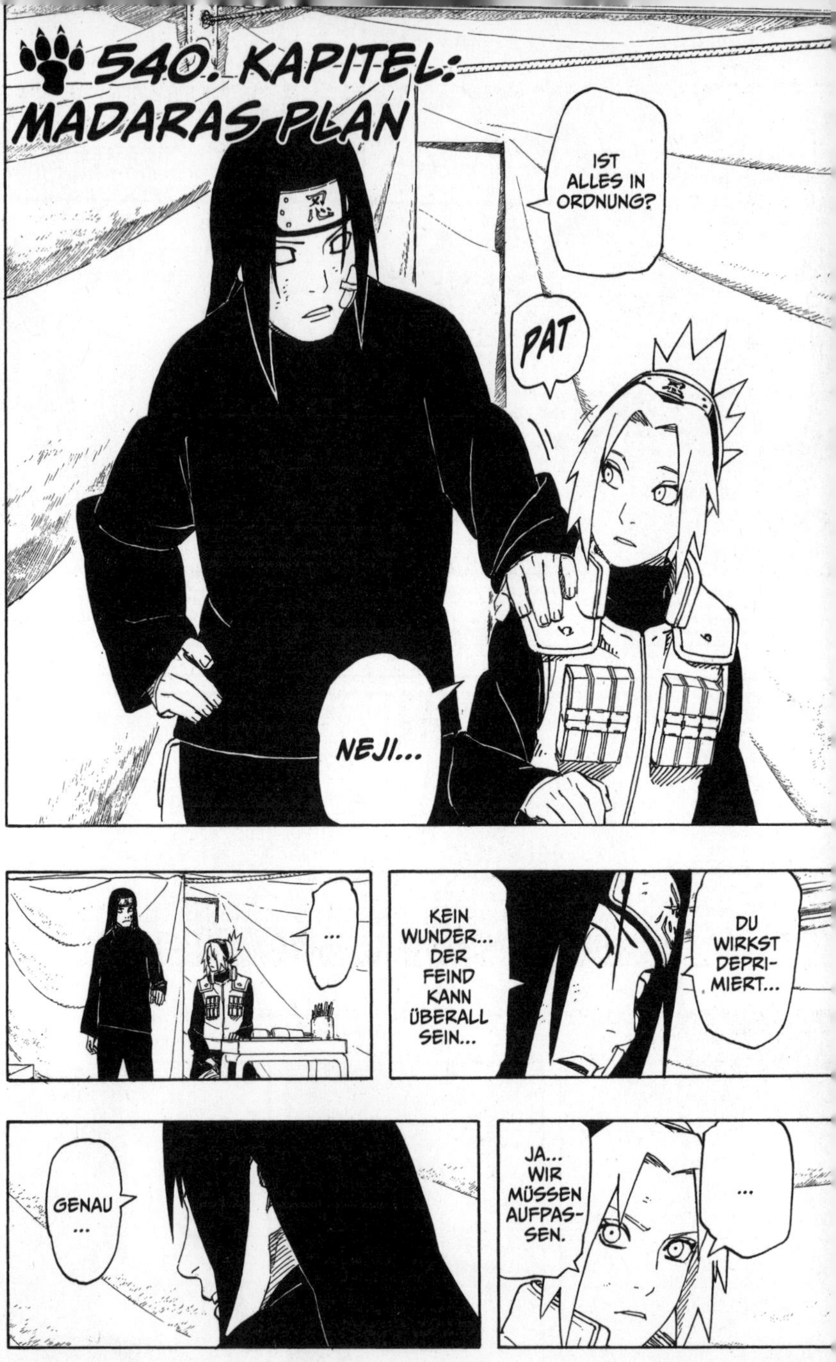
540. KAPITEL: MADARAS PLAN
IST ALLES IN ORDNUNG?
PAT
NEJI...
DU WIRKST DEPRIMIERT...
KEIN WUNDER... DER FEIND KANN ÜBERALL SEIN...
...
...
JA... WIR MÜSSEN AUFPASSEN.
GENAU ...

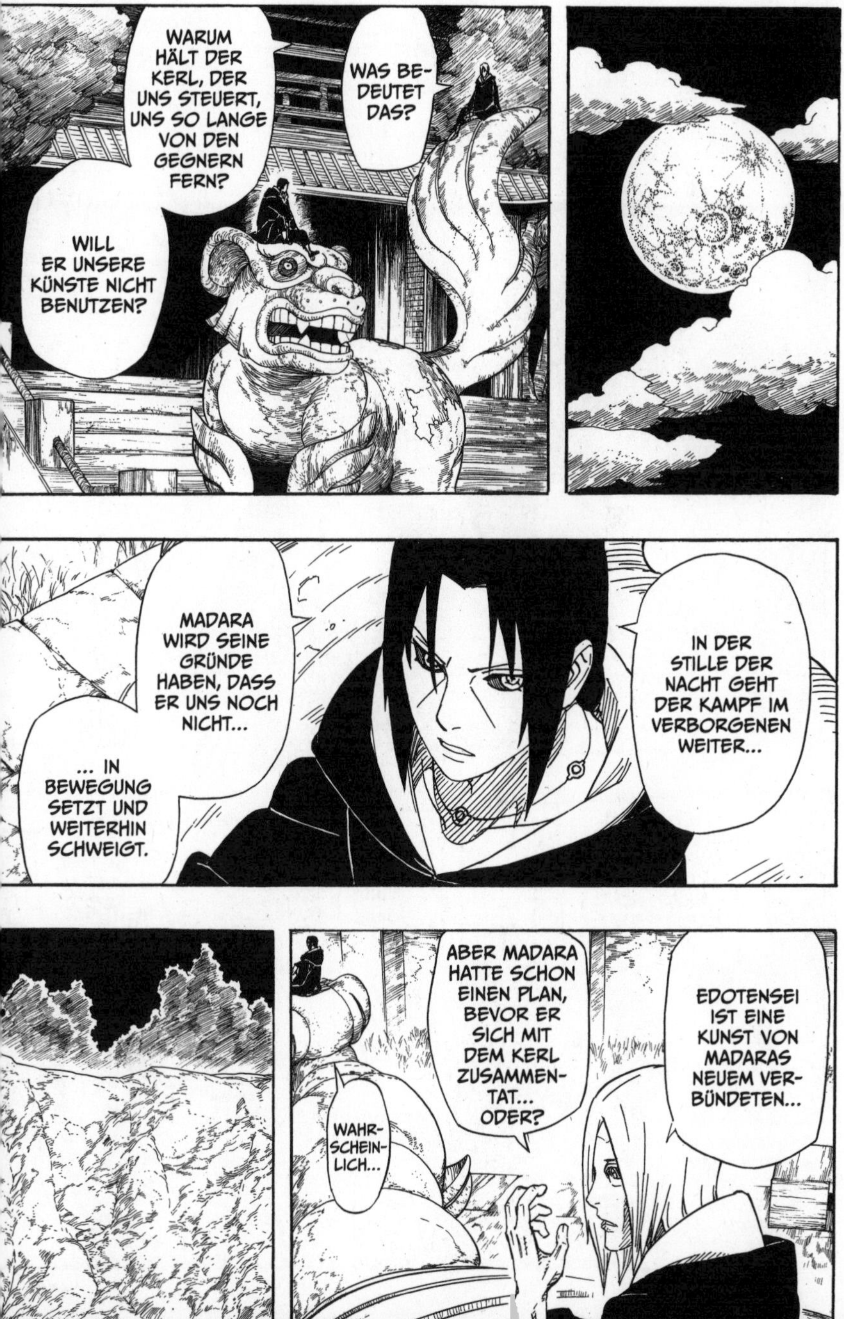
WAS BEDEUTET DAS?
WARUM HÄLT DER KERL, DER UNS STEUERT, UNS SO LANGE VON DEN GEGNERN FERN?
WILL ER UNSERE KÜNSTE NICHT BENUTZEN?
IN DER STILLE DER NACHT GEHT DER KAMPF IM VERBORGENEN WEITER...
MADARA WIRD SEINE GRÜNDE HABEN, DASS ER UNS NOCH NICHT...
... IN BEWEGUNG SETZT UND WEITERHIN SCHWEIGT.
EDOTENSEI IST EINE KUNST VON MADARAS NEUEM VERBÜNDETEN...
ABER MADARA HATTE SCHON EINEN PLAN, BEVOR ER SICH MIT DEM KERL ZUSAMMENTAT... ODER?
WAHRSCHEINLICH...

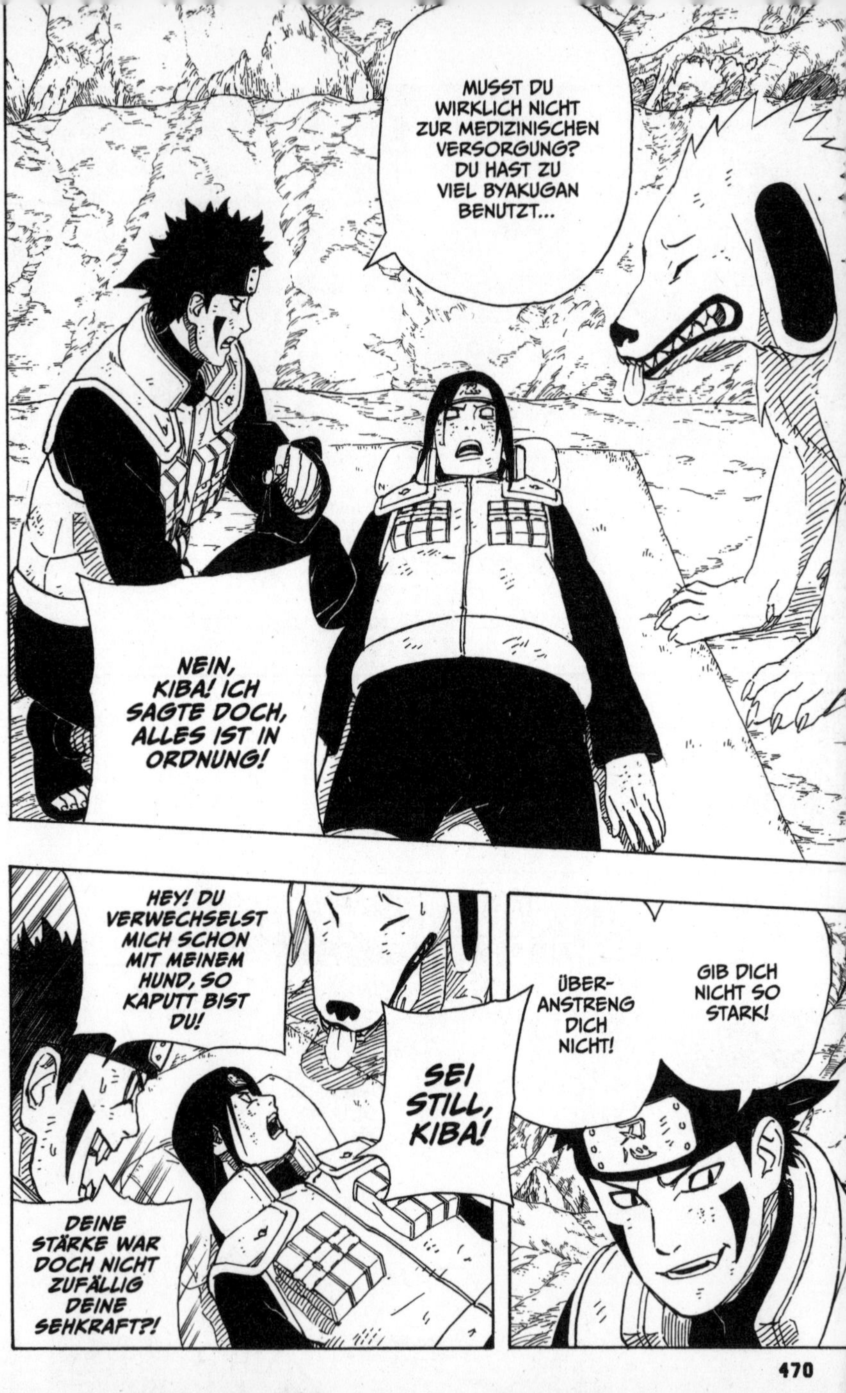
MUSST DU WIRKLICH NICHT ZUR MEDIZINISCHEN VERSORGUNG? DU HAST ZU VIEL BYAKUGAN BENUTZT...
NEIN, KIBA! ICH SAGTE DOCH, ALLES IST IN ORDNUNG!
GIB DICH NICHT SO STARK!
ÜBER-ANSTRENG DICH NICHT!
SEI STILL, KIBA!
HEY! DU VERWECHSELST MICH SCHON MIT MEINEM HUND, SO KAPUTT BIST DU!
DEINE STÄRKE WAR DOCH NICHT ZUFÄLLIG DEINE SEHKRAFT?!

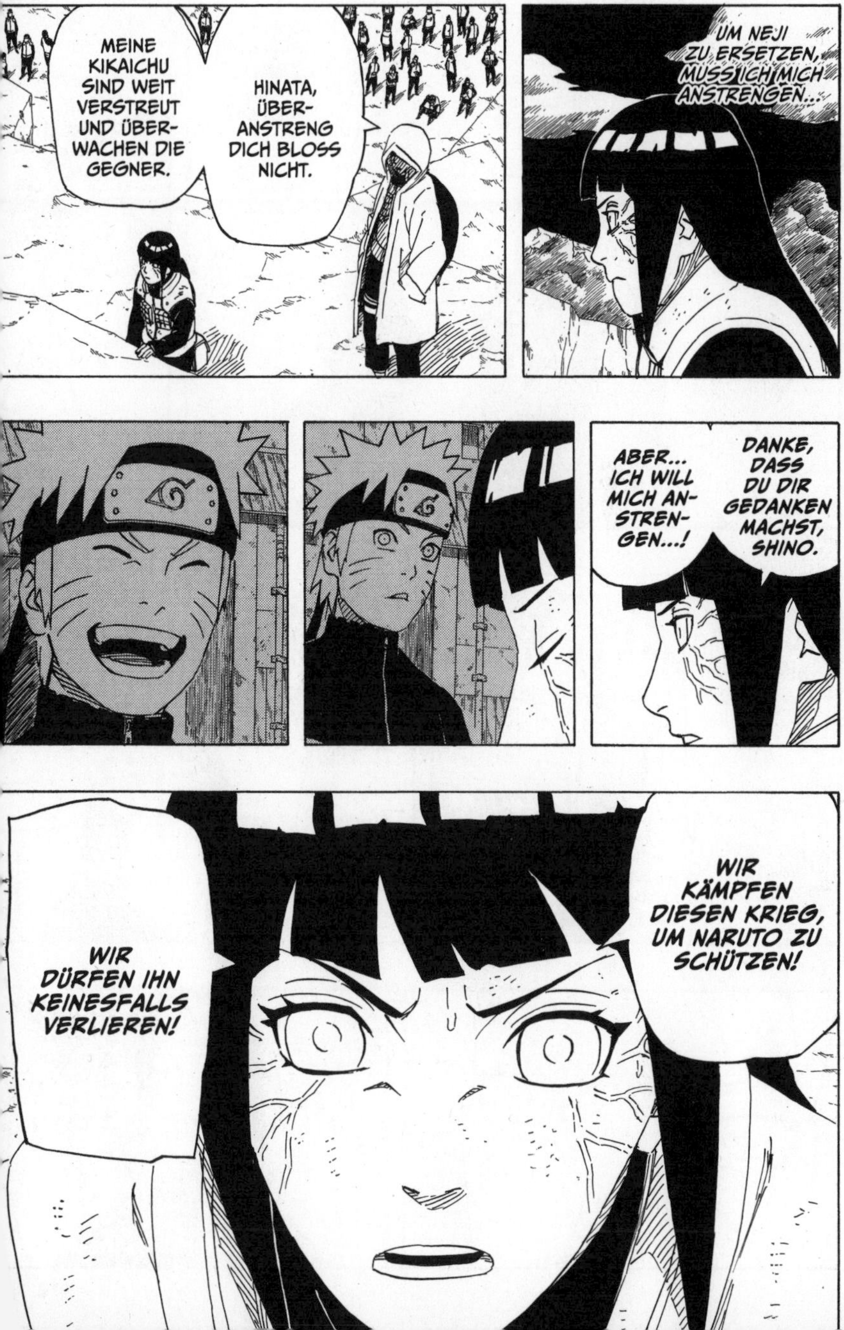
UM NEJI ZU ERSETZEN, MUSS ICH MICH ANSTRENGEN...
HINATA, ÜBER-ANSTRENG DICH BLOSS NICHT.
MEINE KIKAICHU SIND WEIT VERSTREUT UND ÜBER-WACHEN DIE GEGNER.
DANKE, DASS DU DIR GEDANKEN MACHST, SHINO.
ABER... ICH WILL MICH AN-STRENGEN...!
WIR KÄMPFEN DIESEN KRIEG, UM NARUTO ZU SCHÜTZEN!
WIR DÜRFEN IHN KEINESFALLS VERLIEREN!

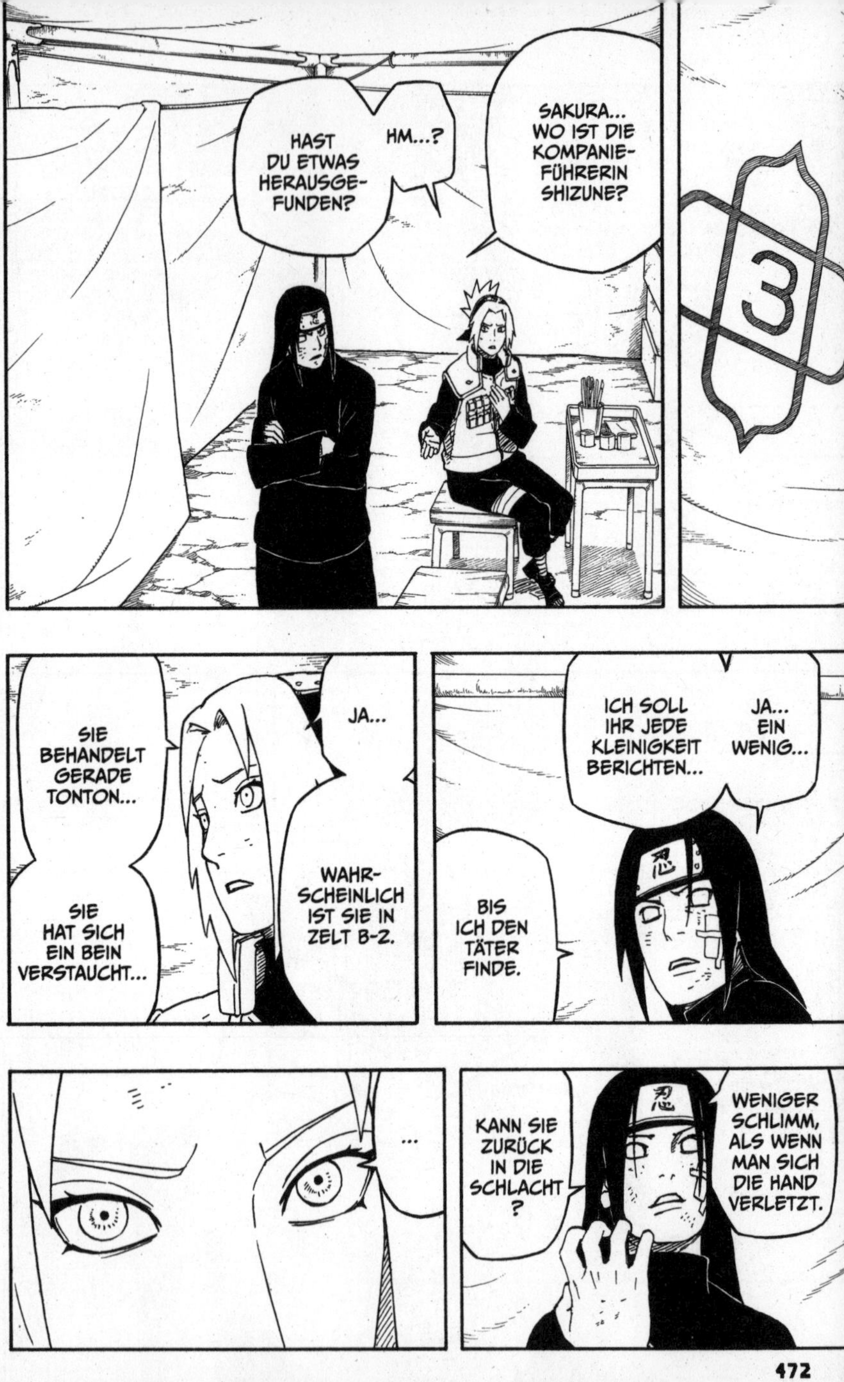
3
SAKURA... WO IST DIE KOMPANIE-FÜHRERIN SHIZUNE?
HM...?
HAST DU ETWAS HERAUSGE-FUNDEN?
JA... EIN WENIG...
ICH SOLL IHR JEDE KLEINIGKEIT BERICHTEN...
BIS ICH DEN TÄTER FINDE.
JA...
SIE BEHANDELT GERADE TONTON...
WAHR-SCHEINLICH IST SIE IN ZELT B-2.
SIE HAT SICH EIN BEIN VERSTAUCHT...
WENIGER SCHLIMM, ALS WENN MAN SICH DIE HAND VERLETZT.
KANN SIE ZURÜCK IN DIE SCHLACHT?
...

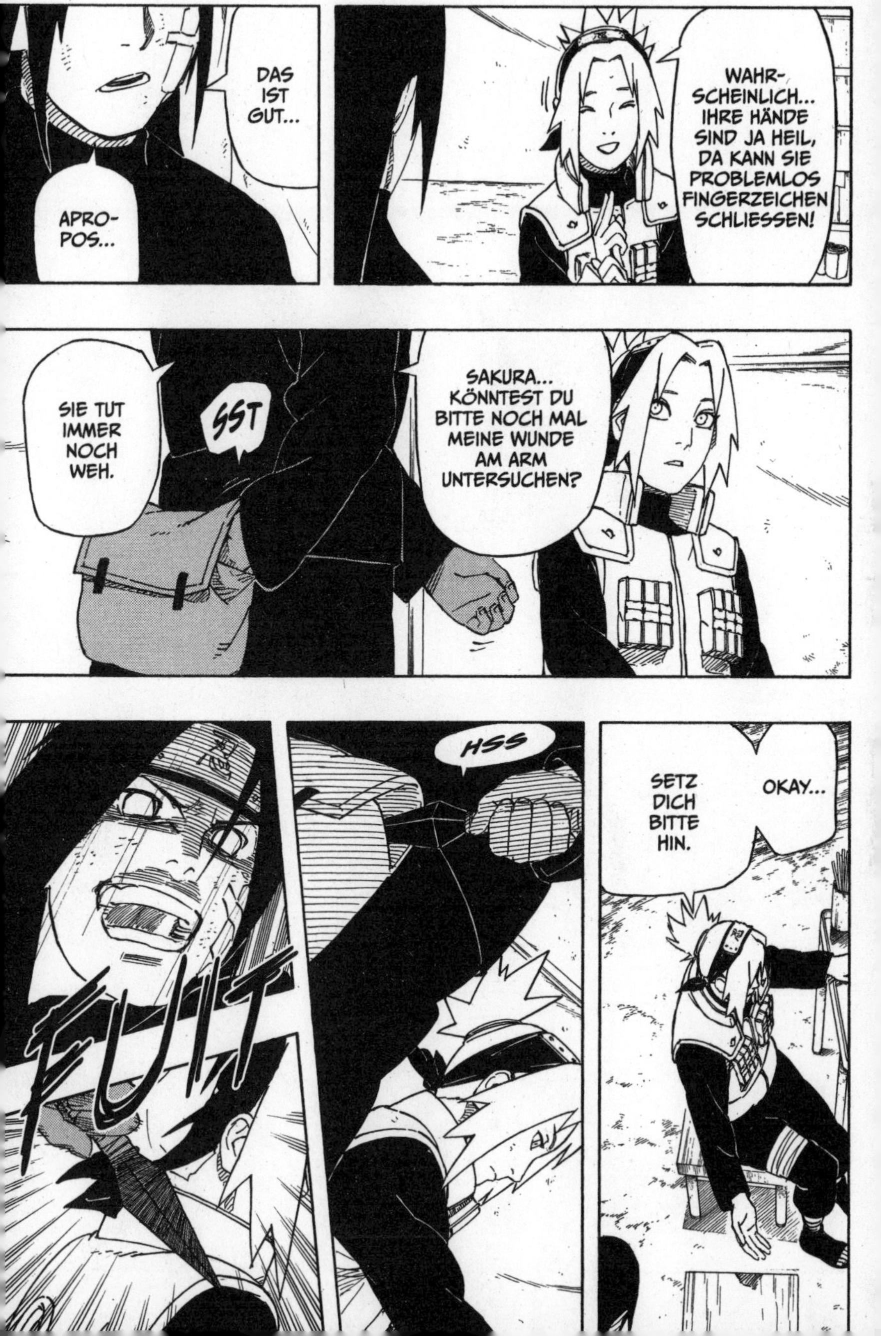
WAHR-SCHEINLICH... IHRE HÄNDE SIND JA HEIL, DA KANN SIE PROBLEMLOS FINGERZEICHEN SCHLIESSEN!
DAS IST GUT...
APRO-POS...
SAKURA... KÖNNTEST DU BITTE NOCH MAL MEINE WUNDE AM ARM UNTERSUCHEN?
SST
SIE TUT IMMER NOCH WEH.
OKAY...
SETZ DICH BITTE HIN.
HSS
FUIT

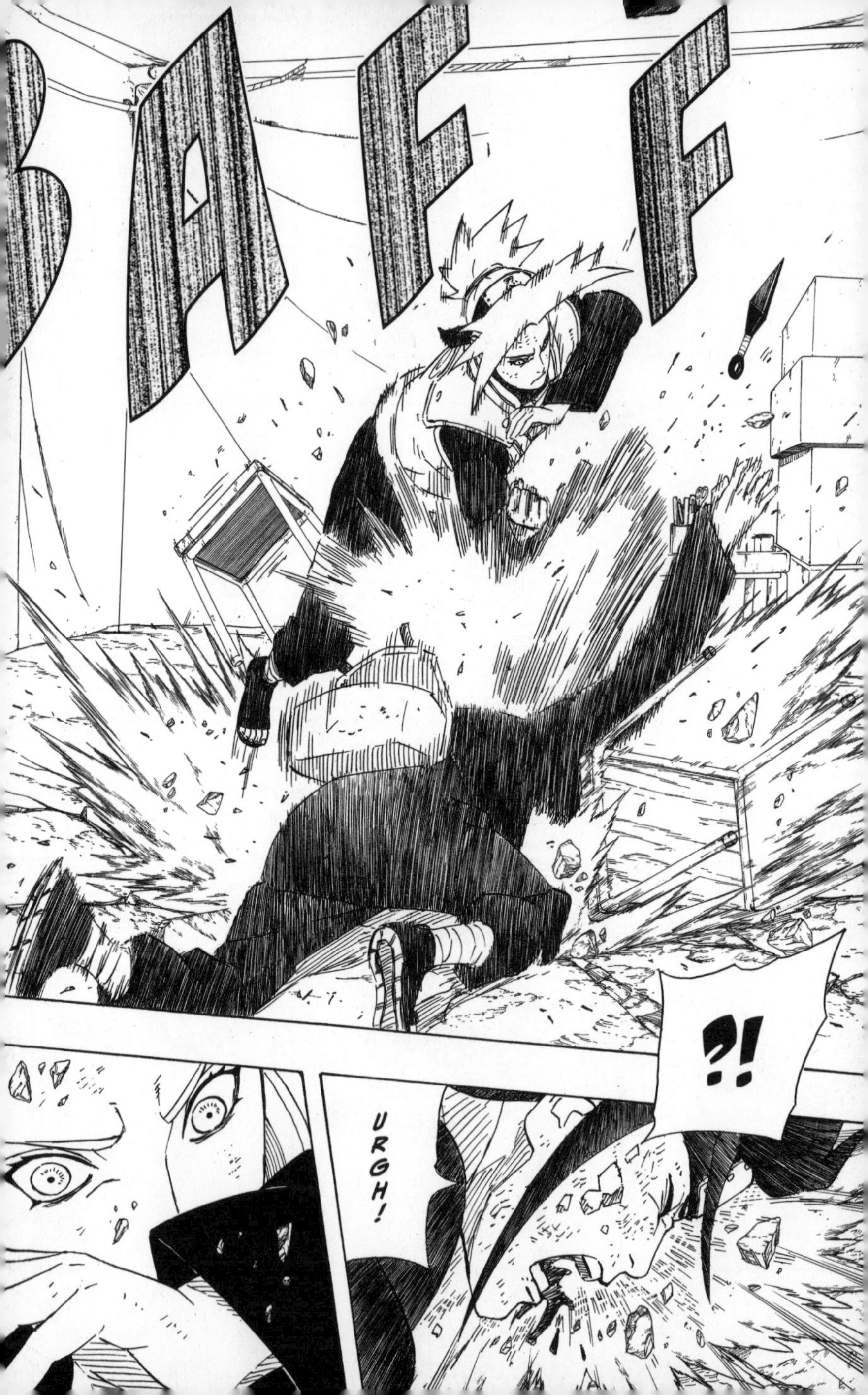
BAFF
?!
URGH!

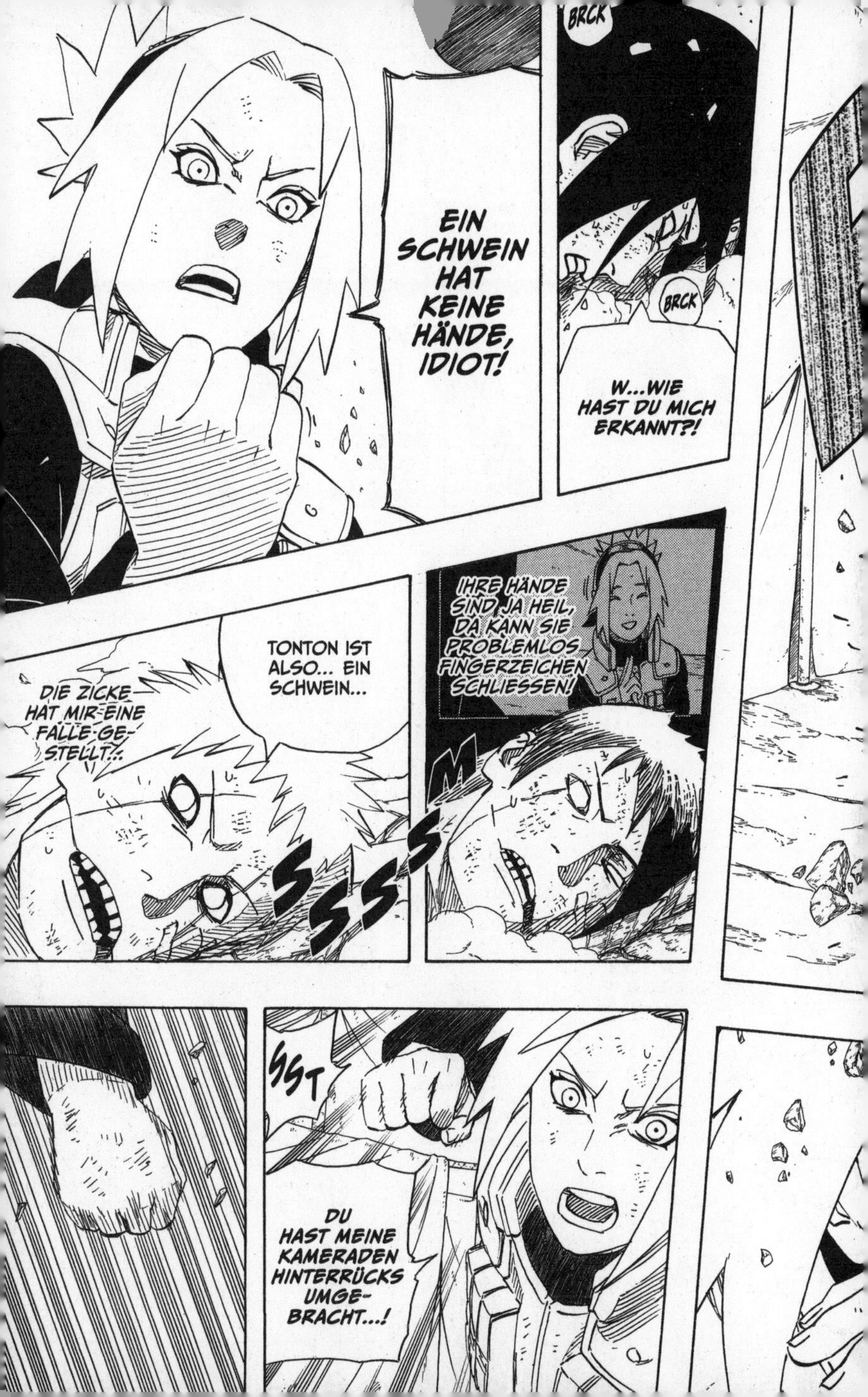
BRCK
BRCK
W...WIE HAST DU MICH ERKANNT?!
EIN SCHWEIN HAT KEINE HÄNDE, IDIOT!
IHRE HÄNDE SIND JA HEIL, DA KANN SIE PROBLEMLOS FINGERZEICHEN SCHLIESSEN!
SSSSSM
TONTON IST ALSO... EIN SCHWEIN...
DIE ZICKE HAT MIR EINE FALLE GE-STELLT...
SST
DU HAST MEINE KAMERADEN HINTERRÜCKS UMGE-BRACHT...!

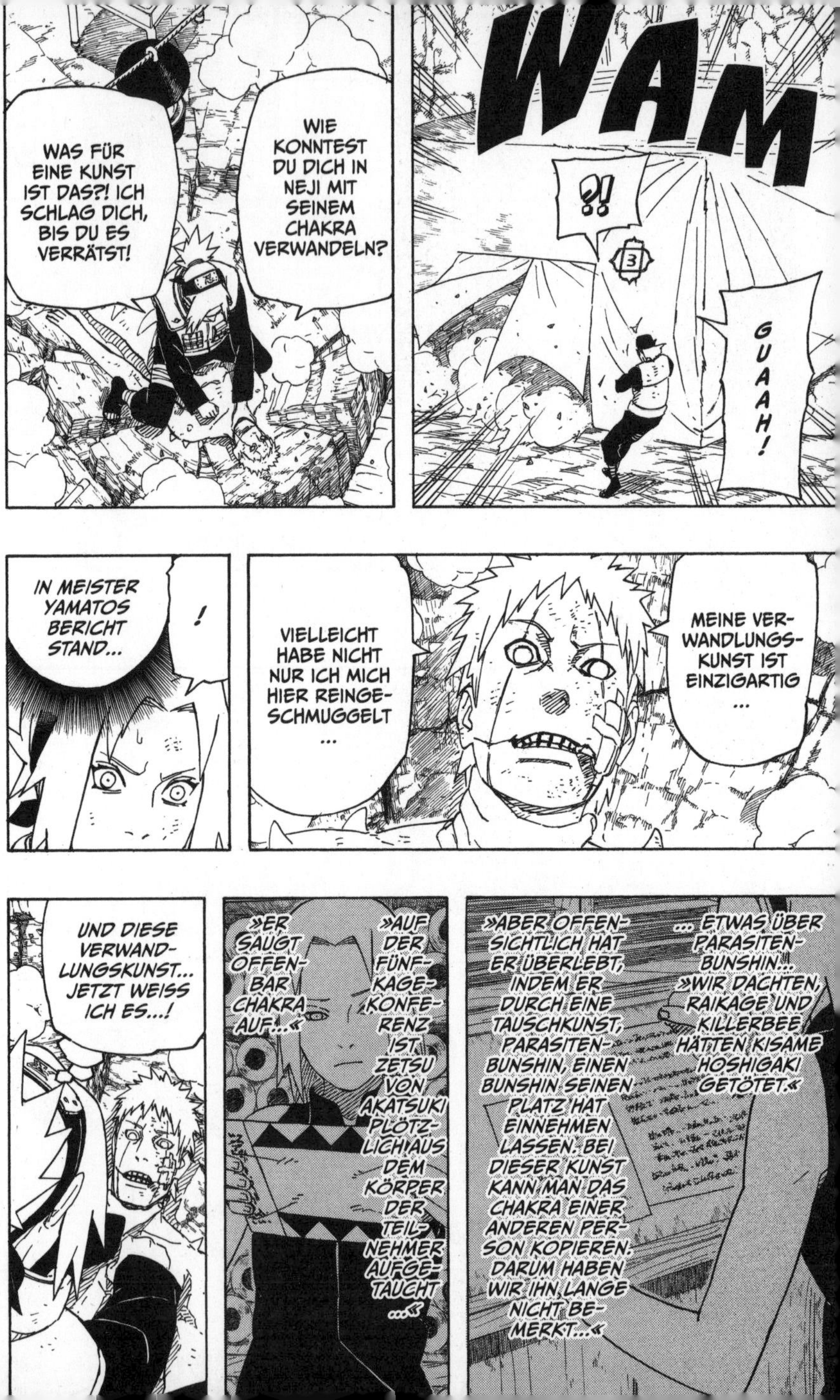
WAM
?!
3
GUAAH!
WIE KONNTEST DU DICH IN NEJI MIT SEINEM CHAKRA VERWANDELN?
WAS FÜR EINE KUNST IST DAS?! ICH SCHLAG DICH, BIS DU ES VERRÄTST!
MEINE VERWANDLUNGSKUNST IST EINZIGARTIG ...
VIELLEICHT HABE NICHT NUR ICH MICH HIER REINGESCHMUGGELT ...
!
IN MEISTER YAMATOS BERICHT STAND...
... ETWAS ÜBER PARASITEN-BUNSHIN...
»WIR DACHTEN, RAIKAGE UND KILLERBEE HÄTTEN KISAME HOSHIGAKI GETÖTET.«
»ABER OFFENSICHTLICH HAT ER ÜBERLEBT, INDEM ER DURCH EINE TAUSCHKUNST, PARASITEN-BUNSHIN, EINEN BUNSHIN SEINEN PLATZ HAT EINNEHMEN LASSEN. BEI DIESER KUNST KANN MAN DAS CHAKRA EINER ANDEREN PERSON KOPIEREN. DARUM HABEN WIR IHN LANGE NICHT BEMERKT...«
»AUF DER FÜNFKAGE-KONFERENZ IST ZETSU VON AKATSUKI PLÖTZLICH AUS DEM KÖRPER DER TEILNEHMER AUFGETAUCHT ...«
»ER SAUGT OFFENBAR CHAKRA AUF...«
UND DIESE VERWANDLUNGSKUNST... JETZT WEISS ICH ES...!

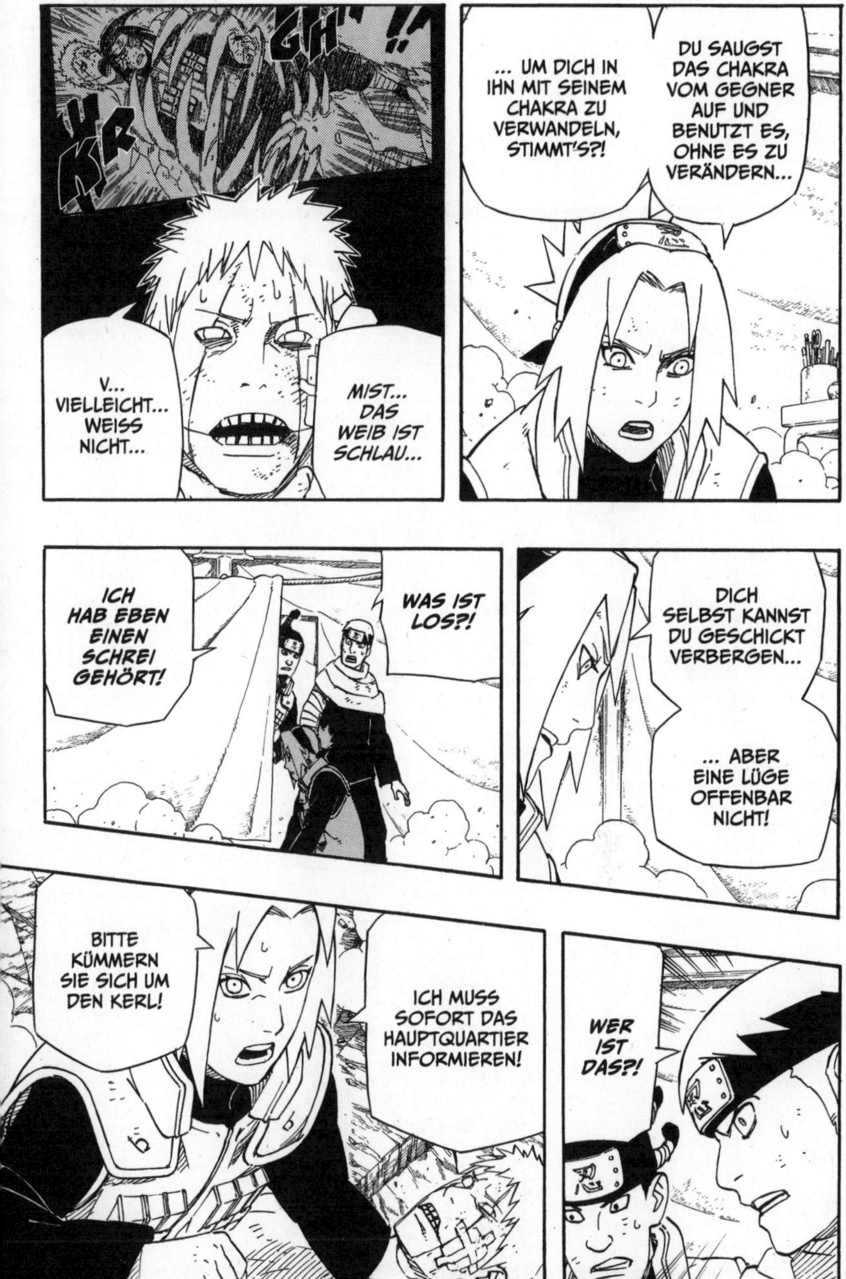
DU SAUGST DAS CHAKRA VOM GEGNER AUF UND BENUTZT ES, OHNE ES ZU VERÄNDERN...
... UM DICH IN IHN MIT SEINEM CHAKRA ZU VERWANDELN, STIMMT'S?!
GH!!
KR
MIST... DAS WEIB IST SCHLAU...
V... VIELLEICHT... WEISS NICHT...
DICH SELBST KANNST DU GESCHICKT VERBERGEN...
... ABER EINE LÜGE OFFENBAR NICHT!
WAS IST LOS?!
ICH HAB EBEN EINEN SCHREI GEHÖRT!
WER IST DAS?!
ICH MUSS SOFORT DAS HAUPTQUARTIER INFORMIEREN!
BITTE KÜMMERN SIE SICH UM DEN KERL!

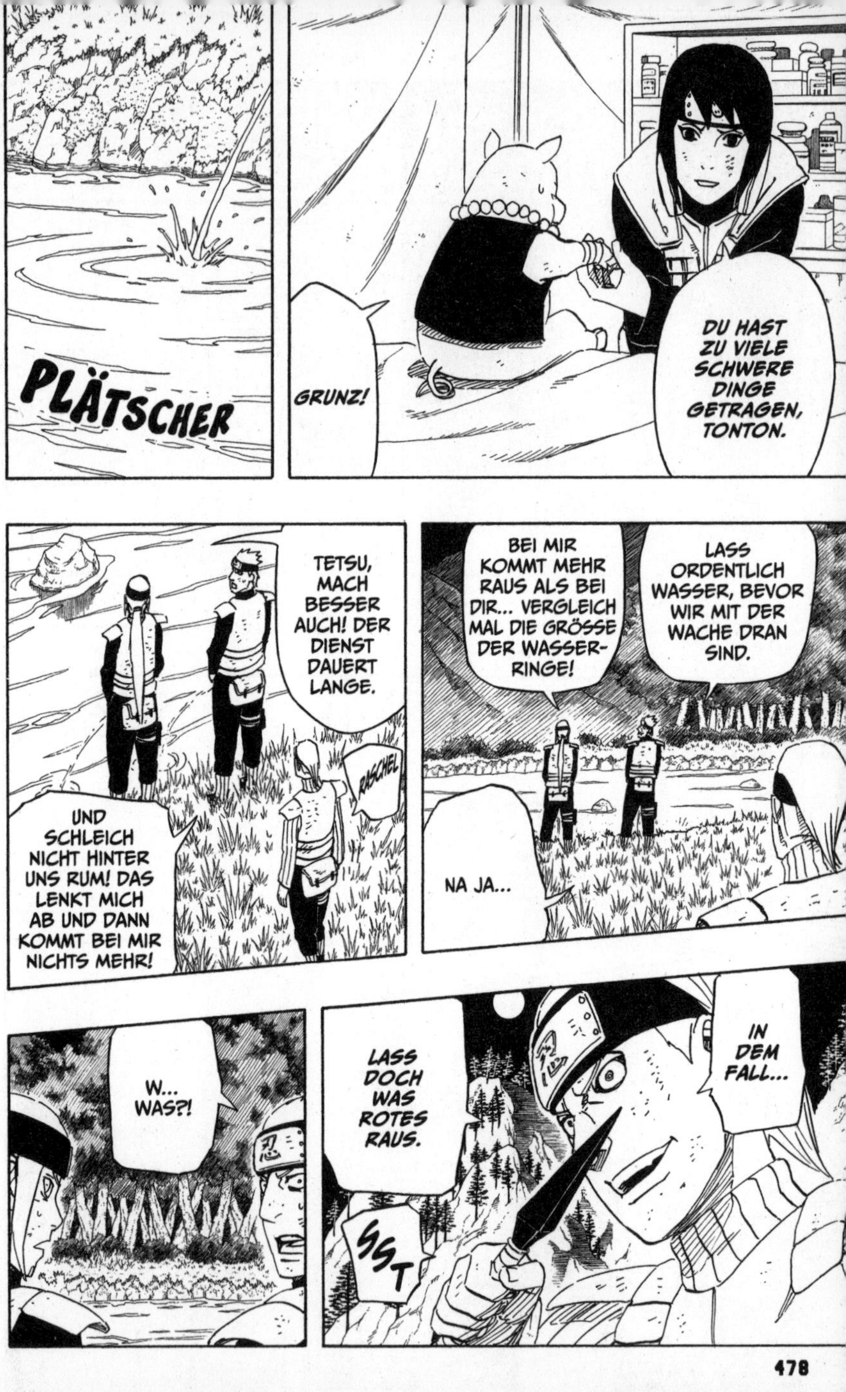
PLÄTSCHER
DU HAST ZU VIELE SCHWERE DINGE GETRAGEN, TONTON.
GRUNZ!
LASS ORDENTLICH WASSER, BEVOR WIR MIT DER WACHE DRAN SIND.
BEI MIR KOMMT MEHR RAUS ALS BEI DIR... VERGLEICH MAL DIE GRÖSSE DER WASSER-RINGE!
NA JA...
TETSU, MACH BESSER AUCH! DER DIENST DAUERT LANGE.
RASCHEL
UND SCHLEICH NICHT HINTER UNS RUM! DAS LENKT MICH AB UND DANN KOMMT BEI MIR NICHTS MEHR!
IN DEM FALL...
LASS DOCH WAS ROTES RAUS.
SST
W... WAS?!

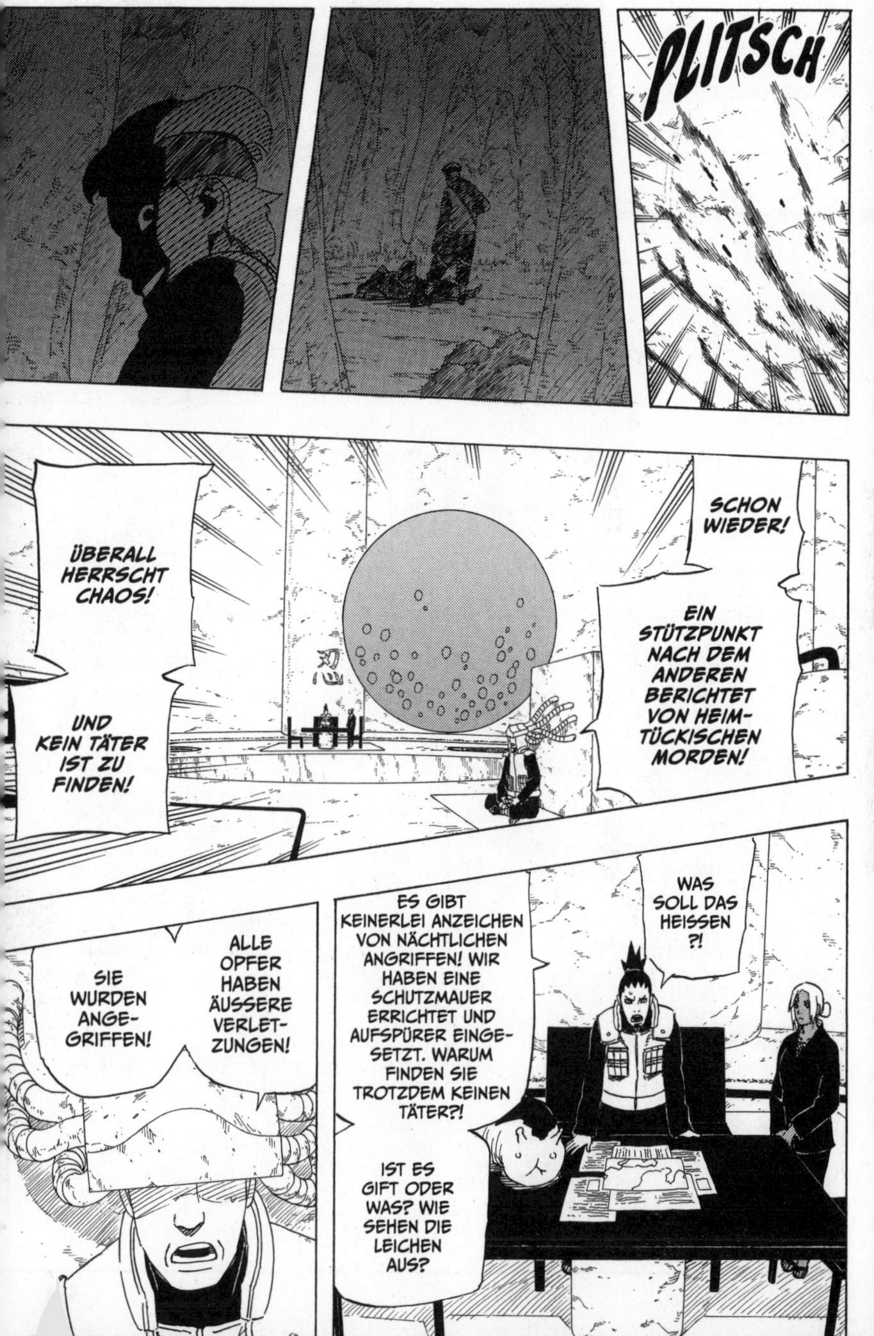
PLITSCH
SCHON WIEDER!
EIN STÜTZPUNKT NACH DEM ANDEREN BERICHTET VON HEIMTÜCKISCHEN MORDEN!
ÜBERALL HERRSCHT CHAOS!
UND KEIN TÄTER IST ZU FINDEN!
WAS SOLL DAS HEISSEN?!
ES GIBT KEINERLEI ANZEICHEN VON NÄCHTLICHEN ANGRIFFEN! WIR HABEN EINE SCHUTZMAUER ERRICHTET UND AUFSPÜRER EINGESETZT. WARUM FINDEN SIE TROTZDEM KEINEN TÄTER?!
IST ES GIFT ODER WAS? WIE SEHEN DIE LEICHEN AUS?
ALLE OPFER HABEN ÄUSSERE VERLETZUNGEN!
SIE WURDEN ANGEGRIFFEN!

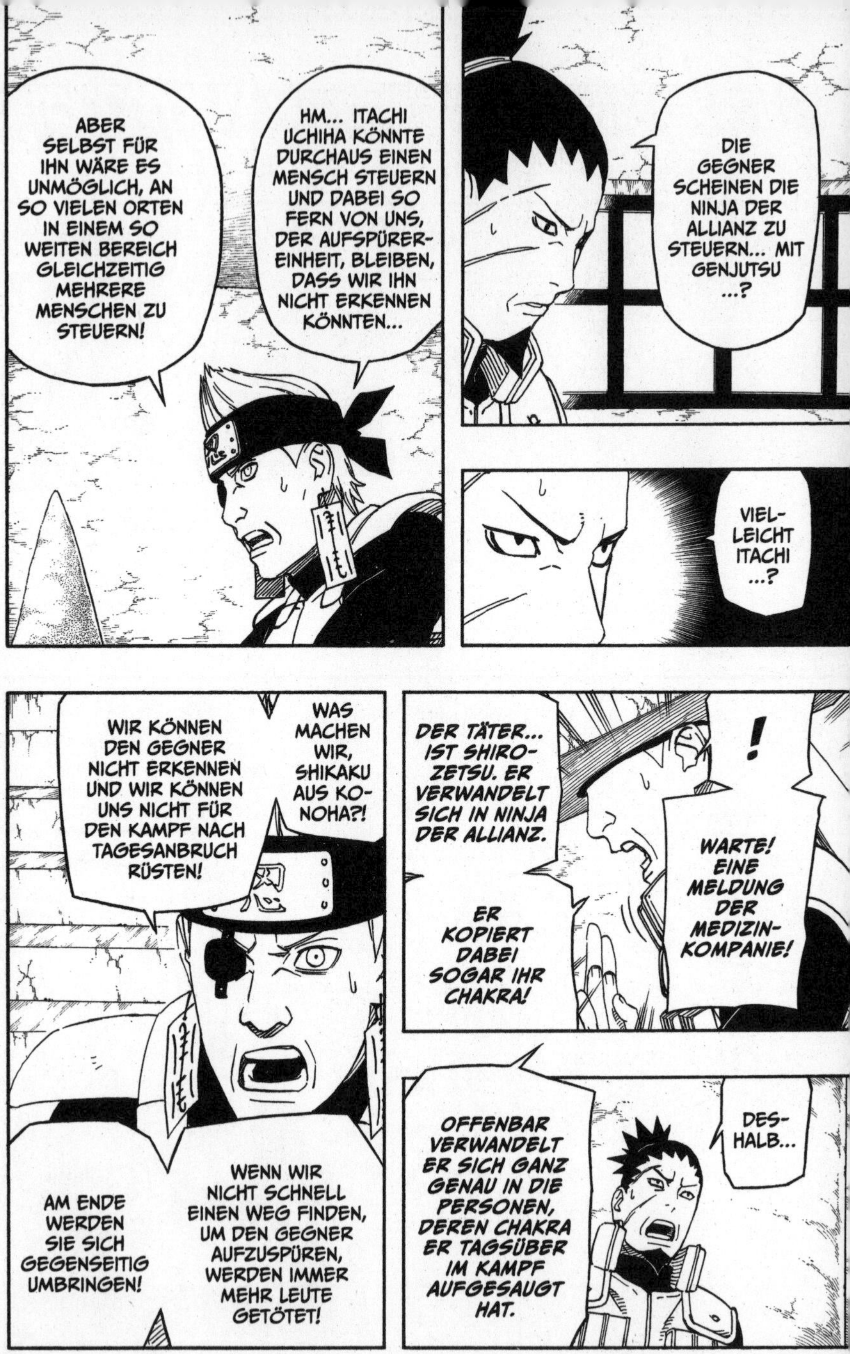

DIE GEGNER SCHEINEN DIE NINJA DER ALLIANZ ZU STEUERN... MIT GENJUTSU ...?
VIEL-LEICHT ITACHI ...?
HM... ITACHI UCHIHA KÖNNTE DURCHAUS EINEN MENSCH STEUERN UND DABEI SO FERN VON UNS, DER AUFSPÜRER-EINHEIT, BLEIBEN, DASS WIR IHN NICHT ERKENNEN KÖNNTEN...
ABER SELBST FÜR IHN WÄRE ES UNMÖGLICH, AN SO VIELEN ORTEN IN EINEM SO WEITEN BEREICH GLEICHZEITIG MEHRERE MENSCHEN ZU STEUERN!
!
WARTE! EINE MELDUNG DER MEDIZIN-KOMPANIE!
DER TÄTER... IST SHIRO-ZETSU. ER VERWANDELT SICH IN NINJA DER ALLIANZ.
ER KOPIERT DABEI SOGAR IHR CHAKRA!
DES-HALB...
OFFENBAR VERWANDELT ER SICH GANZ GENAU IN DIE PERSONEN, DEREN CHAKRA ER TAGSÜBER IM KAMPF AUFGESAUGT HAT.
WAS MACHEN WIR, SHIKAKU AUS KO-NOHA?!
WIR KÖNNEN DEN GEGNER NICHT ERKENNEN UND WIR KÖNNEN UNS NICHT FÜR DEN KAMPF NACH TAGESANBRUCH RÜSTEN!
WENN WIR NICHT SCHNELL EINEN WEG FINDEN, UM DEN GEGNER AUFZUSPÜREN, WERDEN IMMER MEHR LEUTE GETÖTET!
AM ENDE WERDEN SIE SICH GEGENSEITIG UMBRINGEN!

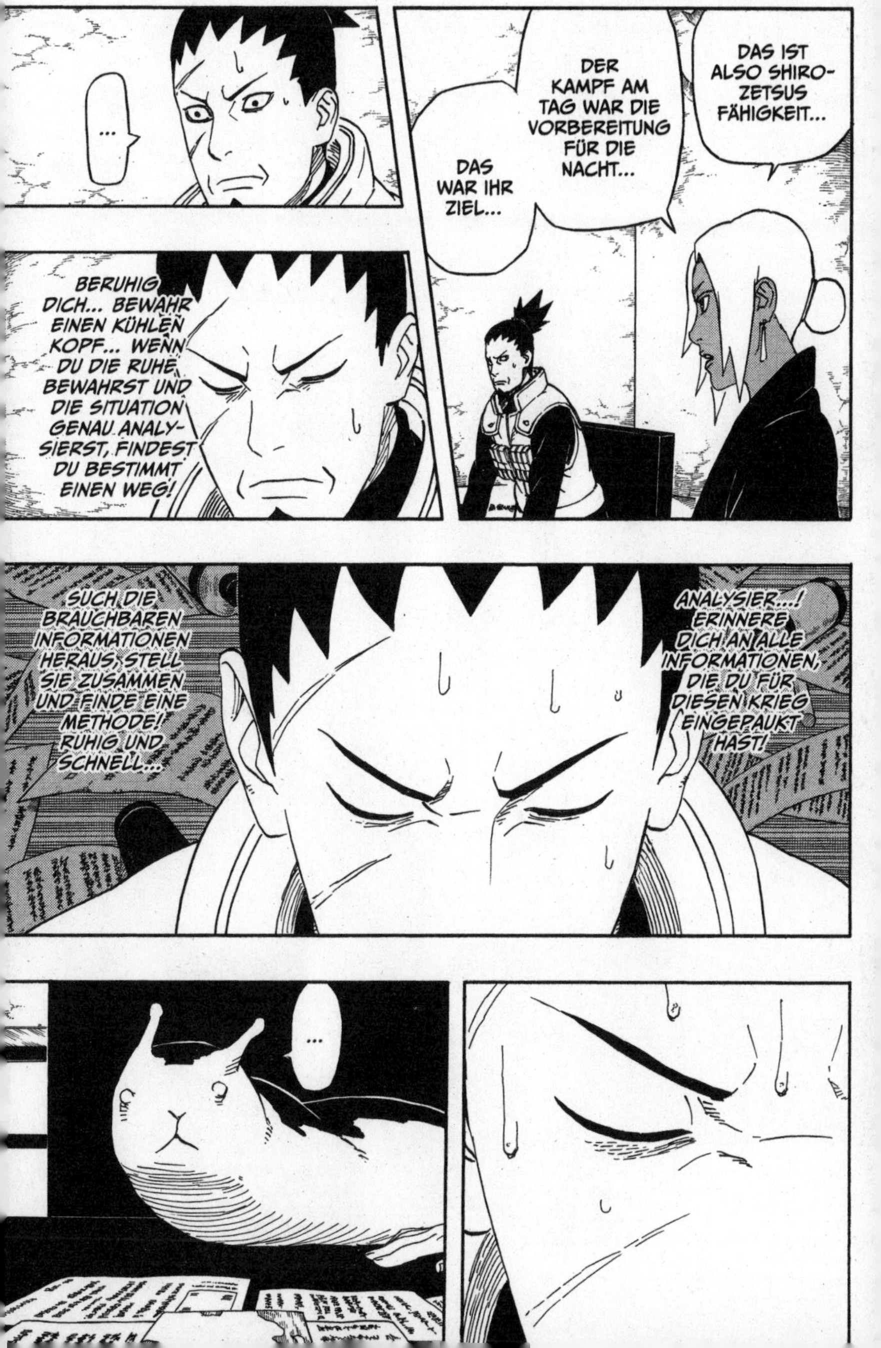
DAS IST ALSO SHIRO-ZETSUS FÄHIGKEIT...
DER KAMPF AM TAG WAR DIE VORBEREITUNG FÜR DIE NACHT...
DAS WAR IHR ZIEL...
...
BERUHIG DICH... BEWAHR EINEN KÜHLEN KOPF... WENN DU DIE RUHE BEWAHRST UND DIE SITUATION GENAU ANALYSIERST, FINDEST DU BESTIMMT EINEN WEG!
ANALYSIER...! ERINNERE DICH AN ALLE INFORMATIONEN, DIE DU FÜR DIESEN KRIEG EINGEPAUKT HAST!
SUCH DIE BRAUCHBAREN INFORMATIONEN HERAUS, STELL SIE ZUSAMMEN UND FINDE EINE METHODE! RUHIG UND SCHNELL...
...

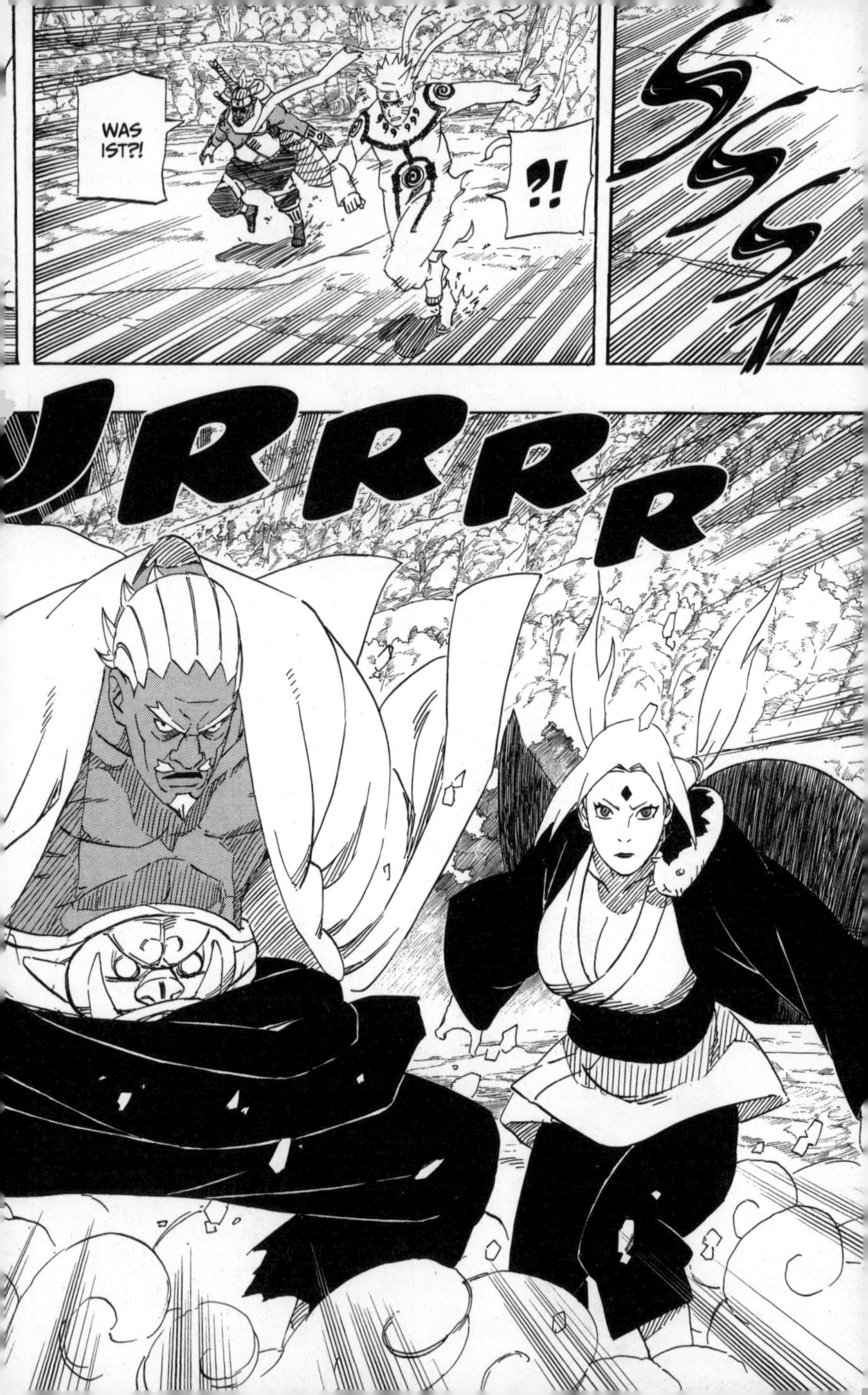

SSSS
?!
WAS IST?!
VRRRRR

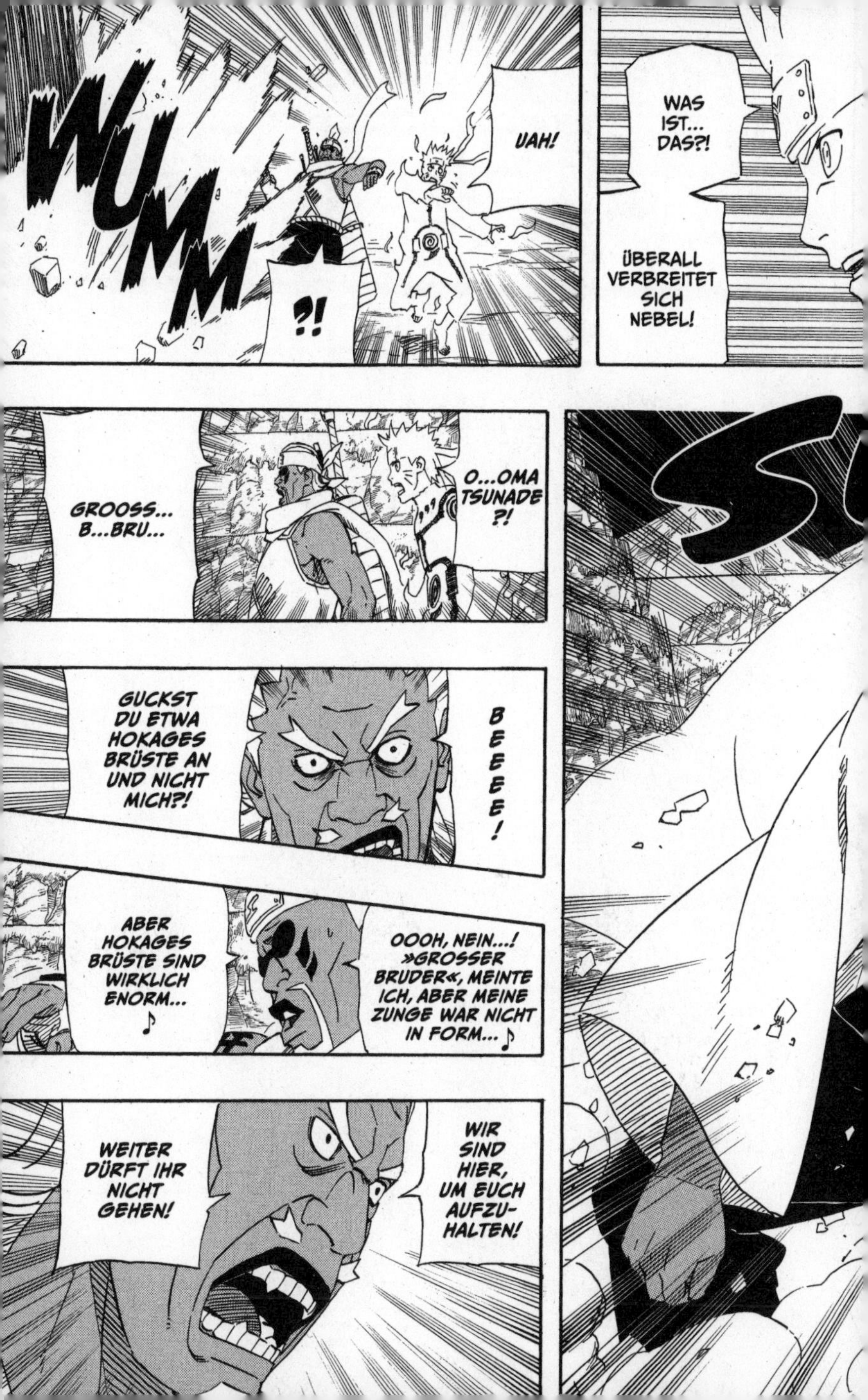
WAS IST... DAS?!
ÜBERALL VERBREITET SICH NEBEL!
UAH!
WUMM
?!
O...OMA TSUNADE?!
GROOSS... B...BRU...
BEEEEE!
GUCKST DU ETWA HOKAGES BRÜSTE AN UND NICHT MICH?!
OOOH, NEIN...! »GROSSER BRUDER«, MEINTE ICH, ABER MEINE ZUNGE WAR NICHT IN FORM...♪
ABER HOKAGES BRÜSTE SIND WIRKLICH ENORM...♪
WIR SIND HIER, UM EUCH AUFZUHALTEN!
WEITER DÜRFT IHR NICHT GEHEN!

RAIKAGE VS. NARUTO?!

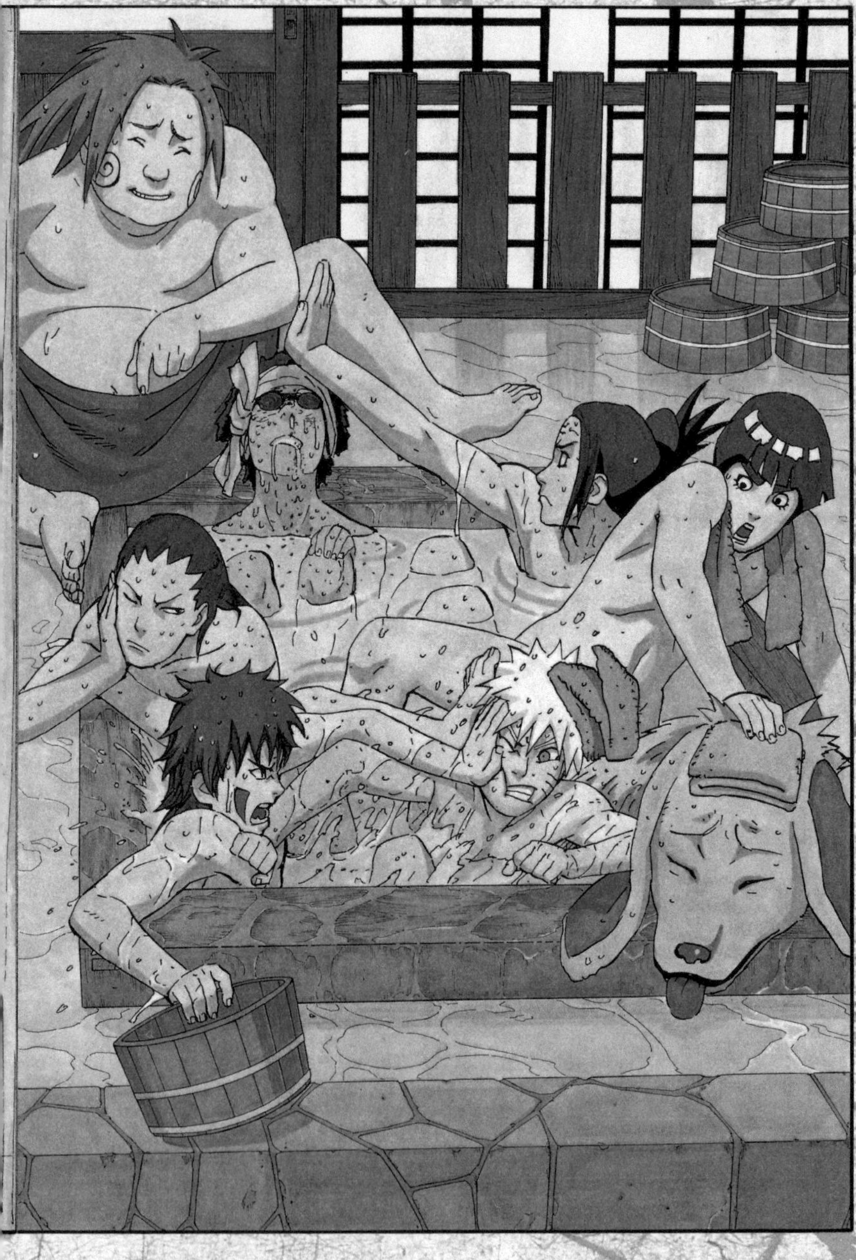

541. KAPITEL:

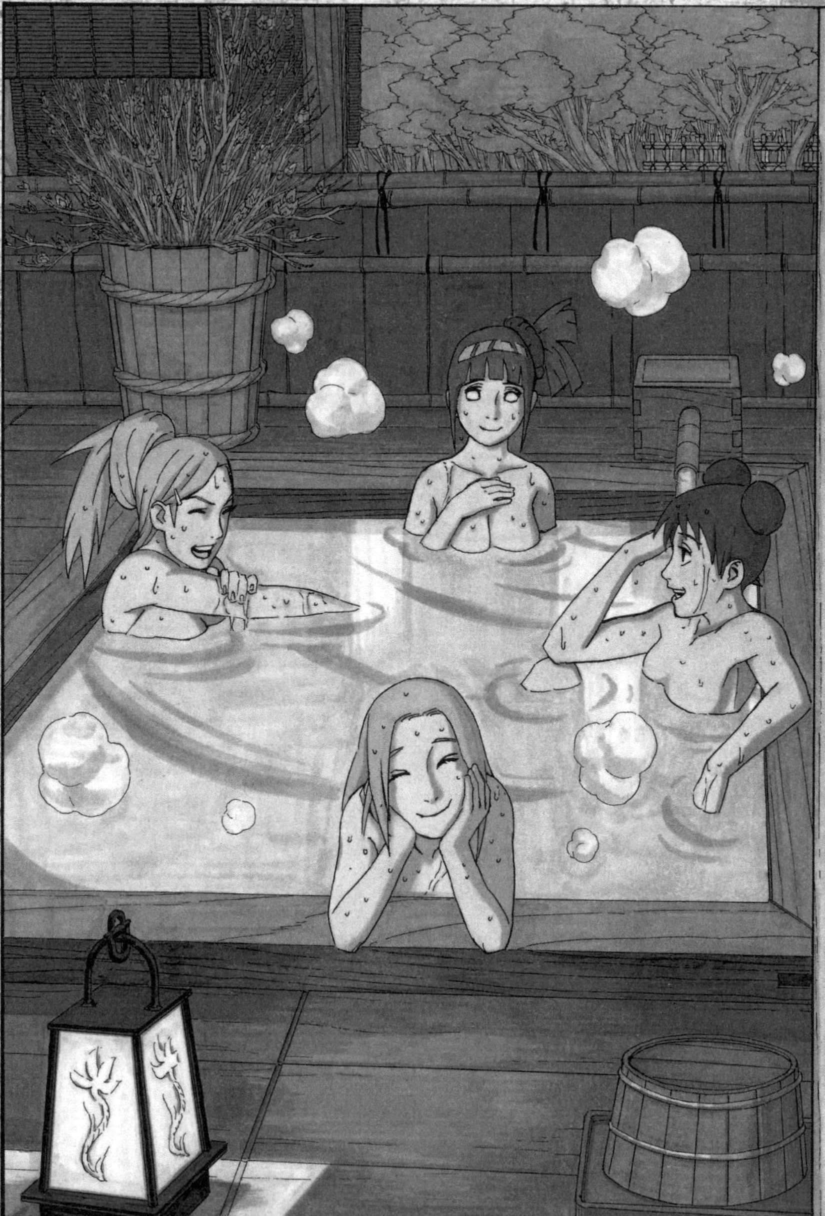

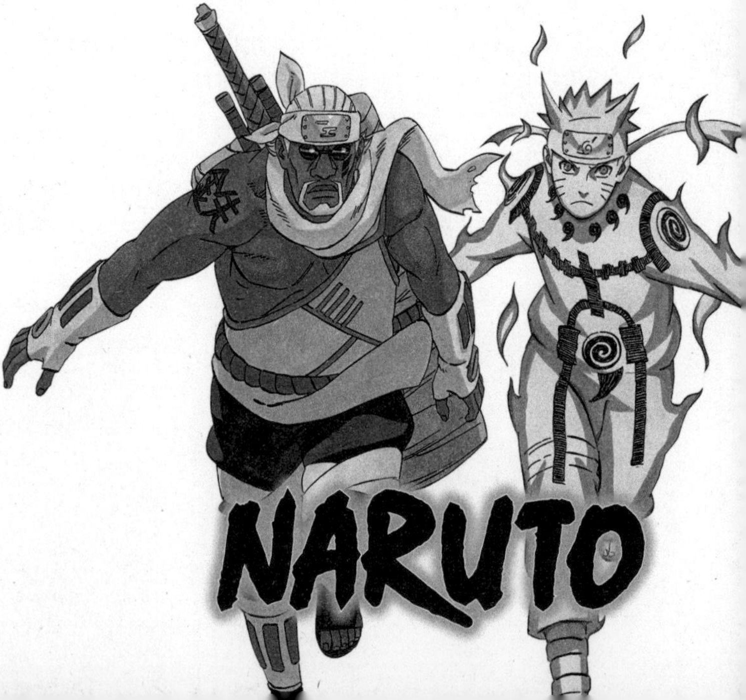
NARUTO

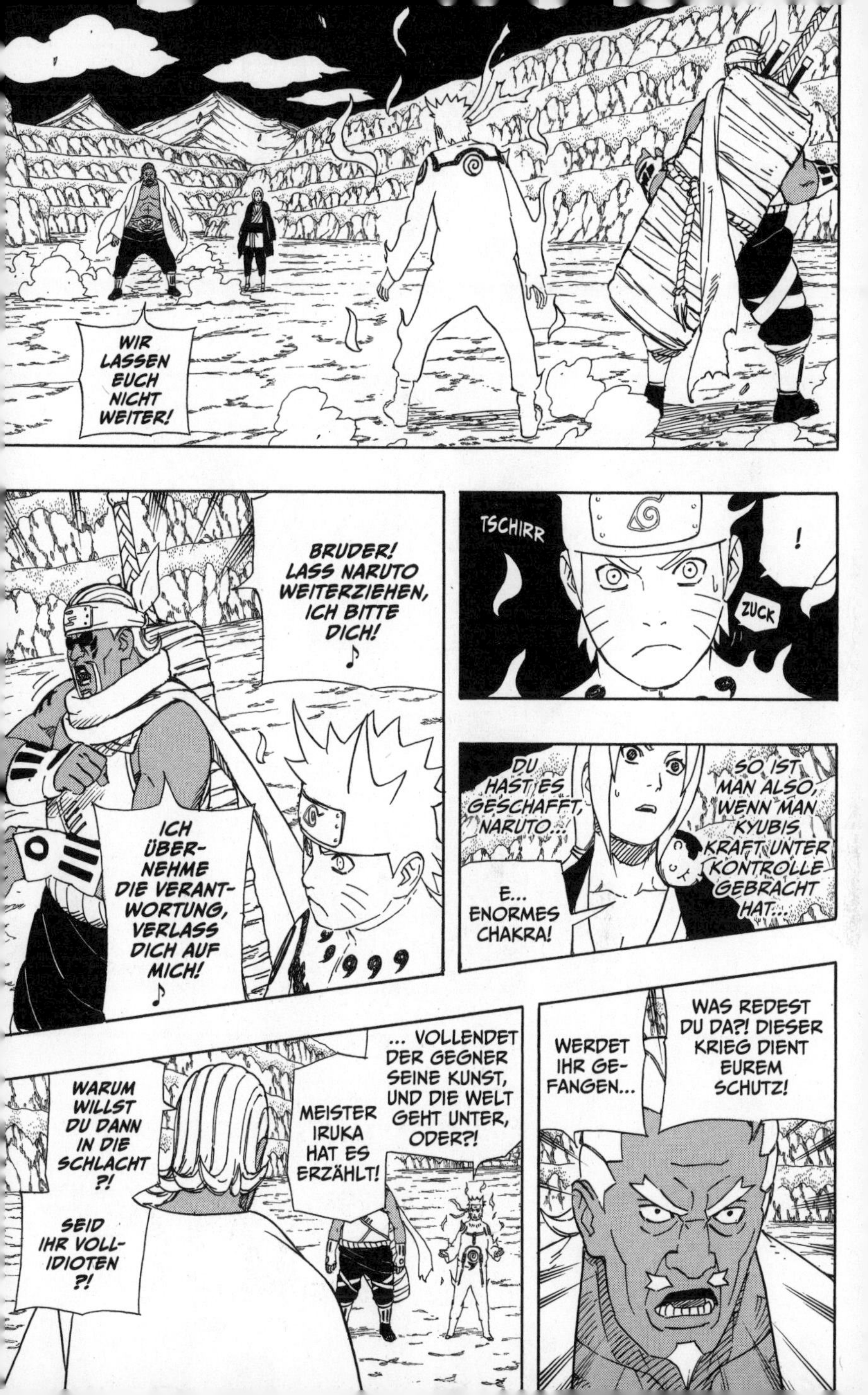
WIR LASSEN EUCH NICHT WEITER!
BRUDER! LASS NARUTO WEITERZIEHEN, ICH BITTE DICH! ♪
ICH ÜBERNEHME DIE VERANTWORTUNG, VERLASS DICH AUF MICH! ♪
TSCHIRR
!
ZUCK
SO IST MAN ALSO, WENN MAN KYUBIS KRAFT UNTER KONTROLLE GEBRACHT HAT...
DU HAST ES GESCHAFFT, NARUTO...
E... ENORMES CHAKRA!
WAS REDEST DU DA?! DIESER KRIEG DIENT EUREM SCHUTZ!
WERDET IHR GEFANGEN...
... VOLLENDET DER GEGNER SEINE KUNST, UND DIE WELT GEHT UNTER, ODER?!
MEISTER IRUKA HAT ES ERZÄHLT!
WARUM WILLST DU DANN IN DIE SCHLACHT?!
SEID IHR VOLLIDIOTEN?!

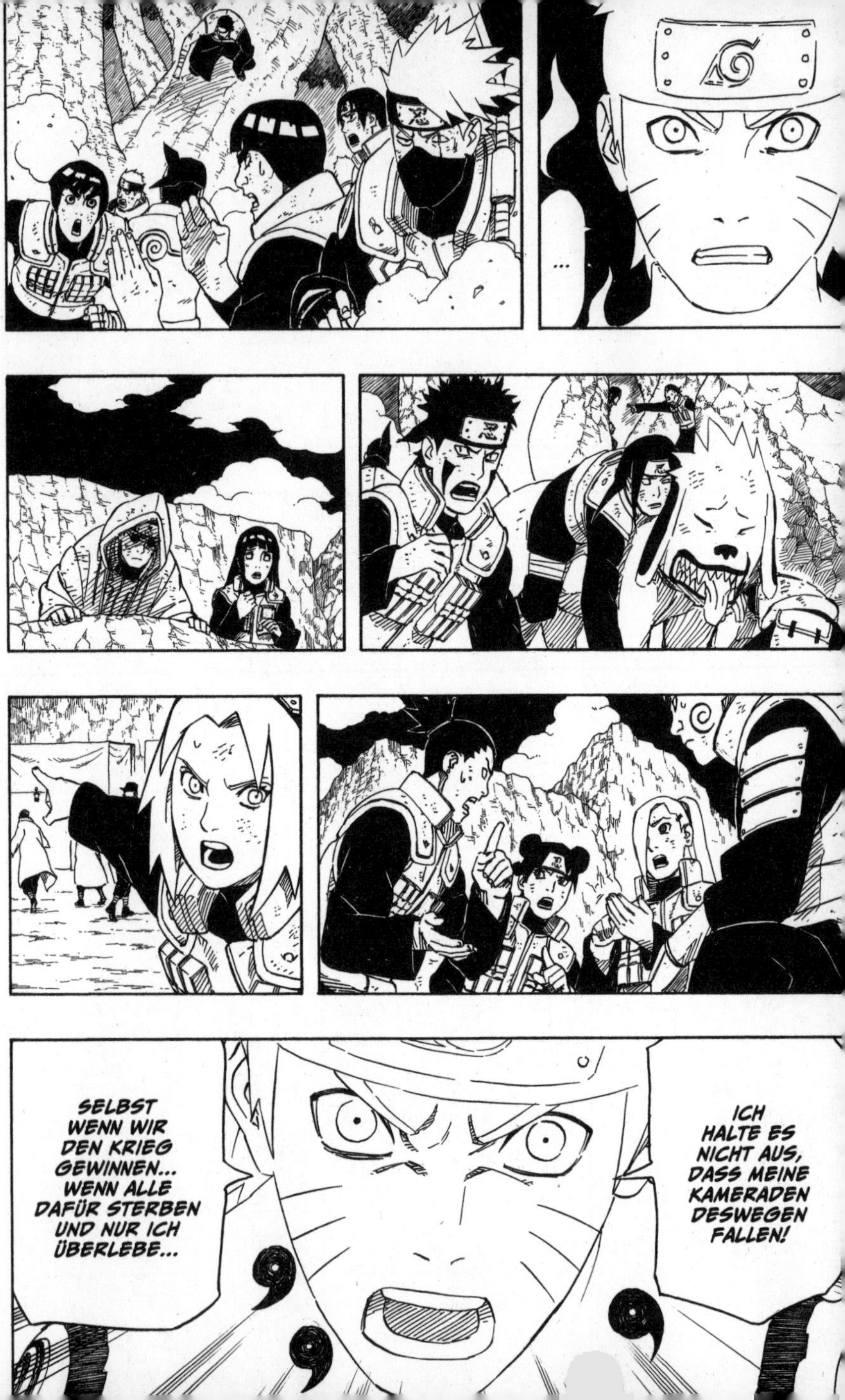
...
SELBST WENN WIR DEN KRIEG GEWINNEN... WENN ALLE DAFÜR STERBEN UND NUR ICH ÜBERLEBE...
ICH HALTE ES NICHT AUS, DASS MEINE KAMERADEN DESWEGEN FALLEN!

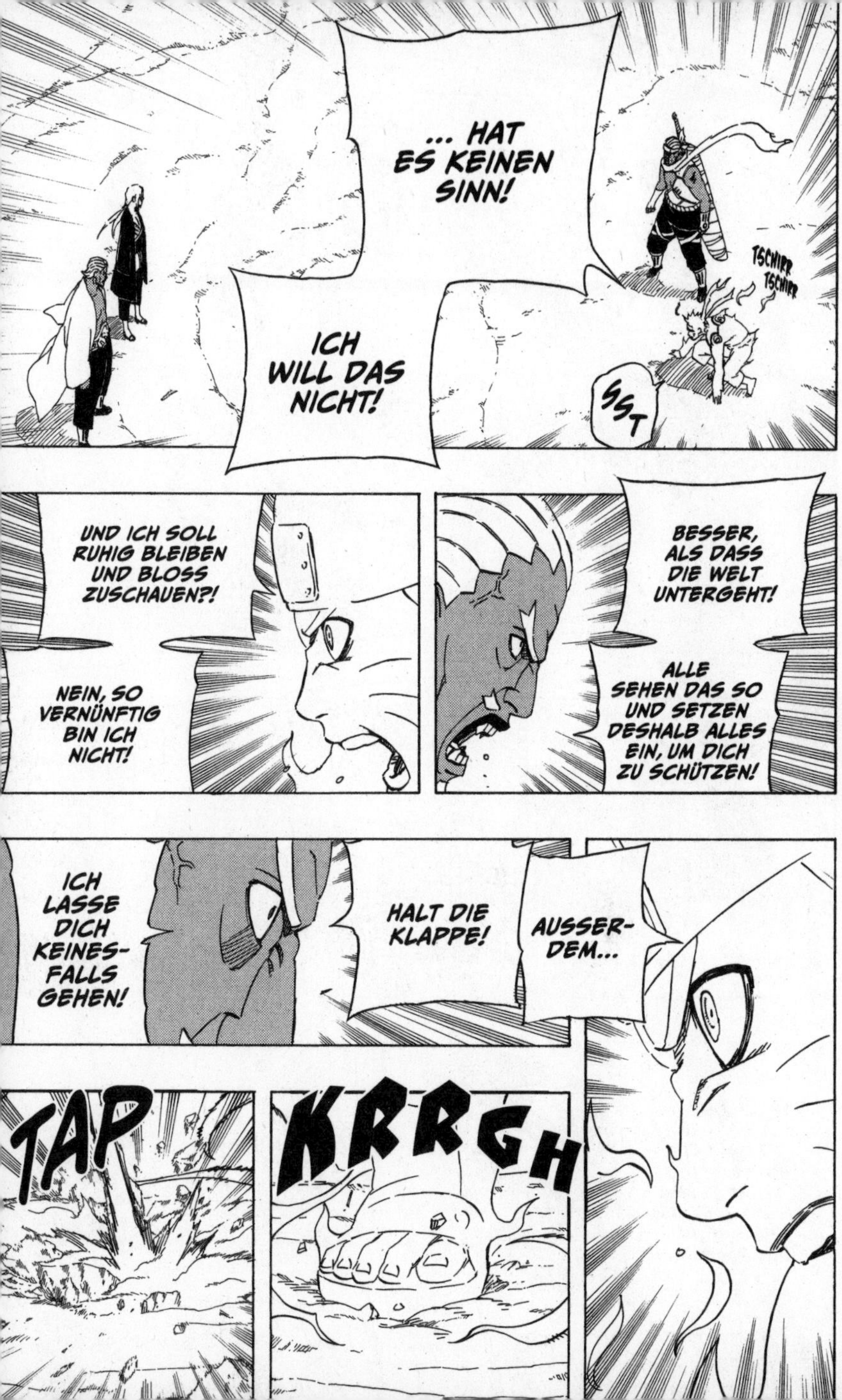
... HAT ES KEINEN SINN!
ICH WILL DAS NICHT!
TSCHIRR TSCHIRR
SST
UND ICH SOLL RUHIG BLEIBEN UND BLOSS ZUSCHAUEN?!
NEIN, SO VERNÜNFTIG BIN ICH NICHT!
BESSER, ALS DASS DIE WELT UNTERGEHT!
ALLE SEHEN DAS SO UND SETZEN DESHALB ALLES EIN, UM DICH ZU SCHÜTZEN!
ICH LASSE DICH KEINES-FALLS GEHEN!
HALT DIE KLAPPE!
AUSSER-DEM...
TAP
KRRGH

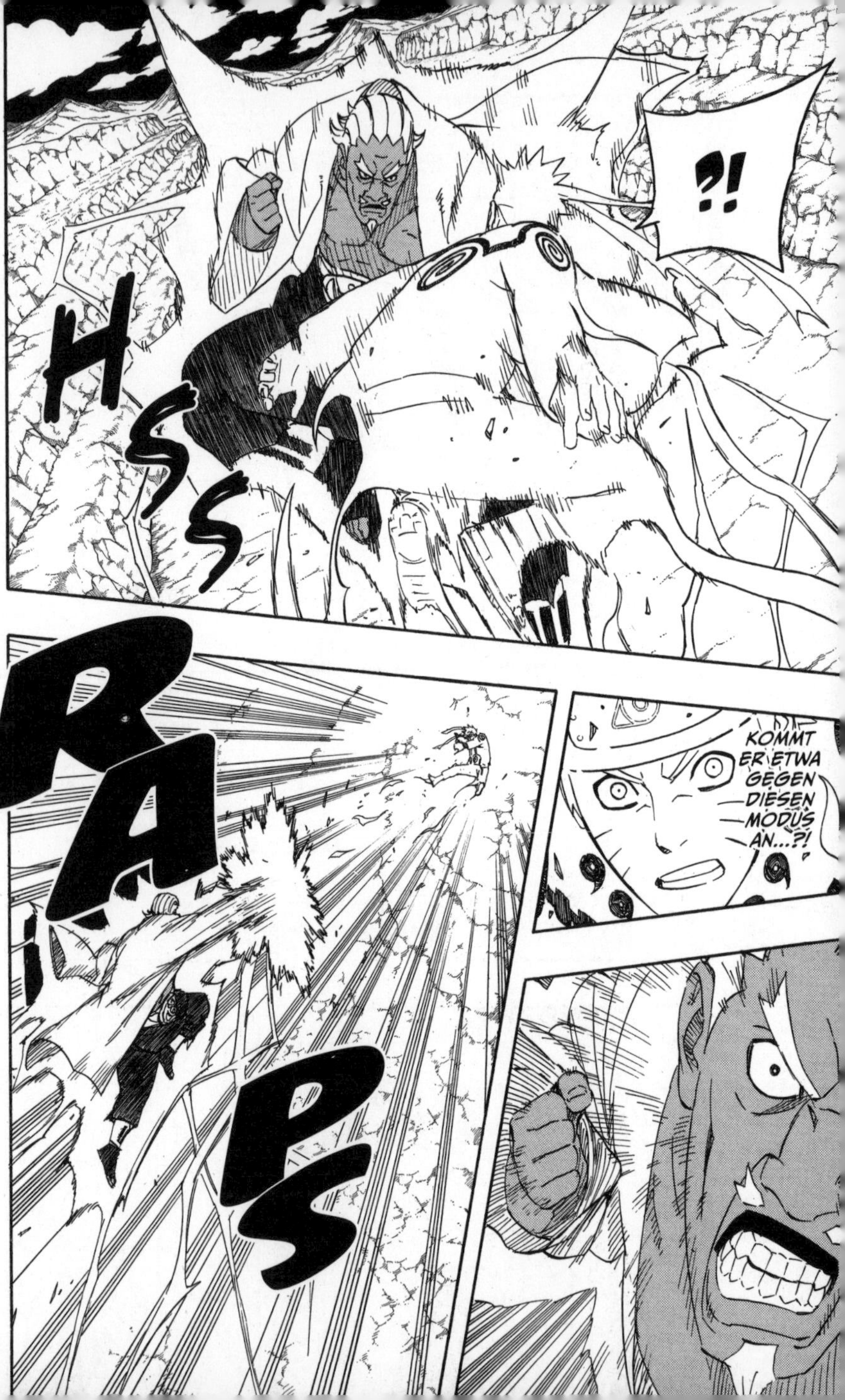

?!
HSSS
RAPS
KOMMT ER ETWA GEGEN DIESEN MODUS AN…?!

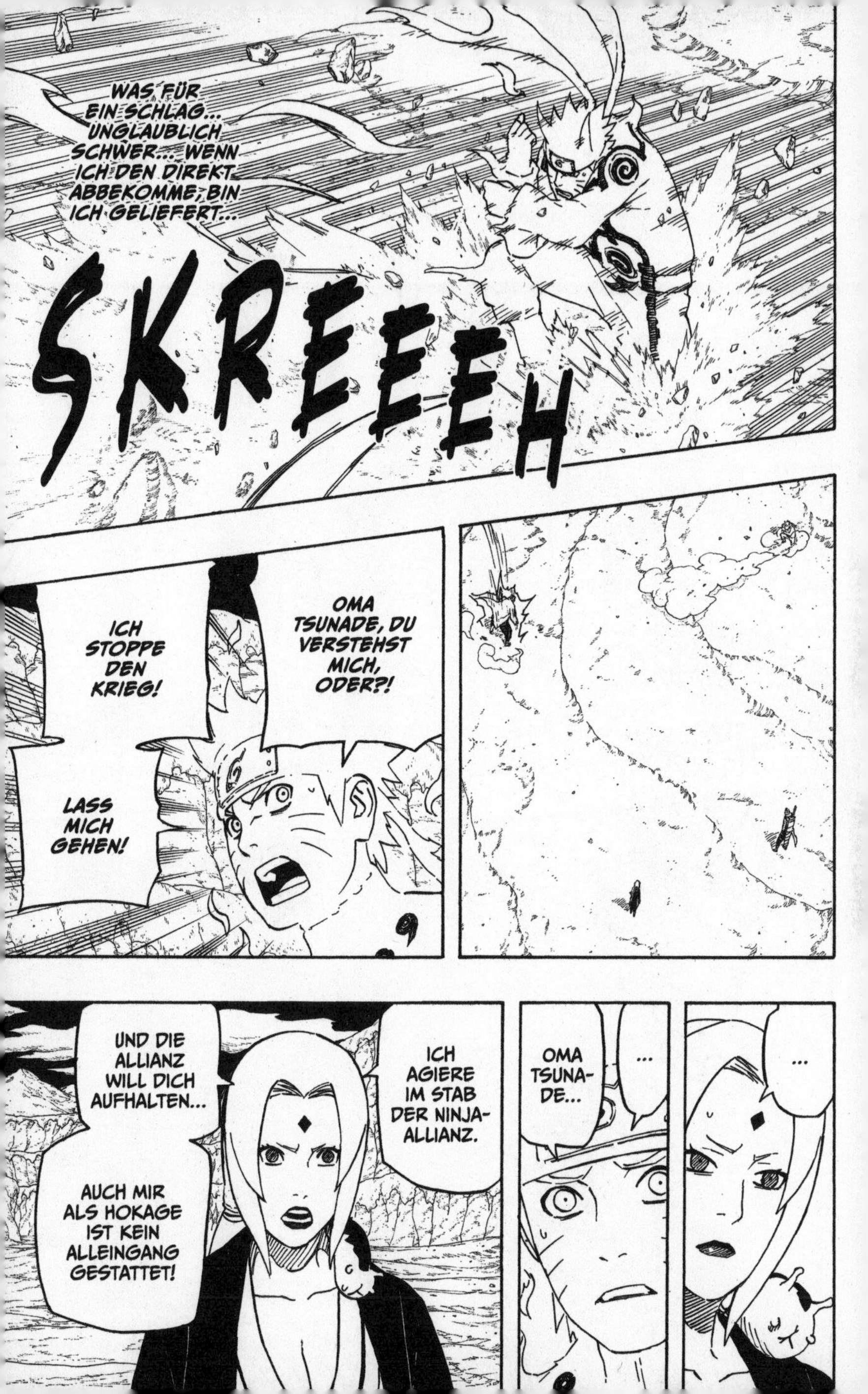
WAS FÜR EIN SCHLAG... UNGLAUBLICH SCHWER... WENN ICH DEN DIREKT ABBEKOMME, BIN ICH GELIEFERT...
SKREEEH
OMA TSUNADE, DU VERSTEHST MICH, ODER?!
ICH STOPPE DEN KRIEG!
LASS MICH GEHEN!
ICH AGIERE IM STAB DER NINJA-ALLIANZ.
UND DIE ALLIANZ WILL DICH AUFHALTEN...
AUCH MIR ALS HOKAGE IST KEIN ALLEINGANG GESTATTET!
...
OMA TSUNA-DE...
...

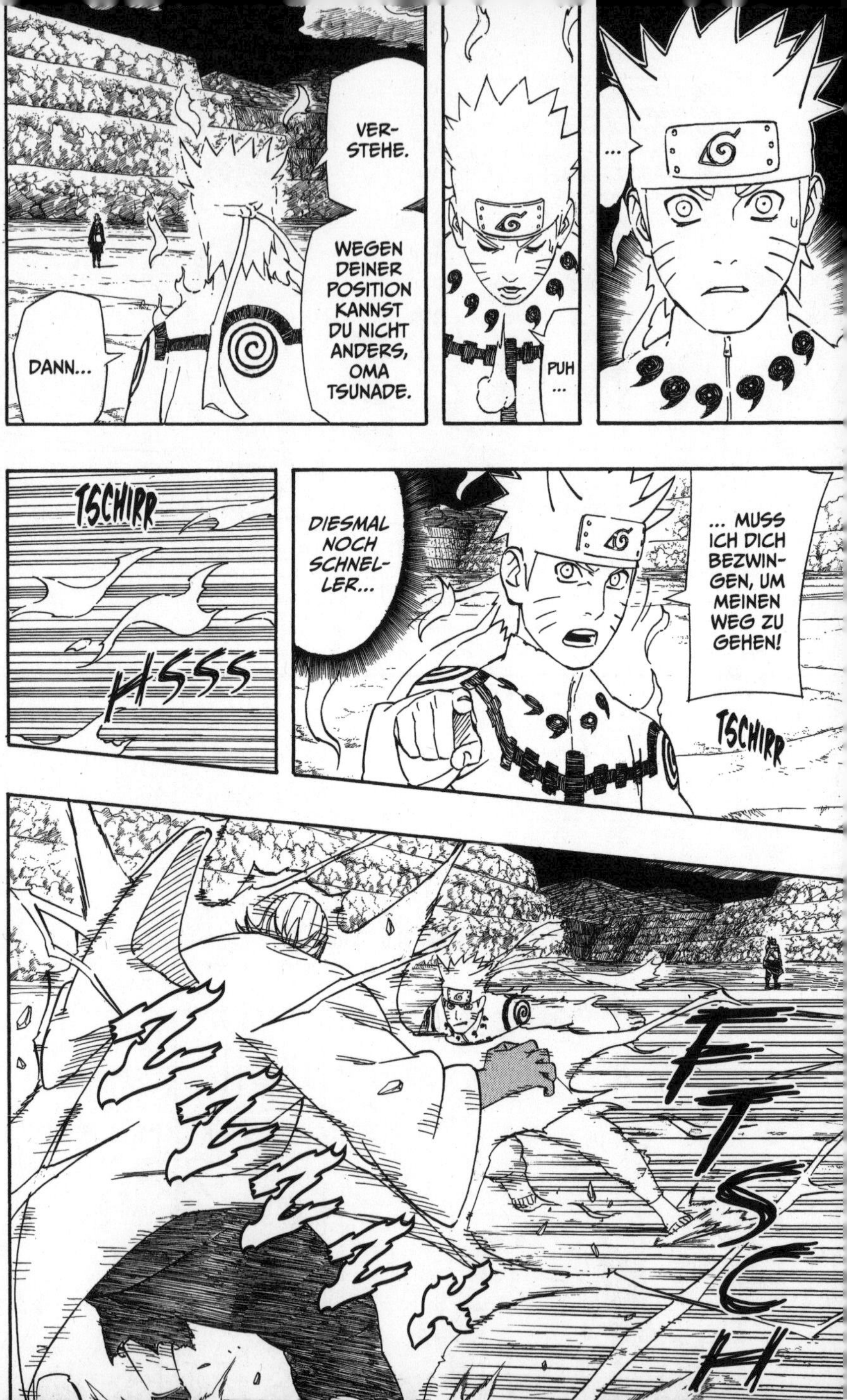
...
PUH ...
VER-STEHE.
WEGEN DEINER POSITION KANNST DU NICHT ANDERS, OMA TSUNADE.
DANN...
... MUSS ICH DICH BEZWINGEN, UM MEINEN WEG ZU GEHEN!
TSCHIRR
DIESMAL NOCH SCHNELLER...
TSCHIRR
HSSSS
FFTSCH

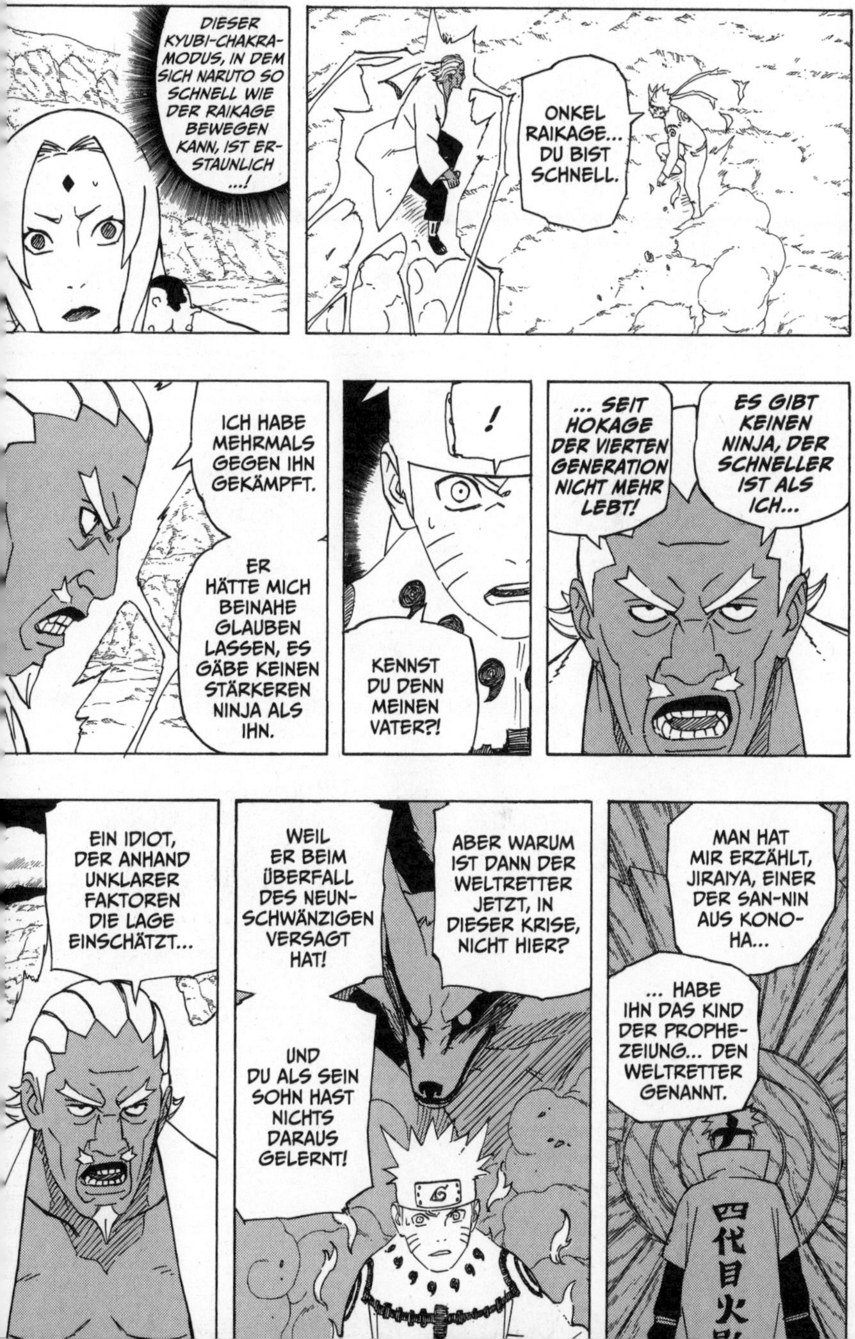
ONKEL RAIKAGE... DU BIST SCHNELL.
DIESER KYUBI-CHAKRA-MODUS, IN DEM SICH NARUTO SO SCHNELL WIE DER RAIKAGE BEWEGEN KANN, IST ERSTAUNLICH ...!
ES GIBT KEINEN NINJA, DER SCHNELLER IST ALS ICH...
... SEIT HOKAGE DER VIERTEN GENERATION NICHT MEHR LEBT!
!
KENNST DU DENN MEINEN VATER?!
ICH HABE MEHRMALS GEGEN IHN GEKÄMPFT.
ER HÄTTE MICH BEINAHE GLAUBEN LASSEN, ES GÄBE KEINEN STÄRKEREN NINJA ALS IHN.
MAN HAT MIR ERZÄHLT, JIRAIYA, EINER DER SAN-NIN AUS KONOHA...
... HABE IHN DAS KIND DER PROPHEZEIUNG... DEN WELTRETTER GENANNT.
ABER WARUM IST DANN DER WELTRETTER JETZT, IN DIESER KRISE, NICHT HIER?
WEIL ER BEIM ÜBERFALL DES NEUNSCHWÄNZIGEN VERSAGT HAT!
UND DU ALS SEIN SOHN HAST NICHTS DARAUS GELERNT!
EIN IDIOT, DER ANHAND UNKLARER FAKTOREN DIE LAGE EINSCHÄTZT...
四代目火

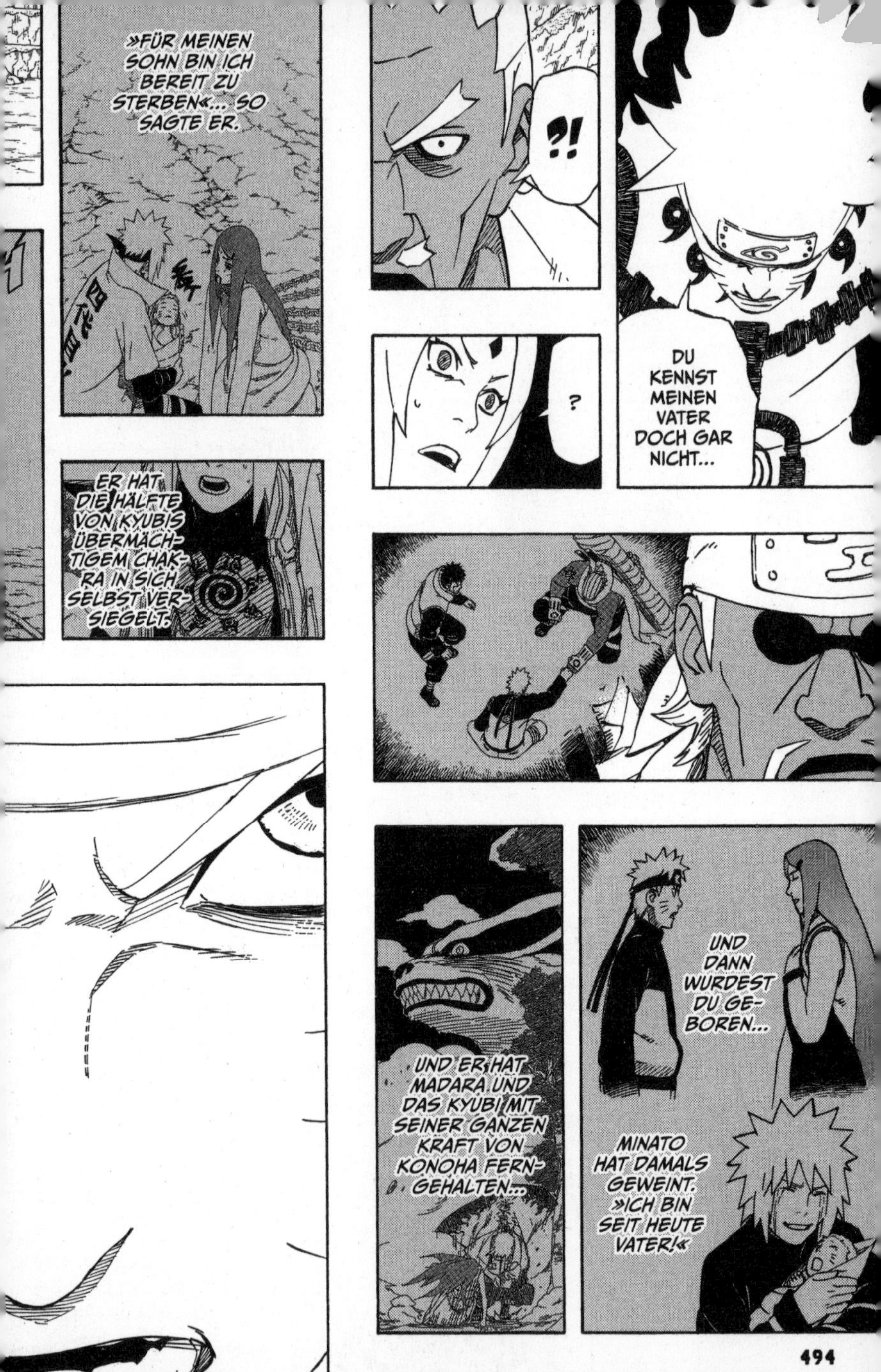
DU KENNST MEINEN VATER DOCH GAR NICHT...
?!
?
»FÜR MEINEN SOHN BIN ICH BEREIT ZU STERBEN«... SO SAGTE ER.
ER HAT DIE HÄLFTE VON KYUBIS ÜBERMÄCHTIGEM CHAKRA IN SICH SELBST VERSIEGELT.
UND DANN WURDEST DU GEBOREN...
MINATO HAT DAMALS GEWEINT. »ICH BIN SEIT HEUTE VATER!«
UND ER HAT MADARA UND DAS KYUBI MIT SEINER GANZEN KRAFT VON KONOHA FERNGEHALTEN...

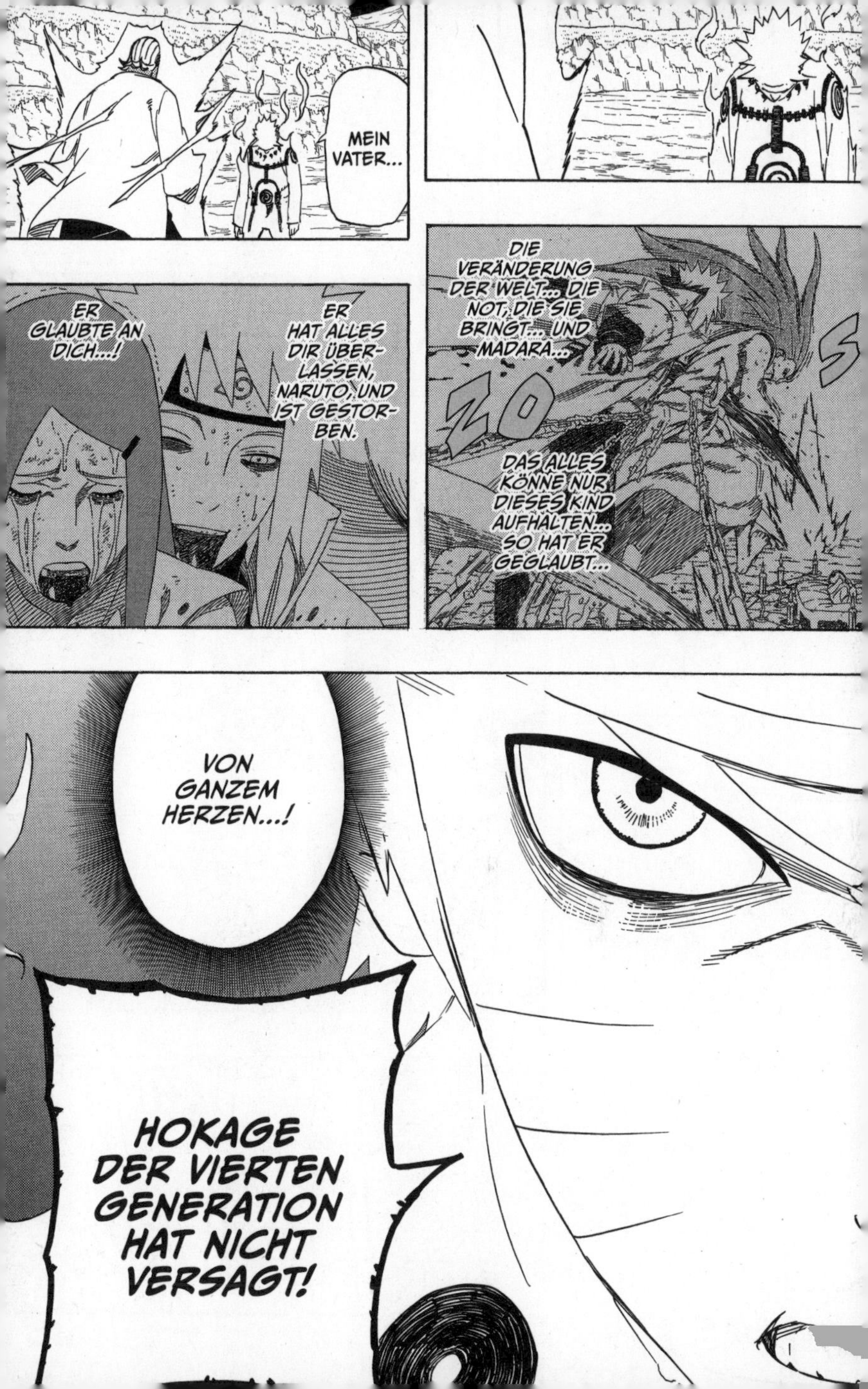
MEIN VATER...
DIE VERÄNDERUNG DER WELT... DIE NOT, DIE SIE BRINGT... UND MADARA...
ZO
S
DAS ALLES KÖNNE NUR DIESES KIND AUFHALTEN... SO HAT ER GEGLAUBT...
ER HAT ALLES DIR ÜBERLASSEN, NARUTO, UND IST GESTORBEN.
ER GLAUBTE AN DICH...!
VON GANZEM HERZEN...!
HOKAGE DER VIERTEN GENERATION HAT NICHT VERSAGT!

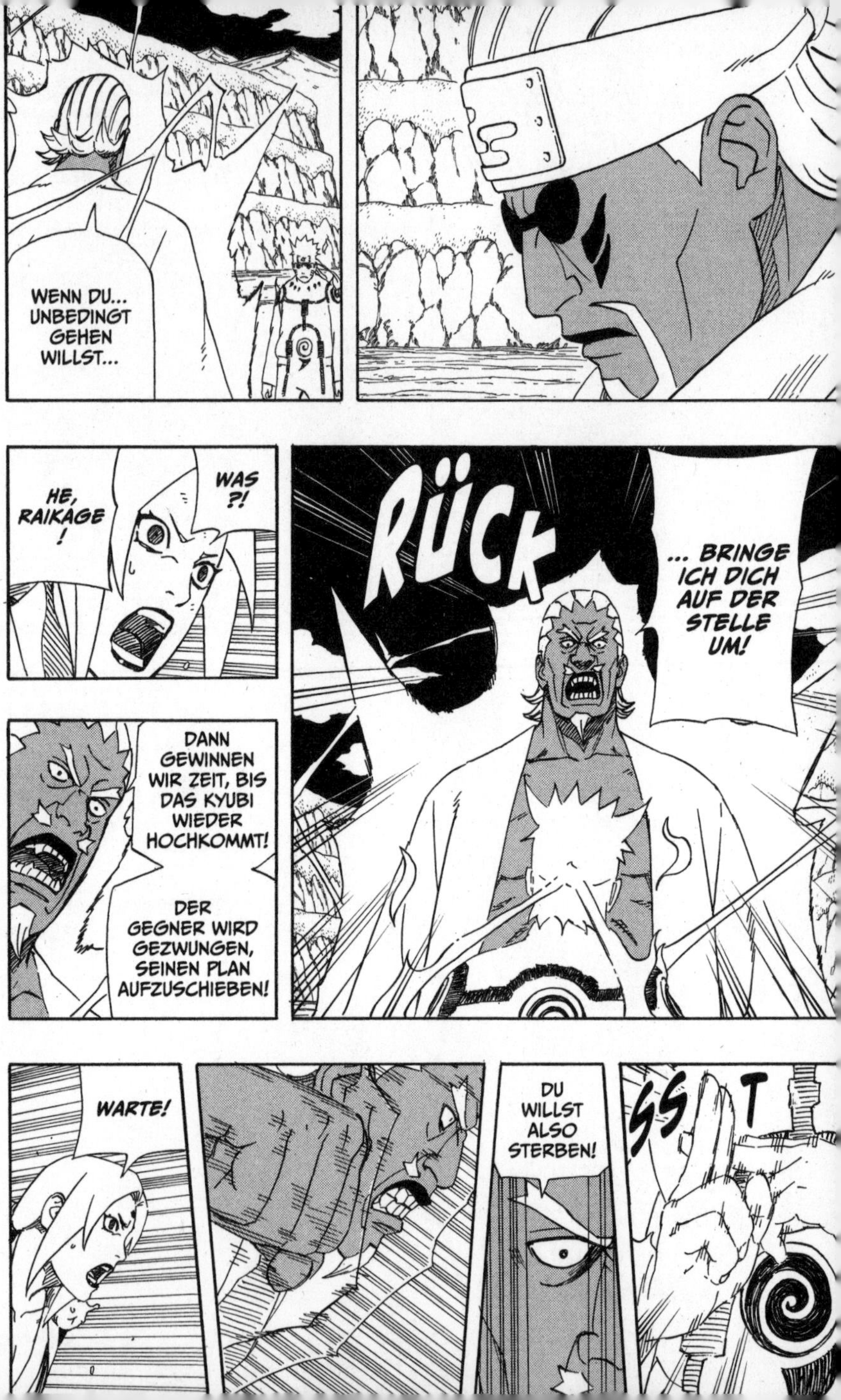
WENN DU... UNBEDINGT GEHEN WILLST...
HE, RAIKAGE!
WAS?!
RÜCK
... BRINGE ICH DICH AUF DER STELLE UM!
DANN GEWINNEN WIR ZEIT, BIS DAS KYUBI WIEDER HOCHKOMMT!
DER GEGNER WIRD GEZWUNGEN, SEINEN PLAN AUFZUSCHIEBEN!
WARTE!
DU WILLST ALSO STERBEN!
SST

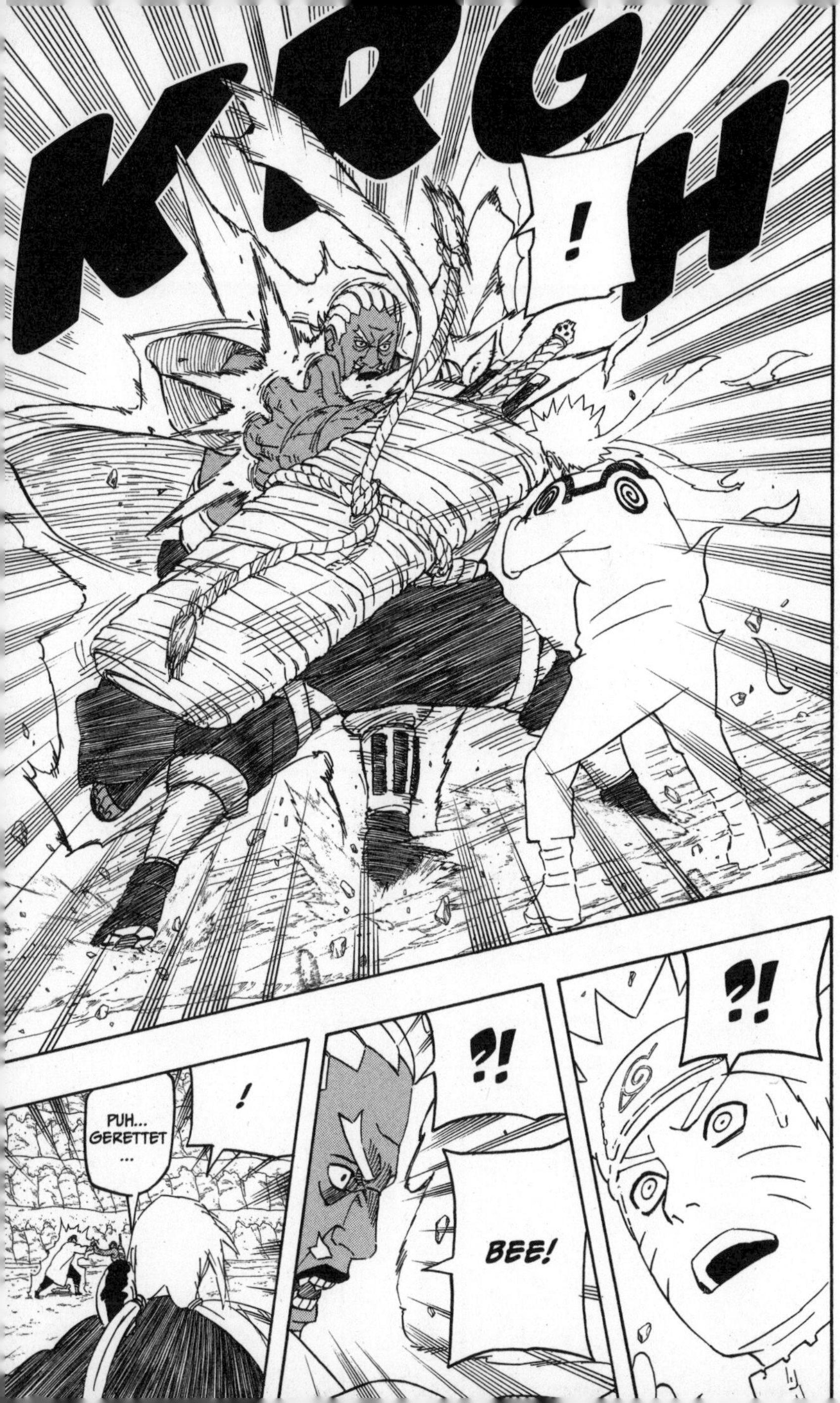
!
?!
BEE!
?!
!
PUH... GERETTET ...

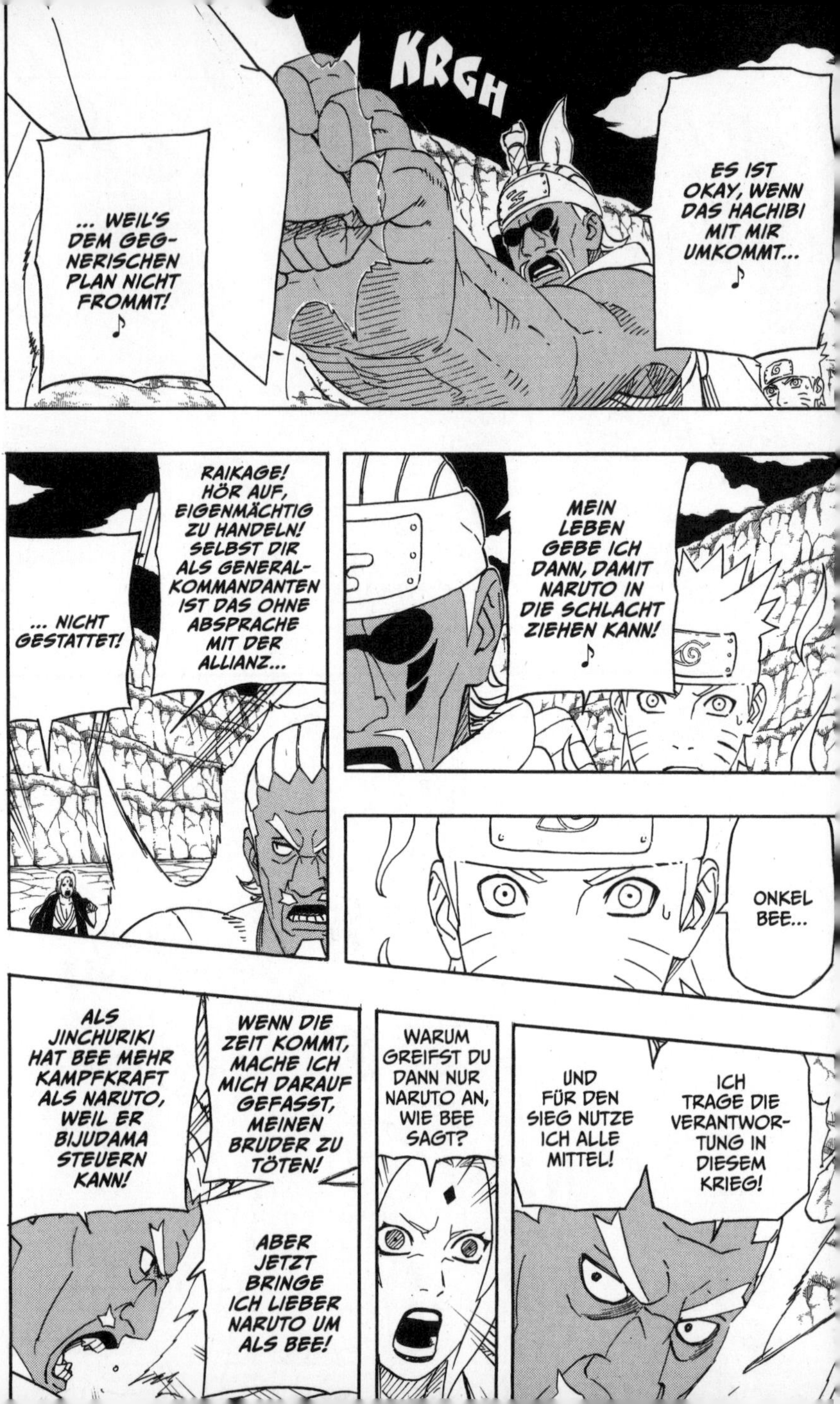
ES IST OKAY, WENN DAS HACHIBI MIT MIR UMKOMMT... ♪
KRGH
... WEIL'S DEM GEGNERISCHEN PLAN NICHT FROMMT! ♪
MEIN LEBEN GEBE ICH DANN, DAMIT NARUTO IN DIE SCHLACHT ZIEHEN KANN! ♪
RAIKAGE! HÖR AUF, EIGENMÄCHTIG ZU HANDELN! SELBST DIR ALS GENERALKOMMANDANTEN IST DAS OHNE ABSPRACHE MIT DER ALLIANZ...
... NICHT GESTATTET!
ONKEL BEE...
ICH TRAGE DIE VERANTWORTUNG IN DIESEM KRIEG!
UND FÜR DEN SIEG NUTZE ICH ALLE MITTEL!
WARUM GREIFST DU DANN NUR NARUTO AN, WIE BEE SAGT?
WENN DIE ZEIT KOMMT, MACHE ICH MICH DARAUF GEFASST, MEINEN BRUDER ZU TÖTEN!
ALS JINCHURIKI HAT BEE MEHR KAMPFKRAFT ALS NARUTO, WEIL ER BIJUDAMA STEUERN KANN!
ABER JETZT BRINGE ICH LIEBER NARUTO UM ALS BEE!

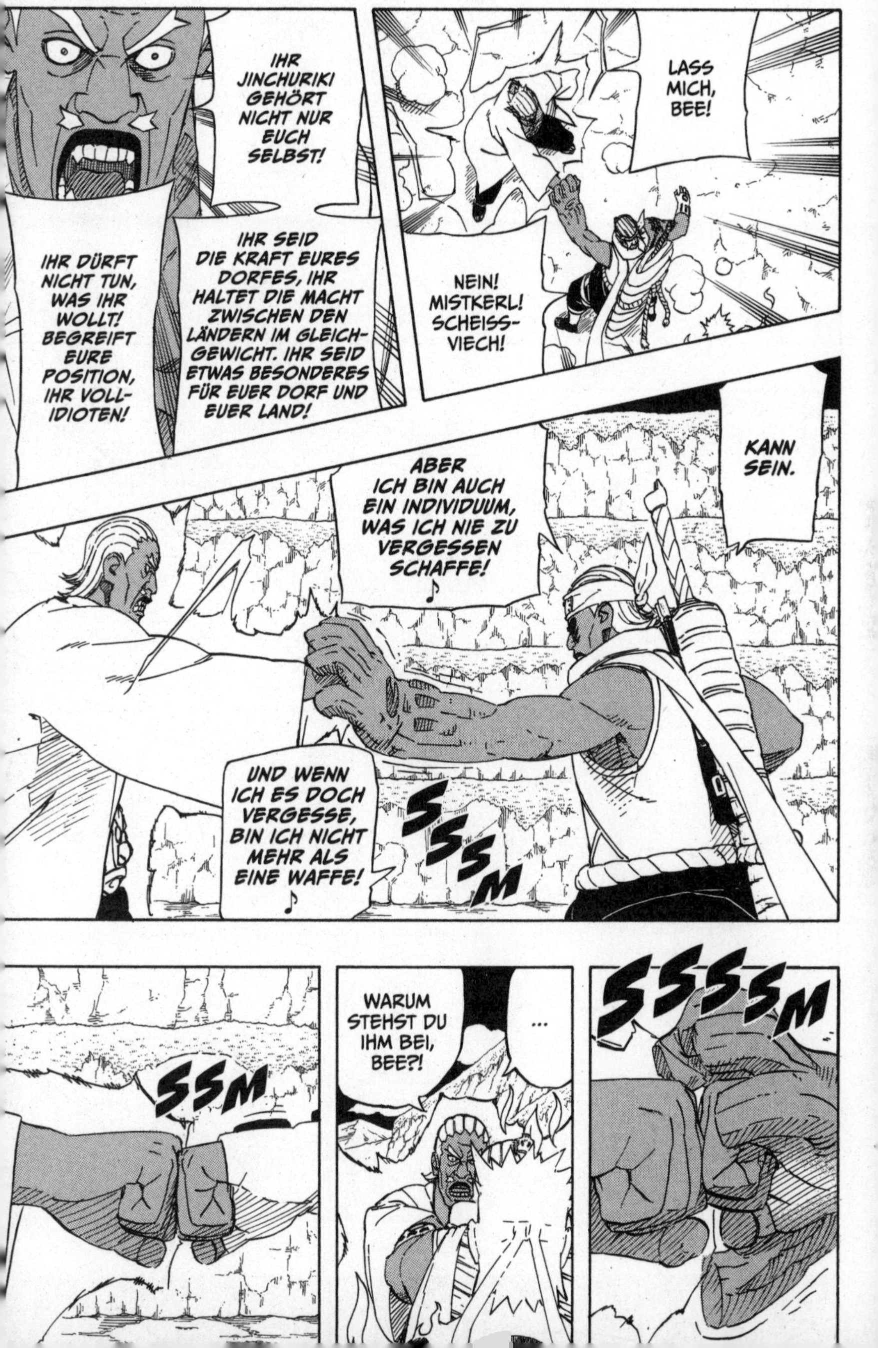
LASS MICH, BEE!
NEIN! MISTKERL! SCHEISS-VIECH!
IHR JINCHURIKI GEHÖRT NICHT NUR EUCH SELBST!
IHR SEID DIE KRAFT EURES DORFES, IHR HALTET DIE MACHT ZWISCHEN DEN LÄNDERN IM GLEICH-GEWICHT. IHR SEID ETWAS BESONDERES FÜR EUER DORF UND EUER LAND!
IHR DÜRFT NICHT TUN, WAS IHR WOLLT! BEGREIFT EURE POSITION, IHR VOLL-IDIOTEN!
KANN SEIN.
ABER ICH BIN AUCH EIN INDIVIDUUM, WAS ICH NIE ZU VERGESSEN SCHAFFE! ♪
UND WENN ICH ES DOCH VERGESSE, BIN ICH NICHT MEHR ALS EINE WAFFE! ♪
SSSM
SSSSM
WARUM STEHST DU IHM BEI, BEE?!
...
SSM

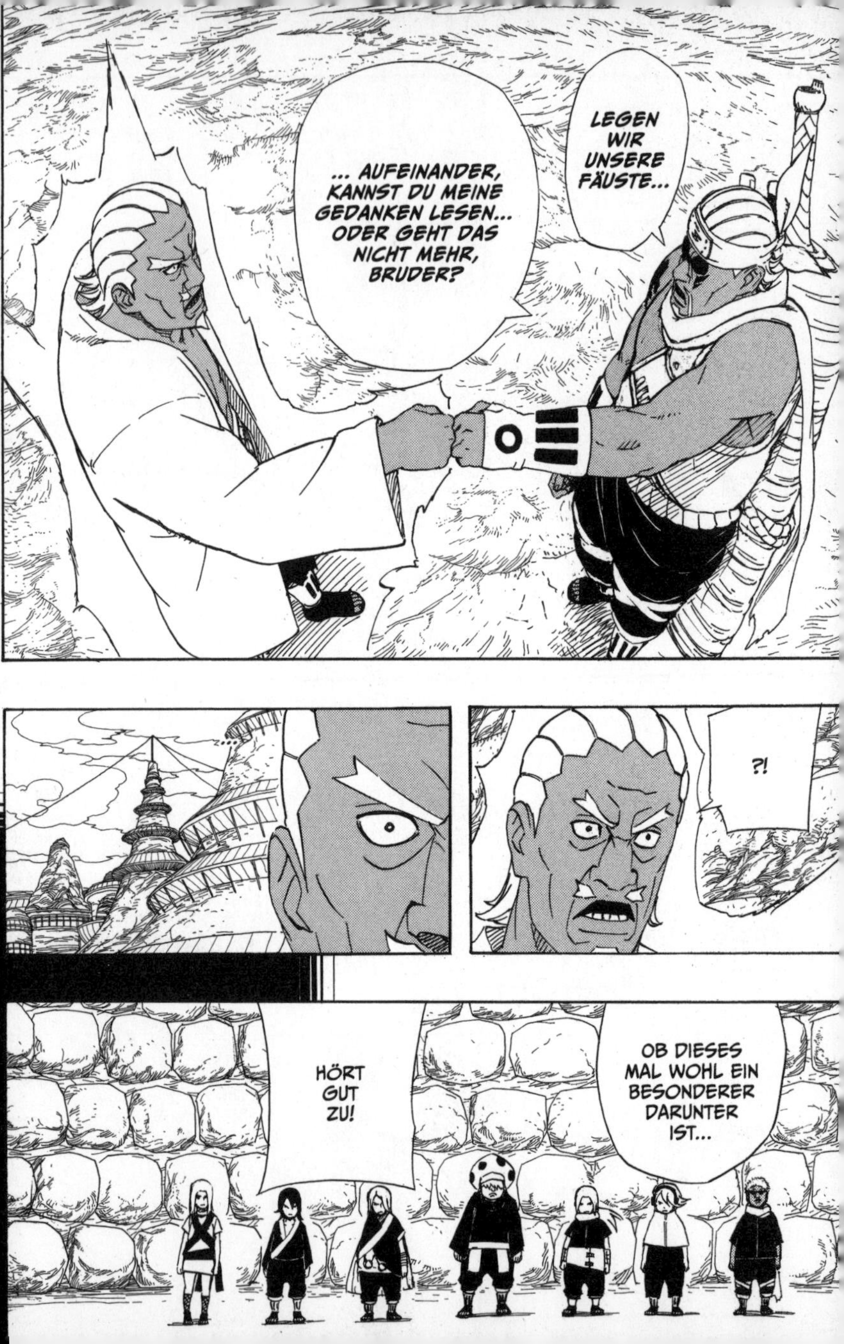

LEGEN WIR UNSERE FÄUSTE...
... AUFEINANDER, KANNST DU MEINE GEDANKEN LESEN... ODER GEHT DAS NICHT MEHR, BRUDER?
?!
...
OB DIESES MAL WOHL EIN BESONDERER DARUNTER IST...
HÖRT GUT ZU!

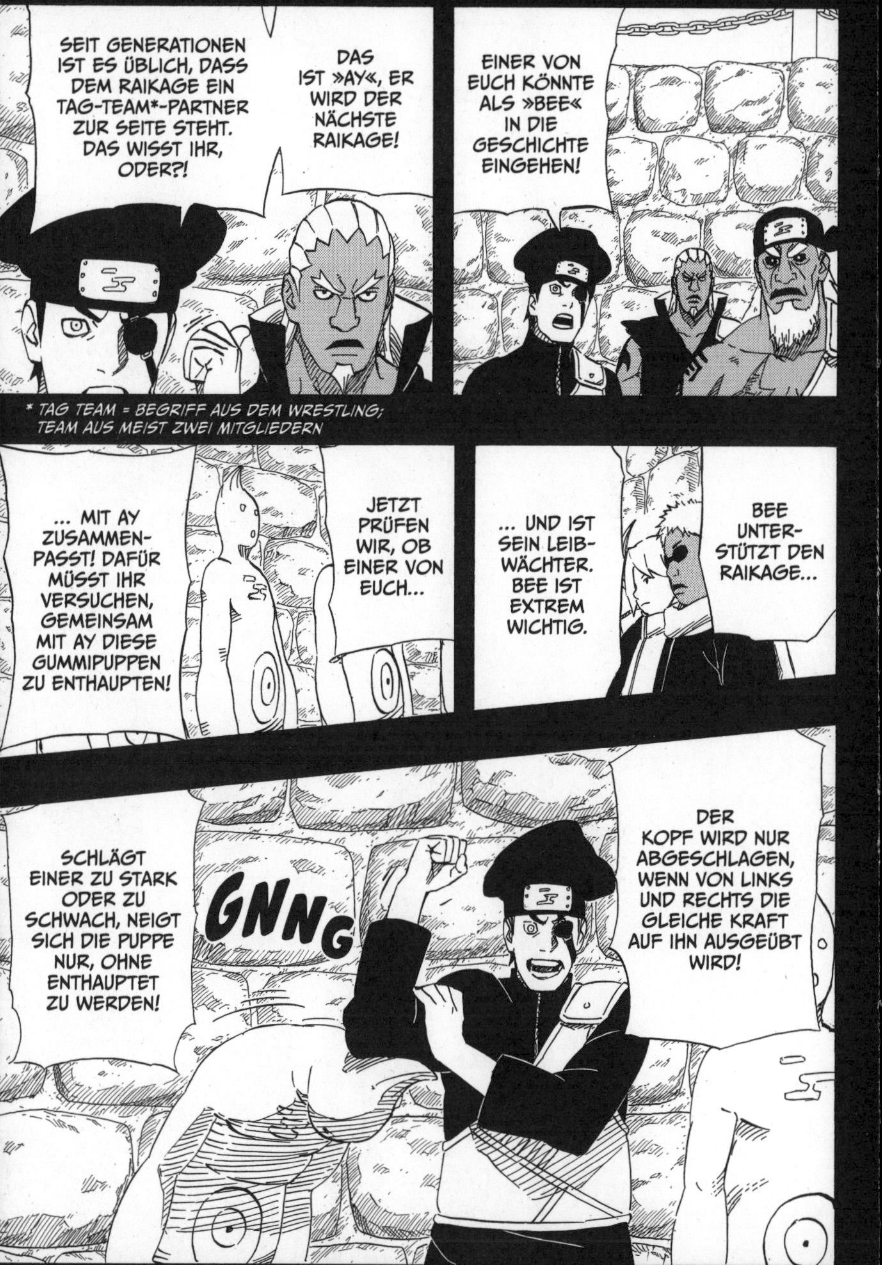

* TAG TEAM = BEGRIFF AUS DEM WRESTLING; TEAM AUS MEIST ZWEI MITGLIEDERN

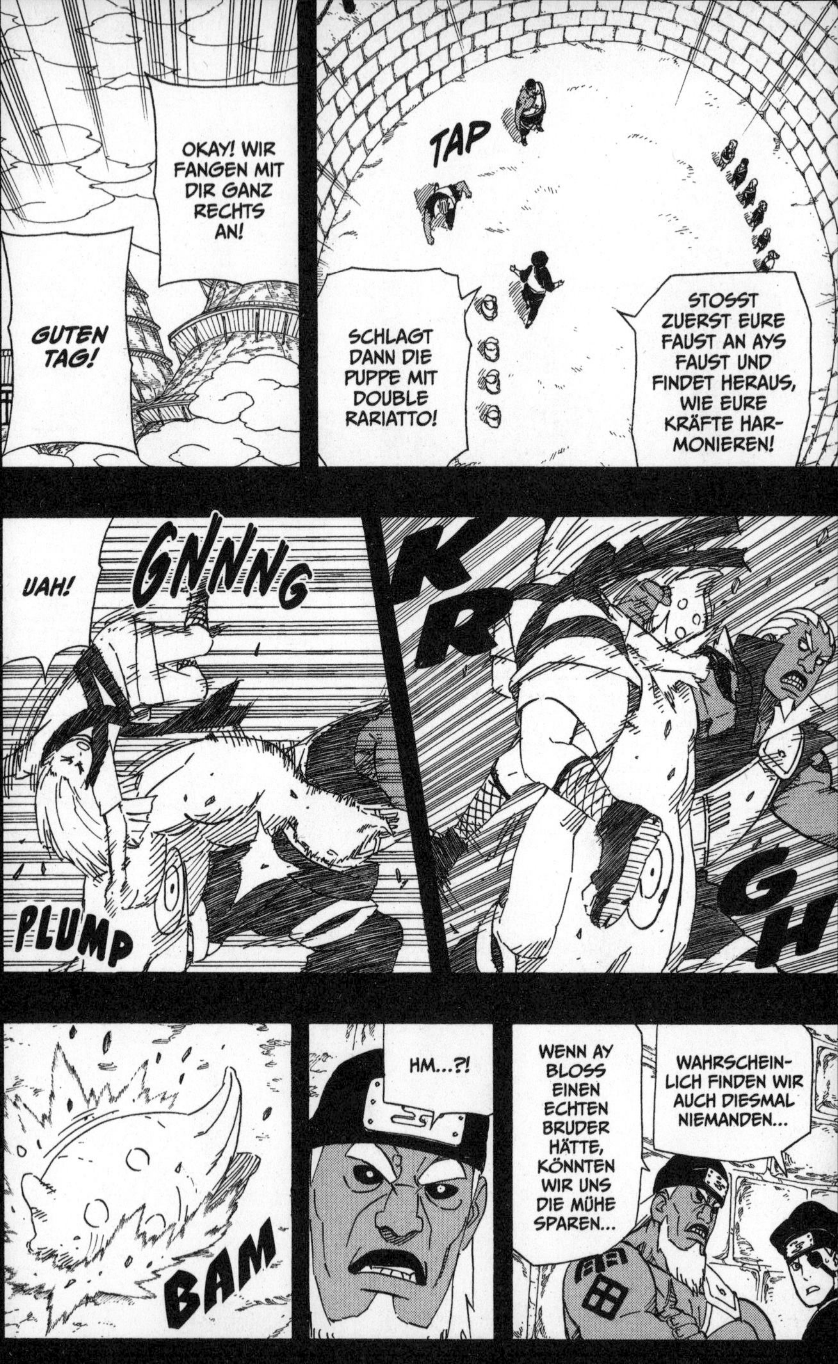
OKAY! WIR FANGEN MIT DIR GANZ RECHTS AN!
GUTEN TAG!
TAP
STOSST ZUERST EURE FAUST AN AYS FAUST UND FINDET HERAUS, WIE EURE KRÄFTE HARMONIEREN!
SCHLAGT DANN DIE PUPPE MIT DOUBLE RARIATTO!
KR
GH
GNNNG
UAH!
PLUMP
WAHRSCHEINLICH FINDEN WIR AUCH DIESMAL NIEMANDEN...
WENN AY BLOSS EINEN ECHTEN BRUDER HÄTTE, KÖNNTEN WIR UNS DIE MÜHE SPAREN...
HM...?!
BAM

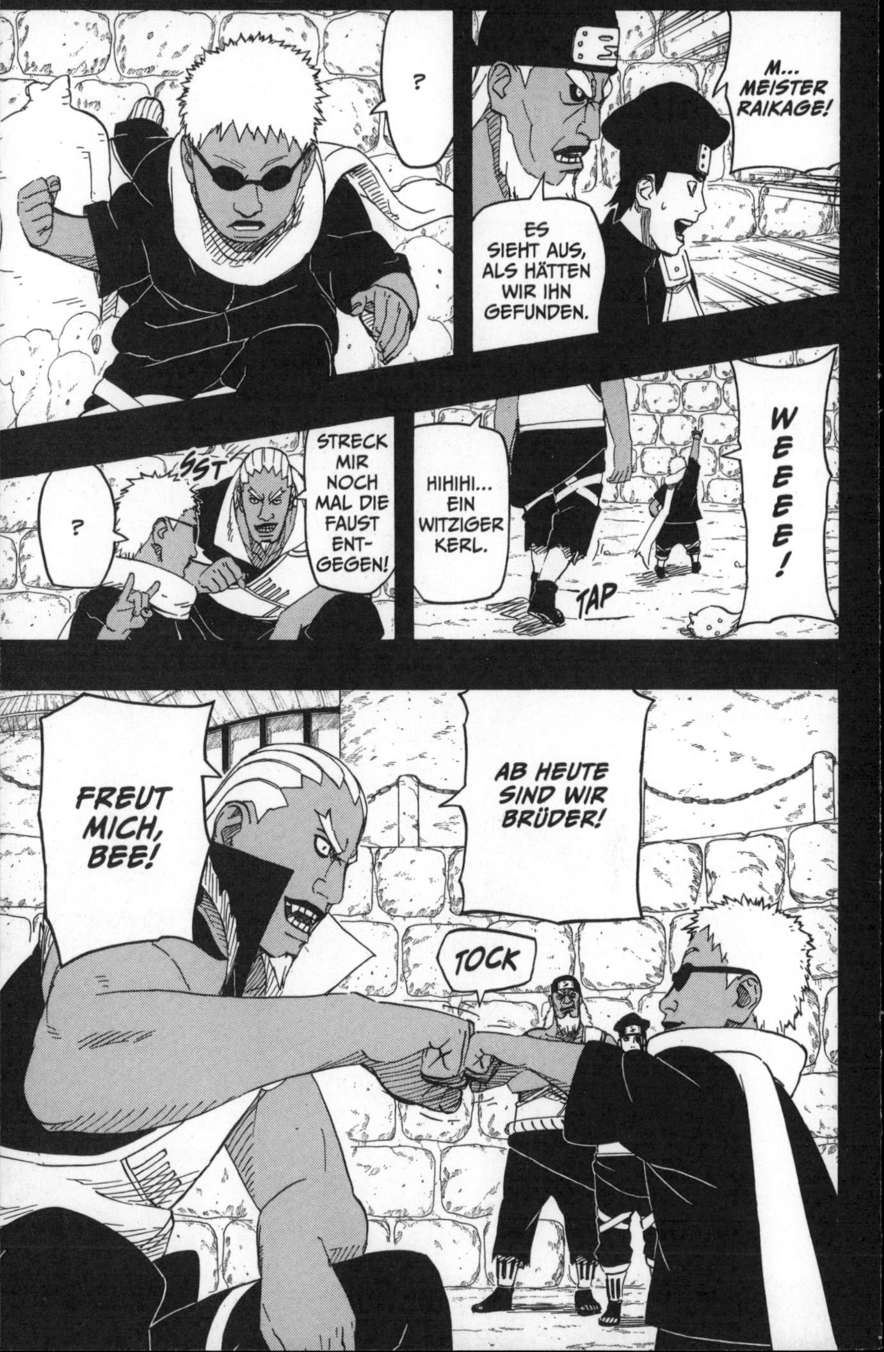
M... MEISTER RAIKAGE!
ES SIEHT AUS, ALS HÄTTEN WIR IHN GEFUNDEN.
?
WEEEEE!
HIHIHI... EIN WITZIGER KERL.
TAP
STRECK MIR NOCH MAL DIE FAUST ENT-GEGEN!
SST
?
AB HEUTE SIND WIR BRÜDER!
FREUT MICH, BEE!
TOCK

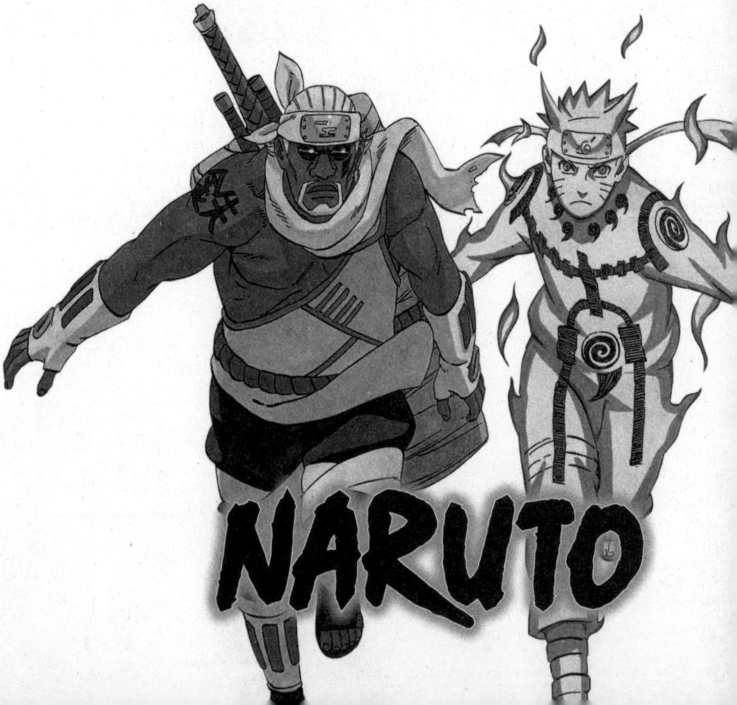
NARUTO

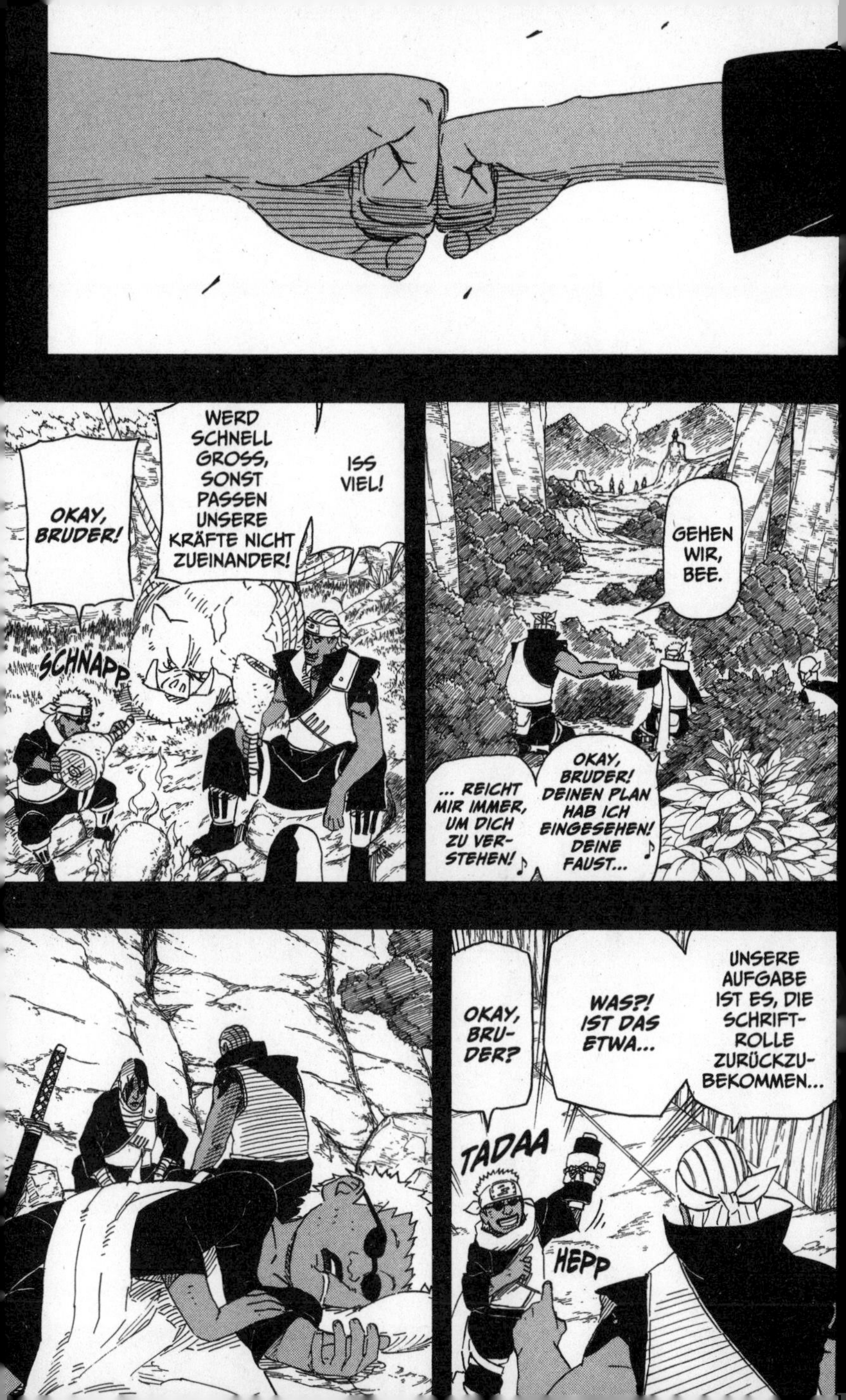
GEHEN WIR, BEE.
OKAY, BRUDER! DEINEN PLAN HAB ICH EINGESEHEN! DEINE FAUST... ♪
... REICHT MIR IMMER, UM DICH ZU VERSTEHEN! ♪
ISS VIEL!
WERD SCHNELL GROSS, SONST PASSEN UNSERE KRÄFTE NICHT ZUEINANDER!
OKAY, BRUDER!
SCHNAPP
UNSERE AUFGABE IST ES, DIE SCHRIFTROLLE ZURÜCKZUBEKOMMEN...
WAS?! IST DAS ETWA...
OKAY, BRUDER?
TADAA
HEPP

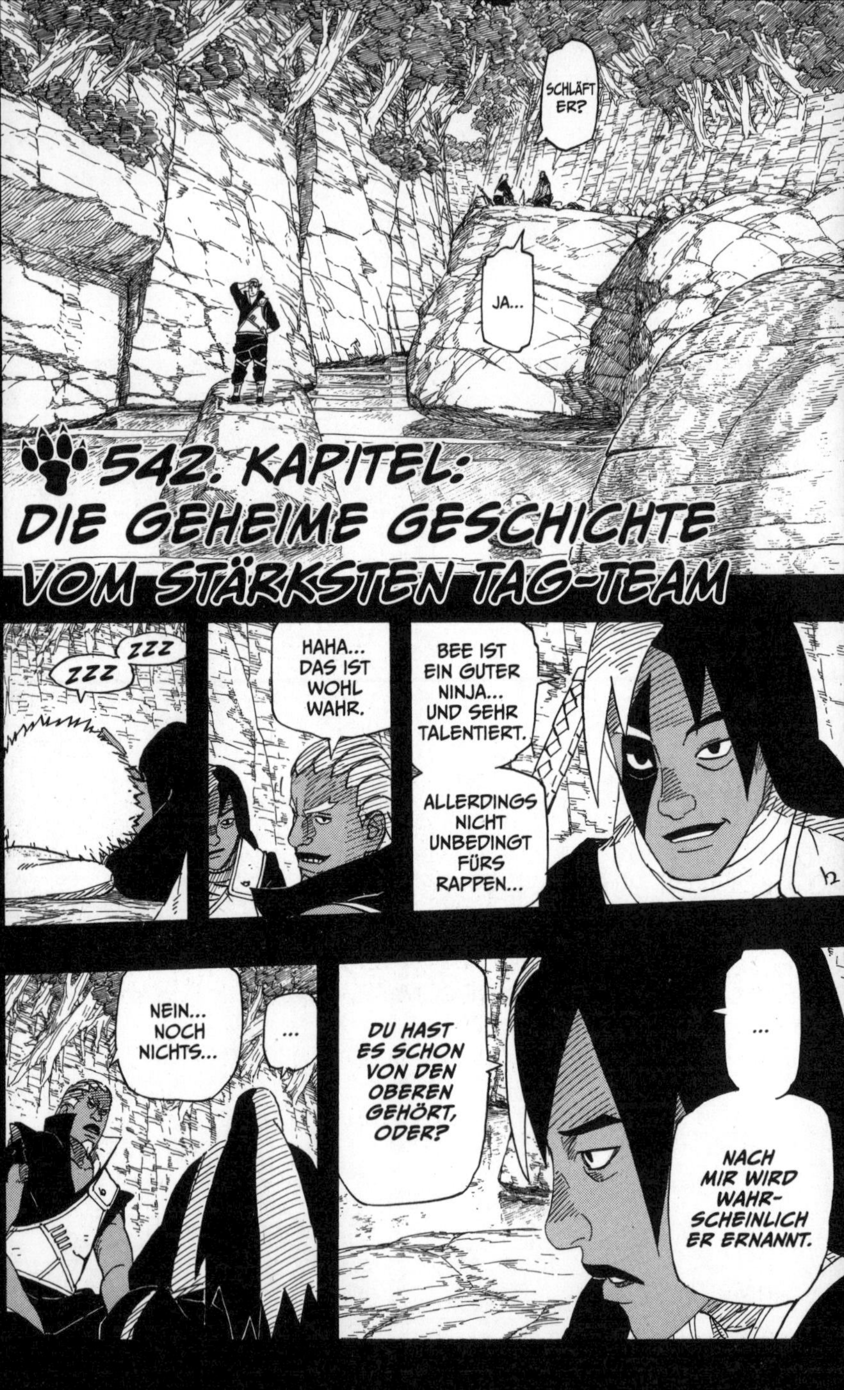
SCHLÄFT ER?
JA...
542. KAPITEL: DIE GEHEIME GESCHICHTE VOM STÄRKSTEN TAG-TEAM
BEE IST EIN GUTER NINJA... UND SEHR TALENTIERT.
ALLERDINGS NICHT UNBEDINGT FÜRS RAPPEN...
HAHA... DAS IST WOHL WAHR.
ZZZ
ZZZ
...
NACH MIR WIRD WAHR-SCHEINLICH ER ERNANNT.
DU HAST ES SCHON VON DEN OBEREN GEHÖRT, ODER?
...
NEIN... NOCH NICHTS...

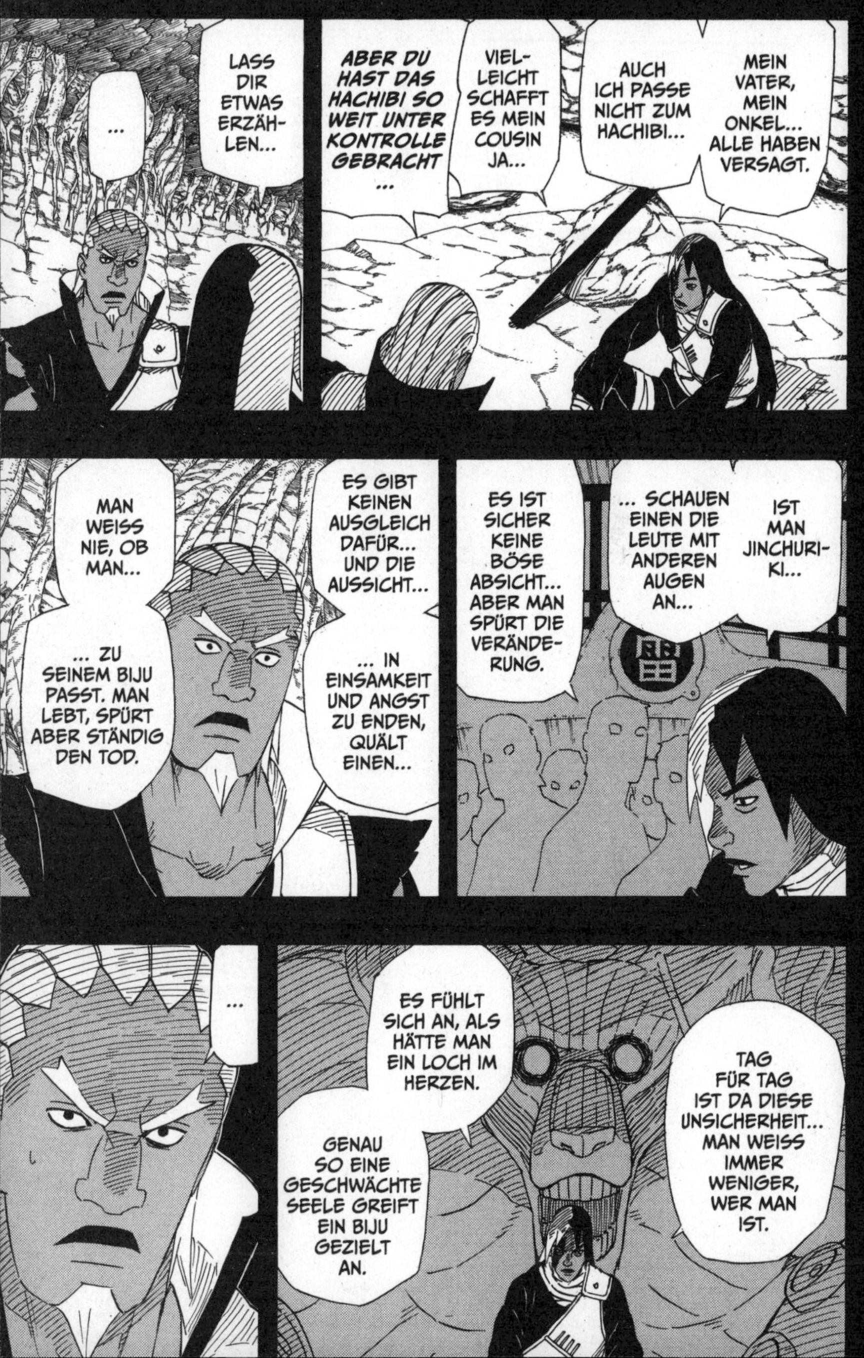
MEIN VATER, MEIN ONKEL... ALLE HABEN VERSAGT.
AUCH ICH PASSE NICHT ZUM HACHIBI...
VIELLEICHT SCHAFFT ES MEIN COUSIN JA...
ABER DU HAST DAS HACHIBI SO WEIT UNTER KONTROLLE GEBRACHT ...
LASS DIR ETWAS ERZÄHLEN...
...
IST MAN JINCHURIKI...
... SCHAUEN EINEN DIE LEUTE MIT ANDEREN AUGEN AN...
ES IST SICHER KEINE BÖSE ABSICHT... ABER MAN SPÜRT DIE VERÄNDERUNG.
ES GIBT KEINEN AUSGLEICH DAFÜR... UND DIE AUSSICHT...
... IN EINSAMKEIT UND ANGST ZU ENDEN, QUÄLT EINEN...
MAN WEISS NIE, OB MAN...
... ZU SEINEM BIJU PASST. MAN LEBT, SPÜRT ABER STÄNDIG DEN TOD.
TAG FÜR TAG IST DA DIESE UNSICHERHEIT... MAN WEISS IMMER WENIGER, WER MAN IST.
ES FÜHLT SICH AN, ALS HÄTTE MAN EIN LOCH IM HERZEN.
GENAU SO EINE GESCHWÄCHTE SEELE GREIFT EIN BIJU GEZIELT AN.
...

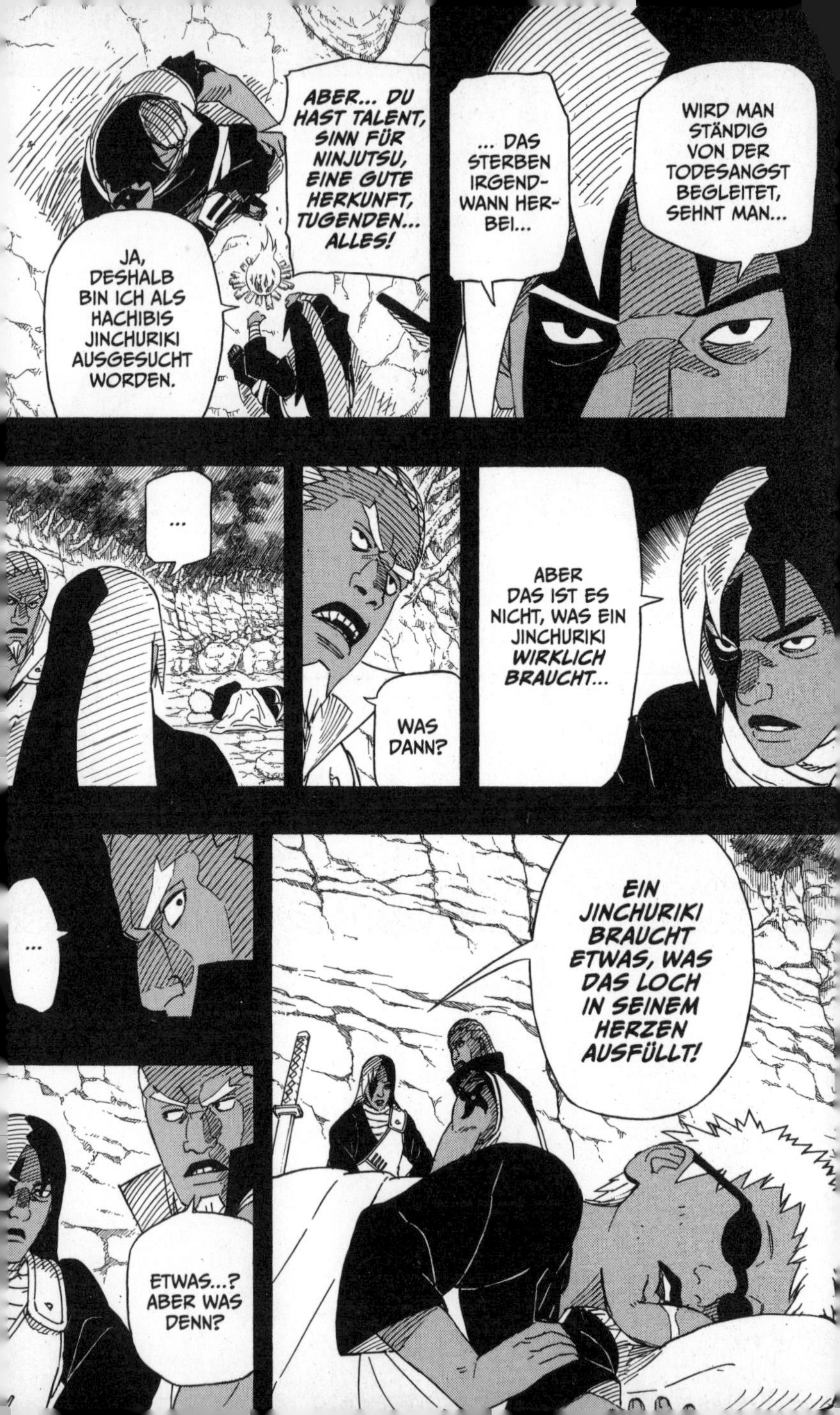
WIRD MAN STÄNDIG VON DER TODESANGST BEGLEITET, SEHNT MAN...
... DAS STERBEN IRGENDWANN HERBEI...
ABER... DU HAST TALENT, SINN FÜR NINJUTSU, EINE GUTE HERKUNFT, TUGENDEN... ALLES!
JA, DESHALB BIN ICH ALS HACHIBIS JINCHURIKI AUSGESUCHT WORDEN.
ABER DAS IST ES NICHT, WAS EIN JINCHURIKI WIRKLICH BRAUCHT...
WAS DANN?
...
EIN JINCHURIKI BRAUCHT ETWAS, WAS DAS LOCH IN SEINEM HERZEN AUSFÜLLT!
...
ETWAS...? ABER WAS DENN?

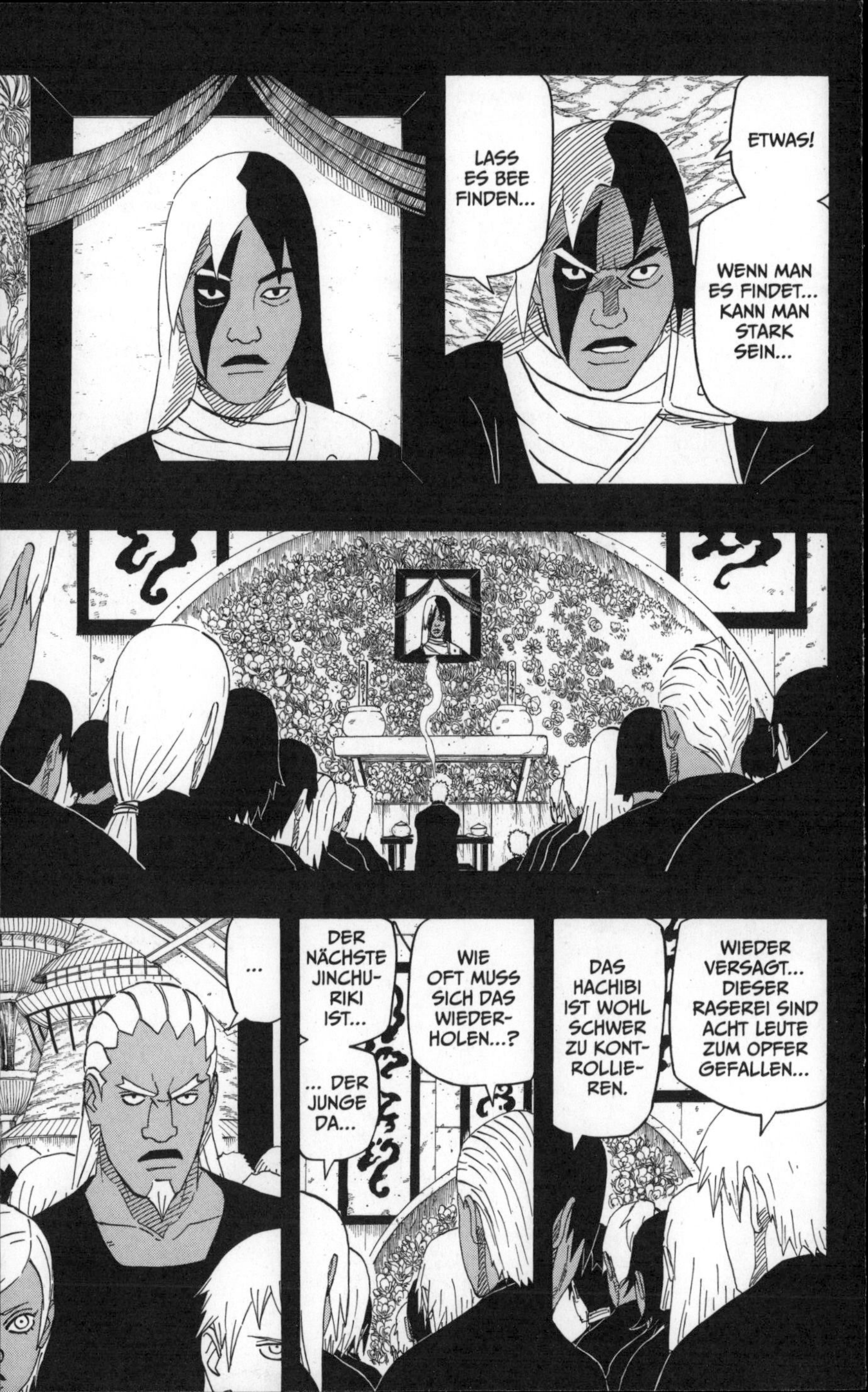
ETWAS!
LASS ES BEE FINDEN...
WENN MAN ES FINDET... KANN MAN STARK SEIN...
WIEDER VERSAGT... DIESER RASEREI SIND ACHT LEUTE ZUM OPFER GEFALLEN...
DAS HACHIBI IST WOHL SCHWER ZU KONT-ROLLIE-REN.
WIE OFT MUSS SICH DAS WIEDER-HOLEN...?
DER NÄCHSTE JINCHURI-RIKI IST...
... DER JUNGE DA...
...

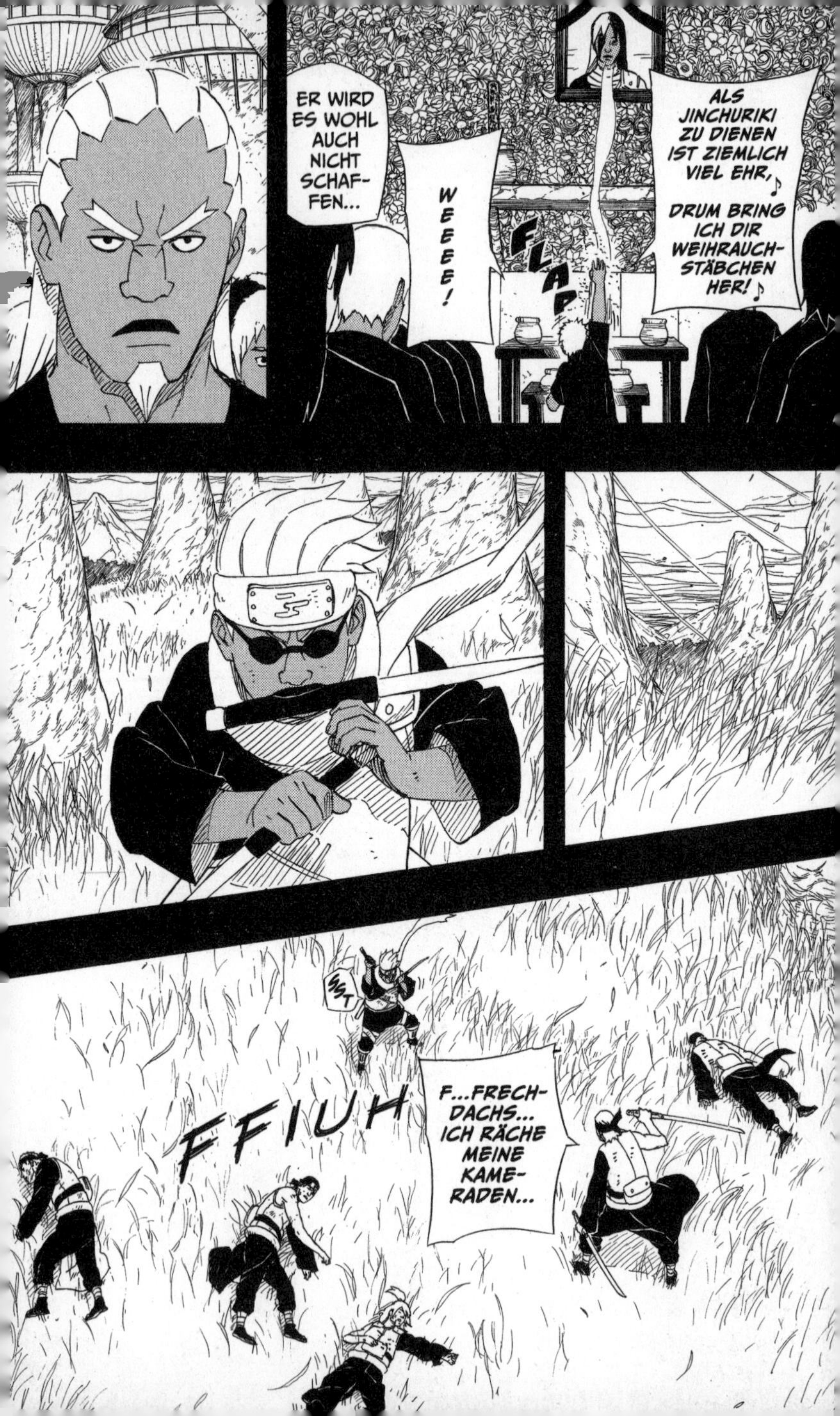
ER WIRD ES WOHL AUCH NICHT SCHAFFEN...
WEEEEE!
ALS JINCHURIKI ZU DIENEN IST ZIEMLICH VIEL EHR, ♪
FLAP
DRUM BRING ICH DIR WEIHRAUCHSTÄBCHEN HER! ♪
FFIUH
F...FRECHDACHS... ICH RÄCHE MEINE KAMERADEN...

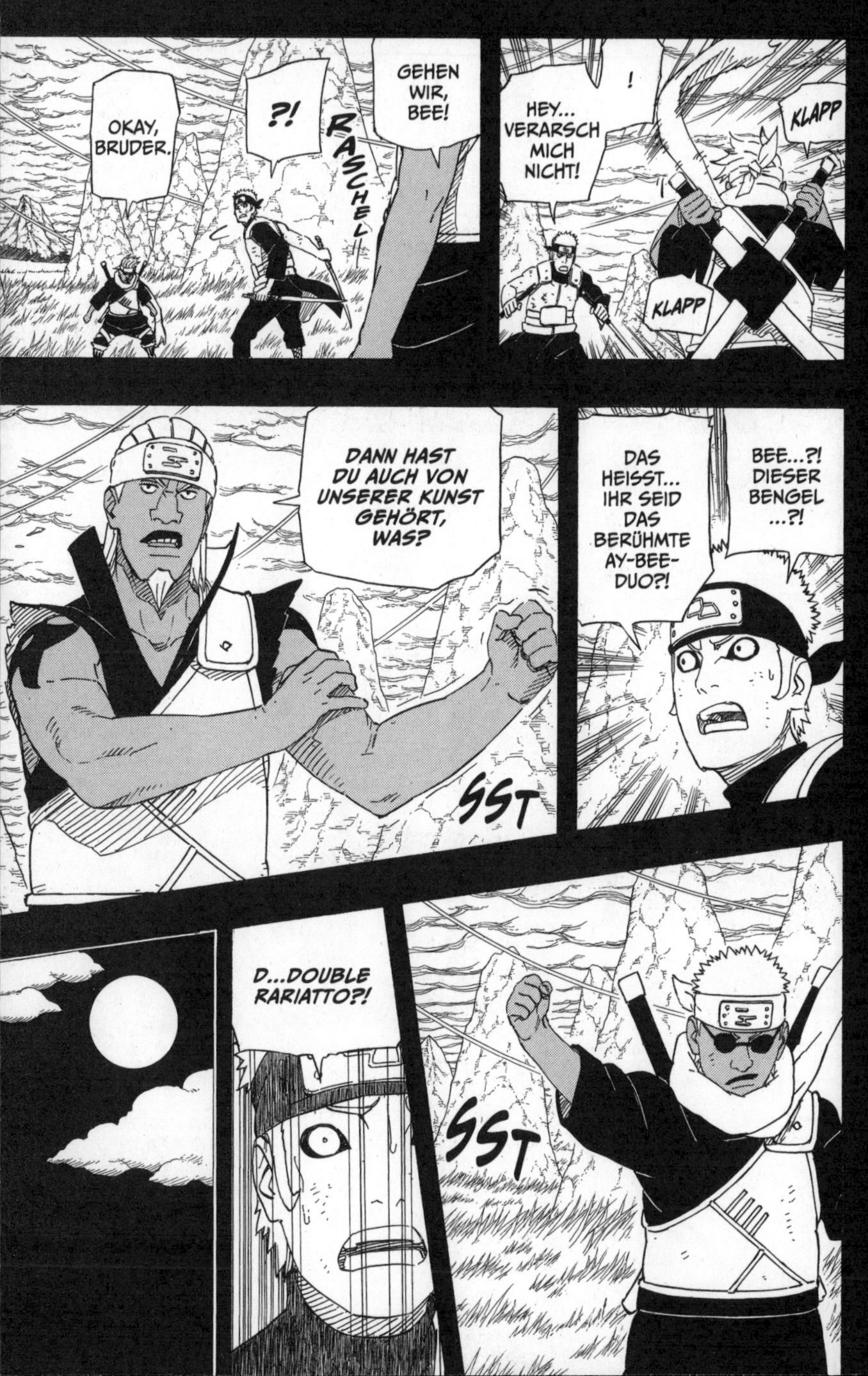
!
HEY... VERARSCH MICH NICHT!
KLAPP
KLAPP
GEHEN WIR, BEE!
RASCHEL
?!
OKAY, BRUDER.
BEE...?! DIESER BENGEL ...?!
DAS HEISST... IHR SEID DAS BERÜHMTE AY-BEE-DUO?!
DANN HAST DU AUCH VON UNSERER KUNST GEHÖRT, WAS?
SST
SST
D...DOUBLE RARIATTO?!

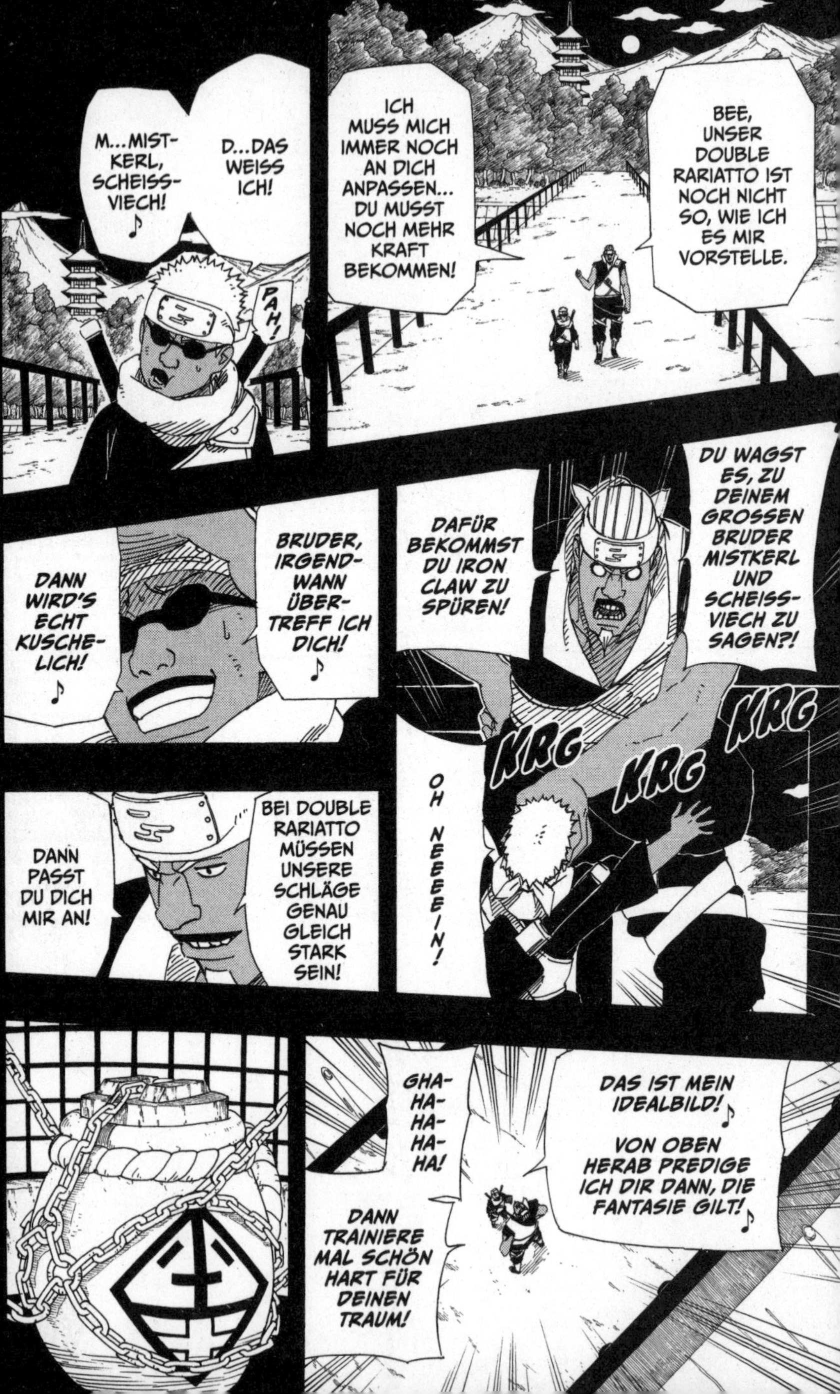
BEE, UNSER DOUBLE RARIATTO IST NOCH NICHT SO, WIE ICH ES MIR VORSTELLE.
ICH MUSS MICH IMMER NOCH AN DICH ANPASSEN... DU MUSST NOCH MEHR KRAFT BEKOMMEN!
D...DAS WEISS ICH!
M...MIST-KERL, SCHEISS-VIECH! ♪
PAH!
DU WAGST ES, ZU DEINEM GROSSEN BRUDER MISTKERL UND SCHEISS-VIECH ZU SAGEN?!
DAFÜR BEKOMMST DU IRON CLAW ZU SPÜREN!
KRG
KRG
KRG
OH NEEEEEIN!
BRUDER, IRGEND-WANN ÜBER-TREFF ICH DICH! ♪
DANN WIRD'S ECHT KUSCHE-LICH! ♪
BEI DOUBLE RARIATTO MÜSSEN UNSERE SCHLÄGE GENAU GLEICH STARK SEIN!
DANN PASST DU DICH MIR AN!
DAS IST MEIN IDEALBILD! ♪
VON OBEN HERAB PREDIGE ICH DIR DANN, DIE FANTASIE GILT! ♪
GHA-HA-HA-HA-HA!
DANN TRAINIERE MAL SCHÖN HART FÜR DEINEN TRAUM!

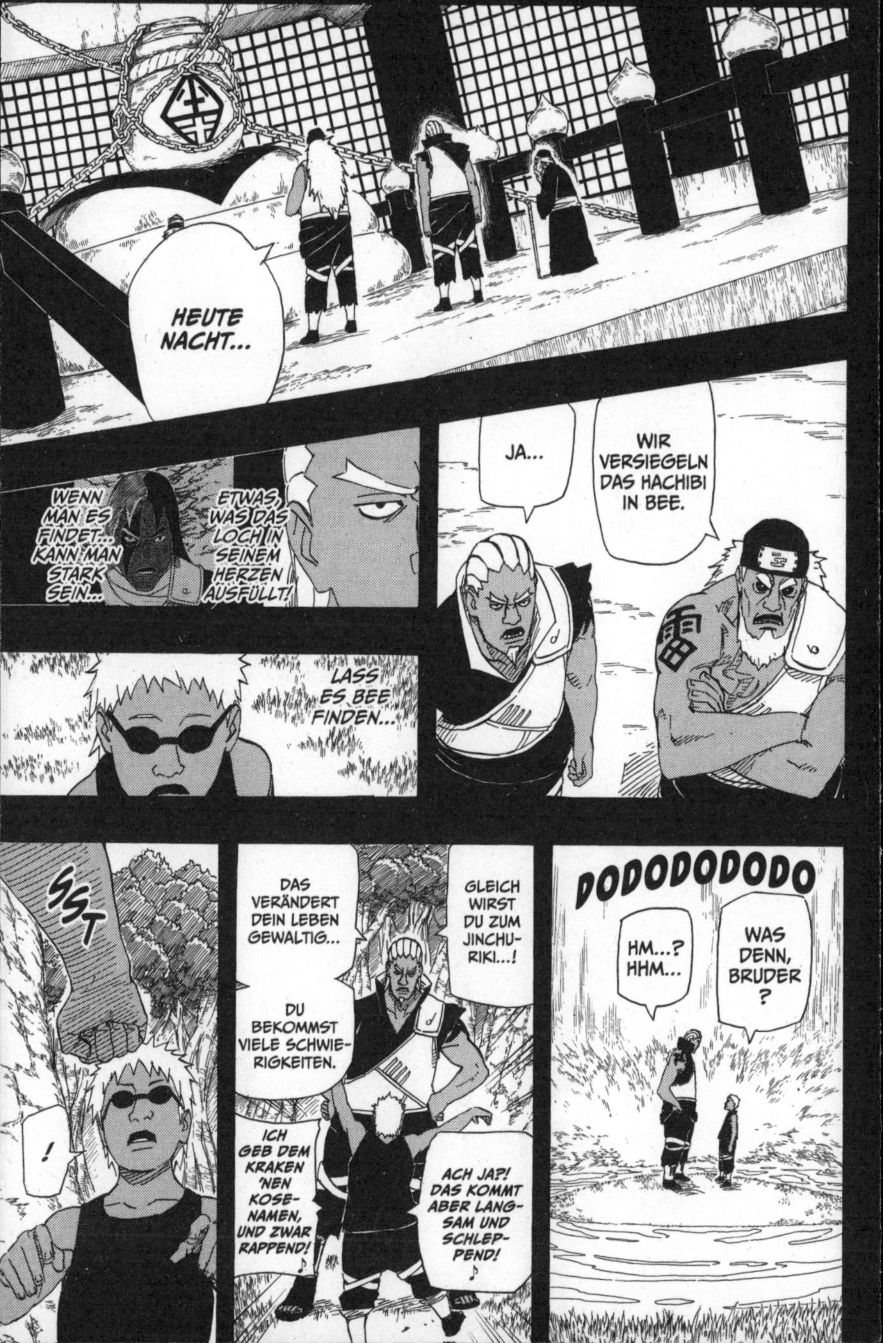
HEUTE NACHT...
WIR VERSIEGELN DAS HACHIBI IN BEE.
JA...
ETWAS, WAS DAS LOCH IN SEINEM HERZEN AUSFÜLLT!
WENN MAN ES FINDET... KANN MAN STARK SEIN...
LASS ES BEE FINDEN...
DODODODODO
WAS DENN, BRUDER?
HM...? HHM...
GLEICH WIRST DU ZUM JINCHURIKI...!
DAS VERÄNDERT DEIN LEBEN GEWALTIG...
DU BEKOMMST VIELE SCHWIERIGKEITEN.
ACH JA?! DAS KOMMT ABER LANGSAM UND SCHLEPPEND! ♪
ICH GEB DEM KRAKEN 'NEN KOSENAMEN, UND ZWAR RAPPEND! ♪
SST
!

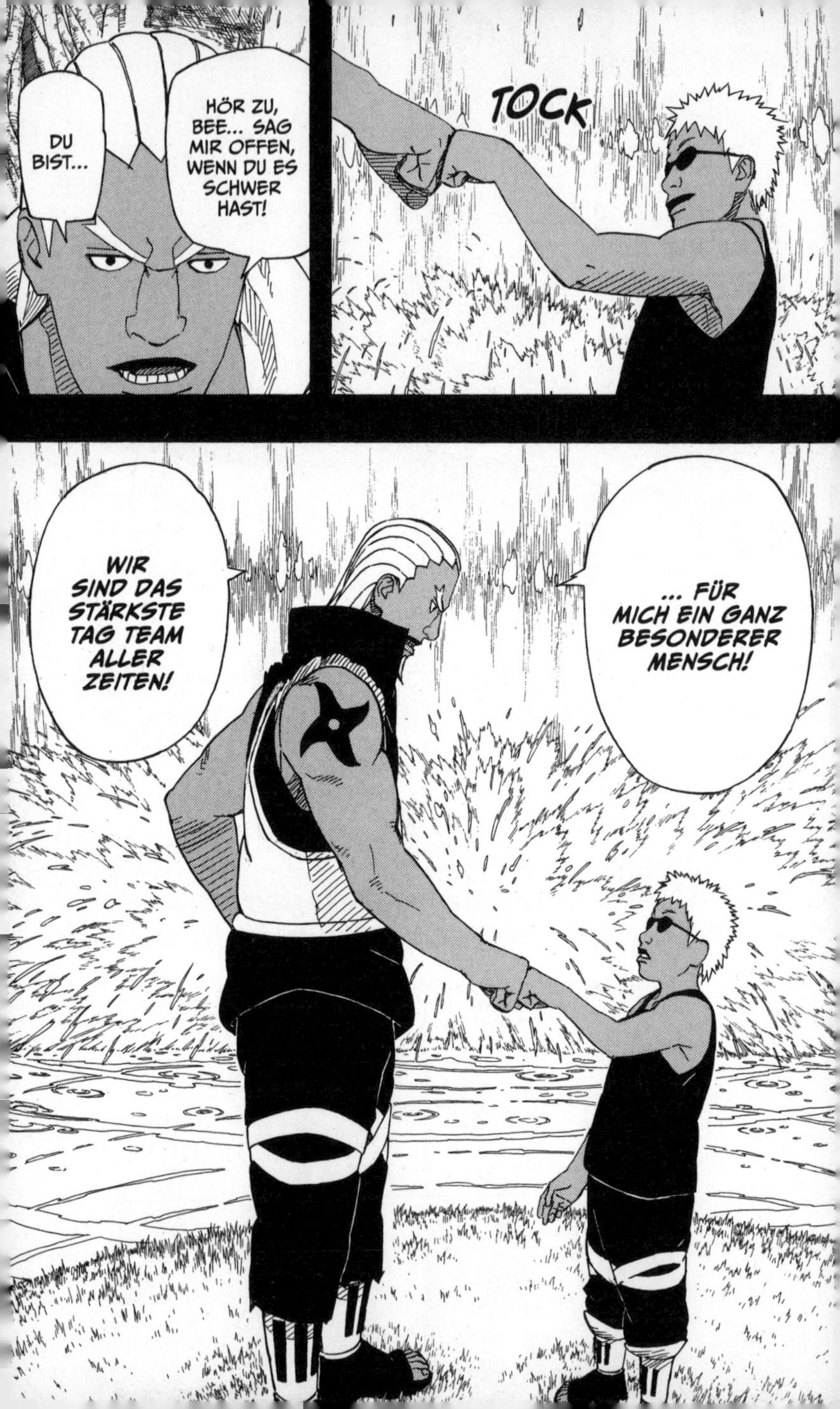
TOCK
HÖR ZU, BEE... SAG MIR OFFEN, WENN DU ES SCHWER HAST!
DU BIST...
... FÜR MICH EIN GANZ BESONDERER MENSCH!
WIR SIND DAS STÄRKSTE TAG TEAM ALLER ZEITEN!

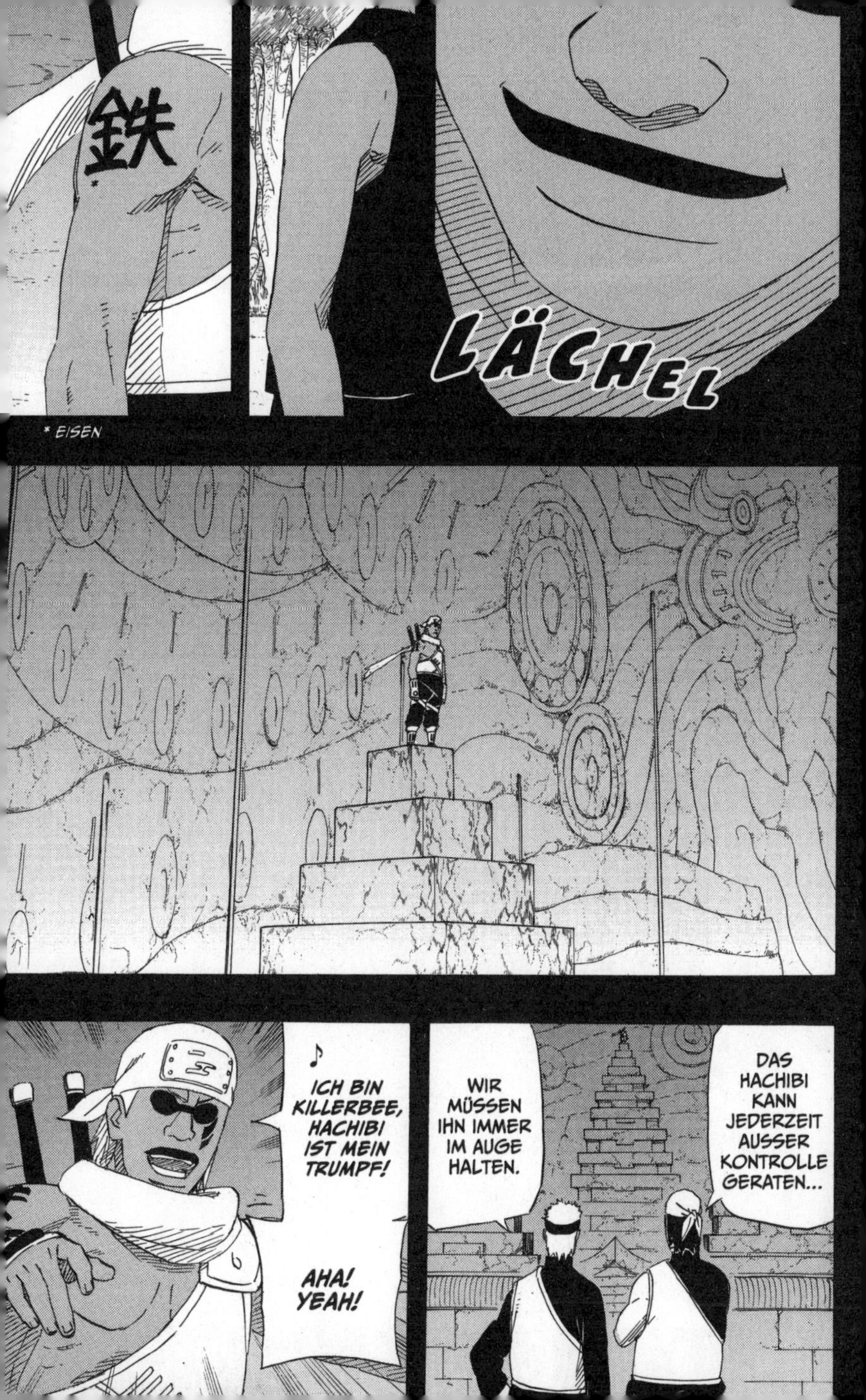
鉄
LÄCHEL
DAS HACHIBI KANN JEDERZEIT AUSSER KONTROLLE GERATEN...
WIR MÜSSEN IHN IMMER IM AUGE HALTEN.
♪ ICH BIN KILLERBEE, HACHIBI IST MEIN TRUMPF!
AHA! YEAH!

* EISEN

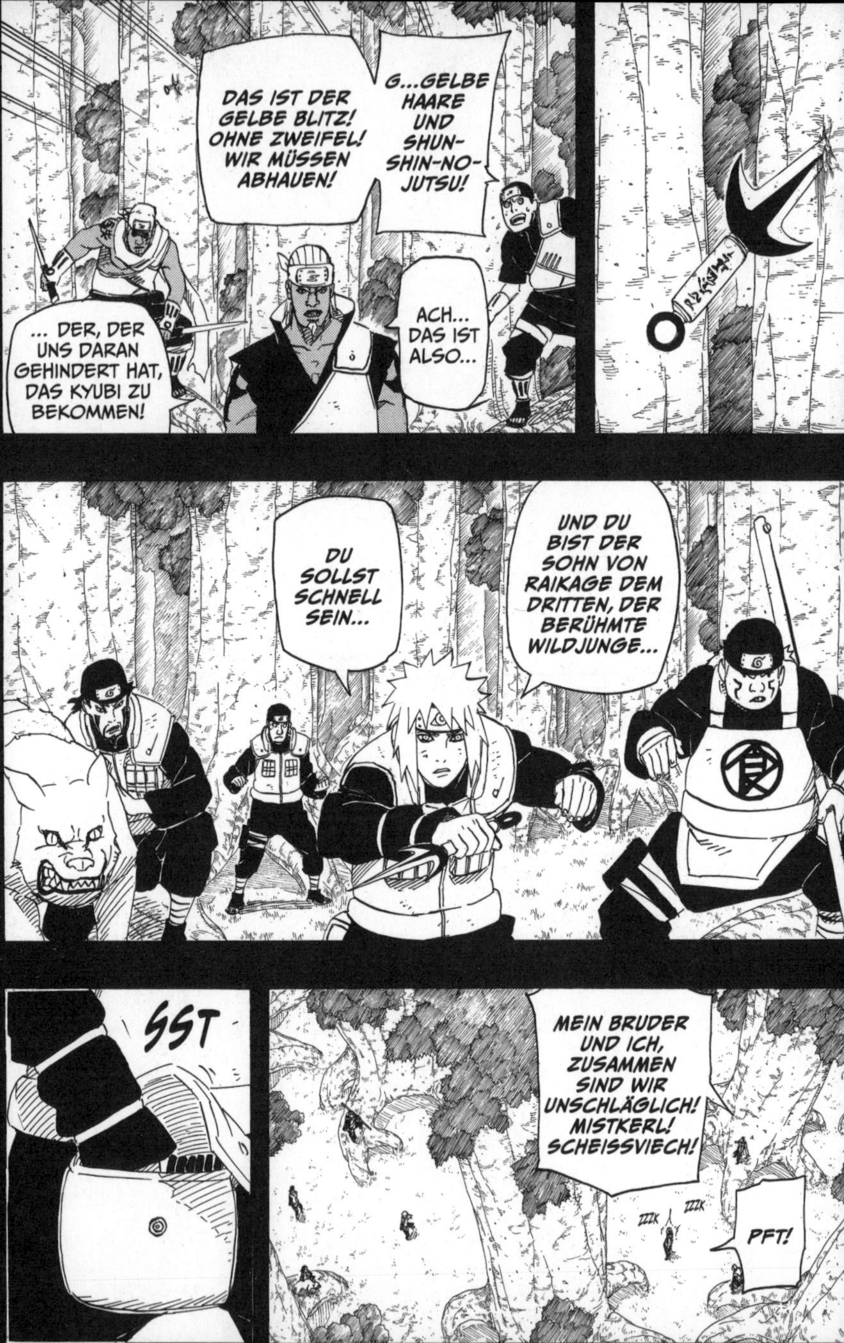
G...GELBE HAARE UND SHUN-SHIN-NO-JUTSU!
DAS IST DER GELBE BLITZ! OHNE ZWEIFEL! WIR MÜSSEN ABHAUEN!
ACH... DAS IST ALSO...
... DER, DER UNS DARAN GEHINDERT HAT, DAS KYUBI ZU BEKOMMEN!
UND DU BIST DER SOHN VON RAIKAGE DEM DRITTEN, DER BERÜHMTE WILDJUNGE...
DU SOLLST SCHNELL SEIN...
MEIN BRUDER UND ICH, ZUSAMMEN SIND WIR UNSCHLÄGLICH! MISTKERL! SCHEISSVIECH!
ZZZK
ZZZK
PFT!
SST

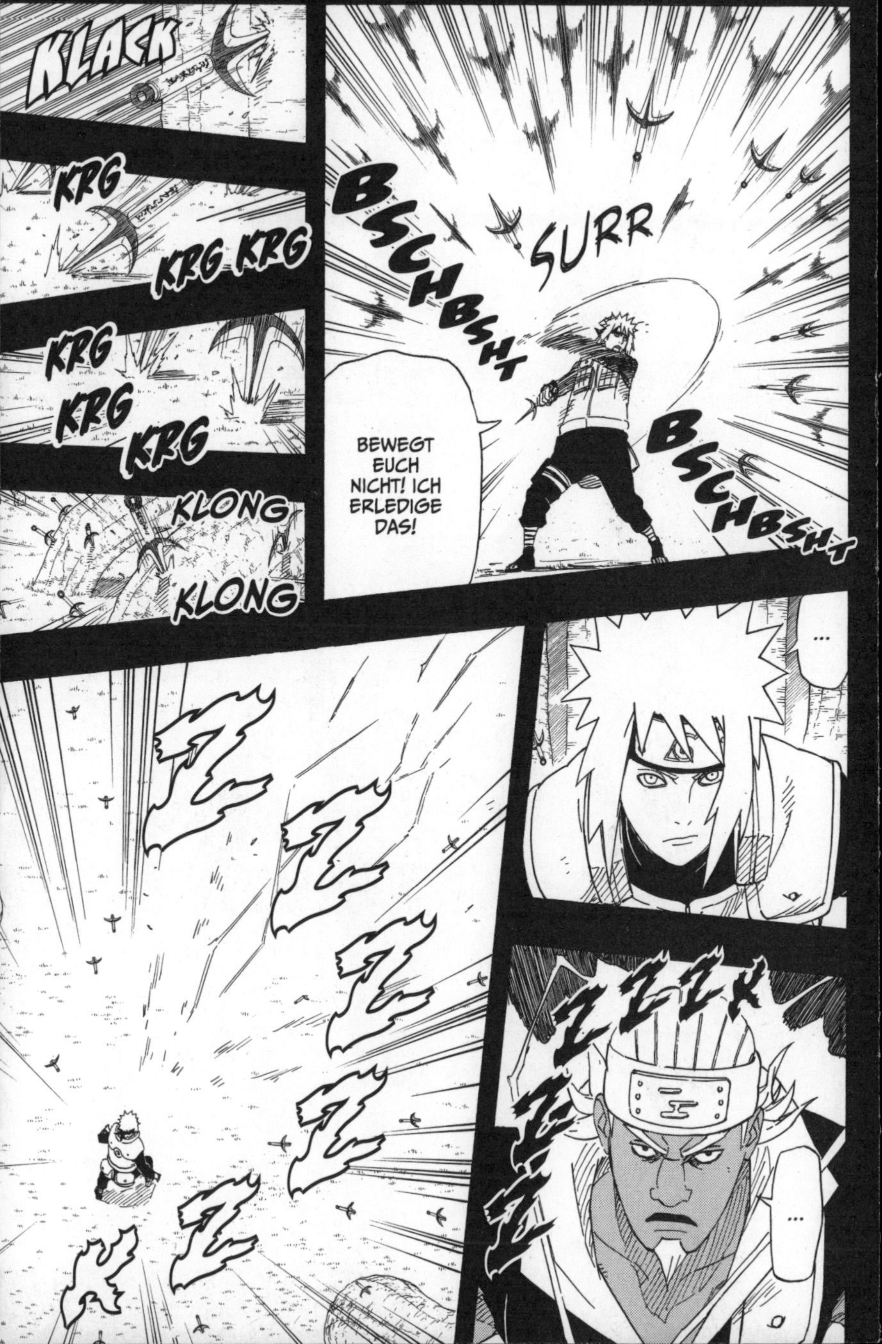
BSCHBSHT
SURR
BSCHBSHT
BEWEGT EUCH NICHT! ICH ERLEDIGE DAS!
KLACK
KRG
KRG KRG
KRG
KRG
KRG
KLONG
KLONG
...
ZZZK

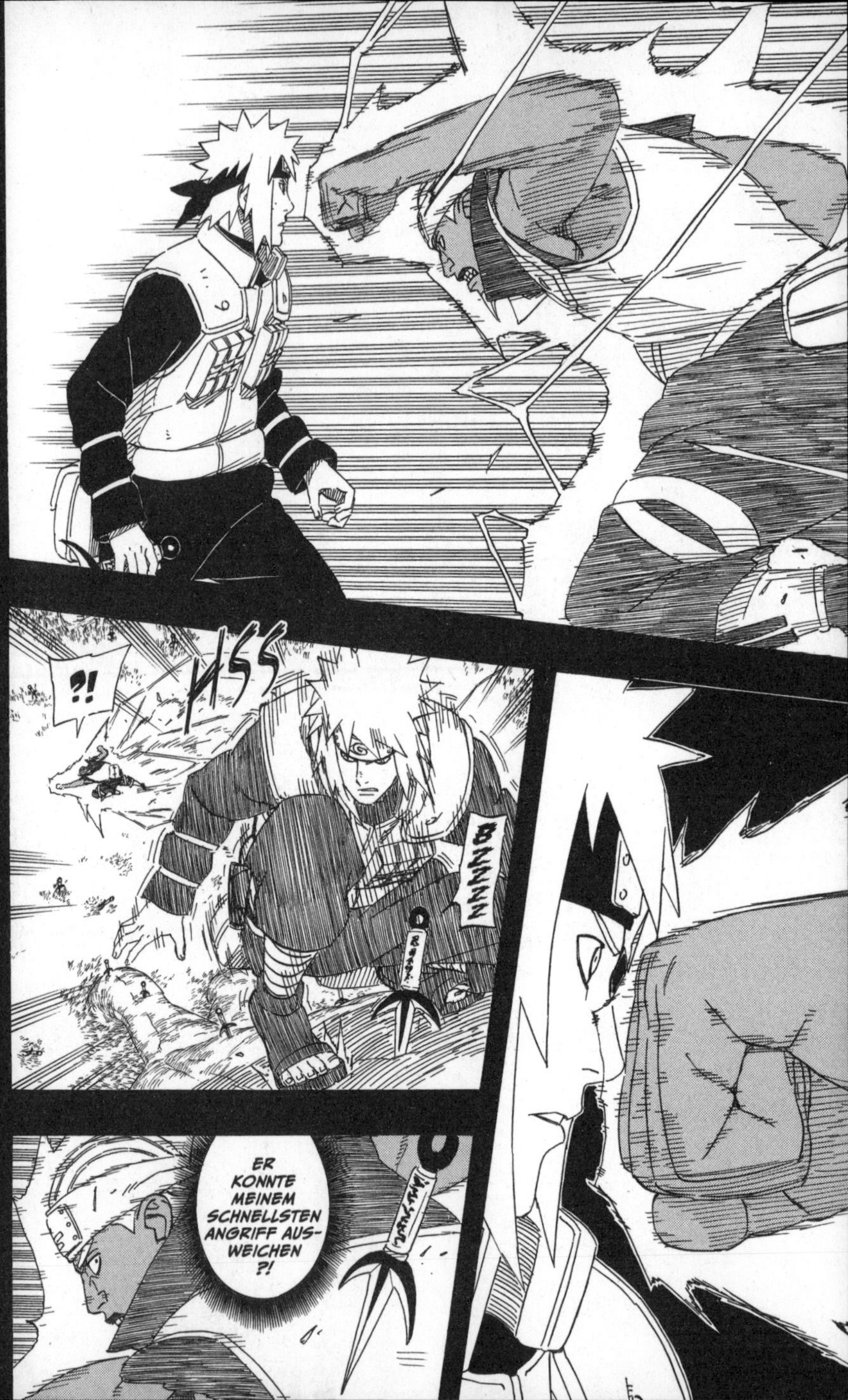
?!
HSS
BZZZZ
ER KONNTE MEINEM SCHNELLSTEN ANGRIFF AUS-WEICHEN ?!

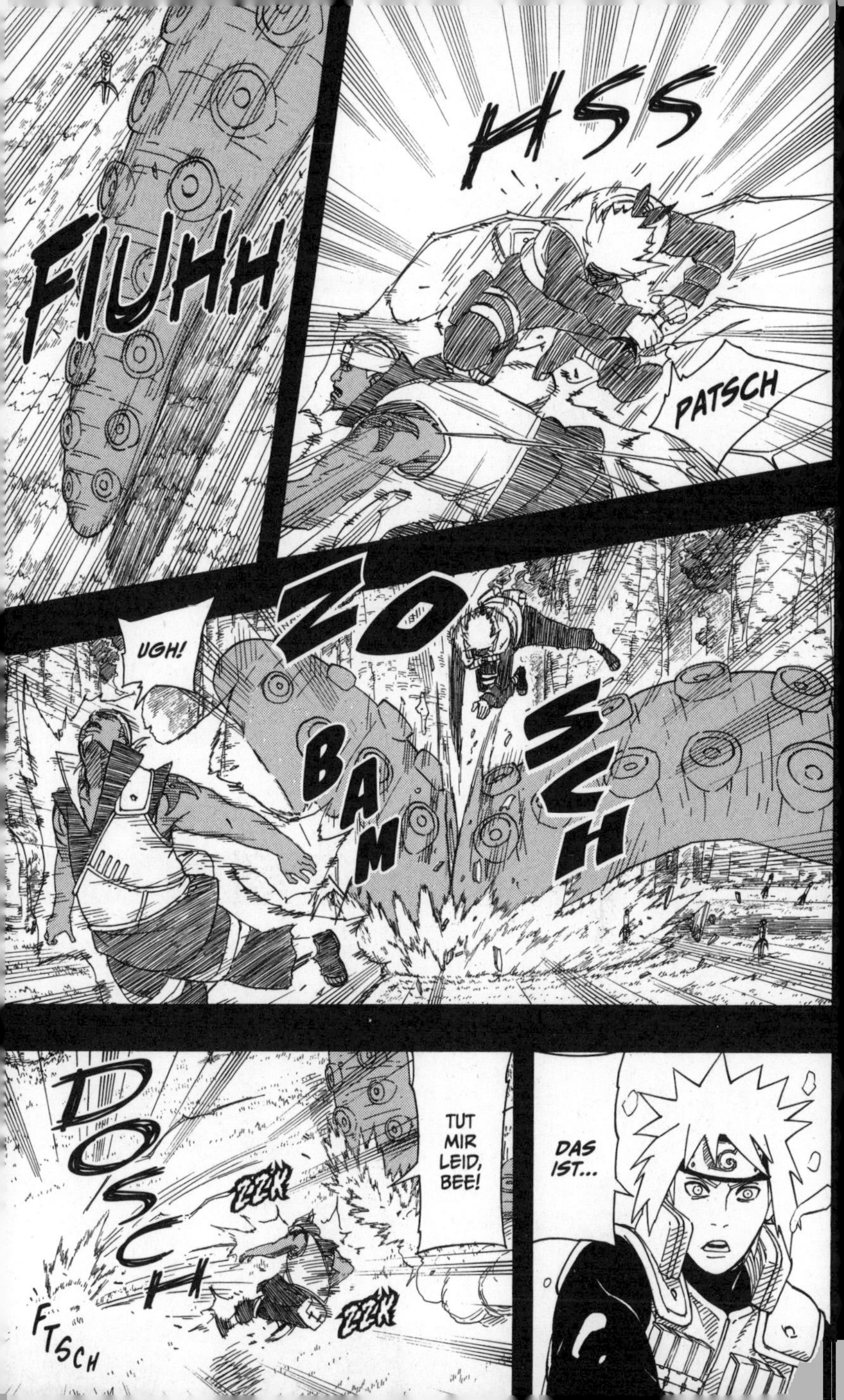
HSS
PATSCH
FIUHH
UGH!
ZO
SCH
BAM
DAS IST...
TUT MIR LEID, BEE!
DOSCH
ZZK
ZZK
FTSCH

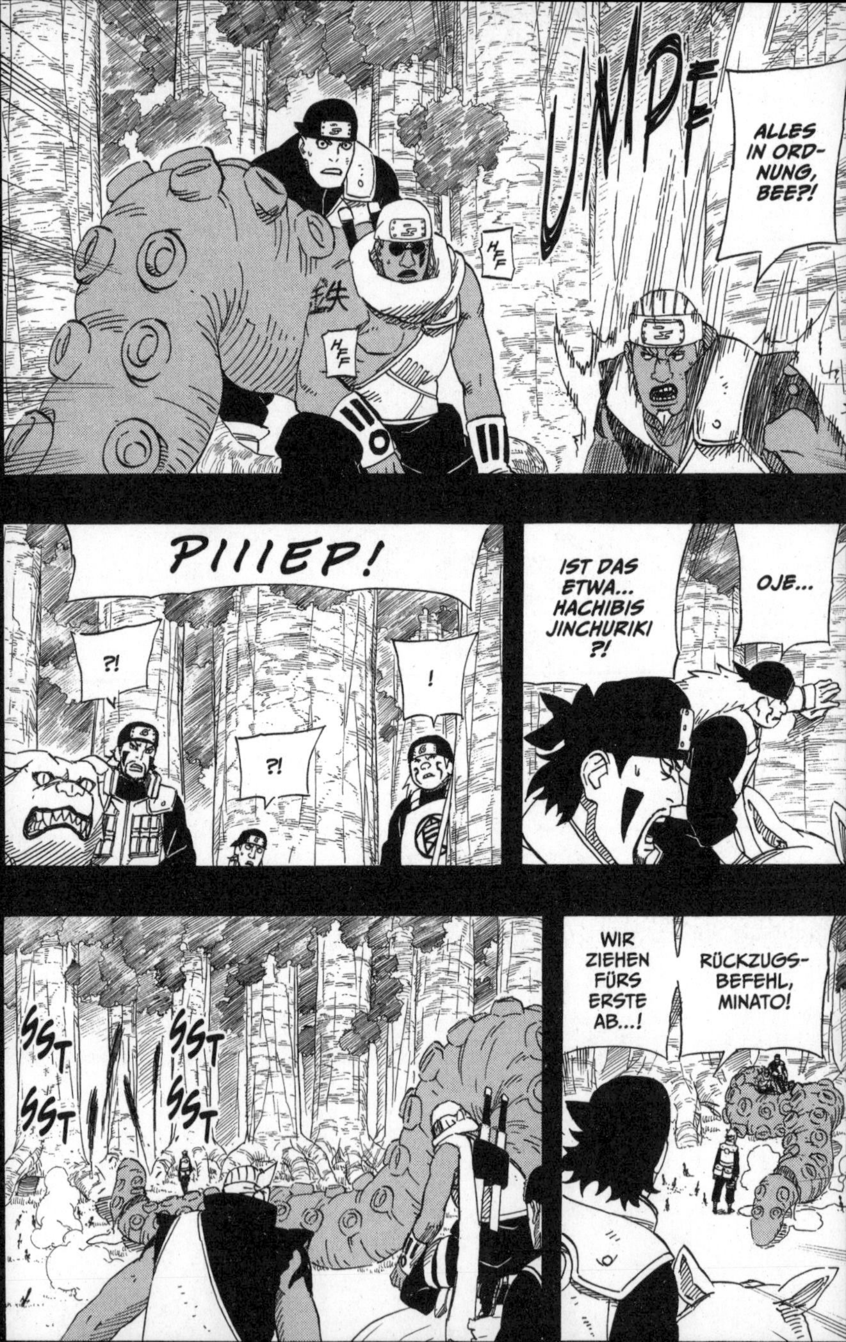
UMPF
ALLES IN ORDNUNG, BEE?!
HFF
HFF
PIIIEP!
?!
!
?!
OJE...
IST DAS ETWA... HACHIBIS JINCHURIKI ?!
RÜCKZUGSBEFEHL, MINATO!
WIR ZIEHEN FÜRS ERSTE AB...!
SST
SST
SST
SST

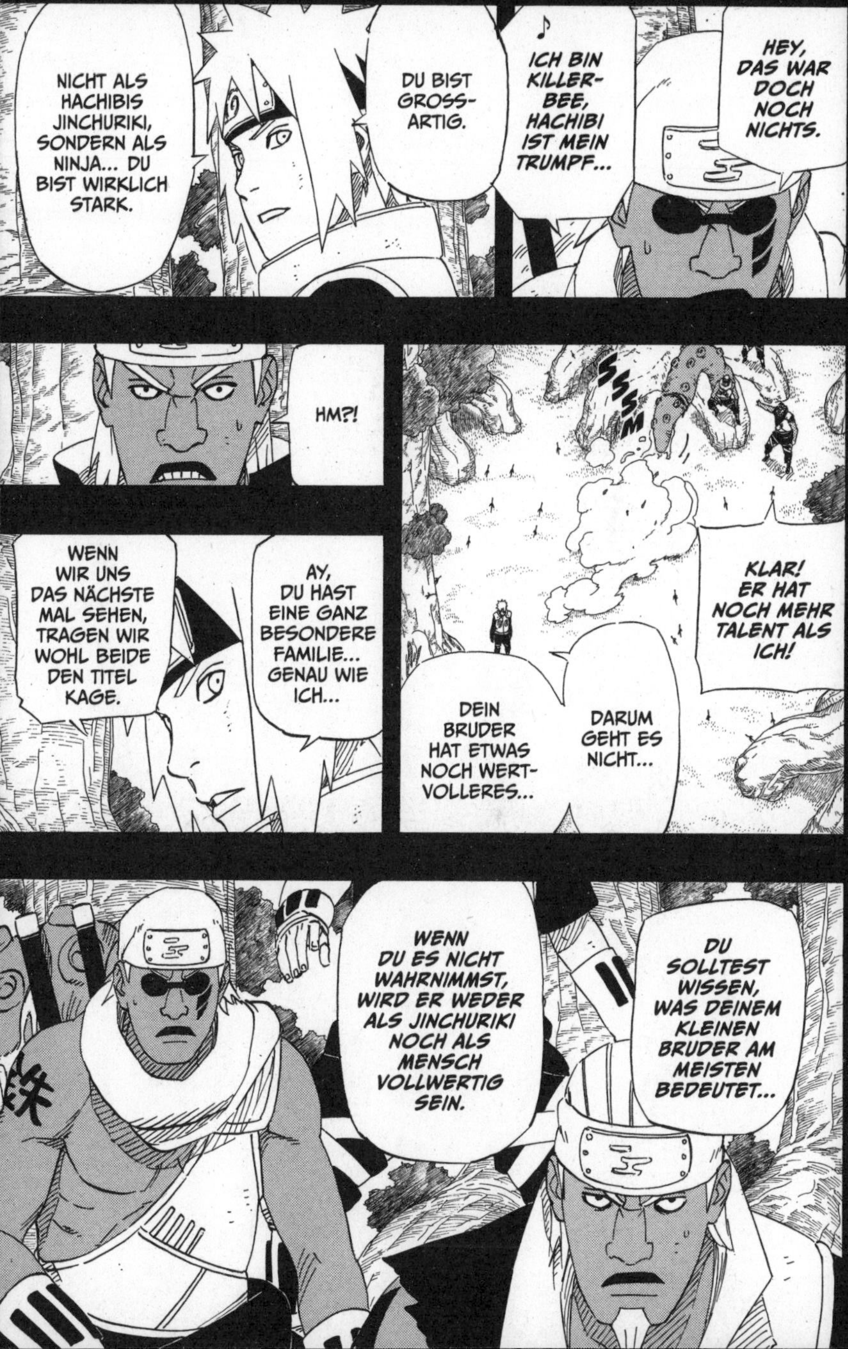
HEY, DAS WAR DOCH NOCH NICHTS.
ICH BIN KILLER-BEE, HACHIBI IST MEIN TRUMPF...
DU BIST GROSS-ARTIG.
NICHT ALS HACHIBIS JINCHURIKI, SONDERN ALS NINJA... DU BIST WIRKLICH STARK.
SSSM
KLAR! ER HAT NOCH MEHR TALENT ALS ICH!
DARUM GEHT ES NICHT...
DEIN BRUDER HAT ETWAS NOCH WERT-VOLLERES...
HM?!
AY, DU HAST EINE GANZ BESONDERE FAMILIE... GENAU WIE ICH...
WENN WIR UNS DAS NÄCHSTE MAL SEHEN, TRAGEN WIR WOHL BEIDE DEN TITEL KAGE.
DU SOLLTEST WISSEN, WAS DEINEM KLEINEN BRUDER AM MEISTEN BEDEUTET...
WENN DU ES NICHT WAHRNIMMST, WIRD ER WEDER ALS JINCHURIKI NOCH ALS MENSCH VOLLWERTIG SEIN.

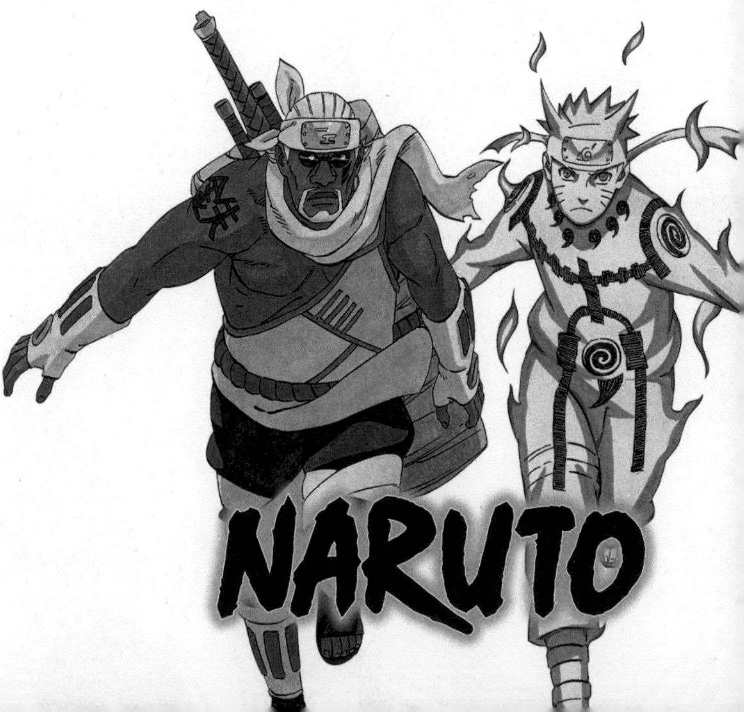
NARUTO

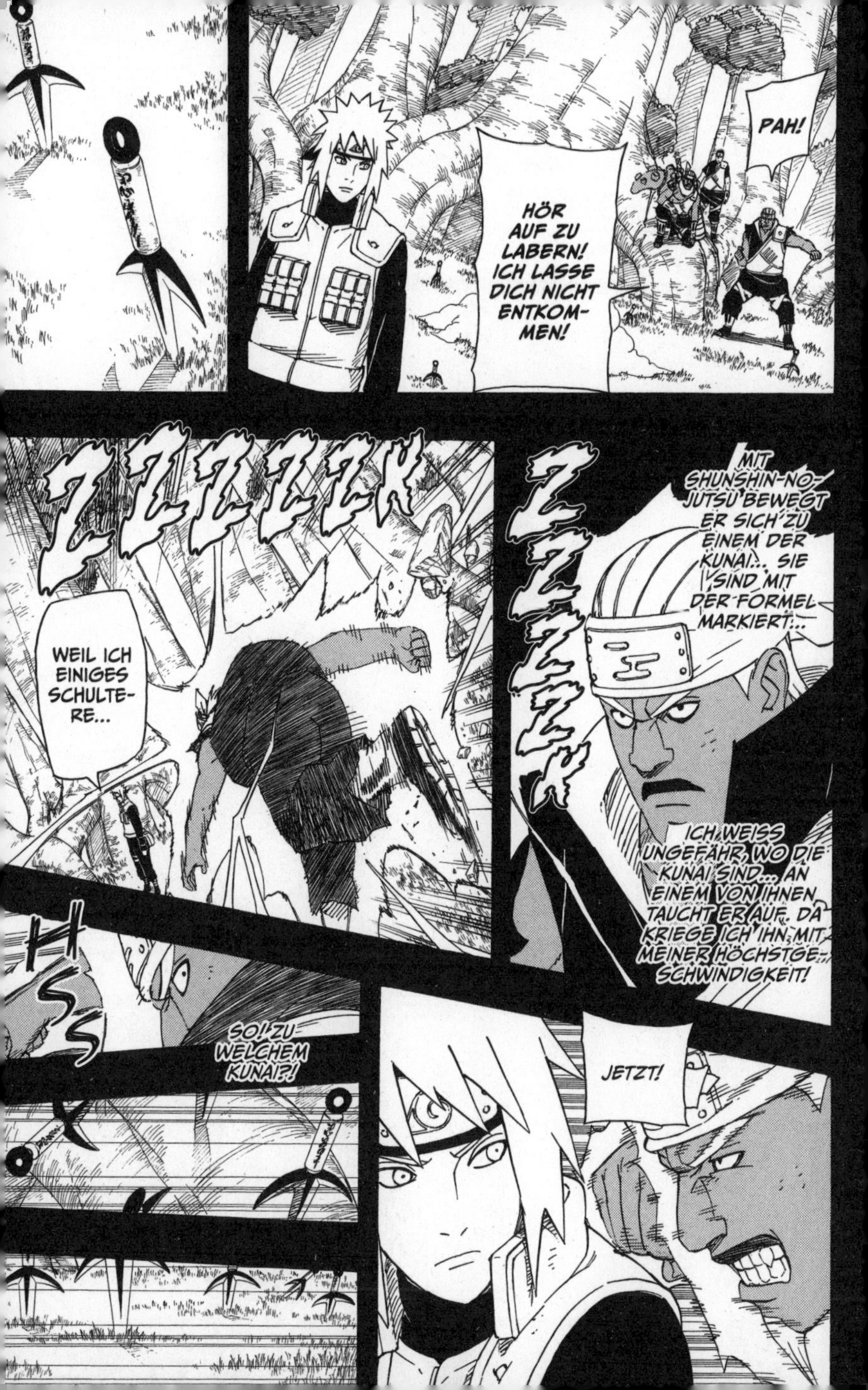
PAH!
HÖR AUF ZU LABERN! ICH LASSE DICH NICHT ENTKOMMEN!
MIT SHUNSHIN-NO-JUTSU BEWEGT ER SICH ZU EINEM DER KUNAI... SIE SIND MIT DER FORMEL MARKIERT...
ZZZZZK
WEIL ICH EINIGES SCHULTERE...
ICH WEISS UNGEFÄHR, WO DIE KUNAI SIND... AN EINEM VON IHNEN TAUCHT ER AUF. DA KRIEGE ICH IHN MIT MEINER HÖCHSTGESCHWINDIGKEIT!
HSS
SO! ZU WELCHEM KUNAI?!
JETZT!

543. KAPITEL: WORTE, DIE ICH NIE VERGESSE

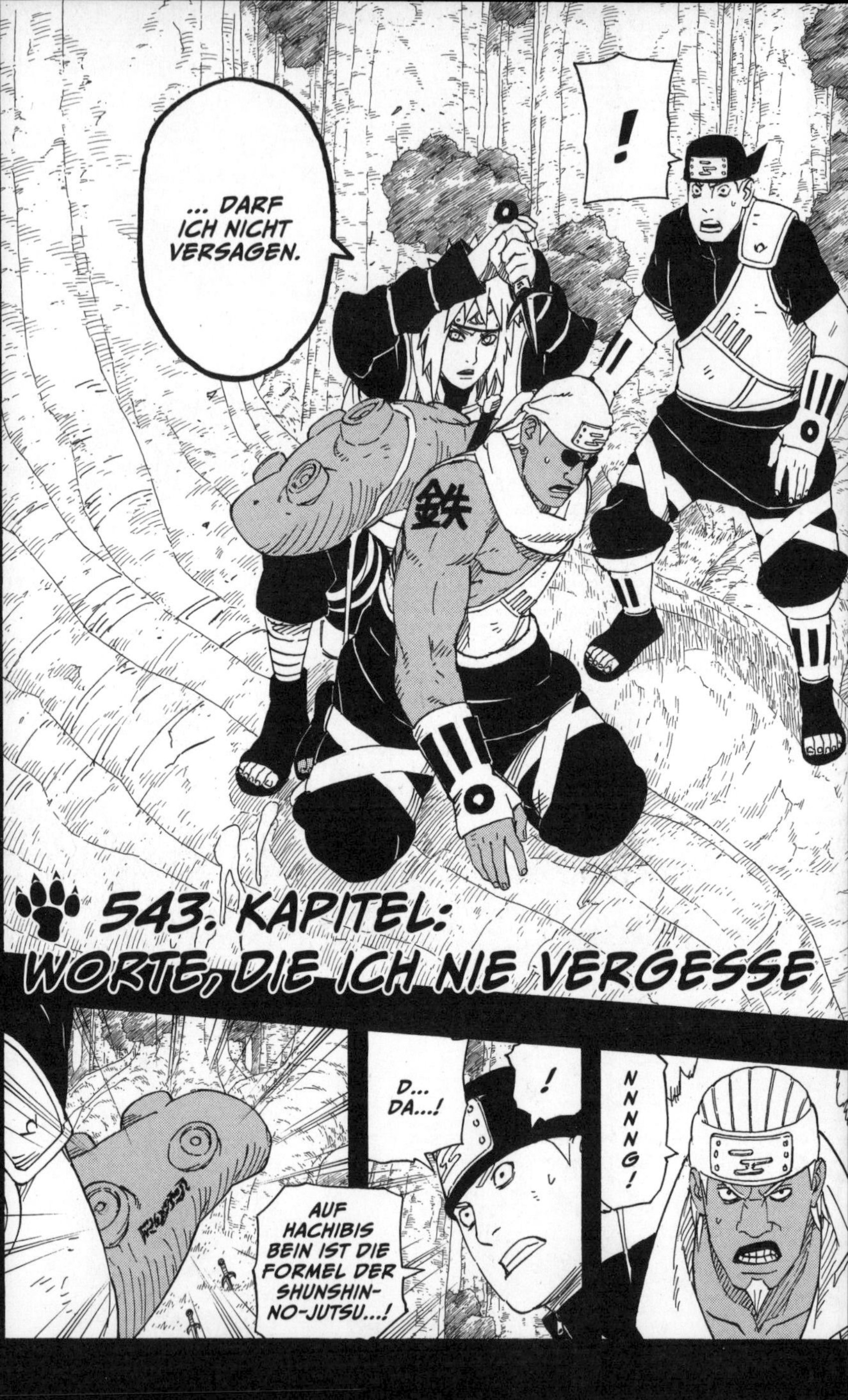

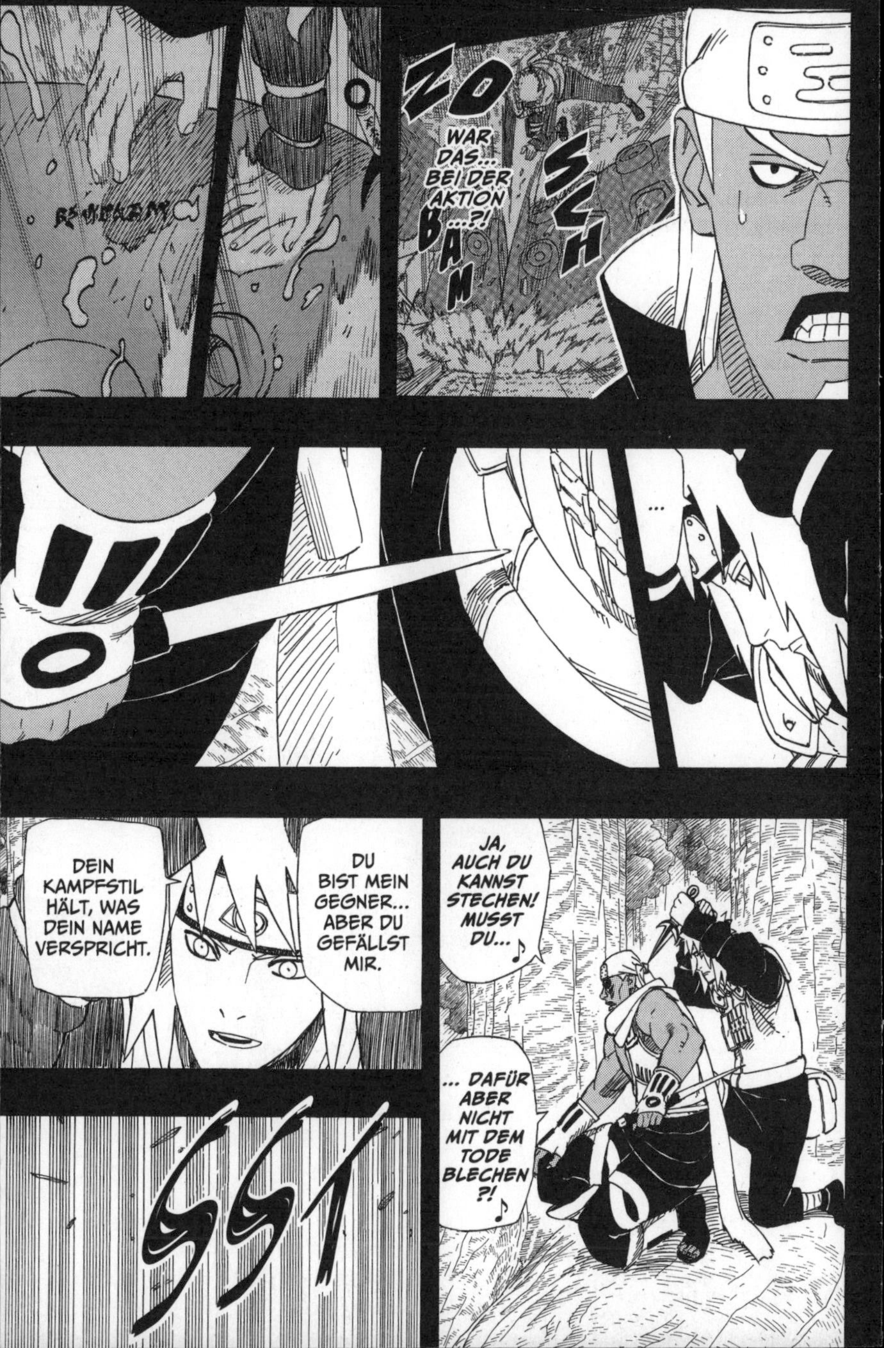

ZO
WAR DAS... BEI DER AKTION ...?!
BÄM
SCH
...
DEIN KAMPFSTIL HÄLT, WAS DEIN NAME VERSPRICHT.
DU BIST MEIN GEGNER... ABER DU GEFÄLLST MIR.
JA, AUCH DU KANNST STECHEN! MUSST DU... ♪
... DAFÜR ABER NICHT MIT DEM TODE BLECHEN ?! ♪
SST

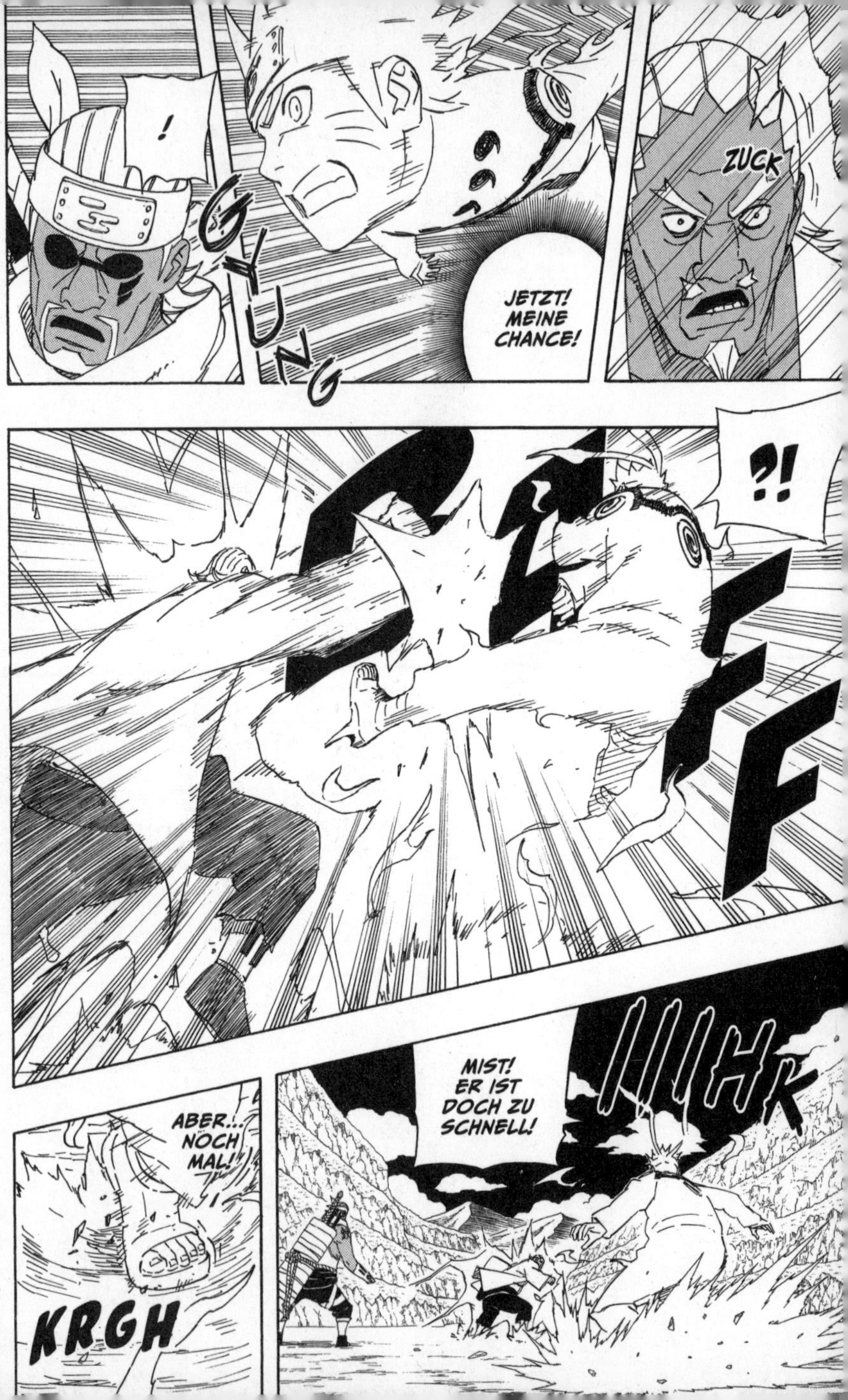

ZUCK
JETZT! MEINE CHANCE!
GYUNG
!
?!
MIST! ER IST DOCH ZU SCHNELL!
ABER... NOCH MAL!
KRGH

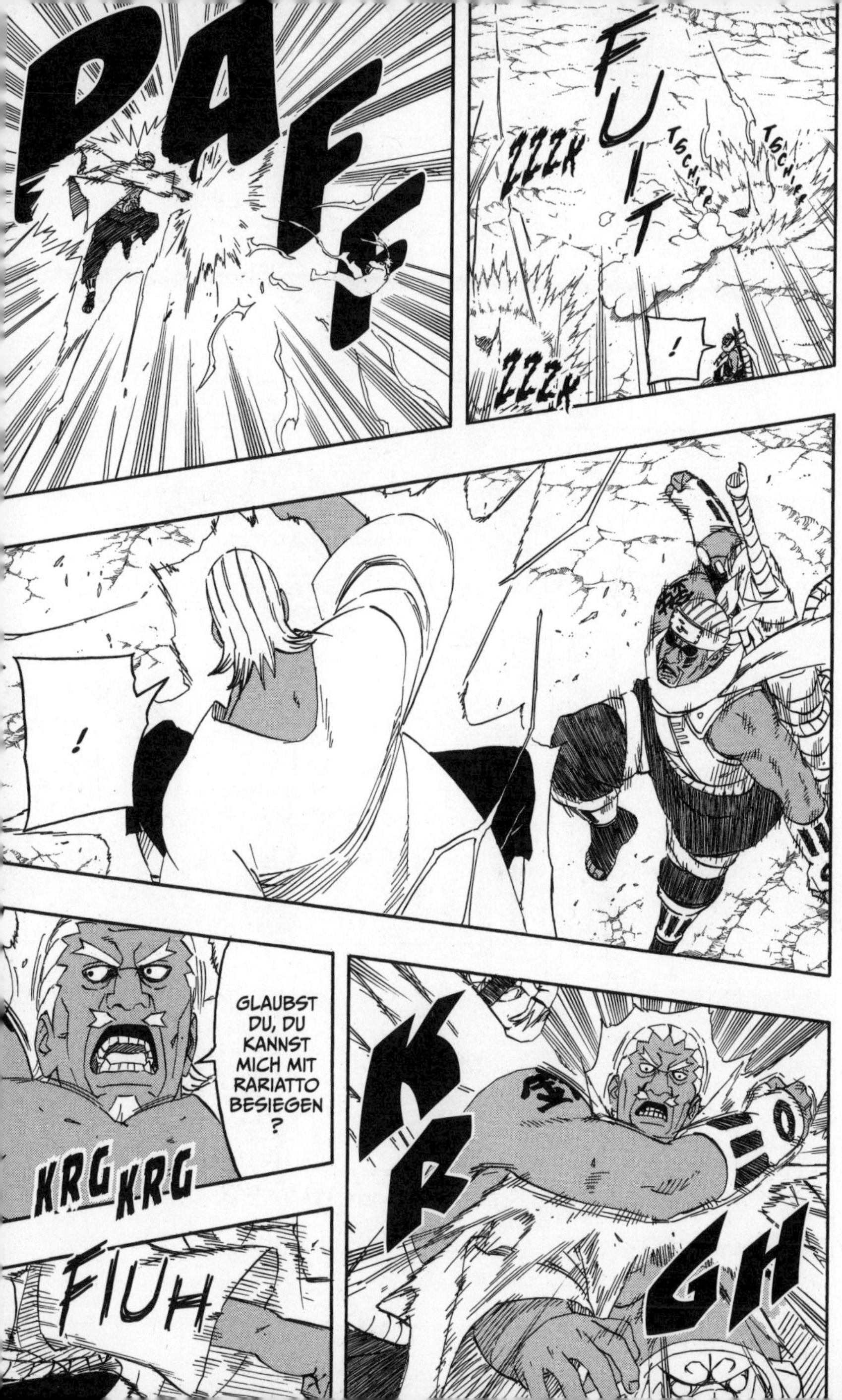
PAFF
FUIT
ZZZK
TSCHIRP
TSCHIRP
!
ZZZK
!
GLAUBST DU, DU KANNST MICH MIT RARIATTO BESIEGEN ?
KRG KRG
FIUH
KRGH

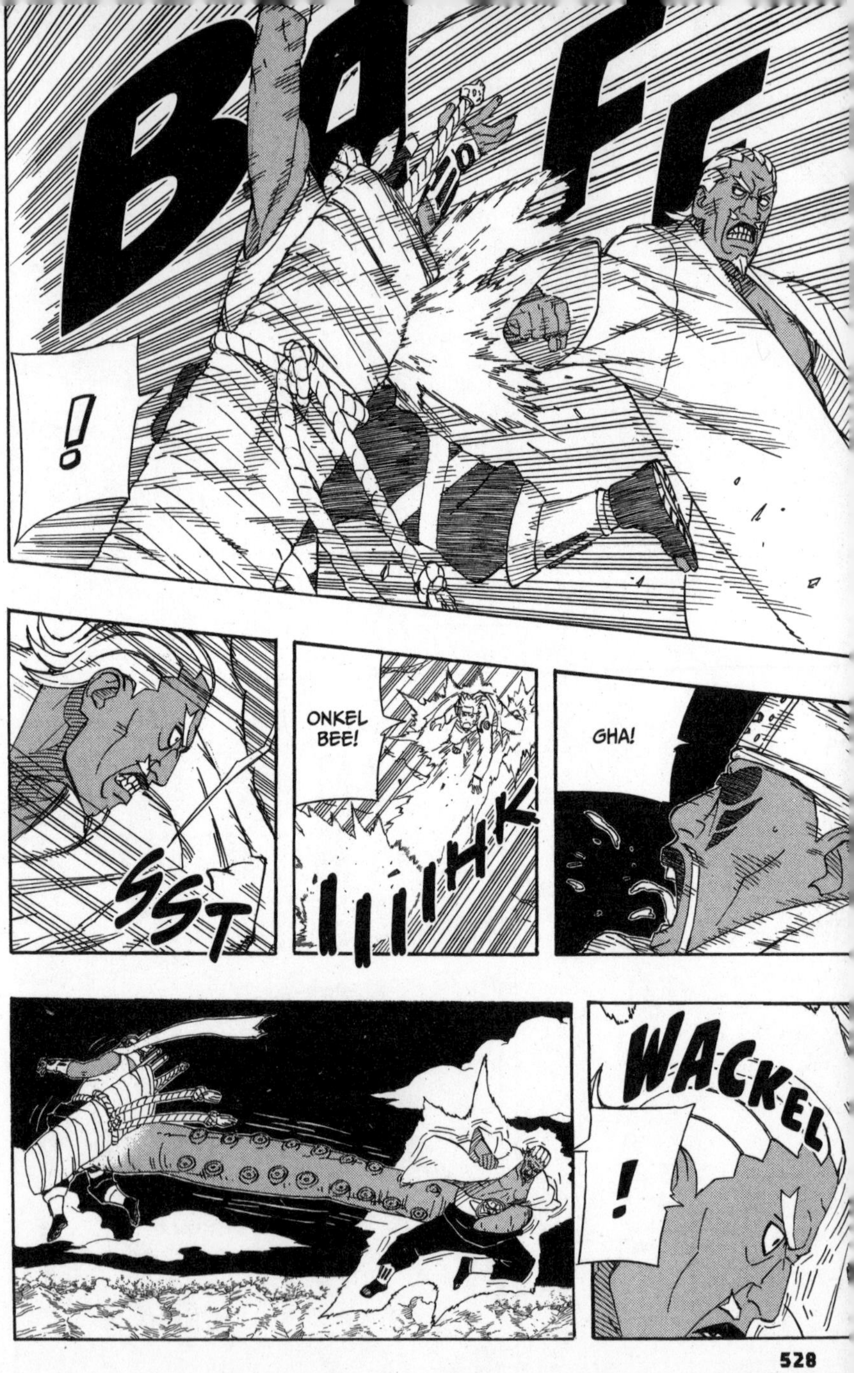
BAFF
!
GHA!
ONKEL BEE!
IIIIHK
SST
WACKEL
!

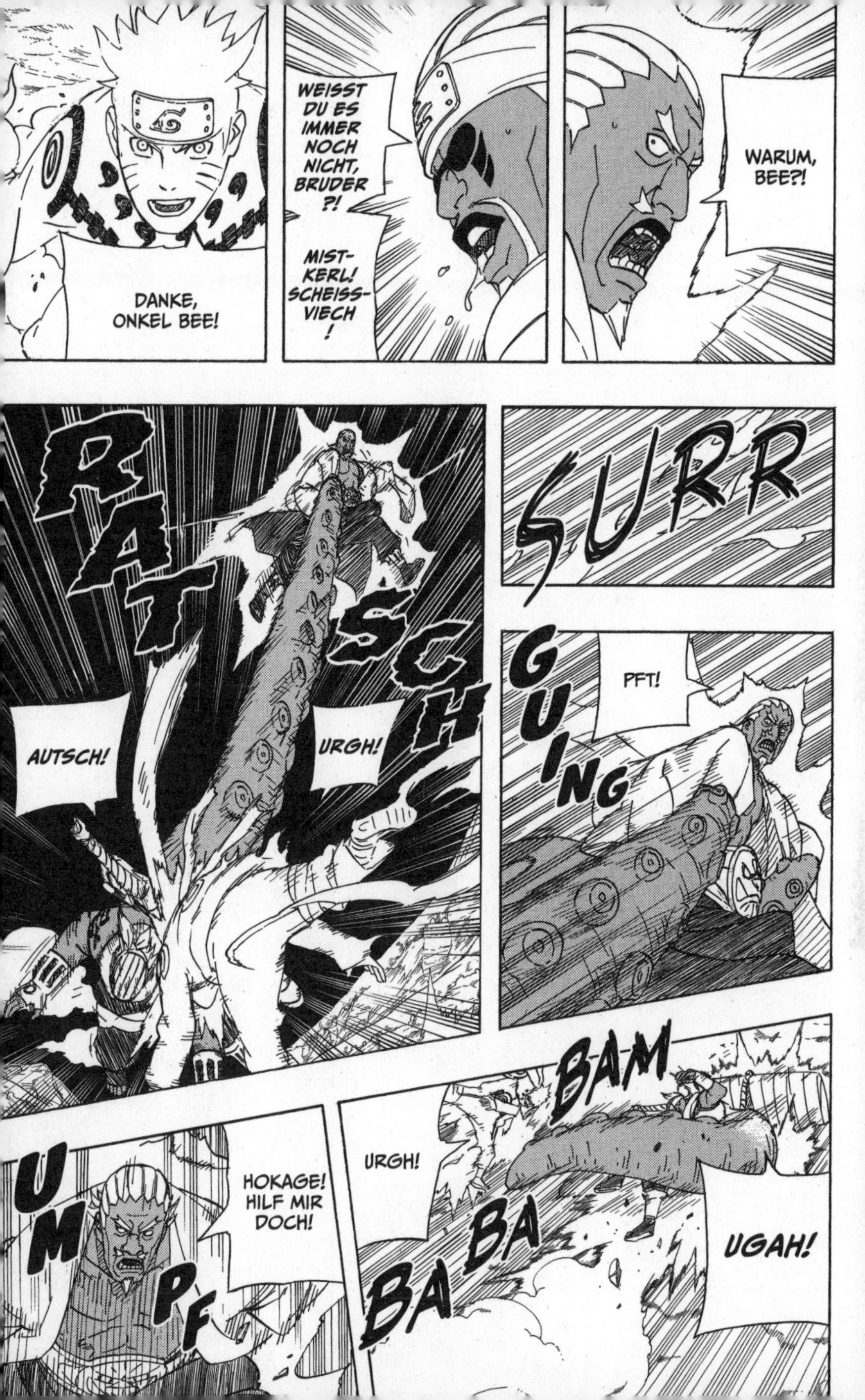
WARUM, BEE?!
WEISST DU ES IMMER NOCH NICHT, BRUDER?!
MIST-KERL! SCHEISS-VIECH!
DANKE, ONKEL BEE!
SURR
PFT!
GUING
RATSCH
URGH!
AUTSCH!
UGAH!
BAM
BA BA BA
URGH!
HOKAGE! HILF MIR DOCH!
UMPF

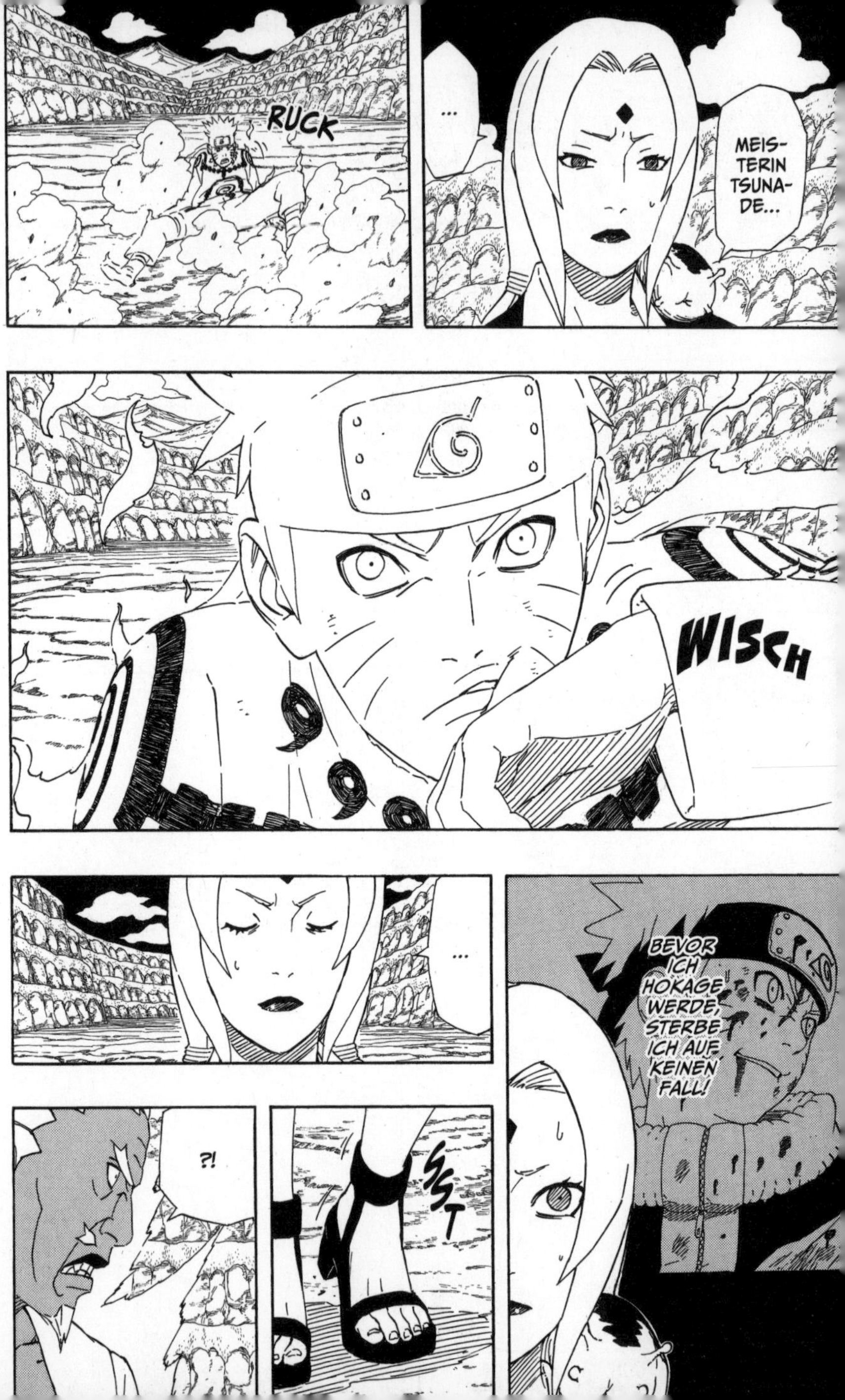
RUCK
...
MEIS-TERIN TSUNA-DE...
WISCH
...
BEVOR ICH HOKAGE WERDE, STERBE ICH AUF KEINEN FALL!
?!
SST

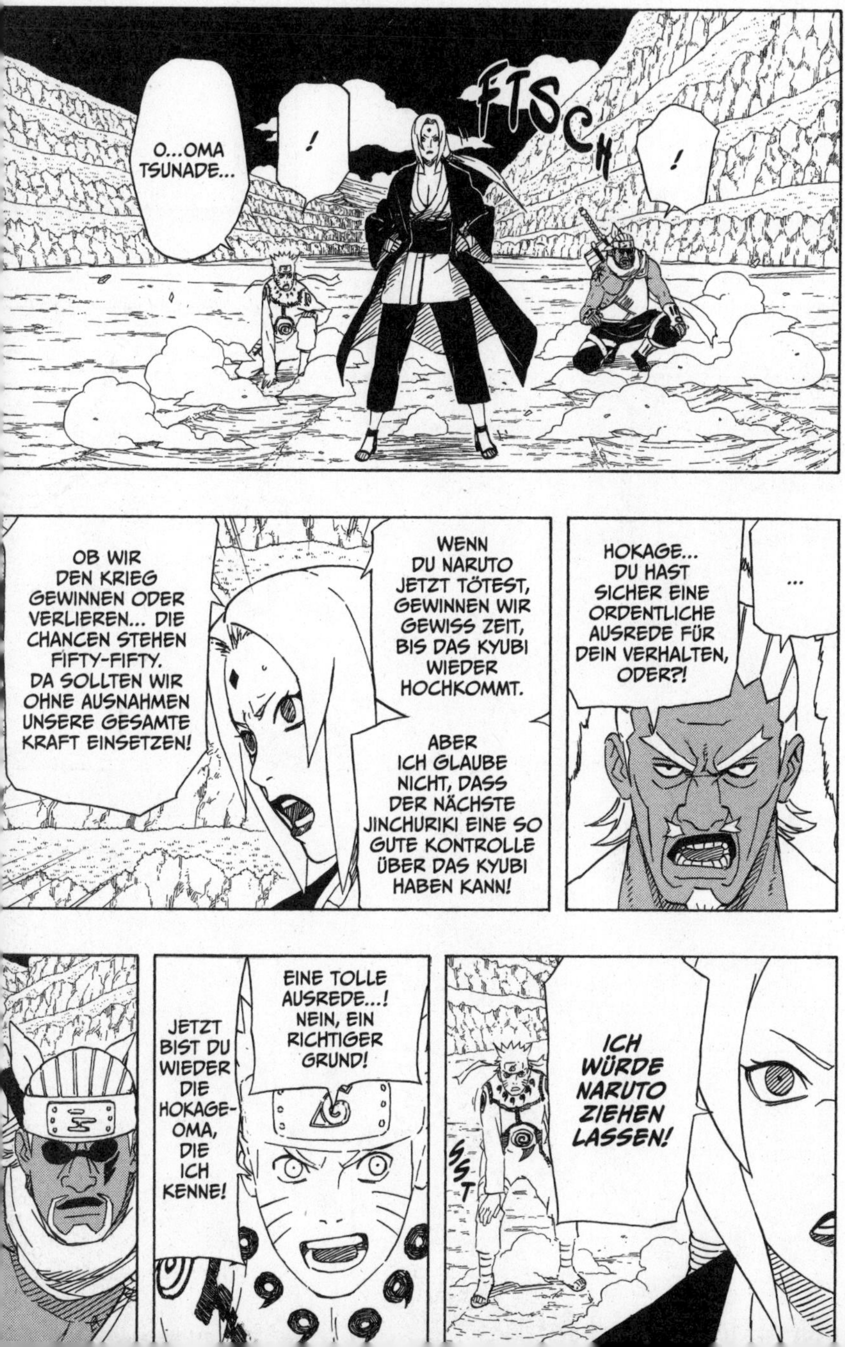
!
FTSCH
!
O...OMA TSUNADE...
...
HOKAGE... DU HAST SICHER EINE ORDENTLICHE AUSREDE FÜR DEIN VERHALTEN, ODER?!
WENN DU NARUTO JETZT TÖTEST, GEWINNEN WIR GEWISS ZEIT, BIS DAS KYUBI WIEDER HOCHKOMMT.
ABER ICH GLAUBE NICHT, DASS DER NÄCHSTE JINCHURIKI EINE SO GUTE KONTROLLE ÜBER DAS KYUBI HABEN KANN!
OB WIR DEN KRIEG GEWINNEN ODER VERLIEREN... DIE CHANCEN STEHEN FIFTY-FIFTY. DA SOLLTEN WIR OHNE AUSNAHMEN UNSERE GESAMTE KRAFT EINSETZEN!
ICH WÜRDE NARUTO ZIEHEN LASSEN!
SST
EINE TOLLE AUSREDE...! NEIN, EIN RICHTIGER GRUND!
JETZT BIST DU WIEDER DIE HOKAGE-OMA, DIE ICH KENNE!

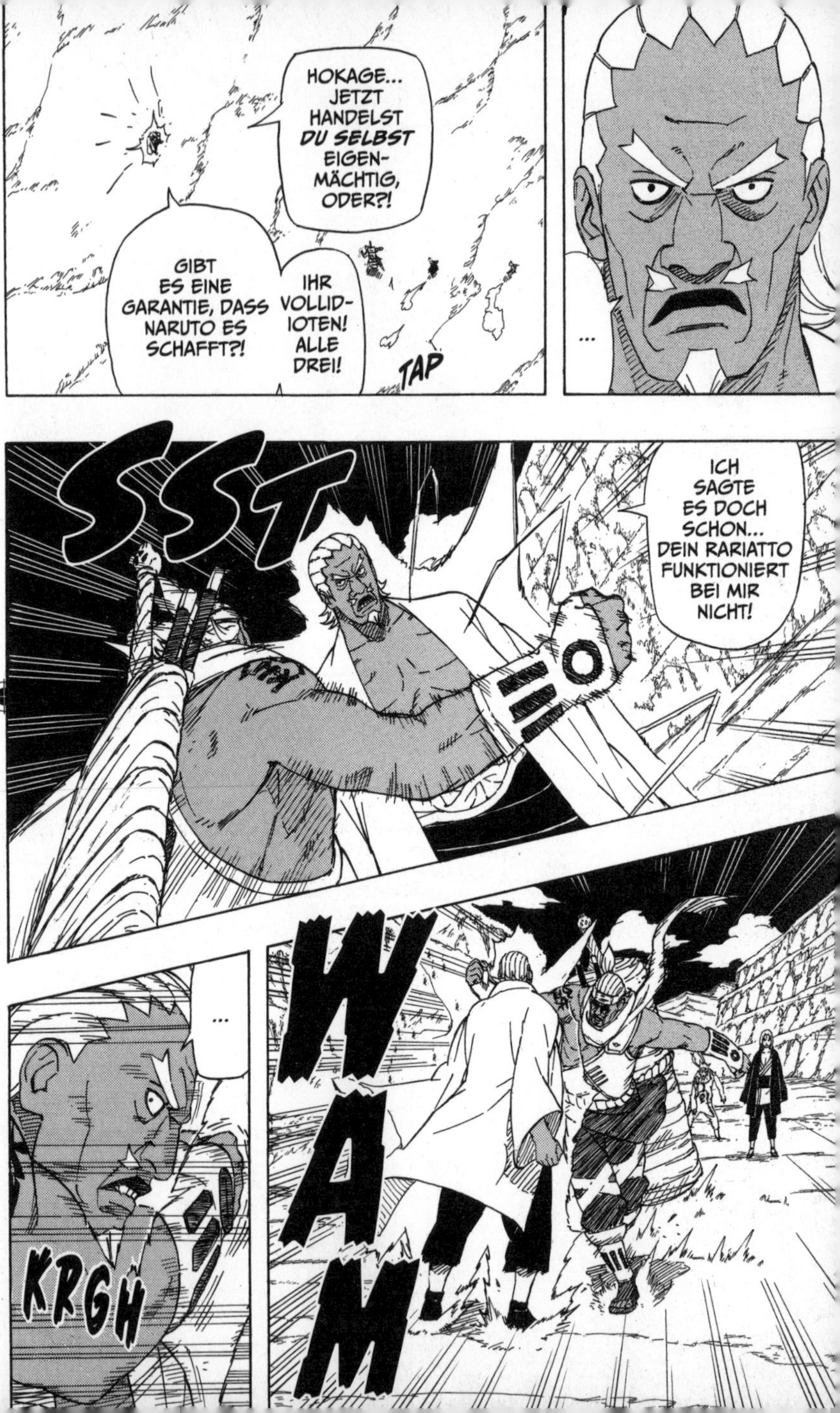
...
HOKAGE... JETZT HANDELST DU SELBST EIGENMÄCHTIG, ODER?!
IHR VOLLIDIOTEN! ALLE DREI!
GIBT ES EINE GARANTIE, DASS NARUTO ES SCHAFFT?!
TAP
ICH SAGTE ES DOCH SCHON... DEIN RARIATTO FUNKTIONIERT BEI MIR NICHT!
SSST
WAM
...
KRGH

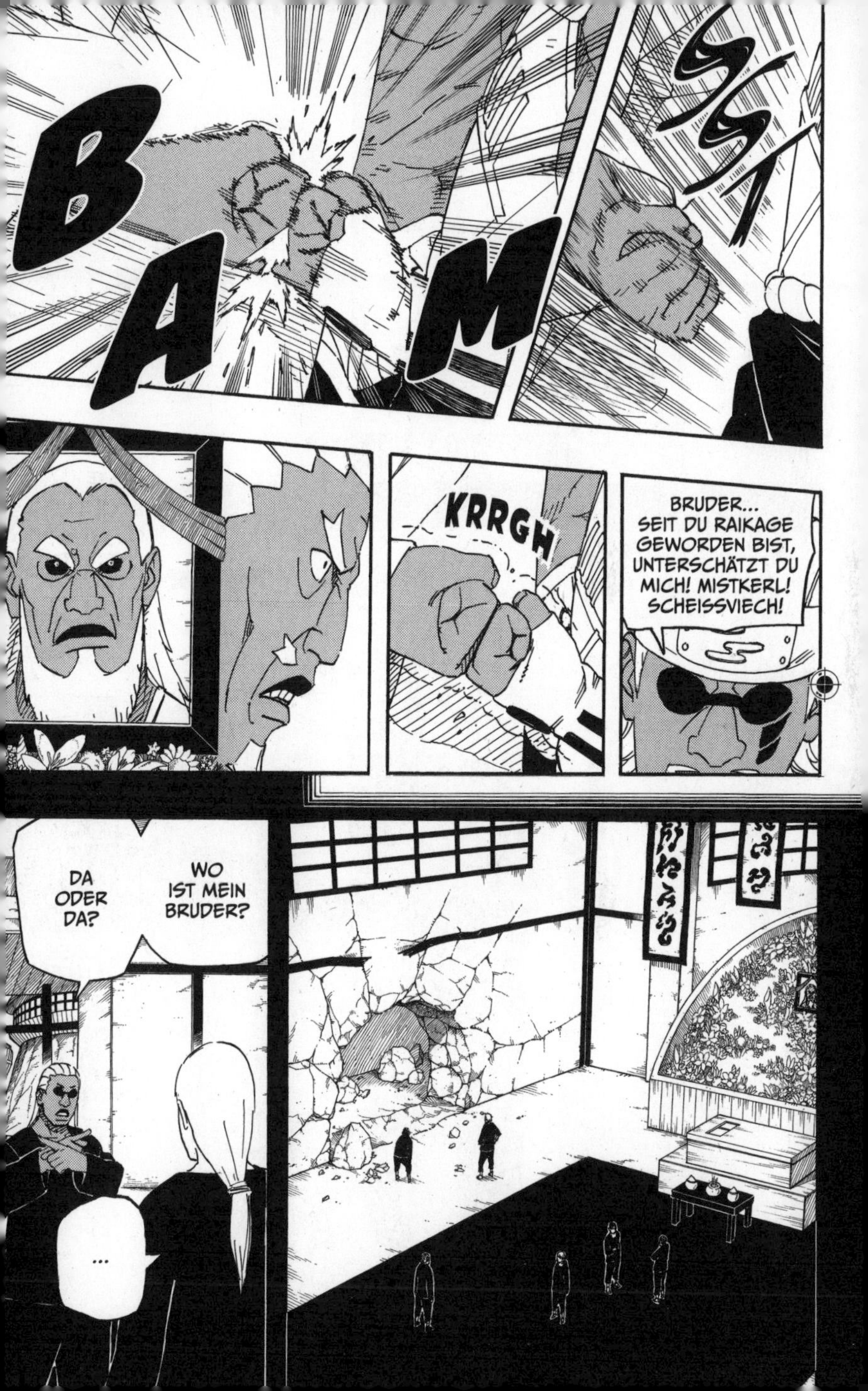
SST
BAM
BRUDER... SEIT DU RAIKAGE GEWORDEN BIST, UNTERSCHÄTZT DU MICH! MISTKERL! SCHEISSVIECH!
KRRGH
WO IST MEIN BRUDER?
DA ODER DA?
...

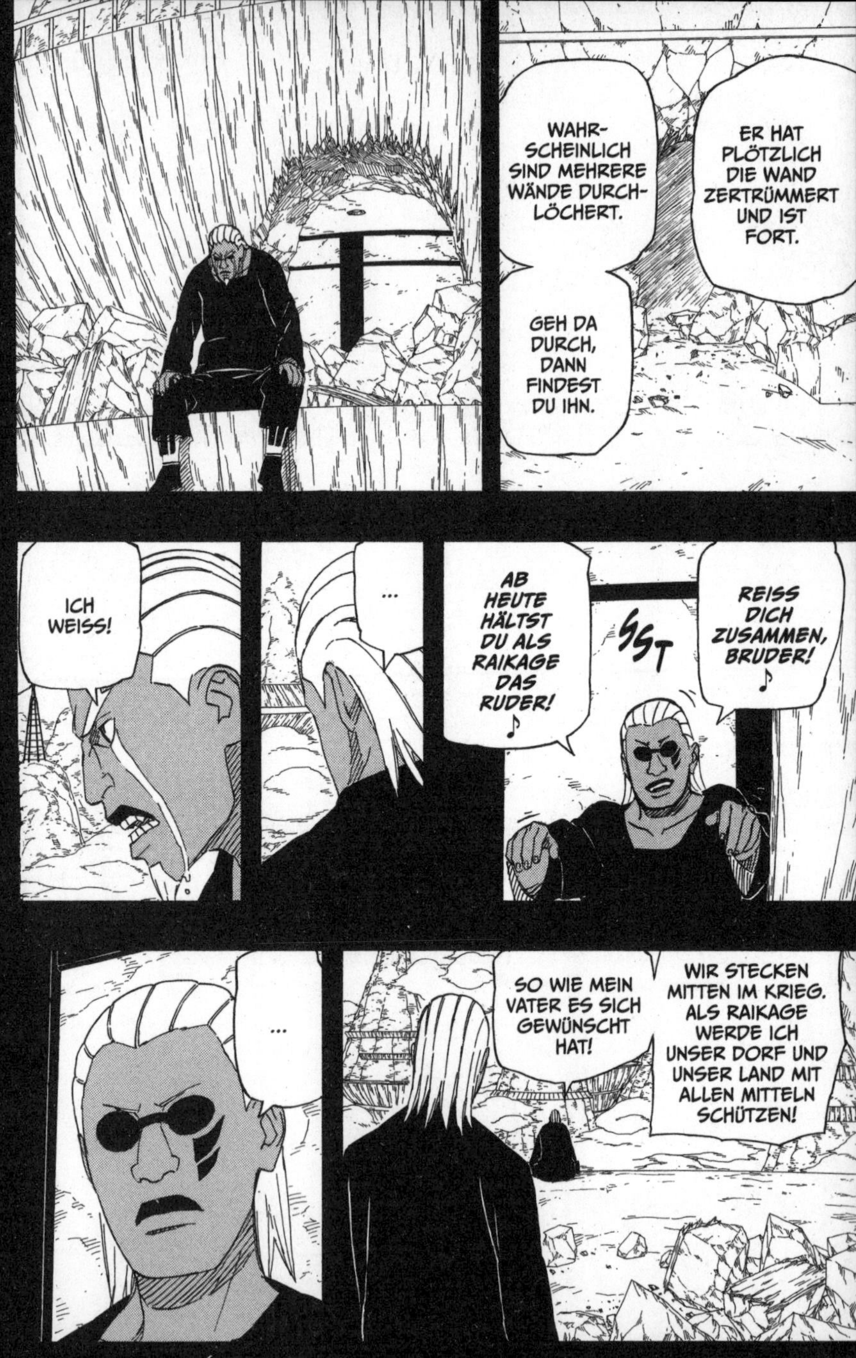
ER HAT PLÖTZLICH DIE WAND ZERTRÜMMERT UND IST FORT.
WAHR-SCHEINLICH SIND MEHRERE WÄNDE DURCH-LÖCHERT.
GEH DA DURCH, DANN FINDEST DU IHN.
REISS DICH ZUSAMMEN, BRUDER! ♪
SST
AB HEUTE HÄLTST DU ALS RAIKAGE DAS RUDER! ♪
...
ICH WEISS!
WIR STECKEN MITTEN IM KRIEG. ALS RAIKAGE WERDE ICH UNSER DORF UND UNSER LAND MIT ALLEN MITTELN SCHÜTZEN!
SO WIE MEIN VATER ES SICH GEWÜNSCHT HAT!
...

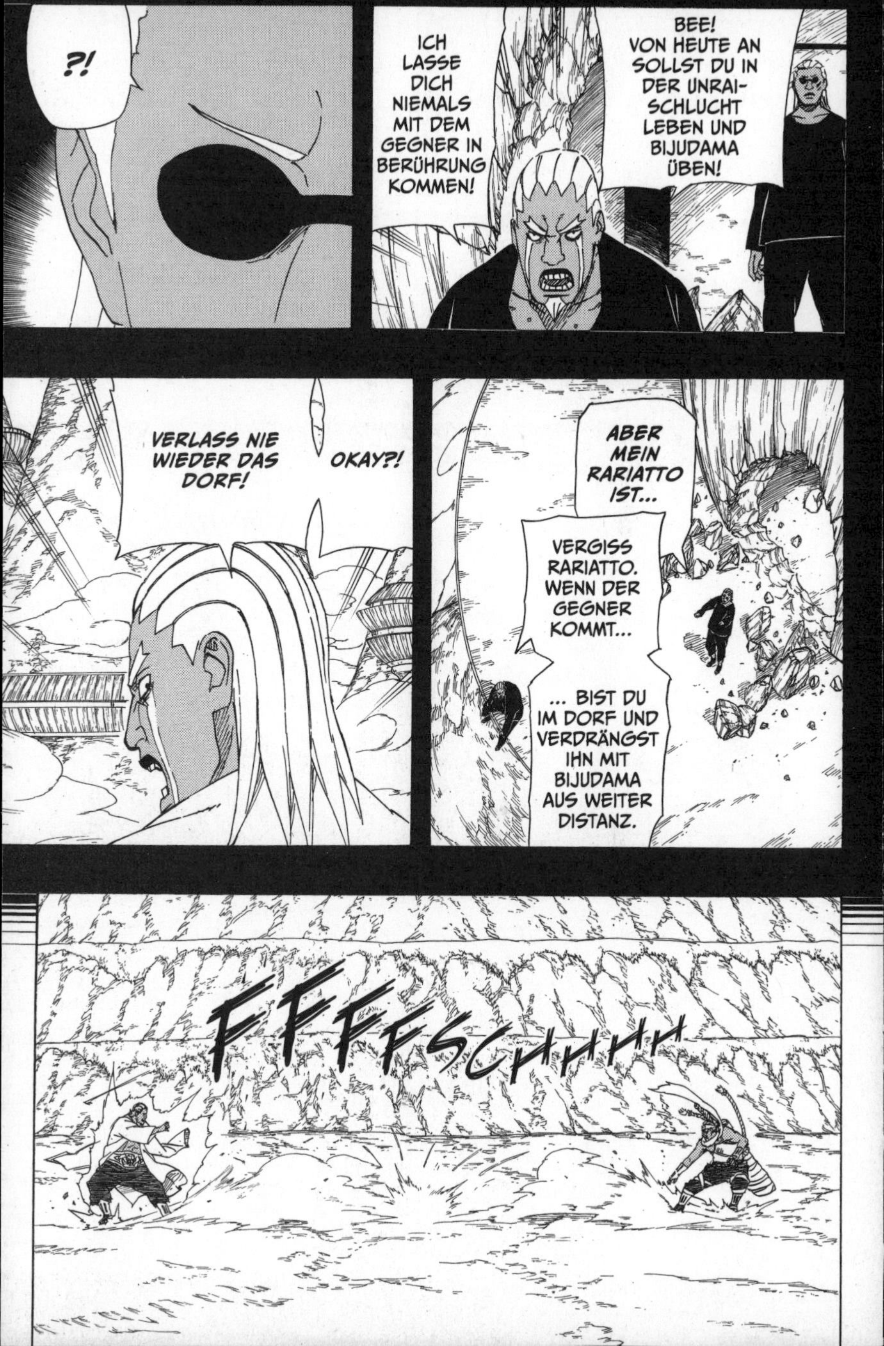
BEE! VON HEUTE AN SOLLST DU IN DER UNRAI-SCHLUCHT LEBEN UND BIJUDAMA ÜBEN!
ICH LASSE DICH NIEMALS MIT DEM GEGNER IN BERÜHRUNG KOMMEN!
?!
ABER MEIN RARIATTO IST...
VERGISS RARIATTO. WENN DER GEGNER KOMMT...
... BIST DU IM DORF UND VERDRÄNGST IHN MIT BIJUDAMA AUS WEITER DISTANZ.
VERLASS NIE WIEDER DAS DORF!
OKAY?!
FFFFSCHHHH

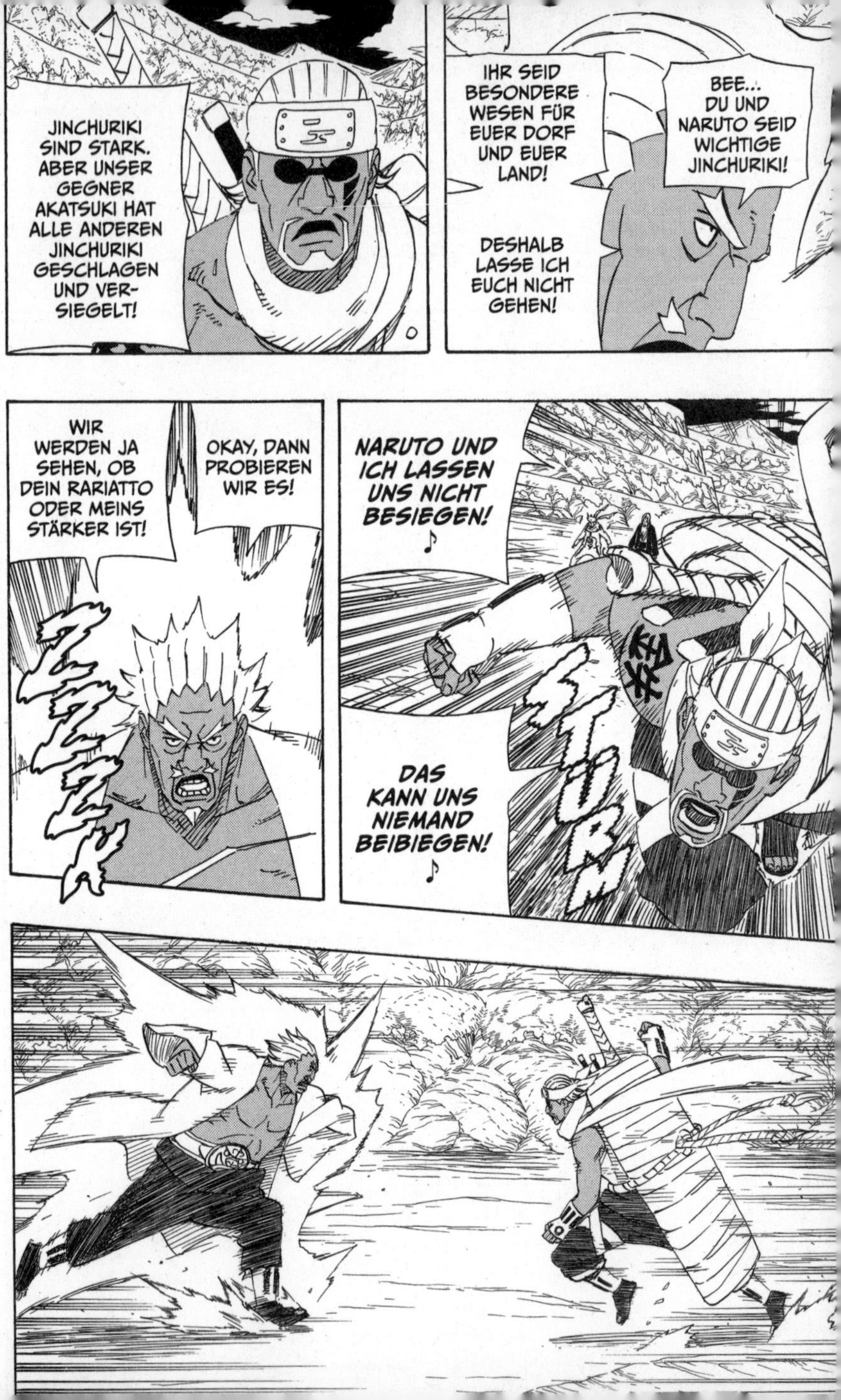
BEE... DU UND NARUTO SEID WICHTIGE JINCHURIKI!
IHR SEID BESONDERE WESEN FÜR EUER DORF UND EUER LAND!
DESHALB LASSE ICH EUCH NICHT GEHEN!
JINCHURIKI SIND STARK. ABER UNSER GEGNER AKATSUKI HAT ALLE ANDEREN JINCHURIKI GESCHLAGEN UND VER-SIEGELT!
NARUTO UND ICH LASSEN UNS NICHT BESIEGEN! ♪
DAS KANN UNS NIEMAND BEIBIEGEN! ♪
OKAY, DANN PROBIEREN WIR ES!
WIR WERDEN JA SEHEN, OB DEIN RARIATTO ODER MEINS STÄRKER IST!

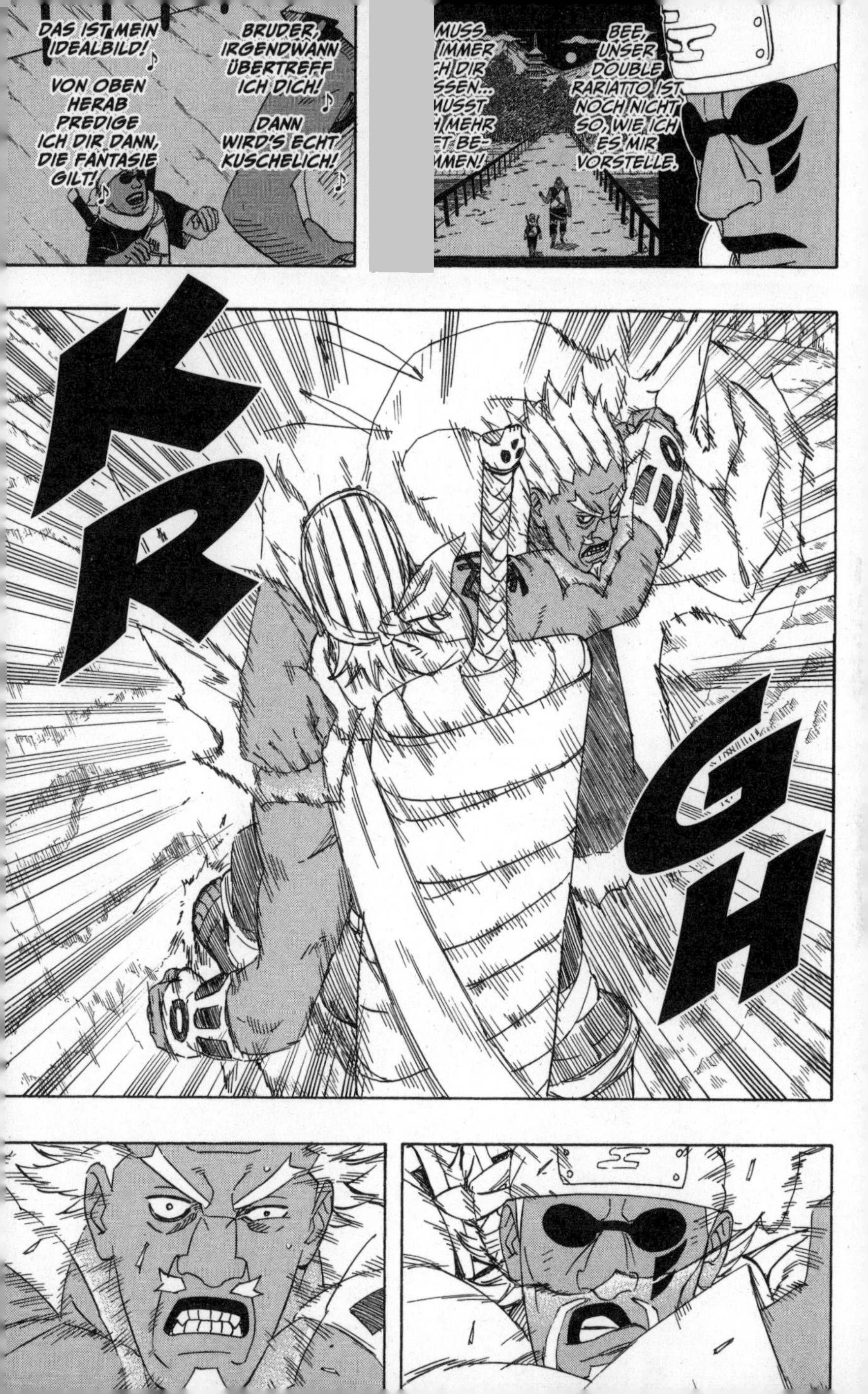
BEE, UNSER DOUBLE RARIATTO IST NOCH NICHT SO, WIE ICH ES MIR VORSTELLE.
BRUDER, IRGENDWANN ÜBERTREFF ICH DICH! ♪
DANN WIRD'S ECHT KUSCHELICH! ♪
DAS IST MEIN IDEALBILD! ♪
VON OBEN HERAB PREDIGE ICH DIR DANN, DIE FANTASIE GILT! ♪
KR
GH

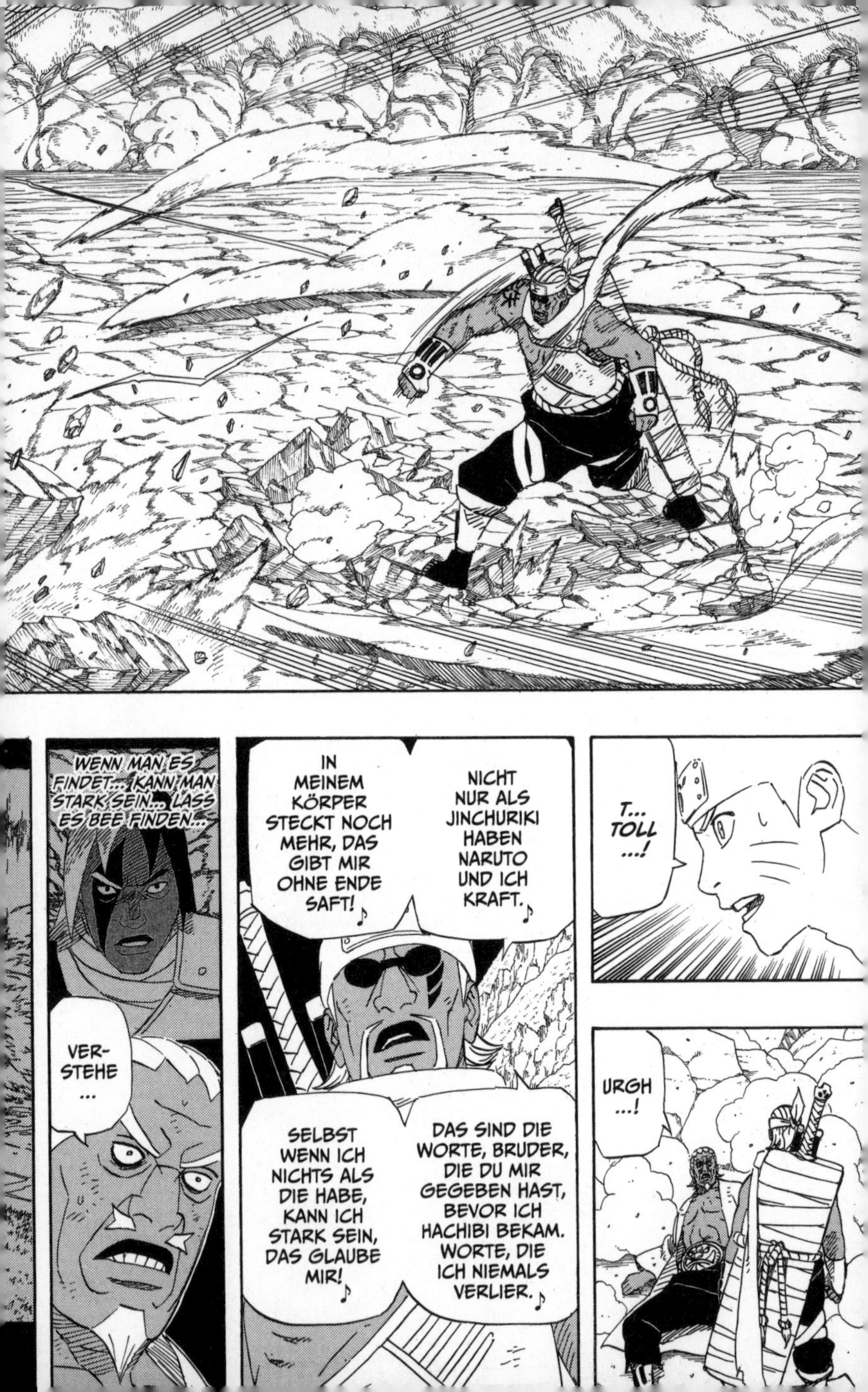
T... TOLL ...!
NICHT NUR ALS JINCHURIKI HABEN NARUTO UND ICH KRAFT. ♪
IN MEINEM KÖRPER STECKT NOCH MEHR, DAS GIBT MIR OHNE ENDE SAFT! ♪
WENN MAN ES FINDET... KANN MAN STARK SEIN... LASS ES BEE FINDEN...
URGH ...!
DAS SIND DIE WORTE, BRUDER, DIE DU MIR GEGEBEN HAST, BEVOR ICH HACHIBI BEKAM. WORTE, DIE ICH NIEMALS VERLIER. ♪
SELBST WENN ICH NICHTS ALS DIE HABE, KANN ICH STARK SEIN, DAS GLAUBE MIR! ♪
VER-STEHE ...

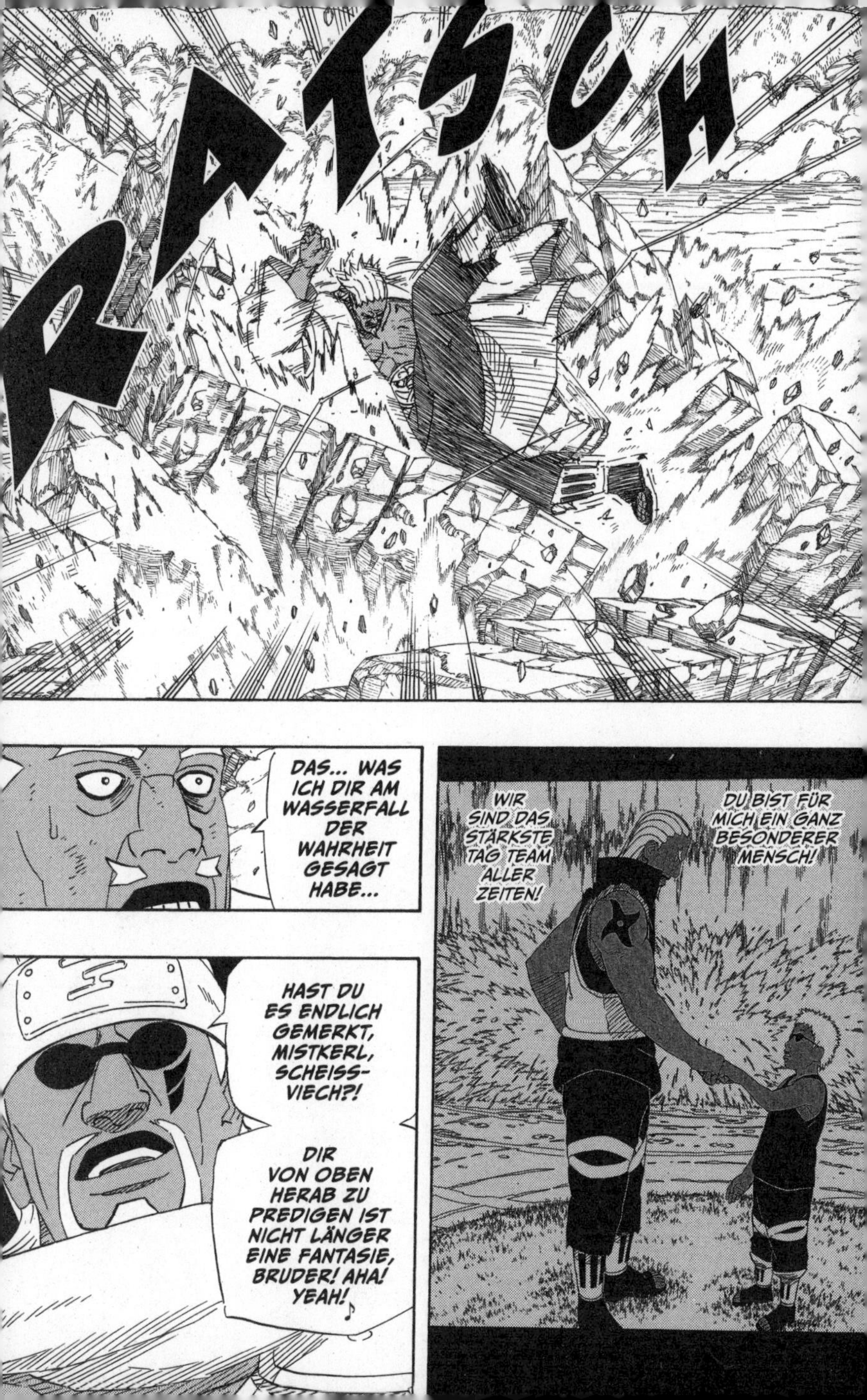
RATSCH
DU BIST FÜR MICH EIN GANZ BESONDERER MENSCH!
WIR SIND DAS STÄRKSTE TAG TEAM ALLER ZEITEN!
DAS... WAS ICH DIR AM WASSERFALL DER WAHRHEIT GESAGT HABE...
HAST DU ES ENDLICH GEMERKT, MISTKERL, SCHEISS-VIECH?!
DIR VON OBEN HERAB ZU PREDIGEN IST NICHT LÄNGER EINE FANTASIE, BRUDER! AHA! YEAH! ♪

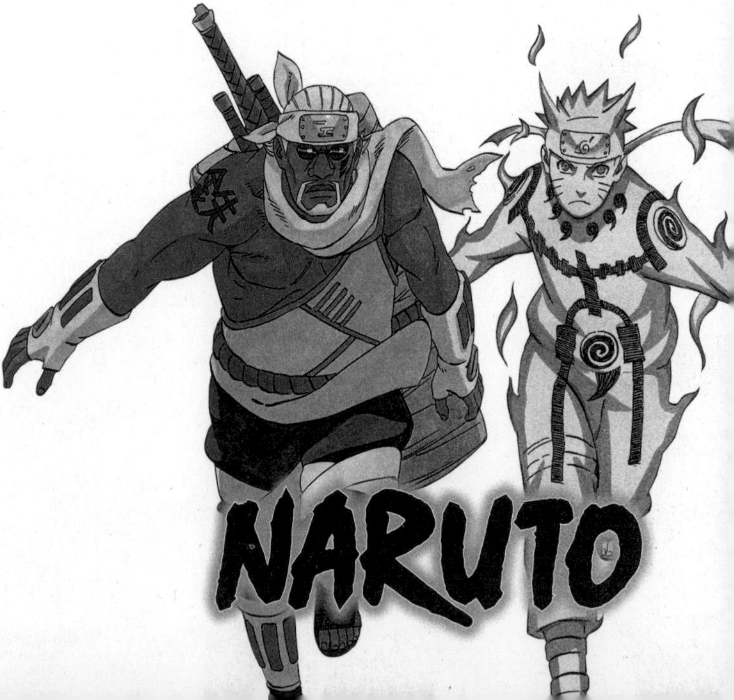
NARUTO

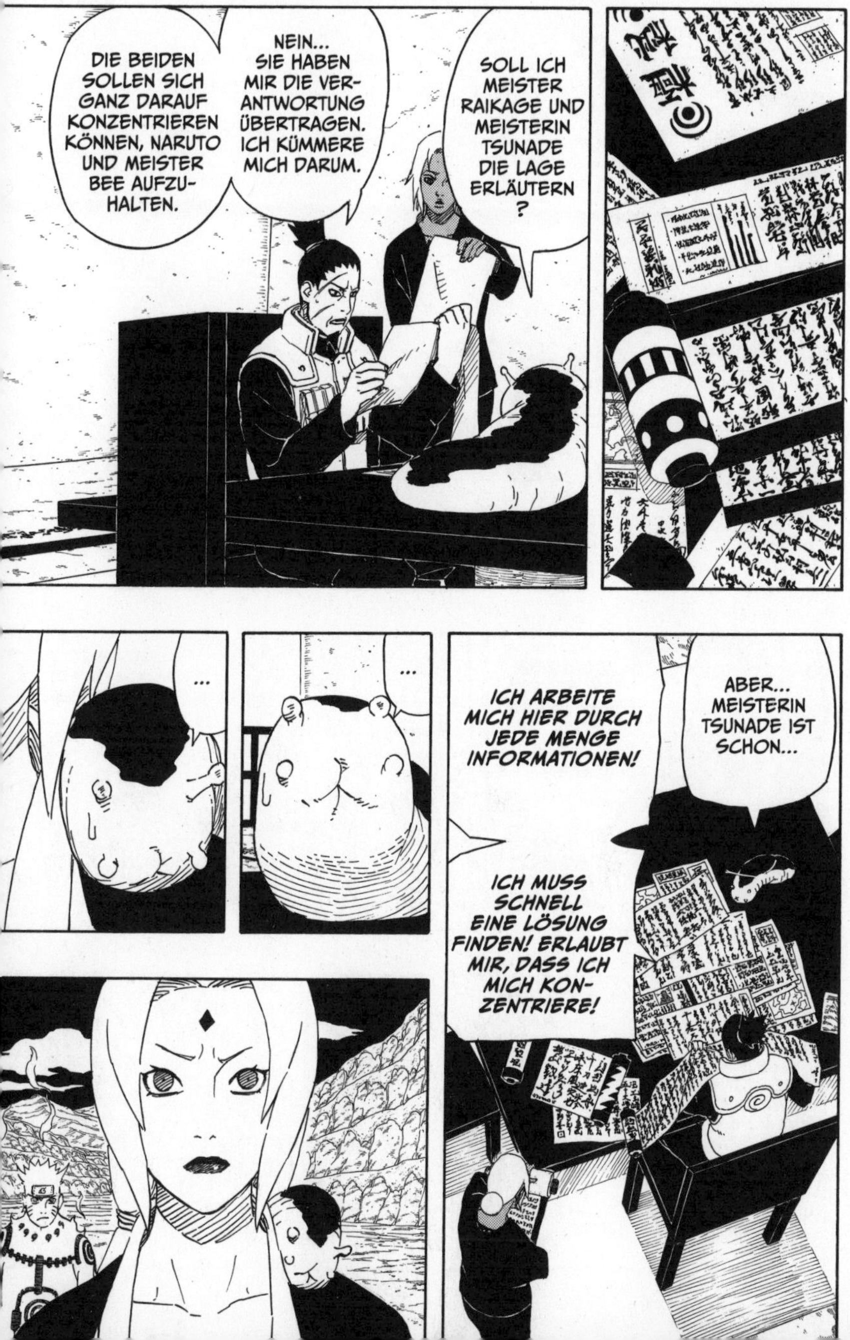
SOLL ICH MEISTER RAIKAGE UND MEISTERIN TSUNADE DIE LAGE ERLÄUTERN ?
NEIN... SIE HABEN MIR DIE VER-ANTWORTUNG ÜBERTRAGEN. ICH KÜMMERE MICH DARUM.
DIE BEIDEN SOLLEN SICH GANZ DARAUF KONZENTRIEREN KÖNNEN, NARUTO UND MEISTER BEE AUFZU-HALTEN.
ABER... MEISTERIN TSUNADE IST SCHON...
ICH ARBEITE MICH HIER DURCH JEDE MENGE INFORMATIONEN!
ICH MUSS SCHNELL EINE LÖSUNG FINDEN! ERLAUBT MIR, DASS ICH MICH KON-ZENTRIERE!
...
...

544. Kapitel: Zwei Sonnen

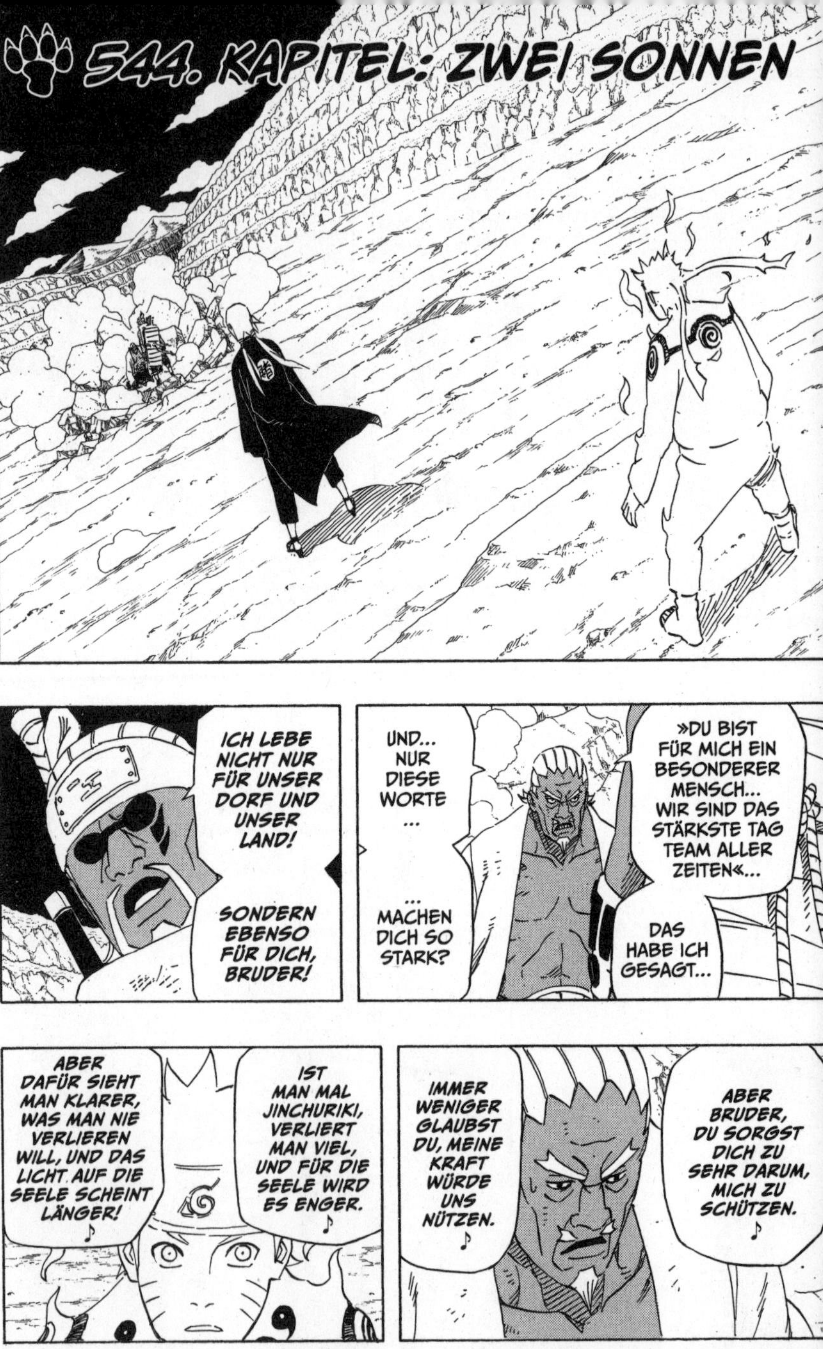

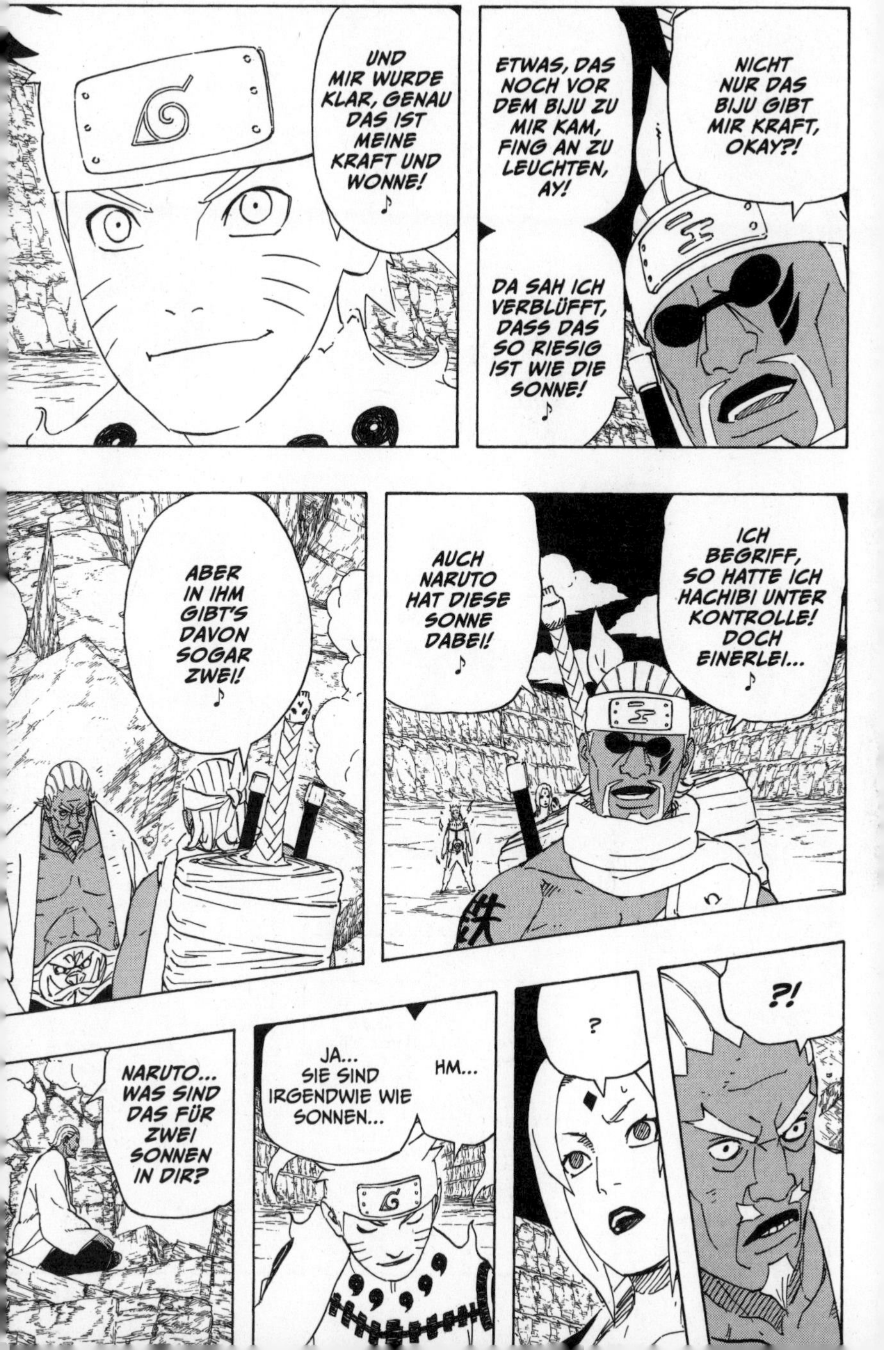
NICHT NUR DAS BIJU GIBT MIR KRAFT, OKAY?!
ETWAS, DAS NOCH VOR DEM BIJU ZU MIR KAM, FING AN ZU LEUCHTEN, AY!
DA SAH ICH VERBLÜFFT, DASS DAS SO RIESIG IST WIE DIE SONNE! ♪
UND MIR WURDE KLAR, GENAU DAS IST MEINE KRAFT UND WONNE! ♪
ICH BEGRIFF, SO HATTE ICH HACHIBI UNTER KONTROLLE! DOCH EINERLEI... ♪
AUCH NARUTO HAT DIESE SONNE DABEI! ♪
ABER IN IHM GIBT'S DAVON SOGAR ZWEI! ♪
NARUTO... WAS SIND DAS FÜR ZWEI SONNEN IN DIR?
JA... SIE SIND IRGENDWIE WIE SONNEN...
HM...
?
?!

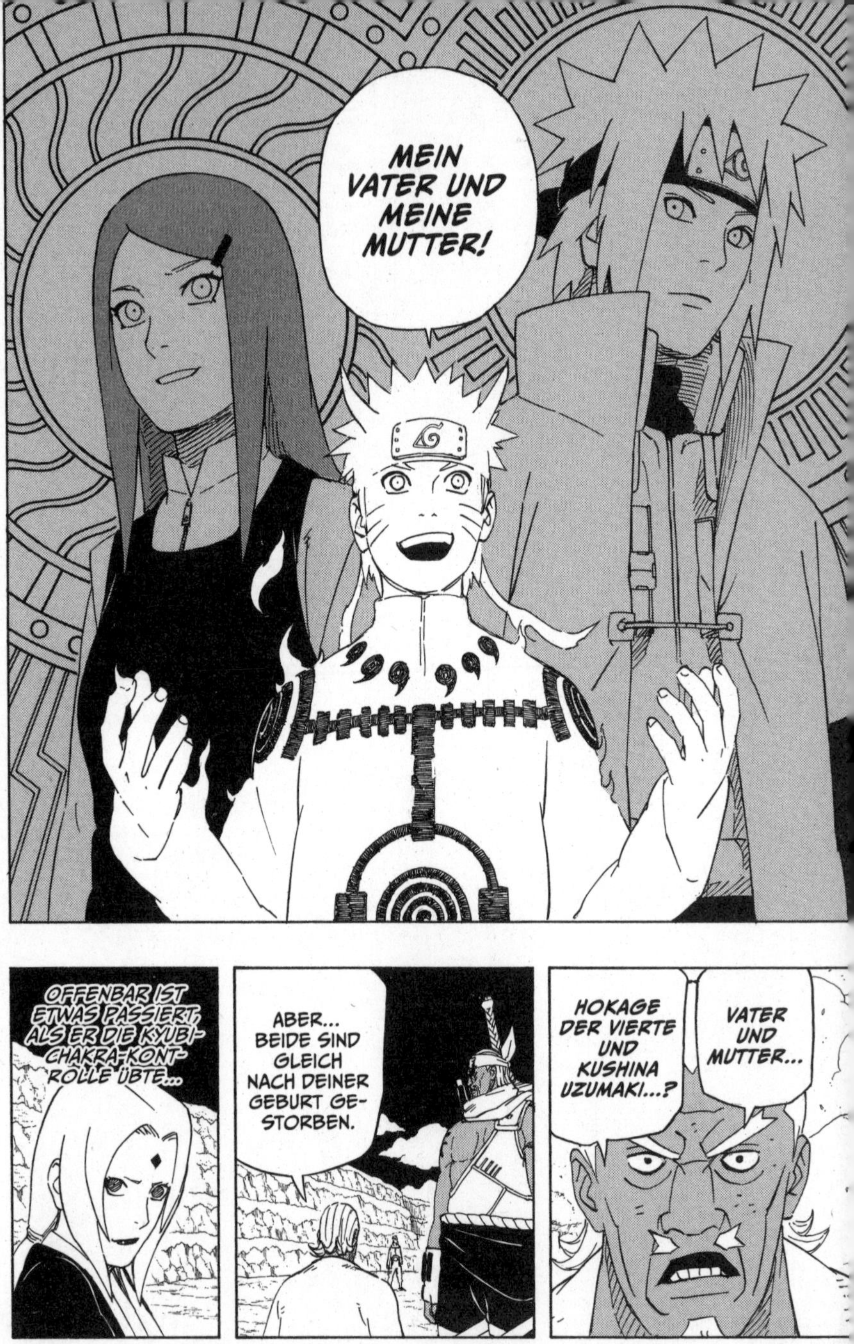
MEIN VATER UND MEINE MUTTER!
VATER UND MUTTER...
HOKAGE DER VIERTE UND KUSHINA UZUMAKI...?
ABER... BEIDE SIND GLEICH NACH DEINER GEBURT GESTORBEN.
OFFENBAR IST ETWAS PASSIERT, ALS ER DIE KYUBI-CHAKRA-KONTROLLE ÜBTE...

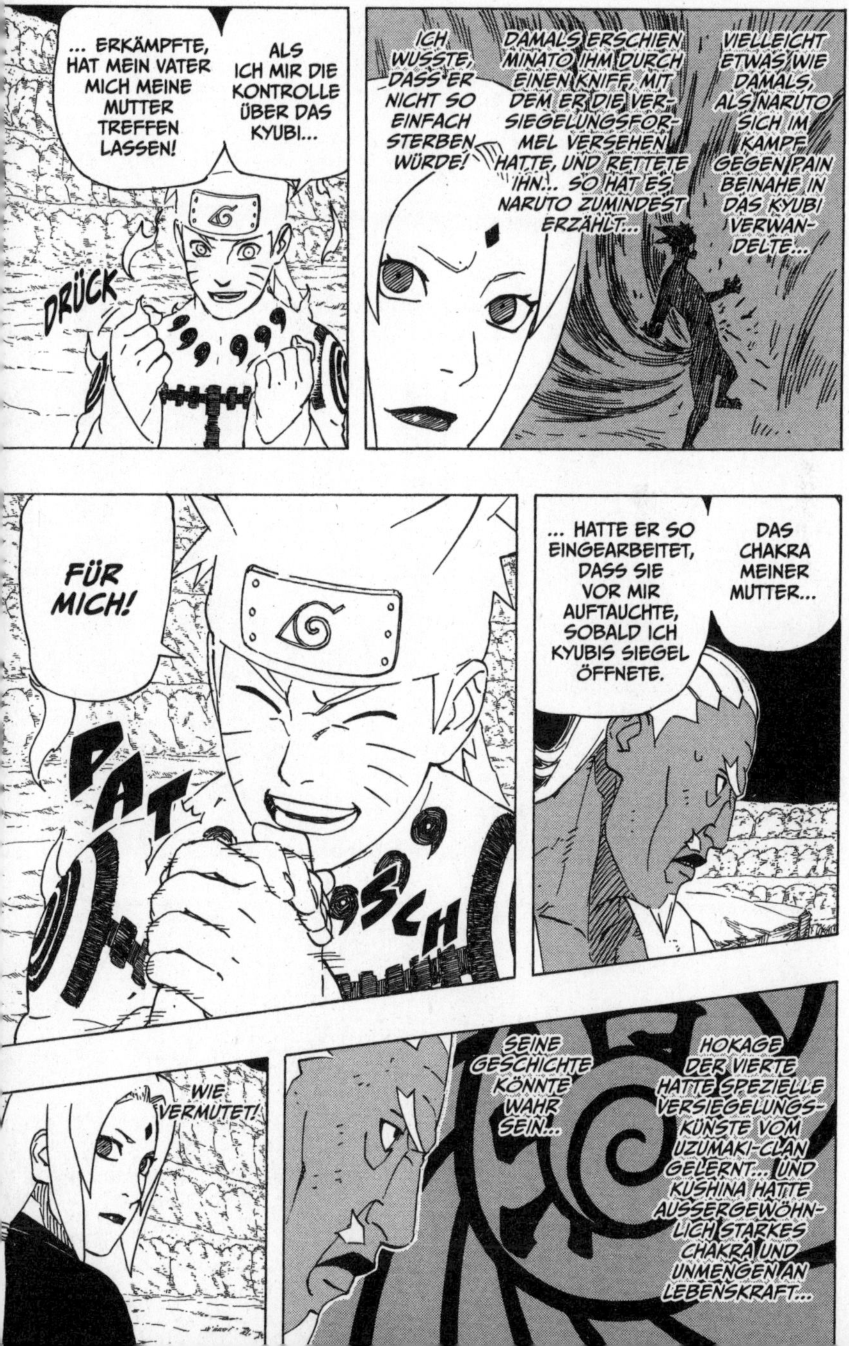
VIELLEICHT ETWAS WIE DAMALS, ALS NARUTO SICH IM KAMPF GEGEN PAIN BEINAHE IN DAS KYUBI VERWANDELTE...
DAMALS ERSCHIEN MINATO IHM DURCH EINEN KNIFF, MIT DEM ER DIE VERSIEGELUNGSFORMEL VERSEHEN HATTE, UND RETTETE IHN... SO HAT ES NARUTO ZUMINDEST ERZÄHLT...
ICH WUSSTE, DASS ER NICHT SO EINFACH STERBEN WÜRDE!
ALS ICH MIR DIE KONTROLLE ÜBER DAS KYUBI...
... ERKÄMPFTE, HAT MEIN VATER MICH MEINE MUTTER TREFFEN LASSEN!
DRÜCK
DAS CHAKRA MEINER MUTTER...
... HATTE ER SO EINGEARBEITET, DASS SIE VOR MIR AUFTAUCHTE, SOBALD ICH KYUBIS SIEGEL ÖFFNETE.
FÜR MICH!
PATSCH
HOKAGE DER VIERTE HATTE SPEZIELLE VERSIEGELUNGSKÜNSTE VOM UZUMAKI-CLAN GELERNT... UND KUSHINA HATTE AUSSERGEWÖHNLICH STARKES CHAKRA UND UNMENGEN AN LEBENSKRAFT...
SEINE GESCHICHTE KÖNNTE WAHR SEIN...
WIE VERMUTET!

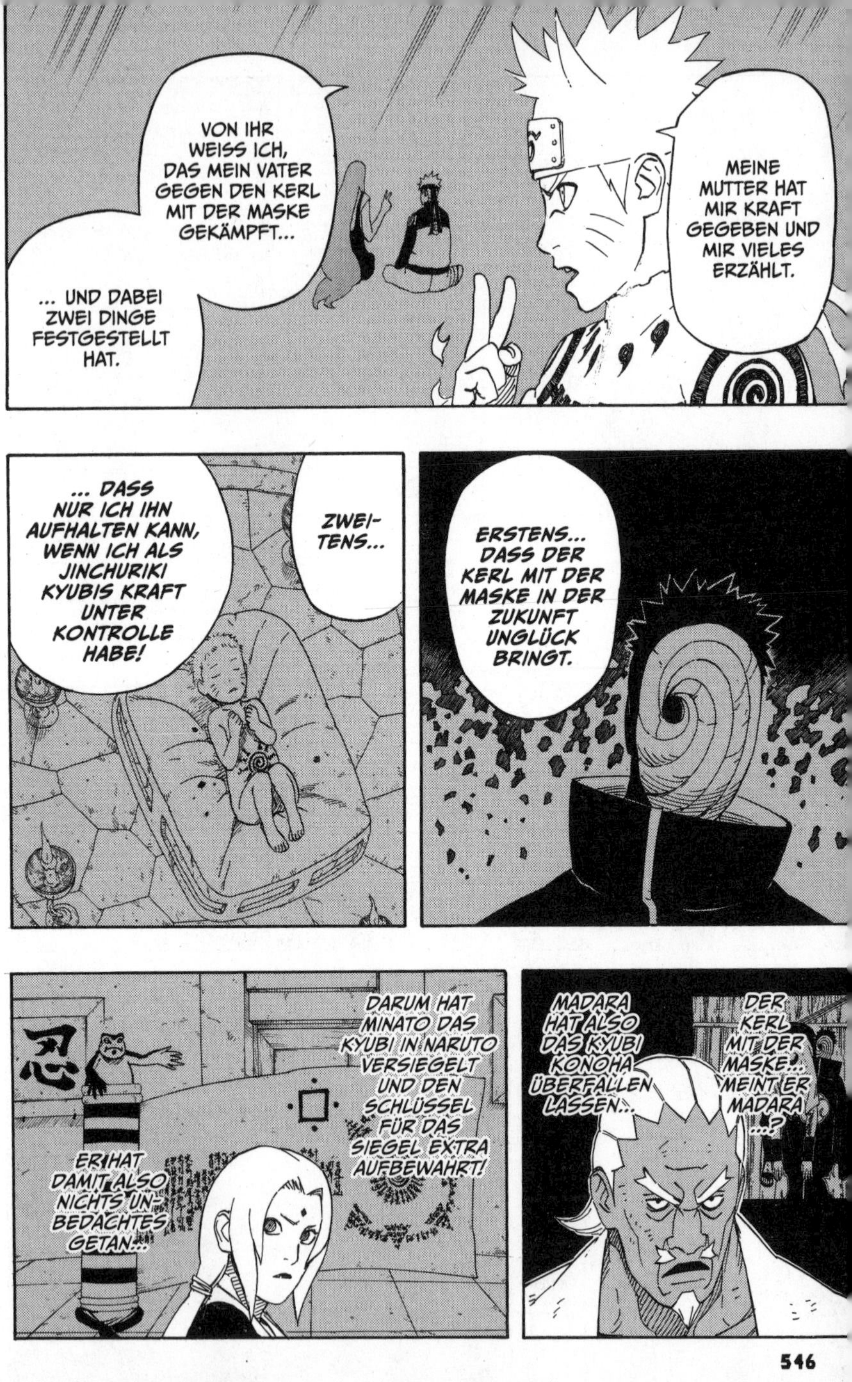
MEINE MUTTER HAT MIR KRAFT GEGEBEN UND MIR VIELES ERZÄHLT.
VON IHR WEISS ICH, DAS MEIN VATER GEGEN DEN KERL MIT DER MASKE GEKÄMPFT...
... UND DABEI ZWEI DINGE FESTGESTELLT HAT.
ERSTENS... DASS DER KERL MIT DER MASKE IN DER ZUKUNFT UNGLÜCK BRINGT.
ZWEI-TENS...
... DASS NUR ICH IHN AUFHALTEN KANN, WENN ICH ALS JINCHURIKI KYUBIS KRAFT UNTER KONTROLLE HABE!
DER KERL MIT DER MASKE... MEINT ER MADARA ...?
MADARA HAT ALSO DAS KYUBI KONOHA ÜBERFALLEN LASSEN...
DARUM HAT MINATO DAS KYUBI IN NARUTO VERSIEGELT UND DEN SCHLÜSSEL FÜR DAS SIEGEL EXTRA AUFBEWAHRT!
ER HAT DAMIT ALSO NICHTS UN-BEDACHTES GETAN...

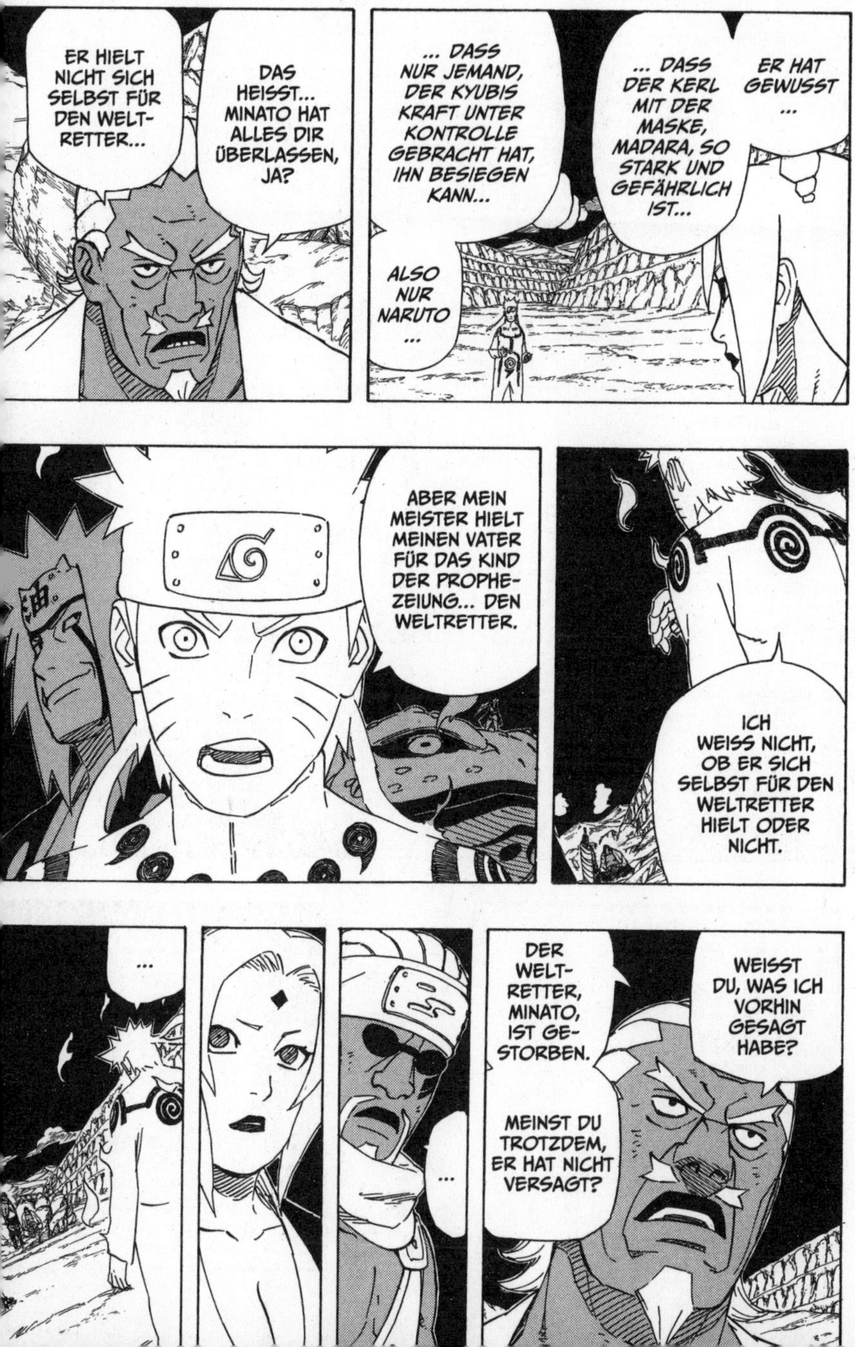
ER HAT GEWUSST ...
... DASS DER KERL MIT DER MASKE, MADARA, SO STARK UND GEFÄHRLICH IST...
... DASS NUR JEMAND, DER KYUBIS KRAFT UNTER KONTROLLE GEBRACHT HAT, IHN BESIEGEN KANN...
ALSO NUR NARUTO ...
DAS HEISST... MINATO HAT ALLES DIR ÜBERLASSEN, JA?
ER HIELT NICHT SICH SELBST FÜR DEN WELT-RETTER...
ICH WEISS NICHT, OB ER SICH SELBST FÜR DEN WELTRETTER HIELT ODER NICHT.
ABER MEIN MEISTER HIELT MEINEN VATER FÜR DAS KIND DER PROPHE-ZEIUNG... DEN WELTRETTER.
WEISST DU, WAS ICH VORHIN GESAGT HABE?
DER WELT-RETTER, MINATO, IST GE-STORBEN.
MEINST DU TROTZDEM, ER HAT NICHT VERSAGT?
...
...

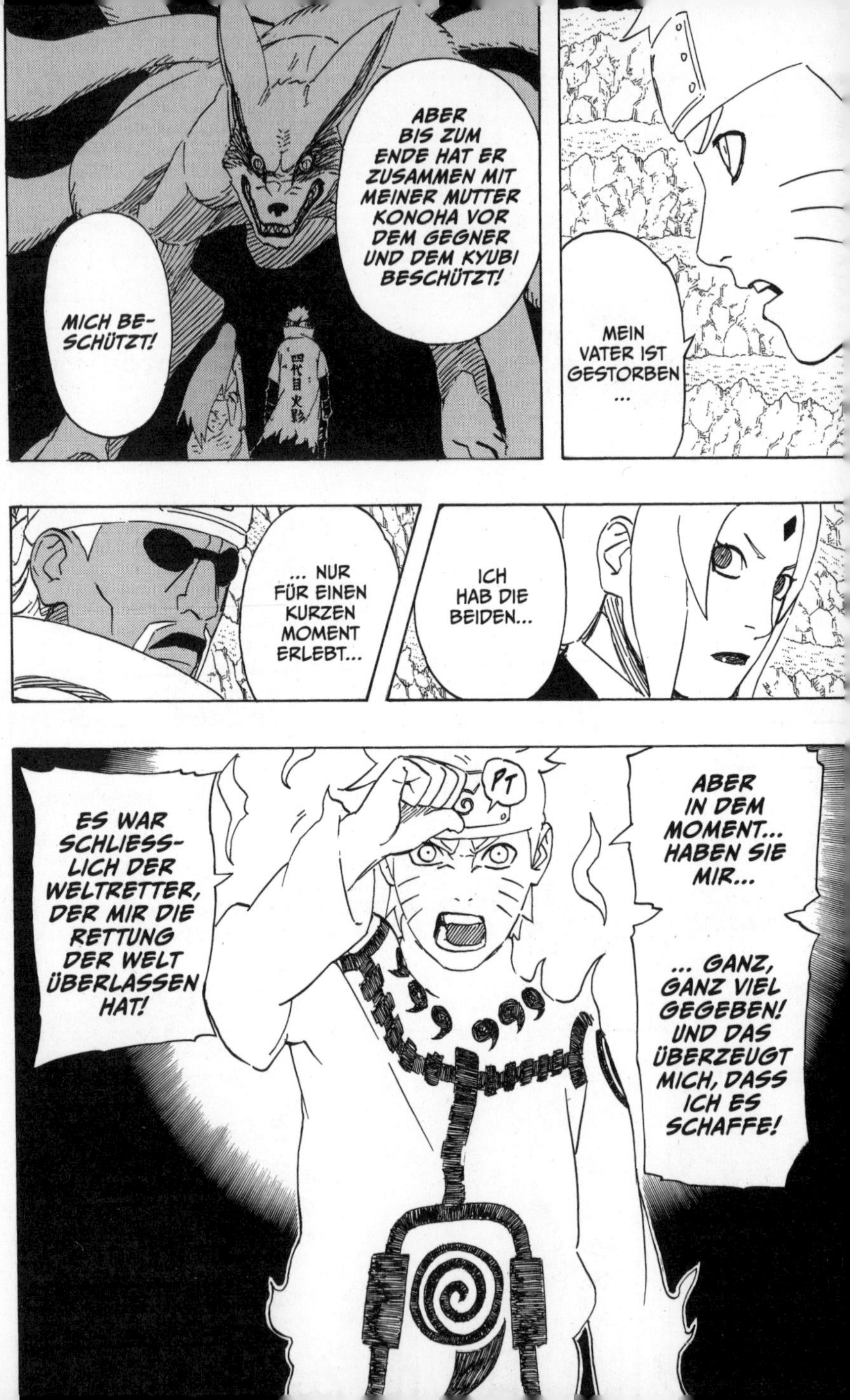

MEIN VATER IST GESTORBEN ...
ABER BIS ZUM ENDE HAT ER ZUSAMMEN MIT MEINER MUTTER KONOHA VOR DEM GEGNER UND DEM KYUBI BESCHÜTZT!
MICH BE-SCHÜTZT!
ICH HAB DIE BEIDEN...
... NUR FÜR EINEN KURZEN MOMENT ERLEBT...
PT
ABER IN DEM MOMENT... HABEN SIE MIR...
... GANZ, GANZ VIEL GEGEBEN! UND DAS ÜBERZEUGT MICH, DASS ICH ES SCHAFFE!
ES WAR SCHLIESS-LICH DER WELTRETTER, DER MIR DIE RETTUNG DER WELT ÜBERLASSEN HAT!

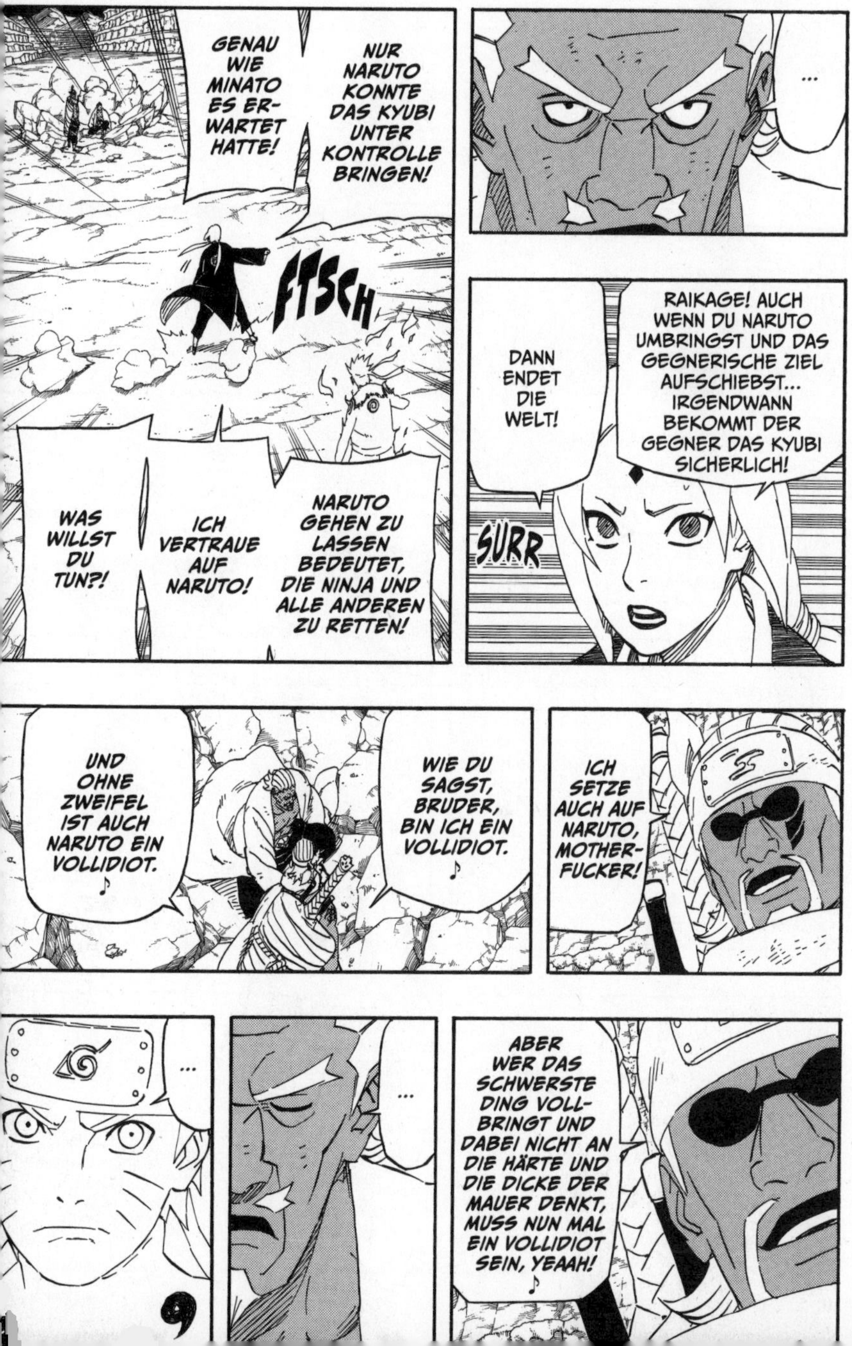
...
RAIKAGE! AUCH WENN DU NARUTO UMBRINGST UND DAS GEGNERISCHE ZIEL AUFSCHIEBST... IRGENDWANN BEKOMMT DER GEGNER DAS KYUBI SICHERLICH!
DANN ENDET DIE WELT!
SURR
NUR NARUTO KONNTE DAS KYUBI UNTER KONTROLLE BRINGEN!
GENAU WIE MINATO ES ERWARTET HATTE!
FTSCH
NARUTO GEHEN ZU LASSEN BEDEUTET, DIE NINJA UND ALLE ANDEREN ZU RETTEN!
ICH VERTRAUE AUF NARUTO!
WAS WILLST DU TUN?!
ICH SETZE AUCH AUF NARUTO, MOTHER-FUCKER!
WIE DU SAGST, BRUDER, BIN ICH EIN VOLLIDIOT. ♪
UND OHNE ZWEIFEL IST AUCH NARUTO EIN VOLLIDIOT. ♪
ABER WER DAS SCHWERSTE DING VOLLBRINGT UND DABEI NICHT AN DIE HÄRTE UND DIE DICKE DER MAUER DENKT, MUSS NUN MAL EIN VOLLIDIOT SEIN, YEAAH! ♪
...
...

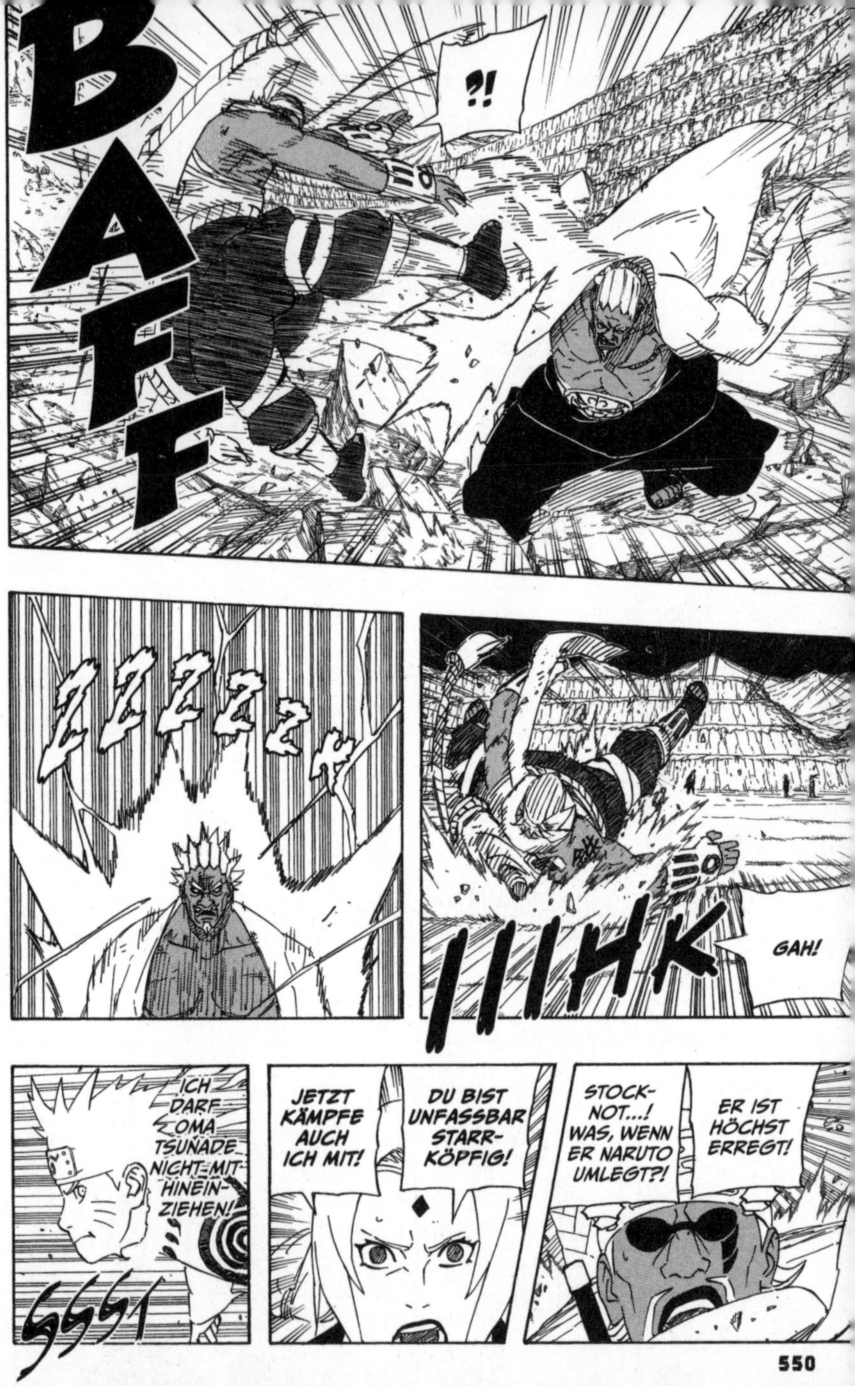
BAFF
?!
IIIHK
GAH!
ZZZZZZ
ER IST HÖCHST ERREGT!
STOCK-NOT...! WAS, WENN ER NARUTO UMLEGT?!
DU BIST UNFASSBAR STARR-KÖPFIG!
JETZT KÄMPFE AUCH ICH MIT!
ICH DARF OMA TSUNADE NICHT MIT HINEIN-ZIEHEN!

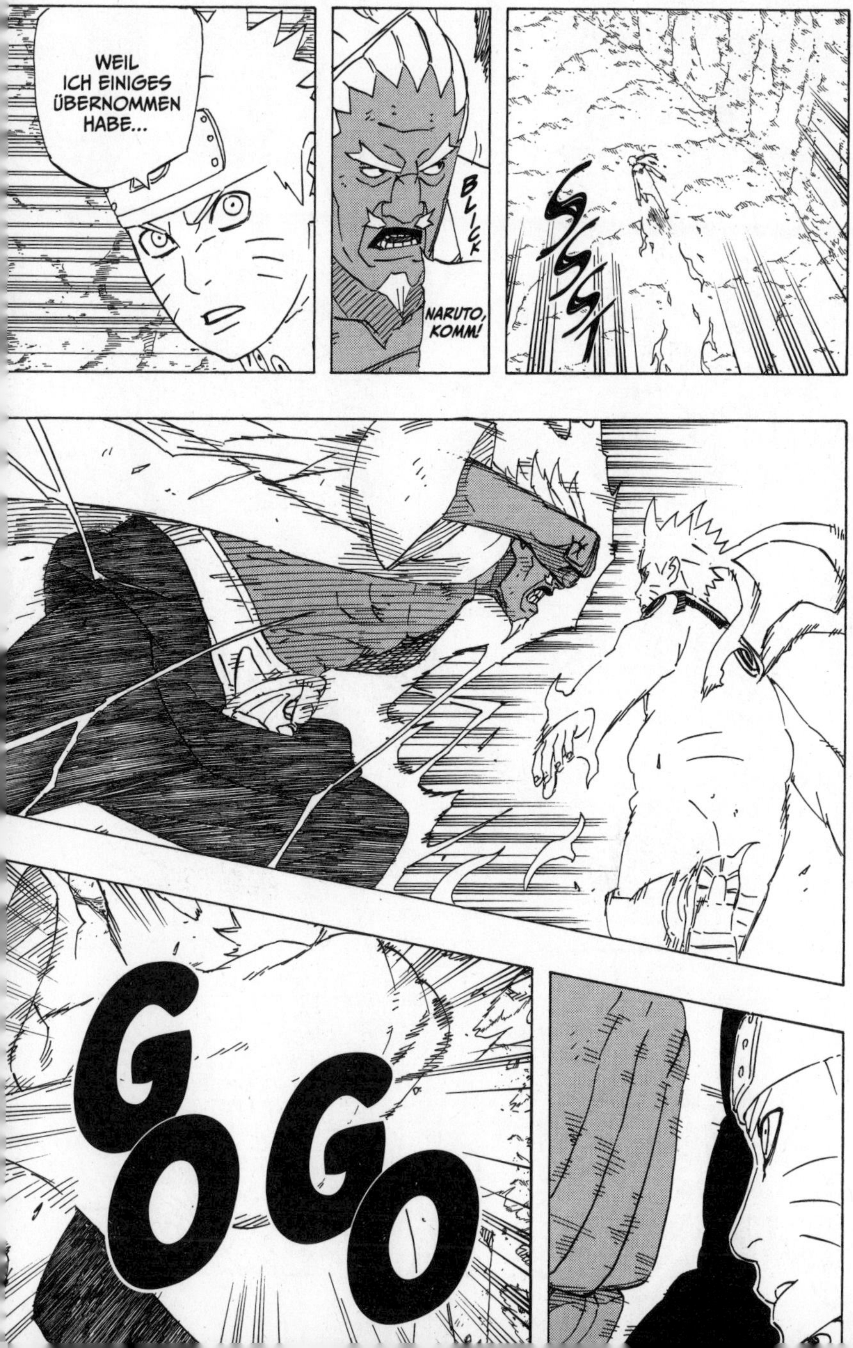
WEIL ICH EINIGES ÜBERNOMMEN HABE...
BLICK
NARUTO, KOMM!
SSSSI
GOGO

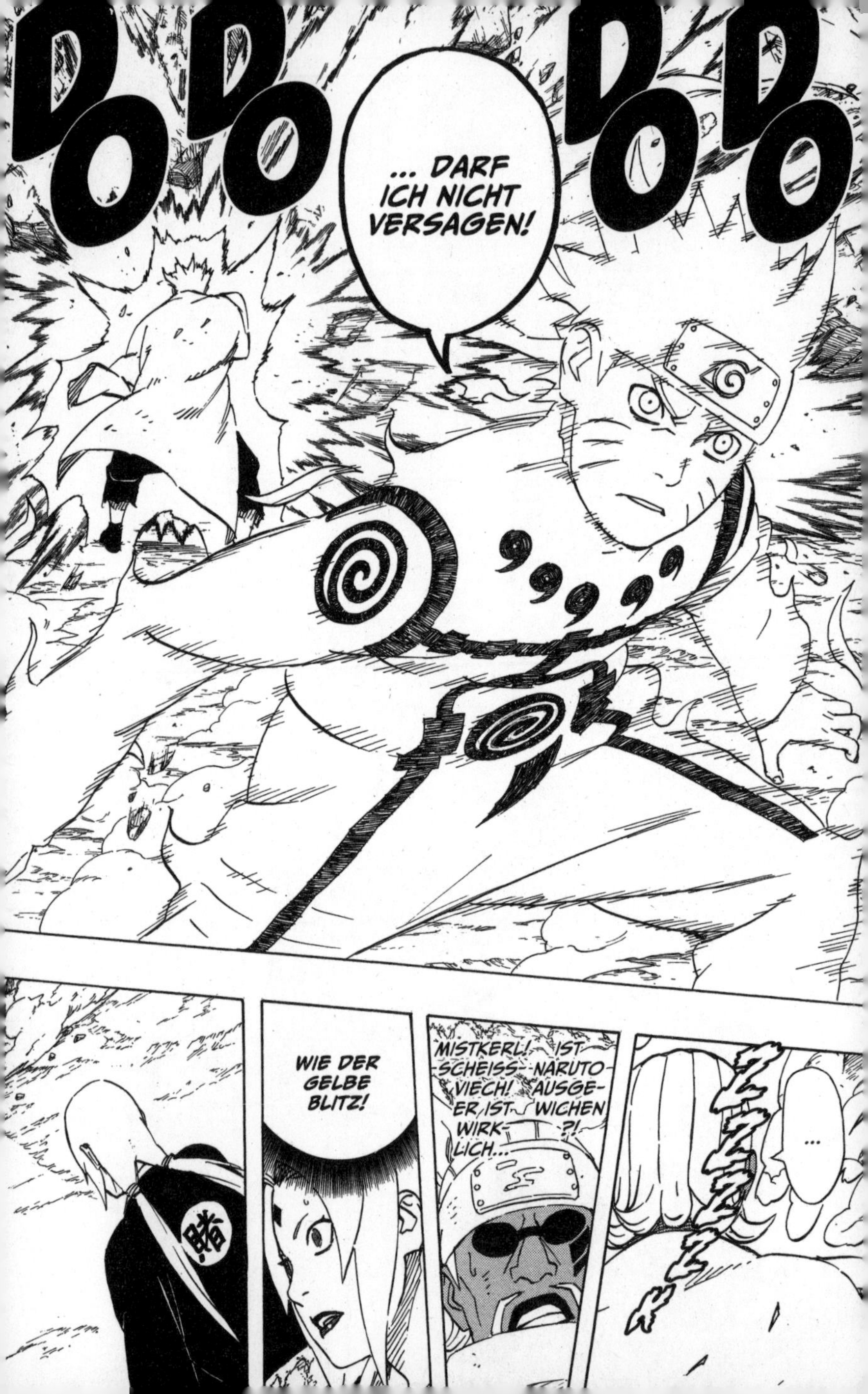
DODO
... DARF ICH NICHT VERSAGEN!
DODO
...
IST NARUTO AUSGE-WICHEN ?!
MISTKERL! SCHEISS-VIECH! ER IST WIRK-LICH...
WIE DER GELBE BLITZ!

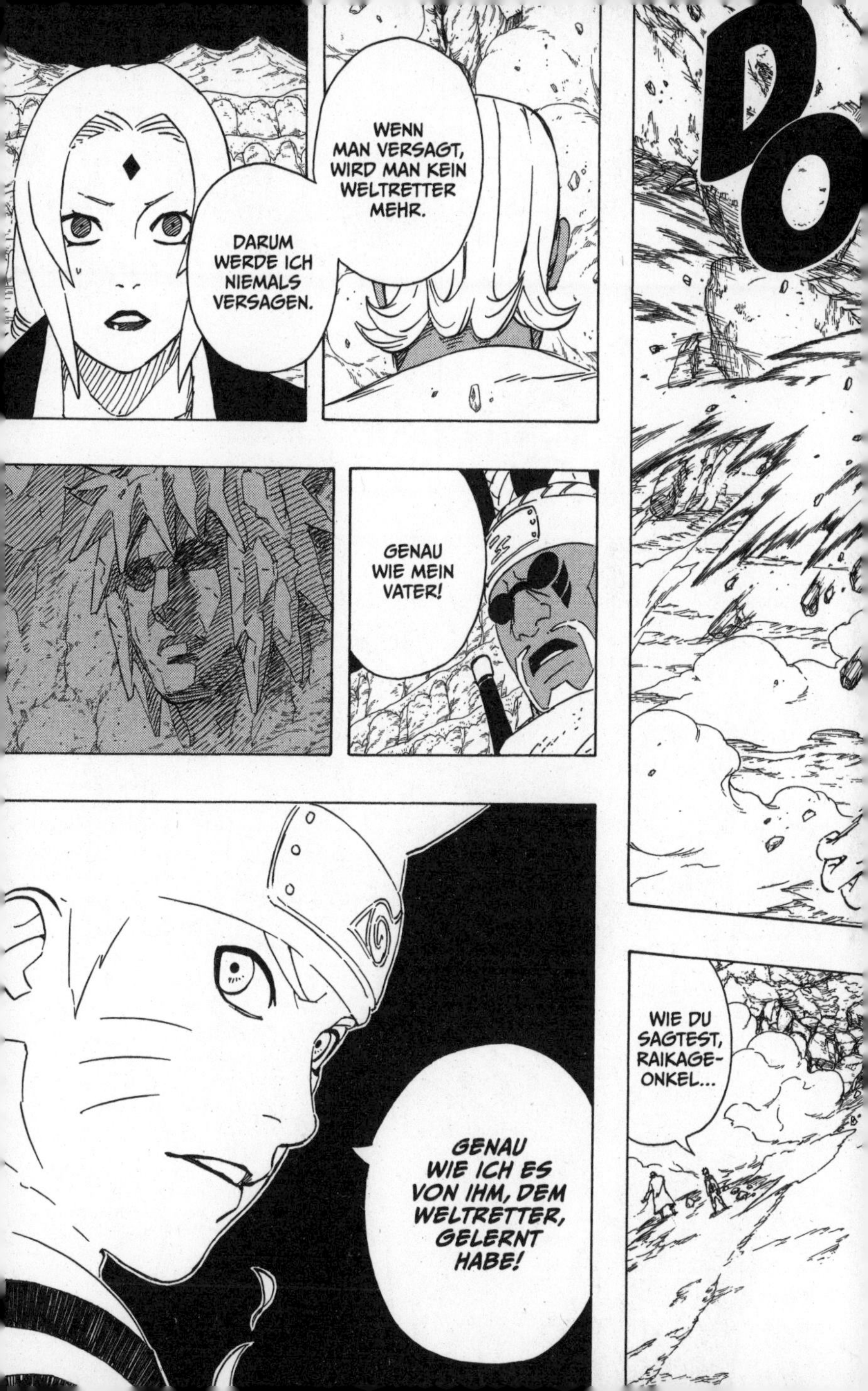
DO
WENN MAN VERSAGT, WIRD MAN KEIN WELTRETTER MEHR.
DARUM WERDE ICH NIEMALS VERSAGEN.
GENAU WIE MEIN VATER!
WIE DU SAGTEST, RAIKAGE-ONKEL...
GENAU WIE ICH ES VON IHM, DEM WELTRETTER, GELERNT HABE!

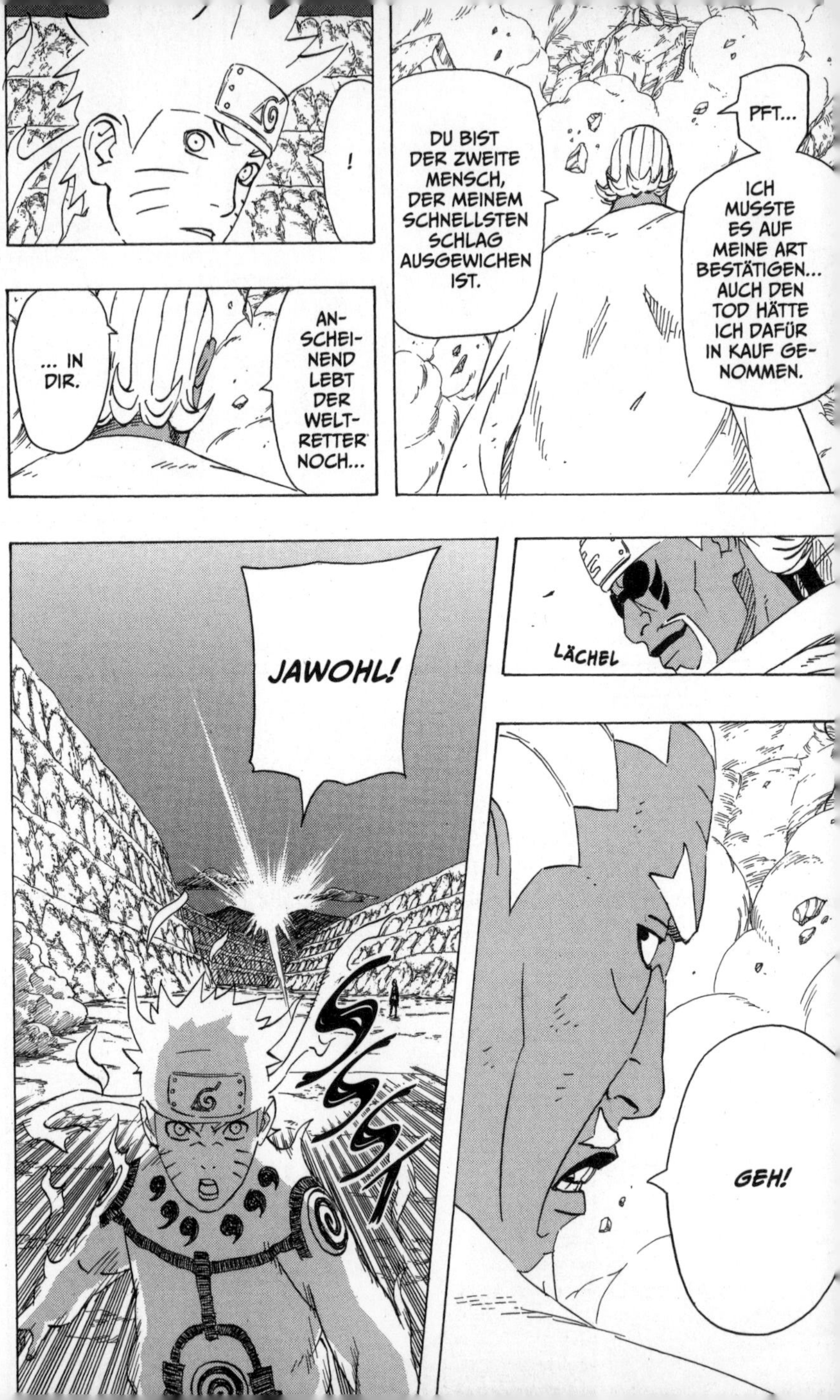
DU BIST DER ZWEITE MENSCH, DER MEINEM SCHNELLSTEN SCHLAG AUSGEWICHEN IST.
PFT…
ICH MUSSTE ES AUF MEINE ART BESTÄTIGEN… AUCH DEN TOD HÄTTE ICH DAFÜR IN KAUF GENOMMEN.
!
ANSCHEINEND LEBT DER WELTRETTER NOCH…
… IN DIR.
LÄCHEL
GEH!
JAWOHL!
SSSS

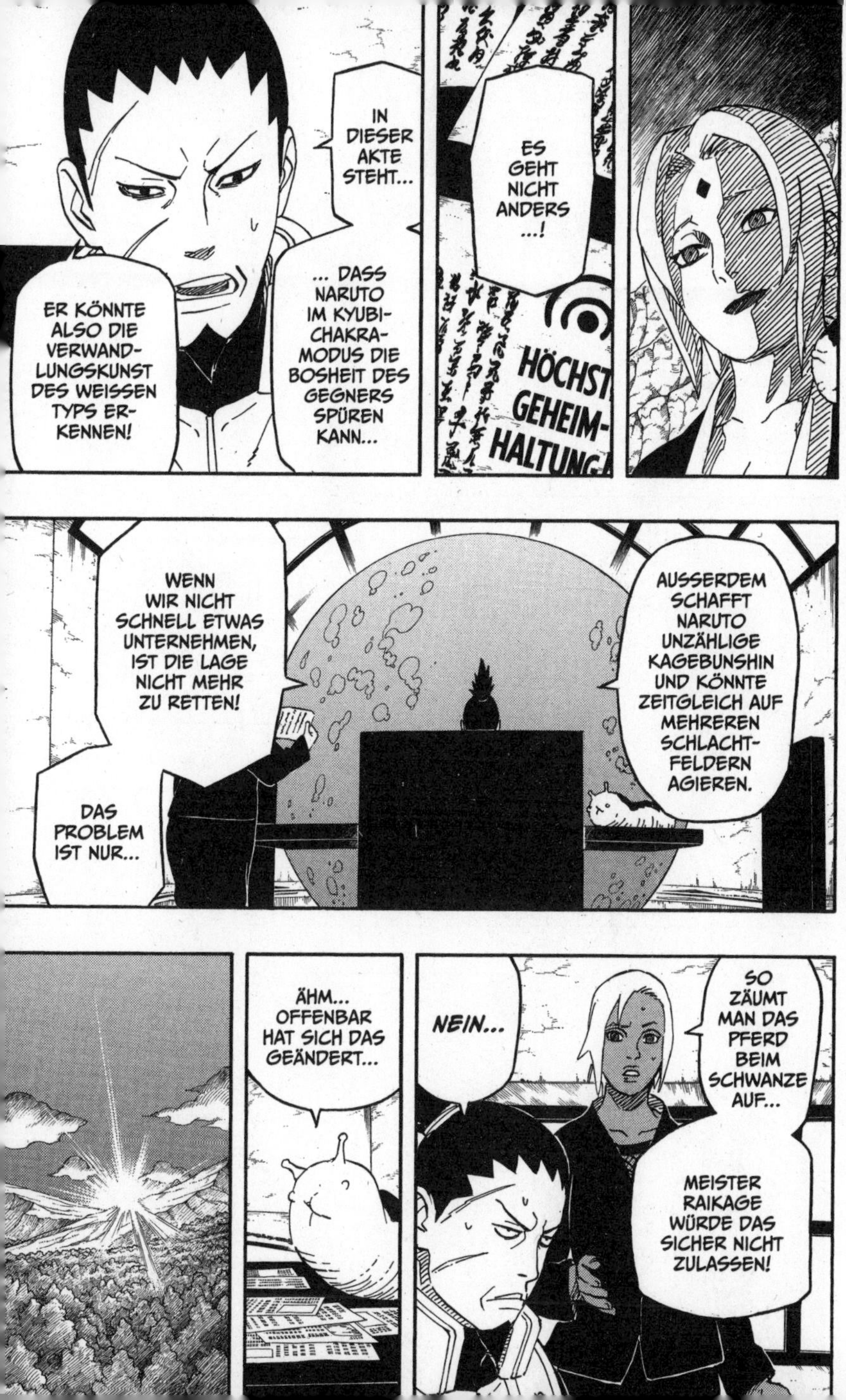

ES GEHT NICHT ANDERS ...!
HÖCHST GEHEIM- HALTUNG
IN DIESER AKTE STEHT...
... DASS NARUTO IM KYUBI-CHAKRA-MODUS DIE BOSHEIT DES GEGNERS SPÜREN KANN...
ER KÖNNTE ALSO DIE VERWAND-LUNGSKUNST DES WEISSEN TYPS ER-KENNEN!
AUSSERDEM SCHAFFT NARUTO UNZÄHLIGE KAGEBUNSHIN UND KÖNNTE ZEITGLEICH AUF MEHREREN SCHLACHT-FELDERN AGIEREN.
WENN WIR NICHT SCHNELL ETWAS UNTERNEHMEN, IST DIE LAGE NICHT MEHR ZU RETTEN!
DAS PROBLEM IST NUR...
SO ZÄUMT MAN DAS PFERD BEIM SCHWANZE AUF...
MEISTER RAIKAGE WÜRDE DAS SICHER NICHT ZULASSEN!
NEIN...
ÄHM... OFFENBAR HAT SICH DAS GEÄNDERT...

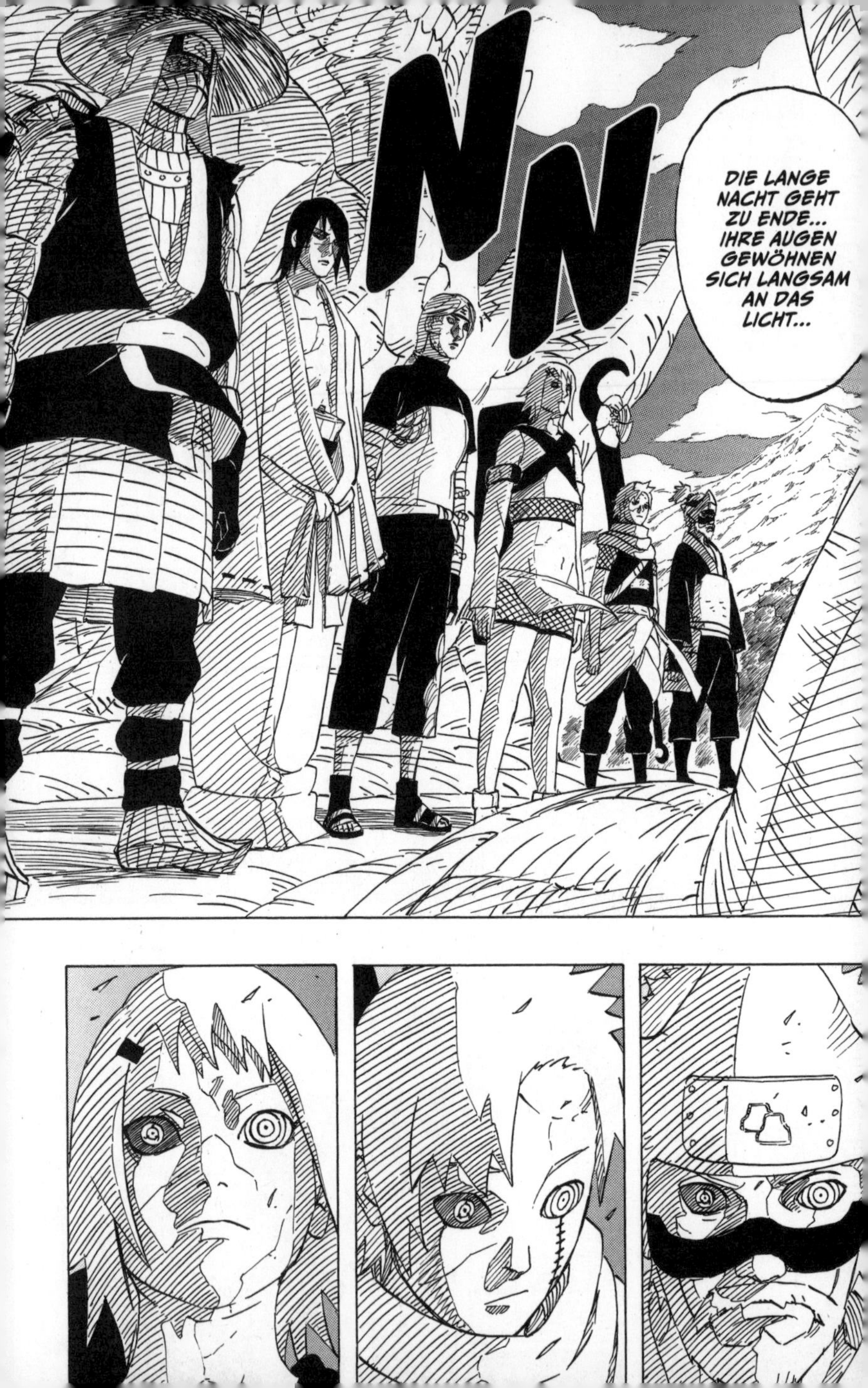
NN
DIE LANGE NACHT GEHT ZU ENDE... IHRE AUGEN GEWÖHNEN SICH LANGSAM AN DAS LICHT...

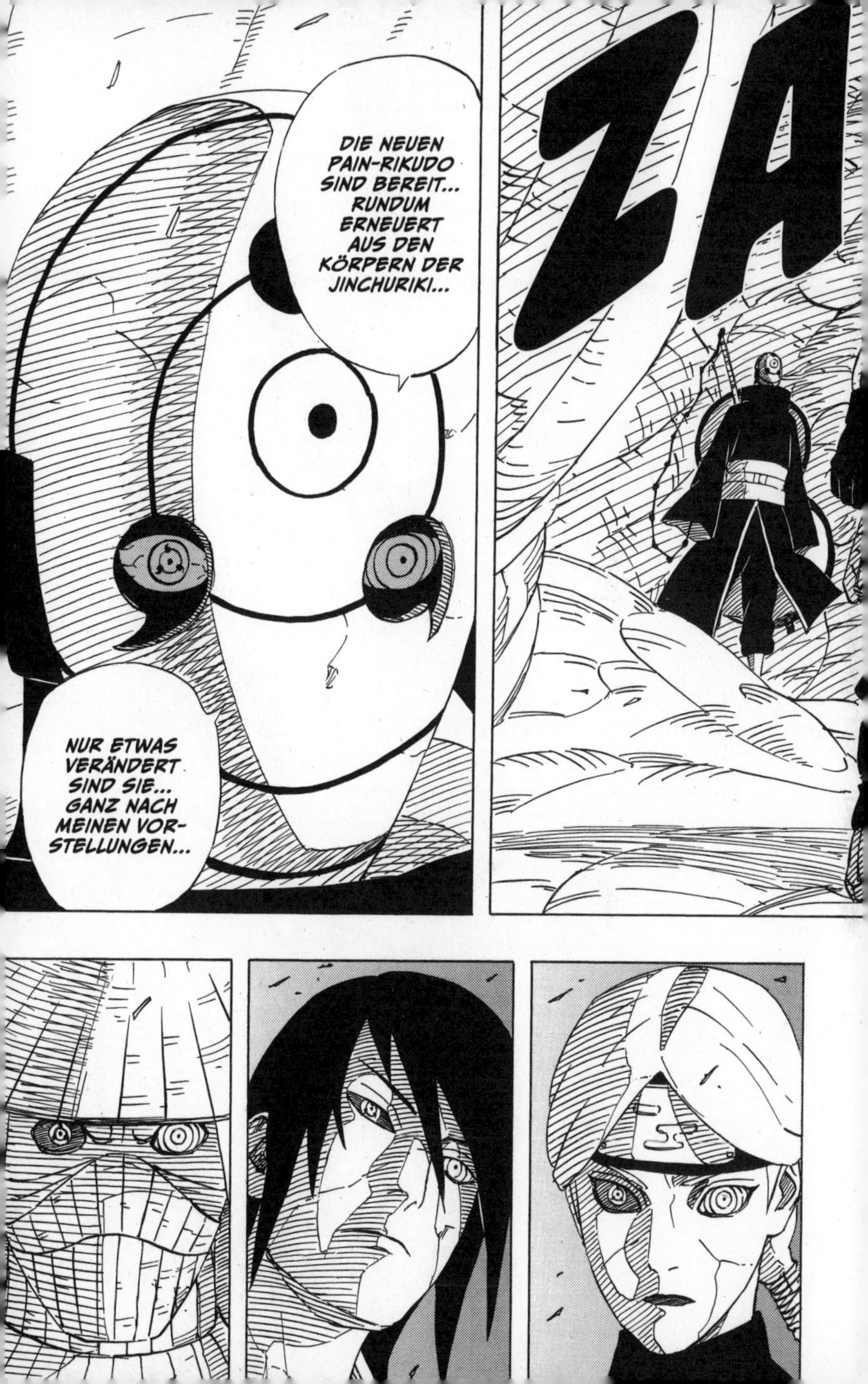
ZA
DIE NEUEN PAIN-RIKUDO SIND BEREIT... RUNDUM ERNEUERT AUS DEN KÖRPERN DER JINCHURIKI...
NUR ETWAS VERÄNDERT SIND SIE... GANZ NACH MEINEN VOR-STELLUNGEN...

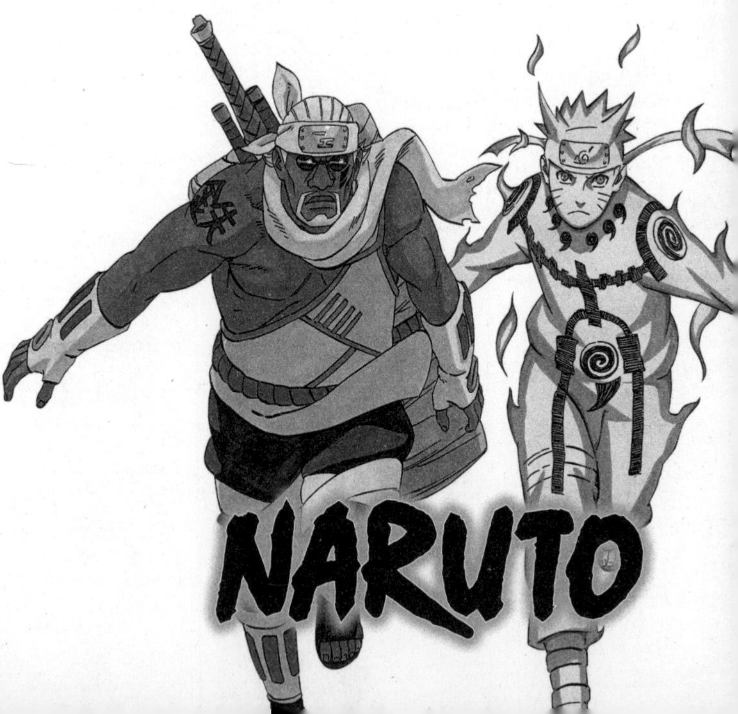
NARUTO

GLOSSAR

S. 18
Hmh… dat is also dat Blessband von de Ninja-Allianz… Nicht uneven!
Hhm… das ist also das Stirnband der Ninja-Allianz… Nicht schlecht!

S. 20/21
Wat! Mien Vadder is de Kommandeur?!
Wie?! Mein Vater ist der Kommandeur?!

Nu geit dat los! Tohope mit Kurotsuchi dreih ik de Lage toan Gooten!
Jetzt geht's los! Zusammen mit Kurotsuchi wende ich die Lage zum Guten!

S. 43
Seker!
Aber klar!

S. 115
Mellet jau op de steed bi Kitsuchi!!
Meldet euch sofort bei Kitsuchi!!

S. 116
Alln's kloar!!
Verstanden!!

S. 128/129
Griept an!!
Greift an!!

S. 190
Sech nix!! Ik weet!
Sag nichts!! Ich weiß!

S. 5
Ohauha, dat piesackt mien Puckel…!
Puh, das belastet meinen Rücken…!

Alln's gaud?
Alles okay?

Schallt wie nich beter'n beten deeper flegen?
Sollen wir nicht besser etwas tiefer fliegen?

Akatsuchi, du Doesbattel! Dann sücht us de Groatslang wedder!
Akatsuchi, du Blödmann! Dann entdeckt uns die Riesenschlange wieder!

S. 14
Ennelk bünnt wie doar.
Endlich sind wir da.

Auutsch! Mien Puckel!!
Auutsch! Mein Rücken!!

Du häs dich överanstrengt!
Du hast dich überanstrengt!

S. 15
Mit Hachibi un Kyubi is alln's gaud.
Mit Hachibi und Kyubi ist alles in Ordnung.

Maar Kyubis Hoelper, de Mokutu-Meester, is roved worn.
Aber Kyubis Betreuer, der Mokuton-Meister, ist entführt worden.

Binnen kann ik jau alln´s nipp un nau vertellen…
Drinnen berichte ich euch alles ausführlich…

S. 17
Oh! Büss du all kloar?
Oh! Schon fertig?

S. 225
Ik wull mi min verschuett goahnes Geweten torüchhalen!
Ich werde mir mein abhandengekommenes Gewissen zurückholen!

S. 273
Dat deit mi leed, dat ik so laate bünn!
Tut mir leid, dass ich so spät bin!

S. 282
De Eenheiten 6 bis 10 bringen de Eelennigen to de noahfolgenden Truppen!
Die Einheiten 6 bis 10 bringen die Verwundeten zu den nachfolgenden Truppen!

All de annern kamt mi achteran!
Alle anderen folgen mir!

S. 424
He hett mien Truuf eenfach slagen...
Er hat meinen Trumpf einfach geschlagen...

S. 426
Dörf ik wat seggen, du von Nara-Clan?
Darf ich was sagen, du vom Nara-Clan?

De Slaacht is nu ruhig, maar wi stellt us up nächtliche Angreepe in!
Die Schlacht ruht vorläufig, aber wir stellen uns auf nächtliche Angriffe ein!

Use Laage is bedröövt... Laat us mit dem Hauptquartier een büttken enger weern un dann upholen, Darui!
Unsere Lage hat sich plötzlich verschlechtert... Lass uns mit dem Hauptquartier engen Kontakt halten und aufholen, Darui!

S. 197
Ohauaha, darümme hebbt wi miteenmal dree Personen upspürt un eenen goar nich...
Ach so, deshalb haben wir auf einmal drei Personen aufgespürt und einen gar nicht...

Meester Muu is nich to spören.
Meister Muu ist nicht zu spüren.

S. 206
Dörf ik wat seggen, du von Nara-Clan?
Darf ich was sagen, du vom Nara-Clan?

S. 207
Wenn wi deenen Plan perfekt maken wulln, moe wi wat bidoon.
Um deinen Plan perfekt zu machen, müssen wir etwas ergänzen.

S. 208
He was eens min Schoolmeester, die mi Jinton wiest het...
Er war einst mein Lehrer, der mir Jinton beigebracht hat...

De Kunst, mit de man de Elemente Wind, Eerd un Füür tohope bringen kann.
Die Kunst, mit der man die Elemente Wind, Erde und Feuer vereinigen kann.

S. 224
Goot! Wie heet sei?
Okay! Wie lautet sie?

Pft! Weest du nich mehr, wat du mi secht heest?
Pft! Weißt du nicht mehr, was du mir gesagt hast?

MISSION: Yozakura Family

HITSUJI GONDAIRA

VORHANG AUF FÜR DIE SCHRÄGSTE UND GEFÄHRLICHSTE FAMILIE DER WELT!

Taiyo Asano ist ein extrem schüchterner Oberschüler. Die einzige Person, mit der er unbeschwert reden kann, ist seine Kindheitsfreundin Mutsumi Yozakura. Doch dann stellt sich heraus, dass Mutsumi ein Geheimnis hat, das Taiyos Leben völlig auf den Kopf stellt: Ihre Familie besteht aus lauter Superspionen! Und als wäre das nicht schon aufregend genug, trachtet Mutsumis großer Bruder ihm auch noch nach dem Leben! Wie weit wird Taiyo gehen, um seine Haut zu retten?

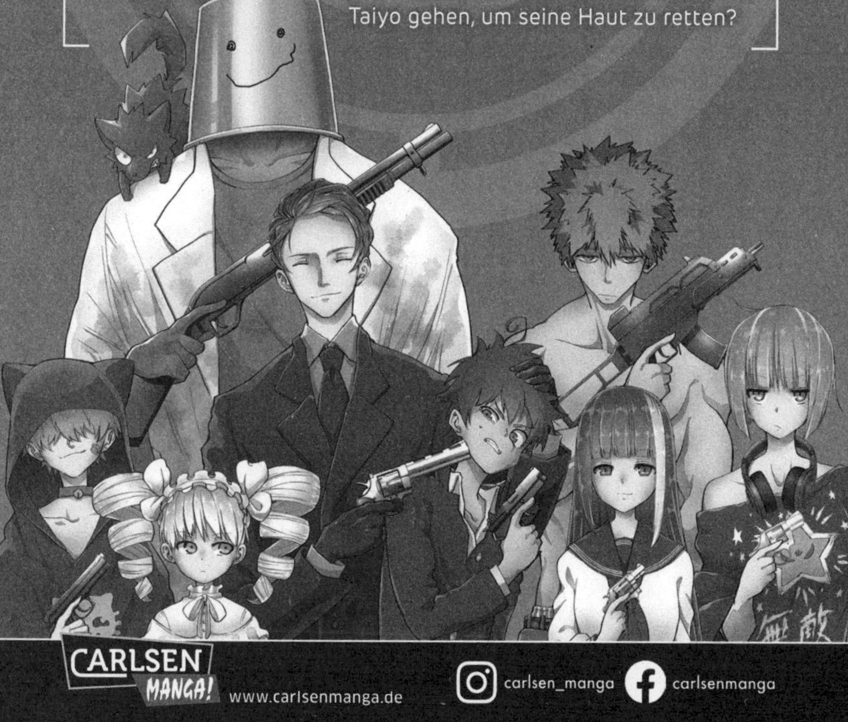

CARLSEN MANGA! CHECKLIST

BARFUSS DURCH HIROSHIMA

von Keiji Nakazawa
€ 12,00 (D) / € 12,40 (A)
O Band 2
€ 14,00 (D) / € 14,40 (A)
O Band 1, 3 bis 4

BARRAGE

von Kohei Horikoshi
€ 6,99 (D) / € 7,20 (A)
O Band 1 bis 2
In 2 Bänden abgeschlossen

BATTLE ANGEL ALITA – PERFECT EDITION

von Yukito Kishiro
€ 19,99 (D) / € 20,60 (A)
O Band 1 bis 3
€ 24,99 (D) / € 25,70 (A)
O Band 4
In 4 Bänden abgeschlossen
€ 29,99 (D) / € 30,90 (A)
O Band 4 im Schuber
€ 89,99 (D) / € 92,60 (A)
O Band 1-4 im Schuber

BATTLE ANGEL ALITA – LAST ORDER PERFECT EDITION

von Yukito Kishiro
€ 14,99 (D) / € 15,50 (A)
O 1 bis 3, 5 bis 9
€ 19,99 (D) / € 20,60 (A)
O Band 10
O Band 11 06/21
O Band 12 09/21
€ 16,99 (D) / € 17,50 (A)
O Band 4
In 12 Bänden abgeschlossen
€ 25,00 (D) / € 25,70 (A)
O Band 12 im Schuber mit Extra 09/21
€ 90,00 (D) / € 92,60 (A)
O Bände 1 bis 6 im Schuber mit Extra
€ 99,00 (D) / € 103,20 (A)
O Bände 7 bis 12 im Schuber mit Extra 09/21

BATTLE ANGEL ALITA – MARS CHRONICLE

von Yukito Kishiro
€ 6,95 (D) / € 7,20 (A)
O Band 1 bis 3, 5-6
O Band 7 07/21
€ 10,00 (D) / € 10,30 (A)
O Band 4
Bislang 6 Bände in Japan

ATTACK ON TITAN – DELUXE

von Hajime Isayama
€ 25,00 (D) / € 25,70 (A)
O Band 1 bis 8

ATTACK ON TITAN – INSIDE

von Hajime Isayama
€ 12,90 (D) / € 13,30 (A)
O Einzelband

ATTACK ON TITAN – LOST GIRLS

von Isayama, Seko & Fuji
€ 6,99 (D) / € 7,20 (A)
O Band 1 & 2
In 2 Bänden abgeschlossen

ATTACK ON TITAN – LOST GIRLS (Nippon Novel)

von Hiroshi Seko
€ 9,95 (D) / € 10,30 (A)
O Einzelband

ATTACK ON TITAN – NO REGRETS

von Hajime Isayama
€ 6,95 (D) / € 7,20 (A)
O Band 1 & 2
In 2 Bänden abgeschlossen

ATTACK ON TITAN – NO REGRETS FULL COLOR EDITION

von Hajime Isayama
€ 14,99 (D) / € 15,50 (A)
O Band 1 & 2
In 2 Bänden abgeschlossen

ATTACK ON TITAN – OUTSIDE

von Hajime Isayama
€ 12,90 (D) / € 13,30 (A)
O Einzelband

ATTACK ON TITAN – SHORT PLAY

von Isayama & hounori
€ 8,99 (D) / € 9,30 (A)
O Einzelband

ANONYMOUS NOISE

von Ryoko Fukuyama
€ 5,00 (D) / € 6,20 (A)
O Band 1
€ 6,99 (D) / € 7,20 (A)
O Band 2 bis 17
O Band 18 06/21
In 18 Bänden abgeschlossen

ARTE

von Kei Ohkubo
€ 10,00 (D) / € 10,30 (A)
O Band 1 bis 6
O Band 7 07/21
O Band 8 09/21
Bislang 13 Bände in Japan

ASSASSINATION CLASSROOM

von Yusei Matsui
€ 6,50 (D) / € 6,70 (A)
O Band 1 bis 21
In 21 Bänden abgeschlossen

ATTACK ON TITAN

von Hajime Isayama
€ 6,95 (D) / € 7,20 (A)
O Band 1 bis 32
O Band 33 09/21
In 34 Bänden abgeschlossen
€ 36,00 (D) / € 37,10 (A)
O Bände 1-5 im Schuber
O Bände 6-10 im Schuber
O Bände 11-15 im Schuber
O Bände 16-20 im Schuber
O Bände 21-25 im Schuber
O Bände 26-30 im Schuber

ATTACK ON TITAN – ANSWERS

von Hajime Isayama
€ 12,90 (D) / € 13,30 (A)
O Einzelband

ATTACK ON TITAN – BEFORE THE FALL

von Hajime Isayama
€ 6,95 (D) / € 7,20 (A)
O Band 1 bis 17
In 17 Bänden abgeschlossen

ATTACK ON TITAN CHARACTER GUIDE

von Hajime Isayama
€ 12,90 (D) / € 13,30 (A)
O Einzelband

12 JAHRE

von Nao Maita
€ 5,99 (D) / € 6,20 (A)
O Band 1 bis 14
€ 6,99 (D) / € 7,20 (A)
O Band 15 08/21
In 20 Bänden abgeschlossen

ABE SADA

von Kazuo Kamimura
€ 14,99 (D) / € 15,50 (A)
O Band 1 & 2
In 2 Bänden abgeschlossen

ACID TOWN

von Kyugo
€ 7,95 (D) / € 8,20 (A))
O Band 6
Bislang 6 Bände in Japan

AKIRA – ORIGINAL EDITION

von Katsuhiro Otomo
€ 19,90 (D) / € 20,50 (A)
O Band 1 bis 3
€ 22,90 (D) / € 23,60 (A)
O Band 4 bis 6
In 6 Bänden abgeschlossen

ALICE IN MURDERLAND

von Kaori Yuki
€ 7,95 (D) / € 8,20 (A)
O Band 1 bis 11
In 11 Bänden abgeschlossen

ALISIK

von Helge Vogt & Hubertus Rufledt
€ 8,99 (D) / € 9,30 (A)
O Band 1
€ 7,99 (D) / € 8,30 (A)
O Band 2 bis 4
In 4 Bänden abgeschlossen

ALPHA² – NEUEDITION

von Kamineo & Kamoi
€ 14,00 (D) / € 14,40 (A)
O Einzelband

ALPI - THE SOUL SENDER

von Rona
€ 7,00 (D) / € 7,20 (A)
O Band 1 07/21
Bislang 4 Bände in Japan

CARLSEN MANGA! CHECKLIST

DOUBT GESAMTAUSGABE

von Yoshiki Tonogai
€ 30,00 (D) / € 30,90 (A)
O **Sammelschuber** 07/21

DRAGON BALL

von Akira Toriyama
€ 6,50 (D) / € 6,70 (A)
O **Band 1 bis 42**
In 42 Bänden abgeschlossen

DRAGON BALL MASSIV

von Akira Toriyama
€ 5,00 (D) / € 5,20 (A)
O **Band 1**
€ 10,00 (D) / € 10,30 (A)
O **Band 2 bis 11**
O **Band 12** 07/21
O **Band 13** 09/21

DRAGON BALL SD

von Akira Toriyama
(Original Story)
& Naho Ohishi
€ 7,95 (D) / € 8,20 (A)
O **Band 1 bis 6**
Bislang 7 Bände in Japan

DRAGON BALL SIDE STORIES

von Akira Toriyama
& dragongarow LEE
€ 5,00 (D) / € 5,20 (A)
O **Yamchu**

DRAGON BALL SUPER

von Toriyama & Toyotarou
€ 6,50 (D) / € 6,70 (A)
O **Band 1 bis 11**
O **Band 12** 06/21
€ 9,99 (D) / € 10,30 (A)
O **Band 5 im Schuber**
O **Band 10 im Schuber**
€ 29,99 (D) / € 30,90 (A)
O **Bände 1-5 im Schuber**
O **Bände 6-10 im Schuber**
Bislang 14 Bände in Japan

DREAMIN' SUN

von Ichigo Takano
€ 6,99 (D) / € 7,20 (A)
O **Band 1 bis 9**
€ 8,99 (D) / € 9,20 (A)
O **Band 10**
In 10 Bänden abgeschlossen

COYOTE

von Ranmaru Zariya
€ 7,99 (D) / € 8,30 (A)
O **Band 1 bis 3**
Bislang 3 Bände in Japan

CROSS ACCOUNT

von Tsunehiro Date
€ 6,99 (D) / € 7,20 (A)
O **Band 1 bis 4**
In 4 Bänden abgeschlossen

DEAD COMPANY

von Yoshiki Tonogai
€ 7,00 (D) / € 7,20 (A)
O **Band 1** 07/21
In 3 Bänden abgeschlossen

DEFENSE DEVIL

von Youn In-Wan
& Yang Kyung-Il
€ 5,95 (D) / € 6,20 (A)
O **Band 1 bis 10**
In 10 Bänden abgeschlossen

DEPTH OF FIELD

von Enjo
€ 8,00 (D) / € 8,30 (A)
O **Band 1 & 2**
In 2 Bänden abgeschlossen

DEVILS & REALIST

von Utako Yukihiro
& Madoka Takadono
€ 6,95 (D) / € 7,20 (A)
O **Band 11 bis 13**
€ 7,95 (D) / € 8,20 (A)
O **Band 14**
€ 8,95 (D) / € 9,20 (A)
O **Band 15**
In 15 Bänden abgeschlossen

DIALOGE MIT MIR SELBST

von Kabi Nagata
€ 18,00 (D) / € 18,50 (A)
O **Band 1 b& 2**
In 2 Bänden abgeschlossen

DIE STADT DER BESONDEREN KINDER

von Ransom Riggs
& Cassandra Jean
€ 14,90 (D) / € 15,40 (A)
O **Einzelband**

BLACK LAGOON

von Rei Hiroe
€ 6,95 (D) / € 7,20 (A)
O **Band 4**
€ 7,95 (D) / € 8,20 (A)
O **Band 1-3, 5-8, 10-11**
€ 8,95 (D) / € 9,20 (A)
O **Band 9**
Bislang 11 Bände in Japan

BLOOM INTO YOU

von Nio Naketani
€ 6,99 (D) / € 7,20 (A)
O **Band 1 bis 7**
€ 7,99 (D) / € 8,30 (A)
O **Band 8**
In 8 Bänden abgeschlossen

BLUE FLAG

von Kaito
€ 7,99 (D) / € 8,30 (A)
O **Band 1 bis 7**
In 7 Bänden abgeschlossen

BLUE GIANT

von Shinichi Ishizuka
€ 8,00 (D) / € 8,30 (A)
O **Band 1** 09/21
In 10 Bänden abgeschlossen

BLUE GIANT SUPREME

von Shinichi Ishizuka
€ 8,00 (D) / € 8,30 (A)
O **Band 1 bis 5**
O **Band 6** 08/21
In 11 Bänden abgeschlossen

BORUTO – NARUTO THE NEXT GENERATION

von Kishimoto & Kodachi
€ 6,50 (D) / € 6,70 (A)
O **Band 1 bis 10**
O **Band 11** 07/21
Bislang 13 Bände in Japan

BUDDHA

von Osamu Tezuka
€ 22,90 (D) / € 23,60 (A)
O **Band 1 bis 10**
In 10 Bänden abgeschlossen

CHIISAKOBEE

von Minetaro Mochizuki
€ 14,90 (D) / € 15,40 (A)
O **Band 1 bis 4**
In 4 Bänden abgeschlossen

BECOMING A GIRL ONE DAY

von Akane Ogura
€ 5,99 (D) / € 6,20 (A)
O **Band 1 bis 4**
In 4 Bänden abgeschlossen

BECOMING A GIRL ONE DAY – ANOTHER

von Akane Ogura
€ 5,99 (D) / € 6,20 (A)
O **Band 1 bis 4**
In 4 Bänden abgeschlossen

BILLY BAT

von Naoki Urasawa
& Takashi Nagasaki
€ 8,95 (D) / € 9,20 (A)
O **Band 4-7, 12-16**
€ 12,00 (D) / € 12,40 (A)
O **Band 1-3, 8-11, 17-20**
In 20 Bänden abgeschlossen

BL IS MAGIC!

von Oroken
€ 9,99 (D) / € 10,30 (A)
O **Band 1 bis 3**
In 4 Bänden abgeschlossen
O **BL is magic! Special: Extra Spells** 08/21

BL METAMORPHOSEN – GEHEIMNIS EINER FREUNDSCHAFT

von Kaori Tsurutani
€ 8,00 (D)/ € 8,30 (A)
O **Band 1 bis 3**
O **Band 4** 09/21
In 5 Bänden abgeschlossen

BLACK BUTLER

von Yana Toboso
€ 6,95 (D) / € 7,20 (A)
O **Band 1 bis 29**
O **Band 30** 07/21
€ 10,00 (D)/ € 10,30 (A)
O **Band 30**
Limitierte Ausgabe mit Extra 07/21
€ 14,90 (D) / € 15,40 (A)
O **Character Guide**
Bislang 29 Bände in Japan

CARLSEN MANGA! CHECKLIST

GELIEBTER AFFE

von Yoshihiro Tatsumi
€ 19,90 (D) / € 20,50 (A)
O Einzelband

GHOSTLY THINGS

von Ushio Shirotori
€ 7,00 (D) / € 7,20 (A)
O Band 1
O Band 2 07/21
In 4 Bänden abgeschlossen

HARU x KIYO

von Akira Ozaki
€ 5,00 (D) / € 5,20 (A)
O Band 1
€ 7,00 (D)/ €7,20 (A)
O Band 2 bis 9
In 9 Bänden abgeschlossen

HE'S MY VAMPIRE

von Aya Shouoto
€ 6,95 (D) / € 7,20 (A)
O Band 1 bis 10
In 10 Bänden abgeschlossen

HITOTSUBANA

von Minami
€ 8,00 (D) / € 8,30 (A)
O Band 1 bis 7
In 7 Bänden abgeschlossen

HOW TO DRAW MANGA

von Hikaru Hayashi u. a.
€ 9,95 (D) / € 10,30 (A)
O Manga-Charaktere in Bewegung
€ 16,90 (D) / € 17,40 (A)
O Ninja und Samurai
€ 17,90 (D) / € 18,40 (A)
O Manga-Figuren entwickeln
€ 19,90 (D) / € 20,50 (A)
O Manga-Skizzen zeichnen
O Character Design – Tipps und Tricks
O Manga aus der richtigen Perspektive
O Oberflächen und Strukturen
O Manga-Figuren in ihrer Umwelt
O Perfekte Proportionen im Manga
O Grundlagen der Manga-Kunst
€ 24,90 (D) / € 25,60 (A)
O Kolorieren mit Copic-Stiften
O Kolorieren mit Aquarellbuntstiften

FOLGE DEN WOLKEN NACH NORD-NORDWEST

von Aki Irie
€ 12,00 (D) / € 12,40 (A)
O Band 1 bis 4
Bislang 5 Bände in Japan

FOOD WARS – SHOKUGEKI NO SOMA

von Tsukuda & Saeki
€ 6,99 (D) / € 7,20 (A)
O Band 1 bis 31
O Band 32 06/21
O Band 33 08/21
In 36 Bänden abgeschlossen
€ 69,90 (D) / € 71,80 (A)
O Bände 1-10 im Schuber
O Bände 11-20 im Schuber
O Bände 21-30 im Schuber

FRUIT BASKET PEARLS

von Natuski Takaya
€ 11,00 (D) / € 11,40 (A)
O Band 1
O Band 2 06/21
O Band 3 08/21
In 12 Bänden abgeschlossen

GAMMA DRACONIS

von Eldo Yoshimizu & Benoist Simmat
€ 16,00 (D) / € 16,50 (A)
O Einzelband 07/21

GANGSTA.

von Kohske
€ 7,95 (D) / € 8,20 (A)
O Band 1 bis 8
Bislang 8 Bände in Japan

GANGSTA: CURSED.

von Kohske & Kamo
€ 7,99 (D) / € 8,30 (A)
O Band 1 bis 5
Bislang 5 Bände in Japan

GEGEN DEN STROM

von Yoshihiro Tatsumi
€ 44,00 (D) / € 44,60 (A)
O Einzelband

FAIRY TAIL+

von Hiro Mashima
€ 8,95 (D) / € 9,20 (A)
O Einzelband

FAIRY TAIL – HAPPY'S ADVENTURE

von Hiro Mashima & Kenshiro Sakamoto
€ 7,00 (D) / € 7,20 (A)
O Band 1 bis 4
O Band 5 08/21
In 8 Bänden abgeschlossen

FAIRY TAIL S

von Hiro Mashima
€ 6,99 (D) / € 7,20 (A)
O Band 1 & 2
In 2 Bänden abgeschlossen

FAIRY TAIL SIDE STORIES

von Hiro Mashima & Kyota Shibano
€ 6,99 (D) / € 7,20 (A)
O Band 1 bis 3
In 3 Bänden abgeschlossen

FAIRY TALE BATTLE ROYALE

von Soraho Ina
€ 7,00 (D) / € 7,20 (A)
O Band 1 bis 4
Bislang 4 Bände in Japan

FINAL FANTASY – LOST STRANGER

von Hazuki Minase & Itsuki Kameya
€ 12,99 (D) / € 13,40 (A)
O Band 1 bis 5
Bislang 6 Bände in Japan

FINAL FANTASY – OFFICIAL MEMORIAL ULTIMANIA BOOK

von Takatoshi Shiozawa
€ 39,99 (D) / € 41,20 (A)
O VII - IX
In 3 Bänden abgeschlossen

FOCUS 10

von Martina Peters
€ 6,99 (D) / € 7,20 (A)
O Band 1 bis 9
O Band 10 09/21
In 10 Bänden abgeschlossen

DR. STONE

von Inagaki & BOICHI
€ 7,00 (D) / € 7,20 (A)
O Band 1 bis 11
O Band 12 06/21
O Band 13 08/21
Bislang 19 Bände in Japan

DR. STONE REBOOT: BYAKUYA

von Inagaki & BOICHI
€ 7,00 (D) / € 7,20 (A)
O Einzelband 07/21

EDENS ZERO

von Hiro Mashima
€ 7,00 (D)/ €7,20 (A)
O Band 1 bis 9
O Band 10 07/21
€ 10,00 (D) / € 10,30 (A)
O Band 7 - limitierte Ausgabe
Bislang 13 Bände in Japan

EXISTENZEN UND ANDERE ABGRÜNDE

von Yoshihiro Tatsumi
€ 19,90 (D) / € 20,50 (A)
O Einzelband

FAIRY GIRLS

von Hiro Mashima
€ 6,99 (D) / € 7,20 (A)
O Band 1 bis 4
In 4 Bänden abgeschlossen

FAIRY TAIL

von Hiro Mashima
€ 6,50 (D) / € 6,70 (A)
O Band 1 bis 63
€ 9,99 (D) / € 10,30 (A)
O Band 60 limitiert
In 63 Bänden abgeschlossen

FAIRY TAIL ARTBOOKS

von Hiro Mashima
€ 19,95 (D) / € 20,60 (A)
O Fantasia
O Harvest

FAIRY TAIL – 100 YEARS QUEST

von Hiro Mashima & Atsuo Ueda
€ 7,00 (D) / € 7,20 (A)
O Band 1 bis 5
O Band 6 06/21
O Band 7 09/21
Bislang 10 Bände in Japan

CARLSEN MANGA! CHECKLIST

ROSEN BLOOD
von Kachiru Ichizue
€ 10,00 (D) / € 10,30 (A)
O Band 1
O Band 2 07/21
Bisher 3 Bände in Japan

RYUKO
von Eldo Yoshimizu
€ 14,99 (D) / € 15,50 (A)
O Band 1 & 2
In 2 Bänden abgeschlossen

SACRIFICE TO THE KING OF BEASTS
von Yu Tomofuji
€ 6,99 (D) / € 7,20 (A)
O Band 1 bis 11
O Band 12 06/21
O Band 13 09/21
In 15 Bänden abgeschlossen

SAKURA – I WANT TO EAT YOUR PANCREAS
von Yoru Sumino
€ 7,99 (D) / € 8,20 (A)
O Band 1 & 2
In 2 Bänden abgeschlossen

SAKURA DREAMS BUCH UND TERMIN-KALENDER 2022
von Melanie Schober
€ 10,00 (D) / € 10,10 (A)
O Kalender 06/21

SAMURAI8
von Masashi Kishimoto & Akira Okubo
€ 7,00 (D) / € 7,20 (A)
O Band 1 bis 5
In 5 Bänden abgeschlossen

SANTA MARIA HEARTLAND
von Rise Torio
€ 8,50 (D) / € 8,80 (A)
O Einzelband

SARABA, YOKI HI – SOLANGE WIR ZUSAMMEN SIND
von Yuki Akaneda
€ 7,00 (D) / € 7,20 (A)
O Band 1
O Band 2 08/21
Bisher 6 Bände in Japan

PLUTO: URASAWA X TEZUKA
von Tezuka, Urasawa & Nagasaki
€ 14,90 (D) / € 15,30 (A)
O Band 1-3, 6-7
€ 12,90 (D) / € 13,30 (A)
O Band 4-5
€ 16,90 (D) / € 17,40 (A)
O Band 8
In 8 Bänden abgeschlossen

POISON CITY
von Tetsuya Tsutsui
€ 7,99 (D) / € 8,30 (A)
O Band 1 & 2
In 2 Bänden abgeschlossen

PONE – POSUKA DEMIZU ARTBOOK
von Posuka Demizu
€ 20,00 (D) / € 20,60 (A)
O Artbook

Q (KU)
von Tatsuya Shihira
€ 7,99 (D) / € 8,30 (A)
O Band 1 bis 3
€ 8,99 (D) / € 9,30 (A)
O Band 4
In 4 Bänden abgeschlossen

REAKTOR 1F – EIN BERICHT AUS FUKUSHIMA
von Kazuto Tatsuta
€ 12,99 (D) / € 13,40 (A)
O Band 1 bis 3
In 3 Bänden abgeschlossen

RENTAL GIRLFRIEND
von Reiji Miyajima
€ 7,00 (D) / € 7,20 (A)
O Band 1 bis 8
O Band 9 07/21
O Band 10 09/21
Bislang 16 Bände in Japan

REQUIEM OF THE ROSE KING
von Aya Kanno
€ 9,99 (D) / € 10,30 (A)
O Band 1 bis 12
O Band 13 08/21
Bislang 14 Bände in Japan

OUR SUMMER HOLIDAY
von Kaori Ozaki
€ 7,99 (D) / € 8,30 (A)
O Einzelband

OVERLORD
von Maruyama & Miyama
€ 6,99 (D) / 7,20 (A)
O Band 1 bis 12
€ 7,99 (D) / € 8,30 (A)
O Band 13
O Band 14 09/21
Bislang 15 Bände in Japan

OVERLORD Official Comic À La Carte Anthology
von Kugane Maruyama, diverse
€ 7,00 (D) / € 7,20 (A)
O Band 1 bis 3
Bislang 3 Bände in Japan

PANDORAHEARTS
von Jun Mochizuki
€ 6,95 (D) / € 7,20 (A)
O Band 1, 5-6, 10-15, 17, 19
€ 7,95 (D) / € 8,20 (A)
O Band 18
€ 8,95 (D) / € 9,20 (A)
O Band 22
€ 10,00 (D) / € 10,30 (A)
O Band 2-4, 7-9, 16, 20-21, 23
€ 14,00 (D) / € 14,40 (A)
O Band 24
In 24 Bänden abgeschlossen

PERSONAL PARADISE NEUEDITION
von Melanie Schober
€ 6,99 (D) / € 7,20 (A)
O Band 1 bis 7
O Brave Brother 1.0
lim. Ausgabe mit Schuber

PLEASE LOVE ME
von Aya Nakahara
€ 5,00 (D) / € 5,20 (A)
O Band 1
€ 7,00 (D) / € 7,20 (A)
O Band 2 bis 8
O Band 9 06/21
O Band 10 09/21
In 10 Bänden abgeschlossen

ONE PIECE
von Eiichiro Oda
€ 6,50 (D) / € 6,70 (A)
O Band 1 bis 97
O Band 98 09/21
Bislang 99 Bände in Japan

ONE PIECE: FLUCH DES HEILIGEN SCHWERTS
von Eiichiro Oda
€ 7,95 (D) / € 8,20 (A)
O Band 1 & 2
In 2 Bänden abgeschlossen

ONE PIECE PARTY
von Andoh & Oda
€ 6,50 (D) / € 6,70 (A)
O Band 1 bis 6
Bislang 6 Bände in Japan

ONE PIECE – SANJIS LECKERE PIRATENREZEPTE
von Eiichiro Oda
€ 24,90 (D) / € 25,60 (A)
O Kochbuch

ONE PIECE QUIZ BOOK
von Eiichiro Oda
€ 14,00 (D) / € 14,40 (A)
O Einzelband

ONE PIECE Z
von Eiichiro Oda
€ 9,95 (D) / € 10,20 (A)
O Band 1 & 2
In 2 Bänden abgeschlossen

ONE WEEK FRIENDS
von Matcha Hazuki
€ 6,99 (D) / € 7,20 (A)
O Band 1 bis 7
In 7 Bänden abgeschlossen

OPUS
von Satoshi Kon
€ 14,90 (D) / € 15,40 (A)
O Band 1 & 2
In 2 Bänden abgeschlossen

ORANGE
von Ichigo Takano
€ 7,99 (D) / € 8,30 (A)
O Band 1 bis 6
Bislang 6 Bände in Japan

CARLSEN MANGA! CHECKLIST

SUPER DRAGON BALL HEROES UNIVERSE MISSION
von Yoshitaka Nagayama
€ 6,50 (D) / € 6,70 (A)
O Band 1
O Band 2 08/21
Bislang 2 Bände in Japan

TAKANE UND HANA
von Yuki Shiwasu
€ 5,00 (D) / € 5,20 (A)
O Band 1
€ 6,99 (D) / € 7,20 (A)
O Band 2 bis 14
O Band 15 07/21
In 18 Bänden abgeschlossen

TANIGUCHI, JIRO
von Jiro Taniguchi
€ 12,90 (D) / € 13,30 (A)
O Der Gourmet 2
€ 14,90 (D) / € 15,40 (A)
O Der Gourmet
€ 16,00 (D) / € 16,50 (A)
O Der Kartograph
O Die Schrift des Windes
€ 16,90 (D) / € 17,40 (A)
O Ihr Name war Tomoji
€ 20,00 (D) / € 20,60 (A)
O Im Jahrtausendwald
€ 22,00 (D) / € 22,70 (A)
O Unruhige Geister und stille Gefährten
€ 25,00 (D) / € 25,70 (A)
O Der spazierende Mann (erw. Neuausgabe)
€ 28,00 (D) / € 28,80 (A)
O Der Himmel ist blau, die Erde ist weiß – Gesamtausgabe

TEMPEST CURSE
von Martina Peters
€ 6,95 (D) / € 7,20 (A)
O Band 1 bis 3
In 3 Bänden abeschlossen

THE ART OF SPLATOON
von Nintendo
€ 40,00 (D) / € 41,20 (A)
O Artbook

THE BOOK OF LIST - GRIMM'S MAGICAL ITEMS
von Izuco Fujiya
€ 6,95 (D) / € 7,20 (A)
O Band 1 bis 5
€ 8,95 (D) / € 9,20 (A)
O Band 6
In 6 Bänden abeschlossen

SOUL EATER MASSIV
von Atsushi Ohkubo
€ 5,00 (D) / € 5,20 (A)
O Band 1
€ 8,00 (D) / € 8,30 (A)
O Band 2 bis 4
O Band 5 06/21
O Band 6 08/21
In 12 Bänden abgeschlossen

SOUL EATER GUIDE BOOK
von Atsushi Ohkubo
€ 8,95 (D) / € 9,20 (A)
O Einzelband

SOUL EATER SOUL ART
von Atsushi Ohkubo
€ 24,90 (D) / € 25,60 (A)
O Band 2

SPLATOON
von Sankichi Hinodeya
€ 6,99 (D) / € 7,20 (A)
O Band 1 bis 10
O Band 11 07/21
Bislang 13 Bände in Japan

STILLE WASSER
von Kan Takahama
€ 16,90 (D) / € 17,40 (A)
O Einzelband

SUNNY
von Taiyo Matsumoto
€ 16,00 (D) / € 16,50 (A)
O Band 1 & 2
O Band 3 07/21
In 6 Bänden abgeschlossen

SÜSSE KATZE CHI: CHI'S SWEET ADVENTURES
von Konami Kanata & Kinoko Natsume
€ 8,00 (D) / € 8,30 (A)
O Band 1 bis 4
In 4 Bänden abgeschlossen

SUPER DRAGON BALL HEROES
von Yoshitaka Nagayama
€ 6,50 (D) / € 6,70 (A)
O Band 1 bis 3
Bislang 3 Bände in Japan

SHERLOCK
von Jay, Gatiss & Moffat
€ 12,99 (D) / € 13,40 (A)
O Band 1, 2 und 4
€ 14,99 (D) / € 15,50 (A)
O Band 3
€ 39,99 (D) / € 41,20 (A)
O Band 1 bis 3 im Schuber
Bislang 4 Bände in Japan

SHIBA – EIN HUND ZUM VERLIEBEN
von Mayumi Muroyama
€ 7,00 (D) / € 7,20 (A)
O Einzelband

SHIKIGAMI
von Yasaiko Midorihana
€ 10,00 (D) / € 10,30 (A)
O Einzelband

SKETCH EVERY DAY
von Simone Grünewald
€ 20,00 (D) / € 20,60 (A)
O Zeichenbuch

SKIP BEAT!
von Yoshiki Nakamura
€ 6,95 (D) / € 7,20 (A)
O Band 1-8, 10-17, 19-21, 24-33, 35-37, 41-45
€ 8,00 (D) / € 8,30 (A)
O Band 9, 18, 22-23, 34, 38-40
Bislang 45 Bände in Japan

SKULL PARTY
von Melanie Schober
€ 6,95 (D) / € 7,20 (A)
O Band 1 bis 4
In 4 Bänden abgeschlossen

SNACK WORLD
von Level-5, & sho.t
€ 7,00 (D) / € 7,20 (A)
O Band 1 & 2
In 2 Bänden abgeschlossen

SOUL EATER
von Atsushi Ohkubo
€ 6,50 (D) / € 6,70 (A)
O Band 2, 4, 6-11, 13-18 & 24
€ 7,95 (D) / € 8,20 (A)
O Band 25
In 25 Bänden abgeschlossen

SCHATTENARIE
von Zofia Garden & Anne Delseit
€ 6,95 (D) / € 7,20 (A)
O Band 1 & 2
In 2 Bänden abgeschlossen

SCHNEEBALLEN
von Inga Steinmetz
€ 12,00 (D) / € 12,40 (A)
O Schneeballens Fall
€ 14,00 (D) / € 14,40 (A)
O Schneeballen – Verliebt in Japan

SCHOKOHEXE, DIE
von Rino Mizuho
€ 6,50 (D) / € 6,70 (A)
O Band 1-3, 5-7, 10-17
O Band 18 07/21
€ 10,00 (D) / € 10,30 (A)
O Band 4, 8-9
Bislang 20 Bände in Japan

SEARCH AND DESTROY
von Osamu Tezuka & Atsushi Kaneko
€ 15,00 (D) / € 15,50 (A)
O Band 1 & 2
€ 18,00 (D) / € 18,50 (A)
O Band 3 09/21
In 3 Bänden abgeschlossen

SEKAIICHI HATSUKOI
von Shungiku Nakamura
€ 6,95 (D) / € 7,20 (A)
O Band 1, 3, 8-12
€ 10,00 (D) / € 10,30 (A)
O Band 2-7
€ 6,95 (D / € 7,20 (A)
O Band 13 06/21
Bislang 15 Bände in Japan

SEVEN DEADLY SINS
von Suzuki Nakaba
€ 6,50 (D) / € 6,70 (A)
O Band 1 bis 37
O Band 38 07/21
O Band 39 09/21
In 41 Bänden abgeschlossen

CARLSEN MANGA! CHECKLIST

LIBERI-PROJEKT, DAS

von Tamasaburo
€ 6,95 (D) / € 7,20 (A)
O **Band 1 bis 3**
In 3 Bänden abgeschlossen

LIEBHABER, DER

von Kan Takahama
€ 22,00 (D) / € 22,70 (A)
O **Einzelband**

LITTLE WITCH ACADEMIA

von Sato & Yoshinari
€ 6,99 (D) / € 7,20 (A)
O **Band 1 bis 3**
In 3 Bänden abgeschlossen

LIQUOR & CIGARETTE

von Ranmaru Zariya
€ 8,00 (D) / € 8,30 (A)
O **Einzelband**

LUDWIG REVOLUTION GESAMTAUSGABE

von Kaori Yuki
€ 30,00 (D) / € 30,90 (A)
O **Sammelschuber** 09/21

LUPUS IN FABULA

von Kamineo
€ 7,95 (D) / € 8,20 (A)
O **Band 1 bis 3**
In 3 Bänden abgeschlossen

MACHIMAHO – MAGICAL GIRL BY ACCIDENT

von Souryu
€ 7,99 (D) / € 8,30 (A)
O **Band 1 bis 7**
O **Band 8** 07/21
Bislang 9 Bände in Japan

MAGUS OF THE LIBRARY

von Mitsu Izumi
€ 12,00 (D) / € 12,40 (A)
O **Band 1 & 4**
€ 14,00 (D) / € 14,40 (A)
O **Band 2**
€ 16,00 (D) / € 16,50 (A)
O **Band 3**
Bislang 5 Bände in Japan

KAMISAMA DARLING

von Kyoko Aiba
€ 6,99 (D) / € 7,20 (A)
O **Band 1 bis 8**
In 8 Bänden abgeschlossen

KATSURA & TORIYAMA SHORT STORIES

von Akira Toriyama
& Masakazu Katsura
€ 6,95 (D) / € 7,20 (A)
O **Einzelband**

KILLING BITES

von Shinya Murata
& Kazasa Sumita
€ 7,95 (D) / € 8,20 (A)
O **Band 1-3, 5-14**
€ 10,00 (D) / € 10,30 (A)
O **Band 4**
Bislang 17 Bände in Japan

KIMI NI NARE – FINDE DICH SELBST

von Ichigo Takano
€ 7,00 (D) / € 7,20 (A)
O **Einzelband** 07/21

KLEINE KATZE CHI

von Konami Kanata
€ 9,95 (D) / € 10,30 (A)
O **Band 1 bis 11**
€ 12,00 (D) / € 12,40 (A)
O **Band 12**
In 12 Bänden abgeschlossen

KOROSENSEI QUEST!

von Yusei Matsui &
Kizuku Watanabe
€ 6,50 (D) / € 6,70 (A)
O **Band 1 bis 5**
In 5 Bänden abgeschlossen

LADY SNOWBLOOD (NEUEDITION)

von Kazuo Koike
& Kazuo Kamimura
€ 19,99 (D) / € 20,60 (A)
O **Band 1 & 2**
€ 16,99 (D) / € 17,50 (A)
O **Band 3**
In 3 Bänden abgeschlossen

LETZTE REISE DER SCHMETTERLINGE, DIE

von Kan Takahama
€ 14,90 (D) / € 15,40 (A)
O **Einzelband**

IM – GREAT PRIEST IMHOTEP

von Makoto Morishita
€ 6,99 (D) / € 7,20 (A)
O **Band 1 bis 10**
€ 7,99 (D) / € 8,30 (A)
O **Band 11**
In 11 Bänden abgeschlossen

IN THIS CORNER OF THE WORLD

von Fumiyo Kouno
€ 12,99 (D) / € 13,40 (A)
O **Band 1 bis 3**
In 3 Bänden abgeschlossen

ITO, JUNJI

von Shinya Murata
& Kazasa Sumita
€ 24,00 (D) / € 24,70 (A)
O **Gyo Deluxe**
O **Shiver** 07/21
€ 28,00 (D) / € 28,80 (A)
O **Uzumaki Deluxe**

JAPANISCH FÜR MANGA-FANS

von Thora Kerner
& Jin Baron
€ 16,00 (D) / € 16,50 (A)
O **Sammelband**

JUDGE

von Yoshiki Tonogai
€ 7,95 (D) / € 8,20 (A)
O **Band 1 bis 5**
€ 8,95 (D) / € 9,20 (A)
O **Band 6**
In 6 Bänden abgeschlossen

JUMPING

von Asahi Tsutsui
€ 7,00 (D) / € 7,20 (A)
O **Band 1 bis 4**
In 4 Bänden abgeschlossen

JUNJO ROMANTICA

von Shungiku Nakamura
€ 6,95 (D) / € 7,20 (A)
O **Band 9, 11-12, 19-22**
O **Band 23** 06/21
€ 10,00 (D) / € 10,30 (A)
O **Band 1-8, 10,13-18**
Bislang 25 Bände in Japan

H.P. LOVECRAFT

von Gou Tanabe
€ 12,00 (D) / € 12,40 (A)
O **H.P. Lovecrafts Die Farbe aus dem All**
O **H.P. Lovecrafts Der Hund und andere Geschichten**
O **H.P. Lovecrafts Der leuchtende Trapezoeder**
€ 18,00 (D) / € 18,50 (A)
O **H.P. Lovecrafts Berge des Wahnsinns Band 1 bis 2**
O **H.P. Lovecrafts Cthulhus Ruf** 08/21
€ 22,00 (D) / € 22,70 (A)
O **H.P. Lovecrafts Der Schatten aus der Zeit**

HUNTER X HUNTER

von Yoshihiro Togashi
€ 6,95 (D) / € 7,20 (A)
O **Band 1 bis 36**
Bislang 36 Bände in Japan

I AM SHERLOCK

von TAKATA & Io
€ 7,00 (D)/ € 7,20 (A)
O **Band 1 bis 4**
In 4 Bänden abgeschlossen

I HAD THAT SAME DREAM AGAIN

von Yoru Sumino &
Izumi Kirihara
€ 7,00 (D) / € 7,20 (A)
O **Band 1 bis 3**
In 3 Bänden abgeschlossen

I HEAR THE SUNSPOT

von Yuki Fumino
€ 7,99 (D) / € 8,30 (A)
O **Band 1**
€ 9,99 (D) / € 10,30 (A)
O **Band 2**
Bisher 2 Bände in Japan

I HEAR THE SUNSPOT – LIMIT

von Yuki Fumino
€ 7,99 (D) / € 8,30 (A)
O **Band 1**
€ 8,99 (D) / € 9,30 (A)
O **Band 2**
€ 9,99 (D) / € 10,30 (A)
O **Band 3** 07/21
In 3 Bänden abgeschlossen

CARLSEN MANGA! CHECKLIST

NARUTO MASSIV
von Masashi Kishimoto
€ 5,00 (D) / € 5,20 (A)
O Band 1
€ 9,99 (D) / € 10,30 (A)
O Band 2 bis 24
In 24 Bänden abgeschlossen

NARUTO – THE MOVIE
von Masashi Kishimoto
€ 7,95 (D) / € 8,20 (A)
O Geheimmission im Land des ewigen Schnees Band 1 & 2
O Die Legende des Steins Gelel Band 1 & 2
O Sondermission im Land des Mondes 1 & 2

NARUTO – THE MOVIE: SHIPPUDEN
von Masashi Kishimoto
€ 12,95 (D) / € 13,40 (A)
O Naruto - The Movie: Shippuden
O Naruto - The Movie: Shippuden-Fesseln
O Naruto - The Movie: Shippuden - Die Erben des Willens des Feuers
O Naruto - The Movie: Shippuden - Lost Tower

NEON GENESIS EVANGELION
von Gainax & Yoshiyuki Sadamoto
€ 6,95 (D) / € 7,20 (A)
O Band 1 bis 14
In 14 Bänden abgeschlossen

NO EXIT
von Haruhi Seta
€ 6,99 (D) / € 7,20 (A)
O Band 1 bis 13
In 14 Bänden abgeschlossen

OKITENEMURU
von Hitori Renda
€ 7,99 (D) / € 8,20 (A)
O Band 9
In 9 Bänden abgeschlossen

OLD BOY
von Tsuchiya Garon & Minegishi Nobuaki
€ 12,00 (D) / € 12,40 (A)
O Band 1 bis 4
In 4 Bänden abgeschlossen

MURCIÉLAGO
von Yoshimura Kana
€ 7,99 (D) / € 8,30 (A)
O Band 1 bis 14
O Band 15 06/21
Bislang 17 Bände in Japan

MY HERO ACADEMIA
von Kohei Horikoshi
€ 6,99 (D) / € 7,20 (A)
O Band 1 bis 27
O Band 28 08/21
Bislang 30 Bände in Japan
€ 10,00 (D) / € 10,30 (A)
O My Hero Academia - Ultra Archive
€ 12,99 (D) / € 13,40 (A)
O My Hero Academia - Ultra Analysis

MY HERO ACADEMIA SMASH
von Kohei Horikoshi & Hirofumi Neda
€ 5,00 (D) / € 5,20 (A)
O Band 1 bis 5
Bislang 5 Bände in Japan

MY HERO ACADEMIA TEAM UP MISSION
von Kohei Horikoshi & Yoko Akiyama
€ 7,00 (D) / € 7,20 (A)
O Band 1
Bisher 2 Bände in Japan

MY ROOMMATE IS A CAT
von Tsunami Minatsuki & Asu Futatsuya
€ 7,00 (D) / € 7,20 (A)
O Band 1 bis 4
O Band 5 06/21
O Band 6 09/21
Bislang 7 Bände in Japan

MY SECRET WHICH I CANNOT TELL YOU
von Kyoko Aiba
€ 6,99 (D) / € 7,20 (A)
O Einzelband

NARUTO
von Masashi Kishimoto
€ 6,50 (D) / € 6,70 (A)
O Band 1 bis 72
In 72 Bänden abgeschlossen
O Der siebte Hokage und der scharlachrote Frühling

MERMAID PRINCE
von Kaori Ozaki
€ 8,00 (D) / € 8,30 (A)
O Einzelband

MOB PSYCHO 100
von ONE
€ 6,66 (D) / € 6,90 (A)
O Band 1 bis 15
€ 7,77 (D) / € 8,00 (A)
O Band 16
In 16 Bänden abgeschlossen

MONSTER – PERFECT EDITION
von Naoki Urasawa
€ 20,00 (D) / € 20,60 (A)
O Band 1 bis 8
€ 24,00 (D) / € 24,70 (A)
O Band 9 08/21
In 9 Bänden abgeschlossen

MORIARTY THE PATRIOT
von Takeuchi & Miyoshi
€ 9,99 (D) / € 10,30 (A)
O Band 1 bis 9
O Band 10 06/21
O Band 11 08/21
Bislang 13 Bände in Japan
€ 16,00 (D) / € 16,50 (A)
O Band 10 mit Extra – limitierte Auflage 06/21
€ 99,00 (D) / € 101,80 (A)
O Band 1 bis 10 im Sammelschuber – limitierte Auflage 06/21

MOTHER'S SPIRIT
von Enzo
€ 7,99 (D) / € 8,30 (A)
O Band 1 & 2
Bislang 2 Bände in Japan

MOTOKARE RETRY
von En Hanaya
€ 6,99 (D) / € 7,20 (A)
O Band 1 bis 7
In 7 Bänden abgeschlossen

MOVING FORWARD
von Nagamu Nanaji
€ 5,00 (D) / € 5,20 (A)
O Band 1
€ 7,00 (D) / € 7,20 (A)
O Band 2 bis 7
O Band 8 08/21
In 11 Bänden abgeschlossen

MAID-SAMA
von Hiro Fujiwara
€ 5,95 (D) / € 6,20 (A)
O Band 1 bis 18
In 18 Bänden abgeschlossen
O Maid-sama Marriage

MANGA LOVE STORY
von Katsu Aki
€ 6,95 (D) / € 7,20 (A)
O Band 70 bis 76
Bislang 81 Bände in Japan

MANGA-ZEICHENSTUDIO
von Kaneda Koubou u.a.
€ 19,90 (D) / € 20,50 (A)
O Hände und Füße
O Gesichter und Emotionen
O Manga Master Book
O Mädchen in coolen Posen
O Emotionen und Mimik ausdrucksstark zeichnen
O Manga Basics
O Figuren & Hintergründe
€ 20,00 (D) / € 20,60 (A)
O Charmante Charaktere
€ 24,90 (D) / € 25,60 (A)
O Spannende Geschichten erzählen

MANN MEINES BRUDERS, DER
von Gengoroh Tagame
€ 10,00 (D) / € 10,30 (A)
O Band 1 bis 4
In 4 Bänden abgeschlossen

MASHIMA HERO'S
von Hiro Mashima
€ 7,00 (D) / € 7,20 (A)
O Einzelband
€ 10,00 (D) / € 10,30 (A)
O Einzelband Limitierte Edition

MEINE LESBISCHE ERFAHRUNG MIT EINSAMKEIT
von Kabi Nagata
€ 15,00 (D) / € 15,50 (A)
O Einzelband

MELANCHOLISCHER MORGEN, EIN
von Shoko Hidaka
€ 9,95 (D) / € 10,30 (A)
O Band 8
In 8 Bänden abgeschlossen

CARLSEN MANGA! CHECKLIST

YAMADA-KUN AND THE SEVEN WITCHES

von Miki Yoshikawa
€ 5,95 (D) / € 6,20 (A)
O Band 1-5, 7-8, 10-17, 19-28
€ 10,00 (D) / € 10,30 (A)
O Band 6, 9, 18
In 28 Bänden abgeschlossen

YOKOHAMA STATION FABLE

von Gonbe Shinkawa & Yuba Isukari
€ 8,00 (D) / € 8,30 (A)
O Band 1 06/21
In 3 Bänden abgeschlossen

YUNAS REISE ZUM ICH ODER MY SEX CHANGE EXPERIENCEE

von Yuna Hirasawa
€ 10,00 (D) / € 10,30 (A)
O Einzelband 08/21

ZWEI ESPRESSO

von Kan Takahama
€ 12,90 (D) / € 13,30 (A)
O Einzelband

ZOMBIE 100 - BUCKET LIST OF DEAD

von Makoto Yukimura
€ 7,00 (D) / € 7,20 (A)
O Band 1
O Band 2 08/21
Bisher 7 Bände in Japan

VIGILANTE – MY HERO ACADEMIA ILLEGALS

von Horikoshi, Furuhashi & Court
€ 6,99 (D) / € 7,20 (A)
O Band 1 bis 8
O Band 9 06/21
Bislang 11 Bände in Japan

VINLAND SAGA

von Makoto Yukimura
€ 7,95 (D) / € 8,20 (A)
O Band 1 bis 23
O Band 24 09/21
Bislang 25 Bände in Japan

WALKINDER, DIE

von Abi Umeda
€ 6,99 (D) / € 7,20 (A)
O Band 1 bis 14
O Band 15 07/21
Bislang 18 Bände in Japan

WEEKLY SHONEN HITMAN

von Kouji Seo
€ 7,00 (D) / € 7,20 (A)
O Band 1 bis 3
O Band 4 06/21
O Band 5 08/21
Bislang 13 Bände in Japan

WER BIST DU ZUR BLAUEN STUNDE

von Yuhki Kamatani
€ 10,00 (D) / € 10,30 (A)
O Band 1 bis 3
€ 12,00 (D) / € 12,40 (A)
O Band 4
In 4 Bänden abgeschlossen

WET MOON

von Atsushi Kaneko
€ 19,90 (D) / € 20,50 (A)
O Band 1 & 2
€ 24,90 (D) / € 25,60 (A)
O Band 3
In 3 Bänden abgeschlossen

YAKUZA GOES HAUSMANN

von Kousuke Oono
€ 7,50 (D) / € 7,80 (A)
O Band 1 bis 4
O Band 5 06/21
Bislang 6 Bände in Japan

3/11 – TAGEBUCH NACH FUKUSHIMA

von Yuko Ichimura & Tim Rittmann
€ 12,90 (D) / € 13,30 (A)
O Einzelband

TO THE ABANDONED SACRED BEASTS

von Maybe
€ 6,99 (D) / € 7,20 (A)
O Band 1 bis 9
€ 7,99 (D) / € 8,30 (A)
O Band 10
O Band 11 09/21
Bislang 12 Bände in Japan

TORIYAMA SHORT STORIES

von Akira Toriyama
€ 5,95 (D) / € 6,20 (A)
O Band 2 bis 4, 7
€ 6,95 (D) / € 7,20 (A)
O Band 6
€ 7,95 (D) / € 8,20 (A)
O Band 5
Bislang 8 Bände in Japan

TRIAGE X

von Shouji Sato
€ 6,95 (D) / € 7,20 (A)
O Band 1 bis 5
€ 7,95 (D) / € 8,20 (A)
O Band 6 bis 20
O Band 21 09/21
Bislang 22 Bände in Japan

UNLUCKY YOUNG MEN

von Fujiwara & Otsuka
€ 19,90 (D) / € 20,50 (A)
O Band 1 & 2
In 2 Bänden abgeschlossen

UNSERE FARBEN

von Gengoroh Tagame
€ 10,00 (D) / € 10,30 (A)
O Band 1 & 2
O Band 3 06/21
In 3 Bänden abgeschlossen

VAMPIRE KNIGHT – MEMORIES

von Matsuri Hino
€ 6,99 (D) / € 7,20 (A)
O Band 1 bis 5
Bislang 6 Bände in Japan

THE CASE STUDY OF VANITAS

von Jun Mochizuki
€ 7,99 (D) / € 8,30 (A)
O Band 1 bis 8
Bislang 9 Bände in Japan

THE DEMON PRINCE

von Aya Shouoto
€ 6,95 (D) / € 7,20 (A)
O Band 1 bis 16
In 16 Bänden abgeschlossen

THE GOLDEN SHEEP

von Kaori Ozaki
€(D) 8,00 / €(A) 8,30
O Band 1 bis 3
In 3 Bänden abgeschlossen

THE HEROIC LEGEND OF ARSLAN

von Yoshiki Tanaka
€ 6,99 (D) / € 7,20 (A)
O Band 1 bis 12
O Band 13 09/21
Bislang 13 Bände in Japan
€ 7,50 (D) / € 7,80 (A)
O Doppelpack 1+2

THE KILLER INSIDE

von Hajime Inoryu & Shota Ito
€ 7,50 (D) / € 7,80 (A)
O Band 1 08/21
Bislang 9 Bände in Japan

THE PROMISED NEVERLAND

von Shirai & Demizu
€ 6,99 (D) / € 7,20 (A)
O Band 1 bis 17
O Band 18 06/21
O Band 19 09/21
In 20 Bänden abgeschlossen

THE ROYAL TUTOR

von Higasa Akai
€ 6,99 (D) / € 7,20 (A)
O Band 1 bis 13
O Band 14 09/21
Bislang 16 Bände in Japan
€ 7,50 (D) / € 7,80 (A)
O Doppelpack 1+2

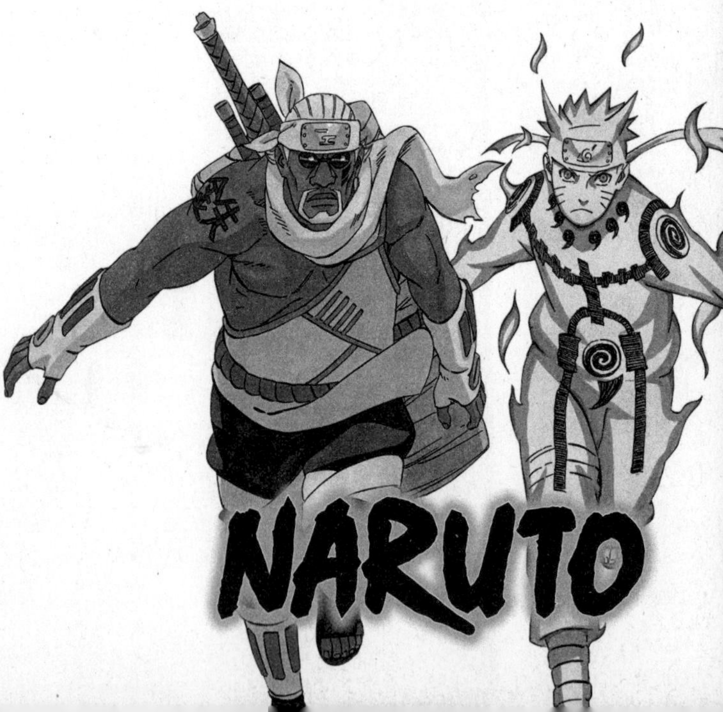
NARUTO

CARLSEN MANGA! NEWS
jeden Monat neu per E-Mail
www.carlsenmanga.de
www.carlsen.de

CARLSEN MANGA
Deutsche Ausgabe/German Edition

Völckersstraße 14-20, 22765 Hamburg
Aus dem Japanischen von Miyuki Tsuji

First published in Japan in 1999 by SHUEISHA Inc., Tokyo.
German translation rights in Germany, Austria, Luxembourg and German-speaking Switzerland
arranged by SHUEISHA Inc. through VME PLB SAS, France.
Redaktion: Anne Berling, Jonas Blaumann
Textbearbeitung: Ina Schiele
Herstellung: Gunta Lauck & Ronny Willisch

Bei Fragen zum Produkt: carlsen.de/kontakt
ISBN 978-3-551-79545-8

HALT!

Das ist nicht die erste Seite. Naruto ist ein japanischer Comic, und da in Japan von hinten nach vorne und von rechts nach links gelesen wird, musst auch du diesen Comic von der anderen Seite aufschlagen und von hinten nach vorne lesen.

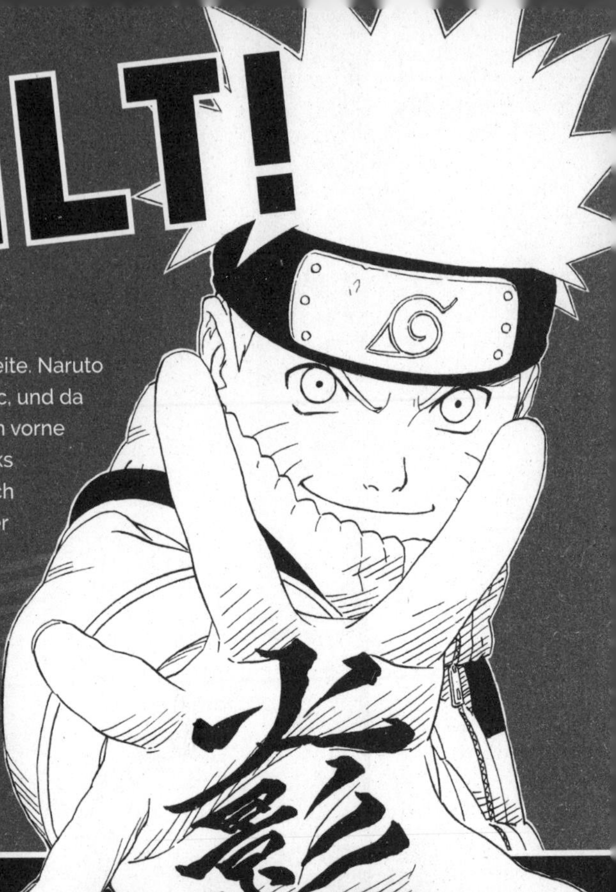

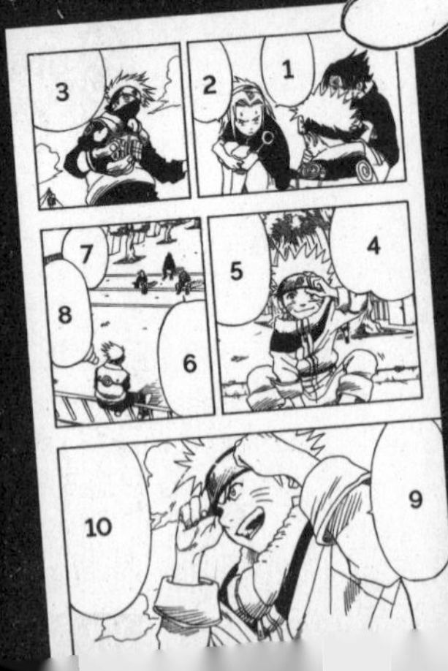

Auch die Bilder und Sprechblasen werden von rechts oben nach links unten gelesen, so wie es die Grafik hier zeigt. Schwer? Zuerst ungewohnt, doch es bringt richtig Spaß. Probiert es aus!

Viel Vergnügen mit **NARUTO** und der ganzen Ninja-Bande!